《中国货币政策执行报告》增刊

2010年
中国区域金融运行报告

中国人民银行货币政策分析小组

责任编辑：吕冠华
责任校对：刘　明
责任印制：毛春明

图书在版编目(CIP)数据

2010年中国区域金融运行报告(2010nian Zhongguo Quyu Jinrong Yunxing Baogao)/中国人民银行货币政策分析小组编.—北京：中国金融出版社，2011.9
ISBN 978-7-5049-6041-2

I.①2… II.①中… III.①区域金融－研究报告－中国－2010 IV.①F832.7

中国版本图书馆CIP数据核字(2011)第148460号

出版
发行 中国金融出版社
社址 北京市丰台区益泽路2号
市场开发部 (010)63266347，63805472，63439533 (传真)
网上书店 http://www.chinafph.com (010)63286832，63365686 (传真)
读者服务部 (010)66070833，62568380
邮编 100071
经销 新华书店
印刷 天津银博印刷技术发展有限公司
尺寸 210毫米×285毫米
印张 34.75
字数 990千
版次 2011年9月第1版
印次 2011年9月第1次印刷
定价 218.00元
ISBN 978-7-5049-6041-2/F.5601
如出现印装错误本社负责调换 联系电话 (010)63263947

本书执笔人

负责人：胡晓炼　李东荣

总　纂：张晓慧　纪志宏

统　稿：辛晓岱　张　蓓

参与此项工作（以姓氏笔画为序）：王秀丽　石　慧　张翠微　李　雯　杨丽慧　武　晋　董迪斌　管　化　穆争社

主报告执笔：中国人民银行总行货币政策分析小组

中国人民银行成都分行货币政策分析小组

分报告执笔：中国人民银行上海总部，各分行、营业管理部、省会（首府）城市中心支行、深圳市中心支行货币政策分析小组

目　录

《2010年中国区域金融运行报告》主报告

表

图

《2010年中国区域金融运行报告》分报告

《2010年中国区域金融运行报告》主报告

内容摘要

2010年，面对复杂的国内外经济环境和严峻的自然灾害等挑战，全国各地区[①]以科学发展观为指导，认真贯彻落实各项宏观调控政策，加快转变经济发展方式，积极推进产业结构优化升级，有效巩固和扩大应对国际金融危机冲击的成果，保持区域经济平稳较快增长。全年东部、中部、西部、东北地区生产总值加权平均增长率分别为12.3%、13.8%、14.2%和15.4%，比上年分别提高了1.5个、2.1个、0.7个和2.8个百分点。

2010年，各地区经济运行态势总体良好。城乡居民收入稳定增长，消费对经济拉动作用明显增强。其中，农村居民收入增速快于城镇，东部地区农村居民人均纯收入首次超万元，东北地区农村居民人均纯收入增长最快，为17.8%。城乡消费市场同步活跃，消费结构进一步升级。各地区固定资产投资增速平稳回落，投资的地区结构进一步改善。各地区外贸进出口恢复到危机前水平，贸易顺差仍集中在东部地区，但占全国的比重下降，其他地区占比上升。随着中西部地区基础设施不断改善，外商投资企业在华投资向中西部地区进行新一轮产业转移，中西部地区利用外资大幅增长，贵州、四川、重庆、云南等西部省份实际利用外资增速居前。各地区“走出去”战略步伐加快，对外直接投资创历史新高，海外收购主要涉及采矿业、制造业、电力生产和供应业、专业技术服务业等领域。区域经济发展协调性进一步增强，区域发展各具特色。东部地区加快结构调整和自主创新，经济发展活力增强，中西部和东北地区加快开发开放，积极承接产业转移，发展基础不断夯实。长三角、珠三角、京津冀经济圈进一步巩固经济回升向好的势头，区域经济、金融合作加快，对全国经济辐射和拉动作用进一步增强。各地区节能降耗工作取得进展，“十一五”规划确定的能源消费和污染物排放等相关约束性目标基本如期实现。

各地区金融业稳健运行，对经济结构调整的支持力度加大。居民储蓄存款增长放缓，企业存款增速回落，存款呈活期化态势。本外币贷款增速高位回落后总体走稳，贷款节奏趋向均衡，信贷投放结构不断优化。各地区贷款投向基本符合国家产业结构调整方向和区域经济发展需要，对个人消费以及中小企业、“三农”等经济薄弱环节和重点领域的金融支持力度进一步加大。金融机构贷款利率稳步上升，金融机构利率定价制度建设加强。新型农村金融组织加快发展，农村金融产品和金融服务不断创新。各地区融资结构进一步改善，29个省份直接融资比重上升，中西部地区债券发行规模保持快速增长。各地区继续加大金融生态环境建设力度，社会信用环境不断改善，区域经济金融协调发展。

2011年是实施“十二五”规划的开局之年，世界经济总体保持复苏态势，我国保持经济平稳较快发展存在较多有利条件。各地区将按照党中央、国务院的统一部署，坚持以科学发展为主题，以加快转变经济发展方式为主线，加快推进经济结构调整，提高发展质量和效益。充分发挥不同地区比较优势，促进生产要素合理流动，深化区域合作，推进区域良性互动发展，逐步缩小区域发展差距。东部地区将进一步转变经济发展方式、调整经济结构和加强自主创新，发挥对全国经济发展的引领和支撑作用，在更高层次参与国际经济合作和竞争。中部地区将进一步发挥承东启西的区位优势，不断改善投资环境，壮大优势产业，发展现代产业体系，强化综合交通运输枢纽地位。西部地区将认真落实西部大开发新十年的政策措施和促进西藏、新疆等地区跨越式发展的各项举措，加强基础设施建设和生态环境保护，发挥资源优势，支持特色优势产业发展。东北地区将继续推进老工业基地全面振兴，发挥产业和科技基础较强的优势，完善现代产业体系，促进资源枯竭地区转型发展。

2011年，各地区金融机构将继续认真贯彻落实稳健的货币政策，保持合理的社会融资规模，处理好促进经济增长与抑制通货膨胀的关系。着力优化信贷结构，加大对重点领域和薄弱环节的资金支持，支持经济发展方式转变和经济结构战略性调整，促进区域经济协调发展。

---

①本报告未包括香港特别行政区、澳门特别行政区和台湾地区的情况和数据。

第一部分　区域金融运行情况

2010年，全国各地区[①]金融业按照党中央、国务院的统一部署，认真贯彻实施适度宽松的货币政策，货币信贷增长逐步向常态回归，从而有利于经济平稳较快发展和经济结构调整。全年各地区金融运行总体平稳，银行业金融机构资产规模继续增加，金融机构改革稳步推进，直接融资在资金配置中的比重进一步提高，地区间金融发展更趋协调，金融生态环境建设取得新成效。

一、各地区银行业

2010年，全国各地区银行业金融机构个数、从业人员稳步增加，资产规模增长较快。年末，银行业金融机构网点共计19.5万个，从业人员308万人，分别比上年增加0.6万个和20.7万人；资产总额为88.8万亿元，同比增长19.9%[②]。分地区看，东部地区银行业金融机构网点个数、从业人员和资产总额在全国占比最高（见表1），其中，广东、北京、江苏、上海、浙江和山东银行业资产总额合计在全国占比超过半数；东部、中部、西部和东北地区银行业资产总额分别增长18.9%、20.6%、24.5%和15.7%。

外资银行稳步发展。年末，全国共有27个省份有外资银行入驻，较上年增加2个省份；外资银行资产总额为1.8万亿元，同比增长20%，外资银行资产的94.4%集中在东部。西部地区对外资银行的吸引力增强，西部地区外资银行资产总额和机构网点数占比均较上年有所提高。

县域和农村金融体系进一步发展完善，农村合作金融机构资产规模快速增长。年末，全国农村信用社、农村合作银行及农村商业银行合计资产总额突破10万亿元。分地区看，农村合作金融机构资产中的50.3%集中在东部，其他地区增长较快，中部、西部和东北地区农村合作金融机构资产总额分别增长25.5%、26.9%和17.0%。在中国人民银行、中国银监会和各级地方政府的积极推动下，农村新型金融组织加快发展，同时小额贷款公司迅猛增加。年末，包括小额贷款公司、村镇银行、贷款公司和农村资金互助社等在内的全国新型农村机构共计3 519家，农村金融服务覆盖率进一步提高。

表1　2010年年末银行业金融机构地区分布

单位：%

	营业网点			法人机构个数占比
	机构个数占比	从业人数占比	资产总额占比	
东部	39.5	44.0	60.5	29.4
中部	23.6	21.0	14.8	20.9
西部	27.0	23.9	17.5	41.4
东北	9.9	11.1	7.3	8.4
合计	100.0	100.0	100.0	100.0

注：各地区金融机构营业网点不包括国家开发银行和政策性银行、国有商业银行、股份制商业银行等金融机构总部数据。

数据来源：中国人民银行上海总部、各分行、营业管理部、省会（首府）城市中心支行。

（一）各地区存款增长趋稳，企业存款增速回落，存款呈活期化态势

2010年，全国各地区本外币存款增速趋稳，比上年均有所下降。年末，东部、中部、西部和东北地区本外币各项存款余额分别为42.3万亿元、10.9万亿元、12.6万亿元和5.1万亿元，同比分别增

① 全国各地区包括东部地区、中部地区、西部地区和东北地区。东部地区10个省（直辖市），包括北京、天津、河北、上海、江苏、浙江、福建、山东、广东和海南；中部地区6个省，包括山西、安徽、江西、河南、湖南和湖北；西部地区12个省（自治区、直辖市），包括广西、重庆、四川、贵州、云南、西藏、陕西、甘肃、青海、宁夏、新疆和内蒙古；东北地区3个省，黑龙江、吉林、辽宁。

②全国各地区银行业金融机构包括国家开发银行和政策性银行、国有商业银行、股份制商业银行、城市商业银行、农村商业银行、农村合作银行、城市信用社、农村信用社、邮政储蓄银行、外资银行和非银行金融机构。各地区金融机构汇总数据不包括国家开发银行和政策性银行、国有商业银行、股份制商业银行等金融机构总部的相关数据。根据中国银行业监督管理委员会统计，2010年年末银行业资产总额为95.3万亿元。

长18.9%、21.4%、22.3%和18.3%，增速较上年分别降低8.8个、5.9个、9.1个和7.2个百分点。各省份本外币各项存款同比增速最低为15.4%，最高为32.8%。

各地区居民储蓄存款增速趋缓，企业存款增幅回落较多。下半年受物价增长较快、居民理财意识增强等因素影响，储蓄存款增速略有回落，增势总体平稳。年末，东部、中部、西部和东北地区人民币储蓄存款余额增速同比分别回落3.6个、1.7个、2.0个和4.5个百分点。受企业贷款增长放缓以及相应的派生存款增幅下降、企业用于生产投资资金增加等因素影响，各地区企业存款增速大幅降低。年末，东部、中部、西部和东北地区人民币企业存款增速分别为17.7%、22.9%、22.7%和20.1%，增速与上年相比下降幅度均超过15个百分点（见表2）。

各地区居民储蓄存款和企业存款总体呈现活期化态势。2010年，受通货膨胀预期等因素影响，在全年东部、中部、西部和东北地区新增居民储蓄存款和企业存款中，活期存款占比分别为55.7%、64.8%、67.8%和63.4%，只有西部地区较上年略降0.5个百分点，其他三个地区的占比均较上年不同程度地提高。

外币存款余额稳步增加。年末，东部、中部、西部和东北地区外币存款余额较上年年末分别增加107.2亿美元、9.6亿美元、22.6亿美元和17.9亿美元。东部地区经济外向度较高，外币存款在本外币各项存款中的比重明显高于其他地区。从各地区银行体系资金来源结构看，居民储蓄存款和企业存款比重均略有下降，而其他存款比重上升3.6个百分点。从资金来源的地区分布看，中部和西部地区本外币存款余额在全国的占比分别上升0.2个和0.4个百分点，东部和东北地区占比分别下降0.5个和0.1个百分点（见表3、表4）。

表2　2010年年末各地区金融机构人民币存贷款余额增速

单位：%

	东部	中部	西部	东北	全国
人民币各项存款	19.3	21.5	22.3	18.4	20.2
其中：储蓄存款	15.6	16.7	19.5	13.1	16.5
企业存款	17.7	22.9	22.7	20.1	21.5
人民币各项贷款	19.0	21.2	23.1	19.3	19.9
其中：短期贷款	18.5	15.8	13.8	11.8	17.4
中长期贷款	24.8	30.8	30.9	32.4	27.1
票据融资	-35.8	-33.8	-27.9	-33.9	-37.9
消费贷款	27.2	46.3	46.3	42.2	32.1

注：各地区存贷款汇总数据不含全国性商业银行总行直存直贷数据。

数据来源：中国人民银行上海总部、各分行、营业管理部、省会（首府）城市中心支行。

表3　2010年年末各地区金融机构本外币存贷款余额结构

单位：%

	东部	中部	西部	东北	全国
	本外币存贷款余额结构				
人民币存款占比	97.5	99.4	99.4	98.3	98.2
外币存款占比	2.5	0.6	0.6	1.7	1.8
人民币贷款占比	92.4	98.2	98.4	96.6	94.6
外币贷款占比	7.6	1.8	1.6	3.4	5.4
	本外币存款余额结构				
储蓄存款占比	39.3	50.7	44.9	52.1	43.0
企业存款占比	37.3	28.4	31.1	29.0	34.2
其他存款占比	23.4	20.9	24.0	18.9	22.8
	本外币贷款余额结构				
短期贷款占比	35.8	35.7	24.9	35.1	33.8
中长期贷款占比	58.1	58.7	71.9	59.2	60.8
票据融资占比	2.8	3.3	2.3	3.9	2.8
其他贷款占比	3.3	2.3	0.9	1.7	2.6

注：各地区存贷款汇总数据不含全国性商业银行总行直存直贷数据。其他贷款包括信托贷款、租赁贷款、委托贷款等。

数据来源：中国人民银行上海总部、各分行、营业管理部、省会（首府）城市中心支行。

表4　2010年年末金融机构本外币存贷款余额地区分布

单位：%

	东部	中部	西部	东北	全国
本外币各项存款	59.7	15.3	17.8	7.2	100.0
其中：储蓄存款	54.7	18.1	18.6	8.7	100.0
企业存款	65.0	12.7	16.2	6.1	100.0
外币存款	82.5	4.8	6.0	6.7	100.0
本外币各项贷款	60.2	14.6	18.1	7.0	100.0
其中：短期贷款	63.9	15.5	13.3	7.3	100.0
中长期贷款	57.6	14.1	21.4	6.8	100.0
外币贷款	85.3	4.9	5.4	4.4	100.0

注：各地区存贷款汇总数据不含全国性商业银行总行直存直贷数据。

数据来源：中国人民银行上海总部、各分行、营业管理部、省会（首府）城市中心支行。

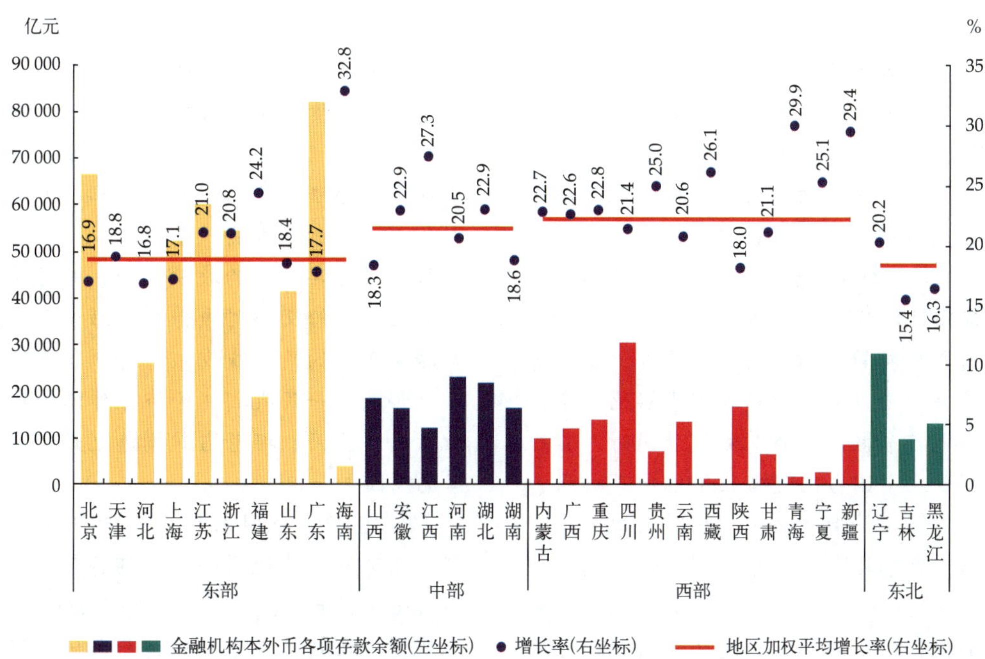

数据来源：中国人民银行上海总部、各分行、营业管理部、省会（首府）城市中心支行。

图1　2010年年末各地区金融机构本外币各项存款余额及增长率

专栏1　区域存贷款结构变化分析

2010年，中国人民银行继续实施适度宽松的货币政策，并根据新形势、新情况着力提高政策的针对性和灵活性，逐步引导货币条件从反危机状态向常态回归。随着各项宏观调控政策陆续出台，全国存贷款增长整体呈现高位回落态势。由于我国各地区经济运行状况和发展特点存在差异，地区间存贷款结构出现相应变化。

一、各地区贷款增长逐步放缓，结构有所改善

2010年年初，各地区信贷运行保持了上年的高速增长态势，尤其是1月、2月，部分省份贷款余额增速在30%左右。自3月起，信贷投放有所放缓，全年金融机构贷款投放逐季度递减，2010年年末，人民币各项贷款余额增速比上年年末降低11.8个百分点，其中，东部、中部、西部和东北地区人民币各项贷款余额增速分别下降11.3个、12.6个、14.5个和11.6个百分点。从各地区贷款余额在全国的占比变化情况看，中部和西部地区的占比分别较上年提高0.13个和0.46个百分点，表明在西部大开发和中部崛起战略的影响下，信贷资源逐渐向中西部倾斜。

从贷款结构看，2010年变动最大的是票据融资，各地区票据融资均出现大幅下降，其中，东部地区票据融资净下降4 913亿元，占票据融资下降总量的50%以上。主要原因是在信贷资源趋紧的形势下，各地区金融机构普遍通过主动压缩票据量来维持一般贷款的增长。

2010年，各地区中长期贷款余额增速出现大幅回落，增速与上年年末相比下降均在10个百分点以上，但新增额在其人民币各项贷款新增额中占比仍然较大。其中，东部地区中长期贷款增速同比回落17.5个百分点，增速下降幅度最大。从各地区中长期贷款增量在全国所占比重变化看，除东部较上年下降4.5个百分点外，中部、西部和东北地区均出现小幅上升。这与中央西部大开发、振兴东北老工业基地和中部崛起等战略的深入实施，中西部和东北地区项目需求旺盛紧密相关。如辽宁在国务院通过《辽宁沿海经济带发展规划》、第12届全运会基础设施建设全面开工和沈阳地铁等重大项目建设

进入关键期等因素的推动下，2010年城镇固定资产投资同比增长30.2%，带动中长期贷款持续高速增长。广西2010年基础设施建设加快发展，基础设施相关贷款年末余额较2005年增长近三倍，新增固定资产贷款占全部贷款新增额的40.5%。安徽全年“861”重点项目计划新开工和在建项目4 032个，完成投资达5 294亿元，其长期贷款保持较快增长态势。另外，受经济发展程度差异以及产业转移等因素影响，东部地区在中长期贷款增长相对放缓的同时，其短期贷款增量在全国占比大幅上升9.1个百分点，而西部地区短期贷款增量占比出现大幅下降，中部、西部和东北地区分别下降1.8个、6.4个和0.9个百分点。

金融机构对实体经济薄弱领域的支持力度明显增强，表现为个人消费贷款占比不断提高、对“三农”和小型企业的信贷支持力度不断加大。2010年，中部、西部和东北地区个人消费贷款新增额在其人民币各项贷款新增额中的比重分别提高7.8个、8.5个和6.4个百分点，上升幅度大于东部地区；涉农贷款增量在其人民币各项贷款增量中的比重分别提高16.3个、9.4个和13.6个百分点，小型企业贷款增量在其人民币各项贷款增量中的比重分别提高9.7个、6.8个和6.1个百分点，信贷政策效果逐步显现。

二、地区间存款结构出现调整，东部企业活期存款占比下降，中部和西部储蓄存款占比上升

2010年年末，各地区人民币各项存款余额增速均低于上年。其中，东部、中部、西部和东北地区人民币各项存款余额增速同比分别下降8.7个、5.7个、9.1个和6.9个百分点，东部和西部地区增速降幅大于全国平均水平。

企业存款增速明显放慢。东部、中部、西部和东北地区企业存款余额增速分别较上年下降19.4个、15.2个、22.1个和18.4个百分点。各地区企业存款新增额在其人民币各项存款新增额中的比重均有所下降，其中，中部地区降幅最小，为7.5个百分点，东部地区降幅最大，为15.6个百分点。造成企业存款增速大幅下降的主要原因：一方面，信贷投放减少导致企业派生存款减少；另一方面，银行业监管部门出台了《固定资产贷款管理办法》、《项目融资指引》、《流动资金贷款管理办法》和《个人贷款管理办法》（以下简称“三个办法一个指引”）。“三个办法一个指引”要求金融机构实行“实贷实付”的放款原则，并通过受托方式直接划付给交易对手，贷款滞留企业银行账户转为存款的情况减少。另外，各地经济向好回升势头进一步巩固，经济主体活力增强，企业投资及生产、经营占款增加也是企业存款下降的原因之一。

在2010年全国新增企业活期存款中，中部、西部和东北地区企业活期存款新增额在全国占比分别上升4.4个、1.7个和1.3个百分点，东部地区占比则出现下降，这与各地区经济发展程度有关。由于项目投资拉动、承接产业转移等因素，中部、西部和东北地区经济出现加速发展，企业景气回升迅速，企业资金流转速度加快，工业企业利润总额增速均较上年大幅提高40个百分点左右，而东部地区企业利润增速提高幅度则相对较小。企业景气状况和企业存款变化的联系在中部地区表现较为明显，2010年，中部地区企业活期存款新增额在其全部企业存款增量中的比重达78.9%，在各地区占比最高，其工业企业利润总额增速也明显高于其他地区，增速提高幅度是东部地区的近三倍，这同中部崛起战略的深入实施密切相关。如安徽皖江城市带承接产业转移示范区建设、国家技术创新工程试点省等一系列重大战略的实施，为该省企业发展创造了有利条件，2010年该省地区生产总值增速高于全国平均水平4.2个百分点；湖北2010年四个季度的企业资金周转情况指数及支付能力状况指数均达到历史同期最高水平，全年工业企业利润总额增幅高达75%。

2010年年末，中部和西部地区储蓄存款余额增速高于全国平均增速，同比分别增长16.7%和19.5%，储蓄存款新增额在其人民币各项存款新增额中的比重较上年分别提高2.65个和6.17个百分点。从新增居民储蓄存款期限结构看，东部地区居民定期储蓄新增额在全国占比下降6.3

个百分点，中部和西部地区占比保持升势，分别上升2.8个和3.5个百分点。主要原因是相对东部地区，中西部地区经济呈现赶超效应，居民收入增长较快，同时其投资、理财渠道却相对较窄，民间借贷活跃程度相对较低，在存款利率提高后，储蓄存款出现一定增长。

（二）各地区贷款增速高位回落，信贷结构趋于优化，对经济结构调整和经济薄弱环节的信贷支持力度进一步加大

2010年，全国各地区银行业金融机构认真贯彻落实国家一系列宏观调控政策，积极支持经济平稳较快发展，各地区本外币贷款增速高位回落后总体走稳。年末，东部、中部、西部和东北地区本外币各项贷款余额分别为29.4万亿元、7.1万亿元、8.8万亿元和3.4万亿元，同比分别增长18.7%、21.4%、23.4%和19.7%，比上年分别降低14.1个、12.9个、14.5个和12.0个百分点（见图2）。

贷款节奏趋向均衡，与往年金融机构上半年尤其是第一季度集中投放贷款的状况相比有了极大地改善。各地区各季度新增贷款占比总体呈“3：3：2：2”的特征，东部、中部、西部和东北地区上半年新增人民币贷款占全年新增人民币贷款的比例分别为60.2%、59.2%、58.5%和61.0%，与上年相比降幅均超过10个百分点。

中长期贷款增速回落。年末，东部、中部、西部和东北地区本外币中长期贷款余额同比分别增长24.4%、30.9%、31%和32.5%，比上年年末分别下降19.0个、13.1个、17.1个和12.1个百分点。新增贷款长期化趋势明显，东部、中部、西部和东北地区全年本外币新增贷款中，中长期贷款分别占72.4%、78.8%、90.0%和88.4%，其中，海南、陕西、甘肃、重庆、吉林等13个省份的占比超过85%。金融机构总体呈现压票据融资、增一般贷款的态势，各地区本外币票据融资余额占比均比上年下降（见表2、表3）。

个人消费贷款增长幅度较大。2010年，各地区消费需求持续增加，消费贷款保持快速增长。年末，东部、中部、西部和东北地区人民币个人消费贷款[①]增速分别为27.2%、46.3%、46.4%和42.2%，分别比人民币中长期贷款增速高出2.4个、13.8个、12.5个和5.1个百分点（见表2）。人民币消费贷款增量超过1 000亿元的4个省份均在东部地区，其中，广东增加最多，为2 212.5亿元。

信贷投放重点突出。2010年，各地区贷款投向基本符合国家产业结构调整方向和区域经济发展需要。江苏新增制造业贷款自2010年4月以来连续9个月居各行业贷款增量之首；山东五成以上的新增贷款投向黄河三角洲高效生态经济区、县域和战略性新兴产业；浙江“十一大转型升级产业”贷款占各项贷款增量的比重提高1.6个百分点。各地区进一步加大金融支持经济薄弱环节的发展力度。宁夏新增农业及农户贷款73亿元，是上年的1.86倍；江西涉农贷款、中小企业贷款的余额和增量占全部贷款的比重均超过1/3；四川新增涉农贷款1 356亿元，灾后重建信贷支持推动农房重建任务全部完成；河南省新增涉农贷款占全部新增贷款的53.3%，较好地支持了“三农”及国家粮食核心区建设；贵州省涉农贷款增长迅速，增速达41%。青海生源地助学贷款余额增长1.54倍，满足率达到100%；内蒙古助学贷款累放额增长1.2倍。广东累计发放下岗失业人员小额担保贷款2.5亿元，是上年的3.3倍；重庆农民工小额贷款翻了近两番；新疆下岗失业人员小额担保贷款累放额增长2.6倍；云南创业小额担保贷款增长1.1倍。海南小企业贷款增量是上年的1.9倍；安徽小企业贷款余额为2 136.9亿元，同比增长61.2%；福建新增小企业贷款占全部新增企业贷款的比重达60.4%[②]。

外币贷款增速回落。2010年年末，全国各地区银行业外币贷款余额同比增长19.5%，比上年年末下降36.5个百分点，其中，广东、内蒙古、山西出现外币贷款余额净下降。分地区看，全年东部、中

①包括个人住房贷款、住房装修贷款、汽车贷款、助学贷款、大件耐用消费品贷款、旅游贷款及其他贷款。

②参见相关省（自治区、直辖市）分报告。

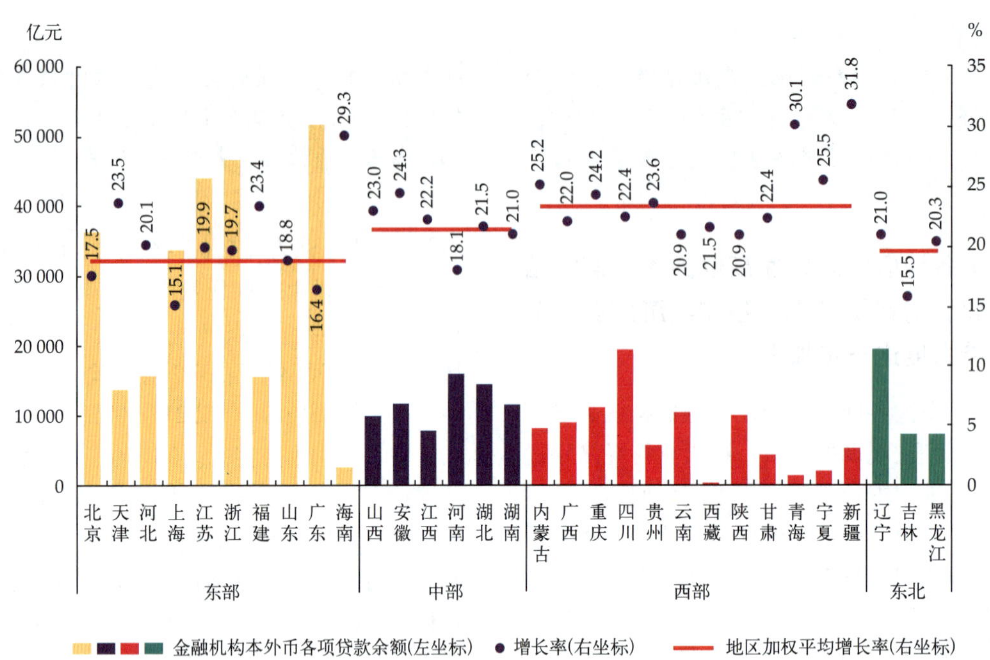

数据来源：中国人民银行上海总部、各分行、营业管理部、省会（首府）城市中心支行。

图2　2010年年末各地区金融机构本外币各项贷款余额及增长率

部、西部和东北地区新增外币贷款分别为519.3亿美元、48.3亿美元、56.5亿美元和44.9亿美元，与上年相比，东部和东北地区分别少增582亿美元和2.4亿美元，中部和西部地区分别多增5.8亿美元和0.8亿美元。东部地区外币贷款余额和增量在本外币各项贷款余额和增量中的占比高于其他地区。

专栏2　地方政府融资平台贷款情况分析

地方政府融资平台是由地方政府及其部门和机构等通过财政拨款或注入土地、股权等资产设立，承担政府投资项目融资功能，并拥有独立法人资格的经济实体。2008年以来，地方政府融资平台在加强基础设施建设和应对国际金融危机中发挥了积极的作用，但平台数量增长过快，贷款规模迅速扩张，相关运营问题逐步出现，潜在风险引人关注。《国务院关于加强地方政府融资平台公司管理有关问题的通知》（国发[2010]19号）等政策文件陆续出台后，我国地方政府融资平台清理规范工作全面推进。

据中国人民银行对2008年以来全国各地区政府融资平台贷款情况的专项调查显示，截至2010年年末，全国共有地方政府融资平台1万余家，较2008年年末增长25%以上，其中，县级（含县级市）①平台约占70%。总体来看，地方政府融资平台贷款主要呈现以下特点：

一是东部地区平台个数较多，中部、西部地区县级平台占比较高。地方政府融资平台个数与地方经济发展程度密切相关，通常地方经济发展程度越高，则地方政府融资平台个数越多。东部地区经济发达，地方政府融资平台个数占全部地方政府融资平台总数的比重接近

①根据目前中国人民银行调查统计司的统计指标，地方政府融资平台按隶属关系主要分为三类：省级（含自治区、直辖市）政府融资平台、地市级政府融资平台和县级（含县级市）政府融资平台。

50%。虽然中部地区、西部地区地方政府融资平台数量相对较少，但县级平台占比较高。中部地区的湖南、江西两省县级平台占比均超过70%，西部地区的四川、云南两省的县级平台占比为近80%。

二是平台贷款增速稳步回落，公益性项目贷款平稳收缩。各地区地方政府融资平台清理规范工作有效推进，2010年地方政府融资平台贷款持续高增态势有所缓解。与上年年末相比，2010年年末，多个省市地方政府融资平台贷款增速回落明显，由50%以上降至20%以下。按照国务院文件规定，依靠财政性资金偿债的公益性项目融资平台公司得到重点清理规范，贷款平稳收缩。

三是贷款方式以抵质押为主，5年期以上贷款占比超过50%。金融机构对地方政府融资平台贷款的风险管理政策从原先过度依赖地方政府信用逐步向落实抵质押担保措施转移。调查结果表明，当前对地方政府融资平台发放的贷款以抵质押方式为主，采取信用方式发放的贷款占比有所下降。重庆市60%平台贷款的贷款方式为抵质押担保，其中，土地使用权抵押的贷款占比超过20%。地方政府融资平台贷款期限较长，5年期以上的贷款比重超过50%，这主要是因为轨道交通等基础设施项目建设、完工及运营后还款所需要的融资期限相对较长。

四是贷款主要投向公路与市政基础设施，土地储备贷款集中情况有所缓解。约五成以上的地方政府融资平台贷款投向公路与市政基础设施。分地区看，东部地区地方政府融资平台贷款中主要投向市政基础设施，用于公路建设贷款占比低于中部、西部、东北地区。部分省份地方政府融资平台贷款向土地储备贷款集中的情况有所缓解，四川、山西、江西、宁夏等地的土地储备贷款2010年年末余额较上年年末有所减少。

五是平台贷款在人民币各项贷款中占比不超过30%，国有商业银行和政策性银行成为贷款的供给主力。调查结果表明，2010年年末，各地区政府融资平台贷款占当地人民币各项贷款余额的比例基本不超过30%，国有商业银行和政策性银行成为地方政府融资平台贷款的供给主力，政策性银行是西部地区地方政府融资平台贷款的主要提供方。

各地方政府也积极探索地方政府融资平台运作与监管的新模式，其中以“上海模式”、“昆明模式”、“重庆模式”具有较强代表性。上海是最早成立政府投融资平台公司的省(市)之一，在早期的发展中积累了相当丰富的经验，上海的基建规划和投融资方向采取“三统一”的管理模式，即由发展改革委、财政局、银行三方共同协商制定，上海推进筹资多元化的同时，合理控制负债水平，根据行业性质制定差异化投融资机制，不断提高融资管理的效率，强化对投融资风险的系统性控制。昆明率先开创政府债务信息披露机制、推动债务清理并制订偿还计划，形成统一的债务保全方案，实现了各市级投融资平台公司项目产生的现金流能够全部覆盖其自身贷款本息。“重庆模式”中以渝富公司为投资主体，通过八大建设性投资集团投向具体项目，形成了政府主导、市场运作、社会参与的多元化投资格局，以盘活存量资金，吸引增量资金。

总体来看，当前地方政府融资平台贷款清理规范工作正有序推进。地方政府通过平台贷款方式筹集资金，对弥补基础设施建设资金缺口，有效扩大内需，促进经济平稳较快发展发挥了重要作用。但与此同时，由于平台贷款普遍额度大、期限长，用途监督存在一定困难，信用风险仍需予以关注。另外，部分平台运作机制不健全，缺乏可持续发展能力，自身风险也不容忽视。

“十二五”期间，我国将继续同步推进工业化、城镇化和农业现代化，公共事业资金需求持续快速增长与各地方政府财力相对不足的矛盾将长期存在。从保持我国经济平稳较快发展的大局考虑，应按照疏堵结合的原则解决上述矛盾，既要进一步做好地方政府融资平台的清理规范，有效防范系统性风险；更要疏导地方建设资金需求，积极探索地方政府以市场化方式融资加强债务管理的制度安排。认真研究论证地方政府发行市政债券的筹资方式，改变地方政府融资平台以银行贷款为主的融资格局，有效地发挥市场对地方政府举债的监督约束，促进提高地方预算管理的规范性和透明度，最大限度地降低地方政府融资风险。

（三）金融机构贷款利率整体上升，执行上浮利率贷款占比增加

2010年，金融机构对非金融性企业及其他部门贷款利率总体小幅上升。其中，第四季度受两次上调存贷款基准利率等因素影响，利率上升速度有所加快。12 月贷款平均利率比年初上升0.94 个百分点，高于本年基准利率累计上调幅度。全年各地区金融机构人民币贷款利率主要分布在5.11%～7.74%，东部地区利率水平总体低于其他地区。

金融机构上浮利率贷款占全部人民币贷款的比重上升，下浮利率和基准利率贷款占比下降。12 月，全国金融机构执行上浮利率的贷款占比为43.04%，比年初上升6.49 个百分点。分省份看，全年金融机构执行上浮利率贷款占比超过50%的省份有9个，较上年增加4个。

金融机构利率定价能力进一步提高。各地区金融机构利率定价体系与组织架构更加清晰，定价制度建设得到加强；金融机构根据风险情况合理定价取向进一步强化；利率定价技术继续提升，精细化、差异化程度进一步提高，Shibor在金融机构利率定价中运用的深度和广度均有所增加。

受境内外汇资金供求变化和国际金融市场利率波动的影响，各地区占比较大的3个月以内大额美元存款利率和1年期美元贷款利率在波动中上升。12月，上海市3个月以内大额美元存款利率和1年期美元贷款加权平均利率分别为1.37%和2.90%，同比分别上升0.99个和1.43个百分点。四川3个月以内大额美元存款利率从年初的0.44%走高至8月的2.15%的年内高点，此后随市场资金供需情况回调。

民间借贷利率逐步走高。2010年，在人民币贷款基准利率上调等因素的带动下，民间借贷利率总体呈逐步上升态势。分省份看，各地区民间借贷利率涨跌不一。浙江省民间借贷利率下半年特别是第四季度上行较快，全年加权平均利率比上年上升295个基点，广东、内蒙古等省份民间借贷利率也有不同程度的上升。一些中西部省份民间借贷利率水平有所下降。

（四）银行业金融机构改革继续向纵深推进，农村金融服务持续改善

大型商业银行股份制改革基本完成。中国工商银行、中国银行和中国建设银行各分行按照总行的统一部署，继续深化内部管理体制改革，资产负债规模平稳增长，资产质量、盈利能力稳步提升。2010年7月，中国农业银行股份有限公司成功实现A+H股公开发行上市，至此，大型商业银行股份制改革基本完成。中国农业银行各分行深入推进管理体制和经营机制改革，甘肃、四川、广西、福建、山东、重庆、吉林、湖北8家分行扎实推进深化“三农金融事业部”改革试点工作。另外，8月，中国光大银行在上海证券交易所顺利挂牌上市。

政策性金融机构改革继续深化。国家开发银行各分行按照商业化改革要求加快推进业务模式和经营机制转型，积极建立与国银金融租赁公司、国开金融公司的协调发展机制。中国人民银行牵头研究制订中国进出口银行和中国出口信用保险公司改革实施总体方案。中国农业发展银行各分支机构积极构建适应现代银行要求的体制、机制，积极开创独具特色的信贷支农途径。

城市商业银行和城市信用社改革稳步推进。江西城市信用社改制全面完成，新疆、甘肃部分城市信用社改制为城市商业银行。部分城市商业银行跨区域经营，少数尝试跨国经营。江苏、浙江、安徽、广东、福建、四川、重庆、新疆等省份城市商业银行法人机构改革深化。北京银行设立阿姆斯特丹代表处，包商银行与蒙古贸易发展银行开展全面合作，富滇银行赴老挝设立代表处。贵州、陕西、新疆、河北等部分城市商业银

行完成更名改造，湖北五家城市商业银行合并重组筹建湖北银行，湖南株洲等四个城市商业银行和邵阳城市信用社重组成立华融湘江银行；宁夏、吉林等省份城市商业银行通过增资扩股，提高资本充足率，增强抗风险能力。

农村信用社改革试点取得重要的阶段性成果。在中国人民银行专项票据资金的支持下，农村信用社资产质量显著改善。2010年年末，按贷款四级分类口径统计，全国农村信用社不良贷款比例为5.6%，比上年年末下降1.8个百分点。资金实力显著提高，支农服务功能明显增强。年末，全国农村信用社涉农贷款和农户贷款余额分别为3.9万亿元和2万亿元，比上年年末分别增加7 825亿元和3 937亿元。产权制度改革取得一定进展。截至2010年年末，全国共组建以县（市）为单位的统一法人农村信用社1 976家，农村商业银行84家，农村合作银行216家。广州农村商业银行等部分农村商业银行跨省发起设立村镇银行，重庆农村商业银行成功实现境外上市。

表5　2010年年末新型农村金融机构地区分布

单位：%

	东部	中部	西部	东北	全国
村镇银行	28.7	20.6	32.5	18.3	100.0
贷款公司	25.0	25.0	37.5	12.5	100.0
农村资金互助社	29.7	8.1	40.5	21.6	100.0
小额贷款公司	27.1	22.6	35.8	14.6	100.0

数据来源：中国人民银行上海总部、各分行、营业管理部、省会（首府）城市中心支行。

新型农村组织加快发展。2010年，小额贷款公司、村镇银行、农村资金互助社、贷款公司等新型农村组织继续快速发展，金融支持“三农”的力量进一步加强。各地区小额贷款公司、农村资金互助社增长迅速，西部地区新型农村组织占比最高（见表5）。安徽336家小额贷款公司获准筹建，其中211家挂牌开业；云南批准设立228家小额贷款公司；宁夏新增342个“贫困村村级发展互助资金”组织；新疆新设157家农村资金互助组。新型农村组织扎根县域经济，资金主要投向“三农”和中小企业，助推全国31个省（自治区、直辖市）和5个计划单列市提前实现乡镇基础金融服务全覆盖。

适应农村经济发展的多样化金融产品和服务不断推出。内蒙古县域金融机构深入推进“一县一品”信贷政策产品化工作，创新信贷产品50余种；江西不断加强林业发展金融支持，林权抵押贷款余额占全国的1/3；辽宁各类农村金融产品和服务方式创新业务贷款年末余额已超过200亿元，惠及农户超过80万户；重庆在全国率先开展银行卡POS助农取款服务试点，采取与村委会合作的方式设立农村便民金融服务点，进一步探索解决偏远地区银行服务网点不足的问题。

二、各地区证券业

2010年，我国进一步完善证券市场基础性制度建设，积极推进融资融券业务试点、股指期货合约上市等产品创新。证券市场筹资规模增长较快，交易保持活跃，证券经营机构稳步发展。期货市场保持较快增长势头。

（一）上市公司数量增加，证券市场筹资规模增长较快

上市公司数量增加。截至2010年年末，我国境内上市公司总数(A、B股)2 063家，比上年增加345家，增长20.1%。分地区看，东部、中部、西部和东北地区境内上市公司数量占全国的比重分别为62.4%、15.2%、16.4%和6.1%（见表6），东部地区上市公司数量仍占全国的一半以上。

证券市场筹资规模增长较快。债券市场发行规

表6　2010年年末各地区证券业分布

单位：%

	东部	中部	西部	东北	全国
总部设在辖内的证券公司数	66.7	11.1	16.7	5.6	100.0
总部设在辖内的基金公司数	96.9	0.0	3.1	0.0	100.0
总部设在辖内的期货公司数	68.7	11.7	11.0	8.6	100.0
年末境内上市公司数	62.4	15.2	16.4	6.1	100.0
年末境外上市公司数	71.6	10.8	7.8	9.8	100.0
当年国内股票(A股)筹资额	74.0	11.5	10.1	4.4	100.0
当年发行H股筹资额	52.7	15.5	27.8	4.0	100.0
当年国内债券筹资额	74.1	11.0	11.4	3,5	100.0
其中：短期融资券筹资额	74.5	11.4	10.5	3.7	100.0
中期票据筹资额	78.8	9.6	9.5	2.1	100.0

数据来源：中国人民银行上海总部、各分行、营业管理部、省会（首府）城市中心支行。

模稳步扩大，东部和东北地区国内债券筹资额占比较上年有所下降，中部和西部地区占比较上年有所上升。股票市场筹资规模大幅增加，全年沪、深A股市场累计筹资8 955亿元，比上年增长129.9%，其中，北京、广东、上海筹资额居前三名，合计占当年国内A股筹资总额的一半。创业板市场稳步发展，全年公开发行创业板股票117只，筹资932亿元，占当年新股发行融资总额的20.1%。截至2010年年末，创业板上市公司153家，市值总计7 365亿元，比上年年末净增5 755亿元。

（二）股票市场交易保持活跃，证券经营机构稳步发展

股票市场交易保持活跃。全年沪、深两市累计成交54.6万亿元，同比多成交9 647 亿元。年末沪、深两市的股票总市值为26.5万亿元，比上年年末增长8.8%，占GDP的比重达到66.7%；股票流通市值为19.3万亿元，比上年年末增长 27.7%。年末，上证综合指数、深证成份指数分别比上年年末下跌14.3%和9.1%。

证券经营机构稳步发展。截至2010年年末，106家证券公司共有营业部4 644个，比上年年末增加688个，增幅为17%；总资产近2.0万亿元，净资本为4 319.3亿元，分别比上年同期下降3%和增长12.7%。全年106家证券公司均实现盈利，共实现营业收入1 911亿元，累计实现净利润775.6亿元，分别同比下降6.8%和16.9%。年末，全国共有基金管理公司63家，比上年年末增加3家；注册资本累积94.9亿元，比上年年末增加8亿元，增长9.2%；证券投资基金704只，比上年增加147只，基金资产净值合计达2.5万亿元。分地区看，基金公司仍集中分布在东部和西部地区，其中，东部地区60家，西部地区3家。

（三）期货市场保持较快增长势头，交易规模进一步扩大

2010年，我国期货市场保持了近年来的较快增长势头。全年期货交易规模进一步扩大，全国期货市场累计成交期货合约31.3亿手，成交金额达295.9万亿元，同比分别增长45.3%和136.9%。其中，沪深300股指期货累计成交9 174.7万手，成交金额为82.1万亿元，占全年期货市场成交总额的26.6%；已上市的23个商品期货品种累计成交30.4亿手，成交金额为227万亿元，占全年期货市场成交总额的73.4%。从成交金额占比看，上海期货交易所、郑州商品交易所、大连商品交易所和中国金融期货交易所四大交易所所占比例分别为39.9%、20.0%、13.5%和26.6%。其中，上海期货交易所、大连商品交易所成交金额所占份额同比分别下降16.6个和15.4个百分点；郑州商品交易所成交金额所占份额同比提高5.4个百分点；中国金融期货交易所自股指期货合约推出一年以来，成交金额占比快速上升，已超过大连及郑州商品交易所居第二位。

三、各地区保险业

2010年，面对金融危机带来的严重影响和国内外环境的深刻变化，我国进一步完善保险市场基础性制度建设，稳步推进各项改革，保险市场继续保持了良好发展势头。

（一）保险经营机构不断增加，保费收入稳步增长

2010年年末，我国共有保险法人公司146家，比上年增加8家；保险专业中介机构2 550家，兼业代理机构19万家，营销员330余万人。东部地区保险法人总部数量占全国的85.4%（见表7），集中度继续提高。保险公司的资产总额为5.0万亿元，同比增长22.0%。

表7　2010年年末各地区保险业分布

单位：%

项目	东部	中部	西部	东北	全国
总部设在辖内的保险公司数	85.4	3.1	6.3	5.2	100.0
其中：财产险经营主体数	78.6	4.8	9.5	7.1	100.0
寿险经营主体数	86.8	2.6	5.3	5.3	100.0
保险公司分支机构数	49.4	18.2	24.0	8.4	100.0
其中：财产险公司分支机构数	46.3	19.0	27.0	7.7	100.0
寿险公司分支机构数	50.0	18.3	22.3	9.5	100.0
保费收入	54.6	19.2	18.0	8.2	100.0
其中：财产险保费收入	56.0	16.2	20.2	7.7	100.0
人身险保费收入	54.0	20.4	17.2	8.4	100.0
各类赔款给付	54.6	18.0	18.6	8.9	100.0

数据来源：中国人民银行上海总部、各分行、营业管理部、省会（首府）城市中心支行。

全年实现保费收入（指原保险保费收入，下同）1.5万亿元，同比增长30.4%。中资保险公司保费收入占比为95.6%，同比下降0.3个百分点。分地区看，东部、中部、西部和东北地区保费收入同比增速分别为30.5%、31.5%、29.6%和28.4%。广东、江苏、山东三个省保费收入超过千亿元。在全国31个省（自治区、直辖市）中，海南省保费收入增速最快，同比增长45%。

（二）人身险和财产险业务发展态势良好，农业保险试点稳步推进

人身保险业实现平稳较快发展。2010年，全国人身保险保费收入为1.1万亿元，同比增长28.7%；行业实现总利润为654.4亿元，同比增长51.7%。人身险业务结构调整稳步推进，新单期交保费增速比趸交增速高7.2个百分点，银保渠道新单期交业务比趸交业务增速高33.5个百分点。分地区看，东部、中部、西部和东北地区人身保险保费收入同比增速分别为28.7%、28.8%、27.1%和25.3%。

财产保险业呈现持续健康发展的良好态势。2010年，财险公司实现保费收入为4 026.9亿元，同比增长34.6%；占全国保险业总保费收入的27.7%，同比提高0.9个百分点。中资财险公司保费收入为3 984.1亿元，占据了98.9%的市场份额，分地区看，东部、中部、西部和东北地区财产险保费收入同比增速分别为35.4%、42.0%、35.7%和38.6%，江西、海南、吉林同比增速超过50%，分别为63.2%、55.6%和50.5%。

农业保险工作取得积极成效。2010年，中央财政进一步加大了对农业保险的支持力度，各地政府纷纷出台政策支持农业保险发展。在政策引导的鼓励下，保险机构参与农业保险的积极性不断提高，农业保险经办主体从最初的6家增加到18家，并新开展了马铃薯、青稞、牦牛、藏系羊、天然橡胶保险等试点。目前，开办的险种已达14个，并覆盖了所有粮食主产区。黑龙江垦区的主要粮油作物基本实现了“应保尽保”；安徽农作物的总承保覆盖面达72%；内蒙古、吉林、新疆的主要农作物承保覆盖面均超过了70%；江西重点产粮县水稻保险基本实现全覆盖，全省农业保险保费收入同比增长79.6%，增速居全国第一位。随着覆盖面的扩大，农业保险已成为农民灾后恢复生产和灾区重建的重要资金来源。

（三）保险赔款和给付支出继续增长

2010年，保险业原保险赔付支出3 200亿元，同比增长2.4%。其中，财产险各类赔款及给付1 756亿元，同比增长11.4%；人身险各类赔款及给付1 444.4亿元，同比下降6.8%。分地区看，东部、中部、西部和东北地区各类赔款给付占比分别为54.6%、18%、18.6%和8.9%，与上年相比，东部和东北地区占比分别下降1.3个和0.7个百分点，中部和西部占比分别提高0.7个和1.4个百分点（见表7）。分省份看，青海、宁夏、四川等7个省份各类赔款给付支出增速达到两位数，北京、黑龙江、天津等9个省份出现了同比下降。

（四）保险密度和保险深度水平继续提高

全国31个省（自治区、直辖市）保险密度和保险深度均较上年有不同程度的提升。保险密度增长较快，各省份增幅均在15%以上，但区域差异仍然明显，东部地区高于中西部地区，保险密度最高的5个省份均在东部地区。保险深度排名与保险密度排名差别较大，除北京、上海保险深度和保险密度均居全国前两位外，江苏、浙江等保险密度较高的省份均位列保险深度10强之外，主要是由于这些省份的地区生产总值规模较大。

（五）各项改革创新稳步推进

2010年，我国大力推进改革创新，强化市场行为监管，出台保险投资新规，启动保险营销体制改革，推出信息披露管理办法。各地区保险业积极开发新产品、创新业务模式，保险业服务经济社会发展全局能力进一步增强。天津保险参与新农村建设取得新进展；辽宁森林保险、科技保险、环境污染责任保险试点项目取得实质性突破；江苏在全国首创包含“自然灾害条款”的保险产品，广东省在推广外币保单、电子保单、“湛江模式”等方面成效显著。

四、资金流向和融资结构

（一）东部、西部和东北地区为现金净投放，中部地区为现金净回笼

2010年，伴随着国内经济的企稳回升，在物价持续上涨、企业投资稳步增长、居民消费需求旺盛等因素的共同影响下，全年现金收支水平呈现增长态势，净投放现金6 381亿元，比上年多投放2 354亿元。除中部地区外，各地区现金净投放均较上年明显增长。

东部地区是我国现金净投放较为集中的地区，全年净投放比上年增长45.9%。东部各省均呈现现金净投放，其中，山东受经济企稳回升、农副产品价格走高、居民消费势头强劲等因素影响，由净回笼转为净投放。

中部地区仍然是全国唯一的现金净回笼地区，全年净回笼增长12%。山西是本地区唯一的净投放省份，且净投放再创新高；安徽、河南两省净回笼现金均超过500亿元，物价持续上涨、住房汽车销售火爆使商品销售净收入多增等带动了其现金净回笼的大幅增加。

西部地区现金净投放比上年增长74.0%。其中，四川因灾后重建等原因，现金净投放增长近两倍；云南受农副产品收购、政府补贴直接到户等影响现金净投放增长也超过一倍；广西、重庆、陕西作为劳务输出大省仍然为现金净回笼。

东北地区受粮食价格大幅上涨等因素的影响，3省均呈现现金净投放，全年增长84.9%。

（二）货币市场交易活跃，资金融入融出规模明显扩大

2010年，我国货币市场交易活跃，成交量快速增长。其中，现券成交64万亿元，同比增长35.5%；拆借成交27.9万亿元，同比增长44%；质押式回购与买断式回购成交87.6万亿元，同比增长24.6%。

资金流动仍然呈现东部地区向其他地区流动的态势。东部地区净融出资金15.0万亿元，同比多融出4.4万亿元。作为我国经济金融高度发展的地区，东部地区既集中了全国主要资金净融出地北京和上海，也有净融入规模居前四位的广东、江苏、天津

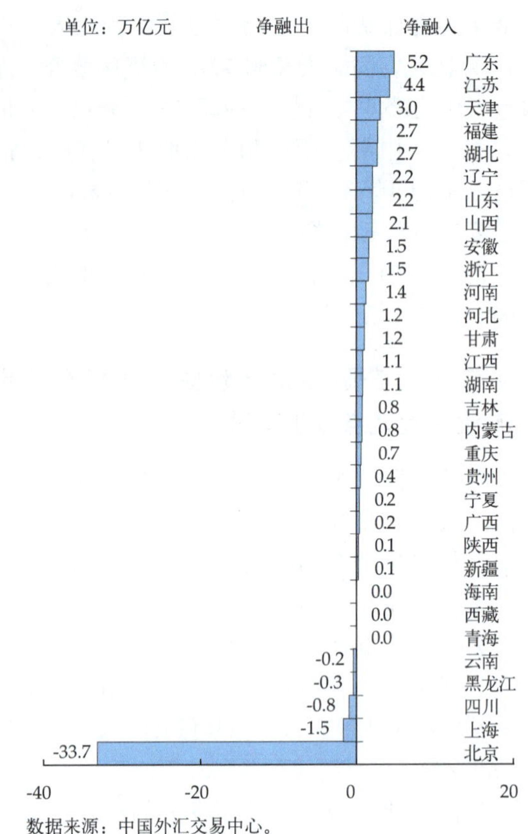

图3　2010年货币市场资金净融入（净融出）情况

和福建。中部地区资金需求增长，净融入9.9万亿元，比上年多融入2.5万亿元。西部和东北地区资金净融入规模分别为2.5万亿元和2.6万亿元，均比上年多融入0.8万亿元。

（三）票据融资余额持续下降，票据市场利率震荡攀升

2010年以来，受金融机构加强信贷资产结构调整影响，票据融资余额逐季度下降。2010年年末，票据融资余额为1.5万亿元，同比下降了37.9%，全国除贵州、青海、宁夏和西藏外均为下降；票据融资余额占贷款余额的比例为3.1%，同比下降近3个百分点。分地区看，东部、中部、西部和东北地区票据融资余额同比分别下降35.8%、33.8%、27.9%和34.0%。

票据市场交易总体较为活跃。2010年，企业累计签发商业汇票12.2万亿元，同比增长18.5%。银行承兑汇票累计发生额为11.6万亿元，比上年增长14.9%；年末，银行承兑汇票余额为5.6万亿元，

同比增长35.9%，其中，东部、西部和东北地区银行承兑汇票余额分别增长8.9%、52.7%和55.2%，中部地区下降27.6%。商业汇票贴现累计发生额为26.0万亿元，比上年增长12.4%，其中，东部、西部和东北地区分别增长6.9%、5.6%和20.9%，而中部地区下降17.4%。中部地区票据业务增速下滑，在地区分布中的比重相应下降（见表8）。

票据市场利率震荡攀升，总体处于高位运行。年初票据市场利率明显高于货币市场利率，第二季度以后，随着信贷总量增速趋缓，金融机构持有票据的意愿增强，票据市场利率有所回落。下半年，随着货币市场利率逐步走高，票据市场利率持续上扬，特别是第四季度，票据市场利率上升幅度较大，银行承兑汇票和商业承兑汇票贴现加权平均利率分别在4.18%～5.86%和3.96%～7.13%之间，买断式、回购式票据转贴现加权平均利率分别在3.19%～5.09%和3.70%～5.51%之间，明显高于上年同期。各地区银行承兑汇票贴现、买断式、回购式票据转贴现加权平均利率的水平和走势基本一致。

表8　2010年年末票据业务地区分布

单位：%

项目	东部	中部	西部	东北	全国
银行承兑汇票承兑余额	68.8	13.4	12.2	5.6	100.0
银行承兑汇票承兑累计发生额	69.5	14.0	11.5	5.0	100.0
票据贴现余额	56.5	17.0	17.0	9.6	100.0
票据贴现累计发生额	41.7	29.7	15.0	13.6	100.0

数据来源：中国人民银行上海总部、各分行、营业管理部、省会（首府）城市中心支行。

（四）直接融资在资金配置中的占比进一步提高，中西部债券融资规模保持较快增长

2010年，全国各地区非金融机构部门融资结构明显优化，占主导地位的贷款融资量占比较上年下降6个百分点；直接融资在资金配置中的比重进一步提高，股票和企业债券融资量占比较上年上升3.5个百分点，除甘肃和吉林外，各省份直接融资比重均为上升。从各地区融资额增速看，东部、中部、西部和东北地区贷款融资量比上年分别下降24.3%、16.1%、15.3%和18.3%；股票融资量比上年分别增长40.0%、109.2%、56.1%和974.6%；债券融资增长情况存在地区差异，中西部地区债券融资规模保持较快增长，东部和东北地区有所下降（见表9）。从融资额地区分布来看，各种融资方式均维持“东部高，中西部、东北部逐渐降低”的格局（见表10），但东部地区融资额占比有所下降，贷款、债券和股票的融资额占比较上年分别下降2.4个、3.8个和8.5个百分点。

表9　2010年各地区非金融机构部门融资额增速

单位：%

	东部	中部	西部	东北
贷款	-24.3	-16.1	-15.3	-18.3
债券(含可转债)	-10.8	41.0	76.1	-2.4
其中：短期融资券	33.3	118.2	52.0	67.9
中期票据	-30.5	13.0	132.7	-34.8
中小企业集合债	293.4	—	-32.7	—
股票	40.0	109.2	56.1	974.6

注：贷款按新增额计算，债券融资均按当年发行数计算。

数据来源：中国人民银行上海总部、各分行、营业管理部、省会（首府）城市中心支行。

表10　2010年非金融机构部门融资额地区分布

单位：%

	东部	中部	西部	东北	合计
贷款	57.1	15.5	20.4	6.9	100.0
债券(含可转债)	75.1	10.5	10.9	3.5	100.0
其中：短期融资券	74.6	11.4	10.5	3.5	100.0
中期票据	78.6	9.6	9.5	2.3	100.0
中小企业集合债	66.0	2.7	29.0	2.3	100.0
股票	67.7	14.7	12.4	5.2	100.0

数据来源：中国人民银行上海总部、各分行、营业管理部、省会（首府）城市中心支行。

五、金融生态环境建设

2010年，全国各地区深入推进金融生态环境建设，积极探索建立有效的工作机制，信用环境和司法环境持续改善，社会信用意识不断增强，征信服务功能和支付结算服务水平进一步优化。

一是各地区加快政府职能转换，为金融良性发展营造有利环境。广东出台了地区改革发展规划，明确了广东金融业当前及今后一个时期的定位、目标、思路和重点任务；广西出台了实施政务公开和政府信息公开的工作要点，深化行政审批制度改革，投融资环境进一步改善；河北、江西、云南、湖南通过出台指导意见或召开联席会议的形式全面

推进金融生态环境建设；辽宁、安徽带头开展政府关联类贷款清理工作，起到了良好的示范效应。

二是继续完善金融生态环境评价体系，县域金融生态评估工作取得实效。宁夏、新疆出台了金融生态环境建设考核评价办法；湖南、四川、陕西、江苏、湖北5个省份对辖区部分县（市、区）进行了金融生态环境评估；四川按照“申报、初选、复审”三步法在全省范围量化评估，并对9县（区、市）授予“金融生态环境示范县（区、市）”的称号，有力地推动了辖区经济金融良性互动和灾后恢复重建；湖南开展“金融安全区”创建工作，已建立省级金融安全区11个，市级金融安全区34个。

三是夯实金融生态基础，扩大征信系统覆盖面和使用面。天津、河北、浙江等9个省份继续拓展非银行信用信息采集范围，如天津将质监、劳动、环保、安监、海关、农业、建设、规划等部门的部分行政执法与资质信息相继采集入库；江西、重庆率先将小额贷款公司纳入征信系统，促进小额贷款公司稳健发展；辽宁、福建等省份将个人征信记录作为部分地市人大和政协代表选举、公务员招聘、环境违法治理、先进评选的重要依据。

四是加强社会信用体系建设力度，加快中小企业信用体系建设步伐，社会效应初步显现。海南、河北、北京等6个省份出台了未来一段时期的社会信用体系建设方案；青海探索搭建“青海省金融经济综合信息服务平台”，通过引进评级公司等创新举措，推动征信市场健康发展；浙江、山东、河南、云南、宁夏等17个省份推进中小企业信用档案建档工作；江苏研发了全省统一模式的“中小企业信用信息辅助管理系统”，强力推进中小企业信用体系建设。

五是扩大农户信用记录建档覆盖面，进一步改善农村金融生态环境。西藏、青海、宁夏等西部省份逐步为农户建立信用档案；“信用乡、信用村、信用户”的创建模式在山西、江西、山东等10个省份得到良好运用；黑龙江推动农户信用档案电子化评分系统建设，已将147万农户录入农户电子信用档案信息管理及评分系统；江苏以农村青年信用示范户创建为抓手，建立了农户及农村合作经济组织信用档案，目前已建立农户信用档案860万户，建档面达65%。

六是继续推进司法环境建设，建立健全打击金融违法犯罪的有效机制。福建专门出台了针对台湾同胞的投资保护办法，促进两岸区域性金融服务中心建设；北京、内蒙古、山东等省份加强与公安机关等部门合作，严厉打击洗钱、假币及信用卡诈骗行为，新疆破获全国首例期货洗钱案；福建在全国率先建立“以县为块”的反洗钱资金监测“情报网”，在中国人民银行各级分支机构与金融机构间搭建“信息高速路网络”，可疑交易监测能力明显提高；广东成功开发第一套涵盖产险和寿险业务的“保险业反洗钱现场检查软件”。

七是进一步完善金融基础设施建设，有力地提升了农村支付环境。辽宁、河南网上支付跨行清算系统、电子商业汇票系统成功上线运行；广东、海南、福建、湖南依托金融IC卡推进支付工具升级；海南全力推进贸易投资、外币兑换、刷卡消费、资金汇划“四个便利化”，在全国首创开展由4S店实时代征扣缴车辆购置税业务；内蒙古、宁夏、贵州等省份加强农村支付体系的延伸，如吉林依托银行系统、网上银行等新兴电子支付工具，有效地保障了农户粮食收购结算资金。

八是加强监测，有效防范金融风险。内蒙古建立“属地监测+风险提示+风险排查+汇总分析”三级行风险监测联动模式；重庆通过与外省毗邻地区建立协作机制，对银行分类别、分区县定量评估，全市金融机构贷款不良率降至0.9%。

第二部分　区域经济运行情况

2010年，面对复杂的国内外经济环境和严峻的自然灾害等挑战，全国各地区在党中央、国务院的领导下，深入贯彻落实各项宏观调控政策，加快转变经济发展方式，有效地巩固和扩大了应对国际金融危机冲击的成果，经济运行态势总体良好，区域经济发展协调性进一步增强。全年东部、中部、西部、东北地区分别实现地区生产总值22.9万亿元、8.5万亿元、8.1万亿元和3.7万亿元，地区生产总值加权平均增长率分别为12.3%、13.8%、14.2%和15.4%，比上年分别提高1.5个、2.1个、0.7个和2.8个百分点（见表11）。

表11　2010年各地区生产总值比重和增长率

单位：%

	占比		加权平均增长率	
		比上年增减		比上年增减
东部	53.0	-0.7	12.3	1.5
中部	19.7	0.3	13.8	2.1
西部	18.7	0.2	14.2	0.7
东北	8.6	0.2	15.4	2.8

注：我国各省份地区生产总值加权平均增长速度为13.1%，比国家统计局公布的全国国民生产总值增速（10.3%）高2.8个百分点。

数据来源：国家统计局《中国统计摘要》、中国人民银行工作人员计算。

一、消费、投资、净出口和政府支出

（一）农村居民收入增速快于城镇居民，消费需求对经济增长拉动力增强

2010年，在经济平稳较快增长、社会保障进一步加强以及各项惠农政策贯彻落实到位等积极因素的作用下，各地区城乡居民收入继续稳定增加。全年城镇居民人均可支配收入和农村居民人均纯收入分别为19 109元和5 919元，扣除价格因素，分别实际增长7.8%和10.9%，同比回落2.0个和提高2.4个百分点。“十一五”期间，城乡居民收入增幅差距逐步缩小，2010年农村居民实际收入增幅首次高于城镇居民实际收入增幅。

各地区城镇居民收入仍呈现地区差异，但差距有所缩小。2010年，中部、西部和东北地区城镇居民家庭人均可支配收入与东部地区城镇居民家庭人均可支配收入之比分别为65.4%、63.7%、65.0%（见表12）。城镇居民家庭人均可支配收入前10位的省份中，有8个为东部省份，其中，收入超过2万元的省份由上年的6个增加到7个。西部地区城镇居民家庭人均可支配收入水平总体较低，城镇居民家庭人均可支配收入后10位的省份中，有7个为西部省份。东部、中部、西部和东北地区城镇居民家庭人均可支配收入同比分别增长11.2%、11.1%、10.8%和11.0%。

2010年，东部地区农村居民人均纯收入最高，并首次超万元，东北地区农村居民人均纯收入增长17.8%，增速最快（见表13）。与城镇居民收入相比，各地区农村居民收入差距较大，中部、西部、东北地区农村居民人均纯收入分别是东部地区的54.9%、44.9%、64.6%。农村居民人均纯收入前十位的省份全部集中在东部和东北地区，其中，上海、北京、天津和浙江4个东部省份的农村居民人均纯收入超万元，低于5 000元的有10个省份，比上年减少6个，除山西外，全部集中在西部地区。

表12　2010年各地区城镇居民人均可支配收入

单位：元、%

	城镇居民人均可支配收入		各地区与东部之比	
		加权平均增长率		比上年增减
东部	24 357.0	11.2	100.0	—
中部	15 919.4	11.1	65.4	0.1
西部	15 525.8	10.8	63.7	0.0
东北	15 820.6	11.0	65.0	0.2

数据来源：国家统计局《中国统计摘要》、中国人民银行工作人员计算。

农村居民平均消费倾向高于城镇居民。2010年，各地区农村居民平均消费倾向为74%，比城镇高4个百分点。与上年相比，农村居民和城镇居民平均消费倾向分别下降3个和2个百分点。分地区看，城镇居民平均消费倾向东部地区最低、东北地区最高，农村居民平均消费倾向东北地区最低、西部地区最高（见图4）。

表13　2010年各地区农村居民人均纯收入

单位：元、%

	农村居民人均纯收入		各地区与东部之比	
		加权平均增长率		比上年增减
东部	10 005.5	13.7	100.0	—
中部	5 490.1	14.8	54.9	-0.2
西部	4 489.8	16.0	44.9	0.5
东北	6 468.2	17.8	64.6	1.3

数据来源：国家统计局《中国统计摘要》、中国人民银行工作人员计算。

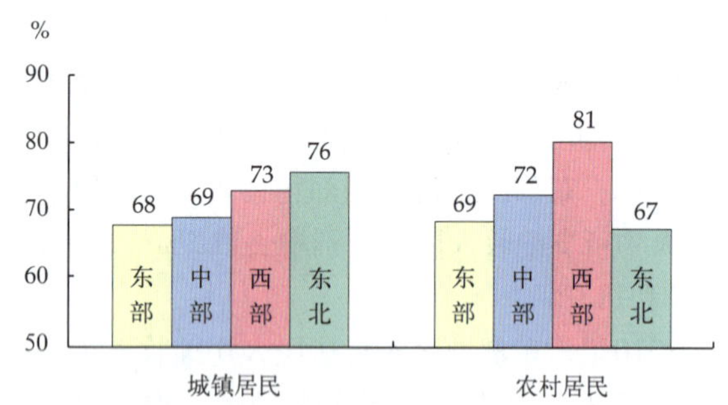

数据来源：国家统计局《中国统计摘要》、中国人民银行工作人员计算。

图4　2010年各地区居民平均消费倾向

各地区城乡消费平稳较快增长。2010年，全国社会消费品零售总额为15.7万亿元，比上年增长18.3%；扣除价格因素，实际增长14.8%。其中，金银珠宝、家具、汽车、家用电器和音像器材等热点消费快速增长。分地区看，东部地区占全国消费品零售总额比重最高，中部、西部和东北地区增速快于东部地区（见表14）。分城乡看，城镇消费品零售额为13.6万亿元，增长18.7%；乡村消费品零售额为2.1万亿元，增长16.2%。

表14　2010年各地区社会商品零售额比重和增长率

单位：%

	占比		加权平均增长率	
		比上年增减		比上年增减
东部	53.4	-0.2	18.1	2.9
中部	20.0	0.1	18.6	2.5
西部	17.4	0.1	18.7	2.7
东北	9.2	0.0	18.6	2.8

数据来源：国家统计局《中国统计摘要》、中国人民银行工作人员计算。

随着城乡居民消费结构升级，食品支出比重继续下降，恩格尔系数总体延续下降趋势（见图5）。但受食品价格涨幅较大的影响，部分地区农村居民家庭食品支出占比略有上升。2010年，城镇居民恩格尔系数为35.7%，较上年下降0.8个百分点，农村居民恩格尔系数为41.1%，较上年略升0.1个百分点。分地区看，各地区城镇居民恩格尔系数均较上年下降；东北地区农村居民恩格尔系数较上年上升1.8个百分点，其他地区与上年略有下降或基本持平（见图6）。

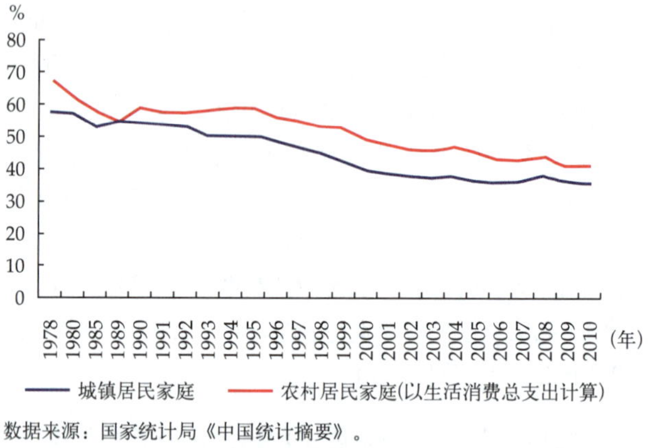

数据来源：国家统计局《中国统计摘要》。

图5　1978~2010年我国城乡居民家庭恩格尔系数变动趋势

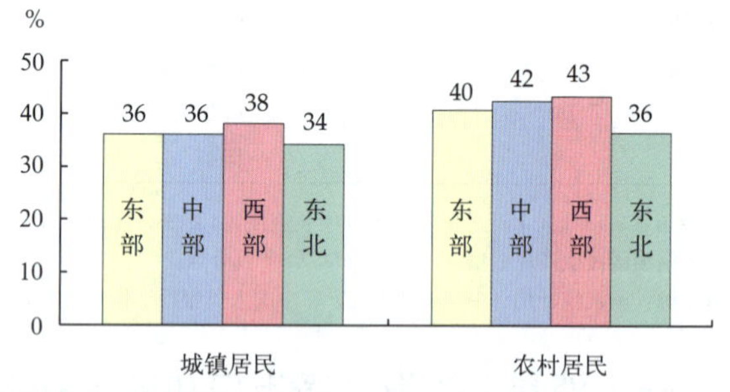

数据来源：国家统计局《中国统计摘要》、中国人民银行工作人员计算。

图6　2010年各地区恩格尔系数

（二）各地区固定资产投资增速平稳回落，投资的地区结构进一步改善

2010年，全社会固定资产投资27.8万亿元，比上年增长23.8%，增速比上年回落6.2个百分点，扣除价格因素，实际增长19.5%。其中，城镇固定资产投资为24.1万亿元，增长24.5%，农村固定资产投资为3.7万亿元，增长19.7%，固定资产投资增速的城乡差距较上年略有扩大。分地区看，各地区的城镇固定资产投资增速均从高位有所回落，东北地区城镇固定资产投资增速降幅较小，增速跃居各区域板块第一位，中西部地区城镇固

定资产投资增速继续快于东部地区（见表15）。分省份看，广西、甘肃、宁夏、黑龙江等10个省份的城镇固定资产投资增速超过30%，上海城镇固定资产投资增速不到1%。

城镇固定资产投资资金来源中，自筹资金增速最快，利用外资扭转了上年持续滑落的态势。国家预算内资金增长13.6%，国内贷款增长19.2%，增幅比上年收窄。全年国家预算内资金、国内贷款、利用外资和自筹资金占比分别为4.8%、16.5%、1.6%和61.0%。

表15 2010年各地区城镇固定资产投资比重和增长率

单位：%

	占比		加权平均增长率	
		比上年增减		比上年增减
东部	40.2	-1.1	21.9	-1.1
中部	23.7	0.3	26.6	-9.9
西部	23.8	0.3	26.4	-8.6
东北	12.3	0.5	29.5	-2.8

注：全国固定资产投资含不分地区的投资（占2.8%左右），如跨区投资，故各地区投资额汇总数不等于全国数。

数据来源：国家统计局《中国统计摘要》、中国人民银行工作人员计算。

（三）各地区外贸进出口恢复到危机前水平，利用外资平稳较快回升

2010年，在世界经济继续缓慢复苏，国内经济持续较快增长，稳出口、扩进口政策效应继续显现，企业整体竞争力进一步提升等因素的共同作用下，我国外贸呈现较快增长态势，已恢复到危机前的水平。东部、中部、西部和东北地区进出口总额比上年分别增长33.8%、72.8%、40.2%和35.3%，分别加快47.1个、94.5个、54.5个和51.7个百分点。各地区出口和进口均扭转了上年的下滑态势，中西部地区出口和进口增速快于东部地区(见表16、表17)。

表16 2010年各地区出口额比重和增长率

单位：%

	占比		加权平均增长率	
		比上年增减		比上年增减
东部	87.4	-0.9	30.2	44.7
中部	4.0	0.5	53.0	82.0
西部	4.6	0.3	42.3	62.9
东北	4.0	0.1	38.3	64.7

数据来源：国家统计局《中国经济景气月报》、中国人民银行工作人员计算。

表17 2010年各地区进口额比重和增长率

单位：%

	占比		加权平均增长率	
		比上年增减		比上年增减
东部	87.9	-0.2	38.7	50.2
中部	3.8	0.3	50.0	58.1
西部	4.0	0.1	43.8	43.2
东北	4.2	-0.2	34.2	36.4

数据来源：国家统计局《中国经济景气月报》、中国人民银行工作人员计算。

各地区贸易顺差情况差异较大。东部、中部、西部和东北地区分别实现顺差1 523.2亿美元、102.6亿美元、157.8亿美元和47.4亿美元。与上年相比，东部地区减少227.1亿美元，中部、西部和东北地区分别扩大43.5亿美元、33.8亿美元和24.0亿美元。分

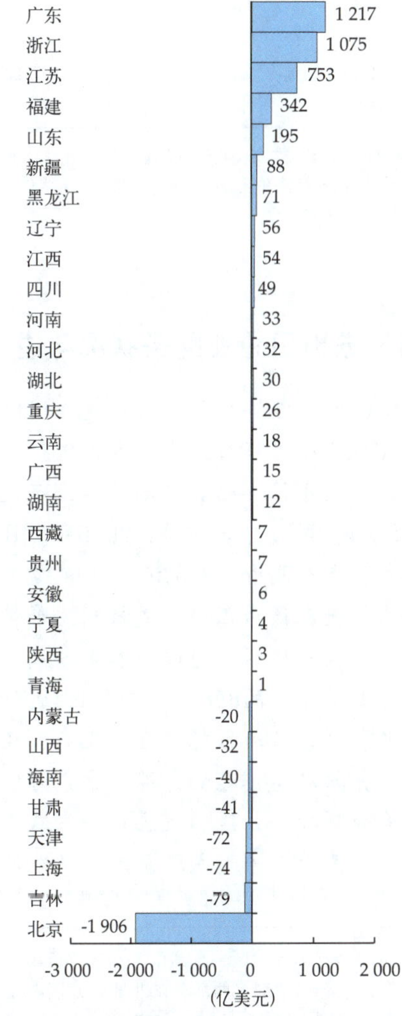

数据来源：国家统计局《中国经济景气月报》。

图7 2010年各地区进出口差额

省份看，北京、吉林、上海等8个省份为贸易逆差，而广东和浙江的贸易顺差超千亿美元（见图7）。

2010年，各地区实际利用外资实现了平稳较快回升。随着中西部地区交通、教育等基础设施的不断改善，外商投资企业在华投资正向中西部地区进行新一轮产业转移，中西部地区利用外资大幅增长。从占比情况看，东部地区实际利用外资占全国的比重继续下降，中部、西部和东北地区比重有所上升（见表18）。分省份看，江苏、辽宁、广东、上海、浙江、天津、福建实际利用外资均超过100亿美元，其中，江苏实际利用外资达到285亿美元，居全国第一位。实际利用外资增速前五位的省份依次为贵州、四川、海南、重庆、云南，主要集中在西部地区。

表18　2010年各地区实际利用外资比重和增长率

单位：%

	占比		加权平均增长率	
		比上年增减		比上年增减
东部	60.9	-3.8	10.0	7.4
中部	14.6	0.6	22.1	11.9
西部	11.2	1.8	45.5	22.8
东北	13.3	1.4	30.9	7.7

注：本表中实际利用外资额为实际使用外商直接投资，不包括其他外资。

数据来源：各省份《国民经济和社会发展统计公报》、各省份统计局网站、中国人民银行工作人员计算。

各地区"走出去"战略步伐加快，对外投资创历史新高。2010年，全国累计实现非金融类对外直接投资590亿美元，同比增长36.3%。东部地区仍是对外投资的主要地区，浙江、辽宁、山东、上海、江苏为非金融类对外直接投资最多的5个省份。以海外收购方式实现的对外投资比例逐年提高，2010年以收购方式实现的直接投资238亿美元，占投资总额的40.3%，收购领域主要涉及采矿业、制造业、电力生产和供应业、专业技术服务业等。

跨境贸易人民币结算试点业务快速发展。2010年6月，境内试点地区由上海和广东的4个城市扩大到20个省份。自试点扩大以来，各试点地区跨境贸易人民币结算业务稳定增长，年末，银行累计办理跨境贸易人民币结算业务5 063.4亿元。2010年10月，新疆率先开展跨境直接投资人民币结算试点。截至2010年年末，各试点地区共办理人民币跨境投融资交易386笔、金额701.7亿元。

专栏3　进出口企业财务状况与进一步推进人民币汇率形成机制改革

根据国内外经济金融形势和我国国际收支状况，2010年6月19日，中国人民银行决定进一步推进人民币汇率形成机制改革，人民币汇率双向浮动，弹性显著增强，2010年6月19日至2010年年末人民币对美元汇率升值3%。为了解进一步推进人民币汇率形成机制改革对企业的影响，中国人民银行通过问卷等方式对23个省份和计划单列市的858家样本企业①进行了调查。结果表明，各地区样本企业生产、经营、就业和财务状况总体趋好，综合竞争力稳步提高，大部分样本企业能积极应对并基本适应汇率波动，人民币汇率形成机制改革促进外贸结构调整和产业升级的效应逐步显现。

一、各地区进出口企业生产、经营和就业平稳

企业进出口额继续增长，出口价格稳中有升。问卷调查显示，2010年第四季度，67.7%的样本企业出口销售额环比增长或持平，增长幅度在5%以上的企业占样本的28.7%。外部需求增长仍是首要推动因素，有73.3%的样本企业认为"国际市场需求的变化"是影响当期出口销售额的最主要因素。另外，出口价格上涨也是名义出口销售额增长的重要原因。2010年第四季度，31.4%的样本企业出口产品单价环比增

①此次上述23个省（自治区、直辖市）2010年进出口总值占全国进出口总值的比重为95.1%。858家样本企业的分布如下：从地区分布看，东部、中部、西部和东北地区分别占52.6%、7.3%、9.2%和30.9%；从外贸业务类型看，纯出口、纯进口和进出口兼营的企业分别占31.6%、2.7%和65.7%；从行业类别看，最集中的四个行业分别是服务业（含进出口商贸业）、电子及通信设备制造业、纺织服装及鞋帽制造业、化工业。

长，其中，提价幅度在5%以上的企业占13.1%，表明部分企业通过提价来维持利润空间。

出口订单总体增加，短单占比较高。2010年第四季度，样本企业出口在手订单较上季度增长的企业占比为40.0%，下降的企业占比仅为25.6%，但企业出口订单总体以短订单为主，6个月内的订单占比为86.7%。同时，由于担忧外部需求增长的不确定性，大部分样本企业对下季度出口形势的判断趋于谨慎，在对下季度的预测中，分别仅有29.1%和33.8%的企业预计订单和出口额将继续增长。

进一步推进人民币汇率形成机制改革对就业的影响总体平稳。从全局的视角分析，汇率弹性的增强促使各地区的出口由简单加工转向深加工和精加工，提高产品附加值，延长产业链和细化分工，有助于调整优化就业结构，从而增加就业总量，同时，也有助于加快服务业的发展，吸纳更多就业。从开工率和吸纳就业情况看，2010年下半年以来，各地区就业保持稳定。2010年第四季度，83.8%的样本企业开工率在80%以上，其中，东部地区该比例为88.5%，17.7%的样本企业就业人数较上季度增长，72.6%的样本企业的就业人数基本不变。同时，87.2%的样本企业预计下季度环比就业人数将出现增长或持平，反映就业增长趋势有望持续。

二、各地区进出口企业积极应对人民币汇率波动

除国际市场需求、产品价格、外贸政策、原材料和劳动力成本等因素之外，汇率变化对各地区企业的影响也较强，各地区企业的汇率风险意识逐步增强，应对能力逐步提高。2010年第四季度的问卷调查显示，65.6%的样本企业预期未来半年内人民币对美元汇率将会升值，其中，50.3%的企业认为升值幅度将会在1%～3%的范围内。在此背景下，各地区企业积极采取措施规避汇率风险，其中，“改变出口货款回笼速度”、“贸易融资”和“利用境内银行提供的外汇衍生产品”是主要的三种避险方式，分别被35.0%、33.9%和30.5%的样本企业所采用。同时，随着跨境贸易人民币结算试点范围的扩大，“改用人民币计价结算”的样本企业占比已经达到18.1%。另外，还有15.6%的样本企业未采用任何经济手段对汇率风险进行管理，相关企业反映，主要由于其不具备从事衍生产品交易的便利条件、对汇率变动方向幅度的不确定及衍生产品的匮乏。

另一方面，汇率弹性增强促使各地区企业采取多种经营策略提高整体竞争力，越来越多的企业开始具备积极调整和应对市场变化的灵活性和能力。问卷调查显示，62.4%的样本企业通过“提高生产效率、降低生产成本”应对压力，52.8%的样本企业加大了研发和创新力度，通过“提高产品档次、技术含量和附加值”，加快产品升级换代；39.0%的样本企业“通过谈判维护出口产品价格”，30.1%的样本企业提高品牌影响力或创立自主品牌，另有16.6%的样本企业“开拓国内市场，增加国内销量”。人民币汇率形成机制改革促进外贸结构调整和产业升级的效应逐步显现，2010 年我国机电产品和高科技产品出口分别增长30.9%和30.7%，增速比上年大幅提高，两类产品合计占2010年出口总值的90.4%，其中，东部、中部、西部和东北地区机电及高科技产品分别占其全年出口总值的96.2%、55.7%、49.0%和45.7%。

三、各地区进出口企业财务状况总体良好

由于企业的积极应对，2010年进一步推进人民币汇率形成机制改革以来，尽管由于同期人民币汇率升值，与2009年第四季度相比，人民币汇率与出口每美元成本的价差有所缩小，但各地区出口企业销售利润率总体呈上升态势，出口每美元成本大多低于当期汇率水平。根据全国23个省份外汇管理局相关监测数据，2010年第四季度，各地区平均出口销售利润率为4.34%，同比提高1.03个百分点，环比提高0.66个百分点，其中，东北和中部地区企业出口销售利润率高于东部和西部地区。尽管目前企业压缩财务费用和管理费用的空间日益缩小，而原材料价格和劳动力成本仍可能波动上行，企业继续提价的难度上升，从而可能在短期内给企业带来一定压力，但各地区企业不断提高

表19 各地区样本企业出口销售利润率和出口每美元成本

单位：%、元

	2009年第四季度		2010年第三季度		2010年第四季度	
	出口销售利润率	出口每美元成本	出口销售利润率	出口每美元成本	出口销售利润率	出口每美元成本
东部	3.35	6.5968	2.29	6.6137	9.79	6.4671
中部	3.62	6.5769	5.83	6.3639	8.52	6.1855
西部	0.48	6.7477	6.68	6.3176	2.74	6.4683
东北	4.29	6.6169	7.43	6.2781	3.59	6.4145
合计	3.30	6.6062	3.67	6.5542	4.34	6.4520

数据来源：各地区外汇管理局、中国人民银行工作人员计算。

劳动生产率和经营效率，压缩生产成本，2010年第四季度，各地区样本企业的平均出口每美元成本为6.4520元，继续呈下降态势。

总体来看，进一步推进人民币汇率形成机制改革对实体经济的影响积极，下一阶段，中国人民银行将继续按照“主动性、可控性、渐进性”的原则，继续完善人民币汇率形成机制。随着人民币汇率弹性增强，需要进一步完善配套措施，提高微观经济主体外汇风险应对能力。各地区企业应高度重视外部经济环境变化对生产经营的影响，更为积极地应对挑战，积极转换贸易发展模式，着力提高整体竞争力。各地区金融机构应加强相关金融产品和服务方式创新及推广，协助企业管理汇率风险，为外贸企业的平稳健康发展创造更为有利的金融环境。

（四）各地区财政收入增长较快，财政支出结构进一步优化

2010年，由于经济平稳较快增长、价格水平上涨、汽车旺销带动车辆购置税和消费税大幅增长、上年基数相对较低等原因，我国财政收入增长较快，增速呈现前高后低走势。全年全国财政收入为8.3万亿元，同比增长21.3%，其中，税收收入为7.3万亿元，同比增长23%。分地区看，各地区地方本级财政收入增速均较上年大幅提高，其中，东部地区财政收入占全国比重有所下降，其他地区财政收入占全国比重不同程度地上升（见表20）。分省份看，海南、重庆、宁夏、江西、安徽、四川、陕西、天津等省份财政收入增速超过30%。

2010年，积极的财政政策继续得到有效落实，各地区财政支出结构进一步优化，重点支持了教育、医疗卫生、社会保障和就业、文化等民生方面，加大了对“三农”的投入力度。东北地区财政支出增速高于其他地区，西部和东北地区财政支出占全国比重有所提高。分省份看，青海、宁夏、重庆、山东、新疆和广东等省份的地方本级财政支出增速超过25%。

表20 2010年各地区财政收入和财政支出情况

单位：%

	地方本级财政收入				地方本级财政支出			
	占比		加权平均增长率		占比		加权平均增长率	
		比上年增减		比上年增减		比上年增减		比上年增减
东部	56.1	-1.5	22.7	10.3	40.5	-0.3	20.3	-0.1
中部	15.5	0.1	26.3	11.7	20.3	-0.2	20.2	-6.3
西部	19.4	0.8	31.7	13.9	29.0	0.2	22.5	-5.4
东北	8.2	-0.1	23.7	8.3	9.8	-0.1	19.8	-4.1

注：地方本级财政收入不含中央税收返还和补助收入；地方本级财政支出不含上解中央支出。

数据来源：各省份《国民经济和社会发展统计公报》、各省份统计局网站、中国人民银行工作人员计算。

二、产出和供给

2010年，各地区加快推进经济发展方式转变和经济结构调整，经济实现平稳较快发展。与上年相比，各地区第一、第二产业增速加快，第三产业增速小幅回落（见表21）。

（一）农业生产稳定增长，农业基础得到加强

农业增加值稳步增长。东部、中部、西部和东

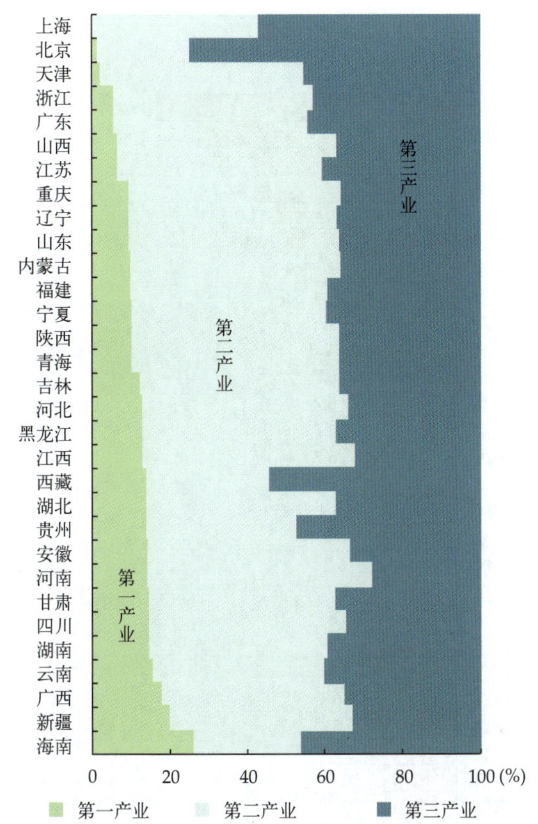

数据来源：国家统计局《中国统计摘要》、中国人民银行工作人员计算。

图8　2010年各省份三次产业结构

表21　2010年三次产业的地区分布和各地区三次产业的比重和增长率

单位：%

	东部	中部	西部	东北	地区合计
三次产业的地区分布					
第一产业	36.1	27.7	26.4	9.8	100.0
第二产业	52.1	20.6	18.5	8.9	100.0
第三产业	58.1	16.8	17.1	7.9	100.0
各地区三次产业的比重					
第一产业	6.4	13.2	13.2	10.7	9.4
第二产业	49.8	52.7	50.1	52.3	50.6
第三产业	43.9	34.1	36.7	37.0	40.0
地区生产总值	100.0	100.0	100.0	100.0	100.0
各地区三次产业的增长率					
第一产业	3.7	4.5	4.9	5.3	4.4
第二产业	14.3	18.4	18.9	16.6	16.2
第三产业	11.1	10.4	11.3	11.6	11.1
地区生产总值	12.3	13.8	14.2	13.6	13.1

注：我国各省份三次产业加权平均增长率分别比国家统计局公布的三次产业增长率高0.1个、4.0个和1.6个百分点。

数据来源：国家统计局网站、各省份《国民经济和社会发展统计公报》、国家统计局《中国统计摘要》、中国人民银行工作人员计算。

北地区农业增加值分别增长3.7%、4.5%、4.9%和5.3%，占全国的比重分别为36.1%、27.7%、26.4%和9.8%（见表21）。东北地区粮食播种面积和粮食产量实现双增，农业增加值增速继续领先全国其他地区。宁夏、海南着力调整和优化农业结构，农业增加值增速居全国前两位。

粮食等主要农产品稳定增产。克服部分地区特大干旱、低温寡照、严重洪涝等灾害的影响，全年粮食产量为54 641万吨，比上年增长2.9%，实现了连续七年增产。其中，13个粮食主产区粮食总产量为41 185万吨，比上年增长3.7%，江西、湖南因灾有一定幅度减产。油料产量为3 239万吨，增长2.7%。肉类产量为7 925万吨，增长3.6%。水产品产量为5 366万吨，增长4.9%。受部分地区气候条件不利、种植面积减少等因素影响，棉花产量为597万吨，下降6.3%；糖料产量为12 045万吨，下降1.9%。

农业生产结构不断优化。种植业的主业地位进一步增强，其增加值占农林牧渔业增加值的比重上升到58.2%。农业区域化布局进一步优化，水稻、小麦、玉米、大豆、棉花等主要农产品生产集中度都超过50%。优质农产品比重扩大，主要农作物良种覆盖率达95%以上。农业产业化快速发展，2010年参与产业化经营的农户占农户总数的40%以上。

农村民生状况进一步改善。强农惠农政策有效实施，全年中央财政用于“三农”方面的支出为8 579.7亿元，比上年增长18.3%。以农产品生产补贴和农民收入补贴为主要内容的农业补贴制度进一步建立健全，全年对种粮农民实行“四项补贴”的规模达到1 226亿元。农村安全饮水普及率达到71.3%。新增农村电网线路30万公里。乡镇、建制村的油路通畅率分别达到96%和81%。年末农村贫困人口比上年年末减少909万人，下降25.3%；贫困发生率为2.8%，比上年下降1个百分点。

（二）工业经济较快增长，企业效益大幅提高

工业经济较快增长。2010年，全国规模以上工业企业增加值同比增长15.7%，增速比上年加快4.7个百分点。工业对经济增长的贡献率为49.3%，比上年提高9.3个百分点。

东部、中部、西部地区协调发展。东部地区工业转型和中西部地区承接产业转移步伐进一步加快，东部、中部、西部和东北地区的工业增加值比上年分别增长16.7%、21.9%、20.3%和17.8%，增速比上年分别加快5.0个、5.0个、2.9个和1.8个百分点。中部地区工业增速列四个地区首位，西部地区居第二位，改变了长期以来我国地区工业增长“东高、中中、西低”的格局。分省份看，全年31个省（自治区、直辖市）工业增加值同比增速均达两位数，天津、广西、重庆等11个省份增速超过20%。与上年相比，30个省份增速加快。

工业经济运行质量和效益显著提高。2010年，我国工业产销衔接状况良好，企业主营业务收入大幅增加，亏损面收窄。1～11月，全国规模以上工业企业实现利润3.9万亿元，同比增长49.4%，增速同比提高41.6个百分点；平均销售利润率为6.2%，比上年增加0.7个百分点，其中，山东、上海、西藏等17个省份工业企业销售利润率高于全国平均水平（见图9）。分地区看，东部、中部、西部和东北地区规模以上工业企业实现利润分别增长44.5%、55.7%、62.7%和49.9%。31个省份工业企业均实现利润同比增长，广西、西藏等19个省份增速加快，新疆、天津等9个省份由下降转为增长。

各地区积极增强自主创新能力。江苏大力推进创新型省份建设，区域创新能力在中国科技发展战略研究报告评价中连续两年保持全国首位；北京高新技术产业自主创新机制初步体现，科技金融服务体系日益完善；浙江国家技术创新工程试点省建设全面推进，创新驱动持续增强；重庆高新技术制造业产值增速居西部第一位。

中小企业经营状况进一步改善。全年全国规模以上中小型工业企业增加值同比增长17.5%，增速比全部规模以上工业企业平均水平快1.8个百分点；1～11月，实现利润25 944亿元，同比增长50.5%；从业人数达7 056万人，增加561万人，增长8.6%。从发展模式看，以中小企业集聚为特征的产业集群发展迅速，截至2010年，我国已形成一定规模的产业集群2 000多个。从区域分布来看，产业集群主要集中于东部地区，广东、浙江、江苏、福建、上海、山东等省份集群经济已占到本省工业产值的一半左右；东北、中部地区的产业集群发展较快，对经济的拉动作用较为明显；西部地区产业集群发展也开始起步，呈现良好态势。

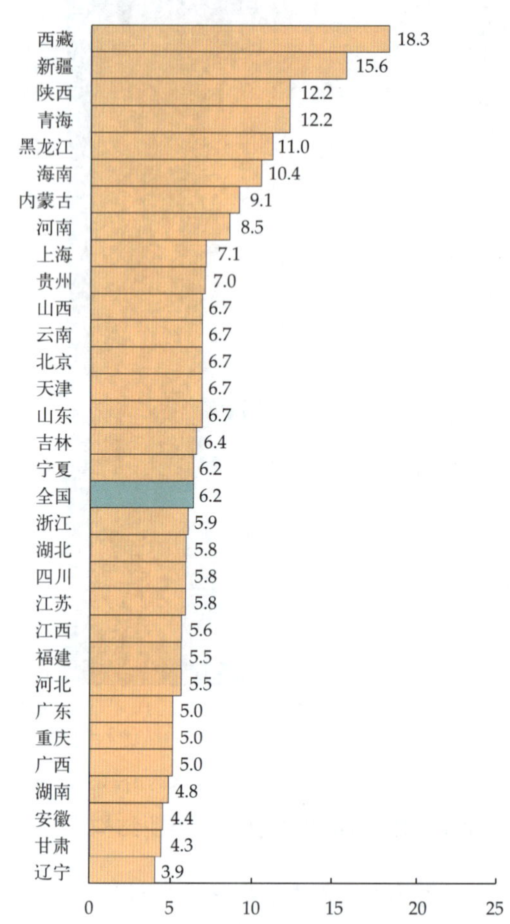

数据来源：国家统计局《中国统计摘要》、中国人民银行工作人员计算。

图9 2010年各省份工业企业销售利润率

（三）服务业稳定发展，各地区现代服务业加速发展

2010年，我国启动了服务业综合改革试点，运用服务业发展引导资金，支持重点领域和薄弱环节加快发展，颁布实施了促进节能服务产业发展的意见。全年服务业就业人数占就业总人数的比重达到34.8%，服务业增加值占国内生产总值的比重为43%。东部、中部、西部和东北地区服务业增加值分别增长11.1%、10.4%、11.3%和11.6%，增速分别比上年回落0.9个、0.8个、1.8个和0.3个百分点。

金融保险、房地产、信息咨询、电子商务、现代物流、旅游等一大批现代服务业呈加速发展态势，大大提高了服务业的整体质量和水平。交通运输、批零贸易、餐饮等传统服务业得到了较快发展。北京生产性服务业和文化创意产业发展成为现代服务业的重要支撑；上海世博会对服务业发展拉动作用明显，新兴服务业也呈现快速发展态势；海南国际旅游岛建设带动了全省服务业的快速增长；西藏“世界屋脊、神奇西藏”的旅游主题形象不断提升，以旅游业为龙头的第三产业保持稳步发展；云南大力发展生产服务业，做大做强旅游支柱产业，打造特色文化产业。

专栏4 大力推进产业转移与升级 促进经济结构顺利转型

产业转移是经济全球化和区域经济一体化的必然要求。第二次世界大战以来，国际上大致经历了三次产业转移，始于20世纪80年代的第三次产业转移对我国影响最为深远，包括电子信息产业在内的加工制造业加速向中国、印度等发展中国家转移。从我国产业转移情况看，大致可以分为两个阶段：第一阶段是20世纪八九十年代，我国东部地区利用率先开放和区位优势，积极承接发达国家劳动密集型产业；第二阶段是21世纪以来，我国东部地区积极承接和发展高科技产业，将劳动密集型产业向中西部地区转移。

一、我国产业转移的基本特征

一是转移规模显著扩大、档次明显提高。近年来，中西部地区积极承接产业转移，利用外资和区外资金规模显著扩大。2010年，中部地区实际利用外资和区外资金较2005年分别增长150%和240%，西部地区分别增长200%和320%。以资源和劳动密集型产业为主的传统转移模式逐步改变，以电子、机械等为主的资金和技术密集型产业转移加速推进。四川、湖北、湖南、陕西等科技实力雄厚的省份，承接高新技术产业转移能力逐步增强。

二是转移方式逐渐由单一转移向集群式转移发展。近年来，东部地区向中西部以及东北地区产业转移，逐渐由过去的单个项目、单个企业或单个产业转移发展为包括关联产业在内的整体性转移。如东部地区奥康集团、富士康台式电脑和京东方液晶平板生产基地等项目相继落户中西部地区，带动上下游相关产业加速跟进。

三是转移路径总体上呈“梯度”趋势。我国疆域广阔，经济发展具有较大地区差异性，存在明显的“从中心向外围辐射”的现象。东部沿海地区产业转移首选本省或区内其他省份，其次再选择安徽、江西、湖南等邻近省份，最后再考虑中西部其他地区。如江苏产业重点向苏北转移，珠三角产业向粤东西两翼和粤北山区转移，福建产业由沿海向山区地市转移。安徽利用国内省外资金近60%来自邻近的长三角地区，江西利用国内省外资金的75%来自邻近的“长珠闽”地区。陕西、四川、重庆等中西部地区由于市场、技术、资源、政策等优势，承接产业转移也取得明显成效。

二、我国产业转移加速推进的主要动力

近年来，推进我国产业转移加速发展的因素逐步增多且呈多元化趋势。这主要是市场选择、政府引导和金融支持等因素综合作用的结果。

市场扩张、成本约束是产业转移的主导力量。第一，中西部地区市场空间逐步增大。随着一系列扩大内需政策的落实，中西部地区居民消费能力显著增强，市场空间进一步扩大。东部不少企业为占领中西部市场，主动将生产基地西移。第二，要素成本约束。受土地和劳动力价格较高、资源短缺等要素约束，东部地区部分企业发展压力增大，同时中西部和东北地区资源比较丰富，土地、劳动力价格相对便宜，要素成本优势明显。第三，外部经济再平衡的倒逼压力。后危机时代，美国、日本、欧洲等发达国家和地区为避免本土产业“虚拟化”和“空心化”，纷纷扩大实业生产，减少外部需求，同时贸易保护主义有抬头之势，我国东部地区“出口导向型”产业结构受到一定冲击，倒逼东部企业市场和生产空间逐步向中西部迁移。

政府引导也是产业转移加速推进的重要力量之一。近年来，各级政府通过完善政策体系、优化投资环境、创新对接形式等措施，大力推进产业转移。一是积极构建政策体系。国务院相继批复皖江城市带承接产业转移示范区、重庆两江新区、广西北部湾经济区等规划，对中西部地区承接产业转移发布指导性意见。各地政府从财政、税收、土地、金融等多方面出台了一系列扶持政策。二是努力优化投资环境。加快基础设施、政策创新、政务环境、产业配套等建设，营造亲商、安商、富商的浓厚氛围成为各级政府的重要任务，中西部更是把加强园区建设作为优化投资环境的一个重要举措。2010年，陕西、甘肃开发区建成面积分别为2.5万公顷和2.3万公顷，分别是2005年的1.6倍和1.8倍。重庆市则用足土地政策，支持工业园区建设，目前共有工业园40多个，用地面积达4万多公顷。三是搭建对接平台。中西部地区逐步转变传统的招商引资方式，充分运用产业链招商、中介招商、小分队招商、网络招商和以商招商等多种形式，通过举办中博会、西博会等大型会议，构建产业转移对接平台。

金融支撑作用日益增强。近年来，中国人民银行综合运用货币信贷政策，加大对中西部和东北三省产业转移的资金支持力度。一是探索实施差别化货币信贷政策，引导金融机构积极支持中西部和东北地区基础设施建设和特色产业发展。2010年年末，中西部和东北地区人民币贷款余额为19万亿元，占全国的39.7%，较2005年年末提高0.6个百分点。二是优先支持有产业转移意愿的企业发行短期融资券、中期票据、中小企业集合票据和企业债等，满足产业转移的资金需求。三是引导东部地区金融机构到中西部地区设立分支机构，支持中西部地区产业发展。上海浦东发展银行、浙商银行在中西部设立分行分别达14家和3家。四是大力推进中西部和东北地区支付结算和征信体系等金融基础设施建设，创新外汇管理模式，为承接产业转移创造良好的金融环境。

三、我国产业转移的主要成效

中西部和东北地区经济增速明显提高，区域经济发展协调性增强。近年来，中西部和东北地区积极承接产业转移，经济增长较为强劲。“十一五”时期，东部地区生产总值平均增长速度比“十五”时期加快0.1个百分点，中部地区加快2.1个百分点，西部地区加快2.4个百分点，东北地区加快2.6个百分点。2010年，中西部和东北地区生产总值占全国的比重为47%，较2005年提高2.5个百分点，东部、中部、西部发展差距进一步缩小，区域发展协调性进一步增强。

产业结构转型升级初显成效，节能减排成效初显。东部地区通过承接国际产业转移和推进自身产业向中西部和东北地区转移，推动了产业结构调整和升级，为经济全面转型奠定了基础。2010年，东部地区第三产业占比较五年前提高3.2个百分点；高新技术产品出口额达4 680亿美元，约占全国的95%，产业结构呈明显优化趋势。中西部和东北地区通过承接东部地区产业转移，也初步实现了产业结构升级。2010年，中西部和东北地区第二产业占比较五年前提高5.6个百分点。从节能减排情况看，随着产业转移加速推进，大部分地区节能减排指标都出现积极变化，浙江、江苏等省单位地区生产总值能耗、二氧化硫排放量等主要指标出现较大幅度下降，海南、天津、江西、广西等节能减排任务也完成较好。

当前，我国产业转移总体形势良好，但也存在一些问题：一是中西部地区产业配套能力不足，产业结构同质化较明显；二是东部沿海地区第三产业占比仍不高，整个产业链仍处于全球产业分工和产业链的偏低端；三是统筹规划功能发挥不足，在招商引资中出现恶性竞争，一些领域重复建设现象严重。因此，今后在承接产业转移方面要重点做好以下几点工作：提高承接门槛，促进产业优化升级，做到在创新中承接、在承接中转型、在转型中升级；因地制宜地承接发展优势特色产业，明确产业定位、发展方向和承接重点，促进区域资源要素的优化配置；加强区域分工合作，实现区域联动发展；紧密围绕产业转移特点的创新金融产品和服务方式；积极营造承接产业转移的良好环境。

三、各地区能耗、环境治理与保护情况

2010年，各地区继续把生态环境保护作为经济结构战略性调整和改善民生的重要抓手，把节能减排作为促进经济发展新的增长点，加快发展节能环保等新兴产业，节能减排、节能降耗取得进展，“十一五”规划确定的能源消费和污染物排放等相关约束性目标基本如期实现。

各地区单位生产总值能耗下降，污染物排放总量进一步得到控制。2010年全国单位GDP能耗下降4.0%，其中，吉林、贵州、安徽、山西、四川和重庆等省份单位生产总值能耗下降超过4.0%。淘汰落后产能成效突出，2010年关停小火电机组超过1 100万千瓦，火电脱硫机组比例从2005年的12%提高到80%，“十一五”累计淘汰炼铁、炼钢、水泥、焦炭和造纸等落后产能分别达到1.1亿吨、6 860万吨、3.3亿吨、9 300万吨和720万吨。二氧化硫“十一五”减排目标提前一年实现，化学需氧量减排目标提前半年实现，2010年全国化学需氧量和二氧化硫排放量较2005年分别下降约12%和14%。

环境质量持续改善，生态保护全面加强。2010年七大水系的水质监测断面中，I～III类水质断面比例占59.6%，比上年提高2.2个百分点，比2005年提高18.6个百分点；空气质量达到二级以上（含二级）标准的城市占监测城市数的82.7%，比2005年提高22.4个百分点。2010年完成造林面积592万公顷，比2005年增长9.6%，其中，内蒙古全年造林面积超过1 000万亩，造林规模居全国首位；自然湿地保护率达到50.3%，较“十五”期末增加5个百分点。

“十一五”期间，各地区金融支持节能减排力度明显加大。中国人民银行出台了《关于改进和加强节能环保领域金融服务工作的指导意见》，银行业金融机构严控对高耗能、高污染企业的信贷投入；环保与金融部门建立了环境信息通报制度等。2010年各地区继续贯彻落实节能减排信贷政策，加大金融创新，改进和加强节能环保领域金融服务。广东成立了“绿色产业投资基金”，进一步加大对区域内节能减排科技产业的投融资支持力度，重点支持绿色产业；北京推出自愿减排交易平台，着力打造符合国际惯例的自愿减排市场体系；江西开展节能减排自愿协议试点，金融机构为试点企业就节能减排项目的融资、担保等提供相关金融服务。

四、价格和劳动力成本

2010年，我国价格涨幅总体延续了2009年下半年以来的回升态势，下半年尤其是第四季度价格上涨压力明显增大。从主要价格指标走势看，在食品和居住价格不断上涨的推动下，居民消费价格涨幅逐季度扩大；受国际大宗商品价格走势等因素的影响，上半年生产价格涨幅不断扩大，第三季度出现明显回落，第四季度又有所反弹。2010年，居民消费价格同比上涨3.3%，工业品出厂价格同比上涨5.5%，原材料、燃料、动力购进价格同比上涨9.6%，农业生产资料价格同比上涨2.9%。分地区看，居民消费价格和原材料、燃料、动力购进价格涨幅的地区差异不大；西部地区的工业品出厂价格涨幅最大，而东部地区最小；东部地区的农业生产资料价格涨幅较大，中部地区相对较小（见图10）。

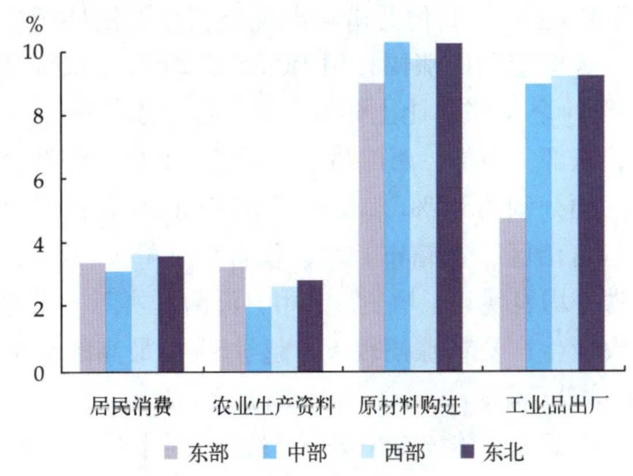

数据来源：各省份《国民经济和社会发展统计公报》、《中国经济景气月报》、中国人民银行工作人员计算。

图10 2010年各地区各类价格同比涨幅

居民消费价格涨幅持续扩大。居民消费价格四个季度涨幅分别为2.2%、2.9%、3.5%和4.7%，全年涨幅比上年高4个百分点。分地区看，东部、中部、西部和东北地区全年居民消费价格指数涨幅分别为3.4%、3.1%、3.6%和3.5%。全国所有省份的居民消费价格指数均表现为上涨，其中，青海、海南、新疆等6个省份居民价格消费指数上涨超过4%，青海以5.4%的涨幅居全国首位。

生产价格上涨较快。受主要发达经济体实施量化宽松的货币政策等因素影响，国际大宗商品价格上涨，加上劳动力成本趋升、资源价格改革等，生产价格上涨较快。2010年工业品出厂价格各季度同比涨幅分别为5.2%、6.8%、4.5%和5.7%，全年涨幅比上年高10.9个百分点。分地区看，东部地区涨幅低于全国平均水平，为4.7%，中部、西部和东北地区涨幅均高于全国平均水平，分别为8.9%、9.2%和9.2%。其中，新疆、黑龙江、甘肃等5个省份价格涨幅超过10%，新疆以25.3%的涨幅居全国首位。原材料、燃料、动力购进价格上涨明显，各季度同比分别上涨9.9%、11.7%、7.7%和9.1%，全年涨幅比上年高17.5个百分点。分地区看，东部、中部、西部和东北地区涨幅分别为9.0%、10.5%、9.8%和10.6%，其中，9个省份涨幅超过10%，新疆以23.9%的涨幅居全国首位。分省份看，全国有21个省份工业品出厂价格涨幅低于原材料、燃料、动力购进价格，其中，北京、上海两种价格涨幅差异在8个百分点左右，企业利润空间被压缩。

农业生产资料价格涨幅逐季度扩大。除1月下降0.4%之外，其他月份均出现上涨且涨幅持续扩大，各季度同比涨幅分别为0.3%、2.0%、3.5%和5.9%，全年涨幅比上年高5.4 个百分点。分地区看，东部、中部、西部和东北地区农业生产资料价格涨幅分别为3.2%、2.1%、2.6%和2.8%。在31个省（自治区、直辖市）中，仅吉林下降0.9%，其余省份均表现为正增长。其中，海南、陕西、黑龙江农业生产资料涨幅较大，超过5%，最高的为海南，增长7.3%。

职工工资继续较快增长，最低工资标准有所提高。2010年，全国城镇非私营单位在岗职工年平均工资为37 147元，同比增长13.5%，增幅较上年提高1.5个百分点。分地区看，城镇非私营单位在岗职工年平均工资由高到低依次是东部、西部、东北和中部，东部、中部工资差距较上年继续扩大，但中部工资涨幅最高，高于全国水平1.5个百分点（见表22）。分省份看，城镇非私营单位在岗职工平均工资高于全国平均水平的有9个省份，其中，上海、北京、天津、西藏职工工资超过5万元；职工平均工资涨幅高于全国涨幅的有15个省份，海南、湖北涨幅超过20%。2010年全国城镇私营单位就业人员年平均工资为20 759元，同比增长14.1%，涨幅较上年提高7.5个百分点；私营单位就业人员年平均工资低于城镇非私营单位在岗职工平均工资，但涨幅高于非私营单位0.6个百分点。分地区看，私营单位年平均工资由高到低依次是东部、西部、东北和中部，东部、中部差距与上年基本持平（见表23）。2010年全国除重庆外其他省份均上调了最低工资标准，月最低工资标准平均增长幅度为22.8%，月最低工资标准最高的上海市为1 120元，小时最低工资标准最高的北京市为11元。全国29个省份发布了工资指导线，上线平均涨幅比上年提高3%左右，基准线平均涨幅比上年提高2%左右。

资源性产品价格改革稳步推进，资源税改革试

表22　2010年分地区城镇非私营单位在岗职工年平均工资

单位：万元、%

	职工平均工资		加权平均增长率	
		比上年增减		比上年增减
全国	3.71	0.44	13.5	1.5
东部	4.28	0.48	12.7	2.0
中部	3.16	0.41	15.0	2.3
西部	3.31	0.40	13.8	0.1
东北	3.19	0.35	12.3	-0.8

数据来源：国家统计局网站、中国人民银行工作人员计算。

表23　2010年各地区城镇私营单位就业人员年平均工资

单位：万元、%

	职工平均工资		加权平均增长率	
		比上年增减		比上年增减
全国	2.08	0.26	14.1	7.5
东部	2.27	0.29	14.5	10.0
中部	1.73	0.19	12.0	0.7
西部	1.86	0.24	14.8	4.7
东北	1.85	0.21	12.9	3.0

数据来源：国家统计局网站、中国人民银行工作人员计算。

点启动。2010年6月，酝酿多年的资源税改革在新疆开始试点，原油、天然气的资源税由从量计征改为从价计征，试点税率为5%。一些地区根据国家发展改革委能源指导价格对本地成品油、非居民用天然气、非居民用水价格进行了调整。部分地区在稳妥推进资源价格改革的同时，充分考虑社会各方面的承受能力，如北京在进行水价调整时配套建立了低保人员直补机制。

专栏5 价格形势调查分析

2010年，价格上涨成为我国经济运行中的突出问题和社会各方关注的焦点。各地均出现不同程度的价格上涨，从区域特点看，西部地区居民消费价格和生产价格涨幅比较突出。2010年，西部地区CPI涨幅为3.6%，比最低的中部地区高0.5个百分点；工业品出厂价格涨幅为9.6%，比最低的东部地区高4.7个百分点；原材料、燃料、动力购进价格涨幅为9.7%，比最低的东部地区高0.4个百分点。分省份看，2010年青海的CPI涨幅居首，为5.4%，比全国平均涨幅高2.1个百分点；新疆的工业品出厂价格涨幅、原材料、燃料和动力购进价格涨幅均为全国最高，分别为25.3%和23.9%，分别比全国平均涨幅高19.8个和14.3个百分点。

中国人民银行于2011年年初以随机抽样和典型调查的方式，对全国6个省份363家企业①和8个省份4 383户居民②进行了问卷调查。调查显示：各地区价格上涨形势明显，企业、居民对价格上涨感受强烈，原材料等上游产品价格上升及劳动力成本上升加大企业提高产成品价格的压力，价格上涨对企业生产和居民消费、投资行为产生较大影响。引起价格上涨的原因复杂且相互交织，由于本轮价格上涨在很大程度上受到国际大宗商品价格上涨及物流成本上升的影响，因此，对能源原材料依赖程度较高、运输路途遥远的一些西部省份价格涨幅相对更高。2011年价格上涨预期仍然较强，需采取综合措施加以治理。

1. 居民对价格上涨感受强烈，物价满意度降至低点。调查显示，有35.4%的被调查居民认为2010年整体物价上升幅度为5%～10%，另有46.6%的被调查居民认为幅度在10%以上，且边远欠发达地区居民和月收入2 000元以下的低收入家庭对价格涨幅的感受度更高。恩格尔系数越高的家庭对食品价格上涨感受越强。中国人民银行2010年第四季度城镇储户问卷调查也显示，居民当期物价满意指数降至13.8%，为调查以来（1999年第四季度）的最低。居民感受的价格上涨幅度大于CPI涨幅，且低收入家庭感受更为强烈的主要原因有：一是从心理角度看，居民对价格上涨的感受往往比价格下降的感受更为强烈。二是公众对价格的感受主要基于其经常购买的食品等，而价格指数还覆盖价格呈现下降趋势或保持稳定，但购买频率不高的产品，当与日常生活密切相关的食品类价格上涨较快时，居民（特别是食品等支出占收入比较高的居民）感受更为强烈。三是价格同比涨幅是与上年同期相比，对当前价格的衡量存在滞后。四是经济社会快速发展中某些价格上涨较快的新型消费不在统计指数范围之内。

2. 上游产品价格上涨及劳动力成本上升加大企业提高产成品价格压力。问卷调查显示，49.7%的被调查企业反映2010年主要原材料价格上升了10%以上，其中，农林牧渔业和制造业涨势最为明显（这一比例分别为64%和52.5%）；超过八成的被调查企业反映主要原材料变化对企业生

①2011年1月，中国人民银行对江西、河南、湖北、广西、海南、甘肃6个省（自治区）的363家企业进行了问卷调查。在样本企业中，大型、中型、小型企业分别占17.1%、38.8%、44.1%；分布最集中的前四个行业分别是：制造业、农林牧渔业、采矿业、电力燃气及水的生产和供应业。

②2011年1月，中国人民银行对天津、山西、吉林、河南、云南、青海、宁夏、新疆8个省（自治区、直辖市）4 383名居民进行了问卷调查。

产影响较大，其中，制造业这一比例最高。同时，企业还面临着不断上升的劳动力成本压力。由于价格上涨导致生活成本增加，工人提高工资的诉求有所增加，有57.4%的被调查企业支付给工人的工资上升10%以内，另有25.8%的被调查企业上升10%以上。农林牧渔业、住宿餐饮业和中部地区的湖北、江西、河南工资上升幅度相对较高。由于价格与销售紧密相连，有近一半的企业维持产品价格不变或降低，但面对巨大的压力，多数企业还是实施了提价措施，被调查企业2010年平均调整价格1.5次，其中有23.4%的被调查企业提价幅度在10%以上。

3. 价格上涨一定程度上抑制了居民消费意愿，改变居民投资偏好。调查显示，超过八成的被调查居民反映2010年价格上涨对其家庭生活影响程度"很大"或"较大"，其中，农民、离退休人员和月收入2 000元以下的家庭受影响最大，随着家庭收入的提高这一程度呈阶梯状递减。同时，价格上涨对居民消费产生一定的抑制作用，有62.5%的被调查居民消费意愿降低，35%的被调查居民减少了外出就餐，31.1%的被调查居民减少了外出旅游计划。价格上涨的背景下，居民寻求资产保值增值的愿望上升：被调查居民打算在2011年购买房产和投资股票的比例分别较上年提高3.1个和2.4个百分点。

4. 社会主体未来通货膨胀预期仍较强烈。调查显示，93.1%的被调查企业和76.6%的被调查居民对未来的价格走势持看涨态度，其中，37.1%的被调查企业认为2011年主要原材料价格将上升5%~10%，43.4%的被调查企业认为工人工资成本会上升5%以上，而为了化解压力，79.4%的被调查企业认为有必要提高主要产品价格；有63%的被调查居民认为2011年价格会上升3%~10%，有八成的被调查居民会要求提高工资，进而可能对整体价格水平产生进一步的压力。

总体上看，本轮价格上涨的动因较为复杂，全球货币条件持续宽松，国际大宗商品价格上涨、国内要素成本上升等因素交织在一起，互相作用，共同推动价格上涨。

一是国际金融危机全面爆发以来，主要经济体货币条件持续宽松，美元等主要计价货币总体贬值，国际大宗商品价格不断攀升，加上国内投资需求旺盛，能源、原材料价格持续上涨。2010年代表国际大宗商品价格走势的CRB期货指数总体快速上涨，尤其进入下半年后，CRB期货指数6个月内攀升27%，半年涨幅创下自1956年该指数创立以来的最高。中国进口铁矿石价格年内涨幅达62%。对能源和原材料依赖程度较高的一些西部省份受影响更大，如新疆石油工业增加值占全部工业增加值的50%以上，2010年新疆工业品出厂价格涨幅为25.3%。

二是劳动力等要素成本加快上升。2010年，全国共有30个省份调整了最低工资标准，月最低工资标准平均增长幅度为22.8%，调查也显示，超过八成的被调查企业提高了工人工资。一些地广人稀、劳动力相对短缺、对省份外劳动力依存度较大的西部省份，劳动力价格涨幅相对更大，调查显示，2010年新疆伊犁州建筑工地木工、瓦工工资上涨20%~50%；吐鲁番畜牧业养殖大户反映，2010年雇佣男劳动力工资比上年上涨40%左右。

三是物流成本偏高、上涨较快。根据中国物流与采购联合会的统计，2010年我国全社会物流总费用占GDP的18%左右，远高于发达国家9%左右的水平，其中，运输费用占社会物流总费用的比重超过50%。一些地处高原内陆、外运物资多、运输路途遥远的西部省份受物流成本上涨影响更大。如青海省90%的生活资料需要从外埠输入，90%的工业品销往周边地区，青海省物流费用占生产总值的比重超过25%，以标准粉为例，山东价格为2.6元/公斤，加上运输成本，到青海的销售价格就要达到3.6元/公斤，比产区高38%。

四是在全球货币条件持续宽松的条件下，大量资金向经济增长较快的新兴经济体流入，在流动性充裕和经济总体趋好的大背景下，容易形成持续的通货膨胀预期。中国人民银行

2010年第四季度城镇储户问卷调查显示，居民对未来价格走势预期连续四个季度上升，通货膨胀预期不断加剧，可能通过推动工资水平上升，从而推动部分企业提高产品价格等渠道推升价格水平。

另外，2010年西南大旱、南方洪涝等自然灾害导致棉花、糖、油料等部分农产品供应减少，加上游资炒作等因素共同推动农产品价格攀升，并进而带动其他各类产品价格上涨。

为保持价格总水平的基本稳定，各地纷纷采取措施加强调控：一是发展生产，保障供应。认真落实“米袋子”省长负责制和“菜篮子”市长负责制，采取增加农副产品生产、实行鲜活农产品运输绿色通道、合理调整储备等措施，保障市场供应。2010年年末，全国秋冬种蔬菜面积同比增加800万亩，总产量达到3.37亿吨。二是加强监管，保证秩序。开展农产品市场价格专项监督检查，严厉打击囤积居奇、哄抬农产品价格等投机炒作行为。三是增加补贴，确保民生。建立低收入群体社会救助和保障标准与价格上涨挂钩的联动机制，对城乡困难群众发放每人每月10元～80元不等的价格临时补贴，确保低收入群体的基本生活。四是干预价格，稳定市场。有些地区要求价格调整要充分考虑民众的承受能力，有些地区建立了价格调节基金。五是加强宣传，引导预期。及时发布重要商品市场供求和价格信息，用真实、权威的信息，增强群众信心，稳定社会预期。通过多方努力，年底各地价格涨幅较11月出现明显回落。本次问卷调查也显示，近一半的被调查者认为“价格管制”和“抑制投机”在调控价格过程中能起到较大作用。另外，货币信贷增速自2010年下半年以来保持回落态势，也有助于价格总水平的基本稳定。

下一阶段，为稳定价格总水平、有效管理通货膨胀预期，要切实落实好稳健的货币政策，在满足经济发展合理资金需求的同时，消除通货膨胀的货币条件。此外，还需进一步加强各方综合治理。要大力发展生产，特别是稳定粮食生产，增强蔬菜自给能力；加强农产品流通体系建设；完善粮、棉、油重要商品储备制度和主要农产品临时收储制度；加强价格监管；把握好政府管理商品和服务价格的调整时机、节奏和力度等。

五、主要行业发展

（一）房地产价格过快上涨势头得到初步遏制，房地产贷款增速回落

2010年年初，部分地区和城市出现了房价过快上涨、投机性购房活跃的现象。为促进房地产市场平稳健康发展，解决城镇居民住房问题，国家采取了一系列稳定房价、增加住房有效供给、加强市场监管的有力举措。随着各项调控政策的贯彻落实，房地产价格快速上涨的势头得到初步遏制。全国商品房销售增速呈现前高后低的态势。房地产金融市场运行平稳，房地产信贷投放平稳回落，差别化住房信贷政策得到进一步落实，金融支持保障性住房建设力度显著增强。

房地产开发投资增长较快。2010年，全国共完成房地产开发投资4.8万亿元，同比增长33.2%，增速比上年提高17.1个百分点，成为1998年以来投资增速最高的年份。分地区看，西部地区增长最快，全年房地产投资增速为36.1%，投资占比提高0.3个百分点；东部、中部和东北地区房地产投资增速分别为33.8%、32.6%和32.5%，投资占比均略有下降（见表24）。

表24　2010年各地区房地产开发投资比重和增长率

单位：%

	占比		加权平均增长率	
		比上年增减		比上年增减
东部	50.8	-0.1	33.8	23.4
中部	18.1	-0.2	32.6	7.6
西部	20.2	0.3	36.1	17.1
东北	10.8	-0.1	32.5	6.4

数据来源：国家统计局《中国经济景气月报》、中国人民银行工作人员计算。

房地产开发资金来源稳定。2010年，全国房地产开发到位资金7.2万亿元，同比增长25.4%。定金及预付款、自有资金、国内贷款构成主要资金来源，三者分别占房地产开发资金的26.2%、19.6%和17.3%，其中，国内贷款占比较上年下降2.4个百分点。

新建商品房销售高位回落。2010年，在一系列房地产市场调控政策的作用下，全国商品房销售增速呈现前高后低的态势，全年商品房销售面积为10.4亿平方米，同比增长10.1%，增幅比上年回落31.9个百分点；商品房销售额为5.3万亿元，同比增长18.3%。地区销售差异较大，东部地区回落较快，北京、天津、江苏、浙江、福建5个东部省份销售面积同比出现了负增长；销售面积增幅高于30%的省份有河北、山东、海南、黑龙江、云南。

部分地区房屋销售价格涨幅趋缓。全年房价呈现三个阶段特征：1～4月，房价较快上涨；房地产调控政策出台后，5～8月，涨幅趋于平稳；9～12月，房价稳步上涨。12月，全国70个大中城市房屋销售价格同比上涨6.4%，其中，上海、广州、深圳等一线城市涨幅趋缓，二三线城市房价上涨较快。

房地产金融平稳运行，各项贷款增速有所回落。金融机构认真落实国家宏观调控的要求，差别化住房信贷政策得到进一步落实，各项房地产贷款增速平稳回落。2010年，全国新增房地产贷款近2万亿元。分地区看，东部地区房地产贷款增速最低，全年贷款增长22.9%，同比回落13.6个百分点，东部地区房地产贷款占全国比重为58.5%，较上年下降10.7个百分点；中部、西部、东北地区增速分别回落6.3个、2.3个、11.5个百分点，贷款占比分别提升3.0个、5.6个、2.1个百分点（见表25）。主要原因是下半年东部地区销售率先回落，新增个人住房贷款占全年新增个人住房贷款的比重为25.8%，而中部、西部、东北地区下半年新增个人住房贷款占全年的比重分别为38%、38.2%和52.4%。

保障性住房建设加快推进。2010年，国家将保障性住房建设作为落实房地产调控政策、深化我国住房制度改革、促进房地产市场健康可持续发展的重要途径。部分地区在政策思路、制度设计和运作模式上先行先试，取得了初步成效。如北京按照“租赁突破、保障优先”的工作思路，创新“三多一统

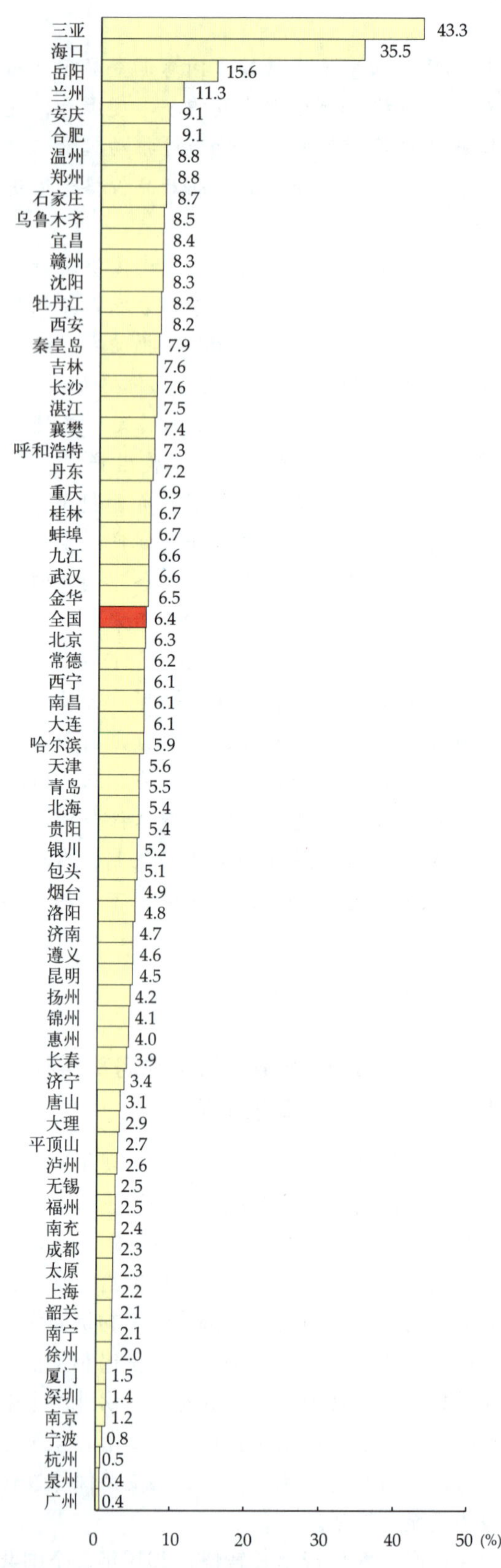

数据来源：国家统计局《中国经济景气月报》。

图11　2010年12月房屋销售价格同比涨幅

筹”建设模式；重庆在全国率先启动大规模公共租赁房建设，计划三年内建造3 000万平方米公租房，每年各1 000万平方米，力争解决200多万个中低收入群体的住房问题。

保障性住房建设金融支持力度显著增强。商业银行对保障性住房贷款的审批程序采用了特事特办、先行先试的操作模式。江苏金融机构将保障性安居工程建设纳入重点支持领域，在风险可控的前提下，积极探索“两证”审批、“四证”放款[①]的便捷优先支持政策。中国工商银行选定全国5个城市试点，单独制定公租房贷款的管理办法；华夏银行、交通银行通过总行特批方式，对公租房项目贷款优先支持。另外，金融机构在借款人抵押担保方式、开发资质要求等方面，也作出了灵活便利的处理，部分金融机构在总体信贷规模有所收紧的情况下，拨出专项信贷额度支持保障性住房建设。

表25　2010年各地区房地产贷款比重和增长率

单位：%

	占比		加权平均增长率	
		比上年增减		比上年增减
东部	58.5	-10.7	22.9	-13.6
中部	13.6	3.0	40.7	-6.3
西部	20.2	5.6	41.7	-2.3
东北	7.7	2.1	42.2	-11.5

数据来源：中国人民银行上海总部、各分行、营业管理部，省会（首府）城市中心支行。

（二）服务业发展质量效益提高，对经济增长拉动力增强

“十一五”期间，我国服务业规模继续扩大，内部结构和发展质量不断改善，服务水平持续提高，在促进经济平稳较快发展、扩大就业等方面发挥了重要作用。

1. 服务业总量提升、区域协调、重点突出，对经济增长的贡献度不断提高。2010年全国服务业增加值达到17.1万亿元，比2005年增加9.6万亿元，总量实现翻番，占国内生产总值的比重达到43%，比“十五”末提高2.5个百分点。服务业城镇固定资产投资总额达到13.6万亿元，达到2005年的3.2倍。服务业就业人员占比较2005年提高近3个百分点。

“十一五”期间，国家多项区域统筹发展战略规划使得服务业的区域格局更趋协调，高附加值、高层次和知识型的现代服务业取得长足发展。

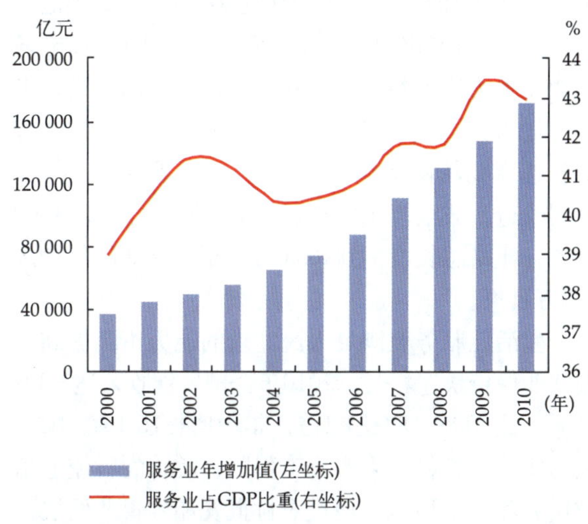

数据来源：国家统计局网站。

图12　2000～2010年服务业年增加值及其占比

中国人民银行工作人员对7个省份[②]的调查数据显示，被调查地区2010年金融业和房地产业增加值达到6 660.4亿元和6 402.5亿元，分别是2005年的3.7倍和2.1倍，其中，山东金融业税收额较“十五”末增长233%，现代服务业逐渐成为服务业增长的新动力。“十一五”期间，我国服务业继续利用“两个市场、两种资源”，对外开放程度不断提高。充分发挥人力资源优势，对外劳务合作合同金额由2005年的42.3亿元增加到2010年的87.2亿元，年均增长15.5%。外商直接投资快速增长，2010年批发和零售业、居民服务和其他服务业利用外商直接投资66亿美元和20.5亿美元，分别是2005年的6.3倍和7.9倍。

2. 结构优化，生产性服务业和生活性服务业齐

①即银行在借款人取得“国有土地使用证”和“建设用地规划许可证”后即开始审批贷款，在“建设工程规划许可证”和“建设工程开工许可证”办下来后正式放款。

②7个省份包括东部地区的天津市、山东省、广东省、河北省；中部地区的河南省；西部地区的内蒙古自治区；东北地区的黑龙江省。

头并进。“十一五”期间，生产性服务业和生活性服务业相互促进，共同发展，服务业产业结构更加合理。生产性服务业对国民经济发展的支撑作用明显增强。交通运输业发展较快，交通设施总量、规模及运输能力供给和质量等均显著提升。各种运输方式总里程从2005年的559.2万公里增加到2010年的698.8万公里，全社会主要运输方式完成客运量由2005年的184.7亿人次增加到2010年的326.9亿人次，货运量由186.2亿吨增加到324.2亿吨。邮电通信业投资力度不断加大，建成了覆盖全国、连接世界、技术先进的全球最大的信息通信网络，推进普邮和速递物流网络建设，完成350个重点城市的投递网改造。截至2010年年末，全国邮路总条数为2.2万条，邮路总长度达到463.6万公里，比2005年增加123万公里。

生活性服务业满足人民需求的能力不断提高。餐饮业保持快速增长，2010年全国餐饮收入达1.8万亿元，比2005年增长1.1倍，年均增长16.1%。国家大力实施“万村千乡市场工程”，改善农村流通基础设施和消费环境，促进农村批发和零售业发展，截至2010年年末，已累计建设和改造52万个农村超市、2 667个配送中心，农村超市覆盖全国80%的乡镇和65%的行政村，年销售额近3 000亿元。

3. 多方政策发挥合力，推动服务业发展成效显著。“十一五”时期，国家大力推进经济结构调整，着力营造有利于服务业发展的市场环境，加快完善促进服务业发展的政策体系，服务业发展迎来新的发展机遇。

服务业发展环境持续向好。国务院对加快发展完善服务业提出了相关要求和实施意见，各地政府也结合当地实际，提出特色化的服务业发展战略。广东要求以发展现代服务业来推动广东由“服务业大省”向“服务业强省”转变；山东重点加快发展现代服务业，做大做强服务业集聚发展载体，优化服务业发展环境，重点支持金融保险、现代物流、科技信息等十大领域；天津加快完善服务业体系，以商贸流通、交通运输等传统优势产业为基础，推动总部经济、楼宇经济、服务外包、创意产业等新产业加快发展。

金融创新步伐加快，对服务业支持力度增强。中国人民银行会同中国银监会、中国证监会、中国保监会等部门先后制定《关于金融支持服务业加快发展的若干意见》、《关于加快推进农村金融产品和服务方式创新的意见》、《关于金融支持服务外包产业发展的若干意见》等文件，并会同国家发展改革委等部门共同制定《关于大力发展旅游业促进就业的指导意见》，加大对服务业发展的金融支持力度。

金融机构结合服务业自身特点，大力推动金融创新，拓宽信贷支持手段，提高信贷支持效率。一是创新金融产品，对生产性服务业企业，依托产业供应链上下游企业间的配套服务关系，推出了预付账款融资、存货融资和应收账款质押融资等信贷产品。二是创新担保方式，通过扩大服务业有效抵（质）押担保物、加强与担保机构合作等措施，缓解服务业企业有效担保不足的问题。三是创新对接方式，拓展银企沟通合作渠道。山东在全国率先建立网上银企合作机制，创建“金企俱乐部”网站，借助互联网信息优势，提高银企对接效率，发挥创新融资产品在服务业企业融资中的重要作用。

4. 多措并举，推动服务业在“十二五”实现新发展。当前我国服务业仍存在竞争力不强、内部结构有待优化、对国民经济发展的贡献度不高等问题。“十二五”期间，要进一步转变发展观念，拓宽发展思路，把服务业发展提高到一个新的水平。一是鼓励投资主体多元化。不断优化服务业投资发展环境，培育多元化竞争主体，鼓励和引导民营资本、外资投资服务业领域。二是提高资金投入力度。进一步明确政府公共服务责任，把更多的财政资金投向公共服务领域；充分发挥金融创新对于促进服务业发展的能动作用；同时不断拓宽服务业企业直接融资渠道。三是深化服务领域改革。进一步放宽服务业领域的市场准入条件；推进国有服务企业改革，推进生产经营性事业单位转企改制和政府机关、事业单位后勤服务社会化改革。四是继续扩大对外开放。充分利用各种国际、国内的机遇和条件，继续大力发展旅游、劳务等具有比较优势的服务贸易，在优化结构、提高质量的基础上扩大服务业利用外资规模，培育一批具有国际竞争力的服务企业，积极支持有条件的服务企业“走出去”，开展跨国经营。

六、主要经济圈发展

2010年，长三角、珠三角、京津冀经济圈进一步巩固经济回升向好的势头，区域经济金融合作加快，对全国经济辐射和拉动作用进一步增强。

经济平稳较快发展，结构保持优化。2010年，长三角、珠三角、京津冀经济圈合计地区生产总值加权平均增长11.8%，增速较上年提高1.4个百分点。对外依存度较高的长三角、珠三角经济圈进出口贸易回升较快，基本恢复到金融危机前的水平。三大经济圈第三产业占比、增速均高于全国平均水平（见表26）。

表26　2010年三大经济圈产业结构

单位：%

	长三角	珠三角	京津冀	全国
	产业结构			
第一产业	4.7	5.0	6.6	10.2
第二产业	50.6	50.4	43.8	46.9
第三产业	44.7	44.6	49.6	43.0
	增长率			
第一产业	3.6	4.4	3.3	4.3
第二产业	13.4	14.5	15.2	12.2
第三产业	10.7	10.1	11.4	9.5

数据来源：国家统计局网站、相关省（自治区、直辖市）统计局网站、中国人民银行工作人员计算。

表27　2010年三大经济圈主要经济指标

单位：%

	长三角	珠三角	京津冀	全国
	占全国比重			
地区生产总值	21.4	9.4	10.8	100.0
固定资产投资	14.7	4.1	9.7	100.0
社会消费品零售额	18.9	8.0	10.1	100.0
地方财政收入	23.5	7.7	11.7	100.0
实际利用外资	47.9	17.4	19.9	100.0
进出口贸易	36.6	25.3	14.3	100.0
进口总额	32.7	22.9	22.2	100.0
出口总额	40.0	27.4	7.3	100.0
	增长率			
地区生产总值	11.8	12.0	12.7	10.3
固定资产投资	17.7	18.2	22.6	23.8
社会消费品零售额	18.6	16.8	18.2	18.4
地方财政收入	21.1	21.1	21.7	25.7
实际利用外资	10.6	4.8	12.8	17.4
进出口贸易	35.3	28.4	38.3	34.7

数据来源：国家统计局网站、相关省（自治区、直辖市）统计局网站、中国人民银行工作人员计算。

主导产业保持优势，并向高端化推进。长三角地区继续推进装备制造、电子信息、石油化工、汽车和船舶行业等主导产业高端化，并以世博会为契机，加快旅游业、文化产业发展；珠三角地区发挥毗邻港澳，在承接国际产业转移和实现要素重组优化中具有天然的区位优势，初步建立起生产能力强、外向度高的工业体系，基本形成电子信息、电器机械、生物制药、家电、建筑等九大主导产业，并在推进工业高端化、适度重型化，以及船舶、能源设备、数控机床等关键装备制造方面不断取得突破；京津冀经济圈航空航天、石油化工、装备制造、汽车制造、电子信息、生物医药等现代制造业增长较快，服务业优势不断增强，租赁商务、信息服务等生产性服务业保持较快增长，金融资产交易所、特许经营权交易所等新兴金融业成长良好。

区域经济金融合作加快。2010年5月，国务院正式批准实施《长江三角洲地区区域规划》。长三角地区作为亚太地区重要的国际门户、全球重要的现代服务业和先进制造业中心、具有较强国际竞争力的世界级城市群这一战略定位得到明确与彰显。近年来，随着一系列重大交通基础设施建设的快速推进，以及社保对接互转难题的逐步破解，长三角一体化经济进程明显加快。“推进长三角金融服务一体化合作备忘录”的签署，推动长三角金融合作进一步深化。珠三角地区扎实推进一体化进程，先后签订深莞惠经济圈、广佛同城化、珠中江经济圈合作协议，在基础设施、城乡规划、产业发展、公共服务和环境保护五个方面逐步实现一体化，推进产业和劳动力的“双转移”。截至2010年年末，广东全省34个产业转移园累计签订正式投资协议项目2 000个，协议总投资额达到4 500亿元；全年实现产值1 850亿元，比上年翻番。京津冀交通一体化加紧进行，区域交流与合作取得新进展，签署了《北京市—河北省合作框架协议》、《京津冀地区快递服务发展规划（2010～2014年）》等文件。

2011年，我国经济继续朝着宏观调控预期的方向发展，三大经济圈作为全国综合实力较强的代表性区域，将抓住世界经济格局调整和国内经济发展的机遇，积极应对各种挑战，保持经济的平稳较快发展。预计2011年主要经济圈地区生产总值增速将继续高于全国平均水平，产业结构进一步优化，居民消费价格水平基本平稳，存贷款保持合理增长，信贷投放节奏更加合理，区域一体化进程不断推进，经济金融融合进一步加强。

第三部分 区域经济与金融展望

2011年是实施“十二五”规划的开局之年，世界经济总体保持复苏态势，我国保持经济平稳较快发展存在较多有利条件，前期出台的振兴战略性新兴产业，加快保障房建设和棚户区改造，鼓励和引导民间投资等政策措施和各项区域发展战略正在发挥作用，各地发展热情较高，投资动力较强，加之国内市场潜力巨大，消费升级和城镇化进程不断推进，总体上经济持续增长的动能较为充足。但同时也要看到，国际上部分发达经济体增长乏力、一些国家主权债务危机隐患仍未消除、主要经济体维持宽松的货币政策，全球流动性大量增加、国际大宗商品价格和主要货币汇率加剧波动，新兴市场通货膨胀压力加大；国内经济结构调整压力加大，资源环境约束强化，经济发展的协调性、可持续性和内生动力有待进一步增强。各地区将按照党中央、国务院的统一部署，坚持以科学发展为主题，以加快转变经济发展方式为主线，加快推进经济结构调整，提高发展质量和效益。充分发挥不同地区的比较优势，促进生产要素合理流动，深化区域合作，推进区域良性互动发展，逐步缩小区域发展差距。

东部地区以长三角、珠三角和京津冀为主体的经济圈带动和辐射作用日益增强，上海加快推进国际金融中心和国际航运中心建设，海峡西岸经济区发展提速等，都将为2011年东部地区经济保持平稳增长提供有效支撑。东部地区外向型经济发达，在开展对外经济技术合作方面具有较多的有利条件，将继续发挥区位和产业优势，不断改善投资环境，充分利用国际和国内“两个市场、两种资源”，优化对外贸易结构，加大高新技术产品出口比重，在更高层次参与国际经济合作和竞争，不断提升外向型经济整体素质和竞争力。着力提高科技创新能力，培育产业竞争新优势，加快发展战略性新兴产业、现代服务业和先进制造业。同时，着力增强可持续发展能力，化解资源环境瓶颈制约。东部地区将积极支持中西部地区的发展，积极参与新一轮西部大开发，通过产业转移等方式，发挥资金、技术、人才、信息、管理等方面的优势，既发挥支持和带动中西部地区经济发展的作用，也为东部地区自身的发展拓展更大的空间。

随着中部崛起战略深入实施，中部地区工业化城镇化将进一步加快，再加上要素成本优势明显、市场广阔，在实施扩大内需、落实产业调整和振兴规划等政策措施的强力推动下，承接长三角等东部沿海地区和国外产业转移的步伐明显加快，必将为2011年中部地区经济社会平稳较快发展注入强大动力。武汉城市圈、长株潭城市群资源节约型和环境友好型社会建设试点逐步推进，也将成为拉动中部地区经济增长的重要引擎。作为全国粮食主产区，中部地区将以加强粮食生产基地建设为重点，积极发展现代农业，加快农业结构调整，大力推进农业产业化经营。在国际、国内产业调整和跨区域重组不断深化的情况下，中部地区将依托承东启西的区位优势以及产业基础和劳动力、资源等优势，推动重点产业承接发展，进一步壮大产业规模，加快产业结构调整，培育产业发展新优势，提升重大技术装备、交通设备制造业、重型机械工业等领域整体实力和水平，构建现代产业体系。中部地区将以建设连通东西、纵贯南北的运输通道和交通枢纽为重点，进一步强化综合交通运输枢纽地位。同时，提高资源利用效率和循环经济发展水平，抓好节能减排和环境保护。

新一轮西部大开发战略、中央支持西藏、新疆等地区跨越式发展并加大对革命老区、民族地区、边疆地区、贫困地区的扶持力度等，将为西部地区经济发展创造良好的外部环境。成渝经济区、关中—天水经济区、北部湾经济区等新增长极正在加速培育中，将成为对周边地区具有辐射和带动作用的战略新高地。针对西部部分地区自然条件恶劣、基础设施有待进一步完善的情况，西部地区将加快基础设施建设，重点加强综合交通网络、信息基础设施和水利基础设施建设，推进油气管道和电网建设，进一步提升对经济社会发展的保障能力。西部地区将以国家把深入实施西部大开发战略放在区域发展总体战略优先位置为契机，以培育特色优势产业为龙头，大力发展农牧业、现代工业和服务业，加快建设以能源、资源深加工、装备制造业和战略性新兴产业为重点的现代产业体系，使西部地区资源优势转变为经济优势。支持汶川等灾区发展。西部地区的生态保护和环境建设工作也不容忽视，将以生态建设和环境保护为基础，坚持开发和保护相互促进，全面增强可持续发展能力。同时，西部地区将充分发挥资源丰富、要素成本低、市场潜力大的优势，不断完善合作机制，改善发展环境，规范发展秩序，积极有序地承接国内外产业转移，以此推进西部地区新型工业化和城镇化进程以及产业结构优化升级。

深入推进老工业基地振兴为东北地区加快发展带来了难得的机遇。东北地区是我国近代工业起步较早的地区之一，具有较强的产业和科技基础，但经济结构性矛盾仍然比较突出，企业自主创新能力不强，资源型城市尤其是资源枯竭型城市可持续发展能力较弱，因此要按照走新型工业化道路要求，增强自主创新能力，加快建设先进装备制造业等新型产业基地，积极发展接续替代产业，促进资源型城市可持续发展，依托中心城市构建现代服务体系，提高服务业发展水平。东北地区具有发展现代农业得天独厚的条件，将继续加强农业生产基地建设，巩固国家重要商品粮基地地位。东北地区将充分发挥区位优势，大力发展边境贸易，巩固与东北亚国家的经贸关系，积极开拓东南亚、欧美等海外市场，积极承接国际服务贸易转移，发展对外服务贸易和加工贸易，鼓励高新技术产品、高附加值产品、劳动密集型产品和农产品出口，不断优化出口产品结构。

2011年，各地区金融机构将继续认真贯彻落实稳健货币政策，处理好促进经济增长和抑制通货膨胀的关系，支持经济发展方式转变和经济结构战略性调整，促进区域经济协调发展。保持合理的社会融资规模，把握好信贷投放进度和节奏，加强金融产品和服务创新，加大对重点领域和薄弱环节的资金支持。按照国家经济结构调整和经济发展方式转变的要求，改进和完善对战略性新兴产业、节能环保产业、现代服务业、科技自主创新等的金融支持，严格控制对高耗能、高排放行业和产能过剩行业的贷款，支持低碳经济发展。引导更多的资金投向“三农”和中小企业，做好就业、助学、扶贫等金融服务。发展消费信贷，支持扩大内需。落实差别化住房信贷政策，推动房地产金融健康发展。

中国人民银行成都分行货币政策分析小组
负责人：李明昌　严思勃
统　稿：方　昕　刘本定　肖　丹　石　慧
执　笔：王越子　蒋中其　高　琦　曾堰萍
提供材料的还有：凌嘉忠　田　径　熊万良　廖　卫　王鲁滨　曾　好　辜晓川　王　忠　许　蓓
李　萍　徐　磊　龙阅新　马　勇　王　龙

行业、经济圈及专栏部分执笔人（排名不分先后）：
中国人民银行南京分行货币政策分析小组　陈　实
中国人民银行济南分行货币政策分析小组　平晓冬　王浩宇
中国人民银行武汉分行货币政策分析小组　王　岗
中国人民银行营业管理部货币政策分析小组　张　丹
中国人民银行杭州中心支行货币政策分析小组　胡小军
中国人民银行合肥中心支行货币政策分析小组　汪守宏　周　浩
中国人民银行郑州中心支行货币政策分析小组　李　伟　尤江波
中国人民银行深圳市中心支行货币政策分析小组　赖纪云　刘川巍

2010年各地区主要经济金融指标比较表

2010年各地区主要经济指标比较表(I)

地区	地区生产总值(亿元)				城镇固定资产投资(亿元)		社会消费品零售总额(亿元)	外贸进出口(亿美元)				外商实际直接投资(万美元)	地方财政收支(亿元)		
		第一产业	第二产业	第三产业		房地产开发投资		总额	进口	出口	差额(出口－进口)		差额(收入－支出)	财政收入	财政支出
北　京	13 777.9	124.3	3 323.1	10 330.5	4 916.5	2 901.1	6 229.3	3 014.8	2 460.2	554.6	-1 906	636 000	-362.1	2 353.9	2 716.0
天　津	9 108.8	149.5	4 837.6	4 121.8	5 896.5	866.6	2 902.6	822.0	446.8	375.2	-72	1 084 900	-246.5	1 068.8	1 315.3
河　北	20 197.1	2 562.8	10 705.7	6 928.6	12 921.9	2 264.8	6 821.8	419.3	193.6	225.7	32	383 074	-1 448.1	1 330.8	2 778.9
山　西	9 088.1	563.5	5 161.2	3 363.4	5 526.6	592.2	3 318.2	125.8	78.7	47.1	-32	150 964	-958.7	969.7	1 928.4
内蒙古	11 655.0	1 101.4	6 365.8	4 187.8	8 699.2	1 120.0	3 384.0	87.2	53.8	33.3	-21	338 456	-1 210.5	1 070.0	2 280.5
辽　宁	18 278.3	1 631.0	9 872.0	6 775.0	15 106.3	3 465.8	6 887.6	806.7	375.5	431.2	56	2 075 000	-1 189.6	2 004.8	3 194.4
吉　林	8 577.1	1 050.2	4 417.4	3 109.5	7 395.2	921.0	3 504.9	168.5	123.7	44.8	-79	128 042	-1 184.8	602.4	1 787.3
黑龙江	10 235.0	1 302.3	5 100.1	3 832.6	6 292.7	843.1	4 039.2	255.0	92.2	162.8	71	266 000	-1 497.7	755.6	2 253.3
上　海	16 872.4	114.2	7 140.0	9 618.3	4 630.5	1 980.7	6 070.5	3 688.9	1 881.7	1 807.2	-75	1 112 100	-429.3	2 873.6	3 302.9
江　苏	40 903.3	2 539.6	21 753.9	16 609.8	17 418.9	4 301.9	13 606.8	4 657.9	1 952.4	2 705.5	753	2 849 800	-763.9	4 079.9	4 843.8
浙　江	27 226.8	1 360.7	14 121.3	11 744.8	8 525.5	3 030.0	10 245.4	2 534.7	729.9	1 804.8	1 075	1 100 175	-599.9	2 608.5	3 208.4
安　徽	12 263.4	1 729.0	6 391.1	4 143.3	10 281.8	2 251.8	4 197.7	242.8	118.6	124.2	6	501 446	-1 417.5	1 149.4	2 566.9
福　建	14 357.1	1 363.7	7 365.5	5 628.0	7 385.2	1 818.9	5 310.0	1 087.8	372.9	715.0	342	1 031 552	-527.2	1 151.5	1 678.7
江　西	9 435.0	1 205.9	5 194.7	3 034.4	7 856.7	706.8	2 956.2	214.7	80.5	134.2	54	510 100	-1 133.2	777.9	1 911.0
山　东	39 416.2	3 588.3	21 398.9	14 429.0	18 846.8	3 251.8	14 620.3	1 889.5	847.0	1 042.5	195	916 800	-1 395.2	2 749.3	4 144.5
河　南	22 942.7	3 263.2	13 226.8	6 452.6	13 934.8	2 114.1	8 004.2	177.9	72.6	105.3	33	624 700	-2 032.2	1 381.0	3 413.2
湖　北	15 806.1	2 147.0	7 764.7	5 894.4	9 405.6	1 618.2	7 013.9	259.1	114.7	144.4	30	405 000	-1 454.0	1 011.2	2 465.2
湖　南	15 902.1	2 339.4	7 313.6	6 249.1	8 618.2	1 469.3	5 839.5	146.7	67.1	79.6	13	518 441	-1 636.5	1 066.0	2 702.5
广　东	45 472.8	2 286.9	22 918.1	20 267.9	12 599.7	3 659.7	17 458.4	7 846.6	3 314.6	4 532.0	1 217	2 026 098	-899.0	4 515.7	5 414.8
广　西	9 502.4	1 670.4	4 510.8	3 321.2	6 383.3	1 206.2	3 312.0	177.0	81.0	96.0	15	91 200	-1 222.1	772.3	1 994.4
海　南	2 052.1	539.3	566.5	946.3	1 257.5	467.9	639.3	86.3	63.1	23.2	-40	151 213	-307.4	271.1	578.5
重　庆	7 894.2	685.4	4 356.4	2 852.4	6 170.6	1 620.3	2 938.6	124.3	49.4	74.9	26	634 397	-752.6	1 018.4	1 771.0
四　川	16 898.6	2 483.0	8 565.2	5 850.4	11 062.2	2 194.6	6 810.1	327.8	139.3	188.5	49	602 517	-2 681.5	1 561.0	4 242.5
贵　州	4 594.0	630.3	1 800.1	2 163.6	2 609.4	556.7	1 482.7	31.4	12.2	19.2	7	29 546	-1 106.3	533.9	1 640.2
云　南	7 220.1	1 106.0	3 224.0	2 890.0	5 052.6	900.4	2 500.1	133.7	57.6	76.1	18	132 900	-1 414.4	871.2	2 285.6
西　藏	507.5	68.1	163.9	275.4	405.4	9.0	185.3	8.4	0.6	7.7	7	2 434	-514.3	36.7	551.0
陕　西	10 021.5	988.5	5 403.5	3 629.6	7 570.7	1 160.2	3 195.7	120.8	58.7	62.1	3	182 000	-1 259.7	957.9	2 217.6
甘　肃	4 119.5	599.0	1 985.0	1 535.5	2 808.6	266.4	1 394.5	73.3	56.9	16.4	-41	13 500	-1 113.1	353.6	1 466.7
青　海	1 350.4	134.9	744.6	470.9	840.0	108.2	350.8	7.9	3.2	4.7	1	21 930	-633.2	110.2	743.4
宁　夏	1 643.4	160.3	833.2	650.0	1 292.8	254.4	403.6	19.6	7.9	11.7	4	8 090	-402.2	153.6	555.9
新　疆	5 418.8	1 078.6	2 533.7	1 806.5	3 028.9	344.9	1 375.1	171.3	41.6	129.7	88	23 700	-1 198.3	500.6	1 698.9

数据来源：国家统计局《中国统计摘要》、《中国经济景气月报》，各省、自治区、直辖市《国民经济和社会发展统计公报》及统计局。

2010年各地区主要经济指标比较表(II)

地区	地区生产总值同比增长(%)				工业增加值同比增长(%)	城镇固定资产投资同比增长(%)		社会消费品零售总额同比增长(%)	外贸进出口同比增长(%)			外商实际直接投资同比增长(%)	地方财政收支同比增长(%)		各类价格指数同比增长(%)			
		第一产业	第二产业	第三产业			房地产开发投资		总额	进口	出口		收入	支出	居民消费价格指数	农业生产资料价格指数	原材料购进价格指数	工业品出厂价格指数
北　京	10.2	-1.6	13.6	9.1	15.0	14.3	24.1	17.3	40.4	47.9	14.6	4.0	16.1	17.1	2.4		10.5	2.2
天　津	17.4	3.3	20.2	14.2	23.7	32.6	17.9	19.4	28.8	31.7	25.5	20.3	30.1	23.0	3.5		10.0	5.1
河　北	12.2	3.5	13.4	13.1	16.5	23.3	49.0	18.3	41.5	38.9	43.9	6.5	24.7	18.4	3.1	4.4	10.9	9.0
山　西	13.9	6.1	18.6	9.1	23.2	22.6	24.1	18.1	46.8	37.3	66.0	11.5	20.3	23.9	3.0	2.0	9.0	9.5
内蒙古	14.9	5.8	18.2	12.1	19.0	21.8	37.3	18.5	28.7	20.8	44.0	13.0	25.8	18.4	3.2	2.0	5.0	6.7
辽　宁	14.1	5.8	16.7	12.2	17.8	30.2	31.3	18.5	28.2	27.2	29.0	34.4	26.0	19.1	3.0	3.7	8.6	7.4
吉　林	13.7	3.5	18.9	10.4	19.9	24.1	21.7	18.5	43.5	43.5	43.2	12.3	23.7	20.8	3.7	-0.9	8.6	5.2
黑龙江	12.6	6.2	14.4	11.6	15.2	34.0	49.5	18.7	57.1	50.0	61.5	12.7	17.8	20.0	3.9	5.6	14.5	15.0
上　海	9.9	-6.6	16.8	5.0	18.4	0.3	35.5	17.3	32.8	38.4	27.5	5.5	13.1	10.5	3.1		11.2	2.3
江　苏	12.6	4.3	13.0	13.1	16.0	22.1	28.9	18.5	37.5	39.9	35.8	12.5	26.4	18.6	3.8	4.2	12.8	7.3
浙　江	11.8	3.2	12.3	12.1	16.2	14.4	34.4	18.8	35.0	33.4	35.7	10.7	21.7	20.9	3.8	2.9	12.0	6.2
安　徽	14.5	4.5	20.7	10.0	23.6	29.4	34.9	19.0	54.8	74.6	39.7	29.1	33.0	19.8	3.1	2.0	11.8	9.0
福　建	13.8	3.3	18.5	9.7	20.5	33.1	60.1	18.5	36.6	41.6	34.1	2.5	23.5	18.9	3.2	2.4	7.7	3.2
江　西	14.0	4.0	18.3	10.8	21.7	30.8	11.4	19.0	68.0	48.8	82.1	26.8	33.8	22.3	3.0	1.9	11.8	15.3
山　东	12.5	3.6	13.4	13.0	15.0	22.1	33.9	18.3	35.9	42.2	31.1	14.5	25.1	26.8	2.9	3.0	9.3	7.2
河　南	12.2	4.5	14.8	10.5	19.0	21.6	36.1	18.6	32.0	18.4	43.4	30.2	22.6	17.5	3.5	3.1	10.2	7.8
湖　北	14.8	4.6	21.1	10.1	23.6	30.9	34.8	18.3	50.2	57.7	44.7	10.7	24.1	17.9	2.9	1.9	10.4	4.9
湖　南	14.5	4.3	20.2	11.5	23.4	25.3	35.5	18.8	44.5	44.1	44.9	12.8	25.8	22.3	3.1	1.4	10.0	6.9
广　东	12.2	4.4	14.5	10.1	16.8	23.2	23.6	17.2	28.4	31.5	26.3	3.7	23.8	25.8	3.1	1.7	7.3	3.2
广　西	14.2	4.6	20.5	11.1	23.7	36.1	48.2	18.7	24.2	37.8	14.7	-11.9	24.4	23.0	3.0	1.9	11.2	12.0
海　南	15.8	6.3	19.2	19.6	18.5	33.4	62.5	18.9	76.9	76.7	77.3	61.2	52.1	19.0	4.8	7.3	10.3	7.7
重　庆	17.1	6.1	22.7	12.4	23.7	27.1	30.8	18.5	61.1	43.9	75.0	58.0	49.4	29.1	3.2		6.9	3.1
四　川	15.1	4.4	22.0	10.0	23.5	21.7	38.2	18.3	35.6	39.4	33.0	67.8	32.9	18.2	3.2	3.6	6.1	5.0
贵　州	12.8	4.7	16.6	12.1	15.8	27.3	49.9	18.9	36.3	28.8	41.5	121.1	28.2	20.7	2.9	1.1	9.8	4.7
云　南	12.3	4.0	15.8	11.5	15.0	22.7	22.1	21.9	66.1	63.0	68.5	46.0	24.8	17.1	3.7	1.4	9.0	8.8
西　藏	12.3	3.1	14.1	13.7	14.0	23.7	-43.1	18.3	107.9	143.8	105.4	-58.0	21.8	17.2	2.2	0.6		5.8
陕　西	14.5	5.8	18.0	11.7	19.7	28.6	23.2	18.4	43.7	33.0	55.6	20.5	30.3	20.4	4.0	5.3	9.7	8.7
甘　肃	11.7	5.5	15.3	9.8	16.6	35.3	30.5	17.9	89.6	81.8	122.8	1.0	23.4	21.4	4.1	1.7	14.4	15.0
青　海	15.3	5.9	19.3	12.1	20.6	21.9	48.5	16.8	34.5	-3.6	85.1	2.0	25.6	52.7	5.4	3.5	8.6	9.4
宁　夏	13.4	7.0	16.0	11.6	16.8	34.1	56.3	19.0	63.1	72.0	57.5	15.7	37.8	29.9	4.1	4.4	14.1	9.1
新　疆	10.6	4.5	12.6	10.9	13.5	24.4	46.2	16.8	22.8	38.0	18.6	10.1	28.8	26.1	4.3	3.1	23.9	25.3

数据来源：国家统计局《中国统计摘要》、《中国经济景气月报》，各省(自治区、直辖市)《国民经济和社会发展统计公报》及统计局。

2010年全国35个大中城市房地产价格指数比较表

地区	房屋销售价格指数同比增长(%)				房屋租赁价格指数同比增长(%)				土地交易价格指数同比增长(%)			
	第一季度	第二季度	第三季度	第四季度	第一季度	第二季度	第三季度	第四季度	第一季度	第二季度	第三季度	第四季度
北　京	11.1	14.2	11.8	8.8	3.9	12.8	16.3	19.1	8.7	14.2	18.5	22.1
天　津	10.1	11.6	8.7	6.6	3.4	6.3	4.5	4.7	23.1	17.9	13.9	13.0
石家庄	5.2	9.5	9.9	8.4	2.5	2.5	1.9	1.9	0.0	0.1	0.1	0.1
太　原	3.0	4.4	3.8	3.0	1.4	1.3	0.1	0.2	7.1	4.9	5.0	4.0
呼和浩特	6.6	9.4	8.8	7.7	5.8	5.7	3.7	1.2	4.1	3.5	2.7	1.0
沈　阳	3.0	6.0	7.0	8.1	0.1	6.5	6.6	6.8	2.7	16.7	17.7	16.1
大　连	6.8	10.0	7.7	6.9	8.2	8.3	9.5	6.8	9.2	8.5	10.3	7.6
长　春	5.2	7.4	5.1	4.3	0.0	0.2	0.2	0.2	0.0	0.0	0.0	0.0
哈尔滨	6.1	7.4	6.9	6.3	4.0	4.3	6.4	5.7	24.4	23.8	10.0	1.3
上　海	9.5	10.2	6.1	3.2	2.3	4.6	5.1	5.7	14.7	17.4	20.7	22.8
南　京	10.9	10.9	5.9	2.5	0.6	3.6	3.4	3.6	6.5	6.8	3.0	1.9
杭　州	13.3	15.7	9.6	2.7	1.5	4.0	4.1	4.0	85.8	101.4	67.2	33.2
宁　波	8.0	6.9	5.2	2.6	1.5	3.5	3.5	3.6	9.5	16.3	18.0	20.0
合　肥	7.0	10.9	8.2	8.7	1.6	2.6	1.2	2.6	9.1	9.2	7.3	12.5
福　州	3.4	3.9	3.0	2.9	0.8	7.9	7.6	8.1	17.3	10.1	12.1	8.6
厦　门	9.1	7.8	3.6	2.4	3.3	5.7	6.8	6.5	32.8	9.1	7.5	10.0
南　昌	7.9	9.3	5.9	6.2	0.6	1.8	3.0	5.8	22.3	23.4	17.3	14.2
济　南	5.8	6.5	6.4	5.4	0.9	0.3	0.0	0.1	5.6	7.4	7.6	5.1
青　岛	6.9	8.1	6.3	6.3	4.0	4.0	3.7	0.9	2.4	2.4	2.4	2.4
郑　州	5.3	8.0	8.0	8.8	0.7	1.3	1.5	1.8	9.6	5.7	8.3	16.2
武　汉	5.0	8.4	8.4	7.6	0.4	0.4	0.5	0.5	2.0	1.7	1.9	1.0
长　沙	10.2	11.2	8.7	7.7	0.6	0.6	2.6	3.7	4.7	4.7	7.4	9.0
广　州	10.7	7.6	2.9	0.5	0.0	3.1	4.2	5.1	0.0	0.0	0.0	0.0
深　圳	20.5	14.2	4.5	2.2	1.1	1.7	4.2	4.8	0.0	0.0	0.0	0.0
南　宁	6.3	7.3	5.2	2.9	0.6	1.5	5.9	6.7	0.4	2.2	2.2	5.0
海　口	45.4	52.2	46.3	39.4	3.6	8.7	9.6	11.3	40.8	52.1	53.5	52.4
成　都	5.7	5.8	4.0	2.4	2.4	5.2	5.1	5.2	0.7	1.5	1.5	1.5
贵　阳	10.0	9.3	7.7	5.7	0.2	0.6	1.7	4.1	8.7	8.6	8.7	8.5
昆　明	9.4	7.4	5.1	5.2	3.3	1.2	2.4	5.4	0.4	0.4	-0.8	-0.2
重　庆	10.3	11.1	9.5	7.8	0.1	4.1	7.3	6.3	7.0	8.4	8.7	8.7
西　安	11.2	13.7	13.5	10.0	3.6	6.3	8.0	6.3	3.7	3.5	3.5	3.3
兰　州	5.3	6.5	6.6	10.8	6.6	4.7	7.6	9.4	0.0	0.0	0.0	0.0
西　宁	6.1	7.2	6.7	6.4	5.8	6.9	7.1	6.9	5.3	4.1	2.4	5.8
银　川	13.8	14.5	10.6	6.3	4.2	11.4	11.9	10.5	5.4	11.6	11.2	10.6
乌鲁木齐	6.8	7.5	7.4	8.3	3.3	1.8	0.5	0.5	9.2	7.7	4.4	3.8

数据来源：国家统计局《中国经济景气月报》，各省、自治区、直辖市统计局。

2010年年末各省、自治区、直辖市主要存贷款指标

地区	本外币								人民币											
	金融机构各项存款		金融机构各项贷款						金融机构各项存款						金融机构各项贷款					
	余额(亿元)	同比增长(%)	余额(亿元)			同比增长(%)			余额(亿元)			同比增长(%)			余额(亿元)			同比增长(%)		
				短期	中长期		短期	中长期		城乡居民储蓄存款	企业存款		城乡居民储蓄存款	企业存款		个人消费贷款	房地产贷款		个人消费贷款	房地产贷款
北京	66 584.6	16.9	36 479.6	8 597.0	26 180.2	17.5	13.3	23.7	64 453.9	17 003.1	31 281.2	18.8	15.9	5.9	29 563.8	4 035.9	8 195.9	16.3	21.0	22.7
天津	16 499.3	18.8	13 774.1	3 016.5	9 264.7	23.5	8.6	27.7	16 142.7	5 558.2	6 887.6	19.2	13.8	14.6	13 111.6	1 246.2	2 949.1	23.2	36.6	22.7
河北	26 270.6	16.7	15 948.9	6 142.4	9 100.0	20.1	17.9	27.1	26 099.0	15 678.4	6 508.2	16.7	15.7	8.4	15 755.7	1 831.2	2 412.6	20.1	40.3	30.4
山西	18 639.8	18.3	9 728.7	3 744.3	5 443.0	22.9	12.1	37.8	18 575.7	9 223.0	5 333.8	18.3	13.9	25.8	9 634.3	316.3	419.4	23.3	46.0	35.9
内蒙古	10 325.3	22.7	7 992.6	2 718.9	5 156.5	25.2	18.4	31.8	10 278.7	4 618.1	3 107.3	22.7	18.0	16.9	7 919.5	834.5	865.1	25.9	87.1	60.3
辽宁	28 057.4	20.2	19 622.0	6 303.0	11 900.9	21.0	8.9	34.6	27 372.5	13 690.3	7 903.3	20.3	13.8	9.0	18 689.8	2 203.2	3 687.4	20.2	37.1	33.7
吉林	9 702.5	15.4	7 279.6	2 815.7	4 310.8	15.5	3.7	31.8	9 606.7	5 147.3	2 753.2	15.5	11.5	18.3	7 205.9	742.1	1 019.8	15.6	57.3	39.6
黑龙江	12 924.2	16.3	7 390.6	2 916.1	4 098.4	20.3	17.5	36.0	12 835.7	7 254.7	3 552.9	16.5	12.8	27.2	7 230.5	854.0	913.5	20.7	65.7	50.0
上海	52 190.0	17.1	34 154.2	9 278.1	21 693.7	15.1	9.1	21.0	49 846.8	15 650.2	23 661.9	17.9	14.2	9.5	30 573.3	5 341.6	8 323.1	16.7	18.4	18.1
江苏	60 583.1	21.0	44 180.2	18 186.7	23 507.4	19.9	19.7	27.2	58 984.1	23 334.5	19 148.6	20.7	16.2	3.2	42 121.0	6 748.0	9 631.4	19.3	32.4	26.2
浙江	54 482.3	20.8	46 938.5	26 044.5	18 800.2	19.7	20.1	22.7	53 441.4	20 612.2	19 544.4	20.5	15.6	19.2	45 288.1	8 249.4	7 967.7	19.2	26.8	20.5
安徽	16 477.6	22.9	11 736.5	4 142.0	7 175.0	24.3	15.6	35.5	16 366.1	7 788.5	5 208.5	23.0	17.7	20.6	11 452.3	2 010.3	2 383.2	23.3	50.1	43.9
福建	18 753.2	24.2	15 920.8	6 720.4	8 638.3	23.4	25.4	26.8	18 309.5	8 101.0	5 124.4	24.5	14.4	28.0	15 231.4	3 472.5	3 476.6	23.2	32.2	20.1
江西	11 907.8	27.3	7 843.3	2 851.9	4 753.8	22.2	6.8	39.7	11 846.2	6 113.2	3 083.0	27.4	20.0	18.7	7 757.1	1 315.2	1 544.4	22.2	48.9	31.9
山东	41 653.7	18.4	32 536.3	14 713.8	15 935.3	18.8	18.4	27.8	41 105.0	19 648.2	11 585.5	18.5	15.0	18.2	30 722.6	4 029.2	4 855.3	18.3	35.3	30.3
河南	23 247.3	20.5	16 007.0	7 010.7	7 835.6	18.1	16.2	28.6	23 149.4	12 884.0	5 688.5	20.7	15.0	17.4	15 871.8	1 623.9	1 730.4	18.1	55.5	47.7
湖北	21 769.0	23.1	14 648.0	4 232.7	9 157.8	21.5	15.4	29.0	21 568.3	9 798.0	6 742.2	23.2	20.0	17.9	14 170.9	1 854.1	2 686.1	21.5	42.5	41.7
湖南	16 643.3	18.6	11 521.7	3 540.8	7 585.6	21.0	14.3	30.1	16 553.8	9 022.6	4 510.1	18.7	15.5	13.1	11 303.8	1 393.0	2 137.6	20.6	57.2	39.0
广东	82 019.4	17.7	51 799.3	12 323.2	35 837.9	16.4	-0.4	30.0	79 958.0	36 318.7	26 040.7	18.0	15.6	8.6	47 191.6	11 360.7	14 419.3	18.9	24.2	20.3
广西	11 813.9	22.6	8 979.9	1 720.5	7 057.3	22.0	-8.6	34.5	11 746.8	5 702.4	3 380.3	22.6	21.7	14.3	8 867.5	1 652.9	2 177.6	22.0	45.6	29.3
海南	4 217.3	32.8	2 509.7	397.8	2 062.8	29.3	1.3	43.6	4 172.6	1 667.1	1 730.5	34.3	30.2	32.2	2 265.4	303.0	508.5	30.9	68.4	65.6
重庆	13 614.0	22.8	10 999.9	1 693.5	8 738.5	24.2	12.3	32.4	13 455.0	5 839.7	4 666.9	23.1	19.0	26.8	10 888.2	2 215.2	2 981.3	24.2	50.2	35.7
四川	30 504.1	21.4	19 485.7	4 948.0	14 040.8	22.4	-2.7	41.6	30 299.7	13 650.8	9 346.6	21.3	17.9	15.8	19 129.8	3 315.3	4 070.4	22.4	45.9	31.9
贵州	7 387.8	25.0	5 771.7	1 018.1	4 585.3	23.6	23.9	23.7	7 363.9	3 245.0	2 075.5	24.8	21.3	29.8	5 747.5	811.5	954.9	23.4	73.5	38.7
云南	13 476.2	20.6	10 701.9	2 703.0	7 771.9	20.9	-8.0	38.6	13 414.1	5 720.0	4 464.6	20.6	22.5	13.2	10 571.4	1 353.3	1 533.9	20.4	32.1	22.4
西藏	1 296.7	26.1	301.8	58.7	213.6	21.6	-5.9	15.1	1 295.5	267.1	327.6	26.1	18.0	-25.5	301.5	50.7	45.7	21.6	-1.7	-5.9
陕西	16 590.5	18.1	10 222.2	2 513.9	7 273.1	20.9	-5.1	38.9	16 456.1	7 957.8	5 340.2	18.2	18.0	13.9	10 033.1	1 378.6	1 568.1	20.5	62.4	48.9
甘肃	7 146.7	21.1	4 576.7	1 690.3	2 728.7	22.4	4.6	45.7	7 115.4	3 598.2	1 819.2	21.0	18.9	7.2	4 433.0	286.8	310.4	21.5	53.7	30.6
青海	2 327.0	29.9	1 832.8	401.7	1 347.9	30.2	7.1	38.0	2 319.6	868.2	644.5	29.9	22.1	12.1	1 822.7	55.8	114.2	30.3	63.7	37.2
宁夏	2 586.7	25.1	2 419.9	704.3	1 612.0	25.5	3.1	38.7	2 573.6	1 170.3	722.8	25.0	20.9	22.2	2 398.7	212.2	331.4	25.1	64.6	44.0
新疆	8 898.6	29.4	5 211.4	1 849.4	3 132.3	31.9	20.5	44.6	8 870.0	3 713.5	2 791.7	29.5	21.7	36.3	4 973.2	457.8	483.2	31.3	46.7	44.1

数据来源：中国人民银行各分行、营业管理部、省会（首府）城市中心支行。

《2010年中国区域金融运行报告》分报告

2010年北京市金融运行报告

中国人民银行营业管理部货币政策分析小组

[内容摘要] 2010年，北京市认真贯彻落实国家各项宏观调控政策，巩固应对国际金融危机的成果，稳步推进经济发展方式转变，以加快中关村国家自主创新示范区建设为契机，加快产业结构调整，推进战略性新兴产业发展，全市经济在调整中实现平稳较快增长，全年地区生产总值比上年增长10.2%。内需稳步扩大，投资结构有所改善，消费品市场增势较好，居民消费价格指数涨幅低于全国平均水平，提前实现"十一五"规划提出的万元地区生产总值能耗下降的目标。

中国人民银行营业管理部继续贯彻落实适度宽松的货币政策，加强"窗口指导"，辖内金融机构全年信贷投放总量适度、节奏平稳、结构优化，支持了首都经济社会又好又快发展。首都金融业不断加大创新力度，全面提升金融服务民生的水平。

展望2011年，北京市将按照中央经济工作会议精神和国务院的统一部署，管理通货膨胀预期，加快产业结构调整，推进经济发展方式转变。金融业将贯彻落实稳健的货币政策，在保持合理社会融资规模的基础上，优化结构，全面提升金融服务水平，促进首都经济社会平稳和谐发展。

一、金融运行情况

2010年，北京市金融机构认真贯彻落实国家各项宏观调控政策，金融运行总体平稳，金融机构改革继续稳步推进，金融服务水平显著提高，金融生态环境建设取得新成效。

（一）银行业发展势头良好，信贷投放符合金融宏观调控方向

2010年，北京市银行业金融机构认真贯彻落实适度宽松的货币政策，信贷投放总量适度、结构优化，契合首都经济发展需要。

1. 银行业金融机构发展势头良好，规模与效益同步提升。2010年，北京市银行业金融机构资产规模持续扩大，年末资产总额同比增长17.4%；利润创近三年的最好水平，同比增长34.6%；不良贷款率为全国最低，比年初下降0.4个百分点，继续实现低位"双降"的目标。银行业金融机构总量达到3 553个，法人机构43个（见表1）。外资银行运行总体平稳，法人数量继续增加，蒙特利尔银行（中国）有限公司在北京注册开业。农村金融服务组织体系更加丰富，年内新开业村镇银行5家，首家农村资金互助社获准筹建。国内首家消费金融公司运行良好，全年发放消费贷款超过2 500万元。银行支付服务取得新进展，全年银行卡累计交易金额达到6 800亿元，同比增长40%，年末累计银行卡发卡量达到1.2亿张。

表1 2010年北京市银行业金融机构情况

机构类别	营业网点			法人机构(个)
	机构个数(个)	从业人数(人)	资产总额(亿元)	
一、大型商业银行	1 632	50 427	45 765.6	—
二、国家开发银行及政策性银行	17	727	9 644.8	—
三、股份制商业银行	383	15 617	18 765.2	2
四、城市商业银行	180	7 638	8 472.3	1
五、城市信用社	—	—	—	—
六、农村合作机构	694	7 710	3 357.6	1
七、财务公司	25	1 098	3 521.8	25
八、邮政储蓄银行	523	1 666	1 154.2	—
九、外资银行	92	6 491	2 424.9	7
十、农村新型机构	7	157	24.5	7
合 计	3 553	91 531	93 130.9	43

注：营业网点不包括总部。农村合作机构含农信社、农村合作银行及农村商业银行等。农村新型机构包括村镇银行、贷款公司、农村资金互助社三类机构。

数据来源：中国人民银行营业管理部、北京银监局、北京市金融工作局。

2. 存款增长总体放缓，活期化趋势较为明显。2010年，北京市存款增长总体放缓，年末金融机构本外币各项存款增速较上年同期回落10.6个百分点。信贷规模下降导致派生存款减少、央企调整负债结构主动偿还部分存量贷款、企业集团资金沉淀

减少是全市存款增长放缓的主要原因。存款活期化趋势较为明显（见图1），年末人民币企业活期存款占比为52.7%，较上年同期提高5.7个百分点，显示出实体经济的活跃程度进一步提高。据中国人民银行营业管理部第四季度问卷调查显示，企业家的经济热度感受指数较上季度提高1个点，已连续6个季度回升。虽然储蓄存款增长放缓，但理财产品销售额增长较快，反映出居民主动理财意识明显增强。受美联储实施第二轮量化宽松货币政策等因素影响，人民币升值预期持续增强，微观经济主体持有美元等外币的意愿继续下降，外汇存款持续负增长，年末同比下降18.2%。

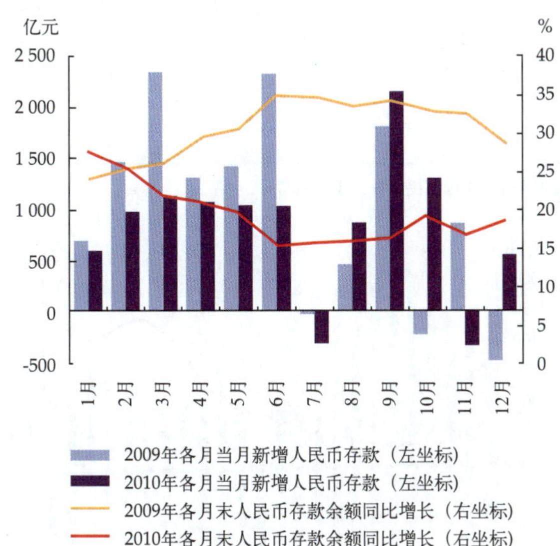

数据来源：中国人民银行营业管理部。

图1　2010年北京市金融机构人民币存款增长变化

3. 贷款投放总体适度，符合宏观调控方向。2010年，金融机构主动调整信贷投放规模和节奏，年末北京市本外币贷款增速为17.5%，较上年同期回落17.5个百分点。其中，人民币贷款增长平稳，年末增速较上年同期回落10.9个百分点；比年初增加4 143.5亿元，同比少增1 134亿元，但仍比近五年平均投放规模高924亿元（见图2、图3）。分期限结构看，中长期贷款增长较快，全年新增人民币中长期贷款4 213亿元，重点支持基础设施建设和“城中村”改造。自年初以来，票据融资除个别月份略有增加外，大多数月份负增长，表明在信贷投放逐步回归常态的背景下，金融机构主动压缩票据融资以增加一般性贷款发放。从投放节奏看，第一、第二、第三、第四季度人民币贷款分别投放1 339.9亿元、736.1亿元、764.6亿元和1 302.9亿元，呈“U”形走势，受国家和北京市加快项目建设进程影响，第四季度贷款投放有所加快。外汇贷款增长平稳，年末外汇贷款同比增长26.6%，在人民币升值预期和外币贷款利率较低的带动下，贸易融资外汇贷款增长较快。

信贷结构继续优化，契合首都经济发展方式转变和产业结构调整需要。2010年，中国人民银行营业管理部继续创新工作机制，不断完善信贷政策导向效果评估体系，在产品、组织、机制三个方面加强正向激励，“北京市中小企业金融服务平台”上线运行，推动银、政、企长效对接机制建设，引导信贷资金支持科技型中小企业和文化创意型中小企业发展，促进全市信贷结构优化调整，契合首都经济发展和产业结构调整需要，信贷资金对重点领域、优势产业及经济社会薄弱环节的支持力度加大。年末全市金融机构中小企业人民币贷款（不含票据融资）同比增长25.5%，余额在企业贷款中的比重为34.3%，较上年年末提高2.3个百分点。其中，小型企业人民币贷款同比增长23.8%，余额占中小企业人民币贷款余额的26.1%。科技金融和文化金融建设成效显著，年末文化创意产业贷款同比增长36.6%，累计发放贷款同比增长112.9%；高新技术企业贷款同比增长37.3%，累计发放高新技术

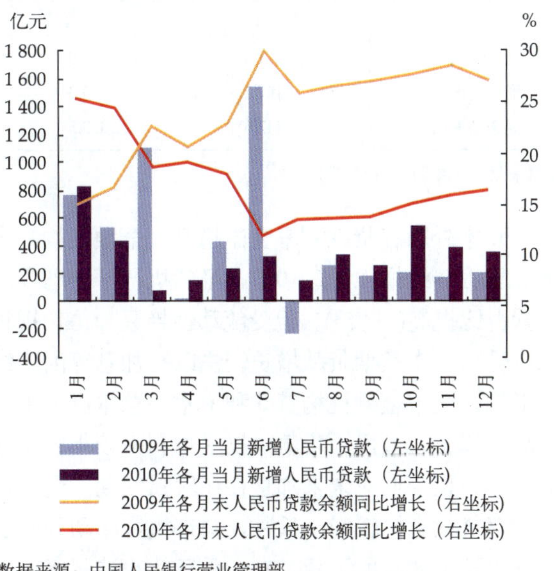

数据来源：中国人民银行营业管理部。

图2　2010年北京市金融机构人民币贷款增长变化

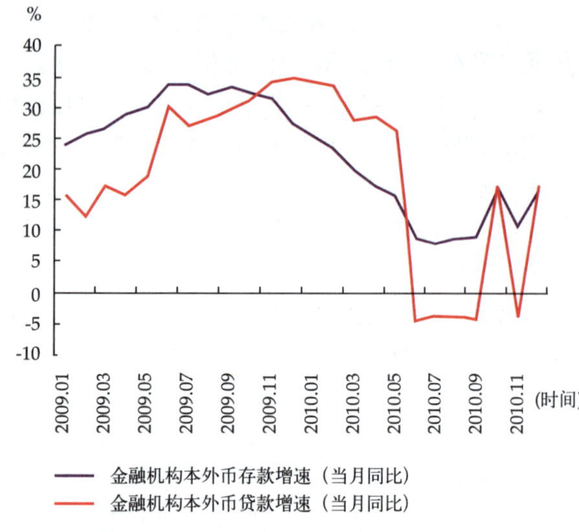

数据来源：中国人民银行营业管理部。

图3　2009～2010年北京市金融机构本外币存、贷款增速变化

企业贷款同比增长219.1%。金融支持社会薄弱环节的力度不断加大，年末小额担保贷款同比增长65%，涉农贷款同比增长42.3%。

4. 现金呈净投放态势。2010年，北京市银行现金收入增长平稳，现金支出主要受消费市场活跃、价格涨幅增大、黄金消费持续旺销等因素影响（见表2）。

表2　2010年北京市金融机构现金收支情况表

单位：亿元、%

	年累计额	同比增速
现金收入	31 001.6	9.0
现金支出	31 149.2	9.3
现金净支出	147.6	322.5

数据来源：中国人民银行营业管理部。

5. 本外币存贷款利率整体趋升，金融机构利率定价能力继续增强。2010年，虽然执行下浮利率的贷款占比提高(见表3)，但受流动性趋紧、信贷规模总体受限、中长期贷款增长较快以及加息等因素综合影响，全市金融机构贷款利率水平总体仍呈上升态势，12月，人民币贷款加权平均利率较年初明显上升。大型企业对未来加息存在较强预期，选择固定利率贷款意愿较强，12月，全市执行浮动利率贷款占比较年初有所下降。人民币存款基准利率上调后，全市人民币存款利率有所上升。受境内外汇资金供求变化和国际金融市场利率波动影响，美元存贷款利率有所上升，整体利率水平高于上年（见图4）。北京辖内金融机构利率定价机制建设稳步推进，定价技术进一步提高，Shibor在金融机构利率定价中运用的深度和广度均有所增强。

表3　2010年北京市金融机构各利率浮动区间贷款占比表

单位：%

		合计	国有商业银行	股份制商业银行	区域性商业银行	城乡信用社
合计		100.0	100.0	100.0	100.0	100.0
[0.9～1.0)		68.8	83.9	64.7	44.7	58.0
1.0		18.7	12.4	21.5	36.6	20.6
上浮水平	小计	12.5	3.7	13.8	18.7	21.4
	(1.0～1.1]	7.9	2.8	8.8	13.5	12.2
	(1.1～1.3]	4.3	0.9	4.4	5.1	8.4
	(1.3～1.5]	0.2	0	0.3	0.1	0.7
	(1.5～2.0]	0.1	0	0.1	0	0.1
	2.0以上	0	0	0.2	0	0

数据来源：中国人民银行营业管理部。

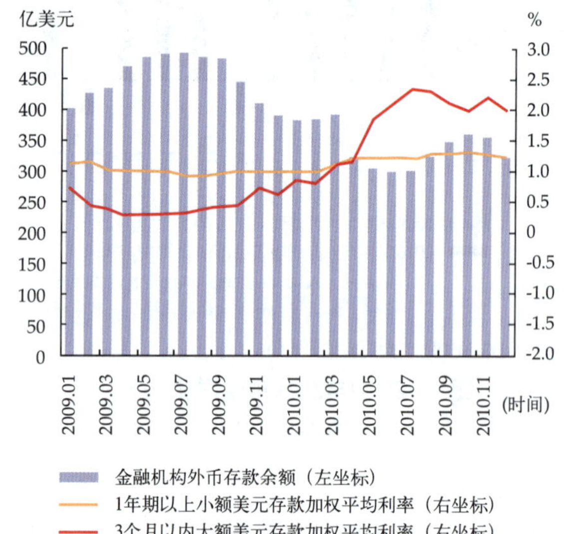

数据来源：中国人民银行营业管理部。

图4　2009～2010年北京市金融机构外币存款余额及外币存款利率

6. 银行业金融机构改革继续向纵深推进。国家开发银行北京市分行商业化改革推向深入，各项业务运行平稳，继续立足首都特点，支持北京市重点区域、产业园区基础设施建设和“城中村”改造项目。

五家已改制大型商业银行北京市分行继续深化内部改革，资产负债规模平稳增长，整体利润水平持续提高，经营更为稳健，战略转型步伐加快，中间业务收入占比同比提高1.8个百分点，不良贷款低位双降，拨备覆盖率同比提高88.7个百分点，风险抵御水平进一步提高。

2010年，中国农业银行股份有限公司完成股份制改革并成功上市。中国农业银行北京市分行坚持服务“三农”发展战略，积极推进多项涉农产品创新，不断加强内控建设，防范各类风险，着力提升市场竞争力。

北京银行继续完善各项公司治理机制，推进跨区域发展战略。2010年，北京银行新增异地分支机构15家，其中，分行3家，支行11家，阿姆斯特丹代表处1家。北京农村商业银行积极推动内部治理结构改革，在组织架构、制度梳理、流程优化和违规行为责任认定等多方面加强操作风险管理，通过增发普通股补充核心资本，并同时置换不良资产，取得明显成效，年末不良贷款率为4.8%，同比下降2.7个百分点。

辖内农村金融服务持续改善，支农金融机构继续增加，适应农村经济发展的多样化金融服务不断推出。

7. 跨境人民币业务呈现良好发展态势。自6月23日试点启动以来，在中国人民银行营业管理部及政府有关部门的强力推动下，金融机构加大营销力度，全市人民币跨境贸易结算试点成效显著。从试点启动至年末，辖内银行累计办理跨境人民币结算业务1 192笔，半年时间内即突破千亿元规模，金额达到1 147.8亿元，参与银行27家（见专栏1）。

专栏1　北京跨境人民币贸易结算试点成效显著

2010年6月17日，经国务院批准，中国人民银行等六部委宣布将跨境贸易人民币结算试点范围扩大到北京等20个省、自治区、直辖市。自6月23日试点启动以来，在中国人民银行营业管理部及政府有关部门的强力推动下，金融机构加大营销力度，北京地区人民币跨境贸易结算试点成效显著。

一是跨境人民币业务呈现出快速良好的增长态势。从试点启动至年末，辖内银行累计办理跨境人民币结算业务1 192笔，半年时间内即突破千亿元规模，金额达到1 147.8亿元。特别是2010年8月以来，跨境人民币结算月增量均保持在百亿元以上。完成两笔资本项目跨境人民币业务，涉及金额96.2亿元，实现跨境人民币业务由贸易领域向投融资领域的延伸。出口货物贸易的跨境人民币结算工作开始起步，12月，中国人民银行等六部委审核通过并公布北京地区出口货物贸易试点企业名单，12月20日，北京地区成功办理第一笔出口货物贸易人民币结算业务。

二是跨境人民币业务主要以新兴市场和发展中国家为主。截至2010年年末，北京地区跨境人民币业务已扩大到33个国家和地区，全年有1 130笔跨境人民币业务发生在新兴市场和发展中国家，占比高达94.8%，有力地促进了我国与其他新兴市场和发展中国家的经贸与金融互利合作关系。

三是跨境人民币业务参与主体逐步扩大。截至2010年年末，北京地区开展跨境人民币结算业务的银行数量达到27家，占辖内银行总数的39.71%，参与企业达到450户。

四是跨境人民币业务经济社会效应初步显现。经测算，自试点启动以来，跨境人民币业务可为已开展此项业务的企业节约成本约3.2亿元。跨境人民币业务的开展还促进了银行经营方式的转变，促使中资银行加大海外机构布局，拓展国际市场。

（二）证券业运行平稳，上市公司数量与筹资总额显著增长

1. 证券业机构基本稳定，客户交易稳步增长。2010年年末，辖内法人证券公司17家，同比持平；各地证券公司在京营业部230家，同比增加24家；基金公司11家，外地基金公司在京分公司40家，基金理财中心12家，同比持平；期货公司和期货公司在京营业部分别为19家和69家，同比分别增加2家和16家（见表4）。证券市场运行平稳，客户交易稳步增长。年末，北京地区证券公司营业部客户交易结算

资金余额为1 855.1亿元，同比增长37.8%；期货公司代理交易额为458 169.2亿元，同比增长两倍。

2. 上市公司数量与筹资总额显著增长，总股本与总市值全国领先。2010年年末，北京地区共有上市公司164家，同比增加38家，占全国A股上市公司数量的8%。北京地区上市公司筹资总额为2 408.4亿元，同比增长59.7%。上市公司总股本为19 154.2亿股，同比增长31.3%，占全国上市公司总股本的57.6%；总市值为11.5万亿元，占全国上市公司总市值的37.8%。

表4　2010年北京市证券业基本情况表

项目	数量
总部设在辖内的证券公司数（家）	17
总部设在辖内的基金公司数（家）	11
总部设在辖内的期货公司数（家）	19
年末国内上市公司数（家）	164
当年国内股票（A股）筹资（亿元）	2 408.4
当年发行H股筹资（亿元）	—
当年国内债券筹资（亿元）	8 332.8
其中：短期融资券筹资额（亿元）	3 502.0

注：国内债券筹资为非金融企业债券融资数据。
数据来源：中国人民银行营业管理部、北京证监局。

（三）保险业市场机制持续完善，保险业务快速增长

1. 市场机制持续完善，行业整体实力持续增强。2010年年末，在京保险分公司和直接经营业务的保险总公司合计88家，其中，产险公司35家（年内新增1家），寿险公司48家（年内新增3家），政策性保险公司1家，再保险公司4家，呈现出主体多元化、经营专业化、竞争差异化的市场格局。年末，保险业总资产达2 558.9亿元，同比增加471.2亿元，行业整体实力继续增强，可持续发展能力进一步提高（见表5）。

2. 保费收入快速增长，业务结构相对稳定。2010年，北京市保险业实现原保险保费收入966.5亿元，居全国第三位；同比增长38.5%，为近五年最高。其中，财产险业务保费收入为212.3亿元，同比增长29.1%；人身险业务保费收入为754.2亿元，同比增长41.4%。保险深度为7%，同比提高1.1个百分点。

从财产险业务结构看，车险与非车险业务均保持快速增长。车险保费收入152.8亿元，同比增长39.5%，对财产险保费增长的贡献率达90.3%；非车险业务实现保费收入59.5亿元，扣除英大财产和出口信保公司影响后同比增长26.8%。从寿险业务结构看，分红险和银保仍是拉动寿险业务增长的主要产品和渠道。从市场结构看，一是外资保险公司市场份额略有提高，年末外资保险公司市场份额为16.3%，同比提高1.8个百分点；二是产险市场集中度提高，产险保费规模居前五位的公司市场份额共计77.9%，同比提高5.8个百分点；三是寿险市场集中度下降，寿险保费规模居前五位的寿险公司市场份额共计61.4%，同比下降4.8个百分点。

表5　2010年北京市保险业基本情况表

项目	数量
总部设在辖内的保险公司数（家）	9
其中：财产险经营主体（家）	2
寿险经营主体（家）	6
保险公司分支机构（家）	658
其中：财产险公司分支机构（家）	243
寿险公司分支机构（家）	411
保费收入（中外资，亿元）	966.5
其中：财产险保费收入（中外资，亿元）	212.3
人身险保费收入（中外资，亿元）	754.2
各类赔款给付（中外资，亿元）	199.7
保险密度（元/人）	5 407.0
保险深度（%）	7.0

数据来源：北京保监局。

（四）融资结构继续改善，金融市场健康发展

2010年，北京金融市场交易活跃，各子市场继续保持良好的发展势头。

1. 融资渠道不断拓宽，融资工具日益丰富。2010年，北京地区非金融企业直接融资占比回升，债券融资增长较快，短期融资券和中期票据成为主导融资品种，全年共发行6 101亿元，占全部债券发行额的74%。中小企业集合票据发行量大幅增长，中小企业集合债券恢复发行，超短期融资券成为企业新型融资工具，非金融企业融资方式日益多样化（见表6）。

2. 货币市场净融出资金持续增长，利率震荡上行。2010年，北京地区金融机构货币市场交易活跃，同业拆借和债券回购双向累计交易量为114.4

表6　2001～2010年北京市非金融机构融资结构表

单位：亿元、%

年份	融资量	比重		
		贷款	债券（含可转债）	股票
2001	1 476.0	82.1	4.4	13.5
2002	2 117.4	84.8	7.8	7.4
2003	2 843.7	83.5	7.8	8.7
2004	2 184.4	88.4	8.5	3.1
2005	3 174.6	60.3	39.6	0.1
2006	4 089.1	69.9	25.8	4.3
2007	6 200.0	38.8	17.6	43.6
2008	8 531.0	38.0	47.5	14.5
2009	16 553.9	47.6	43.3	9.1
2010	11 701.7	46.4	47.4	6.2

注：贷款、债券融资量均以当年新增额口径计算。
数据来源：中国人民银行营业管理部、北京证监局、中国债券网。

万亿元，同比增长36.9%，占全国交易量的49.6%；通过货币市场累计净融出资金32.9万亿元，同比增长19.4%。中资银行是主要的资金供给机构，国有商业银行是资金供给绝对主力，净融出资金量在中资银行中占比达62.4%。外资银行和非银行金融机构是主要的资金净融入方。受中国人民银行上调存款准备金率、加息以及公开市场操作等多种因素影响，货币市场利率整体震荡上行，波动性明显增强。12月末，在货币政策由适度宽松回归稳健以及跨年因素的双重推动下，货币市场利率大幅上行，达到全年高点。

3. 票据市场业务呈现量减价升态势。2010年，北京市金融机构银行承兑汇票签发量保持稳定。由于信贷规模增长受限，金融机构通过缩短票据持有期限、减持票据资产等手段腾挪信贷额度，票据融资业务降幅明显（见表7）。票据市场利率呈现上升态势（见表8），第四季度加速上扬。

4. 银行间外汇市场功能不断强化，黄金市场投资热情高涨。受人民币升值预期影响，金融机构外汇避险需求旺盛，推动外汇衍生产品交易量大幅增长，外汇远期和外汇掉期分别累计成交折合256.1亿美元和9 244.9亿美元，同比分别增长182.6%和34.5%。非银行金融机构不断进入银行间外汇市场，外汇市场成员不断增加。2010年，国内黄金价格走势强劲，黄金交易量不断攀升，上海黄金交易所会员全年买卖黄金2 282.5吨，同比增长37.1%。

表7　2010年北京市金融机构票据业务量统计表

单位：亿元

季度	银行承兑汇票承兑		贴现			
			银行承兑汇票		商业承兑汇票	
	余额	累计发生额	余额	累计发生额	余额	累计发生额
1	1 636.1	1 127.8	1 036.1	2 304.5	518.1	505.3
2	1 724.2	2 272.3	995.1	4 207.2	415.1	862.8
3	1 703.6	3 453.7	1 002.5	6 787.0	253.5	1 238.5
4	1 619.2	4 553.1	948.8	9 227.7	154.6	1 591.8

数据来源：中国人民银行营业管理部。

表8　2010年北京市金融机构票据贴现、转贴现利率表

单位：%

季度	贴现		转贴现	
	银行承兑汇票	商业承兑汇票	票据买断	票据回购
1	3.4510	3.6930	3.1976	2.5662
2	3.8463	3.5275	3.5256	3.5449
3	3.2858	3.9936	3.5200	3.4205
4	5.7244	5.3368	5.0443	5.1384

数据来源：中国人民银行营业管理部。

5. 民间借贷利率大幅上升。第四季度，北京地区企业民间借贷监测样本加权平均利率为19.1914%，较第一季度上升560个基点；农户民间借贷监测样本加权平均利率为7.8799%，较第一季度上升44个基点。

6. 金融创新深度发展，市场交易活跃。利率衍生产品快速发展，利率互换成为银行主导交易品种，商品类衍生产品发展提速，外汇掉期成交量明显增长。全年衍生产品交易活跃，年末名义本金为5 799.4亿元，同比增长29%。银行理财产品全年共发行6 761.8亿元，创近三年新高，同比增长97.8%。其中，信托理财产品发行量占比大幅提高，结构性理财产品平稳增长，代客境外理财产品增长翻番，理财产品趋于短期化，6个月以下期限发行量占比超过七成。

（五）首都金融生态环境建设稳步推进

2010年，首都金融生态环境建设稳步推进，出台《关于推进首都科技金融创新发展的意见》，促进科技与金融的有机结合，加快首都科技金融创新发展，全面推进“人文北京、科技北京、绿色北京”建设；发布《关于进一步推进企业上市工作的意见》，加大对企业上市的支持力度，促进企业上市融资；出台《首都社会信用体系国家示范区建设方案》，启动北京市农户信用档案电子化工作，首都社会信用体系进一步完善；个人本外币兑换特许业务试点工作稳步推进，北京地区特许兑换机构及网点数均居全国第一位；严厉打击制贩假币、洗钱以及外汇违法违规行为，有力维护首都金融市场秩序；成功举办北京国际金融博览会和首都金融论坛，金融交流与合作不断加强；开展银行卡、反洗钱、信用知识、反假货币、诚信兴商等系列宣传活动，加强金融知识宣传和普及，提高社会公众金融意识。

二、经济运行情况

2010年，面对严峻复杂的国内外经济环境，北京市深入实践科学发展观，认真贯彻落实各项宏观调控政策，稳步推进经济发展方式转变，经济在调整中实现平稳较快增长。全年实现地区生产总值13 777.9亿元，同比增长10.2%（见图5），居民消费价格同比上升2.4%。

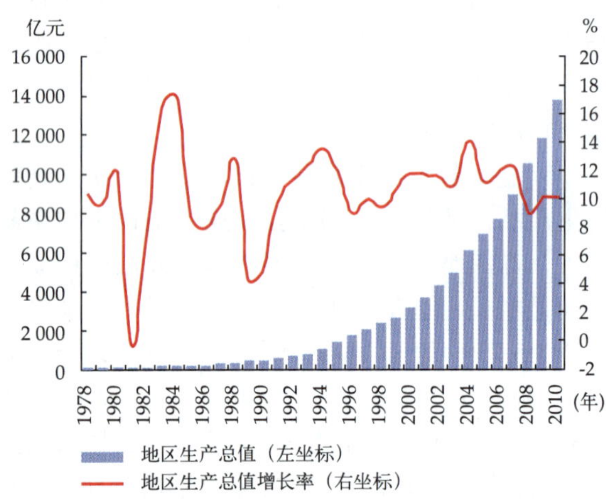

数据来源：北京市统计局。

图5　1978～2010年北京市地区生产总值及其增长率

（一）三大需求保持稳定

2010年，北京市大力推进经济结构优化调整，巩固应对国际金融危机成果，全市经济在上年复苏回升的基础上，呈现第一季度高开，第二季度减速，第三、第四季度平稳的运行态势。

1. 投资适度增长，投资结构有所改善。2010年，全社会固定资产投资同比增长13.1%（见图6），超额完成全年5 300亿元任务和两年1万亿元的调控目标。季度间波动明显，第一季度投资高位开局，第二、第三季度投资持续减速，第四季度投资逐步回稳。从投资结构看，受上年同期基数影响，基础设施投资下降4%；房地产开发投资在宏观调控政策作用下呈现“高开—减速—回稳”的走势，全年同比增长24.1%。分产业看，第一产业投资同比下降24.8%，第二产业投资因工业投资带动，同比增长28.4%，第三产业投资同比增长12.1%。在政府投资拉动下，民间投资高速增长，同比增长51.6%，其中，非房地产开发领域民间投资增长78.2%，主要集中于工业和交通运输业。

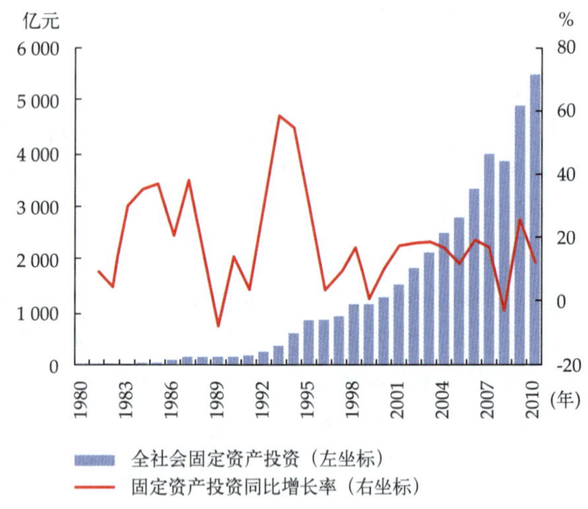

数据来源：北京市统计局。

图6　1980～2010年北京市固定资产投资及其增长率

2. 居民收入稳步增加，消费品市场保持活跃。2010年，北京市加强以改善民生为重点的社会建设，整合“一老一小”、无业居民大病医疗保险制度，实施八项医保惠民政策，出台养老保险补缴政策，全面落实“九养政策”和老年优待办法。在政策推动和经济回暖的带动下，全市就业形势稳定，城乡居民收入稳步增加，城镇居民人均可支配收入同比增长6.2%，农村居民人均纯收入同比增长8.1%。北京市大力推进农超对接、农村集贸市场建设等工作，城乡居民消费环境不断优化，商品流通服务体系日趋完善，全市社会消费品零售额同比增长17.3%，增幅同比提高1.6个百分点（见图7）。

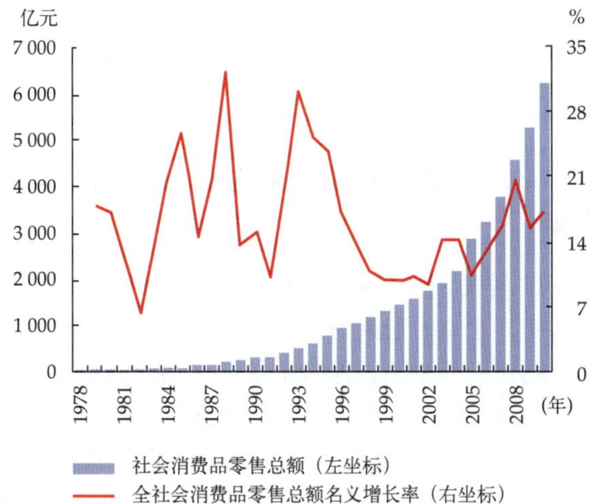

数据来源：北京市统计局。

图7　1978～2010年北京市社会消费品零售总额及其增长率

汽车销售仍是拉动消费的主要因素，受交通拥堵治理政策影响年末机动车销售集中放量，全年机动车销售量同比增长24.7%。

3. 进出口保持恢复性增长，对外开放进一步扩大。2010年，北京地区进出口总值同比增长40.3%。出口信用保险覆盖面逐步扩大，促进外贸出口恢复性增长，出口总值同比增长14.7%，规模接近国际金融危机前水平。受益于内需增长和原油、铁矿石等大宗商品采购规模扩大，进口总值同比增长47.8%（见图8）。

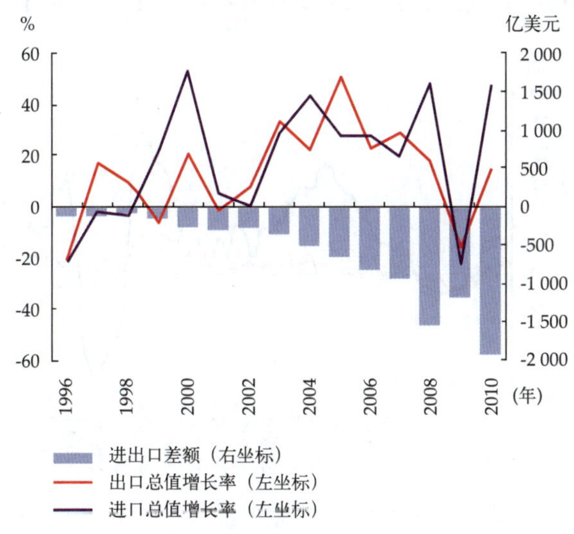

数据来源：北京市统计局。

图8　1996～2010年北京市外贸进出口变动情况

服务贸易促进协调机制日益健全，服务外包政策逐项落实，服务贸易快速发展。跨国公司地区总部吸引力度加大，新增涉外驻京代表机构654家，实际利用外资同比增长4%（见图9）。鼓励支持企业“走出去”，对外协议投资增长2.5倍。北京地区跨境人民币结算试点工作成效显著，有力地推进了服务贸易发展。

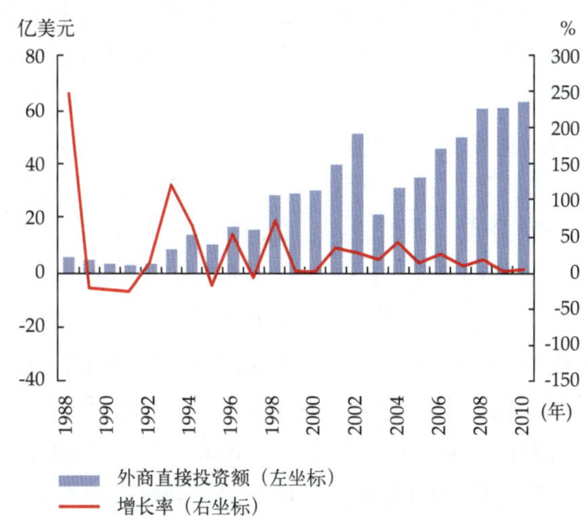

数据来源：北京市统计局。

图9　1988～2010年北京市外商直接投资情况

（二）产业结构调整优化

2010年，北京市按照“优化一产、做强二产、做大三产”的要求，制订实施八大重点产业调整和振兴规划，大力发展战略性新兴产业，产业结构进一步优化。三次产业结构由上年的1.0：23.2：75.8变化为0.9：24.1：75.0。

1. 新农村建设大力推进，都市型农业发展势头良好。2010年，北京市继续深化农村改革，完善农地流转服务体系，全面推进集体林权制度、集体经济产权制度改革，对山区集体公益林进行补助，农民专业合作社覆盖70%的农户；大力推进新农村建设，五项基础设施①提前两年实现全覆盖。大力开发农业多种功能，都市型现代农业加快发展，逐渐实现产品特色化、生产集约化、销售组织化、功能多样化发展，全市设施农业实现收入同比增长20.1%；农业观光园和民俗旅游户收入同比分别增

①北京市新农村“五项基础设施”是专指郊区范围内村庄的街坊路、安全饮水、污水处理、厕所改造和垃圾处理五个方面的公共设施。

长16.7%和20.7%。受气候异常和城市化进程加快影响，部分农副产品产量出现不同程度的下降。金融支持首都率先形成城乡一体化发展格局取得新成效，累计发放涉农贷款1 162.7亿元，有力地促进了城乡区域协调发展和“城中村”改造。

2. 工业生产保持较快增长，企业利润增势较好。2010年，北京市继续落实重点产业调整振兴实施方案，全市规模以上工业增加值同比增长15%，增幅同比提高5.9个百分点（见图10）。汽车、装备行业高速增长，其中，交通运输设备制造业增长22.8%，拉动规模以上工业增长3个百分点；专用设备、通用设备、电气机械及器材制造业分别增长25.4%、23%和11.9%，共拉动规模以上工业增长2.9个百分点。通信设备、计算机及其他电子设备制造业增长18.7%。全市工业企业效益稳步提高，规模以上工业企业利润总额同比增长43.6%，增幅同比提高26.5个百分点，工业经济效益综合指数高位运行。北京市以加快中关村国家自主创新示范区建设为契机，着力推进先行先试改革，建立产业化促进机制，推动60项重大科技成果产业化，全年现代制造业和高新技术制造业利润总额分别增长30.3%和14.8%。

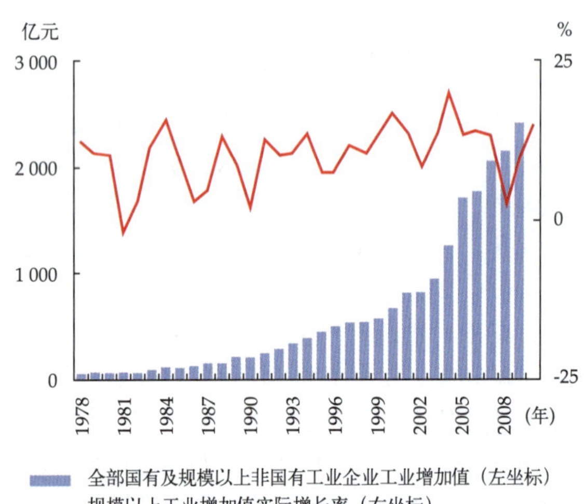

数据来源：北京市统计局。

图10　1978～2010年北京市工业增加值及其增长率

3. 服务业稳定增长，优势产业发展带动作用不断增强。2010年，北京市制定实施加快物流、信息服务、商务服务、旅游、设计产业发展的政策措施，第三产业增加值同比增长9.1%。生产性服务业和文化创意产业发展稳定，成为现代服务业的重要支撑，带动北京市产业结构进一步优化。金融业受政策影响有所波动，同比增长8.6%。

（三）各类价格指数总体涨幅低于全国水平

1. 居民消费价格指数涨幅呈逐月扩大态势。2010年，北京市通过财政补贴、农超对接、农村集贸市场建设等措施，保障市场供应和价格稳定。受翘尾因素、国际大宗商品价格上涨、成本上升、供求关系变化等因素的影响，全市居民消费价格指数同比上涨2.4%，涨幅低于全国平均水平（见图11）。全年居民消费价格指数呈明显上升态势，前9个月涨幅处于温和上涨区间，10月涨幅超过3%，12月涨幅首超全国平均水平。食品大类和居住大类是总指数上行的主要推动力。其中，食品价格上涨5.5%，居住价格上涨5%。农产品生产价格同比上涨6.5%，涨幅同比上升8.2个百分点。

2. 生产者价格指数涨幅先升后降。2010年，北京市生产者价格指数由降转升，从2009年的低谷实现“V”形反弹。2010年，工业品出厂价格指数同比上涨2.2%，涨幅低于全国平均水平。单月涨幅于5月达到最高点后逐月回落，至9月下降至阶段性低点，之后又出现小幅上涨走势，12月涨幅收窄。带动PPI上涨的主导力量集中在石油、化工、钢材、

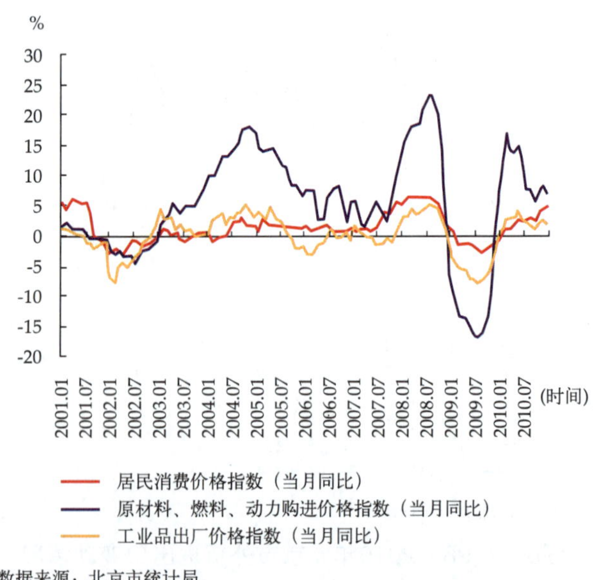

数据来源：北京市统计局。

图11　2001～2010年北京市居民消费价格和生产者价格变动趋势

电力热力和有色金属等行业。原材料、燃料及动力购进价格指数同比上升10.5%，涨幅高于全国平均水平近1个百分点。单月涨幅于2月达到最高点后，呈明显回落走势，12月回落至6.8%，为全年次低点。燃料、动力类产品购进价格上涨是影响购进价格指数上涨的决定性力量。

3. 劳动力成本增长平稳。2010年，北京市全面实施扩大就业战略，完善覆盖城乡居民的社会保障体系，加大惠民措施的投入力度，努力办好惠民实事，实现职工收入增加和社会保障覆盖面的扩大。全年拨付政府资金7.2亿元，帮助企业稳定就业岗位7.1万个，实现城镇新增就业44.6万人；加大农村劳动力转移就业帮扶力度，促进9.6万人实现就业，实现城乡“无零就业家庭”目标。2010年，北京市城镇居民家庭人均工资性收入为23 099元，同比增长9.4%；人均养老金或离退休金为7 434元，同比增长12.5%；农村居民人均工资性收入为8 007元，同比增长10.1%。失业保险金标准平均每档上调70元，城市居民最低生活保障标准提高20元。

4. 进一步推进资源性产品价格改革。为进一步理顺资源价格形成机制，促进要素投入结构调整和优化，2010年北京市推进电价、天然气价格、水价、供热价格等资源性产品价格改革，成品油价格继续实行与国际油价联动方式调整。在保证资源性产品价格调整发挥促进资源节约积极作用的同时，北京市充分考虑居民承受能力，确保低收入群体生活不因价格调整受到影响，如在进行水价调整时配套落实了建立低保人员直补机制，建立水资源节约专项资金，加大污水处理和再生水利用力度，建立对供排水行业的成本约束机制等一系列措施。

（四）财政支出优先民生

2010年，北京市财政收入“高开低走”，总体仍保持较好增长态势；财政支出结构不断优化，重点事项得到有力保障。2010年，北京市完成一般预算财政收入2 353.9亿元，同比增长16.1%，增幅比上年提高5.8个百分点（见图12）。从主要税种看，增值税、营业税分别增长17.3%和13.4%；企业所得税和个人所得税分别增长17.5%和21.1%。在财政收入稳定增长的同时，不断调整和优化财政支出结构，把保障和改善民生作为公共财政的优先方向，着力解决事关人民群众切身利益的突出问题。全年地方财政支出2 446.2亿元，同比增长14.6%，财政支出重点投入社会保障、医疗卫生、教育事业、交通运输等领域。

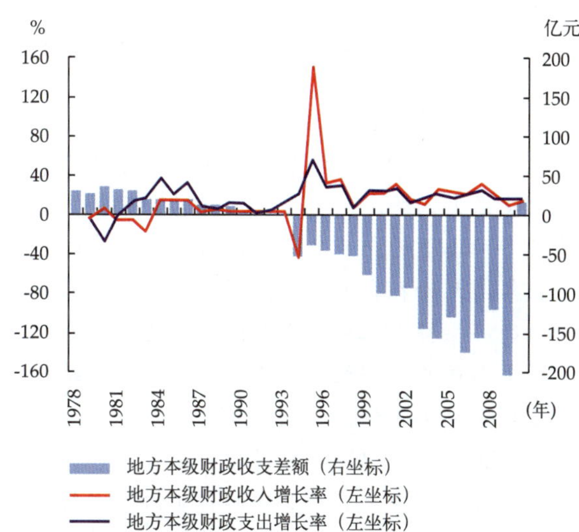

数据来源：北京市统计局。

图12　1978～2010年北京市财政收支状况

（五）节能降耗总体目标顺利实现

2010年，北京市全面贯彻“人文北京、科技北京、绿色北京”的发展战略，继续淘汰、退出劣势产业，首钢石景山厂区冶炼、热轧生产能力全部停产，40家“三高”企业全部关闭，西部地区区属煤矿和非煤矿山全部关停。在能耗方面，超额完成万元GDP能耗降低20%的“十一五”规划调控目标，在“十一五”前四年累计下降23.3%的情况下继续下降。在水耗方面，节水处于全国领先水平，再生水利用率和污水处理率分别达到60%和81%。在空气质量方面，严格落实第十六阶段控制大气污染，治理燃煤污染，加快淘汰高排放车辆，控制机动车污染，市区空气质量不断改善，2010年全年二级和好于二级天数累计达到286天，占总天数的78.4%，实现了空气质量连续十二年持续改善。

专栏2 总部经济推动北京产业结构调整升级

北京是全国的政治、文化和对外交往中心，具有独特的首都功能优势、奥运品牌优势以及强大的资本、科技、人才资源优势，吸引了多种类型的企业集团总部入驻。北京的大企业集团无论在企业个数，还是在资产规模等各项经济指标上，均处于全国领先地位，在此基础上形成的总部经济成为推动北京产业结构调整升级的重要力量。

2010年，中国人民银行营业管理部对近年来总部经济在三次产业中的占比情况进行了分析，根据北京市第二次经济普查发布的《地区生产总值历史数据修订结果的公告》，2009年北京市第三产业增加值占全市GDP的比重高达75.5%，比2000年占比高出10.7个百分点，而同期全国第三产业增加值占比提升的幅度仅约为1个百分点，总部经济在推动北京产业结构调整升级作用上较为突出。2009年北京总部经济在第二、第三产业的比例划分为28.7：71.3，第三产业总部企业实现增加值是第二产业总部企业的2.5倍。

理论上分析，总部经济形成的增加值对区域产业结构调整的直接效应主要包括静态效应（即北京地区历史形成的原有的总部企业增加值对地区不同产业增加值的贡献程度）和动态效应（即企业集团根据经济社会形势变化而进行动态布局产生的效应）。动态效应又包括两种方式：一是迁入效应，即异地企业集团将总部等服务性质单元搬迁至北京，增加北京第三产业比重。为获取首都信息、人才、资金、技术等优势，21世纪以来大量异地企业集团将总部及相关研发、投融资、战略规划等部门搬迁至北京。根据有关统计核算原则，独立法人资格的集团本部，如果仅仅实行管理服务职能，则该本部的统计核算纳入第三产业的商务服务业范畴。如果本部还从事研发等其他职能，则以最主要职能所在的行业分类进行核算。考虑到土地、人力等成本因素，异地企业集团很少有将工业生产企业单元搬迁至北京的情况，新的企业总部迁入形成的增加值将构成北京第三产业的新来源。二是迁出效应，即北京原有的工业企业集团将生产单元迁出北京，可能降低第二产业比重，同时为第三产业发展留下空间。在静态效应及动态效应的综合影响下，2009年年末，北京总部经济的增加值占地区生产总值达到42.2%，其中，第三产业总部经济实现增加值3 659.5亿元，占地区生产总值的比重为30.1%，较上年提高1.2个百分点。

总部经济还通过总部企业的空间聚集效应和对中小服务业企业的带动效应，推动相关区域经济的快速发展和产业结构升级。以总部企业聚集的金融街功能区和商务中心区（CBD）为例，2009年金融街实现增加值1 162.4亿元，占全市GDP的9.6%；2004～2009年现价年均增长16.9%，高于同期全市GDP年均现价增速1.9个百分点；第三产业比重从2004年的98.7%上升到2009年的99.3%。2009年CBD实现增加值459.1亿元，占全市GDP的3.8%；2004～2009年现价年均增长27.6%，高于同期全市GDP年均现价增速12.6个百分点；第三产业比重从2004年的91%上升到2009年的95.9%。

“十二五”时期，总部经济在推动北京产业结构升级中仍将发挥重要作用。为此，需要继续推动总部经济发展的外部环境建设，推进首都资源禀赋结构升级，着力提升资金、人才、科技信息供给能力，优化投融资环境，提高政府服务水平。同时，也需要加强科学规划，合理利用首都土地空间开发格局，优化主体功能区建设，适度控制总部企业密集区域的开发强度，力争形成高效、协调、可持续的空间开发格局，引导企业集团总部的管理决策单位、科研单位、资金调度单位在首都功能核心区、城市功能拓展区、城市发展新区等区域进行合理布局。

（六）主要行业分析

1. 房地产市场总体朝着调控预期方向发展。2010年，随着一系列房地产市场调控政策的出台和落实，北京市房地产市场呈现积极变化，住房供应基本平稳，房价涨幅持续回落，总体符合调控政策预期。房地产贷款增速自4月开始逐月回落，第二套及以上住房贷款比重明显降低，房地产不良贷款率持续下降，房地产信贷调控取得初步成效。

（1）房地产开发投资增速回落，自筹资金占比较高。2010年，北京市完成房地产开发投资同比增长24.1%，增幅同比提高1.6个百分点，增速自4月开始呈现放缓态势。北京市房地产开发项目本年到位资金同比减少5.5%；其中，自筹资金同比增长71.7%，利用外资、银行贷款和定金及预售款同比分别下降53.4%、39.2%和3.2%。

（2）住房供应基本平稳，保障性住房建设和供应加快。2010年，北京市房地产开发企业完成土地购置面积同比增长37.4%。北京市商品住宅新开工面积同比增长49.5%，商品住宅竣工面积同比下降7.1%。前10个月，全市保障性住房用地累计供应1 332公顷，提前完成全年1 250公顷的保障性住房供地计划；全年完成各类保障性住房投资同比增长34.6%；年末保障性住房施工面积同比增长70.3%，其中，全年新开工面积同比增长91.2%。廉租住房竣工套数同比增长62.1%，经济适用住房竣工套数同比增长91%。

（3）新房市场成交量明显下降，二手房替代作用增强。2010年，新建商品住宅销售面积同比下降36.1%；其中，现房销售面积和期房销售面积同比分别下降46.8%和33.1%（见图13）；分月度看，销售量在6月到达低点后大致呈现逐月回升态势。二手住房与新建商品住房成交量之比由上年同期的1.74 : 1升至2.01 : 1。

（4）住宅销售价格涨幅持续回落，租赁价格有所上扬。2010年，北京市土地交易价格同比上涨15.9%，较上年同期提高11.9个百分点。新建商品住宅价格指数同比涨幅连续7个月回落，涨幅由5月的22%降至12月的9.9%，第四季度涨幅回落速度加快；二手住房价格指数同比涨幅连续8个月回落，从4月的8.4%降至12月的2.6%。进入2010年第二季度，全市住房租赁价格一改先前小幅波动的运行态势，开始有所上扬（见图14）。

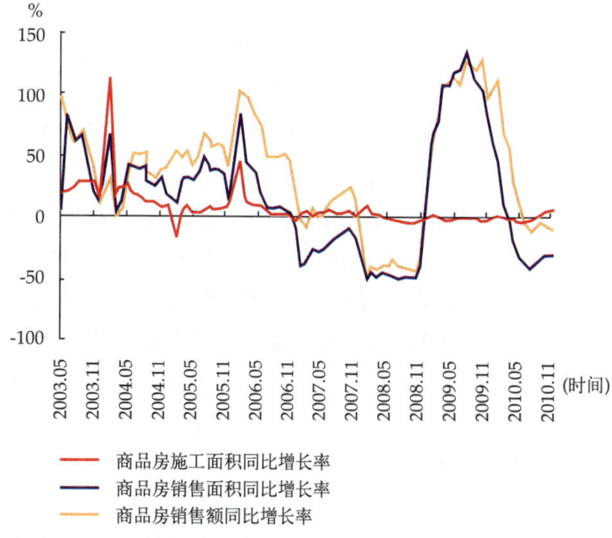

数据来源：北京市统计局。

图13 2003～2010年北京市商品房施工和销售变动趋势

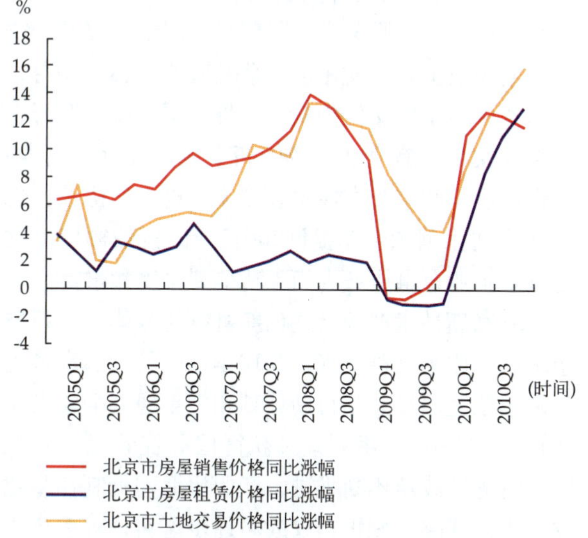

数据来源：北京市统计局。

图14 2004～2010年北京市房屋销售价格指数变动趋势

（5）房地产贷款增速回落，个人住房贷款增长总体放缓。受房地产调控新政影响，从5月开始，全市房地产贷款同比增速呈现加速放缓态势；12月末，全市房地产贷款余额同比增长22.5%，较上年同期下降18.5个百分点；其中，房地产开发贷款同比增长29.8%。12月末，个人住房贷款余额同比增长14.4%；其中，新建住房贷款余额同比增长

8.2%，二手住房贷款余额同比增长30.7%。个人住房贷款业务量在4月集中审批发放冲高后大幅回落，年末个人住房贷款新增额略有回升。

2. 文化创意产业[①]支柱地位进一步巩固，文化金融机制初见成效。2010年，北京市制定实施旅游、设计产业发展等政策措施，出台促进首都功能核心区文化发展相关意见，文化创意产业优势地位和整体实力不断加强、竞争力不断提升，当年实现增加值1 692.2亿元，成为仅次于金融业的第二大支柱产业。从结构来看，北京文化创意产业中各类文物艺术品拍卖总成交额、电影票房，以及年出版图书、期刊、报纸、音像制品、电子出版物的品种均居全国首位。

中国人民银行营业管理部积极把握支持文化产业振兴的有利契机，以加强政策引导、创新服务方式、密切政策协调、搭建对接平台、强化调研分析等多种手段，着力打造文化金融机制。1月，“北京文化产业金融服务中心”落户北京银行宣武门支行，成为全国首家文化创意金融服务中心。10月，国内首单中小型文化创意企业集合票据成功发行，开拓了文化创意企业融资的新渠道。同时，辖内4家银行已与北京市文促中心签署战略合作协议，每年将为文化创意企业提供200亿元的授信额度。文化创意企业金融服务内涵不断得到深化和丰富。

3. 高新技术产业自主创新机制初步体现，科技金融服务体系日益完善。2010年，中关村国家自主创新示范区建设三年行动计划和十年规划纲要发布实施，“1+6”[②]系列政策获得国务院同意，示范区先行先试改革不断推进，产业化促进机制初步建立，人才战略、知识产权战略逐步落实，首都自主创新能力持续提高。当年，北京高新技术产业实现增加值约为2 695.4亿元，同比增长12.5%；示范区规模以上企业预计实现总收入突破1.5万亿元，同比增长20%，为转变首都经济发展方式提供了重要支撑。

中国人民银行营业管理部及相关部门以金融政策和财政政策为依托，通过建立信贷政策导向效果评估制度、搭建银政企合作平台、提供贷款贴息和风险补偿等措施，引导金融机构积极探索金融支持高新技术产业和自主创新战略的方式和路径。截至2010年年末，北京辖区高新技术产业累计获得信贷支持约5 000亿元；中关村国家自主创新示范区上市公司达到175家，累计IPO融资总额近1 600亿元，初步形成以信贷资金和境内外上市为主导，以风险投资、股权投资、代办股份转让、企业债券、信托计划、并购和技术交易为辅助，覆盖技术研发、企业初创、市场推广、成熟发展等创新全程的多渠道、多层次的金融服务体系。

三、预测与展望

2011年是“十二五”规划的开局之年，也是北京市加快发展方式转变，实现经济结构战略性调整、建设中国特色世界城市的重要之年。总体来看，首都经济发展长期向好的趋势没有改变，推动经济持续增长动能较为充足。从外部环境看，2011年国内外经济发展环境将好于2010年，国际金融危机导致的急剧动荡逐渐缓解，世界经济有望继续恢复增长；在国家前期出台的振兴战略性新兴产业，鼓励和引导民间投资等政策措施和各项区域发展战略的引导下，内需拉动经济持续增长和区域经济协调发展的作用更加突出。从内源动力看，首都进入加快实施“人文北京、科技北京、绿色北京”发展战略的新阶段，中关村国家自主创新示范区建设，为发挥首都科技智力优势，广泛吸引、集聚国内外高层次人才，提高自主创新能力，提供了更为优越的条件；功能核心区行政区划调整，城乡一体化步伐加快，城市轨道交通为代表的基础设施快速发展，首钢等一批大型企业搬迁改造和关停并转，进一步拓展首都可持续发展空间；战略性新兴产业的支柱地位初步建立，生产性服务业、文化创意产业

---

①文化创意产业，包括文化艺术、新闻出版、广播、电视、电影、软件、网络及计算机服务、广告会展、艺术品交易、设计服务、旅游、休闲娱乐及其他辅助服务。

② “1”是首都创新资源平台，由北京市会同示范区部际协调小组成员单位共同组建的中关村科技创新和产业化促进中心；“6”是在中关村深化实施先行先试改革的6条新政策，是国务院支持中关村在科技成果处置权和收益权改革、股权激励个人所得税改革、股权激励试点方案审批、科研经费分配管理体制改革、建立统一监管下的全国场外交易市场、高新技术企业认定等方面作出的新的制度安排。

发展水平不断提升，都将增强“北京创造”、“北京服务”品牌影响力，为首都经济可持续发展注入新的活力。从需求动力看，城南行动计划、西部地区转型、新机场开工建设以及轨道交通、土地储备和保障性住房开发将为投资规模合理适度增长提供支撑；虽然民生保障体系不断完善对消费增长起到一定刺激作用，旅游消费和农村市场消费也有望保持快速增长，但受机动车总量限制和房地产市场调控的影响，汽车、住房相关消费将出现较大幅度回落，短期内尚无足够量级和潜力的新消费热点予以替代，消费保持稳定增长的难度较大；考虑到全球经济延续缓慢复苏以及2010年恢复性增长引致基数回升等因素，预计2011年北京地区进出口总量将保持平稳增长。价格方面，美元流动性泛滥导致国际大宗商品价格持续上涨，国内劳动力和原材料价格上升，资源环境领域价格改革仍在推进，通货膨胀预期持续增强等因素相互交织都将对下游消费价格起到推升作用；但政策层面的信号有利于缓解通货膨胀压力，国务院出台的“国十六条”和北京市贯彻落实提出的12项稳定物价的措施有利于遏制物价过快上涨势头，货币政策从适度宽松转向稳健也将为稳定通货膨胀预期创造有利的货币条件，综合考虑涨价因素、翘尾因素及政策效应的影响，预计2011年北京市物价指数将呈前高后低走势。

从金融运行情况看，金融业将积极促进首都经济平稳健康发展，金融业发展环境将进一步优化，金融市场配置资源的功能将得到增强。社会融资日趋多元化，发行短期融资券、中期票据、企业债和通过资本市场股权融资等直接融资所占的比重将进一步提高；金融机构在保持贷款合理增长、满足首都经济发展的合理资金需求基础上，将继续加大产品和服务创新，支持首都高科技产业、文化产业和战略性新兴产业发展。大力发展绿色信贷，支持节能减排和淘汰落后产能。全面改进和完善对中小企业、“三农”的金融服务。严格落实差别化住房信贷政策，推动房地产金融市场健康发展。

2011年，中国人民银行营业管理部将全面学习贯彻中央经济工作会议精神，以科学发展为主题，以加快转变经济发展方式为主线，根据中国人民银行工作会议部署，按照总体稳健、调节有度、结构优化的要求，努力提高传导和执行稳健的货币政策的针对性、有效性和灵活性，落实差别准备金动态调整措施，在保持合理社会融资规模基础上，引导资金更多投向实体经济特别是中小企业和“三农”等领域，加大金融支持首都经济发展方式转变和经济结构战略性调整的力度，切实维护首都金融稳定，全面提升金融服务水平，促进首都经济社会平稳和谐发展。

中国人民银行营业管理部货币政策分析小组
负责人：杨国中　姜再勇　赵　连
统　稿：雷晓阳　龙　非　项银涛
执　笔：李海辉　魏海滨　朱　睿　黄美娟　齐　川　贺　杰　刘　宁　梁珊珊　张　煜　周　翔
赵晓英　张宝航　卢　静　童怡华　李瑞敏　张　丹　张英男
提供材料的还有：邓凯宏　余　剑　吴逾峰　侯晓霞　单　方　陈　岩　李天懋　田　娟　于立平

附录

（一）2010年北京市经济金融大事记

2月25日，全国首家消费金融公司在北京开业。

2月27日，北京市召开农村工作会议，提出集中力量统筹城乡，集中资源聚焦“三农”，全面推进城乡一体化。

4月30日，《北京市人民政府贯彻落实国务院关于坚决遏制部分城市房价过快上涨文件的通知》出台。

5月30日，第一家全国性金融资产交易平台——北京金融资产交易所在北京正式运营。

6月23日，北京正式启动跨境贸易人民币结算业务试点。

7月1日，北京市反假货币信息系统成功上线运行。

9月15日，北京市中小企业金融服务平台正式上线。

10月21日，北京市政府出台《关于推进首都科技金融创新发展的意见》。

11月4日至7日，第6届北京国际金融博览会在北京展览馆成功举办。

11月29日至30日，北京市委召开十届八次全会，审议通过《中共北京市委关于制订北京市国民经济和社会发展第十二个五年规划的建议》。

（二）2010年北京市主要经济金融指标

表1 2010年北京市主要存贷款指标

		1月	2月	3月	4月	5月	6月	7月	8月	9月	10月	11月	12月
本外币	金融机构各项存款余额（亿元）	57 488.6	58 499.3	59 714.3	60 291.4	61 241.7	62 241.3	61 943.4	62 988.8	65 261.1	66 662.6	66 296.0	66 584.6
	其中：城乡居民储蓄存款	15 344.6	15 825.2	15 989.3	16 047.7	16 032.6	16 429.3	16 346.4	16 412.5	17 075.4	16 836.3	16 916.1	17 585.2
	企业存款	28 314.9	28 562.4	29 159.2	29 561.8	30 321.8	30 099.0	29 469.1	29 727.0	30 950.7	31 652.1	31 520.1	32 349.1
	各项存款余额比上月增加（亿元）	532.1	1 010.7	1 215.0	577.2	950.2	999.6	-297.9	1 045.4	2 272.3	1 401.5	-366.5	288.6
	金融机构各项存款同比增长（%）	25.7	23.5	19.9	17.4	15.9	12.7	12.1	13.2	13.6	17.1	15.1	16.9
	金融机构各项贷款余额（亿元）	31 956.0	32 646.1	32 733.7	32 924.4	33 216.5	33 530.2	33 667.5	34 297.7	34 585.1	35 162.1	35 745.8	36 479.6
	其中：短期	7 740.5	7 933.2	7 919.4	7 673.4	7 739.2	7 997.9	7 874.1	29 727.0	8 040.7	8 195.2	8 457.8	8 597.0
	中长期	21 896.6	22 436.0	22 690.5	23 145.0	23 489.3	23 658.9	23 982.9	24 439.4	24 753.8	25 092.7	25 473.5	26 180.2
	票据融资	1 648.4	1 511.9	1 244.6	1 260.7	1 187.2	1 077.0	1 031.0	1 150.6	1 027.8	1 099.7	1 028.5	906.5
	各项贷款余额比上月增加（亿元）	904.6	690.1	87.6	190.7	292.1	313.7	137.3	630.3	287.4	576.9	583.7	733.8
	其中：短期	76.4	192.7	-13.8	-246.0	65.8	258.7	-123.8	33.8	132.8	154.4	262.6	139.1
	中长期	806.5	539.4	254.5	454.5	344.3	169.6	324.0	456.5	314.4	338.9	380.8	706.7
	票据融资	-20.8	-136.5	-267.3	16.2	-73.6	-110.2	-46.1	119.6	-122.8	71.9	-71.2	-122.0
	金融机构各项贷款同比增长（%）	34.0	33.7	28.0	28.6	26.5	16.4	17.1	17.8	17.4	17.7	17.3	17.5
	其中：短期	4.2	5.4	-1.1	-1.3	0.6	0.9	1.3	286.6	4.2	7.3	9.6	13.3
	中长期	48.1	50.9	49.1	51.2	47.5	32.1	31.2	217.8	27.7	25.9	24.4	23.7
	票据融资	23.8	-11.9	-38.2	-41.9	-46.5	-56.2	-52.2	-43.0	-39.3	-33.8	-37.4	-45.7
	建筑业贷款余额（亿元）	818.1	857.8	878.8	903.5	927.6	918.0	917.2	952.3	915.1	963.8	968.8	947.5
	房地产业贷款余额（亿元）	3 497.9	3 592.4	3 665.0	3 826.2	3 968.7	3 968.4	3 978.4	4 056.2	4 243.4	4 256.5	4 459.4	4 475.8
	建筑业贷款同比增长（%）	-0.6	0.5	-1.3	5.6	7.7	2.8	6.1	14.5	12.3	20.9	25.3	29.7
	房地产业贷款同比增长（%）	49.6	55.5	51.9	57.4	53.2	36.1	30.0	31.8	35.7	33.7	37.7	35.0
人民币	金融机构各项存款余额（亿元）	54 876.7	55 851.2	56 996.9	58 080.9	59 134.7	60 168.6	59 873.1	60 742.2	62 894.3	64 215.2	63 887.7	64 453.9
	其中：城乡居民储蓄存款	14 704.5	15 184.0	15 353.1	15 436.0	15 436.0	15 837.0	15 751.8	15 827.2	16 492.2	16 253.8	16 339.7	17 003.1
	企业存款	27 240.9	27 550.7	28 068.3	28 590.1	29 340.1	29 093.1	28 489.8	28 613.6	29 711.4	30 293.7	30 183.4	31 281.2
	各项存款余额比上月增加（亿元）	606.7	974.5	1 145.8	1 084.0	1 053.8	1 033.9	-295.5	869.1	2 152.1	1 321.0	-327.5	566.2
	其中：城乡居民储蓄存款	32.4	479.4	169.1	82.9	0.0	401.0	-85.2	75.4	665.0	-238.4	85.9	663.4
	企业存款	598.4	309.8	517.6	521.8	750.0	-247.0	-603.4	123.8	1 097.9	582.2	-110.2	1 097.8
	各项存款同比增长（%）	27.8	25.7	21.8	20.8	19.4	16.0	15.5	16.1	16.3	19.2	16.7	18.8
	其中：城乡居民储蓄存款	17.3	18.5	17.3	15.3	14.3	15.9	14.7	15.1	16.3	15.1	14.8	15.9
	企业存款	18.5	18.7	12.1	11.0	11.0	1.5	1.8	0.9	-0.3	4.9	1.8	5.9
	金融机构各项贷款余额（亿元）	26 251.5	26 690.0	26 760.3	26 923.0	27 171.2	27 489.6	27 654.4	27 998.8	28 261.0	28 801.5	29 203.4	29 563.8
	其中：个人消费贷款	3471.5	3516.9	3 577.8	3 679.0	3 745.7	3 797.3	3 822.4	3 853.7	3 901.0	3 932.4	3 973.0	4 035.9
	票据融资	1646.6	-136.3	1 243.3	1 259.3	1 185.4	1 075.2	1 029.2	1 149.0	1 026.2	1 097.8	1 026.4	903.4
	各项贷款余额比上月增加（亿元）	831.2	438.5	70.3	162.7	248.2	318.5	164.7	344.4	262.1	540.6	401.9	360.4
	其中：个人消费贷款	140.5	45.4	61.0	101.2	66.7	51.6	103.6	31.2	47.3	31.4	40.7	62.9
	票据融资	-21.2	-136.3	-267.1	16.1	-73.9	-110.3	-46.0	119.8	-122.8	71.6	-71.4	-123.0
	金融机构各项贷款同比增长（%）	25.5	24.3	18.6	19.2	18.0	11.9	13.6	13.7	13.9	15.0	15.9	16.3
	其中：个人消费贷款	32.3	34.8	35.9	37.8	37.4	34.7	31.2	28.5	25.8	25.2	23.2	21.0
	票据融资	24.4	-108.0	-37.9	-41.6	-46.6	-56.3	-52.3	-43.1	-39.3	-33.9	-37.5	-45.8
外币	金融机构外币存款余额（亿美元）	382.6	387.9	398.1	323.8	308.6	305.2	305.6	329.9	353.2	365.8	360.7	321.7
	金融机构外币存款同比增长（%）	-6.4	-9.9	-9.3	-32.2	-36.8	-38.6	-39.0	-32.5	-27.9	-18.3	-13.2	-18.2
	金融机构外币贷款余额（亿美元）	835.6	872.4	875.1	879.2	885.4	889.5	887.5	924.9	943.8	950.6	980.0	1 044.3
	金融机构外币贷款同比增长（%）	95.7	102.4	99.3	99.7	87.2	43.5	38.2	40.4	38.8	33.8	26.9	26.6

数据来源：中国人民银行营业管理部。

表2 2001～2010年北京市各类价格指数

单位:%

年/月		居民消费价格指数		农业生产资料价格指数		原材料购进价格指数		工业品出厂价格指数		北京市房屋销售价格指数	北京市房屋租赁价格指数	北京市土地交易价格指数
		当月同比	累计同比	当月同比	累计同比	当月同比	累计同比	当月同比	累计同比	当季(年)同比	当季(年)同比	当季(年)同比
2001		—	3.1	—	2.0	—	0.5	—	-0.6	1.3	25.5	0
2002		—	-1.8	—	-7.6	—	-2.9	—	-3.4	0.3	7.6	0
2003		—	0.2	—	2.4	—	4.7	—	1.5	0.3	8.5	0.6
2004		—	1.0	—	6.2	—	14.2	—	3.0	3.7	3.4	2.5
2005		—	1.5	—	2.9	—	11.4	—	1.3	6.9	2.4	3.8
2006		—	0.9	—	-0.9	—	5.5	—	-0.9	8.8	2.9	5.2
2007		—	2.4	—	14.4	—	5.0	—	-0.3	11.4	2.7	9.4
2008		—	5.1	—	12.3	—	15.8	—	3.3	9.5	1.8	11.6
2009		—	-1.5	—	-1.7	—	-11.4	—	-5.6	1.4	-1.1	4.0
2010		—	2.4	—	6.5	—	10.5	—	2.2	11.5	13.0	15.9
2009	1	0.7	0.7	—	—	-9.6	-9.6	-3.9	-3.9	—	—	—
	2	-1.1	-0.2	—	—	-11.5	-10.5	-4.7	-4.3	—	—	—
	3	-1.0	-0.5	-5.5	-5.5	-13.5	-11.5	-5.4	-4.6	-0.7	-0.7	8.2
	4	-1.4	-0.7	—	—	-14.0	-12.2	-6.0	-5.0	—	—	—
	5	-1.7	-0.9	—	—	-15.1	-12.7	-6.8	-5.3	—	—	—
	6	-1.8	-1.1	-2.0	-4.1	-16.4	-13.3	-7.2	-5.6	-0.8	-1.2	6.1
	7	-2.4	-1.3	—	—	-17.1	-13.9	-7.9	-5.9	—	—	—
	8	-2.8	-1.5	—	—	-16.3	-14.2	-7.8	-6.2	—	—	—
	9	-2.5	-1.6	1.5	-1.6	-14.3	-14.2	-7.0	-6.3	-0.1	-1.2	4.3
	10	-2.3	-1.7	—	—	-12.0	-14.0	-6.3	-6.3	—	—	—
	11	-1.3	-1.6	—	—	-4.1	-13.1	-3.9	-6.1	—	—	—
	12	-0.6	-1.5	1.3	-1.7	7.5	-11.4	0.1	-5.6	1.4	-1.1	4.0
2010	1	0	0	—	—	11.9	11.9	0.6	0.6	—	—	—
	2	1.0	0.5	—	—	16.8	14.3	2.4	1.5	—	—	—
	3	0.9	0.6	4.1	4.1	14.2	14.3	2.7	1.9	11.1	3.9	8.7
	4	1.8	0.9	—	—	13.6	14.1	3.0	2.2	—	—	—
	5	2.5	1.2	—	—	14.8	14.3	3.8	2.5	—	—	—
	6	2.3	1.4	4.4	3.4	11.8	13.9	2.9	2.6	12.6	8.4	12.1
	7	2.5	1.6	—	—	7.4	12.9	2.2	2.5	—	—	—
	8	2.8	1.7	—	—	7.4	12.2	1.8	2.4	—	—	—
	9	2.6	1.8	4.2	4.7	5.5	11.5	1.1	2.3	12.3	11.0	13.8
	10	3.4	2.0	—	—	7.0	11.0	2.1	2.3	—	—	—
	11	4.3	2.2	—	—	8.4	10.8	2.4	2.3	—	—	—
	12	4.7	2.4	12.0	6.5	6.8	10.5	1.8	2.2	11.5	13.0	15.9

数据来源：中国人民银行营业管理部。

表3　2010年北京市主要经济指标

	1月	2月	3月	4月	5月	6月	7月	8月	9月	10月	11月	12月
绝对值（自年初累计）												
地区生产总值(亿元)	—	—	3 117.0	—	—	6 372.6	—	—	9 754.4	—	—	13 777.9
第一产业	—	—	13.9	—	—	43.5	—	—	79.7	—	—	124.3
第二产业	—	—	714.1	—	—	1 464.3	—	—	2 321.2	—	—	3 323.1
第三产业	—	—	2 389.0	—	—	4 864.8	—	—	7 353.4	—	—	10 330.5
工业增加值(亿元)	—	—	—	—	—	—	—	—	—	—	—	—
城镇固定资产投资(亿元)	—	334.7	664.0	1 018.0	1 470.1	1 949.9	2 310.0	2 812.5	3 320.5	3 718.0	3 875.3	4 916.5
房地产开发投资	—	204.9	384.2	555.9	915.9	1 251.6	1 452.5	1 726.5	2 065.2	2 300.6	2 645.6	2 901.1
社会消费品零售总额(亿元)	514.3	967.7	1 435.4	1 908.5	2 404.9	2 902.2	3 412.7	3 937.9	4 490.1	5 043.6	5 610.9	6 229.3
外贸进出口总额(万美元)	2 195 000.0	4 222 000.0	6 847 000.0	9 532 000.0	1 1947 000.0	14 432 000.0	16 958 000.0	19 495 000.0	22 179 000.0	24 324 000.0	27 029 000.0	30 141 000.0
进口	1 742 000.0	3 416 000.0	5 594 000.0	7 853 000.0	9 806 000.0	11 832 000.0	13 850 000.0	15 903 000.0	18 107 000.0	19 786 000.0	21 983 000.0	24 594 000.0
出口	453 000.0	806 000.0	1 253 000.0	1 679 000.0	2 141 000.0	2 600 000.0	3 108 000.0	3 592 000.0	4 072 000.0	4 538 000.0	5 046 000.0	5 547 000.0
进出口差额(出口-进口)	-1 289 000.0	-2 610 000.0	-4 341 000.0	-6 174 000.0	-7 665 000.0	-9 232 000.0	-10 742 000.0	-12 311 000.0	-14 035 000.0	-15 248 000.0	-16 937 000.0	-19 047 000.0
外商实际直接投资(万美元)	70 229.0	109 112.0	174 504.0	238 467.0	301 546.0	358 906.0	427 962.0	488 152.0	534 574.0	575 466.0	611 065.0	636 358.0
地方财政收支差额(亿元)	237.0	234.9	209.0	271.5	345.0	301.3	414.8	371.5	318.0	449.4	152.2	-362.1
地方财政收入	328.0	463.3	602.9	892.8	1 115.2	1 293.4	1 533.9	1 681.0	1 833.3	2 100.3	2 214.7	2 353.9
地方财政支出	91.0	228.4	393.9	621.3	770.2	992.1	1 119.1	1 309.5	1 515.3	1 650.9	2 062.5	2 716.0
城镇登记失业率(%)(季度)	—	—	1.49	—	—	1.55	—	—	1.54	—	—	1.37
同比累计增长率（%）												
地区生产总值	—	—	14.9	—	—	12.0	—	—	10.1	—	—	10.2
第一产业	—	—	2.3	—	—	1.1	—	—	-1.9	—	—	-1.6
第二产业	—	—	18.9	—	—	15.4	—	—	14.2	—	—	13.6
第三产业	—	—	13.8	—	—	11.0	—	—	8.8	—	—	9.1
工业增加值	—	20.0	19.0	19.8	19.6	16.9	15.9	15.5	15.2	15.4	15.3	15.0
城镇固定资产投资	—	43.7	41.7	38.2	27.5	15.1	6.5	6.5	6.4	7.4	13.1	14.3
房地产开发投资	—	71.0	74.5	64.4	58.0	38.8	20.5	16.8	16.4	16.0	18.6	24.1
社会消费品零售总额	15.9	15.1	15.2	15.5	15.8	16.0	16.1	16.2	16.3	16.5	17.0	17.3
外贸进出口总额	83.9	70.1	69.3	68.0	65.7	60.2	52.8	49.6	46.7	42.0	41.7	40.3
进口	113.7	94.7	91.3	88.5	83.2	74.6	63.7	59.0	55.4	49.3	49.2	47.8
出口	19.9	10.7	11.7	11.3	15.3	16.2	17.9	18.4	17.3	16.9	16.4	14.7
外商实际直接投资	0.8	2.8	2.5	2.3	2.4	2.5	2.3	2.5	2.4	2.4	3.4	4.0
地方财政收入	42.8	40.6	39.6	33.8	34.6	25.2	23.6	22.6	20.7	18.8	17.0	16.1
地方财政支出	-7.2	9.4	9.2	1.8	5.9	10.4	7.7	10.2	9.7	10.1	23.2	17.1

数据来源：中国人民银行营业管理部。

2010年天津市金融运行报告

中国人民银行天津分行货币政策分析小组

[内容摘要] 2010年，天津市坚决贯彻中央的决策部署和国家宏观调控政策措施，加快转变经济发展方式，不断调整优化经济结构，解难题、促转变、上水平，主要经济指标实现了较快增长，经济社会保持了又好又快的发展态势，八大优势产业快速增长，消费需求保持活跃，外需继续恢复性增长,滨海新区开发开放全面加快，龙头带动作用更加突出。

全市金融业按照保增长、控节奏、调结构、抓创新、防风险的总体要求，认真贯彻落实适度宽松的货币政策，金融业保持平稳运行，银行业金融机构综合实力进一步增强，证券业、保险业持续健康发展，金融改革创新取得新进展，金融生态环境进一步改善。

2011年是实施“十二五”规划的开局之年，天津将深入贯彻落实科学发展观，以加快转变经济发展方式为主线，以调整优化经济结构为主攻方向，经济发展活力将显著增强，经济发展质量和效益将进一步提高。全市金融业将认真落实稳健的货币政策，社会融资总量将适度增长，金融生态环境将不断向好，对全市经济的支持作用将进一步增强。

一、金融运行情况

2010年，天津市金融业认真贯彻落实适度宽松的货币政策，合理把握信贷投放的总量、节奏，积极调整信贷结构，机构改革和金融创新取得新进展，资产质量和盈利水平进一步提高。同时，金融体系建设日臻完善，建立了私募基金产业发展体系、产业金融服务体系等各类金融体系，进一步增强了天津市提供金融服务和资源配置的能力，金融业总体保持了平稳健康的运行态势，为天津市经济平稳较快发展提供了有力的支持。

（一）银行业综合实力进一步增强

1. 银行业金融机构全年累计实现营业收入达581亿元，同比增长31.7%，累计实现净利润272亿元，同比增长41.1%。不良贷款余额和不良贷款率逐年下降，截至2010年年末，不良贷款余额为143亿元，比年初下降64亿元，不良贷款率为1%，比年初下降0.8个百分点。金融租赁公司快速发展，截至年末，全市3家金融租赁公司融资租赁业务额为1 150亿元，比上年增长130%。

表1　2010年天津市银行业金融机构情况

机构类别	营业网点			法人机构（个）
	机构个数（个）	从业人数（人）	资产总额（亿元）	
一、大型商业银行	1 160	27 385	8 825	0
二、国家开发银行及政策性银行	12	382	1 421	0
三、股份制商业银行	173	6 281	3 863	1
四、城市商业银行	240	5 035	2 537	1
五、城市信用社	—	—	—	—
六、农村合作机构	580	7 554	1 744	2
七、财务公司	1	78	113	3
八、邮政储蓄银行	389	2 014	562	0
九、外资银行	20	1 632	644	3
十、农村新型机构	1	166	28	5
合　计	2 576	50 527	19 737	15

注：营业网点不包括国家开发银行和政策性银行、大型商业银行、股份制银行等金融机构总部数据；大型商业银行包括中国工商银行、中国农业银行、中国银行、中国建设银行和交通银行；国家开发银行及政策性银行包括国家开发银行、中国农业发展银行和中国进出口银行；股份制商业银行包括中信银行、中国光大银行、华夏银行、广东发展银行、深圳发展银行、招商银行、上海浦东发展银行、兴业银行、中国民生银行、恒丰银行、浙商银行和渤海银行；农村合作机构包括农村信用社、农村合作银行和农村商业银行；农村新型机构包括村镇银行、贷款公司和农村资金互助社。

数据来源：中国人民银行天津分行。

2. 企业定期存款回落，各项存款增长放缓。截至2010年年末，全市本外币各项存款增速为18.8%，比上年回落23.3个百分点。在通货膨胀预期加大、实际存款利率水平较低等因素综合作用下，居民储蓄意愿低迷，储蓄存款呈现同比少增的态势，全年新增储蓄存款占上年的72.7%。中国人民银行天津分行开展的储蓄问卷调查显示，第四季度天津地区选择“更多储蓄”的储户比例为31.3%，分别比上季度和同期减少7个和6.5个百分点。在回答“最近3个月的收入有多少用于储蓄存款”时，63%的储户收入中用于储蓄的比例比上季度和同期减少；另有9.3%的储户“完全没有”储蓄，比上季度增加了1.8个百分点。企业新增存款仅占上年的41%，企业定期存款回落，年末余额出现负增长，主要原因是派生机制受到约束，沉淀资金陆续使用。在各项存款中，仅其他存款同比多增319亿元，主要是受财政存款、机关团体存款、农业存款、保证金存款等综合影响。

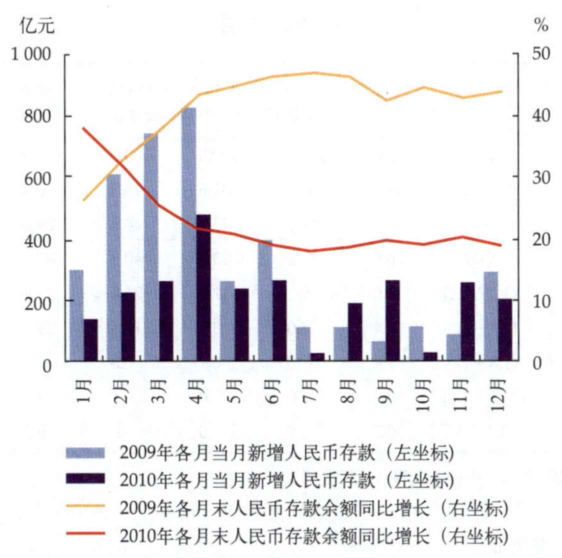

数据来源：中国人民银行天津分行。

图1　2010年天津市金融机构人民币存款增长变化

3. 贷款总量增长适度，信贷结构逐步优化。2010年，全市信贷总量、速度等方面相对上年都出现了积极变化。截至2010年年末，天津市本外币各项贷款增加2 624亿元，同比少增840亿元，仅是上年贷款新增额的75.7%，增速自2009年10月达到50%的峰值后，2010年年末下降到23.5%。全年信贷投放节奏较为平稳，第一季度新增贷款为773亿元、第二季度新增789亿元、第三季度新增501亿元、第四季度新增561亿元，贷款投放季度间波动较为平缓，为经济平稳发展提供了较好的资金环境。

贷款投向趋于合理，信贷结构逐步改善。从贷款的期限结构看，中长期贷款占比下降，短期贷款占比上升。截至2010年年末，全市新增中长期贷款占全部新增贷款的比重为73.8%，同比下降9.3个百分点，而新增短期贷款占全部新增贷款的比重为11.9%，同比上升7.9个百分点。从贷款行业投向看，制造业和服务业的贷款比重提高，制造业新增贷款占比由上年的5.5%提高到17.8%，同时，服务业的贷款占比也明显上升，交通运输、仓储和邮政业及批发和零售业新增贷款占比达22.7%，比同期提高了10.3个百分点。从贷款的企业类型看，信贷资源过度向大型企业集中的趋势也正在发生改变。截至2010年年末，大型企业贷款新增占比为68.9%，比上年下降10.6个百分点。小型企业贷款新增占比为11.7%，比上年上升了4.8个百分点。政府融资平台贷款得到较好控制。政府融资平台公司信用信息监测系统显示，截至2010年年末，全市平台公司贷款余额为5 603亿元，新增857亿元，同比少增1 933亿元。

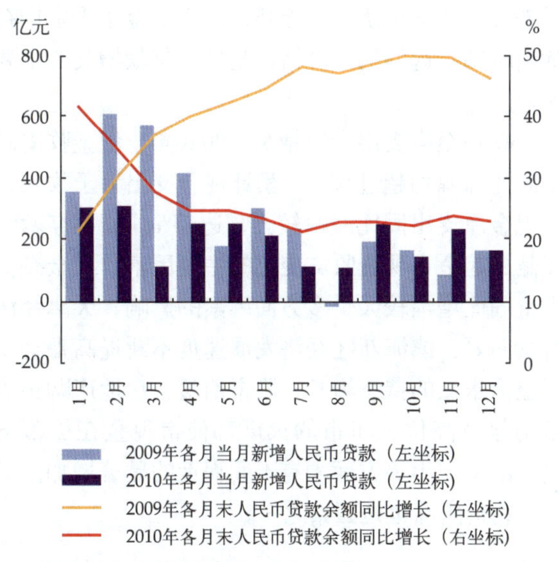

数据来源：中国人民银行天津分行。

图2　2010年天津市金融机构人民币贷款增长变化

外币贷款稳步增长，存贷比持续升高。2010年年末，全市外币贷款余额为100亿美元，同比增长34.8%，主要是进出口贸易融资、境内短期贷款和融资租赁增加较多。受利差及汇差因素影响，自2009年5月始，全市外币存贷比超过100%，并呈扩大趋势，截至2010年5月，存贷比扩大态势明显增强，年末外币存贷比达到185.8%，为近六年来的最大值。随着人民币升值预期增强，企业希望利用银

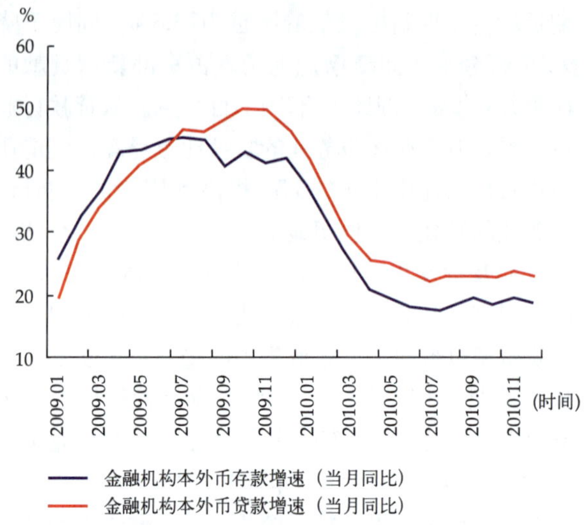

数据来源：中国人民银行天津分行。

图3 2009～2010年天津市金融机构本外币存、贷款增速变化

行外币贷款支付货款，而将人民币资金用于定期存款同时锁定远期购汇价格，是外币贷款增长的主要因素。

4. 现金净支出大幅增长。2010年，现金收支总量同比涨幅均超过10%，累计现金支出大于收入，且现金净支出同比涨幅较大，达43%。储蓄存款收支是引起全市现金收支变化的主要因素。现金净支出量同比增幅较大受多方面因素的影响，天津经济持续向好、滨海新区经济发展速度不断提高带动了现金需求量的持续增长，股市回暖、房地产购买需求仍保持高位、车市的火爆都使得现金在储蓄支出、消费支出等方面均有不同程度的显著增加。另外，物价上涨也是因素之一。

表2 2010年天津市金融机构现金收支情况表

单位：亿元、%

	年累计额	同比增速
现金收入	15 013.0	13.8
现金支出	15 454.8	14.4
现金净支出	441.8	43.0

数据来源：中国人民银行天津分行。

5. 利率水平略有上升，商业银行定价能力增强。2010年，受年底连续2次上调存贷款基准利率和年内连续6次上调存款准备金率的影响，天津市金融机构各期限档次人民币贷款利率比上年上升。货币政策逐步回归常态，市场资金趋紧，商业银行的议价能力增强，执行利率上浮的贷款占比相对上升，同时，贴现、转贴现利率水平也全面上升。随着利率市场化进程的不断推进，金融机构积极扩大内部定价与Shibor的结合运用范围，进一步完善了利率定价机制建设。

民间借贷利率水平整体比上年略有下降，年末出现上升。2010年，天津市民间借贷各期限档次利率水平比上年下降。第四季度，受年底连续两次上调存贷款基准利率的影响，民间借贷各期限档次利率同比、环比均上升。

表3 2010年天津市金融机构各利率浮动区间贷款占比表

单位：%

		合计	国有商业银行	股份制商业银行	区域性商业银行	城乡信用社
合计		100.0	100.0	100.0	100.0	100.0
[0.9～1.0)		34.1	42.9	32.6	18.3	6.5
1.0		39.1	44.9	43.7	40.8	26.0
上浮水平	小计	26.9	12.2	23.7	40.9	67.5
	(1.0～1.1]	16.0	9.2	17.8	26.4	23.8
	(1.1～1.3]	8.4	3.0	5.9	13.8	29.3
	(1.3～1.5]	1.4	0	0.1	0.6	9.2
	(1.5～2.0]	0.9	0	0	0.1	5.0
	2.0以上	0.3	0	0	0	0.2

数据来源：中国人民银行天津分行。

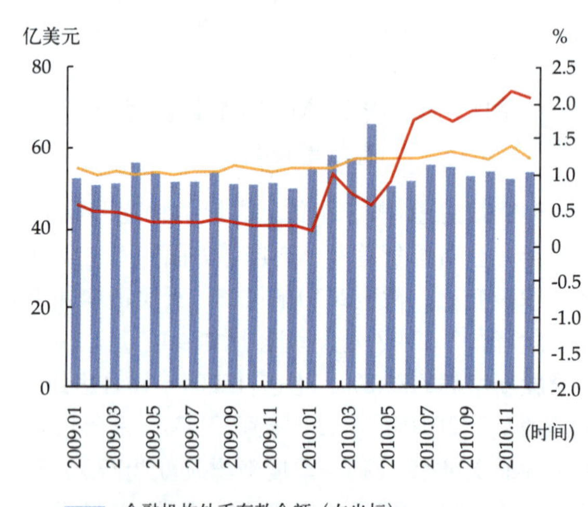

数据来源：中国人民银行天津分行。

图4 2009～2010年天津市金融机构外币存款余额及外币存款利率

6. 商业银行股份制改革继续深化。各商业银行注重改变传统盈利模式，加快业务结构调整，进一步更新观念，大力推进产品和服务体系创新，加大与金融租赁、PE等合作的力度。中国工商银行天津市分行着力健全激励约束机制以及营销管理体系，不断提高业务发展的持续能力；中国农业银行天津市分行深化网点转型，合理规划网点布局，全面提升零售业务的综合服务水平；中国银行天津市分行进一步加强人力资源管理，通过建立板块式管理模式、调整业务流程、优化资源配置等方式提高整体竞争力；中国建设银行天津市分行进一步深化信贷结构调整，加强信用风险监控，强化风险管控能力。

天津农村合作银行和天津市9家区县合作银行、信用社联社成功改制为天津农村商业银行，将原来由市、区县二级法人管理体制变为统一法人，实行一级法人、统一核算、分级管理、授权经营的管理体制，提高了法人机构的集中度，增强了风险抵御能力。

7. 跨境贸易人民币结算业务稳步增长。截至2010年年末，天津市各银行机构累计办理跨境贸易人民币结算业务259笔，结算金额为101.6亿元，有22家商业银行办理了跨境贸易人民币结算业务，有20个国家和地区与天津市发生跨境贸易人民币结算业务。自2010年6月开办跨境贸易人民币结算业务以来，跨境贸易人民币结算业务量呈稳步增长态势，货物贸易进口业务增长强劲，特别是信用证项下业务保持持续增长；在服务贸易及其他经常项下业务中，服务贸易结算量发展平稳，其他经常项下业务呈增长态势。

专栏1　天津知识产权和股权质押融资业务取得长足发展

近年来，知识产权和股权质押融资作为推进科技金融合作创新、拓宽企业融资渠道的新型金融产品，在多方合作、共同推动下，取得了长足发展。

一是制度建设不断完善，内外部发展环境日趋优化。当前，天津市多家金融机构从自身业务发展和区域经济金融运行情况出发，一方面通过加强与天津市科技局、天津市中小企业发展促进局以及专业担保公司的合作，在有效甄别无形资产质量、提供企业信用等级、合理控制银行贷款风险等方面发挥了重要作用，缓解了知识产权和股权质押融资业务开展中的信息不对称、专业缺失、信用评级不够等问题，创造了良好的外部环境；另一方面，在总行指导和相关规章的基础上，相继制定出台了多项业务指引和管理办法，并设计出了产品、业务模板，从而在制度上、产品上为“两权”质押融资业务的进一步发展提供了有力的保障，奠定了扎实的基础。二是涉足机构日趋增多，贷款规模快速增长。2008年以来，天津市各银行积极从政策导向、激励机制等方面加大知识产权和股权质押融资市场的拓展力度，涉足机构不断增多，贷款规模大幅提高。截至2010年年末，已有19家金融机构开办此类业务，较2008年增加了11家；贷款余额达92.6亿元，较2008年年末增长近3倍；当年累计发放55.1亿元，较2008年增长2.6倍多。三是地方法人及股份制金融机构发挥了重要作用。目前，地方法人及股份制金融机构在信贷市场竞争中，从自身市场定位、资金实力以及发展战略出发，将知识产权和股权质押融资业务作为创新金融产品和服务方式的一项重点工作。从贷款余额及累计投放看，地方法人及股份制金融机构在这一市场中的作用日益显著。截至2010年年末，天津市地方法人及股份制金融机构“两权”质押贷款余额分别占全市该项贷款总量的8.7%和42.6%，较2008年提高了8.7个和5个百分点。四是知识产权质押发展迅速，以商标专用权和专利权为主，但总体业务规模仍低于股权质押融资。截至2010年年末，天津市知识产权质押融资额为3.2亿元，同比增长670.7%，比同期股权质押融资额增幅高出611.3个百分点，但股权质押贷款余额为89.4亿元，远高于知识产权3.2亿元的融资规模。

目前，天津市各金融机构在知识产权和股权质押融资业务发展过程中，针对这一创新业务开展中存在的信用风险、操作风险以及市场风险等问题，采取了多项积极有效的举措，取得了良好成效：

一是搭建政府合作平台，在促进业务快速发展的同时，为合理控制贷款风险提供外部补充。通过加强与工商、科技、中小企业局等部门的合作，一方面为金融机构推广创新产品、了解企业信息、挖掘客户资源营建了良好的对接平台，在帮助银行树立品牌、拓展市场的同时，也缓解了企业的融资难题；另一方面，借助政府部门在企业资质及资产在信息整理、登记管理、价值认识、权属认定等方面的优势，提高金融机构放款审查的专业判断能力，为解决信息不对称、控制银行信贷风险提供有益补充。二是进一步提高贷前调查、贷后管理的工作要求，在加强分析监测的同时，提高风险控制能力。一方面在业务前期调查中，不仅对借款人主体进行分析和研究，也对出质人和股权发行人作深入的分析，并要求对股权进行评估，给出公允价值，确保质押足值；另一方面在贷后管理上，定期要求企业提供财务报表并监控其贷款偿还情况，及时发现风险点，提早做好预测和防范。同时，密切关注股权发行企业的运营情况，如出现质押物不足值时，及时要求增加担保。三是建立健全内部规章及业务流程，推动相关工作的有序开展。一方面在相关部门的通力合作下，依据国家及地方现行法律法规和相关政策，迅速出台商标专用权、专利权和股权的质押贷款管理办法和操作流程，为金融机构各项业务的有序进行和企业顺利获得银行资金支持提供有利支撑和保障；另一方面在厘清全部业务流程的基础上，根据质押品的不同类型和客户的不同对象，提供有针对性的融资方案，实现金融服务的专业化和提高项目洽谈的成功率。

（二）证券期货市场保持良好发展态势

截至2010年年末，天津市共有证券公司1家，证券营业部94家，基金管理公司1家，期货公司6家，期货营业部19家，境内上市公司36家。

证券公司的规模不断扩大，经营业绩良好。2010年，渤海证券的营业部较上年增加了5家，其中3家异地营业部。截至2010年年末，渤海证券管理的客户资产达768.1亿元，其中，托管的证券市值为677.8亿元，客户交易结算资金为90.3亿元，总资产为128.5亿元，净资产为28.8亿元，较上年增长4%，证券交易额为7 783.9亿元，净利润为3.3亿元。

天弘基金管理公司增发新基金。2010年，天弘基金管理公司新设基金两只，募集金额为34.4亿元，全年总收入较上年增长9.4%。

期货公司运行平稳。2010年，6家期货公司代理交易总额为25 358.6亿元，代理交易总量为2 782.8万手，手续费收入为9 288.1万元，利润总额为0.2亿元。

2010年，天津共有6家公司上市，融资60.9亿元，1家上市公司非公开发行股票融资10.7亿元。截至2010年年末，天津境内上市公司总股本为393.2亿股，总市值为3 953亿元。

表4　2010年天津市证券业基本情况表

项目	数量
总部设在辖内的证券公司数（家）	1
总部设在辖内的基金公司数（家）	1
总部设在辖内的期货公司数（家）	6
年末国内上市公司数（家）	36
当年国内股票（A股）筹资（亿元）	71.6
当年发行H股筹资（亿元）	0
当年国内债券筹资（亿元）	342
其中：短期融资券筹资额（亿元）	67

数据来源：天津证监局、中国人民银行天津分行。

（三）保险业持续健康发展

2010年，天津市保险业市场体系进一步完善，资产规模增长迅速。国华人寿保险、中邮人寿保险、中宏人寿保险、国泰人寿保险天津分公司先后开业。截至2010年年末，天津共有法人机构4家、分公司43家，专业中介机构81家，各级各类兼业代理机构2 694家。基本形成了布局合理、形式多样、覆盖广泛的市场体系。截至年末，天津市保险公司资产总计593.5亿元，同比增长28.3%；其中，财产险公司资产总额同比增长31.2%，人寿险公司资产总额同比增长28%。

表5　2010年天津市保险业基本情况表

项目	数量
总部设在辖内的保险公司数（家）	4
其中：财产险经营主体（家）	2
寿险经营主体（家）	2
保险公司分支机构（家）	43
其中：财产险公司分支机构（家）	20
寿险公司分支机构（家）	23
保费收入（中外资，亿元）	214
其中：财产险保费收入（中外资，亿元）	65
人身险保费收入（中外资，亿元）	149
各类赔款给付（中外资，亿元）	54
保险密度（元/人）	1 738
保险深度（%）	2.4

数据来源：天津保监局。

表6　2001～2010年天津市非金融机构融资结构表

单位：亿元、%

年份	融资量	比重		
		贷款	债券（含可转债）	股票
2001	313.6	89.5	0	10.5
2002	397.2	96.3	0	3.7
2003	924.4	99.5	0	0.5
2004	524.5	94.3	2.3	3.4
2005	648.9	100.0	0	0
2006	862.3	90.5	8.2	1.3
2007	1 615.9	66.9	5.9	27.2
2008	1 391.1	90.0	3.9	6.1
2009	3 744.4	92.5	6.1	1.4
2010	3 037.3	86.4	11.3	2.3

数据来源：天津证监局、中国人民银行天津分行。

保险业务发展势头良好，业务结构日益优化。2010年，天津保险业保费收入共计214亿元，同比增长41.5%；其中，财产险保费收入同比增长42.2%，高于全国水平6.7个百分点；人身险保费收入同比增长41.1%，高于全国水平12.4个百分点。累计赔付54.2亿元，同比下降9.6%；其中，财产险赔付同比增长7.8%，人身险赔付同比下降27.1%。财产险市场集中度有所提高，财产险公司综合成本率、综合赔付率、综合费用率、手续费率等主要指标均优于上年，全部排名全国第一位；人身险业务调整取得显著成效，个人代理和公司直销两类自有渠道实现较快发展。

重点领域保险业务实现新突破，保险服务经济社会发展和履行社会责任能力显著提升。责任险发展较快，经济补偿职能得到进一步发挥；保险参与新农村建设取得新的进展；保险资金运用范围进一步扩大；补充养老保险试点进一步深入，科技保险试点工作取得阶段性成果。

（四）金融市场平稳运行

2010年，天津市金融市场总体运行平稳。直接融资规模大幅增加，货币市场交易活跃，票据市场平稳发展，黄金市场交易逐步升温。

1. 直接融资规模大幅增加。2010年，天津市间接融资占比依然较高，但直接融资的规模和渠道进一步拓宽。全年直接融资额达到413.6亿元，比上年多增132.9亿元，其中，债券发行342亿元，股票融资71.6亿元。全市直接融资与间接融资的比例约为1∶6，较上年有大幅提高。

2. 货币市场交易活跃。2010年，天津市金融机构积极借助银行间市场来扩大货币市场业务量，调整资产负债结构。全市银行间同业拆借市场累计完成信用拆借1 466笔，同比增长了25.2%；累计拆借金额为5 170.1亿元，同比增长11.8%。债券回购交易量有所下降，累计成交额达到36 329.5亿元，同比下降9.8%，主要是由于买断式回购交易量锐减，同比大幅下降。从期限结构看，市场交易短期化趋势较为明显。全年同业拆借和债券回购的隔夜品种成交占比分别为83.8%和90.2%。

受市场融资增多、通货膨胀预期明显上升以及货币政策由适度宽松转为稳健等多种因素的影响，市场利率呈波动中明显上升态势，全年银行间市场同业拆借拆入加权平均利率为1.6713%，较上年上

表7　2010年天津市金融机构票据业务量统计表

单位：亿元

季度	银行承兑汇票承兑		贴现			
			银行承兑汇票		商业承兑汇票	
	余额	累计发生额	余额	累计发生额	余额	累计发生额
1	1 740.1	1 011.7	500.2	629.2	12.5	63.6
2	1 969.6	1 082.1	514.6	644.0	7.9	44.0
3	2 174.5	1 292.4	458.0	602.1	7.1	68.1
4	2 272.9	1 183.7	443.7	178.9	6.5	-2.1

数据来源：中国人民银行天津分行。

升61个基点；质押式回购正回购加权平均利率为1.7159%，较上年上升69个基点。

3. 票据市场发展较为平稳。2010年，天津市票据市场总体上呈现承兑汇票业务增长、票据贴现业务下降的特点。全年，承兑汇票累计发生额为4 569.9亿元，同比增长17.8%；票据贴现累计发生额为2 227.8亿元，同比下降15.4%。从全年发展趋势看，前三个季度票据业务平稳较快发展，进入第四季度承兑和贴现业务呈双下降态势，这也充分反映出金融机构将票据融资作为调整资产负债结构和参与市场竞争的经营手段进行运用。从利率水平看，全年票据市场利率走势与经济形势紧密相连，呈逐步走高态势，第四季度银行承兑贴现和商业承兑贴现利率分别为5.16%和5.63%，较第一季度分别提高了1.79个和1.14个百分点。

4. "纸黄金"和实物黄金交易量呈现此消彼长态势。2010年天津市"纸黄金"买卖业务累计交易量同比下降5.9%，投资者对"纸黄金"交易意愿的下降主要是由于实物黄金作为传统的保值增值手段，在经济不确定和通货膨胀预期较高的情况下，其投资和保值避险功能得到投资者更广泛的认可，

表8　2010年天津市金融机构票据贴现、转贴现利率表

单位：%

季度	贴现		转贴现	
	银行承兑汇票	商业承兑汇票	票据买断	票据回购
1	3.37	4.49	2.87	2.69
2	3.54	4.21	2.98	3.44
3	3.88	4.40	3.28	3.38
4	5.16	5.63	3.82	4.28

数据来源：中国人民银行天津分行。

对"纸黄金"的投资产生一定的挤出效应，全年全市实物黄金交易量同比增长78%，各项交易指标均大幅攀升。

5. 多方式、多渠道创新金融产品。天津市各金融机构积极推动金融产品创新，一是加快国际业务产品创新，在出口双保理业务、进口代付业务、融资性买断型出口双保理业务、预付货款项下付汇理财通业务上取得突破。二是在直接融资、结构性理财、股权私募基金托管、集合信托理财、企业年金、银团贷款、贷款信托等方面都取得新亮点。三是采取收取保证金、货物监管、仓单质押等方式积极开办新型业务。

专栏2　天津滨海新区金融综合配套改革取得新进展

近年来，天津滨海新区不断总结经验，加快开发开放步伐，金融业持续发展壮大，金融改革创新取得新成效。

1. 投融资体制改革取得重要进展。一是设立并成功运营我国第一只总规模为200亿元的契约型人民币产业投资基金——渤海产业投资基金和第一只总规模为200亿元的船舶产业投资基金。其中，渤海产业投资基金首期募集基金60.8亿元，已投资7个项目，基金总投资42亿元；船舶产业投资基金首期募集基金23.5亿元，基金总投资159亿元，开创了直接投融资的新模式和新渠道。二是各类股权投资基金和创业风险投资基金发展迅速。截至2010年年末，在天津注册的789家私募基金认缴额及基金管理企业注册资本已达到1 500亿元，本市已成为全国私募基金集聚中心。除股权投资基金外，还注册了120多家风险投资企业，天津成为股权投资基金相对集中的城市。三是融资租赁业务快速发展。截至2010年年末，天津市共有22家租赁公司，注册资本金达242亿元，租赁合同余额近1 700亿元，占全国的23%，在拉动社会投资、活跃金融市场方面的作用日益突出。

2. 金融资本要素市场建设步伐加快。一是设立了全球唯一的铁合金交易所——天津铁合金交易所和天津贵金属交易所、天津渤海商品交易所3家要素交易所。二是成立了天津股权交易所和天津滨海国际股权交易所两家资本交易所。天津金融资产交易所的成功开业，打造了一个为金融资产特别是不良金融资产交易的电子交易网络和平台；天津股权交易所采用做市商制度，为中小企业提供小额、多次、快速、低成本融资。三是成立了天津排放权交易所，开展排放权交易综合试点，先后组织了我国第一笔二氧化硫、碳中和、合同能源管理和能效产品交易，并建立了国

内首个自愿减排公示查询系统。

3. 金融机构聚集度显著提高。一是总部金融机构加快在全国设立分支机构。渤海银行、天津银行、渤海财险、光大永明、恒安标准人寿等设立分行和分公司的步伐明显加快。二是各大金融机构纷纷入驻滨海新区。设立了工银、民生金融租赁公司、摩托罗拉、天津港、中石化财务公司；引进一德期货公司和中国民生银行贸易融资部和投资银行部落户天津；中国农业银行、中国工商银行、中国光大银行等10家金融机构在天津设立了后台营运中心。三是日本瑞穗实业银行、汇丰银行、花旗银行、渣打银行等外资银行、英国保诚保险在天津设立分支机构或后台营运中心，日本爱和谊财产保险公司和韩国企业银行、外换银行等外资法人银行机构相继在天津设立，天津成为继上海、北京、深圳之后第四个拥有外资法人金融机构的省市。

4. 外汇管理改革有序展开。一是开展经常项目外汇账户改革，提高企业经常项目外汇账户限额至100%。二是改革进出口核销制度，实现出口退税无纸化改革。三是有序开放新区企业集团外汇资金集中管理和运作,摩托罗拉财务、中海油服等公司设立离岸账户，招商银行、上海浦东发展银行、交通银行、深圳发展银行、汇丰银行等商业银行在滨海新区开展离岸金融业务。四是批准渤海银行结售汇综合头寸管理，实现正负区间管理。五是放宽个人持有境外上市公司股权外汇管理，启动了个人直接投资境外证券市场试点。六是积极协调国家有关部门，筹备发起设立货币经纪公司，积极开展离岸金融业务的研究与探索工作，国家外汇管理局批准在天津中新生态城进行外商投资企业外汇资本金意愿结汇管理改革试点，天津成为全国跨境人民币结算试点地区。

（五）金融生态环境进一步改善

征信基础设施建设不断完善，风险防范作用凸显。截至2010年年末，全国统一的企业和个人征信系统共收录天津市19.8万户企业和890.7万自然人的基本信息和信用信息，日均查询量达3 772多次和8 200多次。据典型调查显示，2010年，全市金融机构通过查询企业和个人征信系统拒绝信贷申请3 336笔，涉及金额为151.9亿元。地方信用体系建设步伐加快，征信服务范围有效拓展。截至2010年年末，天津市社保缴存信息、公积金缴存和贷款信息已全部纳入人民银行企业和个人征信系统，质监、劳动、环保、安监、海关、农业、建设、规划等部门的部分行政执法与资质信息相继采集入库，与开发区劳动人事局等部门实现信息共享。稳步推进征信市场发展。截至2010年年末，组织信用评级机构累计完成企业主体评级935户，在帮助企业解决信息不对称的问题，拓宽融资渠道方面发挥了积极作用。推动中小企业和农村信用体系建设取得新进展。协调相关部门出台促进中小企业信用体系建设的政策措施，推动天津滨海高新技术产业开发区中小企业信用体系试验区建设，构建优质企业筛选推荐和培养扶持机制；指导涉农金融机构完善、应用农户电子档案，提高农村金融服务水平。截至2010年年末，累计为天津市12.4万户中小企业建立了信用档案，其中1 421户企业获得银行授信支持，累计贷款金额为1 718.8亿元。天津市涉农金融机构为全市42.6万户农户建立了电子信用档案，累计提供信贷支持459.9亿元。实施维护区域金融稳定新举措。开发建设政府融资平台信用信息监测系统，按月编制“天津市政府融资平台公司信贷业务统计表”，揭示平台公司信贷风险，提供风险监测信息服务。持续推进征信宣传教育工作。集中开展了全市统一的“征信知识宣传周”、“信用记录关爱日”等专项活动；联合天津市商业大学、天津财经大学开设“征信及相关金融知识”选修课，率先将征信知识纳入国民教育正规体系，探索建立征信知识宣传教育新模式。

二、经济运行情况

2010年是“十一五”规划的收官之年。天津市深入贯彻中央的决策部署和政策措施，积极应对国内外较为复杂的发展环境，经济保持又好又快发展，协调性、稳定性和运行质量等方面都出现了积极变化。

2010年全市生产总值突破9 000亿元，达到9 108.8亿元，比上年净增1 587亿元，按可比价格计算，增长17.4%，为1985年以来的最好水平。分三次产业看，第一产业增加值为149.5亿元，增长3.3%。第二产业增加值为4 837.6亿元，增长20.2%，其中工业增加值为4 410.7亿元，增长20.8%，拉动全市经济增长11.1个百分点，贡献率达到63.5%，建筑业增加值为426.9亿元，增长12%。第三产业增加值为4 121.8亿元，增长14.2%。

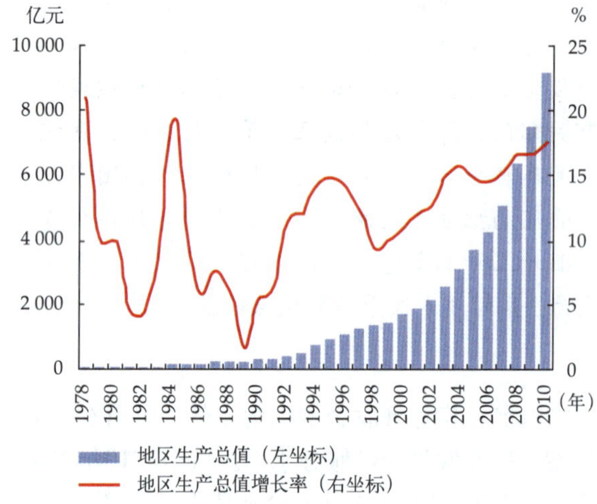

数据来源：天津市统计局。

图5 1978～2010年天津市地区生产总值及其增长率

（一）需求拉动呈现新格局

三大需求共同拉动，固定资产投资继续保持较快增长，投资结构进一步优化；消费需求保持活跃，仍存在继续增长空间；外需继续恢复性增长，但出口恢复速度仍慢于全国。总体来看，天津市经济发展协调性进一步增强。

1. 投资增速高位回落。全年全社会固定资产投资完成6 511.4亿元，增量连续三年超千亿元，增长30.1%，较上年回落16个百分点。其中，城镇投资6 114.4亿元，增长30.1%，农村投资397.1亿元，增长29.7%。房地产开发投资完成866.6亿元，增长17.9%。

投资增长进一步向优势产业集中。全年全社会工业投资3 001.5亿元，增长34%，其中，八大优势产业投资增长38%，快于全市7.9个百分点，拉

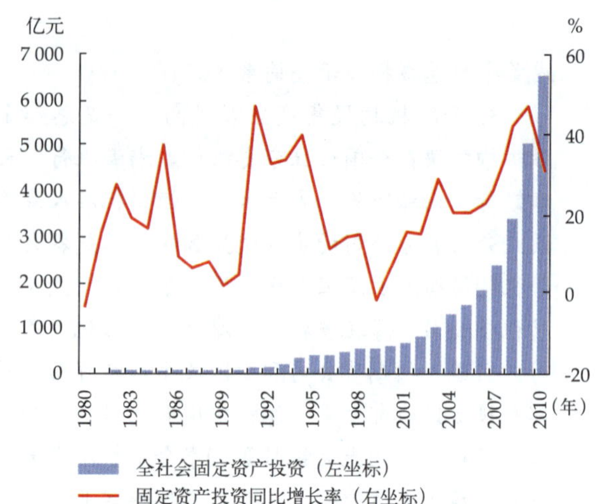

数据来源：天津市统计局。

图6 1980～2010年天津市固定资产投资及其增长率

动城镇投资增长13.9个百分点。服务业投资3 364.6亿元，增长28.5%，其中，居民服务业、住宿餐饮业、金融业、租赁和商业服务业投资增势强劲。民间投资方兴未艾，完成投资2 737.1亿元，增长29.4%，占城镇投资的比重为44.7%。

2. 消费需求活跃，城乡居民收入增长较快。全年全社会消费品零售总额完成2 902.6亿元，增长19.4%。城市居民家庭人均消费性支出16 562元，增长11.9%。居民消费活跃，社区便民设施和农村流通体系进一步完善，30个大型商贸载体全部建

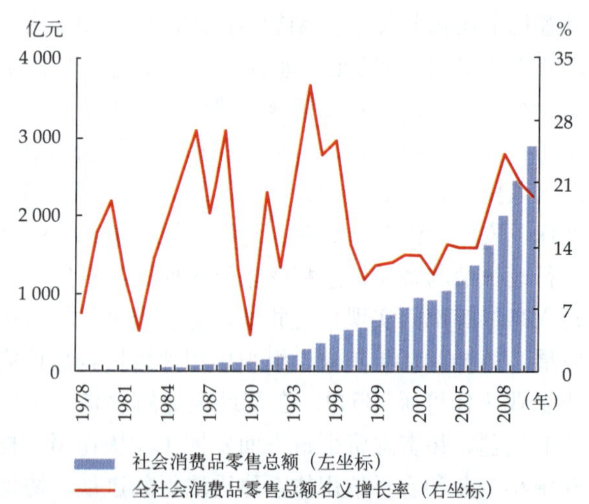

数据来源：天津市统计局。

图7 1978～2010年天津市社会消费品零售总额及其增长率

成。在小排量汽车购置税优惠、汽车下乡、家电下乡、以旧换新等政策的持续刺激下，限额以上批零企业中，汽车零售额增长48.5%，石油及制品类零售额增长52%，家用电器和音像器材零售额增长22.7%。截至年末，每百户城市居民家庭拥有家用汽车16辆。

全年城市居民人均可支配收入为24 293元，增长13.5%，比上年加快3.3个百分点。其中，工资性收入增长16.6%，养老金收入增长14.1%，两项收入合计拉动可支配收入增长13个百分点，经营净收入增长10%，财产性收入增长9.1%。农村居民人均纯收入为11 801元，增长10.5%，比上年加快0.1个百分点。其中，工资性收入增长11%，家庭经营第一产业收入增长8.9%，经营第二、第三产业收入增长2.6%，转移性财产性收入增长29.4%。

3. 外贸进出口逆差进一步扩大。2010年，天津外贸进出口总值为822亿美元，基本恢复金融危机前水平。其中，出口375.2亿美元，进口446.8亿美元，外贸逆差71.6亿美元，逆差较上年扩大31.9亿美元。外资企业外贸逆差59.7亿美元，占全市逆差的83.4%，较上年扩大44.7亿美元。国有企业出口逐月走高，全年累计增长36.1%，外贸逆差较上年缩小20.3亿美元。由于国际市场形势好转以及国内出口产品结构调整等因素的影响，天津机电产品和高新技术产品出口有所增长，增速分别为28.1%和25.5%。

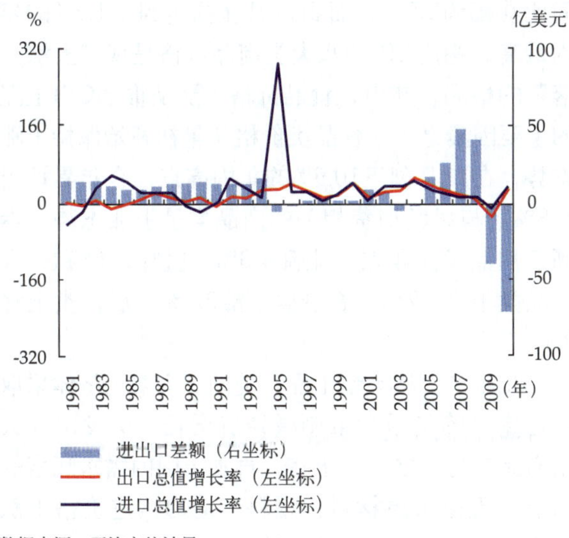

数据来源：天津市统计局。

图8　1981～2010年天津市外贸进出口变动情况

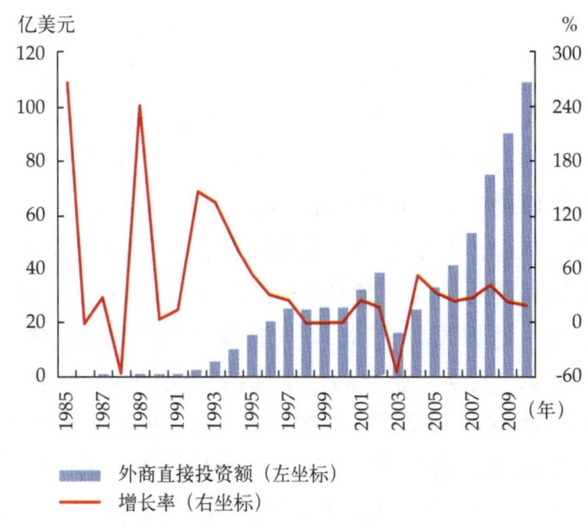

数据来源：天津市统计局。

图9　1985～2010年天津市外商直接投资情况

实际利用外资稳步增长。2010年，天津全年新签直接利用外资协议592个，合同外资金额为153.0亿美元，增长10.5%；实际直接利用外资108.5亿美元，增长20.3%。制造业、交通运输及仓储业、商务服务业为外商主要投资行业，实际利用外资占比分别为45.7%、12.2%和9.2%。随着天津外贸恢复性增长，与贸易密切相关的交通运输及仓储业实际利用外资增长60.8%，制造业实际利用外资增长28.0%，成为拉动利用外资增长的主要动力。由于国家对房地产行业的一系列调控措施，房地产业和建筑业实际利用外资分别下降48.6%和37.1%。

（二）结构调整取得新成效

结构调整继续深入，创新能力有所增强，经济运行质量继续改善。农业生产保持稳定，工业快速增长，服务业发展势头良好。

1. 农业生产保持稳定。强农惠农政策措施的落实到位激发了农民种粮积极性，克服了低温、干旱、病虫害频发等多种不利因素影响，粮食生产再获丰收。全年粮食种植面积达到31.2万公顷，总产量为159.7万吨，连续七年增产，并创近十一年来最好水平。高效设施农业建设全面提速，规划建设了15个现代农业园区、20个现代畜牧养殖园区，发挥了示范引领带动作用。主要农副产品产量继续增长。全年蔬菜产量为404.8万吨，增长8.3%；肉类产量为42.9万吨，增长8.5%；牛奶产量为69.1万吨，增长1.1%；水产品产量为34.8万吨，增长1.9%。

2. 工业生产增长较快，自主创新能力进一步提升。全年规模以上工业增加值增长23.7%，增幅比上年提高0.9个百分点，完成工业总产值16 660.6亿元，增长31.7%，增幅比上年提高22.9个百分点，当年新增产值3 604亿元。航空航天、石油化工、装备制造、电子信息、生物医药、新能源新材料、轻纺和国防八大优势产业完成工业总产值15 268.6亿元，增长30.3%，占全市规模以上工业的比重为91.6%。主要工业产品产量保持较快增长。天然原油产量为3 332.7万吨，增长45.1%；发电量为589.1亿千瓦时，增长39.7%；汽车产量73.8万辆，增长22.5%；乙烯产量为109.3万吨，增长4.8倍。

自主创新能力提升。全社会研发经费支出占生产总值的比重提高到2.5%。国家超级计算机天津中心等一批重大创新平台建成运行，全年专利授权首次突破1万件，启动实施了科技"小巨人"成长计划，全市科技型中小企业达到1.3万家。地方财政中用于科技支出43.3亿元，增长27.3%。规模以上工业企业新产品产值为5 019.3亿元，增长30.2%。

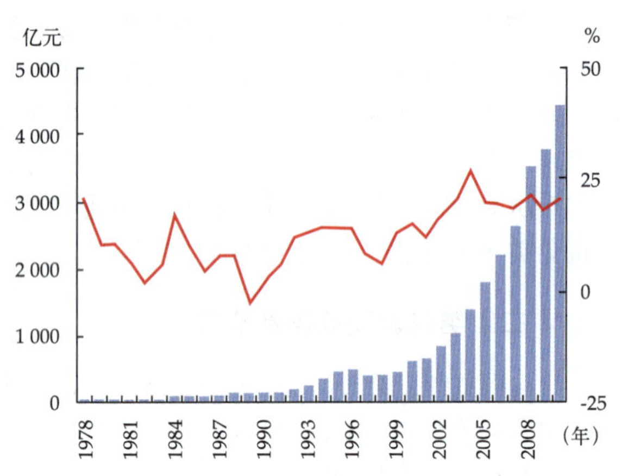

注：2009年、2010年为全部工业增加值及增长率。
数据来源：天津市统计局。

图10 1978～2010年天津市工业增加值及其增长率

3. 服务业发展良好。全年服务业增加值增长14.2%，对经济增长的贡献率为33.3%，拉动经济增长5.8个百分点，占全市生产总值的比重为45.3%。其中，交通运输、仓储及邮政业增加值完成585.2亿元，增长12.2%；批发和零售业增加值1 044.1亿元，增长20.6%；金融业增加值完成560.7亿元，增长18.1%。

港口货物吞吐量完成4.1亿吨，增长8.4%，集装箱吞吐量为1 008.6万标箱，增长15.9%。天津港内陆无水港增至18个，外省市经由天津口岸进出口总额占到59.9%。机场旅客吞吐量为727.7万人，增长25.9%，货邮吞吐量为20.3万吨，增长20.5%；邮电业务总量为435.2亿元，增长13.5%。

夏季达沃斯论坛、联合国气候变化国际谈判会议、津洽会等带动了商贸旅游的发展。全市批发零售业商品销售总额为15 933亿元，增长36.3%；住宿餐饮业营业额为384.9亿元，增长19.6%。接待国际旅游人数为165.4万人，增长17%；实现国际旅游外汇收入为14.1亿美元，增长19.0%。

（三）价格高位运行

2010年天津市各类主要价格指数均呈现高位运行态势，通货膨胀压力较为明显。其中，居民消费价格指数（CPI）持续走高；工业品出厂价格和原材料、燃料、动力购进价格指数全年走势呈现年初快速上涨、年中稳定、下半年再次高企的"N"形走势。工资水平继续上调，推动劳动力成本上升。资源价格改革不断推进，水、天然气、成品油等资源性价格年内均有上调。

1. 居民消费价格高位运行。2010年，居民消费价格指数全年涨幅为3.5%。1月指数为全年最低，同比涨幅为2.5%，而到11月涨幅达到了4.9%的年内最高。构成CPI的八大类商品价格呈现"五涨三落"的格局，其中，食品价格上涨是推动CPI上涨的主要因素之一，食品类价格从年初开始保持上涨态势，在11月创下10.9%的年内高点，全年累计上涨8%。与居民消费相关的商品均呈上涨态势，烟酒及用品类全年累计上涨4.3%，医疗保健和个人用品类上涨3.7%，衣着类上涨2.8%，居住类上涨2.3%。

2. 生产价格大幅上涨。美国等主要经济体采取量化宽松的货币政策刺激经济增长，引发国际大宗商品交易价格大幅上涨，再加上国内需求旺盛的影响，天津市原材料、燃料、动力购进价格上涨幅度较大，全年涨幅为10%。各月同比价格指数呈现"N"形走势，上半年增速快速上涨，5月涨幅达到12.4%，其后，涨幅经历短暂回落后又快速上涨，11月达到了12.5%。受原材料、燃料、动力购进成本上涨和国内流动性充裕等因素的影响，天津市工业品出厂价格全年涨幅为5.1%。各月涨幅经历了前高后低走势，其中5月涨幅为7.8%，为全年最高，其后快速回落，7月涨幅为全年最低；此后涨幅再次高企，11月达到5.4%。从构成看，生产资料价格全年累计上涨6.6%，而生活资料价格与上年基本持平，全年累计下跌0.7%。

3. 劳动力成本大幅提高。伴随着经济快速增长，天津市劳动力成本也呈现快速上升势头。2010年天津市单位从业人员人均全年劳动报酬为50 427元，同比增长14.8%，其中，国有企业人均全年劳动报酬为55 344元，同比增长15.6%；集体企业人均全年劳动报酬为37 330元，同比增长28.6%；其他类型企业人均全年劳动报酬为47 584元，同比增长13.8%。为保障人民生活水平，天津市从4月1日起对最低工资标准进行调整，由每月820元、每小时4.7元调整为每月920元、每小时5.3元；对非全日制用工劳动者小时最低工资标准由每人每小时7.8元调整为每人每小时8.8元。

4. 能源价格调整。随着我国能源价格改革推进，2010年国家发展改革委对成品油和天然气等进行了调整，天津市随之对这些能源产品价格进行了上调。天津市年内对成品油价格进行了三次上调，同时上调了非居民用天然气销售价格，各加气站供公交、出租车用的天然气价格，并对工业、行政事业、经营服务等非居民用水，特种行业用水，居民自来水的价格分别进行了调整。

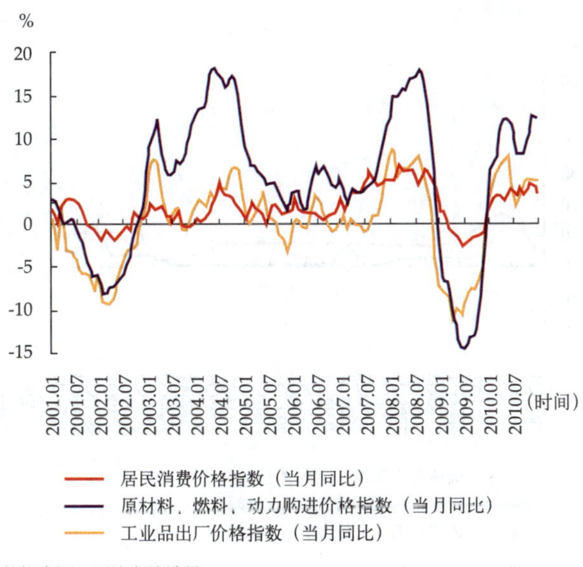

数据来源：天津市统计局。

图11　2001～2010年天津市居民消费价格和生产者价格变动趋势

（四）地方财政收入快速增长

全年地方财政收入完成1 068.8亿元，增长30.1%。主体税种收入增长较快。在汽车制造、石油石化、金融保险和房地产业增长的强力拉动下，全年地方税收收入完成776.7亿元，增长26.6%，增幅比上年提高14.2个百分点。其中，企业所得税收入增长32.6%，营业税增长26.9%，增值税增长20.3%，个人所得税增长20.5%。

企业效益持续好转，呈现出利润增幅高于利税增幅、利税增幅高于销售增幅的良好发展态势。全年规模以上独立核算工业企业完成主营业务收入17 131亿元，增长38.2%。实现利税总额1 683.2亿元，增长58.7%。其中，税金546.8亿元，增长41.2%；利润1 136.4亿元，增长68.7%。盈利最多的五大行业分别是石油和天然气开采业、交通运输设备制造业、通用设备制造业、通信设备计算机及其他电子设备制造业和化学原料及化学制品制造业。

（五）节能减排取得良好进展

在2009年提前一年实现“十一五”节能减排目

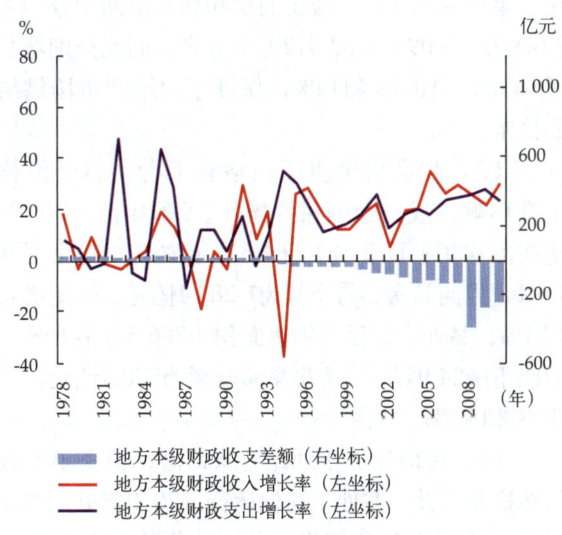

数据来源：天津市统计局。

图12　1978～2010年天津市财政收支状况

标的基础上，2010年，全市万元生产总值能耗下降1%，全年化学需氧量排放量下降0.8%，二氧化硫排放量与上年持平。全市奋战300天市容环境综合整治取得积极效果，环境空气质量达到或好于二级天数达到308天，生态城市建设三年计划任务基本完成。

（六）主要行业各具特点

1. 房地产市场平稳健康发展。投资建设规模持续增长，土地及商品房供应平稳提高，市场交易有所下降，但房屋价格总体维持高位运行。房地产信贷规模稳步提高，经济适用房金融支持力度加大，但受宏观调控影响，开发及个人购房贷款增幅下降。

（1）房地产投资持续增长，银行贷款及自筹资金增长明显。2010年，天津市完成房地产开发投资866.6亿元，同比增长17.9%。当前房地产开发投资资金来源合计2 176.6亿元，同比增长17.7%。其中，国内贷款539.6亿元，同比增长48.6%；利用外资8.3亿元，同比下降27.4%；自筹资金457.7亿元，同比增长37.8%；其他资金来源659.9亿元，同比下降6.6%。

（2）房地产市场土地供应提高，房屋施竣工面积平稳增长。2010年，天津市土地供应总量为3 197.2万平方米，同比增长37.2%。其中，住宅用地出让面积为2 116.9万平方米，同比增长66.2%。同时，房屋累计施工面积、竣工面积和新开工面积分别为7 079万、2 099万和2 912万平方米，同比分别增长了16.6%、10.4%和14%，保证了房地产市场供给的稳定。

（3）商品房销售面积略有下滑，但受价格上升影响，成交金额保持增长。2010年，全市新建商品房销售面积为1 564.5万平方米，同比下降1.6%；但商品房交易金额为1 282.4亿元，同比增长17.1%。另外，二手房销售面积为766.5万平方米，同比下降24.9%；二手房交易金额为500.9亿元，同比下降14.7%。

（4）房地产价格同比有所回落，但全年指数依然稳步上升，并处于高位运行。2010年第一季度以来，天津市房屋销售当月同比价格指数持续滑落，自3月末的110.7，逐步回落至105.6。但全年房屋销售价格指数为109.3，比上年同期提高6.1个百分点。其中，新建房销售价格指数为110.9，比上年同期提高7.4个百分点；二手房销售价格指数为104.6，比上年同期提高2.6个百分点。

（5）房地产贷款规模持续增长，但增幅放缓。2010年，天津市房地产贷款余额为2 949.1亿元，同比增长22.7%，但涨幅较上年下降8.8个百分点。其中，房地产开发及个人购房贷款在房地产调

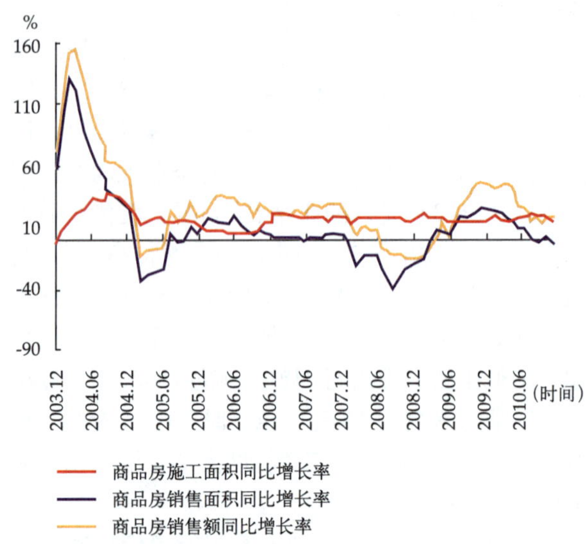

数据来源：天津市统计局。

图13　2003～2010年天津市商品房施工和销售变动趋势

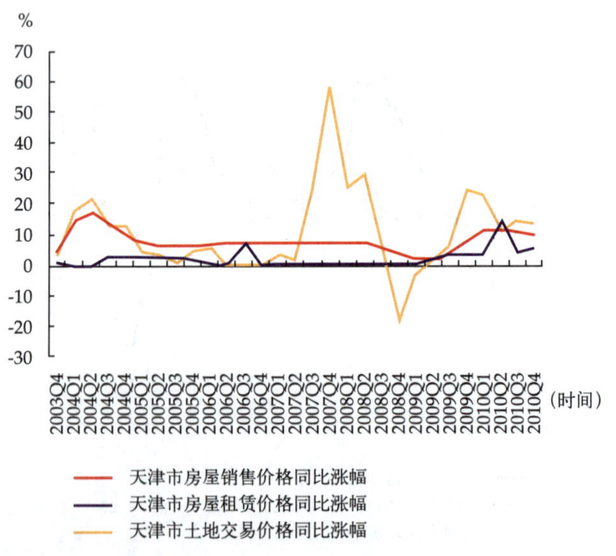

数据来源：天津市统计局。

图14　2003～2010年天津市房屋销售价格指数变动趋势

控政策的影响下，增幅明显下滑。2010年，天津市房地产开发贷款为1 261.6亿元，同比增长12.3%，涨幅较上年同期下降10.3个百分点；个人购房贷款为1 181亿元，同比增长33.2%，涨幅较上年下降14.1个百分点。同时，保障性住房金融支持力度加大。2010年，经济适用房开发贷款余额为60.9亿元，同比增长113.7%。

2. 风电产业快速发展。在可再生能源中，风电是唯一可实现商业化运作并且完全零排放的新能源。在转变发展模式、提高经济增长可持续性的大背景下，天津利用其雄厚的工业、人才基础和滨海新区开发开放的有利时机，吸引了多家世界级风电设备企业，目前已形成以风电整机为龙头、零部件配套为支撑、风电服务业为基础的产业集群，成为全国最大的风电产业聚集地，产业创新能力、企业技术水平均处于全国前列。目前天津已有风力发电企业近60家，风电设备制造总投资约130亿元，从业人员超过两万人，形成了较为完整的产业体系。天津风电设备行业中大约70%的企业具有较强的技术开发能力，全球最大的风电设备制造商——维斯塔斯公司、排名第二位的西班牙歌美飒公司以及排名第五位的印度苏司兰公司都落户天津，其中，仅维斯塔斯公司投资额就达3.6亿美元，并且公司拥有世界领先的风机研发、制造、销售、维护技术。全球最大的风电变速箱制造企业——汉森传动在风电关键零部件设计、制造、再生产能源开发利用方面处于国际领先水平。在本土企业中，鑫茂鑫风叶片自主开发了750千瓦定速定距叶片和1.5兆瓦变速变桨距叶片两大系列产品，瑞能电气、康库得、赛瑞也具有较强的研发实力。天津风机整机生产能力已经达到5 600兆瓦，成为目前中国风电产业最密集的地区。预计到2015年，天津风电产业将实现产值300亿～450亿元，占全国市场份额的25%～30%。

3. 现代服务业提速发展。服务业增加值由2005年的1 658.2亿元增加到2010年的4 121.8亿元，年均增长15.3%，比“十五”时期加快3.5个百分点；占全市生产总值的比重上升到45.3%，比“十五”末提高2.8个百分点。生产性服务业增加值从2005年的386.4亿元增加到2010年的1 146亿元，年均增长23.5%，在服务业中的占比为27.8%；生活性服务业增加值从2005年的635.1亿元增加到2010年的1 519.7亿元，年均增长16.9%，在服务业中的占比为36.9%。2010年生产性服务业实现税收102.6亿元，生活性服务业实现税收166.8亿元。

服务体系日臻完善。商贸流通、交通运输等传统优势产业不断壮大，总部经济、楼宇经济、服务外包、创意产业等发展加快，金融创新取得重要成果，私募股权投资基金和基金管理公司达到917家，建立了天津股权交易所等8家创新型交易平台。从三次产业劳动力分布结构看，天津已基本实现了劳动力从第一产业向第二产业和第三产业的转移，并开始进一步由第二产业向第三产业转移，这是天津今后较长时期产业发展的重要趋势。

虽然服务业在近年来快速发展，但是与北京、上海等经济发达城市相比，天津第三产业比重仍然偏低。与直辖市、环渤海经济中心的地位要求以及天津市社会和经济发展的战略目标相比，在规模、结构以及功能发挥等方面都存在明显的差距。下一步，天津市将加强引导，大力发展与居民生活密切相关的服务行业；优化产业结构，促进传统和新兴服务业和谐发展；构建信息，完善信息服务；鼓励和引导信贷资金向民营经济和中小企业适度倾斜，继续做大做强服务业，并更好地发挥金融在其中的推动作用。

三、预测与展望

2011年是实施“十二五”规划的开局之年，是推动天津经济社会发展再上新台阶的关键一年，天津经济社会发展既面临机遇，又面临挑战。一方面天津正处在科学发展的黄金期，肩负着加快实施国家重大发展战略的历史使命，滨海新区先行先试的龙头带动作用进一步增强，天津经济发展完全有基础、有条件跃上新的台阶。另一方面要兼顾处理好通货膨胀压力、完成节能减排指标和保持经济持续平稳较快发展的关系，工作难度进一步加大。天津市将以“调结构、增活力、上水平”为指导原则，继续发展壮大八大优势支柱产业，改造提升制造业，重点培育新兴服务业，推动服务业大发展；大力发展现代化农业，扎实推进新农村建设；加快城市基础设施建设，推进中心城区全面提升和各县区加快发展；深化综合配套改革，更好地发挥滨海新区先行先试的作用，当好科学发展排头兵。预计2011年天津经济将保持平稳较快发展，经济发展质量效益水平将不断提高。

2011年天津市金融业将认真贯彻落实稳健的货币政策，全面提升金融风险防范能力，不断优化信贷资产结构，加快金融创新步伐，增强金融支持产业结构调整的力度。全市社会融资总量将适度增长，金融生态环境将不断向好。

中国人民银行天津分行货币政策分析小组
负责人：林铁钢　苏东海
统　稿：杨红员　闫　芳
执　笔：张　平　李泽军　吴　超　杨秀生　于　敏　张　磊　魏昆利
提供材料的还有：姚雪丹　周中明　宁　悦　钟　辉　李稳立　魏　莉　徐　力　安瑞萍　唐　浩
郭　佳　刘丹丹　李晓迟　夏江山　刘　丹　苏　颖　于海欢　叶丽娟

附录

（一）2010年天津市经济金融大事记

5月5日，由中国银行业协会和天津市人民政府联合主办的“首届中国金融租赁高峰论坛”在天津举行。本次论坛由主论坛和飞机、船舶、中小企业租赁三个分论坛组成。旨在宣传金融租赁业务，提供行业交流平台，与重点行业加强联系，沟通政府有关部门，研究行业发展政策，促进我国金融租赁业的健康发展。

5月21日，天津金融资产交易所正式成立。它的成立是我国金融改革的一项重大创新举措，有效地填补了国内金融产品交易市场领域的空白。

6月30日，经中国银监会批准，天津农村商业银行正式挂牌开业，成为天津最大的一家地方性总部商业银行，标志着天津深化农村信用社改革工作全面完成。

7月15日，天津市首家非银行金融机构慈善长效基金建立。该基金总额度为人民币1 000万元以上。

8月2日，天津市第二家外资法人银行总部——韩国外换银行（中国）有限公司正式开业。

9月10日，首届全球低碳金融高层论坛在滨海新区开幕。该论坛旨在构建一个国际性、高层次的对话平台，并有效传递中国政府推动低碳金融创新业务发展、大力发展低碳经济的政策思路；同时，促进各地区、各机构低碳经济和低碳金融发展经验的交流与合作。

9月13日，2010年天津夏季达沃斯论坛开幕。为期三天的本届论坛以“推动可持续增长”为主题展开深入讨论，共同寻求答案，向世界传递出信心和力量，对世界经济发展产生积极影响。

10月19日，于家堡金融区铁狮门项目正式签约。铁狮门公司是国际一流的房地产开发运营及基金管理公司，双方合作对加快于家堡金融区建设将起到重要作用。

11月19日，美国卡特彼勒公司与天津保税区投资协议签字仪式，亚洲最大的柴油发动机基地落户保税区。卡特彼勒公司将在保税区空港经济区投资2.86亿美元，建设亚洲最大的柴油发动机及发电机组生产组装基地。

截至12月21日18：00，天津港货物吞吐量突破4亿吨，成为中国北方第一个年吞吐量达到4亿吨的港口。

（二）2010年天津市主要经济金融指标

表1　2010年天津市主要存贷款指标

		1月	2月	3月	4月	5月	6月	7月	8月	9月	10月	11月	12月
本外币	金融机构各项存款余额（亿元）	14 066.6	14 318.0	14 574.4	15 112.7	15 248.9	15 512.9	15 568.3	15 754.8	16 002.4	16 040.4	16 285.1	16 499.3
	其中：城乡居民储蓄存款	4 977.1	5 199.4	5 175.7	5 154.9	5 185.9	5 306.4	5 297.2	5 298.7	5 480.8	5 409.6	5 450.4	5 634.3
	企业存款	6 391.6	6 307.0	6 360.7	6 833.4	6 664.5	6 898.3	6 849.3	6 934.1	6 936.5	7 041.0	7 068.4	7 139.6
	各项存款余额比上月增加（亿元）	178.6	251.4	256.4	538.3	136.2	264.0	55.4	186.5	247.6	38.0	244.7	214.2
	金融机构各项存款同比增长（%）	37.0	31.7	25.4	21.1	19.9	18.4	17.8	18.1	19.5	18.7	19.7	18.8
	金融机构各项贷款余额（亿元）	11 454.2	11 771.0	11 922.7	12 190.4	12 458.0	12 711.4	12 853.0	12 960.3	13 212.5	13 367.3	13 593.7	13 774.1
	其中：短期	2 759.8	2 783.1	2 716.4	2 697.2	2 686.2	2 722.6	2 750.7	2 795.5	2 844.1	2 867.8	2 919.7	3 016.5
	中长期	7 672.3	7 869.0	8 019.0	8 222.5	8 460.7	8 610.8	8 745.2	8 807.4	9 020.3	9 097.7	9 209.6	9 264.7
	票据融资	428.8	477.7	512.7	509.9	520.8	522.5	494.4	486.3	465.1	474.1	489.1	450.2
	各项贷款余额比上月增加（亿元）	303.8	316.8	151.7	267.7	267.6	253.4	141.6	107.3	252.2	154.8	226.4	180.4
	其中：短期	59.8	23.3	-66.8	-19.1	-11.0	36.4	28.1	48.5	48.6	23.8	51.8	96.9
	中长期	340.2	196.7	150.0	203.5	238.2	150.0	134.5	58.6	212.9	101.7	112.0	55.1
	票据融资	-112.4	48.9	35.0	-2.8	10.9	1.7	-28.2	-8.1	-21.2	8.9	15.0	-38.8
	金融机构各项贷款同比增长（%）	42.2	35.9	29.1	25.8	25.1	23.7	22.2	23.3	23.3	22.9	23.6	23.5
	其中：短期	3.7	1.3	-4.9	-8.8	-7.9	-5.4	-4.2	-0.8	1.1	1.8	4.7	8.6
	中长期	66.2	57.1	47.2	43.1	40.3	34.5	31.5	30.1	29.1	28.3	28.5	27.7
	票据融资	-19.7	-27.7	-24.9	-29.1	-27.2	-22.6	-22.6	-10.4	-4.9	-4.6	-7.6	-16.8
	建筑业贷款余额（亿元）	414.8	462.2	489.9	511.3	521.3	510.1	533.4	544.7	546.4	508.9	495.5	500.4
	房地产业贷款余额（亿元）	1 032.7	1 055.5	1 056.9	1 057.6	1 067.8	1 086.2	1 110.1	1 151.6	1 175.4	1 166.9	1 173.1	1 149.8
	建筑业贷款同比增长（%）	35.7	43.0	39.8	47.7	33.6	31.2	36.6	36.5	34.0	23.5	20.4	24.5
	房地产业贷款同比增长（%）	2.9	4.7	8.3	8.3	6.3	9.8	12.6	18.5	16.5	13.4	16.6	13.9
人民币	金融机构各项存款余额（亿元）	13 694.0	13 922.1	14 186.3	14 661.5	14 901.3	15 165.3	15 193.7	15 381.5	15 644.8	15 682.1	15 937.6	16 142.7
	其中：城乡居民储蓄存款	4 890.3	5 111.7	5 090.1	5 072.6	5 104.0	5 225.7	5 216.5	5 219.8	5 403.1	5 332.8	5 374.8	5 558.2
	企业存款	6 124.8	6 018.2	6 080.1	6 487.6	6 420.6	6 659.1	6 582.7	6 669.6	6 693.2	6 793.9	6 829.2	6 887.6
	各项存款余额比上月增加（亿元）	144.5	228.1	264.2	475.2	239.8	264.0	28.4	187.9	263.3	37.3	255.6	205.1
	其中：城乡居民储蓄存款	8.7	217.8	-21.7	-17.5	31.4	121.7	-9.2	3.3	183.3	-70.3	41.9	183.5
	企业存款	54.0	-4.5	62.0	407.4	-67.0	238.5	-76.4	86.9	23.6	100.7	35.4	58.4
	各项存款同比增长（%）	38.2	32.3	25.9	21.3	20.6	18.9	18.1	18.5	19.9	19.1	20.2	19.2
	其中：城乡居民储蓄存款	15.4	18.4	15.5	13.6	12.9	13.6	12.8	12.6	13.7	12.5	13.1	13.8
	企业存款	71.1	50.6	34.8	28.8	25.1	25.3	22.0	19.9	19.8	18.1	17.4	14.6
	金融机构各项贷款余额（亿元）	10 950.4	11 257.9	11 373.9	11 633.3	11 886.5	12 095.4	12 205.7	12 312.5	12 560.4	12 707.6	12 942.4	13 111.6
	其中：个人消费贷款	956.0	981.3	1 018.3	1 046.7	1 085.4	1 109.3	1 127.6	1 127.9	1 175.4	1 191.1	1 223.3	1 246.2
	票据融资	428.6	477.5	512.5	509.7	520.6	522.3	494.2	486.1	465.0	474.0	488.9	450.1
	各项贷款余额比上月增加（亿元）	306.9	307.5	116.0	259.4	253.3	208.9	110.2	106.8	247.9	148.2	234.8	169.2
	其中：个人消费贷款	47.0	24.6	38.0	28.4	38.8	23.9	18.3	0.4	47.5	15.7	23.1	23.0
	票据融资	-112.4	48.9	35.0	-2.8	10.9	1.7	-28.2	-8.0	-21.2	9.0	15.0	-38.8
	金融机构各项贷款同比增长（%）	41.6	34.8	27.5	24.6	24.8	23.1	21.3	22.6	22.7	22.2	23.5	23.2
	其中：个人消费贷款	52.7	56.6	58.6	58.4	59.1	53.4	49.5	42.3	41.3	40.0	38.9	36.6
	票据融资	-19.7	-27.7	-24.9	-29.1	-27.2	-22.5	-22.5	-10.3	-4.9	-4.5	-7.6	-16.8
外币	金融机构外币存款余额（亿美元）	54.6	58.0	56.9	66.1	50.9	51.2	55.3	54.8	53.4	53.6	52.1	53.8
	金融机构外币存款同比增长（%）	4.7	14.1	-1.1	17.4	-15.2	-0.9	7.1	3.3	5.8	5.3	1.8	8.6
	金融机构外币贷款余额（亿美元）	73.8	75.2	80.4	81.6	83.7	90.7	95.5	95.1	97.3	98.6	97.6	100.0
	金融机构外币贷款同比增长（%）	56.3	65.0	5.2	57.7	33.2	38.1	42.8	38.1	38.4	40.2	29.7	34.8

数据来源：《天津市金融统计月报》。

表2 2001～2010年天津市各类价格指数

单位:%

年/月	居民消费价格指数		农业生产资料价格指数		原材料购进价格指数		工业品出厂价格指数		天津市房屋销售价格指数	天津市房屋租赁价格指数	天津市土地交易价格指数
	当月同比	累计同比	当月同比	累计同比	当月同比	累计同比	当月同比	累计同比	当季(年)同比	当季(年)同比	当季(年)同比
2001	—	1.2	—	—	—	-1.2	—	-4.1	1.2	10.1	1.6
2002	—	-0.4	—	—	—	-4.1	—	-4.2	1.6	6.0	2.8
2003	—	1.0	—	—	—	8.7	—	2.5	4.1	0.9	3.0
2004	—	2.3	—	—	—	15.4	—	4.1	13.5	1.2	16.3
2005	—	1.5	—	—	—	4.9	—	0.1	6.0	1.3	3.9
2006	—	1.5	—	—	—	4.7	—	0.6	7.3	0	-0.3
2007	—	4.2	—	—	—	5.7	—	1.5	7.0	0.3	57.9
2008	—	5.4	—	—	—	12.9	—	4.1	5.8	0.4	11.1
2009	—	-1.0	—	—	—	-9.8	—	-7.5	3.2	2.4	7.0
2010	—	3.5	—	—	—	10.0	—	5.1	9.3	4.7	17.0
2009 1	1.3	1.3	—	—	-6.4	-6.4	-8.0	-8.0	—	—	—
2	-0.8	0.2	—	—	-6.9	-6.7	-8.3	-8.2	—	—	—
3	-1.1	-0.2	—	—	-10.7	-8.0	-10.7	-9.0	1.6	0.6	-3.5
4	-1.3	-0.5	—	—	-11.5	-8.9	-10.0	-9.3	—	—	—
5	-1.8	-0.8	—	—	-13.3	-9.8	-10.1	-9.4	—	—	—
6	-2.4	-1.0	—	—	-14.7	-10.6	-10.4	-9.6	1.1	1.7	1.1
7	-2.0	-1.2	—	—	-14.4	-11.1	-8.5	-9.4	—	—	—
8	-1.7	-1.2	—	—	-13.2	-11.4	-7.6	-9.2	—	—	—
9	-1.5	-1.3	—	—	-12.9	-11.6	-7.5	-9.0	3.4	3.5	6.0
10	-1.5	-1.3	—	—	-10.3	-11.4	-6.5	-8.8	—	—	—
11	-0.5	-1.2	—	—	-5.2	-10.9	-4.0	-8.3	—	—	—
12	1.8	-1.0	—	—	2.3	-9.8	1.6	-7.5	6.7	3.6	24.3
2010 1	2.5	2.5	—	—	6.8	6.8	3.9	3.9	—	—	—
2	3.1	2.8	—	—	7.2	7.0	5.1	4.5	—	—	—
3	3.1	2.9	—	—	10.8	8.3	6.7	5.2	10.1	3.4	23.1
4	2.9	2.9	—	—	12.3	9.3	7.2	5.7	—	—	—
5	3.5	3.0	—	—	12.4	9.9	7.8	6.2	—	—	—
6	3.9	3.1	—	—	11.5	10.2	4.4	5.9	11.6	6.3	17.9
7	3.4	3.2	—	—	8.2	9.9	2.0	5.3	—	—	—
8	3.9	3.3	—	—	8.3	9.7	2.9	5.0	—	—	—
9	3.4	3.3	—	—	8.4	9.6	4.9	5.0	8.7	4.5	13.9
10	4.2	3.4	—	—	9.8	9.6	5.1	5.0	—	—	—
11	4.9	3.5	—	—	12.5	9.8	5.4	5.1	—	—	—
12	3.8	3.5	—	—	12.3	10.0	5.1	5.1	6.6	4.7	13.0

数据来源：《天津市统计年鉴》、《中国经济景气月报》。

表3　2010年天津市主要经济指标

	1月	2月	3月	4月	5月	6月	7月	8月	9月	10月	11月	12月
						绝对值（自年初累计）						
地区生产总值(亿元)	—	—	1 842.4	—	—	4 106.5	—	—	6 448.6	—	—	9 108.8
第一产业	—	—	15.0	—	—	60.4	—	—	94.0	—	—	149.5
第二产业	—	—	1 022.6	—	—	2 252.3	—	—	3 535.4	—	—	4 837.6
第三产业	—	—	804.8	—	—	1 793.8	—	—	2 819.2	—	—	4 121.8
工业增加值(亿元)	—	—	—	—	—	—	—	—	—	—	—	—
城镇固定资产投资(亿元)	—	392.5	884.0	1 368.0	1 883.8	2 749.7	3 195.0	3 726.2	4 338.4	4 906.8	5 385.1	6 114.3
房地产开发投资	—	44.7	122.2	196.0	271.0	413.1	475.1	547.7	629.7	680.0	749.6	866.6
社会消费品零售总额(亿元)	228.0	466.1	688.1	914.6	1 157.9	1 394.0	1 631.0	1 889.7	2 145.1	2 408.4	2 652.7	2 902.6
外贸进出口总额(亿美元)	55.1	107.9	179.2	241.9	308.5	378.7	451.0	520.3	595.9	664.1	743.3	822.0
进口	29.9	60.0	101.3	137.6	170.8	207.3	245.3	282.7	323.0	357.8	403.0	446.8
出口	25.2	47.9	77.9	104.2	137.7	171.5	205.6	237.6	272.9	306.3	340.3	375.2
进出口差额(出口－进口)	-4.7	-12.1	-23.4	-33.4	-33.1	-35.8	-39.7	-45.1	-50.1	-51.5	-62.7	-71.7
外商实际直接投资(万美元)	85 200.0	171 600.0	300 800.0	377 200.0	458 400.0	591 300.0	629 500.0	708 200.0	781 800.0	851 600.0	961 300.0	1 084 900.0
地方财政收支差额(亿元)	0.3	-11.5	-4.2	1.6	-9.2	-32.1	-37.3	-73.0	-122.9	-88.4	-152.5	-246.5
地方财政收入	92.9	151.0	222.2	321.2	400.5	500.6	608.3	679.6	761.8	876.3	971.5	1 068.8
地方财政支出	92.6	162.5	226.4	319.6	409.7	532.6	645.5	752.6	884.7	964.7	1 124.0	1 315.3
城镇登记失业率(%)(季度)	—	—	3.6	—	—	3.6	—	—	3.6	—	—	3.6
						同比累计增长率（%）						
地区生产总值	—	—	18.1	—	—	18	—	—	17.9	—	—	17.4
第一产业	—	—	3.4	—	—	2.7	—	—	2.9	—	—	3.3
第二产业	—	—	21.2	—	—	21	—	—	20.9	—	—	20.2
第三产业	—	—	14.1	—	—	14.2	—	—	14.2	—	—	14.2
工业增加值	42.1	31.6	30.5	29.6	28.5	27.5	25.7	25.0	24.3	24.2	23.9	23.7
城镇固定资产投资	—	32.3	33.5	33.9	34.1	34.9	34.7	33.9	32.0	31.4	30.9	30.1
房地产开发投资	—	12.8	15.1	16.4	16.8	20.6	20.3	19.8	21.9	20.4	18.4	17.9
社会消费品零售总额	9.8	18.6	18.7	18.8	19.0	19.0	19.2	19.2	19.3	19.3	19.4	19.4
外贸进出口总额	42.1	29.3	34.5	31.7	34.5	34.5	33.4	32.2	30.8	29.1	29.9	28.8
进口	71.8	49.5	54.9	49.0	46.4	41.4	38.2	36.1	33.4	31.4	33.4	31.7
出口	17.9	10.6	14.9	14.2	22.1	26.9	28.0	27.8	27.9	26.5	26.1	25.5
外商实际直接投资	18.1	17.0	18.0	20.1	19.2	20.0	20.0	20.1	20.0	20.0	20.4	20.3
地方财政收入	34.1	34.3	32.5	32.6	32.9	35.2	35.0	34.6	33.1	31.5	30.8	30.1
地方财政支出	17.9	20.1	19.9	21.0	22.7	30.3	27.2	30.5	32.8	31.6	33.0	23.0

数据来源：《天津统计月报》。

2010年河北省金融运行报告

中国人民银行石家庄中心支行货币政策分析小组

[内容摘要] 2010年是河北省经济社会发展进程中极不平凡的一年。面对复杂多变的形势，全省金融机构认真贯彻落实国家宏观调控政策和省委、省政府经济结构调整的要求，主动应对极为复杂的国内外经济金融环境的挑战，深入落实科学发展观，积极推进金融业改革发展，有效提升核心竞争力，全力支持地方经济发展，取得了突出成绩。

总体来看，全省经济社会发展保持了增长较快、结构优化、效益提高、民生改善、协调性增强的良好态势，经济连续八年保持两位数增长。金融机构布局日趋合理，信贷结构持续优化，风险管理持续加强，金融服务不断健全，总体呈现安全稳健运行态势，金融业改革发展成效显著，有力地推动了全省经济平稳增长。

2011年，河北省金融系统将继续深入学习实践科学发展观，全面贯彻党的十七大，党的十七届三中、四中、五中全会，中央经济工作会议和河北省经济工作会议精神，实施好稳健的货币政策，着力提高政策的针对性、灵活性和有效性，按照总体稳健、调节有度、结构优化的要求，把好流动性闸门，进一步改进金融服务和加强金融创新，继续调整和优化信贷结构，促进河北省经济发展方式转变和经济结构战略性调整，预计河北省经济将继续保持平稳增长，实现合理的社会融资规模和节奏。

一、金融运行情况

2010年，河北省金融系统按照中央和全省经济工作会议精神，继续全面贯彻科学发展观和各项宏观调控政策，紧密结合河北实际，落实“保增长、扩内需、调结构、惠民生”的各项措施，努力加快金融创新，优化信贷结构，加强和改善宏观调控，为全省经济平稳较快发展发挥了重要的促进作用。银行业、证券业、保险业经营状况良好。金融运行总体平稳，金融与经济呈现协调发展态势。

（一）银行业综合实力不断壮大，支持经济发展的能力显著增强

1. 河北省银行业金融机构资产规模进一步扩大（见表1），经营实力有所增强，机构门类较为丰富，金融服务体系进一步健全。国有商业银行、政策性银行、股份制商业银行、地方性金融机构、外资银行和金融性公司相互竞争、优势互补、共同发展。截至2010年年末，河北省银行业金融机构总资产达到30 639亿元，比上年增加4 611亿元。

2010年，河北省银行体系流动性供应充足，资产质量稳步提高，不良资产继续保持“双降”态

表1　2010年河北省银行业金融机构情况

机构类别	营业网点[①]			法人机构（个）
	机构个数（个）	从业人数（人）	资产总额（亿元）	
一、大型商业银行[②]	3 107	71 984	16 505	0
二、国家开发银行及政策性银行[③]	164	3 572	1 890	0
三、股份制商业银行[④]	84	3 517	1 951	0
四、城市商业银行	355	9 543	2 646	11
五、城市信用社	0	0	0	0
六、农村合作机构[⑤]	4 857	50 032	6 035	158
七、财务公司	1	33	63	1
八、邮政储蓄银行	1 345	13 622	1 542	0
九、外资银行	1	36	3	0
十、农村新型机构[⑥]	8	153	4	8
合　计	9 922	152 492	30 639	178

注：①不包括政策性银行和国家开发银行、大型商业银行、股份制银行等金融机构总部数据。
②包括中国工商银行、中国农业银行、中国银行、中国建设银行和交通银行。
③包括国家开发银行和中国农业发展银行。
④包括中信银行、中国光大银行、华夏银行、招商银行、上海浦东发展银行、兴业银行、中国民生银行和渤海银行。
⑤包括农村信用社、农村合作银行和农村商业银行。
⑥包括村镇银行和农村资金互助社。
数据来源：河北银监局。

势，资产拨备覆盖率较高，抗风险能力增强，信贷结构进一步优化，支持经济发展的能力显著增强。

2. 各项存款较快增长，活期化趋势明显（见图1）。2010年，全省银行业金融机构人民币存款余额为26 099亿元，居全国第九位，同比增长16.7%。储蓄、机关团体和保证金存款是拉动存款增长的主要动力，存款活期化态势较为明显，流动性进一步增强。

从存款分布情况看，国有商业银行占据了全省银行业金融机构存款市场份额的近60%；经济发展基础好、速度快、环境优的石家庄、唐山、保定三市居全省前三位，三市的存款超过存款总量的五成。

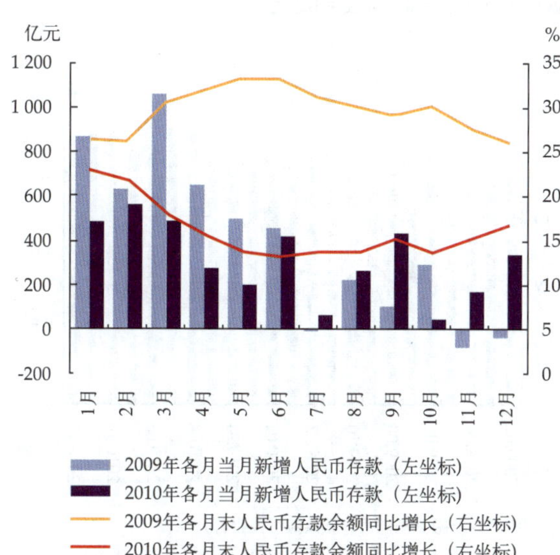

数据来源：中国人民银行石家庄中心支行。

图1　2010年河北省金融机构人民币存款增长变化

3. 各项贷款保持快速合理增长，有力地支持了全省经济发展（见图2、图3）。2010年，中国人民银行石家庄中心支行全年始终围绕贯彻落实各项货币政策开展工作，正确把握调控的力度和节奏，结合河北省实际，及时研究制定引导银行业支持经济发展的各项措施，信贷投放保持较快增长速度，全省金融机构人民币贷款余额为15 756亿元，比年初增加2 632亿元，贷款余额及贷款增量均居全国第十位，虽然贷款增量、增速与非常时期的2009年相比有较大差距，但与以往年度相比，贷款增量、增速均处于较高水平。金融机构积极落实国家“保增长、扩内需、调结构、惠民生”的政策，加大项目审批和信贷投放力度，有力地支持了全省经济发展。

票据融资出现较大波动，下降了250亿元。这种变化的主要原因是各金融机构纷纷压低票据融资、增加一般贷款，这种做法不仅影响了票据市场的稳定发展，也同时影响了票据支付和融资功能的正常发挥。

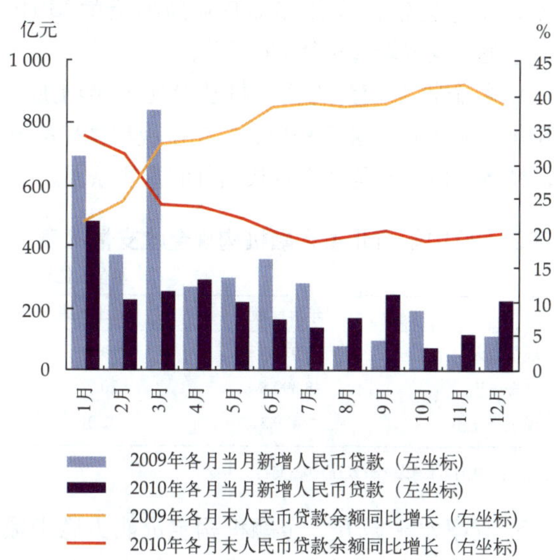

数据来源：中国人民银行石家庄中心支行。

图2　2010年河北省金融机构人民币贷款增长变化

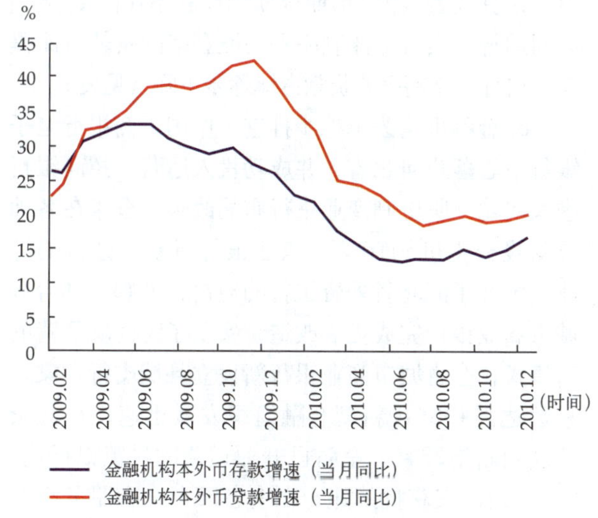

数据来源：中国人民银行石家庄中心支行。

图3　2010年河北省金融机构本外币存、贷款增速变化

信贷资源继续向重点区域倾斜。石家庄、唐山、廊坊、邯郸占据全省贷款市场份额的60%。贷款分布地区间不均衡的现象有所缓解，全省十一个地市贷款增速均在两位数以上，有七个地市贷款增速超过20%。

从行业分布看，贷款行业集中度较高。制造业新增贷款667.2亿元，批发和零售业新增贷款352.2亿元，交通运输、仓储和邮政业新增贷款330亿元，三类行业占新增贷款的63.3%。

4. 现金收支较为均衡，投放量比上年增加。2010年，河北省金融机构现金收支呈现均衡提高态势，经济企稳回升是现金投放增加的重要原因。

表2　2010年河北省金融机构现金收支情况表

单位：亿元、%

	年累计额	同比增速
现金收入	47 911.5	19.9
现金支出	48 390.8	20.0
现金净支出	479.3	32.3

数据来源：中国人民银行石家庄中心支行。

5. 利率水平微升，金融机构定价能力稳步提高。近两年，受CPI走高、信贷投放量加大及投向影响，全省金融机构存贷款利率维持低位运行，2010年，中国人民银行两次上调存贷款基准利率，存款负利率状况有所缓解。贷款利率小幅上升，其中，最具代表性的1年期贷款加权利率在[7.4，8.5]区间运行。实行上浮利率和基准利率的贷款占比提高，实行下浮利率的贷款占比逐步下降（见表3）。

6. 金融机构改革稳步推进。中国工商银行电子银行中心落户河北省，并成功投入运营；招商银行进入河北，股份制商业银行布局改善，全年在各地市新设分支机构10家；东亚银行石家庄分行的开业，填补了河北省外资银行的空白；邯郸、邢台等城市商业银行完成更名改造，实现了跨区域经营的新模式，全省城市商业银行新设立县域支行13家，总数达到43家；新型金融组织发展迅速，小额贷款公司新增23家，全省已开业运营的村镇银行达7家，另有4家获批筹建。在全省55个金融服务空白乡镇增设机构网点22个，增设定时定点便民服务点28个，增设机具5个，实现了金融服务在全省乡镇的全覆盖。

表3　2010年河北省各利率浮动区间贷款占比表

单位：%

		合计	国有商业银行	股份制商业银行	区域性商业银行	城乡信用社
合计		100.0	39.8	9.9	12.0	38.0
[0.9～1.0)		25.3	18.6	3.6	0.8	2.2
1.0		21.1	14.0	2.6	2.1	2.2
上浮水平	小计	53.6	7.2	3.7	9.1	33.6
	(1.0～1.1]	7.8	4.4	2.2	0.6	0.6
	(1.1～1.3]	7.2	1.8	1.5	1.9	2.1
	(1.3～1.5]	6.5	0.4	0	2.7	3.3
	(1.5～2.0]	20.2	0.3	0	2.8	17.1
	2.0以上	11.9	0.3	0	1.1	10.5

数据来源：中国人民银行石家庄中心支行。

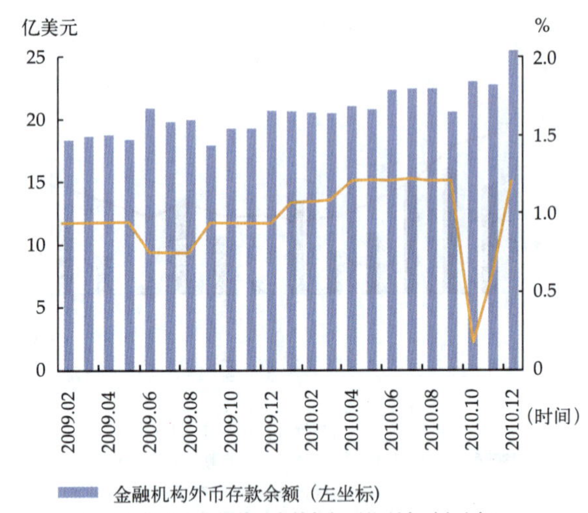

数据来源：中国人民银行石家庄中心支行。

图4　2009～2010年河北省金融机构外币存款余额及外币存款利率

（二）证券业实现跨越式发展，直接融资再创新高

2010年，河北省资本市场实现跨越式发展。证券期货市场运行平稳，机构数量不断增加，投资者积极参与市场交易，市场规模不断扩大；上市公司经营业绩出现好转，直接融资额突破百亿元，首发上市和并购重组再创佳绩。

1. 证券市场平稳运行，但证券经营机构效益略有下降。2010年，河北省A股证券账户数同比增加13%，达到381万户；全年共实现证券交易金额

14 453亿元，较上年小幅减少9.8%；期末指定与托管证券市值为1 462亿元，同比增长9.19%；融资融券余额为4 360万元；实现营业收入32.1亿元，利润总额为16.44亿元，同比分别下降12.77%和31.21%，但全国排名与2009年基本持平。

2. 期货市场交易量和交易额成倍增长，但全省期货经营机构累计实现净利润三年来首次下降。2010年，河北省期货投资者开户数达到2.85万户，同比增长49.21%，其中，股指期货开户419户；客户保证金（客户权益）总额为9.07亿元，同比增长91.75%；代理交易量为2 425.61万手，同比增长1.08倍；代理交易额为24 586.47亿元，同比增长2.99倍；实现营业收入为8 331.57万元，同比增长53.50%；实现手续费收入为8 056.86万元，同比增长62.41%；实现净利润为907.88万元，同比减少14.46%。

3. 上市公司做大做强，直接融资再创新高。2010年，河北省共有9家公司境内首发上市，省内沪深两市上市公司达到42家，上市公司总股本和总市值分别为280.28亿股和3 482.97亿元，上市公司总数、总股本和总市值在全国总数中的占比较2009年均略有提高；全年直接融资113.13亿元，其中，境内首发上市融资77.09亿元，上市公司再融资7.7亿元，境外融资28.33亿元；上市企业阶梯式培育发展格局也基本形成，截至2010年年底，尚有3家企业等待中国证监会发审委审核，9家企业已进入了辅导程序；上市公司并购重组和风险化解取得进展，冀东水泥、晶源电子资产重组有序进行，*ST帝贤已重整完毕，*ST金化已消除了暂停上市风险，*ST宝硕的重整工作也正在逐步展开。

表4　2010年河北省证券业基本情况表

项目	数量
总部设在辖内的证券公司数（家）	1
总部设在辖内的基金公司数（家）	0
总部设在辖内的期货公司数（家）	1
年末国内上市公司数（家）	42
当年国内股票（A股）筹资（亿元）	84.8
当年发行H股筹资（亿元）	28.3
当年国内债券筹资（亿元）	316.0
其中：短期融资券筹资额（亿元）	67.0

数据来源：河北证监局、河北省金融办。

（三）保险业持续健康发展，保费收入大幅增长

2010年，河北保险业深入贯彻落实科学发展观，积极“转方式、调结构、防风险、促发展”，保险业务平稳较快发展，结构调整稳步推进，服务能力进一步增强，市场秩序不断规范，行业风险得到有效防范。

1. 启动实施“三项工程”，行业科学发展水平显著提高。推进“保险信誉工程”，2010年，河北保险业出台了《河北保险业“保险信誉工程”实施意见》，制定实施《河北省保险公司服务质量评价暂行办法》，在全国率先建立较为完善的保险服务质量评价体系。积极参加“行风评议”、“阳光热线”等活动，在河北省范围内开展“保险服务在河北”主题活动，提升了行业服务质量，改善了行业形象；开展“保险护城河工程”，出台《河北“保险护城河工程”实施意见（2010～2011）》，建立辅助首都周边社会安全管理的保险服务体系，与河北省综合治理办公室联合下发《关于推行治安保险促进保险业参与平安建设的通知》，石家庄等九市政府先后印发推行治安保险相关文件；启动“绿色保险工程”，为推动保险业自身发展方式转变，更好地服务经济结构优化升级，在全国率先提出“绿色保险”，成功举办“绿色保险与可持续发展（曹妃甸）”论坛，产生积极社会反响，形成“绿色保险从河北走来”的共识，引导和支持保险公司树立绿色发展理念，运用现代信息技术，发展专属代理、电销、网上保险等新的服务方式。

2. 推动业务结构调整，保险服务经济社会发展的深度与广度不断拓展。继续推动发展农业保险，与河北省金融办、发展改革委、财政厅、农业厅等10余个部门建立经常性沟通机制，共同促进农业保险发展，支持保险公司加强产品创新，丰富农业保险产品体系；积极开展责任保险，全面推动安全生产、校园安全、火灾、旅游、医疗、环保、建工等涉及国计民生重点领域的责任保险发展；支持发展医疗健康保险。研究河北省保险业参与社保业务的情况，鼓励保险机构参与各类医疗保障管理经办服务试点工作，服务医疗保障体系改革。

表5　2010年河北省保险业基本情况表

项目	数量
总部设在辖内的保险公司数（家）	0
其中：财产险经营主体（家）	0
寿险经营主体（家）	0
保险公司分支机构（家）	47
其中：财产险公司分支机构（家）	22
寿险公司分支机构（家）	25
保费收入（中外资，亿元）	746.4
其中：财产险保费收入（中外资，亿元）	192.9
人身险保费收入（中外资，亿元）	553.5
各类赔款给付（中外资，亿元）	145.4
保险密度（元/人）	1 056.8
保险深度（%）	3.7

数据来源：河北保监局。

（四）金融市场融资能力增强，融资结构进一步优化

2010年，河北省金融市场总体运行平稳，市场参与度不断提高，融资规模快速增长。

1. 融资结构进一步优化。随着短期融资券、中期票据等非金融企业债务融资工具逐步被市场认可，全省企业直接融资规模快速增长。2010年，河北省先后有8家企业通过注册发行短期融资券、中期票据实现直接融资235亿元，在全国居第十二位，较2009年提前三位。其中，中期票据融资保持了快速增长的发展态势，2010年新增注册规模已达200亿元，同比增长3倍，占全省直接债务融资规模的85%。

2. 货币市场交易活跃，市场利率震荡上行。2010年，全省银行间债券市场交易量稳步增长，同比增长35.97%。在中央银行公开市场操作回笼资金、六次上调存款准备金率、两次加息、市场通货膨胀预期等多重因素影响下，市场利率全年保持震荡上行状态，现券买卖、质押式回购加权成交利率分别由年初的3.11%、1.19%升至年末的3.53%、3.40%，分别提高0.42个、2.21个百分点。2010年，河北省银行间同业拆借市场交易量同比增幅较大，增长14.26倍。随着中国人民银行对银行间同业拆借市场宣传力度的不断加大，市场参与者开始尝试通过同业拆借交易来调剂资金头寸。

3. 票据市场交易总体较为活跃，贴现及转贴现利率震荡走高。2010年，全省累计签发商业汇

表6　2001～2010年河北省非金融机构融资结构表

单位：亿元、%

年份	融资量	比重		
		贷款	债券（含可转债）	股票
2001	407.6	96.8	0	3.2
2002	588.0	94.9	0	5.1
2003	677.0	92.8	3.0	4.2
2004	682.0	90.4	1.0	8.7
2005	701.0	95.8	2.8	1.3
2006	1 090.0	91.7	4.6	3.7
2007	1 233.5	81.9	7.9	10.3
2008	1 544.3	90.3	5.6	4.1
2009	4 010.7	94.1	3.8	2.1
2010	3 104.9	85.8	10.2	4.0

数据来源：中国人民银行石家庄中心支行、河北省发展改革委、河北省金融办。

表7　2010年河北省金融机构票据业务量统计表

单位：亿元

季度	银行承兑汇票承兑		贴现			
			银行承兑汇票		商业承兑汇票	
	余额	累计发生额	余额	累计发生额	余额	累计发生额
1	1 251.8	645.8	540.1	1 293.6	2.7	28.1
2	1 195.4	761.8	582.3	1 139.2	3.4	19.4
3	1 465.1	946.1	676.6	1 615.4	4.0	23.7
4	1 784.8	1 137.7	512.5	1 878.5	3.1	7.2

数据来源：中国人民银行石家庄中心支行。

表8　2010年河北省金融机构票据贴现、转贴现利率表

单位：%

季度	贴现		转贴现	
	银行承兑汇票	商业承兑汇票	票据买断	票据回购
1	3.6	4.6	2.6	2.5
2	3.6	4.3	3.0	3.3
3	3.9	4.6	3.3	3.1
4	4.5	5.3	4.1	4.0

数据来源：中国人民银行石家庄中心支行。

票3 500.72亿元，同比增长15.88%。累计办理票据贴现业务6 005.13亿元，同比增长23.08%。下半年特别是进入9月以来，受信贷调控力度加大的影响，银行持票意愿降低，同时在基准利率、存款准备金率上调，市场流动性趋紧的共同影响下，票据市场利率步入了加速上行通道，年底票据贴现和转贴现利率分别升至6.18%和4.37%的高点。

4. 外汇市场交易稳步增长。2010年，全省对公

外汇买卖业务同比增长39.32%。随着河北省经济稳步发展，企业规模不断扩大，多数行业景气度明显回升，对外企业客户业务增长，带动了全省对公外汇业务量的稳步增长。

黄金市场交易活跃。2010年，黄金价格持续上扬，涨幅高达30%。随着黄金价格的持续上涨，河北省黄金市场交易活跃，成交量大幅增长，投资者投资黄金的热情持续高涨。

5. 金融市场创新继续深化，业务结构逐步向多元化发展。2010年，金融机构加大了对各类金融衍生产品、融资产品的参与和营销力度，金融市场业务取得了新的突破，11.6亿元次级债券的成功发行填补了河北省次级债券发行的空白，全省金融市场业务逐步向多元化发展。

专栏1 深入开展金融支农“三下乡”活动 全省农村金融生态环境显著改善

2010年，河北省金融系统认真贯彻落实中共1号文件和河北省委、省政府农业农村工作会议和相关文件的政策要求，以创新为要务、以宣传为抓手，以惠农为目标，积极开展“送政策、送产品、送服务”等多种形式的金融支农宣传推广活动，大力拓展农村金融市场，不断完善农村金融服务，有效地推动了全省城乡统筹一体化发展，切实加大对“三农”经济的信贷支持力度，取得了良好效果。

年初，为引导辖内金融机构加大对县域经济的信贷支持力度，中国人民银行石家庄中心支行研究制定了《河北省2010年金融支持新农村建设工作意见》，细化提出了7个重点方面、23项具体工作措施，将深入开展金融支农宣传推广活动确定为全年重点工作。同时，组织全省各金融机构编撰了《河北省金融支持新农村建设政策与实务》系列丛书，并制订下发《河北省金融支农信贷政策与金融产品宣传推广活动方案》，由中国人民银行与辖内各金融机构共同出资，向全省11个地市、136个县（市）、1 907个乡镇以及49 000多个行政村免费赠送《河北省金融支持新农村建设政策与实务》。5月，召开河北省金融支农信贷政策与金融产品宣传推广活动启动仪式暨新闻发布会，省金融办、扶贫办等政府部门，全省中国人民银行系统，各省级金融机构主要负责同志以及辖内的主要新闻媒体共计150多人参加会议。《金融时报》、新华社、河北电视台等多家新闻媒体对此项活动进行了宣传报道，得到了省市领导的肯定和广大民众的好评，引起了强烈的社会反响。

在宣传月活动期间，中国人民银行各市中心支行及各县支行积极采取措施，组织辖内金融机构开展“送政策、送产品、送服务”的宣传活动，通过与人民币反假、农村信用宣传征集、绿色信贷银企对接、大学生村官金融知识培训等多种有效方式联合互动，在全省各乡镇、行政村落广泛宣传普及农村金融知识。各级政府及有关职能部门高度重视此次宣传推广活动，大部分设区市及各县（市）的送书下乡活动，均邀请当地政府主管金融负责同志亲自出席并赠书，同时地方农工部、农业局等相关部门也积极配合，给予了大力支持，有效地保障了此次宣传推广活动的顺利进行。中国农业银行河北省分行、河北省农村信用联社等涉农金融机构也积极响应号召，将自身的业务发展与此次活动相结合，在不断提高农村地区从业人员金融服务水平的同时，积极向当地的农户和中小企业主宣传金融知识与产品，进一步优化了农村金融生态环境，提高农村金融意识。

为进一步巩固金融支农宣传成效，8月24日至9月30日，中国人民银行石家庄中心支行联合各省级金融机构共同组织开展了河北省“惠农杯”金融支农知识竞赛活动。此次活动通过在平面媒体刊登竞赛试题的方式，先后于8月24日、8月31日、9月7日在《河北日报》上向社会公众发布《河北省金融支持新农村建设知识问答试卷》及学习参考资料，吸引各金融机构业务人员、涉农企业员工、广大农民及乡镇政府管理人员等积极参加问答竞赛，回收有效答卷3万余份，其中县域答卷占比超过90%，竞赛评选出先进组织奖和一等、二等、三等个人优秀奖以及纪念鼓励奖共160多名，并给予了公开通报表彰与奖励，取得了圆满良好的宣传效果。

通过全面开展金融支农信贷政策和金融产品宣传推广活动，在地方政府、中国人民银行及金融机构的共同努力下，河北省农村金融生态环境取得了显著改善，金融知识与信贷产品的普及率明显提高，基层金融机构服务水平进一步提升，有力地促进了全省县域经济发展和新农村建设。截至2010年12月末，全省县域贷款余额为5 622.33亿元，同比增长24.3%，比年初增加1 099.4亿元，贷款增速高出全部贷款增速4.3个百分点；全省涉农贷款余额为5 090.73亿元，同比增长27.89%，增速高出全部贷款增速7.8个百分点，同比多增290.24亿元；全省中小企业贷款余额为5 440.69亿元，同比增长31.18%，余额占比达到34.53%，比年初提高了2.9个百分点，贷款向县域、“三农”、中小企业倾斜的趋势显著增强。

（五）金融基础设施不断完善，金融生态环境逐步优化

2010年，河北省金融基础设施建设发展良好，金融生态环境逐步优化。各级政府对金融业的重视程度日趋增强，行政环境和司法环境逐步优化；支付清算体系建设对金融稳定的影响日益提高，征信系统建设不断加强。

河北省行政环境进一步优化。省委、省政府高度重视金融工作，省委书记、省长对金融工作多次作出重要批示，提出明确要求。研究起草了《河北省“十二五”金融产业发展规划》，继续做好“金融贡献奖”和“金融生态市”的评选表彰工作。大力引进金融机构，金融市场主体建设取得新的进展。积极帮助金融机构维护资产安全，研究起草了《关于加强政府融资平台公司管理办法》，针对河北省节能减排、淘汰落后产能的实际，向各银行印发了《关于印发2010年淘汰落后产能设备企业名单的通知》，提示各银行防范风险。

河北省支付清算体系现代化建设稳步推进。电子商业汇票系统成功推广上线运行，全省6家地方性银行业金融机构完成了网上支付跨行清算系统建设的各项准备工作，支付清算系统利用效率明显提高，服务范围加快向农村地区延伸，农村支付服务环境建设成效显著；河北省集中代收代付系统向各地（市）拓展，业务品种不断丰富、服务领域不断扩展；非现金支付工具推广力度不断加大，银行卡受理环境进一步改善，支付风险管理能力不断加强。

河北省社会信用体系建设取得丰硕成果。印发了《河北省社会信用体系建设实施方案（2010～2012年）》，对未来三年全省社会信用体系建设工作进行了整体规划。全省6个市政府、40多个县政府出台了推进社会信用体系建设、加强金融生态环境的意见。积极推进行业信用体系建设，加强与省环保厅合作，河北省环保信息管理系统实现省、市、县三级联网，全省环保信息实现一口接入中国人民银行征信系统。实现了河北省诚信企业评选信息、建设领域公积金信息与征信系统的信息共享。中小企业信用体系和农村信用体系建设的推进进一步缓解了中小企业和“三农”发展资金“瓶颈”，支持了地方经济发展。企业和个人征信系统运行平稳，服务水平不断提高，在防范金融风险、维护金融稳定方面发挥着重要作用。应收账款质押登记公示系统功效显现，有力地支持了企业融资需求。征信宣传形式多样，宣传长效机制逐步建立。全省组织开展了第三个“信用记录关爱日”、“征信知识宣传周”等大型宣传活动，探索建立了农村征信宣传网络体系、征信典型案例积累和宣传制度，社会各界对征信工作认知程度明显提高。

二、经济运行情况

2010年是实施“十一五”规划的收官之年，也是应对复杂严峻的国内外形势、保持经济平稳较快发展的关键之年，河北省通过认真贯彻落实国家宏观调控的一系列政策措施，在经受多方面严峻考验的情况下，全省经济保持了较快增长，各项社会事业取得新成绩。全省生产总值实现了20 197.1亿

元，比上年增长12.2%（见图5），从经济运行轨迹观察，全年运行态势前高后低，既有经济自身调整和上年基数的影响，也是国家和省加大节能减排、淘汰落后产能主动调控的结果，还有整体经济环境不宽松的因素，但经济总体保持了平稳较快发展，经济向好的势头得到巩固，并逐步向常态回归。

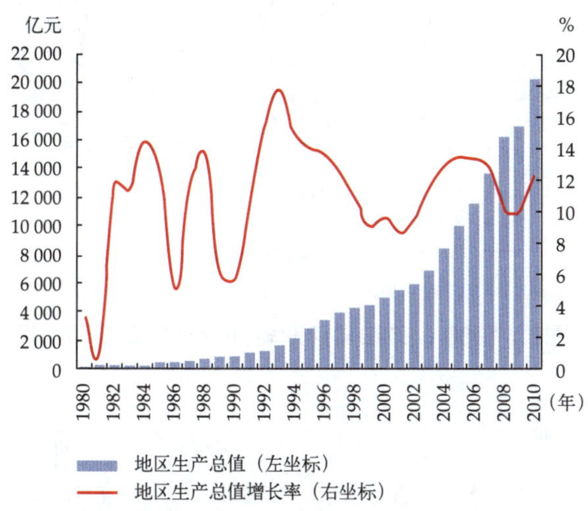

数据来源：河北省统计局。

图5　1980～2010年河北省地区生产总值及其增长率

（一）消费需求贡献提高，三大需求拉动出现积极变化

2010年，河北省三大需求对经济增长的拉动呈现消费、外需提高，投资回落的态势。消费需求对经济增长的贡献率为47.6%，比上年提高4.2个百分点；投资需求贡献率为51.7%，回落6.9个百分点；外需贡献率由2009年的-2%转为0.7%，三大需求正在向协调拉动转变。

1. 投资平稳较快增长（见图6）。全社会固定资产投资完成15 082.5亿元，增长22.9%，其中，城镇投资12 921.8亿元，增长23.3%；农村投资2 160.7亿元，增长20.5%。投资结构出现积极变化。一是大项目投资比重提高，计划总投资亿元以上项目3 476个，同比增加965个；完成投资6 759.0亿元，增长44.0%，占城镇投资的52.3%，同比提高7.7个百分点，对城镇投资增长的贡献率为86.0%。二是“城镇面貌三年大变样”推动城市基础设施投资和房地产开发投资快速增长，分别增长27.1%和49.0%。三是服务业投资和战略性新兴产业投资快速增长，服务业投资增长34.0%，占城镇投资的54.2%，同比提高4.5个百分点。高新技术产业投资增长22.3%，其中，生物技术与现代医药、新材料、航空航天投资分别增长42.2%、30.8%和3.7倍。四是高耗能行业投资得到控制，六大高耗能行业投资仅增长6.9%，同比回落4.3个百分点，低于城镇投资增长16.4个百分点。

数据来源：河北省统计局。

图6　1982～2010年河北省固定资产投资及其增长率

2. 消费品市场平稳较快发展（见图7）。“家电以旧换新”、“家电下乡”、“夜经济”等政策措施效应显著，消费品市场繁荣活跃。社会消费品零售总额实现6 731.1亿元，增长18.5%，增速同比加快3.0个百分点。城乡市场均保持较快增长，城镇消费品零售额为5 112.3亿元，增长19.3%；乡村消费品零售额为1 618.8亿元，增长16.3%。消费结构升级加快，限额以上批发零售贸易业化妆品、金银珠宝、体育娱乐用品、书报杂志、电子出版物及音像制品、通讯器材、家用电器和音像器材、石油及制品和汽车九大类商品实现零售额占限额以上批发零售贸易企业零售额比重达63.1%，同比提高2.5个百分点，其中汽车类商品零售额增长28.5%，家用电器和音像器材类增长27.5%，比2009年分别加快1.0个和16.7个百分点。

3. 对外贸易快速增长，出口表现尤为突出（见图8）。全省外贸进出口总值首次突破400亿美元，达419.3亿美元，同比增长41.5%，比全国增速高6.8

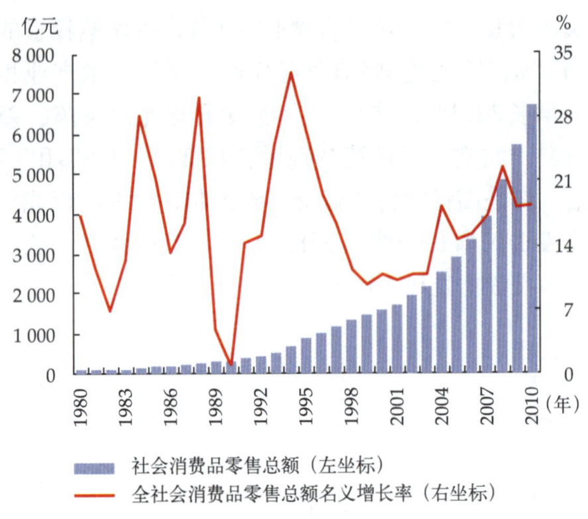

数据来源：河北省统计局。

图7 1980～2010年河北省社会消费品零售总额及其增长率

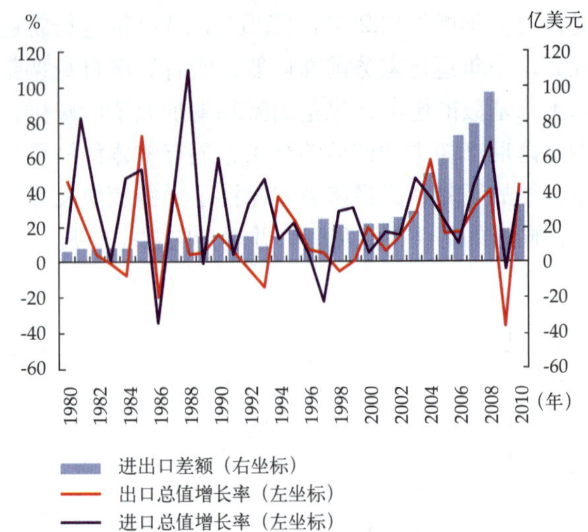

数据来源：河北省统计局。

图8 1980～2010年河北省外贸进出口变动情况

个百分点。其中，出口总产值为225.7亿美元，同比增长43.9%，比全国增速高12.6个百分点；进口总产值为193.6亿美元，同比增长38.9%，比全国增速高0.2个百分点。从主要产品看，出口产品中，机电、纺织服装、钢材占七成；进口产品中，铁矿石占五成。从出口市场看，对两大传统市场美国、欧盟出口分别增长45.0%和40.9%，对新兴市场东盟、俄罗斯、印度、巴西、阿联酋和中国台湾出口增长强劲，增幅分别为44.4%、92.1%、92.2%、133.8%、57.0%和44.1%。从出口主体看，民营企业成为中坚力量，出口占比为42.6%，同比增速为51.2%，比全省出口增幅高7.3个百分点，国有企业和外资企业出口占比分别为16.2%和40.9%。

河北省利用外资稳步增长（见图9）。全省实际利用外资43.7亿美元，同比增长18.2%，增幅比上年提高16.6个百分点。其中，外商直接投资38.3亿美元，同比增长6.5%，增幅比上年提高1.2个百分点。全省外商直接投资呈现第二产业下降、第三产业增长强劲的变化格局。第二产业到位外资28.4亿美元，同比下降12.3%；第三产业到位外资9.2亿美元，同比增长1.6倍，占全省外商直接投资的23.9%，比上年占比提高14.2个百分点。合同外资扭转连续两年下降的局面，2010年第三季度以来，合同外资呈现回升势头，全年全省新批合同外资32.9亿美元，由2009年的下降9.8%转为增长26.3%。

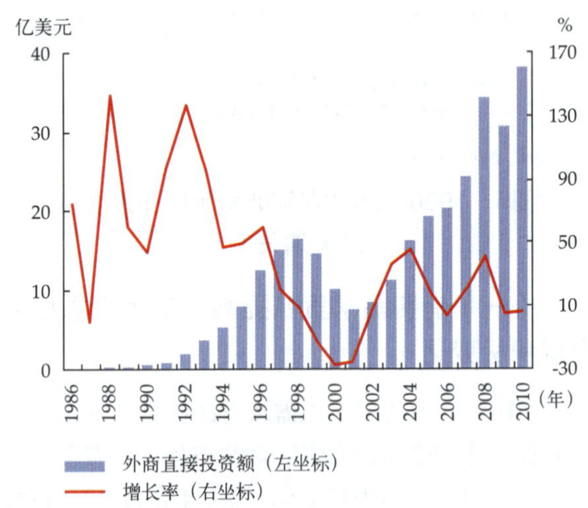

数据来源：河北省统计局。

图9 1986～2010年河北省外商直接投资情况

（二）三次产业稳步发展，结构调整渐趋优化

2010年，河北省三次产业对经济增长的支撑呈现第二产业提高、第一、第三产业回落的态势。第一产业增加值为2 562.8亿元，增长3.5%，加快0.2个百分点，对经济增长的贡献率为3.1%，同比回落0.7个百分点；第二产业增加值为10 705.7亿元，增长13.4%，加快2.9个百分点，贡献率为59.7%，提高2.6个百分点；第三产业增加值为6 928.6亿元，增长13.1%，加快1.7个百分点，贡献率为37.2%，回落1.9个百分点。

1. 农业生产稳步发展。认真落实强农惠农政策，强力推进粮食生产核心区和蔬菜产业示范县建设，取得明显成效。粮食生产连续七年获得丰收，总产量达2 975.9万吨，增长2.3%，创历史最高水平。86个粮食生产核心区县粮食产量增长4.8%，快于全省2.5个百分点。蔬菜生产加速发展，播种面积为1 707.9万亩，增长3.4%，总产量为7 073.6万吨，增长4.9%，加快4.0个百分点。24个蔬菜示范县生产优势初显，蔬菜播种面积33.5万公顷，产量为2 115.9万吨，占全省蔬菜产量近1/3。畜牧业生产得到恢复，牛奶产量为439.8万吨，实现恢复性增长，奶牛规模饲养比例达到90%以上。林业和渔业生产平稳增长，全年造林面积为28.4万公顷，完成全年计划的106.5%；水产品产量为106.3万吨，增长5.9%。

2. 工业生产保持较快增长（见图10）。全部工业增加值为9 554.0亿元，比上年增长13.5%。其中，规模以上工业完成增加值为8 182.8亿元，增长16.5%，增速同比分别加快3.9个和3.1个百分点。多数行业保持较快增长，在统计的38个行业大类中，有36个行业实现增长，其中，19个行业增速在20%以上。高耗能行业生产增速明显放缓。六大高耗能行业完成增加值为4 023.8亿元，增长10.7%，增速比上年回落3.0个百分点，低于规模以上工业增速5.8个百分点；占规模以上工业的49.2%，比上年降低1.4个百分点。

3. 服务业加快发展。服务业增加值增长13.1%，同比加快1.7个百分点。其中交通运输仓储邮政业增加值增长26.0%，同比加快19.2个百分点；对经济增长的贡献率为16.2%，提高10.9个百分点。

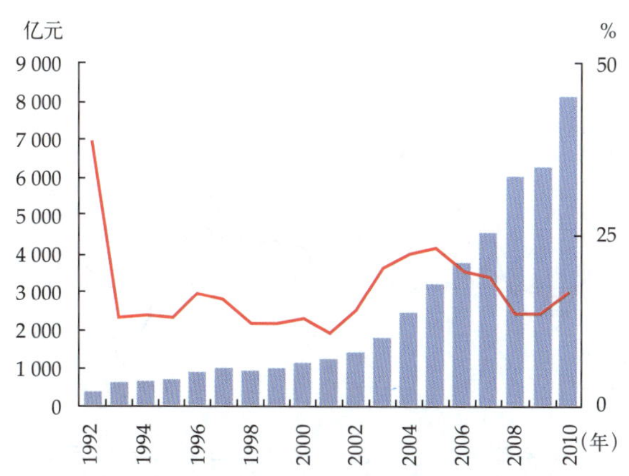

数据来源：河北省统计局。

图10 1992～2010年河北省工业增加值及其增长率

（三）物价持续攀升，通货膨胀预期增强

2010年，居民消费价格指数（CPI）为103.1，比上年上涨3.1个百分点。全年CPI呈上涨态势。1～2月，受节日消费及翘尾因素影响，全省CPI环比、同比均明显上涨，其中，CPI同比连续呈现正增长，且涨幅逐月加大。4月，CPI同比上涨2.9%，逼近通货膨胀警戒线，且涨幅高于全国水平（2.8%），也高于周边省份的涨幅。受食品类价格及资源类价格上涨等因素共同作用下，CPI一路上涨，至11月达到本年峰值，同比上涨4.5%。

2010年，全省经济全面复苏，1月，工业品出厂价格同比上涨4.3%，涨价面也进一步扩大。调查的37个行业大类中，1月有30个行业环比上涨，占行业总数的81%。此后，受国内、国际经济形势及市场需求等因素的影响，钢铁、石油、化工、铁矿石等主要生产资料价格快速上涨，带动工业品出厂价格快速攀升，年底达到本年峰值。

2010年，河北省城镇单位从业人员平均劳动报酬31 451元，同比增长10.4%。2010年河北省最低工资标准于7月1日上调，其中，月标准4档平均增幅为24.1%，唐山、石家庄等适用最高档标准的地区每月达900元。本次调整是在全省宏观经济向好，物价不断上涨和实现省委、省政府三年增加工资目标的关键之年的背景下进行的。2010年，河北省民政厅与省财政厅、省物价局、省统计局联合下发了《在全省建立城乡低保标准与全国平均水平同步增长机制的意见》，在全国首先建立了城乡低保标准与全国平均水平同步增长机制。该意见提出，从2010年第二季度起，若全省城乡低保标准连续3个月低于全国水平或全省居民消费价格总水平连续3个月涨幅超过3%，则向各设区市和扩权县（市）民政部门发布预警信息，各市、县（市）民政部门应在预警信息发布的30个工作日内，按照较好地区较全国城乡低保平均标准上浮10%以上、一般地区上浮5%以上，困难地区标准不低于全国平均标准

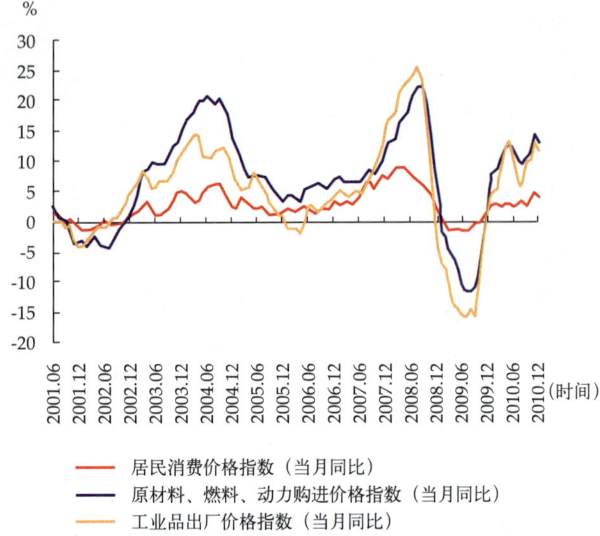

数据来源：河北省统计局。

图11　2001～2010年河北省居民消费价格和生产者价格变动趋势

的95%，对城乡低保标准作出相应调整。

（四）财政收入总量创历史新高，支出保持较快增长

2010年，在河北省经济平稳较快发展带动下，全省提前一个月完成年度财政收入任务，地方财政实力进一步增强。全省全部财政收入完成2 410.5亿元，占年初计划的109.6%，同比增长19.3%；地方一般预算收入完成1 330.8亿元，占调整预算的104.8%，同比增长24.7%。受下半年节能减排任务加重等因素影响，全省财政收入增幅呈现“前高后低”态势，下半年财政收入增幅较上半年下降3.9%，但总体仍保持平稳较快增长。全年财政收入质量有所提高，税收收入对地方一般预算收入贡献率同比提高12.8%。受河北省实施“城镇面貌三年大变样”以及房地产市场火热的影响，土地出让收入成倍增长，带动地方政府性基金收入超过千亿元大关，同比增长1.06倍。

2010年，河北省认真落实积极的财政政策，狠抓增收节支保平衡，优化支出结构保重点，财政支出快速增长，对经济社会发展的促进作用进一步增强。全年全省一般预算支出为2 778.9亿元，占调整预算的93.2%，同比增长18.4%。面对初步回升向好但不确定因素较多的财政形势，努力扩大政府公共投资，争取中央预算内基建投资104.5亿元和地方政府债券69亿元，保障了重点建设项目需要；落实税费减免政策，减轻企业和居民负担269.8亿元；积极支持科技创新和节能减排，推动经济结构优化升级。多方筹措资金1 718亿元，保证了“城镇面貌三年大变样”目标的实现。继续加大强农惠农政策实施力度，全面落实强农惠农政策，重点保障教育、医疗、社保等民生资金支出，有力地促进了和谐社会建设。

2010年，河北省财政体制得到进一步完善，省财政直管县扩大到92个县（市），居全国各省区之首。财政改革取得新突破，提出了构建地方现代公共财政体系的战略构想，明确了整体系统推进财政改革的目标任务。出台实施激励各类产业聚集的财政体制政策，促进经济资源集约布局。同时深化预算管理改革、零基预算改革，推进国库管理和政府采购改革，实现了省级国库集中支付全覆盖，财政工作效能显著提高。

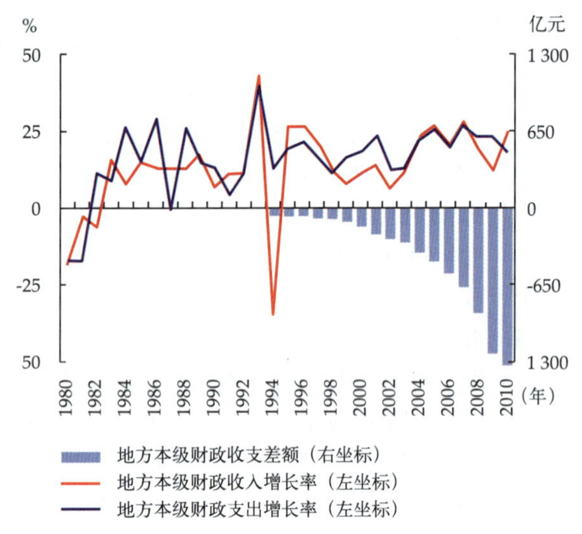

数据来源：河北省财政厅。

图12　1980～2010年河北省财政收支状况

（五）节能降耗成效显著，能源利用效率稳步提高

2010年，河北省政府制定了严控“两高”行业过快增长、坚定有序地淘汰了落后产能等节能减排“十项措施”，有效推进“双三十”节能减排示范工程，适时启动关停预案，开展节能减排大会战活动，取得明显成效。单位工业增加值能耗为2.733吨标准煤/万元，同比下降8.88%。其中，六大高耗能

行业能耗为16 389.29万吨标准煤，比规模以上工业平均水平低0.1个百分点；六大高耗能行业单位增加值能耗同比下降4.12%。

（六）主要行业分析

1. 房地产市场快速发展。2010年，河北省房地产市场投资平稳较快增长，增速略有回落。全年完成房地产投资2 264.8亿元，同比增长49%，高于全国15.8个百分点。2010年是全省“城镇面貌三年大变样”的决战之年，房屋施工面积快速增加，商品房施工面积同比增长63%，高出同期20.8个百分点。经济适用房建设下降趋势明显，新开工面积同比减少26.6%。商品房销售市场旺盛，销售面积同比增长52.8%，销售额同比增长65.9%。商品房销售价格平稳上涨，商品房销售均价同比上涨8.6%，涨幅同比下降10.4个百分点。

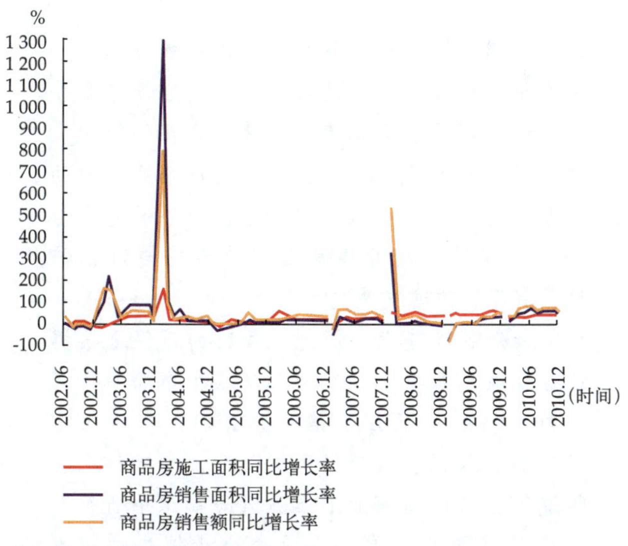

数据来源：河北省统计局。

图13　2002～2010年河北省商品房施工和销售变动趋势

受国家对房地产信贷调控政策的影响，开发企业资金来源中银行贷款占比逐步下降，自筹资金稳步上升。国内贷款、利用外资、自筹资金、其他资金占比分别为10.63%、0.11%、55.42%、33.84%。国内贷款占比同比减少3.94个百分点。全省房地产贷款余额为2 412.58亿元，占全省人民币贷款的15.3%，占全国房地产贷款余额的2.58%；房地产贷款新增563亿元，占全省贷款新增额的21.4%，占

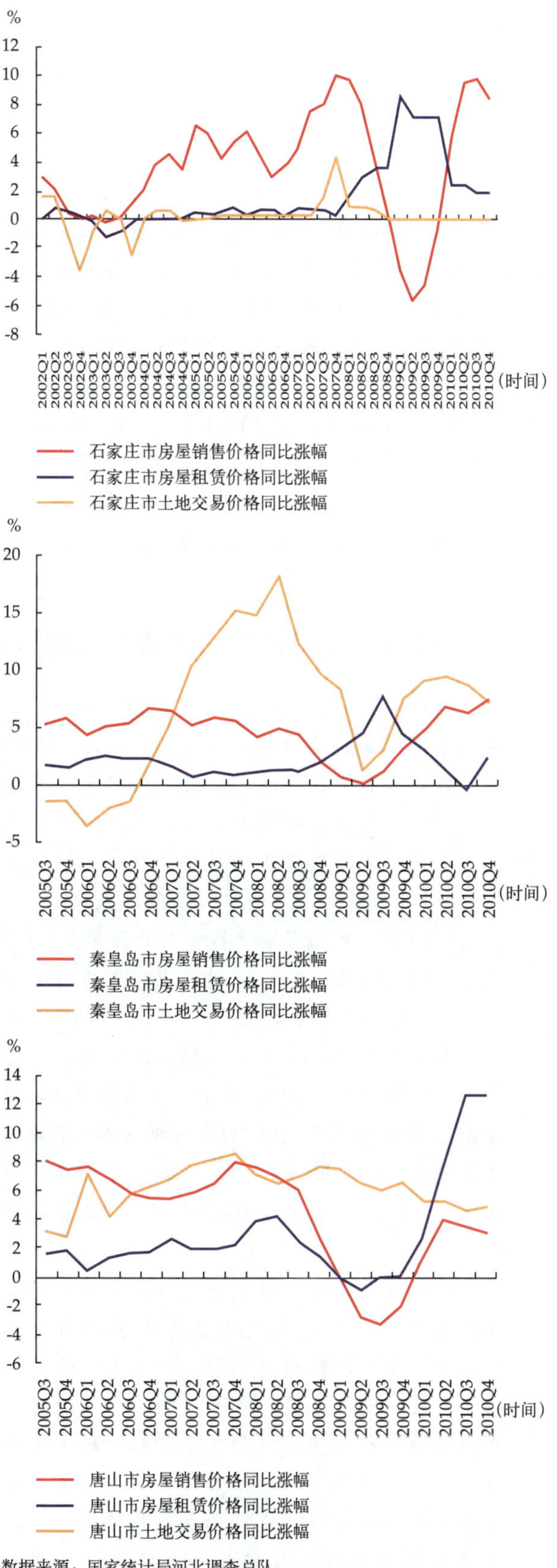

数据来源：国家统计局河北调查总队。

图14　2005～2010年河北省主要城市房屋销售价格指数变动趋势

全国房地产贷款新增额的2.8%；房地产贷款增速为30.4%，比全省贷款增速高10个百分点；房地产开发贷款同比增长18.54%，个人住房贷款同比增长37.17%。

2. 服务业发展速度不断加快。近年来，河北省金融机构认真贯彻落实各项支持服务业发展的政策措施，大力调整信贷结构，切实加大对服务业的支持力度，取得了积极的成效。服务业对河北省地区生产总值的贡献度不断提高，2010年达到37.2%，服务业的发展对经济结构调整和发展方式转变的作用越来越突出和重要；生产性服务业的增加值高出生活性服务业增加值193.1亿元，在对服务业的贡献率上，生产性服务业高于生活性服务业2.78个百分点；金融机构人民币服务业贷款余额为6 270.3亿元，占各项贷款余额的39.8%；服务业非信贷方式融资总额为2 132.6亿元，比2009年增长415.8亿元。

金融机构针对河北省不同行业和不同发展阶段服务业企业特点，积极开展产品创新，转变过分依赖抵押品的传统授信模式，开展商标权质押贷款业务，为中小企业开辟了新的融资途径；不断开发出符合服务业企业需求的产品和服务，为中小企业量身订做了多种金融产品，并根据服务业特点，制定专门的业绩考核办法，创新考核机制；围绕核心企业，开展上下游企业的供应链融资，满足企业对金融服务多样化的需求；涉农金融机构深入乡村实地考察，送产品、送贷款、送政策下乡，加大对农村服务业的信贷资金支持力度。

专栏2　多措并举　力推河北省票据市场持续健康快速发展

近年来，中国人民银行石家庄中心支行积极探索促进票据市场业务发展的新方法、新路子，采取多种有效措施，完善工作机制，搭建工作平台，健全各项制度，加大创新力度，在大力促进河北省票据市场持续、健康、快速发展方面作了有益尝试，并取得了明显成效。

2010年，河北省累计签发商业汇票3 500.7亿元，同比增长15.7%；全省商业汇票拥有量为1 787.6亿元，同比增长38.6%；累计贴现6 005.1亿元，同比增长22.6%。累计办理再贴现达126.2亿元，比上年增长296.5%，其中，涉农票据占比为66.4%，限额利用率达96.7%。河北省票据市场整体呈现票据拥有量稳步增长，贴现增长快速，市场环境优化，辐射力、影响力和吸引力加强的势头。

建立健全工作协调机制是保障票据市场参与者相互合作、共同促进业务发展的前提。2008年，中国人民银行石家庄中心支行牵头成立了河北省商业汇票工作专业委员会，由河北省内各金融机构组成，制定了章程，规定了会员的权利和义务，明确了工作程序。坚持每季度召开专业性会议，议题由成员单位提议，对重点问题进行深入研究，并制定出解决问题的方法措施，明确责任单位，逐项加以落实。该委员会成立以来，共召开11次例会及专业会议，适时解决了票据市场发展中存在的问题，理顺了中国人民银行、商业银行及企业之间的关系，协调了金融机构之间票据业务的竞争与合作，促进了河北省商业汇票市场持续、健康、有序、快速发展。

加强制度建设，规范业务行为是促进票据业务发展的基础。组织河北省票据市场参与者签订《河北省商业汇票业务公约》，维护市场秩序。加强票据市场风险防范，向操作人员印发了《河北省商业汇票防风险知识手册》，拟定了《河北省票据委员会公示催告管理办法》，实时掌握违规票据信息。优化资产配置，简化操作流程，推出了《关于转贴现业务有关规定的通知》和《票据信托产品投资办法》，简化了转贴现跟单资料，提高了工作效率，拓宽了票据融资产品的运用范围。规范审批程序，创新再贴现管理，下发了《中国人民银行石家庄中心支行再贷款、再贴现、存款准备金业务审批管理办法》和《中国人民银行石家庄中心支行再贴现操作管理办法》，明确再贴现采取打包办理，提高了再贴现操作效率。制定了《河北省商业承兑汇票管理暂行办法》，出台了《关于促进河北省商业承兑汇票业务发展指导意见》，扩大了试点范围，提升了商业承兑汇票市场占有率。在全省按程序分五批，共筛选出254家涉农等重点支持企业优先办理贴现、再贴现，充分发挥信贷调整的引导作用。

加强业务监督检查是维护市场秩序的重要保障。加大监管力度，实行效果评估，研究制定了《河北省货币信贷政策效果评估监管操作办法》。2010年，对全省票据市场进行了一次大规模的效果评估，评估单位达356家，对评估排名通报，并发出了评估报告。对全省427家金融机构进行了票据业务合规性检查，调阅业务档案8 100份，查出贸易背景不真实等四类问题，并在全省予以通报。

票据交易信息化、网络化是推动票据业务发展的重要手段。经过一年的研发，河北票据网于2010年12月26日正式上线试运行，为河北票据市场发展提供了更加透明、快捷、高效的交易和交流平台。河北票据网现有报价、交易、诚信、资讯、信息交流、专家点评六大板块，能够实现票据业务审核网络化、报价公开化、信息即时化、交易电子化、报表自动化及分析经常化等功能。存储了承兑、贴现、转贴现、再贴现等历史数据，提供数据对比分析、价格变动、资金流向和投向的数据研究分析资料。

不断提高市场从业人员素质是促进票据市场快速健康发展的关键。利用举办银企对接会，对企业财会人员重点进行培训，使其熟悉掌握商业汇票的相关知识，了解其融资、支付功能，推广使用票据产品。河北省票据委员会利用专业性会议，加大对商业银行从业人员的培训力度，编发《商业承兑汇票学习手册》，印发《河北省商业汇票防风险知识手册》，提高柜台人员防假、反假和风险防范的能力。针对再贴现多年停办，人员易岗的问题，重点对中国人民银行县级支行进行了现场辅导。五次组织人员赴外地参加有关机构举办的票据业务知识培训班，并组织部分成员单位赴长三角地区，就商业汇票市场一体化进行学习考察，为业务持续健康发展提供了有力支持。

（七）增进区域交流与合作，加速京津冀经济一体化

2010年，京津冀两市一省面对复杂的国内外经济形势，继续加强交流与合作，经济运行呈现良好态势。交通承载能力进一步加强。京津冀交通一体化对接项目紧锣密鼓地进行，高速公路、铁路网加紧建设。在京石客运专线加快建设的同时，天津至保定、张家口至唐山，新建石家庄站、保定站，邯郸至长治铁路扩能改造工程5项京津冀都市圈铁路工程开工。另外，京津冀高速联网不停车收费正式开通。京津冀城市间的时空距离将进一步缩短，有利于城市间的经济交流与合作。

区域合作有新进展。北京市和河北省签署“北京市—河北省合作框架协议”，这是继2006年和2008年签署相关备忘录和会谈纪要之后，京冀间合作的又一新进展；北京市政府与河北省政府举行“进一步加强冀京合作座谈会”；京津冀社科联、科协共同主办的2010年度京津冀区域协作论坛召开，为促进京津冀区域经济、社会协同发展提供理论支持及对策建议；《京津冀地区快递服务发展规划（2010～2014）》在北京、天津、河北同时发布，京津冀地区将编织一个高效的快递运输网络体系；河北省获批建设“河北环京津国家高新技术产业带”，这是科技部批准建设的全国七大国际级高新技术产业带之一；河北省发布《河北省环京津地区产业发展规划（2010～2015）》和《关于进一步扩大开放承接产业转移的实施意见》，积极推动京津冀一体化。

三、预测与展望

2011年是“十二五”开局之年，河北省经济内在动力不断增强，但国内外形势错综复杂，经济运行中的不确定因素依然存在。

全省金融系统将认真贯彻省委、省政府的各项决策部署，以科学发展为主题，以加快转变经

济发展方式为主线，紧紧围绕实现保持经济平稳较快发展、调整经济结构迈出新步伐、通货膨胀预期得到有效管理这个宏观调控的核心目标，以及“稳增长、调结构、控物价、惠民生”主攻方向和着力点，加强经济运行调节，加快经济结构调整，大力推进改革开放和自主创新，加大节能减排力度，着力保障和改善民生，保持经济平稳较快发展，确保实现“十二五”良好开局。预计2011年全省经济平稳较快增长，地区生产总值比上年增长9%左右，全社会固定资产投资增长18%以上，社会消费品零售总额增长18%，出口总值增长12%。全部财政收入增长11.5%。结构调整扎实推进，服务业增加值增长11%，规模以上装备制造业、高新技术产业增加值分别增长20%和25%，城镇化率比上年提高1.8个百分点。发展代价继续减小，单位生产总值能耗和二氧化碳排放量均分别下降3%，化学需氧量、二氧化硫和氨氮、氮氧化物排放量均分别削减1.5%。人民生活不断改善，城镇居民人均可支配收入增长9%左右，农民人均纯收入增长8%以上，居民消费价格涨幅预期在4%左右，城镇新增就业67万人。保持合理的社会融资规模和节奏。

中国人民银行石家庄中心支行货币政策分析小组

负责人：张文汇　邵延进

统　稿：王彦青　张新文

执　笔：范宪忠　张皓阳

提供材料的还有：田军华　温振华　李　莉　尹　洁　高　远　李婕琼　岳永丽　王治宇　任珍珍　杜彦尊　李　媛　陈　芳　李　鹏　卢杰峰　刘莉亚　高宏业　李　伟

附录

（一）2010年河北省经济金融大事记

2月24日，作为全国首家环境能源交易机构，河北环境能源交易所在河北省产权交易中心揭牌成立。

3月31日，东亚银行石家庄分行正式开业，改写了河北省没有外资银行的历史。

5月6日，恒信移动在深交所创业板挂牌，实现河北省企业创业板上市重大突破。

6月28日，全国电子商业汇票系统在河北省成功上线运行，标志着纸质商业汇票开始走向无纸化和电子化的新时代。

6月29日，河北航空投资集团公司、河北航空公司正式成立，填补了河北省航空运营主体空白。

6月底，河北省通过在55个金融机构空白乡镇建设正式金融网点、建立定时定点服务点等方式，实现了全省乡镇金融服务全覆盖。

8月2日，《河北省社会信用体系建设实施方案（2010～2012年）》印发执行，全省社会信用体系建设加速推进。

8月18日，河北黄骅综合大港正式开航，河北省沿海港口群建设迈上新台阶。

11月2日，省委七届六次全会在石家庄召开，审议通过《中共河北省委关于制定国民经济和社会发展第十二个五年规划的建议》，描绘了河北省未来五年科学发展“路线图”。

11月29日，“冀台金融高峰论坛”在石家庄市举行，河北省与台湾金融界人士共商金融领域交流与合作问题。

2010年，河北省“城镇面貌三年大变样”任务目标全面完成，并提出围绕繁荣、舒适目标全面推动城镇面貌三年上水平。

2010年，中国工商银行电子银行中心（石家庄）投入使用，中国银监会五大中心（培训中心、党校、干部学校、灾备中心、金融论坛）、嘉禾人寿保险公司电话中心、安邦财产保险公司后援中心相继落户河北，中国北方金融产业后台服务基地呼之欲出。

（二）2010年河北省主要经济金融指标

表1　2010年河北省主要存贷款指标

		1月	2月	3月	4月	5月	6月	7月	8月	9月	10月	11月	12月
本外币	金融机构各项存款余额（亿元）	22 982.0	23 547.4	24 035.3	24 309.4	24 503.8	24 937.2	25 004.8	25 269.6	25 691.4	25 748.4	25 915.7	26 270.6
	其中：城乡居民储蓄存款	13 767.5	14 397.3	14 645.8	14 642.7	14 707.2	15 067.7	15 006.4	15 089.3	15 475.2	15 236.1	15 345.6	15 725.7
	企业存款	6 059.9	6 012.8	6 156.7	6 309.2	6 339.0	6 222.4	6 219.5	6 282.3	6 240.5	6 453.6	6 575.6	6 622.3
	各项存款余额比上月增加（亿元）	481.5	565.3	488.0	274.0	194.4	433.4	67.5	264.9	421.8	56.8	167.3	354.9
	金融机构各项存款同比增长（%）	22.9	21.8	17.9	15.5	13.8	13.3	13.7	13.7	15.1	13.8	15.0	16.7
	金融机构各项贷款余额（亿元）	13 773.6	14 004.3	14 280.5	14 578.8	14 795.8	14 950.8	15 085.9	15 249.4	15 501.4	15 579.3	15 712.8	15 948.9
	其中：短期	5 358.7	5 531.7	5 645.2	5 766.1	5 725.2	5 771.3	5 766.7	5 814.0	5 900.8	5 965.5	6 013.5	6 142.4
	中长期	7 573.3	7 714.3	7 910.9	8 069.6	8 315.8	8 378.4	8 534.9	8 625.8	8 758.6	8 845.9	8 941.7	9 100.0
	票据融资	701.5	617.6	563.0	578.2	589.4	645.1	631.7	665.6	695.0	614.9	584.9	526.4
	各项贷款余额比上月增加（亿元）	489.5	230.7	276.3	298.3	217.0	155.0	135.1	163.5	252.1	77.8	133.6	236.1
	其中：短期	169.5	173.0	113.5	120.9	-40.9	46.1	-4.6	47.3	86.8	64.6	48.1	128.9
	中长期	391.5	141.0	196.6	158.7	246.2	62.6	156.5	90.9	132.8	87.3	95.8	158.3
	票据融资	-74.7	-83.9	-54.5	15.2	11.1	55.8	-13.5	33.9	29.4	-80.1	-30.0	-58.5
	金融机构各项贷款同比增长（%）	35.1	32.5	25.0	24.6	23.0	20.2	18.5	19.0	20.0	18.7	19.2	20.1
	其中：短期	21.1	22.8	19.2	21.9	21.2	18.1	17.7	16.1	15.5	15.9	17.0	17.9
	中长期	52.9	51.0	44.0	40.8	37.9	34.0	31.1	29.5	29.3	27.3	27.1	27.1
	票据融资	-9.2	-32.0	-50.4	-50.8	-50.4	-45.1	-46.8	-34.3	-22.8	-30.3	-31.9	-32.2
	建筑业贷款余额（亿元）	278.5	285.9	294.1	305.2	317.3	322.0	338.5	334.9	408.3	392.3	402.3	411.2
	房地产业贷款余额（亿元）	624.5	642.0	656.1	668.6	671.2	684.3	686.0	698.0	705.7	715.5	710.7	704.3
	建筑业贷款同比增长（%）	32.1	35.0	22.2	22.9	25.5	19.5	15.3	17.2	35.4	27.2	28.7	35.9
	房地产业贷款同比增长（%）	62.6	70.2	49.3	50.0	38.9	35.4	33.3	30.6	27.3	22.0	21.9	20.2
人民币	金融机构各项存款余额（亿元）	22 840.9	23 407.2	23 895.8	24 165.3	24 361.6	24 785.3	24 853.0	25 117.4	25 552.7	25 594.4	25 764.2	26 099.0
	其中：城乡居民储蓄存款	13 715.0	14 344.6	14 594.0	14 593.5	14 656.8	15 017.5	14 955.2	15 039.6	15 427.7	15 188.6	15 298.0	15 678.4
	企业存款	5 981.0	5 936.2	6 077.3	6 223.8	6 258.0	6 134.6	6 131.3	6 189.9	6 157.9	6 358.3	6 480.2	6 508.2
	各项存款余额比上月增加（亿元）	481.4	566.4	488.6	269.6	196.2	423.7	67.7	264.4	435.3	41.7	169.8	334.8
	其中：城乡居民储蓄存款	164.0	629.6	249.4	-0.5	63.4	360.7	-62.3	84.4	388.1	-239.1	109.4	380.4
	企业存款	130.3	-44.9	141.1	146.5	34.3	-123.4	-3.3	58.6	-32.0	200.4	121.8	28.1
	各项存款同比增长（%）	23.0	21.9	17.9	15.6	13.8	13.3	13.7	13.7	15.1	13.8	15.0	16.7
	其中：城乡居民储蓄存款	13.5	16.6	14.7	14.7	14.4	15.4	14.8	15.2	16.0	14.6	14.6	15.7
	企业存款	42.1	33.3	23.8	15.5	10.5	5.0	4.7	2.4	4.3	5.7	8.8	8.4
	金融机构各项贷款余额（亿元）	13 610.3	13 840.0	14 092.3	14 390.6	14 611.9	14 778.4	14 921.6	15 092.8	15 341.4	15 412.3	15 529.8	15 755.7
	其中：个人消费贷款	1 402.5	1 443.0	1 485.3	1 555.6	1 628.1	1 662.7	1 695.2	1 727.8	1 772.3	1 789.4	1 805.6	1 831.2
	票据融资	701.5	617.5	563.0	578.2	589.4	645.1	631.5	665.5	694.9	614.9	584.9	526.4
	各项贷款余额比上月增加（亿元）	486.5	229.7	252.3	298.3	221.3	166.5	143.2	171.2	248.5	71.0	117.5	225.9
	其中：个人消费贷款	73.5	40.5	42.3	70.3	72.5	34.6	32.5	32.6	44.6	17.1	16.1	25.6
	票据融资	-74.7	-84.0	-54.5	15.2	11.1	55.7	-13.6	34.0	29.4	-80.0	-30.0	-58.5
	金融机构各项贷款同比增长（%）	34.1	31.5	24.0	23.7	22.5	20.2	18.6	19.2	20.3	19.0	19.4	20.1
	其中：个人消费贷款	62.0	66.5	64.3	69.7	71.7	66.4	62.1	58.3	52.9	49.9	44.5	40.3
	票据融资	-9.0	-31.9	-50.4	-50.8	-50.4	-45.1	-46.8	-34.3	-22.8	-30.2	-31.9	-32.2
外币	金融机构外币存款余额（亿美元）	20.7	20.5	20.4	21.1	20.8	22.4	22.4	22.3	20.7	23.0	22.7	25.9
	金融机构外币存款同比增长（%）	10.7	12.1	9.9	12.0	13.8	7.3	12.9	12.0	15.5	19.6	18.2	25.4
	金融机构外币贷款余额（亿美元）	23.9	24.1	27.6	27.6	26.9	25.4	24.2	23.0	23.9	24.9	27.4	29.2
	金融机构外币贷款同比增长（%）	227.5	223.4	192.0	156.7	83.1	24.1	8.7	1.1	-1.7	-1.9	10.5	24.2

数据来源：中国人民银行石家庄中心支行。

表2 2001～2010年河北省各类价格指数

单位:%

年/月	居民消费价格指数		农业生产资料价格指数		原材料购进价格指数		工业品出厂价格指数		石家庄市房屋销售价格指数	石家庄市房屋租赁价格指数	石家庄市土地交易价格指数
	当月同比	累计同比	当月同比	累计同比	当月同比	累计同比	当月同比	累计同比	当季(年)同比	当季(年)同比	当季(年)同比
2001	—	0.5	—	0.2	—	1.0	—	-0.2	3.9	4.9	-2.7
2002	—	-1.0	—	0.4	—	-2.8	—	-0.6	1.4	0.5	-0.3
2003	—	2.2	—	-0.2	—	9.4	—	7.1	0.2	-0.7	-0.6
2004	—	4.3	—	6.7	—	18.4	—	11.6	3.6	0.1	0.3
2005	—	1.8	—	6.8	—	7.0	—	4.4	5.6	0.6	0.2
2006	—	1.7	—	1.6	—	5.0	—	0.8	4.4	0.5	0.3
2007	—	4.7	—	6.9	—	7.8	—	6.9	7.6	0.6	0.4
2008	—	6.2	—	18.6	—	15.9	—	16.7	5.8	2.9	0.6
2009	—	-0.7	—	0.6	—	-6.5	—	-10.9	-3.6	7.5	0.0
2010	—	3.1	—	4.4	—	10.9	—	9.0	8.3	2.2	0.1
2009 1	0.6	0.6	11.7	11.7	-1.8	-1.8	-7.4	-7.4	—	—	—
2	-1.2	-0.3	7.9	9.8	-2.6	-2.2	-7.6	-7.5	—	—	—
3	-1.4	-0.7	4.5	8.0	-5.3	-3.2	-12.0	-9.0	-3.6	8.6	0.0
4	-1.4	-0.9	3.4	6.8	-6.5	-4.1	-14.0	-10.3	—	—	—
5	-1.3	-0.9	1.4	5.7	-8.5	-4.9	-14.4	-11.1	—	—	—
6	-1.9	-1.1	-1.6	4.4	-10.5	-5.9	-15.8	-11.9	-5.7	7.1	0.0
7	-1.8	-1.2	-2.8	3.3	-11.5	-6.7	-16.0	-12.5	—	—	—
8	-1.6	-1.3	-3.6	2.4	-11.6	-7.3	-15.1	-12.8	—	—	—
9	-0.5	-1.2	-4.0	1.6	-10.8	-7.7	-15.5	-13.1	-4.5	7.1	0.0
10	-0.6	-1.1	-4.0	1.0	-8.6	-7.8	-10.6	-12.8	—	—	—
11	0.7	-1.0	-2.5	0.7	-3.4	-7.4	-3.9	-12.0	—	—	—
12	2.4	-0.7	-0.7	0.6	2.9	-6.5	1.5	-10.9	-0.6	7.1	0.0
2010 1	2.5	2.5	1.3	1.3	7.5	7.5	4.3	4.3	—	—	—
2	2.8	2.7	4.0	2.6	8.1	7.8	5.0	4.6	—	—	—
3	2.6	2.6	5.0	3.4	10.1	8.5	8.4	5.9	5.2	2.5	0.0
4	2.9	2.7	4.4	3.7	11.8	9.4	12.1	7.4	—	—	—
5	2.8	2.7	4.3	3.8	12.7	10.0	13.0	8.6	—	—	—
6	2.5	2.7	3.5	3.7	11.6	10.3	9.9	8.8	9.5	2.5	0.1
7	2.7	2.7	3.4	3.7	10.0	10.3	6.5	8.4	—	—	—
8	3.2	2.8	4.6	3.8	9.4	10.1	5.8	8.1	—	—	—
9	2.5	2.7	4.6	3.9	10.5	10.2	9.3	8.2	9.9	1.9	0.1
10	3.9	2.8	5.4	4.1	11.7	10.3	10.1	8.4	—	—	—
11	4.5	3.0	6.3	4.3	14.1	10.7	12.6	8.8	—	—	—
12	3.9	3.1	6.2	4.4	12.8	10.9	11.6	9.0	8.4	1.9	0.1

数据来源：河北省统计局、《中国经济景气月报》。

表3 2010年河北省主要经济指标

	1月	2月	3月	4月	5月	6月	7月	8月	9月	10月	11月	12月
绝对值（自年初累计）												
地区生产总值(亿元)	—	—	3 665.2	—	—	9 083.5	—	—	14 641.2	—	—	20 197.1
第一产业	—	—	384.0	—	—	1 003.9	—	—	2 074.1	—	—	2 562.8
第二产业	—	—	2 080.1	—	—	5 107.3	—	—	7 941.5	—	—	10 705.7
第三产业	—	—	1 201.1	—	—	2 972.3	—	—	4 625.6	—	—	6 928.6
工业增加值(亿元)	—	950.7	1 581.9	2 164.9	2 856.6	3 666.1	4 320.6	5 034.6	5 797.6	6 526.9	7 322.3	8 182.8
城镇固定资产投资(亿元)	—	352.5	1 681.9	2 704.6	4 004.6	6 279.9	7 250.8	8 175.7	9 769.4	11 022.9	12 046.6	12 921.8
房地产开发投资	—	37.8	268.9	430.3	618.6	993.8	1 139.5	1 330.8	1 624.4	1 864.9	2 101.9	2 264.8
社会消费品零售总额(亿元)	—	1 082.4	1 554.3	2 031.8	2 545.8	3 070.3	3 586.6	4 113.2	4 708.7	5 355.1	6 010.8	6 731.1
外贸进出口总额(亿美元)	28.2	52.4	83.3	114.2	150.9	190.0	228.7	263.5	305.3	338.6	376.3	419.3
进口	11.8	23.1	37.9	53.5	68.7	85.9	10.3	119.6	139.8	154.7	172.4	193.6
出口	16.4	29.3	45.4	60.7	82.2	104.1	12.6	143.9	165.5	183.9	203.9	225.7
进出口差额(出口－进口)	4.5	6.3	7.5	7.2	13.5	18.2	2.3	24.3	25.7	29.2	31.5	32.1
外商实际直接投资(万美元)	25 938.0	48 380.0	73 705.0	93 184.0	120 148.0	176 990.0	187 250.0	209 054.0	239 775.0	264 348.0	318 232.0	383 074.0
地方财政收支差额(亿元)	43.0	8.6	-96.6	-150.9	-199.5	-321.7	-349.1	-458.7	-592.2	-658.2	-1 168.0	-1 448.1
地方财政收入	133.4	210.3	341.7	448.2	547.3	681.5	798.5	888.0	1 014.8	1 113.6	1 209.6	1 330.8
地方财政支出	90.4	201.7	438.3	599.1	746.8	1 003.2	1 147.6	1 346.7	1 607.0	1 771.8	2 377.6	2 778.9
城镇登记失业率(%)（季度）	—	—	3.9	—	—	3.9	—	—	3.9	—	—	3.9
同比累计增长率（%）												
地区生产总值	—	—	13.3	—	—	14.1	—	—	13.1	—	—	12.2
第一产业	—	—	3.5	—	—	3.2	—	—	3.7	—	—	3.5
第二产业	—	—	16.0	—	—	17.4	—	—	15.7	—	—	13.4
第三产业	—	—	11.4	—	—	11.8	—	—	12.4	—	—	13.1
工业增加值	—	22.9	21.1	22.1	22.6	22.1	19.1	18.9	17.9	17.2	16.8	16.5
城镇固定资产投资	—	37.9	34.5	29.9	28.1	27.2	26.1	24.2	23.2	23.1	23.3	23.3
房地产开发投资	—	39.5	67.5	59.8	58.9	50.9	52.0	52.2	50.8	51.2	50.7	49.0
社会消费品零售总额	—	17.1	17.3	17.6	17.8	18.0	18.0	18.1	18.2	18.4	18.4	18.5
外贸进出口总额	35.6	32.7	33.6	30.0	36.9	40.6	41.9	41.4	42.1	41.6	41.7	41.5
进口	37.1	28.9	31.0	26.8	29.2	29.1	29.8	31.8	35.4	37.7	37.6	38.9
出口	34.5	35.9	35.9	33.0	44.1	51.8	53.7	50.6	48.4	45.1	45.3	43.9
外商实际直接投资	49.7	-3.5	-3.2	7.2	8.9	-0.2	1.1	-6.5	-4.0	-5.3	-2.5	6.5
地方财政收入	32.8	29.9	25.5	27.2	28.3	25.3	24.7	25.0	25.4	24.5	25.2	24.7
地方财政支出	-2.4	-33.2	-5.7	0.2	3.2	11.1	11.2	17.5	21.4	22.2	46.5	18.4

数据来源：河北省统计局。

2010年山西省金融运行报告

中国人民银行太原中心支行货币政策分析小组

[内容摘要] 2010年是山西省继续应对国际金融危机冲击、保持经济平稳较快发展、加快转变经济发展方式的关键一年，是实现“十一五”规划目标、为“十二五”发展奠定基础的重要一年。面对复杂形势和繁重任务，山西省着力调整优化经济结构、转变经济发展方式，推进农业现代化和新农村建设，推进节能减排，深化改革开放，推动全省经济平稳较快发展、各项社会事业全面进步。全省金融业继续保持平稳、健康的运行态势，存贷款总量增长适度，结构不断优化，金融机构经营质量和效益明显提升，金融改革向纵深推进，较好地实现了与经济的协调发展和良性互动。2011年，山西省将继续深入贯彻落实科学发展观，推进国家资源型经济转型综合配套改革试验区建设，全省金融机构在贯彻落实稳健的货币政策的同时，将继续深化金融体制改革，加快金融创新，充分发挥金融核心作用，促进山西经济社会又好又快发展。

一、金融运行情况

2010年，山西省各金融机构认真贯彻落实适度宽松的货币政策，银行业、证券业、保险业协调发展，金融机构体系建设日臻完善，市场融资能力逐步增强，生态环境建设持续改善，金融运行总体稳健。

（一）银行业健康发展，服务水平有效提高

2010年，山西省银行业金融机构体系建设日趋完善，各项存贷款稳定增长，利率市场化程度进一步提高，金融改革逐步深化，支持地方经济发展能力进一步增强。

1. 银行业金融机构体系建设成效显著。2010年，山西省银行业金融机构在加大对地方经济支持力度的同时，金融机构体系建设卓有成效。多家股份制银行设立地市级分支机构，各商业银行不断增加网点和自助银行，扩大金融服务覆盖面。小额贷款公司、村镇银行、资金互助社等服务县域经济与“三农”领域的农村新型机构相继成立。截至2010年年末，全省银行业金融机构有5 477家，资产总额达到22 175亿元，同比增长20.5%。

2. 存款增速回落，活期化程度明显。截至2010年年末，全省金融机构本外币存款余额为18 639.8亿元，同比增长18.3%；当年新增2 878亿元，同比少增48.5亿元。从结构上看，企业存款增量高于储蓄、活期增量高于定期。企业生产形势向好、货款回笼加快以及政府对企业实行有关费用减免缓缴政策是企业存款大幅增长的重要原因。受股市转暖、国家和地方政府刺激消费政策实施、农村社保面扩大、居民购买国债等影响，储蓄存款增速减缓，活期化程度提高。

表1　2010年山西省银行业金融机构情况

机构类别	营业网点[①]			法人机构（个）
	机构个数（个）	从业人数（人）	资产总额（亿元）	
一、大型商业银行[②]	1 592	42 544	9 943	—
二、国家开发银行及政策性银行[③]	57	2 174	1 451	—
三、股份制商业银行[④]	76	3 739	3 068	—
四、城市商业银行	175	4 526	1 198	—
五、城市信用社	—	—	—	—
六、农村合作机构[⑤]	2 952	34 099	4 754	115
七、财务公司	4	126	345	4
八、邮政储蓄银行	614	5 260	1 385	—
九、外资银行	1	30	6	—
十、农村新型机构[⑥]	6	84	24	6
合　计	5 477	92 582	22 174	125

注：①营业网点不包括总部。
②包括中国工商银行、中国农业银行、中国银行、中国建设银行和交通银行。
③包括国家开发银行、中国农业发展银行。
④包括中信银行、中国光大银行、华夏银行、招商银行、上海浦东发展银行、兴业银行、中国民生银行和渤海银行。
⑤包括农村信用社、农村合作银行和农村商业银行。
⑥包括村镇银行和贷款公司。
数据来源：山西银监局。

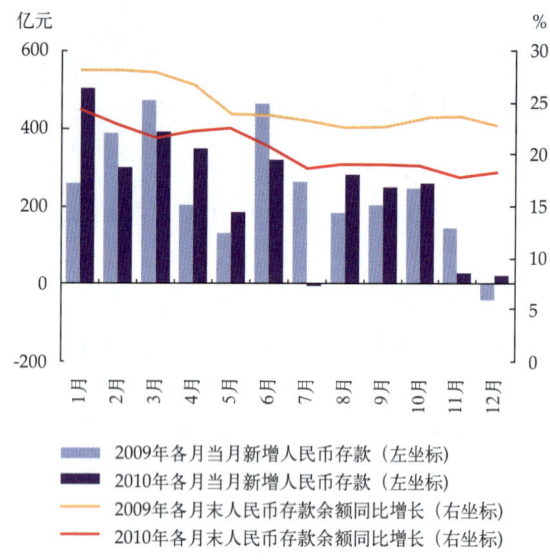

数据来源：中国人民银行太原中心支行。

图1 2010年山西省金融机构人民币存款增长变化

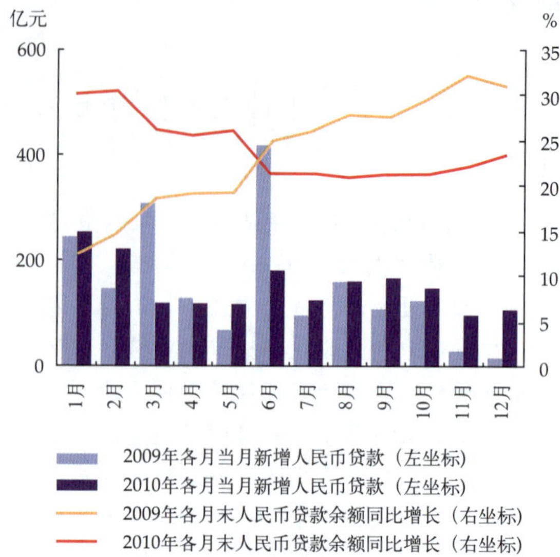

数据来源：中国人民银行太原中心支行。

图2 2010年山西省金融机构人民币贷款增长变化

3. 贷款节奏平稳，投向集中，消费信贷业务发展迅速。截至2010年年末，全省金融机构本外币各项贷款余额为9 728.7亿元，同比增长22.9%，当年新增1 816.4亿元，同比少增56.8亿元。全年贷款新增占全国比重为2.3%，居全国第十七位，中部第五位。与上年度相比，2010年信贷投放节奏更加均衡、平滑。分机构看，农村信用社全年新增贷款312.6亿元，占全省的17.2%，居全省第一位。从贷款结构看，中长期贷款全年新增1 492.9亿元，占全省的82.3%。从贷款投向看，采矿业、交通运输、批发和零售、水利和公共设施管理业新增贷款占到六成。个人消费业务发展迅速，全年新增97.2亿元，增长44.4%，增速高于各项贷款21个百分点。

4. 现金收支规模大幅增长，净投放再创新高。2010年，全省现金收支总体增长较快，投放增势强劲。全年现金累计收入26 113.4亿元，同比增长20.1%；现金累计支出26 472.2亿元，同比增长29.5%。收支轧差，累计净投放358.9亿元，同比增长29.5%。全年现金收支主要体现以下特点：一是现金收支规模大幅增长，再创历史新高；二是经济增长活跃因素增加，收入项目同比增长，支出项目降幅收窄；三是农村合作金融机构仍为现金投放主力军，农村合作机构的现金净投放量达到626.6亿元，占到净投放机构投放总量的78.6%。

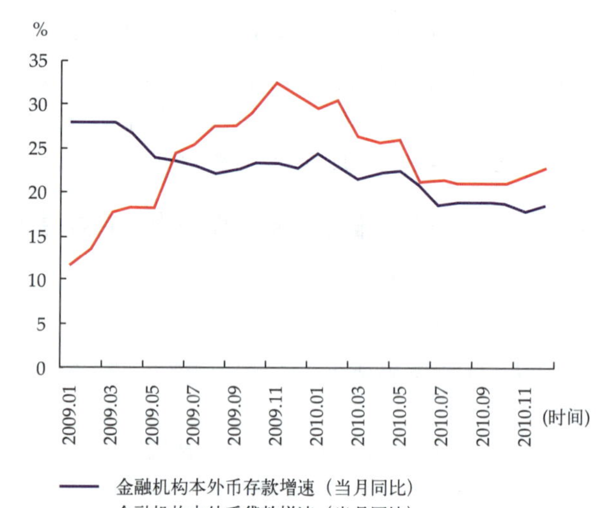

数据来源：中国人民银行太原中心支行。

图3 2010年山西省金融机构本外币存、贷款增速变化

表2 2010年山西省金融机构现金收支情况表

单位：亿元、%

	年累计额	同比增速
现金收入	26 113.4	20.1
现金支出	26 472.3	29.5
现金净支出	358.9	29.5

数据来源：中国人民银行太原中心支行。

表3　2010年山西省金融机构各利率浮动区间贷款占比表

单位：%

		合计	国有商业银行	股份制商业银行	区域性商业银行	城乡信用社
合计		100.0	100.0	100.0	100.0	100.0
[0.9~1.0)		33.0	55.8	37.1	4.0	0.9
1.0		21.9	29.2	28.9	18.0	0.8
上浮水平	小计	45.1	15.0	34.0	78.0	98.2
	(1.0~1.1]	8.4	8.1	12.2	10.6	1.6
	(1.1~1.3]	12.3	6.2	21.0	27.5	2.7
	(1.3~1.5]	2.9	0.7	0.9	7.8	8.2
	(1.5~2.0]	9.7	0.1	0	14.4	38.9
	2.0以上	11.8	0	0	17.6	46.8

数据来源：中国人民银行太原中心支行。

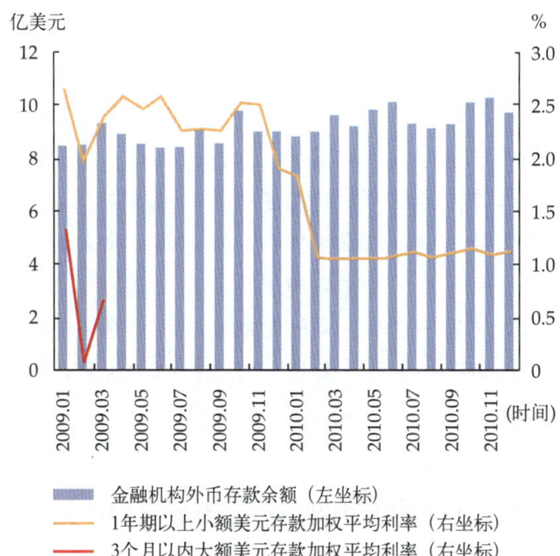

数据来源：中国人民银行太原中心支行。

图4　2009~2010年山西省金融机构外币存款余额及外币存款利率

5. 利率市场化程度提高，民间借贷利率水平趋于理性。2010年，辖内金融机构议价能力提升，执行上浮利率的贷款占比提高，其中，大型、中型、小型企业执行上浮利率的贷款占比分别为16.61%、57.47%、83.65%，同比提高了5.0个、9.0个和2.7个百分点，企业融资成本有所上升。民间借贷利率出现理性回落，据抽样监测，2010年全省民间借贷加权平均利率为22.335%，同比下降了1.9个百分点。

6. 金融改革继续深化，农村金融服务水平进一步提高。四大国有商业银行股份制改革进一步深化，盈利水平、收益结构、风险管理等方面都有了明显的改善。地方性中小金融机构确立了“支持优势企业、扶持中小企业”的市场定位，不断加快自身建设，晋商银行成立了小微企业金融部，晋城市商业银行引进先进的小微企业审贷模式。

农村金融服务体系逐步完善和服务质量进一步提高。中国农业银行山西省分行“三农事业部”机构架设顺利完成；农村信用社改革继续深化，服务“三农”能力日益增强；尧都农村商业银行挂牌成立；年内6家村镇银行、1家农村资金互助社和138家小额贷款公司相继成立。

专栏1　对山西省担保创新情况的调查分析

目前，山西省担保创新的主要特点：一是围绕主导行业展开。从所属行业来看，主要分布在矿产资源、金属加工、化工企业的融资过程，农业养殖、房地产和运输业类企业也有分布，第三产业企业基本没有。二是国有商业银行分支机构主导。在调查的22个案例中，其中中国工商银行、中国农业银行和中国银行的分支机构占到15个，占比达68.2%，在担保创新中占据优势。三是数额不大、利率较高、期限较短。在调查的案例中，单笔超过1 000万元的有6次，100万~1 000万元之间的有9次；就利率来看，上浮幅度一般在10%~30%；期限上，大多为短期贷款。四是担保物范围扩大、担保方式进一步扩展。担保物已经逐步扩大到动产和债权的范围；担保方式扩展到利用部分所有权、使用权、财产支配权、订单的抵押、质押、信誉担保和准信誉担保及多种担保物的联合式担保。

阻碍山西担保创新的症结：一是法律依据不足，操作程序难以统一，利率过高，中介组织缺位等因素制约担保创新的发展。二是基层金融机构缺乏估值能力，造成信贷期限以短期为主。三是担保物的托管存在较大漏洞。采用第三方托管的较少。四是担保创新合同的标的物变动，为合同纠纷埋下隐患。

探讨发展山西担保创新的路径：一是继续完善法律制度。应加快《中华人民共和国担保法》和《中华人民共和国物权法》的解释、补充和修订工作，为担保创新构建完善的法律支持。二是加强金融中介组织的作用。一方面，要大力发展以价值评估、法律咨询等服务为主业的社会中介组织。另一方面，要转变地方政府职能，优化金融机构服务边界，加快全省统一的担保登记机构建设，同时简化司法和管理程序，增强执法力度，保障抵质押权利的有效实现。三是尝试建立担保基金对担保创新业务进行保险。以政府财政资金为主体或以金融机构分拆入股的方法建立创新担保基金，获取担保创新业务在金融机构业务中较高的通过率。四是继续加强金融生态环境建设。加快地方金融改革步伐，不断提高金融服务综合水平，不断满足群众金融服务需求，不断加强金融创新能力，全面提升金融服务水平，打造更加完善、全面和优良的金融生态环境。

（二）证券业稳健运行，市场呈现多元格局

2010年，山西省证券期货业防范风险和创新发展并重，市场交易平稳，融资能力提升。

1. 证券机构健康发展、经营稳健。截至2010年年末，全省证券、期货在山西营业部分别为100家和17家，从业人员2 044人，机构数及从业人员均较上年有所增长；法人证券、期货机构资产分别增长11.8%和27.8%。全年累计证券交易额为10 779.8亿元、期货交易额为72 014.4亿元，证券、期货分别实现净利润9.3亿元、0.1亿元，主要经营指标较同期小幅下降。

表4　2010年山西省证券业基本情况表

项目	数量
总部设在辖内的证券公司数（家）	2
总部设在辖内的基金公司数（家）	0
总部设在辖内的期货公司数（家）	5
年末国内上市公司数（家）	31
当年国内股票（A股）筹资（亿元）	223
当年发行H股筹资（亿元）	0
当年国内债券筹资（亿元）	283
其中：短期融资券筹资额（亿元）	114

数据来源：中国人民银行太原中心支行、山西证监局、山西省发展改革委。

2. 证券市场平稳发展。2010年全省新增3家上市公司，形成主板、中小板、创业板多元上市格局。截至年末，全省31家上市公司总市值为6 249.2亿元，同比增长5.6%。当年股票市场融资223亿元，为同期3.7倍，其中，IPO融资34.8亿元，以公开增发、定向增发和公司债券方式实现再融资198.3亿元。上市资源培育工作取得长足发展。

（三）保险业加速发展，服务领域不断拓宽

2010年，山西省保险业规范有序运行，业务较快增长，服务能力持续提高。

1. 保险业有序快速增长。截至2010年年末，全省共有财产险公司16家、寿险公司14家，保险中介机构79家；保险业从业人员11万人。年末保险公司总资产同比增长27.7%，全年保费收入同比增长26.3%，赔款和给付支出增长1.7%。

2. 保险渗透度、贡献度不断提高。截至2010年年末，全省保险密度为1 065.6元/人，同比增长26.5%；保险深度为4.2%，比上年提高0.3个百分点。农业保险继续推进，中央财政种植业保险保费补贴试点正式启动，在5个地市承保玉米126万亩、承保金额为3.3亿元；农村小额人身保险覆盖人群和承保金额同比增长119.6%和113.2%。出口信用保险

表5　2010年山西省保险业基本情况表

项目	数量
总部设在辖内的保险公司数（家）	1
其中：财产险经营主体（家）	1
寿险经营主体（家）	0
保险公司分支机构（家）	30
其中：财产险公司分支机构（家）	16
寿险公司分支机构（家）	14
保费收入（中外资，亿元）	366
其中：财产险保费收入（中外资，亿元）	96
人身险保费收入（中外资，亿元）	270
各类赔款给付（中外资，亿元）	80
保险密度（元/人）	1 066
保险深度（%）	4

数据来源：中国人民银行太原中心支行、山西保监局。

和大额医疗补充保险等新产品发展效果良好。

（四）市场主体增多，直接融资比例稳步提高

2010年，山西省各金融机构合理优化融资结构，辖内金融市场平稳运行。金融机构参与市场意识增强，货币市场交易活跃。

1. 企业直接融资比例上升。2010年，山西省融资结构继续改善，直接融资占比21.8%，较上年提高6个百分点；直接融资内部比例大体均衡，股票融资有较大发展。

表6　2001～2010年山西省非金融机构融资结构表

单位：亿元、%

年份	融资量	比重		
		贷款	债券（含可转债）	股票
2001	278.7	97.8	0	2.2
2002	476.1	99.6	0	0.4
2003	667.2	97.3	0	2.7
2004	563.4	99.6	0	0.4
2005	436.3	97.7	2.3	0
2006	971.1	59.2	15.0	25.8
2007	758.9	79.9	15.5	4.6
2008	875.8	85.8	8.7	5.5
2009	2 226.8	84.2	15.0	0.8
2010	2 321.9	78.2	12.2	9.6

数据来源：中国人民银行太原中心支行。

2. 市场参与主体增多，交易量大幅攀升。截至2010年年末，全省加入全国银行间同业拆借、债券市场的金融机构数分别新增5家和9家。全年市场累计成交30 592亿元，同比上升181.5%。

3.票据市场交易量稳步提高。截至2010年年末，全省各金融机构累计签发银行承兑汇票1 597.2亿元，同比增长4%。累计办理贴现1 956.1亿元，同比增长4.4%。

（五）金融生态环境持续优化，征信体系建设再结硕果

2010年，山西省立足“拓展宣传深度与广度、营造社会诚信环境”，积极开展形式多样、面向不

表7　2010年山西省金融机构票据业务量统计表

单位：亿元

季度	银行承兑汇票承兑		贴现			
			银行承兑汇票		商业承兑汇票	
	余额	累计发生额	余额	累计发生额	余额	累计发生额
1	496.9	449.69	336.9	379.93	0.26	0.26
2	630.4	566.81	410.5	1 036.63	0.54	1.45
3	742.6	1 158.04	396.9	1 641.05	0.43	3.22
4	854.0	1 597.19	359.2	1 948.54	0.48	7.54

数据来源：中国人民银行太原中心支行。

表8　2010年山西省金融机构票据贴现、转贴现利率表

单位：%

季度	贴现		转贴现	
	银行承兑汇票	商业承兑汇票	票据买断	票据回购
1	2.9505	5.6103	2.7558	2.4397
2	3.6303	—	3.0618	2.5122
3	4.301	5.606	3.3133	2.89
4	5.5759	5.8976	4.1313	3.9648

数据来源：中国人民银行太原中心支行。

同社会群体的征信知识宣传活动，以中小企业信用体系建设和企业资信评级为重点，推动辖区金融生态环境不断深化。一是继续完善中小企业信用档案管理。截至年末，全省累计收集中小企业信用档案5.8万户，其中，4 347户中小企业取得银行授信意向，1 990户中小企业获得银行贷款830.6亿元。二是资信评级工作发展良好。全年全省共推荐参加资信评级企业和担保机构1 300户，已评定级别户数1 198户，其中，评定担保机构户数75户。三是积极开展农村信用体系建设。辖内农村信用体系建设模式不断充实，五种新模式得以建立，全年全省共评定信用户218万户，信用村6 213个，信用乡（镇）206个，累计为443万农户发放贷款577亿元。四是企业和个人征信系统不断完善。截至2010年年末，企业和个人征信系统分别收录19.7万户企业和1 300.8万名自然人的基本信息，同比增加5 000户和168.3万人。金融机构通过查询个人征信系统共拒绝有潜在风险的个人贷款申请2 164笔，金额为12 431.75万元；通过查询企业征信系统，拒绝信贷业务申请167笔，金额为7.7亿元。

二、经济运行情况

2010年，山西省经济整体运行态势进一步趋稳，各项主要经济指标总体保持平稳较快增长，"十一五"规划目标如期实现。全年生产总值完成9 088.1亿元，同比增长13.9%，比上年加快8.5个百分点。

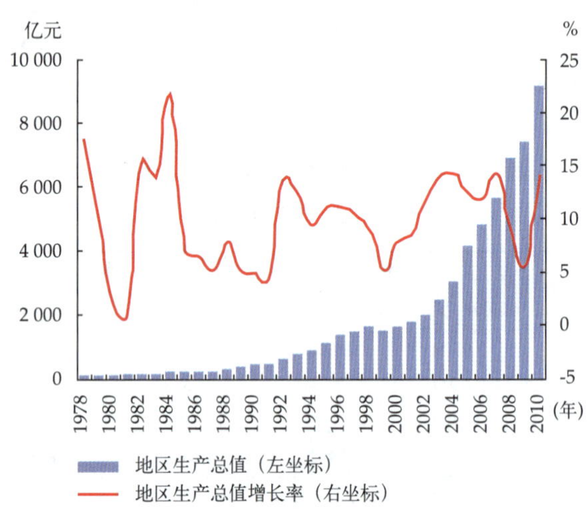

数据来源：山西省统计局。

图5　1978～2010年山西省地区生产总值及其增长率

（一）需求旺盛，拉动经济快速增长

1. 固定资产投资增速强劲，基础设施投资增长较快。2010年，全省全社会固定资产投资累计完成6 352.6亿元，同比增长26.2%，增速快于全国2.4个百分点。重点工程投资额和新开工项目数量均创近年来较高水平。房地产开发完成投资592.2亿元，同比增长24.1%，增幅较上年下降21.4个百分点，国家房地产调控政策效应显现。

2. 消费市场购销两旺，促进经济增长的作用日益明显。在全面落实国家"家电下乡"、"农机下乡"等相关政策的同时，省政府又出台了12项扩大消费的政策措施，包括多渠道增加城乡居民收入，实施季节性扩大旅游消费措施，推进"万村千乡市场工程"等，增强居民消费能力，培育消费热点、优化消费环境，促进消费快速增长。2010年，全省累计实现社会消费品零售总额3 207.9亿元，同比增长18.4%。全年城镇居民人均可支配收入为15 647.7元，增长11.8%，消费支出为9 792.7元，增长4.7%；农村居民人均纯收入为4 736.3元，增长11.6%，消费支出为3 663.9元；城乡居民消费倾向分别达到63%和70%。

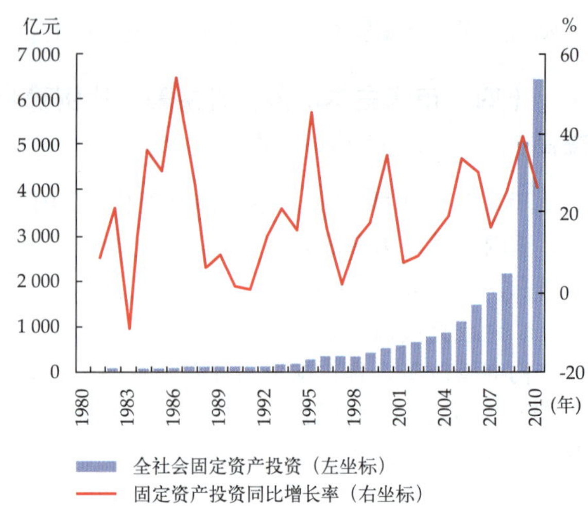

数据来源：山西省统计局。

图6　1980～2010年山西省固定资产投资及其增长率

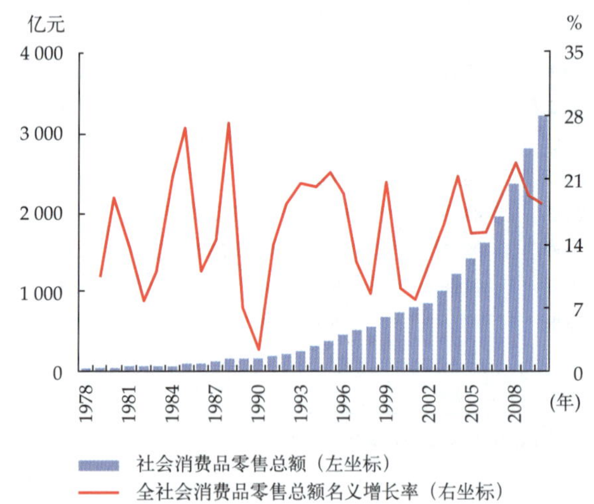

数据来源：山西省统计局。

图7　1978～2010年山西省社会消费品零售总额及其增长率

3. 进出口规模大幅增加，境外投资加速推进。2010年，全省对外贸易恢复性增长，进出口总值为125.8亿美元，同比增长46.8%。其中，出口为47.1亿美元，增长了66%，进口为78.7亿美元，增长了37.3%，贸易逆差为31.6亿美元。不锈钢板材、焦炭、煤炭和金属镁四大类商品共出口21.1亿美元，同比增长182.2%，拉动全省出口增长48个百分

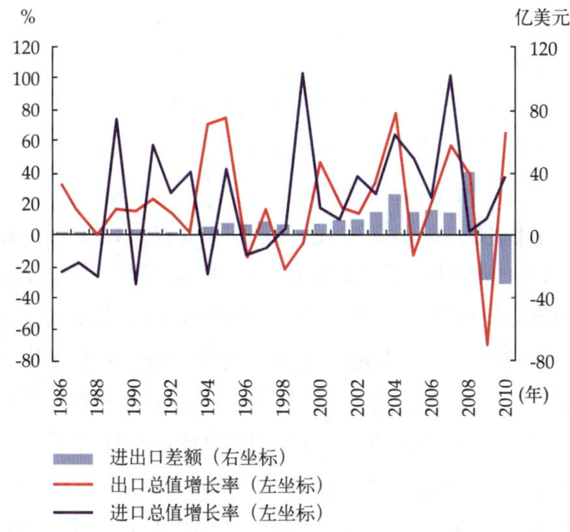

数据来源：山西省统计局。

图8 1986～2010年山西省外贸进出口变动情况

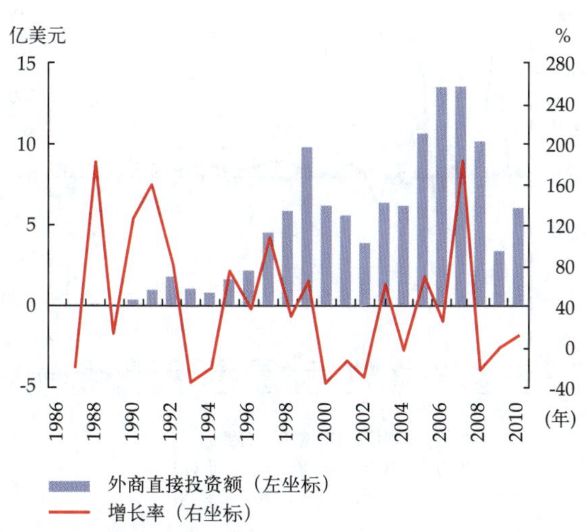

数据来源：山西省统计局。

图9 1986～2010年山西省外商直接投资情况

点。在进口商品中，原材料进口占到七成。境外投资加速推进，全年外商直接投资5.5亿美元，同比增长66.6%。

（二）三大产业结构优化特征明显

1. 农业基础进一步增强。2010年，山西省全面落实各项强农惠农政策，在继续实施上年“五项农业补贴”的基础上，又出台了蔬菜补贴等“八项惠农政策”，实施了盐碱地改造等“七大强农工程”。继续加大对“三农”的投入，加强农业基础设施建设，完成中低产田改造200万亩，农田实灌面积达到1 700万亩，积极发展旱作农业和节水农业，农业综合生产能力稳步提高。2010年，全省粮食总产量为108.5亿公斤，同比增长15.2%，创历史新高。粮食作物播种面积为3 877.3千公顷，同比增长17.6%，为近七年来的最高。农林牧渔业总产值为1 075.6亿元，同比增长6.2%。

2. 工业经济增速创历史新高。2010年，全省规模以上工业实现增加值4 446.3亿元，同比增长23.2%，增速创“十一五”以来新高。煤炭行业高速高效安全发展，成为全省工业高速增长的“稳定器”和转型跨越发展的先导，全年原煤产量达到7.4亿吨，同比增长20.4%。工业经济的持续上涨，带动全省用电量、货运量快速提升，全年发电量为2 121亿千瓦时，同比增长14.1%；太原铁路局铁路货运量突破5亿吨，公路货运量达6.1亿吨，同比增长18.8%和11%。

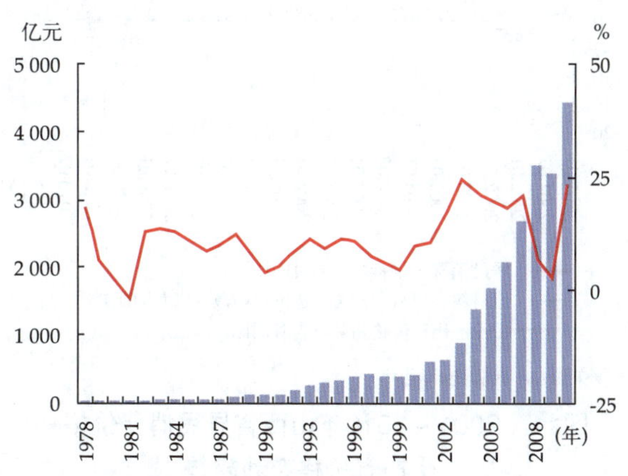

数据来源：山西省统计局。

图10 1978～2010年山西省工业增加值及其增长率

3. 服务业发展亮点频出。2010年，山西省服务业发展主要呈现以下几个特点：一是服务业呈现平稳较快发展态势。全省第三产业生产总值完成3 363.4亿元，同比增长9.1%。二是服务业投资持续高位增长。全省第三产业投资完成3 127.2亿元，同比增长30.9%，投资额和投资增幅远高于第一、第二产业。三是服务业从业人数突破200万人，服务业吸纳劳动力能力进一步提升。四是交通运输、批发业等生产性服务业加快发展，成为促进转型发展的重要力量。

（三）价格上涨较快，劳动力成本增加

1. 物价同比上涨，食品价格涨幅居首。全年居民消费价格水平累计上涨3.0%，比上年涨幅扩大3.4个百分点。八大类商品及服务呈现“五升三降”，其中，食品类上涨8.5%。原材料、燃料、动力购进价格，工业品出厂价格，农业生产资料价格均呈上涨态势，分别上涨9.5%、9.0%和2.0%，涨幅分别比上年提高17.5个、12.4个和0.4个百分点。

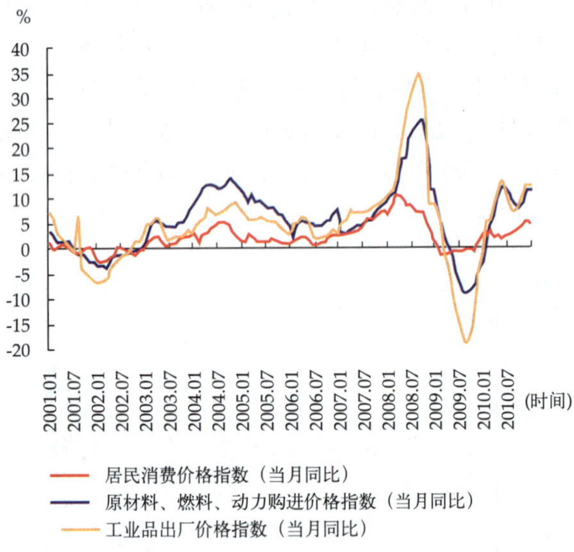

数据来源：山西省统计局。

图11　2001～2010年山西省居民消费价格和生产者价格变动趋势

2. 劳动力供求基本平衡，工资实现翻番。2010年，全省劳动力需求与供给基本持平，分别为24 109人和26 280人，同比增长14.6%和6.1%。用人需求主要集中在商业服务业人员和生产运输设备操作工两大职业，约占全部用人需求的74%。2010年，全省城镇在岗职工平均工资达33 000元，比“十五”末增长一倍，实现翻番。

（四）财政收入大幅增长，支出保障有力

2010年，全省财政总收入完成1 810.7亿元，同比增长17.8%。其中，一般预算收入完成969.7亿元，同比增长20.3%。一般预算支出为1 928.4亿元，同比增长23.9%，增幅同比提高5.1个百分点。全省财政收支主要体现以下特点：一是财政收支实现新跨越。从规模看，全省财政总收入突破1 800亿元关口，一般预算收入是2005年的2.6倍，年均增速达到21.4%。全省预算支出规模迅速扩大，实现了较快增长，是2005年的2.9倍，年均增速达到23.6%，为全省转型发展提供了坚实的财力基础。二是税收实现恢复增长，成为财政收入最重要、最稳定和最直接的增收源泉。2010年，税收全年增长16.8%；从增量来看，全省税收实现1 533.7亿元，同比增收220.2亿元。三是支出结构进一步优化。2010年，教育、社会保障就业、农林水事务、医疗卫生、城乡社区事务、环境保护及住房保障等重点民生支出增量占到支出增收额的60%以上，体现了扩内需、保增长、调结构等一系列调控政策得到贯彻落实。

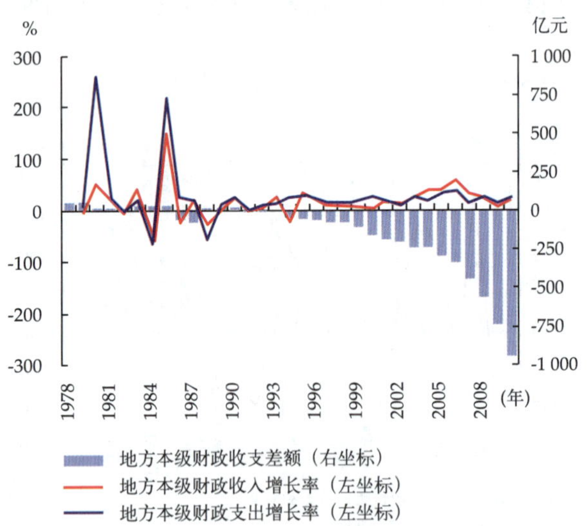

数据来源：山西省统计局。

图12　1978～2010年山西省财政收支状况

（五）节能减排、环境治理措施有力，生态环境持续改善

2010年，山西省大力淘汰落后产能，全面启动生态省建设，深入实施“蓝天碧水工程”、造林绿化工程、生态环境治理修复工程，严格实行节能减排目标责任制，重点加强对高能耗行业和企业的节能监管，综合实施结构、工程、技术和管理节能减排措施，取得了明显的成效。全年共关停小火电机组163万千瓦，淘汰落后钢铁产能1 008万吨、水泥832万吨、焦炭532万吨、电石23万吨、电解铝4.2万吨。化学需氧量、二氧化硫排放量比2005年年末

分别削减16.3%、13.5%，万元GDP综合能耗下降22%，全部完成或超额完成“十一五”节能减排目标任务。截至2010年年末，全省11个重点城市空气质量优良天数平均达到347天，优良率提高33个百分点；完成营造林2 335万亩，森林覆盖率提高到18%，生态环境明显改善。

专栏2　加强金融支持　促进煤炭行业低碳发展

煤炭行业低碳发展现状：一是延伸产业链条，发展煤炭深加工。目前，山西省煤炭行业已经形成煤—电—铝、煤—电—化，煤—煤矸石—煤矸石发电，煤—煤矸石砖，煤—煤层气—煤层气发电—余热利用等多层次、多结构的复合型产业链条。二是引进先进技术，提高资源利用率。煤基多联产技术，可以实现煤炭及煤基产品的清洁化利用，减少煤炭生产中排放的废弃物、伴生物，实现循环经济；同煤塔山电厂的石膏脱硫技术，脱硫效率达到95.1%，比国家要求高出5个百分点，相当于减少二氧化硫排放量1 903万吨。三是推广园区经济，实现可持续发展。塔山循环经济园区是全国煤炭行业第一个产业链条最完整的循环经济园区。园区内建成包括年产1 500万吨的塔山煤矿和坑口电厂、甲醇厂、粉煤灰砖厂、高岭土加工厂等“一矿八厂一条路”的10个项目，形成了煤电建材和煤化工两大循环产业链条。

煤炭行业低碳发展的金融支持状况：一是中国人民银行发挥职能引导绿色信贷。中国人民银行太原中心支行结合山西省经济和社会发展的实际，提出实施金融支持山西转型发展的“138”金融工程，引导金融机构合理调整信贷投放，积极支持煤炭产业链条承接，推动煤炭行业实现“降碳”发展。二是金融机构调整措施支持低碳发展。中国工商银行从节能环保、新能源、资源综合利用等方面对项目贷款进行划分，在信贷管理系统中启用了“绿色信贷项目标识”，对所有项目贷款进行分类管理；中国建设银行加大对高耗能、高污染行业的信贷风险防范等。

（六）保障性住房供给增加，国家调控效果显现

2010年，山西省积极贯彻各项房地产调控政策，把保增长与调结构、惠民生有机结合，注重加强保障性住房建设，住房市场供给加大，房地产市场发展基本平稳。

1. 房地产开发投资保持较快增长，经济适用房投资高速增长。2010年，山西省房地产开发投资592.2亿元，同比增长24.1%。商品住宅投资完成457.5亿元，同比增长21.1%，其中，经济适用房投资完成22.5亿元，同比增长71.6%，增幅同比提高69.4个百分点。

2. 住房供给加大，保障性住房供应量明显增加。2010年，全省保障性住房项目中房屋施工面积同比增长48.3%。全省房屋竣工面积增幅同比提高33个百分点，供给加大。其中，保障性住房竣工面积同比增长75.7%，占全省房屋竣工面积的比重由上年的7.9%上升到11%。

3. 商品房销售量保持增长。2010年，山西省商品房销售面积为1 163.4万平方米、销售额为404.6亿元，分别增长12.5%和44.5%，商品房销售额增幅高于销售面积增幅32个百分点。

4. 销售价格上涨幅度低于全国平均水平。2010年太原市商品房累计成交均价、二手房申报均价同比分别增长37.7%和9.1%。太原市新建住房价格同比价格指数低于全国平均水平5.9个百分点，居七十个大中城市第六十四位。分月看，太原市房价除8月、9月由于高品质楼盘集中签售拉动上涨以外，其他月份均保持相对稳定。

5. 开发企业到位资金增速放慢，房地产贷款增速趋缓。2010年，全省房地产开发企业到位资金786.5亿元，同比增长37.7%，增幅同比下降18.5个百分点。其中，国内贷款87.5亿元，同比下降1.4%。2010年，全省房地产贷款余额增长35.9%，增速同比回落4.1个百分点，房地产调控政策效应显现。

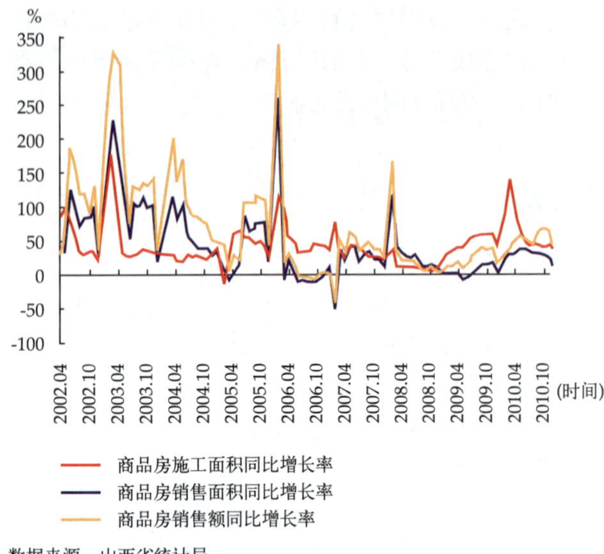

数据来源：山西省统计局。

图13　2002～2010年山西省商品房施工和销售变动趋势

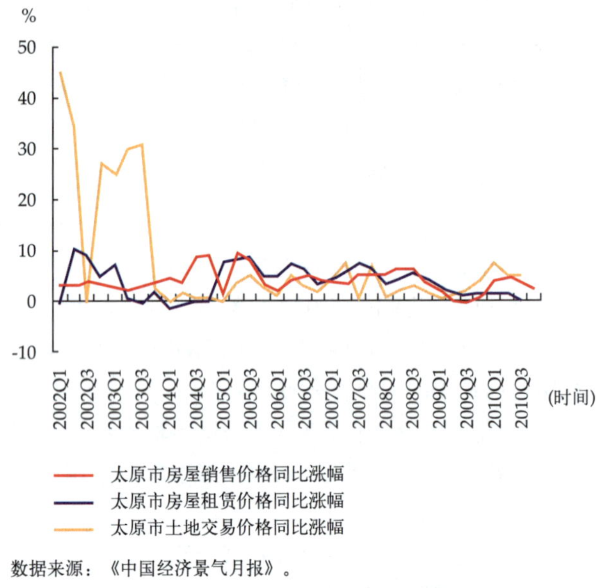

数据来源：《中国经济景气月报》。

图14　2002～2010年太原市房屋销售价格指数变动趋势

三、预测与展望

2011年，国际、国内经济金融形势复杂多变。从国际形势看，世界经济有望继续恢复增长，但国际金融危机影响深远，大宗商品价格波动幅度可能进一步加大，西方主权债务危机和地区冲突也将成为影响世界经济发展的重要因素，经济发展的不稳定、不确定因素依然较多，复苏进程艰难曲折。能源的低碳绿色应用和科技的创新开发成为各国竞相争夺的战略制高点，将对以资源型经济为主的山西产生较大影响。从国内形势看，我国仍处于重要战略机遇期，经济发展长期向好的趋势没有改变，对山西煤炭资源的需求依然强烈。

当前，山西正处于加快发展、向好发展的黄金期，不仅因为进入工业化、城镇化加速发展的阶段，而且转型跨越发展和国际、国内对能源的需求也为山西展现了更大的发展空间。国家在"十二五"期间，将在山西布局煤制天然气、煤制液态燃料和煤制烯烃项目，加大对共伴生矿产资源、粉煤灰、煤矸石的综合利用，为山西以煤为基、多元化发展提供了可能。特别是国家批准山西设立循环经济试点省，设立国家资源型经济转型综合配套改革实验区，为山西发展提供了新路径和新支撑。预计2011年全省地区生产总值将增长12%左右，固定资产投资增长22%以上，社会消费品零售额增长16%，财政总收入、一般预算收入均增长15%；城镇居民人均可支配收入和农民人均纯收入均增长10%以上，居民消费价格总水平涨幅控制在4%左右。货币信贷增长将在稳健的货币政策的指引下回归常态，经济金融增长的步调将更加协调，在保持合理的社会融资总量前提下，直接融资比例将持续提高，融资结构进一步优化。

中国人民银行太原中心支行货币政策分析小组
负责人：赵志华　郭保民
统　稿：高旭升　王晓千
执　笔：王　东　姚建兵
提供材料的还有：张晓红　柏超男　余海霞　马　丽　程　琰　马儒静　杨　坤　孙　晶　李　强
王晓燕　刘佳林

附录

（一）2010年山西省经济金融大事记

4月19日，由中国人民银行太原中心支行牵头推动的“138”工程全面启动，为山西经济转型发展安装金融“引擎”。

8月8日，2010年中国（山西）装备制造业博览会在太原举行，来自全国12个省市的500多家装备制造类企业齐聚，4 000多名专业客商应邀出席盛会，参观人数超过3万人。

9月16日，第三届中国（太原）国际能源产业博览会将在太原隆重举行，18个国家和地区的企业及政府代表团共计627家，专业客商28 281人参加盛会。

11月2日，山西省质监局通报：全省太原、长治、晋城、运城四市成为国家循环经济标准化试点建设城市。

11月24日，山西省政府召开常务会议，出台了包括确保市场供应、强化价格监管调控、完善应急预案、建立市场价格调控联席会议制度等12项措施在内的一系列政策，以努力稳定消费价格总水平，保障群众基本生活。

12月6日，第三届“9+10”区域旅游合作交流会议在太原开幕。

12月13日，山西获批“国家资源型经济转型综合配套改革试验区”，这是中国设立的第9个国家级综合配套改革试验区，也是中国第一个全省域、全方位、系统性的国家级综合配套改革试验区。

（二）2010年山西省主要经济金融指标

表1　2010年山西省主要存贷款指标

		1月	2月	3月	4月	5月	6月	7月	8月	9月	10月	11月	12月
本外币	金融机构各项存款余额（亿元）	16 261.9	16 562.0	16 955.3	17 296.9	17 487.3	17 805.6	17 796.2	18 076.4	18 323.8	18 590.2	18 619.8	18 639.8
	其中：城乡居民储蓄存款	8 253.4	8 593.7	8 762.7	8 682.2	8 717.2	8 882.8	8 863.0	8 883.2	9 102.4	9 008.7	9 070.9	9 259.4
	企业存款	4 527.9	4 509.6	4 618.7	4 862.3	4 932.1	4 974.4	4 976.8	5 100.4	5 074.6	5 422.4	5 382.0	5 357.0
	各项存款余额比上月增加（亿元）	502.1	300.1	393.3	341.6	190.5	318.2	-9.4	280.3	246.5	266.4	29.6	20.0
	金融机构各项存款同比增长（%）	24.2	22.9	21.5	22.2	22.4	20.7	18.5	18.9	18.9	18.7	17.8	18.3
	金融机构各项贷款余额（亿元）	8 147.0	8 394.8	8 511.2	8 630.3	8 748.0	8 923.6	9 051.0	9 212.6	9 373.5	9 520.3	9 621.6	9 728.7
	其中：短期	3 440.5	3 488.4	3 515.0	3 514.1	3 523.0	3 550.7	3 528.5	3 573.7	3 627.2	3 670.1	3 699.0	3 744.3
	中长期	4 129.6	4 326.6	4 448.4	4 524.6	4 607.1	4 780.7	4 958.6	5 101.8	5 204.7	5 323.0	5 395.7	5 443.0
	票据融资	497.3	470.8	438.6	463.1	486.4	466.8	432.0	403.3	399.1	380.4	375.4	374.8
	各项贷款余额比上月增加（亿元）	261.7	220.8	116.4	119.1	117.7	175.6	127.5	161.5	160.9	146.8	101.3	107.1
	其中：短期	104.0	47.9	26.7	-0.9	8.9	27.7	-22.2	64.1	53.5	43.0	28.8	45.4
	中长期	179.5	197.0	121.7	76.2	82.5	173.6	177.9	124.3	102.9	118.3	72.6	47.4
	票据融资	-37.4	-26.4	-32.3	24.6	23.3	-19.6	-34.7	-28.8	-4.2	-18.7	-5.0	-0.5
	金融机构各项贷款同比增长（%）	29.7	30.6	26.3	25.7	26.2	21.2	21.4	20.8	20.9	20.9	21.7	22.9
	其中：短期	19.0	18.1	13.7	13.1	12.1	9.6	7.5	7.0	6.5	7.3	9.9	12.1
	中长期	44.7	47.5	45.7	45.1	47.2	42.5	41.9	40.8	38.5	38.9	38.4	37.8
	票据融资	3.5	-1.5	-17.1	-19.5	-18.9	-32.9	-29.3	-31.3	-21.8	-29.4	-31.8	-29.9
	建筑业贷款余额（亿元）	125.4	130.4	124.5	126.2	128.6	114.8	117.8	123.8	136.1	134.6	140.1	142.8
	房地产业贷款余额（亿元）	132.5	134.1	136.1	139.1	140.2	138.1	138.1	136.6	140.9	146.9	147.0	140.7
	建筑业贷款同比增长（%）	-2.5	14.2	-8.6	-3.2	-1.7	-15.2	3.9	-5.7	6.6	4.3	9.8	11.4
	房地产业贷款同比增长（%）	52.9	55.0	35.9	30.4	23.9	13.0	7.1	5.1	7.0	5.3	6.1	9.6
人民币	金融机构各项存款余额（亿元）	16 201.7	16 500.9	16 889.9	17 234.0	17 420.4	17 736.7	17 733.4	18 014.4	18 261.4	18 522.8	18 551.4	18 575.7
	其中：城乡居民储蓄存款	8 214.2	8 554.0	8 723.1	8 643.9	8 678.3	8 844.1	8 823.9	8 845.3	9 065.3	8 971.5	9 034.0	9 223.0
	企业存款	4 510.7	4 491.7	4 598.0	4 842.1	4 908.4	4 949.3	4 958.8	5 081.4	5 055.2	5 398.1	5 356.2	5 333.8
	各项存款余额比上月增加（亿元）	503.3	299.1	389.0	344.2	186.3	316.3	-3.3	281.0	246.2	261.3	28.7	24.3
	其中：城乡居民储蓄存款	114.8	339.8	169.1	-79.2	34.5	165.8	-20.2	21.4	220.0	-93.8	62.5	188.9
	企业存款	320.7	-19.0	106.3	244.1	66.3	40.8	9.6	122.5	-26.1	349.5	-42.0	-22.4
	各项存款同比增长（%）	24.3	23.0	21.5	22.2	22.4	20.7	18.5	19.0	19.0	18.8	17.9	18.3
	其中：城乡居民储蓄存款	11.2	13.9	14.0	12.8	12.8	13.6	13.3	13.8	15.3	14.0	14.0	13.9
	企业存款	42.9	36.7	32.0	34.3	35.1	29.4	24.3	22.8	19.8	24.4	23.2	25.8
	金融机构各项贷款余额（亿元）	8 069.5	8 288.8	8 406.6	8 527.1	8 643.5	8 825.3	8 950.0	9 111.0	9 280.3	9 427.9	9 526.3	9 634.3
	其中：个人消费贷款	232.0	230.6	239.9	246.7	256.9	262.9	265.2	273.0	287.1	296.1	308.0	316.3
	票据融资	497.3	470.8	438.6	463.1	486.4	466.8	432.0	403.3	399.1	380.4	375.4	374.8
	各项贷款余额比上月增加（亿元）	257.9	219.3	117.8	120.5	116.4	181.8	124.7	161.0	169.3	147.6	98.4	108.0
	其中：个人消费贷款	7.4	4.6	9.3	6.7	10.2	6.0	2.3	7.9	14.1	9.0	11.9	8.3
	票据融资	-37.4	-26.4	-32.3	24.6	23.3	-19.6	-34.7	-28.8	-4.2	-18.7	-5.0	-0.5
	金融机构各项贷款同比增长（%）	30.1	30.5	26.2	25.6	26.0	21.3	21.4	20.9	21.4	21.4	22.1	23.3
	其中：个人消费贷款	37.6	36.2	35.5	39.6	43.2	40.5	40.5	40.9	43.4	46.9	48.1	46.0
	票据融资	3.5	-1.5	-17.1	-19.5	-18.9	-32.9	-29.3	-31.3	-21.8	-29.4	-31.8	-29.9
外币	金融机构外币存款余额（亿美元）	8.8	9.0	9.6	9.2	9.8	10.1	9.3	9.1	9.3	10.1	10.3	9.7
	金融机构外币存款同比增长（%）	3.6	5.4	3.1	4.0	14.6	20.9	10.1	-1.3	9.0	3.3	13.9	7.8
	金融机构外币贷款余额（亿美元）	15.3	15.5	15.3	15.1	15.3	14.5	14.9	14.9	13.9	13.8	14.3	14.3
	金融机构外币贷款同比增长（%）	34.3	40.5	38.0	41.6	43.0	19.8	23.1	15.0	-11.1	-9.9	-8.2	-3.3

数据来源：中国人民银行太原中心支行。

表2 2001～2010年山西省各类价格指数

单位：%

年/月	居民消费价格指数		农业生产资料价格指数		原材料购进价格指数		工业品出厂价格指数		太原市房屋销售价格指数	太原市房屋租赁价格指数	太原市土地交易价格指数
	当月同比	累计同比	当月同比	累计同比	当月同比	累计同比	当月同比	累计同比	当季(年)同比	当季(年)同比	当季(年)同比
2001	—	-0.5	—	1.9	—	1.8	—	0.3	-0.9	-0.7	26.4
2002	—	-2.2	—	0.9	—	3	—	3.6	3.4	5	27.1
2003	—	1.6	—	-1.6	—	7.8	—	2.2	3.6	1.9	2.2
2004	—	4.1	—	7.3	—	14.5	—	16.1	6.4	-0.4	0.7
2005	—	2.3	—	13.3	—	8.2	—	10.2	5.6	7.5	2.8
2006	—	2.0	—	3.6	—	2.6	—	1.0	3.9	5.4	2.6
2007	—	4.6	—	6.2	—	5.3	—	7.4	4.4	5.6	2.2
2008	—	7.2	—	18.7	—	18.3	—	22.4	5.4	4.3	1.8
2009	—	-0.4	—	1.6	—	-3.4	—	-8.0	0.6	1.6	2.0
2010	—	3.0	—	2.0	—	9.0	—	9.5	3.5	3.0	5.3
2009 1	0.5	0.5	18.5	18.5	7.4	7.4	7.3	7.3	—	—	—
2	-1.8	-0.6	15.0	16.7	4.9	6.2	4.9	6.1	—	—	—
3	-1.6	-1.0	7.7	13.6	0.7	4.3	-1.3	3.6	2.3	2.7	0.4
4	-1.3	-1.0	2.8	10.7	-0.8	3.0	-5.7	1.3	—	—	—
5	-0.5	-0.9	-0.9	8.2	-3.7	1.7	-10.7	-1.3	—	—	—
6	-0.9	-0.9	-1.5	6.4	-6.6	0.3	-14.2	-3.3	0.2	1.5	1.2
7	-0.8	-0.9	-1.8	5.2	-8.6	-1.0	-17.4	-5.3	—	—	—
8	-0.6	-0.9	-2.7	4.1	-9.0	-2.0	-19.3	-7.1	—	—	—
9	-0.4	-0.8	-2.4	3.4	-8.7	-2.7	-18.3	-8.3	-0.5	1.0	2.1
10	-0.8	-0.8	-3.8	2.6	-8.1	-3.3	-14.8	-9.0	—	—	—
11	0.9	-0.7	-3.8	2.0	-5.1	-3.4	-6.3	-8.7	—	—	—
12	2.4	-0.4	-2.5	1.6	-2.9	-3.4	-0.4	-8.0	0.5	1.3	4.2
2010 1	2.0	2.0	-0.2	-0.2	3.2	3.2	5.3	5.3	—	—	—
2	2.9	2.4	1.7	0.2	4.6	3.9	5.2	5.2	—	—	—
3	1.9	2.3	2.6	1.0	7.9	5.2	9.0	6.5	3.5	1.4	7.1
4	2.1	2.2	2.1	1.3	10.3	6.5	11.9	7.8	—	—	—
5	1.9	2.2	2.5	1.5	12.0	7.6	13.6	9.0	—	—	—
6	2.1	2.1	1.0	1.4	11.1	8.2	10.7	9.3	4.5	1.3	4.9
7	2.6	2.2	0.9	1.3	10.0	8.4	8.9	9.2	—	—	—
8	3.1	2.3	1.6	1.4	8.5	8.5	6.8	8.9	—	—	—
9	3.3	2.4	1.3	1.4	8.0	8.4	8.2	8.8	3.5	0.1	5.0
10	4.5	2.6	2.7	1.5	8.7	8.4	10.3	9.0	—	—	—
11	5.3	2.9	4.3	1.8	11.8	8.7	12.1	9.3	—	—	—
12	4.6	3.0	4.8	2.0	11.5	9.0	12.3	9.5	2.3	0.2	4.0

数据来源：山西月度统计、《中国经济景气月报》。

表3 2010年山西省主要经济指标

	1月	2月	3月	4月	5月	6月	7月	8月	9月	10月	11月	12月
						绝对值（自年初累计）						
地区生产总值(亿元)	—	—	1 807.7	—	—	4 143.4	—	—	6 262.6	—	—	9 088.1
第一产业	—	—	74	—	—	231.9	—	—	449.6	—	—	563.5
第二产业	—	—	988.8	—	—	2 242.9	—	—	3 494	—	—	5 161.2
第三产业	—	—	744.9	—	—	1 668.6	—	—	2319	—	—	3 363.4
工业增加值(亿元)	292.7	558	906.7	1 200.2	1 558.2	1 933.1	2 292.1	2 677.8	3 075.8	3 494.3	3 956.8	4 446.3
城镇固定资产投资(亿元)	—	78.9	364.1	669.9	1 073.6	1 818.2	2 310.2	2 836.5	3 434.9	4 017.4	4 653.1	5 816.0
房地产开发投资	—	9.1	40.6	76.9	120.3	187.5	245.9	305.3	368	426.1	487.3	592.2
社会消费品零售总额(亿元)	—	514.1	758.9	1 003.5	1266	1 534.9	1 796.6	2 060.5	2 338.4	2 635.1	2 919.5	3 207.9
外贸进出口总额(万美元)	75 347	150 155	247 636	340 982	460 675	581 273	695 758	786 346	908 863	1 017 443	1 142 661	1 257 839
进口	46 214	96 938	162 195	227 039	294 369	365 131	434 498	488 108	568 191	639 295	715 784	786 909
出口	29 133	53 217	85 441	113 943	166 307	216 143	261 260	298 238	340 671	378 148	426 876	470 930
进出口差额(出口－进口)	-17 081	-43 721	-76 754	-113 096	-128 062	-148 988	-173 238	-189 870	-227 520	-261 147	-288 908	-315 979
外商实际直接投资(万美元)	9 387	19 629	24 114	30 566	43 447	54 403	70 684	79 554	93 215	123 768	145 735	150 964
地方财政收支差额(亿元)	32.2	-0.9	-5.4	-38.9	-76	-189.8	-209	-283.2	-447.1	-469	-580.1	-958.7
地方财政收入	91.1	143.9	250.2	324.2	395.9	522.9	599.9	661.1	738.9	815.3	882.5	969.7
地方财政支出	58.9	144.8	255.6	363.1	471.9	712.7	808.9	944.3	1 186	1 284.3	1 462.6	1 928.4
城镇登记失业率(%)（季度）	—	—		—	—		—	—		—	—	
						同比累计增长率（%）						
地区生产总值	—	—	19.4	—	—	17.5	—	—	15.7	—	—	13.9
第一产业	—	—	6.7	—	—	5.5	—	—	7.1	—	—	6.1
第二产业	—	—	27.8	—	—	25.2	—	—	22.2	—	—	18.6
第三产业	—	—	11.3	—	—	10.9	—	—	9.5	—	—	9.1
工业增加值	43.1	36.1	39.8	39.4	37.6	30.4	25.3	23.8	23.3	24	23.8	23.2
城镇固定资产投资	—	30.3	27.1	25.3	23.8	26.5	24.8	25.7	27.8	29.7	29.6	26.4
房地产开发投资	—	29.4	30.5	30.5	28.6	24.4	24.6	26.9	26.8	28.2	29.1	24.1
社会消费品零售总额	—	18.6	18.1	18	18	18	17.9	17.9	18	18.1	18.3	18.4
外贸进出口总额	13.5	36.7	59.1	58.8	67.2	67.3	61.7	57	51	50.7	51.3	46.8
进口	18.6	41.1	67.3	69.2	69	63.3	52.3	48.2	42.1	43.4	42.6	37.3
出口	5.8	29.4	45.7	41.4	64.1	74.5	80.1	74.1	68.6	64.7	68.4	66
外商实际直接投资	636.6	81.5	13.6	20.7	13	41.5	-3.2	-4.8	9.1	36.4	53	11.5
地方财政收入	8.8	5.8	15.6	16.8	15.7	12.6	15.3	15.9	17.2	19	20.1	20.3
地方财政支出	-15.3	16.7	5	4.1	6.5	21.9	19.6	18.4	22.9	23.2	26	23.9

数据来源：山西月度统计。

2010年内蒙古自治区金融运行报告

中国人民银行呼和浩特中心支行货币政策分析小组

[内容摘要] 2010年，面对极为复杂的国内外经济环境，内蒙古深入贯彻落实中央各项宏观调控政策措施，加快转变经济发展方式，有效地巩固了应对国际金融危机的成果，调结构、促转变、惠民生取得明显成效。经济企稳向好，运行质量和效益显著提高；内需动力持续增强，外需实现恢复性增长；产业结构调整加快，新型工业化稳步推进；民生状况明显改善，节能减排取得新进展。

金融业发展势头良好，银行业稳健经营，信贷增长高位回稳；证券业经营向好，保险业保障功能不断增强；金融市场交易活跃，融资结构明显改善，金融生态环境建设取得新成效。

2011年，内蒙古将以加快经济发展方式为主线，坚持经济发展与结构调整并举，构建多元发展、多级支撑的现代产业体系；坚持富民与强区并重，切实保障和改善民生。认真贯彻落实稳健的货币政策，积极拓宽融资渠道，推动地区经济实现又好又快发展。

一、金融运行情况

2010年，面对国内外复杂多变的形势，内蒙古金融业认真贯彻落实国家各项宏观调控政策，积极支持经济发展方式转变和结构调整，有效地巩固了应对国际金融危机的成果。金融运行总体平稳，金融机构改革稳步推进，金融服务水平显著提高，金融生态环境建设取得新成效。

（一）银行业稳健发展，货币信贷高位回稳

1. 银行业资产规模稳步扩大，经营效益显著提高。2010年，全区银行业经营管理明显改善，资产规模和盈利水平显著提高，增幅分别为23.7%和27.4%（见表1）；信贷质量持续好转，不良贷款余额和不良率保持“双降”，同比分别下降3.8亿元和0.9个百分点。地方法人金融机构资本充足率和流动性比例保持合理水平，抗风险能力不断增强。

表1　2010年内蒙古银行业金融机构情况

机构类别	营业网点			法人机构（个）
	机构个数（个）	从业人数（人）	资产总额（亿元）	
一、大型商业银行	1 576	39 010	6 139	0
二、国家开发银行及政策性银行	85	2 096	1 686	0
三、股份制商业银行	32	1 408	931	0
四、城市商业银行	224	6 434	1 848	4
五、农村合作机构	2 264	29 191	2 002	107
六、财务公司	1	9	13	0
七、邮政储蓄银行	402	4 051	433	0
八、外资银行	1	21	2	0
九、农村新型机构	37	812	49	30
十、信托投资公司	2	221	22	2
合　计	4 624	83 253	13 125	143

数据来源：内蒙古银监局、内蒙古金融办。

2. 各项存款“先降后升”，活期化趋势明显。2010年，人民币各项存款余额首次突破万亿元，达10 278.7亿元。存款增速“先降后升”，年末升至22.8%，高于全国2.6个百分点，居全国第十二位（见图1）。受经济企稳回暖、企业用款需求提高以及贷款增量减少导致派生存款下降的影响，企业存款增长16.9%，呈持续回落态势。前三个季度，受CPI持续上涨、存款利率较低以及理财产品不断升温等因素的影响，储蓄存款持续分流；第四季度，股市低位波动，楼市调控力度加大，且中央银行两次加息，商业银行加大了吸储营销力度，储蓄存款大幅增加。分期限看，全年新增活期存款占比为55.8%，存款活期化趋势明显。

3. 贷款投放高位回稳，信贷结构调整加快。2010年，在宏观金融调控政策的作用下，各商业银行加强了对房地产业、地方政府融资平台和“两高一剩”行业的信贷管理。全区人民币各项贷款余额为7 919.5亿元，增长25.9%，同比下降13.1个

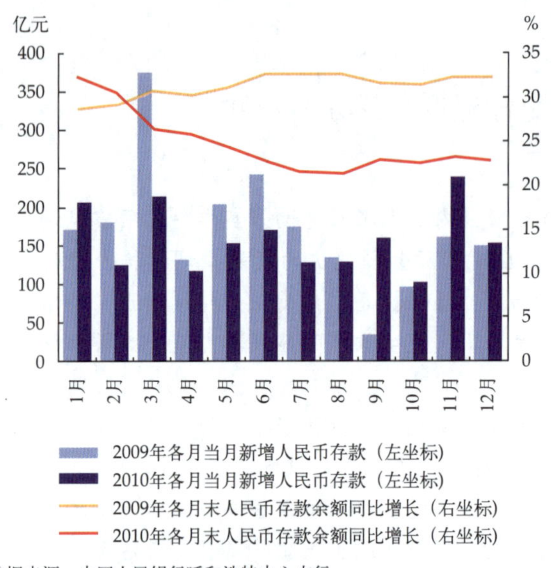

数据来源：中国人民银行呼和浩特中心支行。

图1　2010年内蒙古金融机构人民币存款增长变化

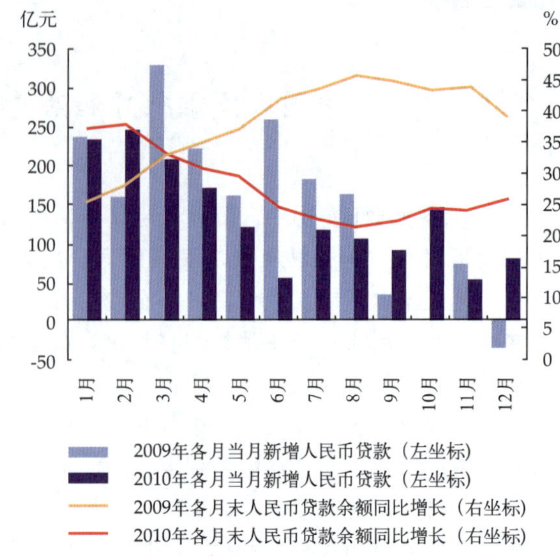

数据来源：中国人民银行呼和浩特中心支行。

图2　2010年内蒙古金融机构人民币贷款增长变化

百分点，贷款增长逐步回归常态。全年新增贷款1 627.0亿元，同比少增157.2亿元，季度投放比为42.0 : 21.3 : 19.4 : 17.3，呈高位回稳态势（见图2和图3）。

信贷结构调整加快，积极支持地方经济发展方式转变。新增中长期贷款占比为73.4%，主要投向优势特色产业和基础设施行业，用于满足前期扩大内需在建、续建项目。以呼包鄂为核心的西部经济区①贷款呈快速增长态势，新增贷款占七成以上。围绕城镇化和强农惠农，继续加大对“三农三牧”和县域经济的信贷投入，涉农贷款和县域贷款分别增长59.9%和23.5%。全面落实支持中小企业发展的金融政策，小企业贷款增长46.7%，有效地缓解了中小企业融资难。大力发展“民生金融”，支持家电下乡、汽车消费、就业助学等金融服务，推动“富民强区”，汽车消费贷款增长1.3倍，下岗失业小额担保贷款和助学贷款累放额分别增长71.2%和1.2倍。

4. 现金收支增速加快，延续净投放态势。2010年，全区金融机构现金收支增幅较上年分别加快17.6个和17.4个百分点，净投放325.6亿元，增长18.9%（见表2）。随着经济的企稳向好，商品销售、储蓄存款收支大幅增加，现金收支增长加快。

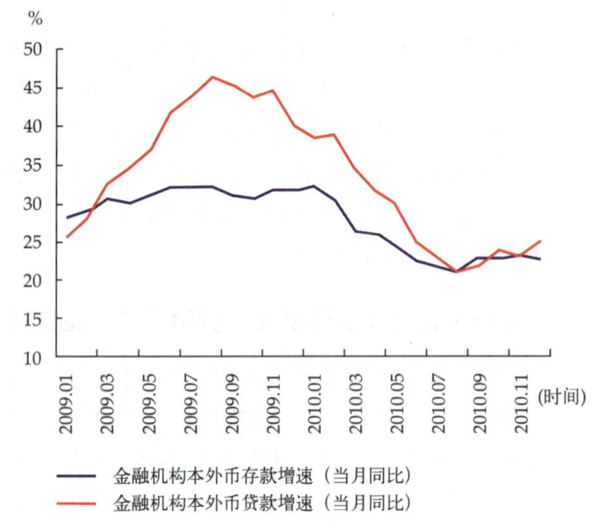

数据来源：中国人民银行呼和浩特中心支行。

图3　2009~2010年内蒙古金融机构本外币存、贷款增速变化

5. 贷款利率小幅走高，定价能力逐步增强。2010年，受中央银行六次上调存款准备金率、两次上调存贷款基准利率等因素的影响，银行流动性从“宽松”转为“适度”，利率水平整体走高，金融机构贷款加权平均利率为7.74%，同比上升0.44个百分点。银行综合考虑成本、收益及市场供求关系

①西部经济区包括呼和浩特市、包头市、鄂尔多斯市、乌兰察布市、巴彦淖尔市、乌海市和阿拉善盟。

表2　2010年内蒙古金融机构现金收支情况表

单位：亿元、%

	年累计额	同比增速
现金收入	28 878.1	32.7
现金支出	29 203.7	32.5
现金净支出	325.6	18.9

数据来源：中国人民银行呼和浩特中心支行。

表3　2010年内蒙古金融机构各利率浮动区间贷款占比表

单位：%

		合计	国有商业银行	股份制商业银行	区域性商业银行	城乡信用社
合计		100.0	100.0	100.0	100.0	100.0
[0.9～1.0)		21.6	42.2	23.0	2.8	0.2
1.0		20.6	24.3	18.8	11.4	1.3
上浮水平	小计	57.8	33.5	58.3	85.8	98.5
	(1.0～1.1]	9.8	15.8	19.6	4.8	0.6
	(1.1～1.3]	10.8	15.0	36.5	10.7	1.1
	(1.3～1.5]	3.2	2.5	1.9	14.6	1.3
	(1.5～2.0]	15.1	0.1	0.3	38.7	38.8
	2.0以上	18.9	0	0	17.0	56.7

数据来源：中国人民银行呼和浩特中心支行。

等因素，利率定价的精细化、差异化程度进一步提高，Shibor在利率定价中运用的广度和深度增强，金融机构执行上浮利率贷款占比为57.8%，同比上升8.9个百分点（见表3）。

6. 金融机构改革不断深化，农村金融改革成效显著。2010年，辖区五家改制的国有商业银行加快转型，强化内部管理，不断提高市场竞争力，资产负债总额稳步扩大，不良贷款率同比下降0.3个百分点，中间业务收入占比同比上升2.3个百分点。首家外资银行——渣打银行进驻内蒙古。中小金融机构发展迅速，兴业银行、中国光大银行呼和浩特分行相继挂牌成立，中国民生银行正在积极筹备中，包商银行坚持“走出去”发展战略，已在区内外设立11家分支机构，并与蒙古贸易发展银行开展全面合作，成为国内首家与蒙古国银行签约的法人金融机构。农村金融改革成效显著，全区已有90家农村信用社兑付专项中央银行票据15.9亿元，占发行总额的97.7%。新型农村金融机构试点工作取得突破，截至年末，全区组建村镇银行、贷款公司、资金互助社37家，彻底消除42个乡镇金融服务空白点。县域金融机构深入推进“一县一品”信贷政策产品化工作，创新信贷产品50余种，有效地满足了“三农三牧”的多元化需求。

7. 跨境贸易人民币结算试点工作稳步推进。2010年，内蒙古积极推动跨境贸易人民币结算试点工作。截至年末，有164家批准为出口试点企业，具有国际结算业务能力的银行均已接入RCPMIS系统。银行共开立人民币同业往来账户31个、余额为3.8亿元。办理跨境贸易人民币结算业务29 952笔、金额为97.5亿元。

专栏1　人民币跨境流动的内蒙古模式分析

近年来，人民币在中蒙边贸结算中的使用量呈逐年增长态势，并实现在蒙古国境内一定范围的流动，形成具有内蒙古特色的人民币跨境流通模式。目前，内蒙古对蒙边境贸易人民币结算主要通过银行账户行转账，辅之以人民币现钞。业务品种由原来单一的人民币直通汇款，逐步增加至信用证、借记卡等多业务品种。

一、通过账户行办理结算

以蒙方商业银行在内蒙古二连浩特口岸地区商业银行开立的单边人民币账户为结算渠道，将中方汇往蒙方或蒙方汇入中方的人民币资金分别记入账户的贷方和借方。当贷方大于借方时，蒙方银行从在中方开立的单边人民币账户中提取一定的人民币现钞调运至蒙方境内，以解决蒙方银行向其客户解付人民币的需要，实现通过银行电子汇划完成贸易结算，或在国家外汇管理局核定的限额内银行可购汇转换为美元。截至2010年年末，内蒙古7家商业银行与蒙古14家商业银行建立了31个人民币结算账户。2002～2010年人民币汇款543.3亿元，逆差额为25.1亿元。

二、通过人民币现钞结算

人民币现钞流通有两种渠道：一是银行调运渠道。以蒙方银行在中方开立的人民币单边账户为基础，当蒙方银行人民币现钞量不足以满足其解付中方向蒙方人民币汇款需求时，蒙方银行将其在中方人民币账户中的人民币提取现钞后，作为特殊商品通过海关调运至蒙古境内，用于蒙方银行的人民币汇款解付。2002年，经中国人民银行总行和海关总署批准，允许内蒙古部分商业银行与蒙古银行办理人民币押运出入境业务。截至2010年年末，共调运人民币出境99.4亿元。二是民间个人携带渠道。人民币在蒙古具有稳定的币值和良好的公众心理预期，流通范围广泛，部分企业和个人习惯携带人民币现钞过境用于交易结算。目前，除二连浩特口岸人民币结算主要通过账户行进行资金汇划外，内蒙古其他对蒙口岸边贸大部分也通过携带人民币现钞进行结算。

三、通过银行卡结算

随着边贸的不断增加，交易金额也相应扩大，客商出于安全性、时效性考虑，对交易方式提出了更高的需求。为此，内蒙古部分商业银行尝试在蒙古推出银行卡业务。2003年中国农业银行内蒙古分行与蒙古郭勒莫特银行达成协议，合作开展在蒙古发行金穗借记卡业务。截至2010年年末，该行已与蒙方5家商业银行开展此项业务，累计发卡2 129张，交易额为6.1亿元。同时，2008年8月，中国银联正式在蒙古国开通银联卡的ATM、POS受理业务和发行银联标准卡，为中蒙双边贸易、人员流动提供了更加安全、快捷的支付工具。

（二）证券交易有所下降，上市公司经营向好

1. 证券交易有所下降，证券期货机构经营稳健。2010年，股指在波动中小幅下跌，证券交易量有所下降。辖区2家法人证券公司、53家证券营业部股民开户数为66.7万户，证券交易额下降24.3%。证券期货公司积极完善法人治理结构，加强风险防范和控制，经营效益稳步提高，辖区法人证券期货公司共实现利润5.9亿元。

2. 上市公司经营向好，创业板实现零的突破。2010年，随着经济的回暖，20家境内上市公司经营持续向好，总市值为3 206.6亿元，增长35.5%，全国排名升至第十九位。其中，福瑞制药在创业板发行上市，IPO融资5.0亿元，实现创业板零的突破（见表4）。上市公司后备资源不断壮大，已有8家公司进入上市辅导期。

表4　2010年内蒙古证券业基本情况表

项目	数量
总部设在辖内的证券公司数（家）	2
总部设在辖内的基金公司数（家）	0
总部设在辖内的期货公司数（家）	1
年末国内上市公司数（家）	20
当年国内股票（A股）筹资（亿元）	5
当年发行H股筹资（亿元）	0
当年国内债券筹资（亿元）	164
其中：短期融资券筹资额（亿元）	67

数据来源：内蒙古证监局、中国人民银行呼和浩特中心支行。

（三）保险市场运行平稳，保险保障功能日益增强

1. 保险市场体系日益完善，保险网络覆盖度不断提高。2010年，保险业发展势头良好，呈产寿险均衡发展、协调增长态势。全区保险机构有1 768家，保险营销员6.1万人，保费收入增长25.8%，高于全国4.6个百分点，产寿险业务比为45：55；累计赔付支出增长8.2%，保险深度和保险密度较上年分别提高0.1个百分点和165元/人（见表5）。

2. 保险保障功能日益增强，新渠道业务取得新进展。保险保障功能不断健全。车险发展迅速，累计承保机动车281.64万辆，增长39.0%，实现承保利润4.2亿元，承保利润率为7.1%，高于全国4.6个百分点；农业保险稳步推进，实现保费收入14.9亿元，累计赔付支出9.8亿元，156万户农牧民受益，充分发挥了支农惠农的作用。新渠道和试点业务实现新突破，已有6家财险公司开设车险电销渠道，保费达1.3亿元；农村小额人身试点业务有序开展，承保范围和规模呈稳步增长态势。

表5　2010年内蒙古保险业基本情况表

项目	数量
总部设在辖内的保险公司数（家）	0
其中：财产险经营主体（家）	0
寿险经营主体（家）	0
保险公司分支机构（家）	29
其中：财产险公司分支机构（家）	15
寿险公司分支机构（家）	14
保费收入（中外资，亿元）	215
其中：财产险保费收入（中外资，亿元）	96
人身险保费收入（中外资，亿元）	119
各类赔款给付（中外资，亿元）	62
保险密度（元/人）	872
保险深度（%）	2

数据来源：内蒙古保监局。

（四）金融市场交易活跃，融资结构明显改善

2010年，内蒙古金融市场交易活跃，各子市场呈良好发展态势，直接融资占比上升，融资结构逐步改善。

1. 融资总量快速增长，企业债券融资方式呈多元化。2010年，全区非金融机构通过贷款、债券和股票共融资1 776.1亿元，直接融资和间接融资比为9.5：90.5，直接融资占比上升4.5个百分点（见表6）。债券融资方式呈多元化，5家企业发行企业债66亿元，8家公司发行短期融资券67亿元，1家企业发行中期票据30亿元，2家企业发行中小企业集合票据1亿元，债券融资规模达164亿元，为重点能源项目、城镇基础设施建设和中小企业提供了有力的资金支持。

表6　2001～2010年内蒙古非金融机构融资结构表

单位：亿元、%

年份	融资量	比重		
		贷款	债券（含可转债）	股票
2001	166.4	77.3	2.4	20.4
2002	200.1	91.0	0	9.0
2003	274.2	97.1	0	2.9
2004	356.5	94.2	0.8	5.0
2005	464.4	92.5	6.5	1.0
2006	664.8	94.0	6.0	0
2007	690.0	81.6	3.8	14.6
2008	1 025.5	85.9	7.9	6.2
2009	1 935.9	95.0	5.0	0
2010	1 776.1	90.5	9.2	0.3

数据来源：中国人民银行呼和浩特中心支行、内蒙古证监局。

2. 货币市场交易活跃，同业拆借下降明显。银行间债券市场业务稳步增长，交易总量持续扩大，融资方式以回购为主。全年累计成交13 092.2亿元，增长18.6%。其中，债券回购交易和现券交易分别增长19.2%和16.8%。债券结算代理业务发展较快，成交量增长35.5%。同业拆借业务有所下降，全国银行间网上同业拆借仅有包商银行和内蒙古银行参与交易，交易量下降37.3%。网下同业拆借融资主体主要为农村信用社，受自治区联社同业存放资金增加影响，交易量下降50.0%。

3. 票据承兑业务发展较快，贴现利率持续走高。2010年，全区银行承兑汇票余额为1 056.8亿元，增长83.5%。受宏观调控影响，银行通过压缩票据贴现来调整信贷资金规模余缺，票据贴现余额和累计发生额分别下降28.0%和14.6%。由于市场流动性趋紧，票据贴现利率持续走高（见表7、表8）。

4. 民间借贷量持续攀升，利率高位运行。2010年，在银行信贷资金趋紧的形势下，民间借贷保持活跃，借贷总量持续上升，借贷利率呈走高的态

表7　2010年内蒙古金融机构票据业务量统计表

单位：亿元

季度	银行承兑汇票承兑		贴现			
			银行承兑汇票		商业承兑汇票	
	余额	累计发生额	余额	累计发生额	余额	累计发生额
1	614.3	271.6	108.3	191.1	0.4	2.9
2	670.9	696.9	93.6	406.6	1.0	6.4
3	910.7	1 170.8	75.5	605.2	0.4	6.6
4	1 056.8	1 831.1	80.4	891.6	0.3	7.9

数据来源：中国人民银行呼和浩特中心支行。

表8　2010年内蒙古金融机构票据贴现、转贴现利率表

单位：%

季度	贴现		转贴现	
	银行承兑汇票	商业承兑汇票	票据买断	票据回购
1	3.72	2.87	2.57	2.73
2	4.08	3.48	2.99	3.31
3	4.48	5.40	3.24	3.20
4	5.61	4.38	3.58	4.65

数据来源：中国人民银行呼和浩特中心支行。

势。据对990户农牧户和企业的监测显示，民间融资总量增长20.5%，民间借贷加权平均利率同比上升0.7个百分点。

（五）金融生态环境建设取得新成效

2010年，内蒙古政府出台《关于拓宽融资渠道的意见》，引导金融业加强创新，开展多渠道融资，促进经济实现平稳较快发展。积极建立“属地监测+风险提示+风险排查+汇总分析”三级行风险监测联动模式，加强对地方法人金融机构的监测和防控，切实维护地区金融稳定。深入推进征信系统建设，为13.1万户企业、991万个自然人建立了信用档案。逐步完善中小企业和农村信用体系建设，征集中小企业信用信息29 124户，为268万户农户建立了电子信用档案。积极促进银行卡产业健康发展，银行卡卡均消费金额和笔均消费余额分别为4 050元和3 880元，全年银行卡渗透率达36.0%。加快推进支付清算系统在农村牧区的网络延伸，通过“惠农一卡通”发放财政补贴100.2亿元，惠及472万农牧户。加强与公安机关等部门的合作，严厉打击洗钱、假币及信用卡诈骗行为，积极构建和谐的金融生态环境。

二、经济运行情况

2010年，面对极为复杂的国内外经济环境，内蒙古深入贯彻落实中央各项宏观调控政策措施，明确确立“不再追求经济增速第一，富民与强区并重”的发展理念，加快转变经济发展方式，有效地巩固和扩大应对国际金融危机冲击的成果，调结构、促转变、惠民生取得明显成效。全年地区生产总值突破万亿元，达11 655亿元，增长14.9%（见图4）。

（一）内需动力持续增强，外需保持较快增长

2010年，在积极的财政政策和适度宽松的货币政策的综合作用下，投资保持平稳增长，消费市场繁荣活跃，内需对经济增长的贡献率进一步提高，外需实现恢复性增长。

1. 投资增长呈U形走势，投向重点突出。2010年，投资增长“先慢后快”，呈U形走势，全社会

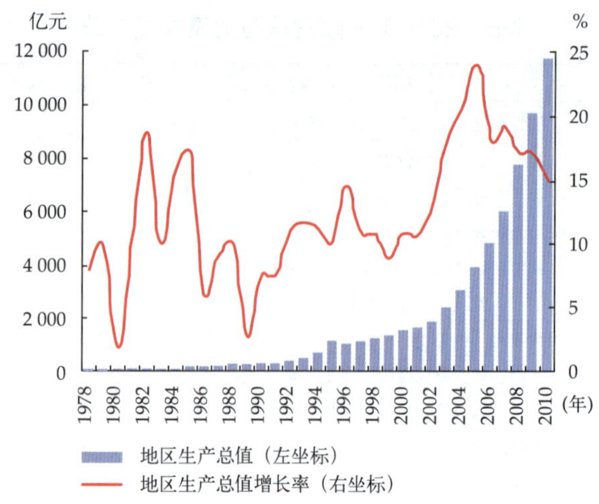

数据来源：内蒙古统计局。

图4 1978～2010年内蒙古地区生产总值及其增长率

固定资产投资完成8 972.1亿元，增长19.1%，低于全国4.7个百分点（见图5）。投资增长高位回稳主要是国家对淘汰落后产能、房地产以及地方融资平台的调控力度不断加大，新开工项目相应减少。投资投向重点突出，继续向优势特色产业、基础设施行业及社会民生领域倾斜，三次产业投资比为5.0：49.6：45.4，分别增长6.9%、15.8%和32.5%。从资金来源看，自筹资金、银行贷款及国家预算内资金占比分别为79.4%、11.5%和3.8%。

2. 消费市场需求旺盛，居民收入稳步提高。2010年，在一系列刺激消费政策的作用下，消费需

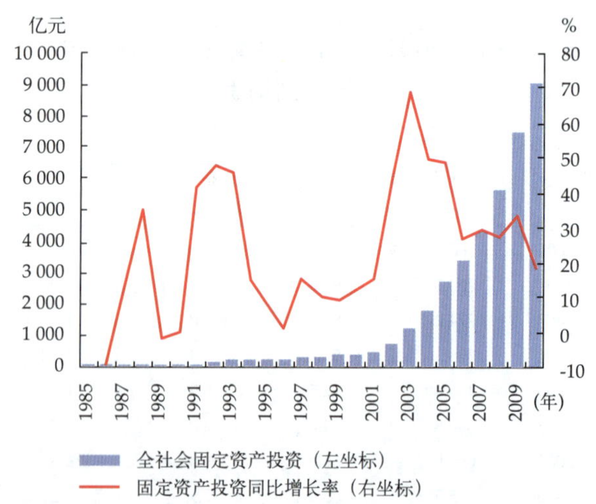

数据来源：内蒙古统计局。

图5 1985～2010年内蒙古固定资产投资及其增长率

求持续升温。全区社会消费品零售总额实现3 337.3亿元，增长19.0%，高于全国0.6个百分点（见图6）。家电和汽车、摩托车下乡成效明显，共销售补贴类家电产品111万台（部），汽车、摩托车14.4万辆，总销售额为52亿元，为农牧民补贴资金5.5亿元，有力地推动了农牧区消费结构升级。

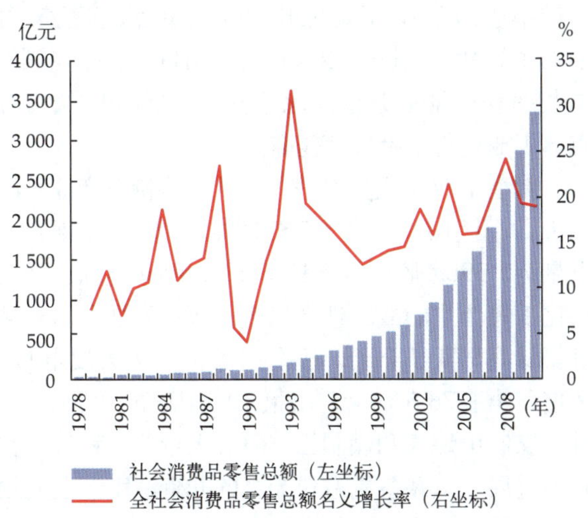

数据来源：内蒙古统计局。

图6 1978～2010年内蒙古社会消费品零售总额及其增长率

居民收入稳步提高。2010年，随着各项惠民措施的落实，城镇居民人均可支配收入为17 698元，增长11.7%。受益于农牧业丰收、农畜产品价格上涨、用工需求增加以及社会保障体系不断健全等因素，农牧民人均纯收入达5 530元，增长12.0%。

居民消费意愿走强，消费结构不断优化。2010年，城镇居民和农牧民人均消费支出分别增长13.1%和12.4%。城乡居民平均消费倾向持续上升，城镇居民和农牧民家庭恩格尔系数分别下降0.4个和2.3个百分点（见图7）。

3. 进出口大幅增长，对外经济合作增强。2010年，随着经济的企稳向好，对外贸易恢复步伐加快，全区进出口总值增长28.7%，其中，出口和进口分别增长44%和20.8%，贸易逆差20.5亿美元，同比缩小0.8亿美元（见图8）。招商引资规模稳步扩大，累计引进国内（区外）资金2 739.8亿元，增长23.4%，外商直接投资增长13.0%（见图9）。区域协作进一步深化，与长三角、京津冀、东三省签订多项协议，重点支持化学、冶金、新型建材、机械装备制造、农畜产品加工、服装纺织、战略性新兴产业七个非资源型领域的产业转移。“走出去”战略加快推进，新批准设立境外投资企业25家，中方协议投资额为5.8亿美元。

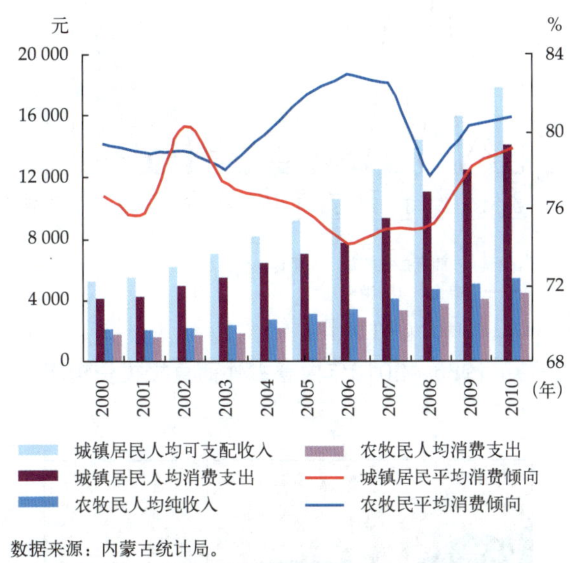

数据来源：内蒙古统计局。

图7 2000～2010年内蒙古城乡居民消费倾向变动趋势

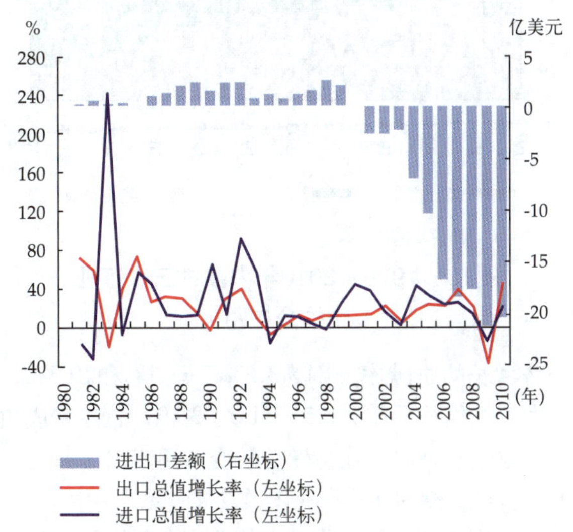

数据来源：内蒙古统计局。

图8 1980～2010年内蒙古外贸进出口变动情况

（二）产业结构调整优化，新型工业化稳步推进

2010年，内蒙古产业结构进一步优化，第一、第二、第三产业分别增长5.8%、18.2%和12.1%，对

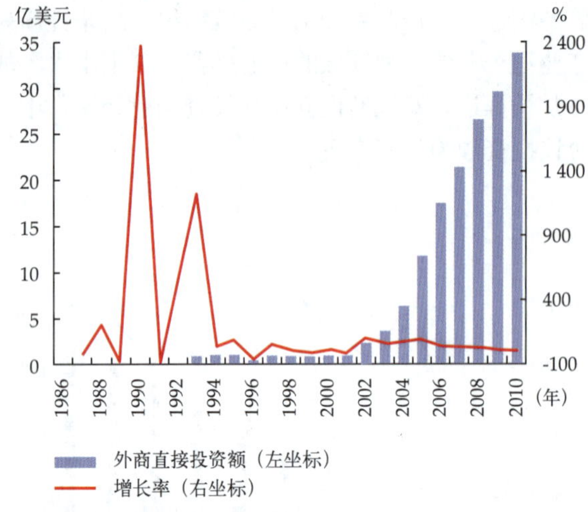

数据来源：《内蒙古统计年鉴》。

图9　1986~2010年内蒙古外商直接投资情况

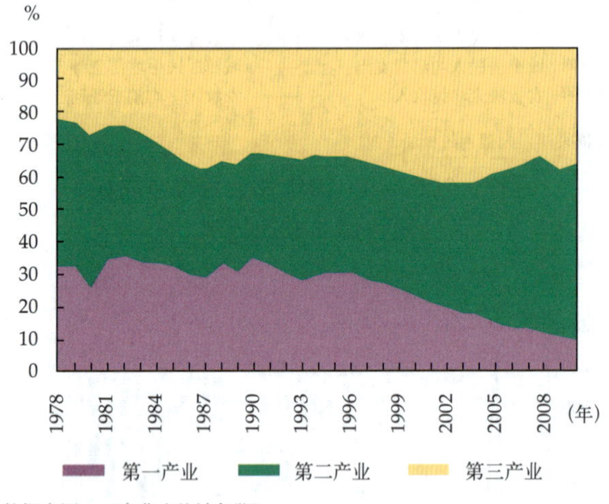

数据来源：《内蒙古统计年鉴》。

图10　1978~2010年内蒙古三次产业结构分布图

经济增长的贡献率分别为3.6%、67.1%和29.3%，三次产业结构调整为9.5：54.6：35.9，总体完成由农牧业主导型向工业主导型转变，逐步向多元化发展、多极支撑的现代产业体系发展（见图10）。

1. 农牧业喜获丰收，农牧业产业化进程加快。2010年，内蒙古积极采取措施克服低温、干旱等自然灾害，农牧业生产喜获丰收。全年粮食产量达430亿斤，增长8.5%，创历史新高，年均向区外调出粮食150亿斤，成为全国六大粮食调出省区之一；牲畜出栏数和畜产品稳定增长，高产优质高效安全作物比重达66.0%，设施蔬菜、马铃薯面积双双突破百万亩。农牧业产业化进程加快，投入财政资金7.1亿元，重点支持38个旗县玉米、马铃薯、肉羊三大优势产业带建设。截至年末，全区销售收入百万元以上龙头企业达2 072家，实现销售收入2 429.1亿元，增长17.3%。

2. 工业运行质量明显提高，结构逐步优化。2010年，全区工业增加值增长18.8%，对GDP增长贡献率达60.7%，同比上升4.6个百分点，工业对经济的主导性作用进一步增强（见图11）。企业利润增长率和产销率分别同比上升61.2个和0.2个百分点，工业运行质量显著提高。

新型工业化稳步推进。传统优势特色产业不断壮大，全区煤炭产量为7.87亿吨，增长27.8%；发电量为2 598.4亿度，增长15.5%。以新能源、现代煤化工等为主的战略性新兴产业快速发展，风电装机累计达974万千瓦，居全国首位，风力发电173亿度，增长76.5%；煤制油、煤制烯烃、煤制二甲醚、煤制甲烷气和煤制乙二醇五大示范工程取得突破性进展。以装备制造业为主的非资源型产业发展加快，装备制造业增加值年均增长23%以上。

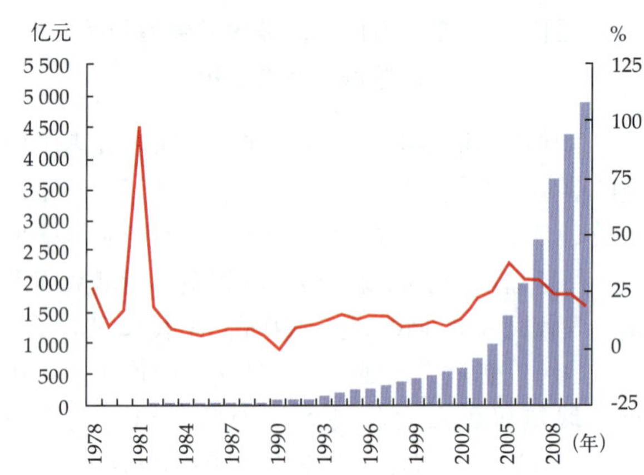

数据来源：《内蒙古统计年鉴》。

图11　1978~2010年内蒙古工业增加值及其增长率

3. 服务业保持稳定增长。2010年，内蒙古着力促进服务业发展与工业升级相结合，传统服务业得到有效巩固和提升，现代服务业发展势头良好。服务业实现增加值4 187.8亿元，对经济增长贡献率达29.9%。其中，交通运输、仓储及邮政业占比为20.9%，批发和零售业、金融业、房地产业占比分别为25.1%、7.8%和7.4%。服务业在扩大就业、提高财政收入、推进城镇化建设等方面的作用日益凸显，对地税收入和新增就业的贡献率分别为49.4%、67.9%。

专栏2　内蒙古风电产业发展的喜与忧

内蒙古风能资源丰富，全区已探明技术可开发的风电资源可装机容量为3.8亿千瓦，占全国风电资源的50%左右，风能资源丰富区面积达12.8万平方公里，且风资源最优，利用小时数高达2 600小时，居全国首位。

《中华人民共和国可再生能源法》颁布和国家提出建设内蒙古"风电三峡"目标后，内蒙古风电建设步伐明显加快。"十一五"期间，内蒙古风电企业数量由7个增加至114个；风电装机容量由54.8万千瓦增加至974.0万千瓦，年均增长115.6%，风电装机容量占全国的比重由26.9%上升至31.4%；全区风力发电量由5.9亿千瓦时增加至173.0亿千瓦时，年均增长124.6%，风力发电量占全区总发电量的比重也由0.4%提高至6.7%，已建成百万千瓦级风电基地5个，风力发电量及并网装机容量均居全国首位。

风电产业的迅猛发展使内蒙古电力结构不断优化，大量风电机组的并网发电，成为内蒙古完成节能减排目标、加快能源结构调整的重要力量。仅2010年，全区风力发电173.0亿千瓦时，共节约692.0万吨标准煤，减少排放二氧化碳1 724.8万吨、二氧化硫51.9万吨、氧化物26.0万吨和碳粉尘470.6万吨①。风电产业的快速发展，促使内蒙古在"十一五"期间走在了全国节能减排的前列。

然而，在内蒙古风电产业快速发展的背后却伴随着风电上网难、风电企业遭遇"弃风"的尴尬。

内蒙古是国家重要的能源及电力输出基地，是国家落实可再生能源发展规划、实现节能减排战略目标、开发建设千万千瓦级大型风电基地的重要地区，毗邻华北、东北和西北电网负荷中心。一方面，由于内蒙古经济总量较小，区内电力需求增量有限，加上国家2004年后逐步加大节能减排政策推行力度，使内蒙古大量已投产的高耗能负荷退出运行，在建和拟建的企业相继停建，电网因此失去大量负荷，无法在短期内全部消纳已投运的风电、火电装机，亟须加大外送容量来消纳部分盈余装机。另一方面，电力市场空间和电网调峰能力不足，特别是在冬季为保证居民供热，电网无法全额收购现已投运的风电，出现了严重的"弃风"现象。据内蒙古电力行业协会统计，目前，内蒙古西部电网（简称蒙西电网，承担着内蒙古中西部8个盟市的电力供应及电力外送任务，呼伦贝尔等东部4盟市归国家电网公司管理）已接纳的风电企业超过百家，仅2010年风电企业"弃风"造成的损失就达数十亿元。由于大量"弃风"现象的存在，全区风电设备平均利用小时数由2006年的2 189小时下降为2010年的1 943小时。而与此同时，南方很多省份在用电高峰时期电煤紧张，拉闸限电，导致内蒙古煤炭外运量的急剧增长，铁路运力紧张，被誉为"能源大动脉"的京藏高速公路近年来连续大拥堵，被戏称为"用高级能源拉低级能源"。即出现一方是出力受阻，而另一方是严重缺电的现象。

造成内蒙古"弃风"严重的主要原因：一是外送通道建设严重滞后。二是已有输送通道送出效能不高，加剧了电力外送紧张矛盾。内蒙古西部电网现有外送通道输电能力430万千瓦，而实际高峰段送电390万千瓦，低谷段送电仅为300万千瓦左右。如果能最大限度地发挥通道输送能力，全年可多送风电30亿千瓦时，可

①按1 度（千瓦时）火电需要消耗0.4千克标准煤，排放0.997千克二氧化碳、0.03千克二氧化硫、0.015千克氧化物、0.272千克碳粉尘计算。

节约120万吨标准煤。

风电产业发展事关国家能源战略，对于调整经济结构、转变增长方式具有极为重要的意义。《内蒙古自治区"十一五"风电发展规划》和《内蒙古自治区千万千瓦级风电基地发展规划》计划于2010～2015年期间在内蒙古建设两个千万千瓦级以上的风电基地，到2015年风电装机容量达到3 000万千瓦。随着国家和内蒙古核准且已在建风电项目的陆续投产，风电在供热期"弃风"问题将会更加突出。加快内蒙古电网外送通道建设、提高通道输送能力迫在眉睫，也是促进内蒙古建设国家"风电三峡"的有效途径。

（三）物价持续上涨，通货膨胀压力加大

1. 居民消费价格涨幅持续扩大。2010年，受国际大宗商品价格上涨、劳动力和土地资源成本上升等因素的影响，全区居民消费价格持续攀升，11月同比价格创年度新高后有所回落，全年CPI累计上涨3.2%，同比上升3.5个百分点（见图12）。八大类消费价格呈"四升四降"的特征，食品累计上涨9.5%，成为推高CPI的主要因素，烟酒及用品、医疗保健及个人用品、居住价格呈不同程度的上涨，衣着、家庭设备用品及服务、交通和通信、娱乐教育文化用品及服务价格小幅下降。

2. 生产价格涨幅加快。2010年，受经济回暖、输入型通货膨胀压力加大等因素的影响，在有色金属、黑色金属采选业等行业的拉动下，生产价格涨幅加快。工业品出厂价格累计上涨6.7%，同比上升10.5个百分点；原材料、燃料、动力购进价格累计上涨5.0%，同比上升5.8个百分点（见图12）。在一系列强农惠农措施的作用下，农业生产资料价格平稳增长，累计上涨2.0%，其中，化肥价格累计下降2.6%，农药、地膜、种子价格呈小幅上涨态势。

3. 劳动力成本平稳上升。2010年，随着社会保障体系的不断完善，各地普遍提高最低工资水平和企业工资指导线，企业退休人员养老金人均每月增加177元，城乡居民最低生活保障标准人均每月分别提高35元和19元，城乡居民人均工资性收入分别增长12.0%和15.1%。

4. 资源税改革取得新进展。2010年，资源税改革新政在西部12省区市全面展开，内蒙古原油、天然气的资源税由"从量计征"改为"从价计征"，税率为5%。资源税改革有利于将资源优势转化为经济优势和财政优势，促进节能减排和经济发展方式转变，也为争取煤炭资源税改革试点奠定良好基础。

数据来源：内蒙古物价调查总队。

图12　2001～2010年内蒙古居民消费价格和生产者价格变动趋势

（四）财政收支增长较快，民生状况明显改善

2010年，内蒙古坚持实行"民生财政、阳光财政、公共财政"，财政收支结构不断优化。全区地方财政一般预算收入增长25.8%，税收收入占比为70.4%，同比上升2.6个百分点；地方财政支出增长18.4%，主要用于改善民生（见图13）。财政用于社会保障补助支出累计达1 048亿元，社会保险覆盖面不断扩大，优抚对象、农村五保户生活补助标准稳步提高。全面启动保障性安居工程建设和棚户区改造，建设保障性住房78.5万套。深入推进对口帮扶和扶贫开发，累计扶持农牧区贫困人口75万人。

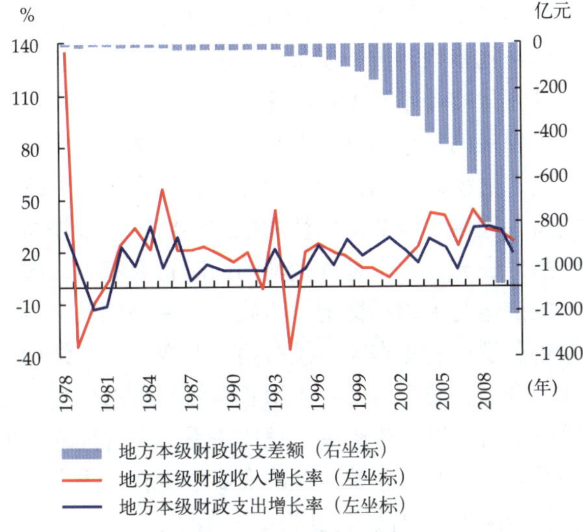

数据来源：《内蒙古统计年鉴》。

图13　1978～2010年内蒙古财政收支状况

（五）节能减排扎实推进，财政金融支持力度加大

2010年，内蒙古大力推进节能减排和淘汰落后产能，化学需氧量排放量和二氧化硫排放量分别比2005年下降7.5%和4.3%，分别完成目标的110.0%和110.6%，超额完成“十一五”减排任务。生态环境建设取得新进展，全区重点监测城市空气质量为二级良好，主要污染指标分别比2005年下降15%～40%，森林覆盖率提前完成20%的规划目标。

财政金融对节能减排的扶持力度不断增强。财政通过建立“以奖代补”新机制，奖励节能技术改造项目205个，支持电力、煤炭、铁合金等八个行业淘汰落后产能项目44个。金融机构按照“区别对待、有扶有控”的原则，大力发展“绿色信贷”，支持节能减排、循环经济和生态环保等项目，全年新增节能环保和新兴产业贷款212.6亿元，压缩退出“两高一资”行业贷款114.0亿元。

（六）房地产市场运行平稳，房产新政初见成效

2010年，国家出台了一系列房产新政“组合拳”以遏制房价过快上涨。内蒙古房地产整体运行平稳，房地产开发增长加快，房市呈“供销两旺、量价齐升”的局面，房地产贷款增速高位回落。

1. 房地产开发投资增长加快。全年房地产开发投资1 120.0亿元，增长37.4%，同比上升26.6个百分点。其中，住宅投资增长36.3%，占房地产投资的69.8%。从资金来源看，自筹资金占81.6%，是房产投资的主要来源，国内贷款占比明显下降。

2. 房地产市场供销两旺。受房市回暖、刚性需求释放以及房价持续走高等因素的影响，房地产施工面积突破1亿平方米，增长39.9%，商品房销售额

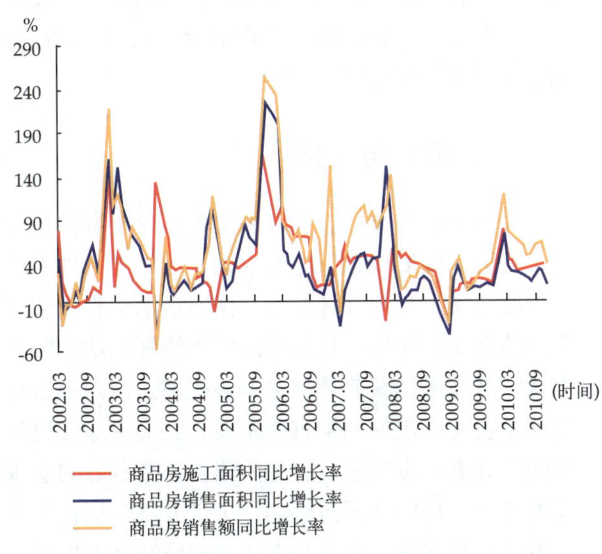

数据来源：内蒙古统计局。

图14　2002～2010年内蒙古商品房施工和销售变动趋势

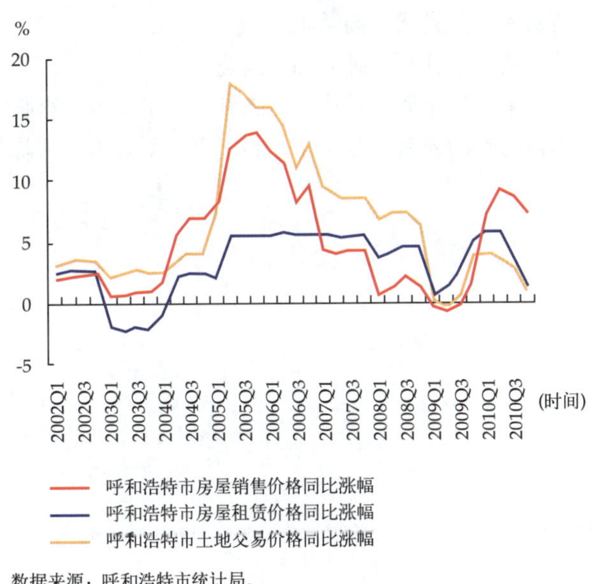

数据来源：呼和浩特市统计局。

图15　2002～2010年呼和浩特市房屋销售价格指数变动趋势

和销售面积分别增长22.6%和45.3%，按两者之比计算，全区商品房销售均价为3 526元/平方米，同比上升549元/平方米。呼和浩特和包头房屋销售价格指数分别为7.6%和5.1%，主要是由于新建住宅价格上涨较快（见图14和图15）。

3. 房地产贷款高位回落。随着各项房产新政的相继落实，调控效应率先在房地产金融市场显现，房地产贷款增速呈逐月回落的态势。房地产开发贷款和个人住房贷款分别增长37.9%和44.1%，同比分别下降12.9个和22.7个百分点。

三、预测与展望

2011年是“十二五”开局之年，对于巩固扩大“十一五”发展成果、全面启动“十二五”规划具有重要意义。从外部环境看，国际金融危机导致的急剧动荡逐渐缓解，世界经济实现恢复性增长，外需对GDP增长的贡献率将进一步提高。国内经济继续朝着宏观调控的预期方向发展，经济平稳较快发展的态势进一步巩固，将为内蒙古创造良好的宏观发展环境。从内部区情看，“十二五”开局首年各地投资热情高涨，在新型工业化和城镇化进程中，内需增长动力将进一步增强，转变发展方式和调整经济结构步伐将进一步加快。随着《深入实施西部大开发战略若干意见》的逐步落实以及国家促进内蒙古发展的指导意见的即将出台，内蒙古在产业、投资、财税、金融、土地等方面将获得更大的政策支持，区域发展的协调性和稳定性将进一步提高。当然，在充分肯定利好因素的同时也要看到，国内外经济运行中的不稳定、不确定因素仍然较多，内蒙古欠发达的基本区情没有根本改变，产业结构发展不合理、城乡居民收入增长缓慢、生态环境脆弱等问题有待进一步解决。总体来看，尽管挑战与机遇并存，但2011年整体经济发展环境将好于上年，预计地区生产总值增长13%。

2011年，内蒙古将认真贯彻落实稳健的货币政策，按照总体稳健、调节有度、结构优化的原则，合理把握信贷投放进度和节奏，提高金融支持经济的连续性和稳定性；坚持“有扶有控”的信贷政策，着力优化信贷结构，推动经济发展方式转变和“富民强区”；积极拓宽融资渠道，加快金融产品和服务创新，充分发挥金融服务在支持地方经济发展中的核心作用。

中国人民银行呼和浩特中心支行货币政策分析小组
负责人：王景武　高兰根
统　稿：董胜利　师立强　高晓芬
执　笔：张宇薇　付作忠　陈利军　李　敏　李晓霞　郭　瑶
提供材料的还有：鲍文华　赵　平　刘效禹　库晓星　侯　伟　乔海滨　王　璐　王禹人　李　岩

附录

（一）2010年内蒙古自治区经济金融大事记

5月4日，内蒙古自治区人民政府转发了中国人民银行呼和浩特中心支行等5部门《关于拓宽融资渠道意见》，指导金融机构在保持信贷适度增长的同时，加强金融创新，开展多渠道融资，促进自治区经济平稳较快发展。

5月6日，内蒙古电力多边交易市场正式开市，标志着我国电价形成机制市场化改革取得重要突破。

5月17日，内蒙古中小企业信息化服务计划正式启动，将改变中小企业与银行之间的信息不对称、不畅通、不便捷的现状。

6月12日，中国光大银行呼和浩特分行开业。

6月13日，内蒙古自治区提出以呼包鄂为核心和引擎，辐射带动其他四个盟市，沿自治区内黄河和交通干线重点发展，打造沿黄沿线经济带，提升内蒙古的发展水平和区域竞争力。

6月22日，内蒙古自治区成为跨境贸易人民币结算试点地区，开始办理跨境贸易人民币结算业务。

8月12日，渣打银行呼和浩特分行开业，成为首家在内蒙古设立分行的国际银行。

8月29日，内蒙古与北京签署经济社会发展区域合作框架协议，进一步深化京蒙合作关系，推动京蒙交流再上新台阶。

9月18日，中国工商银行内蒙古分行、国家开发银行内蒙古分行等9家银行与内蒙古文化企业签约授信340亿元，推动文化产业快速健康有序发展。

2010年，内蒙古自治区村镇银行建设走在全国前列，全年新增村镇银行15家，批准筹建13家。村镇银行的快速发展，推进了农村新型金融机构建设，促进了“三农三牧”的健康发展。

（二）2010年内蒙古自治区主要经济金融指标

表1 2010年内蒙古自治区主要存贷款指标

		1月	2月	3月	4月	5月	6月	7月	8月	9月	10月	11月	12月
本外币	金融机构各项存款余额（亿元）	8 619.9	8 740.6	8 965.7	9 079.6	9 226.4	9 396.7	9 534.1	9 660.2	9 816.6	9 931.5	10 169.1	10 325.3
	其中：城乡居民储蓄存款	4 022.8	4 252.0	4 360.4	4 256.3	4 230.8	4 335.3	4 270.9	4 299.9	4 431.0	4 379.8	4 429.9	4 634.0
	企业存款	2 684.0	2 613.0	2 667.1	2 771.2	2 933.6	2 926.4	2 953.5	2 916.5	2 925.4	2 981.2	3 045.5	3 137.3
	各项存款余额比上月增加（亿元）	206.1	120.6	225.2	113.9	146.8	170.3	137.4	126.1	156.4	149.0	237.6	156.1
	金融机构各项存款同比增长（%）	32.1	30.3	26.6	25.9	24.5	22.7	21.8	21.2	22.7	22.7	23.2	22.7
	金融机构各项贷款余额（亿元）	6 618.0	6 860.9	7 071.3	7 242.5	7 356.7	7 405.0	7 515.5	7 618.4	7 701.5	7 850.4	7 908.1	7 992.6
	其中：短期	2 347.5	2 458.0	2 557.7	2 612.9	2 630.8	2 591.4	2 537.7	2 569.5	2 590.6	2 667.6	2 673.3	2 718.9
	中长期	4 086.6	4 197.2	4 338.2	4 454.4	4 559.0	4 646.5	4 829.9	4 895.3	4 985.3	5 051.1	5 114.7	5 156.5
	票据融资	118.1	140.1	107.7	105.9	103.5	111.1	96.8	105.6	81.2	90.2	76.8	73.1
	各项贷款余额比上月增加（亿元）	232.6	242.9	210.3	171.2	114.2	48.3	110.5	102.9	83.0	212.9	57.7	84.5
	其中：短期	98.5	110.5	99.7	55.2	17.9	-39.4	-53.7	18.9	21.1	79.7	5.7	45.6
	中长期	126.8	110.7	141.0	116.2	104.6	87.5	183.4	78.3	89.9	83.1	63.6	41.8
	票据融资	7.9	22.0	-32.3	-1.8	-2.5	7.6	-14.3	8.8	-24.4	9.1	-13.5	-3.7
	金融机构各项贷款同比增长（%）	38.4	38.8	34.1	31.9	30.0	25.0	22.9	21.2	21.8	23.9	23.3	25.2
	其中：短期	23.3	24.7	21.0	20.7	18.1	11.4	7.6	7.5	9.3	13.3	13.9	18.4
	中长期	51.6	52.5	51.5	50.0	48.2	41.6	38.9	35.2	34.3	34.1	33.0	31.8
	票据融资	-28.7	-31.2	-61.1	-68.5	-68.5	-60.5	-59.1	-52.8	-57.1	-40.6	-50.6	-33.7
	建筑业贷款余额（亿元）	113.4	118.5	125.9	124.8	125.8	162.6	164.3	142.8	143.4	154.4	162.4	162.8
	房地产业贷款余额（亿元）	148.2	171.7	184.7	195.8	202.8	222.3	219.6	225.9	237.1	237.3	235.6	233.2
	建筑业贷款同比增长（%）	-27.0	-19.6	-10.7	-10.9	-11.5	7.1	7.2	-13.8	-15.5	-10.6	-6.9	-7.6
	房地产业贷款同比增长（%）	39.8	69.1	67.3	82.6	91.4	110.8	93.8	80.8	79.0	78.2	71.2	65.2
人民币	金融机构各项存款余额（亿元）	8 580.0	8 703.7	8 918.3	9 036.5	9 189.1	9 362.2	9 492.2	9 620.4	9 782.5	9 884.5	10 123.6	10 278.7
	其中：城乡居民储蓄存款	4 004.7	4 234.0	4 342.4	4 239.1	4 213.3	4 317.8	4 253.2	4 283.2	4 414.8	4 363.6	4 413.7	4 618.1
	企业存款	2 666.3	2 598.1	2 640.6	2 749.2	2 918.2	2 912.2	2 931.3	2 894.5	2 908.6	2 951.2	3 017.1	3 107.3
	各项存款余额比上月增加（亿元）	206.5	123.7	214.6	118.2	152.6	173.1	130.0	128.2	162.1	101.9	239.2	155.1
	其中：城乡居民储蓄存款	90.8	229.2	108.4	-103.3	-25.8	104.4	-64.6	30.0	131.6	-51.2	50.1	204.4
	企业存款	87.1	-68.2	42.5	108.6	169.0	-6.0	19.1	-36.8	14.1	44.3	65.9	90.2
	各项存款同比增长（%）	32.3	30.5	26.5	25.9	24.5	22.8	21.7	21.3	22.8	22.6	23.1	22.7
	其中：城乡居民储蓄存款	14.7	19.4	18.7	16.1	15.8	17.2	15.3	15.2	16.2	16.5	18.1	18.0
	企业存款	61.2	50.1	34.3	36.5	32.2	22.8	18.5	14.5	17.1	16.6	14.3	16.9
	金融机构各项贷款余额（亿元）	6 525.5	6 768.5	6 975.5	7 145.8	7 265.8	7 322.7	7 438.2	7 544.1	7 637.5	7 783.0	7 839.5	7 919.5
	其中：个人消费贷款	511.1	541.6	584.8	615.8	655.1	689.3	716.3	751.4	779.0	796.0	821.5	834.5
	票据融资	118.1	140.1	107.7	105.9	103.5	111.1	96.8	105.6	81.2	90.2	76.8	73.1
	各项贷款余额比上月增加（亿元）	233.0	243.0	207.1	170.3	120.0	56.9	115.5	105.9	93.4	145.5	56.5	80.0
	其中：个人消费贷款	28.3	27.8	46.0	31.0	39.3	34.2	27.0	35.1	27.6	17.1	25.5	12.9
	票据融资	7.9	22.0	-32.3	-1.8	-2.5	7.6	-14.3	8.8	-24.4	9.1	-13.5	-3.7
	金融机构各项贷款同比增长（%）	37.5	38.0	33.3	31.0	29.4	24.6	22.8	21.3	22.1	24.5	23.9	25.9
	其中：个人消费贷款	96.2	107.6	114.1	121.6	126.3	125.1	121.4	117.8	110.5	105.2	98.3	87.1
	票据融资	-28.7	-31.2	-61.1	-68.4	-68.5	-60.5	-59.1	-52.8	-57.1	-40.6	-50.6	-33.7
外币	金融机构外币存款余额（亿美元）	5.8	5.4	6.9	6.3	5.5	5.1	6.2	5.8	5.1	7.0	6.8	7.0
	金融机构外币存款同比增长（%）	11.9	-2.0	38.9	41.9	26.9	-1.2	36.2	-0.6	16.5	58.0	47.5	19.3
	金融机构外币贷款余额（亿美元）	13.6	13.5	14.0	14.2	13.3	12.1	11.4	10.9	9.6	10.1	10.3	11.0
	金融机构外币贷款同比增长（%）	160.8	151.3	152.3	167.7	110.6	69.1	38.7	16.0	-7.8	-15.1	-18.3	-18.9

数据来源：中国人民银行呼和浩特中心支行。

表2 2001~2010年内蒙古自治区各类价格指数

单位：%

年/月	居民消费价格指数		农业生产资料价格指数		原材料购进价格指数		工业品出厂价格指数		呼和浩特市房屋销售价格指数	呼和浩特市房屋租赁价格指数	呼和浩特市土地交易价格指数
	当月同比	累计同比	当月同比	累计同比	当月同比	累计同比	当月同比	累计同比	当季(年)同比	当季(年)同比	当季(年)同比
2001	—	1.3	—	1.4	—	-0.1	—	-0.7	2.4	2.0	2.8
2002	—	0.2	—	2.6	—	-0.1	—	-0.7	2.3	2.7	3.4
2003	—	2.1	—	1.2	—	2.9	—	3.2	0.8	-2.1	2.5
2004	—	2.9	—	9.5	—	9.2	—	5.1	5.3	1.5	4.1
2005	—	2.4	—	8.3	—	9.8	—	5.1	13.7	5.5	16.1
2006	—	1.5	—	1.1	—	5.9	—	3.0	9.5	5.6	12.8
2007	—	4.6	—	3.0	—	4.8	—	5.7	4.4	5.4	8.7
2008	—	5.7	—	14.9	—	11.7	—	12.5	1.1	4.5	6.3
2009	—	-0.3	—	-0.3	—	-0.9	—	-3.8	1.9	4.9	3.6
2010	—	3.2	—	2.0	—	5.0	—	6.7	7.7	3.7	2.7
2009 1	0.2	0.2	14.4	14.4	5.9	5.9	1.0	1.0	—	—	—
2	-1.0	-0.4	13.1	13.7	4.3	5.1	0.5	0.7	—	—	—
3	-0.9	-0.6	1.6	9.4	3.0	4.4	-0.7	0.2	-0.4	0.7	-0.1
4	-1.0	-0.7	-2.6	6.2	1.1	3.6	-2.7	-0.5	—	—	—
5	-1.1	-0.8	-3.2	4.2	-1.5	2.6	-4.5	-1.3	—	—	—
6	-1.0	-0.8	-3.4	2.8	-2.3	1.7	-7.2	-2.3	-0.8	1.3	-0.4
7	-0.8	-0.8	-3.9	1.8	-3.6	0.9	-7.7	-3.1	—	—	—
8	-0.8	-0.8	-4.0	1.1	-5.5	0.1	-8.2	-3.7	—	—	—
9	-0.2	-0.7	-3.8	0.5	-4.5	-0.4	-7.5	-4.1	-0.3	2.5	0.3
10	0.1	-0.6	-3.8	0.0	-4.1	-0.8	-6.6	-4.4	—	—	—
11	1.1	-0.5	-2.8	-0.2	-2.5	-0.9	-2.4	-4.2	—	—	—
12	2.3	-0.3	-1.7	-0.3	-0.4	-0.9	0.9	-3.8	1.9	4.9	3.6
2010 1	2.2	2.2	-1.7	-0.3	2.9	2.9	4.9	4.9	—	—	—
2	3.0	2.6	-2.8	-0.2	1.8	2.4	4.2	4.6	—	—	—
3	2.7	2.7	-3.8	0.0	3.4	2.7	4.4	4.5	7.3	5.8	4.1
4	2.8	2.7	2.2	0.8	4.8	3.2	6.5	5.0	—	—	—
5	2.8	2.7	2.7	1.2	5.6	3.7	8.3	5.7	—	—	—
6	2.5	2.7	2.4	1.4	5.8	4.1	7.9	6.1	9.2	5.7	3.5
7	2.6	2.7	2.1	1.5	6.1	4.3	6.4	6.1	—	—	—
8	3.3	2.8	2.4	1.6	5.6	4.5	6.3	6.1	—	—	—
9	3.0	2.8	2.1	1.7	5.6	4.6	6.6	6.2	8.7	3.7	2.7
10	3.9	2.9	3.5	1.8	5.5	4.7	7.4	6.3	—	—	—
11	5.0	3.1	3.0	2.0	6.1	4.8	8.5	6.5	—	—	—
12	4.5	3.2	2.8	2.0	6.4	5.0	8.8	6.7	7.7	3.7	2.7

数据来源：《内蒙古统计年鉴》、国家统计局、内蒙古调查总队。

表3　2010年内蒙古自治区主要经济指标

	1月	2月	3月	4月	5月	6月	7月	8月	9月	10月	11月	12月
绝对值（自年初累计）												
地区生产总值(亿元)	—	9 725.8	1 981.7	1 981.7	1 981.7	1 981.7	1 981.7	4 690.3	4 690.3	4 690.3	7 759.1	11 655.0
第一产业	—	929.0	81.5	81.5	81.5	81.5	81.5	157.3	157.3	157.3	341.9	1 101.4
第二产业	—	5 101.4	1 047.8	1 047.8	1 047.8	1 047.8	1 047.8	2 647.9	2 647.9	2 647.9	4 477.9	6 365.8
第三产业	—	3 695.4	852.4	852.4	852.4	852.4	852.4	1 885.1	1 885.1	1 885.1	2 939.3	4 187.8
工业增加值(亿元)	—	661.8	1 079.9	—	—	—	—	—	—	—	—	—
城镇固定资产投资(亿元)	—	47.9	373.6	1 073.4	2 037.9	3 432.6	4 548.7	5 661.4	6 899.8	8 007.0	8 610.5	8 880.9
房地产开发投资	—	—	22.5	85.6	194.7	371.9	531.9	689.4	849.8	1 009.4	1 097.2	1 120.0
社会消费品零售总额(亿元)	—	551.1	779.2	1 017.7	1 272.8	1 527.0	1 792.0	2 071.6	2 367.5	2 675.0	2 979.9	3 337.3
外贸进出口总额(万美元)	72 351.4	112 300.0	175 000.0	235 000.0	305 300.0	384 200.0	458 400.0	533 000.0	607 000.0	679 400.0	764 000.0	871 900.0
进口	49 208.7	73 200.0	117 600.0	155 000.0	198 200.0	240 900.0	282 200.0	331 600.0	373 700.0	420 300.0	474 100.0	538 400.0
出口	23 142.7	39 000.0	57 300.0	80 000.0	107 100.0	143 400.0	176 200.0	201 400.0	233 300.0	259 100.0	289 900.0	333 500.0
进出口差额(出口−进口)	-26 066.0	-34 200.0	-60 300.0	-75 000.0	-91 100.0	-97 500.0	-106 000.0	-130 200.0	-140 400.0	-161 200.0	-184 200.0	-204 900.0
外商实际直接投资(万美元)	—	16 350.0	36 252.0	54 580.0	69 003.0	128 667.0	133 117.0	142 057.0	147 206.0	187 637.0	254 400.0	338 456.0
地方财政收支差额(亿元)	—	-39.8	-73.7	-108.8	-168.0	-198.5	-229.8	-299.5	-456.2	-513.1	-719.7	-1 210.5
地方财政收入	—	170.0	256.3	332.7	401.3	531.7	637.7	712.6	793.2	876.8	962.8	1 070.0
地方财政支出	—	209.8	330.0	441.5	569.3	730.1	867.4	1 012.1	1 249.5	1 389.9	1 682.5	2 280.5
城镇登记失业率(%)（季度）	—	—	—	—	—	—	—	—	—	—	—	3.9
同比累计增长率（%）												
地区生产总值	—	16.9	17.5	17.5	17.5	17.5	17.5	15.8	15.8	15.8	14.8	14.9
第一产业	—	2.3	6.1	6.1	6.1	6.1	6.1	5.8	5.8	5.8	5.7	5.8
第二产业	—	21.4	22.8	22.8	22.8	22.8	22.8	19.0	19.0	19.0	17.2	18.2
第三产业	—	15.0	12.9	12.9	12.9	12.9	12.9	12.3	12.3	12.3	12.3	12.1
工业增加值	—	23.6	24.3	24.2	23.9	21.3	18.5	17.5	17.2	17.5	18.2	19.0
城镇固定资产投资	—	34.8	26.5	23.5	23.3	16.2	15.8	15.2	15.4	17.6	18.0	19.2
房地产开发投资	—	—	16.2	21.4	34.0	21.3	28.4	30.0	31.4	38.0	37.9	37.4
社会消费品零售总额	17.6	18.5	18.7	18.8	18.7	18.6	18.7	18.7	18.7	18.7	18.8	19.0
外贸进出口总额	134.4	69.6	47.1	33.4	33.8	35.2	32.4	33.5	30.5	26.3	26.4	28.7
进口	186.6	81.9	52.3	34.8	32.4	28.7	24.6	27.6	24.0	18.4	18.8	20.8
出口	68.9	50.5	37.4	30.8	36.5	47.7	32.4	44.5	42.5	41.7	41.3	44.0
外商实际直接投资	—	—	77.0	-35.0	-21.0	21.0	4.0	9.0	-11.0	-0.1	1.0	13.0
地方财政收入	—	20.7	28.0	25.9	23.8	22.4	23.5	21.7	23.8	23.6	21.4	25.8
地方财政支出	—	5.1	15.6	12.8	11.2	11.2	11.0	12.9	16.1	16.6	24.1	18.4

数据来源：内蒙古统计局。

2010年辽宁省金融运行报告

中国人民银行沈阳分行货币政策分析小组

[内容摘要] 2010年，在辽宁沿海经济带、沈阳经济区和“突破辽西北”三大区域发展战略的带动下，辽宁经济逐步摆脱金融危机阴影，呈现良好发展态势。固定资产投资持续快速增长；城乡消费需求明显增加；随着金融危机对全球经济影响的减弱，外部需求逐渐回暖。三次产业增速均高于上年，第二产业增加值占比提高。物价上涨幅度较大，通货膨胀压力显现。环境保护和生态建设继续加强。货币条件逐渐回归常态，信贷投放更加均衡合理，利率总体呈上升趋势。跨境贸易人民币结算试点工作顺利开展。证券业继续稳步发展，保险业整体实力和服务经济社会能力稳步提升。金融市场交易活跃，融资结构有所改善。

2011年，辽宁经济面临诸多有利条件，有望延续目前的良好发展态势。在实施稳健的货币政策的背景下，全省贷款增速将有所回落，中长期贷款占比可能明显下降。金融调控和管理部门将在引导优化信贷结构的同时，推动社会多种融资方式发展，丰富企业融资渠道。

一、金融运行情况

2010年，在适度宽松的货币政策背景下，货币信贷条件逐步向常态回归。银行业信贷投放更加均衡合理，利率水平大体呈上升趋势，跨境贸易人民币结算试点工作顺利开展。证券业继续稳步发展，保险业整体实力和服务经济的社会能力稳步提升，金融体制机制建设继续向前推进。金融市场交易活跃，直接融资比重有所上升。金融生态环境明显改善。

（一）银行业实现快速发展，信贷投放更加均衡合理

在宏观调控政策的影响下，贷款增长趋缓，贷款投放节奏更为均衡，货币条件逐步向常态回归。银行业金融机构在有效控制风险的同时，也实现盈利水平的提升。

1. 银行业各项业务保持快速发展，资产质量、盈利水平进一步提升。2010年年末，辽宁省金融机构本外币各项存款余额为28 057亿元，同比增长20.2%，各项贷款余额为19 622亿元，同比增长21%；不良贷款余额比年初减少114.1亿元，不良贷款率比年初下降1.47个百分点，继续保持不良贷款余额、比率“双降”的态势。全省银行业金融机构实现盈利341.61亿元，同比增长39.32%。

表1　2010年辽宁省银行业金融机构情况

机构类别	营业网点[①]			法人机构（个）
	机构个数（个）	从业人数（人）	资产总额（亿元）	
一、大型商业银行[②]	3 082	76 420	13 796	0
二、国家开发银行及政策性银行[③]	81	2 306	3 536	0
三、股份制商业银行[④]	334	10 019	5 749	0
四、城市商业银行	883	20 784	6 976	15
五、城市信用社	0	0	0	0
六、农村合作机构[⑤]	2 426	31 047	2 738	77
七、财务公司	1	52	264	1
八、邮政储蓄银行	1 554	7 716	1 485	0
九、外资银行	44	1 157	352	1
十、农村新型机构[⑥]	52	988	100	42
合　计	8 457	150 489	34 996	136

注：①不包括国家开发银行和政策性银行、大型商业银行、股份制银行等金融机构总部数据。
②包括中国工商银行、中国农业银行、中国银行、中国建设银行和交通银行。
③包括国家开发银行、中国农业发展银行和中国进出口银行。
④包括中信银行、中国光大银行、华夏银行、广东发展银行、深圳发展银行、招商银行、上海浦东发展银行、兴业银行、中国民生银行、恒丰银行、浙商银行和渤海银行。
⑤包括农村信用社、农村合作银行和农村商业银行。
⑥包括村镇银行、贷款公司和农村资金互助社。
数据来源：中国人民银行沈阳分行、辽宁银监局、大连银监局。

村镇银行发展迅速，农村金融服务体系进一步完善，“三农”信贷资金投放渠道更加丰富。2010年，新组建村镇银行26家，年末全省村镇银行达到

36家。村镇银行各项存款余额为65.9亿元，比年初增加55.5亿元，增长5.3倍；各项贷款余额为52.1亿元，比年初增加43.3亿元，增长4.9倍。

2. 企业存款和储蓄存款大幅回落。2010年，贷款投放明显减少导致派生存款效应减弱，以及全省经济回升向好态势进一步巩固、企业生产积极性明显增强而用款量增多，使得企业存款回落。全年企业存款增加1 211亿元，同比少增801亿元。受通货膨胀压力有所上升、金融机构理财产品日益丰富、居民投资意识不断增强等各种因素的影响，居民储蓄意愿特别是活期储蓄的意愿明显降低，使得全年新增居民储蓄存款同比少增255亿元。

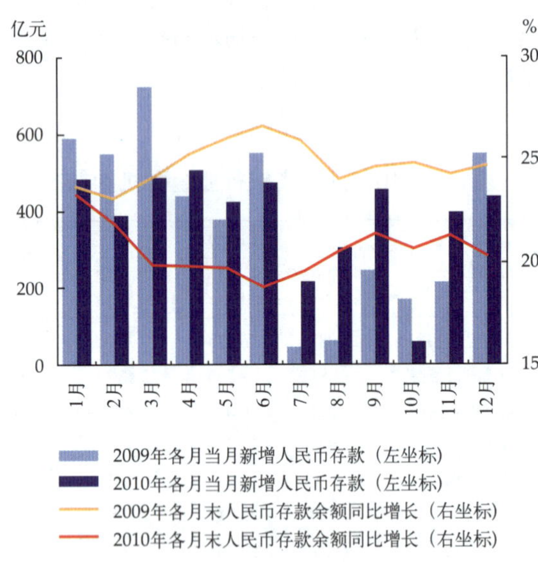

数据来源：中国人民银行沈阳分行。

图1　2010年辽宁省金融机构人民币存款增长变化

3. 信贷投放逐步由超常增长转向均衡合理状态，一般贷款投放力度进一步增强。在货币政策调控下，各项贷款增速在经历年初高点之后逐步下滑，下半年转向较为平稳的走势。全年本外币各项贷款新增3 400亿元，同比少增514亿元。

从期限结构看，随着辽宁三大区域发展战略的深入推进，大量项目上马，使得中长期贷款投放量创历史新高，成为推动各项贷款增长的绝对主力。全年本外币中长期贷款累计新增2 952亿元，占各项贷款新增量的86.8%，同比大幅提高18.7个百分点，同比多增288亿元。由于各行将贷款额度优先用于中长期贷款，使得短期贷款增长空间受到挤压。全年累计新增短期贷款620亿元，同比少增54亿元。由于票据贴现利率高企以及出于为贷款投放腾出空间的考虑，票据融资规模明显萎缩。全年票据融资仅有4个月新增量为正，其他月份均是负增长，累计下降356亿元，同比减少27.1%。

各项信贷政策全面推进并取得明显进展，信贷结构进一步优化。2010年累计为16名大学生村官共发放贷款1 083万元，带动农民就业1 290人，以缓解大学生村干部创业过程中的资金瓶颈问题；累计为26 934人发放国家助学贷款19 810万元，有效地保障了困难学生上学的资金需求；认真贯彻落实国家关于小额担保贷款各项政策，积极推进小额担保贷款的发放，促进、支持各类政策扶持对象自主创业、开展多种经营，2010年累计支持下岗失业人员9 645人实现再就业，同比增加1 254人。《中国人民银行沈阳分行辽宁省环境保护厅关于在辽宁省实施绿色信贷政策的指导意见》下发，第一次在制度上对辖内各银行业金融机构提出建立绿色信贷机制的规范性要求。信贷政策导向评估工作得到进一步巩固和完善，辽宁省政府根据2009年的评估结果，对24家获得优秀档次的金融机构给予了奖励。

4. 总体上看，2010年，辽宁省金融机构现金收入和现金支出均有较大幅度的增长。收支相抵后，

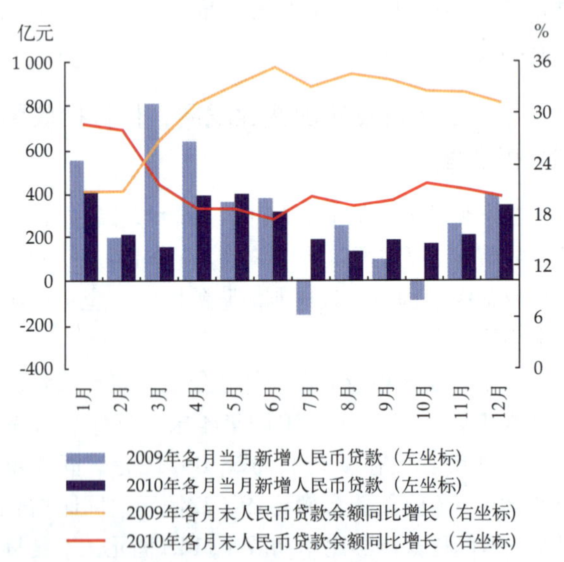

数据来源：中国人民银行沈阳分行。

图2　2010年辽宁省金融机构人民币贷款增长变化

实现净投放200.5亿元，同比增长124.3%。其中，随着经济回暖趋势不断巩固，省内各类企业生产规模不断扩大，对原材料的采购量增大，带动现金收入中的储蓄存款收入、行政税费收入大幅增长；受全年粮食价格不断走高、粮食减产、农户惜售及国家出台一系列调控房地产市场的政策措施、有购房需求的群体持币观望的影响，现金支出中的农副产品采购支出、居民提取贷款支出大幅下降。

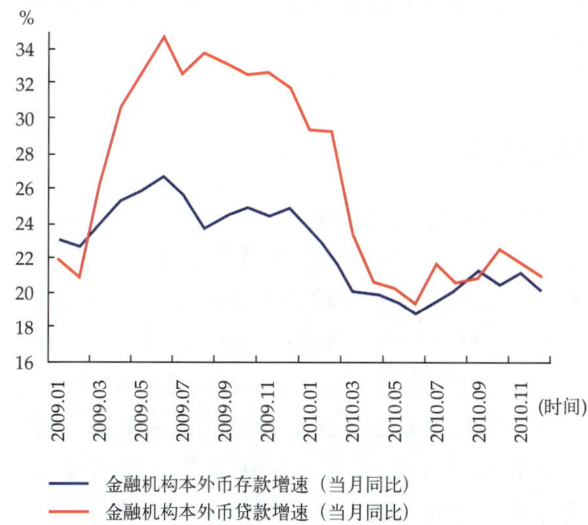

数据来源：中国人民银行沈阳分行。

图3 2009～2010年辽宁省金融机构本外币存、贷款增速变化

表2 2010年辽宁省金融机构现金收支情况表

单位：亿元、%

	年累计额	同比增速
现金收入	47 611.5	14.9
现金支出	47 812.0	15.1
现金净支出	200.5	124.3

数据来源：中国人民银行沈阳分行。

5. 人民币贷款利率水平总体呈上升态势。2010年上半年，银行体系流动性充裕，贷款利率水平虽较2009年有所提高，但上升幅度不大。随着存款准备金率的6次上调、存贷款基准利率的2次上调，货币政策转向的累积效应在2010年下半年逐步显现，人民币贷款利率水平自6月起上升幅度逐月加大。金融机构利率上浮贷款占全部人民币贷款的比重也逐月上行。12月，实行上浮利率的贷款占比为53.1%，比1月上升了16.3个百分点，同比上升11.5个百分点。

表3 2010年辽宁省金融机构各利率浮动区间贷款占比表

单位：%

		合计	国有商业银行	股份制商业银行	区域性商业银行	城乡信用社
合计		100.0	100.0	100.0	100.0	100.0
[0.9～1.0)		27.1	49.7	33.9	9.9	3.6
1.0		27.2	27.5	30.7	24.5	4.6
上浮水平	小计	45.7	22.8	35.4	65.6	91.8
	(1.0～1.1]	11.8	16.1	20.9	9.6	2.7
	(1.1～1.3]	11.2	6.3	14.0	24.1	6.9
	(1.3～1.5]	4.6	0.4	0.4	16.6	7.3
	(1.5～2.0]	15.5	0	0.1	13.7	68.1
	2.0以上	2.6	0	0	1.6	6.8

数据来源：中国人民银行沈阳分行。

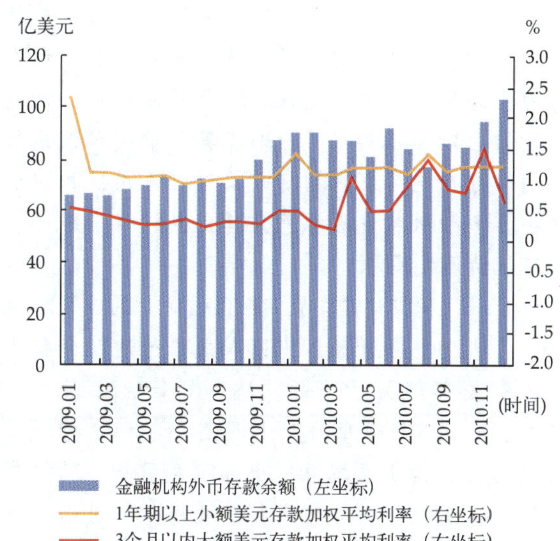

数据来源：中国人民银行沈阳分行。

图4 2009～2010年辽宁省金融机构外币存款余额及外币存款利率

6. 农村信用社产权制度改革继续向前推进。2010年，辽宁省有4家统一法人的县（市、区）级联社、1家农村合作银行改制成农村商业银行。沈阳、大连两市农村商业银行正抓紧筹建。通过深化改革，辽宁省农村信用社法人治理结构不断完善，内部管理得到有效加强，支农服务水平不断提高。

全面推进农村金融产品和服务方式创新取得明显成效，部分业务实现全省覆盖，已初步形成了参与主体多元、创新手段多样、各方互利多赢的良好局面。截至2010年年末，各类农村金融产品和服务方式创新业务贷款余额已超过200亿元，惠及农户超过80万户。

7. 跨境贸易人民币结算试点工作顺利开展。2010年4月28日，国务院批准扩大跨境贸易人民币结算试点范围，试点地区扩大至包括辽宁在内的20个省（自治区、直辖市）。《辽宁省跨境贸易人民币结算试点工作实施方案》、《辽宁省跨境人民币结算操作规程（试行）》、《辽宁省跨境人民币直接投资业务操作指引(试行）》、《辽宁省贸易进出口本外币交叉币种报关结算操作指引》、《辽宁省跨境人民币直接投资业务操作指引（试行）》等相继出台，初步形成了适应辽宁省试点工作发展要求的基本制度框架。

截至2010年年末，共有12个地区开展跨境人民币业务，18家银行机构开办跨境人民币业务，涉及境外地区21个，累计发生金额为50.2亿元。境内代理银行为境外参加银行共开立3个人民币同业往来账户，账户余额为7 645.9万元；境外企业在辽宁省开立人民币结算账户23个，账户余额为365.1万元。

专栏1　“绿色信贷”有力助推辽宁经济可持续发展

“绿色信贷”是正确处理金融业与可持续发展的一系列环境经济制度，其主要表现形式为生态保护、生态建设和绿色产业融资，构建新的金融体系和完善金融工具。中国人民银行沈阳分行充分发挥信贷政策杠杆作用，积极引导各金融机构发展绿色信贷，支持辽宁经济、环保协调发展。

一、积极构建发展“绿色信贷”的政策环境

从2006年开始，中国人民银行沈阳分行根据有关部门关于平板玻璃、铅锌、煤炭、纺织、水泥5个行业的产业调整要求和支持类、限制类、禁止类标准，出台印发了相关的信贷指导性意见，引导辖内各商业银行及时转变信贷观念，强化“绿色信贷”意识，将社会责任理念融入业务发展战略规划，嵌入核心业务领域以及业务经营政策、授信程序、业务流程和管理程序中，把符合国家环境管理、污染治理和对于生态的保护作为信贷决策的重要标准。2010年，在组织辖内各银行业金融机构对节能减排和淘汰落后产能项目信贷和融资情况进行了全面而深入的摸底排查的基础上，中国人民银行沈阳分行会同辽宁省环保厅、辽宁银监局对46家环境违法企业实施信贷限制措施，要求各银行业金融机构对环境违法的46家企业加强授信管理，严格限制其贷款，防范信贷风险，将整治违法企业和加强信贷管理同步推进，确保信贷限制措施落实到位。2010年中国人民银行沈阳分行同辽宁省环保厅联合下发的《关于在辽宁省实施“绿色信贷”政策的指导意见》，在制度层面对辖内各银行业金融机构提出建立“绿色信贷”机制的规范性要求。

二、“绿色信贷”政策取得明显成效

辽宁省内各银行业金融机构认真贯彻中国人民银行的指导意见，加强信贷结构调整力度，严格限制对高耗能、高污染行业的信贷投入，加快对落后产能和工艺的信贷退出步伐。2007年，辽宁省中国工商银行和中国农业银行对不符合环保政策的总额为8 500万元的2个项目进行了否决；2009年7月以来，丹东、锦州、营口、盘锦、葫芦岛5市各银行对其产业园区“两高一剩”行业拒批贷款31.6亿元，回收贷款50.1亿元，“两高一剩”行业贷款余额占全部贷款余额的比例由35.2%降至18.4%。

在加大淘汰产能落后的同时，各银行业金融机构以节能减排为重点，积极开发绿色信贷产品，大力支持能源、水利、城市基础设施等行业发展，实现信贷结构在行业、客户、产品维度上的优化结合。有关银行向鞍山某公司办理授信业务1亿元，支持企业搬迁并将严重污染环境的直接燃烧煤的加热装置改为煤气发生装置，实现了碳的零排放，企业产值也由原来的3亿元跃升到10亿元；某股份制银行沈阳分行向节能服务商提供了包括节能减排项目贷款、本外币结算、机构理财、碳金融在内的综合金融服务方案，得到企业的高度认可。其支持的某节能服务公司所实施的项目在为企业获得年收入3亿元经济效益的同时，实现在国境内年节约消耗标准煤26 736.7吨，年减排二氧化碳70 526.4吨。2009年7月以来，丹东、锦州、营口、盘锦、葫芦岛5市（以下简称5市）各银行针对其产业园区低碳企业生产经营特点，推出了“融货达”等多种定制型创新信贷产品，累计发放各类创新型贷款15.6亿元，贷款余额为9.7亿元。在“绿色信贷”的大力推动下，5市沿海经济带产业园区目前已形成24个以新材料、新能源等为核心的低碳型优势产业集群。2010年前10个月，5市低碳企业累计实现总产值645.59亿元，同比增长43.4%，占5市同期地区生产总值的21.2%，吸纳就业人数12.1万人，成为带动辽宁沿海经济带经济社会发展的重要引擎。

（二）证券业继续稳步发展

2010年，辽宁省证监部门积极推动辖内证券机构经纪业务转型，强化证券公司合规管理和分类监管，促进证券机构稳健经营。证券网点建设全面推进，网点布局逐步优化，新的竞争格局初步形成。由于2010年以来市场深度调整，成交明显萎缩，省内证券机构交易量和利润双双下降。监管部门加强对期货机构的风险监控和现场检查，推动期货公司不断增强实力。期货市场持续健康发展，服务经济功能日趋完善。

截至2010年年末，辽宁共有61家境内上市公司。2010年，有4家上市公司在创业板上市，融资再融资45.16亿元。监管部门加强上市公司治理，开展信息披露专项检查活动，遏制内幕交易行为的发生，并积极推动上市公司开展市场化并购重组。

表4　2010年辽宁省证券业基本情况表

项目	数量
总部设在辖内的证券公司数（家）	3
总部设在辖内的基金公司数（家）	0
总部设在辖内的期货公司数（家）	7
年末国内上市公司数（家）	61
当年国内股票（A股）筹资（亿元）	272.57
当年发行H股筹资（亿元）	28.9
当年国内债券筹资（亿元）	499.45
其中：短期融资券筹资额（亿元）	209.5

数据来源：中国人民银行沈阳分行、辽宁证监局、大连证监局。

（三）保险业整体实力和服务经济社会能力稳步提升，保险市场发展态势良好

2010年辽宁省共实现原保险保费收入605亿元，同比增长31%，全年累计赔付支出147亿元，保险业务实现快速发展。

保险企业经营管理持续规范，产险市场持续多年的恶性价格竞争得到有效遏制。保险保障功能作用有效发挥，全年为全省社会生产和人民生活提供约9万多亿元的风险保障。全省种植业保险承保面积达2 000万亩左右。大田作物保险在全省全面铺开；森林保险、科技保险、环境污染责任保险三个试点项目在政策和业务上均取得了实质性突破；大连启动玉米、水稻等种植业保险试点。

表5　2010年辽宁省保险业基本情况表

项目	数量
总部设在辖内的保险公司数（家）	3
其中：财产险经营主体（家）	1
寿险经营主体（家）	2
保险公司分支机构（家）	2 104
其中：财产险公司分支机构（家）	824
寿险公司分支机构（家）	1 280
保费收入（中外资，亿元）	605
其中：财产险保费收入（中外资，亿元）	166
人身险保费收入（中外资，亿元）	439
各类赔款给付（中外资，亿元）	147
保险密度（元/人）	1 402
保险深度（%）	3.31

数据来源：中国人民银行沈阳分行、辽宁保监局、大连保监局。

（四）金融市场交易活跃，融资结构有所改善

1. 间接融资占比小幅下降，融资结构有所改善。2010年辽宁融资结构仍以贷款为主，但贷款增量明显减少。债券融资额较上年有所增加。股票融资迅猛增长，融资额超过了300亿元，几乎为上年的10倍。

表6　2001～2010年辽宁省非金融机构融资结构表

单位：亿元、%

年份	融资量	比重		
		贷款	债券（含可转债）	股票
2001	381.9	96.1	0	3.9
2002	644.4	99.6	0	0.4
2003	1 070.9	95.8	3.8	0.4
2004	761.5	99.1	0.9	0
2005	1 079.2	99.3	0.7	0
2006	1 242.0	95.5	3.5	1.0
2007	1 678.6	77.8	3.9	18.3
2008	2 340.7	89.2	7.9	2.9
2009	4 353.5	89.9	9.4	0.7
2010	4 188.3	81.2	11.9	6.9

数据来源：辽宁省金融办、中国人民银行沈阳分行、辽宁证监局、大连证监局。

2. 货币市场交易活跃，市场规模迅速扩大。受六次存款准备金率、两次存贷款基准利率上调的影响，辽宁省同业拆借交易大幅增长，资金流向以拆入资金为主，拆借利率向上攀升，参与机构数量略有增加，但总体偏少，交易期限以一天为主。全年，在全国银行间市场累计拆借资金2 425.04亿元，同比增长2.17倍；在网下累计拆借资金31.33亿元，同比增长14.4倍。受银信合作被叫停、国内流动性充裕和欧美经济相对萎靡等因素的影响，2010年债券回购交易较为活跃，全年成交35 599.7亿元，同比上涨18.32%，其中，质押式回购交易占回购交易的99.3%。

3. 票据市场业务量全年呈现先降后升再降的走势，与贷款余额增长走势明显不同。各月贴现余额同比均为负增长，下半年票据融资累计净下降251亿元，年末余额在全部贷款中占比已不足5%。制造业在银行承兑汇票涉及行业中占比接近50%。全年贴现利率震荡上行，其中，直贴利率波动较大。受自身信贷规模及利差因素的影响，金融机构再贴现需求明显增加，再贴现余额持续较快增长。

表7　2010年辽宁省金融机构票据业务量统计表

单位：亿元

季度	银行承兑汇票承兑		贴现			
			银行承兑汇票		商业承兑汇票	
	余额	累计发生额	余额	累计发生额	余额	累计发生额
1	1 579	863	1 024	4 230	10.8	21.4
2	1 791	1 112	1 201	5 198	7.8	39
3	2 117	1 308	867	7 253	4	37.2
4	2 442	1 282	945	8 392	13	49.4

数据来源：中国人民银行沈阳分行。

表8　2010年辽宁省金融机构票据贴现、转贴现利率表

单位：%

季度	贴现		转贴现	
	银行承兑汇票	商业承兑汇票	票据买断	票据回购
1	3.2611	4.7344	2.5937	2.5867
2	4.6481	4.1558	2.8093	2.9269
3	3.7834	4.0990	3.1095	3.1884
4	5.1035	4.4864	3.8219	4.0248

数据来源：中国人民银行沈阳分行。

4. 受全球流动性过剩、全球性通货膨胀压力增大的影响，大连商品期货交易价格明显上升；高价格反过来又抑制了部分投机需求，使得成交量小幅下降。这两个方面的因素的共同作用，使大连商品交易所成交量减少3.27%，成交额却增长10.79%。

表9　2010年大连商品交易所交易统计表

交易品种	累计成交金额（亿元）	同比增长（%）	累计成交量（万手）	同比增长（%）
豆一	30 852	-0.87	7 479	-12.03
豆二	12	-47.03	3	-54.10
玉米	15 367	170.31	7 200	115.00
聚乙烯	68 711	55.33	12 498	39.63
豆粕	77 303	-13.26	25 116	-19.19
棕榈油	62 562	13.17	8 360	-5.91
聚氯乙烯	6 721	-48.87	1 697	-53.07
豆油	155 530	12.85	18 281	-3.62
合计	417 059	10.79	80 634	-3.27

数据来源：大连商品交易所。

5. 银行间外汇市场交易活跃，城市商业银行是市场交易主体。受市场交易主体结售汇同比大幅增加的影响，即期交易同比增加47.8%，达66.8亿美元；其中，询价交易仍是市场主要交易方式，占交易额的98.7%。“外币对”交易同比增长6.76倍，达29.6亿美元。无外汇远期交易和掉期交易。截至2010年年末，辽宁省共有12家银行间外汇市场会员，其中当年新增会员1家。

实物黄金交易十分活跃，账户金交易萎缩。受黄金价格波动较大，个人黄金延期业务快速发展的影响，辽宁省累计成交上海黄金交易所各黄金品种7.38吨，成交金额为173.1亿元，同比分别增长69.27%和74.94%。受通货膨胀预期的影响，商业银行场外品牌金业务增长迅速，共成交品牌金0.37吨，成交金额为10.6亿元，同比分别增长110.3%和171.8%。受黄金价格高位震荡，客户交易成本上升、风险加大以及个人账户白银买卖业务的推出、分流了部分账户金客户等因素的影响，账户金交易有所萎缩，本币金累计成交2.86吨，同比下降16.9%；美元金累计成交70 270盎司，同比下降37.94%。

6. 民间融资大幅增长。据测算，2010年，辽宁省民间融资总规模约为1 043亿元，同比增加334亿元。民间融资利率总体水平较高，融资方式以信用为主，违约率较低。民间融资仍然是中小企业融资的重要渠道，企业和个体工商户融资主要用于解决流动资金不足的问题；农户则主要用于农业生产。

7.货币市场衍生产品交易种类很少，交易规模较小。目前，辽宁省仅有1家银行参与了债券远期交易，全年共成交450亿元，占债券交易总量的0.73%。

（五）金融生态环境明显改善

“信用辽宁”建设深入开展，省政府组织清理政府关联类不良贷款，曝光逃废银行债务等典型失信案件。征信体系建设稳步推进，已为全省30万户企业和2 872万人建立了信用档案，系统查询用户数和查询量大幅增加；征信系统采集信息范围进一步扩大，整合了企业和个人身份、遵纪守法以及非金融领域负债等信用信息；征信产品逐渐丰富，应用范围进一步扩大，继续作为部分地市人大和政协代表选举、公务员招聘、环境违法治理、先进评选的重要依据。省内信用评级市场规范发展，借款企业信用评级质量不断提高，担保机构信用评级业务量迅速增长。社会公众信用意识显著提高，企业和个人更加注重良好信用记录的积累，逃废银行债务的行为基本得到遏制。

2010年，辽宁省支付结算体系建设不断推进。第二代支付系统建设工作稳步进行，网上支付跨行清算系统、电子商业汇票系统成功上线运行。支付系统参与者准入管理和流动性管理进一步加强。成立支付清算系统和中央银行会计集中核算系统危机处置协作小组，提高危机处置能力。农村支付服务环境建设工作成效显著，支付体系监督机制不断完善。

二、经济运行情况

2010年是“十一五”的收官之年，金融危机的影响逐步退去。辽宁省经济实现了快速发展，地区生产总值达18 278.3亿元，按可比价格计算比上年增长14.1%，高于上年1个百分点，连续九年保持两位数增长。

（一）内需保持高速增长，外部需求快速回升

2010年在国家“扩内需、促增长”政策的推动下，辽宁省固定资产投资保持了高速增长，城乡消费需求继续平稳增长，对外贸易实现了大幅度回升。

1. 固定资产投资保持高速增长。2010年，在老工业基地振兴战略进一步深化的大背景下，在辽宁沿海经济带、沈阳经济区两大国家级区域发展规划及一系列重点项目的带动下，辽宁省固定资产投资实现了持续快速增长，全社会固定资产投资完成16 043亿元，同比增长30.5%，增速与上年持平，高于全国6.7个百分点。

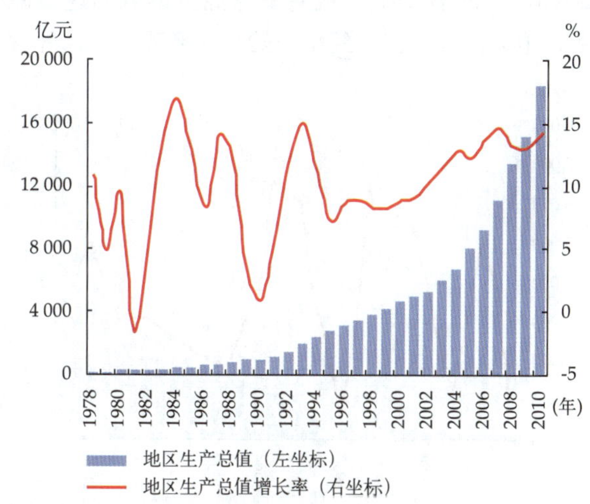

数据来源：辽宁省统计局。

图5 1978～2010年辽宁省地区生产总值及其增长率

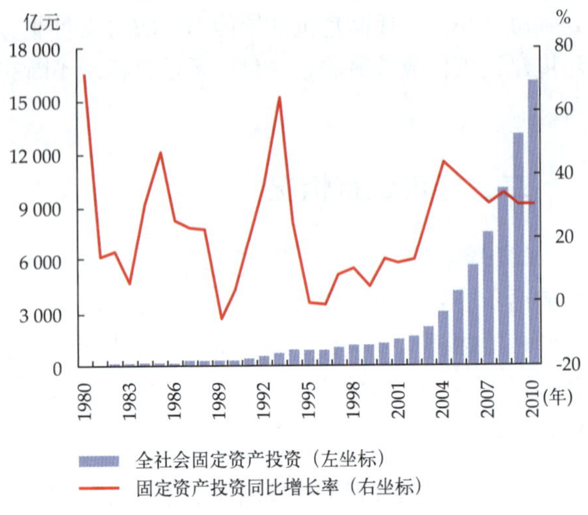

数据来源：辽宁省统计局。

图6　1980~2010年辽宁省固定资产投资及其增长率

2. 居民收入加速增长，城乡消费需求增长较快。2010年，城镇居民人均可支配收入为17 713元，同比增长12.4%，高于上年同期2.9个百分点，高于全国4.6个百分点。农村居民人均纯收入为6 907元，同比增长15.9%，高于上年9.1个百分点，高于全国5个百分点。2010年，辽宁省社会消费品零售总额为6 887.6亿元，同比增长18.5%，高于上年0.4个百分点，高于全国0.2个百分点。

3. 对外贸易大幅回升，利用外资快速增长。2010年，随着金融危机对全球经济影响的逐步减弱，绝大部分经济体经济开始步入复苏阶段，外部需求逐渐回暖，外贸环境也逐步改善，上述因素为辽宁省出口提供了良好的基础。全年辽宁省出口总额为431.2亿美元，同比增长28.9%，高于上年49.4个百分点。进口总额为375.5亿美元，同比增长27.4%，高于上年30.4个百分点。2010年，辽宁省实际利用外商直接投资额为207.5亿美元，同比增长34.4%，高于上年5.9个百分点，高于全国17个百分点。

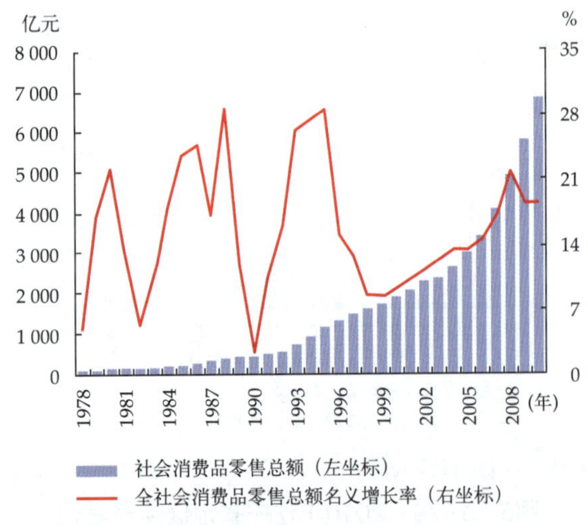

数据来源：辽宁省统计局。

图7　1978~2010年辽宁省社会消费品零售总额及其增长率

（二）社会供给强劲增长，支柱产业作用突出

三次产业继续协调发展，增速均高于2009年。第二产业占比提高，工业化程度进一步加深。

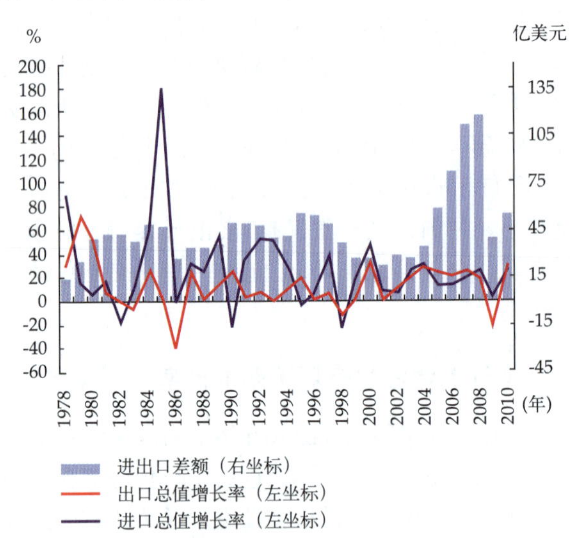

数据来源：辽宁省统计局。

图8　1978~2010年辽宁省外贸进出口变动情况

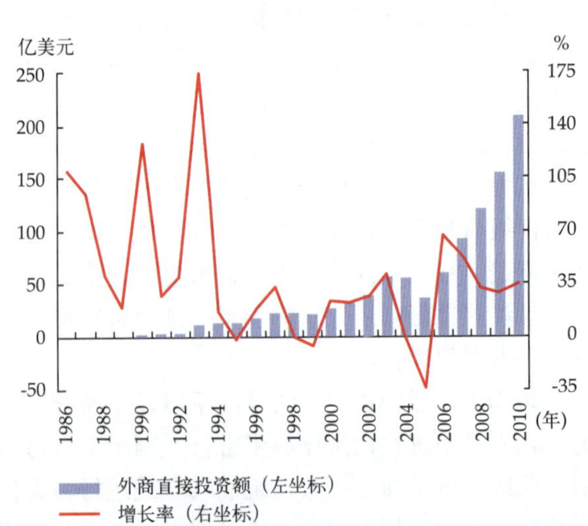

数据来源：辽宁省统计局。

图9　1986~2010年辽宁省外商直接投资情况

分三次产业来看，第一、第二、第三产业增加值同比增长分别为5.8%、16.7%、12.2%，与2009年相比较，均有不同程度的加快；第一、第二、第三产业增加值占地区生产总值比重分别为9%、54%、37%，与2009年相比较，第二产业比重增加了2个百分点。

1. 农作物播种面积及粮食产量实现“双增”。全年农作物总播种面积为4 184.9千公顷，比上年增长3%。粮食总产量为1 765.4万吨，比上年增产174.4万吨，增长11%。蔬菜产量为2 668.2万吨，增长2.4%。水果产量为641.3万吨，下降2.2%。

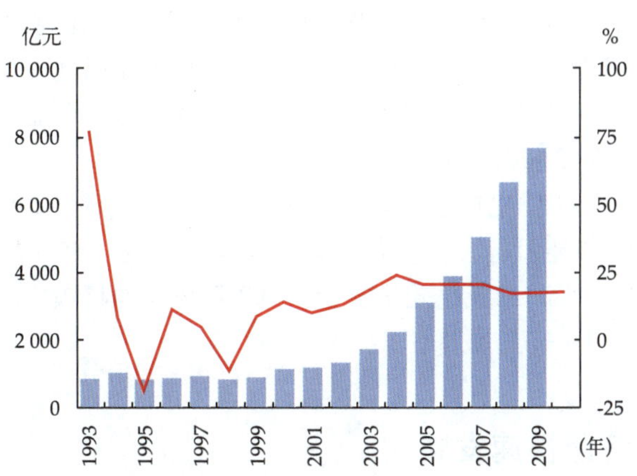

数据来源：辽宁省统计局。

图10　1993～2010年辽宁省工业增加值及其增长率

2. 工业生产及企业效益增速实现双快。全年全部工业增加值为8 684.7亿元，按可比价格计算，比上年增长16.8%。规模以上工业增加值按可比价格计算比上年增长17.8%。装备制造业、冶金、石化和农产品加工业四大行业占规模以上工业增加值的比重由上年的86.3%提高到87.2%。装备制造业增加值比上年增长27%，占规模以上工业增加值的比重达到31.8%；全年规模以上工业企业实现主营业务收入36 821.8亿元，比上年增长33%；利税总额为2 992.6亿元，增长44%；实现利润1 506.3亿元，增长59.9%；产销衔接状况继续好转，全年产品销售率达97.7%，比上年同期增长0.1个百分点。

3. 以服务业聚集区建设为载体，提升现代服务业发展水平。2010年第三产业实现增加值为6 775亿元，增长12.2%。

（三）居民消费价格和生产领域价格大幅上升

1. 主要受食品价格上涨的推动，2010年居民消费价格水平同比上涨3%。在美元贬值和全球经济复苏回升的影响下，原材料、燃料、动力购进价格同比上涨8.6%，工业品出厂价格同比上涨7.4%。

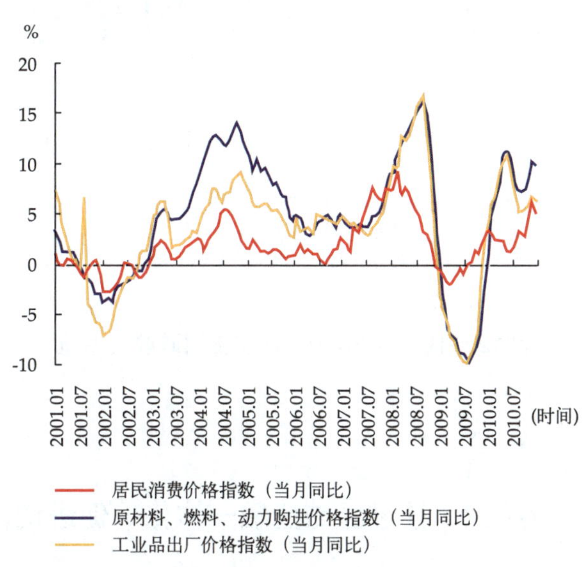

数据来源：辽宁省统计局。

图11　2001～2010年辽宁省居民消费价格和生产者价格变动趋势

2. 就业形势保持良好，社会保障覆盖面不断扩大。全年新增实名制就业115.6万人，城镇登记失业率为3.7%，比2009年下降0.2个百分点。年末，城镇职工基本养老保险参保人数1 498.3万人，比上年年末增长2.8%。城镇职工基本医疗保险参保人数为1 408.7万人，比上年年末增长4.6%；城镇居民基本医疗保险参保人数为647.5万人，比上年年末增长18.1%。失业保险参保人数为626.9万人，比上年年末增长0.3%。新型农村合作医疗参合农民为1 953万人。新型农村社会养老保险试点县达到14个。126万城镇居民和92.4万农村居民得到政府最低生活保障。城市低保月人均标准和月人均补助水平分别达到305元和183元，比上年增长11.7%和13.7%。农村低保年人均标准和年人均补助水平分别达到1 907元和1 056元，比上年增长26.7%和20.6%。

（四）财政收入大幅增长，环境保护支出增长最快

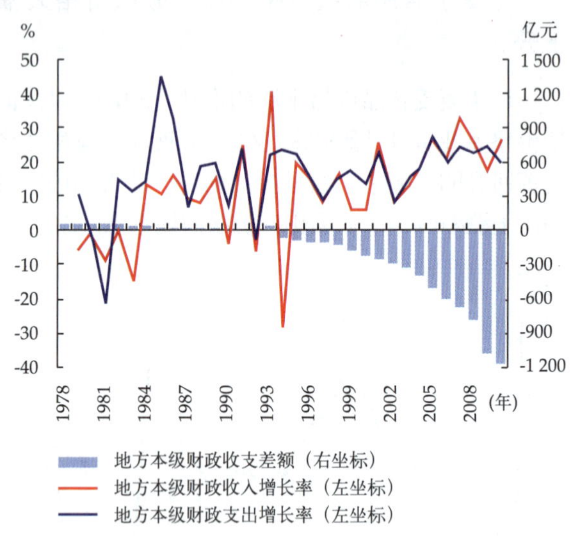

数据来源：辽宁省统计局。

图12　1978～2010年辽宁省财政收支状况

2010年地方财政一般预算收入完成2 004.8亿元，同比增长26%，比上年增加8.7个百分点，其中，非税收收入增长19.9%，低于平均水平6.1个百分点。全年地方财政一般预算支出3 194.4亿元，同比增长19.1%，其中，环境保护方面的支出增长最快，增速为38%。

（五）环境保护和生态建设继续加强

全年城市污水处理率由上年的60.2%提高到70%；生活垃圾无害化处理率由59.9%提高到63%；用水普及率由97.2%提高到98%；燃气普及率由93.7%提高到93.8%；城市人均拥有道路面积由10.4平方米增加到10.5平方米；人均公园绿地面积由9.8平方米增加到9.9平方米；建成区绿化覆盖率由38.3%提高到38.6%。

单位生产总值能耗完成“十一五”下降20%的节能目标。全年化学需氧量排放量比上年下降3.79%，二氧化硫排放量下降2.78%，均超额完成“十一五”减排任务。

专栏2　推进区域金融一体化　促进沈阳经济区快速发展

沈阳经济区是以沈阳为中心，辐射鞍山、抚顺、本溪、营口等八个城市而形成的“区域经济共同体”，面积为7.5万平方公里，占全省面积的50.8%。2010年4月，沈阳经济区获批为国家新型工业化综合配套改革试验区。作为全国老工业基地核心区的典型代表，沈阳经济区将建设成为“国家新型产业基地重要增长区”，打造具有国际竞争力的先进装备制造业基地、高加工度原材料工业基地；建设资源型城市经济转型示范区，以资源型城市经济转型为重点，大力扶持发展接续替代产业，培植多元化产业发展模式；建设以新型工业化带动现代农业发展的先行区，形成城乡经济社会发展一体化格局。2010年沈阳经济区地区生产总值为9 984.7亿元，占全省的66.3%，规模以上工业增加值为4 611亿元，占全省的59.49%，“一核、五带、十群”①的区域产业空间发展格局初步形成。

区域经济一体化提出了区域金融一体化的需求。目前，沈阳经济区金融一体化步伐明显加快。沈阳经济区内盛京银行、营口银行、阜新银行等城市商业银行均实现了跨省经营，经济区内八城市在信用卡代理、资金业务等方面达成合作共识，城市间取消银行卡异地存取款手续费和支票结算等工作也在积极推进中。另外，经济区内八城市实现了个人异地购房公积金贷款“同城化”，沈阳市住房公积金管理中心已发放异地贷款8 000多万元。截至2010年年末，沈阳经济区内共有金融机构营业网点4 307个，资产总额达9 620亿元。沈阳经济区内金融机构各项人民币贷款余额为9 304亿元，占辽宁省各项人民币贷款余额的54.4%。金融服务与

① “一核”是指沈阳经济核心区，“五带”是指打造沈抚、沈本、沈铁、沈辽鞍营和沈阜五条城际连接带，“十群”是指沈西先进装备制造、沈阳浑南电子信息等十个重点产业集群。

创新为区域经济合作提供了便利化的服务。商业银行积极推出行内银团贷款业务，满足跨区域优质客户、优质大项目的融资、结算等服务需求。同时，积极扩大企业直接融资途径，自2005年以来，沈阳经济区内共有10家企业发行短期融资券327.5亿元，分别占辽宁省发行企业数和发行额的58.8%和77.5%。

随着未来沈阳经济区发展进程的不断加快，区域金融一体化需要进一步得到深化。一是建立区域金融合作框架，制定和完善城市群区域金融政策。加强区域内金融机构对客户信息资源和金融创新资源的共享，建立信息一体化机制，促进企业信息资源在金融系统内的交流。二是加快构建统一的区域金融市场，培育和发展短期资金市场，建立区域性中小企业短期资金借贷中心，提高金融资源配置效率。三是加强金融基础设施建设，优化区域金融服务环境。加快现代化支付系统、区域金融结算服务系统、3A支付系统和财税库行横向联网系统在各地区的推广应用。健全区域征信和信用担保体系，建立跨地区的企业信用查询协作机制、企业资信统一评级标准和相互信用担保协作体系。四是大力推进金融创新，针对沈阳经济区建设中的金融需求特点，引导金融机构支持企业并购重组，发展杠杆贷款、信托投资、融资租赁、资产证券化等金融产品，为产业升级、企业扩张、跨省合作项目开发提供一揽子金融服务。

（六）房地产投资高位运行，差别化房贷政策初见成效，装备制造业步入新的发展阶段

1. 房地产投资高位运行，差别化房贷政策初见成效。

（1）房地产开发投资高位平稳运行，资金来源比较充裕。2010年，辽宁省实现房地产开发投资3 465.76亿元，在31个省市中排第三位；同比增长31.3%，比上年同期提高3.2个百分点。其中，沈阳市房地产开发投资增速低于全省9.3个百分点，但比上年提高4.4个百分点；大连市房地产开发投资增速高于全省1.4个百分点，比上年提高15.9个百分点；其他12个城市合计完成房地产开发投资增速较上年下降15.39个百分点。

2010年，辽宁省房地产投资资金来源同比增长57.6%。其中，自筹资金占比上升6.8个百分点；国内贷款占比较上年下降2.2个百分点；其他资金来源（主要为定金、预收款和个人按揭贷款）占比较上年下降3.7个百分点。

（2）住宅供给持续增加，商品房潜在供给较大。2007年以来，辽宁省住宅开发投资一直保持高位运行。2010年，住宅开发投资增长28.4%；住宅施工面积增长42.3%，比上年提高18.5个百分点；住宅新开工面积增长48.4%，比上年提高29.1个百分点；住宅竣工面积增长7.6%，比上年提高3.3个百分点。住宅施工面积是当年住宅销售面积的3.44倍。

土地购置和土地开发明显加快。2010年，辽宁省房地产开发企业本年购置土地面积增长73.6%，较上年上涨了102.4个百分点；完成土地开发面积增长12.2%，较上年提高17.1个百分点。

（3）调控政策对主要城市房地产销量影响较大，对中小城市影响较小。2010年，辽宁省商品

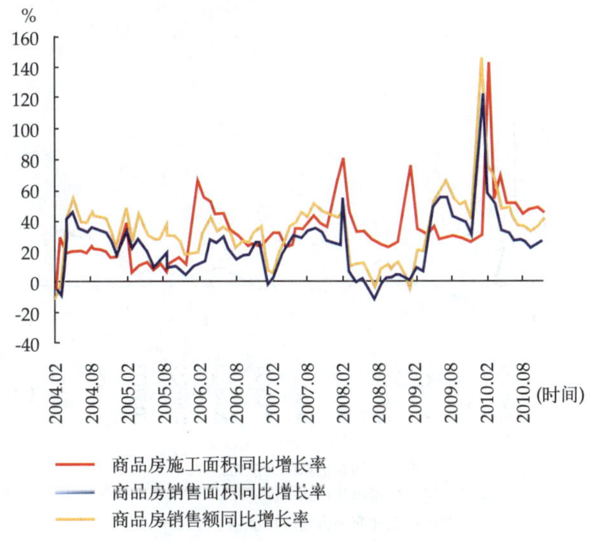

数据来源：辽宁省统计局。

图13　2004～2010年辽宁省商品房施工和销售变动趋势

房销售额同比增长41.1%，比全国平均水平高22.8个百分点，增速较上年同期高0.1个百分点。商品房销售面积在全国居第四位。不过，沈阳市商品房销售面积同比增幅自2月的23.3%猛然跌落到3月的7.7%后，此后连续数月保持个位数增幅，全年商品房销售面积增长13.9%，比上年提高9.3个百分点；大连市商品房销售面积同比增幅自年初的125.8%一路下滑，全年仅增长5.4%，比上年低37.4个百分点。

（4）房价调控取得一定成效。12月，大连市和锦州市商品房销售价格同比增速分别为6.1%和4.1%，分别比全国平均水平低0.3个和2.3个百分点。

（5）受政策调控影响，房地产贷款增速前高

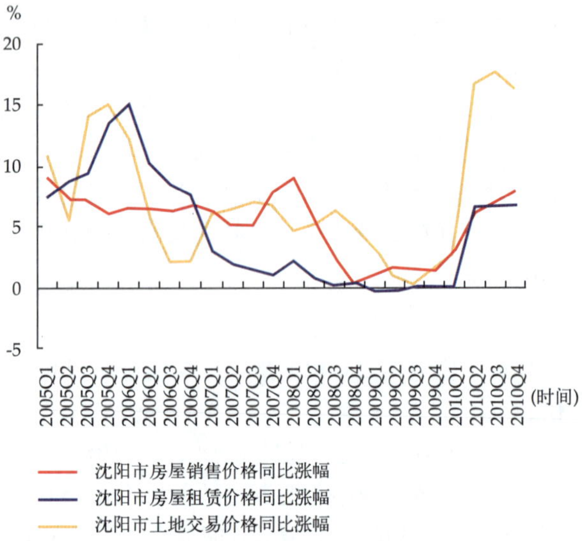

沈阳市房屋销售价格同比涨幅
沈阳市房屋租赁价格同比涨幅
沈阳市土地交易价格同比涨幅

数据来源：《中国经济景气月报》。

图14　2005～2010年沈阳市房屋销售价格指数变动趋势

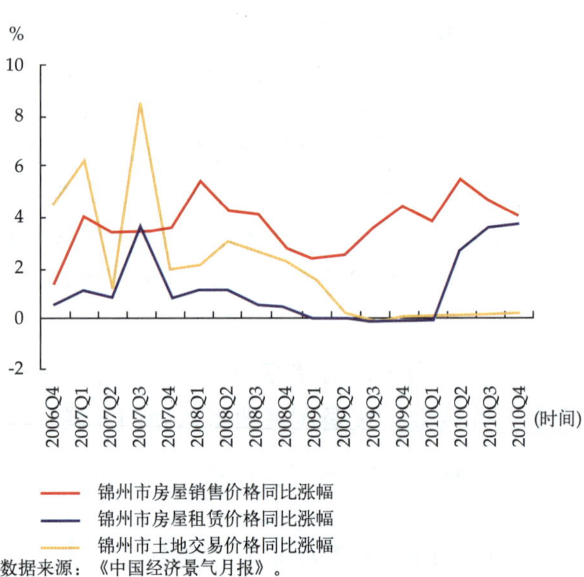

数据来源：《中国经济景气月报》。

图16　2006～2010年锦州市房屋销售价格指数变动趋势

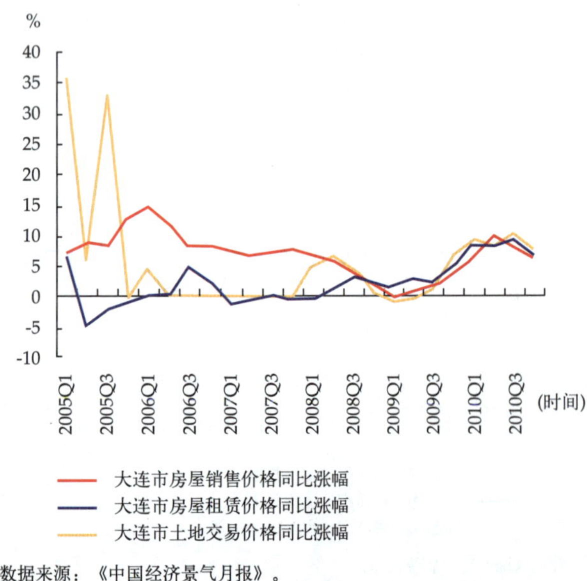

数据来源：《中国经济景气月报》。

图15　2005～2010年大连市房屋销售价格指数变动趋势

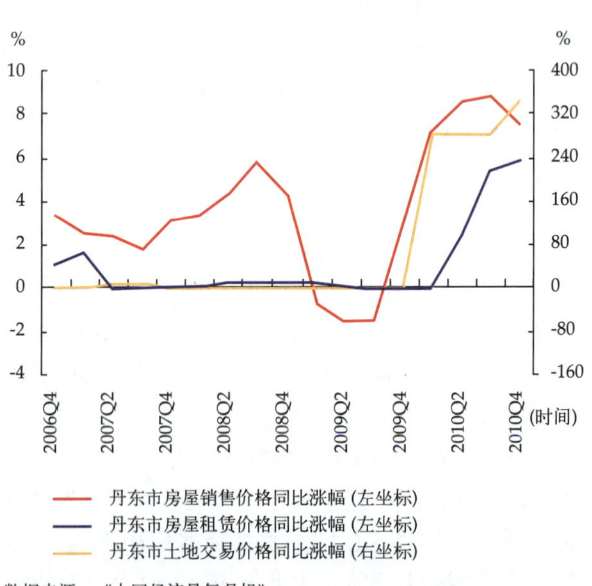

数据来源：《中国经济景气月报》。

图17　2006～2010年丹东市房屋销售价格指数变动趋势

后低。辽宁省房地产贷款同比增速在5月达到年内最高增幅46.48%，6月以后开始下滑，年底达全年最低水平33.68%。2010年年末，辽宁省个人住房贷款余额大幅增长43.98%，但其中二手房贷款余额同比少增21亿元。2010年发放个人住房贷款平均抵借比为51.6%，比上年下降10.1个百分点。金融支持保障性住房建设显著加强。2010年年末，经济适用房开发贷款余额为27.67亿元，比年初增加13.33亿元。

2. 辽宁省装备制造业步入新的发展阶段。

装备制造业是辽宁省的第一大支柱产业，在全国占有重要地位，目前已经形成了从教育、科研到工程设计的完备支撑体系，拥有21个国家级企业技术中心和139个省级以上企业技术中心。在装备制造业178小类产品中，辽宁有58小类居于全国前六位，占32.6%。数控机床、大型船舶、铁路内燃机车、系列轴承等行业，在国内具有一流的竞争实力和发展潜力。2010年，大型输变电、石化、数控机床、盾构机等重大装备领域的自主研发取得新突破，我国首台特高压升压变压器和首台核反应堆压力容器等重大装备相继在辽宁研制成功，辽宁装备制造业正助力“中国制造”迈向“中国创造”。从2010年5月开始，辽宁装备制造业单月产值连续8个月保持千亿元以上的增长规模；全年完成工业总产值12 454.5亿元，增长33.56%，辽宁省首次跨入装备制造业产值万亿元阵营。全年完成出口交货值1 453亿元，增长28.4%；实现利润598.2亿元，增长49.1%，占规模以上工业利润总额的39.7%。

随着辽宁沿海经济带和沈阳经济区开发建设步伐的不断加快，辽宁省装备制造业产业集群优势更加突出。沈阳市通过铁西区整体改造，形成了以机床、石化通用装备、重型矿山装备、输变电装备等为代表的铁西装备制造业示范区；大连市发挥临港临海和对外开放先导区的优势，形成了“两区一带”临港临海装备制造业聚集区。其他城市，如鞍山的冶金和矿山成套设备、丹东的精密装备、盘锦和葫芦岛的船舶制造修造业等，都呈现出良好的发展势头。

辽宁省金融机构在为装备制造业企业提供信贷业务、中间业务、结算业务等整体营销金融服务的同时，在公司理财、网上银行、物流金融、现金管理、债券质押融资等创新金融产品方面也进行了有益的尝试，在支持企业兼并重组、关键产品创新和升级以及配套产业发展等方面发挥了关键作用，促进了辽宁省装备制造业的持续发展。截至2010年年末，辽宁省装备制造业贷款余额为1 532.6亿元，增长18.41%，占各项贷款余额的7.86%；当年新增贷款249.9亿元，占各项贷款新增额的7.44%。

三、预测与展望

2011年，深入推进东北地区等老工业基地振兴为辽宁加快发展带来了难得的机遇，国家积极稳健、审慎灵活的宏观经济政策为辽宁加快发展提供了有利的条件，全省经济高速增长的惯性不会减速，后发优势日益凸显为辽宁加快发展奠定了坚实基础，三大战略的影响日益增加，经济发展多点支撑的局面已经形成为辽宁加快发展积蓄了强劲的内生动力。同时，也存在一些不利因素，如经济社会发展中的结构性和体制性问题依然存在，产业转型升级面临诸多制约，要素供给和资源环境约束更加突出，城镇居民收入水平需要进一步提高等。综合考虑有利条件和不利因素，预计2011年辽宁地区生产总值增长11%，地方财政一般预算收入增长15%，全社会固定资产投资增长20%，外贸出口总额增长15%，实际利用外商直接投资增长15%，城镇居民人均可支配收入和农村人均纯收入分别增长10%和9%，居民消费价格总水平涨幅4%。

2011年，在实施稳健的 货币政策、货币条件向常态回归的背景下，辽宁省贷款增速将有所回落，与实体经济对贷款的实际需求相匹配。在期限结构上，由于新建、在建和续建项目的贷款需求仍较大，中长期贷款新增量仍将较大；同时，随着国家进一步加强房地产市场调控、继续清理规范地方政府融资平台以及金融机构主动调整资产结构，中长期贷款增量占比可能明显下降，短期贷款占比将有所上升。金融调控和管理部门将在引导优化信贷结构的同时，进一步推动社会多种融资方式的发展，努力拓宽企业融资渠道，扩大辽宁社会融资总量，加大金融对辽宁实体经济的支持力度，促进辽宁经济快速健康发展。

中国人民银行沈阳分行货币政策分析小组
负责人：王　顺　闫　力
统　稿：刘克宫　姚　勇　陈宁波
执　笔：卢心慧　刘　涛　王　可　于松涛　高新宇　杨圣奎　高　霞　刘　杰　陈秀龙　李士涛
提供材料的还有：宋　刚　苗丽光　张次兰　赵　越　王鲁非　张　博　李丽丽　吴新宇　张冬梅
孙　勇　胡秋慧　张晓玲　郭宝华　刘晓丽

附录

（一）2010年辽宁省经济金融大事记

2月1日，中国人民银行沈阳分行组织召开2010年辽宁省经济金融形势分析会，指导和督促金融机构全面贯彻落实适度宽松的货币政策，辽宁省副省长陈超英主持会议，省长陈政高出席会议并作重要讲话。

4月6日，经国务院同意，国家发展改革委正式批准沈阳经济区成为国家新型工业化综合配套改革试验区。

4月14日至17日，李克强副总理到辽宁大连、营口、沈阳、抚顺等地考察，充分肯定了辽宁经济社会发展取得的成绩。

5月31日，中国人民银行沈阳分行联合辽宁银监局等部门召开农村金融产品和服务方式创新工作现场经验交流会。

8月9日，中国人民银行沈阳分行完成对沈阳市内9家申请开办跨境人民币结算业务商业银行的现场验收工作，标志着辽宁省跨境贸易人民币结算业务的正式开始。

8月17日，国务院总理温家宝主持召开国务院振兴东北地区等老工业基地领导小组第二次会议，审议并原则通过《关于加快东北地区农业发展方式转变建设现代农业的指导意见》。

8月23日，由中国金融学会、《金融时报》、中国人民银行沈阳分行联合主办的“第三届东北金融高层论坛”在沈阳举行。

11月2日，东北物流城有限公司在纽约证券交易所成功上市，成为国内首家在纽约证券交易所上市的物流公司。

11月2日至8日，中国人民银行沈阳分行、辽宁银监局、辽宁证监局、辽宁保监局、辽宁省金融办联合主办的“金融系统反腐倡廉建设”巡展在沈阳举办。

12月8日，辽宁省《机动车辆保险赔款实名全额转账制度》正式实施，将极大地防范和化解车险理赔环节的风险隐患，保障车辆保险理赔资金安全。

（二）2010年辽宁省主要经济金融指标

表1 2010年辽宁省主要存贷款指标

		1月	2月	3月	4月	5月	6月	7月	8月	9月	10月	11月	12月
本外币	金融机构各项存款余额（亿元）	23 856	24 250	24 716	25 216	25 598	26 136	26 298	26 558	27 063	27 110	27 568	28 057
	其中：城乡居民储蓄存款	12 333	12 774	12 963	12 940	13 001	13 301	13 210	13 293	13 618	13 439	13 546	13 879
	企业存款	7 311	7 230	7 357	7 529	7 784	7 928	7 776	7 804	7 924	7 919	8 188	8 351
	各项存款余额比上月增加（亿元）	505	394	465	500	382	538	162	260	505	47	458	490
	金融机构各项存款同比增长（%）	23.6	22.2	20.2	20.0	19.6	18.9	19.5	20.3	21.3	20.5	21.1	20.2
	金融机构各项贷款余额（亿元）	16 631	16 894	17 121	17 533	17 925	18 271	18 446	18 595	18 800	18 998	19 245	19 622
	其中：短期	5 794	5 810	5 811	5 890	5 960	6 023	6 078	6 138	6 184	6 192	6 177	6 303
	中长期	9 402	9 712	9 951	10 107	10 352	10 670	10 907	11 099	11 354	11 493	11 729	11 901
	票据融资	1 152	1 078	1 035	1 186	1 260	1 209	1 105	1 001	871	897	882	958
	各项贷款余额比上月增加（亿元）	409	267	226	413	391	346	176	149	205	198	247	377
	其中：短期	112	17	1.8	78	70	63	55	61	45	8.9	-16	126
	中长期	453	308	239	156	245	318	237	190	255	140	236	171
	票据融资	-161	-70	-43	151	74	-51	-104	-105	-130	26	-15	76
	金融机构各项贷款同比增长（%）	29.4	29.3	23.3	20.7	20.3	19.3	21.8	20.6	20.8	22.5	21.8	21.0
	其中：短期	12.1	11.2	7.1	5.9	6.5	3.8	5.5	6.3	6.5	8.1	7.9	8.9
	中长期	48.31	49.53	46.49	45.99	43.99	41.72	41.61	39.85	38.69	37.57	37	34.61
	票据融资	-3.4	-10.36	-31.85	-37.38	-35.73	-32.55	-26.34	-33.98	-35.49	-24.37	-30.5	-27.11
	建筑业贷款余额（亿元）	350	366	364	385	398	401	406	418	438	464	441	456
	房地产业贷款余额（亿元）	1 269	1 324	1 392	1 417	1 441	1 492	1 528	1 565	1 622	1 577	1 661	1 660
	建筑业贷款同比增长（%）	23.5	32.1	26.1	33.7	33.7	33.8	31.2	29.6	34.2	43.0	29.2	32.1
	房地产业贷款同比增长（%）	46.9	46.8	53.6	51.1	51.4	42.7	47.4	46.2	46.1	40.0	45.4	37.9
人民币	金融机构各项存款余额（亿元）	23 241	23 632	24 118	24 623	25 043	25 511	25 728	26 033	26 487	26 544	26 936	27 373
	其中：城乡居民储蓄存款	12 121	12 561	12 752	12 733	12 797	13 098	13 010	13 097	13 424	13 247	13 358	13 690
	企业存款	6 944	6 858	7 004	7 191	7 473	7 547	7 451	7 512	7 579	7 578	7 787	7 903
	各项存款余额比上月增加（亿元）	483	391	486	505	420	468	217	305	454	57	392	437
	其中：城乡居民储蓄存款	95	436	191	-19	64	301	-88	87	327	-177	110	333
	企业存款	143	-86	146	188	281	75	-96	49	68	1.2	209	116
	各项存款同比增长（%）	23.3	21.9	19.9	19.8	19.6	18.7	19.5	20.6	21.4	20.7	21.3	20.3
	其中：城乡居民储蓄存款	13.48	15.25	13.97	12.98	12.42	13.33	12.38	12.91	13.77	12.98	13.43	13.79
	企业存款	33.5	28.8	24.5	24.4	25.4	19.0	15.9	14.2	14.9	13.0	14.7	9.0
	金融机构各项贷款余额（亿元）	15 956	16 166	16 326	16 715	17 110	17 425	17 615	17 755	17 945	18 122	18 333	18 690
	其中：个人消费贷款	1 694	1 737	1 749	1 796	1 859	1 917	1 952	2 000	2 063	2 096	2 153	2 203
	票据融资	1 152	1 077	1 035	1 186	1 260	1 209	1 105	1 001	871	897	882	958
	各项贷款余额比上月增加（亿元）	407	215	159	389	395	316	190	140	190	177	212	356
	其中：个人消费贷款	74	42	41	47	63	58	35	48	63	33	57	50
	票据融资	-160	-70	-43	151	74	-51	-104	-105	-130	26	-15	76
	金融机构各项贷款同比增长（%）	28.7	28.1	21.6	18.8	18.6	17.7	20.3	19.2	19.7	21.6	20.9	20.2
	其中：个人消费贷款	47.4	51.7	50.0	51.7	52.5	49.2	46.0	44.5	79.5	82.4	38.9	37.1
	票据融资	-3.5	-10.4	-31.8	-37.3	-35.6	-32.4	-26.2	-33.8	-35.3	-24.1	-30.4	-27.0
外币	金融机构外币存款余额（亿美元）	90.1	90.5	87.5	86.8	81.3	92	84.1	77.1	85.9	84.7	94.6	103.4
	金融机构外币存款同比增长（%）	36.8	36.1	32.4	27.7	16.5	24.3	20.9	6.5	21.2	13.9	18.4	19.2
	金融机构外币贷款余额（亿美元）	98.9	106.6	116.4	119.9	119.3	124.4	122.7	123.4	127.6	131	136.6	140.8
	金融机构外币贷款同比增长（%）	49.2	61.9	75.1	78.6	73.6	69.6	67.3	60.5	53.4	47.8	45.3	42.9

数据来源：中国人民银行沈阳分行。

表2 2001~2010年辽宁省各类价格指数

单位:%

年/月	居民消费价格指数		农业生产资料价格指数		原材料购进价格指数		工业品出厂价格指数		沈阳市房屋销售价格指数	沈阳市房屋租赁价格指数	沈阳市土地交易价格指数	大连市房屋销售价格指数	大连市房屋租赁价格指数	大连市土地交易价格指数
	当月同比	累计同比	当月同比	累计同比	当月同比	累计同比	当月同比	累计同比	当季(年)同比	当季(年)同比	当季(年)同比	当季(年)同比	当季(年)同比	当季(年)同比
2001	—	0	—	0.5	—	0	—	-1.4	2.6	0.1	1.7	-0.4	1.9	-0.1
2002	—	-1.1	—	1.7	—	-1.7	—	-2.2	0.1	-0.5	-16.9	-1.6	-1.9	0
2003	—	1.7	—	-1.6	—	5.1	—	3.6	7.6	1.4	16.1	0.7	0	3.5
2004	—	3.5	—	13.3	—	21.1	—	7.1	15.9	-1	16.2	4.6	-1.8	12.9
2005	—	1.4	—	10	—	8.1	—	5.1	7.6	1.5	11.4	9.15	-1.025	18.55
2006	—	1.2	—	0.5	—	4.2	—	4.1	6.6	3.8	6.0	10.8	1.8	1.2
2007	—	5.1	—	14.2	—	4.8	—	4.4	6.1	1.8	6.5	7.2	-0.3	—
2008	—	4.6	—	28.1	—	11.5	—	10.9	0.4	—	—	1.7	—	—
2009	—	0.0	—	-3.3	—	-6.7	—	-6.0	—	—	—	—	—	—
2010	—	3.0	—	3.7	—	8.6	—	7.4	—	—	—	—	—	—
2009 1	-0.8	-0.8	6.9	6.9	-3.4	-3.4	-4.4	-4.4	—	—	—	—	—	—
2	-1.6	-1.2	3.9	5.4	-5.2	-4.3	-5.1	-4.8	—	—	—	—	—	—
3	-2.0	-1.4	-2.6	2.6	-6.9	-5.2	-6.9	-5.5	1.2	-0.1	3.1	0.2	1.6	-0.7
4	-1.3	-1.4	-4.0	0.8	-7.4	-5.7	-7.9	-6.1	—	—	—	—	—	—
5	-0.5	-1.2	-5.6	-0.5	-8.9	-6.4	-9.0	-6.7	—	—	—	—	—	—
6	-0.8	-1.2	-6.4	-1.5	-8.6	-6.7	-9.5	-7.1	1.7	-0.1	1.0	-0.5	2.8	-0.5
7	-0.1	-1.0	-8.4	-2.6	-9.3	-7.1	-10.0	-7.5	—	—	—	—	—	—
8	0.2	-0.9	-7.6	-3.2	-9.4	-7.4	-9.1	-7.7	—	—	—	—	—	—
9	1.3	-0.6	-6.5	-3.6	-8.7	-7.5	-8.0	-7.8	1.4	0.0	0.4	1.5	2.5	1.2
10	1.1	-0.5	-4.4	-3.7	-7.8	-7.6	-6.3	-7.6	—	—	—	—	—	—
11	2.2	-0.2	-2.1	-3.5	-4.5	-7.3	0.2	-6.9	—	—	—	—	—	—
12	3.2	0.0	0.0	-3.3	0.2	-6.7	4.2	-6.0	1.5	0.1	1.4	3.6	5.0	6.6
2010 1	3.1	3.1	2.0	2.0	5.1	—	5.8	—	2.7	—	—	5.0	—	—
2	2.5	2.8	2.3	2.1	6.8	—	6.7	—	2.5	—	—	6.8	—	—
3	2.4	2.7	2.4	2.2	8.0	—	9.4	—	3.8	0.1	2.7	8.6	8.2	9.2
4	2.3	2.6	2.7	2.3	10.9	—	10.1	—	5.2	—	—	10.0	—	—
5	1.4	2.3	3.2	2.5	11.2	—	10.9	—	6.4	—	—	10.0	—	—
6	1.4	2.2	3.4	2.7	10.6	—	9.4	—	6.4	6.5	16.7	9.9	8.3	8.5
7	1.9	2.2	4.2	2.9	7.8	—	7.3	—	6.9	—	—	8.3	—	—
8	3.3	2.3	4.2	3.0	7.5	—	5.2	—	7.0	—	—	7.7	—	—
9	2.9	2.4	3.7	3.1	7.3	—	5.4	—	7.2	6.6	17.7	7.2	9.5	10.3
10	4.2	2.5	4.7	3.3	8.4	—	5.8	—	7.9	—	—	7.2	—	—
11	6.0	2.9	5.9	3.5	10.3	—	6.7	—	8.0	—	—	7.4	—	—
12	5.0	3.0	5.9	3.7	9.85	—	6.58	—	8.3	6.8	16.1	6.1	6.8	7.6

数据来源:《中国经济景气月报》、辽宁省统计局。

表3　2010年辽宁省主要经济指标

	1月	2月	3月	4月	5月	6月	7月	8月	9月	10月	11月	12月
绝对值（自年初累计）												
地区生产总值(亿元)	—	—	3 555	—	—	8 205.5	—	—	13 056	—	—	18 278
第一产业	—	—	153	—	—	—	—	—	803	—	—	1 631
第二产业	—	—	1 861	—	—	—	—	—	7 150	—	—	9 872
第三产业	—	—	1 541	—	—	—	—	—	5 103	—	—	6 775
工业增加值(亿元)	—	—	—	—	—	—	—	—	—	—	—	—
城镇固定资产投资(亿元)	—	257.5	983.5	1 846	3 307.7	5 636.2	7 240.7	8 665.4	10 709.9	11 910.8	13 167.3	15 106
房地产开发投资	—	72.3	240.7	447	787.5	1 394.4	1 745	2 120.5	2 573.7	2 909.4	3 209.3	3 466
社会消费品零售总额(亿元)	—	1 120	1 591	2 084	2 661	3 201	3 733	4 296	4 937	5 590	6177	6 888
外贸进出口总额(亿美元)	66.6	123.7	187.4	253.7	321.4	390.1	459.2	525.9	597.8	656.4	732.9	807.0
进口	28.8	61.0	89.2	120.2	150.8	181.2	209.4	241.9	275.2	302.0	339.5	375.5
出口	37.8	62.7	98.2	133.5	170.6	208.8	249.8	284.0	322.6	354.3	393.4	431.2
进出口差额(出口–进口)	9.0	1.8	9.1	13.4	19.8	27.6	40.4	42.1	47.3	52.3	53.9	55.7
外商实际直接投资(亿美元)	—	28	45	52	61	82	90	97	105	117	156	208
地方财政收支差额(亿元)	—	-19	-70	-68	-137	-208	-240	-320	-396	-412	-653	-1 189
地方财政收入	—	289	449	610	764	1 010	1 167	1 305	1 469	1 634	1 786	2 005
地方财政支出	—	308	519	678	901	1 218	1 407	1 625	1 865	2 046	2 439	3 194
城镇登记失业率(%)(季度)	—	—	3.9	—	—	3.6	—	—	3.8	—	—	3.7
同比累计增长率（%）												
地区生产总值	—	—	15.3	—	—	14.6	—	—	14.4	—	—	14.1
第一产业	—	—	4.6	—	—	5	—	—	5.7	—	—	5.8
第二产业	—	—	20.6	—	—	17.5	—	—	17.3	—	—	16.7
第三产业	—	—	11	—	—	12.4	—	—	11.9	—	—	12.2
工业增加值	—	23.3	22.1	20.9	20.1	20	18.4	18.1	17.9	17.8	17.7	17.8
城镇固定资产投资	—	19.8	22.3	22.1	25.6	28.2	29.8	30.7	31.2	30.6	30.6	30.2
房地产开发投资	—	39.1	39.9	34.3	35.5	36.3	36	34.8	33.6	32.7	32.5	31.3
社会消费品零售总额	12.7	16.6	17	17.2	17.8	18	18.1	18.1	18.3	18.4	18.4	18.5
外贸进出口总额	59.1	55.2	54.9	54.7	52	47.2	45	42.9	37.3	35.4	32.9	28.2
进口	82.1	80.8	65.9	58.2	51.5	46.5	40.2	38.9	34.5	34	30.8	27.4
出口	45.1	36.5	46.2	51.7	52.4	47.8	49.3	46.5	39.7	36.6	34.8	28.9
外商实际直接投资	—	36.5	23.8	20.7	22.3	9.5	10	8.2	0.2	1.6	15.4	34.4
地方财政收入	—	26.4	35.4	33	32	32	31.2	30.1	30	30	29.5	26
地方财政支出	—	11.8	19.8	14.4	20	24.3	21.2	21.4	20.4	21.9	30.5	19.1

数据来源：国家统计局《中国统计摘要》、《中国经济景气月报》、辽宁省统计局。

2010年吉林省金融运行报告

中国人民银行长春中心支行货币政策分析小组

[内容摘要] 2010年,吉林省深入贯彻落实科学发展观,大力推进经济发展方式转变和结构调整,统筹推进工业化、城镇化和农业现代化建设,经济企稳向好态势不断增强,投资、消费保持旺盛增长,产业结构向工业集聚,物价水平稳步攀升后高位运行,节能减排取得显著成效。

金融业保持健康发展态势,银行组织体系不断完善,存贷款增长速度放缓,信贷结构不断优化,重点产业、基础设施和社会薄弱环节的贷款需求得到有效保障;证券业市场发展喜忧参半,资本市场融资功能增强;保险业保障功能日益增强;金融市场业务稳步增长,直接融资股票首发取得新突破,金融生态环境进一步改善。

2011年,在国际经济形势有望好转的形势下,吉林省经济发展将保持良好的增长势头,经济结构不断优化;信贷总量将保持合理均衡增长,直接融资渠道进一步拓宽,金融体系保持健康稳定运行。

一、金融运行情况

2010年,吉林省金融机构认真执行适度宽松的货币政策,紧密结合吉林经济发展实际,切实提高金融服务水平,金融运行健康平稳。

(一)货币信贷增速放缓,金融机构改革不断深化

2010年,吉林省银行业保持稳健发展态势,存贷款增速放缓,信贷结构进一步优化,机构改革发展成效显著。

1. 资产规模较快增长,新型农村金融机构盈利水平持续提高。2010年,吉林省金融机构数量和从业人员有所增加,资产总额较快增长,同比增长14.5%;不良贷款总体水平与上年持平;财务公司发展较快,盈利水平持续提高;信托公司业务逐步向自主理财产品方向转型。

2. 存款增速稳步回落,企业存款同比少增较多。2010年年末,吉林省本外币各项存款同比增长15.4%,增幅同比下降15个百分点。受理财产品、楼市等投资渠道分流和居民消费意愿提高的影响,储蓄存款增幅同比下降6.5个百分点;储蓄存款活期化趋势明显,新增储蓄存款中活期占比为60.6%。企业存款同比增长18.8%,增速大幅回落32.3个百分点,主要原因是新增贷款实行"实贷实付",企业派生存款明显减少。受人民币升值预期影响,外币存款增长缓慢,增幅同比下降了11.2个百分点。

表1 2010年吉林省银行业金融机构情况

机构类别	营业网点[①]			法人机构(个)
	机构个数(个)	从业人数(人)	资产总额(亿元)	
一、大型商业银行[②]	1 542	42 594	5 674	
二、国家开发银行及政策性银行[③]	60	1 832	2 072	
三、股份制商业银行[④]	30	1 222	1 173	
四、城市商业银行	356	8 014	1 478	1
五、城市信用社				
六、农村合作机构[⑤]	1 795	24 899	1 689	50
七、财务公司	3	452	263	2
八、邮政储蓄银行	1 062	8 053	738	
九、外资银行	1	23	4	
十、农村新型机构[⑥]	23	507	38	17
合 计	4 854	87 596	13 129	70

注:①不包括国家开发银行和政策性银行、大型商业银行、股份制银行等金融机构总部数据。
②包括中国工商银行、中国农业银行、中国银行、中国建设银行和交通银行。
③包括国家开发银行、中国农业发展银行和中国进出口银行。
④包括中信银行、中国光大银行、华夏银行、广东发展银行、深圳发展银行、招商银行、上海浦东发展银行、兴业银行、中国民生银行、恒丰银行、浙商银行和渤海银行。
⑤包括农村信用社、农村合作银行和农村商业银行。
⑥包括村镇银行、贷款公司和农村资金互助社。

数据来源:吉林银监局、吉林省金融办。

3. 贷款增长逐步放缓,结构进一步优化。受粮

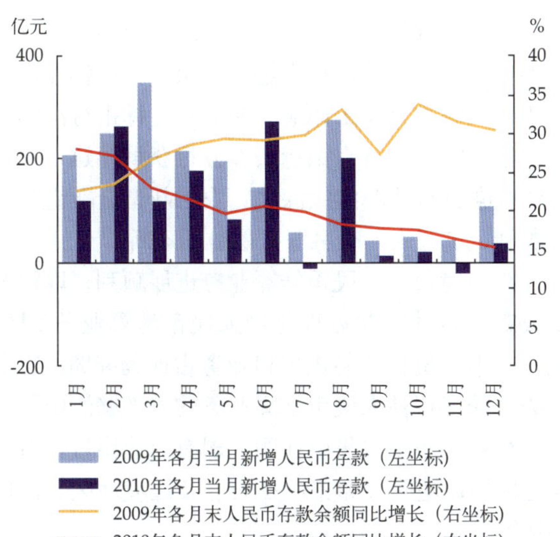

数据来源：中国人民银行长春中心支行。

图1　2010年吉林省金融机构人民币存款增长变化

食收购贷款大幅减少影响，2010年，吉林省本外币贷款增速同比下降13.2个百分点，增速低于全国平均水平4.2个百分点。而受外贸恢复性增长、本外币利差和人民币升值预期等因素影响，外币贷款余额逐步上升。贷款投向重点突出，结构不断优化。重大项目资金得到有效保障，中小企业和涉农资金需求得到满足，2010年，全省新增中小企业、涉农贷款分别为406亿元、369.5亿元。

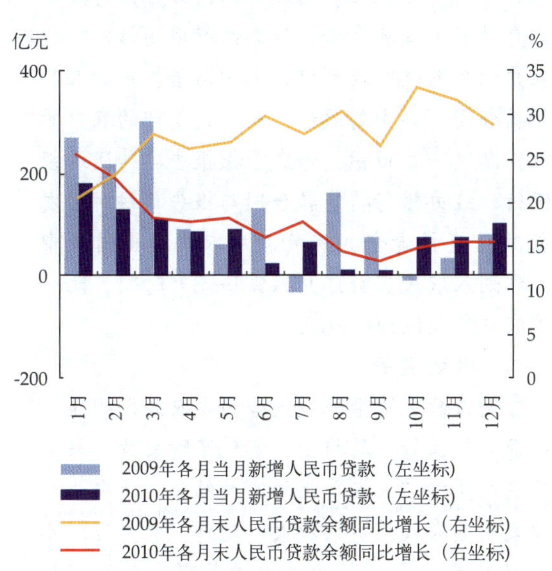

数据来源：中国人民银行长春中心支行。

图2　2010年吉林省金融机构人民币贷款增长变化

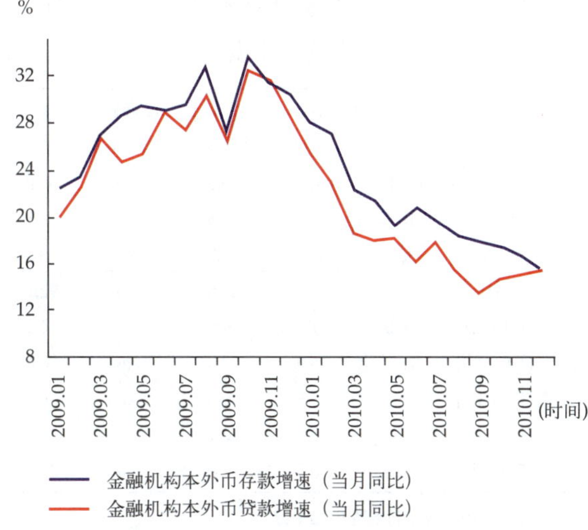

数据来源：中国人民银行长春中心支行。

图3　2009～2010年吉林省金融机构本外币存、贷款增速变化

4. 现金收支快速增长，现金净投放明显增加。由于经济回升向好，吉林省金融机构现金收支均有所增加。受通货膨胀形势下持续负利率对存款分流的影响，储蓄存款净支出较上年增加373.9亿元，现金净投放较上年增加91.3亿元。

表2　2010年吉林省金融机构现金收支情况表

单位：亿元、%

	年累计额	同比增速
现金收入	23 519.1	18.3
现金支出	23 795.1	18.6
现金净支出	276.0	49.5

数据来源：中国人民银行长春中心支行。

5. 贷款利率稳中有升，利率定价机制建设深入推进。2010年，吉林省人民币贷款利率整体运行平稳，年末受加息等因素影响，利率水平有所升高，全年加权平均利率为6.43%；综合考虑收益、市场竞争和业务范围调整等因素，贷款利率浮动区间向（1.0～1.5）区间集聚，同比提高13.7个百分点。金融机构定价能力逐步提高，Shibor已经成为辖区商业银行内部资金转移、票据贴现、同业存款和短期理财产品等业务定价的重要参照标准。民间借贷总量有所下降，利率水平保持稳定。

6. 金融机构改革继续深化，改革亮点纷呈。中国农业银行成立“三农”金融分部管理委员会，服

表3　2010年吉林省金融机构各利率浮动区间贷款占比表

单位：%

		合计	国有商业银行	股份制商业银行	区域性商业银行	城乡信用社
合计		100.0	100.0	100.0	100.0	100.0
[0.9～1.0)		18.5	27.2	27.5	7.0	1.1
1.0		30.6	39.9	44.7	19.2	6.9
上浮水平	小计	51.0	32.9	27.8	73.8	92.1
	(1.0～1.1]	14.5	11.8	19.9	16.8	14.2
	(1.1～1.3]	18.2	16.9	7.0	42.6	6.6
	(1.3～1.5]	6.0	3.4	0.8	13.0	9.6
	(1.5～2.0]	7.1	0.5	0.1	1.5	35.1
	2.0以上	5.2	0.3	0	0	26.6

数据来源：中国人民银行长春中心支行。

务“三农”改革继续推进；地方法人金融机构改革取得新进展，吉林银行引进外资银行——韩亚银行作为其战略投资者工作顺利完成；吉林银行沈阳分行、华夏银行和盛京银行长春分行获批筹建；农村合作金融机构改革继续深化；农村新型金融组织进展顺利，“三农”金融服务覆盖面不断扩大。

7. 跨境贸易人民币结算业务进展顺利，取得初步成效。吉林省共办理跨境人民币结算业务2.1亿元，其中，货物贸易进出口业务占比为48%；边贸业务占跨境贸易人民币结算业务的“半壁江山”；业务行际分布主要集中在四大国有商业银行，占比高达80%；地区分布集中在长春及边境地区，占比高达99.7%。

专栏1　吉林省创新推出粮食直补资金担保贷款业务收效显著

2010年，吉林省创新推出粮食直补资金担保贷款，中国农业银行、中国建设银行、农村合作机构和中国邮政储蓄银行四家经办银行当年新增粮食直补资金担保贷款额合计占其当年农户贷款新增额的38%，呈现迅速发展的良好势头，进一步扩大了农村金融产品覆盖面，有力地增加了对农民的信贷投入。

一、主要做法

1. 合理确定贷款方式、期限和利率。直补资金担保贷款以农户1～5年直补资金为担保，主要支持农户生产性资金需求，期限最长不超过5年，利率执行中国人民银行同期限档次基准利率上浮30%，1年期贷款实行到期一次还本付息，1年以上期限贷款实行年度等额还本付息。

2. 经办银行切实制定具体的信贷产品和操作方式。中国建设银行推出“兴农通富”直补担保贷款，贷款期限为5年，以农户未来5年补贴额度扣除利息额度后确定贷款额度。农村合作机构推出“直补保”贷款，按照农户信用等级，以农户当年直补资金5～8倍确定贷款额度，并灵活确定贷款期限（1～5年），有效地满足了农户多样化贷款需求。中国农业银行实行“行长包乡”、“部室包村”的工作制度，抽调城区营业人员，在直补贷款集中发放期间临时补充到农村网点，确保直补担保贷款及时发放到农民手中。

3. 加强创新信贷产品的宣传。各经办银行机构充分利用广播、电视、报纸等大众媒体和传单、标语、黑板报、公开信等多种形式，面向广大农民宣传直补资金担保贷款的意义、内容，使农民群众快速掌握了相关信息，为让更多的农民使用新的信贷产品奠定了扎实的社会基础。

4. 简化贷款流程。财政部门向经办银行提供农户直补资金信息资料，经办银行现场核实，集中农户到乡财政所或到农户家中与借款申请人签订贷款合同。再由财政部门对当天受理的农户的直补信息进一步审核，形成审核报告单传送给经办银行，经办银行将贷款合同与报告单核对后发放贷款。直补资金担保贷款从农户提出借款申请，到划入农民直补账户只需1～3天时间，比一般性农户贷款缩短4～6天。

二、成效显著

1. 财政政策与金融政策合力支农效果明显。直补资金担保贷款的推出，实现了财政政策与金融政策在支持“三农”上的有效结合，使农业补贴政策的支农效果有效放大、延伸，农户可以变每年直补的“零钱”为一次性获得贷款的“整钱”，可以集中财力办大事。如白城市洮北区平顶村种粮大户王喜林获得了9.9万元直补资金担保贷款后，购买了大型农机具，为其25公顷水田及时耕种提供了保障。

2. 农户贷款覆盖面不断扩大。直补资金范围几乎是全部农户，使原来无法得到贷款的农户获得了贷款支持。据调查显示，在获得直补资金担保贷款的农户中，首次获得贷款的占比在30%左右，农户在积累了良好信用记录的同时，信用意识也切实增强。

3. 农民融资成本降低。据中国人民银行利率监测系统显示，吉林省农户贷款利率水平一直维持在[10.6%，12.2%]，而直补贷款利率执行基准利率上浮30%，贷款利率在[6.9%，7.5%]，利率水平平均下降4.2个百分点，降幅达30%～40%，初步估算已发放的10.5亿元直补资金担保贷款每年节省农民利息支出约4 400万元。

4. 开辟了城市资金流入农村的新途径。以中国建设银行为例，目前中国建设银行在乡镇一级未设网点，其储蓄资金全部来源于城镇，2010年，该行累计发放直补资金担保贷款6.6亿元，开创了城市资金流入农村的新路径。

（二）证券机构数量稳步增加，资本市场融资功能增强

2010年，吉林省证券业发展喜忧参半。上市公司资产质量显著提升，首发上市取得突破性进展，资本市场融资功能不断增强。但证券交易规模同比回落，证券公司盈利水平明显下降。

证券机构数量稳步增加，经营业绩明显下滑。全国23家证券公司在辖内设立证券营业部86家，同比增加11家。受证券市场持续震荡、佣金率下滑及成交量萎缩等不利因素的影响，证券公司整体经营业绩出现大幅度下滑。2010年，全省证券交易总额为9 129.5亿元，同比减少14%。法人证券公司净利润同比减少34.5%。全省四家期货公司2010年成交量同比增加10.7%，成交金额同比增加116%。

表4　2010年吉林省证券业基本情况表

项目	数量
总部设在辖内的证券公司数（家）	2
总部设在辖内的基金公司数（家）	0
总部设在辖内的期货公司数（家）	4
年末国内上市公司数（家）	35
当年国内股票（A股）筹资（亿元）	15.3
当年发行H股筹资（亿元）	0
当年国内债券筹资（亿元）	42
其中：短期融资券筹资额（亿元）	22

数据来源：吉林证监局。

（三）保险公司经营效益明显提升，风险保障功能日益增强

2010年，吉林省保险业保持稳定发展，可持续发展能力进一步提高，农业保险保障功能有效发挥，整体抗风险能力不断提升。

1. 保险公司可持续发展能力增强。2010年，吉林省财产险公司加强内控管理，经营效益明显提升。全年实现保费收入239.2亿元，同比增长29.4%；承保利润率为10%，同比上升27.2个百分点，扭转了吉林省近年来财产保险市场亏损的局面。全省人身保险公司实现保费收入177.3亿元，同比增长24%。

2. 农业保险保障功能有效发挥。2010年，吉林省共有237.6万农户参加农业保险，占全省农户总数的64.6%，比上年提高6.1个百分点；保费收入7.7亿元，比上年增加1.8亿元；全省五大作物参保总面积达到266.8万公顷，比上年提高17.9个百分点。全省农业保险赔款支出为3.9亿元，平均赔付

表5　2010年吉林省保险业基本情况表

项目	数量
总部设在辖内的保险公司数（家）	1
其中：财产险经营主体（家）	1
寿险经营主体（家）	0
保险公司分支机构（家）	24
其中：财产险公司分支机构（家）	10
寿险公司分支机构（家）	14
保费收入（中外资，亿元）	239.3
其中：财产险保费收入（中外资，亿元）	60.9
人身险保费收入（中外资，亿元）	178.4
各类赔款给付（中外资，亿元）	56.3
保险密度（元/人）	873
保险深度（%）	2.8

数据来源：吉林保监局。

率为51.6%，为支持受灾农户恢复生产发挥了重要作用。

（四）金融市场业务稳步增长，融资结构有所改善

2010年，吉林省金融机构流动性相对充裕，金融市场发展势头良好，各子市场交投活跃，融资结构有所改善。

1. 融资总量有所下降，股票融资出现新突破。2010年，吉林省社会融资总量同比下降32%，银行信贷仍占融资渠道的主导地位。尽管直接融资占比较上年有所回落，但股票IPO占比有所提升，三家公司首发成功。债券融资稳步推进，全年吉林省企业发行中期票据10亿元、短期融资券22亿元、企业债10亿元。

表6　2001～2010年吉林省非金融机构融资结构表

单位：亿元、%

年份	融资量	比重		
		贷款	债券（含可转债）	股票
2001	190.5	93.9	0	6.2
2002	201.8	100.0	0	0
2003	232.9	100.0	0	0
2004	301.1	100.0	0	0
2005	268.5	100.0	0	0
2006	543.0	96.5	3.5	0
2007	461.5	94.5	0	5.5
2008	791.2	96.9	1.3	1.8
2009	1 530.2	91.7	8.0	0.3
2010	1 036.5	94.4	4.1	1.5

数据来源：中国人民银行长春中心支行。

2. 货币市场交易持续活跃，利率水平明显上升。2010年，吉林省银行间市场平稳发展，全年累计成交2.5万亿元，与上年持平，累计净融入资金7 707亿元。回购交易成为流动性管理首选工具，同比增长8.3%，拆借规模持续降低，同比减少13%。现券市场回归常态，全年累计成交1.28万亿元，同比减少20%。货币市场流动性前松后紧，下半年利率呈逐月上升趋势；全年拆借和回购平均利率分别为2.77%和2.59%，同比分别上涨1.13个和1.19个百分点。

3. 票据市场业务量激增，利率水平不断提高。2010年，商业汇票融资总量呈现大幅增长态势，同比增长100%，其中，省内农村合作机构采用快进快出月末无余额的方式进行融资，带动全省贴现总量的增加。利率水平整体稳中有升，与3个月期限Shibor利率走势趋同。进入第四季度后，由于货币政策和监管政策的叠加效应，贴现利率升至全年最高点。中国人民银行长春中心支行适时发挥再贴现政策工具作用，全年办理再贴现46.2亿元，引导金融机构支持中小企业及涉农行业的发展。

表7　2010年吉林省金融机构票据业务量统计表

单位：亿元

季度	银行承兑汇票承兑		贴现			
			银行承兑汇票		商业承兑汇票	
	余额	累计发生额	余额	累计发生额	余额	累计发生额
1	189.2	100.2	219.7	2 525.6	2.8	0.6
2	210.1	144.2	180.8	1 536.5	2.2	104.1
3	236.8	145.3	117.5	2 026.4	0	40.3
4	255.2	172.0	107.0	1 377.6	0	105.6

数据来源：中国人民银行长春中心支行。

表8　2010年吉林省金融机构票据贴现、转贴现利率表

单位：%

季度	贴现		转贴现	
	银行承兑汇票	商业承兑汇票	票据买断	票据回购
1	3.24	5.16	2.71	2.58
2	3.33	5.15	3.01	3.03
3	3.67	5.15	3.36	3.23
4	4.63	5.54	4.27	3.91

数据来源：中国人民银行长春中心支行。

4. 银行结售汇交易恢复增长势头，黄金市场交易有所回落。受汽车及零部件进口、个人结汇和外资流入增加等因素影响，全年外汇收支整体呈现较快增长态势，银行代客跨境外汇收支和银行结售汇同比分别增长38.7%和39.8%，增速恢复并超过金融危机前水平。2010年，金价持续高位抑制了部分投资和投机需求， 省内2家上海黄金交易所会员机构销售黄金3.8吨，同比下降19%；纸黄金交易有所萎缩，全年累计成交同比减少27%。

（五）征信和支付体系建设不断完善，金融生态环境进一步优化

2010年，在地方政府的高度重视和中国人民银行长春中心支行的积极推动下，吉林省金融生态环境不断优化。一是征信数据库覆盖面和信息采集量进一步扩大，2010年年末，全国企业、个人信息基础数据库收录吉林省企业达13.5万户、自然人1 591万人。中小企业和农村信用体系建设不断推进，为4.3万户中小企业和326万农户建立了信用档案。二是农村支付环境建设取得新进展。依托新兴电子支付工具，创新资金结算模式，有效地保障了粮食收购结算资金直达农户。

二、经济运行情况

2010年，吉林省经济持续健康发展，全省实现地区生产总值为8 577.1亿元，人均地区生产总值为31 306元，同比增长13.6%。全省经济运行主要指标数据完成情况好于预期，为"十二五"规划的良好开局创造了有利条件。

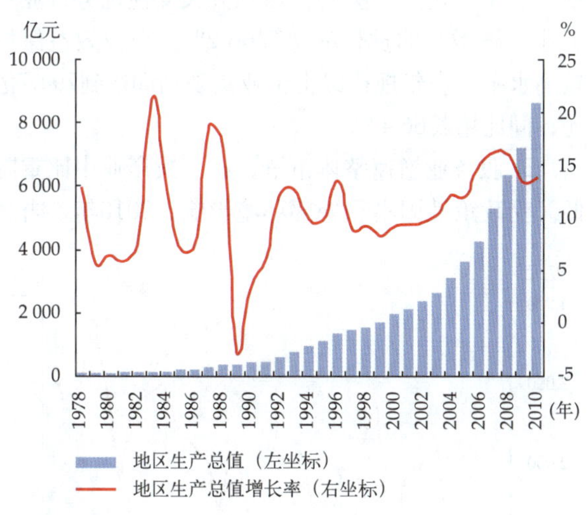

数据来源：吉林省统计局。

图4 1978～2010年吉林省地区生产总值及其增长率

（一）内需对经济增长拉动力增强，进出口恢复高速增长

1. 投资保持旺盛增长，项目带动效果明显。2010年，吉林省全社会固定资产投资完成9 621.8亿元，增长32.5%；城镇固定资产投资完成7 925.7亿

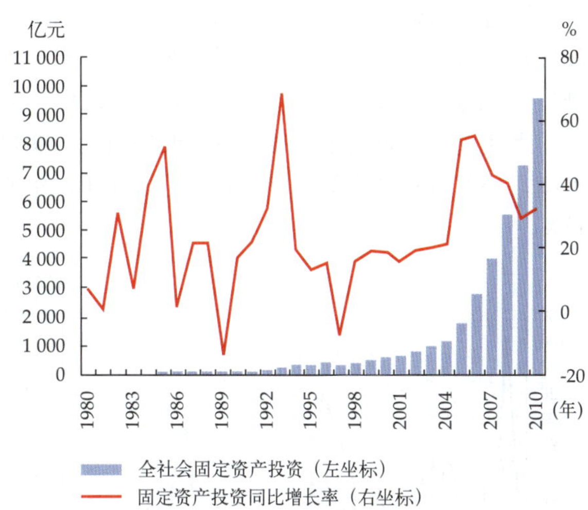

数据来源：吉林省统计局。

图5 1980～2010年吉林省社会固定资产投资及其增长率

元，增长33%，增幅高于上年3.3个百分点。全年实施3 000万元以上城镇重大项目5 530个，完成投资5 526.7亿元，增长34.4%。

2. 消费增幅高于全国平均水平，对经济增长拉动作用加强。2010年，吉林省实现社会消费品零售总额为3 501.8亿元，增长18.5%。吉林省社会消费连续两年保持18.5%～19%的增长水平，均高于全国平均水平。从行业构成看，批发、零售、住宿和餐饮业分别增长18.1%、18.5%、23%和19.3%。

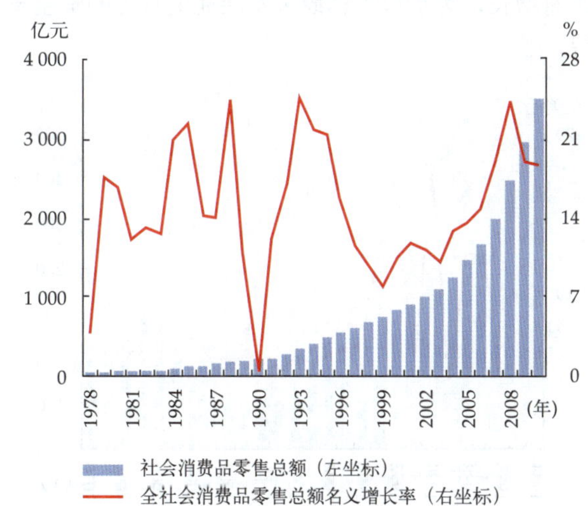

数据来源：吉林省统计局。

图6 1978～2010年吉林省社会消费品零售总额及其增长率

3. 进出口恢复高速增长，利用外资大幅增加。2010年，吉林省外贸经济恢复了高速增长，出口和进口分别增长43.2%和43.5%。全年外贸进出口总值的迅速增长，带来了全省经济发展外向度的明显提高，外贸依存度由2009年的11%提高到2010年的13%。

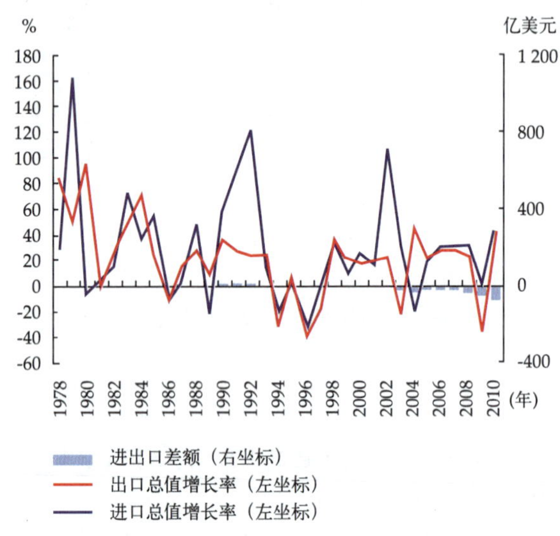

数据来源：吉林省统计局。

图7　1978～2010年吉林省外贸进出口变动情况

2010年，全省实际利用外资规模首次突破40亿美元，达到41.6亿美元，增长16.8%。其中，外商直接投资12.8亿美元，增长12.3%。实际利用外资快速增长，为加快吉林经济发展提供有力的资金支持。

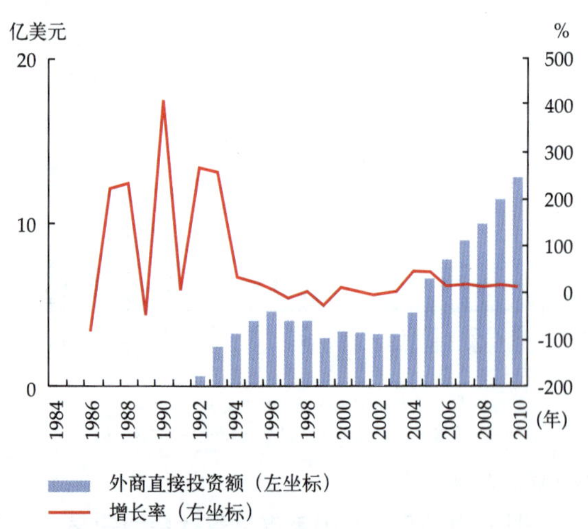

数据来源：吉林省统计局。

图8　1984～2010年吉林省外商直接投资情况

（二）产业结构调整显著，工业实现高速增长

2010年，吉林省三次产业结构发生显著变化，三次产业结构由2009年的13.6：48.5：37.9调整为12.2：51.5：36.3，振兴老工业基地的政策成效显著，第二产业占地区生产总值的比重上升了3个百分点，这是自2004年实施振兴战略以来首次突破50%。

1. 农业现代化水平提升，粮食产量创历史新高。2010年，吉林省全年粮食作物播种面积为6 725.3万亩，比上年增加65.3万亩。粮食生产大灾之年夺取大丰收，粮食产量达568.5亿公斤，比上年增产15.5%，增产量占全国粮食增量的近1/4，创历史最高水平。增产百亿斤商品粮能力建设进展顺利。农产品加工业发展较快，实现销售收入2 550亿元。

2. 工业经济实现高速增长，支柱优势行业贡献突出。2010年，吉林省规模以上工业实现增加值3 755.1亿元，增长19.9%。工业对地区生产总值增长的贡献率达59.6%，比上年提高8.9个百分点。汽车、石化、食品、医药、信息五大支柱优势行业对工业经济增长的贡献率达到66.2%。企业效益保持较高水平，全年规模以上工业实现利润达到794.7亿元，同比增长66.4%。

3. 服务业增速整体下滑，在三次产业中比重降低。受政策性因素和外部环境影响，2010年，吉林

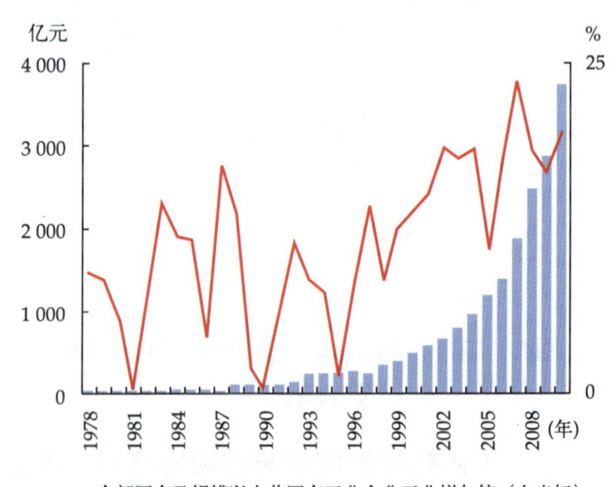

数据来源：吉林省统计局。

图9　1978～2010年吉林省工业增加值及其增长率

省房地产业、金融业及住宿餐饮业增速下降幅度较大，分别比上年回落7.2个、26.1个和3.6个百分点，服务业整体增速下滑。2010年，吉林省服务业实现增加值3 109.5亿元，同比增长10.4%，低于同期地区生产总值增速3.3个百分点。服务业占地区生产总值的比重为36.3%，比上年下降1.6个百分点。

（三）物价水平稳步攀升，工资水平不断提高

1. 居民消费价格持续攀升后高位运行。2010年，吉林省居民消费价格上涨3.7%，涨幅创近两年新高，其中，上年翘尾因素影响2.4个百分点，新涨价因素影响1.3个百分点。食品类是拉动价格上涨的主要因素，上涨9.2%，拉动CPI上涨3个百分点。

2.生产价格增幅扩大，前高后低特征明显。2010年，工业品出厂价格和原材料、燃料、动力购进价格分别上涨5.2%和8.6%，高于PPI涨幅3.4个百分点。从走势看，上半年涨幅持续扩大，下半年涨幅趋缓。

3. 劳动力成本稳步上升。2010年，由于吉林省大幅度上调最低工资标准，吉林省城镇单位从业人员工资总额和平均工资同比分别增长14.6%和12.9%。

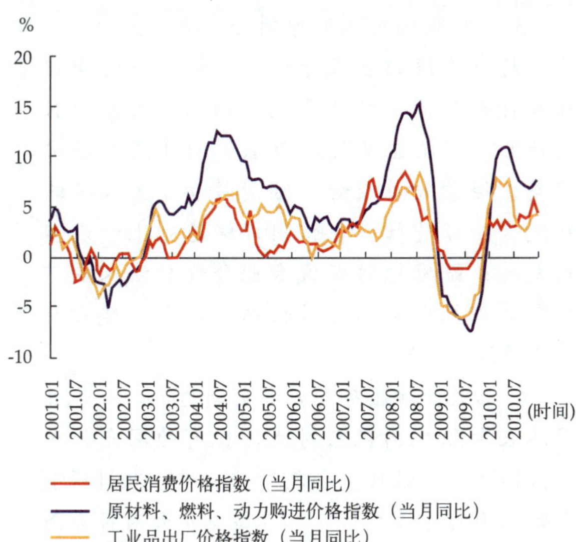

数据来源：吉林省统计局。

图10　2001～2010年吉林省居民消费价格和生产者价格变动趋势

（四）财政收支迈上新台阶，民生支出得到有效保障

2010年，吉林省一般预算全口径财政收入首次突破1 000亿元大关，实现1 206亿元，增长23.4%。地方级财政收入602.4亿元，增长23.7%，高于地区生产总值增速10个百分点。工业企业效益高增是财政收入的重要来源，全年全省规模以上工业企业实现利税1 396.1亿元，同比增长44.8%。

2010年，吉林省财政支出1 787.2亿元，增长20.8%。全年新增财力70%以上用于民生领域，教育、科技、社保和就业、医疗卫生、城乡社区、住房保障等民生支出得到重点保障。

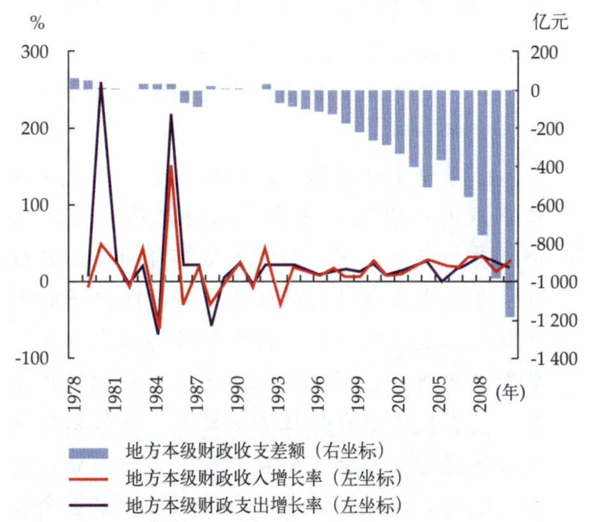

数据来源：吉林省统计局。

图11　1978～2010年吉林省财政收支状况

（五）节能减排成效显著，可持续发展能力提高

2010年，吉林省加强了工程减排、结构减排和管理减排力度，淘汰落后产能，节能减排取得显著成效。六大高耗能行业增长14.3%，低于工业增速5.6个百分点，行业结构得到进一步改善。据初步核算，全省单位地区生产总值能耗为每万元1.14吨标准煤，同比下降5.3%； 2010年，吉林省化学需氧量（COD）排放量为35.22万吨，比上年下降2.4%；二氧化硫（SO_2）排放量为35.63万吨，下降1.9%，超额完成“十一五”规划减排目标。

专栏2 金融支持农民专业合作社的有效路径探索——以吉林省梨树县为样本

吉林省梨树县是全国农民专业合作社起步最早的地区之一，2010年年末，共有农民专业合作社710家，入社社员4.3万户，分别占吉林省总家数和总户数的10.3%和9.6%。其中，有72家农民合作社与银行之间建立了融资关系，占梨树县合作社的10.1%。近年来，随着农民专业合作社的蓬勃发展，作为农民与金融机构之间纽带的农民专业合作社，在提高信息对称度、防范信贷风险、提高农户信贷可得性等方面的作用日益显现。中国人民银行长春中心支行以吉林省梨树县为样本，对农民专业合作社的农村金融载体路径的问题进行了调查。

一、制约当前金融支持农民专业合作社的主要障碍

1. 承贷主体资格难以得到认可。一是从法律角度看，农民专业合作社财产被量化到每个成员的账户之下，而成员享有自由退出的权利，在该成员退社的时候能够将该账户下的财产取回，这种财产的不稳定导致其独立承担民事责任的能力受到限制。二是从自我积累机制看，《农民专业合作社法》规定，合作社所得盈余除提留公积金、公益金外，其他部分应对成员进行二次返利，在现有机制下积累资金较为困难。

2. 经营运作不够规范。一是部分合作社法人治理结构存在缺陷。一人一票的民主决策制度不能有效落实，少数人控制现象比较明显。二是合作社抵押物缺失。调查发现，70%左右的农民专业合作社没有足够资产进行融资抵押。三是内部管理不够规范。部分合作社缺乏必要的内控制度。

3. 相关配套政策不到位。一是政府在贷款贴息、风险补偿及税收优惠等方面相关政策投入不足。梨树县710家合作社，获得项目扶持的不足20家。二是司法机关在合作社与其他社会主体发生纠纷、社员利益受到侵害时如何进行保护等适用条款比较模糊。三是政府相关职能部门还没有建立起完善的支持合作社发展的综合类服务体系。

二、进一步发挥合作社农村金融载体作用的相关建议

1. 规范发展农民专业合作社。一是完善法人治理结构，健全成员大会、理事会、监事会制度，加强社务管理的民主决策。二是规范农民专业合作社财务管理和会计核算，提高金融机构对农民专业合作社的财务信任度。三是加大对合作社的培育引导力度，增加合作社资本积累，壮大资金实力，为农民专业合作社赢得更多的金融服务提供条件。

2. 努力创造金融支持农民专业合作社的良好环境。一是探索建立符合农民专业合作社特点的信用评价体系，尝试将合作社信用信息纳入征信系统，为农村金融市场供求双方搭建信息平台。二是地方政府出资建立农民专业合作社贷款担保基金，出台资金奖励、税收减免等政策，引导金融机构增加对农民专业合作社及社员贷款。三是法律部门加强相关立法或司法解释工作，明确农民专业合作社相关经济、民事活动的法律范畴。

3. 坚持按因地制宜原则给予金融支持。对处于起步阶段的农民专业合作社，可向合作社成员及与合作社建立稳定的购销关系的农业产业化龙头企业发放贷款；对于发展层次较高、经营效益较好、辐射带动能力较强的农民专业合作社，在信用评级基础上予以重点支持；鼓励把对农民专业合作社法人授信与对合作社成员单体授信结合起来，建立农业贷款绿色通道。

4. 加大金融服务与产品创新力度。一是巩固涉农金融机构在农村地区现有的网点、人员，加大村镇银行、小额贷款公司等农村新型金融机构的建设步伐。二是适当扩大对符合条件的农民专业合作社及成员信用贷款比例。三是探索扩大农业产权质押范围，积极扩展林业、果业等农业经营权和受益权的权利质押贷款。

（六）房地产市场平稳运行，轨道客车行业快速发展

1. 房地产市场健康平稳发展，房地产贷款增速高位回落。2010年，吉林省房地产供需稳步增长，商品房价格持续提高，系列金融调控政策导致各项房地产贷款增速均有不同程度的回落。

房地产开发投资稳步增长。全省完成房地产开发投资921亿元，同比增长21.7%，增速高于上年3.7个百分点，低于全国平均水平11.5个百分点。

房地产市场供给平稳增长。2010年，全省完成开发土地面积和房屋竣工面积分别同比增长39.7%和27.3%，其中，商业经营用房竣工面积同比较快增长，"六路安居"工程的大力实施推动住宅竣工面积稳步增长，占比达到83.5%。

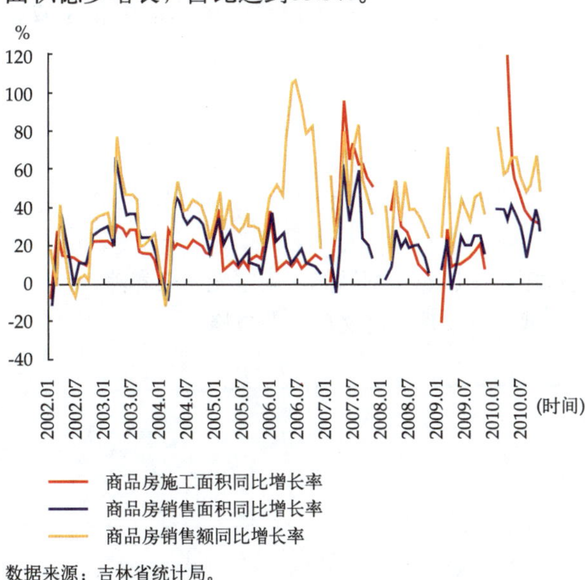

数据来源：吉林省统计局。

图12　2002～2010年吉林省商品房施工和销售变动趋势

商品房销售持续旺盛。2010年，全省商品房销售再创历史新高，全年商品房销售面积和销售额分别同比增长19.3%和47.5%，增速较上年提高了4.2个和11.5个百分点。

房屋价格稳步增长。2010年，商品房的刚性需求和改善性需求推动价格稳步上升，全省商品房均价为3 520元/平方米，比上年增加479元/平方米。12月，长春市房屋销售价格指数同比上涨3.9%，其中，新建和二手住宅价格指数同比上涨5.5%和1.3%。

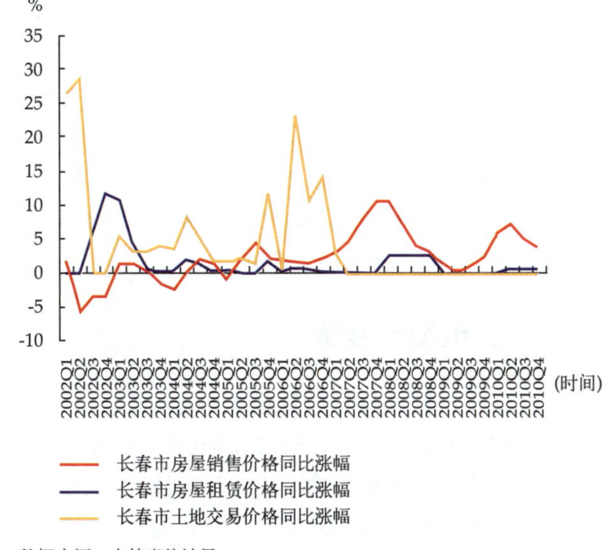

数据来源：吉林省统计局。

图13　2002～2010年吉林省主要城市房屋销售价格指数变动趋势

房地产贷款增速高位回落。2010年，全省房地产贷款同比增长39.6%，增速低于上年31.4个百分点。其中，受土地储备贷款增速大幅回落的影响，房地产开发贷款增速同比大幅下降60.4个百分点；商业性个人贷款增速在3月后逐月下降，增速较上年下降了18.9个百分点。

2. 轨道客车行业超常规快速发展，整体实力明显增强。吉林省是我国最大的轨道客车研发、制造和出口基地。2010年，在国际经济形势复苏的背景下，吉林省轨道客车行业迅速发展壮大，其中铁路客车在全国的市场占有率和保有量均为50%以上；城轨客车占国内市场的80%左右，长春轨道客车股份有限公司动车组是我国仅有的两个生产厂之一。

近几年，吉林省轨道客车行业销售收入年平均增长30%，效益连年大幅提高，成为继汽车产业之后，振兴吉林老工业基地的又一新兴支柱产业和新的增长点。轨道客车产业发展具有以下特点：一是以产业园区为平台，产业实现集群式发展。2010年，长春市初步建成了长春轨道交通装备制造产业园区，并成为产业发展和配套服务平台。二是自主研发步伐加快，技术水平不断提升。吉林省拥有首个高速列车研发、制造、试验一体化基地，通过科研创新，初具时速350公里及以上动车组和时速120公里城市轨道车辆研发试验能力。三是招商引资力

度加大。2010年，签约入驻长春高速动车产业基地的配套企业已达49家，签约企业投资额不断增加。

金融支持轨道客车行业发展取得新进展。金融机构积极创新和运用各种金融产品，为轨道客车行业的企业提供全方位的金融服务，有力地支持了全省轨道客车行业发展，2010年，吉林省轨道客车行业企业贷款同比增长60%左右。

三、预测与展望

2011年，世界经济有望继续恢复增长，但不确定不稳定因素仍然较多，国家以加快转变经济发展方式为主线，实施积极的财政政策和稳健的货币政策，加快推进经济结构调整。在此背景下，吉林省统筹推进工业化、城镇化和农业现代化，实施投资拉动、项目带动和创新推动战略，优化投资结构，投资仍将是经济增长的主要推动力。“万村千乡市场工程”的推进和农村消费结构的升级将进一步提升消费需求对吉林省经济增长的贡献率，预计吉林省2011年地区生产总值将保持平稳增长态势。

2011年，吉林省将以“立足长远、综合施策、重点治理、保障民生、稳定预期”为原则，把稳定物价总水平作为重要任务。预计2011年吉林省居民消费价格水平涨幅控制在4%左右。

2011年，吉林省金融业将认真贯彻稳健的货币政策，保持合理的社会融资规模和节奏，对战略新兴产业、服务业、基础设施、中小企业、“三农”和社会薄弱环节的信贷投放将进一步加大。直接融资规模有望继续扩大，金融创新继续加快发展。金融发展与经济结构调整的协调性进一步提升，金融业在国民经济中的地位和区域影响力有望进一步提高。

中国人民银行长春中心支行货币政策分析小组
负责人：张启阳　付　裕
统　稿：孙维仁　丁树成　唐　珂　杨　珩
执　笔：高　歌　赵新欣　赵　锋　纪　慧　李柏秋　袁春旺　任建春　刘鸿鹄　王宇光　王春萍
曹　楠　孟繁博　孟　夏　周飞虎　刘　健　吴　越　王景瑞　赵文瑞　曹鲁峰
提供材料的还有：王　伟　郑凯元　刘　丽

附录

（一）2010年吉林省经济金融大事记

1月1日，上海浦东发展银行长春分行上线收付易业务，成为省内第一家实现收付易业务T+0实时到账的金融机构。

4月19日，兴业银行长春分行正式对外挂牌营业，吉林省商业银行组织体系进一步完善。

6月18日，中国农业银行吉林省分行成立“三农”金融分部管理委员会，吉林省农业银行服务“三农”改革继续推进。

9月2日，第六届东北亚投资贸易博览会在长春成功举办，吸引国内外的5万名客商参展。

11月19日，由中国人民银行长春中心支行、吉林银监局、吉林证监局、吉林保监局联合主办的“金融系统反腐倡廉建设展长春巡展”在长春国际会展中心举行。

11月29日，随着国务院于正式批复延吉高新技术产业开发区升级为国家级高新技术产业开发区，2010年吉林省共有吉林经济技术产业开发区、四平红嘴工业园区、延吉高新技术产业开发区三家开发区升级为国家级开发区，全省国家级开发区总数达到6家。

12月22日，一汽第100万辆自主品牌汽车下线。

12月30日，长吉城际高铁建成运行，长吉一体化驶入“快车道”。

（二）2010年吉林省主要经济金融指标

表1　2010年吉林省主要存贷款指标

		1月	2月	3月	4月	5月	6月	7月	8月	9月	10月	11月	12月
本外币	金融机构各项存款余额（亿元）	8 532.9	8 791.3	8 910.6	9 088.3	9 173.4	9 445.3	9 436.3	9 655.1	9 657.8	9 678.4	9 671.7	9 702.5
	其中：城乡居民储蓄存款	4 733.0	4 929.3	5 017.8	4 999.9	5 013.8	5 069.2	5 046.0	5 049.1	5 119.4	5 056.3	5 069.2	5 203.2
	企业存款	2 286.2	2 248.7	2 348.5	2 448.3	2 511.2	2 608.6	2 550.4	2 603.2	2 569.1	2 656.8	2 709.5	2 788.9
	各项存款余额比上月增加（亿元）	127.2	258.4	119.3	177.7	85.1	271.8	-8.9	218.7	2.7	20.6	-6.6	30.8
	金融机构各项存款同比增长（%）	28.1	27.0	22.5	21.3	19.4	20.8	19.6	18.3	17.9	17.4	16.7	15.4
	金融机构各项贷款余额（亿元）	6 482.8	6 618.7	6 725.8	6 810.9	6 906.2	6 930.1	7 003.6	7 018.7	7 025.5	7 095.5	7 174.9	7 279.6
	其中：短期	2 659.8	2 698.4	2 817.1	2 809.7	2 836.3	2 836.1	2 816.7	2 768.2	2 719.1	2 706.3	2 743.6	2 815.7
	中长期	3 517.7	3 599.1	3 638.9	3 726.2	3 796.0	3 875.2	3 957.7	4 036.3	4 147.0	4 224.2	4 281.3	4 310.8
	票据融资	251.9	265.1	219.7	226.7	227.6	180.8	182.4	166.3	117.5	127.1	108.1	107.0
	各项贷款余额比上月增加（亿元）	182.4	135.9	107.1	85.2	95.2	23.9	73.5	15.1	6.8	70.0	79.4	104.7
	其中：短期	47.1	38.6	118.7	-7.4	26.7	-0.2	-19.4	-47.3	-49.1	-12.7	37.3	72.1
	中长期	144.1	81.5	39.7	87.4	69.8	79.3	82.5	77.4	110.7	77.2	57.0	29.6
	票据融资	-8.6	13.2	-45.4	7.0	0.9	-46.8	1.6	-16.1	-48.8	9.6	-19.0	-1.1
	金融机构各项贷款同比增长（%）	25.4	22.9	18.4	18.1	18.4	16.1	17.9	14.8	13.5	14.8	15.2	15.5
	其中：短期	8.0	4.0	4.2	0.6	0.6	-0.4	-1.3	-3.8	-4.3	-2.6	-0.7	3.7
	中长期	49.6	51.1	46.7	49.9	49.5	47.2	46.3	39.7	38.4	37.7	35.9	31.8
	票据融资	-21.7	-30.4	-53.5	-51.6	-48.6	-59.8	-46.3	-44.9	-61.8	-55.7	-57.6	-58.9
	建筑业贷款余额（亿元）	170.0	180.0	181.7	187.6	188.8	191.3	193.2	197.8	201.9	204.5	202.9	209.7
	房地产业贷款余额（亿元）	292.5	311.5	338.3	342.4	340.7	349.6	349.0	354.0	353.2	369.5	376.5	362.3
	建筑业贷款同比增长（%）	26.6	36.1	30.9	38.1	39.6	33.3	26.2	27.2	14.9	18.2	14.9	20.7
	房地产业贷款同比增长（%）	46.0	73.7	56.8	62.9	44.9	37.1	28.7	31.7	26.1	34.9	39.3	31.6
人民币	金融机构各项存款余额（亿元）	8 438.1	8 698.5	8 819.9	8 998.6	9 082.1	9 355.3	9 345.9	9 550.6	9 563.8	9 587.0	9 566.9	9 606.7
	其中：城乡居民储蓄存款	4 668.6	4 864.2	4 954.3	4 939.6	4 954.3	5 010.5	4 986.7	4 991.1	5 062.5	5 000.1	5 013.8	5 147.3
	企业存款	2 260.7	2 248.7	2 325.0	2 422.2	2 482.3	2 580.8	2 523.1	2 560.3	2 538.3	2 625.9	2 663.9	2 753.2
	各项存款余额比上月增加（亿元）	120.2	260.4	121.4	178.7	83.5	273.2	-9.4	204.8	13.1	23.3	-20.1	39.8
	其中：城乡居民储蓄存款	54.2	195.6	90.1	-14.7	14.7	56.1	-23.8	4.4	71.3	-62.4	13.7	133.5
	企业存款	1.9	-12.0	76.4	97.2	60.1	98.4	-57.7	37.2	-22.0	90.0	38.0	89.3
	各项存款同比增长（%）	28.2	27.3	22.9	21.7	19.5	20.9	19.9	18.3	17.9	17.4	16.6	15.5
	其中：城乡居民储蓄存款	11.2	14.2	12.2	11.5	11.4	11.8	11.5	11.7	12.5	12.1	12.1	11.5
	企业存款	53.5	43.3	34.0	30.7	24.2	25.0	19.2	12.0	12.3	15.4	16.9	18.3
	金融机构各项贷款余额（亿元）	6 417.3	6 548.3	6 662.2	6 749.1	6 845.0	6 864.5	6 929.2	6 941.2	6 954.2	7 028.1	7 103.0	7 205.9
	其中：个人消费贷款	544.2	582.6	582.8	595.3	610.5	619.0	637.8	661.0	688.6	705.8	727.5	742.1
	票据融资	251.9	265.1	219.7	226.7	227.6	180.8	182.4	166.3	117.5	127.1	108.1	107.0
	各项贷款余额比上月增加（亿元）	182.6	131.0	113.9	86.9	95.9	19.5	64.6	12.0	13.0	73.8	74.9	103.0
	其中：个人消费贷款	10.1	38.4	8.9	12.5	15.3	8.4	18.9	23.2	27.5	17.2	21.7	14.6
	票据融资	-8.6	13.2	-45.4	7.0	0.9	-46.8	1.6	-16.1	-48.8	9.6	-19.0	-1.1
	金融机构各项贷款同比增长（%）	25.5	22.8	18.2	17.9	18.3	16.0	17.8	14.7	13.5	14.9	15.4	15.6
	其中：个人消费贷款	75.7	90.5	86.5	85.9	85.0	78.2	74.3	71.7	69.0	66.8	62.3	57.3
	票据融资	-21.7	-30.4	-53.5	-51.6	-48.6	-59.8	-46.3	-44.8	-61.8	-55.7	-57.6	-58.9
外币	金融机构外币存款余额（亿美元）	13.9	13.6	13.3	13.1	13.4	13.3	13.4	15.3	14.0	13.7	15.7	14.5
	金融机构外币存款同比增长（%）	22.1	4.4	-2.8	-8.2	-2.6	7.6	0.3	21.3	14.0	11.0	28.2	12.7
	金融机构外币贷款余额（亿美元）	9.6	10.3	9.3	9.1	9.0	9.7	11.0	11.4	10.6	10.1	10.8	11.1
	金融机构外币贷款同比增长（%）	16.8	27.4	38.3	38.8	21.4	24.9	31.1	32.1	18.9	7.4	-3.8	15.5

数据来源：中国人民银行长春中心支行。

表2 2001～2010年吉林省各类价格指数

单位：%

年/月	居民消费价格指数		农业生产资料价格指数		原材料购进价格指数		工业品出厂价格指数		长春市房屋销售价格指数	长春市房屋租赁价格指数	长春市土地交易价格指数
	当月同比	累计同比	当月同比	累计同比	当月同比	累计同比	当月同比	累计同比	当季(年)同比	当季(年)同比	当季(年)同比
2001	—	101.3	—	99	—	101.8	—	100.3	100.1	106.2	120.2
2002	—	99.5	—	100.4	—	97.8	—	98.6	96.5	111.6	100
2003	—	101.2	—	101	—	104.8	—	102.5	96.5	111.6	100
2004	—	104.1	—	106.3	—	110.5	—	105	101.3	99.9	101.7
2005	—	101.5	—	109.2	—	107	—	104.5	100.9	101.8	111.6
2006	—	101.4	—	97.2	—	103.8	—	101.7	101.9	113.8	100.0
2007	—	104.8	—	106.0	—	105.2	—	102.7	111.3	100.0	100.0
2008	—	105.1	—	127.3	—	111.3	—	104.9	103.0	102.3	100.0
2009	—	100.1	—	96.4	—	95.3	—	96.1	101.1	100.0	100.0
2010	—	103.7	—	—	—	108.6	—	105.2	—	—	—
2009 1	100.8	100.8	113.5	113.5	96.1	96.1	95.1	95.1	102.1	—	—
2	99.3	100.0	108.2	110.8	96.2	96.1	95.1	95.1	101.3	—	—
3	99.0	99.7	95.0	105.1	94.8	95.7	94.5	94.9	100.2	100.0	100.0
4	99.0	99.5	93.7	102.0	94.0	95.3	94.0	94.7	99.7	—	—
5	99.0	99.4	92.8	100.1	94.0	94.9	94.0	94.5	99.8	—	—
6	98.9	99.3	91.5	98.5	93.6	94.7	94.1	94.5	100.4	100.0	100.0
7	99.0	99.3	91.9	97.5	92.8	94.4	94.3	94.4	101.3	—	—
8	99.4	99.3	93.1	97.0	92.7	94.2	94.7	94.5	101.0	—	—
9	100.0	99.4	93.7	96.6	93.9	94.1	96.1	94.7	100.6	100.0	100.0
10	100.7	99.5	93.8	96.3	95.1	94.2	96.6	94.9	100.4	—	—
11	102.1	99.7	97.6	96.4	97.6	94.5	100.0	95.3	101.9	—	—
12	103.8	100.1	96.7	96.4	103.1	95.3	105.1	96.1	104.4	100.0	100.0
2010 1	103.2	103.2	98.6	98.6	107.4	107.4	106.3	106.3	104.5	—	—
2	103.6	103.4	98.9	98.7	109.6	108.5	107.9	107.1	105.1	—	—
3	103.0	103.3	99.8	99.1	110.5	109.2	107.3	107.2	105.9	—	—
4	103.6	103.4	99.5	99.2	110.9	109.6	107.0	107.1	107.5	—	—
5	103.1	103.3	100.0	99.3	110.8	109.9	107.1	107.2	107.8	—	—
6	103.0	103.2	99.5	99.4	109.6	109.8	106.3	107.1	107.0	—	—
7	103.1	103.2	99.2	99.3	108.4	109.6	103.4	106.5	105.3	—	—
8	104.2	103.3	98.6	99.3	107.4	109.3	103.0	106.1	105.0	—	—
9	103.7	103.4	98.1	99.1	107.1	109.1	102.5	105.7	104.9	—	—
10	104.2	103.5	98.5	99.1	106.9	108.9	103.1	105.4	105.1	—	—
11	105.6	103.7	98.6	99	107.0	109.0	103.9	105.3	103.8	—	—
12	104.2	103.7	99.6	99.1	107.7	108.6	104.3	105.2	103.9	—	—

数据来源：吉林省统计局。

表3 2010年吉林省主要经济指标

	1月	2月	3月	4月	5月	6月	7月	8月	9月	10月	11月	12月
绝对值（自年初累计）												
地区生产总值(亿元)	—	—	1 443.6	—	—	3 201.6	—	—	5 281.6	—	—	8 577.1
第一产业	—	—	79.3	—	—	187.2	—	—	442.4	—	—	1 050.2
第二产业	—	—	830.9	—	—	1 921.0	—	—	3 013.5	—	—	4 417.4
第三产业	—	—	533.5	—	—	1 093.4	—	—	1 825.8	—	—	3 109.5
工业增加值(亿元)	260.9	519.5	842.0	1 139.1	1 452.3	1 809.1	2 096.5	2 414.7	2 750.4	3 077.6	3 429.8	3 755.1
城镇固定资产投资(亿元)	—	—	220.7	517.3	1 236.3	2 711.7	3 743.2	4 526.2	5 974.41	6 952.6	7 693.1	7 925.7
房地产开发投资	—	—	3.2	29.7	110.8	326.5	452.1	570.6	727.4	870.1	908.0	921.0
社会消费品零售总额(亿元)	259.6	510.1	762.8	1 031.7	1 302.1	1 598.2	1 880.13	2 185.9	2 497.78	2 828.3	3 152.7	3 501.8
外贸进出口总额(万美元)	148 835	250 929	370 074	511 970	644 945	784 955	944 748	1 092 155	1 219 811	1 350 882	1 523 624	1 684 637
进口	114 761	194 763	285 264	396 113	498 293	604 044	722 743	834 169	922 870	1 016 117	1 136 900	1 236 997
出口	34 074	56 166	84 810	115 857	146 652	180 911	222 005	257 986	296 942	334 765	386 724	447 640
进出口差额(出口−进口)	-80 687	-138 597	-200 454	-280 256	-351 641	-423 133	-500 738	-576 183	-625 928	-681 352	-750 176	-789 357
外商实际直接投资(万美元)	8 776	15 261	26 827	36 636	50 648	60 660	67 300	70 955	79 435	96 196	113 560	128 042
地方财政收支差额(亿元)	-7.4	-102.3	-141.8	-160.0	-285.9	-373.0	-414.3	-497.3	-593.4	-660.6	-945.9	-1 184.8
地方财政收入	57.3	94.2	142.4	201.9	239.6	295.2	349.6	390.3	443.4	498.9	547.6	602.4
地方财政支出	64.7	196.5	284.2	361.9	525.5	668.2	763.9	887.6	1 036.8	1 159.4	1 493.5	1 787.3
城镇登记失业率(%)(季度)	—	—	—	—	—	—	—	—	—	—	—	3.8
同比累计增长率（%）												
地区生产总值	—	—	18.9	—	—	17.2	—	—	14.7	—	—	13.7
第一产业	—	—	3.5	—	—	3.3	—	—	2.6	—	—	3.5
第二产业	—	—	27.2	—	—	23.7	—	—	20.2	—	—	18.9
第三产业	—	—	10.6	—	—	9.8	—	—	9.2	—	—	10.4
工业增加值	39.1	30.5	29.7	27.9	26.0	25.8	23.0	21.2	20.8	20.2	20.1	19.9
城镇固定资产投资	—	—	25.9	26.1	26.1	25.9	26.3	25.5	30.3	30.1	30.7	33.0
房地产开发投资	—	—	0.9	-2.8	29.3	26.3	25.9	24.7	22.1	24.4	22.7	21.7
社会消费品零售总额	15.9	18.1	17.9	18.1	18.4	18.5	18.1	18.1	18.2	18.2	18.4	18.5
外贸进出口总额	76.6	68.3	69.5	73.0	65.9	62.5	61.6	60.7	52.7	48.9	47.2	43.5
进口	82.5	77.3	78.0	80.1	72.7	69.0	66.9	65.9	55.8	50.5	47.6	43.5
出口	59.4	43.2	46.3	52.5	46.3	44.0	46.7	45.8	44.0	44.2	45.9	43.2
外商实际直接投资	24.3	16.1	6.1	1.6	19.3	13.8	8.5	6.3	3.2	11.3	14.9	12.3
地方财政收入	41.2	32.4	42.0	41.3	34.7	27.6	27.4	26.9	27.3	27.2	26.9	23.7
地方财政支出	-15.9	1.1	5.7	-2.5	16.5	21.3	19.7	23.7	24.9	25.8	41.2	20.8

数据来源：吉林省统计局。

2010年黑龙江省金融运行报告

中国人民银行哈尔滨中心支行货币政策分析小组

[内容摘要] 2010年，面对较为复杂的国际、国内形势，黑龙江省认真落实中央各项决策部署，加快推进"八大经济区"、"十大工程"战略，经济进一步回升向好。全年地区生产总值首次突破万亿元，财政收入超千亿元。投资、消费需求持续增长，进出口贸易恢复良性发展轨道。三次产业协调发展，粮食产量突破千亿斤大关，商品量稳居全国第一位。金融机构积极贯彻适度宽松的货币政策，努力提高信贷支持经济发展的科学性和有效性，银行业、证券业、保险业全面发展，金融改革稳步推进，金融生态环境建设取得积极成效，为巩固经济回升势头起到了重要的支撑作用。

2011年，黑龙江省将积极转变经济增长方式，加大经济结构调整力度，贯彻落实积极的财政政策与稳健的货币政策，保持合理的社会融资规模，优化融资结构和信贷结构，在积极推进大项目建设的同时，加大对"三农"和中小企业的支持力度，着力改善民生。

一、金融运行情况

2010年，全省认真贯彻落实国家金融宏观调控政策，充分发挥金融支持地方经济发展的作用。金融运行平稳，银行业、证券业、保险业协调发展，融资结构不断优化，金融生态环境建设稳步推进。

（一）银行体系快速发展，信贷投放稳定增长

2010年，全省银行业金融机构稳步发展，金融机构营业网点建设步伐加快，存贷款规模增长较快，结构不断优化，农村金融组织体系进一步健全，跨境贸易人民币结算试点工作取得积极进展。

1. 银行业资产总量快速增加。金融机构进一步加快城乡布局。锦州银行、昆仑银行相继入驻。新型农村金融机构得到快速发展。金融机构资产总额明显增加。

2. 存款活期化趋势明显。企事业单位存款余额同比增长27.1%，增速加快。当年新增活期存款是定期存款的4.7倍，企事业单位活期存款比重上升。受消费拉动因素影响，储蓄存款增速明显趋缓。

表1　2010年黑龙江省银行业金融机构情况

机构类别	营业网点[①]			法人机构（个）
	机构个数（个）	从业人数（人）	资产总额（亿元）	
一、大型商业银行[②]	2 031	56 135	7 753	0
二、国家开发银行及政策性银行[③]	90	2 514	2 238	0
三、股份制商业银行[④]	67	2 140	1 229	0
四、城市商业银行	290	5 102	2 154	2
五、城市信用社	0	0	0	0
六、农村合作机构[⑤]	1 945	23 224	1 481	81
七、财务公司	8	1 528	40	3
八、邮政储蓄银行	1 579	13 500	1 419	0
九、外资银行	4	42	14	1
十、农村新型机构[⑥]	13	325	19	13
合　计	6 027	104 510	16 347	100

注：①不包括国家开发银行和政策性银行、大型商业银行、股份制银行等金融机构总部数据。

②包括中国工商银行、中国农业银行、中国银行、中国建设银行和交通银行。

③包括国家开发银行、中国农业发展银行和中国进出口银行。

④包括中信银行、中国光大银行、华夏银行、广东发展银行、深圳发展银行、招商银行、上海浦东发展银行、兴业银行、中国民生银行、恒丰银行、浙商银行和渤海银行。

⑤包括农村信用社、农村合作银行和农村商业银行。

⑥包括村镇银行、贷款公司和农村资金互助社。

数据来源：黑龙江银监局、中国人民银行哈尔滨中心支行。

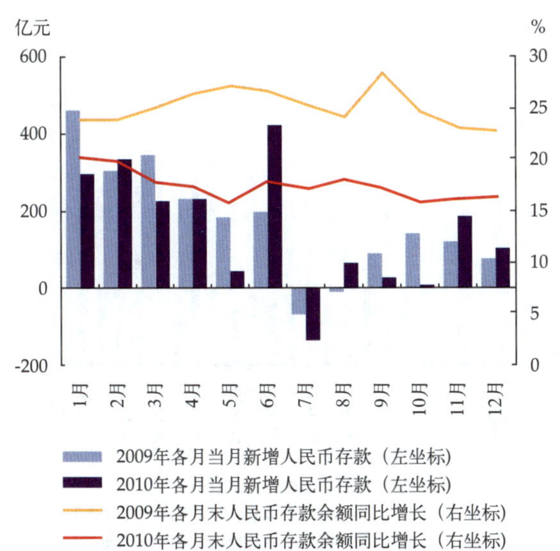

数据来源：中国人民银行哈尔滨中心支行。

图1　2010年黑龙江省金融机构人民币存款增长变化

3. 中长期贷款比重上升。全省本外币贷款连续两年保持20%以上增速。在大项目建设资金需求的作用下，当年新增中长期贷款1 084.2亿元，中长期贷款余额占全部贷款比重提高了6.7个百分点。消费贷款同比增长65.7%，增长迅猛。涉农贷款同比增长33.1%，支农力度不断增强。

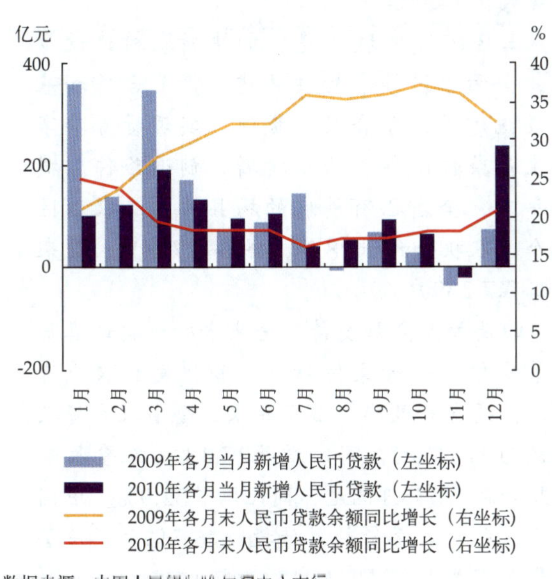

数据来源：中国人民银行哈尔滨中心支行。

图2　2010年黑龙江省金融机构人民币贷款增长变化

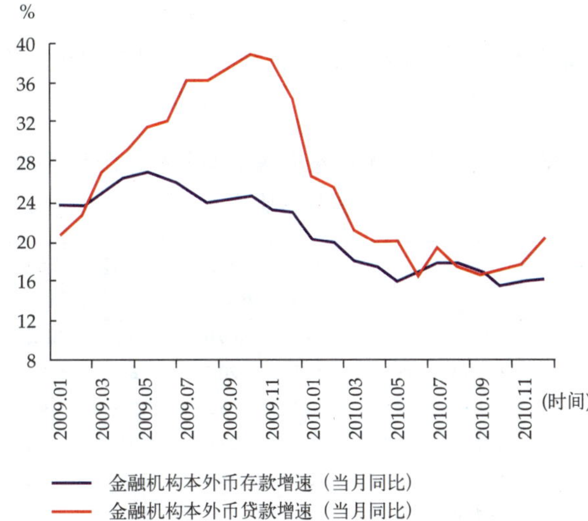

数据来源：中国人民银行哈尔滨中心支行。

图3　2009～2010年黑龙江省金融机构本外币存、贷款增速变化

4. 现金投放增速加快。由于消费需求持续旺盛，储蓄存款支取大幅增加，金融机构现金支出增速高于现金收入，净投放同比增长超过1.5倍。

表2　2010年黑龙江省金融机构现金收支情况表

单位：亿元、%

	年累计额	同比增速
现金收入	31 556.0	13.8
现金支出	31 805.0	14.3
现金净支出	249.0	156.7

数据来源：中国人民银行哈尔滨中心支行。

5. 利率水平总体上行。受基准利率上调的影响，全省加权平均利率上升0.51个百分点。金融机构加强了风险溢价及利差管理，上浮利率贷款比重有所上升。金融机构积极尝试建立以Shibor为基准的贴现业务、内部资金转移定价机制。

6. 农村金融组织体系进一步完善。龙江银行新设29家分支机构，业务主要面向“三农”和中小企业。村镇银行、小额贷款公司等新型农村金融机构加快组建，全省基本实现了乡镇金融服务网点的全覆盖。

7. 跨境贸易人民币结算业务取得突破性进展。2010年，黑龙江省被列入跨境贸易人民币结算试点地区。全年有2家政策性银行、6家商业银行办理了跨境人民币结算业务，累计结算金额为51亿元，在全国试点省份中位居上游，业务开展势头良好。

表3 2010年黑龙江省金融机构各利率浮动区间贷款占比表

单位：%

		合计	国有商业银行	股份制商业银行	区域性商业银行	城乡信用社
合计		100.0	100.0	100.0	100.0	100.0
[0.9～1.0)		17.1	34.5	20.7	8.3	0.5
1.0		23.8	38.8	55.3	17.8	0.4
上浮水平	小计	59.1	26.7	24.0	73.9	99.1
	(1.0～1.1]	6.6	12.0	13.0	11.6	0.1
	(1.1～1.3]	7.6	9.1	7.1	37.3	0.7
	(1.3～1.5]	6.1	2.9	0.6	12.5	7.8
	(1.5～2.0]	22.1	2.7	3.3	10.0	49.7
	2.0以上	16.7	0	0	2.5	40.8

数据来源：中国人民银行哈尔滨中心支行。

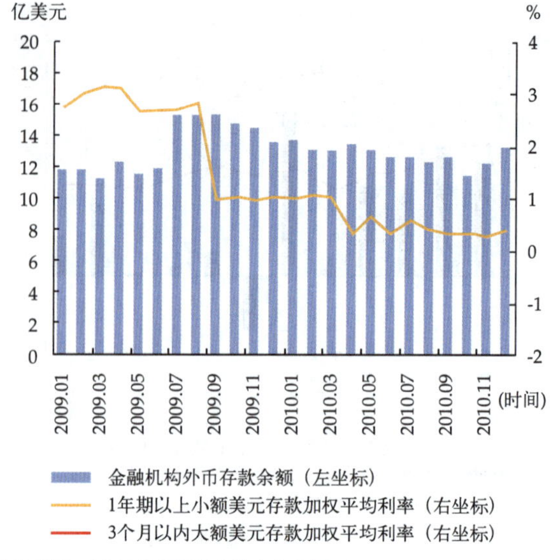

数据来源：中国人民银行哈尔滨中心支行。

图4 2009～2010年黑龙江省金融机构外币存款余额及外币存款利率

专栏1 多措并举，促进“千亿斤粮食产能工程”目标提前实现

2010年，黑龙江省农业生产以“千亿斤粮食产能工程”为主线，结合松嫩、三江两大平原农业综合开发实验区建设，大力推进粮食生产，促进粮食增收，粮食产量在大灾之年提前登上1 000亿斤新台阶，达到1 002.6亿斤，占全国增量的42.3%，商品量达770亿斤，再创历史新高。

一是加大科技投入。不断增加农田水利等基础设施和科技投入，开辟田间精细管理模式，有效应对农灾；全年建设万亩以上高产示范片533个、面积7 000万亩，创造出亩产2 000斤玉米、1 600斤水稻、500斤大豆等一批高产典型，保障粮食增产增收。

二是优化产业结构。积极转变农业生产方式，建设现代化大农业，发展规模化农业生产，建设以松嫩、三江两大平原为基础的粮食基地；延长产业链条，促进绿色食品产业升级，全省绿色（有机）食品认证面积发展到6 100万亩；通过推进农机化、规模化、组织化生产，加快小机械作业向大农机生产转变、粗放耕作向标准化生产转变、分散经营向专业合作转变的现代农业建设。

三是统筹区域共建。加快新农村建设步伐，全面推进涉农场县共建、产业合作和基础设施建设，整合县域资源，实现资源共享和生产条件改善，为粮食增产创造条件。截至年末，全省已有涉农的场县共建工农园区14个、农机合作社28个、公路727公里、自来水工程7 239户。

四是加大金融支持。全省金融机构认真贯彻落实中央一号文件精神，积极发放农业贷款，提高支农效率。截至年末，全省农户贷款余额为915亿元，同比增长27.1%。粮食收购贷款余额为555.1亿元，同比增长32.9%。中国人民银行支农再贷款累计投放76.5亿元，位居东北三省之首。

（二）证券市场实现突破，融资规模再创新高

2010年，全省上市公司总市值、总资产大幅攀升，经营业绩稳中有升，融资额创历史新高，公司股改进展顺利。

1. 证券机构经营实力增强。在股市整体低迷的情况下，证券机构逆势发展，业务种类不断丰富，证券营业网点布局优化，法人治理结构进一步完善。全年证券投资者账户数同比增加16万户。

2. 股票融资规模激增。当年新增上市公司4家，募集资金137.44亿元，超过了以往首发募集资金的总和，实现了历史性突破。30家上市公司主营业务收入同比增长41.91%，净利润同比增长13.51%。26家上市公司完成股改，3家期货公司经营状况良好，全年期货成交额同比增长37.52%。

表4　2010年黑龙江省证券业基本情况表

项目	数量
总部设在辖内的证券公司数（家）	1
总部设在辖内的基金公司数（家）	0
总部设在辖内的期货公司数（家）	3
年末国内上市公司数（家）	30
当年国内股票（A股）筹资（亿元）	137.4
当年发行H股筹资（亿元）	0
当年国内债券筹资（亿元）	24.7
其中：短期融资券筹资额（亿元）	13.0

数据来源：黑龙江证监局、中国人民银行哈尔滨中心支行。

（三）保险机构稳健运行，保障功能日益完善

2010年，全省保险市场平稳发展，经营质量明显提高，保障作用进一步发挥。

1. 保险业资产规模持续扩张。百年人寿黑龙江分公司成立，使省级以上保险公司达到30家，支公司以下分支机构2 448家。保险营销员11万余人。全省保险公司资产总计688.3亿元，同比增长24%。

2. 保费收入稳步增长。全年保费收入同比增长23.3%，人身保险收入占比提高，各险种赔付支出均同比下降。“三农”保险得到进一步发展，惠及了87.8万农户，农村小额人身保险、计划生育保险等涉农保险覆盖面持续扩大。

表5　2010年黑龙江省保险业基本情况表

项目	数量
总部设在辖内的保险公司数（家）	1
其中：财产险经营主体（家）	1
寿险经营主体（家）	0
保险公司分支机构（家）	29
其中：财产险公司分支机构（家）	14
寿险公司分支机构（家）	15
保费收入（中外资，亿元）	343.3
其中：财产险保费收入（中外资，亿元）	73.1
人身险保费收入（中外资，亿元）	270.2
各类赔款给付（中外资，亿元）	77.6
保险密度（元/人）	897.5
保险深度（%）	3.4

数据来源：黑龙江保监局。

（四）金融市场交易活跃，融资结构变化明显

2010年，全省金融市场运行平稳，融资总量小幅减少，融资结构日趋合理。

1. 直接融资手段增强。全年直接融资总量为162.1亿元，同比增长200%，增速创近年新高。其中，股票融资同比增长22倍。全年发行短期融资券13亿元，中小企业集合票据1.7亿元。

表6　2001～2010年黑龙江省非金融机构融资结构表

单位：亿元、%

年份	融资量	比重		
		贷款	债券（含可转债）	股票
2001	214.8	100.0	0	0
2002	156.7	88.8	0	11.2
2003	264.1	100.0	0	0
2004	99.1	100.0	0	0
2005	138.3	82.6	17.4	0
2006	323.8	97.3	2.7	0
2007	339.0	89.4	8.3	2.3
2008	760.9	93.8	1.6	4.6
2009	1 619.4	96.7	3.0	0.3
2010	1 407.1	88.4	1.8	9.8

数据来源：中国人民银行哈尔滨中心支行。

2. 票据融资规模缩减。全省票据市场呈总量萎缩、价格上涨的变化特征，全年票据贴现余额逐月减少，贴现、转贴现利率震荡上行。

表7　2010年黑龙江省金融机构票据业务量统计表

单位：亿元

季度	银行承兑汇票承兑		贴现			
			银行承兑汇票		商业承兑汇票	
	余额	累计发生额	余额	累计发生额	余额	累计发生额
1	355.3	142.7	407.8	723.5	2.1	64.8
2	374.0	323.1	497.4	1 463.4	3.3	75.1
3	358.7	508.7	359.8	2 184.5	2.5	80.3
4	491.7	710.3	257.7	2 735.1	2.3	106.9

数据来源：中国人民银行哈尔滨中心支行。

表8　2010年黑龙江省金融机构票据贴现、转贴现利率表

单位：%

季度	贴现		转贴现	
	银行承兑汇票	商业承兑汇票	票据买断	票据回购
1	3.54	3.92	2.48	2.65
2	3.81	2.24	2.65	2.98
3	4.49	3.69	2.99	3.18
4	4.84	7.13	3.19	4.32

数据来源：中国人民银行哈尔滨中心支行。

（五）金融生态环境改善，征信体系建设加快

2010年，省政府主导的整治和改善金融生态环境的一系列政策措施顺利实施。宏观方面：建立了科学的区域经济发展战略，提升了金融生态的经济基础。依靠制度创新、科技创新和管理创新，确保产业发展符合国家产业政策，有效地避免了政策风险，保障了投资者收益，为银行信贷投放和其他投资者增加投资创造了良好的产业支撑。微观方面：加快推进企业和个人征信系统建设，目前已累计收录14.2万户企业单位和2 130万自然人信息。积极推进中小企业和农村信用体系建设，累计采集入库中小企业信用档案3万户，为350万农户建立了信用档案，其中，147万农户录入农户电子信用档案信息管理及评分系统。

专栏2　牡丹江市“打逃”行动助推金融生态环境建设

2010年，黑龙江省牡丹江市结合“金融强市”战略，把严厉打击恶意逃废银行债务行为作为打造“诚信牡丹江”、建设金融生态环境的重要手段和突破口，金融生态环境逐步得到改善，金融信心指数大增，该市也成为全省加快改善金融生态环境建设的典型。

一是政府主导，各部门配合，形成打击恶意逃废银行债务的合力。在牡丹江市委、市政府的主导下，人大、政协、公检法等部门与金融机构联手，成立打逃专项工作推进小组，开展打击恶意逃废银行债务专项行动，取得了积极成效。截至目前，全市约1 010笔、共10.7亿元银行债务已被追偿947笔共8.43亿元，其余债务已全部纳入公安、法院的司法办理程序。

二是“打逃”行动改善了金融生态环境，成就了“金融强市”。牡丹江的金融业在“打逃”行动中得到发展壮大，金融资产和权益得到了有效保护。良好的金融生态环境也吸引了各类金融机构入驻本地。全省第一家村镇银行、第一家小额贷款公司均在牡丹江市成立，哈尔滨银行积极筹建分行，各类新型农村金融机构也在逐步完善。

三是形成资金洼地，留住本地资金，吸引域外资金。本地资金外流现象得到逆转，大部分“游资”得到回归。2010年，县域新增存款的90%以上用于当地放款，缓解了县域存款外流现象。与此同时，投资环境的改善吸引了众多域外金融企业来牡丹江开展业务。2010年，中国银行、中国建设银行黑龙江省分行分别与牡丹江市签署150亿元和200亿元的融资战略合作协议。牡丹江市企业融资服务中心挂牌后，国家开发银行、招商银行、上海浦东发展银行、中国出口信用保险公司等金融机构纷纷在牡丹江市开展业务。

二、经济运行情况

2010年，面对复杂的外部环境和尚未完全消除的国际金融危机负面影响，全省积极推进“八大经济区”和“十大工程”建设，继续实施300个大项目建设，经济运行向好的趋势不断巩固，经济主体信心日益增强。全省实现地区生产总值10 235亿元，同比增长12.6%。

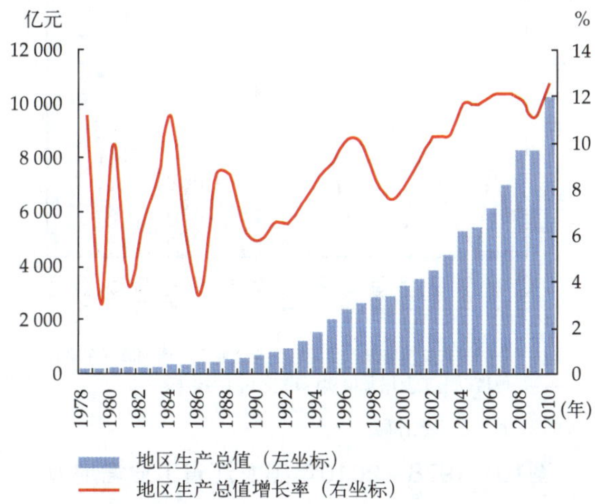

数据来源：黑龙江省统计局。

图5　1978～2010年黑龙江省地区生产总值及其增长率

（一）投资消费较为旺盛，外贸形势加速向好

在大项目建设的拉动作用下，全省投资增速处于历史高位，成为经济增长的主动力，消费总水平继续提升，对外贸易快速复苏。

1. 投资需求持续旺盛。全省继续推进300个重点建设项目拉动了固定资产投资保持较快增长。经济向好形势刺激了民间投资，全年民间投资同比增长52.4%。中长期贷款投放大幅度增加，进一步推动建设资金到位。

2. 消费需求持续增长。社会消费品零售总额增幅与上年基本持平。零售业零售额仍居主体地位，占全省零售额的75.3%。消费市场进一步向城市集中。受食品类价格上涨影响，食品消费额增加较多。

3. 进出口总值再创新高。全年进出口总值为

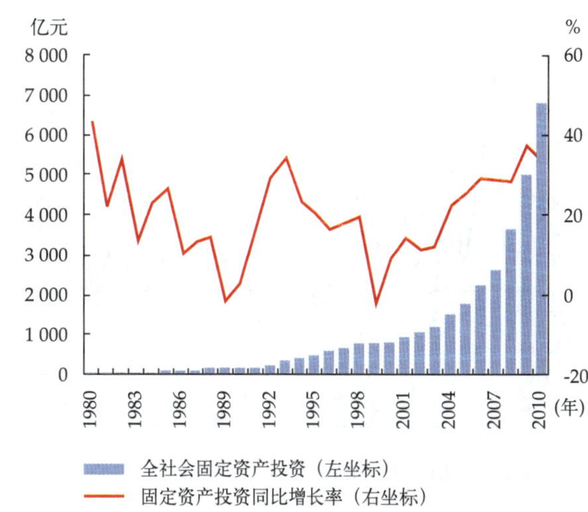

数据来源：黑龙江省统计局。

图6　1980～2010年黑龙江省固定资产投资及其增长率

数据来源：黑龙江省统计局。

图7　1978～2010年黑龙江省社会消费品零售总额及其增长率

255亿美元，同比增长57.1%，高出全国平均增速22.4个百分点。累计实现贸易顺差70.6亿美元。一般贸易、边境小额贸易引领增长，加工贸易和旅游购物商品有所下降，私营企业增势强劲，对俄贸易占据主导。

2010年，全省外商直接投资26.6亿美元，同比增长12.7%。外资投向集中在食品制造业、畜牧业、农副食品加工业及房地产业。投资者主要来自中国香港、韩国及新加坡等亚洲国家和地区。

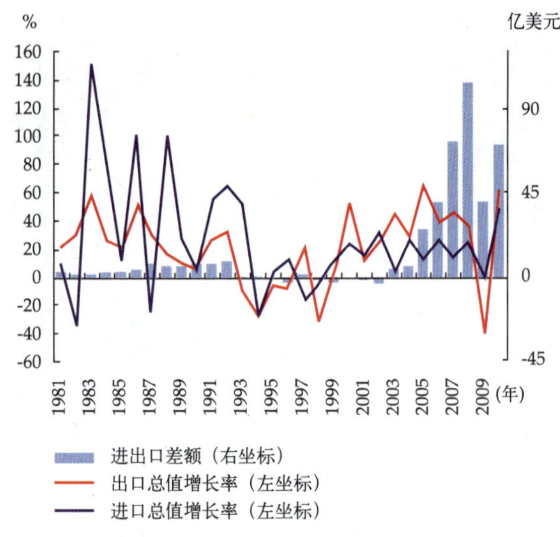

数据来源：《黑龙江统计年鉴》、《黑龙江统计月报》。

图8　1981～2010年黑龙江省外贸进出口变动情况

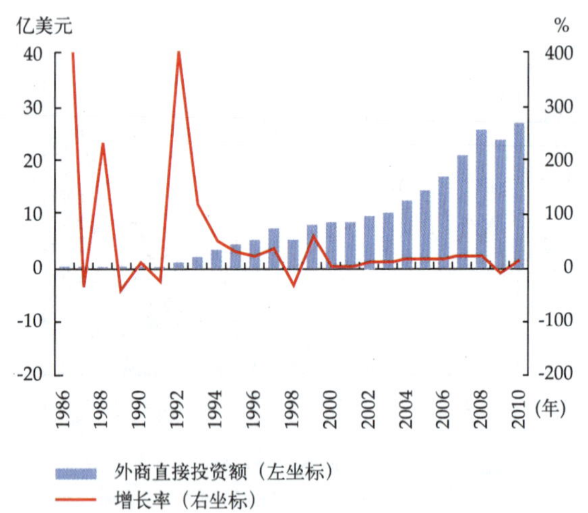

数据来源：黑龙江省统计局。

图9　1986～2010年黑龙江省外商直接投资情况

（二）三次产业较快增长，农业生产基础巩固

2010年，全省第一、第二、第三产业实现增加值同比分别增长6.2%、14.4%、11.6%，工业经济的拉动力进一步增强，粮食再获丰收。

1. 农业生产实现飞跃。2010年，全省积极落实农业生产政策，加大农业生产投入。全年粮食播种面积继续增长，总产量达到1 002.6亿斤，成为全国粮食总产量第二个超千亿斤的省份。畜牧业快速发展，生猪、家禽存栏、出栏量均有所增长，全年总产值965.8亿元。

2. 工业效益较快增长。全年规模以上工业增加值增幅比上年提高3.1个百分点，100户重点企业实现工业总产值占全省规模以上工业比重高达70%。轻工业增长速度较快，增加值增速高于重工业1.8个百分点。规模以上工业企业实现利润大幅增长。

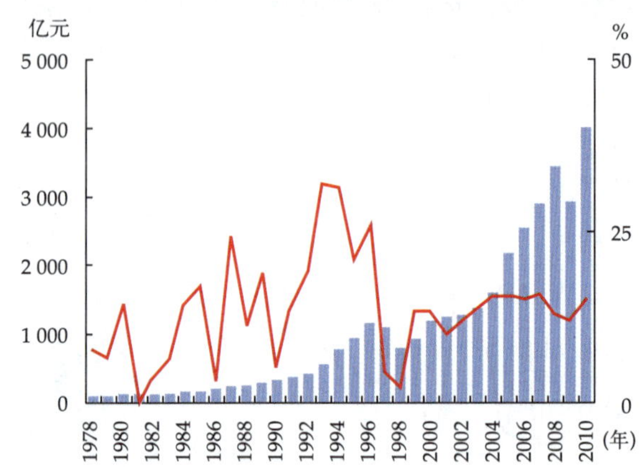

数据来源：黑龙江省统计局。

图10　1978～2010年黑龙江省工业增加值及其增长率

3. 服务业稳步发展。服务外包、现代物流、文化创意等新型服务业蓬勃发展，绿色生态和冰雪旅游业特色突出。全年实现第三产业增加值同比增长11.6%。

（三）价格水平持续上行，上涨速度趋于缓和

在国内外多重因素的作用下，各类市场物价上行压力不断增大，上半年CPI持续上升，对消费预期产生不利影响。下半年，随着国家连续出台控制物价的各项政策，物价涨幅趋缓。

1. 消费价格持续攀升。全省CPI涨幅偏高，后期得到抑制。总体上，各类物价均有不同程度上涨，其中，食品涨幅最大，对总体物价上涨的贡献度超过75%。另外，房价水平不断攀升，居住类价格上涨5.6%，使居民的居住成本增加。

2. 生产资料价格迅速上行。受原油等资源性产品价格回升影响，原材料、燃料、动力购进价格同比增长14.5%，拉动工业品出厂价格攀升。由于农产品价格上涨，农民生产积极性较高，使农业生产

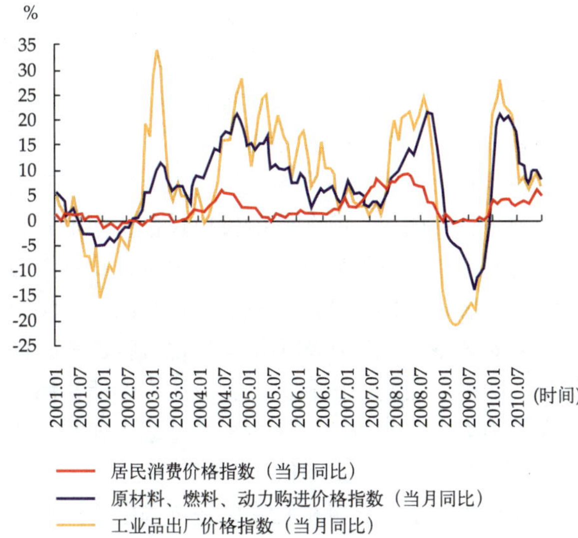

数据来源：黑龙江省统计局。

图11 2001～2010年黑龙江省居民消费价格和生产者价格变动趋势

资料总指数比上年增加5.6个百分点。

3. 劳动力价格略有提升。随着经济的快速回升和物价总水平的上涨，企业用工逐步增加，劳动力价格稳定增长。城镇居民工薪收入同比增长8.7%，最低工资标准基本维持上年水平。农村居民工资性收入同比增长21.8%。

（四）财政收支平稳增长，民生保障作用增强

2010年，受工业经济稳步回升，资源性产品价格上涨和固定资产投资规模扩张等因素的影响，全省主要税种收入增长平稳，国有土地使用权出让金收入大幅增加。财政支出继续向经济结构调整、民生保障、支农惠农和公共投资等领域倾斜。

（五）房地产业快速发展

2010年，受投资和需求上升的双重影响，全省房地产市场呈现量价齐升的趋势，房地产开发规模激增，商品房销售势头旺盛，房地产信贷投放大幅增长。

1. 房地产投资高速增长。全年完成房地产开发投资843.1亿元，同比增长49.5%，增速比2009年提高21.3个百分点。住宅开发投资进一步加快。房地产资金来源为1 044.6亿元，自筹资金占比六成，企业资金充裕，到位情况良好。

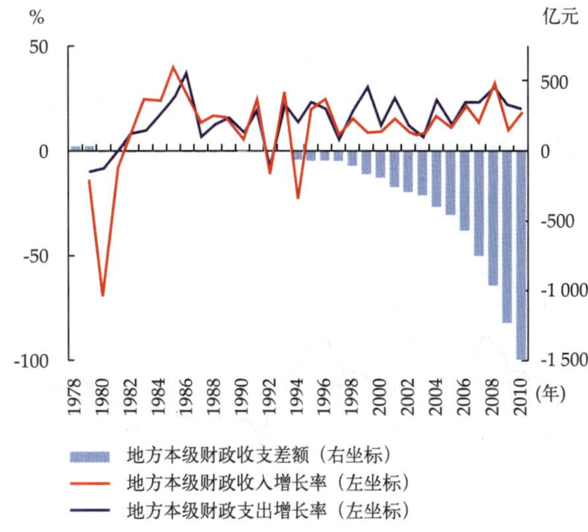

数据来源：《黑龙江统计年鉴》、《黑龙江统计月报》。

图12 1978～2010年黑龙江省财政收支状况

2. 房地产市场供给充足。全年完成土地开发面积为588.6万平方米，同比增长24.9%。房屋新开工面积为5 018.4万平方米，同比增长67.5%。全年房屋竣工面积为2 166.8万平方米，其中，住宅竣工面积为1 778.2万平方米。

3. 房地产销售势头旺盛。全年商品房销售面积为2 718.1万平方米，同比增长34.9%。销售额为1 010.1亿元，同比增长54.8%。

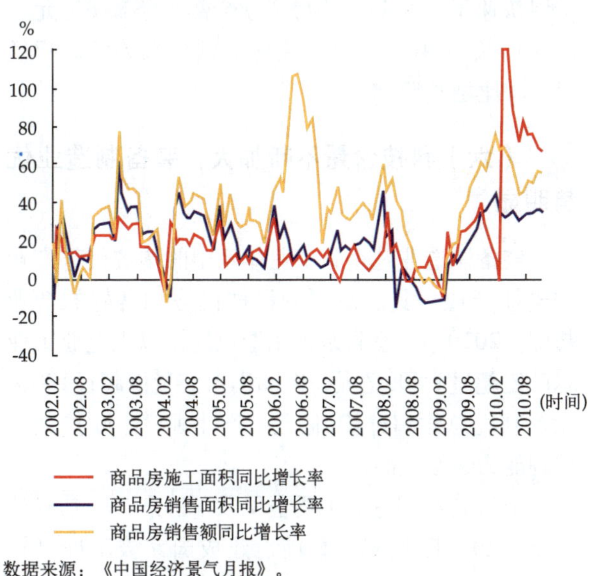

数据来源：《中国经济景气月报》。

图13 2002～2010年黑龙江省商品房施工和销售变动趋势

4. 房地产价格持续上升。全年商品房销售价格同比上涨14.8%，涨幅同比提高0.5个百分点。哈尔滨市房屋销售价格、土地交易价格增势趋缓，房屋租赁价格增长较快。

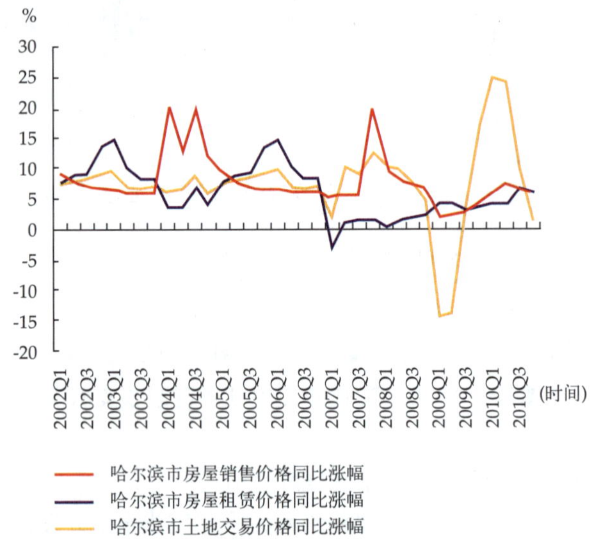

数据来源：《中国经济景气月报》。

图14　2002～2010年哈尔滨市房屋销售价格指数变动趋势

5. 房地产信贷规模扩张。截至年末，全省房地产贷款余额为913.52亿元，同比增长49.99%。房地产开发贷款余额为232.26亿元，同比增长45.85%，呈现快速增长势头。购房贷款余额为681.26亿元，同比增长51.46%。个人住房贷款余额为622.97亿元，同比增长57.06%。

（六）科技含量不断加大，装备制造业优势明显

装备制造业是全省工业体系中的传统优势产业和支柱产业，具有雄厚的科技优势和良好的产业基础。2010年，全省装备制造业规模以上企业工业总产值超过1 400亿元，产品出口交货值超过100亿元，利税总额超过120亿元，产业规模不断扩大，盈利能力逐渐提高。

全省装备制造业主要呈现以下特点：一是科技创新能力不断增强，目前已建成国家级工程（技术）研究中心3户，国家级企业技术中心9户，省级工程技术中心13户，省级企业技术中心19户。获得国家科技进步奖8项、中国机械工业科学技术奖33项、省科学技术奖166项。二是重大装备研制取得突破，完成并交付使用的国家级首台（套）重大技术装备7项，省级30项。大型发电设备、核电、重型机械等重大技术装备自主化取得重大突破。三是区域经济特征明显，哈尔滨的发电设备、汽车、航空，齐齐哈尔的重型装备、机床，大庆、牡丹江的石油石化装备，佳木斯的农机装备，鸡西、鹤岗的矿山采掘装备等制造业均突出体现地方特色和区位优势。四是产业集中度和民营企业比重偏低、地方配套能力差、产业链短，缺少综合竞争力强的产业集群，民营和外资比重偏低。

2010年，全省金融机构紧紧围绕国家重点产业调整和振兴的政策要求，结合全省支柱产业发展实际需求，持续加大对装备制造业的信贷支持，年末装备制造业贷款余额为188亿元，比2006年增长115%，全年累计投放贷款173亿元，金融支撑作用进一步增强。

（七）环境保护成效显著，节能减排取得进展

2010年，全省积极推进节能减排和环境治理，重点企业和重点领域节能取得积极成效，纳入国家“千家企业节能行动”的25家企业节能量完成“十一五”节能计划。全年化学需氧量、二氧化硫减排均超额完成“十一五”减排目标。目前开工建设89座污水处理厂，总处理规模近300万吨/日，城镇污水处理率提高到60%。松花江流域水污染治理效果显著，水质明显改善。全省开展了整治违法排污企业的系列行动，依法查处环境问题企业2 578家，行政处罚71家、限期整改1 194家、限期(停产)治理794家、关停取缔519家。

三、预测与展望

2011年是“十二五”的开局之年，也是进一步巩固经济向好形势、加快经济增长方式转变和经济结构调整的关键之年。黑龙江省面临的国际、国内形势仍然复杂多变，经济增长的基础仍不牢固，结构性问题依然突出，通货膨胀预期的压力不减，经济社会协调发展难度加大。

黑龙江省将积极转变经济增长方式，加大经济结构调整力度，经济快速健康发展的基础将进一步巩固。全省金融机构将贯彻稳健的货币政策，保持合理的社会融资规模，优化融资结构和信贷结构，在积极推进大项目建设的同时，加大对“三农”和中小企业的支持力度，着力改善民生，不断提高金融支持地方经济发展的效果。

中国人民银行哈尔滨中心支行货币政策分析小组
负责人：周逢民　张会元
统　稿：许国新　袁兆成　杨　冰
执　笔：王　舵　刘　畅　何延伟　周　锐　马　辉　张　杰　海　平　张志军　王　迟　李婷婷
高　磊　杨　捷　孙丽颖　姜天怡　杜志文　卢　刚　刘　恕　张晓明
提供材料的还有：甘　雨　柏雪银　孙　杨

附录

（一）2010年黑龙江省经济金融大事记

4月27日，中国银行黑龙江省分行推出卢布对人民币直接汇率项下的卢布现汇业务，标志着中俄贸易结算进入直接汇率的市场化阶段。

6月14日至19日，第21届中国哈尔滨国际经济贸易洽谈会（以下简称哈洽会）在哈尔滨举行。本届哈洽会共签订各类涉外合同总额为119.1亿美元，国内合作项目总额为1 521.1亿元。

6月，经国务院批准，黑龙江省海林、宾西经济开发区升级为国家级经济技术开发区，至此，黑龙江省国家级经济技术开发区达到3家。

7月16日，黑龙江省跨境人民币结算试点工作正式启动。全年全省累计结算金额为51亿元，在全国试点省（市、区）中位居上游。

8月31日，全国第六家、中俄边境首家综合保税区——绥芬河保税区通过国家十个部委的联合验收，正式封关运行。

10月22日，哈尔滨银行成为全国银行间外汇市场人民币对卢布交易做市商，与中国工商银行、中国银行两家世界一流银行共同成为人民币对卢布交易的做市商银行。

12月19日，中俄原油管道投油全线贯通，来自俄罗斯的原油顺利输抵中国大庆末站，实现一次试投运成功。

12月29日，黑龙江4家中小企业在中国银行间市场交易商协会正式注册发行1.7亿元集合票据，首开东北三省中小企业发行集合票据先河。

2010年，黑龙江省粮食生产登上千亿斤新台阶，成为全国第二个超千亿斤省份，商品量达770亿斤，稳居全国第一位。

2010年，黑龙江加入中国地区生产总值“万亿元俱乐部”，地区生产总值达到10 235亿元，地方财政收入达到1 073.3亿元，实现年初制定的“双一”目标。

(二)2010年黑龙江省主要经济金融指标

表1 2010年黑龙江省主要存贷款指标

		1月	2月	3月	4月	5月	6月	7月	8月	9月	10月	11月	12月
本外币	金融机构各项存款余额（亿元）	11 416.9	11 745.3	11 967.3	12 201.0	12 242.7	12 660.0	12 525.6	12 590.3	12 620.9	12 620.6	12 814.7	12 924.2
	其中：城乡居民储蓄存款	6 585.5	6 861.0	6 959.7	6 960.8	6 937.2	7 037.0	6 960.6	6 963.5	7 129.4	6 985.1	7 037.2	7 306.0
	企业存款	2 840.4	2 842.8	3 019.6	3 119.0	3 174.5	3 292.2	3 242.1	3 251.1	3 214.0	3 280.3	3 390.3	3 584.9
	各项存款余额比上月增加（亿元）	300.8	328.4	222.0	233.8	41.7	417.3	-134.4	64.7	30.6	-0.3	194.1	109.5
	金融机构各项存款同比增长（%）	20.1	19.8	17.9	17.5	15.9	17.7	16.9	17.6	16.9	15.5	16.0	16.3
	金融机构各项贷款余额（亿元）	6 253.1	6 374.3	6 566.8	6 704.7	6 796.3	6 899.7	6 933.7	6 995.2	7 075.7	7 142.5	7 152.0	7 390.6
	其中：短期	2 590.4	2 629.5	2 724.7	2 815.3	2 799.2	2 848.5	2 799.1	2 802.5	2 813.7	2 786.3	2 746.5	2 916.1
	中长期	3 119.0	3 191.4	3 320.6	3 397.2	3 499.6	3 583.6	3 664.9	3 719.9	3 812.3	3 917.0	3 988.1	4 098.4
	票据融资	439.4	451.1	420.6	390.1	397.6	373.0	383.0	383.0	371.7	363.5	325.2	284.1
	各项贷款余额比上月增加（亿元）	107.5	121.2	192.4	138.0	91.6	103.4	34.0	61.5	80.5	66.8	9.5	238.6
	其中：短期	107.7	39.1	95.2	90.6	-16.0	49.3	-49.4	3.4	11.2	-27.5	-39.8	169.7
	中长期	104.8	72.4	129.2	76.7	102.4	83.9	81.3	55.0	92.4	104.7	71.1	110.3
	票据融资	-106.6	11.7	-30.5	-30.5	7.5	-24.6	10.0	0.0	-11.3	-8.2	-38.3	-41.1
	金融机构各项贷款同比增长（%）	26.7	25.6	21.1	19.9	19.8	19.5	16.5	17.4	16.8	17.1	17.7	20.3
	其中：短期	12.4	9.1	5.0	7.0	6.4	8.6	6.9	7.6	9.4	9.0	9.6	17.5
	中长期	57.2	58.6	56.2	54.1	51.7	45.9	41.6	39.9	38.1	38.4	38.8	36.0
	票据融资	-30.2	-28.6	-38.2	-46.9	-44.2	-43.9	-44.7	-40.0	-42.6	-41.8	-46.0	-48.0
	建筑业贷款余额（亿元）	66.0	65.4	64.3	58.7	60.8	59.8	65.0	66.6	73.3	67.2	65.4	63.0
	房地产业贷款余额（亿元）	114.4	132.7	136.3	139.7	141.2	149.5	152.3	151.8	155.5	161.3	163.1	160.5
	建筑业贷款同比增长（%）	—	—	—	—	—	—	—	—	—	—	—	—
	房地产业贷款同比增长（%）	—	—	—	—	—	—	—	—	—	—	—	—
人民币	金融机构各项存款余额（亿元）	11 322.1	11 654.9	11 877.1	12 109.2	12 152.3	12 574.0	12 439.5	12 505.4	12 535.1	12 542.4	12 732.7	12 835.7
	其中：城乡居民储蓄存款	6 526.1	6 801.2	6 901.3	6 903.7	6 880.3	6 980.8	6 905.2	6 910.2	7 077.2	6 934.1	6 986.1	7 254.7
	企业存款	2 812.6	2 817.3	2 991.8	3 088.4	3 145.5	3 266.9	3 216.4	3 226.0	3 186.3	3 258.2	3 366.5	3 552.9
	各项存款余额比上月增加（亿元）	299.9	332.8	222.2	232.0	43.1	421.6	-134.4	65.9	29.7	7.2	190.3	103.0
	其中：城乡居民储蓄存款	95.3	275.2	100.0	2.4	-23.4	100.4	-75.6	5.0	167.0	-143.1	52.0	268.6
	企业存款	19.6	4.7	174.5	96.6	57.1	121.4	-50.5	9.7	-39.7	71.9	108.3	186.4
	各项存款同比增长（%）	20.2	19.9	17.9	17.5	15.9	17.8	17.3	18.0	17.3	15.8	16.3	16.5
	其中：城乡居民储蓄存款	9.2	11.5	9.5	8.2	7.4	8.4	7.9	8.8	10.8	10.0	10.6	12.8
	企业存款	39.1	35.8	34.1	32.2	28.1	25.4	25.0	23.3	20.8	20.2	22.4	27.2
	金融机构各项贷款余额（亿元）	6 091.5	6 215.5	6 407.9	6 544.0	6 638.3	6 746.0	6 788.1	6 845.9	6 938.1	7 007.6	6 990.2	7 230.5
	其中：个人消费贷款	612.6	634.6	650.4	671.9	699.5	724.9	747.0	767.0	801.0	795.2	827.5	854.0
	票据融资	439.4	451.1	420.6	390.1	397.6	373.0	383.0	383.0	371.7	363.5	325.2	284.1
	各项贷款余额比上月增加（亿元）	103.2	124.0	192.4	136.1	94.3	107.7	42.1	57.9	92.2	69.5	-17.4	240.3
	其中：个人消费贷款	-35.4	22.1	15.8	21.5	27.5	25.5	22.1	20.0	34.0	-5.7	32.3	26.5
	票据融资	-106.6	11.7	-30.5	-30.5	7.5	-24.6	10.0	0.0	-11.3	-8.2	-38.3	-41.1
	金融机构各项贷款同比增长（%）	24.9	23.9	19.4	18.3	18.3	18.3	16.0	17.1	17.3	17.9	18.2	20.7
	其中：个人消费贷款	111.8	119.1	117.4	116.0	115.7	107.9	99.3	92.6	86.5	75.2	69.6	65.7
	票据融资	-30.2	-28.6	181.6	188.8	-44.2	-43.9	-44.7	-40.0	-42.6	-41.8	-46.0	-48.0
外币	金融机构外币存款余额（亿美元）	13.9	13.2	13.2	13.5	13.2	12.7	12.7	12.5	12.8	11.7	12.3	13.4
	金融机构外币存款同比增长（%）	16.1	10.6	15.6	7.3	14.1	6.4	-17.2	-18.5	-17.6	-20.9	-15.6	-2.9
	金融机构外币贷款余额（亿美元）	23.7	23.3	23.3	23.5	21.1	22.6	21.5	21.9	20.5	20.2	24.2	24.2
	金融机构外币贷款同比增长（%）	175.6	177.5	168.0	172.0	160.3	123.5	45.9	29.4	-2.5	-10.3	2.3	5.0

数据来源：中国人民银行哈尔滨中心支行。

表2 2001～2010年黑龙江省各类价格指数

单位:%

年/月	居民消费价格指数		农业生产资料价格指数		原材料购进价格指数		工业品出厂价格指数		哈尔滨市房屋销售价格指数	哈尔滨市房屋租赁价格指数	哈尔滨市土地交易价格指数
	当月同比	累计同比	当月同比	累计同比	当月同比	累计同比	当月同比	累计同比	当季(年)同比	当季(年)同比	当季(年)同比
2001	—	100.8	—	98.9	—	99.5	—	96.0	1.9	0.2	0.3
2002	—	99.3	—	99.7	—	99.3	—	97.8	1.0	0.0	0.0
2003	—	100.9	—	101.8	—	107.6	—	111.9	0.2	-1.4	1.6
2004	—	103.8	—	112.0	—	115.2	—	113.1	4.7	0.6	0.0
2005	—	101.2	—	108.6	—	111.8	—	116.7	4.5	2.3	5.0
2006	—	101.9	—	101.9	—	105.6	—	109.9	3.3	3.8	6.7
2007	—	105.4	—	109.4	—	105.0	—	105.3	—	—	—
2008	—	105.6	—	122.7	—	114.1	—	114.0	6.4	3.0	-5.4
2009	—	100.2	—	94.2	—	93.4	—	87.4	2.4	4.1	-1.9
2010	—	103.9	—	105.6	—	114.5	—	115.0	—	—	—
2009 1	100.2	100.2	110.5	110.5	97.7	97.7	81.8	81.8	—	—	—
2	99.4	99.8	108.1	109.3	95.6	96.6	79.8	80.8	—	—	—
3	98.2	99.3	92.2	103.0	95.2	96.2	79.0	80.2	1.9	4.0	-14.3
4	98.6	99.1	91.6	100.0	94.5	95.7	79.6	80.0	—	—	—
5	98.9	99.1	91.0	98.1	92.9	95.2	80.9	80.2	—	—	—
6	99.0	99.1	89.7	96.6	91.2	94.5	82.0	80.5	2.1	4.1	-14.2
7	99.2	99.1	89.4	95.5	88.5	93.6	83.3	80.9	—	—	—
8	99.7	99.2	89.9	94.8	86.0	92.7	82.1	81.1	—	—	—
9	101.1	99.4	91.0	94.3	88.9	92.3	87.5	81.8	2.7	3.3	4.7
10	101.4	99.6	91.7	94.1	90.4	92.1	91.3	82.7	—	—	—
11	102.7	99.9	93.9	94.1	94.8	92.3	100.5	84.3	—	—	—
12	103.9	100.2	95.8	94.2	105.6	93.4	121.2	87.4	4.4	3.6	17.6
2010 1	103.2	103.2	99.9	97.8	118.1	118.1	123.4	123.4	—	—	—
2	103.8	103.5	97.6	97.7	121.2	119.6	127.8	125.6	—	—	—
3	104.1	103.7	104.2	99.8	119.8	119.7	123.4	124.9	6.1	4.0	24.4
4	104.0	103.8	107.0	101.6	120.6	119.9	122.0	124.2	—	—	—
5	103.3	103.7	107.4	102.7	119.6	119.9	121.2	123.6	—	—	—
6	103.0	103.6	107.8	103.5	117.4	119.5	115.9	122.3	7.4	4.3	23.8
7	103.2	103.5	107.5	104.1	111.7	118.3	107.6	120.2	—	—	—
8	103.7	103.5	107.9	104.6	111.3	117.5	108.6	118.7	—	—	—
9	103.4	103.5	107.4	104.9	106.4	116.2	105.9	117.3	6.9	6.4	10.0
10	104.4	103.6	107.8	105.2	109.6	115.6	108.0	116.4	—	—	—
11	105.7	103.8	107.8	105.4	109.7	115.0	109.4	115.7	—	—	—
12	105.0	103.9	107.3	105.6	108.2	114.5	106.8	115.0	6.3	5.7	1.3

数据来源：黑龙江省统计局、《中国经济景气月报》。

表3 2010年黑龙江省主要经济指标

	1月	2月	3月	4月	5月	6月	7月	8月	9月	10月	11月	12月
绝对值（自年初累计）												
地区生产总值(亿元)	—	—	1 860.0	—	—	4 202.0	—	—	6 450.5	—	—	10 235.0
第一产业	—	—	103.5	—	—	257.6	—	—	397.4	—	—	1 302.3
第二产业	—	—	962.0	—	—	2 285.3	—	—	3 534.8	—	—	5 100.1
第三产业	—	—	794.5	—	—	1 659.1	—	—	2 518.3	—	—	3 832.6
工业增加值(亿元)	275.5	531.5	875.5	1 121.6	1 480.2	1 844.1	2 177.8	2 565.5	2 953.7	3 305.1	3 651.8	4 003.5
城镇固定资产投资(亿元)	—	31.2	142.0	365.2	749.5	1 456.6	2 075.6	2 619.8	3 374.5	4 181.5	4 927.2	6 292.7
房地产开发投资	—	1.2	8.6	42.4	99.4	211.8	300.4	402.9	509.3	605.7	685.7	843.1
社会消费品零售总额(亿元)	335.9	654.1	910.4	1 184.8	1 501.0	1 815.4	2 112.0	2 433.0	2 785.3	3 160.8	3 546.4	4 001.0
外贸进出口总额(万美元)	172 000	313 000	460 000	968 000	832 000	1 075 000	1 316 000	1 554 000	1 842 000	2 106 000	2 369 000	2 550 000
进口	85 000	138 000	207 000	625 000	363 000	454 000	516 000	571 000	673 000	729 000	831 000	922 000
出口	88 000	175 000	253 000	343 000	469 000	622 000	801 000	983 000	1 169 000	1 377 000	1 539 000	1 628 000
进出口差额(出口−进口)	3 000	37 000	46 000	282 000	106 000	168 000	285 000	412 000	496 000	648 000	708 000	706 000
外商实际直接投资(万美元)	5 238	11 101	24 326	32 122	44 842	92 378	109 119	122 698	164 741	212 636	244 103	266 000
地方财政收支差额(亿元)	31.9	-1.8	-192.9	-239.3	-309.8	-349.7	-425.6	-477.0	-584.4	-647.6	-916.6	-1 497.7
地方财政收入	106.8	166.2	253.2	353.8	443.2	575.9	666.6	770.7	865.5	947.4	1 007.6	755.6
地方财政支出	74.9	168.0	446.1	593.1	753.0	925.6	1 092.2	1 247.7	1 449.9	1 595.0	1 924.2	2 253.3
城镇登记失业率(%)(季度)	—	—	—	—	—	—	—	—	—	—	—	—
同比累计增长率（%）												
地区生产总值	—	—	12.8	—	—	12.9	—	—	13.4	—	—	12.6
第一产业	—	—	4.3	—	—	5	—	—	6	—	—	6.2
第二产业	—	—	13	—	—	14.4	—	—	14.9	—	—	14.4
第三产业	—	—	13.4	—	—	11.6	—	—	11.9	—	—	11.6
工业增加值	19.4	12.6	13	13.5	14.5	15	14.8	15	15.5	15.5	15.4	15.2
城镇固定资产投资		20.5	35.8	38.9	39.3	33.4	35.2	35.5	34.2	34.7	34.6	34
房地产开发投资		7.9	38.8	34.5	36	45.2	46.1	49.4	47.8	58.7	49.3	49.5
社会消费品零售总额	16.8	18.6	18.6	18.8	18.9	19	18.9	18.9	18.9	19	19	19
外贸进出口总额	1.4	19.9	22.9	21.8	30.3	41.3	47.8	49.5	53.9	62	64.6	57.1
进口	109.5	80.4	80.8	76.3	82.1	85.5	79.7	62.2	60	60.9	57	50
出口	-32.4	-5.2	-2.6	-2.6	6.9	20.4	32.6	43	50.6	62.6	69	61.5
外商实际直接投资	10	5.2	10.2	1.9	6.3	1	6.1	4.4	1.7	7.1	14.6	12.7
地方财政收入	37.8	38.4	45.6	54	46.6	46.8	40.2	45.6	41.6	40.6	32.2	17.8
地方财政支出	-26.7	4.8	20.2	21	31.3	29.7	32.6	36.8	32.2	29.9	36	20

数据来源：黑龙江省统计局。

2010年上海市金融运行报告

中国人民银行上海总部货币政策分析小组

[内容摘要] 2010年是“十一五”规划的收官之年，在各项宏观调控政策的作用下，上海市经济回升势头继续巩固。世博效应带动消费较快增长，对外贸易恢复较快。工业生产持续向好，第三产业增长放缓，重点行业发展良好。财政收支稳步增长，企业、居民收入增长较快，居民消费价格持续上涨。各项贷款增长适度，市场利率水平有所上升。股票市场融资功能增强，保险业改革持续推进。银行间市场产品日益丰富，上海国际金融中心建设取得新突破。2011年，上海经济发展面临的国内外环境将更为复杂，世博会以后面临的转型压力也更大，预计经济增速和贷款增速均将有所回落。为支持上海市经济发展和结构转型，需认真做好以下各项货币信贷和金融服务：一是充分发挥新的货币政策工具作用，合理控制货币信贷投放总量；二是开展信贷政策执行评估，引导金融机构优化信贷结构；三是深化跨境贸易人民币业务试点，推进上海国际金融中心建设；四是加强政策宣传解释，合理引导经济主体预期。

一、金融运行情况

2010年，全市金融机构认真贯彻落实适度宽松的货币政策，各项存贷款增长适度。股票市场融资功能增强，证券期货业稳健运行，保险市场继续快速发展。上海国际金融中心建设稳步推进。

（一）各项存贷款同比少增，市场利率水平有所上升

2010年，上海市各项存贷款同比少增，经营效益快速回升，信贷资产质量继续改善。2010年年末，全市中外资金融机构本外币资产总额为7万亿元，同比增长11%；各项存款余额为52 190亿元，同比增长17%；各项贷款余额为34 154.2亿元，同比增长15.1%。实现税前利润为797.8亿元，同比增长33.9%。中外资银行不良贷款率为0.83%，比年初下降0.38个百分点。

1. 银行业金融机构稳步增长。2010年年末，上海共有中资银行法人4家，村镇银行法人5家，从业人员8万人；在沪外资法人银行19家，外资银行本外币存贷款规模占全国外资银行的40%以上。

表1　2010年上海市银行业金融机构情况

机构类别	营业网点[①]			法人机构(个)
	机构个数(个)	从业人数(人)	资产总额(亿元)	
一、大型商业银行[②]	1 496	41 231	30 842.7	0
二、国家开发银行及政策性银行[③]	14	509	2 677.9	0
三、股份制商业银行[④]	552	20 306	14 633.1	2
四、城市商业银行	264	8 965	6 245.5	1
五、城市信用社	—	—	—	—
六、农村合作机构[⑤]	327	5 079	2 537.3	1
七、财务公司	13	792	1 797.8	13
八、邮政储蓄银行	453	2 584	924.5	0
九、外资银行	192	15 618	8 657.3	19
十、农村新型机构[⑥]	5	101	60.1	5
合　计	3 316	95 185	68 376.2	41

注：①不包括国家开发银行和政策性银行、大型商业银行、股份制银行等金融机构总部数据。
②包括中国工商银行、中国农业银行、中国银行、中国建设银行和交通银行。
③包括国家开发银行、中国农业发展银行和中国进出口银行。
④包括中信银行、中国光大银行、华夏银行、广东发展银行、深圳发展银行、招商银行、上海浦东发展银行、兴业银行、中国民生银行、恒丰银行、浙商银行和渤海银行。
⑤包括农村信用社、农村合作银行和农村商业银行。
⑥包括村镇银行、贷款公司和农村资金互助社。

数据来源：中国人民银行上海总部。

2. 各项存款同比少增，企业存款增幅回落。2010年，全市本外币各项存款增加7 607.7亿元，同比少增1 403.2亿元。其中，人民币存款同比少增1 056亿元；外币存款同比少增40.5亿美元，主要原因，一是保险公司境外募股资金在2010年划出，二是人民币升值预期导致居民外币储蓄存款下降。

企业存款增幅回落。2010年，全市本外币企业

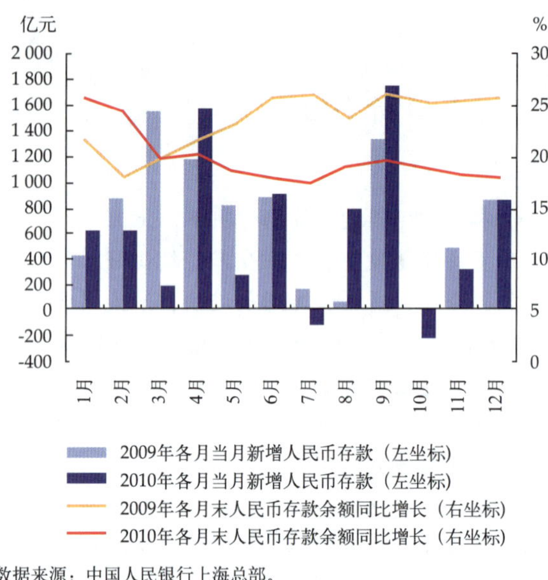

数据来源：中国人民银行上海总部。

图1　2010年上海市金融机构人民币存款增长变化

存款增加3 344.4亿元，同比少增1 634.8亿元。银行监管部门“三个办法一个指引”全面实施后，商业银行按照“实贷实付”的要求，强化了贷款用途管理，企业贷款以及相应的派生存款（尤其是企业活期存款）增幅下降。

储蓄存款增速减缓。2010年，全市本外币储蓄存款增加1 891.4亿元，同比少增377.8亿元。由于通货膨胀预期明显增强，居民储蓄意愿持续回落。另外，2010年，深市新股发行节奏加快、银行理财业务快速增长也在一定程度上导致上海市储蓄存款增速降低。

中外资金融机构存款增长差异明显。2010年，外资银行存款业务延续了快速增长势头，全年新增人民币存款816.1亿元，占全市新增量的10.8%。中资银行各项存款大幅少增，其中，中小型银行人民币各项存款同比少增944.3亿元，流动性管理难度有所加大。

专栏1　银行理财业务继续快速增长

2010年，上海市金融机构理财业务继续快速增长。据不完全统计，上海市中资金融机构理财投资同比增长超过30%。主要呈现如下特点：一是理财资金来源上，企业理财资金虽有所下降，但仍占六成左右。二是银信合作仍是主流业务模式。商业银行个人理财产品中，信托类产品占四成左右；信托公司发行的信托理财计划中，通过银信合作模式募集资金占八成左右。三是贷款类业务占比继续提高。2010年年末，上海市中资金融机构人民币贷款类理财余额为1 183亿元，占理财投资余额的68%，占比同比提高13个百分点；贷款类理财产品余额约相当于同期全市人民币贷款余额的4%，增量占全市人民币贷款增量的7%。上海市信托机构持有的信托资产中，贷款占五成以上。

当前，理财业务的快速发展有其现实需要和基础。从国际金融的发展经验来看，当经济金融发展到一定阶段，会出现“金融脱媒”现象，在利率市场化的过程中表现得尤其明显。一是从居民的角度看，居民收入持续增长，积累了相当多的储蓄，产生了多样化的投资需求。二是从银行的角度看，在分业经营和主要商业银行成为上市银行的背景下，理财业务是银行参与金融市场运作、扩展中间收入、实现盈利多样化的主要渠道。三是从企业的角度看，既增加了投资渠道，也增加了融资渠道。

但理财业务的快速发展，也有可能加大系统性金融风险，对货币政策和监管产生较大影响。一是影响（基础）货币规模和货币乘数。从整个银行体系看，理财业务降低了当期货币供应量和基础货币数量（大部分同业存款不需要缴存准备金），相应地也影响货币乘数。二是影响相关金融统计数据的真实性。理财业务为银行腾挪贷款规模、规避资本充足率等调控和监管要求提供了一定便利。三是对金融监管提出了更高的要求。理财产品是名副其实的跨市场金融产品，大大增强了各金融市场的关联性和风险的传染性，进而加大系统性金融风险，这给当前分业监管模式提出了很大挑战。同时，理财市场还存在一些值得关注的问题，如部分银行未尽到受托责任，预期收益率与实际收益率存在较大差异，法律纠纷较多等。因此，要正确认识理财业务的信托属性，督促商业银行尽到受托责任；进一步加强监测统计，降低理财业务对货币政策的影响；进一步完善监管框架，引导银行理财业务规范发展。

3. 各项贷款增长适度，外币贷款增速回落。2010年，全市本外币贷款增加4 493亿元，同比少增880.4亿元，其中，人民币贷款同比少增446亿元。受经营理念、项目储备、监管政策和资金约束的多重制约和影响，全年贷款投放仍是前高后低，其中，第一季度贷款增加额占全年新增量的40%以上。

外币贷款增速回落。2010年，全市外币贷款增加34.4亿美元，同比少增47.8亿美元，其中，贸易融资同比多减74亿美元。受资本充足率、贷存比等因素制约的影响，外币贷款（尤其是贸易融资）增速明显放缓。

贷款长期化趋势明显。2010年，全市本外币中长期贷款增加3 764.2亿元，占各项贷款增量的83.8%，同比上升7个百分点；票据融资减少373.3亿元，同比多减1 278.7亿元。中长期贷款占比继续上升的主要原因：一是受调控影响，商业银行压缩收益较低的票据贴现；二是危机期间新开工项目需要较大的后续资金支持。随着货币政策回归常态，中长期贷款过快增长势头将有所遏制。

贷款投放重点突出。一是中小企业信贷支持力度明显加大。2010年年末，全市中小型企业人民币贷款同比分别增长21.2%和24.8%，分别比大型企业高出6个和9.5个百分点。二是政府投融资平台贷款增加较多。据统计，2010年9月末，全市政府投融资平台人民币贷款余额同比增长15.9%。三是制造业贷款恢复性增长。2010年，制造业贷款增加265.4亿元，同比多增615.1亿元，有力地支持了制造业快速恢复。

外资金融机构贷款逆势增长。2010年年末，全市法人外资银行人民币贷款同比增长43.9%，其中有13家本外币贷存比高于75%。外资银行贷款明显多增，既有国际金融危机影响减弱后企业贷款恢复性增长的原因，也与外资银行主动改变经营策略等因素有关。

4. 现金投放增速继续放缓。2010年，上海市中资金融机构现金净投放1 064.4亿元，同比增长11.6%，同比下降4.6个百分点，主要与商品销售回笼现金大幅上升有关。

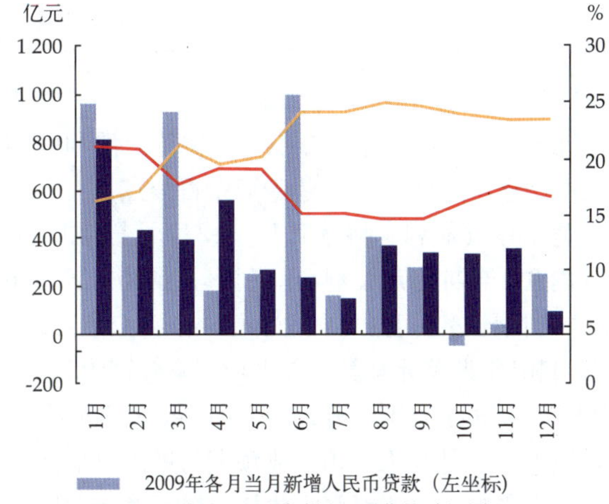

数据来源：中国人民银行上海总部。

图2　2010年上海市金融机构人民币贷款增长变化

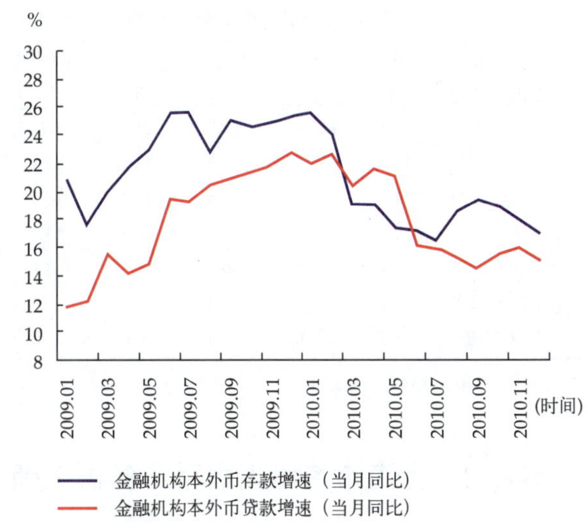

数据来源：中国人民银行上海总部。

图3　2009～2010年上海市金融机构本外币存、贷款增速变化

5. 人民币贷款利率逐步走高，下浮利率贷款占比大幅回落。伴随货币政策逐步收紧，利率逐步走高。第四季度，全市商业银行实行下浮利率贷款占

表2　2010年上海市金融机构现金收支情况表

单位：亿元、%

	年累计额	同比增速
现金收入	33 877.5	20.7
现金支出	34 941.9	20.4
现金净支出	1 064.4	11.6

数据来源：中国人民银行上海总部。

比同比大幅下降10.2个百分点；而实行上浮利率的贷款占比逐季度回升，共提高6.1个百分点。

美元存贷款利率持续回升。12月，上海市3个月以内和1年期美元大额存款利率分别为1.37%和2.16%，同比分别上升0.99个和0.64个百分点；3个月以内和1年期美元贷款加权平均利率分别为2.53%和2.90%，同比分别上升1.10个和1.43个百分点。主要原因：一是受人民币升值预期与进出口形势好转等因素影响，微观经济主体持有美元资产意愿下降，而美元负债需求明显增强；二是从10月起，境外机构的境内外汇账户（NAI）按小额外币存款计息，导致部分机构外币存款增量下降，利率水平继续上行。

表3　2010年上海市金融机构各利率浮动区间贷款占比表

单位：%

		合计	国有商业银行	股份制商业银行	区域性商业银行	城乡信用社
合计		100.0	100.0	100.0	100.0	100.0
[0.9～1.0)		59.1	73.7	55.1	53.1	23.7
1.0		22.7	18.4	23.5	24.4	36.1
上浮水平	小计	18.0	7.9	21.5	22.5	40.3
	(1.0～1.1]	12.6	7.1	13.8	15.2	26.3
	(1.1～1.3]	5.3	0.8	7.1	6.4	13.9
	(1.3～1.5]	0.4	0	0.6	0.6	0.1
	(1.5～2.0]	0.1	0	0	0.3	0
	2.0以上	0	0	0	0	0

数据来源：中国人民银行上海总部。

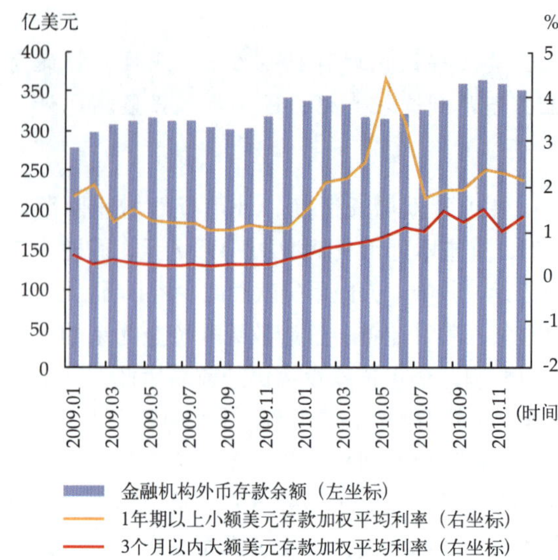

数据来源：中国人民银行上海总部。

图4　2009～2010年上海市金融机构外币存款余额及外币存款利率

6. 小额贷款公司试点工作再上新台阶。自试点以来至2010年年末，上海市累计批准成立58家，其中52家正式开业。注册资本总额为53亿元，累计放贷10 043笔、173亿元，其中，涉农和小企业贷款余额分别达到13亿元、31亿元。同时，小额贷款公司自身经营良好。2010年，小额贷款公司贷款逾期率控制在5‰以内，税后利润3亿元。

7. 跨境人民币业务再上新台阶。2010年，上海市跨境人民币业务规模迅速增长，跨境人民币结算额达674.9亿元，比2009年（从7月6日试点开始到年末）大幅增长8倍。

专栏2　上海市跨境人民币业务再上新台阶

2010年是开展跨境人民币业务试点以来的第一个完整工作年度，在相关部门的大力推进下，上海市跨境人民币业务快速发展。

一是跨境人民币业务规模迅速增长。2010年，上海市跨境人民币结算额达674.9亿元，比2009年（从7月6日试点开始到年末）增长了约8倍。跨境人民币购售和同业融资等资金业务量大幅增长，2010年，购售和同业融资金额分别为257.3亿元和147亿元，占全国试点地区的比例均为75%。

二是业务创新取得新进展。在方案完备、风险可控的基础上，继续以个案试点的方式，积极拓展了人民币外债、外资企业境外投资者以人民币增资、直接投资项下股权转让款人民币支付、境内非银行金融机构向境外股东支付人民币股利等新业务。全年，上海市共办理各类资本项目跨境人民币业务金额约67亿元。

三是对推动人民币在岸市场发展进行了有益尝试。跨境人民币业务发展为上海在岸人民币市场开放与发展注入了新的活力。上海“代理行清算模式”逐步得到市场的认可。截至2010年年末，共有67个国家和地区的境外参加行开立人民币往来账户369个，账户总数占全国试点地区的46%，余额为192.1亿元；共开立境外机构人民币银行结算账户315个，余额为105.4亿元。境外中央银行(或货币当局)、港澳人民币清算行及跨境贸易人民币结算境外参加行三类机构运用人民币投资银行间债券市场试点已经正式启动，并取得了积极进展。

四是依托系统服务全国的功能得到提升。2010年，根据中国人民银行总行的统一部署，配合中国人民银行总行完成系统升级工作；根据系统按行政关系设立层级的要求，以人民币银行结算账户管理系统基础数据为依托，做好系统内辖属关系调整、更新和维护工作。截至2010年年末，共对14家银行进行了现场验收，对21家银行进行了非现场验收，激活试点企业1 900余家。目前，新版系统支持已开展的所有跨境人民币业务的信息报送，基本满足业务发展的需求。

目前，上海市出口试点企业的家数已经扩大到16 380余家。面对扩大试点的新形势，中国人民银行上海总部将继续加大推进力度，不断加强业务创新，积极探索在岸人民币业务，进一步完善系统建设和日常管理，促进上海市跨境人民币业务继续稳健快速发展。

（二）股票市场融资功能增强，证券期货业稳健运行

证券期货机构稳健运行。2010年年末，上海市证券公司总资产为3 967.4亿元，同比减少10.1%；净资产和净资本同比分别增长5.8%和2.2%。证券公司中，拥有直投资格的有6家，开展了融资融券业务的有5家，获得期货IB业务资格的有7家。2010年年末，上海市期货公司总资产为378.5亿元，同比增长84%，实现手续费收入同比增长66.2%，净利润同比增长57.3%，客户保证金余额同比增长88.2%。全市基金业稳步发展。全年共新发基金70只，同比增长11%；新发基金首次募集资金1 392亿元，同比略降0.7%。2010年年末，上海市31家基金公司共管理基金份额为8 032亿份，占全国的33%；管理基金总净值8 128亿元，占全国的32%。

证券公司盈利水平有所下降。2010年，上海市16家证券公司实现总营业收入341.9亿元，同比下降19%。其中，经纪业务收入为205.1亿元，同比下降25.4%，占总营业收入的60%，仍是最主要收入来源；承销收入为41.5亿元，同比增长1.44倍，占比大幅上升至12.1%；自营业务收入为42.3亿元，同比下降43.6%；资产管理业务收入为4.16亿元，同比下降16.8%。2010年，全市证券公司实现净利润151.5亿元，同比下降28.2%。

股票市场融资功能增强。2010年，上海市公司通过股票（包括A股及海外上市）融资1 171.4亿元，同比增长33.7%，约占全国的10%。其中，14家企业通过首发上市（IPO）方式进行融资，共筹资116.8亿元。通过发行债券（含公司债、企业债、短期融资券、中期票据等）融资683.3亿元，同比减少35.3%。

表4　2010年上海市证券业基本情况表

项目	数量
总部设在辖内的证券公司数（家）	16
总部设在辖内的基金公司数（家）	31
总部设在辖内的期货公司数（家）	26
年末国内上市公司数（家）	177
当年国内股票（A股）筹资（亿元）	869.0
当年发行H股筹资（亿元）	183.5
当年国内债券筹资（亿元）	683.3
其中：短期融资券筹资额（亿元）	195.0

数据来源：上海证监局。

（三）保险市场继续快速发展，保险业改革持续推进

保险业改革持续推进。继交通银行参股中保康联保险公司后，中国建设银行成为太平洋安泰的控股股东，商业银行参与投资保险公司股权试点工作进展顺利。中国人民财产保险公司、太平洋财产险公司相继宣布成立航运保险运营中心，我国首批航运保险运营中心在上海正式开业。世博会期间提供的上海世博会保险保障为参展者、供应商、服务商提供了全方位的保险服务。

保险市场主体平稳增加。2010年年末，上海市共有分公司以上级保险分支机构115家（其中包括保险资产管理公司5家），比上年年末增加15家；保险中介机构302家，其中，保险代理机构145家、保险公估机构63家、保险经纪机构94家。

各项保险业务继续快速发展，市场规模不断增大。2010年，上海原保险保费收入同比增长32.9%，其中，财产险公司和寿险公司原保险保费收入分别增长24.1%和35.7%，财产险公司、寿险公司原保险保费收入比例为22：78。保险业务结构不断优化，保障功能较强的分红险、普通寿险以及责任险、财产险等非车险业务发展良好。上海市保险业赔付支出累计同比增长10.1%，其中，财产险赔款和寿险给付同比分别增长7.3%和6.5%。

表5　2010年上海市保险业基本情况表

项目	数量
总部设在辖内的保险公司数（家）	48
其中：财产险经营主体（家）	17
寿险经营主体（家）	18
保险公司分支机构（家）	155
其中：财产险公司分支机构（家）	49
寿险公司分支机构（家）	42
保费收入（中外资，亿元）	884.0
其中：财产险保费收入（中外资，亿元）	197.0
人身险保费收入（中外资，亿元）	687.0
各类赔款给付（中外资，亿元）	194.5
保险密度（元/人）	6 310.0
保险深度（%）	5.2

数据来源：上海保监局。

（四）银行间市场产品日益丰富，社会融资结构逐步改善

1. 融资结构有所改善。2010年，上海市非金融机构融资总量为6 347.7亿元，同比减少13.1%。其中，通过本外币贷款融资4 493亿元，同比下降16.4%；通过发行股票（包括A股及海外上市）和债券（含公司债、企业债、短期融资券、中期票据等）融资1 854.7亿元，同比减少4.2%。贷款融资的主导地位有所下降，直接融资作用增强。

表6　2001～2010年上海市非金融机构融资结构表

单位：亿元、%

年份	融资量	比重		
		贷款	债券（含可转债）	股票
2001	1 251.8	97.6	0	2.4
2002	1 850.9	95.5	1.4	3.2
2003	2 712.6	95.3	2.2	2.5
2004	2 041.0	96.4	0	3.6
2005	2 410.1	74.1	11.2	14.7
2006	2 390.5	77.7	13.9	8.4
2007	4 729.0	65.8	11.1	23.1
2008	3 411.5	75.1	17.2	7.6
2009	7 303.9	73.5	14.5	12.0
2010	6 347.7	70.8	10.8	18.5

数据来源：中国人民银行上海总部。

2. 银行间市场成交活跃。2010年，上海银行间同业拆借市场成交量继续快速增加，累计成交27.9万亿元，同比增长44%，其中，上海金融机构拆入拆出合计12.1万亿元。银行间债券回购市场交投活跃，质押式回购累计成交84.7万亿元，同比增长25%，买断式回购累计成交2.9万亿元，同比增长13.5%，其中，上海金融机构质押式和买断式回购分别成交16.4万亿元和0.4万亿元。银行间债券市场现券交易量持续增加，累计成交64万亿元，同比增长35.5%，其中，上海金融机构现券买卖合计24.6万亿元。

3. 票据贴现有所萎缩，票据市场利率震荡上行。上海市金融机构累计签发银行承兑汇票5 137.8亿元，同比增长37.5%；累计办理企业直接贴现3 333.4亿元，同比减少17%；累计办理买断式转贴现转入8 213.5亿元，同比增长17.7%。受货币市场利率上

表7　2010年上海市金融机构票据业务量统计表

单位：亿元

季度	银行承兑汇票承兑		贴现			
			银行承兑汇票		商业承兑汇票	
	余额	累计发生额	余额	累计发生额	余额	累计发生额
1	1 678.49	1 071.79	1 006.4	2 553.12	400.24	537.06
2	1 834.57	1 202.90	1 124.5	2 130.35	367.24	585.12
3	2 113.65	1 390.83	1 123.9	2 043.91	355.79	652.44
4	2 308.81	1 472.29	1 105.1	2 373.10	385.17	671.90

数据来源：中国人民银行上海总部。

升、资金面趋紧等因素的影响，再贴现需求上升。上海市金融机构共办理再贴现业务46.7亿元，年末，再贴现余额为25亿元。

票据市场利率震荡上行。受存款准备金率连续上调、存贷款基准利率上调以及贷款规模调控等因素影响，票据市场利率年中震荡上行、年末快速拉升。12月，上海市银行承兑汇票和商业承兑汇票贴现加权平均利率分别升至5.67%和5.34%，同比分别提高3.01个和2.24个百分点；买断式与回购式转贴现加权利率分别升至5.08%和5.52%，同比分别大幅上升2.74个和3.39个百分点。

表8　2010年上海市金融机构票据贴现、转贴现利率表

单位：%

季度	贴现		转贴现	
	银行承兑汇票	商业承兑汇票	票据买断	票据回购
1	3.45	3.71	2.71	2.52
2	3.62	4.05	3.11	2.95
3	3.96	4.18	3.50	3.17
4	4.86	4.69	4.18	4.35

数据来源：中国人民银行上海总部。

4. 股票市场震荡下行。2010年，上海证券交易所股票交易累计成交30.4万亿元，同比减少12.2%。上证综指年末收于2 808.8点，较年初下跌14.6%。沪市股票融资额增加明显。累计筹资额为 5 532.1亿元，同比增长65.5%。其中，首发筹资金额为1 891.5亿元，同比增长51.2%；再融资金额为3 640.6亿元，同比增长74%。

5.期货交易量大幅增长。股指期货推出以后，成交活跃，2010年共成交9 126.6万手，成交金额为81.7万亿元，占全国期货总成交额的26.5%。上海期货交易所全年累计成交123.5万亿元，同比增长67.4%，成交额占全国的40%。各品种成交情况差异明显，其中，锌、天然橡胶、螺纹钢和黄金成交额较上年分别增加445.7%、184.8%、50%和19.8%，燃料油和铜成交额同比分别减少69.2%和10.7%，铝则基本持平。

表9　2010年上海期货交易所交易统计表

交易品种	累计成交金额（亿元）	同比增长（%）	累计成交量（万手）	同比增长（%）
铜	296 437.6	-10.7	10 157.7	-37.5
铝	28 342.5	1.4	3 452.4	-15.9
锌	255 725.6	445.7	29 317.9	354.5
黄金	18 291.9	19.8	679.4	-0.3
天然橡胶	426 464.8	184.8	33 483.0	88.0
燃料油	9 886.4	-69.2	2 136.4	-76.7
螺纹钢	199 517.2	50.0	45 122.5	39.6
合计	1 234 794.8	67.4	124 379.6	43.0

数据来源：上海期货交易所。

6. 黄金市场成交额大幅增长。2010年，上海黄金交易所黄金累计成交6 046.1吨，合计16 143.3亿元，同比分别增长28.5%和57.1%。主力品种Au99.95年内最高305元/克创出历史新高，年底收于301.2元/克，较年初上涨24.9%。

7. 金融改革创新取得新突破。银行间外汇市场推出了人民币对马来西亚林吉特、俄罗斯卢布交易。个人本外币兑换特许业务试点扩大。交银租赁、上汽通用金融服务公司分别在银行间市场发行金融债券。信用风险缓释工具、超短期融资券等创新金融工具推出。证券公司融资融券业务和期货保税交割试点正式开展。跨境人民币业务试点进一步深化。

（五）上海国际金融中心建设取得新突破，长三角金融协调发展进一步深化

金融市场体系和机构体系建设取得突破性进展。我国第一个股票指数期货品种——沪深300股指期货于4月16日在中国金融期货交易所上市交易。全国银行间市场贷款转让交易系统正式上线。上海股权托管交易中心挂牌。人保、太保在沪建立首家航运保险运营中心，上海首家消费金融公

司——中银消费金融有限公司正式开业。一批中外金融机构的功能性机构落户上海。

金融对外开放进一步深化。境外中央银行或货币当局等三类机构获准在银行间市场进行债券投资。三菱东京日联银行作为首家外资法人银行在银行间债券市场成功发行人民币债券。境外机构在境内开立人民币结算账户业务不断扩大。沪港、沪台金融合作取得成果，新台币与人民币现钞双向兑换业务试点在沪推出。

长三角金融协调发展持续推进。成功举办第三届长三角金融论坛，发布《长三角地区经济金融运行报告》和《长三角金融稳定报告》，推动长三角经济金融数据共享。发布首批500家重点商业承兑汇票推广企业名单和实施细则，开展支票授信试点，拓宽长三角中小企业融资渠道。推广贸易进口付汇异地备案，深化外汇信息和监管服务跨区共享。资金的跨区域流动更加频繁，上海作为金融中心的积聚和辐射效应持续增强。2010年，上海通过大额支付系统共办理业务4 153.4万笔，清算资金293.3万亿元，同比分别增长9.3%和27.4%。

二、经济运行情况

“十一五”期间，上海市加快经济结构调整，经济发展的协调性和内生动力进一步增强。自2008年以来，上海市人均地区生产总值超过1万美元，进入中等发达国家之列。2010年，全市实现地区生产总值1.7万亿元，同比增长9.9%左右，同比提高1.7个百分点。世博会成功举办成为上海市经济增长的一大亮点。

（一）世博效应带动消费较快增长，投资内生动力逐步增强

1. 固定资产投资增速趋缓。2010年，受城市基建投资回落的影响，全市全社会固定资产投资同比增长0.8%，同比回落8.4个百分点；扣除价格因素，实际增速同比回落15.2个百分点。

投资内生动力逐步增强。民间资本的投资积极性不断增强，2010年，民间投资同比增长19%，同比提高7.6个百分点；国有经济投资同比下降14.7%，同比回落28.8个百分点。

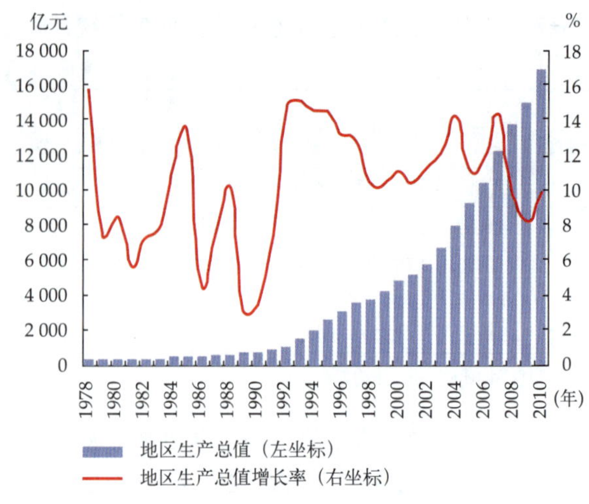

数据来源：上海市统计局、《上海统计年鉴》。

图5 1978~2010年上海市地区生产总值及其增长率

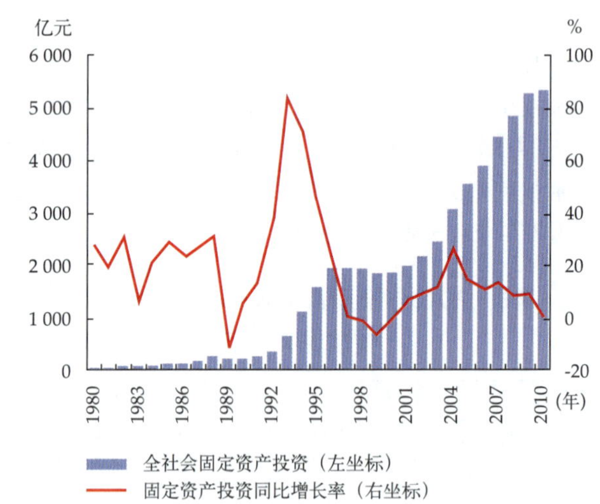

数据来源：上海市统计局、《上海统计年鉴》。

图6 1980~2010年上海市固定资产投资及其增长率

三大投资领域“一升一降一平”。一是受房地产市场销售旺盛因素影响，加上保障性住房建设加快推进，房地产开发投资较快增长。2010年，房地产开发投资同比增长35.3%，同比提高28.2个百分点。二是受世博会项目及配套设施相继完工和世博会期间施工限制的影响，基础设施投资大幅下降。2010年，城市基础建设投资下降29.1%，同比多降51个百分点。三是受商务成本、节能减排和“两高一资”行业调控的影响，工业投资继续低位运行，2010年工业投资基本与上年持平。

2. 世博效应带动消费较快增长。2010年，世博会带动旅游、住宿餐饮和商业销售等市场持续活跃，世博期间仅园区商业累计实现零售额就达45.1亿元。同时，在家电下乡、以旧换新、减征汽车购置税等措施的刺激下，居民消费支出中家庭设备用品及服务、交通和通信支出增幅明显加快，汽车消费也继续快速增长。2010年，上海市社会消费品零售总额名义增长17.5%，扣除价格因素，实际增长15.9%，同比提高1.3个百分点。消费增速持续领先投资增速，成为经济增长第一驱动力。

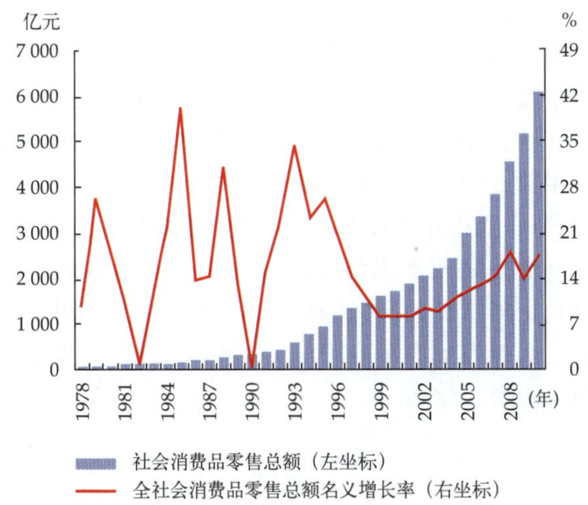

数据来源：上海市统计局、《上海统计年鉴》。

图7　1978～2010年上海市社会消费品零售总额及其增长率

3. 对外贸易恢复较快。随着全球经济环境逐步好转，上海市进出口规模快速增长，进出口总额双双超过金融危机前水平。2010年，上海市实现进出口总额3 689.5亿美元，增长32.8%，同比提高46.6个百分点。其中，出口增长27.4%，进口增长38.5%，贸易逆差为72.8亿美元。进口累计增速连续16个月高于出口。

出口结构持续改善。一是机电、高新技术产品出口增长较快。2010年，机电、高新技术产品出口额增速分别为27.8%和32.2%，均高于同期出口总额增速。二是出口目的地日趋多元化。对东盟、拉美等新兴经济体出口份额分别提高0.38个和0.91个百分点；对美国、日本等主要出口目的地份额则分别下滑0.38个和0.7个百分点。

利用外资形势较好。2010年，上海市实际利用外资111.2亿美元，增长5.5%，同比提高1个百分点；累计实到外资突破1 000亿美元。利用外资结构不断优化，第三产业利用外资占比达到八成左右。

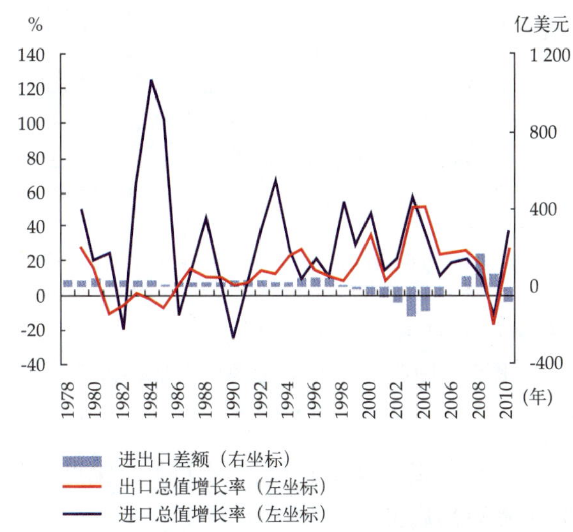

数据来源：上海市统计局、《上海统计年鉴》。

图8　1978～2010年上海市外贸进出口变动情况

（二）工业生产持续向好，第三产业增长放缓

“十一五”期间，上海市在加快改造传统制造业的同时，服务业特别是现代服务业全面提高。2010年，由于工业生产快速回升、第三产业增速放慢，第三产业占比有所下降。

1. 工业生产持续向好。2010年，全市规模以上工业增加值增长18.4%，同比提高15.4个百分点。由于工业出口形势向好和国内汽车消费旺盛，重点工业行业中电子信息产品制造业和汽车制造业快速增长，产值同比分别增长34.7%和43.1%；石化、钢材、成套设备和生物医药制造业产值也均保持两位数增长。

2. 第三产业增长放缓。2010年，世博会的举办对服务业发展拉动作用明显，新兴服务业也呈现快速发展态势，但仍难以弥补金融业、房地产业下滑对第三产业的负面影响。第三产业增加值占生产总值的比重由上年的59.4%回落到57%。

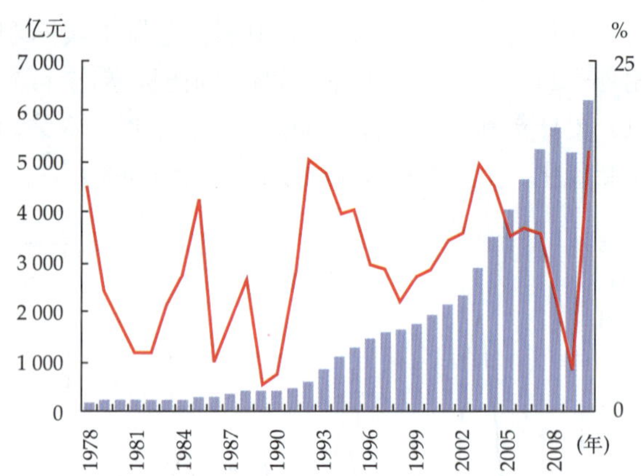

数据来源：上海市统计局、《上海统计年鉴》。

图9 1978～2010年上海市工业增加值及其增长率

（三）居民消费价格持续上涨，生产类价格涨幅前高后低

1. 居民消费价格持续上涨。2010年，居民消费价格累计上涨2.3%，同比上升8.5个百分点。其中，食品价格同比上涨7.7%，成为拉动价格总水平上涨的最主要因素。

生产类价格涨幅前高后低。工业品出厂价格累计上涨2.7%，涨幅同比提高10.6个百分点；受国际大宗商品价格上涨的影响，原材料、燃料、动力购进价格累计上涨11.2%，涨幅同比提高20.4个百分点。

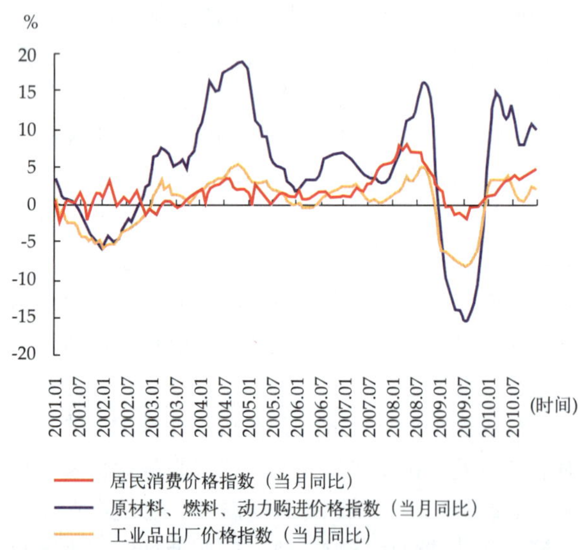

数据来源：上海市统计局、《上海统计年鉴》。

图10 2001～2010年上海市居民消费价格和生产者价格变动趋势

2. 通货膨胀预期明显上升。中国人民银行上海总部银行家问卷和储户问卷调查显示，第四季度，预期价格上涨的银行家和居民占比分别为88.7%和57.5%，较第一季度分别上升18.3个和22.3个百分点，均创11个季度以来新高。

（四）财政收支稳步增长，企业、居民收入较快增长

1. 地方财政收支较快增长。2010年，上海市地方财政收入达到2 873.6亿元，比“十五”末翻一番；较上年增长13.1%，降低5.4个百分点。其中，企业所得税和营业税分别增长25.8%和11.2%，两项税额占地方财政收入的53.6%；个人所得税增长13.3%、契税增长7.1%、增值税增长4.3%。

地方财政支出结构优化。上海市地方财政支出较上年增长10.5%，降低4.8个百分点。其中，教育、医疗卫生均保持20%以上增速，社会保障及就业支出增长8.6%。

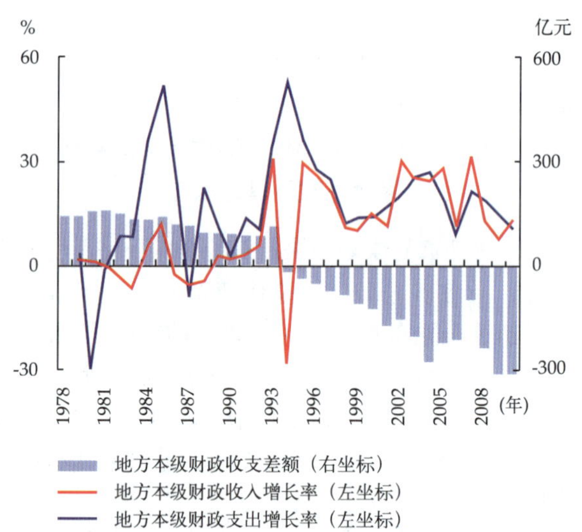

数据来源：上海市统计局、《上海统计年鉴》。

图11 1978～2010年上海市财政收支状况

2. 企业、居民收入较快增长。2010年，规模以上工业企业利润增速达到55%左右，远高于工业增加值增速和上年同期水平。分行业看，电子产品、钢材、汽车和石化制造业利润分别增长4倍、1.9倍、99.4%和98.8%，成为拉动全市工业企业利润增

长的支柱行业。城乡居民收入稳步提高。2010年，上海市城市、农村居民家庭人均可支配收入分别较上年增长10.4%和11.5%，分别提高2.3个和3.3个百分点，农村居民收入增速连续两年超过城市居民。

（五）节能减排力度加大，城市环境明显改善

节能减排力度明显加大。上海市制定并实施合同能源管理、差别电价等政策，调整淘汰900多个落后产能项目，单位生产总值综合能耗进一步下降。主要污染物减排提前并超额完成“十一五”目标，环保投入占全市生产总值比继续保持在3%左右。主要水体环境质量稳中有升，环境空气质量优良率达92.1%，绿化覆盖率达38.2%。

（六）房地产交易量大幅下降，房价稳中趋升

房地产交易量大幅下降。在各项调控政策作用下，上海房地产市场需求受到一定抑制，住房交易量接近2004年以来的历史低位，全年上海市新建商品房和存量房销售面积分别为2 055.5万平方米和1 967万平方米，同比分别下降39%和30%。其中，新建商品住房和存量住房销售面积同比分别下降42.4%和38.9%。年末，商品住宅待售面积为449.6万平方米，与上年年末基本持平。

房地产开发投资快速增长。2010年，上海市共完成房地产开发投资1 980.7亿元，同比增长35.3%，其中，住宅投资同比增长33.9%，同比上升25个百分点。商品房建设规模扩大。全年商品房施工面积和新开工面积分别为1 129.5万平方米和3 030.6万平方米（其中，经济适用住房新开工约400万平方米），同比分别增长13.4%和21.7%。

房地产贷款增长放缓。2010年，全市中资银行人民币房地产贷款增加1 274.2亿元，同比少增253.4亿元，其中，下半年新增占全年房地产贷款增量的28.9%。房地产贷款增幅回落，既有各商业银行严格控制房地产开发贷款投放的原因，也与住房成交量下降导致个人住房贷款增长乏力有关。

房地产价格稳中趋升。2010年，上海市房价在调控政策作用下曾一度松动，但年末随住房成交量的明显放大，多数区域房价再度攀升并创出

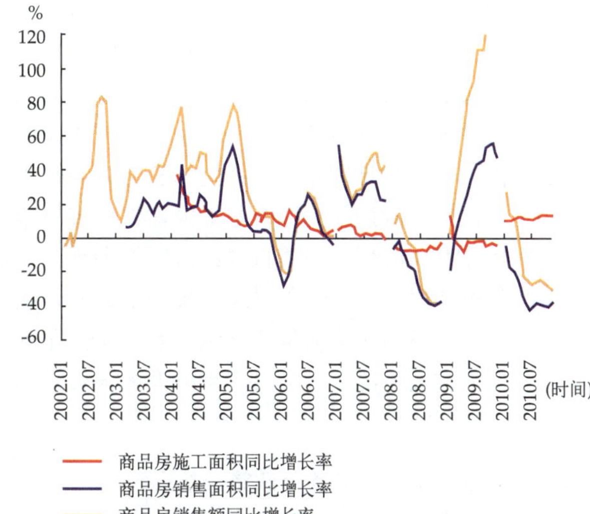

数据来源：上海市统计局、《上海统计年鉴》。

图12　2002～2010年上海市商品房施工和销售变动趋势

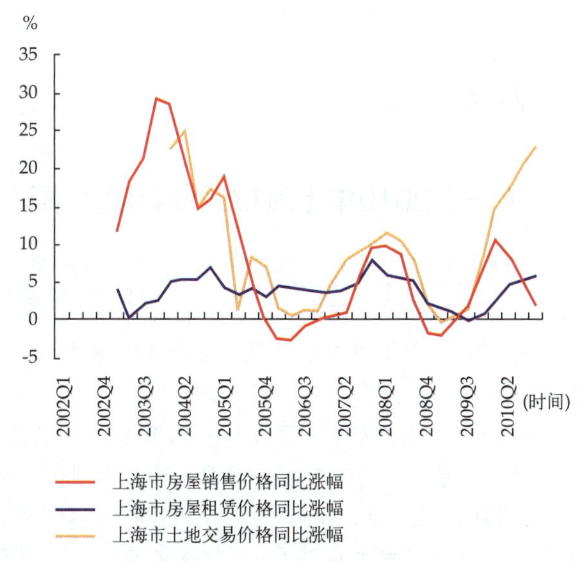

数据来源：上海市统计局、《上海统计年鉴》。

图13　2002～2010年上海市房屋销售价格指数变动趋势

新高。12月，新建住房和存量住房销售价格环比分别增长0.3%和0.6%，分别较11月扩大0.1个和0.6个百分点。

三、预测与展望

2011年，上海经济发展面临的国内外环境仍较复杂。国内经济继续较快增长将为上海提供较好的

外围环境，但国际经济复苏动力不足，国内通货膨胀预期增强。从上海本地情况看，世博会以后将面临更大的转型压力。世博会结束后，停工项目的复工、迪士尼等重大项目的开工将使基础设施建设投资恢复性增长，预计固定资产投资增长态势要好于2010年。但世博效应消退以及基期因素将使2011年的消费增速有所降低。随着世界经济的缓慢复苏，出口有望保持增长，但可能继续呈现进出口逆差状态。同时，原材料等上游价格上涨将对工业企业利润增长形成较大制约，工业投资难以大幅增长。综合考虑各方面情况，预计2011年上海经济增长速度略低于2010年。

为支持上海市经济发展和结构转型，需认真做好以下各项货币信贷和金融服务：一是充分发挥新的货币政策工具作用，合理控制货币信贷投放总量；二是开展信贷政策执行评估，引导金融机构优化信贷结构，促进经济发展方式转变；三是加强政策宣传解释，合理引导经济主体预期；四是深化跨境人民币业务试点，推进上海国际金融中心建设。

中国人民银行上海总部货币政策分析小组
负责人：余文建　顾铭德
统　稿：刘　斌　童士清
执　笔：葛　瑛　李冀申　陈　晨　叶　芳　王慧娟
提供材料的还有：郑振东　张雅楠　颜永嘉　陈　勇　沈　骏　金艳平　林春山　白　龙　邵　珺

附录

（一）2010年上海市经济金融大事记

3月28日，上海市、江苏省、浙江省人民政府与中国人民银行在上海召开“推进长江三角洲地区金融协调发展工作第三次联席会议”，并签署了合作备忘录。

4月6日，上海世博会金融服务领导小组办公室暨工作推进会在中国人民银行上海总部召开。会议决定建立世博会金融服务领导小组办公室工作机制，以进一步作好跨行业的沟通协调。

4月8日，股指期货启动仪式在上海举行。中共中央政治局委员、国务院副总理王岐山发来贺词，中共中央政治局委员、上海市委书记俞正声和中国证监会主席尚福林共同启动了股指期货。

6月26日至27日，上海市政府、中国人民银行、中国银监会、中国证监会、中国保监会共同主办2010陆家嘴论坛。会议的主题为《危机之后的经济结构调整与金融变革》。

7月21日，中国人民银行上海总部召开半年度上海市金融形势分析会。中国人民银行副行长马德伦出席会议并讲话，中共上海市常委、副市长屠光绍出席会议并讲话。

7月19日，上海股权托管交易中心挂牌成立。

9月25日，全国银行间市场贷款转让交易启动仪式在上海举行。中共中央政治局委员、上海市委书记俞正声，中国人民银行行长周小川共同启动这一仪式。

10月18日，国际货币基金组织在上海召开“亚洲审慎政策：亚洲视角”高级研讨会。国际货币基金组织总裁卡恩、中国人民银行行长周小川出席会议并作重要讲话。

11月12日，上海世博会金融服务领导小组在中国人民银行上海总部召开上海世博会金融服务工作总结表彰大会，中国人民银行副行长马德伦，中共上海市委常委、副市长屠光绍到会作重要讲话。

（二）2010年上海市主要经济金融指标

表1　2010年上海市主要存贷款指标

		1月	2月	3月	4月	5月	6月	7月	8月	9月	10月	11月	12月
本外币	金融机构各项存款余额（亿元）	45 229.4	45 896.6	46 017.3	47 479.8	47 730.6	48 660.4	48 597.8	49 460.7	51 314.7	51 126.1	51 383.7	52 190.0
	其中：城乡居民储蓄存款	14 136.4	14 946.7	14 540.5	14 892.1	14 852.8	15 310.3	15 288.6	15 367.8	16 578.5	15 608.2	15 614.2	16 249.3
	企业存款	21 744.5	21 475.7	21 897.9	22 268.4	22 469.4	22 956.7	22 752.5	23 094.2	23 794.1	23 969.8	24 297.8	24 991.4
	各项存款余额比上月增加（亿元）	647.1	667.2	120.6	1 463.9	250.8	929.7	-62.5	862.8	1 854.0	-188.5	257.6	806.3
	金融机构各项存款同比增长（%）	25.6	24.0	19.1	19.2	17.4	17.2	16.6	18.7	19.4	18.8	17.8	17.0
	金融机构各项贷款余额（亿元）	30 606.9	31 172.0	31 674.5	32 285.1	32 535.6	32 714.8	32 855.3	33 202.7	33 461.4	33 787.3	34 130.3	34 154.2
	其中：短期	8 766.8	8 951.0	9 066.4	9 196.0	9 107.0	9 136.8	9 093.4	9 111.0	9 107.6	9 196.9	9 261.2	9 278.1
	中长期	18 765.3	19 247.7	19 677.4	20 008.7	20 255.7	20 442.2	20 679.1	20 927.9	21 242.0	21 500.2	21 654.7	21 693.7
	票据融资	1 606.3	1 474.1	1 374.7	1 480.1	1 525.5	1 483.1	1 437.2	1 515.6	1 473.3	1 430.7	1 518.3	1 485.8
	各项贷款余额比上月增加（亿元）	916.2	565.1	502.5	639.4	250.5	179.2	140.5	347.5	258.7	325.8	343.0	23.9
	其中：短期	254.3	184.2	115.4	158.5	-89.0	29.9	-43.4	16.6	-3.4	89.3	64.3	16.9
	中长期	835.8	482.4	429.7	331.3	247.0	186.5	236.9	249.9	314.1	258.2	154.5	39.0
	票据融资	-252.7	-132.3	-99.4	105.4	45.5	-42.4	-46.0	78.5	-42.3	-42.6	87.6	-32.5
	金融机构各项贷款同比增长（%）	22.0	22.7	20.4	21.7	21.2	16.2	16.0	15.3	14.5	15.5	16.1	15.1
	其中：短期	-1.9	1.5	1.0	5.7	7.2	4.2	4.5	5.9	4.6	6.6	8.5	9.1
	中长期	32.0	33.9	32.9	33.3	32.6	28.0	28.4	26.7	25.0	24.0	22.4	21.0
	票据融资	28.6	-2.5	-25.2	-27.0	-31.3	-37.6	-40.6	-39.7	-34.6	-26.2	-15.0	-20.1
	建筑业贷款余额（亿元）	795.4	810.6	823.2	821.1	819.8	831.3	848.7	871.7	857.7	877.9	881.9	857.9
	房地产业贷款余额（亿元）	3 930.3	4 057.8	4 162.0	4 224.0	4 279.3	4 345.1	4 309.6	4 351.0	4 413.5	4 518.3	4 528.0	4 546.0
	建筑业贷款同比增长（%）	3.7	1.5	-2.1	-1.3	0.4	1.7	3.9	8.3	9.0	12.7	16.5	16.2
	房地产业贷款同比增长（%）	28.2	32.1	32.1	32.3	31.8	26.4	25.8	25.3	23.0	23.6	22.7	23.9
人民币	金融机构各项存款余额（亿元）	42 911.3	43 538.1	43 726.7	45 300.8	45 582.5	46 485.3	46 371.2	47 157.9	48 905.6	48 674.0	48 982.9	49 846.8
	其中：城乡居民储蓄存款	13 503.1	14 313.4	13 913.7	14 282.6	14 251.7	14 710.0	14 685.7	14 770.4	15 985.0	15 016.1	15 026.8	15 650.2
	企业存款	20 601.4	20 215.5	20 607.5	21 056.1	21 271.6	21 753.9	21 513.5	21 777.7	22 396.8	22 558.6	22 916.3	23 661.9
	各项存款余额比上月增加（亿元）	636.4	626.8	188.6	1 574.1	281.7	902.8	-114.1	786.7	1 747.6	-231.5	308.8	864.0
	其中：城乡居民储蓄存款	-204.5	810.4	-399.7	368.9	-30.9	458.3	-24.3	84.7	1 214.6	-968.9	10.7	623.5
	企业存款	90.5	-385.9	392.0	448.6	215.5	482.3	-240.5	264.2	619.1	161.8	357.7	745.6
	各项存款同比增长（%）	25.8	24.5	19.7	20.2	18.4	18.1	17.3	19.1	19.5	18.9	18.2	17.9
	其中：城乡居民储蓄存款	10.8	15.1	9.4	10.2	8.5	12.0	11.9	14.1	17.2	13.2	14.7	14.2
	企业存款	26.6	21.4	16.2	16.0	15.7	13.0	11.9	11.7	11.6	11.6	9.9	9.5
	金融机构各项贷款余额（亿元）	27 018.6	27 453.0	27 843.4	28 398.8	28 669.5	28 905.5	29 067.3	29 438.4	29 781.6	30 120.8	30 481.8	30 573.3
	其中：个人消费贷款	4 738.9	4 831.3	4 896.9	4 997.0	5 071.0	5 121.0	5 141.1	5 161.8	5 193.5	5 221.8	5 282.3	5 341.6
	票据融资	1 599.4	1 468.0	1 369.4	1 473.9	1 517.5	1 473.8	1 428.3	1 508.1	1 466.4	1 423.7	1 512.4	1 481.1
	各项贷款余额比上月增加（亿元）	814.4	434.5	390.3	555.4	270.7	236.0	161.7	371.2	343.2	339.2	361.0	91.5
	其中：个人消费贷款	220.3	92.3	65.8	100.1	74.1	50.0	20.2	20.6	31.8	28.3	60.5	59.3
	票据融资	-254.1	-131.3	-98.7	104.5	43.6	-43.7	-45.5	79.8	-41.8	-42.6	88.7	-31.3
	金融机构各项贷款同比增长（%）	21.0	20.8	17.7	19.1	19.0	15.2	15.0	14.7	14.8	16.3	17.5	16.7
	其中：个人消费贷款	42.7	45.9	45.9	46.9	45.5	40.9	36.5	30.3	26.1	23.8	21.5	18.4
	票据融资	29.0	-2.5	-25.2	-27.1	-31.5	-37.8	-40.8	-39.9	-34.8	-26.4	-15.1	-20.1
外币	金融机构外币存款余额（亿美元）	339.6	345.5	335.6	319.2	314.6	320.3	328.7	338.1	359.5	366.5	359.6	353.8
	金融机构外币存款同比增长（%）	21.5	15.4	9.3	1.6	-0.9	2.6	4.8	11.0	19.7	20.0	12.8	3.7
	金融机构外币贷款余额（亿美元）	525.6	544.8	561.2	569.3	566.2	560.9	559.1	552.7	549.1	548.0	546.5	540.7
	金融机构外币贷款同比增长（%）	30.2	39.4	44.8	45.3	40.4	25.8	25.2	20.8	14.4	11.4	8.0	5.8

数据来源：中国人民银行上海总部。

表2 2001～2010年上海市各类价格指数

单位:%

年/月	居民消费价格指数		农业生产资料价格指数		原材料购进价格指数		工业品出厂价格指数		上海市房屋销售价格指数	上海市房屋租赁价格指数	上海市土地交易价格指数
	当月同比	累计同比	当月同比	累计同比	当月同比	累计同比	当月同比	累计同比	当季(年)同比	当季(年)同比	当季(年)同比
2001	—	0.0	—	—	—	-1.3	—	-3.3	4.4	4.9	-2.8
2002	—	0.5	—	—	—	-2.3	—	-3.6	7.3	-1.0	6.3
2003	—	0.1	—	—	—	6.4	—	1.4	20.1	2.3	15.1
2004	—	2.2	—	—	—	16.4	—	3.6	15.9	5.5	20.3
2005	—	1.0	—	—	—	6.8	—	1.7	9.7	3.6	6.9
2006	—	1.2	—	—	—	4.8	—	0.6	-1.3	4.0	1.2
2007	—	3.2	—	—	—	4.1	—	1.2	3.4	5.1	7.8
2008	—	5.8	—	—	—	10.3	—	2.2	5.9	4.6	7.9
2009	—	-0.4	—	—	—	-10.2	—	-6.2	0.8	0.6	2.2
2010	—	3.1	—	—	—	11.2	—	2.3	7.6	4.4	18.9
2009 1	1.7	1.7	—	—	-5.2	-5.2	-6.5	-6.5	—	—	—
2	-0.2	0.8	—	—	-9.9	-7.5	-6.5	-6.5	—	—	—
3	-0.4	0.4	—	—	-11.3	-8.8	-6.8	-6.6	-2.0	1.3	-0.6
4	-1.4	-0.1	—	—	-13.9	-10.1	-7.4	-6.8	—	—	—
5	-1.2	-0.3	—	—	-13.8	-10.8	-7.8	-7.0	—	—	—
6	-1.5	-0.5	—	—	-14.8	-11.5	-8.0	-7.2	-0.6	0.9	0.2
7	-1.9	-0.7	—	—	-15.8	-12.1	-8.3	-7.3	—	—	—
8	-0.6	-0.7	—	—	-14.5	-12.4	-8.1	-7.4	—	—	—
9	-0.5	-0.7	—	—	-13.2	-12.5	-6.9	-7.4	2.3	-0.1	1.4
10	-0.3	-0.6	—	—	-10.8	-12.3	-6.4	-7.3	—	—	—
11	0.2	-0.5	—	—	-4.8	-11.6	-3.0	-6.9	—	—	—
12	1.2	-0.4	—	—	5.5	-10.2	1.7	-6.2	7.4	0.4	7.6
2010 1	1.1	1.1	—	—	12.5	12.5	3.1	3.1	—	—	—
2	1.3	1.2	—	—	14.9	13.7	3.3	3.2	—	—	—
3	2.1	1.5	—	—	14.3	13.9	3.3	3.2	10.7	2.3	14.7
4	2.6	1.8	—	—	12.0	13.4	3.3	3.2	—	—	—
5	3.2	2.0	—	—	11.1	12.9	3.8	3.3	—	—	—
6	3.2	2.2	—	—	13.0	13.0	2.6	3.2	8.2	4.6	17.4
7	3.9	2.5	—	—	10.7	12.6	1.4	3.0	—	—	—
8	3.2	2.6	—	—	7.8	12.0	0.7	2.7	—	—	—
9	3.8	2.7	—	—	7.7	11.6	0.2	2.4	5.4	5.1	20.7
10	4.1	2.8	—	—	9.6	11.4	1.2	2.3	—	—	—
11	4.3	3.0	—	—	10.7	11.3	2.3	2.3	—	—	—
12	4.5	3.1	—	—	9.9	11.2	1.9	2.3	2.2	5.7	22.8

数据来源：上海市统计局、《上海统计年鉴》。

表3 2010年上海市主要经济指标

	1月	2月	3月	4月	5月	6月	7月	8月	9月	10月	11月	12月
	绝对值（自年初累计）											
地区生产总值(亿元)	—	—	3 810.6	—	—	7 980.2	—	—	12 109.5	—	—	16 872.4
第一产业	—	—	15.1	—	—	34.0	—	—	56.5	—	—	114.2
第二产业	—	—	1 580.1	—	—	3 404.5	—	—	5 175.1	—	—	7 140.0
第三产业	—	—	2 215.4	—	—	4 541.7	—	—	6 878.0	—	—	9 618.3
工业增加值(亿元)	523.3	902.3	1 407.1	1 888.6	2 405.4	2 923.6	3 447.2	3 977.2	4 552.3	5 097.3	5 657.7	6 226.0
城镇固定资产投资(亿元)	290.9	627.7	1 067.4	1 393.2	1 747.3	2 207.7	2 653.3	3 008.1	3 456.5	4 023.0	4 619.3	5 317.7
房地产开发投资	105.4	231.3	420.9	551.0	694.9	845.3	1 048.1	1 206.2	1 384.8	1 589.0	1 825.2	1 980.7
社会消费品零售总额(亿元)	免报	957.5	1 432.1	1 906.9	2 419.4	2 921.0	3 426.9	3 939.5	4 457.6	5 002.0	5 506.4	6 036.9
外贸进出口总额(亿美元)	260.5	487.5	790.1	1 092.0	1 393.6	1 718.0	2 043.3	2 355.9	2 685.5	2 988.4	3 333.5	3 688.7
进口	128.3	241.2	408.1	567.7	721.9	883.0	1 038.8	1 200.3	1 369.4	1 515.1	1 689.2	1 880.9
出口	132.1	246.3	382.0	524.3	671.7	835.1	1 004.4	1 155.6	1 316.1	1 473.3	1 644.3	1 807.8
进出口差额(出口−进口)	3.8	5.0	-26.1	-43.3	-50.1	-47.9	-34.4	-44.6	-53.3	-41.9	-44.8	-73.0
外商实际直接投资(万美元)	75 100.0	161 100.0	244 100.0	355 200.0	445 500.0	537 100.0	628 700.0	723 800.0	818 200.0	912 200.0	1 013 400.0	1 112 100.0
地方财政收支差额(亿元)	272.7	292.8	290.7	441.1	312.6	106.2	233.7	245.5	98.4	191.3	157.6	-429.3
地方财政收入	372.8	577.0	754.4	1 067.2	1 329.8	1 564.1	1 890.4	2 065.6	2 246.1	2 538.8	2 722.9	2 873.6
地方财政支出	100.1	284.2	463.7	626.1	1 017.1	1 458.0	1 656.8	1 820.1	2 147.7	2 347.5	2 565.4	3 302.9
城镇登记失业率(%)（季度）	—	—	—	—	—	—	—	—	—	—	—	4.2
	同比累计增长率（%）											
地区生产总值	—	—	15.0	—	—	12.7	—	—	11.5	—	—	9.9
第一产业	—	—	-0.6	—	—	-5.6	—	—	-3.5	—	—	-6.6
第二产业	—	—	26.3	—	—	21.9	—	—	19.5	—	—	16.8
第三产业	—	—	7.7	—	—	6.2	—	—	5.7	—	—	5.0
工业增加值	46.6	28.9	27.6	27.4	26.8	23.3	23.0	22.9	20.8	20.1	19.5	18.4
城镇固定资产投资	17.2	22.8	18.3	11.0	5.6	2.2	-3.1	-5.0	-7.4	-5.5	-4.9	0.8
房地产开发投资	11.2	11.8	29.5	31.4	38.9	35.5	34.9	31.2	30.9	32.8	34.5	35.3
社会消费品零售总额	免报	17.2	16.6	16.6	17.1	17.5	17.6	17.5	17.6	17.8	17.6	17.5
外贸进出口总额	43.6	39.9	43.1	42.1	43.6	42.5	40.4	39.3	37.0	35.3	34.9	32.8
进口	82.3	58.0	63.6	59.5	57.6	52.3	46.8	45.8	42.5	40.9	40.4	38.5
出口	19.1	25.8	26.2	27.0	31.1	33.5	34.4	33.1	31.7	30.1	29.8	27.4
外商实际直接投资	5.0	5.1	5.2	5.1	4.6	4.1	3.6	3.9	3.8	4.0	5.3	5.5
地方财政收入	29.4	30.4	30.3	27.4	24.9	23.3	21.1	18.4	15.8	14.8	14.8	13.1
地方财政支出	-15.7	-2.2	0.9	3.3	35.6	40.5	27.6	25.7	31.8	30.3	24.6	10.5

数据来源：上海市统计局、《上海统计年鉴》。

2010年江苏省金融运行报告

中国人民银行南京分行货币政策分析小组

[内容摘要] 2010年，江苏省认真贯彻落实中央决策部署，全力做好稳增长、调结构、抓创新、惠民生各项工作，加快转变经济发展方式，统筹推进经济、政治、文化、社会建设，全省经济高开稳走，全年地区生产总值增长12.6%，总量达4.09万亿元，人均生产总值7 700美元。金融运行平稳健康，全省金融部门认真执行适度宽松的货币政策，信贷总量合理适度增长，信贷区域分布和行业分布持续改善，金融系统广泛开展"中小企业金融服务年"活动，中小企业信贷总量、信贷占比和信贷满足率实现"三个提升"。农村金融改革加快推进，村镇银行、小额贷款公司覆盖面迅速扩大，农村金融生态环境进一步优化，金融服务水平进一步提高。展望2011年，经济运行中的积极因素持续积累，全国和江苏省"十二五"发展总体布局全面展开，一系列重大战略、重大政策和重大项目将付诸实施，江苏金融系统将认真落实国家宏观调控要求，围绕地区实际，找准金融支持的切入点，切实推动产业结构、区域结构明显优化，促进江苏经济发展方式率先转变。

一、金融运行情况

2010年，面对复杂的国内外经济形势，江苏金融部门认真落实适度宽松的货币政策，主动应对经济转型需求，信贷结构调整迈出坚实步伐。金融改革创新取得新进展，市场主体进一步增加，运行质量不断改善，金融生态环境不断优化。

（一）银行业健康发展，存贷款平稳运行

1. 银行业综合实力不断增强。银行业规模稳步增长，2010年年末全省银行业金融机构资产总额达71 991.9亿元，同比增长24.4%，连续三年保持20%以上的增长。市场主体进一步增加，得益于江苏良好的经济基本面，股份制银行、城市商业银行、外资银行设点布局加快，全年新设12家股份制银行分行，7家外资银行分行，6家城市商业银行分行。地方金融机构实力增强，江苏银行、南京银行初步实现"省内机构逐步完善优化、省外网点重点布局"的良好局面。

金融运行质量进一步改善，2010年全省银行业金融机构利润同比增长43.7%，为近三年的最好水平；年末，金融机构不良贷款率为1.36%，较年初下降0.49个百分点，2008年以来累计下降2个百分点。

表1　2010年江苏省银行业金融机构情况

机构类别	营业网点[①]			法人机构（个）
	机构个数（个）	从业人数（人）	资产总额（亿元）	
一、大型商业银行[②]	4 910	100 922	40 706.1	0
二、国家开发银行及政策性银行[③]	92	2 126	3 280.7	0
三、股份制商业银行[④]	387	16 360	7 714.3	0
四、城市商业银行	531	14 099	6 896.0	3
五、城市信用社	0	0	0	0
六、农村合作机构[⑤]	3 071	36 761	9 663.2	69
七、财务公司	6	126	173.7	5
八、邮政储蓄银行	2 401	7 111	2 642.3	0
九、外资银行	35	1 188	388.1	1
十、农村新型机构[⑥]	29	462	91.0	25
合　计	11 462	179 155	71 555.4	103

注：①不包括国家开发银行和政策性银行、大型商业银行、股份制银行等金融机构总部数据。
②包括中国工商银行、中国农业银行、中国银行、中国建设银行和交通银行。
③包括国家开发银行、中国农业发展银行和中国进出口银行。
④包括中信银行、中国光大银行、华夏银行、广东发展银行、深圳发展银行、招商银行、上海浦东发展银行、兴业银行、中国民生银行、恒丰银行、浙商银行和渤海银行。
⑤包括农村信用社、农村合作银行和农村商业银行。
⑥包括村镇银行、贷款公司和农村资金互助社。
数据来源：中国人民银行南京分行、江苏银监局。

2. 人民币存款增势整体趋缓，存款增长的波动较大。受派生存款减少、居民通货膨胀预期上升、理财产品活跃、楼市分流等因素影响，近年来存款

快速增长的势头有所放缓。2010年，全省新增人民币存款10 134.3亿元，同比少增1 670.2亿元。人民币各项存款年末余额同比增速20.7%，较上年年末下降11.2个百分点。

同时，因金融机构存款考核、节日因素等影响，各项存款接连出现“季末冲高、季初回落”现象，存款的稳定性明显减弱，月度间增幅差异较大。

企业存款增长放缓，全年新增企业存款2 054.1亿元，同比少增3 636.7亿元，新增企业存款仅占全部存款的20.3%。储蓄存款增长乏力，全年新增储蓄存款3 225.3亿元，同比少增162.4亿元，与此同时，在通货膨胀预期增强的背景下，活期化现象明显，年末，活期储蓄余额占比为33.3%，同比提高3.7个百分点。

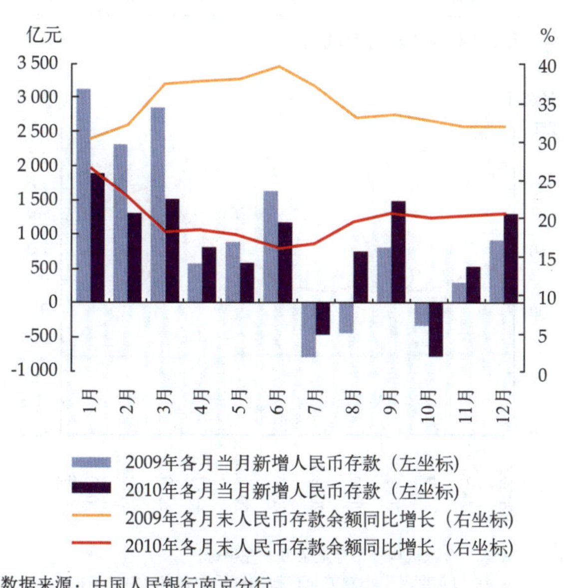

数据来源：中国人民银行南京分行。

图1　2010年江苏省金融机构人民币存款增长变化

3. 人民币贷款稳定增长，信贷结构调整取得明显成效。1～12月，全省新增人民币贷款6 824.3亿元，同比少增2 313.3亿元。12月末，贷款余额同比增速为19.3%，这一增速与江苏省2001年以来年均贷款增速基本相当，说明贷款增长已经初步回归常态。贷款期限有所优化，全年新增短期贷款2 998.3亿元，同比多增439.1亿元，新增中长期贷款4 957.3亿元，同比少增1 507.1亿元，前期贷款期限拉长的趋势得到一定缓解。

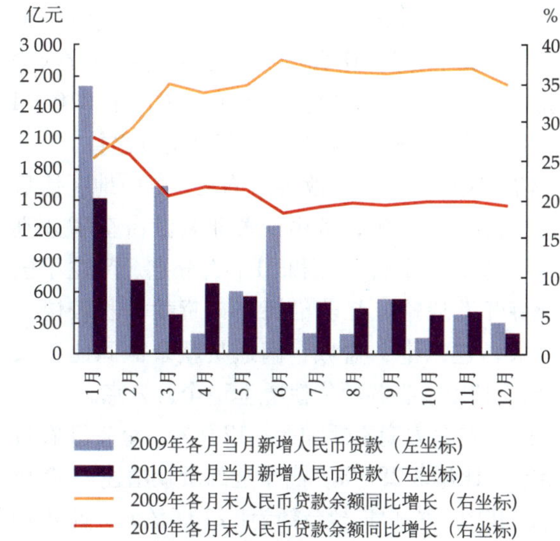

数据来源：中国人民银行南京分行。

图2　2010年江苏省金融机构人民币贷款增长变化

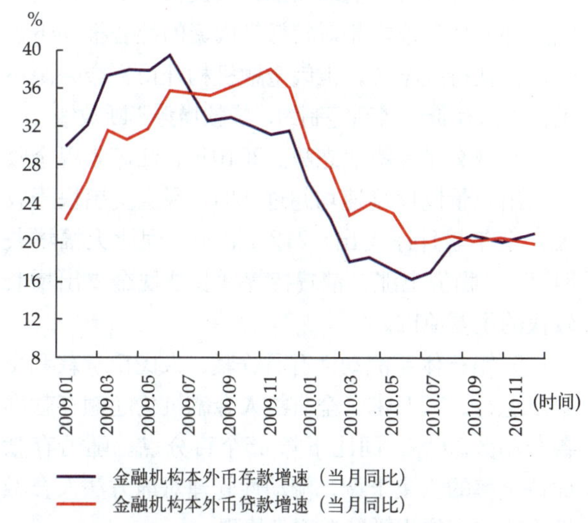

数据来源：中国人民银行南京分行。

图3　2009～2010年江苏省金融机构本外币存、贷款增速变化

2010年以来，江苏省信贷投放结构明显优化，中小企业贷款、制造业贷款增长尤为明显，也对经济发展方式转变形成了有力支持。1～12月，全省新增中小企业贷款4 064.7亿元，占全部企业贷款总额（不含票据融资）的75.4%，同比提高8.2个百分点。金融机构对中小企业的表外授信也快速增长，1～12月，全省金融机构对小型企业和中型企业的表外授信分别增加1 182.6亿元和981.5亿元，分别高

出大型企业574.2亿元和373.1亿元。与此同时，全省新增制造业贷款2 086.4亿元，占新增对公贷款的比重为24.6%，同比提高5.5个百分点，自2010年4月以来，已连续9个月居各行业贷款增量之首。

信贷区域配置持续改善。苏北、苏中地区信贷增长较快，2010年，苏中、苏北贷款占全省分别较上年提高2.1个百分点和3.1个百分点。受益于国家沿海开发战略，江苏沿海三市贷款增长较快，12月末，连云港、盐城、南通贷款余额同比增长24.4%，超出全省各项贷款增速5.1个百分点。

信贷支农力度不断加大。12月末，全省涉农贷款余额同比增长28.7%，高于全部贷款增速9.4个百分点。其中，农户贷款余额为1 216.6亿元，比年初增加288.2亿元，同比多增88.1亿元。

外币贷款增势放缓。1～12月，全省新增外币贷款83.9亿美元，同比少增8.3亿美元。下半年以来，在涉外企业对外资金需求增加，人民币升值预期增强以及外汇贷款成本相对较低等因素的综合推动下，外币贷款持续增长，但因金融机构外币资金来源不足、外币存贷比居高等制约，贷款增势不断放缓。

4. 现金呈净投放态势。2010年，江苏省现金收入支出总量同比增速均超过10%，现金支出快于收入，全年累计净支出1 217.1亿元，同比大幅增长81.2%。物价上涨、消费持续增长是现金支出增长较快的主要原因。

5. 银行体系流动性有所收紧，人民币贷款利率稳步上行。12月末，全省法人金融机构超额存款准备金率为2.8%，同比下降3.5个百分点。随着存款准备金率的密集上调，流动性管理对地方法人金融机构的约束作用已经在逐步体现。

利率政策效应逐步显现。受中国人民银行两次上调存贷款基准利率，以及信贷趋紧环境下金融机构议价能力增强等因素影响，全省金融机构贷款加权平均利率稳步提升。第一、第二、第三、第四季度江苏省金融机构人民币贷款利率逐季度上升，累计上升了0.26个百分点。金融机构利率定价的精细化、差异化程度进一步提高，受客户结构不同等因素影响，外资银行、国有商业银行、股份制商业银行、城市商业银行、农村金融机构利率逐次趋高。分地区看，贷款利率由南到北渐次升高，苏北金融机构贷款利率高于苏南。

受外贸行业贸易融资需求量加大和金融机构外币头寸趋紧的影响，外币存贷款利率低位回升，但总体运行在较低区间。

表2　2010年江苏省金融机构各利率浮动区间贷款占比表

单位：%

		合计	国有商业银行	股份制商业银行	区域性商业银行	城乡信用社
	合计	100.0	100.0	100.0	100.0	100.0
	[0.9～1.0)	18.5	31.0	17.0	9.7	1.9
	1.0	35.0	38.7	41.4	43.5	9.9
上浮水平	小计	46.6	30.4	41.6	46.8	88.2
	(1.0～1.1]	19.6	22.3	26.6	23.9	9.6
	(1.1～1.3]	14.9	8.0	14.7	21.6	26.2
	(1.3～1.5]	4.6	0.1	0.3	0.8	20.0
	(1.5～2.0]	4.9	0	0	0.4	22.1
	2.0以上	2.6	0	0	0.1	10.3

数据来源：中国人民银行南京分行。

数据来源：中国人民银行南京分行。

图4　2009～2010年江苏省金融机构外币存款余额及外币存款利率

6. 银行业改革扎实推进。大型银行改革进一步深化，中国农业银行江苏省分行采取多项措施稳步推进改革进程。一是继续深入推进“三农金融事业部”改革工作。着重围绕完善“三农金融事业部”的五大中心功能，强化内部管理能力建设，在单独核定资本、单设机构、单独核算、单独考评、单建流程、单配资源等方面进行细化落实，着力提高市场竞争能力。二是推进组织结构优化，完善内控合规体系，组建二级分行内控合规部，完成了内控合规管理职能的对接。三是积极稳步推进信贷管理体制改革。继续优化信贷业务运作流程，推进全流程网上作业，改进信贷考核办法，提高信贷精细化管理水平。

地方金融机构实力进一步增强。江苏银行继续深化改革，积极推进经营体制与机制转变。在组织体系方面，完成了杭州分行筹建申报工作，初步实现了全行经营机构发展重点布局和完善优化的协同推进。新型农村金融组织试点稳步推进，2010年年末，全省累计成立村镇银行25家，累计成立小额贷款公司194家。合理分工、功效互补、有序竞争的农村金融服务体系逐步形成，农村小额贷款公司累放贷款超过1 000亿元。

专栏1　江苏省科技金融的初步探索

近年来，科技金融风生水起，成为金融发展的一个重要领域，促进地方经济发展的一个重要抓手，中国人民银行更好履职的一个重要支撑。在中国人民银行总行的正确领导下，中国人民银行南京分行立足地方实际，把握发展契机，聚焦多方合力，因势利导，协同推进科技金融加快发展，取得了积极成效。

第一，科技金融组织体系初具雏形。2010年9月，江苏省首家科技专业银行（中国农业银行无锡科技支行）挂牌成立，该行以“三创”（创新、创业、创意）科技企业为主要服务对象，力争三年内提供100亿元授信支持；同月，首批第一家科技小额贷款公司开业，提出“债权＋股权”的运营模式；首批小额贷款公司共有16家，覆盖江苏省全部13个市，将陆续在2011年年底前筹建完毕；12月，全国最大的人民币母基金（国创母基金）在苏州注册设立，总规模为600亿元，期限为10年，首期资金规模为150亿元。至此，包括银行、证券、保险、创业投资、租赁、小额贷款等在内的多层次、多元化科技金融组织体系已在江苏初步建立。

第二，科技金融多元融资模式初现端倪。目前，科技企业的融资渠道正逐步拓宽，股票、债券、信托等融资形式不断增多。一是信贷。近三年江苏科技项目贷款年均保持25%以上的增速，累计发放额为1 000多亿元。二是债券。参加了全国首批中小企业短期融资券试点，高新技术中小企业集合票据成功发行。三是股票。截至2010年年末，全省已有54家科技企业在海内外上市，143家企业预备上市。四是票据。坚持“中央银行再贴现激励、银行信用助推、风控体系保障”的发展思路，激发票据市场活力，累计为科技中小企业提供信用支持60亿元。

第三，科技金融产品服务日益多样。抓住江苏省成为全国唯一知识产权战略示范省的有利契机，中国人民银行南京分行及时出台知识产权抵押贷款试点办法，激活“沉睡”的企业资产。“科贷通”、“科技之星”、“创业一站通”等一批适合初创期、成长期科技企业需求的新型金融产品被开发出来，这些产品适应科技企业“轻资产”的特点，倡导联保、互保、动产、股权等抵（质）押担保方式。截至2010年年末，全省累计发放纯商标权和专利权质押贷款超过50亿元、股权质押贷款超过200亿元。部分金融机构还建立了科技型中小企业服务的“四专”模式，即专营机构、专门技术、专属资源、专项考核体系，开发了专门的信用评审工具，独立配置人力、财务及信贷资源，业务发展强调企业户数新增，适度提高贷款风险容忍度。

（二）证券业发展基础不断夯实，创新能力显著提升

2010年，江苏省证券业继续保持稳健运营，证券市场融资作用发挥显著，证券期货公司盈利能力逐渐提高，抗风险能力明显增强。

1. 证券市场发展基础不断分实。2010年，随着华泰证券的上市，全省证券公司总资产、净资产和净资本同比大幅增加，整体实力进一步提升。在加强风险控制的基础上，证券公司积极拓展融资融券、股指期货等创新业务，截至12月末，全省有1

家证券公司（华泰证券）和79家营业部开展了融资融券业务。

2. 证券市场融资功能发挥显著，直接融资再创历史最好水平。2010年，全省新增境内上市公司41家，其中，主板市场3家，中小板市场33家，创业板市场5家。全省上市公司首发融资达到470.68亿元，其中，主板177.16亿元，中小板256.2亿元，创业板37.32亿元。另有22家上市公司实现再融资297.47亿元。与此同时，上市公司后备资源不断扩大，截至12月末，全省共有拟上市企业153家。全省上市公司整体盈利和资产质量逐步提高。根据已披露的第三季度报来看，全省上市公司实现营业收入、净利润和净资产总额同比均有较大幅度增长。

3. 期货业继续保持快速发展势头。随着商品期货品种的不断增加和股指期货的推出，我省期货行业步入快速发展期。截至2010年年末，江苏省11家期货公司资产总额为106.97亿元，净资本为12.80亿元，利润总额为2.34亿元，同比分别增长31%、29%和36%。

表3　2010年江苏省证券业基本情况表

项目	数量
总部设在辖内的证券公司数（家）	5
总部设在辖内的基金公司数（家）	0
总部设在辖内的期货公司数（家）	11
年末国内上市公司数（家）	169
当年国内股票（A股）筹资（亿元）	768.2
当年发行H股筹资（亿元）	0
当年国内债券筹资（亿元）	685.0
其中：短期融资券筹资额（亿元）	282.0

数据来源：江苏证监局、江苏省金融办、中国人民银行南京分行。

（三）保险业继续保持良好的发展势头，机构实力不断增强

2010年以来，江苏省保险业继续保持良好的发展势头，行业实力不断增强。

1. 市场主体进一步充实。法人机构建设深入推进，截至12月底，全省共有保险主体76家，其中，总公司2家（紫金产险、乐爱金产险），省级分公司75家（包含紫金江苏省分公司），进驻江苏省的保险公司省级分支机构比上年增加6家。

2. 保费收入增长较快。2010年，江苏保费收入在全国率先突破千亿元，全年累计保费收入1 162.92亿元，同比增长27.67%，列全国各省区市第二位。其中，财产险保费收入为311.91亿元，同比增长36.57%。人身险保费收入为851.01亿元，同比增长25.27%。

3. 服务创新进一步加快。多数保险公司推出提升理赔效率的新举措，普遍承诺千元案件及时结案、小额赔付立等可取。苏州环境污染责任保险试点加快推进，在全国首创包含“自然灾害条款”的保险产品。宿迁人保与气象局联合组建气象服务网络，通过七种渠道为投保农户提供灾害预警信息。

表4　2010年江苏省保险业基本情况表

项目	数量
总部设在辖内的保险公司数（家）	2
其中：财产险经营主体（家）	2
寿险经营主体（家）	0
保险公司分支机构（家）	75
其中：财产险公司分支机构（家）	31
寿险公司分支机构（家）	44
保费收入（中外资，亿元）	1 162.9
其中：财产险保费收入（中外资，亿元）	311.9
人身险保费收入（中外资，亿元）	851.0
各类赔款给付（中外资，亿元）	251.8
保险密度（元/人）	1 505.2
保险深度（%）	2.8

数据来源：江苏保监局。

（四）直接融资发展进一步提速，金融市场交易活跃

2010年，以短期融资券为代表的直接债务融资工具明显提速，同时由于股票市场融资处于历史最好水平，全省直接融资实现较快增长，信贷、债券、股票并行的大融资格局进一步完善。

1. 银行间市场直接债务融资工具加快发展。2010年以来，江苏省抓住全国债务融资工具市场加快发展的有利时机，通过政策推动和重点突破，先后出台了《江苏省债务融资工具业务监测评价指引》、《江苏省直接债务融资引导办法》，加快在发行总量、产品创新方面的突破。2010年，全省30家企业累计发行债务融资工具386.3亿元，发行企业数量与发行金额较上年均实现翻番，与此同时，江苏企业运用债务融资工具的积极性显著增强，中小企业集合票据成功破题，2只中小企业集合票据成功

发行，注册中小企业集合票据只数位居全国前茅。

2. 直接融资比例提升。2010年，江苏省累计发行各类债券685亿元，占全部融资量的7.8%，累计从股票市场融资768.2亿元，占全部融资量的8.7%，两者合计占融资总量的16.5%，比重为近十年来最高。

3. 债券市场交易平稳。随着金融市场基础建设的逐步完善及金融机构资产管理水平的提升，江苏省金融机构更多地利用金融市场进行资产负债的匹配管理，但由于2010年以来资金面逐步收紧的影响，债券市场交易增势逐步趋于平缓。2010年，江苏省金融机构债券回购（包括质押式回购和买断式回购）交易累计成交5.7万亿元，同比增长3.6%；现券交易增长较快，2010年累计交易4.4万亿元，同比增长51.7%。

表5　2001～2010年江苏省非金融机构融资结构表

单位：亿元、%

年份	融资量	比重		
		贷款	债券（含可转债）	股票
2001	758.0	93.6	0.4	6.0
2002	1 719.5	95.9	2.0	2.1
2003	3 480.5	97.4	1.1	1.5
2004	2 407.5	98.3	0.4	1.3
2005	2 408.8	92.5	4.5	3.0
2006	3 430.9	93.8	3.1	3.1
2007	4 252.4	91.3	5.8	2.9
2008	4 448.3	91.5	6.2	2.3
2009	10 610.7	92.0	5.4	2.5
2010	8 787.0	83.5	7.8	8.7

数据来源：中国人民银行南京分行，江苏省发展改革委，江苏证监局。

4. 票据业务变化较大，市场利率逐渐上行。2010年以来，在信贷总量约束较为严格的背景下，金融机构普遍压缩了收益率相对较低的票据业务，票据融资出现净下降。12月末，全省票据贴现余额为1 163.9亿元，同比下降1 007.6亿元。与此同时，票据贴现利率大幅上升，第四季度全省金融机构银行承兑汇票贴现加权平均利率为4.92%，较第一季度大幅上升1.56个百分点。

5. 外汇交易大幅回升，黄金交易出现分化。2010年，江苏省外向型经济稳步发展，江苏金融

表6　2010年江苏省金融机构票据业务量统计表

单位：亿元

季度	银行承兑汇票承兑		贴现			
			银行承兑汇票		商业承兑汇票	
	余额	累计发生额	余额	累计发生额	余额	累计发生额
1	6 937.8	4 285.5	1 342.0	4 871.7	46.8	363.1
2	7 730.5	3 943.3	1 221.4	4 079.3	54.7	302.5
3	8 002.3	4 618.7	1 270.8	5 305.3	49.3	490.0
4	8 832.4	4 723.7	1 109.1	4 849.8	54.8	456.6

数据来源：中国人民银行南京分行。

表7　2010年江苏省金融机构票据贴现、转贴现利率表

单位：%

季度	贴现		转贴现	
	银行承兑汇票	商业承兑汇票	票据买断	票据回购
1	3.3583	3.9865	2.7122	2.4774
2	3.6294	4.1470	2.8738	2.7450
3	3.8760	4.2273	3.3313	3.0152
4	4.9224	5.1269	4.1953	3.8263

数据来源：中国人民银行南京分行。

机构外汇交易活跃度上升。1～12月，全省即期询价交易累计成交量折合342.7亿美元，同比增长121.5%。美元交易比例有所下降，第四季度，以美元结算的交易占比为84.4%，同比下降7.1个百分点，环比下降2.6个百分点。受黄金价格高企的影响，纸黄金交易呈现萎缩状态，全年成交85.5吨，同比下降37.5%。与此同时，实物黄金交易热度不减，第四季度，全省金融机构累计售出实物黄金7.3吨，环比增长103.7%，同比增长35.2%。

6. 金融产品创新力度进一步加大。江苏省金融机构持续开展多维金融创新，满足实体经济融资需求。推出了“信托+理财”、“股权融资”、“融资租赁”、“集合债券”等多种融资产品，加强对科技型企业、新兴产业、小微企业的金融支持。针对江苏外向型经济发展较快的背景，加快国际业务产品创新，在保理、保函、仓单质押、订单融资等方面进一步优化流程、开展深度创新。

（五）金融生态环境建设深入推进，信用环境不断改善

金融生态建设扎实推进。2010年，江苏省金融生态县创建工作继续深入推进，突出信用环境、法

制环境和中介服务规范化建设，切实维护金融部门合法权益，有效地优化了县域金融生态环境。2010年，全省11个县（市、区）被评为“金融生态示范县”，33个县（市、区）被评为“金融生态达标县”。金融法制环境进一步完善，各创建地区坚持“优先审理、优先执行”的原则对待金融涉诉案件，开启绿色通道，有力地维护了金融债权。

信用环境不断改善。以征信市场管理、征信系统建设和推进社会信用体系建设为主线，有效地发挥了征信管理服务地方经济发展、改善地方信用环境的积极作用。一是以完善信用信息服务为基础，强力推进中小企业信用体系建设。制定并印发了《江苏省中小企业信用体系试验区建设实施方案》，组织研发了全省统一模式的“江苏省中小企业信用信息辅助管理系统”，目前该系统已经在全省13个地市中心支行上线试运行。二是以农村青年信用示范户创建为抓手，全面推动江苏省农村信用体系建设工作。设计、完善了具有江苏特色的农户及农村合作经济组织信用档案，联合多方力量采集农户信用信息，至12月底，全省已建立农户信用档案860万户，建档面达65%。三是以保护征信消费者权益为核心，进一步规范个人征信系统使用管理和异议处理的流程与操作，建立异议处理跟踪管理及季度通报机制，督促金融机构切实重视金融消费者权益保护。

二、经济运行情况

2010年，面对复杂的国内外经济形势，江苏省认真落实国家各项决策部署，统筹做好保增长、调结构、惠民生各项工作，全省经济高开稳走，经济增长的稳定性协调性明显增强，呈现“创新引领、增长较快、质量提升、结构优化、后劲增强、民生改善”的良好态势。2010年，全省实现地区生产总值4.09万亿元，增长12.6%，人均地区生产总值为7 700美元。

（一）投资增速小幅回落，消费出口稳定增长

1. 投资增速小幅回落，投资结构有所优化。1～12月，江苏省完成城镇固定资产投资17 418.94亿元，同比增长22.1%，增速比上半年下滑0.9个百

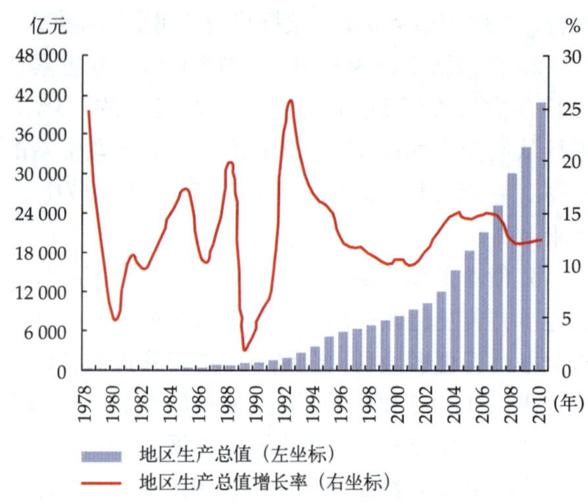

数据来源：江苏省统计局。

图5 1978～2010年江苏省地区生产总值及其增长率

分点，比前三个季度下降0.5个百分点，也比全国同期增速低2.4个百分点。

在投资增速平稳回落的同时，固定资产投资结构有所优化，一是企业自主投资意愿增强，工业投资有所提速。由于2010年工业企业利润增长较快，以及受国家鼓励民间投资的政策推动，2010年以来工业企业固定资产投资意愿整体走高，工业投资快速增长。1～12月，全省工业投资同比增长22.5%，增速比上半年提高0.4个百分点。二是高新技术产业投资保持高速增长，高耗能高污染行业固定资产投资加速回落。1～12月，江苏省高新技术产业投资同比增长42.9%，分别高出同期全省城镇固定资产投资和工业投资增速20.8个和20.4个百分点。受节能减排和淘汰落后产能政策的影响，国家重点调控的高耗能高污染行业固定资产投资加速回落。中国人民银行南京分行企业家问卷调查显示，第四季度，造纸及纸制品、非金属矿采选、石油加工炼焦、非金属矿物品、黑色金属压延及冶炼、化学原料等行业企业固定资产投资景气指数分别比上季度下降15.15个、12.5个、7.15个、4.04个、3.33个和2.4个百分点。三是房地产投资保持快速增长，保障房、商品房供给潜力较大。1～12月，全省房地产投资同比增长28.9%，与上半年基本持平。

2. 消费需求保持较快增长。得益于城乡居民收入较快增长，江苏省总体处于消费结构升级期，加之国家刺激消费政策效应的充分释放，全省消费持

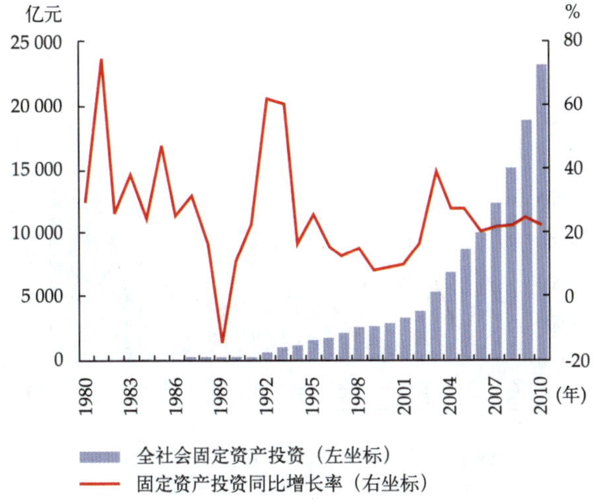

数据来源：江苏省统计局。

图6 1980～2010年江苏省固定资产投资及其增长率

续较快增长。1～12月，江苏省实现社会消费品零售总额13 482.32亿元，同比增长18.7%，增速比上半年小幅提高0.3个百分点。

与居民消费结构升级相关消费快速增长，一是汽车销售依然延续2009年的快速增长之势，1～12月，限额以上企业商品零售额中汽车销售达1 630亿元，同比增长38.4%。二是受家电以旧换新政策延时、扩面等因素影响，家电依然是当前消费亮点。1～12月，限额以上企业商品零售额中，家用电器和音像器材类增长21.7%。三是在美元贬值，国际金价连创新高的背景下，黄金消费继续火爆，

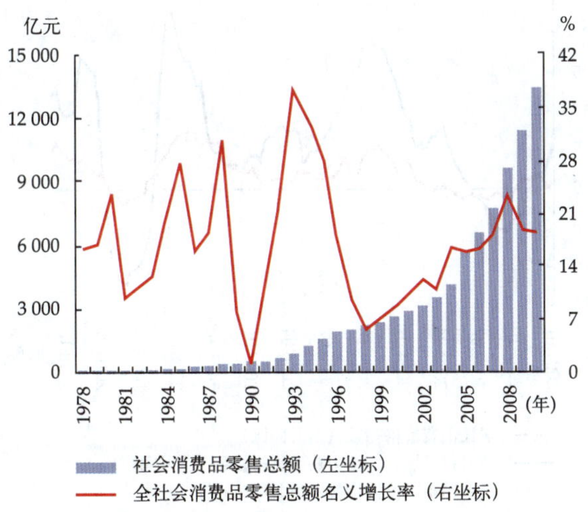

数据来源：江苏省统计局。

图7 1978～2010年江苏省社会消费品零售总额及其增长率

1～12月，全省金银珠宝累计销售额增速达40.2%。

3．外贸进出口全面恢复，但增速逐步放缓。2010年，受国内外经济环境逐步好转影响，江苏省进出口全面回升，1～12月，全省外贸进出口总额为4 657.9亿美元，同比增长37.5%，其中，出口为2 705.5亿美元，同比增长35.8%，进口为1 952.42亿美元，同比增长39.9%，外贸总额超过国际金融危机前的最高水平。

下半年以后，外贸增幅高位放缓，1～12月，全省外贸进出口增幅较上半年回落11.6个百分点。其中，加工贸易增幅回落更为明显，一般贸易增幅相对稳定。1～12月，全省加工贸易出口同比增长30.4%，增速比上半年回落11.7个百分点，成为促使全省出口增幅高位趋缓的主要力量。一般贸易出口持续高速增长，1～12月，同比增长39.6%，高出同期加工贸易出口增速9.2个百分点，一般贸易出口稳定高速增长对全省出口增长形成较强的支撑。

全省利用外资规模恢复增长。随着国际经济形势好转，外商直接投资恢复性增长，2010年，全省实际到账外资为285亿美元，同比增长12.6%。

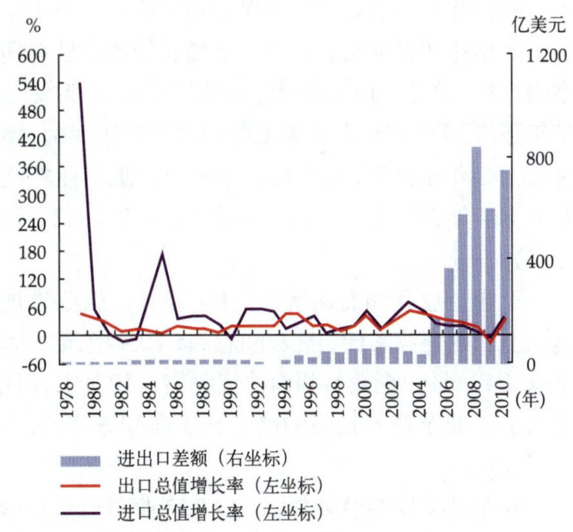

数据来源：江苏省统计局。

图8 1978～2010年江苏省外贸进出口变动情况

（二）工业生产稳步增长，农业服务业形势良好

1. 农业生产继续保持良好势头。粮食生产连续七年丰收，全年总产量达3 235.1万吨，比上年增加5万吨。高效农业迅猛发展，高效农业面积为2 660

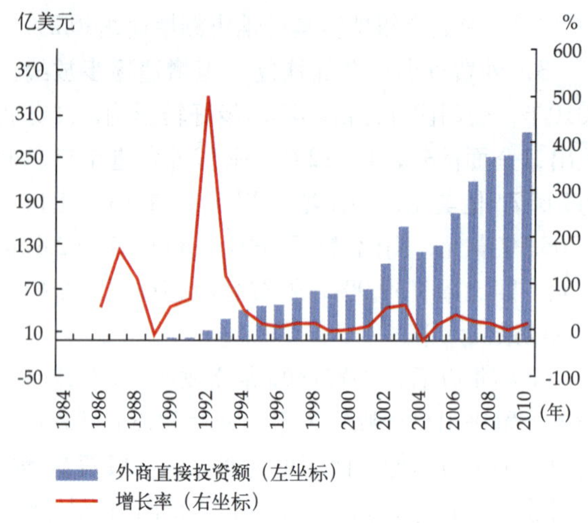

数据来源：江苏省统计局。

图9　1984～2010年江苏省外商直接投资情况

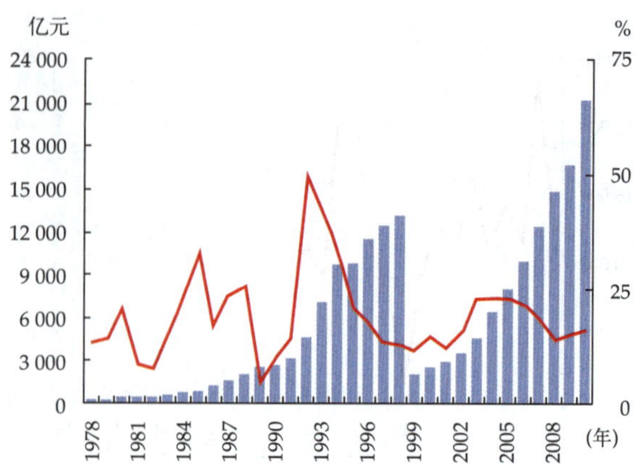

注：1999年以前数据为工业总产值及其增速。
数据来源：江苏省统计局。

图10　1978～2010年江苏省工业增加值及其增长率

万亩，占比突破1/3。新农村建设取得新进展，农村实事工程扎实推进，生产生活条件进一步改善。

2. 工业生产稳步增长，轻重工业增长的协调性有所增强。1～12月，全省规模以上工业企业实现增加值21 223.84亿元，同比增长16%，增幅与前三个季度基本持平，高于全国同期增速近0.3个百分点。分轻重工业看，轻工业保持相对稳定，下半年重工业增速明显回落，轻重工业增长的协调性有所增强。1～12月，轻工业同比增长14.6%，增速比上半年下滑0.7个百分点；重工业同比增长16.6%，增速比上半年下降3个百分点。全省轻、重工业增速差由上半年的4.3个百分点，缩小到1～12月的2个百分点。

工业企业利润高速增长。1～12月，江苏省规模以上工业企业累计实现利润总额5 705.9亿元，同比增长43.6%。企业亏损面持续收缩，12月末，规模以上工业企业亏损面8.6%，比上年年末下降3.1个百分点。

3. 服务业发展继续加快，特色产业积聚初步形成。2010年，江苏省实现服务业增加值1 6731.4亿元，同比增长13.0%，占GDP比重为40.9%，比上年提高1.0个百分点，比“十五”末提高5.1个百分点。物流、金融、旅游等服务业快速发展，苏南地区出现服务业投资超过制造业投资的新态势，南京形成“三二一”产业发展格局，南京软件、苏州电子信息、无锡微电子、泰州生物医药等特色产业集聚初步形成。

（三）各类价格指数呈加速上涨态势，上游价格涨幅持续扩大

1. 居民消费价格维持高位运行。2010年，全年江苏CPI累计同比上涨3.8%，比2009年同期提高4.2个百分点。其中，12月CPI涨幅高达5%，虽较11月涨幅有所下降，但仍为近29个月以来的次高水平。CPI逐步走高的同时，涨价面也稳步扩大。与2009年同期相比，2010年1月有近六成基本消费品涨

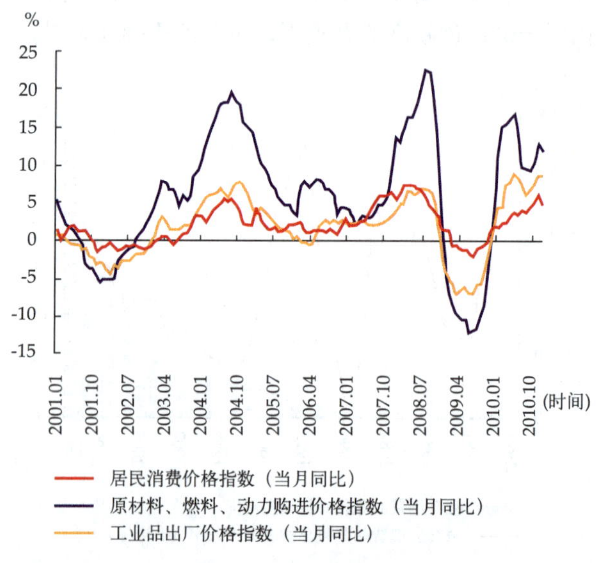

数据来源：江苏省统计局。

图11　2001～2010年江苏省居民消费价格和生产者价格变动趋势

价，6月已有近七成在涨价，到12月，涨价面已经超过了70%。按用途分类，江苏省八大类消费品七涨一跌，其中，食品和居住上涨最快，涨幅分别达7.4%和5%。

2. 国际大宗商品价格再度回升，上游产品价格涨幅持续扩大。国际初级产品价格自2010年4月升至金融危机后的最高点后，便出现快速回落的态势，截至8月底，累计下降4.82%。但从9月起，由于美联储再次启动量化宽松的货币政策，使得美元阶段性走弱，推动国际大宗商品价格再度走高。与此呼应，9月以后国内上游价格涨势也有所增强。9月、10月、11月、12月江苏省工业品出厂价格同比涨幅分别为6.9%、7.5%、8.9%、8.8%，原材料燃料和动力购进价格同比涨幅分别为9.3%、10.6%、12.7%、12.1%。上游价格涨幅的持续扩大，预示着未来一段时间成本推动最终消费品价格上涨的压力进一步加大。

专栏2　江苏省中小企业生产经营走势调查

2010年，在国内外市场需求持续回升的背景下，江苏省内中小企业整体经营状况明显好转。为了解2011年中小企业经营环境和下一步走势，中国人民银行南京分行对江苏省365家样本中小企业进行调查，调查显示，受制于生产成本上升和外部需求不确定等因素，中小企业对下阶段生产经营预期有所走低。中国人民银行南京分行2010年第四季度企业家问卷调查结果显示，下季度中小工业企业整体经营状况预期指数、生产增速预期指数分别为69.05%和47.05%，比上季度分别下滑1.22个和1.12个百分点。预期走低的原因主要有以下两个方面。

一、劳动力成本上升以及原材料价格波动等原因推动企业生产成本明显增加

一方面，2010年以来，企业用工需求的上升引发劳动力市场供求关系的变化，导致劳动力成本明显增加。调查问卷显示，2010年下半年365家样本中小企业人均劳动力工资是1 878.78元/月，在上半年已经增加133.16元/月的基础上再次提高97.06元/月，全年累计涨幅为13.96%，一般劳动人员、技术熟练工人和管理人员工资较上年下半年均有不同程度的上升（见表3）。该项调查结果进一步显示，在365家样本中小企业中，2010年下半年人均劳动力成本较上半年上升的企业是228家，占比为62.46%，持平的企业是134家，另有3家企业劳动力成本下降。

另一方面，在中小企业产品销售价格上涨面明显小于外购原材料价格上涨面的情况下，企业整体利润空间有所压缩。调查显示，虽然2010年下半年中小企业产品销售价格上涨面较上半年有所扩大，但依然远低于主要外购原材料价格上涨面。在365家样本中小企业中，下半年产品销售价格上升的有170家，占比为46.57%，较上半年提高9.86个百分点；另外，分别有175家持平和20家下降，占比分别为47.94%和5.47%。与此形成对照，主要外购原材料上升的企业家数为268家，占比为75.92%，比产品销售价格上涨企业占比高29.35个百分点，另有84家企业外购原材料价格持平，而原材料价格下降的企业仅有1家。

二、企业内需市场的增长面临一定压力，外需的进一步回暖也面临多种因素制约

2011年，宏观政策环境逐步趋紧，同时随着地方政府融资平台深入治理，地方政府和企业的投资冲动将受到一定抑制，治理产能过剩和实现节能减排目标工作加快也将对投资增长产生一定的影响。因此，2011年，国内投资需求增长较2010年将有所放缓，但考虑到消费需求增长可能会保持相对稳定，因此，国内总体需求回落的程度不大。中国人民银行南京分行2010年第四季度企业家问卷调查显示，下个季度中小企业国内订货水平预期指数为54.79%，比上个季度小幅下滑0.51个百分点。

受以下几个方面因素的影响，中小企业对产品出口需求持续增长的担忧增强。一是全球

经济复苏基础仍然脆弱，约束了企业出口需求的增长。发达国家居高不下的失业率、依然脆弱的金融系统、部分国家的主权债务压力，以及国际主要货币间汇率的大幅波动等因素，增加了世界经济复苏的不确定性和风险。二是原材料成本上涨、用工短缺和人民币汇率升值等因素交织的作用下，价格竞争力较弱的劳动密集型企业接单心态谨慎，短单、小单和快单成为企业接单的主要方式，对长期订单普遍持谨慎态度。三是国际贸易保护主义趋势增强，进一步冲击江苏省出口增长。发达国家纷纷强化出口产业优先策略推动经济复苏，各种贸易救济措施层出不穷，我国出口将会受到进一步抑制。中国人民银行南京分行2010年第四季度企业家问卷调查显示，反映下阶段出口需求的出口订单下个季度预期指数为49.39%，比上个季度下降2.96个百分点，已经连续三个季度逐季度回落，显示下阶段中小企业出口需求增长的不确定性增强。

（四）财政收入冲高回落，财政支出结构进一步优化

1. 财政收入增速冲高后小幅回落。2010年，全省财政收入增速在第一季度冲至高位后小幅回落，下半年高位趋稳。1～12月，全省一般预算收入累计完成4 079.86亿元，同比增长26.4%，增速较上半年基本持平，比第一季度下降6.2个百分点。其中，完成税收收入3 312.61亿元，同比增长24.8%。财政收入持续增长的主要原因包括：一是经济较快回升，特别是与税收关联度较高的一些经济指标增长较快，带动企业所得税、营业税等较快增长。二是2010年物价水平上涨，使得以现价计算的税收收入相应增加。三是上年同期财政收入基数较低。

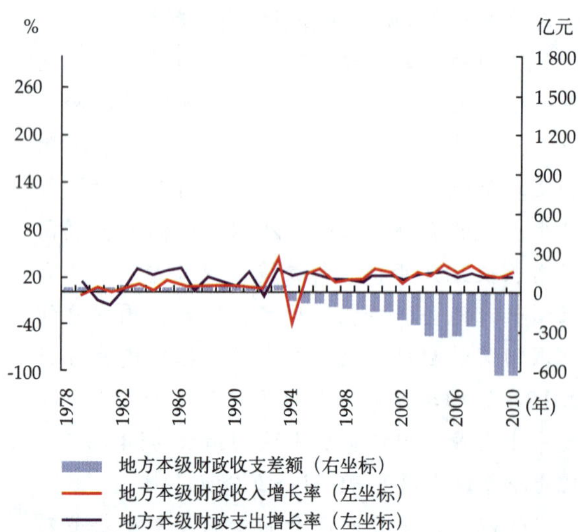

数据来源：江苏省统计局。

图12 1978～2010年江苏省财政收支状况

2. 财政支出结构进一步优化。1～12月，全省一般预算支出为4 843.8亿元，同比增长18.6%。教育、就业、社会保障等重点民生领域得到有效保障。全年教育支出为854.6亿元，同比增长25.6%；社会保障和就业支出为355.4亿元，增长18.8%；城乡社区事务支出为605.2亿元，科学技术支出为146.8亿元，分别增长27.4%和25.5%。

（五）发展方式加快转变，节能降耗取得积极成效

经济结构调整取得明显成效。2010年，全省规模以上工业增加值中高新技术产业产值占比由24%提高到33%。新兴产业引领新一轮增长，新能源、新材料、生物技术和新医药、节能环保、软件和服务外包、物联网和新一代信息技术六大新兴产业销售收入超过2万亿元，占工业销售收入的23%。大力推进创新型省份建设，产学研合作向纵深发展，科技进步贡献率达54%，全社会研发投入占地区生产总值的比重提高到2.1%。区域创新能力在中国科技发展战略研究报告评价中连续两年保持全国首位。

节能减排力度加大，单位地区生产总值能耗下降、化学需氧量和二氧化硫减排均完成“十一五”目标。重点流域污染治理和城乡环境综合整治取得重要进展。太湖湖体水质持续改善，确保了饮用水供水安全。生态建设深入推进，森林覆盖率和城市绿化覆盖率分别提高到20.6%和42%。

（六）行业分析

1. 房地产行业。1～12月，全省主要城市市区商品房实际登记销售面积为4 929.70万平方米，同比下降23.90%；商品住宅实际登记销售面积为3 983.09万平方米，累计销售套数为346 460套，同比分别下降27.19%、26.67%。2010年4月“国十条”出台以后，5月、6月、7月全省商品房销售量有所下降，月环比降幅分别为5.75%、2.12%、7.33%。但7月后，随着政策效应的逐步释放，加上“金九银十”销售旺季的到来，江苏省商品房销售面积有所回升，其中，12月商品房销售面积环比增幅高达34.38%。总体来看，虽然“十一”前后出台了第二轮房地产调控新政和中央银行加息政策，但近几个月江苏商品房销售量依然体现出了传统旺季的基本水准，除了需求支撑外，其中也有新政的时间限令促使大量前期销量集中签约所致。

交易价格维持高位。根据江苏省建设厅网上交易备案系统数据，2010年，江苏省13个省辖市市区商品住宅累计成交均价为7 021元/平方米，同比增长23.1%，其中，12月成交均价为7 378元/平方米。分地区看，2010年商品住宅累计成交均价与上年同期相比，除南通下降了3.5%外，其余12个地区涨幅均超过15%。

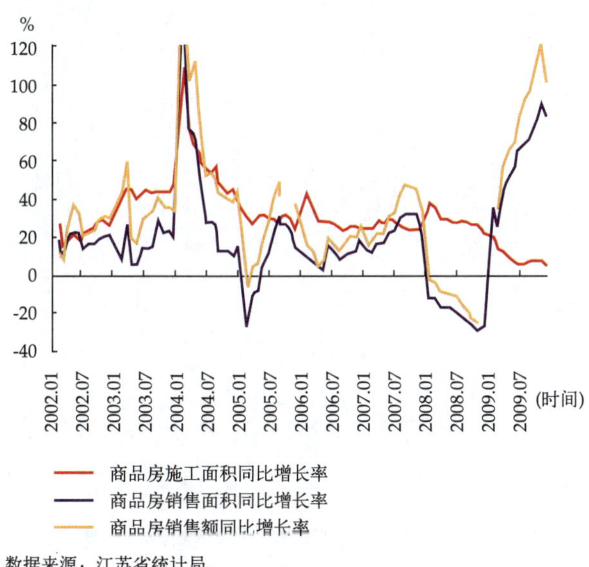

数据来源：江苏省统计局。

图13　2002～2010年江苏省商品房施工和销售变动趋势

房地产信贷稳步增长，投放呈稳中趋缓态势。2010年，江苏省房地产信贷稳步增长，房地产贷款占本外币各项贷款的比重有所提高，年度呈现稳中趋缓的态势。全年新增房地产贷款1 997.9亿元，同比少增523.9亿元；新增房地产贷款占全部本外币新增贷款比例为27.2%，较2009年提高1.4个百分点；截至年末，全省房地产贷款余额为9 627亿元，占本外币贷款余额的21.8%，同比提高1.1个百分点。从全年走势来看，前4个月房地产贷款月均新增300亿元左右，国发[2010]10号文出台后，市场需求趋缓，5～9月月均新增额在120亿元左右；随着9月末国家系列调控政策的出台，信贷投放进一步回调，第四季度月均新增贷款不到80亿元。

2. 文化产业。文化产业是指从事文化产品生产和提供文化服务的经营性行业。随着近年来江苏人均收入快速提高，文化正日益成为新的社会消费热点，文化产业迅速发展，2009年，全省文化产业增加值首次超过1 000亿元，2010年继续比上年增长25%左右。按照文化产业增加值比较，江苏在全国各省份中位居第三位，增加值约占全国的12%左右，无论是发展速度、规模总量均进入全国第一方阵。

近两年来，江苏已确立重点文化产业项目621个，投资总额达3 400多亿元。全省建有300多个文化（创意）产业园区，包括4个国家级动画产业基地、10个国家级和27个省级文化产业示范基地。目前，南京的动漫园区、无锡的数字制作高新制作园区、常州的动漫园区等都已初具规模。凤凰出版传媒集团、省演艺集团、省广电网络公司等一批重点文化企业通过上市融资、跨地区跨行业整合资源，实现快速扩张，逐步打造了一批“航母型”的大型骨干文化企业。

与此同时，为进一步促进文化产业发展，江苏省除了在税收政策、用地政策上给予一定的优惠政策外，还设立了省级文化产业引导资金，每年对重点的文化产业项目给予奖励和扶持，2010年，全省共有151个项目获得文化产业引导资金资助，资助总额超过2亿元。另外，为加强文化产业支持的金融平台建设，2010年，江苏省成立了初始资金20亿元的紫金文化发展基金，为文化产业加快发展提供融资渠道。

三、预测与展望

展望2011年，江苏经济发展面临的国内外环境持续改善，经济发展的有利条件和积极因素不断增多，随着“十二五”发展总体布局全面展开，加之经济结构调整逐步落实到位，经济增长将步入良性增长轨道。

投资将延续平稳增长态势。一方面，工业投资将保持稳定快速增长。目前，企业利润保持高速增长、民间资本投资环境优化等有助于增强企业投资的积极性和资金实力，经济结构调整升级也将带动相关行业的投资增长加速。另一方面，受房地产调控、地方政府融资平台治理及淘汰落后产能等政策的影响，固定资产投资增速难以出现快速增长。

消费需求继续保持旺盛势头，一是就业形势较好和工资水平提高为扩大消费增强了后劲，无论城镇或农村地区，目前均处于消费升级期；二是收入分配改革的持续将为消费稳定增长创造良好的环境。

从价格走势看，2011年通货膨胀压力依然较大。受美元贬值刺激国际大宗商品价格的大幅上涨，以及国内粮食、食品价格持续上涨，资源环境税费和资源性产品价格改革的提速的共同影响，预计2011年居民消费价格涨幅与全国平均水平基本持平。

从金融运行情况看，随着货币政策转向稳健，江苏省金融总体将保持平稳运行态势。社会融资规模合理适度增长，信贷投放总体规模略有收缩。随着“十二五”开局，新增项目仍将对未来信贷形成一定支撑，同时，与国家加大“调结构”力度相契合，贷款的期限结构、行业结构、区域结构将进一步优化。

中国人民银行南京分行货币政策分析小组

负责人：孙工声　李文森

统　稿：姚盛敏　董　倩　陈　实

执　笔：谢　宁　卢志强　王　棋　孙小光　戴国海　刘　玄

提供材料的还有：戴晓东　王远华　王琦玮　万　秋　朱　翔　周晓刚　卜建明　严仕锋

附录

（一）2010年江苏省经济金融大事记

2月26日，华泰证券在上海证券交易所正式上市，成为江苏省内首家上市的证券公司。

4月23日，中国人民银行南京分行召开“江苏省部署世博会金融服务工作电视电话会议”，对进一步推进江苏省世博支付环境建设，扎实做好上海世博会期间金融服务工作进行全面部署。

4月29日，中国保监会苏州监管分局揭牌，成为全国首家地市级监管分局，标志着保险监管由面到点，向基层迈出新的一步。

5月31日，中国人民银行南京分行会同江苏省经信委在南京联合举办了“江苏省中小企业金融产品服务推介展示会”，标志着“江苏省中小企业金融服务年活动”全面展开。

9月26日，江苏省首家科技专业银行——中国农业银行无锡科技支行挂牌成立，同时成立首期规模3 000万元的“科技金融专项风险补偿基金”，为科技银行承担的创新风险提供支撑。

9月27日，由南京银行主承销，江苏省信用再担保公司提供信用增进服务的江苏省首单中小企业集合票据“江苏省高新技术中小企业2010年度第一期集合票据”正式发行，共为4家高新科技中小企业募集资金3.3亿元。

12月28日，全国首只国家级人民币母基金——国创母基金在苏州挂牌成立，基金总规模为600亿元，是以股权投资基金作为投资对象的特殊基金。

新型农村金融组织取得跨越式发展，截至2010年年末，全省共组建村镇银行25家，各项贷款余额57.53亿元；农村小额贷款公司215家，各项贷款余额为357.89亿元。

（二）2010年江苏省主要经济金融指标

表1 2010年江苏省主要存贷款指标

		1月	2月	3月	4月	5月	6月	7月	8月	9月	10月	11月	12月
本外币	金融机构各项存款余额（亿元）	51 985.2	53 332.4	54 892.8	55 674.5	56 281.6	57 646.0	57 111.1	57 928.7	59 516.8	58 667.1	59 243.8	60 583.1
	其中：城乡居民储蓄存款	20 307.1	22 509.0	22 478.9	22 251.0	22 169.0	22 853.0	22 589.4	22 747.5	23 706.6	22 692.6	22 691.2	23 533.1
	企业存款	18 509.0	17 706.5	18 474.1	18 895.2	19 121.7	19 639.1	19 084.8	18 958.9	19 574.4	19 440.3	19 867.6	20 424.0
	各项存款余额比上月增加（亿元）	1 925.5	1 347.3	1 560.4	781.6	607.2	1 364.3	-534.9	817.6	1 588.0	-849.7	576.7	1 339.3
	金融机构各项存款同比增长（%）	26.2	22.6	18.2	18.4	17.5	16.2	17.0	19.7	21.0	20.1	20.5	21.0
	金融机构各项贷款余额（亿元）	38 426.9	39 214.3	39 725.5	40 423.7	40 951.2	41 548.3	41 955.8	42 433.6	43 037.7	43 478.1	43 924.6	44 180.2
	其中：短期	15 659.2	15 962.6	16 228.2	16 383.1	16 478.2	16 874.5	16 989.8	17 182.6	17 459.7	17 656.1	17 879.1	18 186.7
	中长期	19 836.3	20 496.3	20 984.0	21 464.2	21 878.9	22 180.6	22 456.1	22 720.8	23 004.4	23 218.5	23 481.6	23 507.4
	票据融资	1 984.3	1 758.9	1 402.6	1 445.3	1 473.3	1292.1	1 351.7	1 346.7	1 332.5	1 298.5	1 262.8	1 167.5
	各项贷款余额比上月增加（亿元）	1 583.0	784.8	511.2	698.2	527.5	597.2	407.5	477.8	604.2	440.4	446.4	255.6
	其中：短期	572.9	331.2	265.6	154.9	95.2	396.3	115.3	191.5	277.1	196.4	223.0	307.7
	中长期	1 291.3	629.6	487.7	480.2	414.7	301.6	275.5	266.0	283.6	214.1	263.2	25.8
	票据融资	-343.1	-225.4	-356.3	42.7	28.0	-181.2	59.6	-5.0	-14.1	-34.0	-35.7	-95.3
	金融机构各项贷款同比增长（%）	29.7	27.8	22.9	24.2	23.2	20.1	20.2	20.6	20.1	20.5	20.2	19.9
	其中：短期	20.4	21.3	17.7	19.6	18.4	16.5	17.4	17.5	16.3	18.3	18.4	19.7
	中长期	52.6	52.2	46.3	45.0	43.8	37.6	35.1	33.5	31.5	30.2	29.5	27.2
	票据融资	-38.2	-51.8	-62.9	-60.2	-59.4	-62.4	-57.4	-52.5	-48.0	-47.6	-48.5	-49.8
	建筑业贷款余额（亿元）	917.0	954.5	1 016.2	1 035.9	1 073.9	1 102.4	1 125.6	1 161.6	1 208.5	1 220.4	1 252.1	1 293.8
	房地产业贷款余额（亿元）	2 573.5	2 709.5	2 763.2	2 794.9	2 823.5	2 873.9	2 934.2	2 980.9	3 000.5	3 035.9	3 039.4	3 037.7
	建筑业贷款同比增长（%）	15.5	18.3	19.2	20.2	26.2	27.8	31.8	35.6	36.6	38.9	43.7	46.0
	房地产业贷款同比增长（%）	24.9	32.2	26.5	28.7	24.9	22.2	23.8	25.3	23.1	23.6	25.9	23.3
人民币	金融机构各项存款余额（亿元）	50 752.8	52 060.3	53 590.8	54 407.4	55 003.5	56 159.2	55 695.7	56 461.1	57 937.3	57 146.0	57 669.7	58 984.1
	其中：城乡居民储蓄存款	20 089.5	22 289.6	22 260.1	22 042.7	21 957.2	22 640.4	22 378.2	22 542.3	23 507.2	22 495.5	22 495.7	23 334.5
	企业存款	17 563.7	16 730.1	17 471.6	17 912.5	18 138.6	18 490.8	18 014.4	17 854.9	18 375.3	18 295.7	18 638.5	19 148.6
	各项存款余额比上月增加（亿元）	1 902.9	1 307.5	1 530.5	816.6	596.1	1 155.8	-463.5	765.4	1 476.3	-791.4	523.7	1 314.5
	其中：城乡居民储蓄存款	26.9	2 182.6	-29.6	-217.4	-85.5	683.2	-262.1	164.0	964.9	-1 011.7	0.2	838.8
	企业存款	154.5	-734.6	741.4	441.0	226.1	352.2	-476.4	-159.5	520.4	-66.1	345.5	510.1
	各项存款同比增长（%）	26.4	22.6	18.2	18.5	17.5	15.9	16.8	19.6	20.7	19.9	20.3	20.7
	其中：城乡居民储蓄存款	8.0	17.1	14.3	13.7	12.6	14.3	14.0	15.4	16.6	14.9	15.5	16.2
	企业存款	35.1	20.4	14.5	15.2	13.2	8.9	5.7	4.0	4.1	3.5	3.7	3.2
	金融机构各项贷款余额（亿元）	36 805.1	37 528.3	37 908.4	38 589.3	39 149.2	39 642.9	40 140.4	40 585.8	41 119.8	41 512.3	41 926.6	42 121.0
	其中：个人消费贷款	5 440.8	5 568.7	5 698.3	5 935.0	6 106.0	6 197.0	6 267.2	6 353.2	6 471.2	6 582.6	6 684.6	6 748.0
	票据融资	1 983.9	1 758.5	1 402.2	1 444.7	1 472.5	1 291.4	1 350.9	1 345.9	1 331.7	1 297.8	1 262.4	1 167.0
	各项贷款余额比上月增加（亿元）	1 510.8	720.6	380.0	680.9	560.0	493.7	497.5	445.4	534.0	392.5	414.4	194.4
	其中：个人消费贷款	349.9	127.6	154.0	83.7	171.0	91.0	70.3	85.9	118.1	111.4	102.1	63.3
	票据融资	-343.1	-225.4	-356.3	42.5	27.8	-181.1	59.5	-5.0	-14.2	-33.9	-35.4	-95.3
	金融机构各项贷款同比增长（%）	28.0	25.8	20.5	21.9	21.3	18.3	19.1	19.7	19.4	20.0	19.8	19.3
	其中：个人消费贷款	67.6	70.6	66.7	69.5	68.1	60.9	54.2	49.1	44.5	41.6	36.7	32.4
	票据融资	-38.2	-51.8	-62.9	-60.2	-59.4	-62.4	-57.4	-52.5	-48.0	-47.6	-48.5	-49.8
外币	金融机构外币存款余额（亿美元）	180.5	186.3	190.7	185.6	187.2	218.9	208.9	215.5	235.7	227.3	235.8	241.4
	金融机构外币存款同比增长（%）	21.0	21.1	17.7	17.4	15.7	32.1	27.9	26.9	38.0	31.6	33.3	36.1
	金融机构外币贷款余额（亿美元）	237.6	247.0	266.2	268.7	263.9	280.6	268.0	271.3	286.2	293.8	299.3	310.9
	金融机构外币贷款同比增长（%）	89.8	101.5	111.8	106.4	84.1	74.9	54.8	44.2	41.4	35.9	31.4	37.0

数据来源：中国人民银行南京分行。

表2 2001～2010年江苏省各类价格指数

单位：%

年/月	居民消费价格指数		农业生产资料价格指数		原材料购进价格指数		工业品出厂价格指数		南京市房屋销售价格指数	南京市房屋租赁价格指数	南京市土地交易价格指数
	当月同比	累计同比	当月同比	累计同比	当月同比	累计同比	当月同比	累计同比	当季(年)同比	当季(年)同比	当季(年)同比
2001	—	0.8	—	-3.2	—	-0.5	—	-0.9	0.5	4.7	2.7
2002	—	-0.8	—	-0.7	—	-1.4	—	-2.4	3.0	0.6	3.9
2003	—	1.0	—	1.9	—	6.5	—	2.3	9.8	4.4	4.7
2004	—	4.1	—	12.3	—	16.3	—	6.5	15.3	5.0	3.0
2005	—	2.1	—	6.9	—	7.6	—	2.6	8.1	0.0	2.8
2006	—	1.6	—	1.7	—	6.4	—	1.5	4.3	0.4	3.0
2007	—	4.3	—	6.9	—	5.0	—	2.6	6.6	1.8	3.9
2008	—	5.4	—	17.3	—	15.0	—	4.6	2.8	2.1	3.6
2009	—	-0.4	—	-2.4	—	-8.1	—	-4.8	8.3	1.0	5.6
2010	—	3.8	—	4.2	—	12.8	—	7.3	1.2	3.6	1.9
2009 1	1.4	1.4	4.0	4.0	-6.4	-6.4	-4.9	-4.9	—	—	—
2	-0.5	0.4	3.0	3.5	-8.4	-7.4	-5.3	-5.1	—	—	—
3	-0.4	0.2	1.2	2.7	-9.5	-8.1	-6.9	-5.7	-3.5	0.5	0.4
4	-1.1	-0.2	-1.6	1.6	-10.3	-8.6	-6.4	-5.9	—	—	—
5	-1.2	-0.4	-3.2	0.6	-10.3	-9.0	-6.1	-5.9	—	—	—
6	-1.7	-0.6	-5.7	-0.5	-12.0	-9.5	-7.0	-6.1	-2.7	0.8	0.2
7	-2.0	-0.8	-7.0	-1.5	-11.7	-9.8	-6.9	-6.2	—	—	—
8	-1.2	-0.8	-7.3	-2.2	-11.4	-10.0	-5.7	-6.1	—	—	—
9	-0.7	-0.8	-6.1	-2.6	-9.9	-10.0	-5.4	-6.1	1.7	0.8	4.0
10	-0.4	-0.8	-3.8	-2.8	-8.4	-9.8	-3.8	-5.8	—	—	—
11	0.6	-0.7	-1.4	-2.6	-3.1	-9.2	-1.8	-5.5	—	—	—
12	2.1	-0.4	0.3	-2.4	4.4	-8.1	2.7	-4.8	8.3	1.0	5.6
2010 1	1.7	1.7	1.5	1.5	12.0	12.0	4.3	4.3	10.4	—	—
2	2.4	2.1	1.1	1.3	15.1	13.6	4.8	4.5	10.7	—	—
3	2.4	2.2	1.2	1.2	15.4	14.2	7.7	5.6	11.7	0.6	6.5
4	3.2	2.4	1.0	1.2	15.9	14.6	8.0	6.2	12.3	—	—
5	3.7	2.7	2.9	1.5	16.8	15.0	9.1	6.8	11.2	—	—
6	3.5	2.8	2.9	1.8	14.3	14.9	8.6	7.1	9.2	3.6	6.8
7	4.1	3.0	4.4	2.1	10.0	14.2	7.5	7.1	7.0	—	—
8	3.9	3.1	5.2	2.5	9.6	13.6	6.1	7.0	5.7	—	—
9	4.6	3.3	5.6	2.9	9.3	13.1	6.9	7.0	5.1	3.4	3.0
10	5.2	3.5	7.1	3.3	10.6	12.9	7.5	7.0	3.8	—	—
11	6.1	3.7	9.2	3.8	12.7	12.9	8.9	7.2	2.4	—	—
12	5.0	3.8	8.4	4.2	12.1	12.8	8.8	7.3	1.2	3.6	1.9

数据来源：《中国经济景气月报》。

表3 2010年江苏省主要经济指标

	1月	2月	3月	4月	5月	6月	7月	8月	9月	10月	11月	12月
绝对值（自年初累计）												
地区生产总值(亿元)	—	—	8 203.5	—	—	19 114.1	—	—	29 351.5	—	—	40 903.3
第一产业	—	—	325.9	—	—	—	—	—	1 282.3	—	—	2 539.6
第二产业	—	—	4 844.8	—	—	—	—	—	16 563.8	—	—	21 753.9
第三产业	—	—	3 032.9	—	—	—	—	—	11 505.5	—	—	16 609.8
工业增加值(亿元)	1 567.1	2 892.9	4 644.8	6 419.7	8 213.8	10 099.9	11 828.9	13 582.8	15 441.0	17 295.2	19 237.3	21 223.8
城镇固定资产投资(亿元)	—	1 855.5	3 408.0	4 582.7	5 895.7	7 290.6	9 077.8	10 436.9	11 989.3	13 630.5	15 337.2	17 418.9
房地产开发投资	—	456.6	818.0	1 153.0	1 488.5	1 866.4	2 232.2	2 581.5	2 957.9	3 349.7	3 721.9	4 301.9
社会消费品零售总额(亿元)	1 132.7	2 308.4	3 310.0	4 332.2	5 450.3	6 483.2	7 532.0	8 586.7	9 735.2	10 967.6	12 161.1	13 482.3
外贸进出口总额(亿美元)	325.8	616.6	991.0	1 359.2	1 742.9	2 146.0	2 558.0	2 957.2	3 383.2	3 785.6	4 214.8	4 657.9
进口	137.1	258.7	429.7	593.5	755.9	921.2	1 085.3	1 255.8	1 434.0	1 587.9	1 763.4	1 952.4
出口	188.6	357.9	561.3	765.7	987.1	1 224.8	1 472.7	1 707.4	1 949.1	2 192.7	2 451.5	2 705.5
进出口差额(出口–进口)	51.5	99.2	131.6	172.3	231.2	303.5	387.4	451.6	515.1	604.8	688.1	753.1
外商实际直接投资(万美元)	262 900.0	518 300.0	731 100.0	974 000.0	1 181 900.0	1 521 200.0	1 718 100.0	191 300.0	2 169 400.0	2 410 600.0	2 647 200.0	2 849 800.0
地方财政收支差额(亿元)	214.8	182.0	174.9	280.9	311.4	218.9	287.6	234.3	93.0	186.0	39.9	-763.9
地方财政收入	424.5	682.0	987.9	1 352.9	1 663.9	2 011.6	2 376.8	2 612.6	2 883.7	3 266.0	3 537.5	4 079.9
地方财政支出	209.6	500.0	813.0	1 072.0	1 352.5	1 792.7	2 089.2	2 378.3	2 790.7	3 080.0	3 497.6	4 843.8
城镇登记失业率(%)（季度）	—	—		—	—	3.2	—	—		—	—	3.2
同比累计增长率（%）												
地区生产总值	—	—	15.4	—	—	14.5	—	—	13.0	—	—	12.6
第一产业	—	—	3.8	—	—	—	—	—	3.9	—	—	4.3
第二产业	—	—	17.9	—	—	—	—	—	13.6	—	—	13.0
第三产业	—	—	12.7	—	—	—	—	—	13.2	—	—	13.1
工业增加值	32.5	22.9	21.2	20.4	19.1	18.3	16.3	16.4	16.3	16.2	16.1	16.0
城镇固定资产投资	—	25.2	24.7	22.9	23.1	23.0	22.9	22.7	22.6	22.3	22.1	22.1
房地产开发投资	—	21.6	24.1	28.7	29.6	29.0	28.9	28.7	28.7	29.4	29.0	28.9
社会消费品零售总额	14.4	18.0	18.2	18.4	18.4	18.4	18.2	18.3	18.4	18.5	18.6	18.7
外贸进出口总额	53.4	54.2	51.9	49.3	50.0	49.1	46.4	44.8	41.7	39.4	38.8	37.5
进口	102.9	70.3	68.6	62.9	60.8	56.0	50.4	48.9	44.8	42.1	41.3	39.9
出口	30.3	44.4	41.2	40.2	42.7	44.4	43.5	41.9	39.6	37.5	37.0	35.8
外商实际直接投资	17.5	20.8	10.6	10.6	9.9	16.5	10.3	10.3	13.3	16.3	18.2	12.5
地方财政收入	27.7	29.6	32.6	30.8	28.0	26.4	26.6	26.3	25.1	24.8	25.0	26.4
地方财政支出	-8.3	26.3	28.5	22.2	19.1	21.2	20.8	22.5	21.4	21.0	21.5	18.6

数据来源：江苏省统计局。

2010年浙江省金融运行报告

中国人民银行杭州中心支行货币政策分析小组

[内容摘要] 2010年，浙江省深入贯彻落实科学发展观，坚持“调结构、促转型、谋发展，抓统筹、惠民生、保稳定”，经济回升向好势头继续巩固，转型升级步伐有所加快，内生动力和活力持续增强，民生进一步改善。全省生产总值同比增长11.8%，居民消费价格上涨3.8%。

浙江金融业切实按照宏观调控要求，认真贯彻落实适度宽松的货币政策，金融运行总体平稳，金融市场创新活跃，融资结构明显改善。金融改革深入推进，金融服务地方经济发展能力持续增强，“金融大省”地位进一步稳固。2010年全省本外币存贷款分别同比增长20.8%和19.7%，直接融资比例为12.4%。

浙江正处于加快转型升级的关键时期。2011年，虽然面临诸多挑战和不确定性，但发展环境总体向好，浙江经济有望保持平稳增长态势，结构调整和转型升级加快。在稳健的货币政策背景下，全省社会融资规模及信贷将保持平稳运行，结构继续优化，直接融资加速发展，浙江金融产业进一步做优做强。

一、金融运行情况

2010年，浙江省金融业健康发展，金融运行总体平稳，金融市场创新活跃，融资结构明显改善。金融服务地方经济发展能力持续增强，“金融大省”地位进一步稳固。

（一）银行业发展势头良好，经营效益和质量同步提升

浙江省银行业切实按照宏观调控要求，认真贯彻落实适度宽松的货币政策，积极支持经济回升向好，改革发展各项工作有效推进。

1. 银行业健康发展，经营效益持续提升。2010年，浙江省银行业金融机构资产总额同比增长19.5%（见表1），其中，地方法人金融机构、农村新型机构和外资银行增长较快。盈利水平和资产质量稳步提升，2010年，全行业资产利润率为2.4%，同比提高0.1个百分点，年末不良贷款率为0.95%，同比下降0.3个百分点，均接近国际先进银行水平。全省银行业金融机构整体拨备覆盖率为184.8%，法人金融机构拨备覆盖率和资本充足率也明显提高。

表1　2010年浙江省银行业金融机构情况

机构类别	营业网点[①]			法人机构（个）
	机构个数（个）	从业人数（人）	资产总额（亿元）	
一、大型商业银行[②]	3 694	89 387	29 572.8	0
二、国家开发银行及政策性银行[③]	57	1 911	2 616.6	0
三、股份制商业银行[④]	669	25 250	13 092.4	1
四、城市商业银行	555	21 455	7 678.4	11
五、城市信用社	8	242	22.5	1
六、农村合作机构[⑤]	4 017	43 682	9 244.9	82
七、财务公司	3	114	206.7	3
八、邮政储蓄银行	1 604	13 125	1 515.7	0
九、外资银行	22	827	249.3	2
十、农村新型机构[⑥]	27	880	166.6	27
合　计	10 656	196 873	64 365.8	127

注：①不包括国家开发银行和政策性银行、大型商业银行、股份制银行等金融机构总部数据。
②包括中国工商银行、中国农业银行、中国银行、中国建设银行和交通银行。
③包括国家开发银行、中国农业发展银行和中国进出口银行。
④包括中信银行、中国光大银行、华夏银行、广东发展银行、深圳发展银行、招商银行、上海浦东发展银行、兴业银行、中国民生银行、恒丰银行、浙商银行和渤海银行。
⑤包括农村信用社、农村合作银行和农村商业银行。
⑥包括村镇银行、贷款公司和农村资金互助社。
数据来源：中国人民银行杭州中心支行、浙江银监局。

2．存款平稳增长，结构差异显现。2010年年末，浙江省本外币各项存款增长20.8%，增速同比降低6.6个百分点（见图1）。企业存款增速大幅放缓，且定期存款比例提高。受居民投资消费趋于活跃、储蓄市场竞争激烈等影响，全省储蓄存款波动加剧且呈活期化趋势，同时，储蓄分流形势依然明显，全省储蓄存款增幅同比下降6.7个百分点。

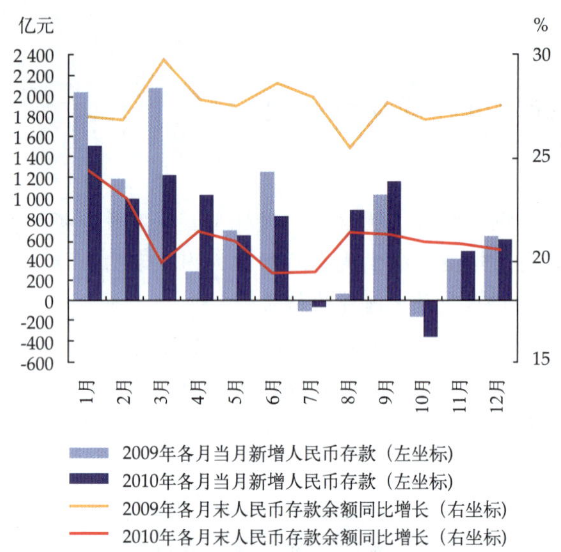

数据来源：中国人民银行杭州中心支行。

图1 2010年浙江省金融机构人民币存款增长变化

3. 贷款增长合理适度，节奏较为均衡。2010年，全省信贷增长逐步回归常态，本外币各项贷款比年初新增7 714.1亿元，同比少增1 882.9亿元，增速比上年降低12.8个百分点。从节奏看，总体较为均衡，第一至第四季度各项贷款增量占比分别为38%、25%、20%和17%（见图2、图3）。外贸融资需求稳中趋升，推动外币贷款同比增长38.8%，进出口贸易融资在外币贷款增量中居主体。

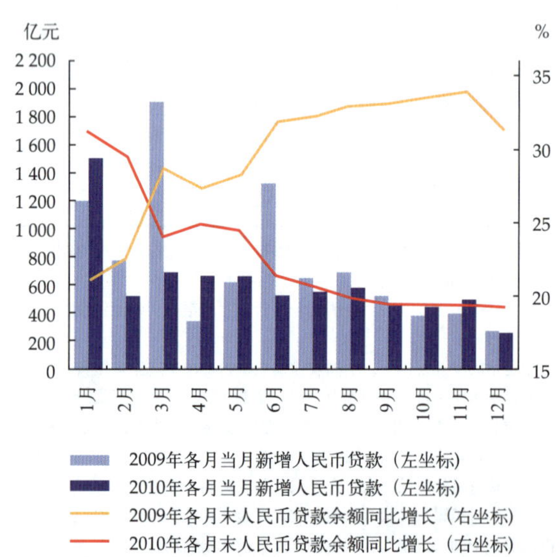

数据来源：中国人民银行杭州中心支行。

图2 2010年浙江省金融机构人民币贷款增长变化

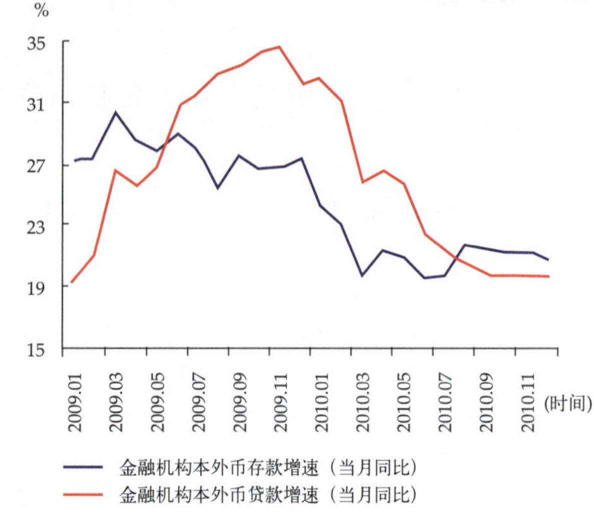

数据来源：中国人民银行杭州中心支行。

图3 2009～2010年浙江省金融机构本外币存、贷款增速变化

信贷结构持续优化，体现“有扶有控”。一是积极支持经济转型，全省“十一大”转型升级产业贷款占各项贷款增量的比重提高1.6个百分点。二是“支农支小”力度加大，中小企业贷款和涉农贷款增速分别比全部贷款增速高2.7个和6.7个百分点。三是房地产、基础设施和产能落后行业贷款合理控制，投向制造业、批发和零售业等实体经济的贷款占比提高。四是期限结构更趋合理，中长期贷款增量占比较上年下降，短期贷款增量占比提高10.6个百分点。五是抵质押方式创新积极推进，林权抵押贷款、农房抵押贷款、知识产权质押贷款快速增长，排污权和海域使用权贷款取得突破。

4. 现金收支增长显著。2010年，全省金融机构现金支出和现金收入分别同比增长14.5%和14.3%，现金收支规模首次冲破20万亿元。全年现金收支净支出852.5亿元，同比增幅达43.8%（见表2）。现金收支季节性特征依然显著。

5. 贷款利率低位上行。随着存贷款基准利率调

表2 2010年浙江省金融机构现金收支情况表

单位：亿元、%

	年累计额	同比增速
现金收入	102 987.7	14.3
现金支出	103 840.2	14.5
现金净支出	852.5	43.8

数据来源：中国人民银行杭州中心支行。

整和金融机构议价能力提高，贷款利率重拾升势。2010年，全省一般性贷款加权平均利率为6.32%，同比上升40个基点，利率上浮贷款占比为59.7%，同比上升8.7个百分点（见表3）。全省个人住房贷款利率同比上升64个基点。在市场资金价格总体走高的背景下，金融机构同业存款利率稳步攀升，美元存款利率保持稳定。

2010年，全省72家新设机构及小额贷款公司纳入利率监测系统，民间借贷监测点扩展至担保公司、典当行、寄卖行等中介机构，全省新设立民间借贷监测点257家，监测户数增至近6 000个。

表3　2010年浙江省金融机构各利率浮动区间贷款占比表

单位：%

		合计	国有商业银行	股份制商业银行	区域性商业银行	城乡信用社
合计		100.0	100.0	100.0	100.0	100.0
[0.9～1.0)		10.9	17.9	10.1	7.4	0.8
1.0		30.2	49.1	28.0	12.0	7.4
上浮水平	小计	58.9	33.0	61.9	80.6	91.8
	(1.0～1.1]	24.2	24.2	38.1	18.3	7.9
	(1.1～1.3]	19.5	8.3	21.2	35.0	30.6
	(1.3～1.5]	8.7	0.4	2.4	13.1	30.2
	(1.5～2.0]	5.3	0.1	0.2	13.1	18.1
	2.0以上	1.2	0.0	0.0	1.1	5.0

数据来源：中国人民银行杭州中心支行。

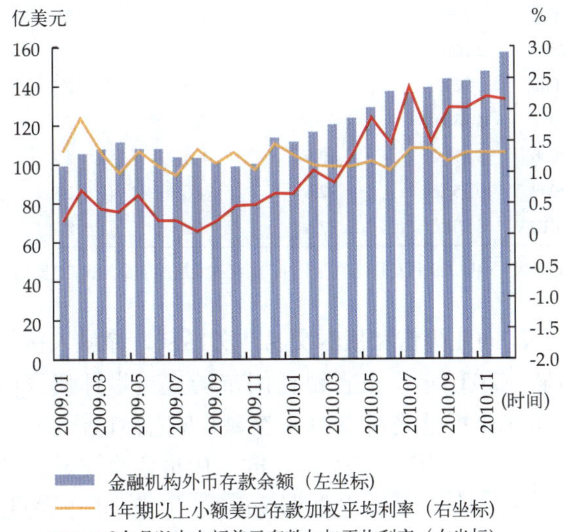

数据来源：中国人民银行杭州中心支行。

图4　2009～2010年浙江省金融机构外币存款余额及外币存款利率

6. 银行业改革持续深化，农村金融改革扎实推进。中国工商银行、中国银行、中国建设银行在浙江分支机构改革工作继续推进，经营业绩稳步提高，中国农业银行已基本完成浙江省“三农事业分部”的组织架构搭建。城市商业银行等地方法人金融机构改革深化，完成阶段性增资扩股，跨区域经营发展有所加快。农村合作金融机构股份制改革进展加快，系统综合效益和资产质量全国第一。2010年年末全省小额贷款公司134家、村镇银行21家、农村资金互助社5家、贷款公司1家，并提前实现全省159家金融机构空白乡镇金融网点与服务全覆盖。外资银行分支机构稳步发展，2010年年末外资银行杭州分行为9家。

7. 跨境贸易人民币结算试点业务进展顺利。2010年浙江省正式启动跨境贸易人民币结算试点，6 709家企业成为浙江省跨境贸易人民币结算首批出口试点企业，2010年年末全省11个地市全部开办试点业务。全年浙江省24家银行共为428家企业办理跨境人民币结算业务1 381笔，结算金额为123.3亿元。

（二）证券期货业快速发展，股票市场融资活跃

2010年，浙江证券业保持较好发展势头，市场规模持续扩大，证券期货机构经营状况良好，企业上市和再融资活跃。

1. 证券期货业发展居全国前列。2010年年末，全省有法人证券公司3家，证券营业部358家，证券投资咨询机构4家，证券经营机构家数位居全国第三。全年证券市场交易规模为12.4万亿元（见表4）。各法人证券公司业务发展迈向多元化，新业务收入比重增加。期货业稳健运行，综合实力和盈利能力继续保持领先，2010年年末期货营业部102家，全年代理交易金额为43.5万亿元，同比增长97.9%。

2. 股票市场融资活跃，上市公司质量提升。2010年年末，全省境内上市公司186家，全年新增创业板和中小板上市公司42家，新增家数位居全国第二，当年IPO融资额为572.2亿元，增发融资额为140.4亿元。上市公司质量稳步提升，盈利能力总体恢复到金融危机前水平，基本建立起规范运作的信息披露和公司治理机制，具备了向更高层次发展的坚实基础。

表4　2010年浙江省证券业基本情况表

项目	数量
总部设在辖内的证券公司数（家）	3
总部设在辖内的基金公司数（家）	1
总部设在辖内的期货公司数（家）	13
年末国内上市公司数（家）	186
当年国内股票（A股）筹资（亿元）	712.6
当年发行H股筹资（亿元）	0
当年国内债券筹资（亿元）	374.8
其中：短期融资券筹资额（亿元）	219.2

数据来源：中国人民银行杭州中心支行、浙江证监局。

（三）各项保险业务发展较快，行业实力显著增强

2010年，浙江保险业发展较快，市场体系不断完善，服务领域不断拓宽，保险功能日益发挥。

1. 保险市场体系日益完善。2010年，浙江省新增保险市场主体5家，利宝保险有限公司浙江省分公司获准开业，填补了外资财产保险公司的空缺。保险机构发展较快，2010年年末，全省各类保险机构3 085家，保险兼业代理机构7 882家，行业从业人员14.6万人，确立总分机构、中介机构、行业社团共同繁荣发展的市场格局（见表5），全省保险公司资产规模同比增长21.9%。

2. 各项保险业务发展较快。2010年，全省原保险保费收入同比增长29.3%，其中，财产险收入同比增长30.9%，人身险保费收入同比增长25.6%。保险业对国民经济的渗透率和融合度不断提高，保险深度同比提高0.3个百分点，保险密度同比提高358.8元（见表5）。全省赔付支出同比持平，结构出现分化，财产险赔付支出增长11.2%，人身险赔付支出则下降21.6%。政策性农业保险和农房保险续保工作稳步发展，全省参保率分别为86.1%和98.6%。

表5　2010年浙江省保险业基本情况表

项目	数量
总部设在辖内的保险公司数（家）	2
其中：财产险经营主体（家）	1
寿险经营主体（家）	1
保险公司分支机构（家）	61
其中：财产险公司分支机构（家）	28
寿险公司分支机构（家）	33
保费收入（中外资，亿元）	834.4
其中：财产险保费收入（中外资，亿元）	334.5
人身险保费收入（中外资，亿元）	499.9
各类赔款给付（中外资，亿元）	216.1
保险密度（元/人）	1 612.3
保险深度（%）	3.1

数据来源：浙江保监局。

（四）金融市场创新活跃，融资结构趋向多元化

2010年，浙江省金融市场快速发展，各子市场交易活跃，产品创新持续推进。

1. 直接融资比例大幅提高，融资结构显著改善。2010年，全省非金融部门融资稳步增加，融资量为8 801.5亿元，同比少增1 556亿元。从融资结构看，企业以贷款、债券、股票三种方式融入资金总额的占比分别为87.6：4.3：8.1，贷款融资占比较上年下降。股票融资占比明显上升，带动直接融资比例大幅提高5个百分点（见表6）。

表6　2001～2010年浙江省非金融机构融资结构表

单位：亿元、%

年份	融资量	比重		
		贷款	债券（含可转债）	股票
2001	1 103.5	96.5	0.0	3.5
2002	2 162.1	99.0	0.0	1.0
2003	3 681.1	98.6	0.3	1.1
2004	2 509.1	97.1	0.6	2.3
2005	2 209.9	96.9	2.9	0.2
2006	3 962.5	95.2	2.3	2.5
2007	4 783.0	87.5	3.7	8.8
2008	5 211.0	90.9	4.4	4.7
2009	10 357.5	92.6	4.6	2.8
2010	8 801.5	87.6	4.3	8.1

数据来源：中国人民银行杭州中心支行、浙江省发展改革委、浙江证监局。

2. 同业拆借和债券交易业务活跃，净融入格局明显。2010年，全省银行间市场成员累计债券回购和同业拆借交易量分别突破5万亿和1万亿元，净融入资金为1.6万亿元。市场成员债券交易量明显扩大，全年现券交易额为6.9万亿元，同比增长87.3%。受股市、债市密集发行、通货膨胀预期等因素的综合影响，市场成员融资成本波动上行。

3. 票据融资余额持续减少，利率走高。2010年，全省票据业务交易总体活跃，累计签发银行承

兑汇票2万亿元，累计贴现票据1.4万亿元。受信贷资产结构调整、票据到期等因素影响，票据融资规模持续回落，2010年全省票据贴现余额净减少546.0亿元（见表7）。

货币市场利率上行及金融机构信贷资产结构调整行为，推动票据利率持续上升。全年银行票据直贴利率和买断式转贴利率分别为4.02%和3.10%，同比分别上升187个基点和117个基点（见表8）。

表7　2010年浙江省金融机构票据业务量统计表

单位：亿元

季度	银行承兑汇票承兑		贴现			
			银行承兑汇票		商业承兑汇票	
	余额	累计发生额	余额	累计发生额	余额	累计发生额
1	8 742.6	5 071.3	732.0	2 454.8	127.3	933.3
2	9 306.9	9 840.1	657.7	4 577.4	124.0	1 986.0
3	9 735.3	15 347.3	538.9	6 794.9	106.4	3 271.5
4	9 743.1	20 242.5	479.0	9 147.7	128.3	4 712.8

数据来源：中国人民银行杭州中心支行。

表8　2010年浙江省金融机构票据贴现、转贴现利率表

单位：%

季度	贴现		转贴现	
	银行承兑汇票	商业承兑汇票	票据买断	票据回购
1	3.63	4.31	2.62	2.68
2	3.87	4.33	2.96	2.98
3	4.20	4.56	3.41	3.39
4	5.43	5.27	4.12	4.54

数据来源：中国人民银行杭州中心支行。

4. 商业银行黄金及外汇业务快速发展。2010年，全省商业银行黄金业务交易量为22.2万公斤，其中，个人账户金占全部交易量的63%。全省市场成员在银行间即期外汇市场的交易量与上年基本持平，并呈净卖出态势。

数据来源：中国人民银行杭州中心支行。

图5　2005～2010年浙江省民间借贷量价监测

5. 民间借贷量价齐升。2010年浙江省民间借贷趋于活跃，监测点发生额同比增长50%。全省民间借贷加权平均利率为17.96%，同比上升295个基点，从走势看，上半年较为平稳，下半年特别是第四季度利率上行较快(见图5)。

6. 金融市场创新亮点纷呈。一是金融机构债券发行品种继续丰富，华融金融租赁公司发行10亿元金融债券。二是各类企业债务融资工具发展迅速，2010年债券融资总额为374.8亿元，并实现浙江省中小企业集合票据、民营企业发行中期票据和企业债券的突破。三是票据电子化深入推进，全年电子商业汇票业务发生额为379.3亿元。四是衍生产品市场稳步发展，利率互换、外汇掉期交易日趋活跃，创新开展个人本外币兑换特许业务试点和个体工商户远期结售汇业务。

专栏1　积极推动直接融资发展创新，有效改善浙江省社会融资总量结构

扩大直接融资规模，强化市场配置资源功能，是我国金融改革一贯坚持的方向。"十一五"期间，浙江充分利用市场工具拓展融资渠道，金融市场在助推企业融资和改善资源配置方面的作用日益增强。

一是直接融资比例明显提高。随着债券市场和股票市场的发展，居于主导地位的贷款融资占比逐步下降，2010年，浙江省非金融部门直接融资比例为12.4%，较2005年提高9.3个百分点。截至2010年年末，全省已有境内上市公司186家，居全国第二，境内上市公司累计融资1 820.2亿元，比2005年年底增长近4倍。资本市

场作为浙江企业融资的重要渠道，作用显著。

二是企业债务融资工具实现跨越式发展。浙江企业的直接债务融资工具从原有的企业债“一统天下”发展到公司债券、短期融资券、中期票据、超短期融资券和集合票据等多个品种，发债规模实现快速扩容，“十一五”期间浙江企业累计发行1 346亿元债券，债券融资在全部融资中的比例从2005年前的不足1%提高到2010年的4.3%，债券融资与股票融资结构逐步改善。

三是中小企业和民营企业直接融资渠道拓宽。2010年年末，全省已有中小板上市公司91家，占全国中小板上市公司总数的17.1%，创业板上市公司16家，占全国的10.5%。中小企业债券发行取得突破，全省有11家中小企业发行2单集合票据，融资8.1亿元，并在全国率先试点发行中小企业短期融资券。

四是金融机构债券创新不断涌现。浙商银行试点发行全国首只6.6亿元中小企业信贷资产证券，杭州联合银行成为全国第一家发行次级债券的农村合作金融机构，华融金融租赁公司成为全国首家发行普通金融债券的金融租赁公司。

虽然“十一五”期间浙江省金融市场发展取得突出成绩，但仍存在直接融资比重偏低、产品创新力度不够、信用增级和风险分担制度不健全等问题。下一阶段，浙江省将积极支持金融市场业务发展，扩大直接融资渠道，改善社会融资结构：一是加大宣传推广，完善承销、评级和风险控制体系，支持浙江优质企业发行短期融资券、中期票据和超短期融资券；二是探索解决中小企业发债的信用瓶颈，建立多元化信用增级体系，推动组建市场认可的专业化信用增级机构；三是加大政府资金支持，尝试通过专项基金、贴息和风险补偿等方式降低融资成本；四是推动产品创新，积极参与资产证券化、高收益债券、非公开发行债券等试点，形成浙江中小企业直接融资产品创新的集聚效应。

（五）信用体系建设成效突出，金融生态继续优化

2010年，浙江省全面推进中小企业和农村信用体系建设，加强金融管理部门与地方政府的协调配合，规范引导民间融资，推动浙江金融生态环境持续改善。

征信系统建设成效显著。系统覆盖面继续扩大，服务对象日益广泛，全省已开通查询用户5.1万个，系统日均查询量达11.5万多次，成为金融机构风险管理的重要基础设施，并为司法、财政、金融监管等部门提供信用信息支持。中小企业和农村信用体系建设实质性推进，全省已为16.2万户尚未与银行发生信贷关系的中小企业建立信用档案。以“政府支持、人行主导、多方参与、共同受益”为特点的“丽水模式”，有力地改善了农村金融生态，成为全国推进农村信用体系建设的借鉴模式之一。

二、经济运行情况

2010年，浙江经济保持平稳增长，继续朝着宏观调控的预期方向发展，转型升级步伐有所加快，内生动力和活力持续增强，民生进一步改善，节能降耗取得成效。全年实现地区生产总值为27 226.8亿元，增长11.8%，与“十一五”期间年均增长率持平，人均地区生产总值为7 690美元（见图6），“十一五”规划主要目标任务顺利完成。

（一）三大需求协同拉动，结构调整成效明显

内需对经济增长的拉动力增强，经济增长逐步向消费、投资、出口协调拉动转变。

1. 投资增长平稳，结构不断优化。2010年，浙江省积极推动大平台、大产业、大项目、大企业建设，高铁等重点项目实现跨越，全社会固定资产投资同比增长16.3%（见图7）。投资结构有所优化。

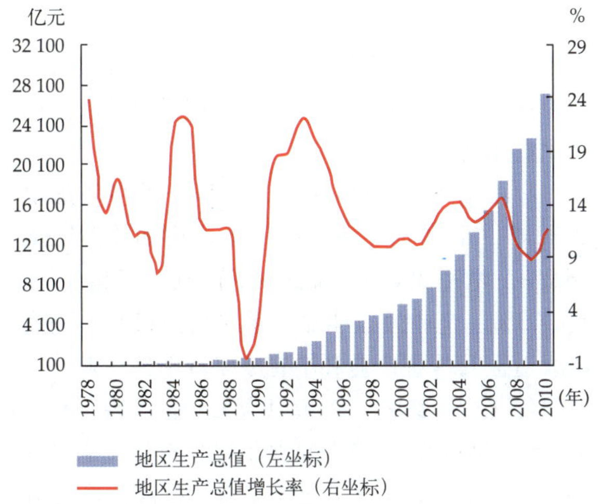

数据来源：浙江省统计局。

图6　1978～2010年浙江省地区生产总值及其增长率

制造业投资稳步增长，装备制造业中的金属制品业、电器机械及器材制造业等保持快速增长，纺织业、医药制品业等传统优势行业通过加大技改力度实现较快增长，“两高一剩”行业投资得到有效遏制。基础设施投资增速比上年回落15.2个百分点。全省非国有投资增速高出国有投资13.2个百分点，保持良好增长态势。

2. 居民收入稳定增长，消费热点突出。2010年，全省城镇居民人均可支配收入达到27 359元，连续十年位居全国第一，城镇低收入家庭人均收入首次超万元。农村居民人均纯收入为11 303元，连续二十六年位居全国第一。农村居民收入增速比城镇高1.6个百分点，城乡收入差距逐步缩小。

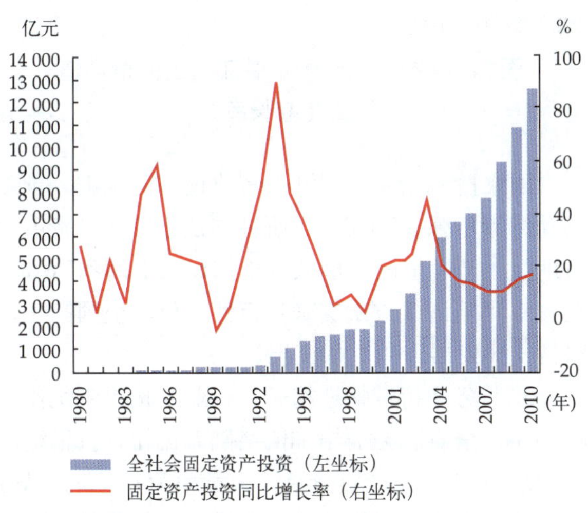

数据来源：浙江省统计局。

图7　1980～2010年浙江省固定资产投资及其增长率

随着居民收入持续增加、社保体系逐步改善，以及“扩内需、促消费”政策的稳步实施，消费市场保持良好发展势头，2010年，全省社会消费品零售额实际增长14.5%（见图8）。消费结构升级，从生活必需品阶段逐步向发展和享受型消费阶段发展，衣着、家具、文化娱乐等消费需求增加。汽车消费成为亮点，拉动社会消费品零售额增长5.7个百分点。

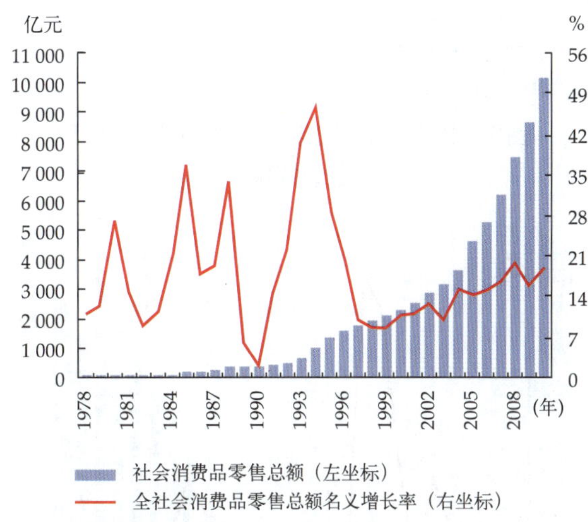

数据来源：浙江省统计局。

图8　1978～2010年浙江省社会消费品零售总额及其增长率

3. 出口规模创历史新高，“引进来”和“走出去”同步推进。2010年，全省进出口总额同比增长35%，全年总体呈前高后稳的走势。出口额增速比上年加快49.5个百分点，月均出口150.4亿美元，超过危机前的水平。主要出口市场全面恢复，东盟成为第三大出口市场。受经济回暖、需求拉动的影响，全年进口同比增长33.4%，比上年加快37.1个百分点（见图9）。

实际利用外资增速明显回升。2010年，全省新批外商直接投资项目1 944个，实际到位外资110亿美元，增速比上年提高12个百分点，实际使用外资额及大项目投资占比均创历史新高（见图10），服务业利用外资比重稳步提高。企业“走出去”步伐加快，全年核准境外企业和机构630家，实际对外直接投资为26.2亿美元，位居全国第一。

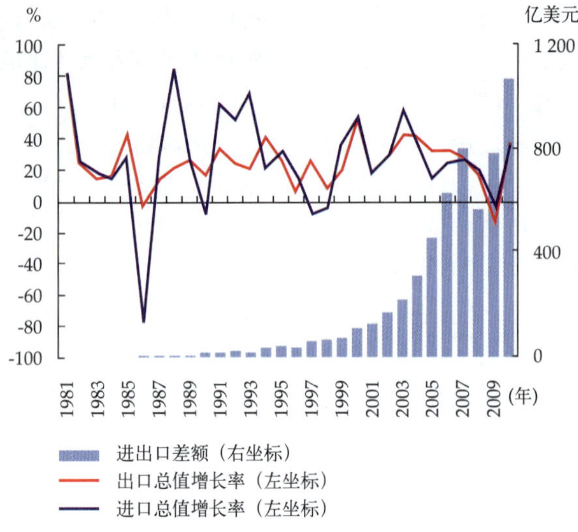

数据来源：浙江省统计局。

图9　1981～2010年浙江省外贸进出口变动情况

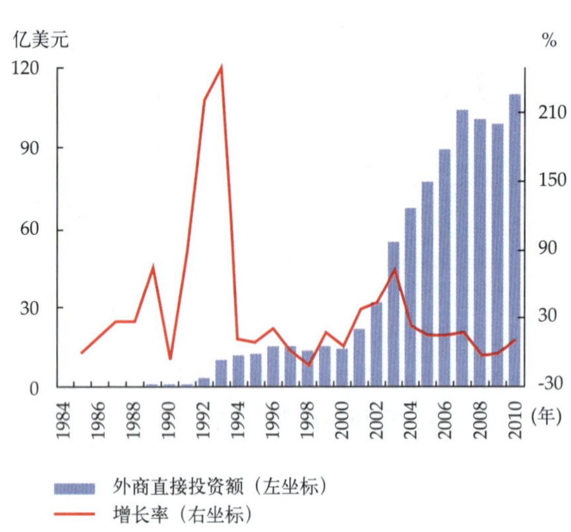

数据来源：浙江省统计局。

图10　1984～2010年浙江省外商直接投资情况

（二）三次产业稳步增长，转型升级步伐加快

2010年，浙江省着力调整产业结构，有效拓展发展空间，三次产业比例为5.0：51.9：43.1，第二、第三产业协同带动经济增长。

1. 农业生产基本稳定，强农惠农力度加大。全省深入实施“科技兴农”战略，积极培育现代农业经营主体，2010年农林牧渔业总产值同比增长2.9%，粮食播种面积和总产量总体稳定。

农业生产结构继续优化升级。产业化经营组织快速发展，机械化和生态化水平稳步提升。全年落实粮食生产功能区建设任务119万亩，落实省级现代农业园区创建点98个，进一步促进传统农业向现代化农业转型。

2. 工业经济稳步回升，转型升级步伐加快。2010年，全省实现规模以上工业增加值同比增长16.2%，增速比上年提高10个百分点。利润同比增长47.3%，企业效益明显改善（见图11）。全省坚持改造提升传统产业和培育战略性新兴产业并举，调整优化产业结构。规模以上工业企业装备制造业增加值和高新技术产业增加值同比分别增长22%和18.5%，占规模以上工业比重持续提高。产品升级换代速度加快，新产品对规模以上工业增加值增长贡献率为25.1%。

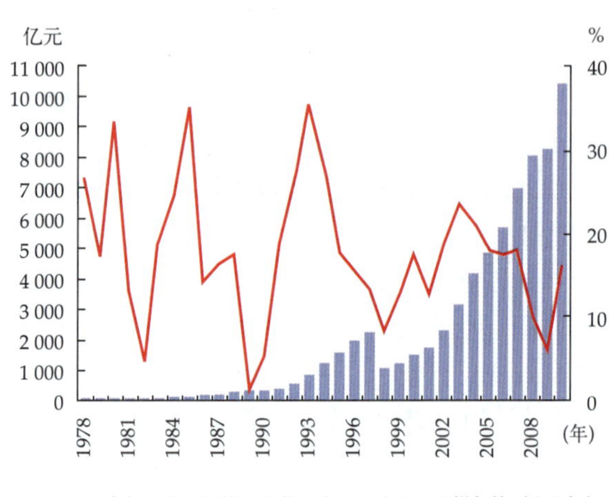

数据来源：浙江省统计局。

图11　1978～2010年浙江省工业增加值及其增长率

国家技术创新工程试点省建设全面推进，创新驱动持续增强。2010年，研究与试验发展经费占全省地区生产总值的比例从上年的1.7%提高到1.8%，全省专利申请量首次突破10万件，位居全国第三，科技支撑发展作用更加突出。

3. 服务业持续快速增长，行业结构逐步优化。2010年，全省服务业增加值突破万亿元，贡献地区生产总值增长5.2个百分点，贡献率为43.7%。以金融业为代表的新兴服务业发展迅速，占服务业的比重不断提高，信息传输和计算机、租赁和商务、批发等生产性服务业保持快速增长。海洋经济、临港产业和港航强省建设取得新成效，被列为国家海洋经济发展试点省，宁波—舟山港货物吞吐量为6.3亿吨，连续两年居全国首位。

（三）物价上涨压力较大，工资水平持续提高

2010年，浙江省物价总体延续回升态势，尤其是下半年以来价格上涨压力明显增大，主要物价指标持续高企（见图12）。

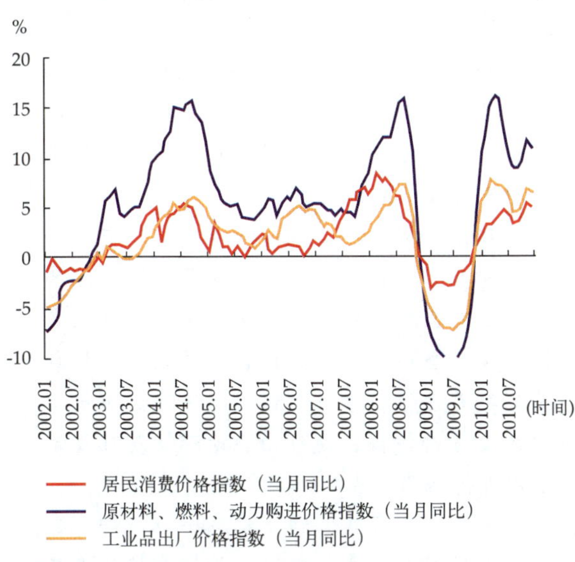

数据来源：浙江省统计局。

图12　2002～2010年浙江省居民消费价格和生产者价格变动趋势

1. 居民消费价格高位运行，环比持续上涨。2010年，全省居民消费价格同比上涨3.8%，从走势看，7～12月，连续6个月出现环比上涨，其中，11月同比涨幅创2008年8月以来的新高。分类看，食品、居住、医疗保健、烟酒、交通和通信、娱乐教育文化、家庭设备七大类价格上涨，衣着类价格有所下降。

2. 工业品价格上涨明显，进出涨幅差加大。2010年，全省工业品出厂价格和原材料购进价格分别上涨6.2%和12%，进出涨幅差为5.8个百分点，而上年为原材料购进价格指数低于出厂价格2.3个百分点。分月看，1～5月工业品出厂价格处于高位，6～9月逐月回落，10～12月反弹。

3. 劳动力报酬继续上升。2010年，浙江省全社会单位在岗职工年平均工资为30 650元，同比增长11.5%。为保障劳动者基本生活和合法权益，将全省最低月工资标准调整为1 100元、980元、900元、800元四档，增幅最高达到15.9%。

（四）财政收入较快增长，民生支出充分保障

2010年，全省地方财政一般预算收入为2 608.5亿元，同比增长21.7%，增速比上年提高10.9个百分点。营业税、企业所得税和个人所得税增长较快，同比分别增长23.1%、26.8%和21.7%，增值税增长有所加快（见图13）。

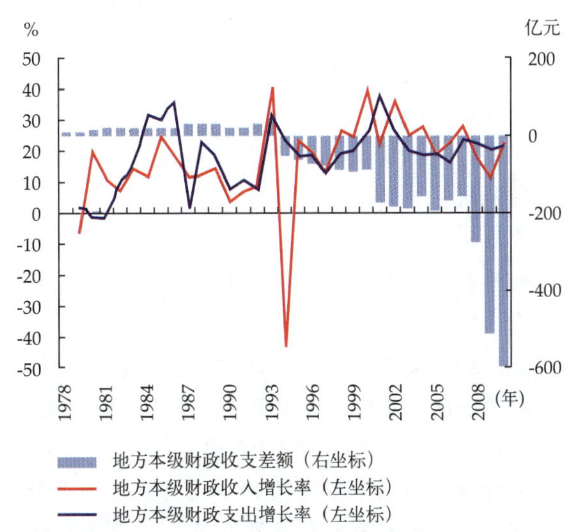

数据来源：浙江省统计局。

图13　1978～2010年浙江省财政收支状况

全省地方财政一般预算支出3 208.4亿元，同比增长20.9%，其中，环境保护、社会保障和就业、医疗卫生、农林水事务支出、科技、教育等民生支出增长较快。

（五）节能降耗扎实推进，生态省建设成效明显

2010年，浙江省大力实施资源节约和环境保护行动计划，组织实施省重点节能改造项目，加强对耗能大户和污染大户的监管和调控。全年单位地区生产总值能耗降为0.72吨标准煤/万元，比上年降低3.2%以上。全省化学需氧量、二氧化硫排放量均比上年下降3%。

全面加强生态建设和环境保护。全省大力推进重点区域、流域和重点行业污染整治，生态环境质量总体稳定，局部地区有所改善。全省八大水

系、运河和主要湖库地表水环境功能区水质达标率73.7%，设区城市环境空气质量达到或优于二级标准的天数占92.9%。排污权交易试点和排污权抵押贷款业务有效推进，绿色信贷制度建设取得突破。

专栏2 创新开展排污权抵押贷款，扎实推进节能减排和低碳经济

排污权交易是运用市场化手段解决环境问题的有效途径，也是低碳金融发展的重要载体和突破口。2010年，中国人民银行杭州中心支行结合浙江省排污权交易试点，联合环保部门出台《浙江省排污权抵押贷款暂行规定》，推动开展排污权抵押贷款业务，2010年年末，浙江省排污权抵押贷款余额已达2.9亿元，其基本运作模式如下：

1. 贷款对象和条件。贷款对象是有偿取得排污权、具有排污权交易主体资格、持有“排污权许可证”的企业。同时要求借款人的污染物排放量不得超过“排污权许可证”规定的总量，借款项目符合国家的环境保护政策规定。

2. 贷款额度、期限和利率。排污权抵押贷款的额度一般为排污权评估价值的70%~80%，目前，浙江排污权抵押贷款平均抵押率为73%。排污权价值的确定有两种方式：一是企业和银行根据市场交易价格协商确定；二是由当地环保部门参照企业有偿取得的排污权价格及政府指导价出具排污权价值评估证明，银行根据评估证明确定。目前排污权抵押贷款期限以短期为主，平均利率在6.6%左右。

3. 贷款用途。目前基本用于企业流动资金周转和项目建设等生产经营活动，另外，部分企业已尝试将排污权抵押贷款用于购买排污权指标，金融机构采取设置阶段担保或资金监管账户形式，确保所发放的贷款资金专项用于在交易市场上购买排污权，并以购得的排污权作为抵押担保。

4. 抵押登记。核发排污许可证的环保部门为抵押登记的职能部门，借贷双方凭“排污权许可证”、“借款合同”等资料在当地环保部门办理排污权抵押登记手续。

5. 风险处置。处置渠道主要有市场交易和政府回购两种形式，并由政府给予不同程度的支持，如绍兴市规定开办排污权抵押贷款业务的银行须与当地环保局签订合作协议，若借款企业到期无法偿还债务，银行既可通过市场交易方式处置排污权，也可由当地环保局在规定期限内进行回购。

排污权抵押贷款有利于拓展企业节能环保技术改造的融资渠道，促进排污权市场的发展培育，也有利于促进低碳金融发展。建议从政策法规、市场建设、产品创新等方面进一步推动低碳金融产品发展：一是完善法律法规，明确排污权用于交易和抵押担保的相关权利；二是优化市场环境，着力盘活排污权交易二级市场；三是深化低碳金融创新，鼓励金融机构为排污权交易市场提供全方位服务，探索开发与排污权和碳交易挂钩的投融资及衍生产品。

（六）房地产市场涨幅趋缓，物联网行业蓬勃发展

1. 房地产市场趋缓回稳，房地产信贷增速明显下降。2010年，随着国家和地方一系列房地产调控政策的贯彻落实，浙江房地产市场呈回稳态势，房地产信贷增长放慢。

房地产投资保持较快增长，开发建设节奏加快。2010年，全省房地产开发投资增幅同比上升23个百分点。全省施工面积、新开工面积、竣工面积分别同比增长19.5%、40.7%、 5.4%（见图14）。住房供应结构发生变化，住宅占比略有下降，商业营业用房占比提高。保障性住房建设进度加快，新开工面积增加。

商品房销售增幅明显下降，房价涨幅在较高水平上有所回落。2010年，浙江省销售面积下降13.1%，销售额小幅增长2.6%，增速分别较上年回

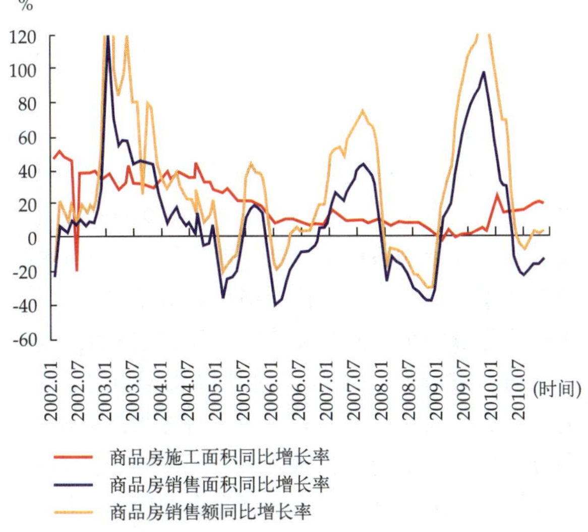

数据来源：浙江省统计局。

图14　2002～2010年浙江省商品房施工和销售变动趋势

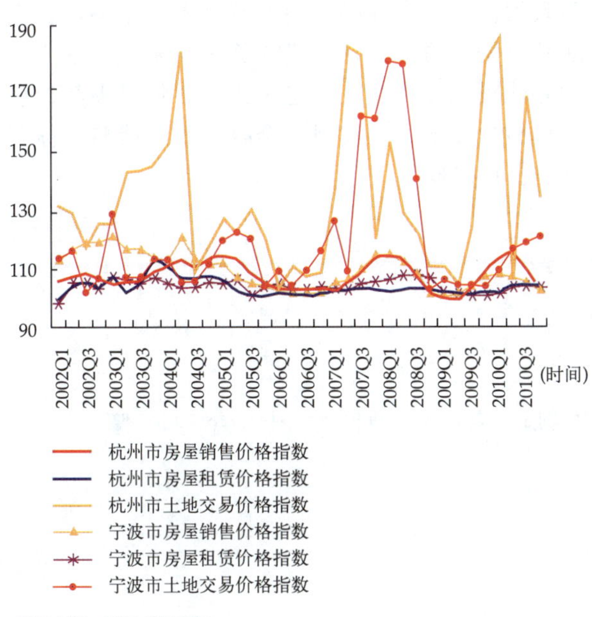

数据来源：浙江省统计局。

图15　2002～2010年浙江省主要城市房屋销售价格指数变动趋势

落7.8个和135个百分点。房价月度波动加大，5月开始涨幅逐步有所回落，12月，浙江省房屋销售价格指数同比上涨4.6%（见图15）。从全省房地产开发企业的商品房平均销售价格看，全年上涨18.2%，增速较上年回落6.2个百分点。

房地产贷款增速持续放缓，差别化信贷政策得到落实。2010年年末，全省房地产贷款增幅同比回落20.1个百分点，其中，房地产开发贷款和个人购房贷款增幅同比分别下降13.4个和23.8个百分点。信贷政策对改善房地产市场结构效应明显，个人购房贷款支持90平方米以下住宅的套数占比和购买首套住房占比不断提高。贷款质量总体较好，年末个人房贷不良率为0.42%。

2. 物联网产业蓬勃发展，金融支持方式不断创新。浙江是国内物联网产业起步较早、技术实力较强的省份之一，具有明显的产业发展基础优势和提升潜力。目前，以杭州为核心，嘉兴、温州为两翼的产业集聚区已初步形成，其中，杭州市物联网及相关企业近80家，物联网产业产值占全国近1/8。预计到2015年，全省物联网产业产值将达到2 000亿元左右。

当前浙江省物联网产业发展呈现以下特点：一是技术领域优势突出。研究机构和骨干企业集聚，杭州市物联网企业已拥有相关专利及软件著作权160余项，其中，发明专利56项。二是产业链体系和产业配套基础扎实。基本形成从关键控制芯片设计研发、传感器和终端设备制造，再到物联网系统集成及相关运营服务的产业链体系。全省已创建12个国家级信息产业特色园区，并启动建设物联网产业园区。三是商业运用初见成效。已在智能电网、安防监控、智能交通、节能减排、环境监测等领域成功实施一批物联网技术应用项目。四是政府扶持保障有力。各级政府高度重视物联网产业发展，在省级层面出台了《浙江省物联网产业发展规划（2010～2015年）》，指导和促进物联网产业的快速发展。

浙江金融机构创新融资模式，切实服务物联网领域，支持科技成果转化和产业化。一是明确扶持重点，创新信贷产品。全省知识产权质押贷款已近10亿元，杭州银行成立科技专营支行，累计支持200余家科技型企业融资19亿元，另外，还涌现集合贷款、科技金融创新服务平台、专项信贷基金等科技金融合作模式。二是发挥直接融资作用，推动企业上市融资。目前，杭州高新区有5家物联网企业通过A股上市融资。三是引导各类资本参与，完善风险分担机制。启动科技保险、科技担保试点，通过科技集合信托债权基金、政府引导基金等投资物联网产业，发挥其对风险资本的引导、示范作用。

三、预测与展望

2011年，是实施“十二五”规划的第一年，也是浙江继续巩固发展应对国际金融危机成果、加快发展方式转变和转型升级的关键一年。浙江经济趋势总体向好，有望保持平稳增长。

浙江面临的发展环境依然复杂，结构调整、企业经营、要素制约和节能减排等压力较大，但从三大需求看，保持经济平稳增长存在有利条件。投资方面，海洋经济试点、发展培育战略性新兴产业、提升改造传统产业、产业集聚区建设、鼓励民间投资将为投资增长提供基础。而扩大内需政策、城乡居民收入持续增长和消费升级仍起支撑作用，消费将保持稳定较快增长。从出口看，发达经济体经济复苏曲折，但新兴市场经济增长潜力较大，出口有望保持一定规模。预计全省地区生产总值增长9%左右。

全省物价上行压力总体较大：一是浙江经济回升态势持续，周期性的需求复苏拉动物价回升；二是大宗商品的价格波动上行，粮价不确定性加大，资源产品价格有待理顺；三是浙江的劳动力成本继续上升；四是通货膨胀预期仍较强。预计全省CPI涨幅将在4%左右。

从金融运行情况看，影响因素日趋复杂和多元化。全省资金面总体保持宽裕，存款有望平稳增长，储蓄分流和活期化现象可能持续。稳健的货币政策背景下，贷款将保持平稳合理适度增长，对实体经济重点领域和薄弱环节的支持力度加大。融资结构日趋多元化，债券、股票融资渠道进一步拓宽。随着贷款融资比重的下降，将更加注重从社会融资规模的角度衡量金融对地方经济的支持力度，推动浙江金融业自身发展水平和金融服务经济能力“两个提升”。

2011年，中国人民银行杭州中心支行认真贯彻落实中央和全省经济工作会议精神，按照中国人民银行总行的统一部署，贯彻执行好稳健的货币政策。保持合理的社会融资规模和节奏，有效防范金融风险，加快推进浙江中小企业金融服务中心建设和支持企业“走出去”，促进浙江经济平稳较快发展，为实现“金融强省”战略目标开好局、起好步。

中国人民银行杭州中心支行货币政策分析小组
负责人：刘仁伍　郑南源
统　稿：陆巍峰　王　强　祁　光　胡小军
执　笔：胡小军　翁　磊　闫真宇　吴　云　吴振宏　宋瑞晰　徐　伟　曹世文　李　青　杨　曦　徐　晶　陈　怡
提供材料的还有：周　擎　周宇晨　童红坚

附 录

（一）2010年浙江省经济金融大事记

3月，实施“世博”支付环境建设，全省三甲医院、部分高速公路、杭州火车站、汽车站及知名景区等已可使用银行卡，主要城市繁华地段ATM均可受理外卡，浙江支付环境进一步改善。

6月28日，6.6亿元诸暨市2010年度中小企业集合票据在银行间债券市场发行，开创了浙江中小企业直接融资的新模式。

7月1日，浙江省跨境贸易人民币结算业务试点正式启动，全年有6 709家出口企业列入试点范围。

7月9日，浙江列入国家海洋经济发展试点省，着手编制和实施海洋经济发展规划和方案，为我国海洋经济发展探索路径和提供经验。

8月2日，吉利集团收购沃尔沃轿车公司全部股权，为中国汽车企业收购国外豪华汽车企业和品牌的首个成功案例，也是中国民营企业最大规模的海外并购。

8月24日至25日，全国农村信用体系建设工作现场交流会在浙江丽水召开，农村信用体系建设的“浙江模式”得到全国认可，浙江农村金融发展取得阶段成效。

11月16日至18日，浙江省委十二届八次全体（扩大）会议召开，审议通过《中共浙江省委关于制订浙江省国民经济和社会发展第十二个五年规划的建议》，确定“十二五”浙江经济社会发展总体目标、要求和任务，并提出建设中小企业金融服务中心和民间财富管理中心。

2010年，浙江省政府实施11个重点产业转型升级规划，编制实施9个战略性新兴产业发展规划，推动经济转型发展。

2010年，浙江省金融机构认真贯彻适度宽松的货币政策，本外币各项贷款新增7 714.1亿元。股票和债券市场融资额为1 087.4亿元，直接融资发展进入新阶段。

（二）2010年浙江省主要经济金融指标

表1 2010年浙江省主要存贷款指标

		1月	2月	3月	4月	5月	6月	7月	8月	9月	10月	11月	12月
本外币	金融机构各项存款余额（亿元）	46 637.6	47 653.9	48 916.9	49 987.0	50 656.2	51 546.6	51 508.6	52 435.9	53 630.2	53 280.1	53 804.9	54 482.3
	其中：城乡居民储蓄存款	18 499.9	20 178.8	19 979.0	19 839.4	19 893.4	20 418.4	20 335.3	20 441.3	21 384.6	20 538.6	20 607.3	21 093.6
	企业存款	16 444.5	16 008.1	17 086.2	17 734.1	18 141.8	18 500.0	18 390.1	18 970.1	19 151.8	19 300.9	19 564.5	20 046.6
	各项存款余额比上月增加（亿元）	1 529.6	1 016.3	1 262.9	1 070.2	669.1	890.4	-37.9	927.2	1 194.4	-350.1	524.7	677.4
	金融机构各项存款同比增长（%）	24.4	23.0	19.7	21.3	20.9	19.4	19.7	21.7	21.5	21.2	21.2	20.8
	金融机构各项贷款余额（亿元）	40 801.7	41 366.2	42 134.9	42 832.1	43 490.8	44 046.6	44 587.9	45 168.4	45 625.1	46 102.6	46 638.5	46 938.5
	其中：短期	22 364.3	22 689.7	23 097.3	23 559.8	23 873.3	24 226.0	24 536.4	24 884.3	25 263.9	25 485.2	25 801.3	26 044.5
	中长期	16 293.6	16 601.8	16 994.3	17 268.7	17 561.9	17 765.3	17 986.0	18 181.3	18 369.4	18 618.0	18 742.0	18 800.2
	票据融资	1 033.4	942.2	836.6	772.0	814.0	793.9	782.3	780.1	645.7	614.8	658.3	607.4
	各项贷款余额比上月增加（亿元）	1 577.3	564.5	768.7	697.2	658.7	555.8	541.3	580.5	456.7	477.5	535.9	300.1
	其中：短期	846.4	325.4	846.4	462.5	846.4	352.6	846.4	348.0	846.4	221.3	846.4	243.2
	中长期	804.4	308.2	804.4	274.4	804.4	203.4	804.4	195.3	804.4	248.7	804.4	58.2
	票据融资	-120.0	-91.3	-120.0	-64.6	-120.0	-20.1	-120.0	-2.2	-120.0	-30.9	-120.0	-50.9
	金融机构各项贷款同比增长（%）	32.5	31.1	25.8	26.6	25.9	22.4	21.5	20.5	19.8	19.7	19.7	19.7
	其中：短期	27.1	26.7	22.6	25.5	24.4	21.1	20.9	20.2	19.4	19.1	19.4	20.1
	中长期	44.4	43.6	38.3	36.9	37.4	32.7	29.0	26.8	25.2	24.5	24.1	22.7
	票据融资	-18.1	-34.7	-51.3	-56.5	-55.2	-54.3	-50.9	-48.1	-48.7	-46.2	-44.5	-47.3
	建筑业贷款余额（亿元）	1 241.0	1 254.4	1 282.1	1 291.2	1 312.1	1 337.4	1 370.6	1 399.3	1 417.3	1 443.1	1 465.3	1 480.2
	房地产业贷款余额（亿元）	1 926.6	1 962.8	2 012.4	2 035.2	37.2	2 062.1	2 062.6	2 093.3	2 107.0	2 105.7	2 101.3	2 078.8
	建筑业贷款同比增长（%）	58.4	97.5	167.8	171.1	184.7	283.8	259.8	248.0	271.9	274.2	261.3	251.2
	房地产业贷款同比增长（%）	81.0	104.5	213.3	174.1	217.9	267.7	295.1	340.9	352.6	401.5	394.1	388.7
人民币	金融机构各项存款余额（亿元）	45 847.4	46 849.9	48 092.4	49 139.2	49 773.9	50 621.1	50 577.3	51 485.4	52 664.3	52 327.5	52 822.1	53 441.5
	其中：城乡居民储蓄存款	18 130.5	19 804.4	19 582.9	19 440.3	19 471.0	19 968.2	19 869.8	19 967.1	20 921.0	20 082.5	20 154.2	20 612.2
	企业存款	16 056.6	15 625.0	16 709.9	17 337.8	17 726.3	18 085.0	17 986.2	18 566.2	18 721.3	18 871.3	19 105.0	19 544.4
	各项存款余额比上月增加（亿元）	1514.9	1 002.5	1 242.5	1 046.8	634.7	847.2	-43.8	908.1	1 178.9	-336.8	494.5	619.4
	其中：城乡居民储蓄存款	310.7	1 673.9	-221.5	-142.6	30.7	497.1	-98.3	97.3	953.9	-838.5	71.7	458.0
	企业存款	462.5	-431.6	1084.8	628.0	388.5	358.7	-98.8	580.0	155.0	150.1	233.7	439.4
	各项存款同比增长（%）	24.5	23.2	19.9	21.5	21.0	19.3	19.5	21.5	21.3	20.9	20.9	20.5
	其中：城乡居民储蓄存款	11.5	20.6	15.9	15.5	14.6	16.1	16.5	17.8	17.0	14.8	16.3	15.6
	企业存款	47.3	37.2	33.5	37.4	37.6	33.0	30.4	30.1	27.0	25.0	22.4	19.2
	金融机构各项贷款余额（亿元）	39 504.7	40 024.9	40 714.8	41 376.6	42 035.4	42 562.0	43 108.0	43 671.2	44 125.9	44 548.7	45 034.8	45 288.1
	其中：个人消费贷款	6 948.4	7 058.8	7 203.0	7 449.4	7 644.5	7 770.2	7 860.4	7 948.0	8 049.4	8 111.8	8 199.1	8 249.4
	票据融资	1 033.1	941.9	836.4	771.7	813.8	793.7	782.1	779.8	645.4	614.5	658.0	607.3
	各项贷款余额比上月增加（亿元）	1 506.2	520.2	689.9	661.8	658.8	526.6	546.0	563.1	454.8	422.7	486.1	253.3
	其中：个人消费贷款	382.9	110.0	144.3	246.4	195.1	125.7	90.2	87.6	101.5	62.4	87.3	50.3
	票据融资	-120.0	-91.2	-105.6	-64.7	42.1	-20.0	-11.6	-2.4	-134.4	-30.9	43.5	-50.7
	金融机构各项贷款同比增长（%）	31.1	29.5	24.0	24.8	24.4	21.3	20.6	19.8	19.4	19.3	19.4	19.2
	其中：个人消费贷款	58.9	60.5	56.9	60.5	59.5	52.1	45.2	39.9	36.1	33.3	30.1	26.8
	票据融资	-18.1	-34.7	-51.3	-56.5	-55.2	-54.3	-50.9	-48.1	-48.7	-46.2	-44.5	-47.3
外币	金融机构外币存款余额（亿美元）	111.5	117.8	120.8	124.2	129.2	136.3	137.5	139.6	144.1	142.4	147.2	157.2
	金融机构外币存款同比增长（%）	16.3	11.7	10.9	10.5	19.0	26.4	31.3	33.0	41.8	42.5	46.1	38.4
	金融机构外币贷款余额（亿美元）	183.7	196.5	208.0	213.2	213.2	218.6	218.4	219.8	223.7	232.3	240.2	249.2
	金融机构外币贷款同比增长（%）	88.9	106.8	111.5	118.0	91.5	66.3	54.0	44.5	35.7	34.0	35.0	38.8

数据来源：中国人民银行杭州中心支行。

表2 2001～2010年浙江省各类价格指数

单位:%

年/月	居民消费价格指数		农业生产资料价格指数		原材料购进价格指数		工业品出厂价格指数		杭州市房屋销售价格指数	杭州市房屋租赁价格指数	杭州市土地交易价格指数	宁波市房屋销售价格指数	宁波市房屋租赁价格指数	宁波市土地交易价格指数
	当月同比	累计同比	当月同比	累计同比	当月同比	累计同比	当月同比	累计同比	当季(年)同比	当季(年)同比	当季(年)同比	当季(年)同比	当季(年)同比	当季(年)同比
2001	—	-0.2	—	-0.3	—	-0.4	—	-1.7	5.8	3.1	5.4	7.2	-1.0	0.8
2002	—	-0.9	—	-0.5	—	-2.5	—	-3.1	6.8	2.9	25.0	16.4	2.8	9.2
2003	—	1.9	—	2.9	—	5.75	—	0.64	6.1	6.7	38.1	16.6	6.0	13.2
2004	—	3.9	—	3.2	—	13.35	—	4.95	11.7	7.6	39.4	13.9	4.3	8.3
2005	—	1.3	—	5.8	—	5.4	—	2.3	9.7	2.4	24.8	6.2	3.7	15.9
2006	—	1.1	—	-0.4	—	5.6	—	3.8	2.7	1.1	7.1	2.2	3.4	9.2
2007	—	4.2	—	7.3	—	5.3	—	2.4	7.3	2.7	55.2	8.6	3.8	38.3
2008	—	5.0	—	18.9	—	10.6	—	4.3	6.2	3.5	30.9	9.5	6.5	49.7
2009	—	-1.5	—	-4.1	—	-7.4	—	-5.1	2.8	1.8	29.7	3.4	1.1	4.4
2010	—	3.8	—	2.9	—	—	—	—	—	—	—	—	—	—
2009 1	-0.8	5.0	6.3	6.3	-6.5	-6.5	-4.6	-4.6	—	—	—	—	—	—
2	-3.0	-1.9	3.3	4.8	-7.8	-7.1	-5.1	-4.9	—	—	—	—	—	—
3	-2.3	-2.0	0.4	3.3	-9.0	-7.7	-6.1	-5.3	-0.4	2.0	10.4	0.7	2.1	5.3
4	-2.4	-2.1	-3.0	1.7	-9.4	-8.1	-6.5	-5.6	—	—	—	—	—	—
5	-2.6	-2.2	-5.6	0.2	-10.1	-8.5	-7.1	-5.9	—	—	—	—	—	—
6	-2.8	-2.3	-8.4	-1.4	-10.3	-8.8	-7.2	-6.1	-0.8	1.6	5.5	1.9	0.8	4.4
7	-2.9	-2.4	-9.6	-2.6	-10.8	-9.1	-7.3	-6.3	—	—	—	—	—	—
8	-1.4	-2.3	-8.9	-3.4	-9.7	-9.2	-6.7	-6.3	—	—	—	—	—	—
9	-1.3	-2.2	-8.7	-4.0	-8.8	-9.1	-6.2	-6.3	3.0	1.5	24.2	4.6	0.8	4.0
10	-0.9	-2.0	-7.1	-4.4	-7.4	-9.0	-5.1	-6.2	—	—	—	—	—	—
11	0.3	-1.8	-3.9	-4.3	-2.8	-8.4	-1.1	-5.7	—	—	—	—	—	—
12	1.9	-1.5	-1.5	-4.1	3.9	-7.4	2.0	-5.1	9.2	2.0	78.7	6.6	0.8	3.7
2010 1	2.1	2.1	-0.8	-0.8	10.4	10.4	5.7	5.7	—	—	—	—	—	—
2	3.3	2.7	0.3	-0.2	13.1	11.7	6.4	6.0	—	—	—	—	—	—
3	3.1	2.8	0.4	0.0	15.3	12.9	7.6	6.6	13.3	1.5	85.8	8.0	1.5	9.5
4	3.7	3.0	0.7	0.2	16.0	13.7	7.2	6.7	—	—	—	—	—	—
5	4.2	3.3	2.3	0.6	15.8	14.1	7.2	6.8	—	—	—	—	—	—
6	4.8	3.4	2.4	0.9	12.6	13.8	6.8	6.8	15.7	4.0	101.4	6.9	3.5	16.3
7	4.1	3.5	3.0	1.2	10.4	13.3	6.0	6.7	—	—	—	—	—	—
8	3.4	3.5	3.2	1.4	9.2	12.8	4.6	6.4	—	—	—	—	—	—
9	3.6	3.5	3.9	1.7	9.0	12.4	4.5	6.2	9.6	4.1	67.2	5.2	3.5	18
10	4.2	3.6	6.0	2.1	9.8	12.1	5.4	6.1	—	—	—	—	—	—
11	5.5	3.7	7.5	2.6	11.6	12.1	6.9	6.2	—	—	—	—	—	—
12	4.9	3.8	6.5	2.9	10.9	12	6.4	6.2	2.7	4.0	33.2	2.6	3.6	20

数据来源：浙江省统计局。

表3　2010年浙江省主要经济指标

	1月	2月	3月	4月	5月	6月	7月	8月	9月	10月	11月	12月
绝对值（自年初累计）												
地区生产总值(亿元)	—	—	5 363.3	—	—	11 900.0	—	—	18 765.1	—	—	27 226.8
第一产业	—	—	185.3	—	—	—	—	—	809.8	—	—	1 360.7
第二产业	—	—	2 676.5	—	—	—	—	—	9 723.4	—	—	14 121.3
第三产业	—	—	2 501.5	—	—	—	—	—	8 231.9	—	—	11 744.8
工业增加值(亿元)	—	1260.9	2 021.7	2 841.5	3 694.3	4 584.7	5 450.1	6 392.7	7 351.6	8 268.9	9 316.5	10 397.2
城镇固定资产投资(亿元)	—	735.5	1 402.4	2 001.8	2 679.7	3 520.2	4 174.0	4 927.0	5 732.6	6 544.4	7 452.8	8 525.4
房地产开发投资	—	272.6	500.5	738.2	984.2	1 262.3	1 482.0	1 755.7	2 066.3	234.8	2 672.3	3 030.0
社会消费品零售总额(亿元)	—	1 642.1	2 387.0	3 143.7	3 954.8	4 762.6	5 582.2	6 415.7	7 303.3	8 222.8	9 137.4	10 163.2
外贸进出口总额(亿美元)	185.8	353.0	527.1	729.3	947.5	1 175.1	1 414.6	1 634.8	1 864.0	2 061.2	2 295.0	2 534.7
进口	53.6	101.2	167.6	231.7	292.1	352.9	412.1	472.5	534.2	586.1	654.5	729.9
出口	132.3	251.8	359.5	497.5	655.4	822.2	1 002.5	1 162.4	1 329.8	1 475.1	1 640.6	1 804.8
进出口差额(出口−进口)	78.7	150.6	191.9	265.8	363.3	469.3	590.4	689.9	795.5	889.0	986.1	1 074.9
外商实际直接投资(万美元)	85 850.0	136 789.0	249 374.0	316 187.0	399 725.0	531 662.0	587 380.0	652 384.0	730 803.0	799 404.0	8 853.4	1 100 175.0
地方财政收支差额(亿元)	160.4	149.1	136.4	211.4	224.1	196.8	241.3	166.8	65.9	89.9	-166.5	-599.9
地方财政收入	327.5	515.6	721.1	996.1	1 229.0	1 468.7	1 723.8	1 880.8	2 056.7	2 276.5	2 434.5	2 608.5
地方财政支出	167.1	366.5	584.7	784.7	1 004.9	1 271.9	1 482.5	1 714.0	1 990.8	2 186.6	2 601.0	3 208.4
城镇登记失业率(%)（季度）	—	—	3.2	—	—	3.2	—	—	3.1	—	—	3.2
同比累计增长率（%）												
地区生产总值	—	—	15	—	—	11.7	—	—	12.5	—	—	11.8
第一产业	—	—	3.3	—	—	—	—	—	3.2	—	—	3.2
第二产业	—	—	18.6	—	—	—	—	—	14.3	—	—	12.3
第三产业	—	—	12.3	—	—	—	—	—	11.3	—	—	12.1
工业增加值	—	25.3	22.5	21.6	20.6	18.8	16.7	17.6	17.5	17.2	16.8	16.2
城镇固定资产投资	—	16.8	18	16.8	15.2	14.1	12.3	13.1	14.0	13.5	14.8	14.4
房地产开发投资	—	25.3	30.3	34.2	35.2	34.6	31.7	32.3	35.4	34.3	36.1	34.4
社会消费品零售总额	—	18.3	18.8	19.2	19.2	19.0	19.2	19.3	19.4	19.1	19.0	19.0
外贸进出口总额	26.1	50.5	41.1	38.8	41.3	41.3	39.9	38.6	36.6	35.1	36.3	35.0
进口	17.8	66.0	64.1	56.8	51.8	45.2	38.2	26.7	33.1	31.9	33.6	33.4
出口	11.7	45.1	32.4	31.8	37.1	39.7	40.6	19.4	38.1	36.5	37.4	35.7
外商实际直接投资	0.2	-5.1	-0.1	3.4	8.3	9.2	9.5	12.6	12.8	13.9	13.7	10.7
地方财政收入	23.7	26.6	28.8	24.7	27.8	29.7	26.7	24.3	22.2	20.3	20.4	21.7
地方财政支出	-13.0	8.7	11.1	10.7	13.7	16.8	20.1	17.9	18.2	19.6	27.0	20.9

数据来源：浙江省统计局。

2010年安徽省金融运行报告

中国人民银行合肥中心支行货币政策分析小组

[内容摘要] 2010年，面对复杂的宏观经济形势，安徽省认真贯彻落实科学发展观，深入推进皖江城市带承接产业转移示范区和国家技术创新试点省建设等战略部署，全省经济运行逐渐步入创新驱动、内生增长的良性运行轨道，稳定性、协调性和可持续性进一步增强。

安徽省金融业认真执行各项金融宏观调控政策，积极支持安徽经济社会又好又快发展，巩固扩大经济回升向好势头。银行业规模、质量、效益同步提高，货币条件逐步回归常态；证券保险业较快增长，服务经济功能得到有效发挥。

2011年是安徽实施“全面转型、加速崛起、兴皖富民”战略的关键之年，区位优势、资源优势和市场优势将进一步凸显，全省经济运行有望延续近年来良好的发展态势，社会融资规模将合理增长，融资结构和信贷结构进一步优化。

一、金融运行情况

2010年是我国宏观经济形势极为复杂的一年，安徽省金融系统深入贯彻科学发展观，认真落实各项金融宏观调控政策，积极支持安徽经济社会又好又快发展，巩固扩大经济回升向好势头。金融运行呈现“规模扩大、结构优化、基础坚实、质量提高”的良好态势。

（一）银行业规模、质量、效应同步提高，货币条件逐步回归常态

2010年，安徽省银行业金融机构认真落实适度宽松的货币政策，着力提高灵活性和针对性，全省信贷运行实现了“总量适度、节奏平稳、结构优化、风险防范”的目标要求。

1. 银行业资产和效益同步增长，组织体系更趋健全。2010年，全省银行业金融机构资产规模稳步扩大，资产总额同比增长19.1%；盈利快速增长，利润总额同比增长41.1%；不良贷款继续实现双降。全省银行业金融机构发展迅速，中国进出口银行、华夏银行、汇丰银行、九江银行等多家银行在安徽设立分支机构（见表1）。

表1　2010年安徽省银行业金融机构情况

机构类别	营业网点[①] 机构个数（个）	营业网点 从业人数（人）	营业网点 资产总额（亿元）	法人机构（个）
一、大型商业银行[②]	2 215	47 081	9 336	0
二、国家开发银行及政策性银行[③]	90	2 333	2 082	0
三、股份制商业银行	246	2 966	2 003	0
四、城市商业银行	166	4 696	2 012	1
五、城市信用社	—	—	—	—
六、农村合作机构	2 943	29 227	3 335	83
七、财务公司	2	89	93	2
八、邮政储蓄银行	1 660	11 719	1 354	0
九、外资银行	2	69	25	0
十、农村新型机构[④]	18	412	45	18
合　计	7 342	98 592	20 285	104

注：①不包括国家开发银行和政策性银行、大型商业银行、股份制银行等金融机构总部数据。
②包括中国工商银行、中国农业银行、中国银行、中国建设银行和交通银行。
③包括国家开发银行、中国农业发展银行和中国进出口银行。
④包括村镇银行、贷款公司和农村资金互助社。
数据来源：中国人民银行合肥中心支行、安徽银监局。

2. 存款稳定增长，企业存款活期化趋势增强。2010年年末，全省金融机构人民币各项存款余额同比增长23.0%，较上年年末下降6.2个百分点（见图1）。从存款主体结构看，受企业生产经营占款增多、贷款派生效应减弱和产能过剩行业生产收缩等因素影响，企业存款增势回落，增速较上年同期大幅下降22.4个百分点；储蓄存款增速较上年同期上升0.4个百分点，主要原因是居民收入增长、资本市场波动下行及房地产调控效应持续显现。从存款期限结构看，企业存款活期化趋向加强，活期存款增量为同期定期存款的2.4倍；储蓄存款定期、活期均衡增长，定期、活期存款增量分别为上年的1.1、

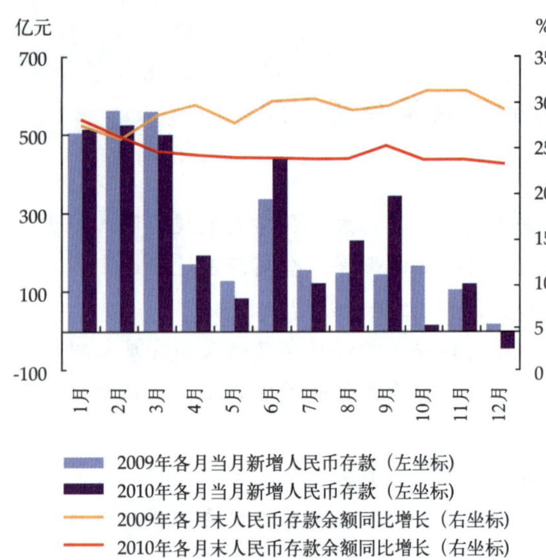

数据来源：中国人民银行合肥中心支行。

图1　2010年安徽省金融机构人民币存款增长变化

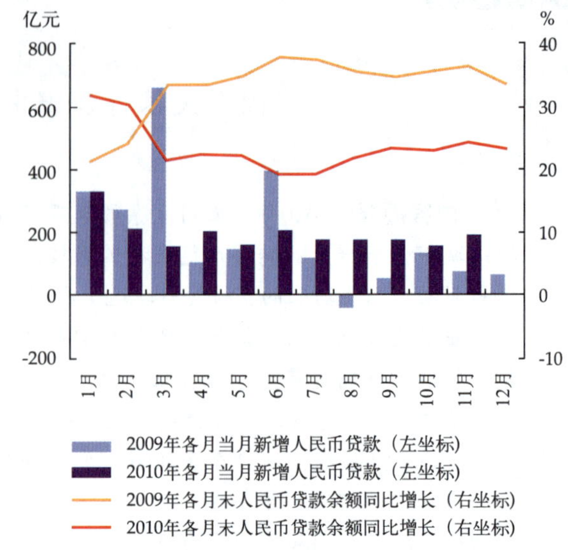

数据来源：中国人民银行合肥中心支行。

图2　2010年安徽省金融机构人民币贷款增长变化

1.3倍。从币种结构来看，随着人民币汇率形成机制的完善，外币存款稳定增长，增速较上年提高0.5个百分点。

3. 贷款增速回归常态，“有扶有控”的信贷政策得到有效落实。2010年年末，全省金融机构人民币各项贷款余额同比增长23.3%，较上年年末下降10.4个百分点（见图2、图3）。全年贷款增加2 162.3亿元，同比少增176.4亿元。人民币贷款增量季度分布较为均衡，四个季度占比分别为32%、27%、25%、16%。外币贷款同比增长96.5%，增速较上年提高13.4个百分点，有效地满足了安徽省进出口快速增长对外汇资金的需求。

一是中长期贷款增加较多，经济发展后劲进一步增强。2010年，中长期贷款增加1 803.1亿元，同比多增137.5亿元。从时序增量看，上半年、下半年增量占比分别为65.1%、34.9%，投放时序与安徽省重大项目投资进度较匹配。新增中长期贷款主要投向制造业、水利环境和公共设施管理业、交通运输仓储和邮政业等行业，有力地支持了产业结构优化。

二是个人消费贷款增速高位回落。受房地产调控政策影响，2010年年末，个人消费贷款同比增长50.1%，比上年年末下降13.9个百分点，为15个月来新低。

三是小企业贷款大幅增长，大中小企业贷款结构更加合理。由于小企业金融扶持政策落实到位，

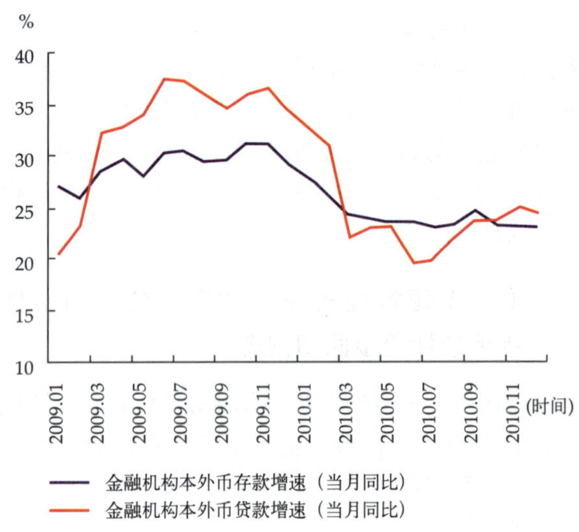

数据来源：中国人民银行合肥中心支行。

图3　2009～2010年安徽省金融机构本外币存、贷款增速变化

小企业信贷投放出现持续较快增长态势。2010年末，小企业贷款余额为2 136.9亿元（不含票据），同比增长61.2%，分别高于大中型企业46.6个和53.4个百分点。

四是金融扶弱功能继续加强，社会薄弱环节信贷支持力度加大。2010年，全省金融机构加大对薄弱环节的信贷支持，积极支持安徽省政府33项民生工程。下岗失业人员小额担保贷款累计发放6.2亿元；助学贷款累计发放7.3亿元；农户贷款全年新增

179.3亿元。

4. 现金收支较为均衡，总体保持净回笼。2010年，全省金融机构现金收入、支出增速同比加快，总体较为均衡，全年现金收支轧差净回笼541.8亿元，增长15.7%，同比提高10.1个百分点（见表2）。

表2　2010年安徽省金融机构现金收支情况表

单位：亿元、%

	年累计额	同比增速
现金收入	27 247.1	16.4
现金支出	26 705.3	16.5
现金净支出	-541.8	15.7

数据来源：中国人民银行合肥中心支行。

5. 贷款利率水平总体上行，利率市场化改革稳步推进。2010年，安徽省全部金融机构人民币贷款加权平均利率较上年提高8个基点。执行下浮和基准利率贷款占比较上年提高5.3个百分点（见表3）。1年以上小额美元存款利率走势平稳，3个月以内大额美元存款利率水平先扬后抑（见图4）。

利率市场化稳步推进，金融机构定价能力明显提升。Shibor在金融机构内部资金转移、票据贴现等产品定价中的指导作用逐步增强。

6. 法人机构改革稳步推进，新型金融主体进一步增加。徽商银行继续完善法人治理结构，加大网点建设，省内、省外分别新设支行2家和1家。农村合作金融机构改制工作加快推进，组建农村商业银行5家、农村合作银行10家。新型金融服务主体增加迅速，336家小额贷款公司获准筹建，其中211家挂牌开业。

表3　2010年安徽省金融机构各利率浮动区间贷款占比表

单位：%

		合计	国有商业银行	股份制商业银行	区域性商业银行	城乡信用社
合计		100.0	100.0	100.0	100.0	100.0
[0.9~1.0)		22.4	35.7	34.5	12.8	2.5
1.0		32.2	36.2	37.0	38.7	3.2
上浮水平	小计	45.4	28.1	28.6	48.6	94.2
	(1.0~1.1]	12.1	18.3	18.9	19.8	3.5
	(1.1~1.3]	11.6	9.5	9.6	26.9	14.2
	(1.3~1.5]	7.3	0.3	0.1	1.9	20.5
	(1.5~2.0]	11.0	0	0	0	44.9
	2.0以上	3.4	0	0	0	11.1

数据来源：中国人民银行合肥中心支行。

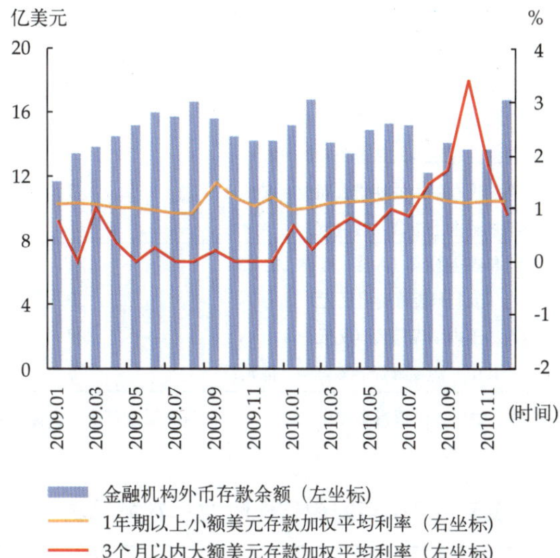

数据来源：中国人民银行合肥中心支行。

图4　2009～2010年安徽省金融机构外币存款余额及外币存款利率

（二）证券期货市场运行平稳，上市企业后备资源充裕

证券期货市场运行平稳。2010年，全省130家证券经营网点共实现营业收入24.2亿元，列全国第十五位；累计实现净利润13.0亿元，列全国第十六位；全年证券、期货业累计交易量同比分别减少5.4%、37.1%。年末，安徽省证券、期货业从业人员数同比分别增长32.5%、28.7%。在2010年中国证监会分类评价中，国元、华安两家证券公司均为A类，各项风控指标持续达标，规范发展能力得到加强。

企业上市步伐较快，后备资源充裕。2010年，全省A股上市公司新增6家，上市公司总数达到65家，居中部第二位（见表4）。2010年年末，全省登记在册的上市后备企业总数达212家，后备企业主要集中在皖江承接产业转移示范区。

（三）保险业较快发展，保障功能显著增强

保险业务平稳较快发展。2010年，安徽省保费收入同比增长22.7%。其中，财产险同比增长36.6%；人身险同比增长18.2%。全年保险赔付支出同比增长14.1%（见表5）。

表4　2010年安徽省证券业基本情况表

项目	数量
总部设在辖内的证券公司数（家）	2
总部设在辖内的基金公司数（家）	0
总部设在辖内的期货公司数（家）	3
年末国内上市公司数（家）	65
当年国内股票（A股）筹资（亿元）	171
当年发行H股筹资（亿元）	0
当年国内债券筹资（亿元）	329
其中：短期融资券筹资额（亿元）	75

数据来源：中国人民银行合肥中心支行、安徽省发展改革委、安徽证监局。

表5　2010年安徽省保险业基本情况表

项目	数量
总部设在辖内的保险公司数（家）	1
其中：财产险经营主体（家）	1
寿险经营主体（家）	0
保险公司分支机构（家）	38
其中：财产险公司分支机构（家）	19
寿险公司分支机构（家）	19
保费收入（中外资，亿元）	438.2
其中：财产险保费收入（中外资，亿元）	119.6
人身险保费收入（中外资，亿元）	318.6
各类赔款给付（中外资，亿元）	104.6
保险密度（元/人）	716.3
保险深度（%）	3.6

数据来源：安徽保监局。

保险机构效益显著提高。2010年，财产险公司承保利润为5.1亿元，综合成本率和综合费用率同比分别下降18.6个、5.3个百分点；人身险退保率为3.2%，处于相对合理区间。

保险业务结构调整稳步推进。保障型、储蓄型业务占比上升，保险营销渠道不断丰富。

保险保障功能增强。2010年，出口信用险对外贸出口支持金额突破23.8亿美元；政策性农业保险累计承保农户2 163万户，提供风险保障金额为265.5亿元；农村小额保险累计承保68.2万人次，提供保障金额102.4亿元。

（四）金融市场交易活跃，融资规模稳步扩大

2010年，安徽省金融市场交易规模显著扩大，利率水平震荡上行。

1. 直接融资规模稳步扩大。全省直接融资总额为500.3亿元，同比增长26%，高于全国10个百分点。全年有13家企业发行短期融资券和中期票据216亿元。直接融资占比较上年提高3.8个百分点（见表6）。从融资结构看，贷款依然是主要融资方式，但债券和股票融资比重上升。

表6　2001～2010年安徽省非金融机构融资结构表

单位：亿元、%

年份	融资量	比重		
		贷款	债券（含可转债）	股票
2001	240.5	89.8	0.0	10.2
2002	368.4	92.2	0.0	7.8
2003	519.0	94.1	2.9	3.0
2004	608.2	94.4	1.4	4.1
2005	598.8	91.9	7.8	0.3
2006	987.1	84.1	14.1	1.8
2007	1 166.8	79.1	8.8	12.1
2008	1 488.7	81.3	6.8	11.9
2009	2 803.0	85.8	8.4	5.8
2010	2 797.6	82.1	11.8	6.1

数据来源：中国人民银行合肥中心支行、安徽省发展改革委、安徽证监局。

2. 货币市场交易活跃，市场利率震荡上行。2010年，全省银行间同业拆借市场和债券市场累计成交4.1万亿元，同比增长37.9%；净融入资金1.5万亿元，同比增长124.1%。交易品种以短期为主，隔夜回购、隔夜拆借分别占回购交易的69.8%和拆借交易的95.5%。货币市场流动性逐步收紧且波动性较大，全年回购利率震荡上行。

3. 票据融资增速较慢，贴现利率波动向上。全年累计签发银行承兑汇票2 400.1亿元，同比增长5.8%；票据贴现余额为287.9亿元，同比减少41.8%（见表7）。受货币市场利率及票据市场供求变化影响，票据市场贴现利率呈波动向上的态势（见表8）。

4.银行结售汇大幅上涨，实物黄金交易翻番。银行结售汇规模自第二季度以来不断创新高，全年银行结售汇总额达222亿美元，同比增长55.8%。实物黄金抗通货膨胀、避风险预期显著增强，全年累计成交量及金额同比分别增长103.1%和149.6%。

5. 民间借贷规模有所扩大，利率略有上升。2010年，全省1 953个样本监测点民间借贷金额

表7　2010年安徽省金融机构票据业务量统计表

单位：亿元

季度	银行承兑汇票承兑		贴现			
			银行承兑汇票		商业承兑汇票	
	余额	累计发生额	余额	累计发生额	余额	累计发生额
1	968.3	529.3	300.3	257.5	22.7	12.6
2	1 047.7	1 139.0	307.6	607.4	35.2	33.1
3	1 149.8	1 745.2	331.5	1 182.9	23.5	40.3
4	1 188.7	2 400.1	276.8	1 323.3	11.2	41.8

数据来源：中国人民银行合肥中心支行。

表8　2010年安徽省金融机构票据贴现、转贴现利率表

单位：%

季度	贴现		转贴现	
	银行承兑汇票	商业承兑汇票	票据买断	票据回购
1	3.4940	3.2769	2.5987	2.7844
2	3.6240	3.7886	2.9596	3.1151
3	3.9452	4.3282	3.1561	3.2065
4	4.9098	3.9636	3.6946	4.1839

数据来源：中国人民银行合肥中心支行。

为15.7亿元，同比增长9.4%；加权平均利率为10.8%，较上年提高0.7个百分点。民间借贷资金来源以个人为主，占84.7%；用途以生产经营为主，占82.8%。

6. 金融产品创新初显成效，利率衍生产品交易较为清淡。徽商银行债券发行准备工作进展顺利。短期融资券、中期票据等非金融企业债务融资工具发行金额快速增长，中小企业集合票据发行工作稳步推进。商业承兑汇票再贴现业务实现零的突破。2010年，债券远期共达成交易8笔，成交金额28.9亿元，同比下降92.4%；从期限来看，全部为7天的品种。

（五）清理整顿工作有序推进，金融生态环境逐渐优化

完成地方政府融资平台清理整顿工作，融资平台企业债务管理逐渐规范，债务风险得到有效缓解；稳步推进融资性担保公司清理整顿工作，97家注册资本超过5 000万元的担保公司正在接受清理整顿。

非法金融活动监测、处置机制初步建立，金融稳定基础进一步巩固。完善处置非法集资工作机制，建立反洗钱非现场评估制度，启动反假货币上岗资格及“三师”认证工作。

信用体系建设不断推进。出台《安徽省中小企业信用体系实验区建设工作实施意见》，中小企业和农村地区等社会薄弱环节的信用体系建设稳步推进。

二、经济运行情况

2010年，安徽省深入贯彻落实科学发展观，巩固经济回升向好势头，经济运行呈现“速度较快、结构优化、效益提升、民生改善、后劲增强”的良好发展态势。初步核算，全省生产总值为12 263.4亿元，增长14.5%，连续七年保持两位数增长，增幅较上年提升1.6个百分点（见图5）。

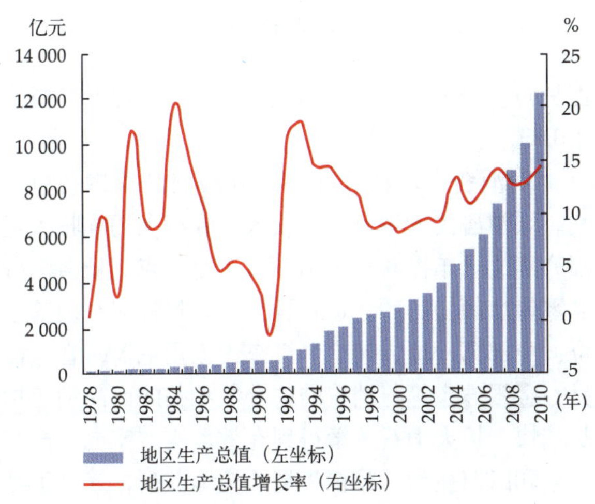

数据来源：安徽省统计局。

图5　1978～2010年安徽省地区生产总值及其增长率

（一）投资持续快速增长，消费需求升级，对外贸易恢复性增长

2010年，安徽省投资、消费、出口需求呈现均衡增长态势，协调性进一步增强。

1. 投资持续快速增长，结构继续优化。全社会固定资产投资连续八年保持30%以上的增长速度（见图6）。装备制造业和民间投资分别增长49.5%、45.9%，投资结构进一步优化。与央企合作发展取得重大进展，全年央企项目开工205个，实际完成投资1 190.6亿元；与全国知名民企签订合同项目2 169个，协议投资10 594亿元。投资资金来源仍以企业自筹为主，银行贷款占比较上年下降1.4个

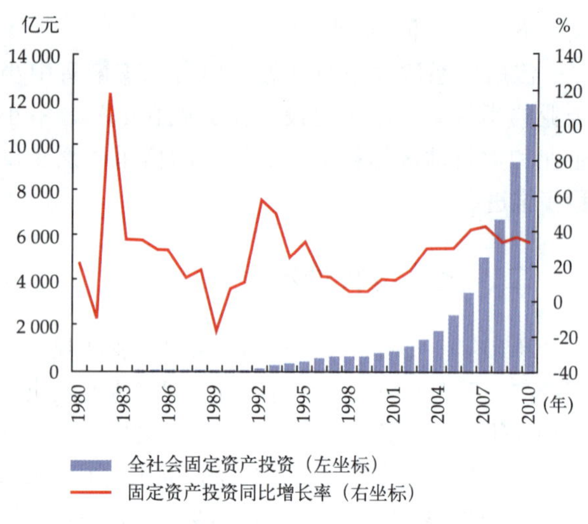

数据来源：安徽省统计局。

图6　1980～2010年安徽省固定资产投资及其增长率

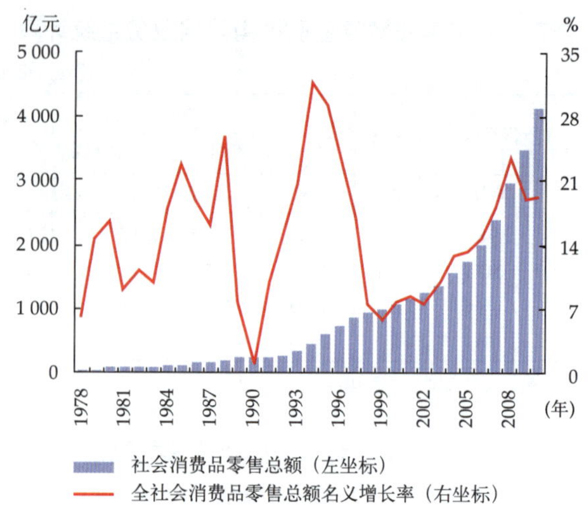

数据来源：安徽省统计局。

图7　1978～2010年安徽省社会消费品零售总额及其增长率

百分点。全省投资效果系数[①]为0.19，较上年提高了0.05。

2. 消费市场持续旺盛，升级商品销售较快增长。城镇居民人均可支配收入、农村人均纯收入增幅分别比上年提高3.7个和10.1个百分点。社会消费品零售总额增长19.2%（见图7），增幅居全国第三位、中部第一位，其中，汽车、家用电器、音像器材、金银珠宝等与消费结构升级相关的商品销售增长较快。扩大消费政策得到有效落实，家电、汽车下乡和以旧换新产品销售量居全国前列，家电下乡补贴兑付率居全国第一位。

3. 对外贸易恢复性增长，开放度进一步提高。2010年，安徽省多措并举促进外贸稳步发展，完成进出口总额242.8亿美元，进口总额和出口总额均创历史最好水平，增幅比全国高20.1个百分点（见图8）。机电产品、传统大宗商品出口稳步增长，其中，小轿车、船舶等产品出口成倍增长。全省实际利用外资57.2亿美元，增长20.4%（见图9）；引进省外资金6 863.7亿元，增长47.9%。大力开拓国际市场，对外投资8.1亿美元，同比增长13.9倍。

（二）三次产业结构持续优化，创新驱动力增强

2010年，安徽省继续推进“工业强省”战略，第二产业增势强劲，第二产业占比显著上升，第一、第三产业比重略有下降。三次产业结构为14.1：52.1：33.8。

1. 农村基础设施建设得到加强，粮食产量连续五年创历史新高。农业产业化步伐加快，全省农产品加工值五年翻两番多，规模以上农产品加工企业大幅增加。农业基础设施建设得到加强，病险水库除险加固工作全面完成，8 386公里农村公路完成改建，11.6万户新增农村户用沼气投入使用，297万农村人口饮水安全问题得到解决。

2. 工业生产增势强劲，企业效益大幅增加。规模以上工业增加值增速高于全国7.9个百分点，为近三年的最高增速（见图10）。规模以上工业企业实现利润增长62.7%，工业经济综合效益指数为260.1，创历史新高。工业对地区生产总值增长的贡献率达63.5%，同比提高9个百分点。工业化率达43.7%，同比提高3.3个百分点。工业企业转型升级稳中趋进，创新驱动力增强。建立战略性新兴产业引导资金和风险投资基金，积极培育战略性新兴产业；加快企业主体、创新载体和产学研一体化建设，企业技术创新能力位居全国十名左右；投入技改资金1 200亿元，改造提升钢铁、煤炭、水泥等传统产业；进一步控制“两高一剩”行业发展，六大高耗能行业增加值增速低于规模以上工业4.3个百分点。

① 投资效果系数指报告期新增国内生产总值与同期固定资产投资额的比率，用于反映单位投资额所增加的国内生产总值数量。

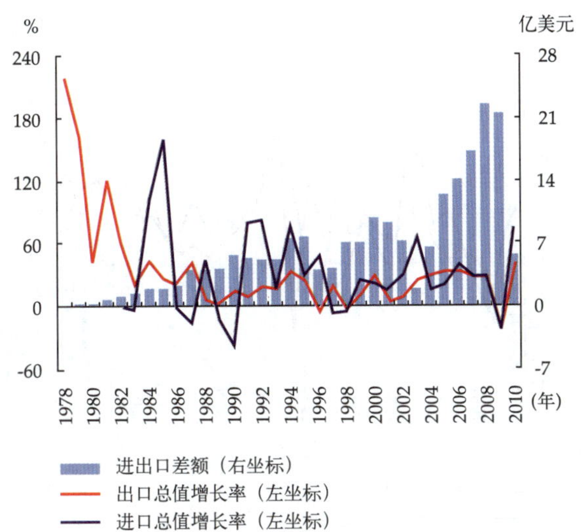

数据来源：安徽省统计局。

图8　1978～2010年安徽省外贸进出口变动情况

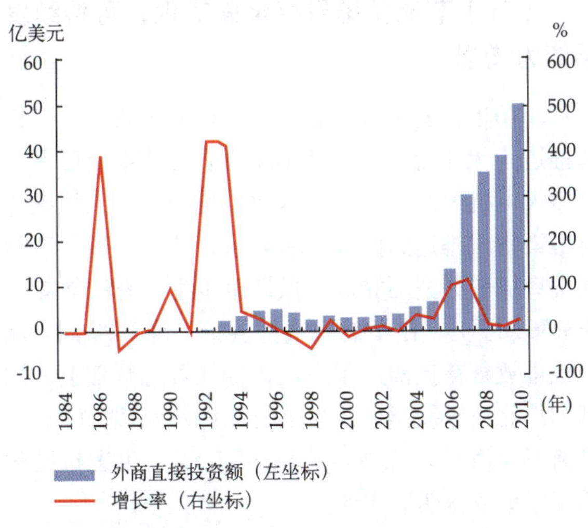

数据来源：安徽省统计局。

图9　1984～2010年安徽省外商直接投资情况

3. 营利性服务业[①]增速加快，现代服务业亮点增多。营利性服务业增加值增长16.1%，增幅比上年提高2.7个百分点，对地区生产总值增长的贡献率比上年提高0.2个百分点。现代物流、电子商务和信息服务等生产性服务业快速发展，多家全国性银行总行后台中心相继在合肥建立，现代服务业发展速度加快。

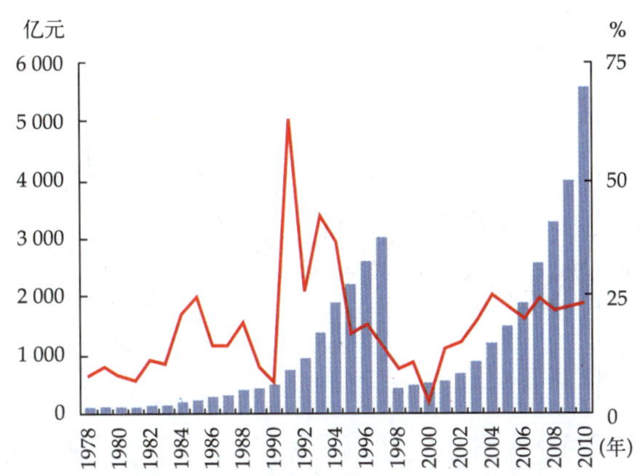

注：1998年以前数据为工业总产值及其增速。

数据来源：安徽省统计局。

图10　1978～2010年安徽省工业增加值及其增长率

（三）物价水平不断攀升，通货膨胀压力较大

2010年，受自然灾害频发、游资炒作、劳动力成本上升、原材料价格上扬、国际大宗商品价格波动等因素的影响，全省物价水平不断攀升。

1.居民消费价格指数涨幅呈前低后高态势。2010年，安徽省居民消费价格同比涨幅逐季度扩大，全年累计同比上涨3.1%，低于全国平均水平0.2个百分点（见图11）。其中，城市CPI上涨3.0%，农村CPI上涨3.4%。食品类价格拉动CPI上涨2.2个百分点，居住类价格拉动CPI上涨0.8个百分点，两者是拉动CPI上涨的主动力。

2. 工业品出厂价格、原材料购进价格涨幅高于全国。全年工业品出厂价格上涨9%，原材料、燃料、动力购进价格上涨11.8%，涨幅比全国分别高出4.5个和2.2个百分点。

3. 就业水平显著提高，劳动报酬继续增长。2010年，安徽省实施积极的就业政策，城镇新增就业54.8万人，城镇登记失业率为3.7%。全年全省城镇非私营单位在岗职工年平均工资为34 341元，增长15.8%，增幅超过了全国平均水平。

① 营利性服务业指以盈利为目的，以产业化发展为方向，并受市场机制调节供求的服务业，主要包括信息传输和计算机服务软件业、租赁和商务服务业、居民服务和其他服务业、文化体育娱乐业四个行业。

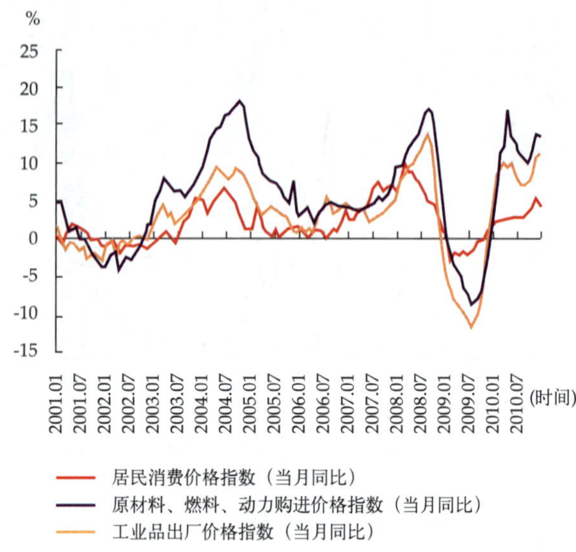

数据来源：安徽省统计局。

图11　2001～2010年安徽省居民消费价格和生产者价格变动趋势

4. 稳步推进资源性产品价格改革。完善差别电价政策，扩大差别电价实施范围，严格脱硫电价管理。完善水利工程供水价格形成机制。落实国家天然气、石油等价格调整政策，逐步理顺天然气与可替代能源的比价关系，建立天然气上下游价格联动机制。

（四）财政收支快速增长，保障民生力度加大

全年财政收入增长33%，高于全国11.7个百分点。其中，地方财政收入增长33%，居全国第五位，总量和增幅均居中部第二位（见图12）。地方新增财力80%用于民生，教育、社会保障和就业、住房保障、城市社区事务等民生支出合计占财政支出比重由上年的38.1%提高到40.4%。

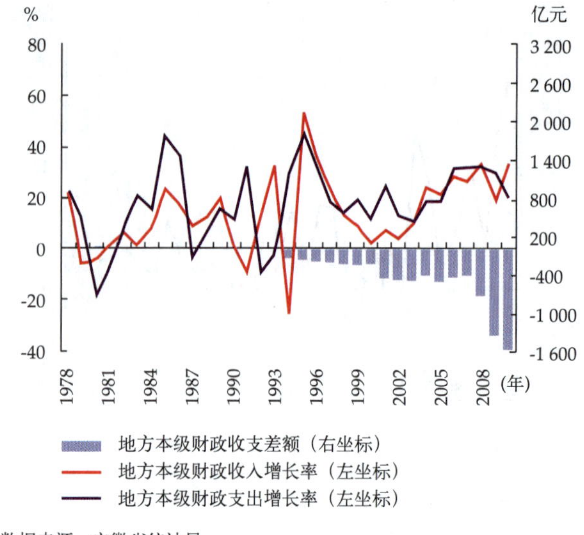

数据来源：安徽省统计局。

图12　1978～2010年安徽省财政收支状况

（五）节能减排目标全面实现，可持续发展能力增强

2010年，安徽省全力打好节能减排攻坚战，积极推进十大重点节能工程和483项减排重点项目，关停火电机组25万千瓦，淮河、巢湖等重点流域主要污染物减排达到国家考核要求，“十一五”节能减排目标任务全面完成。预计单位生产总值能耗下降4.36%以上，化学需氧量排放量下降2.2%，二氧化硫排放量在提前一年完成目标任务的基础上，控制和消化当年新增量。县县建成污水处理厂的目标提前三年实现，森林覆盖率达27.5%，生态建设和环境保护取得明显成效。

全省各银行业金融机构认真贯彻落实国家节能减排和淘汰落后产能的方针政策，优化信贷结构，按照“绿色信贷”的原则，严格控制“两高一剩”行业贷款，支持战略性新兴产业。

专栏1　构建银环联动机制　普及“绿色信贷”理念

2010年，根据中国人民银行合肥中心支行统一部署，中国人民银行安庆市中心支行在安徽省率先开展“构建银环联动机制、普及绿色信贷理念”试点工作。2010年10月，人民网、《金融时报》等媒体对其创新做法进行了全面报道，在全国引起较大反响。中国人民银行安庆市中心支行一系列经验和做法，既增强了企业环保守法意识，降低了银行信贷风险，也对中国人民银行基层行更好地落实“有扶有控”信贷政策起到很好的借鉴和参考作用。

一、主要经验和做法

一是完善政策体系，抓好政策落实。中国

人民银行安庆市中心支行会同安庆市环保局、当地银监局出台了《关于落实环保政策法规和污染减排措施，防范信贷风险的实施办法》，从制度层面建立了环保部门与银行之间的有效联动机制。根据文件要求，安庆市环保局建立企业污染情况定期检查机制，及时将污染企业信息通过中国人民银行安庆市中心支行通报给各家银行业金融机构。各家银行业金融机构将企业环保守法情况作为信贷审批的必要条件之一，严把贷款审批关。

二是加强已发放贷款的保全落实。企业发生污染事件后，银行业金融机构借助“银环联动机制”，通过加强与政府及相关部门的沟通、密切跟踪企业生产经营状况、完善贷款抵押担保手续、制订专门应急处置预案等措施，确保未到期贷款按期收回。目前被通报企业的未到期贷款均得到有效保全。

三是严格控制新增授信。各银行对被通报的污染企业立即停止新增授信，直至企业重新通过环保部门检查，收到同意新增授信的文件方才重新开展授信业务。2010年年末，13家被通报企业贷款余额较上年均有不同程度的下降。如安庆博瑞电源有限公司被通报后，中国工商银行安庆分行立即停止了一笔已经审批、即将发放的500万元贷款的发放，要求该公司必须进行整改，经过环保部门验收通过后，该笔贷款才能发放。

四是督促企业加快整改。通过信贷政策的约束，增强了企业的环保意识，极大地提升了污染环境企业整改的积极性和主动性。绝大多数企业在收到文件后，主动与环保部门配合，积极整改。2010年年末，被暂停授信的13家企业中，已有4家企业通过整改达到环评要求，中国人民银行安庆市中心支行也立即通知商业银行，恢复对其提供信贷服务。

二、存在的问题及建议

当前，中国人民银行安庆市中心支行做法已取得初步成效，但随着工作持续深入的开展，也存在一些困难和制约因素。第一，银政企信息不对称，沟通机制不健全。环保部门未形成良好的信息披露机制，时间上缺乏及时性，质量上缺乏透明度。第二，中国人民银行基层行在执行相关措施中背负很大的社会舆论压力甚至被误解。根据安庆市环保局的通报，中国人民银行安庆市中心支行向商业银行提出停止新增授信建议，可能会导致被执行企业经营困难，引发停产停工。相关经济主管部门、社会保障部门和被执行的企业员工可能会对中国人民银行基层行产生误解。为更好地、持续地开展该项工作，建议如下：

一是加大宣传力度。通过新闻媒体等各种渠道，加大宣传，提高社会各界特别是地方政府、企业自觉保护环境的意识。

二是加快构建畅通的信息沟通机制。尽快实现银政企环保信息共享，一方面，探索将企业落实环保政策方面的信息纳入征信系统，作为银行贷款审批的一个重要参考依据；另一方面，加强环保信息公开相关方面的立法，提高环保部门权力行使的独立性。

三是逐步改进执行手段和方法。中国人民银行基层行要加强信贷政策的“窗口指导”，一方面，要顶住压力，对严重污染企业采取措施，坚决暂停新增授信，责令其整改，维护地方生态环境；另一方面，在执行政策过程中，不能“一刀切”，对被执行企业要强化指导，加强后续关怀，帮助企业尽快落实环保政策，达到环评要求，尽早恢复正常生产。

（六）房地产调控效应显现，汽车行业继续快速增长

1. 房地产市场销售明显回落，价格保持高位运行，房地产贷款逐季度回落，房地产信贷政策效应显现。

（1）房地产投资增速较快。2010年，全省房地产开发投资增长34.9%，较上年提升11.4个百分点，省会合肥增长22.2%。在资金来源中，国内贷款、利用外资、自筹资金、其他资金分别占11.3%、0.2%、42.3%、46.2%，国内贷款占比较上

年下降1.9个百分点。

（2）房地产市场供给回升。土地购置面积增长36.1%，同比提高53个百分点；完成开发土地面积下降5.1%，同比少降35.4个百分点。商品房新开工面积增长37.6%，同比提高22.1个百分点；竣工面积增长5.6%，同比回落15.1个百分点。享受廉租房保障的城市低收入家庭达20.9万户，城市及国有工矿棚户区住房改造完成22.6万户。

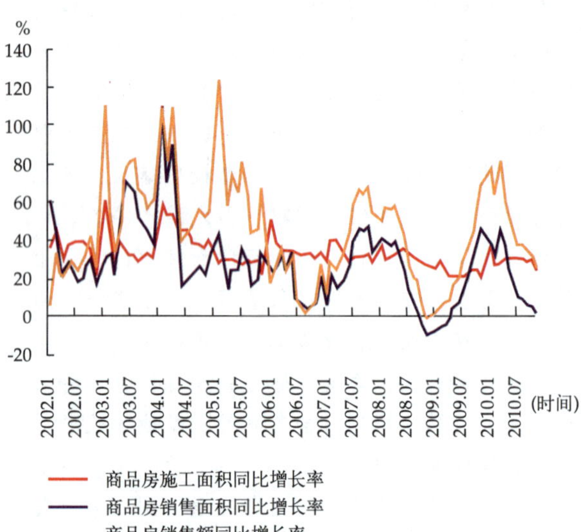

数据来源：安徽省统计局。

图13　2002～2010年安徽省商品房施工和销售变动趋势

（3）商品房销售明显回落。全年房屋销售面积增长2.1%，同比回落44.8个百分点；商品房销售额增长25.7%，同比回落44.8个百分点；商品房待售面积增长6.0%，同比回落33.4%（见图13）。

（4）房地产价格继续高位运行。全年房屋销售价格同比增长10.0%，其中，二手房销售价格同比增长10.6%。省会合肥房屋销售价格同比增长8.7%，二手房销售价格同比增长7.0%。土地价格持续走高，全年土地交易价格同比上涨9.5%（见图14）。

（5）房地产贷款逐季回落。全省房地产各项贷款增速呈逐季度回落态势，2010年年末，房地产贷款增长43.9%，同比回落17.2个百分点；房地产开发贷款和个人住房贷款分别增长28.3%和48.8%，同比分别下降20.6个和21.4个百分点。房地产贷款平均抵贷比为60.6%，较上年同比下降2.5个百分

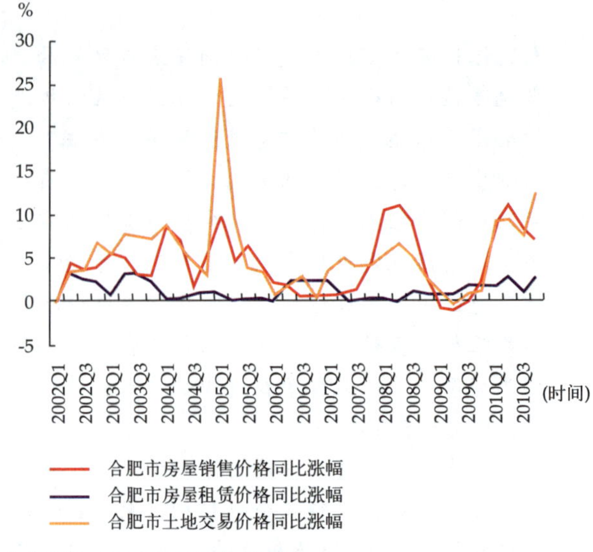

数据来源：国家统计局安徽调查总队。

图14　2002～2010年安徽省主要城市房屋销售价格指数变动趋势

点。随着差别化房贷政策的实施，个人住房贷款利率区间明显上移，基准利率1.1倍以上占比提升5.3个百分点。

2. 汽车产业快速发展。2010年，在各类鼓励汽车消费政策的带动下，安徽汽车市场延续近年来高增长态势，汽车产业实现产销两旺，经营效益全面上升。

（1）整车产销两旺，产值突破1 600亿元。2010年，安徽省整车产销量分别为124.6万辆和122.8万辆，同比分别增长36%和37.7%，产销量占全国的比例进一步提高；实现工业总产值1 643.5亿元，同比增长44.8%；汽车出口11万辆，同比增长79.2%，其中，奇瑞公司出口8.6万辆，继续居全国第一位。

（2）汽车企业经营效益全面上升。2010年，江汽集团实现工业总产值455亿元，利润17.5亿元；奇瑞实现工业总产值361亿元，利润7.2亿元；星马集团实现工业总产值102亿元，利润7.76亿元。

（3）金融支持汽车行业力度继续加大。汽车行业贷款规模稳步扩大，2010年年末，奇瑞、江淮等主要汽车生产企业贷款余额均突破10亿元，其中奇瑞汽车贷款余额超过50亿元；与此同时，各金融机构还积极开发票据承兑、贸易融资、信用证、保函等品种，支持汽车产业全方位发展。

（七）皖江城市带承接产业转移示范区建设上升为国家区域发展战略

皖江城市带承接产业转移示范区于2010年1月正式获准国务院批复，成为全国第一个国家级产业转移示范区。一年来，皖江示范区按照“一年打基础、三年见成效、五年大发展”的目标和步骤，全力完善政策扶持体系，积极做好基础设施建设，着力开展招商引资工作。2010年，皖江示范区实际利用外资和引进省外资金分别占全省的76.2%和72.5%，示范区的品牌效应和抢滩效应逐步显现。

专栏2 中西部地区承接产业转移的“皖江经验”

皖江城市带承接产业转移示范区①作为全国第一个国家级产业转移示范区、中西部承接产业转移先行先试区，自2010年1月获批以来，紧密围绕政策体系、组织体系、规划体系和载体建设，积极探索承接产业转移新机制、新办法。其一系列经验和做法对中西部地区承接产业转移有一定的借鉴和参考价值。

一是全面形成上下联动的工作格局。皖江示范区获批之后，安徽省迅速成立了省、市、县（区）三级示范区建设领导小组和工作推进机制，对上抓政策支持、对外抓宣传推介、对下抓指导推动，形成层层有任务、一级抓一级、全面抓落实的工作局面。

二是建立健全政策支撑体系。安徽省及时出台40条政策意见，先后与国家发展改革委等17个部委签署多项省部合作协议，相关部委也纷纷出台专项政策对示范区的建设给予指导和支持。省直有关部门在自主创新、金融、财政、税收、人力资源等方面制定了一系列配套政策，各地也相继推出了灵活多样的促进政策，为示范区建设提供了有力的政策支撑。

三是坚持规划先行，优先做好产业承接规划编制工作。按照“科学严密、衔接有序、易于操作、富有成效”的规划原则，打破部门分割，组织精干力量，充分借助“外脑”，提升和保证规划质量；坚持开门编规划，走群众路线和基层路线，加强调研论证，广泛听取各方面意见，充分掌握实际情况和实际需求，确保规划的科学性和可操作性；注重各项规划与“十二五”规划思路的匹配，注重规划之间的衔接，在编制城镇体系、土地利用、交通体系、园区建设等关联性强的规划时，尤其加强对接，避免相互抵触、相互掣肘。

四是重点加强产业承接载体建设。园区是承接产业转移的主要载体，各类开发园区建设是示范区建设的重要内容。规划获批后，安徽省按照“布局更合理、功能更完善、管理更高效”的总体要求，重点做好园区布局调整、扩容升级、功能配套、体制创新等工作，切实提高园区功能集成、要素集聚、用地节约、产业集群的水平。突破行政区划制约，在皖江沿岸高标准启动江南、江北两个省级承接产业转移集中区建设；抓好现有开发区的扩容升级，对示范区内80多个开发园区重新进行了功能划分和定位，为大规模承接产业转移奠定了坚实的基础；创新园区建设方式，发展“飞地经济”，推进多领域全方位的合作共建，在打造了一批特色园区、品牌园区的同时，还形成“园中园”、“托管园”、“共建园”等多种形式。

五是创新产业承接模式，提高承接门槛。示范区各地积极探索科学承接产业转移的新模式、新途径。一年来，示范区按照科学承接的要求，变招商引资为挑商选资。一方面，把招商引资与招商引智、引技、引研更好地结合起来，更加重视产业技术、产业人才尤其是研发中心的整体承接，真正做到在承接中创新、在创新中承接。另一方面，把招商引资与加快结

①皖江城市带承接产业转移示范区包括合肥、芜湖、马鞍山、铜陵、安庆、池州、巢湖、滁州、宣城九市，以及六安市的金安区和舒城县，共59个县（市、区）。

构调整、推进生态环保结合起来，设定工业集中度、投资强度、产业集聚度、容积率、节能降耗等考核指标体系，严把项目准入关、环境评价关和投资强度关，严禁高耗能、高排放的落后产能转入。如六安、滁州等市创新招商方式，从招企业进园转变为招产业进园，主动加强与沿海地区互动，积极承接产业链式、集群式转移；合肥市对转入项目全部实行环保、安全生产前置审查，审查不通过，一律免谈。

皖江示范区通过一系列创新举措，在承接产业转移方面取得了显著成效。2010年，皖江示范区共引进省外到位资金4 976.2亿元，实际利用外资43.9亿美元，分别占全省的72.5%和76.2%。与此同时，金融资源也进一步向示范区集聚，2010年年末，皖江示范区人民币各项贷款余额为8 435.9亿元，同比增长25.1%，增速高于全省1.8个百分点。

三、预测与展望

2011年是“十二五”开局之年，安徽省工业化、城镇化将进一步加快，长期大规模投入效应不断释放，自主创新和承接产业转移战略平台作用日益显现，必将为经济社会更好更快发展注入强大的内生动力。全省经济运行形势总体向好，但必须清醒地认识到，安徽农业和资源型产业比重较大，对通货膨胀预期的敏感度非常高，受通货膨胀预期的影响不可忽视。综合判断，2011年安徽经济持续较快发展的大趋势不会逆转，预计生产总值增长10%以上，固定资产投资、财政收入等指标继续高位运行。

2011年，劳动力成本将继续处于上升通道中，气候变化、农产品市场投机炒作等隐患依然存在，抑制物价水平持续快速上涨的压力较大。

由于经济形势持续向好，信贷需求将继续保持旺盛态势，但在新一轮稳健货币政策的大背景下，货币条件逐步回归常态，预计全省存贷款增速和增量将有一定幅度的回落，全年贷款增速维持在20%左右。在保持社会融资规模合理增长的同时，全省金融系统将按照“总体稳健、调节有度、结构优化”的要求，将信贷资金更多投向实体经济，特别是“三农”和中小企业，发展直接融资，更好地服务于经济平稳较快发展。

中国人民银行合肥中心支行货币政策分析小组
负责人：刘伟建　戴季宁
统　稿：樊　军　吕　栋　汪守宏
执　笔：汪守宏　毛瑞丰　许　焱　沈　祥　季　军　宁　敏　方锡华　于　飞
提供材料的还有：周　麟　周　浩　郑晓东　吴玮玮

附录

（一）2010年安徽省经济金融大事记

1月，国务院正式批复《皖江城市带承接产业转移示范区规划》，我国第一个国家级承接产业转移示范区在安徽正式成立。

5月，安徽省委、省政府出台《关于进一步加快皖北地区发展的若干意见》（皖发[2010]16号），把加快皖北振兴、促进区域统筹协调发展放到更加突出的战略位置。

6月，为适应大规模、集群式产业转移趋势，安徽省在皖江示范区内分别成立江北、江南两大产业转移集中区。

7月，安徽省政府转发人民银行合肥中心支行《关于银行业支持皖江城市带承接产业转移示范区发展的意见》（皖政办[2010]47号），引导金融机构进一步支持示范区发展。

8月，安徽省在所有县（市、区）全面实施基层医药卫生体制综合改革，在全国率先实现基本药物基层全覆盖，基本药物实行集中采购、统一配送，“零差率”销售全面实施。

12月，安徽省金融学会第六次会员代表大会召开，中国人民银行合肥中心支行行长刘伟建同志当选为安徽省金融学会会长。

2010年，合芜蚌国家高新技术产业带获准建设，芜湖、蚌埠高新区升格为国家级高新区，国家级创新型试点企业数、高新技术企业数和质检中心数均居中部第一位，专利增幅居全国第一位。

2010年，安徽省进一步落实扩大消费政策，大力开拓城乡市场，家电、汽车下乡和以旧换新产品销售量居全国前列，家电下乡补贴兑付率居全国第一位。

2010年，中国人民银行合肥中心支行会同安徽省金融办、安徽银监局等部门在全省金融系统开展了“创新金融服务、支持经济发展”竞赛活动，在全省范围内掀起金融创新热潮。

（二）2010年安徽省主要经济金融指标

表1 2010年安徽省主要存贷款指标

		1月	2月	3月	4月	5月	6月	7月	8月	9月	10月	11月	12月
本外币	金融机构各项存款余额（亿元）	13 927.1	14 463.6	14 945.0	15 134.9	15 229.9	15 682.9	15 803.3	16 014.2	16 367.0	16 377.8	16 501.1	16 477.6
	其中：城乡居民储蓄存款	6 708.5	7 381.4	7 520.6	7 406.8	7 431.0	7 615.3	7 609.1	7 657.1	7 862.5	7 656.2	7 700.4	7 813.8
	企业存款	4 540.9	4 447.7	4 654.5	4 819.9	4 807.6	4 855.4	4 950.6	4 998.8	5 006.5	5 155.6	5 274.8	5 294.3
	各项存款余额比上月增加（亿元）	520.5	536.5	481.4	189.9	95.0	432.0	120.4	210.9	352.8	10.7	123.4	-23.5
	金融机构各项存款同比增长（%）	27.8	26.0	24.1	23.9	23.4	23.6	23.1	23.2	24.7	23.3	23.3	22.9
	金融机构各项贷款余额（亿元）	9 776.4	9 997.2	10 150.2	10 362.5	10 554.5	10 754.7	10 940.4	11 123.1	11 320.6	11 489.7	11 704.6	11 736.5
	其中：短期	3 658.5	3 762.3	3 741.1	3 763.6	3 744.3	3 803.7	3 843.4	3 938.5	4 011.6	4 066.9	4 143.2	4 142.0
	中长期	5 585.2	5 764.8	5 987.9	6 184.7	6 373.9	6 514.4	6 647.6	6 723.2	6 836.1	6 934.8	7 066.3	7 175.0
	票据融资	452.6	391.4	323.0	313.1	334.1	343.3	350.8	354.8	355.0	365.9	374.3	291.8
	各项贷款余额比上月增加（亿元）	337.2	220.8	153.0	212.3	192.1	200.1	185.7	182.8	197.5	169.1	214.9	32.0
	其中：短期	100.3	103.8	-21.2	22.5	-19.3	59.4	39.7	68.2	73.1	55.3	76.3	-1.1
	中长期	269.4	179.6	223.1	196.8	189.2	140.5	133.2	102.4	112.9	98.8	131.5	108.6
	票据融资	-41.6	-61.2	-68.3	-10.0	21.1	9.2	7.5	4.0	0.2	10.9	8.3	-82.4
	金融机构各项贷款同比增长（%）	32.8	31.0	22.2	23.0	23.0	19.5	19.8	22.2	23.6	23.7	24.9	24.3
	其中：短期	19.5	23.3	17.7	18.9	16.4	10.1	10.0	10.5	10.9	12.2	14.2	15.6
	中长期	46.1	48.5	44.4	45.0	46.8	45.3	43.8	41.6	39.4	37.4	37.2	35.5
	票据融资	33.8	8.0	-11.4	-36.4	-61.0	-59.2	-64.3	-88.5	-105.3	-65.4	-37.1	-52.5
	建筑业贷款余额（亿元）	208.7	221.1	231.5	236.6	239.5	259.5	268.0	267.9	282.9	294.1	303.3	311.9
	房地产业贷款余额（亿元）	432.3	450.6	463.2	465.6	473.3	477.6	486.8	490.3	494.7	498.5	513.4	504.3
	建筑业贷款同比增长（%）	29.7	38.5	47.6	31.4	42.1	37.6	39.4	35.6	41.6	48.5	48.0	46.3
	房地产业贷款同比增长（%）	41.3	46.5	39.2	38.6	37.1	38.2	37.9	37.2	32.4	29.9	31.0	26.2
人民币	金融机构各项存款余额（亿元）	13 823.4	14 348.4	14 847.6	15 041.9	15 128.4	15 578.9	15 700.3	15 929.8	16 272.8	16 285.8	16 409.5	16 366.1
	其中：城乡居民储蓄存款	6 678.7	7 352.7	7 492.5	7 379.5	7 400.2	7 587.4	7 581.2	7 630.3	7 836.6	7 630.5	7 674.8	7 788.5
	企业存款	4 486.0	4 381.2	4 591.5	4 760.9	4 743.9	4 787.0	4 883.0	4 942.4	4 940.2	5 090.2	5 210.1	5 208.5
	各项存款余额比上月增加（亿元）	514.7	524.9	499.2	194.4	86.5	450.5	121.4	229.5	342.9	13.1	123.7	-43.4
	其中：城乡居民储蓄存款	60.3	672.5	139.9	-113.0	20.7	187.2	-6.2	49.1	206.3	-206.1	44.3	113.7
	企业存款	329.6	-104.8	210.3	169.4	-17.0	43.2	85.9	59.4	-2.2	153.2	119.9	-1.6
	各项存款同比增长（%）	27.8	26.1	24.3	24.2	23.6	23.9	23.3	23.7	25.0	23.5	23.5	23.0
	其中：城乡居民储蓄存款	8.0	15.6	15.9	14.9	14.9	16.1	15.6	17.0	18.3	16.4	17.1	17.7
	企业存款	53.9	41.3	31.2	34.4	32.3	27.6	28.2	23.7	22.4	21.6	23.2	20.6
	金融机构各项贷款余额（亿元）	9 617.8	9 835.1	9 992.0	10 195.4	10 357.5	10 569.1	10 742.3	10 919.3	11 098.3	11 254.7	11 448.9	11 452.3
	其中：个人消费贷款	1 469.6	1 510.3	1 554.8	1 663.4	1 742.1	1 782.3	1 823.8	1 868.2	1 912.5	1 952.4	1 982.6	2 010.3
	票据融资	452.6	391.3	323.0	313.1	333.9	342.8	350.8	354.8	355.0	365.9	374.3	293.1
	各项贷款余额比上月增加（亿元）	327.7	217.3	156.9	203.4	162.1	211.6	173.2	177.0	179.0	156.4	194.2	3.4
	其中：个人消费贷款	100.5	40.7	44.5	108.5	78.8	40.1	41.5	44.4	44.4	39.8	30.2	27.7
	票据融资	-41.7	-61.3	-68.3	-10.0	20.9	8.9	8.0	4.0	0.2	10.9	8.3	-81.1
	金融机构各项贷款同比增长（%）	32.1	30.2	21.6	22.4	22.2	19.1	19.4	21.8	23.1	23.0	24.2	23.3
	其中：个人消费贷款	75.7	79.2	75.3	82.0	83.3	77.7	73.0	68.3	65.3	61.7	54.8	50.1
	票据融资	5.7	-40.1	-64.9	-66.5	-65.3	-65.6	-63.1	-51.2	-37.3	-33.6	-27.8	-40.7
外币	金融机构外币存款余额（亿美元）	15.2	16.9	14.3	13.6	14.9	15.3	15.2	12.4	14.1	13.7	13.7	16.8
	金融机构外币存款同比增长（%）	29.3	24.9	1.7	-6.6	-2.1	-4.5	-4.3	-26.1	-10.0	-5.4	-4.3	17.5
	金融机构外币贷款余额（亿美元）	23.2	23.7	23.2	24.5	28.9	27.3	29.2	29.9	33.2	35.1	38.3	42.9
	金融机构外币贷款同比增长（%）	104.0	110.2	77.0	72.7	90.6	48.5	49.2	45.5	56.8	68.4	76.4	96.4

数据来源：中国人民银行合肥中心支行。

表2　2001～2010年安徽省各类价格指数

单位:%

年/月	居民消费价格指数		农业生产资料价格指数		原材料购进价格指数		工业品出厂价格指数		合肥市房屋销售价格指数	合肥市房屋租赁价格指数	合肥市土地交易价格指数	蚌埠市房屋销售价格指数	蚌埠市房屋租赁价格指数	蚌埠市土地交易价格指数	安庆市房屋销售价格指数	安庆市房屋租赁价格指数	安庆市土地交易价格指数
	当月同比	累计同比	当月同比	累计同比	当月同比	累计同比	当月同比	累计同比	当季(年)同比	当季(年)同比	当季(年)同比	当季(年)同比	当季(年)同比	当季(年)同比	当季(年)同比	当季(年)同比	当季(年)同比
2001	—	0.5	—	-2.1	—	0.2	—	-1.4	0.5	-1.4	0.4	—	—	—	—	—	—
2002	—	-1.0	—	-0.1	—	-1.8	—	-0.2	4.0	2.0	3.7	3.1	-0.4	0.8	5.2	1.0	6.0
2003	—	1.7	—	0.2	—	6.7	—	3.5	4.1	2.3	7.0	2.1	5.9	4.3	3.8	0.6	5.7
2004	—	4.5	—	12.0	—	15.0	—	8.2	5.6	0.7	5.4	4.5	0.9	3.5	4.8	4.8	11.5
2005	—	1.4	—	8.3	—	7.1	—	3.3	6.2	0.2	10.6	3.1	0.0	3.7	7.1	5.9	9.0
2006	—	1.2	—	0.0	—	3.9	—	3.1	1.3	1.7	1.5	4.3	0.1	5.9	5.8	5.1	4.9
2007	—	5.3	—	6.8	—	5.1	—	3.6	1.8	0.6	4.1	8.9	0.5	6.8	4.8	2.8	6.0
2008	—	6.2	—	23.9	—	12.4	—	8.4	8.4	0.5	4.9	9.1	16.1	4.0	3.7	0.6	4.0
2009	—	-0.9	—	-4.2	—	-4.7	—	-7.2	0.0	1.2	0.6	1.1	0.2	0.3	2.3	1.1	4.1
2010	—	3.1	—	2.0	—	11.8	—	9.0	8.7	2.0	9.5	9.6	5.3	1.7	7.7	2.9	8.3
2009　1	0.5	0.5	11.8	11.8	-0.1	-0.1	-5.3	-5.3	—	—	—	—	—	—	—	—	—
2	-3.0	-1.2	9.8	10.8	-1.6	-0.8	-6.7	-0.6	—	—	—	—	—	—	—	—	—
3	-2.0	-1.5	6.1	9.2	-3.7	-1.8	-8.4	-6.8	-0.8	0.8	1.0	-0.1	0.5	0.4	2.9	0.8	3.8
4	-2.3	-1.7	0.8	7.0	-4.6	-2.5	-8.8	-7.3	—	—	—	—	—	—	—	—	—
5	-1.8	-1.7	-4.8	4.5	-6.7	-3.3	-10.1	-7.9	—	—	—	—	—	—	—	—	—
6	-2.2	-1.8	-9.0	2.0	-7.1	-4.0	-10.4	-8.3	-1.2	0.8	-0.2	-0.5	0.0	0.1	2.0	0.8	3.7
7	-1.9	-1.8	-12.6	-0.3	-8.6	-4.6	-11.8	-8.8	—	—	—	—	—	—	—	—	—
8	-0.8	-1.7	-12.2	-1.9	-8.4	-5.1	-10.7	-9.0	—	—	—	—	—	—	—	—	—
9	-0.4	-1.5	-12.9	-3.2	-7.7	-5.4	-9.7	-9.1	-0.1	1.6	0.7	0.8	0.1	0.0	1.9	1.3	3.5
10	-0.5	-1.4	-10.4	-4.0	-6.6	-5.5	-6.5	-8.8	—	—	—	—	—	—	—	—	—
11	1.0	-1.2	-7.1	-4.2	-3.1	-5.3	-1.4	-8.1	—	—	—	—	—	—	—	—	—
12	2.5	-0.9	-3.5	-4.2	1.1	-4.7	3.7	-7.2	2.1	1.6	1.0	4.2	0.1	0.8	2.5	1.7	5.3
2010　1	2.0	2.0	-2.5	-2.5	4.9	4.9	8.5	8.5	—	—	—	—	—	—	—	—	—
2	2.4	2.2	-2.1	-2.3	11.4	8.2	8.7	8.6	—	—	—	—	—	—	—	—	—
3	2.3	2.2	-3.2	-2.6	12.1	9.5	9.9	9.1	8.8	1.6	9.1	10.9	5.0	0.6	6.0	2.1	7.4
4	2.7	2.4	-3.8	-2.9	16.9	11.3	9.3	9.1	—	—	—	—	—	—	—	—	—
5	2.7	2.4	0.0	-2.3	13.2	11.7	10.0	9.3	—	—	—	—	—	—	—	—	—
6	2.7	2.5	2.1	-1.6	12.8	11.9	8.5	9.2	10.9	2.6	9.2	10.8	5.2	0.7	8.0	2.5	8.4
7	2.9	2.5	3.1	-1.0	11.0	11.8	7.7	9.0	—	—	—	—	—	—	—	—	—
8	2.7	2.5	3.6	-0.4	10.7	11.6	7.0	8.7	—	—	—	—	—	—	—	—	—
9	3.2	2.6	4.9	0.1	9.8	11.4	7.4	8.6	8.1	1.2	7.3	9.1	5.5	1.6	8.8	2.4	9.1
10	4.4	2.8	6.9	0.8	11.3	11.4	8.6	8.6	—	—	—	—	—	—	—	—	—
11	5.4	3.0	8.8	1.5	13.7	11.6	10.9	8.8	—	—	—	—	—	—	—	—	—
12	4.2	3.1	7.6	2.0	13.3	11.8	11.2	9.0	7.0	2.6	12.5	7.6	5.5	3.8	8.0	4.4	8.4

数据来源：安徽省统计局、国家统计局安徽调查总队。

表3　2010年安徽省主要经济指标

	1月	2月	3月	4月	5月	6月	7月	8月	9月	10月	11月	12月
	绝对值（自年初累计）											
地区生产总值(亿元)	—	—	2 303.3	—	—	5 537.2	—	—	8 820.8	—	—	12 263.4
第一产业	—	—	216.7	—	—	644.0	—	—	979.4	—	—	1 729.0
第二产业	—	—	1 227.9	—	—	3 039.0	—	—	4 948.0	—	—	6 391.1
第三产业	—	—	858.7	—	—	1 854.2	—	—	2 893.4	—	—	4 143.3
工业增加值(亿元)	372.3	699.3	1 106.0	1 509.8	1 978.6	2 443.8	2 887.8	3 376.6	3 882.5	4 387.7	4 968.4	5 601.9
城镇固定资产投资(亿元)	—	821.0	1 530.3	2 352.6	3 006.5	4 429.8	5 250.5	6 195.6	7 300.5	8 302.8	9 165.5	10 281.8
房地产开发投资	—	233.1	389.1	541.4	723.9	942.2	1 105.2	1 322.3	1 542.0	1 787.6	1 981.1	2 251.8
社会消费品零售总额(亿元)	363.6	685.1	986.8	1 286.8	1 618.2	1 932.1	2 250.7	2 585.5	2 959.5	3 352.9	3 738.4	4 151.5
外贸进出口总额(亿美元)	16.4	31.0	48.3	65.7	87.2	109.2	129.5	150.7	173.1	192.2	216.8	242.8
进口	7.8	14.9	24.4	32.7	43.6	54.7	63.8	73.3	84.4	93.9	105.8	118.6
出口	8.6	16.1	23.9	33.0	43.6	54.5	65.7	77.4	88.7	98.3	111.0	124.2
进出口差额(出口–进口)	0.8	1.2	-0.6	0.3	0.0	-0.2	1.9	4.2	4.2	4.4	5.3	5.6
外商实际直接投资(万美元)	51 800.0	83 436.0	115 295.0	151 743.0	196 712.0	247 261.0	280 078.0	312 826.0	352 127.0	412 593.0	469 833.0	501 446.0
地方财政收支差额(亿元)	8.2	-104.0	-176.4	-234.2	-290.6	-426.5	-517.1	-631.8	-756.2	-815.9	-1 040.2	-1 417.5
地方财政收入	90.5	175.7	262.2	361.2	454.3	554.1	645.6	725.3	812.2	902.9	996.4	1 149.4
地方财政支出	82.3	279.7	438.7	595.4	745.0	980.6	1 162.7	1 357.1	1 568.4	1 718.8	2 036.6	2 566.9
城镇登记失业率(%)（季度）	—	—	3.99	—	—	3.88	—	—	3.68	—	—	3.66
	同比累计增长率（%）											
地区生产总值	—	—	14.9	—	—	15.4	—	—	14.7	—	—	14.5
第一产业	—	—	4.5	—	—	4.5	—	—	4.8	—	—	4.5
第二产业	—	—	22.8	—	—	21.0	—	—	19.8	—	—	20.7
第三产业	—	—	7.8	—	—	10.9	—	—	10.5	—	—	10.0
工业增加值	40.8	26.5	26.5	26.3	27.0	26.3	24.0	24.0	23.6	23.5	23.4	23.6
城镇固定资产投资	—	26.4	22.0	26.7	29.7	29.6	29.8	30.6	29.9	29.0	29.1	29.4
房地产开发投资	—	38.7	28.8	30.8	32.2	31.4	30.9	32.2	33.0	34.9	33.9	34.9
社会消费品零售总额	20.3	18.5	18.7	18.9	19.0	19.1	19.0	19.1	19.2	19.2	19.2	19.2
外贸进出口总额	43.9	55.5	49.5	46.5	54.4	58.7	57.6	58.6	54.9	53.0	55.6	54.8
进口	100.3	85.2	81.3	71.8	86.4	89.5	84.6	83.2	76.9	73.4	76.3	74.6
出口	14.8	35.4	26.8	27.8	31.8	36.4	38.0	40.7	38.5	37.5	40.0	39.7
外商实际直接投资	41.4	29.4	18.5	22.9	29.0	25.0	23.6	24.7	21.7	27.8	34.4	29.1
地方财政收入	26.4	43.5	39.1	37.5	36.7	32.2	29.9	29.2	28.5	28.7	30.0	33.0
地方财政支出	- 11.2	11.7	18.4	22.3	17.6	22.2	25.1	28.0	24.6	22.7	29.7	19.8

数据来源：安徽省统计局。

2010年福建省金融运行报告

中国人民银行福州中心支行货币政策分析小组

[内容摘要] 2010年，福建省坚持“先行先试、加快转变、民生优先、党建科学”，全力推动科学发展、跨越发展，经济金融发展取得新成效。三大需求增长持续加快，投资增长逐季度加速，消费需求保持旺盛势头，对外贸易增速高位趋稳，闽台经贸快速增长；三次产业增长有所分化，工业主导作用凸显，农业和服务业持续平稳增长；价格总水平上涨有所加快，通货膨胀压力加大。金融部门认真落实适度宽松的货币政策，积极创造逐步向常态回归的货币信贷条件，银行存贷款保持较快增长，证券市场融资总量扩大，保险市场较快发展，金融生态环境建设稳步推进，闽台金融合作先行先试取得新进展，有力地促进了海西经济发展。

2011年，福建省将坚持以科学发展为主题，以加快转变、跨越发展为主线，继续打好“五大战役”，加快调整产业结构，着力培育发展战略性新兴产业，发展现代服务业和海洋经济。探索新途径新模式，拓展闽台交流合作，高起点推进平潭开放开发。金融部门将认真贯彻执行稳健的货币政策，优化社会融资结构，鼓励发展直接融资，引导企业融资向“间接融资与直接融资并举转变”，服务于经济结构调整大局，支持经济可持续发展。

一、金融运行情况

2010年，福建省金融业运行平稳。银行存贷款保持较快增长，证券市场融资总量扩大，保险市场较快发展，金融生态环境建设有序推进，有力地促进了海西经济发展。

（一）银行业快速发展，资产规模和质量提升

福建省银行业金融机构认真落实适度宽松的货币政策，并合理把握贷款投放的数量、节奏和结构，资产质量继续提升，经营效益改善。

1. 资产规模持续扩大，存贷比较高。年末全省法人银行业机构81家（见表1），资产总额增长27.1%。全年全部金融机构利润增长36.9%。年末，本外币余额存贷比达85%，高于全国15.6个百分点。本外币不良贷款率比上年年末下降0.5个百分点。

2. 存款保持较快增长，结构变化突出。全年本外币各项存款增加3 658.1亿元，占“十一五”增量（1.11万亿元）的33%，比上年多增733.3亿元，年末，余额增长24.2%，其中，人民币存款年末余额增长24.5%（见图1），均与上年年末基本持平。存款来源结构大幅调整，储蓄存款和企业存款增量占比分别较上年下降14.6个和8.4个百分点。在通货膨胀预期下，居民定期储蓄意愿下降，企业偏好预留短期资金，导致银行负债结构短期化明显。

表1　2010年福建省银行业金融机构情况

机构类别	营业网点[①]			法人机构（个）
	机构个数（个）	从业人数（人）	资产总额（亿元）	
一、大型商业银行[②]	2 133	54 107	11 164.9	0
二、国家开发银行及政策性银行[③]	38	1 105	1 572.6	0
三、股份制商业银行[④]	270	12 625	10 844.0	1
四、城市商业银行	122	4 323	1 415.7	3
五、农村合作机构[⑤]	1 826	17 461	2 077.4	68
六、财务公司	1	19	33.8	1
七、信托投资公司	2	246	22.6	2
八、邮政储蓄银行	943	4 535	826.7	0
九、外资银行	35	1 155	667.2	2
十、农村新型机构[⑥]	5	126	12.2	4
合　计	5 375	95 702	28 637.1	81

注：①不包括国家开发银行和政策性银行、大型商业银行、股份制银行等金融机构总部数据。

②包括中国工商银行、中国农业银行、中国银行、中国建设银行和交通银行。

③包括国家开发银行、中国农业发展银行和中国进出口银行。

④包括中信银行、中国光大银行、华夏银行、招商银行、上海浦东发展银行、兴业银行、中国民生银行、恒丰银行等。

⑤包括农村信用社、农村合作银行和农村商业银行。

⑥包括村镇银行、贷款公司和农村资金互助社。

数据来源：中国人民银行福州中心支行、福建银监局。

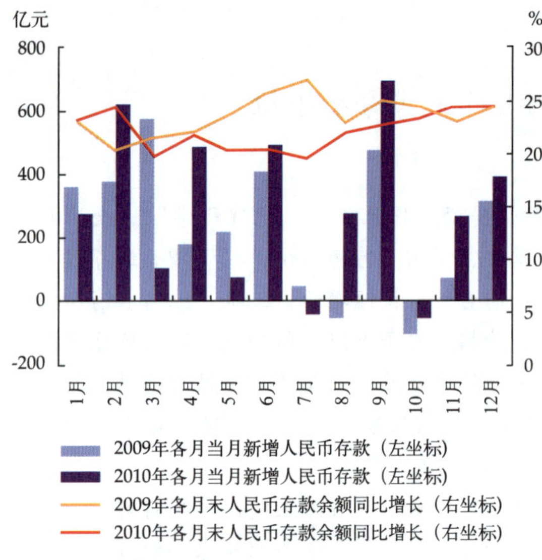

数据来源：中国人民银行福州中心支行。

图1 2010年福建省金融机构人民币存款增长变化

3. 贷款保持较快增长，结构调整明显。全年本外币贷款增加3 015亿元，占“十一五”增量（1.06万亿元）的28.3%，比上年多增1亿元，月度贷款投放节奏比上年更加均衡（见图2）。年末，本外币各项贷款余额增长23.4%，其中，人民币贷款增长23.2%（见图2、图3），比上年回落明显。

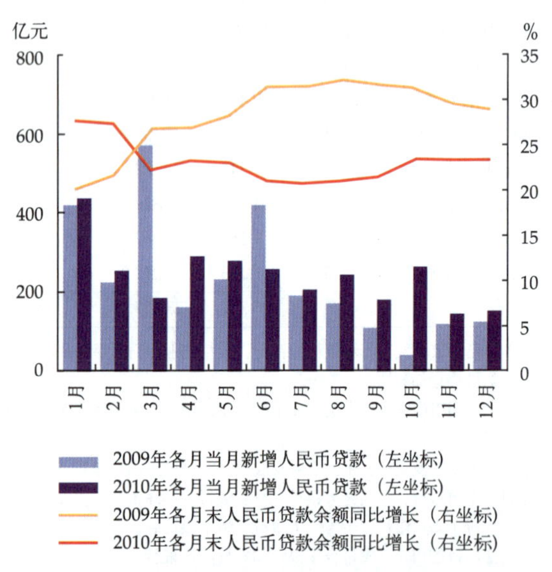

数据来源：中国人民银行福州中心支行。

图2 2010年福建省金融机构人民币贷款增长变化

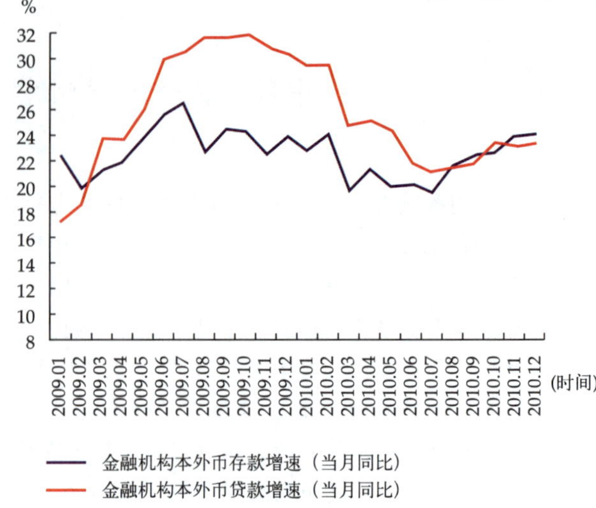

数据来源：中国人民银行福州中心支行。

图3 2009～2010年福建省金融机构本外币存、贷款增速变化

生产流通领域贷款增量显著扩大。在全年公司类贷款增量中，制造业和批发零售业贷款占比分别较上年提高7.7个和10个百分点。电力、燃气及水的生产和供应业、交通运输、仓储和邮政业及水利、环境和公共设施管理业等基础设施贷款比上年少增337.5亿元。全年个人生产经营性贷款增加502亿元，比上年多增267亿元。

薄弱环节信贷支持力度进一步增强。全年涉农贷款增加1 100.6亿元，比上年多增223.5亿元（见专栏1）；小企业贷款增加1 154.5亿元，仅次于浙江、江苏、广东、山东四省，占全省企业贷款的比重达60.4%。“网贷通”小企业网络循环贷款、“金博士”自助循环贷款、“金芝麻”小企业系列融资产品等24个主要中小企业信贷产品全年增加贷款420亿元。全省中国人民银行各级分支机构有效发挥再贴现和支农再贷款工具的导向作用，扩大农村和中小企业信贷投放，全年办理再贴现79.5亿元，比上年增加63.6亿元；发放支农再贷款21.4亿元，比上年增加9亿元，优先支持支农比重较高的县域存款类法人金融机构和农村小额信贷创新，并向欠发达和受灾地区倾斜。

专栏1 加强推动，全面提升落后地区农村金融服务水平

加强落后地区农村金融服务是中国人民银行信贷政策的重要导向，也是事关落后地区农村发展的重大民生问题。落后地区农村金融服务不足主要体现在两个方面：一是信贷服务不足，金融机构难贷款和农村经济主体贷款难的问题并存；二是基础金融服务不足，部分银行网点较少甚至“零网点”的贫困乡村农民存、取、汇等基本金融服务无法得到有效满足。为全面提升落后地区农村金融服务水平，福建省中国人民银行各级分支机构积极运作，上下联动，横向协调，改善贫困地区信贷服务和支付结算服务在点上和面上分别取得较大突破，相关工作得到国务院扶贫部门和中国人民银行总行的高度肯定。

“点”上促进贫困地区信贷服务水平提升。落后地区由于农户融资担保难，金融机构贷款调查成本高，农户与金融机构直接对接存在梗阻因素。2003年以来，作为国家级贫困县的福建宁德辖区屏南县积极探索，引入政府信用，搭建银农对接平台，建立了小额信贷促进会，同时在乡、村两级分别组建了乡镇信用建设促进会和村级担保会，吸纳村里主干、经济能人、乡镇干部参与，会内设立风险基金和担保基金，兼具贷款推介、贷款担保、贷前调查、贷后跟踪和协助推进农村信用体系建设等职能。金融机构与屏南县、乡、村三级小额信贷促进机构合作，探索实现扶贫小额贷款调查服务“外包”，促进扶贫小额贷款由零售业务向批发业务转变，解决了金融机构扶贫面临的贷款风险大和贷款调查成本高等难题，推动屏南农户贷款大幅增长。截至2010年年末，屏南小额信贷促进会累计推介担保农户小额贷款4 632笔，共计9 760万元，无一笔坏账贷款，年末，推介担保农户小额贷款余额5 612万元。

“面”上全面改进落后地区农村支付结算服务。中国人民银行福州中心支行大力实施新农村支付结算畅通工程建设，制订全省畅通工程发展规划，对支付基础设施改进、自助设备覆盖、业务系统延伸、支付服务效率和质量、支付工具推广和应用等设定目标和时间表，逐项分解、逐层落实，全面推进。截至2010年年末，农村金融机构通过直接或间接的方式全部加入现代化支付系统，农村金融机构网点基本实现跨行直接通汇，进一步提高落后地区农村支付服务效率。有效地争取了落后地区各级政府对农村增布自助服务终端的财政补贴支持，截至2010年年末，全省ATM乡镇覆盖率达46.97%，POS乡镇覆盖率达64.72%，全省59个县市中的38个实现“村村通”（自助设备覆盖行政村），18个开办POS小额取现等支付结算创新业务，有效地改善了农村地区银行卡受理环境，有效地解决了落后地区农民存、取、汇难的问题。同时对接农村新农保项目，引导涉农金融机构在落后地区大力推广运用各类非现金支付结算工具，支持金融机构依托银行卡大力创新各类自助可循环授信业务，截至2010年年末，中国农业银行新增“惠农卡”166万张，新增农户贷款20.3亿元，新增农户授信3.28万户，进一步提高了落后农村有效信贷需求满足率。

4. 现金净投放大量增加。2010年银行现金收支扭转前两年连续下降态势，净投放80.4亿元（见表2），主要受2011年春节较早和固定资产投资增长较快等影响。

5. 贷款利率水平持续上升。人民币贷款利率受市场流动性趋紧及信贷规模调控影响逐季度小幅上行，外币存贷款利率受国际市场资金和国内信贷调

表2 2010年福建省金融机构现金收支情况表

单位：亿元、%

	年累计额	同比增速
现金收入	26 474.8	8.4
现金支出	26 555.2	8.7
现金净支出	80.4	1 046.9

数据来源：中国人民银行福州中心支行。

控的双重影响震荡走高（见图4）。随着货币政策向常态回归，增量贷款逐步向银行议价能力高的中小企业集中，带动上浮利率贷款占比提高（见表3）。

表3 2010年福建省金融机构各利率浮动区间贷款占比表

单位：%

		合计	国有商业银行	股份制商业银行	区域性商业银行	城乡信用社
合计		100.0	100.0	100.0	100.0	100.0
[0.9～1.0)		22.4	25.4	21.3	9.3	1.4
1.0		27.9	34.4	22.4	22.0	2.8
上浮水平	小计	49.7	40.2	56.3	68.7	95.8
	(1.0～1.1]	20.3	19.3	29.1	25.3	3.3
	(1.1～1.3]	19.2	18.1	26.1	35.2	15.2
	(1.3～1.5]	4.0	2.8	1.1	7.5	20.4
	(1.5～2.0]	4.6	0.0	0.0	0.7	45.9
	2.0以上	1.5	0.0	0.0	0.0	11.0

数据来源：中国人民银行福州中心支行。

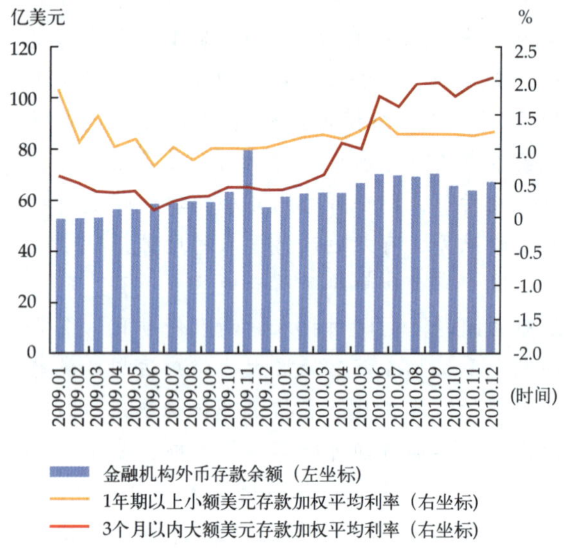

数据来源：中国人民银行福州中心支行。

图4 2009～2010年福建省金融机构外币存款余额及外币存款利率

6. 银行业改革稳步推进。中国农业银行福建省分行"三农金融事业部"改革试点工作全面开展，基本建立区别和独立于城市业务的运行框架，相关改革工作走在全国前列，中国农业银行福建省县域贷款增长24.9%，高于该行全省贷款增速7.1个百分点。地方法人银行机构改革稳步推进，福建海峡银行首次跨省在温州设立分行。农村商业银行组建提速，已有福州、莆田、龙岩上杭等地3家机构开业。农村新型金融组织加快发展，新增2家村镇银行、5家小额贷款公司开业，同时还有10家小额贷款公司获批筹建。

7. 人民币跨境业务试点进展迅速。福建省试点启动至年末，共有19家银行为158家企业和机构办理人民币跨境业务529笔，累计金额达136.2亿元。

（二）证券业稳步发展，证券融资规模扩大

1.证券期货业平稳运行。年末，全省共有法人证券公司3家，证券营业部194家，法人期货公司4家，期货营业部63家。证券营业部实现利润总额比上年下降37%；期货营业部实现利润总额比上年增长37.3%。

2.企业证券融资活跃。全年福建企业在国内外股票市场融资502.7亿元，其中，在A股市场融资398.7亿元，在中国香港、德国、韩国、新加坡等证券交易所融资104亿元。同时，债券融资力度加大，全年发行各类债券154.5亿元（见表4）。

表4 2010年福建省证券业基本情况表

项目	数量
总部设在辖内的证券公司数（家）	3
总部设在辖内的基金公司数（家）	0
总部设在辖内的期货公司数（家）	4
年末国内上市公司数（家）	73
当年国内股票（A股）筹资（亿元）	398.7
当年发行H股筹资（亿元）	104
当年国内债券筹资（亿元）	154.5
其中：短期融资券筹资额（亿元）	65.5
中期票据筹资额（亿元）	30

注：当年发行H股筹资为所有境外上市融资，国内债券筹资包括次级债、短期融资、中期票据和企业债。

数据来源：中国人民银行福州中心支行、福建证监局、福建省发展改革委。

（三）保险业平稳运行，保障作用不断增强

1. 保险经营主体不断增加。新增保险专业中介主体2家。保险公司资产规模增长25.4%。

2. 各项保险业务较快增长。全年福建省保费收入增长28.1%；各项赔付增长8.6%；保险密度和深度分别比上年提高247元和0.2个百分点（见表5）。政策性农业保险拓展居全国前列，出口信用保险快速发展。全年出口信用保险承保金额增长70.5%，支付赔款增长68.4%；保单融资额增长79.4%。

表5　2010年福建省保险业基本情况表

项目	数量
总部设在辖内的保险公司数（家）	2
其中：财产险经营主体（家）	1
寿险经营主体（家）	1
保险公司分支机构（家）	44
其中：财产险公司分支机构（家）	21
寿险公司分支机构（家）	23
保费收入（中外资，亿元）	423.6
其中：财产险保费收入（中外资，亿元）	128.1
人身险保费收入（中外资，亿元）	295.5
各类赔款给付（中外资，亿元）	102.9
保险密度（元/人）	1 159.0
保险深度（%）	3.0

数据来源：福建保监局。

（四）金融市场交易活跃，直接融资占比提高

1. 融资结构优化。由于企业发债和股票融资规模扩大，直接融资占比较上年提高2.4个百分点（见表6）。全年福建省非金融机构直接融资总额419.2亿元，其中，发行短期融资券和中期票据共95.5亿元。

2. 货币市场资金净融入扩大。全年福建省银行间市场同业拆借、债券交易净融入资金2.75万亿元，增长45.3%。

3. 票据融资总量增长平稳。年末，全省票据融资余额比上年年末增长20.1%，其中，承兑余额增长43.9%，贴现余额下降50.3%（见表7）。票据贴现和转贴现利率水平逐季度走高，第四季度随着存款准备金率和存贷款基准利率上调，票据市场利率大幅上升（见表8）。

表6　2001～2010年福建省非金融机构融资结构表

单位：亿元、%

年份	融资量	比重		
		贷款	债券（含可转债）	股票
2001	429.2	96.0	0.0	4.0
2002	318.7	95.8	0.0	4.2
2003	858.5	97.5	0.0	2.5
2004	729.9	98.3	0.0	1.7
2005	794.7	94.1	3.8	2.2
2006	1 417.5	98.0	0.4	1.6
2007	1 954.7	89.0	4.4	6.6
2008	1 723.6	86.1	3.3	10.6
2009	3 340.5	90.2	3.4	6.3
2010	3 434.2	87.8	3.5	8.7

数据来源：中国人民银行福州中心支行。

表7　2010年福建省金融机构票据业务量统计表

单位：亿元

季度	银行承兑汇票承兑		贴现			
			银行承兑汇票		商业承兑汇票	
	余额	累计发生额	余额	累计发生额	余额	累计发生额
1	1 599.8	1 021.5	234.5	1 120.3	27.7	86.8
2	1 702.1	1 998.7	260.0	2 429.1	27.9	148.1
3	1 938.6	3 256.9	245.2	3 943.9	14.2	190.3
4	2 189.7	4 518.1	239.0	5 535.6	11.7	244.9

数据来源：中国人民银行福州中心支行。

表8　2010年福建省金融机构票据贴现、转贴现利率表

单位：%

季度	贴现		转贴现	
	银行承兑汇票	商业承兑汇票	票据买断	票据回购
1	3.3900	3.8800	2.6379	2.7114
2	3.6900	4.5412	2.9158	2.9706
3	4.0600	5.0612	3.2299	3.0529
4	4.9900	6.1155	3.9980	4.1322

数据来源：中国人民银行福州中心支行。

4. 黄金和外汇交易活跃。省内金融机构办理纸黄金和实物黄金交易比上年增长16.8%。省内上海黄金交易所会员单位在交易所黄金成交总量比上年增长38.4%。由于国内经济回升和人民币升值预期等影响，全年外汇净结汇比上年增长42.6%。

5. 民间借贷量价齐升。抽样调查显示，2010年，福建省民间借贷样本市场发生额扩大，样本平均利率比上年略有提高。调查反映，2010年，福建担保机构的民间借贷业务呈扩大态势，民间借贷担保程度不断提高。

6. 金融衍生产品交易活跃。全年人民币利率互换累计交易额为3 036.3亿元，其中，固定利率本金交易额为1 497.8亿元，浮动利率本金交易额为1 538.5亿元；人民币远期利率协议累计交易额为23亿元，其中，固定利率本金交易额为3亿元，浮动利率本金交易额为20亿元。信托集合理财产品在银行间债券市场交易额为246.7亿元，增长11.5倍。

（五）金融生态环境建设不断推进，金融投资环境优化

1. 金融法律制度彰显海峡西岸特色。2010年，福建省出台《福建省实施〈中华人民共和国台湾同胞投资保护法〉办法》，鼓励台湾同胞投资者依法在福建省设立银行、保险、证券等金融机构或者参股福建省金融机构，推动两岸区域性金融服务中心建设。福建、浙江、广东、江西等省高级人民法院联合签署“海峡西岸经济区法院涉台司法事务合作协议”，构筑司法交流合作平台。

2. 征信系统建设不断推进。截至年末，企业征信系统收集企业23.2万户，约占全省企业总数的71.6%；个人征信系统收集自然人数2 249万人，约占全省人口总数的62.3%。企业和个人信用报告应用范围不断拓展，在公务员选拔录用、人大代表和政协委员资格审查、担保机构股东资格审查、股指期货账户开立等方面得到使用。企业征信系统全年查询量达317万次，日均查询量达1.4万次；个人征信系统全年查询量达955.7万次，日均查询量达4.2万次。

积极推进农村信用体系建设。已为196.2万户农户建立信用档案，并对已建档的127.6万户农户累计发放贷款1 607亿元。中小企业信用体系促进企业积累信用并提高融资能力。全省对尚未贷款的78 582户中小企业建立信用档案，使7 390户企业获得银行授信意向，7 120户企业获得银行融资。

3. 金融基础设施建设取得新进展。福建省成为全国首个上线运行公民身份信息核实系统的省份，率先解决联网核查疑义信息再核实的问题。银行卡产业健康快速发展，全年银行卡卡均交易笔数和金额分别增长28%和81%。抓住建设“福建省社会保障卡项目”的契机，推动金融IC卡产业跨越发展。截至年末，全省金融IC卡发卡量居全国第一位。农村支付环境建设步入良性循环阶段。年末，全省63%的县（市）、70%的行政村实现“村村通”。

4. 构建洗钱预防网络，维护海西和谐金融环境。在全国率先建立“以县为块”的反洗钱资金监测“情报网”和中国人民银行各级分支机构与金融机构间 “信息高速路网络”，可疑交易监测能力明显提高。全省共堵截以“警察查洗钱”为名义的诈骗案件19起，拒绝匿名、假名、利用他人证件和犯罪嫌疑人开户申请2 006户；向侦查机关报案82起、立案49起、协助破案41起；成功推动判决洗钱罪和掩饰、隐瞒犯罪所得、犯罪所得收益罪共16起。

（六）闽台金融合作先行先试，机构和业务合作获新进展

1. 多家台资金融机构进驻福建。台资国泰产险福建分公司在福州正式成立。台湾元富证券子公司——元富证券（香港）有限公司获批设立厦门代表处，成为落户厦门的第三家具有台资背景的证券代表处。富邦财产保险有限公司在厦门成立，注册资本额为4亿元人民币，是ECFA生效后首家进入大陆的台资保险公司，也是第一家总部设在福建的财产保险公司。

2. 新台币现钞兑换业务扩大到全省多家银行。3月和11月，福建省新台币现钞兑换业务由省内中国银行先后扩大到省内交通银行、兴业银行和厦门银行在厦门市取得结售业务经营资格的分支机构。11月，国家外汇管理局进一步批准中国银行、交通银行、兴业银行、厦门银行签约授权的外币代兑机构办理新台币兑换业务，使新台币兑换业务由银行柜面延伸至签约授权代兑机构。全年福建省新台币兑出、兑入业务量分别达到2.2亿元和2.3亿元新台币，比上年分别增长113%和39.1%。

3. 两岸合作海峡产业投资基金及其管理公司获准设立。5月，我国首个海峡两岸合资产业投资基金管理公司——海峡汇富产业投资基金管理有限公司获批成立。其所管理的海峡产业投资基金，注册资本为1亿元，由国家开发投资公司、福建省投资开发集团和台湾富邦金控按4：3：3的比例出资筹建，其目标规模为200亿元人民币。

二、经济运行情况

2010年，福建省坚持“先行先试、加快转变、民生优先、党建科学”的方针，全力推动科学发展、跨越发展，经济发展取得新成效。全年地区生产总值为14 357.1亿元，实现五年翻番，比上年增长13.8%（见图5），人均地区生产总值达39 432元，按年末汇率折算接近6 000美元。

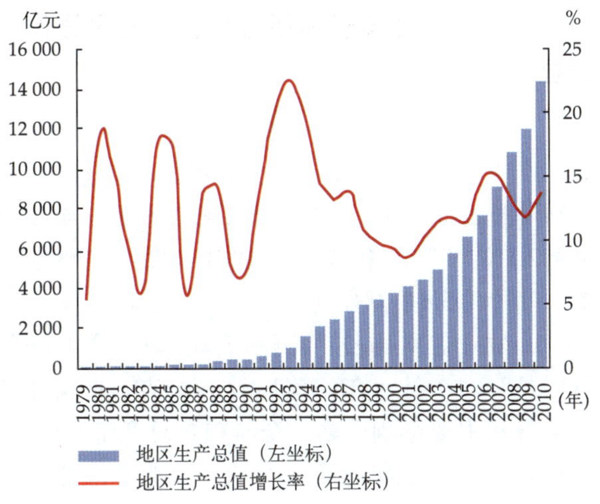

数据来源：福建省统计局。

图5 1979～2010年福建省地区生产总值及其增长率

（一）内需增速有所加快，外需持续高位增长

2010年，福建省三大需求持续增长。投资增长逐季度加速，尤其是第三季度以来，按照福建省委、省政府“大干150天、打好‘五大战役’”[①]的工作部署，固定资产投资加快推进；消费需求保持旺盛势头；对外贸易持续高位增长。

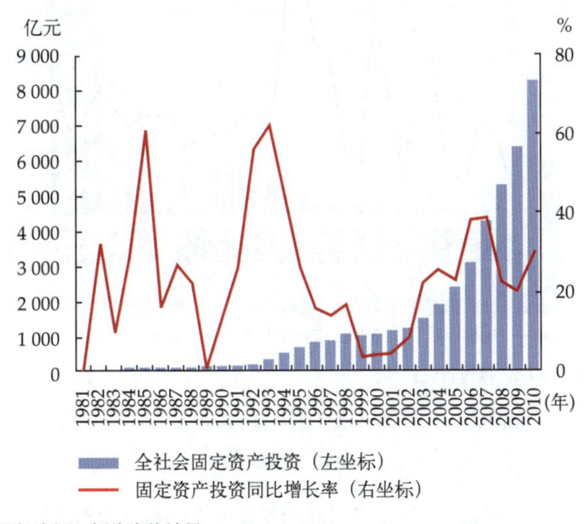

数据来源：福建省统计局。

图6 1981～2010年福建省固定资产投资及其增长率

1. 固定资产投资增长加快，民间投资贡献提升明显。全年全社会固定资产投资增长30%，比上年提高10个百分点（见图6）。其中，城镇投资增长31.4%，主要受民间投资增长44.0%带动。另外，受土地购置费大幅增加等影响，全省房地产开发投资在上年负增长的基础上增长60.1%。

2. 消费市场保持活跃，居民收入持续增长。全省社会消费品零售总额增长18.5%，比上年提高2.6个百分点（见图7）。其中，城镇增长19.6%，占全省零售额的比重达89.0%，乡村消费仅增长10.2%。全年全省城镇居民人均可支配收入增长11.3%。农民人均纯收入增长11.2%。

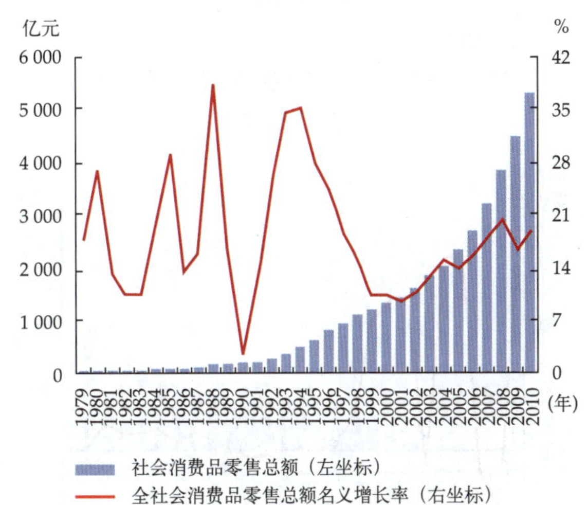

数据来源：福建省统计局。

图7 1979～2010年福建省社会消费品零售总额及其增长率

3. 进出口快速增长，利用外资低速徘徊。在电视机、箱包、钢材、机电产品、烤鳗、工艺品等大宗传统优势商品出口快速增长的带动下，全省出口增长34.1%（见图8）。其中，民营企业和国有企业出口高于全省平均水平，分别增长42.3%和36.1%。进口增长41.6%，其中，民营企业和外资企业分别增长49.4%和42.8%。按历史可比口径，全省实际利用外商直接投资103.2亿美元，增长2.5%（见图9）。对外投资较快增长，全省中方对外投资额为8.1亿美元，增长87%。

---

① “五大战役”涵盖领域包括重点项目建设、新增长区域发展、城市建设、小城镇改革发展以及民生工程。

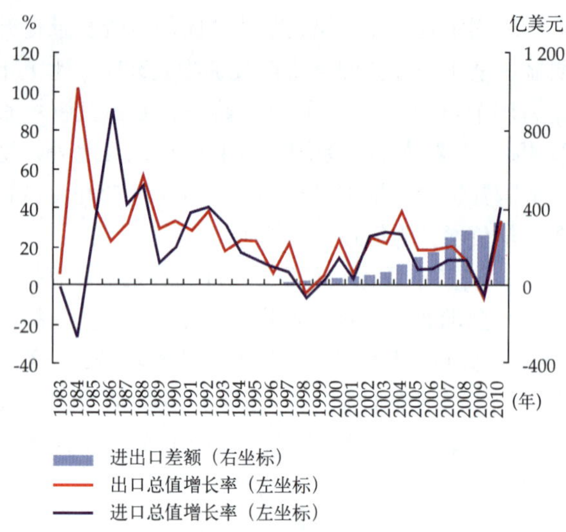

数据来源：福建省统计局。

图8 1983～2010年福建省外贸进出口变动情况

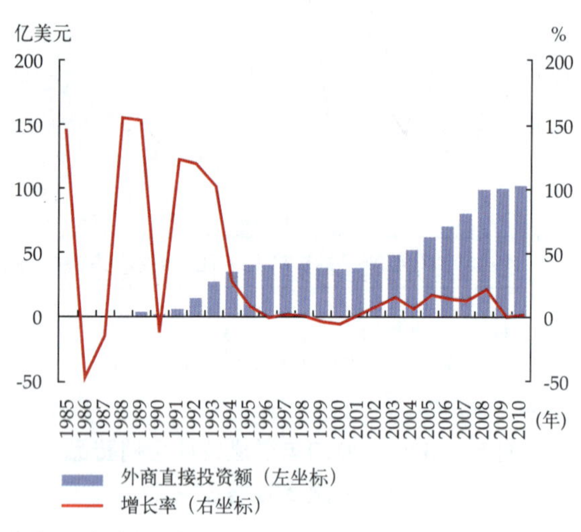

数据来源：福建省统计局。

图9 1985～2010年福建省外商直接投资情况

4.闽台经贸快速增长。全年闽台贸易额达103.9亿美元，增长48.7%；按可比口径合同利用台资16.6亿美元，增长143.8%。闽台海上直航运送旅客146.8万人次，增长6.2%；对台海运直航集装箱运输67万标箱，增长18%。

5.平潭综合实验区建设全面展开。赋予平潭设区市及部分省级经济管理权限，积极探索两岸合作新模式。平潭海峡大桥、渔平高速公路等项目建成通车，福州至平潭快速铁路及跨海公铁大桥、长平高速公路、平潭海峡大桥复桥、环岛公路一期等项目开工建设。

（二）产业增长有所分化，工业主导作用凸显

2010年，第一产业和第三产业持续平稳增长，第二产业增速较上年显著提升并保持高位运行，对经济增长贡献凸显。三次产业对经济增长贡献率分别为2.1%、70.2%和27.7%，分别拉动经济增长0.3个、9.7个和3.8个百分点。

1. 农业保持增长，增幅回落。第一产业增加值增长3.3%，比上年回落1.4个百分点，低温和洪涝灾害是主要影响因素。全年粮食总产量达661.9万吨，略低于上年水平，林业、牧业和渔业保持稳定增长。

2. 工业对经济增长支撑作用显著，效益持续改善。国际金融危机影响弱化，国内外需求趋旺，带动福建工业从年初开始保持快速增长。全部工业增加值增长18.4%，比上年提高5.4个百分点（见图10）。工业对GDP的贡献率为61%，比上年提高13.4个百分点。在石油化工及机械装备等主导产业带动下，重工业发展继续快于轻工业。

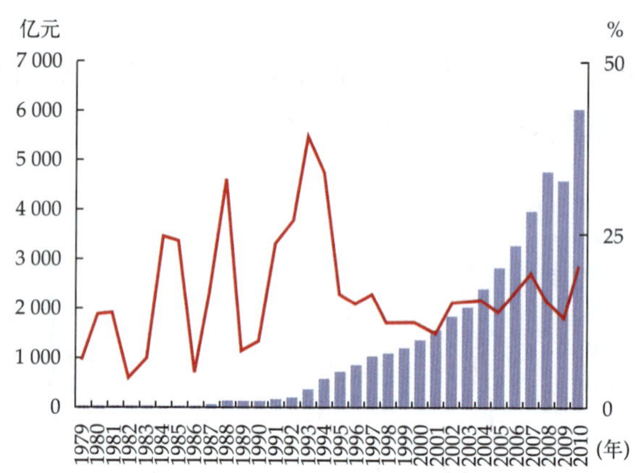

数据来源：福建省统计局。

图10 1979～2010年福建省工业增加值及其增长率

全省规模以上工业经济效益综合指数为220，比上年提高26.3个点；规模以上工业企业实现利润增长55.6%，增幅比上年提高20个百分点。

3. 服务业增速回落。服务业增加值增长9.7%，比上年回落2.6个百分点。分行业看，运输邮电仓储业增加值增长加快，批发零售业、金融业、房地产

业以及住宿餐饮业增加值增速回落，其中，房地产业增加值负增长7%。

（三）消费价格上涨明显，生产价格波动上行

1. 居民消费价格持续上涨。全年福建省CPI上涨3.2%，其中，新涨价因素从8月开始超过翘尾因素，全年影响1.8个百分点。食品类价格和居住类价格是CPI上涨的主要因素，分别上涨7.8%和5.4%，分别推动CPI上涨2.6个和0.8个百分点。

2. 农业生产价格由降转升，工业生产价格“高进低出”。全年农业生产资料价格上涨2.4%，饲料、产品畜类、农业生产服务价格上涨是主要推动因素。原材料、燃料、动力购进价格上涨7.7%，大大高于工业品出厂价格3.2%涨幅，工业生产价格“高进低出”态势有所加剧（见图11）。

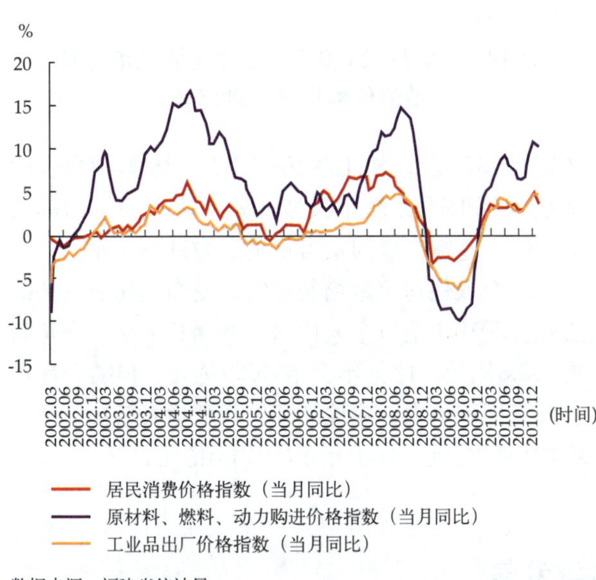

数据来源：福建省统计局。

图11　2002～2010年福建省居民消费价格和生产者价格变动趋势

3. 劳动力价格继续上涨。2010年，城镇单位从业人员平均工资上涨13.9%，农民工资性收入增长15.5%。

4. 资源性产品价格改革稳步推进。出台各趸售县电网销售电价疏导方案，实现全省农业用电同价。积极实施节能减排差别电价政策，对钢铁、铁合金、水泥、建筑饰面石材等高耗能、高污染行业的企业实行差别电价，淘汰类企业加价标准从0.2元/千瓦时提高到0.3元/千瓦时，限制类企业加价标准从0.05元/千瓦时提高到0.1元/千瓦时。全面实施污水垃圾处理收费制度，全省67个市、县已全部完成污水、垃圾处理费收费标准的审批工作。

（四）财政收入较快增长，财政支出增速回落

2010年，经济回升向好带动财政收入较快增长。地方财政收入增长23.5%，比上年提高11.6个百分点。财政支出增长18.9%，比上年回落4.5个百分点（见图12）。

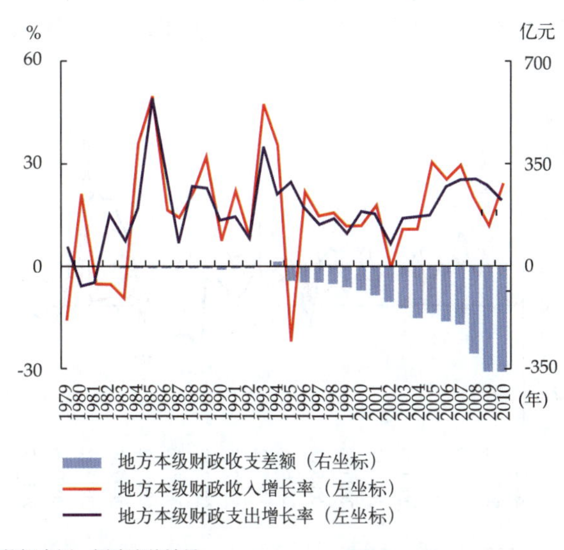

数据来源：福建省统计局。

图12　1979～2010年福建省财政收支状况

（五）节能减排目标完成，生态环境建设持续推进

2010年，福建省单位生产总值能耗下降3.4%、二氧化硫排放量下降2.5%、化学需氧量排放减少0.8%，超额完成全年节能减排目标。县县建成污水处理厂，市县污水、垃圾无害化处理率分别提高到77%和83%。淘汰落后产能年度任务全面完成，207家企业实施清洁生产。加强重点流域、重点行业和工业园区污染治理，对皮革等行业实行最严格的环保治理措施。实施新一轮造林绿化，实行最严格耕地保护制度，连续十一年实现耕地占补平衡。

全省12条主要河流水域功能达标率和Ⅰ～Ⅲ类水质比例分别为97.1%和95.6%，近岸海域Ⅰ、Ⅱ类水质比例达59.1%，饮用水水源地保护、重要生态功能区建设得到加强。泰宁丹霞世界自然遗产、宁德世界地质公园、福州中国温泉之都申报成功。

（六）房地产市场波动明显，个人住房贷款增长减缓

1. 房地产市场波动明显。受两次房地产调控政策影响，2010年，房地产市场成交量呈波动式下降，全省商品房销售面积下半年同比出现负增长，年末，降幅有所收窄，全年负增长5.4%（见图13）。房价呈波动式上涨，但房屋销售价格指数涨幅逐季度收窄（见图14）。

2. 保障房建设进度加快。2010年，全省开工建设各类保障性住房76 180套，开工率为119.4%，竣工40 321套，竣工率为62.3%；各类棚户区改造已签订拆迁安置补偿协议58 517户，签约率为120.8%，超额完成国家当年确定的目标任务。

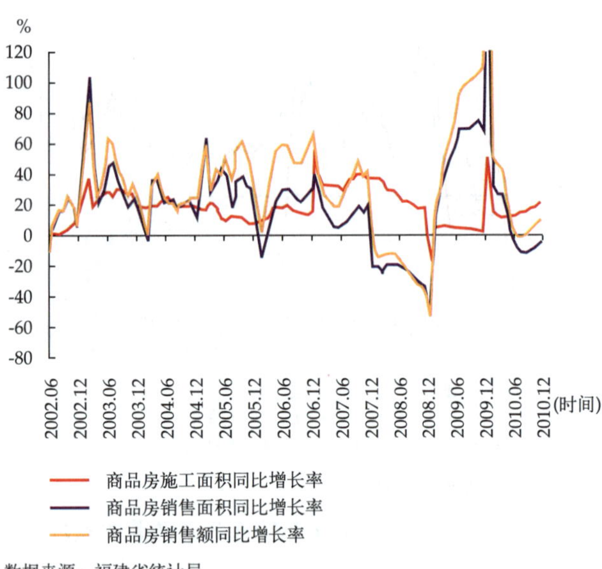

数据来源：福建省统计局。

图13 2002～2010年福建省商品房施工和销售变动趋势

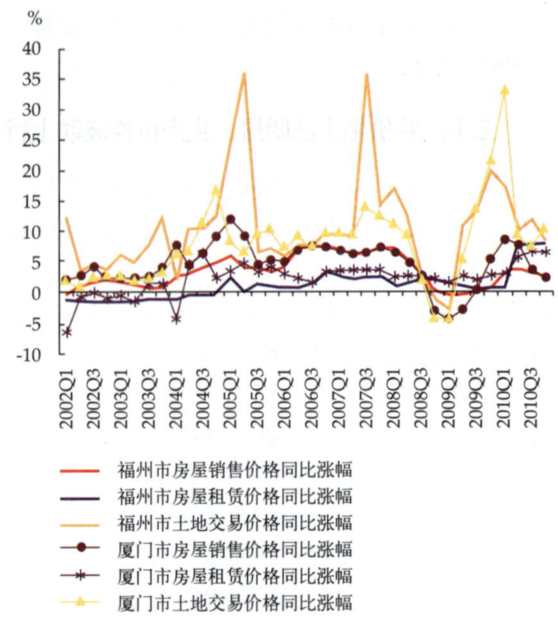

数据来源：福建省统计局。

图14 2002～2010年福建省主要城市房屋销售价格指数变动趋势

3. 个人住房贷款增长放缓。受商品房交易萎缩影响，2010年全省个人住房贷款增长放缓，全年新增402.8亿元，比上年少增132.9亿元。但随着房屋新开工面积扩大，房地产开发贷款增长较快，全年新增152.3亿元，比上年多增191.5亿元。

专栏2 福建省更高起点推进海洋经济可持续发展

福建是陆域资源小省、海洋资源大省，管辖海域面积比陆地面积大12.4%，海岸线长度居全国第二位。长期以来福建省政府高度重视海洋经济发展，2009年全省海洋生产总值2 989亿元，居全国第四位，2010年海洋生产总值达3 680亿元。海洋是福建发展的优势所在、潜力所在，胡锦涛总书记和温家宝总理都对发展福建海洋经济作出重要指示。为进一步壮大海洋经济规模和提升发展质量，福建省秉承“海陆统筹、可持续发展”理念在更高起点上推进海洋经济发展，突出区域海洋资源特色、突出海洋生态保护、突出金融保障作用，先行先试探索海洋经济科学发展的实现路径。

一是突出区域海洋资源特色系统规划海洋经济发展。福建与台湾隔海相望，曲折率高达1：6.8的漫长海岸线为福建提供丰富的海湾资源，同时全省拥有大小岛屿1 374个。围绕“海峡、海湾、海岛”三大海洋资源特色，福建提出“一圈一带一体六湾十岛”的海洋经济发展框架：“一圈”即加强闽台合作，构建海峡两岸海洋经济合作圈；“一带”指全力打造海峡蓝色产业带；“一体”是通过建立适应海陆统筹发展

的服务保障体系，加速推进海峡西岸海洋经济发展繁荣带区域一体化发展；“六湾”为重点发展环三都澳、大闽江口、湄洲湾、泉州湾、厦门湾、东山湾六大主题海湾区域；“十岛”就是突出重点和特色，着力提升平潭综合实验岛、东山生态旅游岛、湄洲妈祖文化岛、琅岐都市休闲旅游岛、三都商务旅游岛等十个特色海岛的科学发展水平。海洋经济整体规划结合区域海洋资源禀赋，奠定海洋经济可持续发展良好基础。

二是突出海洋生态保护促进海洋经济可持续发展。海洋既有经济开发价值，更重要的是还有环保功能，海洋生态的支撑力与海洋经济可持续发展能力密切相关。福建省近年来在推动海洋经济发展中日益重视海洋生态保护，实施了一大批近岸海域环境整治和生态修复项目，同时海洋渔业部门和环保部门在全国率先建立协作机制，促进海陆环保一体化。有效的环保措施使福建近岸局部海域环境质量恶化趋势得到遏制，2010年，福建省近岸海域清洁和较清洁水质面积占全省近岸海域面积的59.5%，比全国水平高12.5个百分点。按照规划，2015年，福建省海洋生产总值将达到7 300亿元，占全省GDP的28%以上，同时近岸海域清洁率也将进一步提高到66%以上，“以加强海洋环保换取经济发展空间”的先进理念将为福建海洋经济可持续发展提供有力的生态支撑。

三是突出金融保障作用促进海洋经济可持续发展。福建规划发展的海洋生物医药业、邮轮游艇服务业、海水综合利用业、海洋可再生能源业、海洋工程装备制造业五大海洋新兴产业以及新型高端临海产业多属资本技术密集型产业，资金需求量大，同时海洋渔业、船舶工业、交通运输业等传统海洋主导产业的转型升级也需要资金投入。2010年，中国人民银行福州中心支行及时会同福建省海洋与渔业厅出台《关于金融支持福建省海洋经济发展的指导意见》，构建了包括推动涉海金融产品创新、拓宽海洋经济多元融资渠道、加强部门在海洋融资创新的协作等内容的政策支持框架。在此框架下，引导和推动金融机构创新推出了海域使用权抵押贷款、渔船抵押贷款、在建船舶抵押贷款、船舶按揭贷款、专利权质押贷款以及港口、码头等沿海沿江资产抵押贷款业务。政府部门配套出台了《沿海沿江资产抵押登记办法》、同时漳州漳浦成立“海域收购储备中心”和“海域使用权交易中心”，对各项创新在抵押物评估、管理、处置方面予以积极协作，为创新创造良好环境。截至2010年年末，各项创新累计为海洋经济发展提供234.49亿元的融资支持，为海洋经济可持续发展提供了强有力的金融保障。

三、预测与展望

2011年是“十二五”规划开局年，经济结构战略性调整成为我国经济发展的主攻方向。货币政策回归稳健，把稳定物价总水平放在更加突出的位置，综合运用利率、存款准备金率、公开市场操作等价格和数量工具，实施差别准备金动态调整，加强对社会融资总量的管理。

在这些宏观环境下，2011年，福建省将坚持以科学发展为主题，以加快转变、跨越发展为主线，促增长、调结构，统城乡、惠民生，深改革、大开放，推动科学发展、跨越发展迈出坚实步伐。继续打好“五大战役”。扎实推进现代农业建设，加快调整产业结构，着力培育发展战略性新兴产业，发展现代服务业和海洋经济（见专栏2）。探索新途径新模式，拓展闽台交流合作，高起点推进平潭开放开发。2011年福建省经济增长预期目标为12%，居民消费价格涨幅控制在4%左右。

2011年，金融部门将认真贯彻执行稳健的货币政策，引导货币信贷总量合理增长，保持合理的社会融资规模，优化社会融资结构。中国人民银行将加强对包括各类贷款、各类证券等在内的社会融资总量的管理，强调进一步发挥市场的资源配置功能，在引导信贷按照经济平稳健康发展的正常需要适度增长的同时，鼓励发展直接融资，引导企业融资从“间接融资为主”向“间接融资与直接融资并重转变”，以服务于经济结构调整大局，支持经济科学可持续发展。在稳健的货币政策的大背景下，2011年，全省信贷投放将按照“区别对待、有扶有控”的要求合理适度均衡增长，“三农”、中小企业、战略性新兴产业、节能减排和低碳等重点领域和薄弱环节的信贷支持力度将进一步加大。境内外股票市场融资规模有望进一步扩大，银行间市场、交易所市场的短期融资券、超短期融资券、中期票据、中小企业集合债券、中小企业集合票据、企业债券、可转换债券等融资工具的运用将更为广泛。境外关联企业和与福建有经贸往来的境外企业在香港债券市场发行人民币债券有望取得突破。闽台金融合作先行先试将进一步拓展，闽港澳金融交流与合作有望取得新进展。

中国人民银行福州中心支行货币政策分析小组
负责人：吴国培　杨长岩
统　稿：徐剑波　李春玉
执　笔：李志林　朱　敢　宋科进　宋　将　林　赞
提供材料的还有：陈宝泉　薛严清　张瑞荣　叶谢康　李　芳　杨　敏　赵晓斐　陈仲光　黄月琴
陈　雄　沈理明　方静琴　林　敦　荣　杰

附录

（一）2010年福建省经济金融大事记

2010年，胡锦涛、习近平、周永康等党和国家领导人先后来闽考察，并发表重要讲话。

1月30日，福建省第十一届人民代表大会第三次会议批准通过《福建省建设海峡西岸经济区纲要（修编）》。

3月，省内兴业银行、交通银行获准新台币现钞与人民币双向兑换业务资格，成为继中国银行后，福建省第二批获准开办新台币兑换业务的大陆金融机构。11月，厦门银行成为福建省第四家获批新台币兑换业务的金融机构，新台币兑换试点扩大到四家试点银行的签约代兑机构。

4月至11月，福建省人民政府办公厅陆续发布《2010年金融服务海西建设工作要点》（闽政办[2010]107号）、《关于金融服务福建跨越发展的指导意见》（闽政办[2010]218 号）、《关于金融支持福建省海洋经济发展的指导意见》（闽政办[2010]135号）、《关于金融支持福建省文化产业振兴和发展繁荣的实施意见》（闽政办[2010]285号）。

5月，国家发展改革委正式批复同意福建省筹建海峡产业投资基金，总规模为200亿元，首期拟募集50亿元，由两岸共同发起。

8月，福建省委、省政府决定抓住牵动全局的重点和关键，集中力量启动重点项目建设、新增长区域发展、城市建设、小城镇改革发展、民生工程“五大战役”建设，力求在加快发展上取得突破。

12月7日，福建省迄今为止最大规模的与中央企业合作洽谈会在北京举行，邀请116家大型央企洽谈合作，洽谈123项合作项目总投资8 464亿元，大会签约27个项目总投资3 740亿元，各市对口签约29个项目、总投资1 256亿元。

12月13日，福建省人民政府发布《海峡西岸城市群发展规划（2008～2020年）》。

12月14日，福建省高速公路公司与国银金融租赁有限公司、国家开发银行福建省分行举行福建高速公路80亿元融资租赁项目签约仪式，这是目前国内最大一笔固定资产融资租赁业务，也是福建省第一笔基础设施融资租赁业务。

12月21日，中国邮政正式开通福州—台北邮货快递往返航线，该航线开通使福州成为大陆首个与台湾开展快递业务的航点。

（二）2010年福建省主要经济金融指标

表1　2010年福建省主要存贷款指标

		1月	2月	3月	4月	5月	6月	7月	8月	9月	10月	11月	12月
本外币	金融机构各项存款余额（亿元）	15 404.6	16 028.6	16 137.3	16 618.0	16 726.0	17 244.5	17 200.0	17 480.2	18 173.5	18 088.5	18 351.3	18 753.2
	其中：城乡居民储蓄存款	7 225.1	7 878.3	7 624.8	7 746.2	7 684.8	7 883.8	7 862.2	7 903.0	8 338.6	8 018.9	8 015.1	8 258.2
	企业存款	4 323.2	4 303.5	4 526.2	4 650.5	4 719.9	4 855.2	4 667.2	4 770.1	4 885.2	4 917.9	5 027.2	5 335.5
	各项存款余额比上月增加（亿元）	309.5	624.0	108.7	480.7	108.0	518.5	-44.5	280.2	693.4	-85.0	262.8	401.9
	金融机构各项存款同比增长（%）	23.0	24.1	19.6	21.3	20.2	20.2	19.5	21.8	22.5	22.7	23.9	24.2
	金融机构各项贷款余额（亿元）	13 353.4	13 622.7	13 853.0	14 148.6	14 408.5	14 668.4	14 866.5	15 137.9	15 331.4	15 601.3	15 759.1	15 920.8
	其中：短期	5 453.7	5 598.2	5 690.6	5 802.6	5 917.3	6 039.1	6 112.7	6 270.8	6 376.6	6 513.4	6 612.0	6 720.4
	中长期	7 228.9	7 405.6	7 609.4	7 755.6	7 904.9	8 053.7	8 201.4	8 280.2	8 390.8	8 489.8	8 564.9	8 638.3
	票据融资	447.5	379.1	295.7	334.9	342.2	332.2	307.3	313.8	275.3	298.9	287.2	256.2
	各项贷款余额比上月增加（亿元）	447.5	269.4	230.3	295.6	259.9	260.0	198.1	271.4	193.6	269.9	157.7	161.8
	其中：短期	209.8	144.5	92.4	111.9	114.7	121.8	73.6	158.3	105.8	136.8	98.7	112.1
	中长期	297.2	176.7	203.8	146.2	149.3	148.8	147.7	78.7	110.6	99.0	75.1	69.7
	票据融资	-67.8	-68.4	-83.4	39.2	7.3	-10.0	-24.9	6.5	-38.5	23.5	-11.7	-30.9
	金融机构各项贷款同比增长（%）	29.7	29.5	24.7	25.3	24.6	21.9	21.3	21.5	21.9	23.5	23.3	23.4
	其中：短期	34.5	37.1	32.4	34.8	32.4	28.3	26.5	25.9	24.9	26.2	26.4	25.4
	中长期	31.6	32.2	30.7	30.4	31.5	29.5	28.5	27.5	28.4	27.8	27.6	26.8
	票据融资	-32.3	-48.8	-66.8	-64.0	-64.1	-64.5	-64.2	-59.8	-62.4	-50.8	-53.3	-50.3
	建筑业贷款余额（亿元）	208.8	217.0	221.6	207.5	207.3	202.6	203.8	204.8	208.1	212.0	215.4	213.3
	房地产业贷款余额（亿元）	981.2	1 012.0	1 022.7	1 023.2	1 027.9	1 017.0	1 035.8	1 044.6	1 057.8	1 069.7	1 069.5	1 073.9
	建筑业贷款同比增长（%）	21.6	23.8	9.4	1.0	0.4	-2.7	-3.3	-4.6	-4.9	-7.4	-3.0	-9.8
	房地产业贷款同比增长（%）	7.4	10.3	24.3	9.5	11.1	14.5	16.5	17.7	17.3	20.5	22.0	18.0
人民币	金融机构各项存款余额（亿元）	14 984.5	15 600.9	15 706.8	16 194.1	16 272.0	16 765.9	16 728.6	17 009.0	17 697.9	17 648.5	17 921.8	18 309.5
	其中：城乡居民储蓄存款	7 057.7	7 708.0	7 458.3	7 585.2	7 521.4	7 718.0	7 695.7	7 738.9	8 179.4	7 863.1	7 861.7	8 101.0
	企业存款	4 128.0	4 106.6	4 323.5	4 455.2	4 496.6	4 627.5	4 446.5	4 550.6	4 642.8	4 707.5	4 819.2	5 124.4
	各项存款余额比上月增加（亿元）	282.1	616.5	105.9	487.3	77.8	493.9	-37.3	280.4	689.0	-49.5	273.3	387.7
	其中：城乡居民储蓄存款	-20.7	650.4	-249.7	126.9	-63.8	196.6	-22.3	43.2	440.5	-316.3	-1.4	239.4
	企业存款	123.7	-21.4	216.9	131.8	41.3	130.9	-181.4	102.1	118.5	65.4	112.0	305.2
	各项存款同比增长（%）	23.2	24.4	19.7	21.7	20.3	20.2	19.5	22.0	22.7	23.3	24.5	24.5
	其中：城乡居民储蓄存款	10.9	19.5	13.4	14.8	11.8	14.0	14.1	15.4	15.4	13.6	14.5	14.4
	企业存款	—	—	—	—	—	—	—	—	—	—	—	28.0
	金融机构各项贷款余额（亿元）	12 798.5	13 046.7	13 229.5	13 519.6	13 796.8	14 055.3	14 255.4	14 495.9	14 672.3	14 935.3	15 081.3	15 231.4
	其中：个人消费贷款	2 785.9	2 829.6	2 903.7	3 013.0	3 121.4	3 194.3	3 235.2	3 280.9	3 333.8	3 376.2	3 426.9	3 472.5
	票据融资	447.4	379.0	295.6	334.8	342.2	332.1	307.3	313.8	275.3	298.8	287.2	256.2
	各项贷款余额比上月增加（亿元）	438.2	248.2	182.8	290.1	277.2	258.6	200.1	240.5	176.4	263.0	146.0	150.1
	其中：个人消费贷款	118.0	33.7	94.1	109.3	108.4	72.9	40.9	45.7	53.0	42.4	50.7	45.6
	票据融资	-67.7	-68.4	-83.4	39.2	7.4	-10.0	-24.9	6.5	-38.5	23.5	-11.7	-31.0
	金融机构各项贷款同比增长（%）	27.9	27.5	22.4	23.2	23.2	20.9	20.7	21.0	21.4	23.2	23.2	23.2
	其中：个人消费贷款	50.9	53.0	50.9	53.8	53.9	49.8	44.7	40.6	38.0	36.7	34.3	32.2
	票据融资	-32.3	-48.8	-66.8	-64.0	-64.1	-64.5	-64.1	-59.8	-62.4	-50.8	-53.3	-50.3
外币	金融机构外币存款余额（亿美元）	61.5	62.6	63.1	62.1	66.5	70.5	69.6	69.2	71.0	65.8	64.3	67.0
	金融机构外币存款同比增长（%）	16.4	16.8	17.2	9.2	16.4	20.2	20.0	15.6	18.9	4.4	6.0	16.5
	金融机构外币贷款余额（亿美元）	81.3	84.4	91.3	92.1	89.6	90.3	90.2	94.3	98.4	99.5	101.5	104.1
	金融机构外币贷款同比增长（%）	92.6	103.7	109.8	96.6	65.7	50.9	37.8	34.2	35.4	32.1	27.1	30.3

数据来源：中国人民银行福州中心支行。

表2　2001～2010年福建省各类价格指数

单位：%

年/月	居民消费价格指数		农业生产资料价格指数		原材料购进价格指数		工业品出厂价格指数		福州市房屋销售价格指数	福州市房屋租赁价格指数	福州市土地交易价格指数	厦门市房屋销售价格指数	厦门市房屋租赁价格指数	厦门市土地交易价格指数
	当月同比	累计同比	当月同比	累计同比	当月同比	累计同比	当月同比	累计同比	当季(年)同比	当季(年)同比	当季(年)同比	当季(年)同比	当季(年)同比	当季(年)同比
2001	—	-1.3	—	-1.3	—	-3.3	—	-1.9	1.0	1.7	7.3	2.2	-6.0	1.1
2002	—	-0.5	—	-0.1	—	-2.4	—	-2.4	1.1	-1.4	6.0	3.0	-2.0	1.7
2003	—	0.8	—	1.8	—	6.3	—	0.7	1.1	-1.3	7.7	2.8	0.3	2.3
2004	—	4.0	—	12.5	—	13.3	—	2.6	3.6	-0.4	8.8	7.3	2.3	10.2
2005	—	2.2	—	8.1	—	8.1	—	0.2	4.4	1.4	18.6	8.0	4.2	8.5
2006	—	0.8	—	0.9	—	3.9	—	-0.8	6.7	1.7	7.9	7.0	2.5	8.3
2007	—	5.2	—	10.3	—	4.3	—	0.8	6.8	2.6	17.1	7.0	3.8	11.3
2008	—	4.6	—	23.6	—	10.2	—	2.7	3.9	1.7	7.8	2.7	2.6	4.3
2009	—	-1.8	—	-6.7	—	-6.8	—	-4.5	0.2	1.0	10.4	-0.2	2.3	8.8
2010	—	3.2	—	2.4	—	7.7	—	3.2	3.3	—	—	5.7	—	—
2009　1	-0.6	-0.6	4.2	4.2	-5.3	-2.1	-3.6	-0.3	—	—	—	—	—	—
2	-3.8	-2.2	0.1	2.1	-5.6	-5.5	-3.7	-3.6	—	—	—	—	—	—
3	-2.7	-2.4	-4.5	-0.2	-7.8	-6.3	-5.1	-4.1	-0.4	1.7	-2.8	-4.4	1.7	-4.7
4	-2.6	-2.5	-6.9	-1.9	-8.7	-6.9	-5.7	-4.5	—	—	—	—	—	—
5	-2.6	-2.5	-9.4	-3.5	-8.6	-7.2	-5.7	-4.8	—	—	—	—	—	—
6	-2.9	-2.5	-10.6	-4.7	-8.7	-7.6	-5.7	-5.1	-0.2	1.1	11.0	-2.9	2.8	5.1
7	-3.0	-2.6	-12.1	-5.8	-9.8	-8.0	-6.5	-5.3	—	—	—	—	—	—
8	-2.3	-2.6	-11.5	-6.6	-10.1	-8.2	-5.7	-5.3	—	—	—	—	—	—
9	-1.7	-2.5	-10.0	-7.0	-8.8	-8.3	-5.4	-5.3	0.4	0.5	13.5	0.7	2.0	13.5
10	-1.0	-2.3	-7.8	-7.0	-8.1	-8.3	-4.3	-5.2	—	—	—	—	—	—
11	0.0	-2.1	-6.4	-7.0	-2.3	-7.7	-1.8	-4.9	—	—	—	—	—	—
12	1.6	-1.8	-3.3	-6.7	3.7	-6.8	0.0	-4.5	1.0	0.8	19.8	5.7	2.7	21.3
2010　1	2.3	2.3	-2.0	-2.0	4.9	4.9	1.8	1.8	—	—	—	—	—	—
2	3.4	2.9	-2.1	-2.1	5.3	5.1	2.4	2.1	—	—	—	—	—	—
3	2.9	2.9	-0.4	-1.5	6.9	5.7	3.0	2.4	3.4	0.8	17.3	9.1	3.3	32.8
4	2.9	2.9	-0.2	-1.2	8.4	6.4	4.1	2.8	—	—	—	—	—	—
5	3.0	2.9	1.5	-0.6	9.1	6.9	3.8	3.0	—	—	—	—	—	—
6	3.2	2.9	2.0	-0.2	8.0	7.1	3.3	3.1	3.9	7.9	10.1	7.8	5.7	9.1
7	3.4	3.0	3.0	0.2	7.5	7.2	2.6	3.0	—	—	—	—	—	—
8	2.6	3.0	2.9	0.6	6.3	7.1	2.4	2.9	—	—	—	—	—	—
9	2.9	3.0	3.5	0.9	6.4	7.0	3.0	2.9	3.0	7.6	12.1	3.6	6.8	7.5
10	3.6	3.0	4.6	1.3	8.3	7.1	3.6	3.0	—	—	—	—	—	—
11	4.7	3.2	7.7	1.8	10.8	7.5	4.4	3.1	—	—	—	—	—	—
12	3.6	3.2	7.9	2.4	10.0	7.7	4.4	3.2	2.9	8.1	8.6	2.4	6.5	10.0

数据来源：国家统计局福建调查总队。

表3 2010年福建省主要经济指标

	1月	2月	3月	4月	5月	6月	7月	8月	9月	10月	11月	12月
绝对值（自年初累计）												
地区生产总值(亿元)	—	—	2 367.7	—	—	5 761.9	—	—	9 355.7	—	—	14 357.1
第一产业	—	—	197.5	—	—	443.1	—	—	769.2	—	—	1 363.7
第二产业	—	—	1 286.3	—	—	3 203.9	—	—	5 029.4	—	—	7 365.5
第三产业	—	—	883.8	—	—	2 114.9	—	—	3 557.2	—	—	5 628.0
工业增加值(亿元)	418.7	686.7	1 147.8	1 530.4	1 992.5	2 668.7	3 159.4	3 692.7	4 263.7	4 808.3	5 408.3	6 053.2
城镇固定资产投资(亿元)	306.9	585.6	1 125.8	1 607.1	2 175.9	3 061.2	3 604.6	4 206.3	4 939.4	5 656.1	6 508.8	7 460.1
房地产开发投资	81.5	139.9	259.1	371.9	500.3	704.9	857.6	1 063.2	1 273.8	1 459.2	1 600.1	1 818.9
社会消费品零售总额(亿元)	468.5	896.6	1 290.8	1 671.7	2 069.0	2 480.8	2 880.5	3 286.1	3 743.6	4 205.8	4 683.5	5 310.0
外贸进出口总额(亿美元)	80.8	148.5	228.6	317.4	405.9	498.5	598.1	691.8	789.3	874.5	973.3	1 087.8
进口	26.2	49.3	80.8	112.4	141.7	171.9	202.2	234.7	270.8	298.0	332.0	372.9
出口	54.7	99.2	147.8	205.0	264.2	326.5	395.9	457.1	518.5	576.5	641.3	715.0
进出口差额(出口−进口)	28.5	49.9	67.0	92.5	122.5	154.6	193.7	222.4	247.8	278.6	309.2	342.1
外商实际直接投资(万美元)	84 183	157 625	269 120	376 247	446 116	585 196	659 553	729 234	813 116	893 262	967 444	1 031 552
地方财政收支差额(亿元)	33.4	13.8	-23.1	-15.6	-24.3	-72.2	-73.7	-126.3	-204.1	-202.7	-280.6	-527.2
地方财政收入	119.8	187.8	269.4	383.9	471.8	567.4	674.8	754.9	839.6	956.3	1 036.8	1 151.5
地方财政支出	86.4	174.0	292.5	399.5	496.0	639.5	748.5	881.2	1 043.7	1 159.0	1 317.4	1 678.7
城镇登记失业率(%)（季度）	—	—	3.9	—	—	3.9	—	—	3.9	—	—	3.8
同比累计增长率（%）												
地区生产总值	—	—	15.3	—	—	15.5	—	—	14.5	—	—	13.8
第一产业	—	—	3.5	—	—	3.3	—	—	3.3	—	—	3.3
第二产业	—	—	21.7	—	—	21.3	—	—	20.4	—	—	18.5
第三产业	—	—	9.1	—	—	9.3	—	—	8.8	—	—	9.7
工业增加值	41.1	23.5	23.8	23.6	24.6	23.7	21.7	21.3	21.0	20.8	20.7	20.5
城镇固定资产投资	62.1	25.2	27.5	27.5	27.4	27.4	28.7	29.0	30.2	32.0	32.9	31.4
房地产开发投资	100.8	39.4	45.1	49.7	54.2	60.4	64.4	68.8	72.6	73.4	66.2	60.1
社会消费品零售总额	20.0	18.6	19.0	19.1	18.9	18.7	18.7	18.7	19.0	19.0	19.0	18.5
外贸进出口总额	37.8	49.1	45.3	45.6	45.6	42.8	41.6	40.3	37.9	36.6	36.8	36.6
进口	88.2	63.8	65.0	62.1	59.4	50.3	46.1	44.2	42.8	40.9	41.1	41.6
出口	22.1	42.7	36.5	37.9	39.2	39.1	39.4	38.3	35.5	34.5	34.7	34.1
外商实际直接投资	13.7	1.4	1.6	4.2	2.6	5.9	6.3	5.1	6.9	8.3	5.6	2.5
地方财政收入	27.9	24.1	24.5	26.9	28.6	24.1	22.9	23.3	22.1	22.4	22.6	23.5
地方财政支出	-1.9	16.3	18.2	14.4	12.5	15.8	15.7	19.3	21.6	24.4	25.7	18.9

数据来源：福建省统计局。

2010年江西省金融运行报告

中国人民银行南昌中心支行货币政策分析小组

[内容摘要] 2010年，在国际、国内环境复杂多变和遭遇特大洪涝灾害的情况下，江西省紧紧抓住鄱阳湖生态经济区建设的战略机遇，充分发挥项目投资和外向型经济的带动作用，着力壮大县域经济，全省经济实现平稳较快发展，主要经济指标高于全国平均水平，人均生产总值首次超越3 000美元，为2011年实现“十二五”良好开局奠定了坚实基础。

全省金融业按照“快增长、调结构、增后劲、防风险”的总体要求，深入贯彻国家宏观调控政策，金融运行呈现规模、效益和质量同步提升的良好态势。银行业存贷款平稳增长，证券业和保险业可持续发展能力稳步提高，直接融资取得突破性进展，金融支持经济发展力度持续增强。

2011年，全省将围绕“科学发展、进位赶超、绿色崛起”的总体目标，以加快鄱阳湖生态经济区建设为龙头，坚持重大项目带动战略，在加快发展中促进结构调整，提升经济运行质量。金融业也将认真贯彻落实稳健的货币政策，保持货币信贷平稳、合理增长，拓宽直接融资渠道，为经济持续平稳、健康发展营造有利的金融环境。

一、金融运行情况

2010年，江西省金融业认真贯彻落实国家货币政策和省委、省政府关于加快推进鄱阳湖生态经济区建设的决策部署，存贷款总量增长，金融市场交易活跃，金融生态环境改善，金融对经济发展的支撑力度增强。

（一）银行业快速发展，货币信贷平稳运行

2010年，全省银行业金融机构存贷款继续保持平稳较快增长，存款余额突破万亿元，贷款余额近8 000亿元。市场利率渐趋上行，银行业网点布局合理，金融产品创新活跃。

1. 银行业规模不断扩大，资产质量和效益同步提高。2010年，全省银行业机构资产总额同比增长31%；累计实现税后净利润同比增长49.1%。资产质量保持较高水平，年末，不良贷款率为3.67%。其中，地方法人金融机构实现较快发展。城市商业银行跨区域发展加快，资产规模较上年增长66.5%。农村新型金融组织快速发展，全省当年注册开业24家小额贷款公司，设立村镇银行9家。

表1 2010年江西省银行业金融机构情况

机构类别	营业网点[①]			法人机构（个）
	机构个数（个）	从业人数（人）	资产总额（亿元）	
一、大型商业银行[②]	1 745	38 074	6 949	0
二、国家开发银行及政策性银行[③]	83	2 197	1 298	0
三、股份制商业银行[④]	38	1 857	1 346	0
四、城市商业银行	187	4 740	1 530	5
五、城市信用社	0	0	0	0
六、农村合作机构[⑤]	2 429	21 590	2 441	93
七、财务公司	2	95	92	2
八、邮政储蓄银行	1 392	9 907	1 118	0
九、外资银行	2	60	13	0
十、农村新型机构[⑥]	13	238	25	12
合　计	5 891	78 758	14 811	112

注：①不包括政策性银行和国家开发银行、大型商业银行、股份制银行等金融机构总部数据。
②包括中国工商银行、中国农业银行、中国银行、中国建设银行和交通银行。
③包括国家开发银行、中国农业发展银行。
④包括中信银行、中国光大银行、招商银行、上海浦东发展银行、兴业银行、中国民生银行。
⑤包括农村信用社、农村合作银行和农村商业银行。
⑥包括村镇银行。
数据来源：江西银监局。

2. 存款保持较快增长，增长结构有所变化。全年各月本外币存款均保持23%以上的同比增长速度，年末增速达到27.3%，年增量再创历史新高。

受统计口径调整[①]和贷款新规[②]实施的影响，贷款派生企业存款受到制约，企业存款全年同比少增124.9亿元，同比增速放缓22.1个百分点，企业资金面较上年有所收紧。储蓄存款是金融机构的主要资金来源，但波动较大，第一季度新增量占全年增量的69.8%；下半年，在通货膨胀预期加大、银行理财产品热销和房地产、股票市场对资金分流的影响下增长放缓，增量只占全年增量的23%。企业生产经营活跃和居民投资、消费意愿的增强，带来活期存款的大量增加，超过六成的新增存款为活期存款，银行资金来源呈短期化特征。

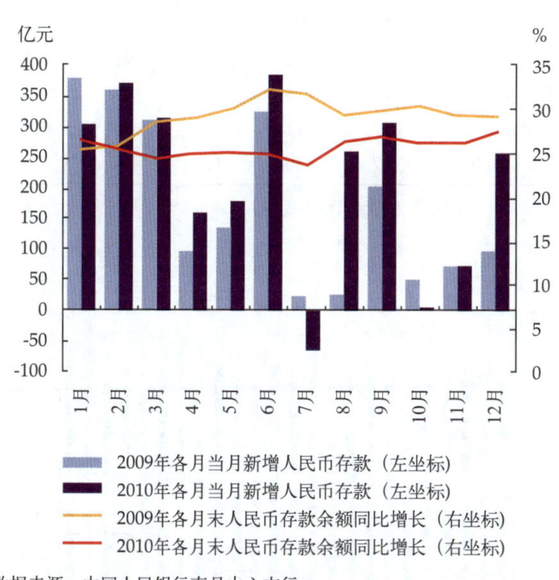

数据来源：中国人民银行南昌中心支行。

图1　2010年江西省金融机构人民币存款增长变化

3. 贷款投放较为均衡，信贷投向继续优化。全省本外币贷款新增1 425.1亿元，同比增长22.2%，较好地满足了经济发展中的合理资金需求。信贷投放节奏平稳，人民币贷款增量季度分布由2009年的42：27：19：12调整为32：30：23：15。国有商业银行依然是信贷投放的主力。进出口贸易回暖及人民币汇率持续升值增强了企业外币负债的动力，外汇贷款同比多增2.7亿美元，增速同比加快27.1个百分点。

中长期贷款增势强劲。信贷资金重点支持重大基础设施项目建设，年末，中长期贷款增速快

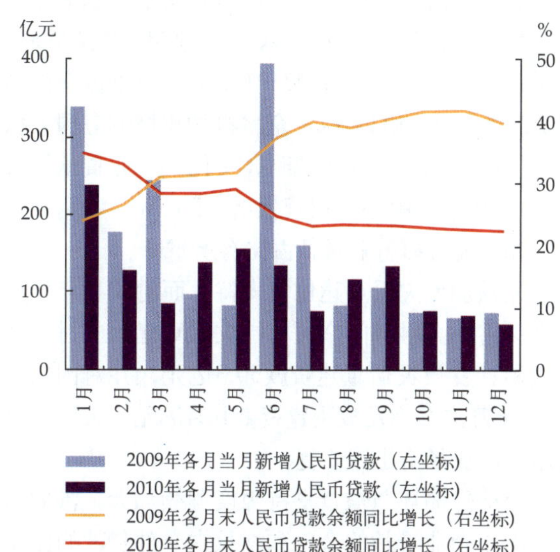

数据来源：中国人民银行南昌中心支行。

图2　2010年江西省金融机构人民币贷款增长变化

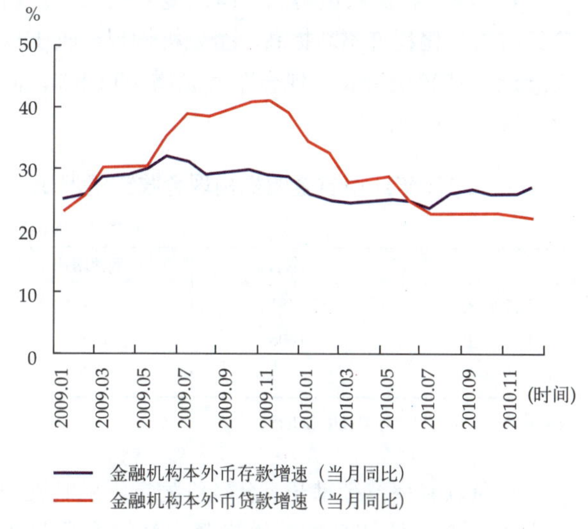

数据来源：中国人民银行南昌中心支行。

图3　2009～2010年江西省金融机构本外币存、贷款增速变化

①部分金融机构调整企业存款至机关团体存款。

②贷款新规是指中国银监会出台的《固定资产贷款管理办法》、《项目融资业务指引》、《流动资金贷款管理办法》、《个人贷款管理办法》，其对贷款支付方式作了新的规定。

于全部贷款增速6.3个百分点，余额占比和增量占比均创新高。短期贷款增长平稳，票据融资持续压缩。“压票据、保贷款”成为信贷增长向常态回归背景下金融机构保证重大项目和重点客户信贷需求的选择。

信贷投向“有扶有控”。基础设施、制造业、租赁与商务服务、批发零售业等行业新增贷款656.7亿元，个人消费贷款新增349.0亿元，分别占全部新增贷款的46.1%和24.5%。金融机构积极响应国家振兴文化产业和科教兴赣战略，文化类产业贷款增长338%，科技型中小企业贷款增长55.8%。“两高一资”和产能过剩行业贷款占比有所下降。

金融加大灾后重建信贷支持。面对2010年特大洪涝灾害，金融部门全力支持灾后重建，农村合作机构累计发放灾后重建贷款50.3亿元，并对因灾倒房的3.6万户农户发放重建贷款10.4亿元，灾区基础设施和产业经济迅速恢复。

经济薄弱环节信贷支持力度继续加大。涉农贷款、中小企业贷款的余额和增量占全部贷款的比重均超过1/3；县域贷款比年初增长27.1%，县域金融机构存贷比稳定在50%左右；林权抵押贷款和小额担保贷款余额分别占全国1/3和1/5。

4. 现金收支快速增加，净回笼势头未改。随着经济货币化程度不断提高，金融机构现金收支规模继续保持较快增长。现金净回笼增长11.8%，同比加快15.3个百分点。

表2　2010年江西省金融机构现金收支情况表

单位：亿元、%

	年累计额	同比增速
现金收入	21 291.1	15.4
现金支出	20 806.7	14.6
现金净支出	-484.4	11.8

数据来源：中国人民银行南昌中心支行。

5. 贷款利率持续攀升，金融机构定价机制进一步完善。在市场流动性总体趋紧、经济企稳带来贷款需求旺盛及中央银行年末两次加息等因素影响下，全省金融机构人民币贷款利率呈现出持续上升态势，1年期贷款利率在12月末上升至全年最高点，为6.5%。贷款利率执行上浮的占比较上年明显上升，城市商业银行和农村信用社等地方法人金融机构的上浮力度更大，中小企业融资成本提高。同业存款利率基本稳定，个人住房贷款月加权利率不断走高，利率对严厉的房地产调控政策反应明显。

美元贷款加权平均利率走势呈倒V形走势，6月达到全年最高值4.4%，12月逐渐回落至2.7%，接近年初值。3个月以内大额美元存款利率稳步提升，12月达到0.9%，较年初提高0.4个百分点。

表3　2010年江西省金融机构各利率浮动区间贷款占比表

单位：%

		合计	国有商业银行	股份制商业银行	区域性商业银行	城乡信用社
合计		100.0	100.0	100.0	100.0	100.0
[0.9～1.0)		25.7	37.9	33.6	3.1	2.9
1.0		24.2	34.9	30.3	5.9	4.0
上浮水平	小计	50.1	27.2	36.1	91.1	93.1
	(1.0～1.1]	15.1	17.7	21.8	8.3	6.2
	(1.1～1.3]	15.1	9.0	14.1	29.2	22.0
	(1.3～1.5]	8.4	0.5	0.2	33.3	19.6
	(1.5～2.0]	10.7	0.1	0.0	18.9	42.9
	2.0以上	0.7	0.0	0.0	1.4	2.5

数据来源：中国人民银行南昌中心支行。

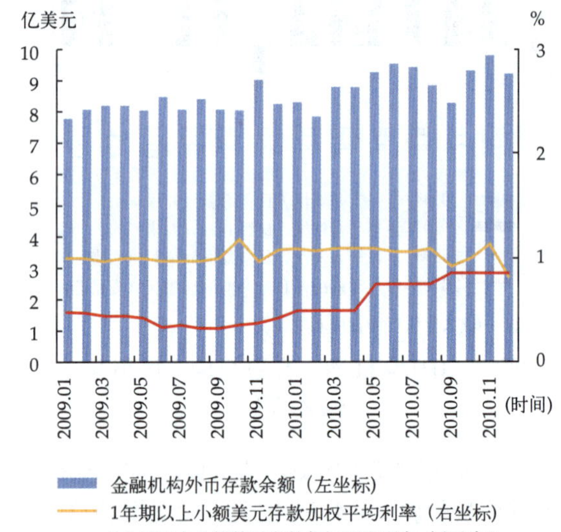

数据来源：中国人民银行南昌中心支行。

图4　2009～2010年江西省金融机构外币存款余额及外币存款利率

金融机构积极完善定价机制，Shibor利率广泛运用在浮息债券的票面利率确定和同业存放、拆借、票据业务、理财产品及内部资金转移定价等多个方面。

6.金融体系继续完善。随着景德镇城市信用社改制为城市商业银行，全省城市信用社改制全面完成；省内城市商业银行实现了总部所在地县域网点全覆盖；江信国际公司成功并购天安保险。融资担保中介服务体系不断完善，当年新设融资性担保机构13家，全省担保机构数已达到351家，累计为6 249家中小企业提供流动资金贷款担保206亿元。

（二）证券业发展平稳，上市融资取得新突破

1. 证券交投活跃，期货市场加速发展。全省证券网点布局趋向合理，中航证券和国盛证券两家法人证券公司以净资本为核心的风险控制指标持续达标，夯实了规范发展的基础。全年证券投资者累计开立账户增长12%，证券成交总额增长4%。股指期货带动了全省期货市场发展，期货代理交易金额同比增长157.2%。郑州商品交易所将江西新干县确立为“期货市场服务‘三农’”的基地。

2. 企业上市和并购重组工作取得突破性进展。三川股份、章源钨业、华伍股份、赣锋锂业4家企业先后在深圳证券交易所首发上市，晶科能源在纽约证券交易所上市，江洲造船在香港联交所借壳上市。洪都航空、中航电子、方大特钢通过增发股份，推进相关业务整体上市；鑫新股份、安源股份彻底重组，实现了省出版集团和省煤炭集团的整体上市。

表4　2010年江西省证券业基本情况表

项目	数量
总部设在辖内的证券公司数（家）	2
总部设在辖内的基金公司数（家）	0
总部设在辖内的期货公司数（家）	1
年末国内上市公司数（家）	30
当年国内股票（A股）筹资（亿元）	124
当年发行H股筹资（亿元）	—
当年国内债券筹资（亿元）	116
其中：短期融资券筹资额（亿元）	36

数据来源：江西证监局、中国人民银行南昌中心支行。

（三）保险业加快发展，为减灾和支农作出积极贡献

1. 保险业稳步发展，灾害补偿的核心功能得到发挥。2010年，全省保险业资产总额增长26.4%，保费收入增长35.3%，其中，产险保费收入增速居全国第一位。保险密度和保险深度继续提升。江西遭受特大洪涝灾害后，保险公司累计赔付1.6亿元，积极化解自然灾害风险。

表5　2010年江西省保险业基本情况表

项目	数量
总部设在辖内的保险公司数（家）	0
其中：财产险经营主体（家）	0
寿险经营主体（家）	0
保险公司分支机构（家）	28
其中：财产险公司分支机构（家）	14
寿险公司分支机构（家）	14
保费收入（中外资，亿元）	253
其中：财产险保费收入（中外资，亿元）	72
人身险保费收入（中外资，亿元）	181
各类赔款给付（中外资，亿元）	62
保险密度（元/人）	563
保险深度（%）	3

数据来源：江西保监局。

2.农业保险纵深推进，保险管理水平进一步提升。能繁母猪和公益林综合险实现全保，油菜、棉花保险实现零的突破，重点产粮县水稻保险基本实现全覆盖。全省农业保费收入同比增长79.6%，增速居全国第一位。交强险和商业车险信息平台全面上线，成为中西部地区唯一实现全面上线的省份。

（四）金融市场交易活跃，融资结构变化明显

表6　2001～2010年江西省非金融机构融资结构表

单位：亿元、%

年份	融资量	比重		
		贷款	债券（含可转债）	股票
2001	153.8	87.9	0.0	12.1
2002	250.4	96.4	0.0	3.6
2003	427.6	98.4	0.0	1.6
2004	425.1	99.4	0.0	0.6
2005	374.1	94.6	0.0	5.4
2006	479.7	93.0	5.7	1.3
2007	710.5	82.1	4.8	13.1
2008	919.0	82.5	15.7	1.8
2009	1 890.1	95.4	3.4	1.3
2010	1 665.5	85.6	7.0	7.5

数据来源：中国人民银行南昌中心支行。

1. 直接融资快速增长，融资品种继续丰富。全省非金融企业直接融资占比较上年提高9.8个百分点。其中，通过A股市场筹资124亿元，发行企业债务融资工具56亿元，均创历史新高。尤其是江西铜业中期票据的成功发行和认股权证的成功行权，有效地拓宽了融资渠道。

2. 货币市场交易活跃，交易利率稳步提升。全年通过银行间市场净融入资金突破万亿元，实现倍增。同业拆借累计成交量创历史新高，较上年增长195.5%。以债券质押式回购为主的银行间债券市场全年累计交易量达3.18万亿元，较上年翻番。财务公司成为同业拆借市场的主要资金需求方、证券公司跃居现券市场主力以及城市商业银行热捧买断式回购，反映出省内法人金融机构参与金融市场交易的积极性和资产负债管理能力的提高。受货币政策调控带来市场资金面趋紧的影响，市场利率稳步提升，同业拆借利率和质押式回购利率均较上年上涨0.6个百分点。

表7　2010年江西省金融机构票据业务量统计表

单位：亿元

季度	银行承兑汇票承兑		贴现			
			银行承兑汇票		商业承兑汇票	
	余额	累计发生额	余额	累计发生额	余额	累计发生额
1	613.9	363.3	231.0	392.8	1.5	4.2
2	706.3	754.0	252.0	694.9	2.6	10.4
3	888.0	1 314.2	224.8	1 377.2	2.9	14.1
4	1 075.9	1 998.1	185.8	1 822.0	2.9	36.6

数据来源：中国人民银行南昌中心支行。

表8　2010年江西省金融机构票据贴现、转贴现利率表

单位：%

季度	贴现		转贴现	
	银行承兑汇票	商业承兑汇票	票据买断	票据回购
1	3.6	4.7	2.4	2.9
2	3.8	5.1	3.0	4.0
3	4.2	4.6	3.2	3.5
4	5.3	7.0	4.3	4.3

数据来源：中国人民银行南昌中心支行。

3. 票据贴现余额下降，票据交易依然活跃。在信贷总量受限的背景下，票据成为被压缩的主要对象，年末，全省票据贴现余额同比下降39%。但是银行出于调节资产结构和保持资金收益的需要，票据买卖依然活跃，全省累计签发银行承兑汇票同比增长49.3%，中小金融机构取代国有大型银行成为市场交易主体。贴现、转贴现利率逐渐上行。全年银行承兑汇票贴现、转贴现加权平均利率同比分别上升1.9个和1.8个百分点。

4. 外汇交易量大幅反弹，黄金投资持续升温。2010年，全省跨境外汇收支和银行结售汇增势强劲，跨境外汇收支总额首次突破200亿美元大关，银行结售汇总额达174.3亿美元，均创历史新高。银行间市场成员还首次尝试英镑交易，丰富了交易品种，各币种交易量均显著增长。金价持续上涨和通货膨胀预期增强带动企业和居民投资热情。全年商业银行黄金交易总量较上年增长53.3%。

5. 产权交易市场发展平稳，股权质押融资总量翻番。2010年，全省企业产权交易成交17.9亿元；办理股权质押融资36.7亿元，同比增长139.4%。德兴还在全省率先成立森林资源收储中心，有效地促进了当地林权抵押贷款的投放。

6. 民间借贷量价齐升，小额贷款公司利率偏高。中国人民银行南昌中心支行民间借贷监测点数据显示，民间融资同比增长30.1%。受货币市场利率上行影响，年末，企业和农户民间借贷加权平均利率分别为15.3%和16.9%，均较上年同期提高0.7个百分点。小额贷款公司加权平均利率达到16.3%。

7. 金融创新日益活跃，品种不断丰富。全省金融机构积极创新信贷工具，利用融资性保函、委托贷款、信贷资产转让、信贷类理财产品等表外信贷工具，满足企业融资需求。农村金融产品和服务方式创新全面推进，开发了土地承包经营权抵押贷款、农民住房贷款等一批新产品，实现了乡镇级金融服务全覆盖。中小企业集合票据发行和跨境贸易人民币结算等金融创新工作也在积极探索和推动之中。

专栏1 合规、有序发展表外融资业务 切实提高货币政策调控效果

随着融资模式从传统的简单融资向现代市场经济的复杂融资过渡，表外业务以其盈利性高、对资本要求低、对表内资产负债结构可以灵活调节等特点，成为金融机构业务拓展的重要方向。据统计，2010年年末，江西省银行业金融机构表外信贷类业务余额为1 545.3亿元，同比增长121.8%，占表内贷款余额的19.9%；信托公司发行的资金信托产品余额为1 065.3亿元，同比增长171%。总体看，表外融资业务主要呈现以下特点：

一是管理框架不断完善。各金融机构普遍重视对表外业务规范化管理，针对授权授信、委托贷款、代客理财等业务，制定了相应管理制度，并研发了相关业务操作流程和管理系统，加强风险控制。

二是业务数量快速增长。表外业务由担保、承诺、委托贷款等传统品种向信托理财、资产转让等领域发展，表外业务的贷款替代和融资功能不断发挥。2010年年末，全省信贷资产转让余额为47.4亿元，同比增长5.4倍；银行机构信贷类理财产品余额为69亿元，同比增长64.1%。

三是业务产品推陈出新。银行创新动力不断增强，产品差异化趋势明显。如中国农业银行推出了全国农行系统首个投资于“股权收益权转让及回购”信托计划的“本利丰”人民币理财产品；中国建设银行发行了全国建设银行系统第一笔非上市公司股权收益权理财产品——宜春汽运项目等。江西国际信托投资公司还推出了准PE类信托和应收账款资金信托。在银行承兑汇票领域，也开始接受商标权等无形资产作为保证金形式。

四是业务收入不断增加。2010年，全省银行业表外业务收入达2.9亿元，同比增加0.9亿元，增长41%；占全部中间业务收入的6.6%，同比提高0.5个百分点。

表外业务作为社会融资总量的一部分，为实体经济发展提供了有力的资金供给。从江西看，全省银行业金融机构委托贷款余额和信托贷款余额分别达到365.3亿元和64.7亿元，其中，有98.4%的委托贷款和62.1%的信托贷款投入江西本地，有力地支持了本省经济建设。但是由于表外贷款不属于传统意义上一般贷款的范畴，对其投向和流量的统计如果不纳入现有的金融统计体系，就可能造成实际进入实体经济的信贷资金低估，从而影响货币政策调控。随着货币政策取向由适度宽松向稳健回归，中国人民银行将加大对包括表外信贷在内的社会融资总量的监测、统计与调控力度。金融机构应根据宏观调控关于加强流动性和通货膨胀预期管理的有关要求，完善表外业务的报审、备案和发放制度，在继续满足经济平稳较快增长对资金合理需求的同时，合规、有序地发展表外信贷类增量业务，切实提高货币政策实施效应。

（五）金融生态环境不断优化

2010年，江西省委、省政府出台《关于进一步建设良好金融生态环境的若干试行意见》，并决定由中国人民银行南昌中心支行牵头全省社会信用体系建设工作。各地也就引进金融机构和激励信贷增长等相应出台了奖励政策。中国人民银行南昌中心支行在全国率先采取“虚拟总部、一线接入、集中报数”的模式，将小额贷款公司纳入征信系统。农村信用体系建设工作不断推进，中国人民银行与团省委联合开展农村青年信用示范评选工作，在全省评定3 353户农村青年信用示范户；与省中小企业局联合开展中小企业信用担保机构信用评级试点。此外，江西还加大对非法集资的打击力度，将打击和处置非法集资工作纳入各级领导班子年度考核范围和市、县(区)政府考评体系，健全了打击非法集资工作的长效机制。

二、经济运行情况

2010年，面对复杂多变的国际、国内经济形势和历史罕见的特大洪涝灾害，江西经济始终保持了

平稳较快发展势头，结构性调整继续深入。全年实现地区生产总值增长14%，创1993年以来的最高增幅。人均GDP跨越3 000美元大关，经济发展迈入新的发展阶段。

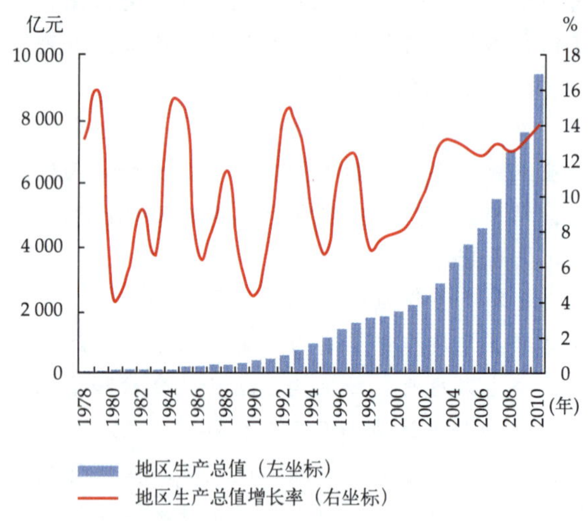

数据来源：江西省统计局、《江西统计年鉴》。

图5　1978～2010年江西省地区生产总值及其增长率

（一）需求结构加快调整，发展动力更加强劲

2010年，全省投资和消费较快增长，外需增速快速回升，结构调整明显加快，三大需求拉动的协调性显著增强。

1. 投资增速高位趋缓，增长结构更趋优化。随着中央4万亿元投资项目拉动效应的逐渐减弱和地方融资平台贷款的控制力度加大，江西投资增速明显回落，全年城镇固定资产投资增长30.8%，同比下降8.1个百分点。其中，民间投资对投资增长的贡献率达82.8%，是拉动投资增长的主要动力。民生和社会事业投资力度加大，居民服务业、租赁和商务服务业、水利环境和公共设施管理业等行业投资分别增长80.7%、44.5%、43.2%，大大高于全省投资增速。

2. 消费需求持续活跃，消费结构升级加快。城镇消费拉动作用显著，城镇市场社会消费品零售额增长19.3%，高于乡村市场消费增速0.8个百分点，对零售总额增长的贡献率达83.7%。在住房、汽车、娱乐等消费热点的带动下，消费结构升级步伐进一步加快。

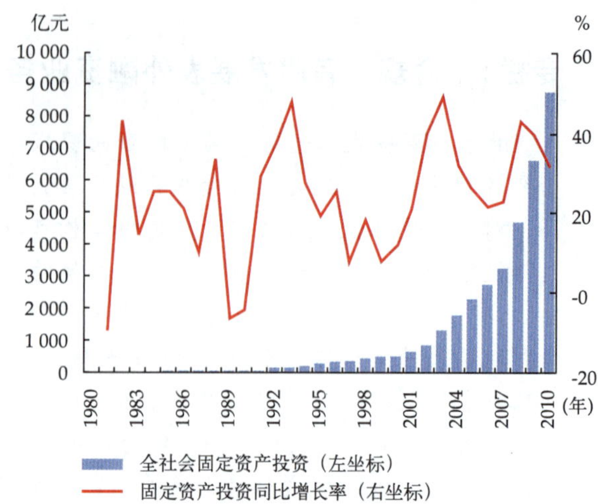

数据来源：江西省统计局、《江西统计年鉴》。

图6　1980～2010年江西省固定资产投资及其增长率

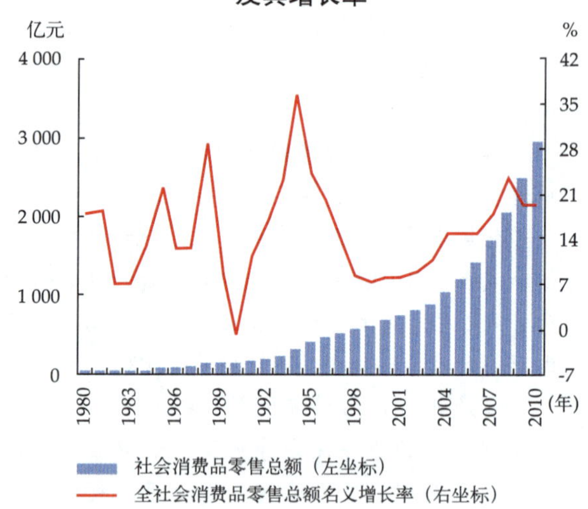

数据来源：江西省统计局、《江西统计年鉴》。

图7　1980～2010年江西省社会消费品零售总额及其增长率

3. 开放型经济跨越式发展，“三外并举”互促互动。全省外资外贸外经在开放型经济中协调发展，招商引资极大地促进了外贸出口，外资企业在带来投资的同时带来市场和订单。2010年，全省实际利用外资增长26.8%，同比提高15.1个百分点。其中，鄱阳湖生态经济区实际到位资金占全省比重达到58.3%。十大战略性新兴产业合作推介会等招商经贸活动的开展和南昌第五届中部博览会的成功举办，吸引了大批优质项目落户江西。在此背景下，全省进出口总值增长67.9%，同比提高74.1个百分点，贸易增速和贸易总额分别居全国第一位和

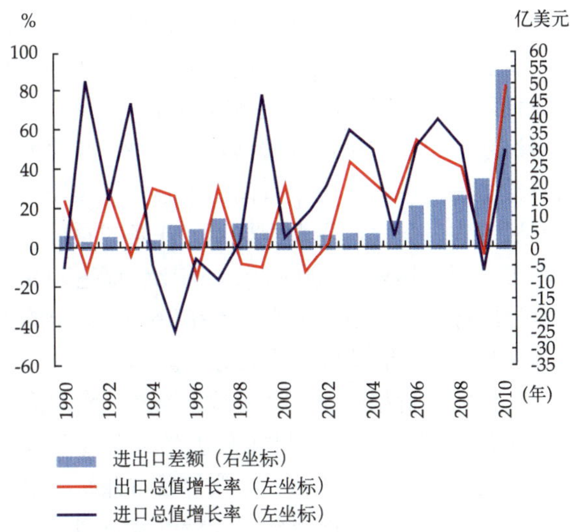

数据来源：江西省统计局、《江西统计年鉴》。

图8　1990～2010年江西省外贸进出口变动情况

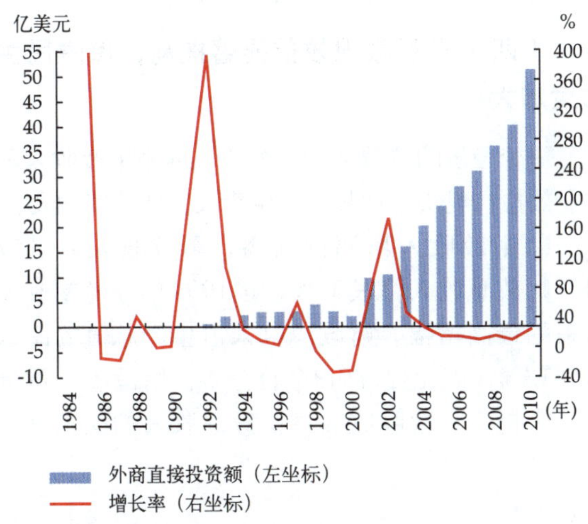

数据来源：江西省统计局、《江西统计年鉴》。

图9　1984～2010年江西省外商直接投资情况

第十五位；其中，出口总值首次突破百亿美元，为企业“走出去”提供了便利渠道。全省承包对外工程和劳务合作营业额同比增长50%，签订对外合同金额同比增长30.5%。

（二）三大产业协同增长，支撑基础更加牢固

2010年，江西进一步夯实农业基础，大灾之年仍获丰收，工业生产高位稳健运行，工业结构更趋合理，服务业加快发展，旅游收入增势强劲。三次产业结构比例由上年的14.5：51.2：34.3调整为12.8：55.0：32.2。

1. 克服灾害气候影响，农业仍然喜获丰收。虽然2010年年初低温阴雨天气和特大洪涝灾害对江西早稻生产影响较大，但晚稻产量实现稳定增长，晚稻播种面积和产量分别增长1.9%和3.7%。粮食总产连续第三年保持在390亿斤以上。生猪出栏和水产品产量保持稳定增长。

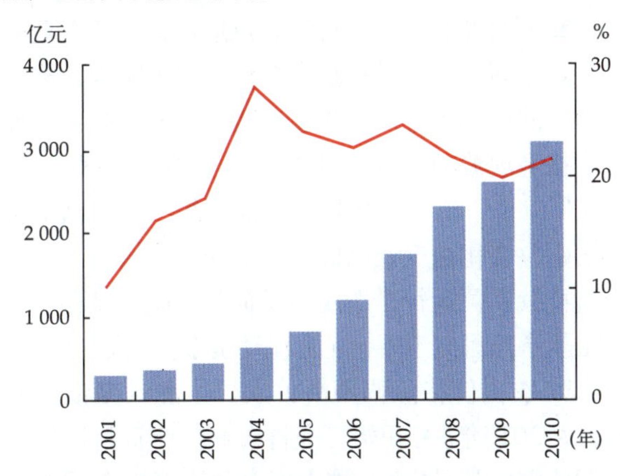

数据来源：江西省统计局、《江西统计年鉴》。

图10　2001～2010年江西省工业增加值及其增长率

2. 工业持续较快增长，结构进一步优化。全年规模以上工业增加值增长21.7%，非公有制工业成为拉动增长的主要力量。六大高耗能行业增长放缓，低于全省工业增加值平均增速4.7个百分点；高新技术产业快速发展，增加值高于全省平均增速12.3个百分点。鄱阳湖生态经济区建设快速推进，对全省工业主营业务收入增长的贡献率达60%。

3. 服务业稳步发展，旅游业增势强劲。2010年，江西服务业增长10.8%。其中，旅游、交通运输、批发零售、住宿餐饮等行业均实现了两位数以上增长，尤其是旅游业继续保持旺势增长，旅游接待人数突破1亿人次，总收入增长21.1%。

（三）物价高位波动运行，通货膨胀预期仍然强烈

在食品价格上涨拉动下，消费价格涨幅居高不下；原材料和工业品价格持续高位运行，涨幅在第三季度有所收窄后，第四季度又迅速扩大。

1. 消费价格涨幅持续攀升，食品类价格上涨最快。在灾害气候、市场炒作和成本推动等多种因素的共同作用下，以农副产品为主的食品价格涨幅不断扩大，进而拉动CPI涨幅快速攀升。居民消费价格总水平全年上涨3.0%，涨幅分别较1～6月和1～9月上升0.7个和0.4个百分点。在八大类商品和服务中，食品价格上涨对消费价格攀升的贡献率近60%。

2. 原材料和工业品价格高位运行，工业企业生产成本不断上升。原材料、燃料、动力购进价格12月当月同比和累计同比均创近两年来的新高；工业品价格呈现波动运行，但各月累计同比增速均保持在15%以上，冶金、煤炭、石油和纺织工业品价格涨幅高位变化是工业品价格波动的主要原因。生产价格持续高位运行，造成工业企业产成品库存和应收账款净额居高不下，企业流动资金受到影响。

3. 农资价格涨幅不断扩大，上涨预期依然强烈。从2010年4月开始，全省农业生产资料价格累计同比涨幅连续8个月扩大，月同比涨幅在12月达到4.5%的年内高点，并呈现继续加快上升的势头。中国人民银行南昌中心支行2010年年末开展的农村居民问卷调查显示，在全省810户调查样本中，高达73%的农户认为2010年农业生产资料价格偏高，预计2011年农业生产资料价格仍将上升的农户比重超过60%。

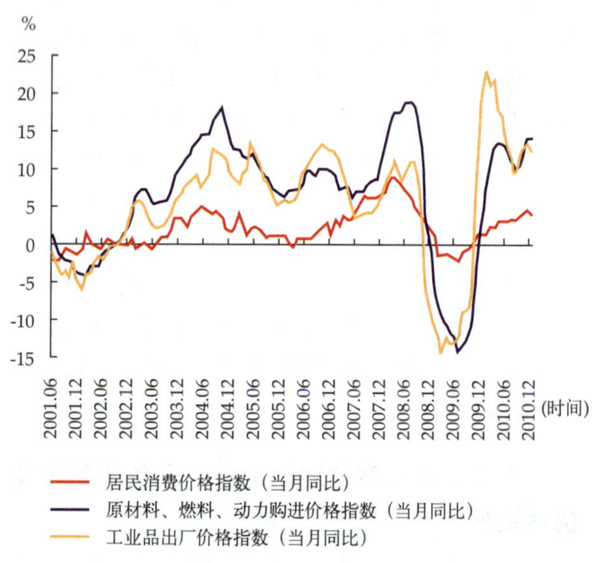

数据来源：江西省统计局、《江西统计年鉴》。

图11　2001～2010年江西省居民消费价格和生产者价格变动趋势

4. 就业状况不断好转，劳动力价格上涨明显。江西省通过完善各项就业措施，全年新增城镇就业完成计划目标的112.4%。随着年轻劳动力供给减少和沿海地区产业向中西部转移步伐加快，劳动力价格日益上涨。中国人民银行南昌中心支行2010年年末开展的农村居民问卷调查显示，江西省农村劳动力零工日工资达90～100元/天，同比涨幅达30%，农村外出务工人员中月平均工资在1 600元以上的比重达56%，较上年提高2.5个百分点。

5. 资源性价格改革步伐加快，天然气到户价格与上游价格联动。随着川气东送江西支线全线贯通，南昌、九江、景德镇、新余等城市开始使用天然气。与此配套，江西制定了天然气城市到户销售价格与上游天然气价格联动机制，居民生活用水和用电阶梯式计价、非居民用水、用电超定额加价工作也正式启动。

（四）宏观微观效益显著提高，保障民生力度加大

随着经济的持续回升向好，江西省财政收入和企业效益实现快速增长，民生投入力度持续加大。

1. 财政收入增幅创新高，财政收入质量改善。财政总收入增长32%，创1994年分税制改革以来的最高增幅。财政总收入占生产总值的比重达到13%，同比提高0.9个百分点。财政收入质量也逐步提升，税收收入占财政总收入的比重进一

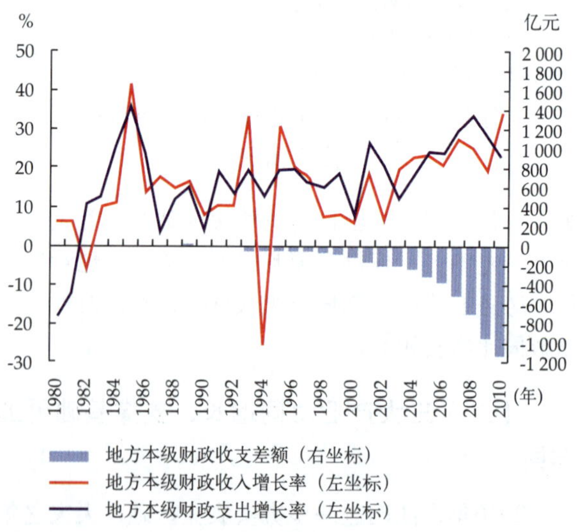

数据来源：江西省统计局、《江西统计年鉴》。

图12　1980～2010年江西省财政收支状况

步提高。

2.企业效益显著回升，企业景气状况大幅上扬。规模以上工业企业主营业务收入、利税总额均同比增长40%以上，工业经济效益综合指数再创历史新高。企业景气指数在第四季度达到138.9，创下2008年以来的新高。企业家发展信心饱满乐观，对当前本行业总体运行状况持乐观判断的认同率和信心指数均处历史高位。

3. 财政支出关注民生，保障水平大幅提高。全省财政支出连续第三年增支300亿元，用于民生领域资金首次突破1 000亿元，占财政支出的55.7%。城乡居民可支配收入和农民人均纯收入分别增长10.4%和14.1%。企业退休人员基本养老金水平和城乡居民最低生活保障标准相应提高，新型农村社会养老保险试点工作进展顺利。

（五）生态建设和节能减排扎实推进，环境治理成效明显

围绕省委、省政府“科学发展、进位赶超、绿色崛起”发展战略的要求，江西制订了2010年节能减排预测预警应急调控工作方案，对主要能耗指标和减排指标实行三级预警调控，对超过国家规定单位产品能耗限额的企业实行惩罚性电价。2010年全省万元生产总值能耗同比下降8%，鄱阳湖及主要河流监测断面水质达标率达到80.5%，县级以上城镇空气质量全部达到国家二级标准。

专栏2　集自然生态与金融生态于一体　推进鄱阳湖生态经济区建设

作为全国最大的淡水湖和世界六大湿地之一，鄱阳湖流域面积占江西省国土面积的30.7%，经济总量占全省近60%，是江西人口集聚、经济集聚的重要区域。自国务院正式批复的《鄱阳湖生态经济区规划》于2010年正式启动以来，江西省围绕鄱阳湖生态经济区“特色是生态，核心是发展，关键是转变经济发展方式，目标是走出一条科学发展、绿色崛起之路”的本质内涵，积极加大金融信贷投入，稳步推进生态保护与经济建设，努力构建自然生态与金融生态相互促进的良好格局。

一是坚持自然生态优先，全力推进生态环保工程。全省以鄱阳湖湖体保护和滨湖控制为重点，统筹湖区及流域生态建设和环境保护。全年完成造林绿化面积403.2万亩，全省森林覆盖率达到63%；85个县市生活污水处理厂及截污主干管全面建成并投入运营，二期配套管网建设正在加快推进；全年有5万个自然村、500个集镇全面实施垃圾无害化处理；省级循环经济、第三批生态工业园等试点全面启动。

二是注重金融生态建设，营造良好金融环境。省委、省政府高度重视金融生态建设，不仅举办了“鄱阳湖生态经济区建设与区域金融可持续发展”金融环境高层论坛，在全省营造诚实守信的良好社会风气；而且制订出台了《鄱阳湖生态经济区规划实施方案》，确定了生态产业、基础设施、社会事业等九大体系建设，启动了一批新兴产业项目，在政策环境、经济环境、产业环境等方面为实践和发展绿色金融提供了良好的平台。同时，省政府安排近10亿元资金用于对新型战略产业技术开发和节能技术改造项目的贷款贴息，有效地分散了金融机构支持生态经济过程中的信贷风险。

三是践行绿色金融，实现生态文明与经济发展协调推进。中国人民银行加大窗口指导力度，并充分发挥再贷款、再贴现等货币政策工具的作用，引导督促金融机构按照建设生态经济示范区和低碳经济发展先行区的要求，坚持有扶有控，重点支持生态区基础设施、资源循环和清洁能源建设。据统计，2010年年末，区内38个县市新增贷款961亿元，占全部新增贷款的67.4%。由中国工商银行和江西省政府联合设立的鄱阳湖产业投资基金也运作顺利，首期已投资4亿元用于上饶建设项目。金融机构还积极探索节能减排信贷产品新模式，如国家开发银行牵头省内8家银行向全省污水处理厂建设项目发放31亿元贷款，并成功参与运作全省污水处理厂特许经营权转让项目，创造了江西污水“政府入口、开发性金融孵化、市场出口”的典型模式；兴业银行针对企业节能减排和新能源产业发展需求推出节能减排贷

款新品种等。在金融的强力助推下，生态文明和生态经济得到科学和谐发展。2010年全省生态经济区完成基础设施投入同比增长58.3%，实现工业利税同比增长48.9%，“十一五”规划中规定的万元GDP能耗降低20%的约束性指标也全面完成。

（六）房地产行业受政策调控影响较大，稀土行业在转型中加快发展

1. 房地产投资增速持续回落，房地产开发后劲不足。随着房地产调控政策不断趋紧，房地产新开工项目进度明显放慢，房地产开发投资累计增速从4月的高点24.4%，连续8个月回落至年末的11.4%。商品房施工面积、新开工面积、竣工面积、土地购置等先行指标均呈现低速增长，未来房地产市场供给可能趋紧。

政府投入力度加大，保障性住房建设加快推进。省政府预拨20.6亿元用于廉租房建设，并要求各地充分保障廉租住房的资金来源。截至2010年年末，全省共建设各类保障性住房24.59万套，发放廉租住房租赁补贴14.8万户，改造各类棚户区24.8万户，累计解决64万余户城镇低收入家庭住房困难的问题，惠及人口200余万。

房地产市场需求“先抑后扬”，商品房销售增速总体回落。4月开始房地产市场观望情绪有所上升，商品房销售增速连续5个月放慢；9月之后，

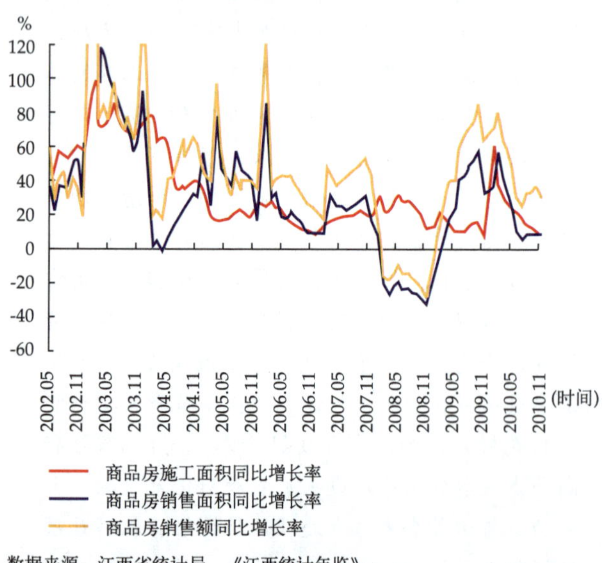

数据来源：江西省统计局、《江西统计年鉴》。

图13　2002～2010年江西省商品房施工和销售变动趋势

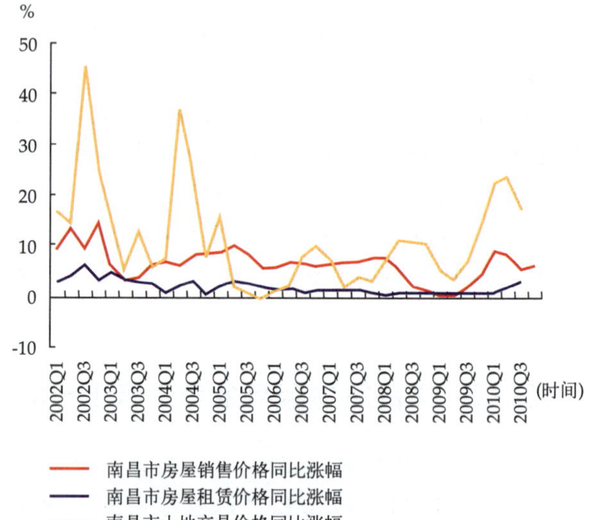

数据来源：江西省统计局、《江西统计年鉴》。

图14　2002～2010年江西省南昌市房屋销售价格指数变动趋势

房地产需求触底回升，销售增速连续3个月出现回升。12月随着房地产调控政策的进一步趋紧，商品房销售额累计同比增速较前11个月回落8.4个百分点。全年商品房销售面积仅增长8.3%，较2009年同期回落23.7个百分点。

房地产价格继续上扬，涨幅明显。全年江西省商品房销售价格同比上涨19.0%。据中国人民银行南昌中心支行对个人住房贷款借款人的问卷调查显示，68%的借款人认为未来房价仍然有上涨空间。

房地产融资渠道收紧，贷款增量逐季度回落。银行对房地产开发商贷款严格控制，房地产贷款增量逐季度减少，第四季度新增贷款为第一季度的44.8%，已处于近8个季度以来的最低点。全年房地产贷款增速较上年回落10.6个百分点，房地产开发资金来源增速也在年末回落至最低点。

2. 赣州稀土行业在整合资源加快转型中发展。江西赣州市素有“稀土王国”之称，拥有的价值贵重的中重稀土元素储量占全国的36%。近年来，通过整顿稀土开采、经营秩序，优化产业发展环境，

逐步形成了采、选、冶、加到产品应用的稀土产业链，全市主营业务收入过亿元的企业达30户，成为全国重要的稀土原矿及冶炼加工产品主产区。2010年，全市规模以上稀土企业实现产值同比增长64.1%，实现利税同比增长1.34倍。各金融机构积极支持稀土产业发展，针对国际金融危机期间稀土产品国际价格下滑的严峻挑战，积极发放稀土收储贷款，保持了赣州在国际稀土供应的调控权。2010年年末全市稀土行业贷款余额为18.4亿元，同比增长31.6%。中国民生银行还与物流公司合作为稀土企业量身制订了“仓储＋信息监管＋仓单质押＋一体化物流配送”的供应链融资方案。稀土深加工产业发展基金和新兴产业发展专项资金也正在探索建立之中。目前，技术创新、人才储备、节能减排是制约稀土产业发展的主要因素，对稀土资源的开采和走私管理也亟待加强。随着赣州市被国土资源部设为首批稀土矿国家规划区，稀土行业将在更为健康有序的环境下获得发展。

三、预测与展望

2011年是江西加快转变经济发展方式，推动经济平稳较快发展的重要一年。随着全省鄱阳湖生态经济区建设的不断推进、高新技术产业规划的实施和民生工程的建设，江西建设性投资将保持平稳增长；近年来，城乡居民收入的快速增长和消费结构的升级为扩大消费增强了后劲，但同时也受到汽车工业支持政策退出和新一轮房地产调控实施的影响，社会消费品零售总额实际增长可能稳中趋缓；招商引资工作的进一步活跃以及2010年中部博览会在江西成功举办，将有效地提升了江西对外开放的水平，促进对外贸易迈上新台阶。预计全年江西生产总值将继续保持10%以上的增长。当前，江西正处于城镇化、工业化和现代农业化发展的重要时期，面临做大经济总量和提升竞争力的双重任务，需要把加快发展方式转变与加速江西崛起有机统一起来，以推进鄱阳湖生态经济区建设为龙头，坚持重大项目带动，加快发展战略性新兴产业和开放性经济，加快收入分配制度改革，提升居民收入水平和消费能力。

全省金融机构将认真执行稳健的货币政策，优化信贷结构，加大对鄱阳湖生态经济区、战略新兴产业、节能减排、民生工程和扩大内需等领域的信贷支持力度，提高中小企业、县域经济和农村金融服务的可获得性、覆盖率和满意度，保持信贷总量的合理适度增长。全省非金融企业应进一步提升资产负债管理能力，拓宽直接融资渠道，通过发行股票、债券和引入民间资本等多种形式，募集发展基金，满足其合理融资需求。

中国人民银行南昌中心支行货币政策分析小组
负责人：高小琼　张智富
统　稿：李孟宋　朱　锦
执　笔：章　璇　徐　峻　贾　健　罗贺飞
提供材料的还有：刘　强　刘伟平　黄琦华　黄春华　吴　隽　李　波　汪　颖　林　海　罗　伟
李　葵

附录

（一）2010年江西省经济金融大事记

1月31日，江西省委、省政府在南昌隆重举行建设鄱阳湖生态经济区动员大会，认真贯彻国务院关于《鄱阳湖生态经济区规划》批复和省“两会”精神。

2月5日，江西省发展改革委组织召开2010年江西省重大项目政银推介会，共向金融机构推荐1 200项重大项目，总投资13 537亿元。

3月26日，三川水表股份有限公司在A股市场成功上市，成为首家登陆创业板的江西企业。

4月16日，江西省委、省政府在南昌举办“鄱阳湖生态经济区建设与区域金融可持续发展”为主题的金融环境高层论坛并开展对接活动。

5月27日，中国人民银行南昌中心支行和江西银监局在南昌联合举办“全省农村金融产品和服务方式创新工作推进会”，创新工作在全省全面铺开。

7月29日，中国银监会正式批准景德镇农村商业银行股份有限公司开业，成为江西省首家设区市农村商业银行。

9月20日，江西省政府在南昌举办“服务园区、引导就业、成就人才”对接活动，签约金额达46.56亿元，新增就业岗位5 653个。

9月26日至28日，第五届中国中部投资贸易博览会在南昌举行，中部六省共签约外商投资项目52个，合同外资28.34亿美元；签订吸引内资项目429个，合同资金2 705.57亿元。

11月15日，中国人民银行南昌中心支行与萍乡市人民政府举行了《共建中小企业信用体系试验区合作备忘录》签约仪式。

12月20日，江西省委召开十二届十四次全会，讨论通过《中共江西省委关于制订全省国民经济和社会发展第十二个五年规划的建议》，研究部署2011年经济工作主要任务。

（二）2010年江西省主要经济金融指标

表1 2010年江西省主要存贷款指标

		1月	2月	3月	4月	5月	6月	7月	8月	9月	10月	11月	12月
本外币	金融机构各项存款余额（亿元）	9 655.5	10 024.8	10 343.8	10 503.0	10 687.0	11 072.0	11 004.7	11 264.1	11 564.8	11 577.9	11 656.6	11 907.8
	其中：城乡居民储蓄存款	5 235.0	5 752.0	5 834.0	5 785.0	5 776.0	5 907.0	5 850.8	5 904.1	6 107.9	5 943.1	5 943.8	6 140.0
	企业存款	2 588.0	2 480.0	2 450.0	2 557.0	2 614.0	2 736.0	2 693.9	2 806.9	2 850.8	2 939.8	2 992.9	3 115.0
	各项存款余额比上月增加（亿元）	303.0	369.0	319.0	159.0	184.0	385.0	-68.0	259.4	300.8	13.0	78.7	251.2
	金融机构各项存款同比增长（%）	26.4	25.3	24.4	24.9	25.1	24.7	23.7	26.1	26.7	26.1	25.9	27.3
	金融机构各项贷款余额（亿元）	6 654.2	6 787.3	6 878.5	7 010.0	7 162.4	7 302.8	7 377.8	7 495.2	7 625.9	7 704.2	7 786.5	7 843.3
	其中：短期	2 426.0	2 485.0	2 512.0	2 559.0	2 645.0	2 624.0	2 630.3	2 693.7	2 745.4	2 778.5	2 838.0	2 851.8
	中长期	3 885.0	3 984.0	4 091.0	4 189.0	4 224.0	4 383.0	4 452.6	4 526.5	4 616.0	4 662.9	4 692.5	4 754.0
	票据融资	309.0	279.0	233.0	222.0	255.6	254.6	254.7	236.4	227.7	224.0	208.1	189.0
	各项贷款余额比上月增加（亿元）	236.0	133.0	91.0	132.0	152.0	140.0	75.0	117.3	130.8	78.2	82.3	56.8
	其中：短期	107.0	59.0	27.0	47.0	86.0	-20.0	5.9	68.7	51.7	33.2	59.4	15.9
	中长期	131.0	99.0	107.0	98.0	35.0	159.0	69.9	68.6	89.5	46.9	27.6	61.2
	票据融资	-2.2	-30.0	-47.0	-10.6	34.0	-1.0	0.1	-18.3	-8.7	-3.6	-16.0	-19.4
	金融机构各项贷款同比增长（%）	34.4	32.5	28.0	28.2	28.8	24.7	22.7	22.9	22.9	22.7	22.7	22.2
	其中：短期	18.2	18.8	15.2	16.6	17.2	9.6	8.0	7.0	6.1	6.6	7.4	6.8
	中长期	-84.2	60.7	57.5	57.2	54.5	52.2	48.5	46.6	44.6	41.5	40.1	39.7
	票据融资	-29.5	-47.6	-59.3	-62.1	-52.6	-53.8	-53.3	-48.6	-41.9	-34.2	-34.9	-38.9
	建筑业贷款余额（亿元）	125.0	139.0	147.0	151.0	156.0	148.0	146.0	153.0	164.0	163.0	171.0	171.0
	房地产业贷款余额（亿元）	378.0	391.0	400.0	406.0	402.0	411.0	421.0	421.0	429.0	430.0	438.0	426.0
	建筑业贷款同比增长（%）	1.4	13.1	19.4	23.0	27.0	20.5	19.1	24.7	33.4	32.6	39.2	39.0
	房地产业贷款同比增长（%）	7.2	10.9	13.5	15.0	14.0	16.4	19.5	19.5	21.6	22.0	24.1	20.9
人民币	金融机构各项存款余额（亿元）	9 598.0	9 971.0	10 284.0	10 443.0	10 624.0	11 007.0	10 940.9	11 203.2	11 508.6	11 515.2	11 590.9	11 846.2
	其中：城乡居民储蓄存款	5 206.0	5 723.0	5 805.0	5 757.0	5 747.0	5 879.0	5 822.2	5 876.4	6 081.2	5 916.7	5 917.6	6 113.2
	企业存款	2 563.0	2 457.0	2 422.0	2 527.0	2 581.0	2 702.0	2 661.1	2 776.5	2 824.1	2 906.3	2 956.7	3 083.0
	各项存款余额比上月增加（亿元）	302.0	373.0	313.0	159.0	181.0	384.0	-66.6	262.4	305.4	6.6	75.7	255.3
	其中：城乡居民储蓄存款	113.0	516.0	82.0	-48.0	-10.0	132.0	-56.7	54.2	204.8	-164.5	0.8	195.7
	企业存款	104.0	-105.0	-36.0	106.0	54.0	120.0	-40.8	115.3	59.6	91.0	50.4	126.3
	各项存款同比增长（%）	26.5	25.5	24.5	25.0	25.1	24.8	23.7	26.3	26.8	26.2	26.0	27.4
	其中：城乡居民储蓄存款	13.6	20.7	19.8	19.1	18.1	19.2	18.6	19.9	20.9	18.8	18.7	20.0
	企业存款	41.0	27.3	16.1	17.9	15.7	12.0	9.9	13.9	13.7	17.0	18.2	18.7
	金融机构各项贷款余额（亿元）	6 586.0	6 714.0	6 800.0	6 936.0	7 091.0	7 225.0	7 300.7	7 418.0	7 551.2	7 628.2	7 698.6	7 757.1
	其中：个人消费贷款	1 016.0	1 017.0	1 058.0	1 103.4	1 123.0	1 151.0	1 173.1	1 195.6	1 229.9	1 255.0	1 279.3	1 315.2
	票据融资	309.0	279.0	232.0	222.0	256.0	255.0	254.7	236.4	227.7	224.1	208.1	188.7
	各项贷款余额比上月增加（亿元）	237.0	129.0	86.0	136.0	155.0	134.0	75.2	117.4	133.2	77.0	70.4	58.5
	其中：个人消费贷款	47.6	1.3	43.1	44.9	19.7	45.9	21.6	22.5	34.3	25.1	24.3	35.9
	票据融资	-2.0	-30.0	-47.0	-10.6	33.7	-1.0	0.1	-18.3	8.7	-3.6	-16.0	-19.4
	金融机构各项贷款同比增长（%）	34.8	32.7	28.2	28.3	29.2	24.9	22.9	23.1	23.1	22.9	22.7	22.2
	其中：个人消费贷款	80.1	78.7	75.7	78.2	74.3	68.4	64.7	60.1	57.0	54.5	50.0	48.9
	票据融资	-29.5	-47.5	-59.2	-62.1	-52.7	-53.8	-53.3	-48.6	-41.9	-34.2	-34.9	-39.0
外币	金融机构外币存款余额（亿美元）	8.4	7.9	8.8	8.8	9.3	9.6	9.4	8.9	8.4	9.4	9.8	9.3
	金融机构外币存款同比增长（%）	7.1	-2.9	7.3	7.7	15.0	13.1	16.7	5.8	3.2	15.8	9.1	12.6
	金融机构外币贷款余额（亿美元）	10.0	10.7	11.4	10.8	10.4	11.4	11.4	11.3	11.1	11.4	13.2	13.0
	金融机构外币贷款同比增长（%）	3.5	16.6	13.4	13.3	0.4	9.3	8.5	3.3	4.8	6.6	23.3	28.4

数据来源：中国人民银行南昌中心支行。

表2 2001～2010年江西省各类价格指数

单位:%

年/月	居民消费价格指数		农业生产资料价格指数		原材料购进价格指数		工业品出厂价格指数		南昌市房屋销售价格指数	南昌市房屋租赁价格指数	南昌市土地交易价格指数
	当月同比	累计同比	当月同比	累计同比	当月同比	累计同比	当月同比	累计同比	当季(年)同比	当季(年)同比	当季(年)同比
2001	—	-0.5	—	-0.4	—	-0.7	—	-1.9	4.0	2.7	8.0
2002	—	0.1	—	-0.2	—	-1.4	—	-1.5	11.6	4.2	25.2
2003	—	0.8	—	2.5	—	6.5	—	4.0	4.8	3.3	10.1
2004	—	3.5	—	10.7	—	14.4	—	9.7	8.5	0.3	7.4
2005	—	1.8	—	7.9	—	10.0	—	8.8	5.9	2.2	-0.6
2006	—	1.2	—	1.1	—	8.6	—	9.7	5.8	1.2	9.7
2007	—	4.8	—	6.2	—	7.87	—	6.17	7.6	0.9	2.9
2008	—	6.1	—	19.9	—	14.2	—	6.4	1.5	0.8	10.0
2009	—	-0.7	—	-2.4	—	-9.3	—	-7.0	4.0	0.5	13.8
2010	—	3.0	—	1.9	—	11.8	—	15.3	6.1	—	—
2009 1	1.5	1.5	11.4	11.4	-5.4	-5.4	-10.8	-10.8	—	—	—
2	-1.6	-0.1	7.8	9.6	-7.8	-6.6	-11.5	-11.1	—	—	—
3	-1.5	-0.5	-0.4	6.1	-9.3	-7.5	-14.4	-12.2	0.1	0.9	5.1
4	-1.3	-0.7	-2.3	3.9	-10.6	-8.3	-12.2	-12.2	—	—	—
5	-1.7	-0.9	-2.6	2.5	-11.8	-9.0	-13.3	-12.4	—	—	—
6	-1.8	-1.1	-4.9	1.2	-11.8	-9.4	-12.6	-12.5	0.2	0.5	3.2
7	-2.0	-1.2	-7.0	0.0	-14.1	-10.1	-12.4	-12.5	—	—	—
8	-1.0	-1.2	-7.7	-1.0	-13.5	-10.5	-9.0	-12.0	—	—	—
9	-0.6	-1.1	-6.9	-1.7	-12.5	-10.8	-8.8	-11.7	2.1	0.6	6.8
10	0.0	-1.0	-6.0	-2.2	-10.8	-10.8	-5.4	-11.0	—	—	—
11	0.7	-0.9	-4.8	-2.4	-4.1	-10.2	8.8	-9.2	—	—	—
12	1.6	-0.7	-2.5	-2.4	0.5	-9.3	18.1	-7.0	4.0	0.5	13.8
2010 1	1.1	1.1	-1.0	-1.0	7.5	7.5	23.1	23.1	—	—	—
2	2.2	1.6	-0.3	-0.7	10.5	9.0	20.9	22.0	—	—	—
3	2.1	1.8	0.9	-0.1	12.8	10.3	21.8	21.9	8.7	0.6	22.3
4	2.7	2.0	0.2	-0.1	13.5	11.1	17.5	20.8	—	—	—
5	3.0	2.2	1.2	0.2	13.2	11.5	16.9	20.0	—	—	—
6	2.9	2.3	2.6	0.6	12.5	11.7	13.1	18.9	8.1	1.8	23.4
7	3.3	2.5	2.6	0.9	11.2	11.6	12.1	17.9	—	—	—
8	3.1	2.6	2.4	1.1	10.4	11.5	9.4	16.9	—	—	—
9	3.3	2.6	2.6	1.2	10.2	11.3	10.5	16.1	5.5	3.0	17.3
10	4.1	2.8	3.3	1.4	11.6	11.3	12.3	15.8	—	—	—
11	4.5	3.0	4.2	1.7	14.0	11.6	13.2	15.5	—	—	—
12	4.1	3.0	4.5	1.9	14.2	11.8	12.2	15.3	6.1	5.8	14.2

数据来源：江西省统计局。

表3　2010年江西省主要经济指标

	1月	2月	3月	4月	5月	6月	7月	8月	9月	10月	11月	12月
						绝对值（自年初累计）						
地区生产总值(亿元)	—	—	1 754.7	—	—	4 001.2	—	—	6 533.2	—	—	9 435.0
第一产业	—	—	186.2	—	—	374.2	—	—	685.0	—	—	1 205.9
第二产业	—	—	946.7	—	—	2 259.9	—	—	3 651.8	—	—	5 194.7
第三产业	—	—	621.7	—	—	1 367.1	—	—	2 196.4	—	—	3 034.4
工业增加值(亿元)	256.9	461.5	725.5	925.5	1 150.1	1 401.6	1 645.4	1 921.9	2 202.0	2 483.0	2 785.5	3 101.9
城镇固定资产投资(亿元)	—	340.7	787.8	1 328.3	1 923.3	2 861.5	3 517.0	3 963.3	4 639.1	5 372.8	6 335.5	7 856.7
房地产开发投资	—	53.6	103.7	155.3	212.4	284.4	342.5	398.1	468.7	532.7	590.6	706.8
社会消费品零售总额(亿元)	241.9	473.4	683.5	883.0	1 117.4	1 347.3	1 563.3	1 796.3	2 050.7	2 338.7	2 622.7	2 932.9
外贸进出口总额(亿美元)	12.6	23.0	34.8	49.5	68.1	87.1	105.4	123.7	743.9	160.8	185.8	214.5
进口	5.9	10.3	16.4	21.9	29.5	35.8	43.0	50.1	58.6	64.0	72.9	80.4
出口	6.7	12.6	18.4	27.6	38.5	51.3	62.4	73.7	85.2	96.8	113.0	134.2
进出口差额(出口–进口)	0.8	2.3	1.9	5.7	9.0	15.5	19.4	23.6	26.6	32.8	40.1	53.8
外商实际直接投资(万美元)	41 600.0	61 843.0	94 230.0	133 141.0	178 859.0	259 592.0	288 038.0	328 146.0	365 215.0	401 618.0	448 100.0	510 100.0
地方财政收支差额(亿元)	-11.7	-88.4	-137.0	-164.2	-239.4	-311.7	-373.8	-447.2	-565.8	-622.6	-847.1	-1 133.2
地方财政收入	69.1	113.2	177.9	241.2	297.6	396.2	455.5	513.7	576.5	643.3	709.4	777.9
地方财政支出	80.8	201.6	314.9	405.4	537.0	707.9	829.3	960.9	1 142.3	1 265.9	1 556.5	1 911.0
城镇登记失业率(%)(季度)	—	—	3.44	—	—	—	—	—	—	—	—	—
						同比累计增长率（%）						
地区生产总值	—	—	14.4	—	—	14.4	—	—	14.3	—	—	14.0
第一产业	—	—	5.0	—	—	4.4	—	—	4.0	—	—	4.0
第二产业	—	—	20.3	—	—	19.9	—	—	19.3	—	—	18.3
第三产业	—	—	9.4	—	—	9.2	—	—	10.3	—	—	10.8
工业增加值	—	28.1	26.1	26.0	25.9	25.1	22.8	22.6	22.5	22.3	22.0	21.7
城镇固定资产投资	—	24.7	21.3	25.6	28.3	31.1	31.7	31.6	31.5	31.7	31.9	30.8
房地产开发投资	—	20.3	22.4	24.4	24.1	22.1	24.1	19.4	18.4	18.1	17.2	11.4
社会消费品零售总额	—	18.6	18.8	19.0	19.1	19.1	19.2	19.2	19.2	19.2	19.2	19.2
外贸进出口总额	—	56.3	47.5	47.0	61.9	63.4	66.3	67.5	66.9	65.7	67.0	67.9
进口	—	64.2	71.4	54.4	69.3	49.6	50.8	49.6	48.3	45.9	50.2	48.5
出口	—	50.4	31.1	41.6	56.7	74.7	78.9	82.3	82.7	81.9	80.0	82.1
外商实际直接投资	62.3	29.1	14.7	13.6	12.6	15.1	15.8	19.8	18.4	19.3	19.1	26.8
地方财政收入	29.3	25.2	24.9	30.0	31.6	34.3	35.0	37.3	37.9	37.4	38.3	33.8
地方财政支出	6.9	19.4	14.8	8.3	18.5	17.0	18.7	22.2	26.7	27.1	39.3	22.3

数据来源：江西省统计局。

2010年山东省金融运行报告

中国人民银行济南中心支行货币政策分析小组

[内容摘要] 2010年，山东省坚持以加快转变经济发展方式为主线，积极实施重点区域带动战略，全省经济平稳较快发展，内外需求同步增长，三次产业更加协调，社会民生不断改善，节能降耗成果显著，转型调整取得积极成效。全省金融运行平稳健康，货币政策得到有效贯彻落实，存贷款平稳增长，信贷结构更趋优化，证券融资实现新突破，保险保障领域有效拓展，金融市场交易活跃，非金融企业债务融资工具应用更为广泛，企业直接融资广度和深度不断拓展，金融生态持续向好，实现经济金融协调发展。

2011年，山东省金融机构将按照“总体稳健、调节有度、结构优化”的基本要求，认真贯彻落实稳健的货币政策，努力保持信贷合理增长，着力优化信贷结构，促进提高直接融资比重，为全省经济“转方式、调结构”，实现富民强省新跨越提供优质高效的金融支持。

一、金融运行情况

2010年，山东省金融业运行态势良好，组织体系不断完善，融资功能充分发挥，金融生态环境继续优化，对全省经济“转方式、调结构”的保障推动作用增强。

表1 2010年山东省银行业金融机构情况

机构类别	营业网点①			法人机构（个）
	机构个数（个）	从业人数（人）	资产总额（亿元）	
一、大型商业银行②	4 264	94 221	22 275.0	0
二、国家开发银行及政策性银行③	128	3 686	4 028.5	0
三、股份制商业银行④	361	13 094	7 120.8	1
四、城市商业银行	597	14 099	4 790.0	14
五、农村合作机构⑤	5 270	59 355	8 377.3	136
六、财务公司	6	259	575.0	5
七、邮政储蓄银行	2 808	6 023	2 217.0	0
八、外资银行	27	707	249.0	0
九、农村新型机构⑥	12	319	169.3	12
合　计	13 473	191 763	49 801.9	168

注：①不包括国家开发银行和政策性银行、大型商业银行、股份制银行等金融机构总部数据。

②包括中国工商银行、中国农业银行、中国银行、中国建设银行和交通银行。

③包括国家开发银行、中国农业发展银行和中国进出口银行。

④包括中信银行、中国光大银行、华夏银行、广东发展银行、深圳发展银行、招商银行、上海浦东发展银行、兴业银行、中国民生银行、恒丰银行、浙商银行和渤海银行。

⑤包括农村信用社、农村合作银行和农村商业银行。

⑥包括村镇银行、贷款公司和农村资金互助社。

数据来源：山东银监局。

（一）银行业发展稳健，信贷投放平稳均衡

2010年，山东省银行业金融机构综合实力增强，存贷款平稳增长，期限行业区域结构优化，现金收支活跃，利率呈上升走势，金融体系更趋完善，跨境贸易结算业务成绩显著。

1. 资产规模持续扩大，质量效益同步提高。2010年，银行业资产规模保持快速增长，质量和盈利能力进一步提升，不良贷款继续“双降”。中间业务收入占比上升，拨备覆盖率同比提高30.9%。

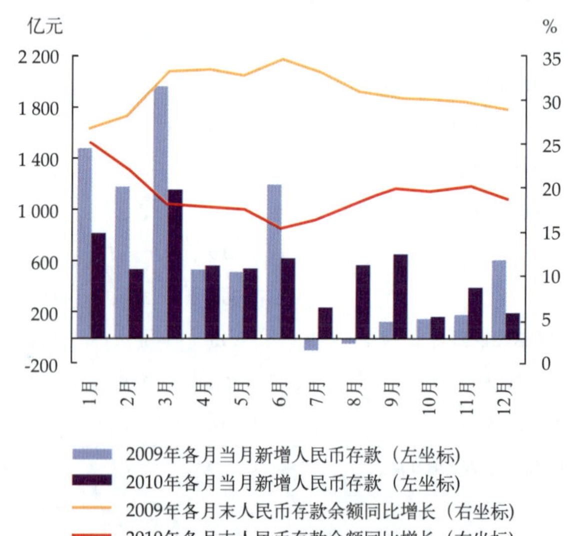

数据来源：中国人民银行济南分行。

图1 2010年山东省金融机构人民币存款增长变化

非银行金融机构加快聚集，农村新型金融组织蓬勃发展，外资银行人民币业务加速拓展。

2. 存款平稳增加，资金稳定性增强。受派生存款减少、企业两项资金占用增多等因素的影响，各项存款增速回落，活期存款新增占比同比下降7.4个百分点。企业存款同比大幅少增，储蓄存款增长平稳。人民币升值预期增强带动企业和个人结汇速度加快，外币存款同比少增2.2亿美元。

3. 贷款投放平稳均衡，信贷结构日趋优化。2010年，全省本外币贷款余额突破3万亿元，增量为历史次高，实现“月度与季度、短期与中长期、单位与个人”均衡增长。国有银行贷款集中度下降，地方法人放贷能力有所增强。受资金来源减少及套利预期影响，外币贷款同比少增。受资金环境趋紧影响，金融机构对再贷款、再贴现的需求明显回升，全年累放流动性再贷款、再贴现189.1亿元，同比多放138.3亿元。

信贷投向体现“有扶有控”。五成以上新增贷款投向黄河三角洲高效生态经济区、县域和战略新兴产业，涉农贷款占比同比提高5.3个百分点，中小企业贷款增速快于大型企业15.1个百分点。政府融资平台贷款增量降为同期的1/5，二套房以上住房贷款占比逐季度下降，“两高一剩”和落后产能行业信贷退出企业同比增加114家。

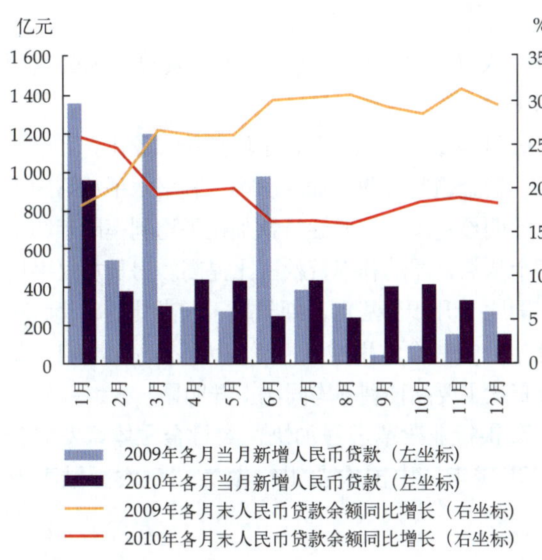

数据来源：中国人民银行济南分行。

图2　2010年山东省金融机构人民币贷款增长变化

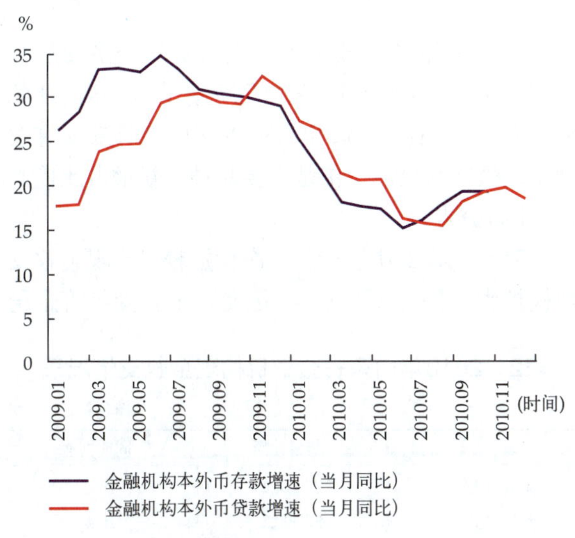

数据来源：中国人民银行济南分行。

图3　2009～2010年山东省金融机构本外币存、贷款增速变化

专栏1　金融助力蔬菜良种国产化　突破国外垄断成效显著

近年来，面对外国种子加速进入国内市场、国内传统种业发展遭遇困境的严峻形势，山东省金融机构多措并举，加大对蔬菜制种产业的信贷支持，尤其是寿光市和宁阳县金融机构积极改善信贷服务，合理配置信贷资源，成功帮助蔬菜制种产业打破国外种子垄断的局面。温家宝总理对此做法作出批示予以肯定：“山东金融部门此项做法好，应予推广。”

一、主要做法

一是强化政策引导。中国人民银行分支行联合当地政府出台了《现代农业金融服务创新试点方案》和《关于加快蔬菜种子和太空蔬菜产业发展的实施意见》，推动财政部门出资设立贷款风险补偿基金和专项周转金。二是加大信贷支持。金融机构开辟贷款绿色通道，设立专项信贷资金，对国产蔬菜种苗繁育企业实行服务优先、利率优惠，满足企业发展的资金需求，截至2010年年末累计发放贷款2.1亿元。三是创新金融产品。创新开展中小企业信用联盟贷款、蔬菜大棚抵押贷款、农村土地承包经营权及地上附属物产权抵押贷款等信贷产品支持种业发展，截至2010年年末共发放创新贷款1.2亿元。

二、取得的成效

一是打破国外种子垄断的局面。2010年年末，寿光市国产种子市场占有率比2006年提高17个百分点，宁阳县推广种植“太空大青茄”种子后，外国种子“布利塔”占有率由2007年的36%降至2010年的6%。二是推动蔬菜种业规模化、效益化发展。通过扶持种子龙头企业，“市场牵企业、企业带基地、基地连农户”的种子产业化发展格局初步形成。2010年年末，两县（市）共有蔬菜种子龙头企业22家，蔬菜良种繁育基地97处，年产良种1.4万吨，销往全国20多个省市和朝鲜、东南亚等。三是增加农民就业和收入。2010年，两县（市）5.4万种子种植农户人均收入1.2万元，同比增长21.7%。寿光蔬菜研究院带动1.3万农户推广种植4.9万亩甜瓜、辣椒品种，户均同比增收超过万元。

4. 表外融资规模扩大，支持实体经济发展。全年累计开办业务11 732亿元，占信用总量的67.9%，同比提高13.3个百分点，成为贷款的有益补充。银行承兑汇票仍是主要品种，新增占比提高15.1个百分点。

5. 现金收支快速增长，净投放较多。现金收支规模扩大，同比多投放161亿元，主要受经济企稳回升、农副产品价格走高、居民消费势头强劲等因素影响。

表2　2010年山东省金融机构现金收支情况表

单位：亿元、%

	年累计额	同比增速
现金收入	77 144.4	18.1
现金支出	77 300.3	18.4
现金净支出	155.9	-2 965.8

数据来源：中国人民银行济南分行。

表3　2010年山东省金融机构各利率浮动区间贷款占比表

单位：%

		合计	国有商业银行	股份制商业银行	区域性商业银行	城乡信用社
合计		100.0	100.0	100.0	100.0	100.0
[0.9～1.0)		16.9	24.5	24.8	5.4	1.0
1.0		29.4	40.4	41.2	19.8	5.3
上浮水平	小计	53.7	35.2	34.0	75.0	93.6
	(1.0～1.1]	14.3	19.2	24.5	14.4	3.1
	(1.1～1.3]	12.6	12.9	9.3	23.2	12.2
	(1.3～1.5]	8.7	2.7	0.2	13.9	22.7
	(1.5～2.0]	13.6	0.3	0.0	20.1	43.3
	2.0以上	4.5	0.1	0.0	3.4	12.3

数据来源：中国人民银行济南分行。

6. 利率走势前稳后升，定价更趋市场化。受产业调控、资金趋紧及两次加息影响，利率水平从第四季度开始明显走高。一般性贷款加权平均利率比年初上升30个基点，浮动利率贷款占比提高。房贷加权平均利率同比上升49个基点，期限趋于长期化。Shibor对贷款定价的基准作用增强。受Libor走高的影响，美元存贷款主要品种利率均同比上升明显。

7. 银行业改革进程加快，农村金融体系发展壮大。2010年，中国农业银行做实“三农金融事业

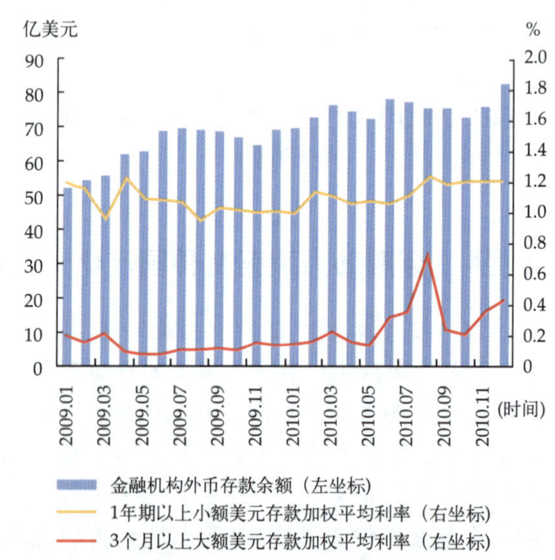

数据来源：中国人民银行济南分行。

图4　2009～2010年山东省金融机构外币存款余额及外币存款利率

部”，开发银行健全商业银行运行机制，中国进出口银行和中国出口信用保险公司改革稳步推进。农村信用社历年亏损挂账全部消化，15家县级联社启动银行化改革。农村新型金融组织发展取得突破，设立村镇银行、农村资金互助社12家，另外，审批成立小额贷款公司150家。农村金融产品和服务方式创新全面推广，林权、农村土地承包经营权抵押贷款等业务取得阶段性成果。

8. 跨境贸易人民币结算试点开局良好，各项业务快速发展。2010年6月启动跨境贸易人民币结算试点以来，业务类型日益丰富，收入支出双向并行。共有20家银行的196家分支机构为436家企业办理跨境人民币结算业务，金额达343.4亿元，收付遍布六大洲38个国家和地区，居全国新增试点省市第二位，有力地促进了全省涉外经济发展。

（二）证券业快速发展，上市融资取得新突破

2010年，山东省证券市场资源配置和价值发现功能进一步拓展，证券期货机构业务不断壮大，盈利水平提高，抗风险能力增强。

1. 市场主体经营实力大幅提升。证券机构经纪和承销业务均创新高，2家法人券商净资本与负债、风险资产比远离风险控制标准，资金户和股东户开户数均同比提高9个百分点。期货经营机构代理交易量和利润双增长。

2. 证券市场融资功能有效发挥。52家企业通过首发、增发实现股权融资418亿元，其中，创业板上市4家，境外融资65亿元，新上市家数和募集资金总额均达历年最高。上市资源培育取得新进展，42家企业进行境内上市辅导，10多家公司启动境外上市程序。

表4　2010年山东省证券业基本情况表

项目	数量
总部设在辖内的证券公司数（家）	2
总部设在辖内的基金公司数（家）	0
总部设在辖内的期货公司数（家）	3
年末国内上市公司数（家）	124
当年国内股票（A股）筹资（亿元）	353.0
当年发行H股筹资（亿元）	65.0
当年国内债券筹资（亿元）	446.9
其中：短期融资券筹资额（亿元）	214.0

数据来源：中国人民银行济南分行、山东证监局。

（三）保险业规模稳步扩大，保障服务功能增强

2010年，山东省保险业发展水平全面提升，保险强省建设取得突破性进展。

1. 市场体系更趋完善，行业实力明显增强。首家法人保险机构泰山财险开业，新增6家省级保险分公司，在册中介机构183家，外资保险公司数量居全国第五位。行业总资产同比增长25.4%，从业人员34万人。

2. 保险业务持续增长，服务领域不断拓展。保费收入同比增长30%，规模稳居全国第三位，承担各类风险责任14.9万亿元。人身险运营效率提升，寿险新单期交率[①]、费用率指标全国领先，财产险承保利润是上年的7.3倍。农业保险覆盖面扩大，农村小额人身保险试点快速推进。

表5　2010年山东省保险业基本情况表

项目	数量
总部设在辖内的保险公司数（家）	1
其中：财产险经营主体（家）	1
寿险经营主体（家）	0
保险公司分支机构（家）	59
其中：财产险公司分支机构（家）	27
寿险公司分支机构（家）	32
保费收入（中外资，亿元）	1 030.0
其中：财产险保费收入（中外资，亿元）	297.0
人身险保费收入（中外资，亿元）	733.0
各类赔款给付（中外资，亿元）	209.0
保险密度（元/人）	12.1
保险深度（%）	2.6

数据来源：山东保监局。

① 寿险新单期交率=当年新单中期交型产品保费收入/当年新单全部保费收入×100%。寿险产品一般分为“期交型产品”和“趸交型产品”，期交型产品是指在保险合同期内逐年交纳保费的产品，趸交型产品是指一次性把保费交纳完毕的产品。新单期交率的提高表明保费收入的持续性和稳定性增强，是当前寿险产品结构调整优化的方向。

（四）金融市场活力增强，融资结构有效改善

2010年，山东省直接融资快速发展，货币市场交易量持续走高，外汇市场增势迅猛，黄金市场交投活跃，民间借贷量稳价升。

1. 融资渠道日益多元化，直接融资占比上升。全年融资总量同比下降15.9%，但直接融资占比上升4.7个百分点。受内外资本市场回暖、优质企业估值上升等因素的影响，股票融资大幅增加，债券融资亮点纷呈。中小企业集合票据再发两单，累计融资占全国融资总量的38.7%，短期融资券、中期票据融资稳居全国前列。金融债发行稳步推进，威海市商业银行发行次级债6亿元。

2. 银行间市场交易规模扩大，资金融出规模增加。银行间市场交易量达1.25万亿元，同业拆借增长1.5倍。由于市场成员流动性充裕且套利难度加大，逆回购同比增长2.1倍，净融入减少9 402亿元。机构持债规模继续增加，固息债占比上升。拆借加权平均利率和现券买卖加权到期收益率分别同比提高60个和112个基点。

3. 票据融资余额下降，贴现利率波动上行。票据融资余额和累计发生额分别同比下降35.9%和11.2%。银行承兑汇票需求扩大，同比增长26.8%。随着市场流动性趋紧，贴现利率下半年涨势加快，年末达到最高点，其中，3～6个月银行承兑汇票直贴利率比年初提高3.2个百分点。

表6　2001～2010年山东省非金融机构融资结构表

单位：亿元、%

年份	融资量	比重		
		贷款	债券（含可转债）	股票
2001	901.1	90.0	0.0	10.0
2002	1 571.9	96.6	0.0	3.4
2003	2 051.8	97.4	0.0	2.6
2004	1 695.8	91.6	2.9	5.5
2005	2 123.8	95.7	2.6	1.7
2006	2 820.4	89.8	6.5	3.7
2007	2 585.1	79.6	9.7	10.7
2008	3 574.5	87.1	6.5	6.4
2009	7 150.5	90.3	6.5	3.2
2010	6 015.3	85.6	7.4	7.0

数据来源：中国人民银行济南分行、山东省发展改革委、山东证监局。

4. 银行间外汇市场增势强劲，黄金市场交投活跃。银行间外汇市场成交量同比增长85%，“远期—全额”交易翻倍。11家黄金交易所会员场内成交同比增长14.9%，净卖出100.7吨，冶金企业占主导地位。个人纸黄金投资需求旺盛，净买入502公斤。

5. 民间借贷增量平稳，利率小幅上升。受两次加息影响，民间借贷加权平均利率同比上升0.8个百分点，高于一般贷款利率4.9个百分点。全年样本监测点累计借入金额同比下降11.3亿元，借贷规范性有所提高。企业样本借贷额增加，利率升幅高于农户样本。

表7　2010年山东省金融机构票据业务量统计表

单位：亿元

季度	银行承兑汇票承兑		贴现			
			银行承兑汇票		商业承兑汇票	
	余额	累计发生额	余额	累计发生额	余额	累计发生额
1	4 540.2	2 473.3	1 344.4	3 007.5	80.5	188.1
2	4 840.3	5 041.6	1 262.6	5 725.8	123.2	336.9
3	5 254.4	7 970.3	1 106.1	8 515.7	133.4	524.0
4	5 383.6	10 678.6	1 097.8	10 925.2	119.7	708.2

数据来源：中国人民银行济南分行。

表8　2010年山东省金融机构票据贴现、转贴现利率表

单位：%

季度	贴现		转贴现	
	银行承兑汇票	商业承兑汇票	票据买断	票据回购
1	3.4808	5.2206	2.5328	2.6485
2	3.8687	5.1267	3.2355	2.8600
3	4.0255	4.9378	3.3536	3.2012
4	5.1936	5.8588	4.0312	4.3446

数据来源：中国人民银行济南分行。

（五）社会信用体系建设成效显著，金融生态环境继续向好

2010年，中国人民银行济南分行推动全省17地市建立地方社会信用体系建设联席会议制度，枣庄、邹城市试点中小企业信用体系试验区。13.9万户中小企业信息纳入征信系统，1.3万户企业取得融资支持。农村信用工程建设步伐加快，信用示范县、信用示范乡镇、农户信用档案同比分别新增20个、182个和141万户。农村支付服务环境建设全面

推进，开通网银611.1万个，布设自动机具24.3万台。联合打击银行卡犯罪专项行动成绩居全国非重点省份首位。

二、经济运行情况

2010年，山东省认真贯彻落实各项宏观调控政策，积极实施重点区域带动战略，转型调整成效显现，社会民生不断改善，节能降耗成果显著，经济社会持续健康协调发展。

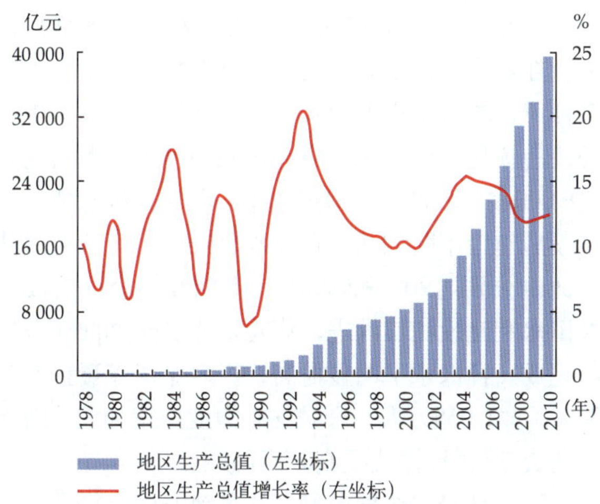

数据来源：山东省统计局。

图5　1978～2010年山东省地区生产总值及其增长率

（一）内外需求平稳扩大，经济发展均衡性增强

2010年，山东省投资增长重点突出，结构调整继续推进。消费市场需求旺盛，进出口实现恢复性增长，利用外资质量提高。

1. 投资结构更趋优化。2010年，全省固定资产投资增速高位趋稳，同比回落1个百分点。三次产业投资比例发生积极变化，由上年的3.2∶51.1∶45.7调整为2.4∶48.7∶48.9，服务业投资领先增长。高新技术、技术改造、社会民生等重点领域投资力度加大，分别高于全省14.4个、9.5个和13.7个百分点。十大高耗能行业投资增势减弱，占比下降1.2个百分点。民间投资活力增强，对全社会投资增长贡献度同比提高10个百分点。重点区域投资带动作用突出，半岛沿海高端产业带、省会城市群经济圈、黄河三角洲高效生态经济区完成投资

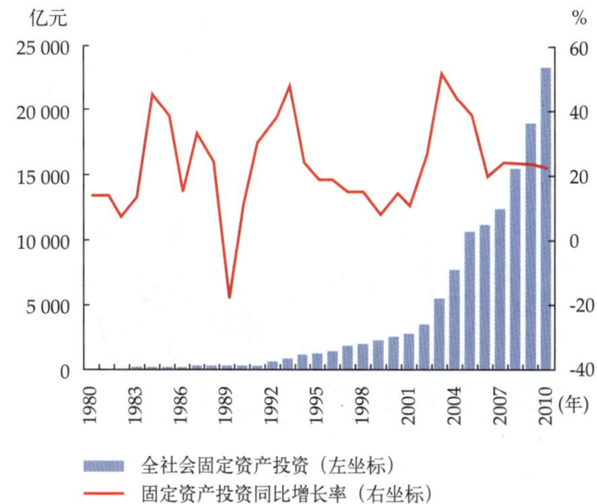

数据来源：山东省统计局。

图6　1980～2010年山东省固定资产投资及其增长率

分别占全省的39.5%、33.4%和13.6%。

2.消费市场需求升温。城乡居民收入均实现两位数增长。城镇居民工资性收入增幅稳定，财产性收入不断增加，转移性收入逐步提高。农民人均纯收入增幅首次超过城镇居民人均可支配收入。旧城改造、万村千乡市场工程、大宗耐用消费品下乡等扩内需促消费政策有效落实，社会消费品零售额增速比上年提高2.6个百分点。现代化家庭设备消费热度不减，汽车消费成为新热点。城乡市场消费增速差缩小1.2个百分点，农村消费市场潜力逐步激活。

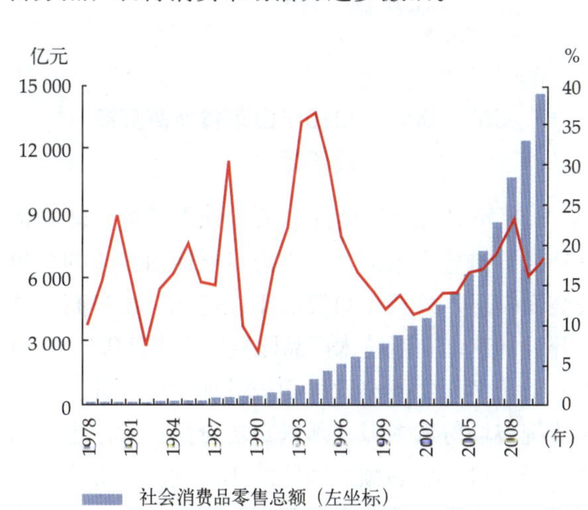

数据来源：山东省统计局。

图7　1978～2010年山东省社会消费品零售总额及其增长率

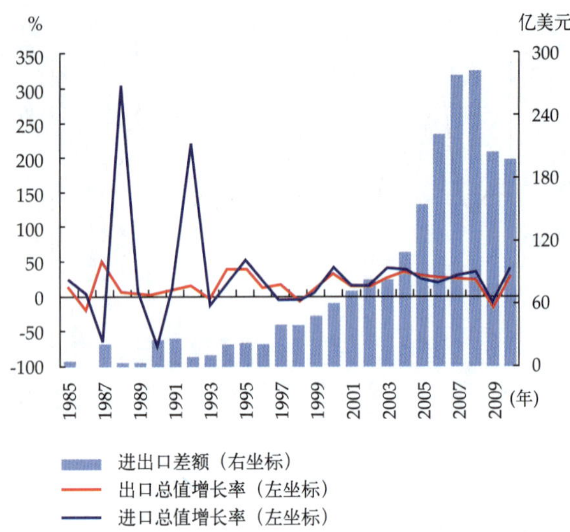

数据来源：山东省统计局。

图8　1985～2010年山东省外贸进出口变动情况

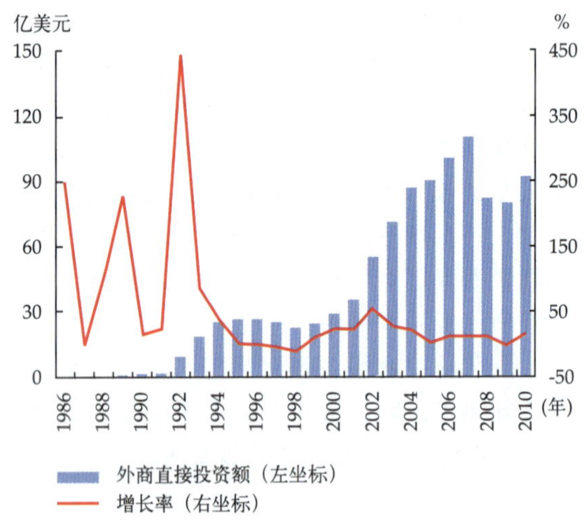

数据来源：山东省统计局。

图9　1986～2010年山东省外商直接投资情况

3.对外贸易增势良好。随着外需环境好转和促进外经贸措施有效落实，进出口增速由上年的负增长全面转正，外贸出口突破千亿美元。出口商品结构升级加速，高新技术产品比重同比提高0.3个百分点。市场多元化战略取得积极进展，美、日、韩三大传统市场份额缩减，新兴市场份额扩大。进口增速快于出口，贸易顺差同比缩小。利用外资质量不断提升，先进制造业合同及实际到账外资比重分别提高5.9个和1.8个百分点。国外投资合作保持全国领先水平，外派劳务、对外承包工程合同额、境外投资分居全国第一、第二、第三位。

（二）“转方式、调结构”成效显著，产业发展可持续性提高

2010年，山东省坚定不移地推进“转方式、调结构”，经济发展的速度、质量和效益同步提升。三次产业比例由上年的9.5：56.3：34.2调整为9.1：54.3：36.6。

1. 农业产业升级进程加快，农业基础更加稳固。在农产品价格异常波动、自然灾害频发等不利条件下，粮食生产首次实现“八连增”。农业生产经营规模化、组织化、集约化强力推进，龙头企业逾8 000家，农产品出口连续十一年居全国首位。基础设施建设不断加强，自来水普及率、行政村通油路比例分别达90%和99.2%，电网改造全面完成。农田水利建设扎实推进，病险水库除险加固任务提前完成。社保水平明显提高，新农保试点覆盖率为36%、共1 065万人。金融支农力度持续加大，新增农业贷款①占比同比提高3个百分点。

2. 工业经济企稳向好，质量效益同步提升。工业增速高开回稳，贡献度同比提高2.4个百分点。工

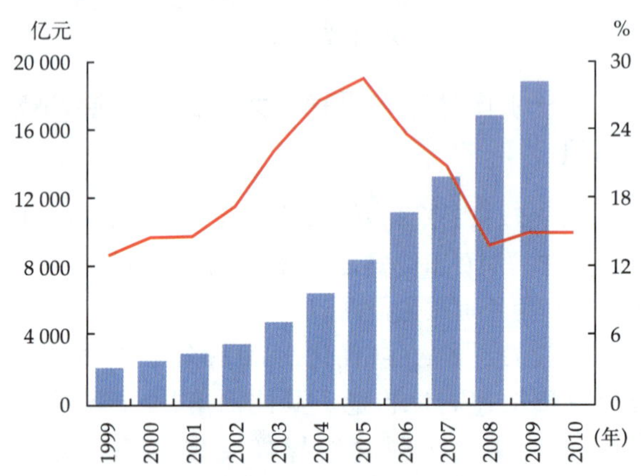

数据来源：山东省统计局。

图10　1990～2010年山东省工业增加值及其增长率

① 农林牧渔贷款与农户贷款合计。

业经济效益综合指数大幅上升，利润增幅提高23.2个百分点。装备制造业和高新技术产业产值比重持续上升，高耗能行业生产逐月放缓。战略性新兴产业快速成长，政策和资金支持逐步到位。企业自主创新能力增强，研发投入增幅高于主营业务收入4.1个百分点。

3. 服务业发展质效提高，贡献度逐年增强。现代服务业提档加速，经济贡献率比上年提高3.7个百分点。"三大载体"[①]建设成效显现，突出支持现代物流、科技信息、家庭服务等十大领域，标准化覆盖面扩大。文化旅游融合发展，"好客山东"品牌全面打响。承接国际服务业转移步伐加快，家庭服务业向外资开放。信贷支持服务业力度加大，交通运输仓储和邮政、批发和零售等重点行业中长期贷款占比同比提高2.2个百分点。

（三）物价涨幅总体可控，通货膨胀预期压力增大

年初以来，受自然灾害频发、流动性充裕及输入型通货膨胀压力不断增强等因素影响，全省物价水平呈波动上升态势，涨幅总体仍处温和可控范围。

1. 居民消费价格前稳后高，阶段性上涨特征明显。全年居民消费价格低于全国0.4个百分点，呈上半年涨幅平稳、下半年连续攀升的趋势，11月达到峰值。食品、居住类价格继续领涨，是推动CPI上行的主导因素。农村居民消费价格涨幅高于城市。

2. 工业品价格持续走高，农业生产资料涨幅扩大。受投资增长较快、工业生产需求旺盛及国际大宗商品价格冲击等因素影响，工业品价格高位运行，原材料、燃料、动力购进价格有10个月同比增幅高于8%，工业品出厂价格月增幅均在5%以上。农业生产资料价格逐季度走高，增幅同比扩大6.7个百分点。

3.就业形势持续稳定，劳动力价格继续上升。连续七年实现城镇新增就业和农村劳动力转移就业"双过百万"，年末城镇登记失业率同比下降0.04个百分点。在岗职工平均工资增幅比上年提高1.1个百分点，城市最低工资标准上调21.2%，农村低保标准提高到每人每年不低于 1 200元。

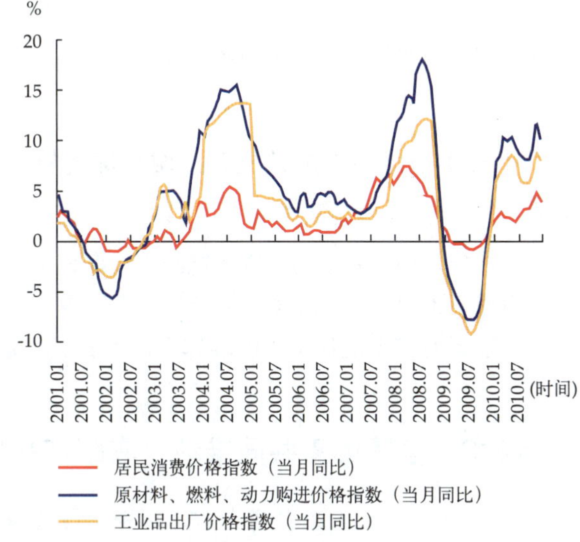

数据来源：山东省统计局。

图11　2001～2010年山东省居民消费价格和生产者价格变动趋势

（四）财政收入增势良好，支出结构倾向民生

2010年，全省地方财政收入继续保持较快增长，增幅同比提高12.8个百分点，税收占比继续提高。企业效益加快回升，带动营业税和企业所得税增速分别同比提高15.4个和37.4个百分点。支出结

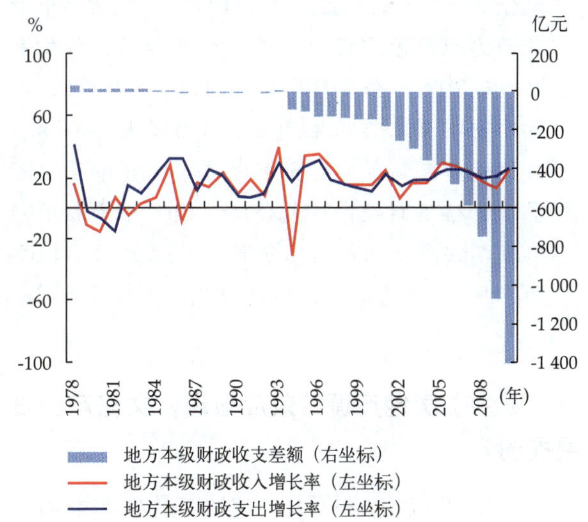

数据来源：山东省统计局。

图12　1978～2010年山东省财政收支状况

① "三大载体"是指重点服务业城区、重点服务业园区、重点服务业企业。

构不断优化，科学技术、医疗卫生、环境保护等重点领域支出大幅增长，民生领域投入占比过半，调分配、促和谐效果显著。

（五）节能减排成效显著，城乡环境持续改善

2010年，山东省全面完成节能减排指标，工业能耗增速逐步回落，万元增加值能耗下降7.2%，十大高耗能行业综合能耗增幅回落12.6个百分点。淘汰落后产能取得阶段性成果，共减少能源消耗1 685万吨标准煤。节能技术改造力度加大，清洁生产加快推行，圆满完成循环经济试点省建设任务。城乡面貌进一步改善，人均绿地面积达到15平方米，污水集中处理率、垃圾无害化处理率和森林覆盖率分别达到85%、80%和22.8%，耕地面积保持1.1亿亩。大气污染防治逐步加强，燃煤机组脱硫设施配套率高于全国平均水平20%。

专栏2　多重因素共同推动　农副产品价格呈普涨态势

2010年，山东省农副产品价格持续、快速上扬，各类产品接力涨价。全年农副产品生产价格增幅达18.8%，同比提高17.6个百分点，超过居民消费价格指数15.9个百分点。其中，种植业产品涨幅最高，达26.7%，棉花、蔬菜和大豆领涨，涨幅分别达51.7%、38.6%和32.4%，棉花价格突破历史高点。农副产品价格全面上行受多重因素影响：

一是生产成本上升推动价格全面走高。2010年山东省农业生产劳动力、资料、流通成本持续上涨，小麦、玉米和棉花亩均总成本同比分别增长5.9%、22.1%和40.8%。农村季节性劳动力短缺矛盾突出，多个行业劳动力价格涨幅超过20%，全省日均工资同比上涨9.7%，对劳动密集型农作物生产成本拉动较大。石油、天然气和煤炭等资源价格大幅攀升，带动生产资料价格不断提高，复合肥、国产尿素和国产磷酸二铵市场均价同比分别增长17.2%、34.3%和15.9%，小麦、玉米的亩均农资成本同比增长5.8%。受国内汽油、柴油价格上涨的影响，运输成本大幅增加，如烟台苹果的运输成本同比上涨25%，为近年最高水平。

二是供求关系趋紧加剧价格上行压力。2010年，国际大宗农产品价格强势上涨与国内夏粮减产双重因素为价格上涨提供了支撑。山东受倒春寒等天灾影响，主要农作物产量减少，如棉花减产20%。蔬菜供应阶段性紧张，周边地区蔬菜生产因灾受损，对省内价格形成助涨。部分农作物种植面积持续减少，也导致市场供给严重不足。

三是投机性需求对农副产品价格涨势推波助澜。第二轮量化宽松政策加剧全球流动性泛滥风险，国际大宗商品尤其是资源品价格持续上涨，大宗农副产品价格不断创出新高，为国内玉米、小麦、大豆、棉花等农副产品的炒作创造了环境。热钱流入、房地产调控政策的实施使大量游资转入基础生活资料领域，进一步推高了农副产品价格。

（六）房地产调控效应显现，文化产业发展提速

1.房地产市场先扬后抑，房地产金融健康运行

2010年，随着各项调控政策的持续深化，房地产价格过快上涨趋势得到遏制，房地产市场总体平稳。保障性住房建设步伐加快，房地产信贷结构优化。

（1）房地产投资平稳增长。2010年，房地产投资增势放缓，仅高于全国0.7个百分点。开发资金增速同比下降17.8个百分点，贷款占全部到位资金比重下降1.9个百分点，对政策调控的敏感度增强。

（2）房屋供给结构改善。全年土地开发面积、房屋竣工面积增幅分别同比下降2.4个和8.2个百分点。全年新建廉租住房19.4万套，竣工12.1万套，新开工建设农村住房120万户，改造危房18.5万户，保障性住房建设驶入快车道。

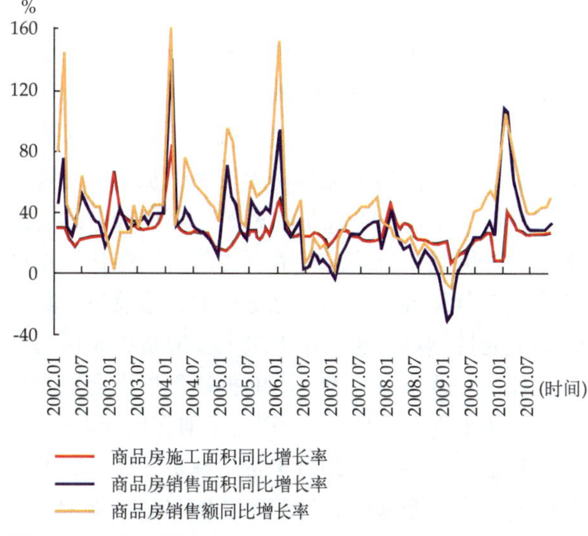

数据来源：山东省统计局。

图13　2002～2010年山东省商品房施工和销售变动趋势

（3）房地产市场需求旺盛。全年商品房销售额和销售面积增幅分别同比上升 0.1个和6.5个百分点，房屋空置面积同比下降6.4%。自住型需求进一步释放，90平方米以下住宅和经济适用房空置面积同比大幅下降。

（4）房地产价格涨幅呈倒“V”形的走势。全年房屋销售价格波动明显，前4个月同比涨幅持续扩大，5月起涨幅逐月回落，“新国十条”成涨幅回落拐点。二手房价格涨幅低于新建房，房屋租赁价格涨势趋缓。土地交易价格涨幅年中冲高回落，全年同比提高1.1个百分点。

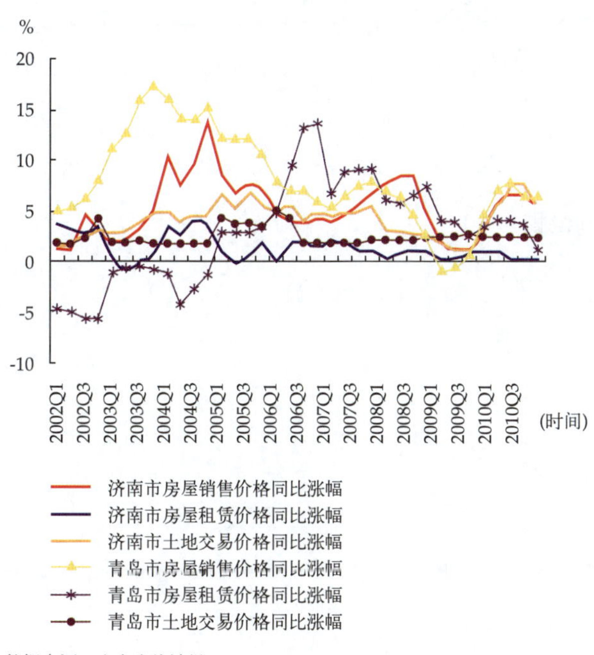

数据来源：山东省统计局。

图14　2002～2010年山东省主要城市房屋销售价格指数变动趋势

（5）房地产信贷结构优化。受差别化住房信贷政策影响，房地产贷款增速自4月以来呈下降趋势，全年增速同比下降8个百分点。投向更趋优化，个人住房贷款增速高于开发贷款，支持90平方米以下自住型住房套数占比提高1.3个百分点。房贷利率逐月走高，全年同比上升11.1%。

2. 文化产业发展提速，信贷创新发挥显著作用。山东提出建设经济文化强省的战略目标后，文化产业进入加速发展阶段，数字电视业、动漫游戏业、新闻出版业等已形成较好的区位优势，以“山水圣人”、“黄金海岸”、“沂蒙红色”等为代表的旅游品牌发展势头良好。2010年，全省文化产业增加值为1 230亿元，是2005年的2.4倍，占全省地区生产总值的3.1%，旅游总收入突破3 000亿元。“好客山东”品牌在国家工商总局成功注册，首届“好客山东贺年会”成功举办，17市均成为中国优秀旅游城市，在全国率先建成了旅游目的地数字化服务系统。

金融通过信贷创新加大对文化产业的支持。中国人民银行济南分行制定下发了《关于金融支持山东省文化产业振兴和发展繁荣的实施意见》，在全国率先推出并成功运作“艺术品质押融资”和“旅游景区门票收费权质押”业务，创新推出依托政府融资平台的公共基础设施类融资模式等，有效地推动了文化优势向经济优势转化。

（七）“蓝黄战略”引领产业全面升级，“海陆对接”助力区域协调发展

建设山东半岛蓝色经济区上升为国家战略，与黄河三角洲共同成为国家区域协调发展战略的重要组成部分，启动山东发展新引擎。“蓝黄经济”在全面提升传统产业的基础上，大力发展海洋、生态、环保等新兴产业，正成为省内资本流动洼地和产业、市场发展高地，辐射能力日益增强。2010年，“蓝黄”区域生产总值增速分别高于全省0.8个和1.1个百分点。金融投入持续加力，全年“蓝黄”

区域新增贷款占比分别同比提高3.6个和2.9个百分点。胶东半岛高端产业聚集区、鲁南临港产业带等在重大基础设施、重点产业和示范园区建设方面也取得显著进步。

三、预测与展望

2011年，山东经济将继续保持平稳增长态势，预计全省地区生产总值增速将高于全国1～2个百分点。

从国际看，世界经济增速将进一步放缓，各国之间发展不平衡特点仍比较突出，发展中国家和新兴经济体虽有望继续保持较高增速，但普遍面临通货膨胀压力和资本流入冲击。从国内看，我国经济增长动力较足，但面临世界经济复苏缓慢和国内经济转型的压力。从山东的情况看，开发半岛蓝色经济区上升为国家战略，黄河三角洲高效生态经济区建设全面推进，传统产业升级改造及“四新一海”[①]为代表的战略性新兴产业加速发展，将成为投资增长的持续驱动力；保障房投资力度加大，将缓解政策调控对房地产投资的抑制。随着收入分配制度改革提速、居民收入稳定增长和基础设施完善，居民消费意愿提升，消费需求平稳增长。出口持续复苏，但外部市场不确定性因素增强。总体来看，2011年山东省将坚持“结构调整、创新驱动、统筹兼顾、民生优先、绿色发展、改革开放”的发展思路，继续保持经济平稳增长。

从物价走势看，受自然灾害、成本上升等因素的影响，粮食价格上涨的动力较足，加之相对宽松的流动性、资源性产品价格改革、环境和劳动力成本上升等因素，价格上行的压力将持续存在。主要经济体有可能继续实施量化宽松的货币政策，其引致的美元持续贬值也会增大输入型通货膨胀压力。但各项调控政策对物价上涨的抑制作用也会逐步显现。总体来看，预计全年CPI将呈前高后低走势。

从金融形势看，2011年货币信贷平稳运行的有利因素增多，金融的资源配置功能将进一步增强。中国人民银行济南分行将按照“总体稳健、调节有度、结构优化”的基本要求，以优化信贷结构为着力点，认真贯彻执行稳健的货币政策。把握信贷投放总量和节奏，加大对重点行业、区域、领域和项目的支持，提高“三农”和中小企业的信贷满足度，大力扶持科技创新、低碳经济、服务业、民生等行业和领域，积极鼓励和引导优质企业在证券市场、银行间债券市场进行直接融资，更好地服务经济结构调整大局。预计山东省全年贷款增速将低于上年。

中国人民银行济南分行货币政策分析小组
负责人：杨子强　肖龙沧
统　稿：孙华荣　向　珂　李九旭　王俊豪
执　笔：平晓冬　孙欣华　王浩宇　王　邕　曹妹娟　刘爱鹏
提供材料的还有：郑玉坤　徐旭先　付　刚　王兆旭

① “四新一海”是指新能源、新材料、新信息、新医药和空间海洋地球科学。

附录

（一）2010年山东省经济金融大事记

1月17日　黄河三角洲高效生态经济区项目推介暨签约仪式在北京举行。

3月18日　山东省政府出台《山东省人民政府印发关于促进新材料、新医药、新信息3个新兴产业加快发展的若干政策的通知》（鲁政发[2010]29号）和《山东省人民政府办公厅转发省经济和信息化委等部门关于促进工业设计、海洋工程装备、游艇、文教体育用品、通信设备、机器人、高效照明等7个新兴产业加快发展的指导意见的通知》（鲁政办发[2010]14号）。

6月24日　山东省跨境贸易人民币结算试点工作正式启动。截至年末，跨境人民币业务境外区域已扩展到六大洲、37个国家和地区，总结算量突破300亿元人民币，居新增试点省市第二位。

7月8日　中国人民银行农村支付服务环境建设经验交流会在寿光召开，中国人民银行党委委员、副行长刘士余、山东省副省长王随莲出席会议并讲话。

7月21日至22日　山东省服务业发展工作会议在济南召开。

9月16日至18日　第四届世界太阳城大会在德州举办，全国人大常委会副委员长华建敏出席大会并宣布开幕。

9月21日　山东半岛蓝色经济投资基金正式运营。

10月29日　重汽集团在香港成功发行27亿元人民币债券，这是香港市场上第一只国有红筹公司发行的人民币企业债券，也是迄今为止规模最大、成本最低的人民币企业债券。

11月29日　2011年山东省"转方式、调结构"重点项目银企对接会在济南召开，会议明确了2011年山东产业政策和信贷政策的重点，并筛选出230个重点投资项目，总投资额3 860亿元。

12月29日　山东第一家全国性法人保险机构——泰山财险获批开业。

（二）2010年山东省主要经济金融指标

表1 2010年山东省主要存贷款指标

		1月	2月	3月	4月	5月	6月	7月	8月	9月	10月	11月	12月
本外币	金融机构各项存款余额（亿元）	35 992.4	36 547.1	37 724.1	38 270.9	38 792.6	39 453.1	39 681.5	40 227.8	40 875.8	41 015.5	41 421.8	41 653.7
	其中：城乡居民储蓄存款	10 333.0	18 322.4	18 619.7	18 517.2	18 652.4	19 091.6	19 106.9	19 207.4	19 715.1	19 360.8	19 446.0	19 773.3
	企业存款	17 420.7	10 009.4	10 506.4	10 696.6	10 749.4	10 817.4	10 866.3	11 088.9	11 193.3	11 451.1	11 770.1	11 920.0
	各项存款余额比上月增加（亿元）	821.8	554.8	1 177.0	546.8	521.6	660.6	228.3	546.4	648.0	139.6	406.3	231.9
	金融机构各项存款同比增长（%）	25.2	22.1	18.2	17.7	17.5	15.2	16.1	17.9	19.4	19.3	19.9	18.4
	金融机构各项贷款余额（亿元）	28 362.4	28 744.3	29 112.1	29 597.4	29 963.0	30 204.5	30 625.2	30 859.1	31 704.3	32 158.1	32 478.4	32 536.3
	其中：短期	12 846.8	13 094.5	13 361.6	13 525.8	13 621.3	13 732.0	13 830.1	13 962.1	14 176.8	14 385.7	14 589.0	14 713.8
	中长期	13 024.6	13 374.5	13 700.4	13 946.6	14 167.4	14 446.2	14 762.5	14 894.4	15 619.1	15 804.2	15 921.6	15 935.3
	票据融资	1 894.3	1 656.9	1 425.5	1 455.4	1 514.2	1 387.1	1 400.2	1 345.9	1 239.6	1 259.9	1 244.7	1 217.6
	各项贷款余额比上月增加（亿元）	972.9	381.9	367.8	485.2	365.7	241.5	420.7	233.9	845.3	453.8	320.3	57.9
	其中：短期	409.3	296.7	267.0	164.2	95.6	110.7	98.0	132.1	214.7	209.0	203.3	124.8
	中长期	555.1	300.9	325.9	246.2	220.8	278.8	316.3	131.9	724.7	185.1	117.4	13.7
	票据融资	-5.6	-237.4	-231.4	30.0	58.8	-127.1	13.1	-54.4	-106.3	20.3	-15.2	-27.2
	金融机构各项贷款同比增长（%）	27.4	26.3	21.4	20.7	20.5	16.2	15.9	15.4	18.3	19.4	19.9	18.8
	其中：短期	18.0	19.1	17.0	19.1	19.0	14.6	15.0	13.8	15.0	16.1	17.2	18.4
	中长期	51.1	51.4	44.9	38.8	38.6	33.6	31.8	29.3	32.6	32.3	32.2	27.8
	票据融资	-21.3	-36.3	-48.5	-48.2	-46.2	-49.2	-48.5	-44.8	-42.5	-38.3	-39.0	-35.9
	建筑业贷款余额（亿元）	530.5	548.1	574.5	588.6	601.0	628.1	651.5	666.4	706.4	715.5	741.0	754.6
	房地产业贷款余额（亿元）	1 258.7	1 324.4	1 375.5	1 374.1	1 385.7	1 416.2	1 462.3	1 480.2	1 522.6	1 529.3	1 524.4	1 533.7
	建筑业贷款同比增长（%）	3.5	7.2	9.1	11.1	11.5	18.1	20.1	22.3	31.6	34.3	36.3	42.8
	房地产业贷款同比增长（%）	22.2	26.2	26.2	25.6	25.5	25.1	28.1	30.0	30.2	30.3	30.0	28.8
人民币	金融机构各项存款余额（亿元）	35 513.3	36 048.7	37 201.4	37 761.0	38 299.5	38 922.0	39 156.7	39 715.7	40 368.7	40 527.0	40 915.3	41 105.0
	其中：城乡居民储蓄存款	17 286.6	18 181.6	18 479.6	18 383.1	18 517.2	18 956.8	18 973.0	19 074.3	19 589.2	19 237.0	19 321.4	19 648.2
	企业存款	10 040.9	9 698.5	10 183.2	10 384.9	10 452.6	10 492.2	10 549.7	10 781.9	10 902.8	11 178.4	11 483.7	11 585.5
	各项存款余额比上月增加（亿元）	815.6	535.4	1 152.8	559.6	538.5	622.5	234.6	559.0	653.0	158.4	388.2	189.7
	其中：城乡居民储蓄存款	203.6	895.0	298.0	-96.6	134.1	439.6	16.2	101.3	514.9	-352.2	84.4	326.8
	企业存款	238.0	-342.4	484.7	201.7	67.7	39.5	57.5	232.2	120.8	289.8	305.3	101.9
	各项存款同比增长（%）	25.1	21.9	18.0	17.8	17.6	15.2	16.3	18.1	19.6	19.5	20.1	18.5
	其中：城乡居民储蓄存款	12.8	16.3	14.8	13.6	13.4	13.9	14.1	14.9	16.1	14.5	15.3	15.0
	企业存款	46.3	36.6	27.6	29.1	27.0	18.7	18.7	17.2	17.3	17.0	18.7	18.2
	金融机构各项贷款余额（亿元）	26 918.0	27 304.2	27 608.9	28 055.2	28 492.1	28 748.3	29 181.7	29 425.2	29 830.8	30 246.2	30 573.6	30 722.6
	其中：个人消费贷款	3 241.2	3 323.7	3 345.1	3 456.8	3 555.1	3 633.7	3 702.8	3 754.4	3 836.4	3 896.4	3 978.8	4 029.2
	票据融资	1 893.2	1 656.2	1 425.0	1 455.1	1 513.8	1 386.8	1 400.0	1 345.6	1 239.4	1 259.8	1 244.5	1 217.5
	各项贷款余额比上月增加（亿元）	953.2	386.2	304.7	446.2	436.9	256.2	433.4	243.6	405.6	415.4	327.4	149.0
	其中：个人消费贷款	174.4	82.4	99.2	111.8	98.3	78.6	69.1	51.6	82.0	60.0	82.3	50.5
	票据融资	-5.3	-237.0	-231.2	30.1	58.7	-127.0	13.2	-54.4	-106.2	20.4	-15.3	-27.0
	金融机构各项贷款同比增长（%）	25.7	24.4	19.3	19.7	20.1	16.4	16.3	15.8	17.2	18.4	19.0	18.3
	其中：个人消费贷款	58.6	62.3	56.9	59.5	59.4	54.7	52.1	48.3	44.3	42.2	38.9	35.3
	票据融资	-21.3	-36.3	-48.5	-48.2	-46.2	-49.2	-48.4	-44.7	-42.4	-38.3	-39.0	-35.9
外币	金融机构外币存款余额（亿美元）	70.2	73.0	76.6	74.7	72.2	78.2	77.5	75.2	75.7	73.0	75.9	82.9
	金融机构外币存款同比增长（%）	34.6	34.2	36.5	20.0	13.7	13.9	11.2	8.8	10.0	8.9	16.8	19.6
	金融机构外币贷款余额（亿美元）	211.6	210.9	220.2	225.9	215.4	214.4	213.1	210.5	279.6	285.8	285.3	273.9
	金融机构外币贷款同比增长（%）	69.8	76.7	81.3	42.8	29.5	14.0	7.3	7.2	41.4	40.2	39.2	31.3

数据来源：中国人民银行济南分行。

表2　2001～2010年山东省各类价格指数

单位：%

年/月	居民消费价格指数		农业生产资料价格指数		原材料购进价格指数		工业品出厂价格指数		济南市房屋销售价格指数	济南市房屋租赁价格指数	济南市土地交易价格指数	青岛市房屋销售价格指数	青岛市房屋租赁价格指数	青岛市土地交易价格指数
	当月同比	累计同比	当月同比	累计同比	当月同比	累计同比	当月同比	累计同比	当季(年)同比	当季(年)同比	当季(年)同比	当季(年)同比	当季(年)同比	当季(年)同比
2001	—	1.8	—	1.8	—	0.9	—	-0.9	1.8	1.8	1.9	4.1	7.0	2.4
2002	—	-0.7	—	0.3	—	-1.3	—	-1.2	2.5	3.2	2.1	7.6	-5.6	1.9
2003	—	1.1	—	2.4	—	5.7	—	3.5	3.1	0.0	3.5	14.6	-0.6	1.8
2004	—	3.6	—	10.2	—	13.4	—	6.4	10.3	3.4	4.4	15.2	-1.4	1.7
2005	—	1.7	—	6.2	—	5.9	—	3.7	7.6	1.9	5.8	10.9	3.3	3.4
2006	—	1.0	—	3.0	—	4.3	—	2.3	4.3	1.2	2.1	6.9	10.1	3.2
2007	—	4.4	—	7.1	—	4.8	—	3.3	6.6	1.0	5.6	8.3	8.9	2.0
2008	—	5.3	—	19.3	—	13.1	—	8.6	7.0	0.8	2.7	5.1	6.5	2.1
2009	—	0.0	—	-3.7	—	-4.5	—	-5.9	1.7	0.8	1.9	0.3	3.6	0.6
2010	—	2.9	—	3.0	—	9.3	—	7.2	5.4	0.1	5.1	6.3	0.9	2.4
2009　1	1.2	1.2	8.0	8.0	-1.7	-1.7	-3.8	-3.8	—	—	—	—	—	—
2	-0.1	0.6	5.8	6.9	-3.5	-2.6	-4.5	-4.2	—	—	—	—	—	—
3	-0.2	0.3	2.3	5.3	-4.8	-3.4	-7.0	-5.1	1.9	0.3	1.7	-0.8	3.8	2.2
4	-0.3	0.1	-1.2	3.6	-5.8	-4.0	-7.2	-5.6	—	—	—	—	—	—
5	-0.2	0.1	-4.1	2.0	-6.6	-4.5	-7.8	-6.1	—	—	—	—	—	—
6	-0.7	0.0	-7.2	0.3	-7.6	-5.0	-8.7	-6.5	1.0	0.4	1.2	-0.6	3.9	2.3
7	-0.8	-0.1	-8.4	-1.0	-7.5	-5.3	-9.4	-6.9	—	—	—	—	—	—
8	-0.7	-0.2	-9.6	-2.1	-7.6	-5.6	-8.8	-7.1	—	—	—	—	—	—
9	-0.4	-0.2	-9.3	-3.0	-7.0	-5.8	-7.7	-7.2	1.0	1.1	1.0	0.8	2.7	2.5
10	-0.3	-0.3	-7.9	-3.5	-5.4	-5.7	-6.3	-7.1	—	—	—	—	—	—
11	0.5	-0.2	-6.2	-3.7	-1.1	-5.3	-1.6	-6.6	—	—	—	—	—	—
12	2.0	0.0	-3.2	-3.7	4.2	-4.5	2.5	-5.9	3.1	1.2	3.6	4.1	3.4	2.4
2010　1	2.1	2.1	-0.7	-0.7	8.0	8.0	6.0	6.0	—	—	—	—	—	—
2	2.9	2.5	-0.1	-0.4	8.4	8.2	6.7	6.3	—	—	—	—	—	—
3	2.4	2.5	0.7	0.0	10.2	8.9	7.4	6.7	5.8	0.9	5.6	6.9	4.0	2.4
4	2.4	2.4	1.2	0.3	9.9	9.1	8.0	7.0	—	—	—	—	—	—
5	2.2	2.4	1.5	0.5	10.1	9.3	8.5	7.3	—	—	—	—	—	—
6	1.9	2.3	1.5	0.7	9.3	9.3	8.1	7.5	6.5	0.3	7.4	8.1	4.0	2.4
7	2.4	2.3	2.4	0.9	8.7	9.2	6.2	7.3	—	—	—	—	—	—
8	3.1	2.4	3.4	1.2	8.3	9.1	5.6	7.1	—	—	—	—	—	—
9	3.2	2.5	4.5	1.6	8.0	9.0	5.7	6.9	6.4	0.0	7.6	6.3	3.7	2.4
10	3.9	2.6	5.7	2.0	9.1	9.0	6.8	6.9	—	—	—	—	—	—
11	4.8	2.8	8.1	2.6	11.5	9.2	8.7	7.1	—	—	—	—	—	—
12	3.9	2.9	7.9	3.0	10.3	9.3	8.1	7.2	5.4	0.1	5.1	6.3	0.9	2.4

数据来源：山东省统计局、《中国经济景气月报》。

表3　2010年山东省主要经济指标

	1月	2月	3月	4月	5月	6月	7月	8月	9月	10月	11月	12月
						绝对值（自年初累计）						
地区生产总值(亿元)	—	—	7 672.2	—	—	18 645.9	—	—	28 261.9	—	—	39 416.2
第一产业	—	—	459.3	—	—	1 605.5	—	—	2 448.9	—	—	3 588.3
第二产业	—	—	4 266.8	—	—	10 491.5	—	—	15 608.6	—	—	21 398.9
第三产业	—	—	2 946.1	—	—	6 548.9	—	—	10 204.4	—	—	14 429.0
工业增加值(亿元)	—	—	—	—	—	—	—	—	—	—	—	—
城镇固定资产投资(亿元)	—	976.0	2 725.7	3 953.5	5 640.3	8 548.8	10 923.4	12 740.1	14 219.8	14 942.9	16 453.5	18 846.8
房地产开发投资	—	184.2	461.7	688.6	988.1	1 415.4	1 722.5	2 043.0	2 374.7	2 649.0	2 903.8	3 251.8
社会消费品零售总额(亿元)	—	2 308.4	3 342.1	4 406.9	5 545.1	6 694.4	7 819.4	8 959.2	10 205.6	11 527.0	12 791.3	14 620.3
外贸进出口总额(万美元)	1 328 400.0	2 473 500.0	3 959 600.0	5 480 300.0	6 986 600.0	8 589 800.0	10 247 100.0	11 867 500.0	13 640 900.0	15 271 900.0	17 042 100.0	18 895 100.0
进口	605 700.0	1 129 700.0	1 844 900.0	2 566 800.0	3 210 800.0	3 920 000.0	4 659 900.0	5 343 600.0	6 145 100.0	6 839 800.0	7 608 100.0	8 470 400.0
出口	722 800.0	1 343 900.0	2 114 800.0	2 913 600.0	3 775 900.0	4 669 900.0	5 587 200.0	6 523 800.0	7 495 800.0	8 432 100.0	9 434 100.0	10 424 700.0
进出口差额(出口–进口)	117 100.0	214 200.0	269 900.0	346 800.0	565 100.0	749 900.0	927 300.0	1 180 200.0	1 350 700.0	1 592 300.0	1 826 000.0	1 954 300.0
外商实际直接投资(万美元)	53 700.0	96 900.0	168 800.0	242 900.0	302 200.0	413 700.0	464 300.0	517 500.0	576 600.0	648 000.0	748 400.0	916 800.0
地方财政收支差额(亿元)	71.1	-5.2	-21.2	-32.2	-50.3	-63.8	-94.8	-212.7	-325.7	-376.3	-598.7	-1 395.2
地方财政收入	228.6	391.3	655.6	892.8	1 123.0	1 441.4	1 662.5	1 833.6	2 039.6	2 278.6	2 481.0	2 749.3
地方财政支出	157.5	396.5	676.9	925.0	1 173.2	1 505.2	1 757.3	2 046.2	2 365.3	2 654.9	3 079.7	4 144.5
城镇登记失业率(%)(季度)	—	—	3.4	—	—	3.4	—	—	3.4	—	—	3.4
						同比累计增长率（%）						
地区生产总值	—	—	15.2	—	—	13.6	—	—	12.9	—	—	12.5
第一产业	—	—	3.6	—	—	3.1	—	—	3.2	—	—	3.6
第二产业	—	—	17.1	—	—	14.7	—	—	13.8	—	—	13.4
第三产业	—	—	13.8	—	—	14.1	—	—	13.3	—	—	13.0
工业增加值	—	21.1	21.9	20.9	20.0	16.6	16.5	16.0	15.7	15.5	15.3	15.0
城镇固定资产投资	—	20.1	21.3	21.1	21.0	20.8	20.5	20.7	20.8	21.0	21.2	22.1
房地产开发投资	—	32.3	34.0	35.0	35.0	35.9	35.3	35.6	34.2	34.2	32.8	33.9
社会消费品零售总额	—	18.0	18.4	18.5	18.6	18.6	18.4	18.4	18.6	18.6	18.6	18.3
外贸进出口总额	49.1	47.1	45.8	43.5	42.9	41.5	39.4	38.9	37.2	36.5	37.0	35.9
进口	112.5	74.3	69.5	62.1	56.1	51.9	47.6	46.0	42.8	42.8	43.9	42.2
出口	19.3	30.1	29.9	30.3	33.4	33.9	33.2	33.7	32.9	31.9	32.0	31.1
外商实际直接投资	22.8	15.2	31.2	24.1	22.0	20.3	19.0	17.2	15.6	14.3	13.7	14.5
地方财政收入	19.7	20.0	23.4	24.4	24.7	25.3	24.8	24.6	24.5	24.3	24.9	25.1
地方财政支出	-12.1	22.7	13.8	13.0	15.7	16.8	17.1	19.9	19.9	22.6	26.6	26.8

数据来源：山东省统计局。

2010年河南省金融运行报告

中国人民银行郑州中心支行货币政策分析小组

[内容摘要] 2010年，面对极为复杂的发展环境和严峻挑战，河南省深入贯彻落实科学发展观，积极谋划推进中原经济区建设，抢抓机遇，开拓进取，经济发展继续保持好的趋势、好的态势、好的气势。粮食产量再创新高，工业生产回升向好，三大需求协调增长，人民生活持续改善，经济发展的质量和效益稳步提高，全面完成"十一五"各项任务。

金融业认真贯彻国家宏观调控政策，在保持稳健运行的同时，质量、效益同步提升。银行业存款稳定增加，贷款增长回归常态；证券市场融资功能不断提高，保险业补偿能力继续增强；金融市场交易保持活跃，金融生态建设取得新进展。

2011年是"十二五"开局之年，河南省将以科学发展为主线，充分利用中原经济区建设、粮食核心区建设、承接东部产业转移等机遇，扩大内需、调整结构、深化改革、改善民生，努力加快中原崛起和河南振兴。金融业将认真贯彻稳健的货币政策，保持社会融资规模适度均衡增长，着力优化融资结构和信贷结构，为区域经济平稳健康发展和价格水平基本稳定创造良好的货币金融环境。

一、金融运行情况

2010年，河南省金融业运行平稳，金融创新步伐加快，市场资金配置功能进一步增强，金融生态环境持续优化，为全省经济保持回升向好势头创造了良好的金融环境。

（一）银行业稳健发展，货币信贷回归常态

2010年，河南省各项存款平稳增长，贷款增速稳定回落，信贷结构继续优化，利率水平稳中有升，金融改革纵深推进。

2010年，河南省银行业整体运行平稳，信贷结构不断优化，盈利能力持续增强。

1. 规模、质量、效益同步提升，组织体系日趋健全。2010年年末，全省银行业金融机构资产规模同比提高16.1%，贷款不良率下降1.75个百分点，利润总额同比提高40.8%，银行业整体实力和抗风险能力显著增强。随着股份制银行、城市商业银行纷纷跨区域发展，村镇银行、小额贷款公司大量创立，汇丰银行、东亚银行相继进驻，城乡互动、中外互补的金融竞争格局初步形成（见表1）。

表1　2010年河南省银行业金融机构情况

机构类别	营业网点[①]			法人机构（个）
	机构个数（个）	从业人数（人）	资产总额（亿元）	
一、大型商业银行[②]	3 112	74 435	11 982.13	0
二、国家开发银行及政策性银行[③]	152	3 737	2 966.47	0
三、股份制商业银行[④]	147	5 257	3 713.79	0
四、城市商业银行	536	11 557	2 233.66	17
五、城市信用社	—	—	—	—
六、农村合作机构[⑤]	5 341	58 507	5 069.46	143
七、财务公司	3	110	232.84	2
八、邮政储蓄银行	2 317	8 997	2 033.47	0
九、外资银行	2	63	19.84	0
十、农村新型机构[⑥]	19	332	35.20	19
合　计	11 629	162 995	28 286.86	181

注：①不包括国家开发银行和政策性银行、大型商业银行、股份制银行等金融机构总部数据。

②包括中国工商银行、中国农业银行、中国银行、中国建设银行和交通银行。

③包括国家开发银行、中国农业发展银行和中国进出口银行。

④包括中信银行、中国光大银行、华夏银行、广东发展银行、深圳发展银行、招商银行、上海浦东发展银行、兴业银行、中国民生银行、恒丰银行、浙商银行和渤海银行。

⑤包括农村信用社、农村合作银行和农村商业银行。

⑥包括村镇银行、贷款公司和农村资金互助社。

数据来源：河南银监局。

2. 存款整体平稳增长，活期化趋势增强。2010年年末，河南省本外币存款余额增长20.5%，全年增长波幅为2.9个百分点，较上年缩小1.9个百分点。全年新增人民币存款3 973.8亿元，再创历史新高。从期限结构看，受企业生产经营活跃、负利率等因素影响，存款活期化趋势增强，新增存款中活期占比较上年提高6.5个百分点。新一轮汇改启动以后，人民币升值预期增强，年末外汇存款余额同比下降11.4%（见图1）。

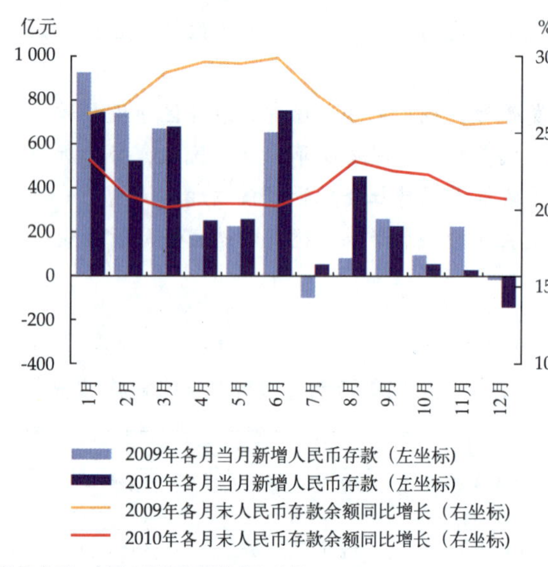

数据来源：中国人民银行郑州中心支行。

图1 2010年河南省金融机构人民币存款增长变化

3. 贷款增长平稳回落，结构调整成效显著。2010年，河南银行业金融机构根据国家宏观调控要求，结合辖区实际，加快金融产品创新和服务方式创新，全年新增贷款2 433.9亿元，信贷投放总量适度，节奏平稳，重点突出，信贷对经济发展的支持作用明显(见图2、图3)。全年全省金融机构新增涉农贷款占全部新增贷款的53.3%，较好地支持了“三农”及国家粮食核心区建设；弱势群体信贷支持力度不断加大，全年累计发放小额担保贷款64.2亿元，国家助学贷款5.6亿元，同比分别多增28.6亿元和0.4亿元；中小企业财务辅导成效显著，动产、股权、知识产权质押融资等新型信贷产品对中小企业支持力度不断提高，小企业贷款增速高于全部贷款增速6.4个百分点；积极探索消费贷款新模式，促进消费升级，年末消费贷款增速达55.5%。受人民币升值预期和外汇存款下降的影响，外汇贷款同比少增6.9亿美元。

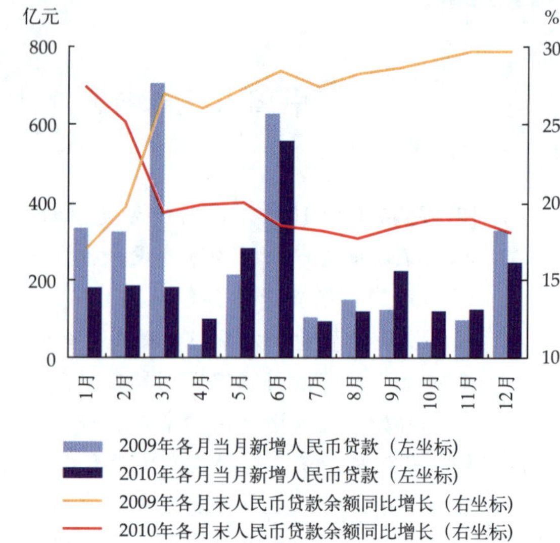

数据来源：中国人民银行郑州中心支行。

图2 2010年河南省金融机构人民币贷款增长变化

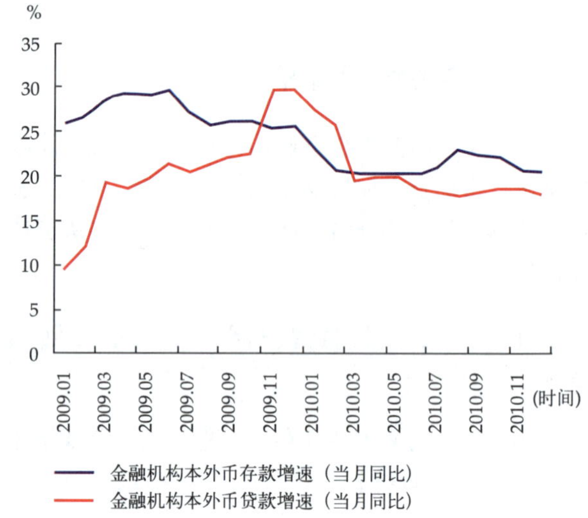

数据来源：中国人民银行郑州中心支行。

图3 2009～2010年河南省金融机构本外币存、贷款增速变化

4. 表外业务迅速发展。2010年，随着金融机构风险管理能力的提升和创新步伐的加快，以信托贷款、委托贷款为主的表外业务快速发展，全年表外贷款新增472.2亿元，增长43.9%，金融机构盈利模式和业务发展方式逐步转型优化。

5. 现金收支持续增长，回笼大幅增加。2010

年，河南省市场交易活跃，推动现金收支规模快速扩大，增速较上年同期提高14个百分点。物价持续上涨，住房、汽车销售火爆使商品销售净收入多增，则带动现金回笼大幅增加（见表2）。

表2　2010年河南省金融机构现金收支情况表

单位：亿元、%

	年累计额	同比增速
现金收入	50 367.4	20.0
现金支出	49 850.5	19.9
现金净支出	-516.9	33.1

数据来源：中国人民银行郑州中心支行。

6. 利率水平稳中有升，定价能力普遍提高。受2010年两次上调存贷款基准利率的影响，河南省人民币利率总水平稳步上行，第四季度贷款加权平均利率较第一季度和上年同期分别上升了0.63个和1.04个百分点；金融机构风险管理和贷款定价能力普遍提高，加之下半年部分金融机构流动性收紧、贷款条件提高，全年新发放贷款中利率上浮占比较上年上升13.3个百分点（见表3、图4）。

7. 机构改革加快推进，新型机构日趋丰富。政策性银行业务范围不断拓宽，国有商业银行对基层行的授权稳步扩大。股份制银行和城市商业银行跨区域经营和向下延伸势头强烈，有5家股份制银行和5家城市商业银行设立异地支行。农村信用社改革继续深入，新组建农村商业银行8家。新型机构发展迅速，至年末，全省小额贷款公司开业数量居全国前列，并成立了20余家村镇银行和资金互助社。

表3　2010年河南省金融机构各利率浮动区间贷款占比表

单位：%

		合计	国有商业银行	股份制商业银行	区域性商业银行	城乡信用社
	合计	100.0	100.0	100.0	100.0	100.0
	[0.9～1.0)	19.8	41.8	25.7	3.9	1.5
	1.0	28.4	32.7	37.1	18.9	1.4
上浮水平	小计	51.8	25.4	37.1	77.2	97.1
	(1.0～1.1]	9.4	12.6	24.9	10.5	1.0
	(1.1～1.3]	6.3	6.8	11.9	21.0	2.2
	(1.3～1.5]	4.4	5.2	0.3	14.5	5.7
	(1.5～2.0]	12.7	0.8	0	26.1	32.7
	2.0以上	19.0	0	0	5.1	55.5

数据来源：中国人民银行郑州中心支行。

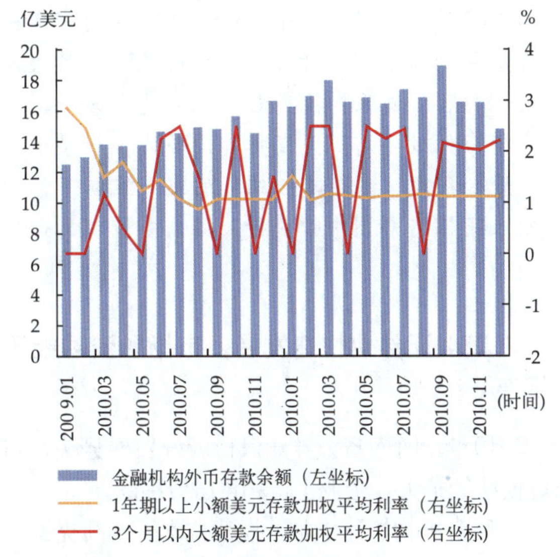

数据来源：中国人民银行郑州中心支行。

图4　2009～2010年河南省金融机构外币存款余额及外币存款利率

专栏1　创新金融支持方式方法　推进大学生村干部创业富民

选聘高校毕业生到村任职是党中央加强农村基层干部队伍建设、推进社会主义新农村建设的重要举措。河南省在任的“村官”总数为46 198人，居全国首位，涵盖全省92%的行政村。大学生“村官”是农村新观念的传播者、新技术的推广者、好项目的示范者，但缺少资金一直是大学生“村官”创业富民的瓶颈。中国人民银行郑州中心支行与有关部门配合，通过建立和完善金融支持大学生“村官”创业富民的长效机制，扎实做好金融支持大学生“村官”创业富民工作。截至2010年年末，全省大学生“村官”创业贷款余额为9 280万元，2010年累计发放贷款7 298万元，惠及1 235名创业“村官”。

河南省的主要做法：一是加强指导，加大对大学生“村官”创业富民的政策支持。2010年，中国人民银行郑州中心支行会同河南省委组织部制定下发了《关于进一步做好支持大学生村干部创业富民金融服务工作的意见》，明确相关适用政策和措施，积极指导金融机构加大金融支持。二是发挥政策性贷款作用，满足小额贷款需求。协调相关部门，将大学生“村官”纳入小额担保贷款政策扶持范围，明确了大学生“村官”作为借款人的身份问题。三是创新信贷产品，积极发放商业性贷款。依托农村信用工程创建，根据评定信用等级对大学生“村官”发放小额信用贷款；积极引导大学生“村官”组建专业合作社、互助担保协会、行业协会等信用共同体，通过联合增信提高偿债能力；根据大学生创业项目特点和本人专长，开办特色产品予以支持。四是改进服务方式，不断提升金融服务水平。组织大学生村官金融知识和创业培训，开辟“绿色通道”，对大学生“村官”创业贷款实施“四优先”政策，提高贷审批效率。五是发挥部门合力，多渠道解决资金困难。在省委组织部的统一组织下，中国人民银行郑州中心支行、团省委等有关部门紧密合作，设立“河南省大学生村干部发展基金”，采取社会募集方式筹集资金，为大学生村干部创业提供借款、贴息、投资、担保等支持；发挥财政资金杠杆作用，部分市财政拿出专门资金设立大学生“村官”创业基金，用于支持大学生“村官”创业项目。

目前河南省大学生“村官”创业人数占比为近20%，创业积极性高，创业项目资金缺口较大，初步估算，“十二五”期间，河南省大学生“村官”创业潜在静态信贷需求约为10亿元，金融支持大学生“村官”创业富民大有可为。下一步将重点做好以下工作：一是完善金融产品和服务，提高支持的针对性和实效性。二是完善贷款风险分散、补偿和激励机制。三是加强对“村官”创办企业的培育、辅导。四是加强部门之间的协调配合，提高执行力。五是加大宣传，普及金融知识，推广金融产品。

（二）证券业快速发展，市场融资功能不断提高

2010年，河南省证券业保持较好发展势头，市场规模持续扩大，企业上市和再融资活跃。

1. 经营机构快速增加，规范化水平不断提高。2010年，国内众多证券期货经营机构争相在豫设立分支机构，全年全省共新增证券和期货经营机构31家，创历年之最。创新业务加快发展，股指期货、融资融券、IB业务等相继推出，运行平稳。证券期货经营机构合规水平不断提高，中原证券和万达期货首次被评为A类公司，成功跨进行业第一方阵。

2. 企业上市成效显著，并购重组持续活跃。2010年，河南企业发行上市工作取得突出成效，全年共有13家公司通过中国证监会发审委审核，10家公司挂牌上市，募集资金合计106.81亿元，“河南板块”在全国资本市场的影响逐步凸显，上市公司数量及募集资金数额均创历史新高。上市公司并购重组持续活跃，再融资取得历史性突破，4家公司实现控股股东变更，2家公司实现控制权转移；5家公司完成再融资，共募集资金23亿元（见表4）。

表4　2010年河南省证券业基本情况表

项目	数量
总部设在辖内的证券公司数（家）	1
总部设在辖内的基金公司数（家）	0
总部设在辖内的期货公司数（家）	3
年末国内上市公司数（家）	51
当年国内股票（A股）筹资（亿元）	142
当年发行H股筹资（亿元）	0
当年国内债券筹资（亿元）	208
其中：短期融资券筹资额（亿元）	62

数据来源：河南省发展改革委、河南证监局。

（三）保险市场运行平稳，保障作用不断增强

2010年，河南保险业市场竞争更加充分，经济补偿功能继续增强。

1. 市场主体日趋完善，人员结构更加优化。2010年，河南省保险市场主体不断增加，省级公司增加5家，市级及以下分支机构增加103家，中介机构增加15家，代理机构增加68家，初步形成了各类机构并存、各种经营互补的多层次市场体系。全省

保险业从业人数减少0.28万人，人员结构更加优化。

2. 保险业务发展较快，补偿功能充分发挥。2010年，河南省保费收入增长40.31%，居全国第五位、中部第一位（见表5）。保险业为全省经济社会发展提供经济补偿153.91亿元，同比增长3.83%，保险对经济补偿和保障民生的功能日益凸显。

表5　2010年河南省保险业基本情况表

项目	数量
总部设在辖内的保险公司数（家）	0
其中：财产险经营主体（家）	0
寿险经营主体（家）	0
保险公司分支机构（家）	47
其中：财产险公司分支机构（家）	23
寿险公司分支机构（家）	24
保费收入（中外资，亿元）	794
其中：财产险保费收入（中外资，亿元）	135
人身险保费收入（中外资，亿元）	659
各类赔款给付（中外资，亿元）	154
保险密度（元/人）	789
保险深度（%）	3

数据来源：河南保监局。

（四）金融市场交易活跃，融资结构有所改善

2010年，河南省货币市场业务稳步发展，票据业务快速增长，外汇收支增势明显，黄金和期货业务平稳发展。

1. 直接融资渠道拓宽，融资结构有所改善。2010年，河南神火集团等9家企业获准在银行间债券市场发行企业短期融资券和中期票据共计15只、金额95亿元，新增股票融资173.64亿元，地方债93亿元。直接融资规模创历史最高，占比跃升至13.6%，同比提高6.3个百分点（见表6）。

2. 货币市场成员规模扩大，交易活跃。2010年，河南省新增1家全国银行间同业拆借市场成员和16家全国银行间债券市场成员。同业拆借累计成交金额同比增加303.3亿元，财务公司和城市商业银行是拆借交易主体，占全部拆借交易的92%。债券回购累计交易金额同比增长85%，现券累计交易金额同比增长41%。政策性金融债、国债、中期票据以其信誉度高、流动性强的特点，处于交易量前列。

3. 票据市场交易量价齐升。2010年，河南省金融机构票据承兑累计发生额为4 369亿元，增长72.6%（见表7）。累计办理票据贴现增长51%。受市场资金价格上涨影响，票据贴现利率大幅上扬，12月加权平均利率达4.83%，较1月上升2.4个百分点（见表8）。

表6　2001～2010年河南省非金融机构融资结构表

单位：亿元、%

年份	融资量	比重		
		贷款	债券（含可转债）	股票
2001	505.8	93.1	0	6.9
2002	663.1	97.3	0	2.7
2003	881.6	96.8	0	3.2
2004	767.2	98.0	1.3	0.7
2005	805.3	99.5	0	0.5
2006	1 290.6	91.1	3.9	5.0
2007	1 170.7	83.7	4.2	12.2
2008	1 601.7	93.0	2.8	4.2
2009	3 310.2	92.7	6.9	0.4
2010	2 815.5	86.4	7.4	6.2

数据来源：中国人民银行郑州中心支行。

表7　2010年河南省金融机构票据业务量统计表

单位：亿元

季度	银行承兑汇票承兑		贴现			
			银行承兑汇票		商业承兑汇票	
	余额	累计发生额	余额	累计发生额	余额	累计发生额
1	1 639	1 198	900.5	11 207	6.3	45.5
2	1 917	2 020	935	25 987	6.5	57.7
3	2 060	3 300	886	47 264	5.4	101.6
4	2 018	4 369	944	64 418	11.7	425

数据来源：中国人民银行郑州中心支行。

表8　2010年河南省金融机构票据贴现、转贴现利率表

单位：%

季度	贴现		转贴现	
	银行承兑汇票	商业承兑汇票	票据买断	票据回购
1	2.7848	3.9937	2.7308	2.8602
2	3.0762	4.2496	2.9401	2.9715
3	3.3034	4.9083	2.9405	3.3280
4	4.1769	5.8047	3.8494	4.3545

数据来源：中国人民银行郑州中心支行。

4.期货市场发展迅速，品种之间差异较大。2010年，郑州商品交易所期货交易量大幅攀升，累计成交量同比增长118%，累计交易金额同比增长223%。白糖是郑州商品交易所交易规模最大的品种，占郑州商品交易所全部交易品种总交易量的61%、总交易金额的54%，而优质强筋小麦和菜籽油的交易量和交易金额同比出现较大幅度下降（见表9）。早籼稻取代PTA，成为2010年郑州商品交易所增长最快的交易品种。

表9　2010年郑州商品交易所交易统计表

交易品种	累计成交金额（亿元）	同比增长（%）	累计成交量（万张）	同比增长（%）
一号棉花	205 952	1 488.0	17 391	918.9
菜籽油	8 563	5.3	1 906	-13.0
早籼稻	12 663	1 457.7	5 371	1 277.1
PTA	51 847	35.9	12 285	16.4
优质强筋小麦	2 995	3.2	1 161	-15.1
硬白小麦	15	98.0	7	74.0
白糖	335 962	162.2	61 061	109.0
合计	617 997	223.4	99 182	118.4

数据来源：郑州商品交易所。

5. 外汇交易创出新高，黄金交易持续下降。2010年，外部需求的复苏和河南省出口带动型企业陆续投产，对河南出口产生较大的带动作用，经常项目收结汇高速增长，资本与金融项目收结汇增势迅猛，全省跨境外汇收支总额继2008年后再创新高。2010年，受黄金价格高位波动，上海黄金交易所停止综合类会员代理个人黄金业务等因素影响，黄金业务交易量持续下降。河南省上海黄金交易所会员（不含中金公司）累计买卖黄金同比减少63吨。

6. 民间借贷规模扩大，利率持续上行。2010年，按照货币信贷回归常态的要求，各商业银行总行对贷款投放实行严格控制，银行信贷条件提高，民间借贷顺势活跃，利率快速攀升。

7. 金融创新产品日渐丰富。2010年，河南省政府批转了《关于在全省范围内推动农村金融产品和服务方式创新工作意见的通知》，将试点工作扩大至全省。各地涌现出了“农民专业合作社＋联保+信贷”、“农户＋担保公司＋信贷”、“农民专业合作社＋担保公司+信贷”等多种新的信贷产品，涉农和中小企业贷款覆盖面进一步扩大。同时，全省金融机构坚持市场化导向，在风险可控的前提下，进一步加强与企业互动，为企业量身订做了产业链融资、理财资金池融资等大量个性化融资新产品，较好地满足了全省经济社会发展对金融的多元化需求。

（五）信用体系不断完善，金融环境日趋优化

2010年，中国人民银行郑州中心支行积极加强与相关单位的沟通、协调，着力推进社会信用体系建设。全省13个城市建立了社会信用体系建设工作制度和机制；稳步推进中小企业信用信息征集、农户电子信用档案建设和评价工作，在汤阴县启动中小企业信用体系试验区建设；组织全省中国人民银行各级分支机构因地制宜地开展日常性征信及相关金融知识宣传，推动信用知识的普及。截至2010年年底，企业征信系统共收录企业和其他组织61.6万户，个人征信系统收录自然人3 996万人。

2010年，河南省金融基础设施建设进一步完善，顺利完成电子商业汇票系统的推广上线工作，完成网上支付跨行清算系统试点运行；农村地区支付服务环境不断改善，非现金支付业务量快速增长，全省农民工银行卡交易笔数和金额居全国首位。

二、经济运行情况

2010年，河南省经济社会发展呈现出需求结构持续改善、产业结构调整加快、节能减排成效明显、发展方式向好转变的良好局面。全年地区生产总值近2.3万亿元，同比增长12.2%，经济社会发展质量和效益进一步提高（见图5）。

（一）三大需求协调增长，外部需求恢复明显

1. 投资结构出现积极变化。2010年，河南以产业集聚区发展、招商引资、项目建设三项重点工作带全局，加快推进城乡建设，着力优化投资结构，积极实施“转型升级双千工程”，推动全省投资运行出现积极变化，8月以后逐步扭转了上半年增速持续回落的局面。经济薄弱环节投资力度加大，第

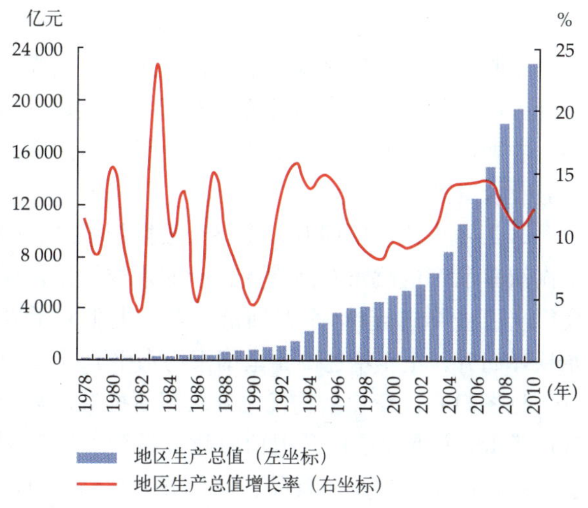

数据来源：河南省统计局。

图5　1978~2010年河南省地区生产总值及其增长率

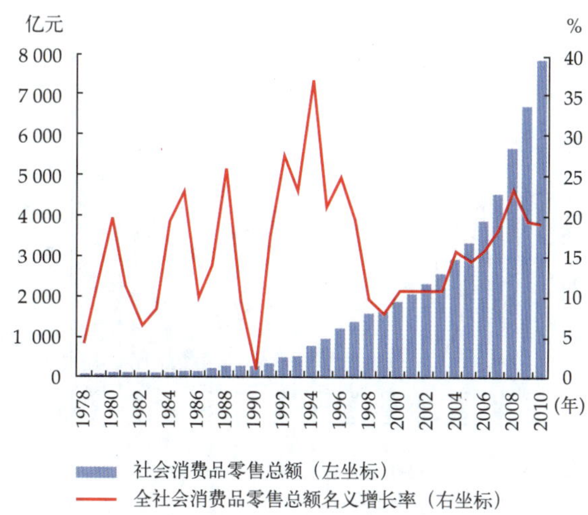

数据来源：河南省统计局。

图7　1978~2010年河南省社会消费品零售总额及其增长率

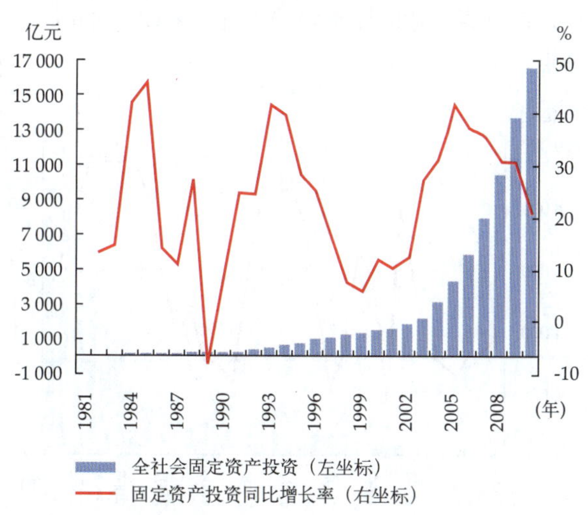

数据来源：河南省统计局。

图6　1981~2010年河南省固定资产投资及其增长率

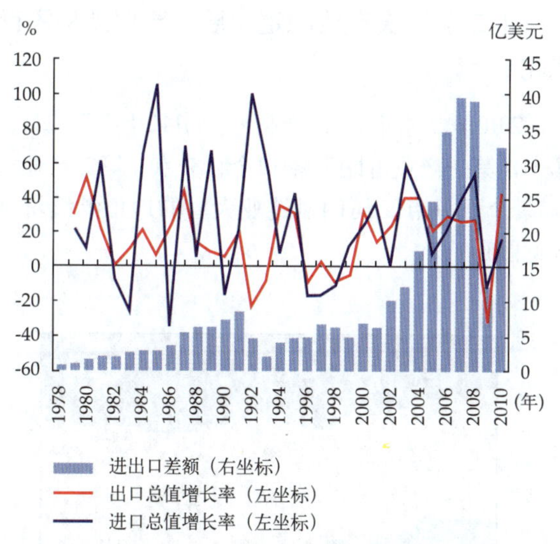

数据来源：河南省统计局。

图8　1978~2010年河南省外贸进出口变动情况

三产业投资增速远高于第一、第二产业；高新技术产业投资增势迅猛，高耗能行业投资得到抑制，六大高耗能行业投资增速低于全部工业投资增速10.6个百分点。

2. 消费需求稳定增长。2010年，全省城乡居民收入较快增长，其中，农民人均纯收入增速高于城镇居民3.8个百分点。家电下乡、以旧换新补贴措施带动作用明显，居民消费增速逐月提高，全年社会消费品零售总额增长19%，高于上年同期3个百分点（见图7）。

3. 外贸出口恢复增长，利用外资质量提高。全省进出口总值、出口总值已基本恢复至金融危机前水平，分别增长32%和43.4%（见图8）。出口产品结构向好，机电产品出口大幅增长，高新技术产品出口量远高于进口量。新批外商投资企业362家，实际利用外资总额、增速远高于合同利用外资，居中部六省首位；在新引进项目中，1 000万美元以上项目占比超过九成，世界500强、全球最大的电子企业之一——富士康集团落户郑州（见图9）。

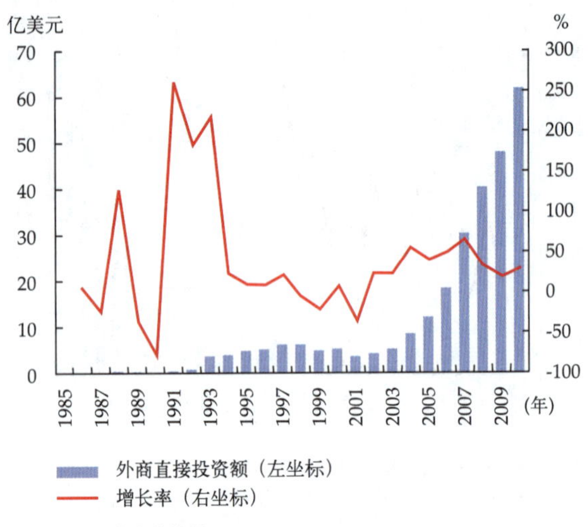

数据来源：河南省统计局。

图9　1985～2010年河南省外商直接投资情况

（二）三次产业稳定发展，产业结构不断优化

2010年，河南省三次产业比重为14.2：57.7：28.1，其中，第一产业占比下降0.1个百分点，第二产业上升1.1个百分点，河南制造业大省的地位继续增强（见图10）。

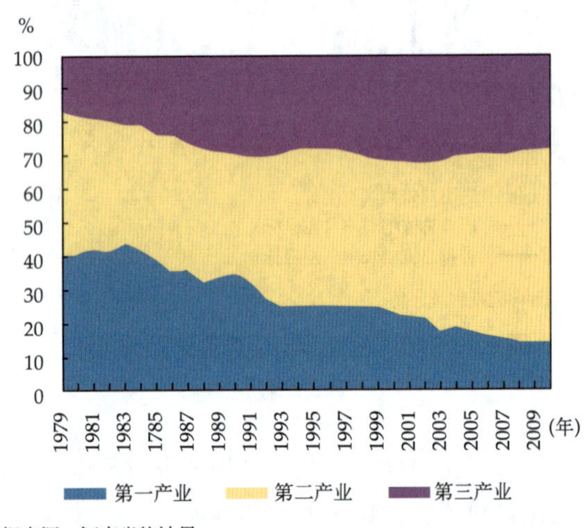

数据来源：河南省统计局。

图10　1979～2010年河南省产业结构变化情况

1. 农业生产稳定增长，粮食产量再创新高。2010年，河南省认真落实各项强农惠农政策，启动实施粮食生产核心区建设和“粮食稳产保收行动计划”，克服持续低温、暴雨沥涝等不利因素，全年粮食总产1 087.4亿斤，连续七年创历史新高，连续五年超千亿斤，连续十四年居全国首位。农业种植结构不断优化，优质粮食种植面积占比超过七成，茶叶、中药材、优质果品等特色农产品基地建设加快；农业产业化龙头企业加快发展，双汇集团主营业务收入突破500亿元。

2. 工业生产触底回升，调整升级持续推进。国家淘汰落后产能政策对河南支柱产业形成冲击，规模以上工业增速连续9个月回落，至10月低点后开始反弹回升，全年增速高于全国平均水平3.3个百分点（见图11）。产业结构优化升级不断推进，郑州日产等488个重大结构升级项目建成投产。装备制造、有色冶金、化工、食品、纺织五大战略支撑产业实现增加值比重较上年提高2.6个百分点，高技术制造业增加值增速远高于全省工业平均水平；六大高耗能行业实现增加值增速低于全省工业平均水平，占全省工业的比重较“十五”末期下降6.1个百分点。

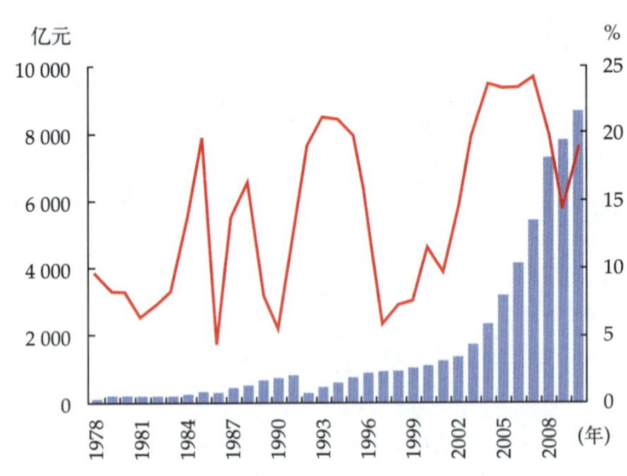

数据来源：河南省统计局。

图11　1978～2010年河南省工业增加值及其增长率

3. 服务业发展态势良好，多元化格局初步形成。2010年全省服务业实现增加值5 630亿元，连续六年保持10%以上增速，总量居中部六省首位，对全省经济的贡献率达28.1%。交通运输、仓储邮政业等传统服务业规模稳步扩大，形成了一批在全国有一定影响力的行业和企业；信息传输计算机服务和软件业等现代服务业年均增速高于整体服务业水平，文化、旅游等新兴服务业初具品牌效应。

专栏2 构建产业集聚区 加快承接产业转移

近年来，河南省紧抓机遇，通过加大招商引资力度、优化行政服务、举行专题投资洽谈会等举措，努力为产业转移创造条件。自2008年下半年以来，河南省各级政府出台了一系列促进产业集聚区发展的政策措施，在用电、行政收费、异地投资分享税收、投融资等方面给予优惠，并安排5 000万元专项资金，用于对产业集聚区承接产业转移项目的奖励；对全省原有的312个工业园区进行规范整合，确定了180个省级产业集聚区，承接发达地区链式和集群式产业转移，明确安阳汤阴县食品类产业集聚区、内黄县陶瓷产业园区等9个产业集聚区作为省级承接产业转移示范区试点，10个产业集聚区作为创新型产业集聚区试点。各地政府通过订好规划、建好厂房、搞好基础设施等方式“筑巢引凤”。2010年，全省产业集聚区完成投资超过4 000亿元，占全省城镇固定资产投资的40%。内黄陶瓷、周口鞋业、洛宁玩具、民权制冷、临颍休闲食品、新野和扶沟服装纺织等一批特色产业集聚区初步形成，成为推动县域经济发展的主导力量。

2010年上半年，全省180个产业集聚区实际利用省外资金1 373.8亿元，增长28.5%。在2010年11月举办的“中国·郑州2010产业转移系列对接活动”中，产业集聚区承接产业转移效应明显，重点产业集聚区承接产业转移项目322个，投资总额为1 091.6亿元，占比达79.6%，抱团转移、整体转移、板块承接态势明显，带动作用巨大，如安阳滑县服装加工园区9家企业全部来自中国出口量最大的牛仔服装集群基地广州增城市新塘镇；万向集团把杭州两条制动器生产线整体转移到原阳县产业集聚区，原阳将成为全国最大的制动器生产基地；富士康计划在郑州投资3 200万美元。2010年，全省产业集聚区规模以上工业主营业务收入超过1.1万亿元，从业人员超过140万人，分别占全省的35%和30%。产业集聚区已成为河南省构建现代产业、现代城镇和自主创新“三大体系”的载体，是中原经济区建设和实现“中原崛起”的重要依托，对优化产业结构、解决资金“瓶颈”和转化农村剩余劳动力等起到了重要的推动作用。

（三）物价水平大幅上扬，劳动力成本明显增加

1. 居民消费价格不断上扬，食品类价格涨幅较大。受国际粮价大幅上涨以及肉蛋、蔬菜价格持续走高拉动，食品类价格不断攀升，上涨7.9%，成为推动物价上行的主要因素，带动CPI连创新高，全年居民消费价格涨幅较上年上升4.1个百分点。

2. 生产价格涨幅较大，价格传导压力增加。全省原材料、燃料、动力购进价格，工业品出厂价格全面上升，同比分别提高10.2个和7.8 个百分点。下半年以来，生产价格环比涨幅逐月扩大，上下游产品价格、生产价格与居民消费价格月度涨幅差距有所拉大，价格传导压力加大并有所转化（见图12）。

3. 劳动力成本上升明显。2010年，河南省再次上调最低工资标准至600～800元，涨幅超过20%。

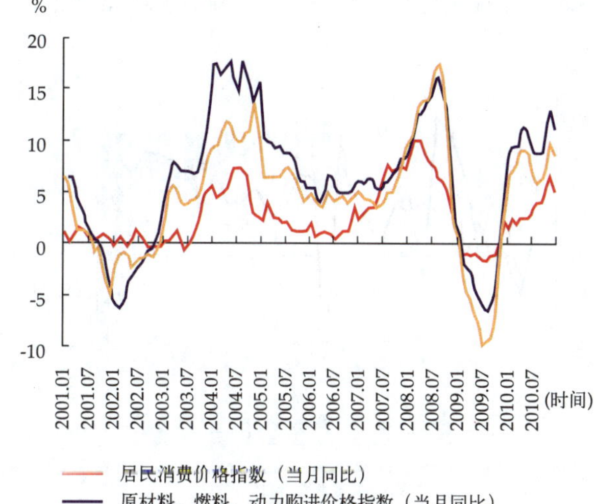

数据来源：河南省统计局。

图12 2001～2010年河南省居民消费价格和生产者价格变动趋势

受人口红利因素衰退、物价上涨等影响，城镇职工、农民工工资预期上调，用工难现象有所显现。全年全省劳动力转移就业总量新增105万人，受河南大量承接产业转移等吸引，劳动力回流、省内转移呈现快速增长趋势，全年省内转移占比近半，劳务输出逐步下降。

4. 资源性产品价格改革稳步推进。实施了工商业用水同价和天然气价格调整联动机制，试点推行阶梯水价和阶梯气价制度。同时，稳妥把握价格调整时机，稳定公共服务性产品价格，暂缓出台了水、电、气等价格调整方案。

（四）财政收支继续扩大，民生保障重点突出

受工业生产增速提高影响，各级一般预算收入大幅回升，增长22.6%，已恢复至金融危机前的水平（见图13）。一般预算支出规模继续扩大，但增速有所放缓。财政支出对民生领域的投入大幅度增加，一般预算支出中用于一般公共服务、教育、社会保障和就业、医疗卫生、城乡社区、农林水等方面的民生支出占一般预算支出超过八成。

（五）节能减排目标超额完成，能耗水平持续下降

2010年，全省万元GDP能耗下降3.5%左右，在2009年提前完成“十一五”减排目标的基础上，

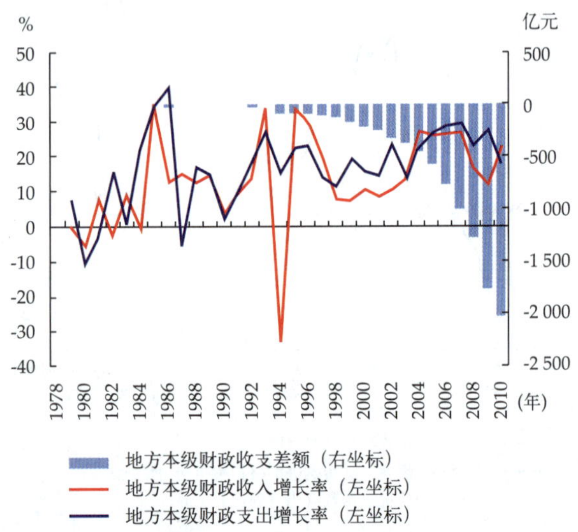

数据来源：河南省统计局。

图13 1978～2010年河南省财政收支状况

化学需氧量和二氧化硫排放量分别继续下降0.8%和1.2%。规模以上工业综合能耗总量增幅较上半年回落8个百分点，国家下达的230家淘汰落后产能企业全部关停应淘汰设备，并增加关停37家落后产能企业设备。

（六）房地产市场增势趋缓，新兴产业发展迅速

1. 房地产市场理性回调，调控效果有所显现。2010年，在国家出台一系列房地产调控政策的影响下，全省房地产市场增势趋缓，投资、供应、销售增速均出现不同程度回落。

（1）房地产开发投资高位回落。全年全省房地产开发累计完成投资同比增长36.1%，较上半年回落1.3个百分点。其中，住宅投资占比近八成；90平方米以下的住宅投资增速下降，占比偏低。房地产开发企业资金到位增速低于完成投资增速，企业资金趋紧。

（2）房地产市场供应放缓。全年全省房地产开发企业土地购置面积小幅增长，较上年同期回落23个百分点，土地开发面积同比下降。房屋施工面积、新开工面积、竣工面积同比增速均较年初大幅回落；90平方米及以下住宅供给占比较低，保障房责任目标进展顺利。

（3）商品房销售增速趋缓，空置面积下降。全年商品房销售面积、住宅销售面积、商品房销售额、住宅销售额增速均较上年同期回落10个百分点左右。市场观望情绪较浓，新入市楼盘较少，全省住宅空置面积有所下降（见图14）。

（4）房地产价格平稳上涨。全省商品房销售均价同比上涨14.1%，涨幅较上年同期略有回落。但受调控政策和市场预期变化以及城市化进程等因素的影响，房屋租赁市场供求紧张，租赁价格涨幅呈扩大趋势（见图15）。

（5）房地产贷款增速回落。房地产新政影响逐步显现，5月以来，河南省房地产贷款和个人住房贷款增速出现回落，房地产开发贷款增速相对缓慢。

2. 战略性新兴产业方兴未艾。经过近年来的发展，河南省战略性新兴产业已具备较好的发展基础和明显的比较优势。在生物产业方面，生物制

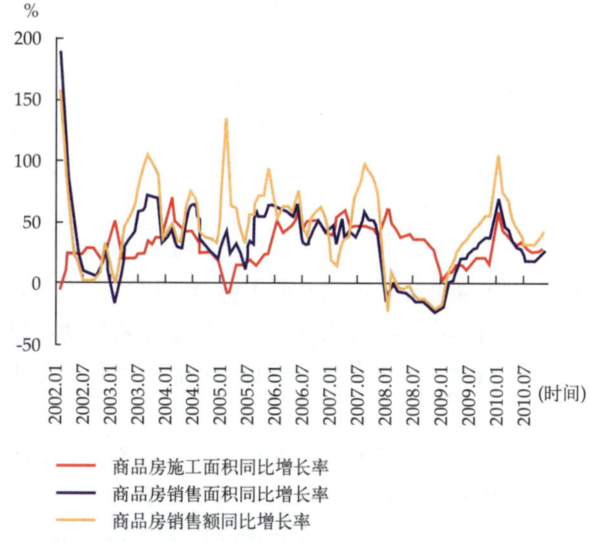

数据来源：河南省统计局。

图14　2002~2010年河南省商品房施工和销售变动趋势

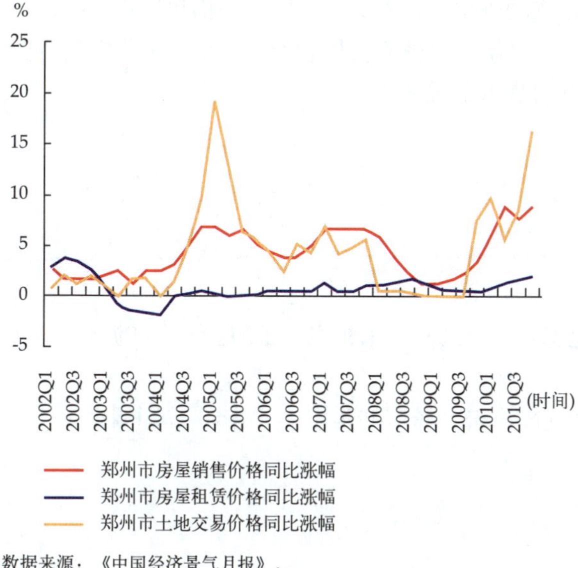

数据来源：《中国经济景气月报》。

图15　2002~2010年郑州市房屋销售价格指数变动趋势

药、生物育种领域优势明显，抗生素原料药、血液制品、新型疫苗、中药丸剂等生产规模居全国前列；新材料、信息产业和新能源在全国都有优势；在电动汽车动力电池及动力系统集成技术、半导体照明、高速轨道交通装备、智能电网装备、节能环保等方面也取得了新的突破。华兰生物在国内首家研制生产出甲型H1N1流感疫苗，安阳新能公司突破了薄膜太阳能电池产业化技术，中航锂电攻克了大容量锂电池关键技术，在国内率先实现了规模化生产。以高新技术产业为主体的战略性新兴产业，已经成为推动全省工业经济发展的重要力量。“十一五”期间，全省高新技术产业年均增速达到23%以上，2010年实现增加值2 007亿元，占全省工业增加值的比重达到20%以上。

3. 物流业发展驶入快车道。河南省地处中原，是东部产业转移和西部资源输出的枢纽，发展物流业具有得天独厚的条件。近年来，河南物流业呈现良好发展势头，2010年，全省全社会货运量完成20.2亿元，在全国31个省区中排第三位；全社会货物周转量完成7 125亿吨公里，在中部六省排第一位；物流业实现增加值934亿元，同比增长13.1%。物流交通基础设施不断改善。截至2010年年末，全省拥有铁路通车里程4 245公里，居全国第四位；公路通车里程24.6万公里，其中，高速公路通车里程5 016公里，连续五年位居第一位。随着交通运输体系日臻完善，河南初步形成了以铁路、高速公路为骨架，以国省干线公路为依托，公路、铁路、民航等多种交通方式协调发展的综合交通运输体系框架，为物流的大进大出、快进快出提供了通达的平台。

2010年，河南省政府将物流业定位为河南省四大战略性新兴产业之一，颁布实施《河南省现代物流业发展规划》，从注册审批、资金支持、优化环境等多个方面对物流业发展提出一揽子优惠措施。围绕提升国际物流、区域分拨、本地配送三大功能，以国际物流区、航空港物流区、西部物流区、北部物流服务区、南部物流服务区五大物流功能区为重点，加快推进郑州国际物流中心建设，河南物流业步入快速发展的新时期。

（七）中原城市群加快发展，带动能力不断增强

2010年，河南省大力发展中原城市群城际快速交通，进一步促进各市的联系和融合，干线铁路、干线公路和城际铁路、城际快速客运通道、城际快速物流通道，郑开、郑焦、郑州至机场城际铁路和郑汴物流通道等项目建设加快，郑西高铁建成通车，郑州至洛阳交通缩短至半小时；石武客专河南段开始全线铺轨，郑州黄河公铁两用桥公路桥建成

通车；洛阳机场航站楼改扩建工程建成投用；国家高速公路河南段全部建成。郑汴新区、洛阳新区及许昌、新乡、焦作等新区规划建设加快推进，跨功能区线性工程和起步区建设全面展开，预计6个城市新区完成城镇投资720亿元以上。2010年，中原城市群GDP、地方财政一般预算收入增速均高于全省平均水平，投资占比接近全省六成，已成为带动区域经济和全省发展的重要增长极。

三、预测与展望

2011年，河南省经济发展面临着结构调整深化的压力，同时也有许多有利条件，全省经济将继续保持平稳较快增长，全年地区生产总值增速预计高于全国平均水平1～2个百分点。

受“十二五”规划开局、中原经济区上升至国家战略并付诸实施、河南省承接产业转移加快、城镇化发展提速、大批交通基础建设项目铺开等带动，全省固定资产投资仍将保持较快增长。但受国家投资力度减弱、信贷投放减少等因素的影响，投资增速将有所放缓。

从消费情况看，国家收入分配政策调整、社会保障体系完善、居民收入增加、城乡消费升级等因素将推动消费持续增长；但同时刺激消费政策效应衰退、购车优惠政策取消、房地产市场面临调整等因素将对消费增长产生抑制，预计2011年全省消费将保持稳定增长。

从进出口情况看，全球经济特别是主要发达体经济逐步复苏，外需增加将促进全省出口进一步好转，而内需增加以及大宗产品价格上涨将拉动进口上升，预计2011年全省外贸总额将较快增长，总体形势好于上年。

物价方面，受农产品价格上升、资源品价格高位运行和翘尾因素的共同作用，2011年物价上涨压力依然较大。但随着国家对物价调控力度的不断加大，预计全年价格将呈前高后低的走势。

2011年，河南省金融业将认真贯彻落实稳健的货币政策，保持社会融资规模适度均衡增长，积极拓宽融资渠道，着力优化融资结构和信贷结构，为区域经济平稳健康发展和价格水平基本稳定创造良好的货币金融环境。

中国人民银行郑州中心支行货币政策分析小组

负责人： 计承江　杜迎伟

统　稿： 崔晓芙　骆　波

执　笔： 李　伟　郑慧霞　李智军　郑宏斌　孙　芳　沈志宏　尹志刚　宋鹏飞　王淑芸　尤江波　张　毛

提供材料的还有： 李建华　吕金旺　程学华　秦向辉　许艳霞　宋　杨　韩其耘　王继荣　马琳琳　吕彦威　谢　森　屈瑞亭

附录

(一)2010年河南省经济金融大事记

1月18日，中国人民银行与中国银监会在商丘市联合召开了“加快推进农村金融产品和服务方式创新试点工作座谈会”，对河南省相关工作予以充分肯定。

5月10日，河南省2010年银企合作会议在郑州举行，共签订协议贷款金额为1 798亿元，创历次银企对接活动签约金额新高。

5月26日，河南省住建厅发布了《关于进一步加强市场监管促进房地产市场平稳健康发展的通知》，对房地产开发秩序、商品房预售和交易、调整房产供应结构等方面提出明确要求。

6月30日，河南省各类投资担保机构突破千家，达到1 002家，注册资本总额达316.06亿元。

8月2日，河南省重点推进的15个重大招商引资项目之一——富士康正式落户郑州。

8月30日，河南省政府批转中国人民银行郑州中心支行、省政府金融办、河南银监局、省财政厅《关于在全省范围内推动农村金融产品和服务方式创新工作意见的通知》(豫政办[2010]100号)，将农村金融产品和服务方式创新工作由18个县试点，扩大至全省范围内实施。

11月19日，河南省委八届十一次会议审议通过《中共河南省委关于制定全省国民经济和社会发展第二十个五年规划的建议》。

12月，建设“中原经济区”正式写入国家“十二五”规划。

2010年，河南省成功举办豫浙投资合作项目洽谈会、港澳深地区闽籍企业家访豫、第六届投洽会等一系列重大招商引资活动，累计签约项目合同金额7 000亿元以上，成为历年来招商规模最大、来豫客商和签约项目最多、合同金额最大的一年。

（二）2010年河南省主要经济金融指标

表1 2010年河南省主要存贷款指标

		1月	2月	3月	4月	5月	6月	7月	8月	9月	10月	11月	12月
本外币	金融机构各项存款余额（亿元）	20 045.1	20 578.1	21 260.4	21 506.9	21 773.4	22 528.3	22 592.3	23 037.6	23 276.9	23 311.3	23 407.2	23 246.7
	其中：城乡居民储蓄存款	11 499.0	12 177.7	12 437.9	12 351.1	12 411.8	12 722.8	12 769.2	12 805.1	13 014.7	12 829.8	12 868.3	12 93.5.3
	企业存款	4 943.1	4 820.8	5 106.0	5 221.8	5 361.8	5 436.4	5 391.8	5 581.9	5 565.4	5 617.7	5 687.4	5 726.1
	各项存款余额比上月增加（亿元）	233.1	533.0	682.3	246.5	266.5	755.0	64.0	445.3	239.3	34.4	95.9	-160.4
	金融机构各项存款同比增长（%）	23.2	21.0	20.2	20.4	20.4	20.2	21.3	23.1	22.6	22.2	21.0	20.5
	金融机构各项贷款余额（亿元）	13 740.7	13 919.2	14 114.3	14 209.3	14 479.7	150 344.9	15 125.9	15 245.7	15 465.6	15 587.6	15 763..0	16 006.5
	其中：短期	6 165.6	6 122.3	6 184.1	6 248.0	6 274.9	6 668.1	6 678.2	6 720.4	6 815.5	6 898.0	6 954.9	7 010.4
	中长期	6 376.4	6 663.1	6 849.2	6 980.1	7 143.6	7 220.8	7 344.3	7 452.2	7 573.5	7 669.9	7 737.9	7 835.6
	票据融资	1 075.0	1 001.9	929.2	826.7	903.4	968.4	909.9	899.8	899.1	831.5	873.3	962.5
	各项贷款余额比上月增加（亿元）	181.8	178.5	195.1	95.1	270.4	555.2	91.0	119.8	219.9	1 122.0	175.4	243.6
	其中：短期	129.3	-43.3	61.7	63.9	27.0	393.2	10.1	44.8	95.1	82.5	56.9	55.5
	中长期	285.2	286.7	186.0	130.9	163.5	77.2	123.5	105.3	121.2	96.5	67.9	97.7
	票据融资	-2 314.6	-73.1	-72.7	-102.5	76.7	65.0	-58.5	-10.1	-0.6	-67.6	41.8	89.2
	金融机构各项贷款同比增长（%）	27.6	26.1	19.6	20.1	20.2	18.6	18.4	17.9	18.2	18.7	18.8	18.1
	其中：短期	16.8	15.5	12.6	14.8	14.6	15.1	13.2	12.4	13.1	15.2	16.1	16.2
	中长期	43.4	45.6	41.1	41.0	40.8	34.0	33.5	32.7	30.0	29.3	28.7	28.6
	票据融资	10.8	-11.9	-32.2	-38.7	-35.7	-30.3	-28.6	-26.9	-19.6	-23.2	-21.2	-26.5
	建筑业贷款余额（亿元）	136.3	141.0	149.0	157.8	156.2	161.8	166.6	175.0	185.9	195.2	212.7	216.6
	房地产业贷款余额（亿元）	294.1	322.3	345.5	350.0	367.1	379.2	382.7	390.4	411.2	410.7	410.1	412.1
	建筑业贷款同比增长（%）	-11.7	-10.9	-14.1	-6.6	-9.8	-11.7	-5.7	3.9	12.7	18.4	26.5	31.7
	房地产业贷款同比增长（%）	17.8	29.0	39.8	47.7	55.3	45.7	49.9	51.1	48.1	47.9	47.4	45.8
人民币	金融机构各项存款余额（亿元）	19 933.6	20 462.1	21 138.5	21 393.2	21 658.3	22 416.8	22 474.4	22 922.5	23 150.4	23 200.3	23 229.9	23 148.8
	其中：城乡居民储蓄存款	11 440.6	12 118.5	12 379.2	12 295.2	12 354.9	12 666.0	12 711.9	12 750.3	12 961.5	12 777.5	12 780.3	12 883.7
	企业存款	4 899.8	4 774.0	5 052.0	5 174.3	5 313.4	5 391.4	5 341.6	5 531.6	5 505.1	5 569.2	5 633.4	5 688.3
	各项存款余额比上月增加（亿元）	758.6	528.5	676.4	254.8	265.1	758.5	57.6	448..1	227..9	49.9	29.6	-147.6
	其中：城乡居民储蓄存款	233.7	677.4	260.8	-84.0	59.7	311.1	46.0	42.1	211..2	-184.0	2.8	66.8
	企业存款	226.4	-125.2	277.9	118.4	139.1	78.0	-49.8	190.0	-28.7	92.2	64.2	50.1
	各项存款同比增长（%）	23.2	20.9	20.2	20.4	20.4	20.3	21.3	23.1	22.6	22.3	21.0	20.7
	其中：城乡居民储蓄存款	11.6	15.7	15.5	14.6	14.4	15.1	15.3	15.7	15.9	15.1	14.9	15.0
	企业存款	41.5	29.2	25.3	28.8	30.0	23.5	22.3	23.5	21.6	22.0	20.2	17.1
	金融机构各项贷款余额（亿元）	13 616.7	13 797.8	13 977.1	14 073.3	14 350.8	14 907.1	14 999.6	15 118.9	15 339.0	15 457.6	15 580.0	15 871.3
	其中：个人消费贷款	1 182.2	1 239.6	1 258.7	1 311.4	1 359.6	1 395.0	1 437.1	1 471.9	1 527.2	1 559.5	1 599.3	1 624.0
	票据融资	1 075.0	1 001.9	929.2	826.7	903.3	968.3	909.8	899.7	899.1	831.5	856.5	962.5
	各项贷款余额比上月增加（亿元）	179.3	181.1	179.3	96.2	277.5	556.3	92.5	119.3	220.1	118.6	122.4	291.3
	其中：个人消费贷款	68.7	57.4	19.1	52.7	48.2	35.4	42.1	34.8	55.3	32.3	39.8	24.7
	票据融资	-234.6	-73.1	72.7	-102.5	76.6	65.0	-58..5	-10.1	-0.6	-67.6	25.0	106.0
	金融机构各项贷款同比增长（%）	27.3	25.2	19.2	19.7	19.9	18.4	18.2	17.7	18.3	18.8	18.9	18.1
	其中：个人消费贷款	72.7	79.6	73.0	75.7	75.6	69.9	68.5	66.1	63.0	62.0	58.9	55.5
	票据融资	10.8	-11.9	-32.2	-38.7	-35.7	-30.3	-28.6	-26.9	-19.6	-23.2	-22.7	-26.5
外币	金融机构外币存款余额（亿美元）	16.3	17.0	17.9	16.6	16.8	16.4	17.4	16.9	18.9	16.6	16.6	14.8
	金融机构外币存款同比增长（%）	30.4	30.8	28.8	21.2	21.7	11.6	20.0	12.7	27.5	6.4	14.5	-11.4
	金融机构外币贷款余额（亿美元）	18.2	17.8	20.1	19.9	18.9	18.8	18.6	18.6	18.9	19.4	20.0	20.4
	金融机构外币贷款同比增长（%）	76.7	74.5	79.5	77.7	57.5	45.7	48.8	44.2	15.1	10.9	13.6	14.6

数据来源：中国人民银行郑州中心支行。

表2 2001～2010年河南省各类价格指数

单位:%

年/月	居民消费价格指数		农业生产资料价格指数		原材料购进价格指数		工业品出厂价格指数		郑州市房屋销售价格指数	郑州市房屋租赁价格指数	郑州市土地交易价格指数
	当月同比	累计同比	当月同比	累计同比	当月同比	累计同比	当月同比	累计同比	当季(年)同比	当季(年)同比	当季(年)同比
2001	—	0.7	—	-0.9	—	1.9	—	0.5	0.6	7.2	1.1
2002	—	0.1	—	0.9	—	-2.4	—	-1.4	1.9	3.0	1.4
2003	—	1.6	—	1.9	—	7.8	—	5.0	2.0	-0.9	1.0
2004	—	5.4	—	11.4	—	15.7	—	10.2	4.0	-0.3	3.9
2005	—	2.1	—	7.9	—	8.3	—	6.1	5.4	0.2	5.7
2006	—	1.3	—	1.2	—	5.3	—	4.3	5.7	0.5	4.0
2007	—	5.4	—	6.1	—	6.4	—	5.2	6.4	0.8	5.3
2008	—	7.0	—	20.9	—	11.9	—	12.1	3.4	1.4	0.3
2009	—	-0.6	—	-1.9	—	-2.9	—	-5.1	2.1	0.5	2.0
2010	—	3.5	—	3.1	—	10.2	—	7.8	7.7	1.5	8.3
2009 1	1.2	1.2	14.2	14.2	0.3	0.3	0.7	0.7	—	—	—
2	-1.0	0.1	11.2	12.7	-1.0	-0.4	-1.5	-1.1	—	—	—
3	-0.9	-0.3	5.1	10.0	-2.1	-1.0	-4.3	-2.2	1.3	0.9	0.1
4	-1.1	-0.5	0.7	7.6	-2.5	-1.3	-5.7	-3.0	—	—	—
5	-0.8	-0.5	-2.4	5.4	-4.4	-2.0	-6.9	-3.8	—	—	—
6	-1.2	-0.7	-5.9	3.4	-5.1	-2.5	-7.9	-4.5	1.5	0.5	10.1
7	-1.6	-0.8	-8.8	1.5	-6.1	-3.0	-9.8	-5.2	—	—	—
8	-1.6	-0.9	-9.0	0.1	-6.6	-3.4	-9.6	-5.8	—	—	—
9	-1.1	-0.9	-8.8	-1.0	-5.6	-3.7	-9.2	-6.2	2.2	0.3	0.0
10	-1.1	-0.9	-7.4	-1.7	-4.9	-3.8	-7.3	-6.3	—	—	—
11	0.3	-0.8	-4.8	-2.0	-1.3	-3.6	-1.8	-5.9	—	—	—
12	2.1	-0.6	-1.4	-1.9	4.9	-2.9	3.5	-5.1	3.2	0.4	7.7
2010 1	1.5	1.5	1.7	1.7	8.9	8.9	6.7	6.7	—	—	—
2	2.6	2.0	1.1	0.5	9.6	9.3	6.9	6.8	—	—	—
3	2.0	2.0	0.7	0.6	9.3	9.3	8.1	7.2	5.8	0.7	9.6
4	2.7	2.2	1.1	0.7	11.0	9.7	9.1	7.7	—	—	—
5	2.6	2.3	1.0	0.8	11.4	10.1	9.2	8.0	—	—	—
6	2.5	2.3	2.1	1.0	10.4	10.1	8.6	8.1	8.6	1.3	5.7
7	3.2	2.4	3.5	1.4	9.2	10.0	7.0	7.9	—	—	—
8	3.9	2.6	4.5	1.7	8.6	9.8	5.8	7.7	—	—	—
9	4.2	2.8	5.2	2.1	8.8	9.7	6.3	7.5	7.7	1.5	8.3
10	5.5	3.1	6.4	2.5	11.0	9.8	7.5	7.5	—	—	—
11	6.5	3.4	7.3	3.0	12.9	10.1	9.7	7.7	—	—	—
12	5.2	3.5	4.3	3.1	11.4	10.2	8.7	7.8	8.8	1.8	16.2

数据来源：河南省统计局、《中国经济景气月报》。

表3　2010年河南省主要经济指标

	1月	2月	3月	4月	5月	6月	7月	8月	9月	10月	11月	12月
绝对值（自年初累计）												
地区生产总值(亿元)	—	—	4 752.0	—	—	10 461.3	—	—	16 938.0	—	—	22 942.7
第一产业	—	—	474.3	—	—	1 320.2	—	—	2 828.9	—	—	3 263.2
第二产业	—	—	2 832.4	—	—	6 147.2	—	—	9 437.7	—	—	13 226.8
第三产业	—	—	1 445.3	—	—	2 993.9	—	—	4 674.4	—	—	6 452.6
工业增加值(亿元)	—	—	—	—	—	—	—	—	—	—	—	—
城镇固定资产投资(亿元)	—	612.8	1 534.2	2 742.8	4 035.9	5 740.0	6 830.3	8 048.4	9 339.5	10 465.2	12 131.1	13 934.8
房地产开发投资	—	98.5	246.8	409.7	576.2	807.9	996.8	1 180.3	1 398.4	1 585.5	1 826.8	2 114.1
社会消费品零售总额(亿元)	—	1 313.1	1 876.1	2 458.2	3 045.0	3 637.6	4 237.3	4 866.1	5 541.5	6 281.3	7 039.2	7 893.5
外贸进出口总额(亿美元)	—	21.3	34.9	47.5	61.5	77.1	93.5	108.5	124.0	139.9	159.2	117.9
进口	—	8.6	14.4	19.4	24.5	30.5	37.6	43.5	49.9	56.5	64.9	72.6
出口	—	12.7	20.5	28.1	37.0	46.5	56.0	65.0	74.1	83.4	94.3	105.3
进出口差额(出口-进口)	—	4.1	6.1	8.7	12.5	16.0	18.4	21.5	24.2	26.8	29.4	32.7
外商实际直接投资(万美元)	—	62 800.0	130 200.0	175 000.0	225 600.0	296 600.0	327 300.0	374 800.0	435 100.0	498 300.0	560 800.0	624 700.0
地方财政收支差额(亿元)	—	-213.7	-327.9	-456.2	-519.5	-714.7	-778.4	-942.9	-1 215.8	-1 312.0	-1 615.9	-2 032.0
地方财政收入	1 258.5	207.0	323.9	441.7	559.0	716.2	830.1	930.2	1 048.2	1 161.3	1 256.2	1 381.0
地方财政支出	121.0	420.7	651.8	897.9	1 078.5	1 430.9	1 608.6	1 873.1	2 264.0	2 473.4	2 872.2	3 413.0
城镇登记失业率(%)（季度）	—	—	3.5	—	—	3.41	—	—	3.4	—	—	3.4
同比累计增长率（%）												
地区生产总值	—	—	15.7	—	—	13.5	—	—	12.3	—	—	12.2
第一产业	—	—	4.5	—	—	3.7	—	—	4.2	—	—	4.5
第二产业	—	—	21.0	—	—	17.9	—	—	15.7	—	—	14.8
第三产业	—	—	10.5	—	—	9.5	—	—	9.8	—	—	10.5
工业增加值	—	28.0	27.9	27.4	26.3	24.8	22.1	20.8	20.0	19.6	19.3	19.0
城镇固定资产投资	—	28.1	25.7	25.6	24.0	22.3	20.3	20.4	20.6	21.0	21.3	21.6
房地产开发投资	—	32.6	32.7	.34.7	36.0	37.4	37.1	36.2	34.6	35.2	35.8	36.1
社会消费品零售总额	—	18.3	18.3	18.4	18.5	18.5	18.5	18.6	18.7	18.8	18.9	19.0
外贸进出口总额	—	10.5	19.8	17.4	22.4	26.2	28.2	27.8	28.0	29.6	33.4	32.0
进口	—	-7.1	5.0	-0.9	1.4	4.8	10.2	9.8	11.0	13.9	19.5	18.4
出口	—	26.7	33.1	34.5	41.8	45.6	43.9	43.6	42.7	43.1	44.9	43.4
外商实际直接投资	—	4.6	40.2	33.3	35.2	29.6	30.9	31.3	28.9	24.9	30.6	30.2
地方财政收入	40.3	33.8	31.9	27.5	26.2	21.4	22.0	23.0	21.8	21.6	21.0	22.6
地方财政支出	-36.9	8.1	13.1	14.0	9.8	11.9	12.0	17.4	24.3	24.1	28.6	17.5

数据来源：河南省统计局。

2010年湖北省金融运行报告

中国人民银行武汉分行货币政策分析小组

[内容摘要] 2010年，湖北省经济延续了2009年下半年以来回升向好的发展态势，经济增长仍然主要由投资拉动，辅之以消费、出口的快速增长，推动湖北产业升级和承接产业转移；三次产业合理布局和“两圈一带”发展战略的顺利实施，成为湖北工业化进程提速的引擎；财政状况的不断改善和税收的大幅增长，为湖北经济培植新的增长极提供了财政保障。房地产调控的预期效应有待进一步显现，物价上涨形成的通货膨胀压力和完成节能减排任务的艰巨性不容低估。

2010年，湖北金融业紧扣金融宏观调控主旋律，信贷投放节奏趋向均衡，增速平稳回落，对地方经济发展产生了平滑作用，避免了湖北经济的大起大落；在信贷增长回归常态的过程中，金融机构信贷结构调整发生积极变化，涉农贷款、中小企业贷款增幅均高于全省贷款平均增幅，县域贷款及小额担保贷款增速较快，但贷款长期化引起的期限结构错配的矛盾仍然存在；以深化金融改革为契机，全省银行业、证券业、保险业金融服务功能日趋完善，为市场经济主体融资方式的多元化打开了方便之门。

2011年是“十二五”规划的开局之年，湖北省将抓住机遇，发挥优势，继续调整优化经济结构，夯实可持续发展的基础；加快社会事业发展，切实保障和改善民生；深入推进改革开放，进一步创新发展机制，继续推动经济又好又快发展。湖北省金融业将认真贯彻落实稳健的货币政策和各项金融宏观调控措施，保持合理的社会融资规模和节奏，全面提升金融服务水平，促进湖北经济的可持续发展。

一、金融运行情况

2010年，湖北省金融运行平稳，金融机构改革不断深入，体系日趋完备，金融创新亮点纷呈，金融市场交易活跃，融资总量持续增长，金融生态建设取得新突破。

（一）银行业保持稳健发展态势，信贷结构调整出现积极变化，金融服务水平提升

湖北省银行业深入贯彻落实国家金融宏观调控政策，信贷稳定增长，投放节奏均衡，结构不断优化，为全省经济平稳较快发展提供了有力支持。

1. 银行业结构多元化。2010年，湖北省银行业发展势头良好，结构日益完备，武汉区域金融中心和全国性金融后台服务中心建设步伐加快。渣打银行武汉分行获中国银监会批准成立，湖北银行获中国银监会批复筹建，中国人民银行决定在武汉设立ACS第二业务处理中心，全国有17家金融机构入驻或签约在武汉建设金融后台服务中心。县域、农村金融体系不断完善，全省已设立村镇银行、贷款公司和农村资金互助社等农村新型金融机构17家，成功引进新加坡富登金融控股公司来鄂设立小额贷款公司。

2. 本币存款增长较快，外币存款降幅收窄。2010年，全省金融机构（含外资）本外币各项存款余额同比增长23.1%，增幅较上年下降7.1个百分点。本外币企事业单位存款余额同比增长17.8%，其中，活期存款增加额占比较上年上升2.4个百分点，这同企业支付能力提升、资金周转加快有关。2010年，由于存款基准利率上调、资本市场资金回流等因素影响，居民活期储蓄出现较快增长，同比多增153亿元。外币存款余额增速为20.2%，较上年下降7个百分点，但降幅大幅收窄。

3. 贷款增速回稳，结构调整明显。2010年，湖北省本外币各项贷款余额同比增长21.5%，高于全国1.8个百分点，高于湖北地区生产总值近7个百分点。全年贷款增长呈现高开、回落、走稳的态势，1～2月本外币贷款增幅在30%以上，3月以后增幅

表1　2010年湖北省银行业金融机构情况

机构类别	营业网点[①]			法人机构（个）
	机构个数（个）	从业人数（人）	资产总额（亿元）	
一、国有商业银行[②]	2 685	59 950	12 155	0
二、国家开发银行及政策性银行[③]	95	2 375	2 915	0
三、股份制商业银行[④]	159	6 225	3 755	0
四、城市商业银行	176	3 976	1 393	6
五、城市信用社	—	—	—	—
六、农村合作机构[⑤]	2 163	26 908	2 954	85
七、财务公司	7	504	725	5
八、邮政储蓄银行	1 530	6 130	1 569	0
九、外资银行	8	239	74	0
十、农村新型机构[⑥]	17	306	22	12
合　计	6 840	106 613	25 562	108

注：①不包括国家开发银行和政策性银行、大型商业银行、股份制银行等金融机构总部数据。

②包括中国工商银行、中国农业银行、中国银行、中国建设银行和交通银行。

③包括国家开发银行、中国农业发展银行和中国进出口银行。

④包括中信银行、中国光大银行、华夏银行、广东发展银行、深圳发展银行、招商银行、上海浦东发展银行、兴业银行、中国民生银行、恒丰银行、浙商银行和渤海银行。

⑤包括农村信用社、农村合作银行和农村商业银行。

⑥包括村镇银行、贷款公司和农村资金互助社。

数据来源：中国人民银行武汉分行、湖北银监局。

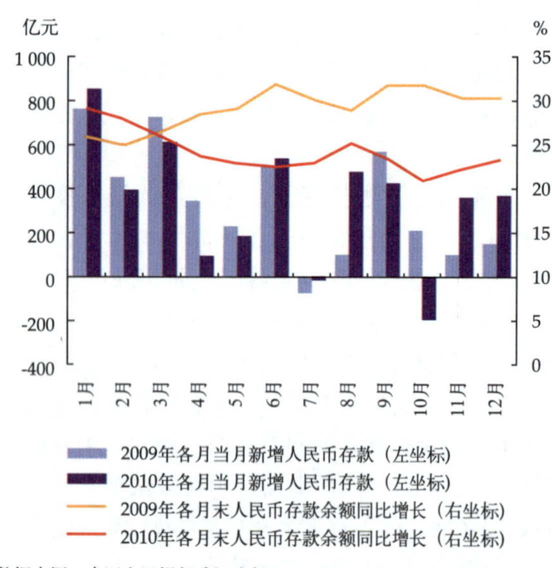

数据来源：中国人民银行武汉分行。

图1　2010年湖北省金融机构人民币存款增长变化

回落，9月、10月降至20%以下，年末出现回升。从投放进度看，第一季度新增贷款呈现阶梯式下降，后三个季度基本保持均衡。

2010年，湖北省贷款结构明显变化，涉农贷款和中小企业贷款增幅分别高于全省贷款平均水平11.6个和10.5个百分点。小额担保贷款余额同比增长53%，县域贷款余额同比增长31.5%，高于县域存款增幅6.4个百分点。但贷款长期化和集中的特征仍较明显，全省本外币中长期贷款增加额占全部贷款增加额的80%，武汉、襄阳、宜昌和黄石四市的贷款增加额占全省贷款增加额的77%。

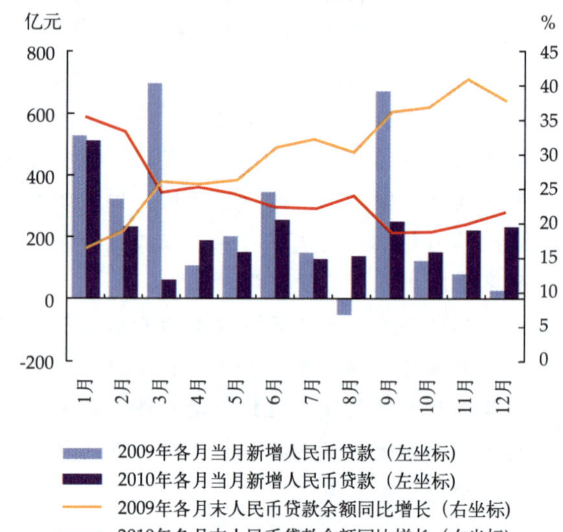

数据来源：中国人民银行武汉分行。

图2　2010年湖北省金融机构人民币贷款增长变化

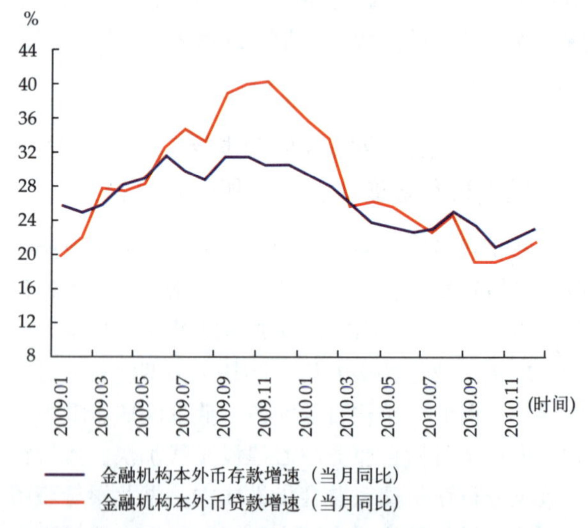

数据来源：中国人民银行武汉分行。

图3　2009～2010年湖北省金融机构本外币存、贷款增速变化

4. 现金收支延续净回笼。全省现金收支较上年少回笼20亿元，但仍未改变净回笼局面。在现金收入项目中，城乡个体经营收入和居民归还贷款收入出现明显增长，同比增幅分别为25.7%和32.4%。在现金支出项目中，汇兑支出较上年出现大幅增长，同比增幅达42.8%。

表2　2010年湖北省金融机构现金收支情况表

单位：亿元、%

	年累计额	同比增速
现金收入	26 961.7	17.1
现金支出	26 837.2	17.3
现金净支出	-124.5	-14.0

数据来源：中国人民银行武汉分行。

5. 利率浮动重心整体上移。2010年，湖北省利率水平总体呈现逐步走高的态势，浮动利率贷款占比提高，贷款利率浮动重心上移，票据贴现、转贴现利率继续上扬，住房贷款利率逐月走高，外币存贷款利率拉升。湖北省金融机构1年期贷款加权平均利率较上年上升1.2个基点，从利率变动趋势看，除8月出现回落外，全年总体保持走高的态势。同上年相比，全省金融机构执行上浮利率贷款占比提高2.5%，贷款利率平均上浮幅度为23%，上升11.4个百分点。金融机构对大型企业贷款利率主要集中于基准利率至下浮10%区间内，对中小企业贷款利率浮动区间上移。

表3　2010年湖北省金融机构各利率浮动区间贷款占比表

单位：%

		合计	国有商业银行	股份制商业银行	区域性商业银行	城乡信用社
合计		100.0	100.0	100.0	100.0	100.0
[0.9～1.0)		31.6	54.3	16.9	36.2	7.8
1.0		37.3	33.1	51.8	48.7	9.3
上浮水平	小计	31.1	12.6	31.2	15.1	83.0
	(1.0～1.1]	11.9	7.4	22.6	13.3	12.7
	(1.1～1.3]	11.3	4.9	8.4	1.8	25.5
	(1.3～1.5]	3.4	0.3	0.2	0	17.4
	(1.5～2.0]	3.5	0	0	0	21.7
	2.0以上	1.0	0	0	0	5.7

数据来源：中国人民银行武汉分行。

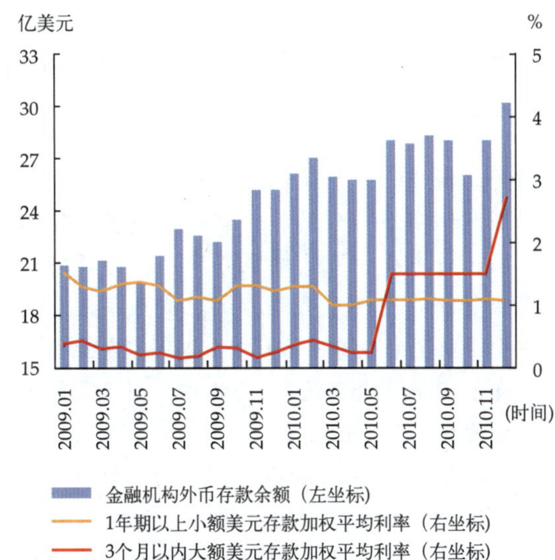

数据来源：中国人民银行武汉分行。

图4　2009～2010年湖北省金融机构外币存款余额及外币存款利率

据中国人民银行武汉分行利率样本监测数据显示，2010年湖北省民间借贷利率定价较为灵活，期限主要集中在1年期以内。民间融资规模扩大，较上年加权平均利率略有下降。农户借入资金额增幅较大，中小企业资金需求旺盛，仍是民间借贷的主体。

6. 机构改革不断推进。12月24日，中国银监会批复同意省内五家城市商业银行合并重组，筹建湖北银行。至年末，湖北省50家农村信用社达到组建农村商业银行的条件，10家已完成组建，3家获中国银监会批复。小额贷款公司试点快速推进，中国农业银行“三农事业部”改革试点取得明显成效，组织架构不断完善，县域网点得到了整合和优化，进一步强化了服务“三农”的资源配置力度。

7. 跨境贸易人民币结算业务迅速增长。湖北省作为中部唯一的试点省份，于2010年6月22日正式启动跨境贸易人民币结算试点工作。该项工作启动以来，业务量迅速增长，截至年末，湖北省共有13家商业银行为企业办理跨境贸易人民币业务228笔，金额达25亿元。跨境贸易人民币结算业务的开展，对省内企业规避汇率风险、节约财务成本、提高资金使用效率起到了重要作用，也有利于推动企业对外投融资，加快人民币走出去的步伐。

专栏1　创新建立网络对接平台　优化中小企业金融服务

为了解决成本、信息、效率和风险等诸多问题，提供一条便捷高效的银企对接途径，湖北省襄阳市多部门协作，创新推出了“襄阳金融网——中小企业金融服务网”，为解决中小企业贷款难进行了有益尝试。截至年末，襄阳中小企业金融服务平台已有1 249 家企业提交贷款需求，申请金额达126.5亿元，企业获得各种形式授信88.7亿元。

1.“中小企业金融服务网”的设计理念。运用网络前台创新银企对接方式，运用网络后台优化行政服务环境，运用网络阳光新政破解中小企业融资难的问题，成为金融服务中小企业的新理念。前台即为“中小企业金融服务网”网站，是银企双方开展信贷活动的平台，是政银企和相关中介机构的信息交流集散地，也是当地政府和中国人民银行金融政务公开的重要窗口；后台即为支持前台运转的业务办公系统和保障机制，通过“信息共享、多方联动”的模式，促成银企对接。

2.“中小企业金融服务网”的主要功能。一是银企对接功能。从企业注册登记到签订信贷合同，中间绝大部分程序都可以在网上完成。二是政策指导功能。中国人民银行等金融管理部门和政府职能部门在网上发布货币政策、信贷政策、监管政策、相关经济政策及行政服务措施，开展在线咨询，为银企对接提供指导。三是企业信息收储功能。通过网站数据库存储中小企业的各种基础信息及相关资料，便于相关部门分析中小企业金融需求情况。四是信息发布功能。银行、企业和中介机构发布金融产品、贷款流程、企业情况、中介服务等与融资有关的信息，中国人民银行发布企业信用公示、金融运行动态、金融服务中小企业经验介绍等信息。五是联动协调功能。中国人民银行、工商、国地税、房管、国土、环保、供电等部门，在网上对银行提供“信息协查”服务，由市行政服务中心统一分配用户名和登录口令，把企业相关信息通过平台回复给有信息协查要求的金融机构。六是监督管理功能。通过后台业务办公系统的运行，可对企业注册量、申贷办理数量、贷款成功率、协查回复率等信息自动生成统计表格，实现对企业融资申报、受理全过程的实时监督，政府优化办（监察局）负责为平台的运转提供制度、机制保障。

3.“中小企业金融服务网”的工作流程。整个申贷流程分为企业申请、银行受理、部门协查、中介服务、进入贷款程序五个环节12个步骤，除办理他项权证、签订借款合同外，其余步骤均在网上进行。

4.“中小企业金融服务网”的支撑体系。一是完善的制度保障体系。襄阳市出台了《襄阳市中小企业金融服务网管理办法（试行）》、《襄阳市金融网银行业金融机构信息发布管理办法》、《推动襄阳市中小企业金融服务网运行方案》和《关于有效发挥襄阳市金融网服务银企对接等作用的通知》等制度办法，为该网站的健康发展提供了制度保障。二是合理的业务支撑体系。根据不同部门的职责划分，整合金融管理部门、政府部门、中介机构等10多个机构的资源，建立信息管理、企业信息资料库、银企对接、联动协查信息、在线互动、监督管理和中央银行信用公示七个子系统组成的后台业务办公系统，保证平台持续开展网络金融服务。三是严格的纪律约束体系。实行政务公开、限时服务、规费减免等措施，建立责任追究和工作奖惩制度，中国人民银行将金融生态建设融入网站，对企业信用情况予以公示。

5.“中小企业金融服务网”的突出优点。一是“中小企业金融服务网”的“一站式服务”功能，节省了银企双方的成本，实现了真正意义上的网上金融服务。二是“中小企业金融服务网”的“常态化”信息服务，实现了政银企信息快速即时交流，有效地解决了银企信息不对称的问题。三是金融部门、政府部门、中介机构等十多个部门“协同作战”，有效地减少了贷款环节，为网站发展的可持续性提供了保障。四是“中小企业金融服务网”的“信息协查”和“实时监督”机制，使银行贷款风险得到有效控制。

（二）证券业规模不断扩大，彰显直接融资效力，服务地方经济发展功能增强

2010年，湖北省证券市场保持稳定健康运行态势，资本市场改革进一步深化，上市公司质量明显改善，证券期货经营机构实力显著增强，市场功能得到较好发挥。

1. 融资总额大幅增加。2010年，全省上市公司新增5家，其中，创业板4家。全年股票（A股）境内市场融资217.8亿元，创近年新高，其中，通过IPO募集资金68.6亿元，通过增发募集资金149.2亿元，创业板公司融资10亿元。“十一五”期间，湖北企业通过首发上市和再融资募集资金额较“十五”期间增长三倍多。

2. 上市公司质量明显改善。2010年前三个季度，全省72家上市公司共实现营业总收入1 945亿元，比上年同期增加456.8亿元，增长31%。上市公司累计实现归属于母公司股东净利润89.9亿元，较上年同期增加18.9亿元，增长26.6%。

3. 市场规模继续扩大。截至年末，湖北证券营业部数量在全国排名第八位，占全国营业部总数的3.4%。法人证券机构资产规模进一步扩大，两家法人证券公司净资产同比增长4.3%，全省证券市场交易额同比增长3.6%。期货市场规模持续扩大，综合实力不断增强，湖北3家期货公司净资本同比增长46.8%，净利润同比增长22%，全年累计代理交易额同比增长184.8%。目前，湖北省已拥有5个品种10个期货交割库，期货市场服务地方经济发展的功能逐步显现。

表4　2010年湖北省证券业基本情况表

项目	数量
总部设在辖内的证券公司数（家）	2
总部设在辖内的基金公司数（家）	0
总部设在辖内的期货公司数（家）	3
年末国内上市公司数（家）	73
当年国内股票（A股）筹资（亿元）	218
当年发行H股筹资（亿元）	0
当年国内债券筹资（亿元）	549
其中：短期融资券筹资额（亿元）	375

数据来源：中国人民银行武汉分行、湖北证监局、湖北省发展改革委。

（三）保险业平稳快速发展，服务“三农”承保面拓宽，保险保障方式不断创新

2010年，湖北省保险业平稳发展，市场主体稳步增加，“三农”保险快速发展，保险保障范围不断拓宽，有效地发挥了社会管理与维护社会经济稳定的作用。

1. 保险业务快速增长。截至年末，湖北省共有保险总公司1家，保险一级分公司45家，正式机构及营销服务部共3 194家。全省保险公司总资产为835.4亿元，2010年累计实现保费收入同比增长34.3%，其中，财产险保费收入同比增长41.1%，人身险公司保费收入同比增长32.7%。保险公司各项赔款及给付同比增长5.3%。

2.“三农”承保面不断拓宽。2010年，全省民生型险种稳定增长。政策性“三农”保险实现签单保费5.2亿元，实收保费4.9亿元，获取中央财政补贴2.2亿元，赔付达3.6亿元，是农民所缴保费的2.9倍。棉花、油菜保险承保面积分别达到64万亩、117万亩，农村小额人身保险业务已为231万名低收入农民提供保障服务。

表5　2010年湖北省保险业基本情况表

项目	数量
总部设在辖内的保险公司数（家）	1
其中：财产险经营主体（家）	0
寿险经营主体（家）	1
保险公司分支机构（家）	45
其中：财产险公司分支机构（家）	21
寿险公司分支机构（家）	24
保费收入（中外资，亿元）	501
其中：财产险保费收入（中外资，亿元）	103
人身险保费收入（中外资，亿元）	398
各类赔款给付（中外资，亿元）	87
保险密度（元/人）	875
保险深度（%）	3

数据来源：湖北保监局。

3. 社会保障功能更加强大。政策补贴业务同商业保险业务不断融合，截至2010年年末，有政策补贴的“两属两户”农民和水稻、奶牛、能繁母猪等主要支农险种，在全省多数地区的承保覆盖率达到了100%。保险的保障功能与融资功能不断融合，试点开展农村小额贷款保险，促进农村金融发展。

保险的补偿功能与社会管理功能不断融合，试点推行理赔查勘员与交警联动，对事故车辆及时查勘定损并现场赔付，提高了保险服务效率，加深了保险参与社会管理的程度。

（四）金融市场交易活跃，金融产品叠加效应显现，融资结构呈现多元化

2010年，湖北省金融市场交易活跃，融资结构呈现多元化发展趋势，同业拆借交易大幅增长，票据融资规模连续下降，黄金市场、外汇市场发展良好，金融产品创新取得新进展。

1. 非金融机构融资结构出现变化。2010年，在不改变银行贷款仍然占据主导地位的条件下，湖北省非金融机构融资结构出现变动，股票和债券融资占比大幅上升。非金融机构贷款在融资总量中占比较上年下降13.6个百分点，债券融资和股票融资占比分别较上年上升10.1个和3.5个百分点，融资额均为上年的两倍多。全年共发行企业短期融资券375亿元，中期票据124亿元，分别是上年同期的2.8倍和1.5倍，有效地帮助了非金融机构降低了融资成本。

表6　2001～2010年湖北省非金融机构融资结构表

单位：亿元、%

年份	融资量	比重		
		贷款	债券（含可转债）	股票
2001	324.8	88.7	0	11.3
2002	515.6	97.9	0	2.1
2003	688.9	99.7	0	0.3
2004	628.3	82.6	0	17.4
2005	794.9	86.7	7.3	6.0
2006	953.7	87.5	11.8	0.7
2007	1 370.9	79.1	18.0	2.9
2008	1 476.8	88.4	7.9	3.7
2009	3 638.1	90.8	6.2	3.0
2010	3 359.6	77.1	16.4	6.5

数据来源：中国人民银行武汉分行、湖北证监局、湖北省发展改革委。

2. 同业拆借市场交易量攀升，债券市场交易活跃。2010年，湖北省金融机构同业拆借累计成交同比增长33%，净融入资金740亿元。拆入交易主体为财务公司，拆出交易主体为城市商业银行和农村信用社，股份制商业银行和证券公司重启拆借业务。银行间债券市场较为活跃，质押式回购累计成交同比增长9%，净融入资金25 310亿元，回购业务规模较大的是农村信用社和城市商业银行，规模较小的是保险公司和财务公司，证券公司回购交易日趋活跃。现券交易累计成交同比增长6%，政策性金融债、中央银行票据、中期票据和企业债是其主要交易品种。

3. 商业承兑汇票业务量大增，贴现业务大幅下滑。2010年，湖北省金融机构票据承兑累计发生额同比增长12.5%，余额同比增长24.8%，其中，银行承兑汇票累计发生额较上年略有下降，商业承兑汇票累计发生额大幅增长，同比增幅达58.8%。受信贷规模调控等因素的影响，票据贴现业务量有所萎缩，票据贴现余额大幅下滑，全年累计发生额同比下降5.2%，票据贴现余额同比下降45.9%。

表7　2010年湖北省金融机构票据业务量统计表

单位：亿元

季度	银行承兑汇票承兑		贴现			
			银行承兑汇票		商业承兑汇票	
	余额	累计发生额	余额	累计发生额	余额	累计发生额
1	1 451.7	887.7	358.9	1 278.5	25.07	35.5
2	1 532.4	1 852.4	445.4	2 868.3	26.27	87.5
3	1 641.7	2 865.1	392.6	4 112.7	21.46	114.9
4	1 713.6	3 902.8	377.1	5 030.3	17.07	143.6

数据来源：中国人民银行武汉分行。

2010年年末，受信贷规模控制和存款准备金率、存贷款基准利率及再贴现利率上调的影响，湖北省票据市场利率振荡上行，尤其是11月、12月出现明显跳涨现象，12月银行承兑汇票贴现利率和商业承兑汇票贴现利率分别比10月提高1.9个和1.2个百分点，反映票据市场供求发生变化，银根趋紧在票据市场有所表现。

表8　2010年湖北省金融机构票据贴现、转贴现利率表

单位：%

季度	贴现		转贴现	
	银行承兑汇票	商业承兑汇票	票据买断	票据回购
1	3.1568	4.0723	2.5087	2.6023
2	3.4830	4.6137	2.8375	3.2348
3	3.5778	4.1710	3.6310	3.4506
4	4.4234	5.4618	3.9805	3.9865

数据来源：中国人民银行武汉分行。

4. 外汇市场、黄金市场发展迅速。2010年，中国外汇交易中心武汉分中心累计成交827笔、金额27.5亿美元，为上年同期的两倍多。其中，询价交易量占到交易总量的94%，竞价交易量和交易笔数同比下降。2010年，在黄金价格持续攀升的背景下，湖北省黄金投资业务发展迅速，买入交易更为活跃，据统计，省内5家上海黄金交易所会员企业黄金净买入1 471公斤；商业银行黄金业务全年累计交易金额同比增长44%，品种涵盖实物黄金和纸黄金、人民币金和美元金以及代理个人投资黄金产品等。

5. 产权交易发展势头良好。2010年，湖北省产权市场交易趋于活跃，全省产权交易市场通过武汉光谷联合产权交易所及其下属分支机构共完成产权交易项目1 300宗，涉及资产总额为858.1亿元，成交总额为366.5亿元，增值率为17.2%（武汉光谷联合产权交易所本部增值率达到27.9%）。完成认定登记技术合同444份，完成认定登记的技术合同金额13.2亿元，比2009年增长16.5%。股权质押融资金额为8.4亿元，涉讼资产交易金额为8.3亿元。武汉东湖高新区进入股份转让系统扩大试点工作准备就绪，积极探索开展非上市公司股权交易试点。

6. 金融产品创新不断跟进。2010年，全省继续推广“行业协会＋联保基金＋银行信贷”及“龙头企业+种植基地+行社联合+财政贴息”的信用模式，推进林权抵押贷款业务，完善农村土地承包经营权抵押贷款试点。在各市州因地制宜地探索开展活物抵押贷款、“产业集群+专业担保公司+银行贷款”和采矿权质押等贷款业务，缓解了县域和小企业融资难题。重点推进科技金融创新，进一步加大对高新企业支持力度。推广知识产权质押贷款、股权质押贷款和应收账款质押贷款等产权融资业务，积极开展创投贷款、科技推荐贴息贷款、高新企业产业引导基金、私募股权投资基金担保贷款及中小企业集合债等新型融资模式。

（五）金融生态环境逐年改善，为金融深化拓展了空间，有利于提升地方经济发展核心竞争力

2010年，湖北省以四大信用工程创建为主线，深入开展了金融生态建设工作，将辖内县（市、区）金融生态建设纳入地方政府综合考核目标，以提升区域经济发展的核心竞争力。截至年底，全省创建信用社区 673个，评选信用农户753.6万户和信用乡镇922个；全省有17个市州先后被评为A级信用市州，64个县（市、区）先后被评为最佳金融信用县（市、区），7个县（市）被评为全省保险先进县（市）。

为进一步促进金融业加大对地方经济发展的支持力度，省政府先后在孝感、鄂州、黄冈、随州等地举办“金融支持湖北经济发展”信贷签约仪式。通过各种银企签约仪式，全省共授信企业5 656家，授信额度为2 023亿元，实际发放贷款1 859亿元，履约率为近年以来最高。为全面加强金融管理，中国人民银行武汉分行在全省组织开展了金融消费者权益保护试点和举办了“金融系统反腐倡廉建设展”。各金融监管部门开展了相应的系列活动，打击金融业违法违规行为，构建金融业依法合规经营的长效机制。

专栏2　创新农户担保贷款模式　破解农户融资难题

湖北省随州市大力推动农户贷款互助担保合作社的建设与发展，全市现已成立18家农户贷款互助担保合作社，入会会员为8 000户，累计发放贷款1.5亿元。农贷担保合作社采用“担保+联保”的创新方式，为破解农户贷款难、担保难的问题作了一些积极有益的尝试和探索。

一、农户贷款互助担保合作社的运作模式

农户贷款互助担保合作社在政府引导下，由中国农业银行推动，村委会发起运作，农户入会入股自愿。农户入会时需交纳不高于5 000元的股金，主要用于建设担保基金。农户贷款时，按照不超过贷款额度的2%向担保合作社缴纳担保费。担保合作社的主要经营收入为担保费和股金利息收入，其中60%用于合作社的日常开支和维权费用，其余40%用于增加担保基金、冲抵担保发生的经营亏损、代偿支出和弥补担保呆账损失。中国农业银行与担保合作社签订合作协议，对担保合作社出具担保函并在

借款合同上盖章确认担保行为的农户进行整体授信，分户用信，最高按成员入股金额的10倍发放贷款，但单户不超过5万元。贷款办理程序简化，贷款使用方式十分灵活，在两年的授信期内，可随时获取贷款，无需重新办理贷款手续。

农户贷款互助担保合作社最大的创新亮点就是实现了担保公司和农户联保模式运作。以吉祥寺农户贷款互助担保合作社为例，该贷款互助担保合作社在理事会下设立若干个农户联保小组，利用联保小组成员相互熟悉的特点，由每个联保小组负责对会员入会、贷款申请进行审查，联保小组成员对贷款负有连带担保责任。这种模式通过公司化规范运作，联保式强化责任，使农户自我控制会员质量、自我强化还款意识、自我控制贷款风险，达到全员参与、全员管理、全员化险的目的。

二、农户贷款互助担保合作社的重要作用

一是解决了农户贷款难题，增加了农民收入。成立担保合作社后，会员只要向担保合作社申请担保，在担保合作社审核和中国农业银行调查审批同意的基础上，可以获得期限1～5年，额度为3 000～50 000元不等的贷款支持，从而有效地解决了生产、经营中资金不足的困难。

二是探索了新的担保模式，助推了“三农”发展。如果每个村都成立担保合作社，仅为其中的30%农户贷款，随州市的此类贷款总额就可以达到60亿元，其支持“三农”发展的作用不可估量。

三是有效防控了贷款风险，实现了持续发展。担保合作机制有助于解决涉农金融机构因人手不足、工作量过大、信息不对称等因素产生的风险难以控制的问题。

四是加强了诚信建设，培植了农民信用意识。通过担保合作社的运作，农户的诚信意识、合同意识逐渐树立，诚信建设取得初步成效。

二、经济运行情况

2010年，湖北经济保持了2009年下半年以来的回升向好的局面，各项经济指标向上，运行轨迹沿着“高位较快增长、增幅平稳回落、回落趋势放缓”的方向发展。据初步测算，2010年，全省完成地区生产总值15 806.1亿元，按可比价格计算，比上年增长14.8%，连续七年保持两位数增长。

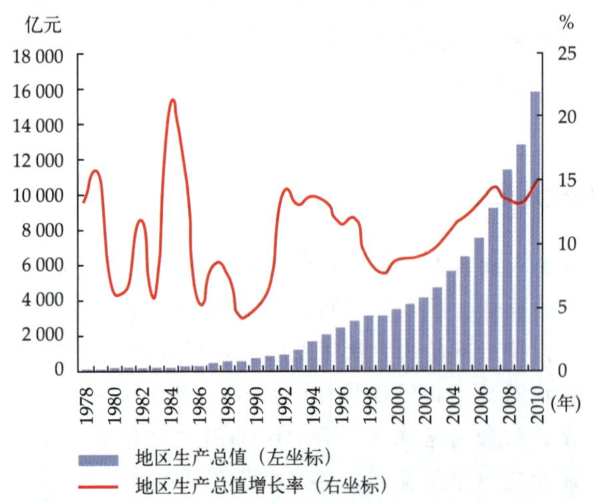

数据来源：《湖北省统计年鉴》、《湖北省国民经济统计月报》。

图5　1978～2010年湖北省地区生产总值及其增长率

（一）投资、消费、出口拉动经济增长动力十足，经济回升更加稳健

1. 投资拉动型不变。2010年，全省完成全社会投资10 802.7亿元，增长31.6%，增速较上年下降10个百分点。其中，城镇以上固定资产投资9 934.7亿元，增长31.3%，增幅下降10.6个百分点。三次产业投资增长趋于均衡，第一、第二和第三产业投资分别增长22.2%、34.6%和30.2%。全省民间投资增长43%，占全省投资比重的53.2%，创出近几年的新高，民间投资成为投资市场主体。高新技术产业投资保持较快增长，高于全省投资平均水平3.8个百分点。重点建设项目投资超额完成全年工作目标，有力地支撑了全省投资增长。

2. 消费拉动日益强劲。全省全年实现社会消费品零售额6 719.4亿元，同比增长19%，增幅比上年提高3个百分点。消费对全省经济增长的贡献明显增强，成为拉动经济增长的一大动力。城乡消

数据来源：《湖北省统计年鉴》、《湖北省国民经济统计月报》。

图6　1980～2010年湖北省固定资产投资及其增长率

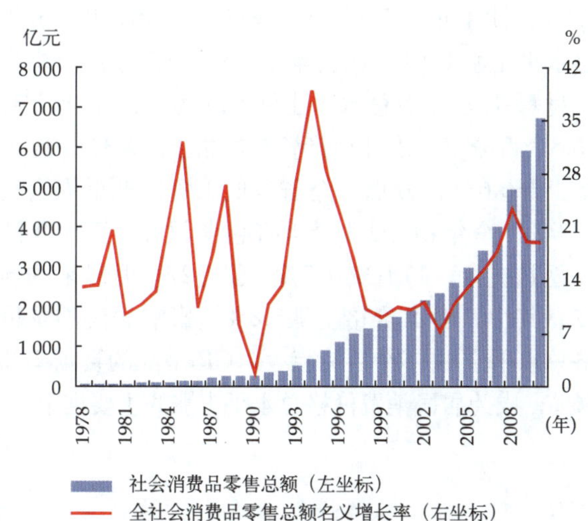

数据来源：《湖北省统计年鉴》、《湖北省国民经济统计月报》。

图7　1978～2010年湖北省社会消费品零售总额及其增长率

费品市场均保持较快增长，城镇实现零售额增长19.6%，乡村市场实现零售额增长15.8%。限额以上企业对社会消费品零售总额的贡献率达69%，拉动社会消费品零售总额增长13个百分点，主力作用明显。食品类、服装类和日用品消费持续快速增长，居住类商品继续热销。

3. 外贸出口恢复性增长。2010年，湖北省对外贸易形势进一步好转，进出口快速增长，贸易顺差扩大，外商直接投资和境外投资增势良好。全年进出口总值同比增长50%，实现贸易顺差同比增长9.1%。在人民币汇率预期升值、汇改重启以及国家取消部分商品出口退税政策等因素推动下，湖北省在实现出口贸易恢复性增长的同时，贸易方式和出口产品结构发生了较大变化，外商投资企业占据外贸出口主导地位，高新技术产品出口增长迅猛，对欧盟和美国出口大幅增长。上年外商撤资情况得以改变，2010年，湖北省外商直接投资新批项目同比增长14.2%，合同外资和实际利用外资同比分别增长36%和10.7%。

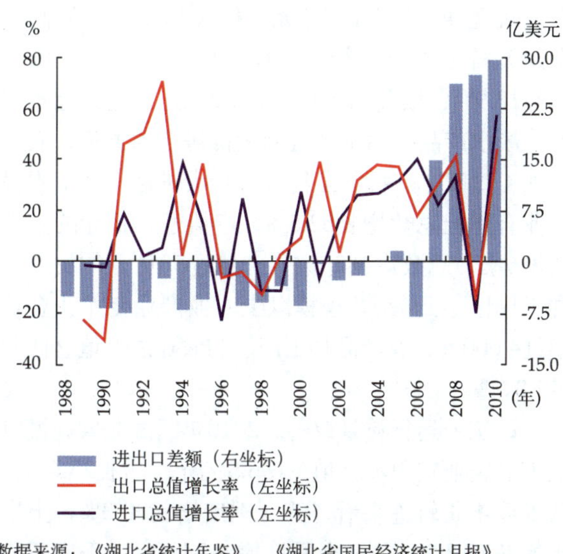

数据来源：《湖北省统计年鉴》、《湖北省国民经济统计月报》。

图8　1988～2010年湖北省外贸进出口变动情况

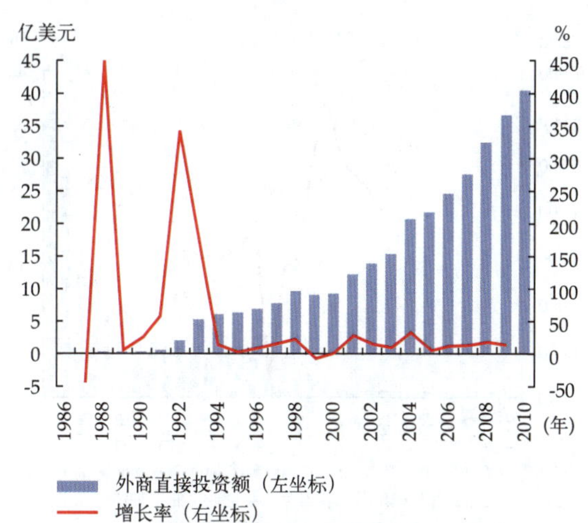

数据来源：《湖北省统计年鉴》、《湖北省国民经济统计月报》。

图9　1986～2010年湖北省外商直接投资情况

（二）三次产业产出增长加快，产业结构调整渐趋优化，工业化程度提高

随着新型工业化发展战略的实施以及承接产业转移步伐的加快，第二产业对全省经济增长的贡献率稳步提高。2010年，湖北省第一产业完成增加值2 147亿元，增长4.6%；第二产业完成增加值7 764.7亿元，增长21.1%；第三产业完成增加值5 894.4亿元，增长10.1%。

1. 农业产业化步伐加快。2010年，湖北省第一产业实现增加值2 147亿元，增长4.6%，增幅高于全国0.3个百分点。粮食播种面积为4 068千公顷，增长13.9%；粮食总产量为463.2亿斤，连续七年增产；淡水产品、油菜产量继续位居全国首位。农产品加工“四个一批”工程取得较大进展，全省农民专业合作社总数增长82.5%，产值过10亿元的企业新增6家，总数达到25家，产值过50亿元的农产品加工园区达到6家，规模以上农业产业化龙头企业超过4 000家，农产品加工产值与农业总产值之比超过1.3∶1。

2. 工业运行质量改善。2010年，湖北省规模以上工业企业实现增加值6 136.5亿元，增长23.6%。从工业增长轨迹来看，第一季度增长30.3%，上半年增长27.8%，前三个季度增长24%，逐季度回稳态势明显。从结构看，轻工业增长领先于重工业，全年轻工业实现增加值1 844亿元，增长25%，增速快于重工业1.9个百分点。产销衔接较好，全年工业产品销售率达97.5%。工业运行质量进一步改善，经济效益继续回升。全省规模以上工业企业利润总额较上年增长75%，亏损企业个数和亏损额分别下降11.5%和33.3%。

3. 第三产业增速高于全国平均水平。2010年，湖北省第三产业增加值增长10.1%，较全国平均水平高出0.6个百分点。第三产业中金融保险、批发和零售、住宿和餐饮、房地产、交通运输仓储和邮政业均保持稳定较快发展，分别增长6.7%、9.5%、11.1%、7.3%和10.6%。

（三）消费品价格总水平逐月拉升，食品价格上涨是主要推手，通货膨胀压力增大

2010年，湖北省居民消费价格总水平上涨2.9%，比上年上升3.3个百分点。工业品出厂价格总水平上涨4.9%，比上年上升9.3个百分点。全省原材料购进价格总水平上涨10.4%，比上年上升16.8个百分点。农业生产资料价格上涨1.9%，比上年上升6.6个百分点。全省最低工资标准平均增长28.9%。全年物价走势上半年涨势温和，下半年涨幅逐月扩大，11月突破5%，创近27个月以来的新高。其中，食品价格上涨5.8%，影响居民消费价格总水平上涨1.9个百分点，对CPI上涨的贡献率为66%，成为居民消费价格总水平上涨的主要推手。

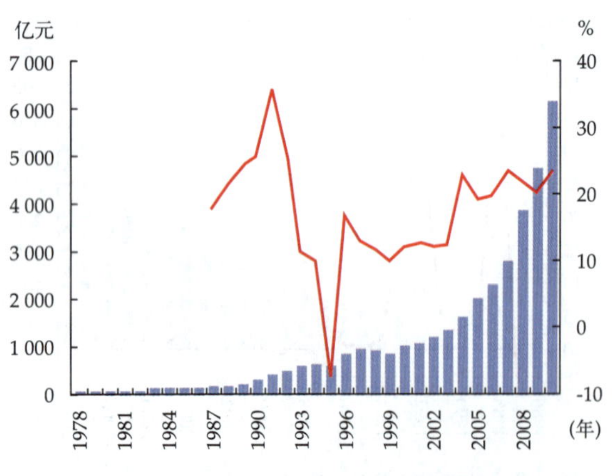

数据来源：《湖北省统计年鉴》、《湖北省国民经济统计月报》。

图10 1978～2010年湖北省工业增加值及其增长率

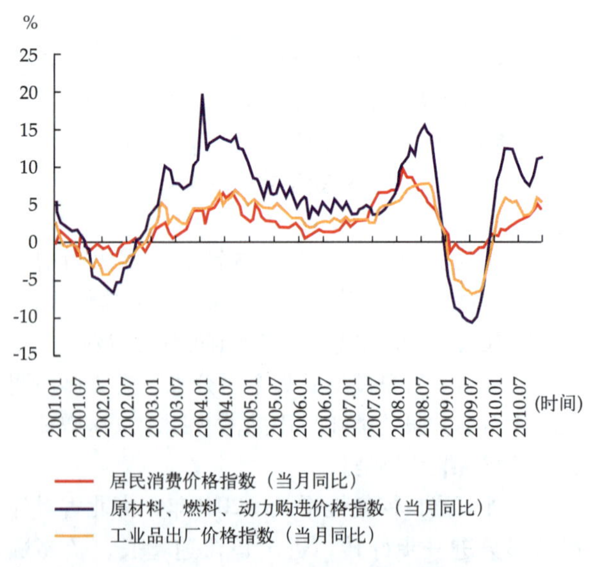

数据来源：《湖北省统计年鉴》、《湖北省国民经济统计月报》。

图11 2001～2010年湖北省居民消费价格和生产者价格变动趋势

（四）财政收支状况良好，结构变动显现，均衡性进一步增强

2010年，湖北省工业企业经济效益好转带动税收增长，非税收入逐步纳入预算内管理，财政收入质量进一步提升。全省财政收入同比增长24%，其中，地方税收收入同比增长26.3%，非税收入同比增长17.3%，企业所得税同比增长23.2%。税收收入占财政收入的比重为76.9%，较上年提高1.3个百分点。房地产市场的税收拉动效应显著，建筑业和房地产业完成营业税同比分别增长27.9%和29.2%，土地增值税、耕地占用税和契税分别增长73.8%、195.3%和46%。全省财政支出同比增长17.9%，医疗卫生和环境保护支出同比分别增长24.4%和29.3%。从全年支出执行进度看，预算执行的时效性和均衡性进一步增强。

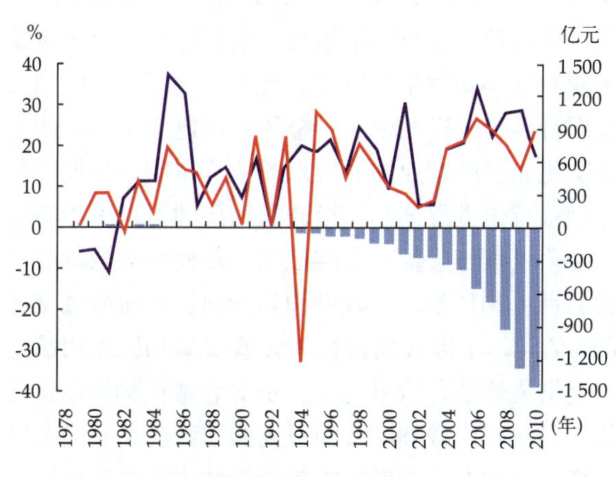

数据来源：《湖北省统计年鉴》、《湖北省国民经济统计月报》。

图12　1978～2010年湖北省财政收支状况

（五）节能减排力度加大，低碳试点工作进展顺利，加快向环境友好型、资源节约型转变

2010年，湖北省获批全国首批5个低碳试点省份之一。为全面落实节能减排目标责任制，加快向环境友好型、资源节约型城市转型，促进生产方式转变，重点水域污染防治工作进展顺利。全省化学需氧量和二氧化硫排放量分别下降1.16%和1.75%，超额完成了“十二五”和年度节能减排目标。加快淘汰落后产能，全年共关停12个行业70家企业（生产线），建成污水处理项目107个，基本实现县县建成污水处理厂的目标。建成城市生活垃圾无害化处理项目46个，20万千瓦级以上火力发电机组全部实现脱硫。六县（市）获得“国家首批绿色能源示范县”称号，总数居全国第二位。

（六）房地产政策调控执行力增强，投资投机性行为收敛，差别化住房信贷政策得以落实

2010年，受国家房地产政策调控的影响，湖北省房地产开发投资增速放缓，商品房销售面积和销售额增幅下降，房地产贷款增速逐月降低，保障住房建设力度加大，新开工房屋施工面积增长加快。

1. 房地产开发投资增速放缓。2010年，湖北省完成房地产开发投资同比增长34.8%，增速较上半年和第一季度分别下降9.1个和28个百分点。房地产开发投资全年呈高开低走逐月回落的趋势，与房地产政策的调控周期和预期方向基本保持一致。房地产销售面积增长29.3%，较上半年和第一季度分别回落16.2个和43.7个百分点。

2. 住房保障力度进一步加大。2010年，湖北省新增廉租住房4.4万套，新建公共租赁住房1.1万套，完成城市棚户区改造7.3万套，国有工矿棚户区改造5.9万户，农村危房改造6.1万户。全省金融机构努力创新金融服务，积极向符合贷款条件的保障性住房建设项目和个人购买保障性住房提供贷款支持。截至年末，全省金融机构共发放棚户区改造类贷款16.3亿元，全省经济适用房贷款余额同比增长60.4%。

3. 差别化住房信贷政策实施效应显现。有2010年4月起，湖北省金融机构实施了更为严格的差别化住房信贷政策，对房地产开发贷款普遍提高了审批要求，对房地产信贷产生了影响。全省金融机构各项房地产贷款余额同比增速自4月起逐月降低，年末同比增速为41.6%，较第一季度末和上半年分别下降9.4个和7.5个百分点。但全省房地产开发贷款余额和土地储备机构贷款余额同比增幅仍然较大。房地产调控政策对个人住房贷款影响较大，个人住房贷款增速从5月末的58.8%逐月下滑，到年末增速共减缓了20.8个百分点。

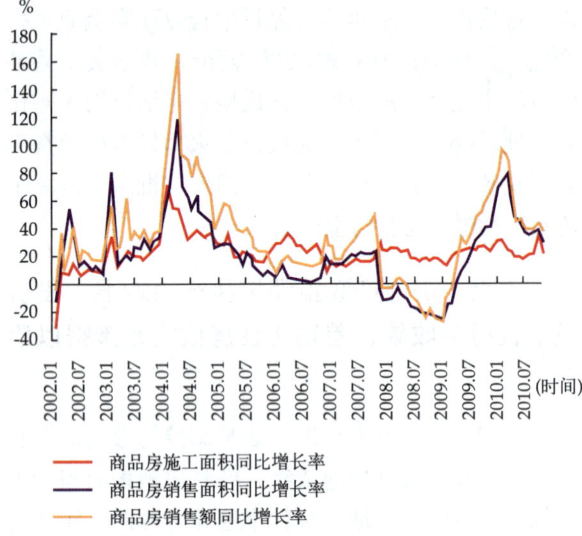

数据来源：《湖北省统计年鉴》、《湖北省国民经济统计月报》。

图13　2002～2010年湖北省商品房施工和销售变动趋势

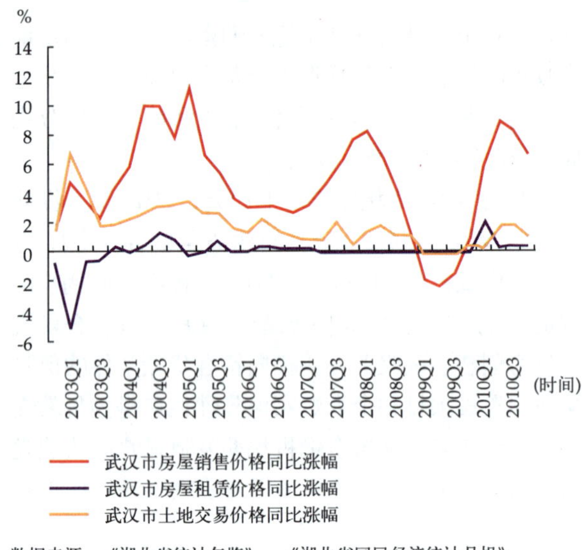

数据来源：《湖北省统计年鉴》、《湖北省国民经济统计月报》。

图14　2002～2010年湖北省主要城市房屋销售价格指数变动趋势

（七）加快实施“两圈一带”战略，培植新的经济增长极，不断增添金融支持新功能

武汉城市圈“两型”社会建设、鄂西生态文化旅游圈建设、湖北长江经济带新一轮开放开发，分别于2007年、2008年、2009年启动，构成了事关长远、覆盖全省的“两圈一带”总体发展战略，呈现多点支撑的经济增长极。

2010年，湖北省从完善规划、改革试点、体制创新、部省协作以及搭建投融资平台等方面着手，进一步推进总体战略的具体化和项目化，武汉城市圈五个一体化、城际铁路、鄂西十大核心景区、“一江两山”交通沿线生态景观等重点工程建设取得突破性进展，基本形成以“一主两副”为依托，以其他设区城市和县城、中心镇为基础的城镇化发展格局。2010年，武汉城市圈和鄂西生态文化旅游圈生产总值分别增长15%和15.7%，均高于湖北地区生产总值增速，占全省比重分别为60.6%和38.9%。

“两圈一带”金融改革与发展也取得明显进展。武汉同城电子支付系统扩大至圈内9市15家银行1 074个网点，武汉城市圈现代支付清算网络体系初具规模，“武汉城市圈形象卡”实现持卡提现和ATM取款收费的同城化。2010年，武汉城市圈金融机构各项贷款余额增幅高于全省增幅，年末贷款余额和全年新增贷款占全省比重均达75%。中国人民银行武汉分行积极引导金融机构建立适应鄂西生态文化旅游圈产业发展特点的信贷体制，举办“股份制银行走进恩施”座谈暨签约活动，探索旅游景点经营权抵押贷款、旅游设施收费权抵押贷款等信贷品种。2010年，金融机构累计向鄂西旅游圈贷款73.9亿元，中国人民银行为民族贸易和民族用品生产提供贷款贴息4 640万元。引导金融机构探索适合长江经济带岸线洲滩资源开发的信贷产品和产业链融资，组织全省金融机构与沿江城市政府签订银政协议469亿元，与经济带企业签订授信协议1 475亿元。2010年，长江经济带各项贷款余额较年初增加1 962亿元。

三、预测与展望

2011年是“十二五”规划的开局之年，也是深入落实科学发展观，巩固和扩大经济跨越式发展成果、加快转变经济发展方式的关键之年。总体来看，湖北省2011年的经济发展仍将沿着快速增长的轨道前行。

从经济运行情况看，尽管国际金融危机的后续影响还在持续，但世界经济2011年有望继续恢复增长，我国经济也将逐步由回升向好向稳定增长转变，为湖北经济发展创造较好的国际、国内环境。

经过“十一五”打基础、管长远的大建设，湖北省加快发展的基础条件明显改善，发展后劲进一步增强，经济发展的有利条件和积极因素不断增多，湖北经济有望在后金融危机时期快速进入稳定增长轨道，预计2011年全省地区生产总值增长10%。从投资看，尽管国家宏观调控政策的变化会对湖北固定资产投资增长带来一定影响，但长江经济带、东湖国家自主创新示范区等一批进入国家层面的重大战略和湖北核电、城际铁路、武汉新港、大东湖生态水网等一批重大项目的实施推进，将为湖北的固定资产投资提供有力支撑，固定资产投资的总体规模仍将保持稳定增长，预计全年增长20%。从消费看，随着国家收入分配体制改革的逐步推进，城乡居民的收入水平及购买力将稳步提高，居民消费总额仍将持续增加，预计2011年全省社会消费品零售总额增长16%。从物价走势看，国际市场主要大宗商品价格持续高位运行、经济加速复苏推动国内需求快速增长，都将对物价走势带来较大压力，2011年湖北省的物价水平仍将维持在高位，预计全年居民消费价格涨幅在4%左右。

从金融运行情况看，随着宏观经济持续向好发展，湖北省金融运行将保持平稳健康的总体态势。全省货币信贷将继续保持合理平稳增长，直接融资和民间融资较快发展，金融机构对“三农”、中小企业、民生领域、重点产业和项目、重点区域等关键领域和薄弱环节的金融支持将不断增强。东湖国家自主创新示范区科技金融创新稳步推进，武汉区域金融中心建设进一步加快，金融发展与经济增长、结构优化和产业升级的契合度将会进一步提升。

2011年，银行业金融机构将认真贯彻落实中央稳健的货币政策，按照总体稳健、调节有度、结构优化的要求，保持合理的社会融资规模和节奏，大力支持湖北经济发展方式转变和经济结构调整，切实维护湖北金融稳定，全面提升金融服务水平，促进湖北经济社会平稳较快发展。

中国人民银行武汉分行货币政策分析小组
负责人：殷兴山　林建华　杨成平
统　稿：易寿生　张　剑　刘克珍　严长松　田湘龙　吴楚平
执　笔：王　岗　胡红菊　熊川伟　潘　晶　周永胜　徐　冰　吴　莹　刘　源　李作峰
提供材料的还有：于玲先　杜蔚虹　胡小芳　陈　翔　刘　军　陈宏卫　刘　亮　熊艳春　胡云飞
张　朋　孙　妍　高晓波　潘　荣　涂德君　王　莉　刘　丽　王一飞

附录

（一）2010年湖北省经济金融大事记

1月25日，汉口银行重庆分行正式挂牌营业，这是湖北省法人金融机构在省外设立的第一家跨省异地分行。

1月31日，湖北省金融工作会议在武汉召开。会议提出，2010年要坚持“弯道超越”不松劲、创新求变不停步，努力开创金融工作新局面，在经济社会发展中推动湖北金融业大发展。

2月25日至4月16日，湖北省人民政府先后在孝感、鄂州、黄冈、随州等地举办金融支持湖北经济发展政银企签约仪式。

6月22日，湖北省跨境贸易人民币结算试点工作启动仪式在武汉举行，湖北省是中部唯一的试点省份。

7月11日，湖北省人民政府批转中国人民银行武汉分行《关于加强和改进金融服务支持全省经济社会发展意见的通知》。

8月25日，湖北省人民政府在襄樊市召开全省推进中小企业网络金融服务现场会。

9月28日至29日，中国农业银行“三农金融事业部”改革试点座谈会在湖北省钟祥市召开。

10月29日，由湖北省人民政府、中国人民银行、中国银监会、中国证监会、中国保监会、科技部和武汉市人民政府共同举办的“2010中国·武汉金融博览会暨中国中部（湖北）创业投资大会”在武汉开幕。

12月24日，中国银监会批复同意湖北省宜昌、荆州、黄石、襄樊、孝感五家城市商业银行合并重组，筹建湖北银行股份有限公司。

12月，中国人民银行决定在武汉设立ACS第二业务处理中心，该中心正式成立后，中国人民银行70%的会计业务将在武汉中心处理。

（二）2010年湖北省主要经济金融指标

表1 2010年湖北省主要存贷款指标

		1月	2月	3月	4月	5月	6月	7月	8月	9月	10月	11月	12月
本外币	金融机构各项存款余额（亿元）	18 529.4	18 933.0	19 540.2	19 631.2	19 810.7	20 365.5	20 346.7	20 827.2	21 244.6	21 027.7	21 393.8	21 769.0
	其中：城乡居民储蓄存款	8 417.6	9 094.7	9 255.1	9 156.5	9 163.8	9 457.0	9 403.4	9 420.9	9 711.9	9 491.6	9 629.8	9 851.3
	企业存款	6 069.7	5 895.6	6 225.1	6 199.3	6 310.1	6 451.2	6 429.3	6 560.6	6 678.2	6 592.6	6 747.6	6 856.9
	各项存款余额比上月增加（亿元）	851.4	403.6	607.2	91.1	179.5	554.7	-18.7	480.4	417.4	-216.9	366.1	375.2
	金融机构各项存款同比增长（%）	29.2	28.0	25.8	23.7	23.1	22.6	23.0	25.2	23.5	20.7	22.0	23.1
	金融机构各项贷款余额（亿元）	12 565.2	12 805.9	12 874.3	13 075.1	13 278.4	13 529.6	13 652.7	13 801.3	14 046.7	14 191.4	14 414.9	14 648.0
	其中：短期	3 814.7	3 879.0	3 762.8	3 682.6	3 672.2	3 764.5	3 754.3	3 753.5	3 885.8	3 943.5	4 045.0	4 232.7
	中长期	7 511.1	7 725.8	8 017.1	8 178.6	8 331.8	8 506.8	8 629.6	8 731.5	8 898.7	8 969.7	9 089.8	9 157.8
	票据融资	542.9	501.5	387.6	456.5	495.8	479.5	449.0	457.4	440.4	453.4	446.1	361.5
	各项贷款余额比上月增加（亿元）	508.1	240.7	68.3	200.9	203.3	251.2	123.1	148.6	245.4	144.7	223.5	233.1
	其中：短期	129.2	64.3	-116.2	-80.3	-10.4	92.3	-10.2	-0.8	132.4	57.6	101.5	187.6
	中长期	430.2	214.6	291.3	161.5	153.2	175.0	122.8	101.9	167.1	71.0	120.1	68.0
	票据融资	-57.7	-41.4	-113.9	68.9	39.3	-16.3	-30.4	8.3	-17.0	13.0	-7.3	-84.5
	金融机构各项贷款同比增长（%）	35.5	33.8	25.6	26.2	25.6	23.8	22.6	24.3	19.3	19.2	20.1	21.5
	其中：短期	18.4	20.7	11.0	9.1	8.3	7.8	7.0	5.6	7.4	7.4	9.7	15.4
	中长期	43.9	45.7	43.5	43.7	42.1	39.3	36.9	36.3	32.5	30.7	30.3	29.0
	票据融资	7.4	-31.8	-58.9	-51.9	-48.2	-51.0	-53.2	-40.3	-41.5	-33.1	-30.0	-39.8
	建筑业贷款余额（亿元）	369.0	376.6	381.2	385.5	396.0	410.3	415.4	428.3	430.8	442.3	449.6	454.5
	房地产业贷款余额（亿元）	824.3	861.9	870.5	896.2	905.2	934.7	946.3	965.3	988.9	988.8	1 010.2	1 029.3
	建筑业贷款同比增长（%）	36.3	35.5	31.3	32.0	32.6	27.2	21.9	25.4	24.9	27.8	28.7	31.4
	房地产业贷款同比增长（%）	40.3	37.8	30.2	31.9	30.2	29.6	28.2	30.0	32.8	33.5	36.6	36.8
人民币	金融机构各项存款余额（亿元）	18 350.1	18 748.1	19 362.6	19 455.0	19 634.2	20 175.0	20 157.1	20 634.1	21 056.8	20 853.3	21 206.4	21 568.3
	其中：城乡居民储蓄存款	8 359.1	9 035.6	9 195.7	9 099.1	9 105.3	9 398.9	9 345.9	9 364.8	9 657.0	9 437.9	9 576.7	9 798.0
	企业存款	5 964.6	5 788.0	6 125.4	6 102.1	6 221.7	6 351.3	6 329.7	6 455.4	6 581.3	6 505.5	6 647.5	6 742.2
	各项存款余额比上月增加（亿元）	844.3	397.9	614.5	92.4	179.2	540.8	-17.9	477.0	422.7	-203.5	353.1	361.9
	其中：城乡居民储蓄存款	195.6	676.6	160.0	-96.5	6.2	293.5	-52.9	18.9	292.2	-219.1	138.8	221.3
	企业存款	403.9	-176.6	337.4	-23.2	119.5	129.6	-21.6	125.6	126.0	-67.6	142.0	94.7
	各项存款同比增长（%）	29.2	27.9	25.9	23.7	23.1	22.5	23.0	25.2	23.5	20.9	22.2	23.2
	其中：城乡居民储蓄存款	13.0	19.8	18.9	17.8	17.1	19.2	18.9	19.4	20.4	18.5	19.7	20.0
	企业存款	35.9	26.8	24.5	19.1	19.4	14.5	15.7	16.9	17.4	13.4	17.5	17.9
	金融机构各项贷款余额（亿元）	12 171.1	12 403.8	12 464.1	12 650.8	12 800.2	13 055.8	13 181.4	13 317.9	13 566.8	13 714.3	13 938.2	14 170.9
	其中：个人消费贷款	1 426.6	1 454.3	1 511.9	1 563.2	1 623.8	1 667.2	1 695.3	1 720.9	1 758.4	1 792.3	1 836.8	1 854.1
	票据融资	542.9	501.5	387.6	456.5	495.8	479.5	449.0	457.4	440.4	453.4	446.1	361.5
	各项贷款余额比上月增加（亿元）	511.7	232.8	60.2	186.7	149.4	255.6	125.6	136.6	248.9	147.5	223.9	232.7
	其中：个人消费贷款	77.0	27.7	70.9	51.2	60.6	43.5	28.0	25.6	37.5	33.9	44.5	17.2
	票据融资	-57.7	-41.4	-113.9	68.9	39.3	-16.4	-30.4	8.3	-17.0	13.0	-7.3	-84.5
	金融机构各项贷款同比增长（%）	35.4	33.2	24.6	25.1	24.1	22.4	21.9	23.8	18.8	18.8	19.8	21.5
	其中：个人消费贷款	53.7	56.6	56.2	59.5	60.3	57.4	55.2	51.7	49.7	48.3	45.5	42.5
	票据融资	7.4	-31.8	-58.9	-51.8	-48.2	-51.0	-53.2	-40.3	-41.5	-33.1	-30.0	-39.8
外币	金融机构外币存款余额（亿美元）	26.3	27.1	26.0	25.8	25.9	28.0	28.0	28.3	28.0	26.1	28.1	30.3
	金融机构外币存款同比增长（%）	25.5	30.6	22.9	24.1	23.5	31.2	21.6	24.9	25.8	11.2	11.3	20.2
	金融机构外币贷款余额（亿美元）	57.7	58.9	60.1	62.2	70.0	69.8	69.6	71.0	71.6	71.3	71.4	72.0
	金融机构外币贷款同比增长（%）	40.9	54.6	65.4	72.0	88.7	80.9	44.9	40.7	38.6	35.6	33.2	23.7

数据来源：中国人民银行武汉分行。

表2　2001～2010年湖北省各类价格指数

单位:%

年/月	居民消费价格指数		农业生产资料价格指数		原材料购进价格指数		工业品出厂价格指数		武汉市房屋销售价格指数	武汉市房屋租赁价格指数	武汉市土地交易价格指数
	当月同比	累计同比	当月同比	累计同比	当月同比	累计同比	当月同比	累计同比	当季(年)同比	当季(年)同比	当季(年)同比
2001	—	-1.0	—	-2.6	—	5.8	—	3.1	—	—	—
2002	—	0.3	—	0.7	—	-4.8	—	-2.7	—	—	—
2003	—	2.2	—	0.8	—	8.2	—	3.5	4.5	0.4	1.9
2004	—	4.9	—	11.3	—	13.1	—	5.7	7.8	0.9	3.1
2005	—	2.9	—	15.1	—	7.0	—	4.5	6.5	0.6	5.0
2006	—	1.6	—	1.4	—	4.9	—	2.9	3.0	0.5	0.8
2007	—	4.8	—	8.0	—	4.5	—	3.9	5.7	0.6	4.1
2008	—	6.3	—	27.2	—	10.9	—	6.1	0.7	0.1	0.1
2009	—	-0.4	—	-1.1	—	-6.6	—	-4.4	-1.1	0.0	-0.1
2010	—	2.9	—	1.9	—	10.4	—	4.9	7.3	0.5	1.7
2009 1	1.2	1.2	13.6	13.6	-3.9	-3.9	-1.8	-1.8	—	—	—
2	-1.0	0.1	11.0	12.3	-6.0	-5.0	-2.2	-2.0	—	—	—
3	-0.3	0.0	1.1	8.3	-8.7	-6.2	-4.9	-3.0	-1.8	0.0	-0.3
4	-0.7	-0.2	-3.2	5.2	-9.2	-6.9	-5.1	-3.5	—	—	—
5	-1.0	-0.4	-5.9	2.9	-10.1	-7.6	-6.0	-4.0	—	—	—
6	-1.3	-0.5	-8.5	0.8	-10.5	-8.1	-6.2	-4.4	-2.2	0.0	-0.2
7	-1.5	-0.7	-11.1	-1.0	-10.7	-8.4	-6.8	-4.7	—	—	—
8	-1.2	-0.7	-11.7	-2.5	-10.0	-8.6	-6.2	-4.9	—	—	—
9	-0.6	-0.7	-10.8	-3.4	-8.4	-8.6	-6.6	-5.1	-1.4	0.0	-0.2
10	-0.5	-0.7	-10.4	-4.2	-5.3	-8.3	-5.1	-5.1	—	—	—
11	0.4	-0.6	-7.7	-4.5	-1.1	-7.6	-2.6	-4.9	—	—	—
12	1.5	-0.4	1.0	-1.1	4.4	-6.6	0.2	-4.4	0.9	0.0	0.5
2010 1	1.0	1.0	-5.0	-5.0	8.6	8.6	3.3	3.3	3.9	—	—
2	1.7	1.3	-4.6	-4.8	10.0	9.3	4.6	4.0	4.9	—	—
3	1.6	1.4	-1.0	-4.6	12.7	10.4	6.0	4.6	6.1	0.4	2.0
4	2.0	1.6	-0.1	-2.8	12.4	10.9	5.6	4.9	7.6	—	—
5	2.4	1.7	-0.1	-2.8	12.4	11.2	5.4	5.0	8.7	—	—
6	2.6	1.9	2.3	-1.3	11.1	11.2	5.5	5.1	8.8	0.4	1.7
7	3.1	2.1	2.9	-0.7	9.5	11.0	4.8	5.0	8.7	—	—
8	3.4	2.2	3.3	-0.2	8.5	10.7	3.5	4.8	8.3	—	—
9	3.5	2.4	3.4	4.0	7.7	10.3	3.7	4.7	8.2	0.5	1.9
10	4.1	2.5	5.4	0.7	9.2	10.2	4.4	4.7	8.3	—	—
11	5.1	2.8	7.9	1.4	11.2	10.3	5.8	4.8	7.8	—	—
12	4.5	2.9	8.0	1.9	11.3	10.4	5.7	4.9	6.6	0.5	1.0

数据来源：《中国经济景气月报》。

表3　2010年湖北省主要经济指标

	1月	2月	3月	4月	5月	6月	7月	8月	9月	10月	11月	12月
绝对值（自年初累计）												
地区生产总值(亿元)	—	—	2 934.4	—	—	6 896.7	—	—	11 094.0	—	—	15 806.1
第一产业	—	—	274.4	—	—	589.1	—	—	1 422.9	—	—	2 147.0
第二产业	—	—	1 494.0	—	—	3 427.1	—	—	5 365.6	—	—	7 764.7
第三产业	—	—	1 166.0	—	—	2 880.4	—	—	4 305.6	—	—	5 894.4
工业增加值(亿元)	431.10	789.3	1 304.8	1 686.0	2 221.8	2 772.60	3 264.1	3 748.0	4 277.40	4 844.1	5 452.5	6 136.5
城镇固定资产投资(亿元)	—	495.0	1 434.5	2 204.6	3 075.0	4 534.8	5 271.8	6 032.7	6 957.7	7 668.1	8 539.1	9 934.7
房地产开发投资	—	78.7	245.0	336.5	447.0	660.1	760.8	893.0	1 093.0	1 209.4	1 342.8	1 618.2
社会消费品零售总额(亿元)	—	1 095.1	1 566.1	2 062.1	2 601.9	3 131.9	3 629.8	4 146.4	4 733.5	5 360.7	5 988.5	6 719.4
外贸进出口总额(亿美元)	18.2	32.2	52.8	72.0	95.4	118.5	141.3	162.2	185.8	208.0	233.4	259.1
进口	7.2	12.2	22.5	31.8	42.3	51.5	62.1	70.4	81.8	92.1	103.4	114.7
出口	11.0	20.0	30.3	40.2	53.1	60.0	79.3	91.8	103.9	115.9	130.0	144.4
进出口差额(出口−进口)	3.9	7.8	7.8	8.4	10.8	8.5	17.2	21.5	22.1	23.8	26.6	29.8
外商实际直接投资(万美元)	37 700.0	60 900.0	102 700.0	155 300.0	157 300.0	207 200.0	234 800.0	259 600.0	298 000.0	329 600.0	371 600.0	405 000.0
地方财政收支差额(亿元)	-11.3	-29.6	-84.4	-137.0	-207.1	-294.5	-360.3	-425.4	-615.1	-963.3	-1 146.8	-1 454.0
地方财政收入	74.5	141.4	229.6	310.6	387.7	480.5	566.8	645.5	738.2	823.5	900.6	1 011.2
地方财政支出	85.8	171.0	314.0	447.6	594.7	775.0	927.1	1 070.9	1 353.3	1 786.8	2 047.5	2 465.2
城镇登记失业率(%)（季度）	—	—	4.2	—	—	4.2	—	—	4.2	—	—	4.2
同比累计增长率（%）												
地区生产总值	—	—	15.9	—	—	15.7	—	—	14.9	—	—	14.8
第一产业	—	—	4.8	—	—	4.4	—	—	4.3	—	—	4.6
第二产业	—	—	21.3	—	—	21.8	—	—	21.4	—	—	21.1
第三产业	—	—	12.2	—	—	10.9	—	—	10.3	—	—	10.1
工业增加值	43.8	32.2	30.3	29.5	28.4	27.8	25.5	24.5	24.0	24.0	23.8	23.6
城镇固定资产投资	—	39.2	37.5	36.1	36.2	36	34.8	34.5	34	33.3	33	31.3
房地产开发投资	—	57.7	62.8	55.1	52.6	43.9	38.6	34.4	37.5	37.4	38.8	34.8
社会消费品零售总额	—	18.5	18.1	18.3	18.4	18.5	18.5	18.7	18.8	18.8	18.9	19.0
外贸进出口总额	47.6	40.0	42.9	42.1	49.8	53.8	54.6	53.3	51.4	52.2	51.7	50.2
进口	55.9	28.4	41.9	43.2	50.6	52.8	55.2	54.7	55.0	58.5	59.4	57.7
出口	42.6	48.1	43.6	41.2	49.2	54.5	54.0	52.2	48.7	47.5	46.0	44.7
外商实际直接投资	6.5	2.1	14.7	9.4	11.2	14.5	13.9	15.1	16.6	13.9	11.7	10.7
地方财政收入	12.6	18.7	23.5	23.6	22.6	20.6	22.6	24	26.3	26.5	26.7	24.1
地方财政支出	-48.6	-31.7	-11.9	-12.7	-2.2	1.1	5.8	10.1	22.1	44.2	48.3	17.9

数据来源：《湖北省国民经济统计月报》。

2010年湖南省金融运行报告

中国人民银行长沙中心支行货币政策分析小组

[内容摘要] 2010年，湖南省金融业积极应对复杂多变的经济形势，努力克服金融危机的影响，紧紧围绕省委、省政府“四化两型①”战略，认真贯彻落实各项宏观调控政策，全年保持良好发展态势，为地方经济发展提供了有力支撑。银行业规模持续扩大，改革有序推进，效益稳步提升，信贷运行回归常态；证券业稳健发展，直接融资创新高；保险业保费收入稳步增长，保障功能增强。全省经济实力再上新台阶，地区生产总值突破1.5万亿元，增长14.5%；经济增长方式逐步转变，消费拉动作用加大；产业结构明显优化，先进装备制造、文化创意等战略性新兴产业发展较快；能耗水平稳步下降，民生逐步改善。2011年湖南省将继续着力转变经济发展方式，积极推动自主创新，加快城乡统筹发展步伐，深化长株潭实验区建设，综合运用多种手段稳定物价水平，力促全省经济又好又快发展，奋力开创“十二五”发展新局面。

一、金融运行情况

2010年，湖南省金融业平稳较快发展，机构体系不断完善，市场功能有所强化，金融生态继续优化，发展协调性与可持续性进一步增强。

（一）银行业经营稳健，信贷运行回归常态

1. 银行机构实力增强，市场竞争更趋充分。2010年，全省银行业机构资产规模同比增长17%，实现盈利同比增加46.8亿元，不良贷款余额与不良率分别比年初下降64.5亿元和1.8个百分点。地方法人金融机构资本充足率和拨备覆盖率整体上升，发展后劲增强。银行业竞争度与开放度加强，年内4家商业银行在长沙设立分行，两家外资银行长沙分行获准筹建。村镇银行新增4家，小额贷款公司发展迅猛，新增38家，农村金融竞争格局有所完善（见表1）。

表1　2010年湖南省银行业金融机构情况

机构类别	营业网点[①]			法人机构（个）
	机构个数（个）	从业人数（人）	资产总额（亿元）	
一、大型商业银行[②]	2 365	49 245	9 480.7	0
二、国家开发银行及政策性银行[③]	116	3 279	2 469.8	0
三、股份制商业银行[④]	109	4 214	2 258.2	0
四、城市商业银行	206	5 267	1 449.3	2
五、城市信用社	0	0	0	0
六、农村合作机构[⑤]	4 048	36 238	3 240.4	123
七、财务公司	2	45	32.2	2
八、邮政储蓄银行	2 034	6 586	1 396.2	0
九、外资银行	1	28	16.9	0
十、农村新型机构[⑥]	14	258	38.6	9
合　计	8 895	105 160	20 409.2	136

注：①不包括国家开发银行和政策性银行、大型商业银行、股份制银行等金融机构总部数据。
②包括中国工商银行、中国农业银行、中国银行、中国建设银行和交通银行。
③包括国家开发银行、中国农业发展银行和中国进出口银行。
④包括中信银行、中国光大银行、华夏银行、广东发展银行、深圳发展银行、招商银行、上海浦东发展银行、兴业银行、中国民生银行、恒丰银行、浙商银行和渤海银行。
⑤包括农村信用社、农村合作银行和农村商业银行。
⑥包括村镇银行、贷款公司和农村资金互助社。
数据来源：中国人民银行长沙中心支行、湖南银监局。

2. 存款增速逐步走低，同比大幅少增。2010年，全省金融机构存款增速逐季度走低，年末本外币存款增长18.6%，分别较上年同期和1月的年内高点下降9.2个和7.8个百分点（见图1）。全年存款新增同比减少436.2亿元，其中，企业存款同比少增574亿元，主要是贷款同比少增以及实贷实付制度导致

① “四化两型”指新型工业化、农业现代化、新型城镇化和信息化，环境友好型和资源节约型。

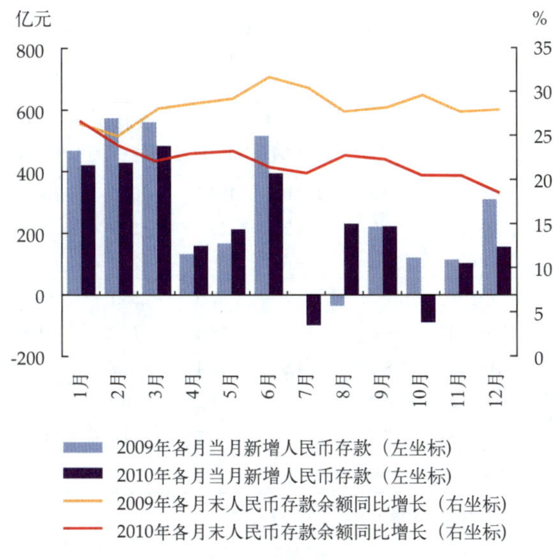

数据来源：中国人民银行长沙中心支行。

图1 2010年湖南省金融机构人民币存款增长变化

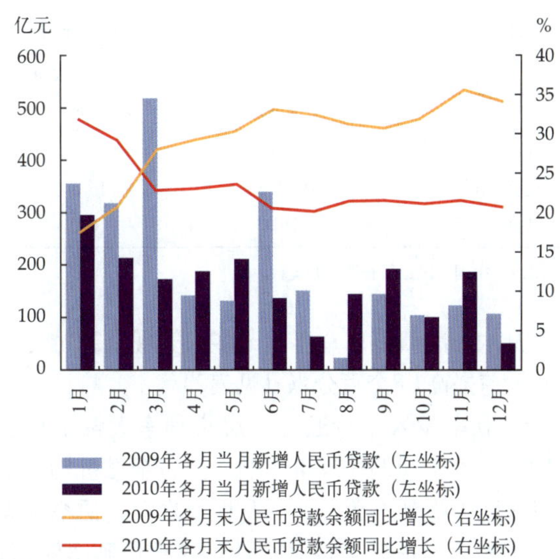

数据来源：中国人民银行长沙中心支行。

图2 2010年湖南省金融机构人民币贷款增长变化

派生存款减少。受物价持续上涨、居民储蓄意愿下降等因素的影响，储蓄存款增速有所下降。存款活期化趋势缓和，新增活期存款占比较上年下降5.5个百分点。由于外贸呈恢复性增长，企业单位外汇存款大幅多增，带动外币存款同比多增2亿美元。

3. 信贷增长回归常态，节奏均衡、结构优化。2010年，全省金融机构本外币贷款增长21%，同比回落14.5个百分点。第一至第四季度贷款增量之比为3.5：2.6：2.1：1.8，节奏趋于平衡（见图2、图3）。分机构看，法人金融机构新增贷款占比同比上升4个百分点，全国性大型银行占比下降4.4个百分点。分期限看，中长期贷款同比少增较多，主要是政府融资平台贷款、“两高一剩”行业贷款大幅少增所致；短期贷款保持多增态势，为企业生产经营性资金提供了有力支持。由于进出口规模大幅增长带来贸易融资需求增加，加之人民币升值预期与外币贷款利率较低等因素，外币贷款增速继续保持高位，全年增长31.5%。

信贷资源配置进一步优化。基础设施建设、支柱产业与薄弱环节贷款得到重点保障，全年重大基础设施贷款增速高出贷款平均增速11.1个百分点；制造业贷款、小企业贷款分别同比多增144.6亿元和171亿元；县域新增贷款占全部新增贷款的23.5%，同比提高3.4个百分点；农、林、牧、渔业贷款增速达47.9%。重点调控领域贷款有效控制，全年“两高一剩”行业贷款同比少增126.1亿元，政府融资平台贷款同比少增474.7亿元。

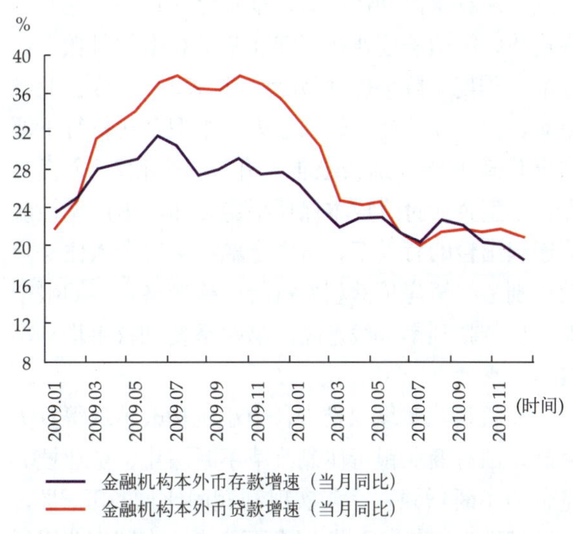

数据来源：中国人民银行长沙中心支行。

图3 2009～2010年湖南省金融机构本外币存、贷款增速变化

4. 现金收支同步快速增长，整体呈净回笼态势。随着经济继续回升向好，社会经济活动进一步活跃，商品销售收入、储蓄收入，储蓄支出、产品采购支出等大幅上升，拉动全省金融机构现金收支大幅增长。全年金融机构累计现金收入和支出同比增速分别较上年提高5个百分点。除1月、2月、9月、12月受节假日因素影响，现金呈净投放外，其

表2 2010年湖南省金融机构现金收支情况表

单位：亿元、%

	年累计额	同比增速
现金收入	34 903.7	15.9
现金支出	34 541.8	16.1
现金净支出	-361.9	6.5

数据来源：中国人民银行长沙中心支行。

余各月均为净回笼，全年同比多回笼现金22亿元，同比增速提高1.8个百分点（见表2）。

5. 利率步入上行通道，房贷利率大幅上扬。2010年，受宏观调控政策影响，全省金融机构贷款利率呈稳中趋升态势，1～4月稳步攀升，后窄幅震荡，年末大幅提升，12月贷款加权平均利率较1月上升62个基点。分期限看，由于中长期贷款大幅压缩，供需矛盾突出，中长期限贷款利率升幅明显，其中，3～5年期贷款12月加权利率较1月上升114个基点。从利率浮动情况看，全年浮动重心呈逐步上移趋势，第四季度执行下浮和基准利率的贷款占比较第一季度下降8.4个百分点（见表3）。分企业类型看，由于议价能力较强，大、中型企业执行下浮利率贷款占比分别较上年上升15.1个和2.1个百分点，小型企业付息成本保持平稳。在房地产调控政策连续出台的背景下，省内金融机构对个人住房贷款特别是二套房贷款利率执行更趋严格，各期限个人住房贷款利率全线走高，第四季度加权平均利率较第一季度上升80个基点。

6. 机构改革纵深推进，中小机构改革取得重大突破。国有商业银行体制改革不断深化，企业核心竞争力不断增强，全年实现利润同比增长32.3%，不良贷款率较年初下降0.4个百分点。中国农业银行以“三农金融事业部”改革为契机，不断完善“三农”金融服务。地方中小金融机构改革成效显著，引入华融资产管理公司为战略投资者，原“四行一社”重组成立华融湘江银行。121家农村合作金融机构票据兑付全部完成，4家改组为农村商业银行，支农实力进一步增强。

表3 2010年湖南省金融机构各利率浮动区间贷款占比表

单位：%

		合计	国有商业银行	股份制商业银行	区域性商业银行	城乡信用社
合计		100.0	100.0	100.0	100.0	100.0
[0.9～1.0)		23.9	34.7	28.6	16.7	0.6
1.0		38.4	49.6	38.9	25.2	0.8
上浮水平	小计	37.7	15.7	32.5	58.1	98.6
	(1.0～1.1]	9.6	10.5	18.4	15.2	0.6
	(1.1～1.3]	8.3	4.8	12.4	31.7	4.5
	(1.3～1.5]	6.0	0.3	1.2	10.2	23.8
	(1.5～2.0]	7.8	0	0.5	1.1	40.6
	2.0以上	6.0	0	0	0	29.1

数据来源：中国人民银行长沙中心支行。

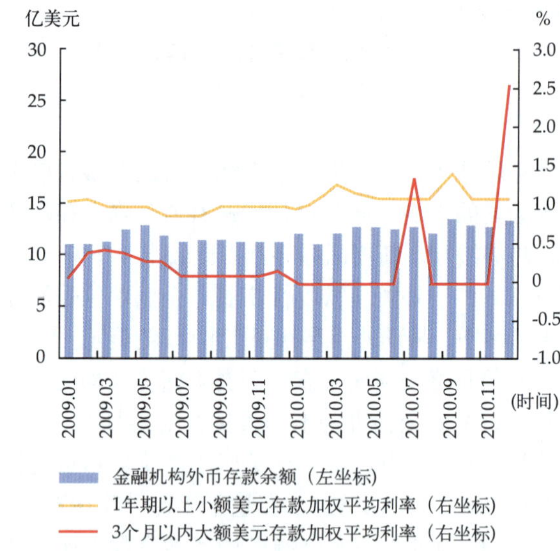

数据来源：中国人民银行长沙中心支行。

图4 2009～2010年湖南省金融机构外币存款余额及外币存款利率

专栏1 宏观调控背景下基层商业银行经营新特点

2010年，国家继续实施适度宽松的货币政策，按照“总量适度、节奏均衡、结构优化、风险可控”的要求，陆续出台了信贷规模调控，房地产市场、地方政府融资平台和落后产能等领域的宏观调控政策，同时金融监管部门加强了对“三个办法一个指引”等信贷新规落实情况的督导。在此背景下，基层商业银行的经营行为呈现出新的特征。

资金管理更加精细。银行机构按照贷款规模按季度到月调控的要求，主动加强与信贷管理部门和下级行的沟通协调，在资金规划管理方面尽量做到早规划、早预算，确保了信贷投放均衡适度。2010年四个季度贷款新增比例调整为“3.5：2.6：2.1：1.8”，贷款单月新增基本保持平稳。按照“三个办法一个指引”的要求，银行机构积极采取措施加强贷款发放管理，要求借款人严格按项目进度提取贷款，提高了资金使用效率，确保信贷资金有效进入实体经济。据调查，2010年全省银行机构企业客户滞留银行的贷款占比由上年同期的35%下降到15%左右。

信贷结构调整力度加大。2010年，银行机构按照“有扶有控”的原则，加大了对融资平台贷款、住房贷款、“两高一剩”行业贷款的管理。对融资平台公司贷款普遍实行名单制管理，根据公司资质等区别对待，对于主要依靠财政性资金的公益性在建项目，不再发放新的贷款，对确实符合放贷条件的继续予以支持。房地产开发贷款方面，部分行按其总行支持名单发放，部分行按季度开展压力测试，加强房地产信贷风险管理。在“两高一剩”行业贷款方面，部分行实行限额控制，部分行要求产能过剩行业贷款余额不得突破上年年末该行业贷款余额。

票据业务出现新变化。一是为了充分利用贷款规模，各行加大票据贴现压缩力度。全年票据融资负增长195.6亿元。二是为提高资金周转效率，各行票据交易趋于短期化。据监测，2010年银行机构3个月以内票据回购式转贴现交易占全部回购式转贴现交易的64.6%，同比上升33.8个百分点。三是承兑保证金比例要求提高，一方面是为了压缩风险敞口，同时也以此作为增加存款的渠道。四是再贴现需求明显增强。虽然全省银行机构流动性整体充裕，但机构间和单个机构阶段性的流动性不平衡较为突出，全省再贴现业务需求猛增。2010年全省人民银行累计办理再贴现76.9亿元，同比增加76.4亿元。

其他融资行为较为活跃。在贷款规模有所缩小的情况下，银行机构通过向省外金融机构转卖贷款（包括票据）、总行直贷和委托理财、信托产品等银信业务以及其他多种方式，加大对地方经济的支持。据调查，2010年全省银行机构通过上述方式融资发生额同比增长了25.6%。

（二）证券业持续稳步发展，股权融资创新高

1. 证券机构持续稳步发展，期货业发展提速。2010年，全省证券机构数量、资产规模及盈利水平稳步增长。全省证券营业部增加24家，其中，A类公司营业部占比上升至60%；3家法人证券公司净资产同比增长12.9%，全年实现利润17.9亿元。全省4家期货公司净资产、净利润分别同比增长25.1%和59.4%；期货经营机构成交额同比增长104%，棉花、菜籽油、早籼稻等农产品期货交易发展较快，期货市场服务“三农”成效显著。

2. 股权融资创新高，上市公司质量稳步提升。2010年，全省19家企业实现股权融资339.6亿元，增长26.3%，其中，12家首发上市融资216.2亿元（见表4）。上市公司规模扩大，效益不断提升，截至2010年第三季度末，A股上市公司平均总资产同比增长17.5%；平均净利润同比增长83%。新兴产业类上市公司表现突出，截至第三季度末公司平均每股收益比全省平均水平高22%。

表4　2010年湖南省证券业基本情况表

项目	数量
总部设在辖内的证券公司数（家）	3
总部设在辖内的基金公司数（家）	0
总部设在辖内的期货公司数（家）	4
年末国内上市公司数（家）	63
当年国内股票（A股）筹资（亿元）	228.1
当年发行H股筹资（亿元）	111.5
当年国内债券筹资（亿元）	308.0
其中：短期融资券筹资额（亿元）	93.0

数据来源：湖南证监局、中国人民银行长沙中心支行。

（三）保险业发展较快，保障功能增强

截至2010年年末，全省共有省级保险分公司39家，公司资产总额为881.4亿元，同比增长26.6%。全年保险业实现保费收入438.5亿元，同比增长25.9%，其中，财产险增长33.1%，人身险增长23.7%。全年各项赔付支出82.9亿元，其中，农业保险赔付支出6.5亿元，108.3万农户受益。保险深

度为2.9%，比上年提高0.2个百分点，保险密度为626元，比上年增加117元（见表5）。创新业务有效拓展，环境污染责任保险试点由长株潭拓展到全省各市州，非金属矿物制品业、废弃资源废旧材料回收加工业等行业2010年首次投保；高危行业安全生产责任险试点稳步推进，目前长沙市区基本实现了应保尽保。

表5　2010年湖南省保险业基本情况表

项目	数量
总部设在辖内的保险公司数（家）	0
其中：财产险经营主体（家）	0
寿险经营主体（家）	0
保险公司分支机构（家）	39
其中：财产险公司分支机构（家）	20
寿险公司分支机构（家）	19
保费收入（中外资，亿元）	438.5
其中：财产险保费收入（中外资，亿元）	105.8
人身险保费收入（中外资，亿元）	332.7
各类赔款给付（中外资，亿元）	82.9
保险密度（元/人）	626
保险深度（%）	2.9

数据来源：湖南保监局。

（四）融资结构继续改善，货币市场交易平稳

1. 直接融资比重显著上升，融资方式呈多元化态势。2010年，全省非金融机构融资结构继续优化，直接融资占比提高7.3个百分点，其中，债券和股权融资占比分别上升3.4个和3.9个百分点。债券融资中，11家企业注册发行短期融资券和中期票据166亿元，发行企业家数和融资规模创历年新高；9家企业发行企业债142亿元，同比增长21.6%（见表6）。

2.票据承兑较快增长，贴现业务大幅萎缩。2010年，全省金融机构票据承兑业务较为活跃，银行承兑汇票承兑余额与发生额同比增长11.6%和43%。票据贴现大幅萎缩，余额同比下降195.6亿元（见表7）。票据贴现利率稳步走高，第四季度较第一季度上升了1.7个百分点，转贴现利率同步上行（见表8）。根据形势需要，中国人民银行长沙中心支行适时重启再贴现业务，确保金融机构流动性需要，引导其加大对中小企业与“三农”的支持，截至年末全省再贴现余额为36.8亿元。

表6　2001～2010年湖南省非金融机构融资结构表

单位：亿元、%

年份	融资量	比重		
		贷款	债券（含可转债）	股票
2001	454.4	81.9	11.3	6.8
2002	492.0	86.3	7.6	6.1
2003	646.2	91.2	5.8	3.0
2004	636.1	86.9	8.1	5.0
2005	564.5	96.0	3.6	0.4
2006	796.2	81.8	11.9	6.4
2007	1 058.7	84.4	6.1	9.5
2008	1 461.9	87.9	8.2	3.9
2009	3 047.3	82.9	8.2	8.9
2010	2 652.2	75.6	11.6	12.8

数据来源：中国人民银行长沙中心支行。

表7　2010年湖南省金融机构票据业务量统计表

单位：亿元

季度	银行承兑汇票承兑		贴现			
			银行承兑汇票		商业承兑汇票	
	余额	累计发生额	余额	累计发生额	余额	累计发生额
1	668.7	395.8	301.8	519.5	5.4	2.0
2	620.2	1 010.9	322.2	1 229.5	5.0	3.8
3	694.8	1 530.7	265.7	2 012.9	4.6	8.1
4	710.9	2 244.4	190.5	2 860.6	8.1	13.1

数据来源：中国人民银行长沙中心支行。

表8　2010年湖南省金融机构票据贴现、转贴现利率表

单位：%

季度	贴现		转贴现	
	银行承兑汇票	商业承兑汇票	票据买断	票据回购
1	3.25	4.41	2.73	2.85
2	3.65	4.10	2.98	3.15
3	4.05	4.68	3.36	3.12
4	4.96	4.85	3.85	3.89

数据来源：中国人民银行长沙中心支行。

（五）征信系统建设与运用深化，金融生态环境与金融基础设施进一步改善

征信系统建设与运用进一步深化。2010年，湖南省继续优化征信系统建设与服务，进一步深化中小企业和农村信用体系建设，截至2010年年末，中国人民银行企业和个人征信系统信息覆盖量分别比上年增长3.9%和24.4%；累计建立中小企业信用档案5.2万户，帮助3 108户企业累计融资580.1亿元；

累计建立农户信用档案546万户。

金融生态环境建设扎实推进。中国人民银行长沙中心支行牵头组织对全省88个县进行了金融生态整体评估，分市（州）发布评估报告，县域金融生态评估工作取得了突破性进展。金融安全区创建工作有序推进，截至年末，全省共有省级金融安全区11个，市级金融安全区34个。

金融基础设施进一步夯实。以金融标准IC卡为重点，非支付工具使用大力推进，截至年末，全省已发卡20余万张，布放非接触式受理终端1万台。全省农村地区新增特约商户1万户、ATM 653台、POS机及电话支付终端2.8万台，农民取款、支付更加便捷。

二、经济运行情况

2010年，湖南省大力推进“四化两型”建设，经济实力再上新台阶，发展方式不断转变，产业结构持续优化，能耗水平稳步下降，民生进一步改善。全省地区生产总值突破1.5万亿元，增长14.5%，同比提高0.8个百分点（见图5）。

（一）三大需求趋于协调，经济增长方式得到优化

2010年，全省投资、消费、净出口对经济增长的贡献率分别由上年的64%、40.2%和-4.2%调整为56.8%、46.3%和-3.1%，消费拉动作用进一步凸显。

1. 投资增速高位回稳，民间投资增长强劲。2010年，受应对危机超常规刺激政策的逐步退出以及上年基数较高等因素的影响，全省全社会固定资产投资增长27.6%，同比回落8.6个百分点（见图6）。制造业得到重点支持，占城镇固定资产投资比重达32.8%，通信设备、计算机及其他电子设备制造业投资增长1倍以上，高新技术产业投资、技术改造投资占比分别较上年提高0.5个和1.2个百分点。从资金来源看，自筹资金大幅增长34.2%，企业自主投资能力增强。从投资主体看，非国有投资同比增长36.2%，快于国有投资增速22.6个百分点。

数据来源：湖南省统计局。

图6 1980～2010年湖南省固定资产投资及其增长率

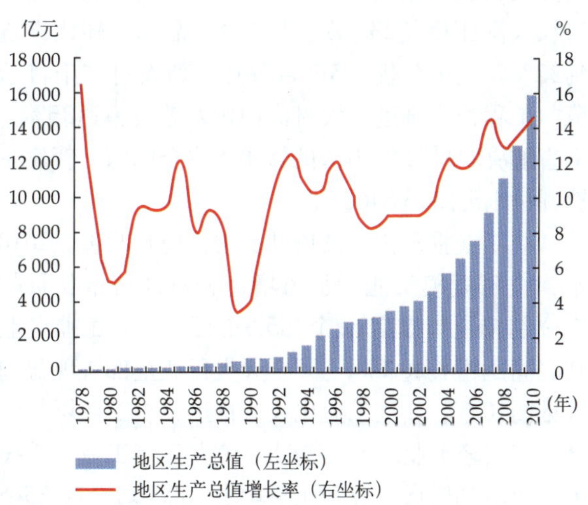

数据来源：湖南省统计局。

图5 1978～2010年湖南省地区生产总值及其增长率

2. 城乡居民收入稳步增长，消费升级加快。在各项惠民生政策的持续实施作用下，2010年，湖南城镇居民人均可支配收入与农村居民人均纯收入分别增长9.8%和14.5%。农村居民工资性收入首次高于家庭经营收入，成为农民收入的第一来源。随着收入总量的增长与结构的改善，城乡居民消费支出稳步增长，全年社会消费品零售总额同比增长19.1%（见图7）。消费升级加快，城镇居民人均用于购车、旅游和通信的支出分别较上年增长70.8%、42.2%和21%。

3. 进出口恢复性增长，结构有所优化。2010年全省进出口总额同比增长44.7%，增速回升63.8个百分点，其中，进口增长44.5%，出口增长44.8%。

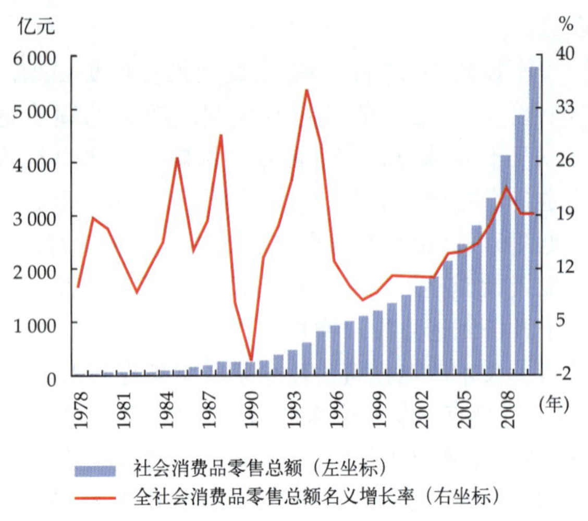

数据来源：湖南省统计局。

图7 1978~2010年湖南省社会消费品零售总额及其增长率

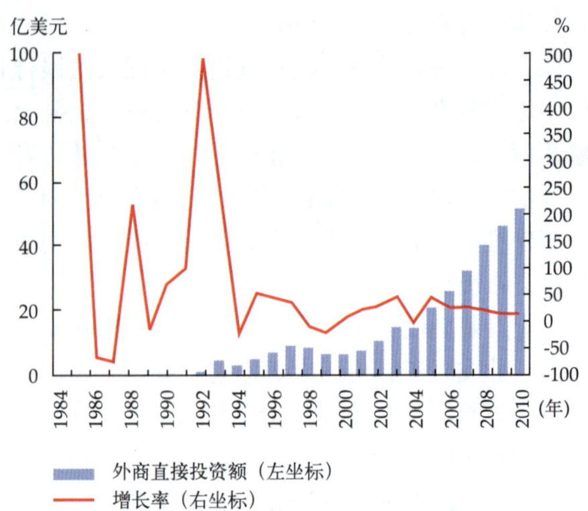

数据来源：湖南省统计局。

图9 1984~2010年湖南省外商直接投资情况

全年实现贸易顺差12.2亿元，同比增长43.5%（见图8）。进出口产品结构、贸易结构逐步优化，机电产品与高新技术产品出口增速大幅超出平均水平，原材料与资源品出口比重不断降低；加工贸易进出口增速超出一般贸易24.3个百分点。全省累计合同利用外资居中部第一位，同比增长35.8%，实际使用外资同比增长12.8%，其中长株潭与湘南地区实际使用外资占比达84.3%（见图9）。

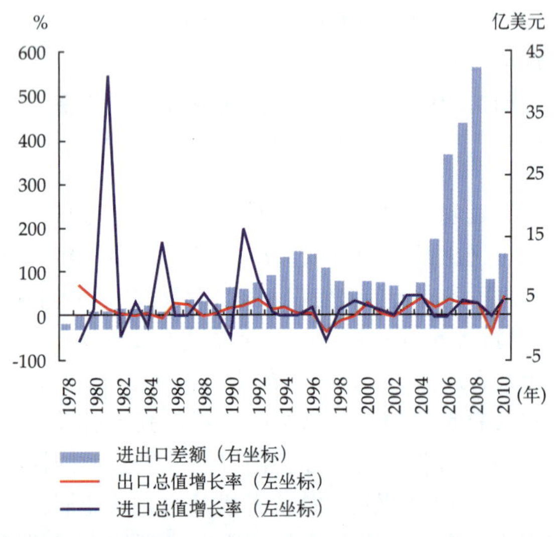

数据来源：湖南省统计局。

图8 1978~2010年湖南省外贸进出口变动情况

（二）三次产业稳步发展，新型工业化取得积极进展

2010年，湖南省加快产业结构调整和发展方式转变，三次产业结构调整为14.7∶46.0∶39.3，对经济增长的贡献率分别为3.5%、62.3%和34.2%，第二产业的主导地位进一步巩固。

1. 农业生产保持平稳，现代农业发展提速。2010年，全省粮食总产量受不良气候影响略降，但仍是历史第二高产年，生猪累计出栏量较上年增长3.9%。现代农业发展提速，全省农产品加工业实现销售收入增长24.3%，其中，休闲农业企业经营收入同比增长23.7%；大宗农产品加工转化率达到32%，比上年提高5个百分点。新农村“千村示范”工程稳步推进，农村集中供水普及率达35%，全省解决农村314.2万人的饮水不安全问题，新建乡镇到村水泥路13 546公里。

2. 工业推动力持续提升，结构稳步改善。2010年，全省规模工业增加值增速和对经济增长贡献率分别较上年提高2.9个和5.8个百分点；工业企业利润同比增长46.1%， 38个大类行业全部实现盈利（见图10）。新型工业化大力推进，重工业增加值增速高出轻工业5.1个百分点；高加工度工业、高技术产业增加值增长分别比平均增速高10.1个和7.5个百分点。企业创新及成果产业化加快，全省规模工业新产品产值增长41.3%，占规模工业总产值的比重同比提高2.8个百分点。

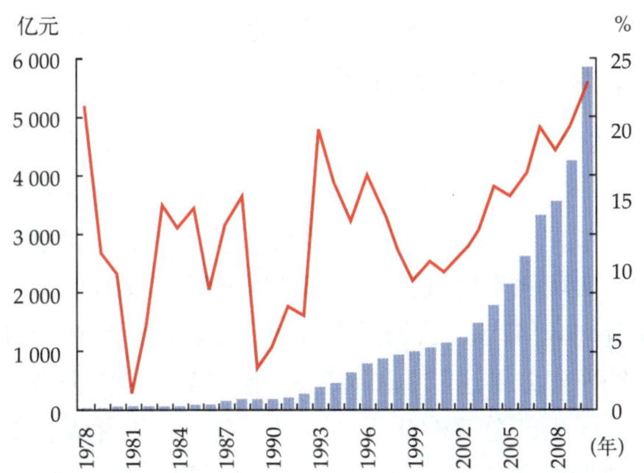

数据来源：湖南省统计局。

图10 1978～2010年湖南省工业增加值及其增长率

3. 新兴服务业强势发展，企业效益不断提升。2010年，全省第三产业实现增加值6 249.1亿元，同比增长11.5%。全省限额以上服务业收入同比增长23.8%，新兴服务业发展势头强劲，仓储业、租赁服务业、与房地产开发有关的经营业、房地产中介业等行业收入增长幅度均在50%以上。全省旅游总收入达到1 425.8亿元，增长29.7%。服务业企业效益不断提高，全年限额以上服务业企业实现利税805.1亿元，同比增长34.5%。

（三）主要价格指数上行，下半年呈加速态势

1. 居民消费价格普遍上涨，食品、居住类价格领涨。2010年，全省居民消费价格指数(CPI)月同比涨幅逐步走高，全年累计同比上涨3.1%，低于全国水平0.2个百分点（见图11）。分类看，八大类价格全部上涨，其中，食品类和居住类分别上涨5.4%和5.1%，两者对CPI上涨的贡献率达84%。全年低收入居民基本生活费用价格上涨3.9%，超出CPI涨幅0.7个百分点。

2. 生产价格波动上行，涨幅超过消费价格。2010年，全省工业品出厂价格指数（PPI）和原材料、燃料、动力购进价格指数分别同比上涨6.9%和10.0%（见图11）。分阶段看，1～5月当月同比涨幅稳步上升，6～8月有所回落，9月开始加速上行，12月达到年内高点。分类别看，37个大类行业中有35个行业不同程度上涨。全省农产品生产者价格总水平同比上涨9.9%，其中，棉花价格上涨55.6%，蔬菜价格上涨13.8%，生猪价格下降1.6%。

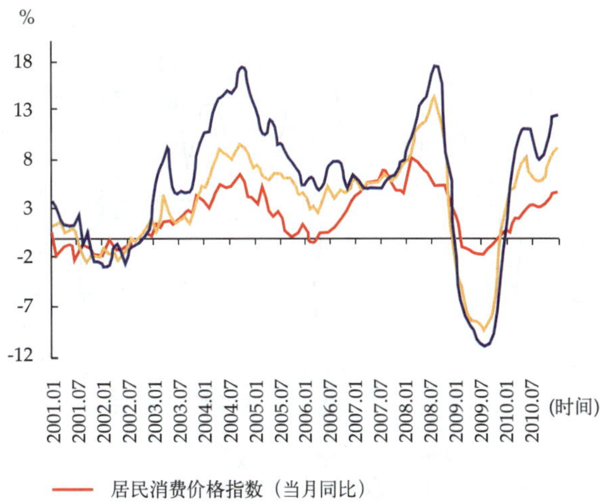

数据来源：湖南省统计局。

图11 2001～2010年湖南省居民消费价格和生产者价格变动趋势

3. 劳动力成本明显上升，农民工收入水平改善。由于经济强劲发展带动劳动力需求增长，居民消费价格上涨推高生活成本，加之最低工资标准提高，劳动力成本明显上升。2010年，全省最低月工资标准较上年上调27.8%，在岗职工工资总额同比增长15.5%。全省外出务工农民人均月收入同比增长21%。

（四）地方财政收入大幅增长，结构持续改善

由于经济大幅增长、物价上涨提高税基以及上年基数较低等原因，2010年，全省地方本级财政收入增长25.8%，同比提高8.9个百分点（见图12）。增值税、消费税、营业税和所得税收入增收较多，带动税收入增长高出非税收入7.9个百分点。长株潭地区继续领跑全省，较其他区域财力优势进一步拉大。2010年，地方财政一般预算支出同比增长22.3%，重点向农业和民生领域倾斜，全省农林水事务、社会保障和就业、教育分别占财政总支出的11.1%、15.8%、12.3%。地方财政收支缺口继续扩大，但扩大趋势有所放缓，增速较上年下降3.7个百分点。

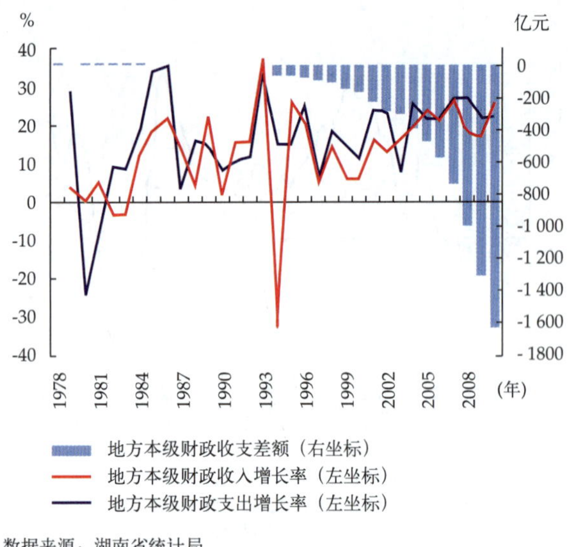

数据来源：湖南省统计局。

图12　1978～2010年湖南省财政收支状况

（五）“十一五”节能减排目标全面完成，环境治理成效显著

2010年，湖南省加大工作力度，关停整治一批落后产能企业，严控“两高一剩”行业新建项目，确保了“十一五”节能减排目标全面完成。截至年末，实现化学需氧量比2005年年末削减107%、二氧化硫削减142%，县城以上城镇污水和生活垃圾无害化处理率分别达72%和50.7%。前三个季度，全省单位地区生产总值能耗下降2.4%，其中，万元规模工业增加值能耗下降11.8%。湘江流域综合整治取得明显成效，截至年末，共关闭落后企业2 600多家，淘汰落后产能企业700多家。生态建设取得积极进展，森林覆盖率达到57%，森林蓄积量达到4亿立方米。循环经济加快发展，一批国家和省级循环经济试点取得初步成效，长沙市、怀化市、津市、石门县、炎陵县获批国家级可再生能源示范城市。

专栏2　湖南省粮食价格走势与影响因素——基于环洞庭湖区的监测与分析

2010年，粮食价格持续上涨备受关注。中国人民银行长沙中心支行立足湖南为产粮大省的特点，着力开展区域特色监测研究，建立了环洞庭湖区粮价监测制度，初步形成了监测分析数据库与分析框架。

环洞庭湖地区包括岳阳、益阳、常德三市，是湖南粮食主产区。2010年三地稻谷播种面积为2 136万亩，比上年增长1.89%；全年稻谷总产量达164.66亿斤，比上年减少2.8亿斤，减幅为1.7%。稻谷减产主要是由于雨水灾害天气影响了稻谷生长，导致单产下降。监测表明，2010年环洞庭湖地区稻谷、大米价格全面上涨。从稻谷价格看，农户售粮市场价格与粮食收储企业价格持续上涨，尤其是新稻谷上市后，价格上涨明显，普通晚稻上市价同比上涨22.6%；稻谷价格上涨约两个月后传导至大米加工厂，大米加工企业销售价格从下半年开始加速上涨，12月大米出厂均价比6月上涨22.9%，大米零售价格自第四季度后快速上行，滞后出厂价约三个月。

影响粮价上涨的因素，一是市场供需略紧。近年来，环洞庭湖地区籼稻米加工产能迅速上升，原粮需求量大幅上升，市场供求趋紧。二是农资产品以及劳动力价格上升推涨了生产成本。监测数据显示，2010年环洞庭湖地区劳动力价格同比涨幅达48.4%，同时下半年稻种、柴油、农资品等价格均呈上行态势。三是流通环节不畅递增了中间成本。在粮食收购主体多元化的背景下，收购企业为争抢粮源，刻意抬高粮食收购价格的现象较为突出；超市等大型零售商利用渠道垄断地位收取的各种名目费用不断增长，导致了销售费用不断上涨。四是心理预期强烈抬升了粮食售价。监测表明69%的监测农户预期谷价将继续上涨。由于涨价预期强烈，农民惜售情况突出，加剧了供求矛盾。

2011年，国家继续提高粮食最低收购价从而锁定稻谷底部价格，加之民众对粮价高企存有较强预期以及国际粮价上涨的输入效应等因素，预计2011年稻谷和大米价格总体将维持高位运行。但国家以“物价稳定”作为宏观调控重点，预计后期对市场的调控力度仍会保持较强态势，且目前政策性籼稻库存充足，对市场的调控能力较强，受此影响，预计稻谷价格难以大幅度走高。

（六）房地产业保持平稳，文化产业蓬勃发展

1. 房地产市场平稳较快发展，调控效应逐步显现。2010年，全省房地产市场保持平稳较快发展，开发投资高位运行，市场供销稳步增长，房价攀升，但涨幅逐季度回落。

房地产企业资金充裕，开发投资较快增长。2010年，全省房地产开发投资同比增长35.5%，较上年上升22个百分点，其中，长沙市完成投资增长37.5%。房地产企业全年到位资金同比增长46.6%。

供给有效增加，结构基本合理。2010年，全省商品房施工面积和新开工面积分别增长22.5%和21.6%，较上年回落5.7个和4个百分点（见图13）。住房供给结构基本合理，小套型商品住宅竣工套数占比为28.1%，同比提高3.7个百分点，各类保障房开工15.2万套，竣工13.4万套，新增廉租房11万套。

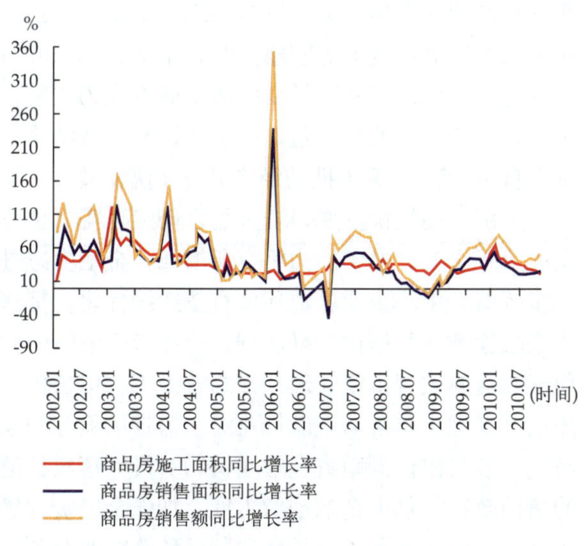

数据来源：湖南省统计局。

图13　2002～2010年湖南省商品房施工和销售变动趋势

销售稳步增长，但增速有所放缓。2010年，全省商品房销售面积和销售额分别同比增长27.3%和49.4%，增速均较上年下降5个百分点。长沙市房地产销售面积增速低于全省平均水平7.8个百分点。

房地产价格上涨较快，但涨幅得到抑制。2010年全省商品房销售均价为3 145元/平方米，上涨17.3%，同比提高3.1个百分点，其中，长沙市商品

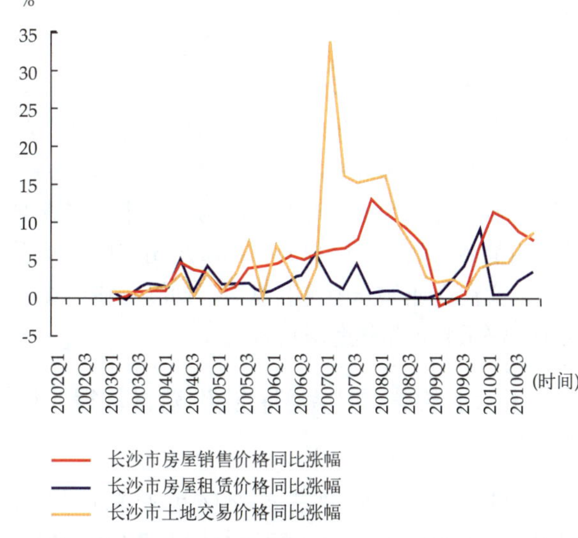

数据来源：国家统计局湖南调查总队。

图14　2002～2010年长沙市房屋销售价格指数变动趋势

房销售均价涨幅高出全省平均水平3.8个百分点（见图14）。但从趋势上看，房价涨幅逐季度趋缓。全省房地产租赁价格同比上涨6.9%。

房地产贷款增速有所回落，但仍居高位。2010年，全省房地产贷款增长39%，同比下降0.1个百分点。其中，房地产开发贷款增速高于上年同期13.1个百分点，土地储备贷款增速同比下降219.7个百分点，个人住房贷款增速同比下降15个百分点。从趋势看，房地产贷款增速整体呈震荡下行态势，12月末较5月末的高点下降8.5个百分点。

2. 文化产业加快发展，品牌效应与竞争力不断提升。2010年，湖南省继续推进文化强省战略，先后下发了文化强省战略实施纲要和文化产业振兴实施规划，明确了未来3～5年文化产业发展的任务与保障措施。省财政每年投入1亿元建立文化产业引导基金，年底成立了规模达30亿元的湖南省文化旅游产业投资基金。金融业继续加大支持力度，年末，全省文化、体育和娱乐业贷款余额为32.9亿元，两家文化企业首发上市融资46.6亿元。在各项措施的推动下，全省文化产业规模不断壮大，预计2010年增加值达780亿元，占地区生产总值的比重为5%，支柱地位得到有效巩固。

产业结构趋于优化，竞争力不断提升。一是产业层次日渐丰富，初步确立了以广播影视、新闻出

版、原创动漫为龙头，以演艺娱乐、报刊发行等为第二梯次，电视购物等为补充的多层次产业体系。二是产业区域布局逐步完善，形成了京广沿线人文文化、大湘西旅游文化和大湘南历史文化三大产业带。三是产业呈集群发展态势，湖南文化创意园、金鹰卡通产业技术园等产业园区与基地建设积极推进。四是品牌效应不断提升。出版集团与广电集团在中国文化企业50强中排名靠前，动漫三猫、长沙歌厅、快乐购等品牌全国知名。

（七）长株潭"两型社会"建设取得阶段性成果

2010年，长株潭三市地区生产总值增长15.5%，占全省的42.2%，同比分别上升1.0个和1.8个百分点，区域核心增长极作用进一步显现。新型工业化步伐明显加快，三市规模工业增加值占全省的43.9%，同比增长24.3%。长株潭成为全国七大综合性高新技术产业基地之一，先进装备制造、新能源、新材料、生物医药、节能环保等一批战略性新兴产业快速成长。基础设施、重点工程建设加快推进，长沙地铁、城际铁路长株潭线和湘江长沙综合枢纽工程开工建设，"三网融合"[①]试点启动，大河西、云龙、昭山、天易、滨湖五大示范区建设全面启动。排污治理初见成效，累计关停各类污染企业1 017家，变性污染土地34.4平方公里，重金属削减率达50%以上。民生不断改善，三市城镇和农村居民收入分别比实验区获批之初增长1.2倍和1.3倍。

金融支持功能不断增强，2010年长株潭地区金融机构贷款增长22%，高出全省贷款增速1个百分点，贷款余额与新增占比分别为64.8%和67.1%。区域金融进一步融合，金融机构对个人存取款业务实现按同城业务处理。资本市场活力增强，产业投资、创业投资、私募股权投资等各类投资基金不断发展壮大，设立了生猪、稻米等大宗农产品交易市场和期货交割库，定价话语权提升。积极开展中小企业信用体系建设和长株潭城市群金融生态模范城市建设，金融生态环境不断优化。

三、预测与展望

综观国际、国内形势，2011年全省经济发展的机遇与挑战并存。一方面，有利条件将进一步扩大。世界主要经济体有望继续缓慢复苏；国内经济稳步向好态势更加巩固，"十二五"规划启动实施将注入新的发展活力；全省进入工业化、城镇化加速期，产业基础、市场潜力、创新能力的综合优势不断提升，投资建设和消费升级的空间仍然很大，"四化两型"建设推进、国内外产业加速转移将为经济发展创造良好机遇。另一方面，经济发展中的不确定、不均衡、不可持续的因素仍然较多。全球经济增长动力不足；国内经济结构调整、分配制度改革和通货膨胀预期管理等任务依然艰巨；省内仍然面临产业转型压力大、城市与工业带动力不强、统筹城乡发展难度大等问题。2011年是"十二五"开局之年，湖南省将以转变经济发展方式为主线，全面推进"四化两型"建设，加快调整经济结构，加大自主创新，努力推动经济又好又快发展。

经济平稳较快发展，资金需求仍然旺盛，企业发展水平上升，融资能力将有所增强，金融生态进一步改善，中小企业融资环境有望继续优化，都将为金融稳健运行提供良好基础。但在货币政策回归稳健与金融宏观审慎管理加强的背景下，信贷供求矛盾、房地产与落后产能行业潜在信贷风险等问题将进一步突出。湖南省金融业将切实贯彻落实稳健的货币政策，加大金融创新力度，加强金融资源优化整合，着力改善关键领域和薄弱环节金融服务，提高金融风险防范水平，努力提升金融服务经济的水平与质量。预计2011年全省金融业将继续稳步发展，信贷增长保持平稳，信贷结构将更趋优化。

---

① "三网融合"指电信网、有线电视网和计算机通信网逐步融合，成为统一的信息通信网络。

中国人民银行长沙中心支行货币政策分析小组
负责人：周晓强　张瑞怀
统　稿：夏赛群　罗雪飞
执　笔：曾宪冬　郭　卉　李志刚　姜　超　向　柳　丁锐夫
提供材料的还有：刘孟飞　覃兆勇　吴盛光　赵　晶　熊　靖　刘　玫　谭　明　向　莉

附录

（一）2010年湖南省经济金融大事记

1月1日，“省直管县”财政体制改革在全省79个县市正式启动，湖南省县(市)级基层财政实现与省财政直接对接，为全省县域经济发展注入新的活力。

1月13日，湖南省人民政府下发《关于进一步加快发展资本市场的若干意见》（湘政发[2010]1号），提出大力推动更多优质企业进入资本市场，多渠道扩大直接融资比重的26条重要举措。

5月5日，湖南省第一家农村商业银行——浏阳农村商业银行正式营业，全年先后成立4家农村商业银行。

6月30日，作为全国首批试点地区，长株潭城市群正式启动三网融合试点，为“数字湖南”增添动力。

8月30日，中共湖南省委、湖南省政府印发《关于加快培育发展战略性新兴产业的决定》，将着力培育发展先进装备制造、新材料、文化创意、生物、新能源、信息、节能环保七大战略性新兴产业。

10月12日，以中国华融资产管理公司为战略投资者，由原株洲、湘潭、岳阳和衡阳4家城市商业银行和邵阳市城市信用社(即“四行一社”)组建的华融湘江银行股份有限公司正式挂牌成立。该行总部设于长沙，注册资本金为40.8亿元。

11~12月，中国人民银行长沙中心支行先后提请省政府下发了《关于金融支持县域经济发展的意见》（湘政办发[2010]64号）和《关于全面推进农村金融产品和服务方式创新意见的通知》（湘政办发[2010]70号），积极引导金融机构加快创新，改善服务，加大对“三农”、县域经济的金融支持。

11月28日，以“天河一号”为计算设备的国家超级计算长沙中心在湖南大学奠基，湖南信息化建设取得又一重大进展。

12月6日，湖南省联合产权交易所、湖南股权交易所在长沙挂牌成立，标志着全省统一产权交易市场初步形成。

12月8日，湖南省政府与富士康集团签署合作框架协议，湖南省承接沿海产业转移步伐进一步加快。

（二）2010年湖南省主要经济金融指标

表1　2010年湖南省主要存贷款指标

		1月	2月	3月	4月	5月	6月	7月	8月	9月	10月	11月	12月
本外币	金融机构各项存款余额（亿元）	14 458.3	14 874.2	15 358.7	15 523.9	15 735.6	16 124.8	16 028.1	16 259.8	16 486.9	16 390.8	16 490.5	16 643.3
	其中：城乡居民储蓄存款	7 921.2	8 625.9	8 721.3	8 669.8	8 688.9	8 830.1	8 779.4	8 858.3	9 068.3	8 900.2	8 925.7	9 060.0
	企业存款	4 073.5	3 902.7	4 177.5	4 314.4	4 366.8	4 437.6	4 464.6	4 517.1	4 350.7	4 329.5	4 381.8	4 556.4
	各项存款余额比上月增加（亿元）	429.8	415.9	484.5	165.2	211.7	389.2	-96.6	231.7	227.1	-96.2	99.8	152.7
	金融机构各项存款同比增长（%）	26.4	23.8	22.1	23.1	23.1	21.3	20.6	22.7	22.4	20.6	20.3	18.6
	金融机构各项贷款余额（亿元）	9 834.4	10 052.6	10 232.2	10 424.4	10 624.8	10 757.5	10 830.3	10 975.0	11 163.9	11 272.4	11 464.4	11 521.7
	其中：短期	3 139.3	3 205.3	3 219.3	3 284.9	3 308.2	3 336.4	3 348.7	3 385.8	3 462.9	3 517.2	3 552.8	3 540.8
	中长期	6 172.9	6 328.2	6 512.1	6 645.9	6 773.1	6 909.8	7 027.0	7 134.5	7 239.4	7 320.0	7 474.8	7 585.6
	票据融资	341.0	330.1	307.3	303.2	356.5	327.2	269.4	268.3	270.3	250.7	244.6	198.5
	各项贷款余额比上月增加（亿元）	297.3	218.2	179.5	192.2	200.4	132.7	72.8	144.8	209.0	108.5	192.0	57.3
	其中：短期	54.6	66.0	14.0	65.7	23.3	28.2	12.3	40.7	81.8	54.3	39.5	-12.0
	中长期	292.7	155.4	183.9	133.8	127.2	136.7	117.3	103.9	120.3	80.6	150.9	110.8
	票据融资	-53.2	-10.9	-22.8	-4.1	53.3	-29.3	-57.8	-1.1	2.0	-19.6	-6.1	-46.1
	金融机构各项贷款同比增长（%）	33.2	30.6	24.8	24.4	24.7	21.4	20.2	21.5	21.7	21.4	21.8	21.0
	其中：短期	12.3	12.9	10.0	14.6	14.6	12.8	12.9	13.1	12.1	13.5	14.0	14.3
	中长期	49.1	46.8	40.7	37.6	37.2	33.1	32.1	32.1	32.2	31.2	31.6	30.1
	票据融资	4.4	-22.9	-41.6	-45.0	-36.1	-42.9	-52.8	-44.7	-39.1	-38.7	-40.7	-49.6
	建筑业贷款余额（亿元）	304.5	319.5	316.2	322.3	323.4	326.5	307.0	310.8	316.2	320.9	332.5	325.2
	房地产业贷款余额（亿元）	472.7	486.5	508.8	510.3	528.8	547.1	550.9	556.2	563.6	567.8	576.3	581.2
	建筑业贷款同比增长（%）	7.6	15.0	12.9	14.2	14.2	14.5	9.3	9.8	11.6	12.3	15.4	13.5
	房地产业贷款同比增长（%）	4.3	6.4	10.6	10.3	14.8	18.4	20.0	21.5	22.9	23.5	25.0	26.6
人民币	金融机构各项存款余额（亿元）	14 374.0	14 797.3	15 275.0	15 435.2	15 647.6	16 040.1	15 940.8	16 175.3	16 394.4	16 303.8	16 430.8	16 553.8
	其中：城乡居民储蓄存款	7 879.7	8 584.0	8 679.7	8 629.3	8 648.2	8 789.7	8 738.3	8 818.4	9 029.8	8 861.7	8 888.1	9 022.6
	企业存款	4 033.7	3 874.1	4 140.4	4 272.0	4 325.2	4 399.6	4 425.5	4 480.4	4 305.3	4 289.6	4 340.9	4 510.1
	各项存款余额比上月增加（亿元）	423.0	423.4	477.7	160.2	212.4	392.5	-99.2	234.5	219.1	-90.6	100.0	150.0
	其中：城乡居民储蓄存款	69.3	704.3	95.7	-50.4	19.0	141.4	-51.3	80.1	211.4	-168.1	26.4	134.5
	企业存款	199.5	-159.7	266.4	131.6	53.2	74.4	25.9	54.9	-175.0	-10.6	51.3	169.2
	各项存款同比增长（%）	26.5	24.0	22.2	23.2	23.3	21.4	20.7	22.8	22.4	20.6	20.6	18.7
	其中：城乡居民储蓄存款	10.9	18.2	17.3	16.9	16.3	16.6	16.3	17.5	17.6	16.2	16.4	15.5
	企业存款	51.9	31.8	26.3	33.3	31.9	22.8	22.5	25.0	16.4	14.6	14.8	13.1
	金融机构各项贷款余额（亿元）	9 664.2	9 877.4	10 049.2	10 236.8	10 444.4	10 582.9	10 648.6	10 793.3	10 967.4	11 066.4	11 253.0	11 303.8
	其中：个人消费贷款	953.3	991.0	1 029.9	1 087.1	1 132.5	1 177.5	1 204.1	1 239.6	1 279.7	1 304.9	1 339.0	1 393.0
	票据融资	341.0	330.1	307.3	303.2	356.5	327.2	269.4	268.3	270.3	250.7	244.6	198.5
	各项贷款余额比上月增加（亿元）	293.8	213.2	171.8	187.6	207.6	138.6	65.6	144.7	194.3	98.9	186.6	50.8
	其中：个人消费贷款	57.5	37.7	44.4	57.1	45.5	44.9	26.6	35.5	40.1	25.2	34.0	54.1
	票据融资	-53.2	-10.9	-22.8	-4.1	53.3	-29.3	-57.8	-1.1	2.0	-19.6	-6.1	-46.1
	金融机构各项贷款同比增长（%）	31.6	28.9	22.9	23.1	23.6	20.4	20.1	21.5	21.4	21.1	21.5	20.6
	其中：个人消费贷款	66.2	73.9	70.2	77.9	77.7	74.4	71.3	69.1	66.0	64.4	60.4	57.2
	票据融资	4.4	-22.9	-41.6	-45.0	-36.1	-42.9	-52.8	-44.7	-39.1	-38.7	-40.7	-49.6
外币	金融机构外币存款余额（亿美元）	12.4	11.3	12.3	13.0	12.9	12.5	12.8	12.4	13.8	13.0	13.0	13.5
	金融机构外币存款同比增长（%）	10.1	1.4	6.3	2.7	-2.3	3.7	11.9	6.9	18.4	14.0	13.5	18.9
	金融机构外币贷款余额（亿美元）	24.9	25.7	26.8	27.5	26.4	25.7	26.8	26.7	29.3	30.8	31.7	32.9
	金融机构外币贷款同比增长（%）	40.5	52.7	74.5	27.3	17.5	7.9	26.9	25.8	26.6	29.0	30.6	34.7

数据来源：中国人民银行长沙中心支行。

表2　2001~2010年湖南省各类价格指数

单位:%

年/月	居民消费价格指数		农业生产资料价格指数		原材料购进价格指数		工业品出厂价格指数		长沙市房屋销售价格指数	长沙市房屋租赁价格指数	长沙市土地交易价格指数
	当月同比	累计同比	当月同比	累计同比	当月同比	累计同比	当月同比	累计同比	当季(年)同比	当季(年)同比	当季(年)同比
2001	—	-0.9	—	-1.6	—	1.1	—	-0.2	2.1	2.5	3.3
2002	—	-0.5	—	-2.0	—	-0.7	—	-0.8	1.1	1.7	1.1
2003	—	2.4	—	2.6	—	6.7	—	2.6	0.5	1.0	0.9
2004	—	5.1	—	12.1	—	14.4	—	8.0	3.3	2.1	3.1
2005	—	2.3	—	11.2	—	9.4	—	6.0	2.9	1.6	6.2
2006	—	1.4	—	0.7	—	6.5	—	4.3	5.8	3.3	1.4
2007	—	5.6	—	13.0	—	6.1	—	6.1	13.2	0.9	15.8
2008	—	6.0	—	26.5	—	12.0	—	9.3	6.7	0.0	3.1
2009	—	-0.4	—	-5.0	—	-7.4	—	-5.7	7.2	0.6	4.1
2010	—	3.1	—	1.4	—	10.0	—	6.9	7.6	3.7	9.0
2009 1	2.1	2.1	13.8	13.8	-4.0	-3.6	-3.6	-4.0	-0.8	—	—
2	-1.2	0.5	5.4	9.4	-6.7	-4.2	-4.9	-5.4	-0.3	—	—
3	-0.9	0.0	-2.6	5.2	-7.8	-5.1	-6.8	-6.2	-0.9	0.5	2.2
4	-1.4	-0.4	-6.3	2.1	-9.0	-5.9	-8.4	-6.9	-1.1	—	—
5	-1.4	-0.6	-7.6	0.0	-9.8	-6.4	-8.4	-7.5	-0.9	—	—
6	-1.6	-0.7	-10.1	-1.8	-10.4	-6.8	-8.6	-8.0	-0.2	0.8	2.6
7	-1.5	-0.8	-10.6	-3.1	-10.8	-7.1	-9.3	-8.4	0.7	—	—
8	-0.8	-0.8	-11.5	-4.2	-10.5	-7.3	-8.4	-8.6	0.3	—	—
9	-0.6	-0.8	-10.3	-4.9	-9.6	-7.3	-7.6	-8.7	0.8	0.1	1.4
10	0.1	-0.7	-8.2	-5.3	-7.7	-7.1	-5.3	-8.6	2.3	—	—
11	0.3	-0.5	-4.1	-5.2	-3.7	-6.5	-0.1	-8.2	5.6	—	—
12	1.7	-0.4	-3.0	-5.0	1.6	-5.7	3.4	-7.4	7.2	0.6	4.1
2010 1	0.6	0.6	-2.6	-2.6	6.2	6.2	4.9	4.9	8.8	—	—
2	2.1	1.3	-1.4	-2.0	8.6	7.4	5.3	5.1	10.3	—	—
3	2.1	1.6	-0.9	-1.6	10.2	8.3	6.5	5.6	11.4	0.6	4.7
4	2.7	1.9	-0.2	-1.3	11.1	9.0	7.7	6.1	11.9	—	—
5	3.1	2.1	0.5	-0.9	11.1	9.4	8.2	6.5	8.0	—	—
6	3.3	2.3	1.9	-0.5	11.1	9.7	6.6	6.5	10.4	0.6	4.7
7	3.5	2.5	0.4	-0.3	9.2	9.6	6.2	6.5	9.1	—	—
8	3.4	2.6	1.4	-0.1	8.2	9.5	5.8	6.4	8.3	—	—
9	3.5	2.7	1.9	0.1	8.7	9.4	6.1	6.4	8.6	2.6	7.4
10	4.0	2.8	4.0	0.5	10.6	9.5	7.7	6.5	7.9	—	—
11	4.6	3.0	6.1	1.0	12.4	9.8	8.6	6.7	7.6	—	—
12	4.6	3.1	5.9	1.4	12.6	10.0	9.2	6.9	7.6	3.7	9.0

数据来源：湖南省统计局。

表3 2010年湖南省主要经济指标

	1月	2月	3月	4月	5月	6月	7月	8月	9月	10月	11月	12月
绝对值（自年初累计）												
地区生产总值(亿元)	—	—	2 956.2	—	—	6 805.39	—	—	10 583.27	—	—	15 902.12
第一产业	—	—	280.3	—	—	687.67	—	—	1 292.59	—	—	2 339.44
第二产业	—	—	1 371.4	—	—	3 319.19	—	—	5 066.68	—	—	7 313.56
第三产业	—	—	1 304.6	—	—	2 798.53	—	—	4 224.0	—	—	6 249.12
工业增加值(亿元)	—	659.4	1 067.2	1 517.6	2 011.0	2 556.8	3 030.7	3 558.5	4 108.9	4 639.4	5 222.4	5 890.3
城镇固定资产投资(亿元)	—	433.0	1 004.7	1 664.3	2 401.0	3 527.7	4 191.0	5 039.8	6 120.5	7 019.8	7 913.6	8 775.5
房地产开发投资	—	100.3	227.2	341.7	453.3	592.6	718.0	844.7	983.9	1 127.7	1 284.1	1 469.3
社会消费品零售总额(亿元)	—	925.5	1 328.3	1 727.2	2 195.3	2 677.4	3 149.3	3 608.5	4 117.7	4 660.1	5 179.1	5 775.3
外贸进出口总额(亿美元)	8.9	17.4	27.4	39.2	50.4	63.1	76.2	88.0	103.0	116.1	132.0	146.9
进口	4.0	8.1	12.9	18.6	23.0	28.7	35.2	40.2	47.9	53.3	60.5	67.3
出口	4.8	9.3	14.5	20.6	27.5	34.4	40.9	47.8	55.1	62.8	71.5	79.5
进出口差额(出口－进口)	0.8	1.2	1.5	2.0	4.5	5.8	5.7	7.6	7.2	9.5	11.0	12.2
外商实际直接投资(万美元)	45 028.0	74 996 .0	127 676 .0	171 153.0	217 134.0	278 174.0	316 033.0	348 812 .0	399 619.0	450 269.0	497 415.0	518 441.0
地方财政收支差额(亿元)	-22.5	-119.8	-193.4	-290.5	-344.5	-457.9	-539.1	-648.3	-792.4	-867.8	-1 017.9	-1 636.5
地方财政收入	92.2	148.7	243.6	325.6	410.2	535.8	611.2	687.2	774.9	851.0	928.4	1 066.0
地方财政支出	114.6	268.5	437.0	616.1	754.7	993.6	1 150.2	1 335.5	1 567.2	1 718.8	1 946.3	2 702.5
城镇登记失业率(%)(季度)	—	—		—	—		—	—		—	—	
同比累计增长率（%）												
地区生产总值	—	—	13.6	—	—	15.1	—	—	14.8	—	—	14.5
第一产业	—	—	4.7	—	—	4.8	—	—	4.2	—	—	4.3
第二产业	—	—	24.3	—	—	22.0	—	—	20.8	—	—	20.2
第三产业	—	—	6.5	—	—	10.0	—	—	11.5	—	—	11.5
工业增加值	—	28.8	27.4	27.1	26.5	26.2	24.1	24.0	23.7	23.7	23.6	23.4
城镇固定资产投资	—	31.5	25.3	25.5	28.5	29.8	29.1	29.2	29.8	29.5	29.1	27.5
房地产开发投资	—	37.9	42.8	35.3	34.6	34.1	35.7	34.2	33.3	33.3	33.9	35.5
社会消费品零售总额	—	18.6	18.4	18.5	18.3	18.4	18.5	18.6	18.8	18.9	19.0	19.1
外贸进出口总额	25.1	30.3	30.5	35.3	36.5	39.7	40.3	40.1	38.6	41.3	45.2	44.7
进口	44.4	43.0	40.3	43.6	37.5	38.4	40.6	38.4	36.9	39.6	44.3	44.5
出口	12.5	20.8	22.8	28.6	35.6	40.8	40.0	41.5	40.1	42.8	46.0	44.8
外商实际直接投资	38.0	8.4	18.3	25.9	26.4	20.0	22.3	16.1	14.4	12.4	13.1	12.8
地方财政收入	31.0	30.2	30.6	29.2	30.9	26.7	27.7	28.7	27.4	26.8	27.4	25.8
地方财政支出	-24.0	10.0	16.4	14.7	13.3	18.7	19.1	22.2	21.9	23.1	26.4	22.3

数据来源：湖南省统计局。

2010年广东省金融运行报告

中国人民银行广州分行货币政策分析小组

[内容摘要] 2010年广东省深入贯彻落实科学发展观，全面实施《珠江三角洲地区改革发展规划纲要(2008～2020年)》，大力推进产业结构调整和经济发展方式转变，经济综合实力实现新跨越。经济发展内生动力显著增强，先进制造业和现代服务业建设取得重大进展，资源节约和环境保护工作成效显著。

金融业主动配合广东产业结构转型升级，不断加大对地方经济的支持力度。银行业稳健发展，货币信贷条件逐步向常态水平回归，证券业和保险业快速发展，金融机构改革深入推进，金融生态环境建设取得新成效。

2011年是"十二五"规划的开局之年，也是广东省深化改革开放、加快转变经济发展方式的攻坚时期。广东将继续改革创新、先行先试，积极实施扩大内需和自主创新战略，力促经济平稳健康发展。广东金融业将继续保持稳健运行，不断完善市场机制，不断优化融资结构和信贷结构，为广东产业转型升级和经济持续健康发展提供支持。

一、金融运行情况

2010年，广东省金融业主动配合广东产业结构转型升级，加大对地方经济的支持力度。全年金融运行逐步向常态回归，信贷增速明显放缓、结构继续优化，证券业和保险业快速发展，金融机构改革深入推进，金融生态环境建设取得新成效。

（一）银行业稳健发展，货币信贷总量逐步向常态水平回归

2010年，广东省银行业各项业务快速发展，金融服务水平不断提高，圆满完成亚运金融服务工作，实现了稳健发展。

1. 银行类金融机构发展状况良好，金融服务水平不断提升。2010年年末，广东省法人金融机构达到138家，机构个数达到15 195个，从业人数达279 824人；银行业金融机构继续强化风险管理，金融运行质量进一步改善，年末资产总额同比增长20.4%（见表1），利润同比大幅增长31.5%；不良贷款率同比下降0.53个百分点。

表1　2010年广东省银行业金融机构情况

机构类别	营业网点[①]			法人机构(个)
	机构个数(个)	从业人数(人)	资产总额(亿元)	
一、大型商业银行[②]	5 902	137 629	53 453	0
二、国家开发银行及政策性银行[③]	82	2 297	4 084	0
三、股份制商业银行[④]	993	36 216	23 276	3
四、城市商业银行	367	12 076	6 797	5
五、城市信用社	0	0	0	0
六、农村合作机构[⑤]	5 755	62 188	11 153	104
七、财务公司	10	500	769	10
八、邮政储蓄银行	1 915	20 860	2 229	0
九、外资银行	156	7 669	3 450	5
十、农村新型机构[⑥]	15	389	68	11
合　计	15 195	279 824	105 279	138

注：①不包括国家开发银行和政策性银行、大型商业银行、股份制银行等金融机构总部数据。
②包括中国工商银行、中国农业银行、中国银行、中国建设银行和交通银行。
③包括国家开发银行、中国农业发展银行和中国进出口银行。
④包括中信银行、中国光大银行、华夏银行、广东发展银行、深圳发展银行、招商银行、上海浦东发展银行、兴业银行、中国民生银行、恒丰银行、浙商银行和渤海银行。
⑤包括农村信用社、农村合作银行和农村商业银行。
⑥包括村镇银行、贷款公司和农村资金互助社。
数据来源：广东银监局、深圳银监局。

新型农村金融组织发展迅速，截至2010年年末，已开业运营的村镇银行11家，小额贷款公司140家。金融机构产品创新丰富，"惠农卡"、"商贷通"、"好融通"等金融产品受到消费者的普遍欢迎。支付系统建设取得新进展，银行卡全年刷卡交易额突破8 000亿元，同比增长53.2%；金融IC卡产业迅速起步发展，累计发行PBOC2.0标准金融IC卡65万张，交易金额320万元。

2. 企业存款增速放缓，居民储蓄趋于活期化。2010年，广东省本外币各项存款余额为82 019.4亿

元，同比增长17.7%，较上年同期下降6.5个百分点。人民币存款增长波动较大，各季度最后一个月的存款增量明显提高（见图1）。受派生存款减少和企业生产经营用款增多影响，企事业单位存款增幅同比下降24.2个百分点，但企业流动性总体仍较充足，据广东省500户企业景气调查显示，第四季度企业支付能力状况指数为73.08，比上一季度继续提高1.73，同比提高4.51。在楼市和股市分流作用减弱的情况下，储蓄存款增速加快，年末储蓄存款余额同比增长15.0%，较上年同期提高1个百分点。储蓄存款活期化明显，全年活期储蓄存款增量比重为79.0%，同比提高13.1个百分点。外币存款先增后减，9月末增速达到最高点后急剧回落，年末外币存款同比增速较9月末下降36.5个百分点。

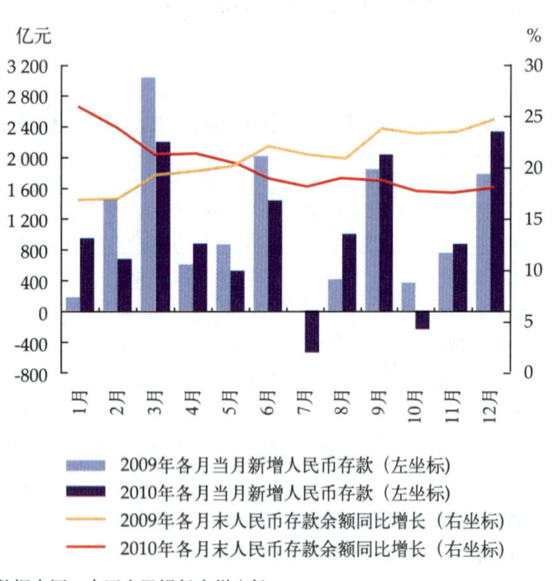

数据来源：中国人民银行广州分行。

图1　2010年广东省金融机构人民币存款增长变化

3. 贷款增长逐步回归常态，货币政策成效显著。2010年，广东省本外币贷款余额为51 799.3 亿元，增速同比下降15.5个百分点，全年新增贷款同比少增3 464.8亿元（见图2、图3）。贷款增量和增速从正常年份看较为适中，仍不低于经济增长与物价上涨水平之和，反映了后金融危机时期在宏观调控下信贷运行渐归常态。从投放节奏看，第一至第四季度贷款增量之比为2.2：1.2：1.0：1.1，投放节奏较为平稳。从贷款期限看，新增贷款以中长期贷款为主，全年新增人民币中长期贷款在人民币各项贷款中的比重达84.7%，分别比浙江、江苏和山东高40.2个、12.1个和18.8个百分点，主要投向基本建设和个人住房消费；在金融机构资金相对紧张的情况下，票据融资出现较大萎缩，比年初减少732.7亿元；短期贷款增势平稳，投向实体经济的个人经营性贷款大幅增加。从投放主体看，大型银行贷款同比少增，中小型银行贷款同比多增。

信贷投放结构继续优化。对重点行业和领域继续保持较大的金融支持力度，全年贷款主要投向基础设施业、制造业、房地产业、租赁和商务服务业及批发零售业，契合广东经济发展的特点和优势。对中小企业、欠发达地区及县域经济等实体经济薄弱环节的信贷支持力度明显加大，全年大型、中型、小型企业新增人民币贷款比重分别为35.0%、32.2%、32.8%，其中，小型企业的比重比上年提高了10.7个百分点；年末县域贷款余额同比增速比全省快8.0个百分点，粤东、粤西和粤北地区贷款增速继续快于全省水平。全省金融机构积极支持民生改善，涉农贷款同比增长26.6%，国家助学贷款余额达到15.1亿元，累计发放下岗失业人员小额担保贷款2.5亿元，是上年的3.3倍。

外币贷款呈现两头增、中间减的V形走势，第一季度延续上年较快增长的态势，新增40.3亿美元，自第二季度以来，受欧洲债务危机及银行外汇头寸紧张影响开始逐月减少，4～8月共减少85.6亿

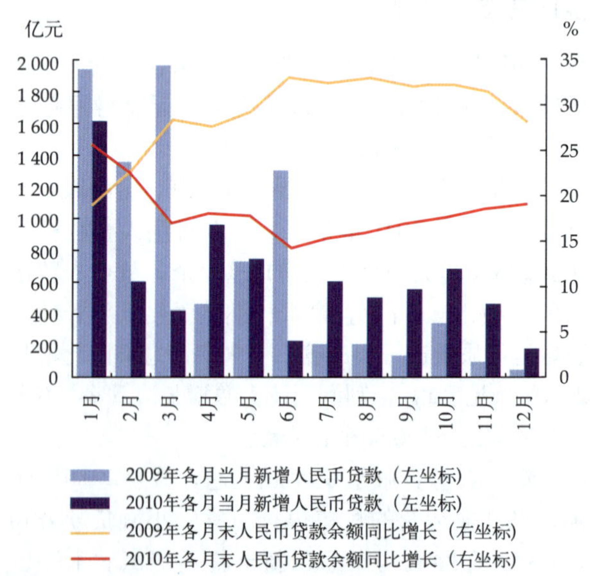

数据来源：中国人民银行广州分行。

图2　2010年广东省金融机构人民币贷款增长变化

美元；9月以来，在人民币升值预期和外贸形势不断趋好等因素的影响下恢复正常增长，9～12月共增加34.4亿美元。

4. 现金净投放量同比大幅增加。2010年，广东省金融机构现金收支增长较快，累计净投放现金2 319.6亿元，同比大幅增长33.8%（见表2）。现金净投放主要受城乡居民投资、消费支出增加等因素影响，城乡个体经营、储蓄存款项目由净收入现金转变为净支出现金。

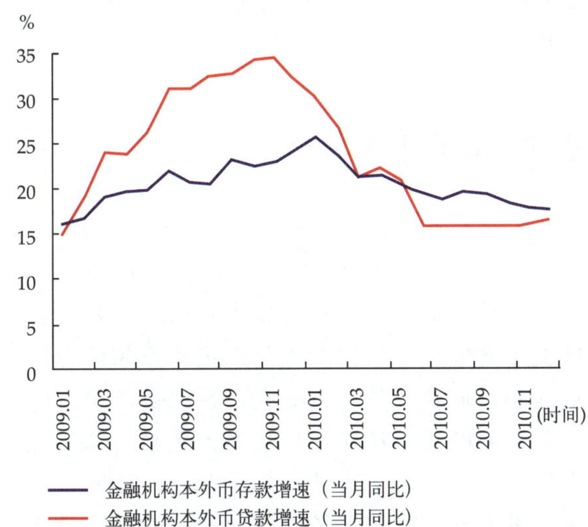

数据来源：中国人民银行广州分行。

图3　2009～2010年广东省金融机构本外币存、贷款增速变化

表2　2010年广东省金融机构现金收支情况表

单位：亿元、%

	年累计额	同比增速
现金收入	87 421.3	17.1
现金支出	89 741.0	17.5
现金净支出	2 319.7	33.8

数据来源：中国人民银行广州分行。

5. 本外币存贷款利率水平上升，金融机构利率定价能力稳步提高。2010年，广东省信贷投放呈现量跌价升态势，在基准利率上调之前，商业银行已经利用利率上浮权限，主动上调对客户的贷款利率水平，执行上浮利率的贷款占比明显提高（见表3），全年人民币贷款利率水平同比上升。受境内资金供求变化和国际金融市场利率波动的影响，美元存贷款利率先升后降，整体利率水平高于上年（见图4）。广东辖内金融机构利率定价弹性不断增强，精细化、差异化程度进一步提高。中国人民银行广州分行积极推进Shibor的宣传及培训工作，继续跟进及辅导农村金融机构建立科学、合理的定价机制。

6. 银行业金融机构改革发展深入推进。2010年，五家改制的国有商业银行分行加快转型，优化内部管理，加大创新力度，不断提高市场竞争力。中国邮政储蓄银行广东省分行业务发展迅速，金融支农功能逐步加强，邮政储蓄资金回流农村机制开始形成。广东发展银行加大内部管理改革力度，业务流程和内控机制不断完善，上市进程加快。城市商业银行改革发展步伐加快，法人治理结构不断完

表3　2010年广东省金融机构各利率浮动区间贷款占比表

单位：%

		合计	国有商业银行	股份制商业银行	区域性商业银行	城乡信用社
合计		100.0	100.0	100.0	100.0	100.0
[0.9～1.0)		36.7	47.8	30.0	36.0	16.7
1.0		29.4	30.8	31.8	32.9	19.7
上浮水平	小计	33.9	21.4	38.2	31.1	63.6
	(1.0～1.1]	18.9	15.3	22.8	21.5	21.3
	(1.1～1.3]	10.9	6.0	14.6	7.0	21.3
	(1.3～1.5]	2.0	0.1	0.6	0.5	10.6
	(1.5～2.0]	1.6	0.1	0.1	0.9	8.6
	2.0以上	0.4	0	0	1.2	1.9

数据来源：中国人民银行广州分行。

数据来源：中国人民银行广州分行。

图4　2009～2010年广东省金融机构外币存款余额及外币存款利率

善。广州农村商业银行在河南淮滨和潢川、佛山发起设立3家村镇银行，努力实现业务发展的空间地域转型。农村信用社改革发展工作取得新进展，揭阳榕城和河源源城两家农村商业银行分别于2010年6月末和12月末顺利挂牌开业。汽车金融机构设立获得突破，广汽汇理汽车金融公司正式开业运营。

7. 人民币跨境结算试点工作取得明显成效。经国务院批准，自2009年7月7日起，广东省广州、深圳、珠海、东莞4个城市率先开展跨境贸易人民币结算试点工作，2010年6月，试点地域扩大到全省范围。一年多来，在各有关部门支持配合下，广东推进试点工作不断取得新突破并获得多项全国第一名：办理全国首笔跨境贸易人民币结算出口退税，服务贸易跨境人民币支出和人民币投资利润汇出业务，以及首笔对美国、巴西、蒙古、中国台湾等国家和地区的试点业务，探索多类资本项目跨境人民币结算业务，业务创新取得突破性进展，境外地域不断拓展。截至2010年年末，全省已与42个国家和地区发生了试点业务，遍布世界五大洲，人民币“活动半径”不断扩大，累计发生跨境人民币结算业务1.73万笔、金额2 192亿元，约占全国结算总量的40%。

专栏1　把握区域融合发展新趋势　加快推进珠三角金融一体化

一、《珠江三角洲地区改革发展规划纲要（2008～2020年）》实施背景下珠三角区域金融一体化的新进展

（一）金融组织体系一体化迈出新步伐

全国性股份制商业银行在珠三角地区的经营网络进一步扩大。截至2010年10月末，总部位于广州、深圳的3家股份制商业银行在珠三角地区设立了17家一级分行；其他7家股份制商业银行驻穗分行在珠三角其他城市开设了20家二级分行和6家异地支行。城市商业银行跨区域经营加快推进。截至2010年10月末，广州、深圳和东莞三地城市商业银行在珠三角地区共设立分行7家。港资银行积极在珠三角地区拓展经营网络。截至2010年10月末，共有8家港资银行驻粤分行在佛山、中山和惠州三市开设了9家异地支行。

（二）金融市场体系一体化取得新成效

区域银团贷款市场规模不断扩大。2010年10月末，珠三角各市金融机构人民币银团贷款余额达3 167.6亿元，比2008年年末增长90.4%。多层次资本市场融资功能进一步增强。2010年10月末，珠三角各市在深圳证券交易所的上市公司总数达到211家，比2008年年末增加64家。外汇市场服务和辐射能力有所增强。截至2010年10月末，中国外汇交易中心广州分中心共有外汇交易类会员14家，其中，广州以外的会员有5家。

（三）金融基础设施一体化跃上新台阶

电子支付系统网络不断扩大。2010年1～9月，现代化支付系统广州城市处理中心大额实时支付系统、小额批量支付系统业务笔数均居国内各大城市首位。票据交换系统创新和推广工作进展顺利。2010年1～9月，支票影像交换系统广州分中心、深圳分中心处理业务487.5万笔，同比增长26.9%，金额为1 862.9亿元，增长46.6%。集中代收付系统推广应用工作取得阶段性成效。目前，全省共有18个地级以上市（除江门、韶关和湛江尚未开通）开通了集中代收付业务，入网的委托收费机构数量达到154家。

（四）区域金融一体化协调机制建设取得新突破

2010年以来，中国人民银行广州分行按照依托三大经济圈、推进区域金融一体化的工作思路，组织签署了广佛肇、深莞惠、珠中江《金融合作备忘录》，建立了区域金融合作协调机制。

（五）跨境人民币贸易结算快速发展

成功将跨境人民币结算业务拓展到境外直接投资、证券投资、境外担保以及跨境融资等资本项下，在广东全省范围内实现了跨境人民币结算的快速发展。截至2010年年末，广东累计办理跨境人民币结算业务17 335笔、金额为2 192亿元，其中，贸易项下结算金额为2 031亿元，占全国结算金额的40.1%。

二、推进珠三角区域金融一体化的总体目标、基本思路和工作重点

当前和今后一段时期，推进珠三角区域金融一体化的总体目标是加强对金融组织体系、金融市场体系和金融基础设施建设的统筹规划，加快构建功能互补、布局合理、竞争有序、协作紧密的金融服务体系，引导金融资源在珠三角地区便利流动和优化配置，不断深化珠三角与港澳地区的金融合作，逐步形成核心突出、支撑力强、辐射面广的珠三角金融产业带，全面提升金融业服务和促进珠三角地区经济一体化的能力和水平。

推进珠三角区域金融一体化，应遵循以下基本思路：第一，坚持以点带面、协调发展，加快建设珠三角金融产业带。第二，坚持整体规划、市场主导，着力打造立足珠三角、服务全国的金融市场交易和融资平台。第三，坚持互联互通、共建共享，充分发挥金融基础设施一体化在珠三角金融一体化中的支撑作用。第四，坚持资源共享、缩小差距，努力提升珠三角地区基本金融服务均等化水平。

“十二五”时期（2011～2015年）是全面推进珠三角区域金融一体化的关键时期，要统筹规划，把准导向，狠抓关键，努力争取在以下几个方面取得新进展和新成效：一是创新金融管理和服务机制，推动金融机构跨区域经营；二是优化区域金融后台产业布局，打造辐射亚太地区的现代金融产业后援服务基地；三是推进金融市场平台建设，引导金融资源跨行政区划高效配置；四是抓好支付结算系统的升级改造和推广应用，使更多资金通过支付“高速公路”网络实现跨区域流动；五是加强区域信用体系建设，夯实金融一体化的信用基础；六是建立健全金融稳定协调机制，扎实推进珠三角金融安全运行保障环境建设。

（二）证券业加快发展，融资效率大幅提高

2010年，广东资本市场融资功能充分发挥，大量中小企业成功发行上市，为转变经济发展方式培育了重要的生力军。

1. 股票市场融资效率大幅提高。2010年，广东新增A股上市公司69家，位居全国第一位，首发共募集资金733.0亿元，发行家数和募集资金总额均创历史新高；年末，上市公司数量为294家，总市值达到32 553.2亿元，A股筹资额达到1 362.0亿元（见表4）。企业发行上市结构进一步改善，除深圳、广州外，还有10个地市有新增上市公司，且均为中小企业。

2. 证券基金公司经营发展状况良好。2010年年末，广东省法人证券公司资产总额为5 843.4亿元，管理基金数量252只，比上年年末增加39只，全年实现税后利润294.6亿元，同比增长4.8%。证券基金公司深入推进投资者分类管理、开发现金资产管理产品、开展转融通业务试点等，引导投资者根据自身实际审慎投资，服务水平不断提升。

3. 期货公司资产大幅增加，改革发展深入推进。2010年，广东省期货公司年末总资产达到320.1亿元，同比大幅增长66.4%，实现净利润4.0亿元，

表4　2010年广东省证券业基本情况表

项目	数量
总部设在辖内的证券公司数（家）	22
总部设在辖内的基金公司数（家）	19
总部设在辖内的期货公司数（家）	25
年末国内上市公司数（家）	294
当年国内股票（A股）筹资（亿元）	1 362
当年发行H股筹资（亿元）	—
当年国内债券筹资（亿元）	812
其中：短期融资券筹资额（亿元）	333

数据来源：中国人民银行广州分行、广东证监局。

同比增长22.5%。广发期货再次增资扩股，注册资本增至4亿元，华泰长城期货、广发期货等7家期货公司获得中国金融期货交易所会员资格，广州证券收购冠华期货并将其更名为广州期货后迁入广州。

（三）保险业持续发展，积极服务广东经济社会建设

1. 保险机构稳步发展，经营效益大幅提升。2010年年末，总部设在广东辖内的保险公司共有14家（见表5），保险公司总资产达到3 185.3亿元，同比增长29.4%。保险公司成本管控和盈利水平明显提升，2010年承保利润22.8亿元，同比大幅增长

240.9%；业务创新能力增强，外币保单、电子保单、“湛江模式”等成效显著；外资保险市场份额明显高于全国水平。其中，外资寿险市场和财险市场份额分别占到全国的10.1%和2.4%，均约为全国水平的2倍；2010年，首家台资产险公司——国泰产险进驻广东，增添了广东保险市场的活力。

2. 保险业务不断扩大，功能作用充分彰显。2010年，广东省保费收入为1 593.3亿元，同比增长30.0%，总量稳居全国首位；其中，财产险业务和人身险业务保费收入同比分别增长27.8%和30.3%。保险业融入大局、服务民生，功能作用充分彰显。“十一五”期间，广东保险业累计支付各类保险赔款近1 000亿元，是“十五”期间的3倍，累计承担风险保障110多万亿元。为种养业提供风险保障200多亿元，为2 000多万户次农房提供近3 000亿元的风险保障；为2亿多人次提供8.5万亿元的健康风险保障；为100万人次提供商业养老风险保障；为50多万人次提供年金保险服务；承担各类责任风险保障金额5万亿元，支付补偿金13.6亿元。

表5　2010年广东省保险业基本情况表

项目	数量
总部设在辖内的保险公司数（家）	14*
其中：财产险经营主体（家）	7
寿险经营主体（家）	5
保险公司分支机构（家）	67
其中：财产险公司分支机构（家）	34
寿险公司分支机构（家）	33
保费收入（中外资，亿元）	1 594
其中：财产险保费收入（中外资，亿元）	430
人身险保费收入（中外资，亿元）	1 164
各类赔款给付（中外资，亿元）	326
保险密度（元/人）	1 638
保险深度（%）	3.5

注：* 另两家保险公司为集团控股公司。

数据来源：广东保监局。

（四）金融市场交易活跃，直接融资步伐明显加快

2010年，广东省金融市场继续保持快速增长态势，市场规模扩大，融资结构优化，市场创新涌现。

1. 股票筹资额创历史新高，直接融资步伐明显加快。2010年，受新增贷款回落影响，广东非金融企业融资总量有所下降，但直接融资大幅增加，其中，股票融资额达1 361.8亿元，是上年的2.3倍（见表6），创历史新高。债券融资继续保持快速增长态势，全年短期融资券和中期票据分别发行333亿元和336亿元，企业债发行109亿元。其中，广州城投发行10年期企业债券，融资28亿元，天赐高新等5家中小企业成功联合发行华南地区首只中小企业集合票据，融资1.5亿元。

表6　2001～2010年广东省非金融机构融资结构表

单位：亿元、%

年份	融资量	比重		
		贷款	债券（含可转债）	股票
2001	1 392.9	97.4	0	2.6
2002	2 681.1	99.5	0	0.5
2003	3 677.9	98.2	0	1.8
2004	2 591.1	97.1	0	2.9
2005	2 209.6	99.2	0.7	0.1
2006	3 484.3	88.2	3.5	8.3
2007	6 151.8	76.6	3.7	19.7
2008	4 856.7	82.3	8.4	9.3
2009	12 069.7	89.1	5.9	5.0
2010	9 463.3	77.0	8.6	14.4

数据来源：中国人民银行广州分行、广东证监局、广东省发展改革委。

2. 货币市场资金呈净融入态势，利率水平持续回升。2010年，广东省金融机构通过全国银行间同业拆借市场累计净融入资金7 716.9亿元，是上年的4.7倍；通过债券市场净融入资金43 548.0亿元。拆借市场上大部分机构为净融入，债券市场上股份制商业银行为主要净融出方，地方法人机构为主要净融入方。货币市场利率水平持续上升。12月，隔夜拆借品种（IBO001）加权成交利率为2.78%，较1月上升170个基点，创2008年6月以来的新高。

3. 票据市场交易节奏放缓，贴现利率逐步上行。2010年，广东省票据承兑业务保持增长，增速同比放缓；贴现规模逐步缩小，年末贴现余额已降至五年来最低水平（见表7）。票据市场利率充分反映政策调控意图，总体呈震荡上行走势。其中，银行承兑汇票直贴利率从1月的2.84%上涨至12月的6.43%，商业承兑汇票直贴利率从1月的4.47%上涨至12月的7.33%，回购式、买断式转贴利率也同步上扬（见表8）。

表7　2010年广东省金融机构票据业务量统计表

单位：亿元

季度	银行承兑汇票承兑		贴现			
			银行承兑汇票		商业承兑汇票	
	余额	累计发生额	余额	累计发生额	余额	累计发生额
1	3 618.8	2 301.3	1 493.5	6 826.5	160.4	978.3
2	3 860.5	5 099.3	1 043.8	13 055.4	179.0	1 753.7
3	4 398.7	7 893.3	965.9	19 366.0	167.5	2 792.6
4	4 657.9	10 844.6	857.7	24 819.6	122.3	3 784.1

数据来源：中国人民银行广州分行。

表8　2010年广东省金融机构票据贴现、转贴现利率表

单位：%

季度	贴现		转贴现	
	银行承兑汇票	商业承兑汇票	票据买断	票据回购
1	3.4723	4.5482	2.6442	2.6358
2	3.6242	4.5197	2.9669	2.9016
3	4.0691	4.7538	3.2593	3.1881
4	5.0932	5.9938	4.0973	3.9725

数据来源：中国人民银行广州分行。

中国人民银行广州分行充分发挥再贴现工具政策导向作用，全年累计办理再贴现93.0亿元，同比增幅达308.0%，引导金融机构大力支持小企业、“三农”等薄弱环节发展。

4. 外汇交易稳步回暖，黄金价格明显上升。2010年，广东省涉外经济稳步回升，带动外汇收支同步增长，收支顺差扩大。全年跨境资金收入顺差同比增长49.0%。受此影响，广东省银行间外汇市场交易逐步回暖，成交量达到5 343.9亿美元，净卖出额为428.8亿美元，同比增长93.2%。受全球经济回暖不确定性的影响，黄金市场成交量持续上升，价格逐步上扬。上海黄金交易所主力黄金品种（AuT+D）12月末收盘价为301.1元/克，较年初上升24.8%。

5. 民间借贷量价齐升。在金融机构贷款投放趋于回归常态的情况下，受多种因素影响，部分市场借款者转向民间融资，民间借贷量价齐升。

6. 金融产品创新步伐加快。2011年广东省商业银行理财产品发行量稳步上升，金融机构中企业理财资金和个人理财资占贷款的比重最高分别达到47.8%和28.2%。商业银行利率互换衍生产品、股权和信用衍生产品交易较快增长。知识产权质押融资、企业联保融资、专业市场融资、电子商务平台网络联保融资、股权质押融资、林权抵押融资、中小企业集合票据等创新担保方式得到扩大应用。

（五）金融生态环境建设取得新成效

2010年，在地方政府的高度重视下，中国人民银行广州分行出台了《关于落实〈珠江三角洲地区改革发展规划纲要（2008～2020年）〉推动金融业科学发展的若干意见》，明确了当前和今后一段时期广东金融业改革发展的定位、目标、思路和重点任务，促进广东经济平稳健康发展；出台《贯彻落实人民银行　银监会　证监会　保监会关于全面推进农村金融产品和服务方式创新的指导意见的实施意见》，引导金融业加大农村金融服务工作力度；深入推进反洗钱工作，成功开发第一套涵盖产险和寿险业务的“保险业反洗钱现场检查软件”促进运行程序的根本性变革；与国家反恐部门情报会商，合作建立反恐融资长效机制；积极发挥“汇警”联合办案机制的作用，维护广东正常外汇交易秩序；深入开展反假货币工作，配合公安机关侦破假币案6起。

广东银行业以金融IC卡快速小额支付应用及“市民卡”项目为突破口，掀起了金融IC卡应用推广工作的小高潮。信息共享机制建设取得初步成效，征信系统信息征集与服务领域逐步扩大，云浮市郁南县农村信用体系建设的模式进一步完善并逐步推广。

二、经济运行情况

2010年，广东省进一步巩固经济回升向好势头，加快推进经济发展方式转变，全面实现了“十一五”规划目标，综合发展实力实现新跨越，全年累计完成地区生产总值45 473亿元，同比增长12.2%，相比2005年翻一番（见图5），人均生产总值达到46 821亿元，进入中等收入地区行列。

（一）经济发展内生动力显著增强，内外需动力相对均衡

1. 市场驱动型投资逐步成为主要动力，投资效益明显增强。2010年，广东省完成全社会固定资产投资16 113.2亿元，增长20.7%，增速比上年提高1.2个百分点（见图6）。从投资主体来看，民间投资增长24.0%，增速比整体投资高3.3个百分

点，拉动全社会固定资产投资增长3.6个百分点，对经济增长贡献率明显增加。从投资行业来看，第一产业投资平稳较快增长，自上半年以来增速一直保持在40%以上。工业投资增长17.2%，增幅同比提高3.3个百分点，其中，高技术产业投资增长36.9%，高于整体投资增速16.2个百分点，高耗能工业投资增长13.8%，低于工业投资增速3.4个百分点。第三产业投资突破万亿元，达10 696.4亿元。

随着宏观调控政策的贯彻落实，政策效应也逐步显现。下半年投资到位资金增速回落，全年到位资金同比增长19.6%，从9月开始连续四个月低于同期投资增速，但自筹资金突破万亿元，增长23.7%。

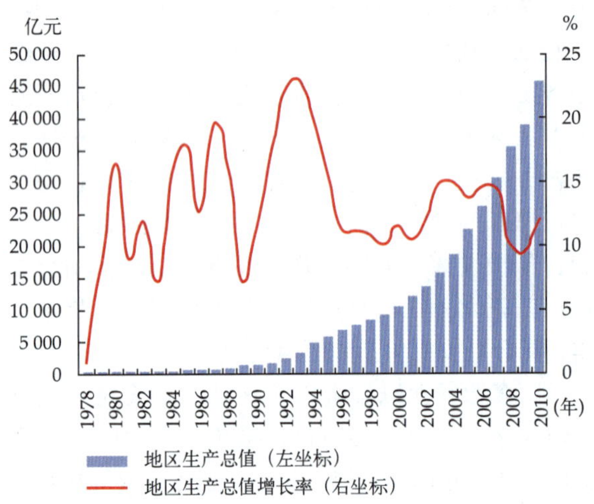

数据来源：广东省统计局。

图5　1978～2010年广东省地区生产总值及其增长率

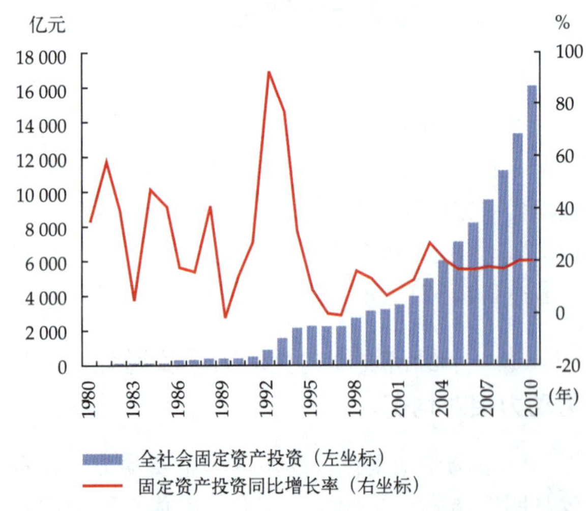

数据来源：广东省统计局。

图6　1980～2010年广东省固定资产投资及其增长率

2. 城乡居民收入差距缩小，消费保持较快增长。2010年广东省城乡居民收入增长较快，分别增长10.8%和14.2%，扣除价格因素实际分别增长7.5%和10.3%。城乡收入差距缩小，城乡居民收入比由上年的3.15：1降为3.03：1。在收入增加和汽车、家电、家具、旅游等消费热点的带动下，2010年广东省实现社会消费品零售总额17 414.7亿元，增长17.3%，扣除价格因素，实际增长13.6%（见图7）。家电下乡和家电以旧换新取得良好成效，销售量分别是上年的2.5倍和9.3倍。热点消费快速增长，其中，汽车类、石油及制品类、家具类、家用电器和音像器材类增长均超过30%。

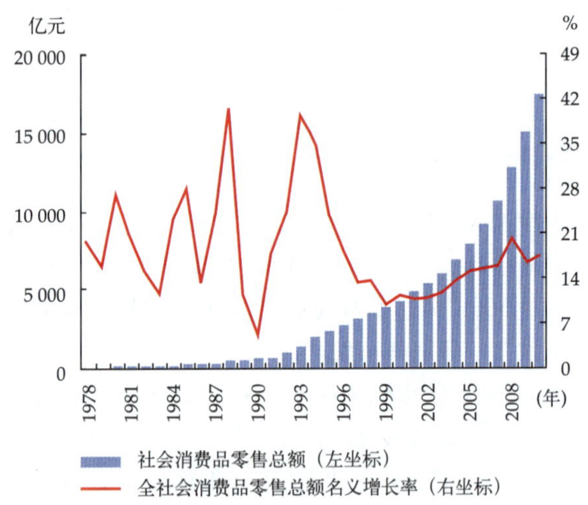

数据来源：广东省统计局。

图7　1978～2010年广东省社会消费品零售总额及其增长率

3. 进出口快速恢复，外经贸战略转型步伐加快。2010年广东进出口总值低开高走，全年累计实现外贸进出口总额7 846.6亿美元，同比增长28.4%，占全国进出口总值的26.4%。进出口、出口和进口总额分别比2008年增长14.8%、12.1%和18.7%（见图8）。在扩大内需政策的作用下，进出口贸易平衡继续改善，全年实现贸易顺差1 217.4亿美元，增长14.0%，比2008年下降2.5%。一般贸易出口快速增长，全年一般贸易出口和加工贸易出口占出口总额比重由上年同期的30.6：62.2调整为32.9：60.8。私营企业进出口增长45.3%，增速居各类型企业之首。

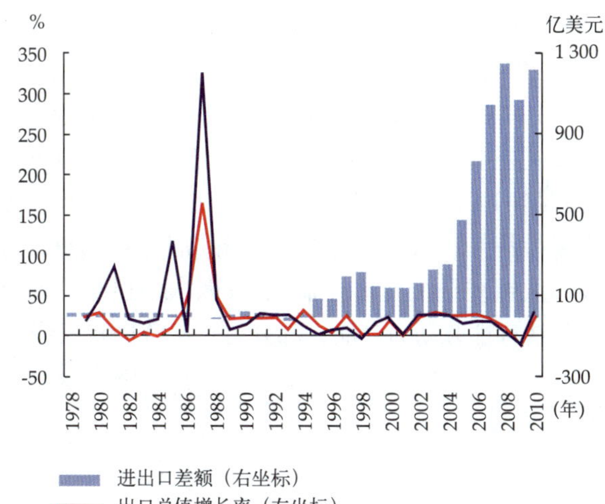

数据来源：广东省统计局。

图8 1978～2010年广东省外贸进出口变动情况

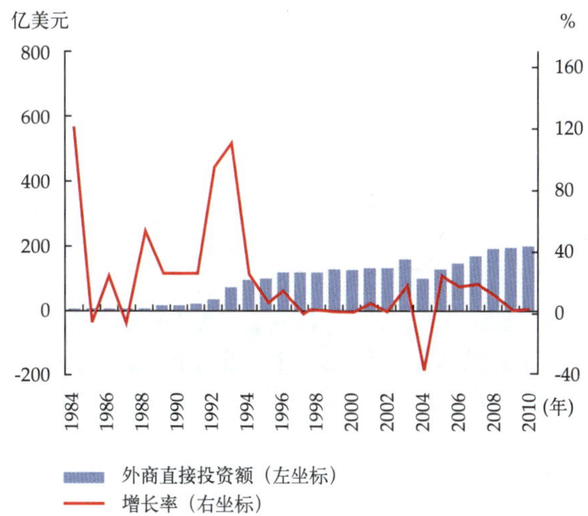

数据来源：广东省统计局。

图9 1984～2010年广东省外商直接投资情况

2010年广东省开拓多元化国际市场成效显著，对东盟、拉丁美洲、非洲、中东等新兴市场出口年均增长都超过20%。境外投资合作推进顺利，合同利用外资和实际利用外资分别增长40.1%和3.7%（见图9），全年经核准新增境外协议投资额和经贸投资合作项目总金额均高于上年水平。“台湾·广东周”[①]等粤台经贸合作取得明显成效。

（二）现代产业体系建设成效明显，产业结构调整取得新进展

2010年，广东省三次产业实现协调发展，产业比重调整为5.0：50.4：44.6。全省坚持先进制造业和现代服务业“双轮驱动”，以产业500强项目[②]为引领，加快现代产业体系建设，产业高级化趋势明显。

1. 农业农村经济平稳增长，现代农业快速发展。2010年广东农业总产值为3 756.4亿元，增加值为2 286.9亿元，比上年分别增长4.2%和4.4%。粮食生产连续七年获得丰收，“菜篮子”产品持续增加。现代农业快速发展，建设省级现代农业园区121个、现代标准农田500万亩。农业机械化、现代化、信息化水平提高，农业科技贡献率比上年提高5个百分点。农业龙头企业和农民专业合作社迅速发展，农业产业化组织1.5万家，带动农户549万户，户均增收1 985元。

2. 工业对经济推动作用提高，工业结构向高级化和均衡化发展。2010年广东规模以上工业增加值达20 063.6亿元，增长16.8%，增幅同比提高8.7个百分点（见图10），表明工业经济恢复到正常的运行轨道。主要产品产量较快增长，其中，轿车、汽车产量分别居全国第二、第五位。工业企业效益提高，1～11月工业企业主营业务收入和利润同比分别增长29.7%和36.5%。民营工业迅速发展，全年增加值增幅比外商投资企业高7.9个百分点。现代产业比重上升，先进制造业占规模以上工业的比例同比提高17.7个百分点。工业自主创新能力不断增强，研究与发展经费支出占地区生产总值比例同比提高0.2个百分点，专利申请和授权量同比分别增长21.7%和42.7%。

① 2010年8月16日至22日，广东省省长黄华华率团赴台湾进行“台湾·广东周”经贸文化交流活动，粤台两地签署采购和投资合作协议205项，涉及金额达71.26亿美元。

② 产业500强项目是广东省自2010年以来建设现代产业体系的重要举措。500强项目包括103个战略性新兴产业项目、100个先进制造业项目、101个现代服务业项目、100个优势传统产业项目、100个现代农业项目，总投资11 925亿美元。

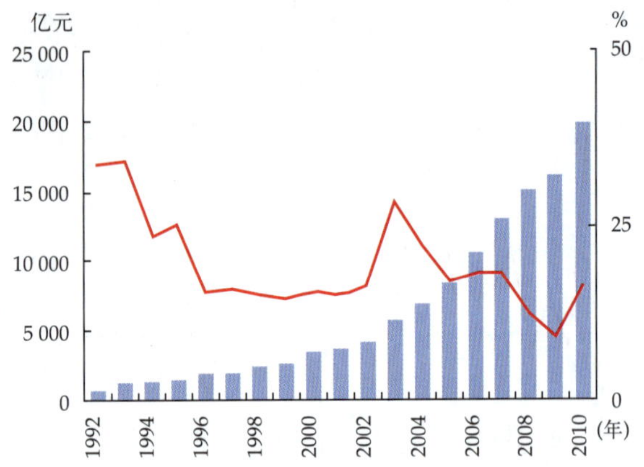

数据来源：广东省统计局。

图10　1992～2010年广东省工业增加值及其增长率

3. 现代服务业占比上升，服务业发展水平进一步提高。2010年广东服务业增加值为20 267.9亿元，同比增长10.1%，对地区生产总值的贡献度达到44.6%。交通运输、仓储及邮政业等传统产业平稳较快发展；金融、商务会展、现代物流、信息和科技服务等现代服务业发展迅速，占服务业增加值比重达到56%；金融业增加值和保险业保费总收入分别是“十五”期末的3.7倍和3.2倍；大力发展文化产业，2010年其增加值占全国1/5强；率先实行国民旅游休闲计划，旅游业创汇120亿美元，居全国第一位。

（三）价格总水平有所上涨，基本控制在预期目标内

2010年，广东各类价格持续上涨，但总水平基本控制在预期目标之内（见图11）。

1. 居民消费价格逐月上涨。2010年以来，广东居民消费价格呈现逐月上涨态势，其中，12月同比增长4.1%，增幅创24个月以来新高。但1～12月累计增长3.1%，基本控制在全年增长3%的预期目标之内。食品、居住类价格上涨成为拉动居民消费价格上涨的主要原因，两者分别增长5.9%和4.8%。

2. 工业生产价格受国际因素影响增幅较大。由于广东能源资源对外依存度较高，因此省内工业物价水平容易受到国际大宗商品价格的影响。2010年广东原材料、燃料、动力购进价格同比增长7.3%，增幅同比提高13.5个百分点；工业品出厂价格同比增长3.2%，增幅同比提高10个百分点。

3. 劳动力成本增长较快。2010年，广东城乡居民收入分别达到23 898元和7 890元，同比分别增长10.8%和14.2%，最低工资水平平均提高73.3%。就业规模持续扩大，全年实现城镇新增就业186.3万人，城镇登记失业率控制在3%以内，但是目前仍存在结构性劳动力紧缺，部分行业工资仍将上涨。

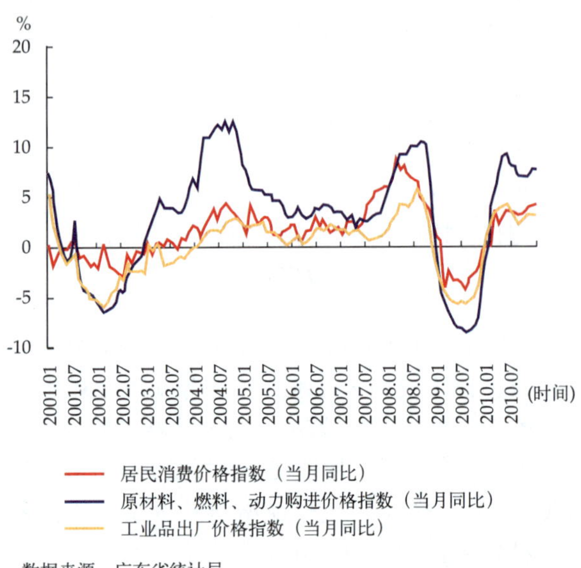

数据来源：广东省统计局。

图11　2001～2010年广东省居民消费价格和生产者价格变动趋势

（四）财政收入大幅增长，财政支出向民生领域投入力度加大

2010年来源于广东的财政总收入为11 842.0亿元，同比增长30.8%，全省地方一般预算收入为4 515.7亿元，同比增长23.8%，总量连续二十年居全国各省市首位；地方一般预算支出为5 414.8亿元，增长25.8%，受投资增加及广州亚运会举办的影响，财政赤字有所扩大（见图12）。“十一五”期间，广东财政加大了对自主创新、战略性新兴产业、节能减排、双转移等重要领域的投入力度，特别是民生领域，财政在该领域的投入占比从2005年的42.7%提高到2010年的57.2%。

（五）资源节约和环境保护不断加强，节能减排工作成效显著

2010年广东省强化节能减排问责，大力发展循

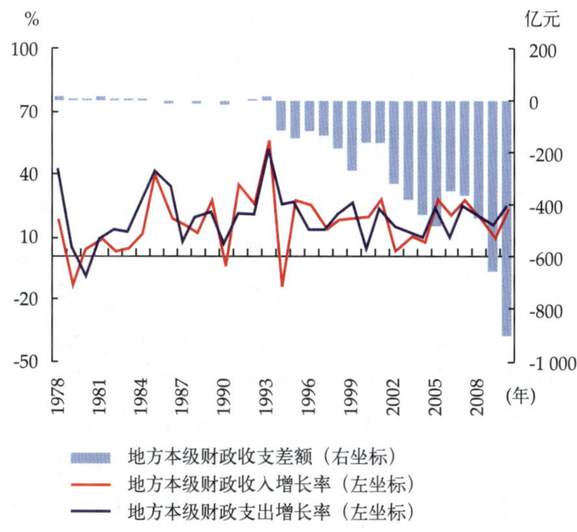

数据来源：广东省统计局。

图12　1978～2010年广东省财政收支状况

环经济，全年规模以上工业综合能耗达到0.8吨标准煤/万元，比2005年下降27.2%，超额完成淘汰钢铁、水泥、小火电等落后产能年度任务。大力发展新能源和可再生能源，清洁电源占省内电源装机总容量的34%，核电已建和在建装机容量均居全国第一位。加强污染减排基础设施建设，全省火电脱硫机组容量是2005年的8.5倍，2010年工业二氧化硫排放量为105.1万吨，比2005年下降17.5%；县县建成污水处理厂，城乡生活污水日处理能力占全国处理能力的1/8。

（六）房地产市场交易放缓，电子信息产业加快发展

1. 房地产市场交易放缓，个人住房贷款增量减少。2010年，广东省房地产市场继续保持平稳较快发展，受调控政策影响，市场交易放缓，个人住房贷款新增量大幅减少。

（1）房地产开发投资较快增长。2010年，广东完成房地产开发投资额为3 659.7亿元，同比增长23.6%，增幅比上年提高23.2个百分点。房地产开发资金主要来源于定金、预付款和自筹资金，三者合计占房地产开发资金的76.8%。来源于国内贷款、利用外资的资金占比上升，分别较上年提高1.8个和0.4个百分点。

（2）房地产市场供给仍较充裕。2010年广东省房地产企业开发土地面积为1 867.6万平方米，同比增长23.0%。商品房施工面积和竣工面积均有较快增长，同比分别增长11.5%和18.2%，增幅分别提高3.8个和10.7个百分点（见图13）。商品房供给仍较充裕，但2010年土地购置面积同比减少22.2%，商品房竣工面积增速自4月以来有所回落，后期供给速度可能放缓。

（3）商品房销售增速放缓。2010年，广东商品房销售面积为7 322.0万平方米，同比增长4.1%，增幅较上年大幅回落47.3个百分点（见图13）。商品房供求比为1：1.4，与上年同期供求比持平。商品房待售存量有所减少，2010年12月末商品房待售面积为1 988.5万平方米，同比下降2.6%，较上年年末减少52.3万平方米。

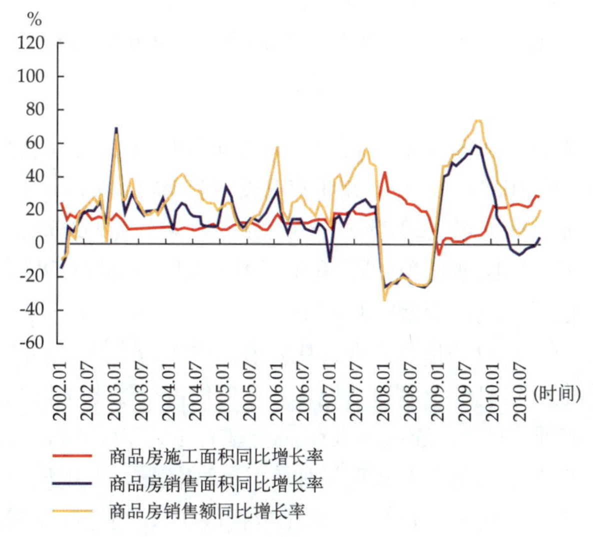

数据来源：广东省统计局、广东省建设厅。

图13　2002～2010年广东省商品房施工和销售变动趋势

（4）房地产价格同比增幅提高，但增速逐季度下降。2010年，广东每平方米供地价格同比增长70.1%，商品房平均销售价格为7 479元/平方米，同比增长14.8%，增幅同比提高5.6个百分点，但从全年来看，销售价格增速逐季度回落。1～6月同比增长17.5%，增速比1～3月下降1.7个百分点；1～9月增速继续下降至14.3%，第四季度略有回调。从广州市情况来看，房屋销售价格第一季度同比上涨10.7%，下半年，受调控政策影响，价格上涨幅度低于3%，房屋租赁价格下半年涨幅则超过5%（见图14）。

（5）个人住房贷款同比少增。2010年12月

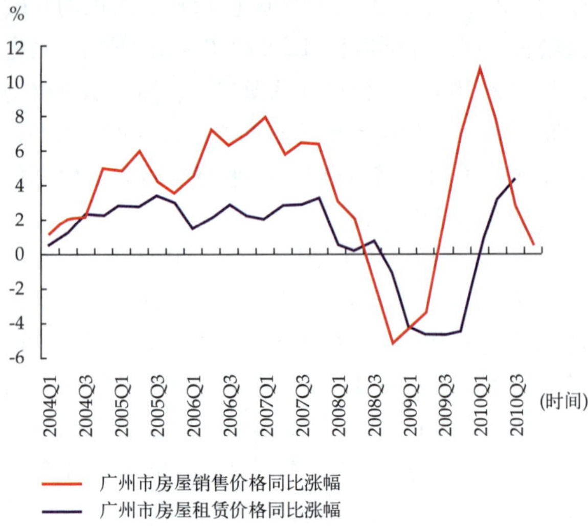

数据来源：《中国经济景气月报》、国家发展改革委。

图14　2004～2010年广州房屋销售价格指数变动趋势

末，广东省房地产贷款余额为14 301.3亿元，同比增长20.2%。其中，房地产开发贷款余额为4 271.1亿元，同比增长20.2%；个人住房贷款余额为9 495.1亿元，同比增长20.0%，全年新增个人住房贷款1 582.7亿元，同比少增822.6亿元。

2. 电子信息产业加快发展。广东是全球重要的电子信息产业制造基地，总产值约占全国电子信息产业的1/3，连续十九年居全国首位。2010年，全省电子信息产业实现增加值3 792.0亿元，占规模以上工业比重达18.9%；同比增长19.0%，增速比规模以上工业高1.4个百分点。

2009年以来，广东将高端新型电子信息产业定位为需要重点突破的战略性新兴产业之一，意在实现全省电子信息产业由大到强的战略性跨越，形成具有全球竞争力的超大规模高端新型电子信息产业群，加快产业转型升级，促进经济发展方式转变。2010年全省通过实施平板显示产业和现代信息服务业专项，加快了电子信息产业向高端领域迈进的步伐。在平板显示产业方面，广东省突破了面板项目，完善了产业链布局，液晶电视模组设计产能超过5 000万片，占全球的1/4。在现代信息服务方面，基础设施完善，网络增值服务、软件和集成电路设计、动漫产业等都处于国内领先地位。下一步，面对产业高速发展背后隐藏的技术基础薄弱、价值链地位不高、高层次人才缺乏等深层次的问题，广东将进一步通过做大做强优势产业，培育新型业态，突破高端环节，提升基础产品，实现全省电子信息产业由大到强的战略性跨越。

三、预测与展望

2011年，广东省经济社会发展的内外环境依然复杂，世界经济总体复苏基础不牢固、进程不平衡等问题依然存在，广东省内对外贸易增长放缓、刺激消费等政策效应有所减弱、节能减排任务艰巨、改善民生和社会管理任务繁重等问题仍较为突出。但是整体来看，广东省仍处于推动科学发展可以大有作为的重要战略机遇期，“十二五”规划的实施和战略性新兴产业的培育将为经济发展和产业优化升级注入新动力。广东省将着力促进内需持续增长，积极扩大家电、汽车等热点商品的消费，大力拓展文化、旅游等服务消费；通过建设广东商贸城和广货展示中心等举措继续巩固和扩大内销市场。加快产业结构调整，通过传统产业的优化重组加快提升制造业发展层次，通过先进制造业和现代服务业带动产业整体发展。加强科技基础设施建设、完善创新环境，着力增强自主创新能力。通过积极拓展出口品种和市场、促进加工贸易转型升级、提高利用外资质量、深化粤港澳台经济合作等方式，加快对外经济转型升级。通过大力发展低碳绿色经济、深化重点领域改革、推进新农村建设、改善民生和社会公共事业来实现区域协调发展。在此基础上，预计2011年广东经济仍将保持平稳较快发展。

从物价走势看，在美国等发达经济体实施量化宽松的货币政策、国际大宗商品价格不断走高、国家继续推进资源要素价格改革以及气候异常等因素的影响下，未来一段时期价格仍有较大上涨压力。但在稳健的货币政策和地方稳定物价等综合措施的作用下，价格水平仍处于可控范围内。

从金融运行看，随着广东省经济重新回到平稳较快发展水平，制造业贷款需求逐步回升，加之相对稳定的基础设施类贷款需求，在稳健的货币政策的背景下，预计2011年信贷投放仍将稳步增长。在直接融资方面，广东将进一步推进多层次资本市场建设，推进金融改革创新综合试验区建设，拓宽民间融资渠道，预计中小企业融资环境将进一步改善。

2011年，中国人民银行广州分行将按照总行的统一部署，认真贯彻落实稳健的货币政策，为广东经济平稳健康发展继续提供有效的金融支持。

中国人民银行广州分行货币政策分析小组
负责人： 罗伯川　徐诺金
统　稿： 李豪明　张清山　危　勇
执　笔： 危　勇　汤克明　贾　茜
提供材料的还有： 韦婵娜　蒋鹏飞　周俊英　崔燕平　史　琳　黄载良　谢青华　张　皓　张立军
叶俊华　何达之　许建勋　陈　宇　曾红玲　邹　炜　朱珊珊

附录

（一）2010年广东省经济金融大事记

1月25日，中国人民银行广州分行组织召开2011年货币政策与广东经济金融发展年度会议。

2月5日，广东银行业迎亚运文明优质服务系列活动动员大会在广州隆重召开。

2月、3月、5月、6月、7月，广东省内中国人民银行各地市中心支行分别签署了《深莞惠金融合作备忘录》、《广佛肇金融合作备忘录》、《珠中江金融合作备忘录》、《湛江、茂名、阳江、云浮四市金融合作备忘录》、《清远、韶关、梅州、河源四市金融合作备忘录》和《粤东区域金融合作备忘录》，区域金融一体化进程加快。

4月7日，广东省政府和香港特别行政区政府正式签署《粤港合作框架协议》。

5月24日，中国人民银行广州分行出台《关于落实〈珠江三角洲地区改革发展规划纲要（2008～2020年）〉推动金融业科学发展的若干意见》。

7月23日，广东省委、广东省人民政府印发《广东省建设文化强省规划纲要（2011～2020年）》。

9月6日，深圳特区成立三十周年大会在深圳隆重召开。

11月8日，广东省南方文化产权交易所在广州挂牌成立。

11月2日，广东省开展国家低碳省试点工作全面启动。

11月12日至27日，第16届亚洲运动会在广州顺利举行。

（二）2010年广东省主要经济金融指标

表1　2010年广东省主要存贷款指标

		1月	2月	3月	4月	5月	6月	7月	8月	9月	10月	11月	12月
本外币	金融机构各项存款余额（亿元）	70 709.4	71 420.9	73 607.8	74 539.0	75 112.5	76 734.3	76 275.1	77 433.0	79 441.2	79 300.5	79 993.4	82 019.4
	其中：城乡居民储蓄存款	32 100.8	33 125.8	33 631.1	33 760.2	33 961.0	35 005.3	34 687.4	34 937.7	36 506.9	35 461.1	35 603.0	36 965.7
	企业存款	23 831.5	23 760.3	24 645.6	24 856.4	24 939.3	25 318.8	25 163.5	25 723.3	26 161.0	26 276.4	26 662.5	27 169.4
	各项存款余额比上月增加（亿元）	1 018.2	711.5	2 186.9	931.2	573.4	1 621.8	-459.2	1 157.9	2 008.3	-140.8	693.1	2 026.0
	金融机构各项存款同比增长（%）	25.8	23.8	21.0	21.5	20.7	19.3	18.7	19.6	19.4	18.4	18.0	17.7
	金融机构各项贷款余额（亿元）	46 875.4	46 875.4	47 407.0	48 354.0	48 986.5	49 022.7	49 402.8	49 831.2	50 370.5	51 076.7	51 541.8	51 799.3
	其中：短期	11 123.6	11 311.9	11 425.8	11 533.3	11 704.7	11 788.8	11 791.1	11 784.5	11 944.5	12 062.7	12 179.0	12 323.2
	中长期	30 376.0	31 050.5	31 693.8	32 448.9	32 924.9	33 302.4	33 805.4	34 335.4	34 787.9	35 265.0	35 629.4	35 837.9
	票据融资	2 324.3	2 082.6	1 770.8	1 849.2	1 910.1	1 628.3	1 637.1	1 591.3	1 534.6	1 646.2	1 584.1	1 452.8
	各项贷款余额比上月增加（亿元）	1 733.5	632.3	531.7	946.9	632.5	36.2	380.1	428.4	539.3	706.1	465.2	257.5
	其中：短期	389.4	188.3	113.9	106.4	159.7	84.1	2.3	59.6	160.0	118.2	116.4	144.2
	中长期	1 158.0	674.5	643.3	756.2	487.7	377.5	503.0	463.8	452.5	477.1	364.4	208.4
	票据融资	138.8	-241.7	-311.8	78.5	60.9	-281.8	8.8	-45.8	-56.6	111.5	-62.1	-131.3
	金融机构各项贷款同比增长（%）	30.0	27.0	21.5	22.2	20.8	15.9	15.6	15.5	15.6	15.7	16.0	16.4
	其中：短期	4.9	5.1	1.8	3.8	4.8	1.1	1.8	0.5	-0.6	-0.6	-1.1	-0.4
	中长期	48.6	49.2	44.2	45.5	45.0	39.3	38.3	36.4	34.0	33.2	32.1	30.0
	票据融资	-37.1	-54.1	-64.1	-64.5	-65.4	-69.0	-67.6	-63.7	-56.9	-50.2	-43.1	-33.6
	建筑业贷款余额（亿元）	723.3	765.7	785.8	795.6	807.8	821.5	822.7	863.3	890.9	933.8	961.3	981.8
	房地产业贷款余额（亿元）	4 415.3	4 532.4	4 703.1	4 820.7	4 859.0	4 896.3	4 971.1	4 996.5	5 042.1	5 041.4	5 032.4	4 996.4
	建筑业贷款同比增长（%）	23.7	27.6	11.5	11.9	20.4	21.3	22.2	28.7	28.7	33.4	36.7	39.7
	房地产业贷款同比增长（%）	21.6	24.6	25.4	32.4	32.5	32.3	31.1	27.3	25.9	23.7	21.6	19.1
人民币	金融机构各项存款余额（亿元）	68 709.7	69 401.0	71 592.5	72 466.8	72 993.0	74 443.3	73 913.1	74 916.4	76 955.7	76 733.3	77 614.1	79 958.0
	其中：城乡居民储蓄存款	31 396.1	32 414.4	32 919.2	33 072.7	33 282.0	34 326.4	34 013.5	34 272.8	35 849.3	34 814.6	34 963.9	36 318.7
	企业存款	22 806.6	22 710.9	23 621.6	23 790.9	23 842.8	24 088.2	23 956.1	24 418.4	24 774.1	24 906.9	25 386.9	26 040.7
	各项存款余额比上月增加（亿元）	967.3	691.3	2 191.5	874.3	526.2	1 450.4	-530.2	1 003.3	2 039.4	-222.4	880.8	2 343.9
	其中：城乡居民储蓄存款	2.8	1 018.3	504.7	153.5	33 282.0	1 044.3	-312.9	259.3	1 576.5	-1 034.6	149.3	1 354.7
	企业存款	625.7	-95.7	910.7	169.3	51.8	245.4	-132.1	462.3	355.7	150.4	480.0	653.9
	各项存款同比增长（%）	26.0	24.0	21.3	21.6	20.7	19.1	18.3	19.1	18.8	17.8	17.7	18.0
	其中：城乡居民储蓄存款	10.6	12.3	11.6	11.5	11.6	13.8	14.2	15.3	16.3	14.3	14.6	15.6
	企业存款	30.4	25.0	17.3	18.1	16.0	10.5	9.8	10.7	9.4	8.5	8.8	8.6
	金融机构各项贷款余额（亿元）	41 289.3	41 893.6	42 306.8	43 256.9	43 994.3	44 218.9	44 824.2	45 326.8	45 880.0	46 557.9	47 016.8	47 191.6
	其中：个人消费贷款	9 570.4	9 772.2	9 925.6	10 182.0	10 380.7	10 502.9	10 613.8	10 711.9	10 882.8	11 043.4	11 227.9	11 360.7
	票据融资	2 324.2	2 082.5	1 770.7	1 848.2	1 908.4	1 626.6	1 635.9	1 590.2	1 533.6	1 644.3	1 581.9	1 449.9
	各项贷款余额比上月增加（亿元）	1 606.3	604.3	413.2	950.1	737.4	224.7	605.3	502.6	553.2	677.9	458.9	174.7
	其中：个人消费贷款	441.7	174.1	161.0	261.4	198.8	122.2	110.9	98.1	170.9	160.6	184.5	132.9
	票据融资	138.8	-241.8	-311.8	77.5	60.2	-281.7	9.3	-45.8	-56.6	110.7	-62.4	-131.9
	金融机构各项贷款同比增长（%）	25.5	22.3	16.8	18.0	17.7	14.3	15.3	16.0	17.0	17.7	18.6	18.9
	其中：个人消费贷款	49.5	50.6	8.5	47.5	45.2	39.6	16.0	17.1	19.0	20.7	22.7	24.2
	票据融资	-37.1	-54.1	-64.1	-64.5	-65.4	-69.0	-67.7	-63.7	-57.0	-50.2	-43.1	-33.7
外币	金融机构外币存款余额（亿美元）	292.9	356.4	295.2	303.6	310.4	337.4	348.6	369.5	370.9	383.7	356.4	311.3
	金融机构外币存款同比增长（%）	18.0	32.2	12.0	19.2	20.9	28.0	34.4	39.9	46.0	45.6	32.2	9.1
	金融机构外币贷款余额（亿美元）	725.6	677.8	747.1	746.7	731.1	707.4	675.8	661.4	670.1	675.4	677.8	695.7
	金融机构外币贷款同比增长（%）	85.5	-3.2	82.0	75.6	58.5	33.6	20.0	11.7	4.7	0.2	-3.2	-1.6

数据来源：中国人民银行广州分行。

表2　2001～2010年广东省各类价格指数

单位：%

年/月		居民消费价格指数		农业生产资料价格指数		原材料购进价格指数		工业品出厂价格指数		广州市房屋销售价格指数	广州市房屋租赁价格指数	广州市土地交易价格指数
		当月同比	累计同比	当月同比	累计同比	当月同比	累计同比	当月同比	累计同比	当季(年)同比	当季(年)同比	当季(年)同比
2001		—	-0.7	—	-2.9	—	-0.9	—	-1.5	0.3	-0.4	0.0
2002		—	-1.4	—	-1.6	—	-3.7	—	-3.5	-0.4	2.0	0.0
2003		—	0.6	—	-0.4	—	4.1	—	-0.7	-0.7	-0.1	0.0
2004		—	3.0	—	9.4	—	10.6	—	1.7	2.7	1.6	0.0
2005		—	2.3	—	5.8	—	5.0	—	1.5	4.7	3.0	0.0
2006		—	1.8	—	2.6	—	3.6	—	1.4	6.2	2.2	0.0
2007		—	3.7	—	5.8	—	3.3	—	1.3	6.6	2.8	0.0
2008		—	5.6	—	14.5	—	7.9	—	3.1	-0.3	0.1	0.0
2009		—	-2.3	—	-1.8	—	-6.2	—	-4.2	0.2	-4.5	0.0
2010		—	3.1	—	1.7	—	7.3	—	3.2	5.4	3.1	0.0
2009	1	0.9	0.9	6.2	6.2	-4.2	-4.2	-3.6	-3.6	—	—	—
	2	-4.1	-1.7	4.1	5.1	-5.3	-4.7	-4.3	-4.0	—	—	—
	3	-2.3	-1.9	1.1	3.7	-6.3	-5.3	-5.2	-4.4	-4.3	-4.2	0.0
	4	-3.4	-2.2	-1.2	2.5	-7.5	-5.8	-5.5	-4.6	—	—	—
	5	-3.2	-2.4	-2.1	1.5	-8.0	-6.3	-5.7	-4.9	—	—	—
	6	-3.9	-2.7	-3.4	0.7	-8.0	-6.5	-5.4	-5.0	-3.3	-4.6	0.0
	7	-4.2	-2.9	-4.2	0.0	-8.4	-6.8	-5.8	-5.1	—	—	—
	8	-3.1	-2.9	-5.3	-0.7	-8.3	-7.0	-5.4	-5.2	—	—	—
	9	-2.7	-2.9	-5.8	-1.7	-7.9	-7.1	-4.9	-5.1	1.4	-4.7	0.0
	10	-2.1	-2.8	-4.6	-1.6	-7.1	-7.1	-4.1	-5.0	—	—	—
	11	-0.7	-2.6	-2.9	-1.8	-3.8	-6.8	-1.2	-4.7	—	—	—
	12	0.8	-2.3	-2.0	-1.8	0.3	-6.2	1.5	-4.2	6.8	-4.5	0.0
2010	1	0.0	0.0	-0.3	-0.3	4.2	4.2	2.6	2.6	—	—	—
	2	3.5	1.8	0.0	-0.1	5.5	4.8	3.4	3.0	—	—	—
	3	2.1	1.9	0.4	0.0	7.3	5.7	3.7	3.2	10.7	0.0	0.0
	4	2.9	2.1	0.6	0.2	8.9	6.5	3.9	3.4	—	—	—
	5	3.6	2.4	1.3	0.4	9.2	7.0	4.1	3.6	—	—	—
	6	3.3	2.6	1.1	0.5	8.1	7.2	3.5	3.5	7.6	3.1	0.0
	7	3.3	2.7	0.9	0.6	8.0	7.3	2.9	3.5	—	—	—
	8	3.2	2.7	1.7	0.7	7.1	7.3	2.2	3.3	—	—	—
	9	3.4	2.8	1.8	0.8	7.0	7.3	2.7	3.2	2.9	4.2	0.0
	10	4.0	2.9	3.6	1.1	6.9	7.2	2.9	3.2	—	—	—
	11	4.0	3.0	4.6	1.4	7.8	7.3	3.2	3.2	—	—	—
	12	4.1	3.1	4.8	1.7	7.6	7.3	3.0	3.2	0.5	5.1	0.0

数据来源：《中国经济景气月报》、广东省统计局。

表3 2010年广东省主要经济指标

	1月	2月	3月	4月	5月	6月	7月	8月	9月	10月	11月	12月
绝对值（自年初累计）												
地区生产总值(亿元)	—	—	9 128.8	—	—	19 668.6	—	—	31 677.7	—	—	45 472.8
第一产业	—	—	423.0	—	—	914.6	—	—	1 540.9	—	—	2 286.9
第二产业	—	—	4 334.1	—	—	10 068.4	—	—	16 473.1	—	—	22 918.1
第三产业	—	—	4 371.7	—	—	8 685.5	—	—	13 663.7	—	—	20 267.9
工业增加值(亿元)	1 293.1	2 365.8	3 853.5	5 347.7	6 967.0	8 749.4	10 401.0	12 119.0	14 008.4	15 860.4	17 816.5	20 063.6
城镇固定资产投资(亿元)	555.0	1 203.6	2 366.4	3 483.3	4 731.8	6 448.7	7 618.2	8 943.3	10 573.6	12 028.0	13 626.3	16 113.2
房地产开发投资	144.0	311.8	593.6	499.7	499.7	1 507.9	1 789.5	2 099.6	2 439.6	2 777.6	3 069.7	3 659.7
社会消费品零售总额(亿元)	1 400.0	2 781.5	4 081.3	5 398.3	6 811.0	8 232.1	9 664.4	11 148.1	12 698.1	14 284.0	15 811.0	17 414.7
外贸进出口总额(亿美元)	488.6	925.5	1 532.0	2 151.7	2 793.7	3 452.3	4 139.3	4 855.9	5 594.6	6 272.8	7 049.0	7 846.6
进口	205.4	392.8	627.7	948.0	1 214.7	1 496.6	1 778.8	2 074.5	2 386.9	2 672.3	2 988.0	3 314.6
出口	283.2	532.7	859.3	1 203.7	1 579.0	1 955.7	2 360.5	2 781.4	3 207.7	3 600.5	4 061.0	4 532.0
进出口差额(出口−进口)	77.8	139.9	231.6	255.7	364.3	459.1	581.7	706.9	820.8	928.2	1 073.0	1 217.4
外商实际直接投资(万美元)	105 426	214 697	390 131	551 072	732 537	963 867	1 151 187	1 360 940	1 590 217	1 775 492	1 929 806	2 026 098
地方财政收支差额(亿元)	215.2	115.8	63.1	192.1	156.8	39.5	107.6	31.8	-105.0	56.7	-53.3	-899.0
地方财政收入	463.8	739.6	1 040.2	1 507.6	1 818.3	2 188.1	2 600.1	2 888.0	3 235.4	3 723.4	4 058.8	4 515.7
地方财政支出	248.6	623.8	977.2	1 315.4	1 661.5	2 148.6	2 492.5	2 856.1	3 340.4	3 666.7	4 112.1	5 414.8
城镇登记失业率(%)(季度)	—	—	2.54	—	—	2.51	—	—	2.42	—	—	2.52
同比累计增长率（%）												
地区生产总值	—	—	12.5	—	—	12.7	—	—	12.1	—	—	12.2
第一产业	—	—	3.3	—	—	3.8	—	—	4.2	—	—	4.4
第二产业	—	—	15.6	—	—	17.2	—	—	16.0	—	—	14.5
第三产业	—	—	10.2	—	—	8.1	—	—	8.1	—	—	10.1
工业增加值	21.5	16.9	16.5	17.6	17.7	17.9	16.3	18.2	17.6	17.4	17.4	16.8
城镇固定资产投资	19.0	19.0	21.0	21.4	22.6	22.8	23.6	23.6	24.1	23.2	22.5	20.7
房地产开发投资	19.6	19.6	24.9	6.0	6.0	32.8	33.2	31.8	30.6	30.1	27.4	40.3
社会消费品零售总额	18.0	17.2	17.0	17.0	17.2	17.1	17.0	17.0	17.1	17.1	17.2	17.3
外贸进出口总额	33.4	31.0	32.7	32.4	34.0	33.9	32.3	32.5	31.0	30.1	30.0	28.4
进口	65.2	45.2	50.9	48.2	46.2	43.3	39.3	38.1	35.5	35.0	33.8	31.5
出口	17.0	22.1	21.2	22.1	25.9	27.5	27.6	28.6	27.8	26.7	27.3	26.3
外商实际直接投资	5.4	3.0	1.0	5.0	0.6	-1.6	1.1	1.1	2.1	2.5	2.6	3.7
地方财政收入	29.1	30.5	29.6	27.1	25.3	21.5	21.2	21.0	20.9	23.0	23.7	23.8
地方财政支出	-16.3	23.1	18.2	17.7	19.1	24.4	24.3	26.0	24.9	26.1	26.4	25.8

数据来源：广东省统计局。

2010年深圳市金融运行报告

中国人民银行深圳市中心支行货币政策分析小组

[内容摘要] 2010年，面对复杂的国内外经济环境，深圳加快推进发展方式转变和结构调整，努力提高发展质量和效益，实现国民经济又好又快的发展。投资、消费需求成为拉动经济增长的引擎，外贸需求逐步回升；工业规模再创新高，服务业迅速增长；居民消费价格整体上涨，职工劳动报酬稳步提升；财政收支保持增长；创新及节能降耗成效显著；房地产市场成交量减价升。

深圳金融业适应经济形势的转变，以科学发展观为指导，贯彻执行宏观调控政策的要求，为经济发展创造了良好的金融环境。银行业利润快速增长，信贷增长向常态回归；证券业运行平稳，为中小企业融资提供了有力支持；保险业快速发展，业务结构进一步优化。经济金融呈现良性互动态势，金融支持地方经济稳定增长作用显著。

2011年深圳金融机构将认真贯彻落实稳健的货币政策的要求，合理把握信贷投放的总量、节奏和结构，积极鼓励企业采取股权、债券等直接融资方式筹集资金，为深圳经济转型、产业升级、城市优化提供多层次金融支持。

一、金融运行情况

2010年深圳经济稳步回升，通货膨胀压力有所加大。为适应经济形势的转变，深圳金融业以科学发展观为指导，贯彻执行货币政策调控的要求，为经济发展创造了良好的金融环境。银行业利润快速增长，信贷增长向常态回归；证券业运行平稳，为中小企业融资提供了有力支持；保险业快速发展，业务结构进一步优化。

（一）银行业健康发展，利润快速增长

随着村镇银行的开业，2010年深圳法人银行业金融机构数由上年的12家增加到15家。深圳已形成以股份制商业银行、政策性银行、财务公司、信托公司、金融租赁公司为主体，村镇银行、担保公司为补充的较为完备的银行业市场体系。2010年，深圳银行业金融机构的总资产和盈利均实现大幅增长，不良贷款率保持下降趋势。年末，深圳银行业金融机构总资产为34 014.3亿元，同比增长25.5%。不良贷款率比年初下降0.06个百分点。全年实现净利润415.7亿元，同比增长39.5%。净利润大幅增长与存贷款净息差扩大有关。2010年年末，深圳银行业金融机构存贷款净利差为3.1%，同比增加0.4个百分点。

表1　2010年深圳市银行业金融机构情况

机构类别	营业网点[①]			法人机构（个）
	机构个数（个）	从业人数（人）	资产总额（亿元）	
一、大型商业银行[②]	527	20 454	16 193.9	0
二、国家开发银行及政策性银行[③]	3	227	1 692.2	0
三、股份制商业银行[④]	348	17 106	9 437.9	2
四、城市商业银行	70	5 502	3 218.9	1
五、城市信用社	0	0	0	0
六、农村合作机构[⑤]	198	1 925	901.1	1
七、财务公司	4	162	266.8	4
八、邮政储蓄银行	133	1 355	281.5	0
九、外资银行	80	4 714	1 995.0	4
十、农村新型机构[⑥]	3	162	27.0	3
合　计	1 366	51 607	34 014.3	15

注：①不包括国家开发银行和政策性银行、大型商业银行、股份制银行等金融机构总部数据。

②包括中国工商银行、中国农业银行、中国银行、中国建设银行和交通银行。

③包括国家开发银行、中国农业发展银行和中国进出口银行。

④包括中信银行、中国光大银行、华夏银行、广东发展银行、深圳发展银行、招商银行、上海浦东发展银行、兴业银行、中国民生银行、恒丰银行、浙商银行和渤海银行。

⑤包括农村信用社、农村合作银行和农村商业银行。

⑥包括村镇银行、贷款公司和农村资金互助社。

数据来源：深圳银监局。

1.存款增长放缓，总体呈活期化。2010年年末，深圳市金融机构（含外资金融机构，下同）本外币各项存款余额为21 937.9亿元，同比增长19.5%，增幅同比下降9.2个百分点；全年新增

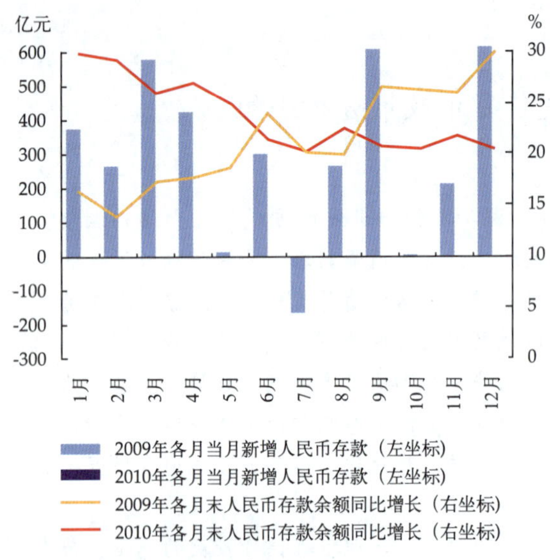

数据来源：中国人民银行深圳市中心支行。

图1 2010年深圳市金融机构人民币存款增长变化

3 580.5亿元，同比少增522.1亿元（见图1）。其中，人民币各项存款余额为21 081.9亿元，同比增长20.5%，增幅同比下降9.5个百分点；全年新增3 583.4亿元，同比少增458.2亿元。外币存款余额为129.3亿美元，同比增长2.8%；全年新增3.5亿美元，同比少增5.6亿美元。

从人民币存款的结构和期限看，储蓄存款平稳增长，企业存款增速不断下降，存款总体呈活期化态势。年末，人民币储蓄存款余额为6 745.5亿元，同比增长17.3%，增幅同比上升0.8 个百分点，全年新增996.7亿元，同比多增172.4 亿元。人民币企业存款余额为9 147.3亿元，同比增长5.0%，增幅同比下降34.0个百分点，全年新增1 425.0亿元，同比少增1 019.3亿元。人民币企业存款增速不断下降，主要与贷款增长放慢造成派生存款减少有关。受通货膨胀预期等因素的影响，存款总体呈活期化态势。其中，全年新增储蓄存款中活期存款占比为87.4%，四个季度末的活期存款余额占比分别为60.8%、61.8%、62.1%和63.6%，呈平稳上升态势；年末企业活期存款余额占比为51.3%。

2.贷款增速高位回落。2010年年末，深圳市金融机构本外币贷款余额为16 808.1亿元，同比增长13.7%，增幅同比下降17.9个百分点，全年新增2 024.7亿元，同比少增1 570.3亿元（见图2）。

人民币贷款增速由上年的高位向常态水平回归。年末，人民币贷款余额为14 276.2亿元，同比增长18.1%，增幅同比下降8.4个百分点，全年新增2 190.1亿元，同比少增385.3亿元（见图3）。从机构分布看，四家全国性商业银行人民币贷款年末余额同比增长16.9%，增幅低于全市平均水平；外资银行贷款增长较快，年末余额同比增长29.2%。票据融资下降明显，贷款期限结构呈长期化。年末票据融资余额为393.3亿元，比年初减少514.8亿元，同比少增706.0亿元。全年人民币贷款增量中，中长期贷款占比为89.6%；年末中长期贷款余额占比达到72.7%的高位。从部门分布看，个人贷款受房地产调控影响明显，增长维持低速，对公贷款在经济回升的背景下增速相对平稳。年末个人贷款余额为4 895.6亿元，全年新增821.6亿元，同比少增392.5亿元。对公贷款余额全年新增1 368.5亿元，同比多增6.7亿元。投向上，贷款主要投向个人贷款、房地产业、制造业以及租赁和商业服务业。小型企业贷款比年初增长58.2%，增幅高于大型、中型企业的22.9%和16.0%。

由于人民币汇率预期总体平稳、人民币跨境贸易结算发展等因素，2010 年企业外币贷款需求下降。2010 年年末，深圳市金融机构外币贷款余额为

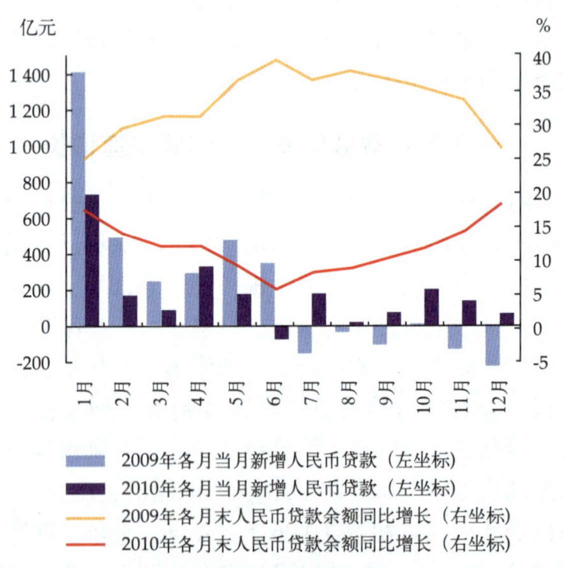

数据来源：中国人民银行深圳市中心支行。

图2 2010年深圳市金融机构人民币贷款增长变化

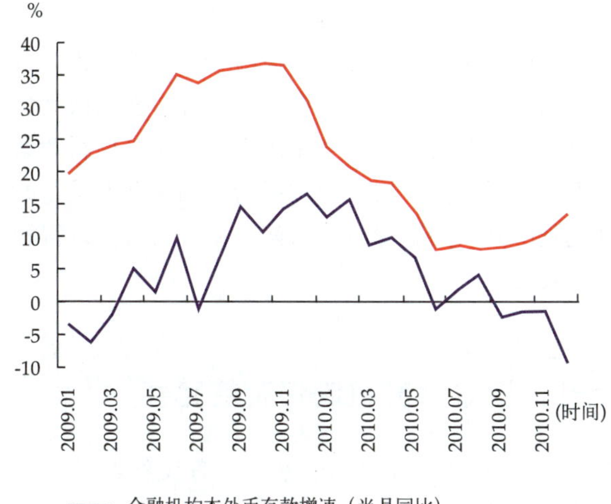

数据来源：中国人民银行深圳市中心支行。

图3 2009～2010年深圳市金融机构本外币存、贷款增速变化

370.4亿美元，同比减少9.4%，比年初减少24.6亿美元，同比多减164.6亿美元。

3. 现金净支出恢复增长。2010年，深圳现金净支出1 236.6亿元，同比增长6.4%，增幅同比上升20.1个百分点（见表2）。储蓄存款净支出依然是深圳现金净支出的主要渠道，占比为84.8%。现金需求因总体经济环境回暖而扩大，是深圳现金净投放由上年的负增长转为2010年正增长的重要原因。另外，深圳特殊的人口结构导致大量现金被携带出深圳，以及电子、黄金等市场的商户携带现金异地采购也是深圳现金大量净投放的主要因素。

表2 2010年深圳市金融机构现金收支情况表

单位：亿元、%

	年累计额	同比增速
现金收入	14 053.4	19.4
现金支出	15 290.0	18.2
现金净支出	1 236.6	6.4

数据来源：中国人民银行深圳市中心支行。

4. 利率水平呈上升态势。2010年，受提高法定存款准备金率、加息等因素的影响，市场资金面逐渐趋紧，深圳贷款利率水平及新增人民币贷款利率上浮占比逐季度上升。尤其第四季度两次加息，利率水平显著上升。2010年执行上浮利率的贷款占比达到22.2%，比上年提高7.1个百分点（见表3）。小型企业利率上浮占比有所下降，显示对其贷款的支持力度加强。各行为规避利率上调周期的利率风险，倾向于采用浮动利率定价。年末采取浮动利率定价的贷款占比达到64.5%，比上年提高9.1个百分点。受房地产调控政策的影响，个人住房贷款利率执行基准及上浮利率的比重逐渐提高，12月为15.8%，比年初上升4.6个百分点。

受境内资金供求关系变动以及国际金融市场利率走势的影响，外币存贷款利率波动上升。12 月，3 个月以内大额美元存款、1年期以上小额美元存款加权平均利率分别为1.51%和1.72%，比年初分别上升0.04个和1.26个百分点（见图4）。

表3 2010年深圳市金融机构各利率浮动区间贷款占比表

单位：%

		合计	国有商业银行	股份制商业银行	区域性商业银行	城乡信用社
合计		100.0	100.0	100.0	100.0	100.0
[0.9～1.0)		42.2	48.7	38.1	34.0	42.9
1.0		35.5	34.8	35.2	36.7	39.4
上浮水平	小计	22.2	16.5	26.7	29.2	17.7
	(1.0～1.1]	77.2	79.2	85.1	65.3	68.7
	(1.1～1.3]	18.3	18.9	14.7	22.1	20.4
	(1.3～1.5]	0.6	0.6	0.2	1.1	0.1
	(1.5～2.0]	1.8	1.1	0.1	4.9	1.7
	2.0以上	2.2	0.2	0	6.5	9.2

数据来源：中国人民银行深圳市中心支行。

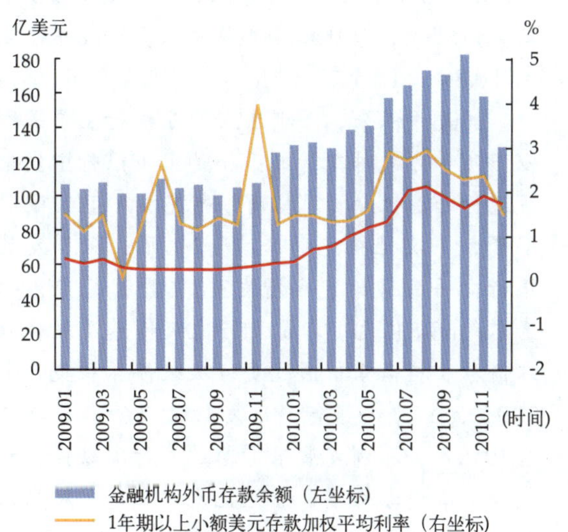

数据来源：中国人民银行深圳市中心支行。

图4 2009～2010年深圳市金融机构外币存款余额及外币存款利率

5. 银行业金融机构改革稳步推进。2010年，中国平安保险（集团）股份公司收购深圳发展银行初步完成。下半年，深圳有3家村镇银行（龙岗鼎业、宝安融兴、福田银座）陆续开业，丰富了深圳金融业发展和服务的层次。深圳法人商业银行高度重视资本管理，资本充足水平稳步上升（见专栏1）。国有商业银行全面完成改制与上市后，辖内分行均大力推进内部治理改革和业务流程重构，突出业务经营定位，强化经营风险管理，着力提高资金运用效率，主营业务均有显著提升。辖内政策性银行分行按照总行部署实施改革，既充分履行政策性职能，又探索开展商业化经营。国家开发银行改制成股份公司后，深圳分行商业化经营管理取得积极成效。

专栏1　深圳法人商业银行资本充足率稳步上升，资本补充机制仍有待完善

为应对国际金融危机，2008年以来，中央密集推出一揽子经济刺激方案，银行信贷投入力度不断加大，各银行资本充足水平逼近监管红线。与此同时，2009年以来银行监管部门又提高了银行业的最低资本要求，将主要商业银行的资本充足率和核心资本充足率标准分别提高至10%和7%。在满足扩大自身发展和外部监管要求两个方面的压力下，深圳法人商业银行采取多种方式补充资本，资本规模不断扩大，资本充足率稳步上升。截至2010年6月末，深圳市8家法人商业银行（4家中资、4家外资）资本净额共计2 158.6亿元，分别比2009年年末、2008年年末增加447.7亿元、831.3亿元；平均资本充足率为11.0%，分别比2009年年末、2008年年末上升0.6个、0.7个百分点；平均核心资本充足率为8.5%，分别比2009年年末、2008年年末上升0.8个、1.1个百分点。

2008年以来，深圳法人商业银行主要采取以下几种方式补充资本：一是上市银行增发配股进行外源性融资。招商银行完成A+H股配股融资，一次性补充资本215.7亿元；深圳发展银行向平安寿险定向增发3.8亿股，补充核心资本约68.8亿元。二是发行次级债券及混合资本债券。招商银行通过发行次级债券募集资金300亿元；平安银行通过发行次级债券募集资金30亿元；深圳发展银行通过发行次级债券和混合资本债券募集资金95亿元。三是大股东注资。永亨银行通过大股东注资增加注册资本5亿元。华商银行通过大股东注资增加注册资本5.4亿元。四是通过内部积累，提高盈余公积和未分配利润。

上述资本补充方式虽为银行募集了大量资金，但却存在各自的短板。股权融资方式，若投资者不能得到满意的红利回报，上市银行将面临投资者“用脚投票”的市场风险；发行次级债券及混合资本债券方式面临监管限制；大股东注资方式筹集资金有限，适用于贷款规模较小的外资银行，对国内商业银行的巨大资本需求则是杯水车薪。

完善资本补充机制已成为当前快速扩张的银行业亟须面对和迫切需要解决的重要问题，同时也是我国宏观审慎监管和金融市场发展中的重要课题。银行应进一步强化资本管理理念，建立完善资本管理体系。资本管理体系应统筹资产、负债、利润、发展理念及业务创新等要素，实现资产、资本、核心资本的匹配增长。具体来说，应构建以留存收益补充核心资本的长效机制；提高次级债券、混合资本债券等金融产品的市场认可度，进一步细分次级债券、混合资本债券等金融产品的风险收益等级，建立多种类、多层次的资本补充产品体系；积极推动资产证券化等市场工具发展，部分消化银行业不断扩大的表内资产。另外，为提高资本充足率，在强调完善资本补充机制的同时也要重视加强资本约束，转变过分依赖信贷业务扩张的经营模式，逐步扩大中间业务收入的占比水平，优化银行盈利结构。

6. 跨境贸易人民币结算试点业务迈上新台阶。2010年，中国人民银行深圳市中心支行努力推进跨境人民币业务。截至年末，累计办理跨境人民币业务6 802笔、金额1 179.9亿元，分别比上年年末增长60.2倍和169.3倍，业务金额占全国的20.3%，居全国第一位。业务种类涵盖了货物贸易、服务贸易、直接投资等人民币结算业务，以及相配套的跨境贸易融资（贷款）、账户融资（拆借）、购售、对外担保、境外机构境内人民币银行结算账户等业务。参与试点的银行41家、企业983家，分别是2009年年末的1.9倍、25.9倍。深圳跨境货物贸易人民币结算量占全市进出口量的比例，由年初的不到0.1%提高到了3.8%。深圳跨境人民币业务的具体特点见专栏2。

专栏2　深圳跨境人民币业务健康发展

2009年，深圳市成为全国首批跨境贸易人民币结算试点城市之一。2010年，中国人民银行深圳市中心支行按照“低调务实有效推动、尊重市场顺应需求、循序渐进风险可控”的原则，推动跨境人民币业务实现跳跃性增长。其业务特点主要体现在：一是业务发展长效机制基本建立。各家银行普遍成立了由“一把手”任组长的跨境贸易人民币结算工作领导小组，将跨境人民币业务列入了本行业务发展规划，建立了科学有效的奖惩激励机制，确定了跨境人民币业务内部管理架构，设立了专门的跨境业务条线，有的银行还专门设立了跨境人民币业务首席产品经理。二是业务创新不断丰富。各行在风险可控的基础上积极创新，办理了多笔全国“第一笔”业务。包括全国第一笔外商直接投资人民币结算业务、对外直接投资人民币结算业务、境内企业向境外企业放款业务、证券投资跨境人民币结算业务、境内企业对外人民币担保业务、境外人民币项目贷款业务，以及跨境人民币再保险业务等。三是业务增长不断加速。2010年新增业务量1 173亿元，是2009年下半年的167倍。月均业务金额由2009年的约1亿元，迅速增加到接近100亿元；月均业务笔数由2009年的不到20笔，迅速增加到500多笔。其中，2010年11月、12月连续两个月业务量超过200亿元。四是清算渠道安全高效。目前，通过中国香港的人民币清算行、境内代理银行、境外机构境内人民币银行结算账户、边贸等渠道均可以安全高效地进行人民币资金的跨境结算和清算。其中，中国香港的人民币清算行渠道已成为主要渠道。截至2010年年末，深圳市通过该渠道清算的业务笔数和金额，分别约占实际收付业务累计发生额的73%和65%。五是银企参与程度显著提高。试点开展以来，深圳大部分银行行动快、力度大，积极做好系统接入工作，不断完善业务操作流程，大力开展市场营销，跨境人民币业务已经逐渐成为部分银行的常规性业务。截至2010年年末，深圳市开办跨境人民币业务的银行共41家，占全市银行的七成以上。

（二）证券业平稳发展，上市公司数量较快增长

2010年，深圳证券业总体运行平稳。但受股票市场调整影响，证券公司资产、交易量均有下滑。不过，证券机构仍实现利润增长，上市公司数保持较快增长。中小企业在上市公司数、筹资额中的比重均达一半左右，其发展得到了有力的支持。

1. 证券业利润保持增长，机构经营合规性进一步提高。2010年年末，深圳证券公司总资产为4 601.7亿元，同比减少2.1%。全年实现净利润224.6亿元，同比增长4.1%；股票基金交易额为21.5万亿元，同比略降0.1%。法人基金管理公司新发基金45只，管理基金总数225只、规模8 027.3亿份。期货公司期货代理交易额为22.9万亿元，同比增长93.0%；实现利润总额2.4亿元，同比增长7.1%；年末总资产为25.8亿元，同比增长59.8%。2010年，深圳法人证券公司围绕证券信息隔离墙制度建设、建立未公开信息知情人制度、强化员工行为管理、加强承销保荐业务管理等方面继续提高经营合规性，基本建立起权责清晰的合规经营组织体系。

表4　2010年深圳市证券业基本情况表

项目	数量
总部设在辖内的证券公司数（家）	17
总部设在辖内的基金公司数（家）	16
总部设在辖内的期货公司数（家）	12
年末国内上市公司数（家）	149
当年国内股票（A股）筹资（亿元）	705
当年发行H股筹资（亿元）	—
当年国内债券筹资（亿元）	—
其中：短期融资券筹资额（亿元）	—

数据来源：深圳证监局。

2. 上市公司数较快增长，治理水平进一步提高，业务创新继续推进。截至2010年年末，深圳上市公司总数达149家，比上年增加35家。其中，中小企业板、创业板上市公司73家。上市公司筹资额为704.4亿元，同比增长104.8%。其中在中小企业板和创业板筹资额占比为58.0%。2010年，上市公司遵循“透明、规范、诚信、自律”的理念，把握好经营主业与多元化发展、主业与股市等关系，治理水平进一步提高。以融资融券业务和股指期货为代表证券业务创新继续推进。

（三）保险业快速发展，业务结构不断优化

2010年，深圳保险业务快速增长。全年共实现保费收入361.5亿元，同比增长33.1%，比全国平均水平高2.7个百分点。其中，产险保费收入为124.0亿元，同比增长23.7%；寿险保费收入为237.46亿元，同比增长38.6%。年末，保险业总资产（不含法人公司）达到745亿元，比年初增长26.9%(见表5)。

保险业务结构不断优化，经营效益显著提升，保险功能进一步发挥。深圳产险结构优于全国平均水平，2010年，非车险占比为31.7%，比全国高6.3个百分点。责任保险、信用保险等均有较大幅度的增长。产险公司承保利润达到6.5亿元，同比增长327.2%。承保利润率达7.2%，较上年同期提高5.2个百分点，较全国平均水平高4.5个百分点。经营盈利的公司数量与2009年相比进一步增加，达到13家。全年累计提供各类风险保障近16万亿元，支付赔款和给付74亿元。出口信用保险为外贸出口承担了近140.5亿美元的风险保障，支付企业赔款1 315万美元，有力地支持和促进了深圳市外向型经济发展。

保险市场秩序进一步好转。保险监管部门加大了对市场经营秩序的规范和管理。市场主体依法规范经营意识不断提升，内控制度的有效性不断增强。财产险公司批退率、平均应收保费率、综合费用率、手续费率分别较上年同期下降2.7个、1.8个、3.7个、3.0个百分点，虚构中介业务、违规套取资金等行为得到一定程度的遏制。

表5　2010年深圳市保险业基本情况表

项目	数量
总部设在辖内的保险公司数（家）	10
其中：财产险经营主体（家）	6
寿险经营主体（家）	4
保险公司分支机构（家）	52
其中：财产险公司分支机构（家）	25
寿险公司分支机构（家）	27
保费收入（中外资，亿元）	361
其中：财产险保费收入（中外资，亿元）	124
人身险保费收入（中外资，亿元）	237
各类赔款给付（中外资，亿元）	74
保险密度（元/人）	4 000
保险深度（%）	3.8

数据来源：深圳保监局。

（四）直接融资比重大幅提高，金融市场交易活跃

2010年，金融机构贯彻宏观调控要求，信贷增长向常态回归，年末贷款在融资总量中的占比为77.6%，比上年年末低7.5个百分点。直接融资特别是股票融资比重大幅提高（见表6）。货币市场流动性松紧交替，利率在波动中上升，金融市场交易量持续增长。

1. 货币市场各品种交易量持续增长，利率在波动中上升，市场总体净融入资金。2010年，深圳银行间货币市场、债券市场合计成交33.5万亿元，同比增长22.4%，交易总量约占全国一成。其中，货币市场成交14.9万亿元，同比增长9.1%。债券市场成交18.4万亿元，同比增长35.7%。现券交投尤其活跃，交易量占全国的14.4%。市场交易短期化现象明显，深圳金融机构隔夜质押回购交易量占质押回购交易量的73.8%。受市场融资增多、通货膨胀预期明显上升和宏观调控政策等多种因素的影

表6　2008～2010年深圳市非金融机构融资结构表

单位：亿元、%

年份	融资量	比重		
		贷款	债券（含可转债）	股票
2008	1 548.2	76.3	10.2	13.5
2009	4 224.9	85.1	6.4	8.5
2010	2 609.9	77.6	3.9	18.5

数据来源：中国人民银行深圳市中心支行、深圳发展改革委、深圳证券交易所网站等。

响，市场利率波动呈明显上升态势。年末，隔夜拆借、7天质押式回购加权平均利率分别收于4.57%和6.50%，较年初分别上升345个和510个基点。全年深圳金融机构通过货币市场与债券市场净融入资金1.8万亿元，同比下降48.3%。

2. 票据贴现量大幅减少，贴现利率不断上升。2010年年末，深圳银行承兑汇票承兑余额为1 369.8亿元，同比增长28.0%；贴现余额为393.3亿元，同比减少56.7%(见表7)。各家银行调节信贷结构、压缩贴现业务是贴现余额大幅下降的主要原因。同时，由于各行以转出票据为主，票据市场利率不断走高(见表8)。12月，深圳银行承兑汇票贴现利率和转贴现利率分别为5.90%和4.92%，分别比1月上升3.15个和2.48个百分点。

表7　2010年深圳市金融机构票据业务量统计表

单位：亿元

季度	银行承兑汇票承兑		贴现			
			银行承兑汇票		商业承兑汇票	
	余额	累计发生额	余额	累计发生额	余额	累计发生额
1	1 035.3	633.7	813.6	2 844.6	27.1	182.8
2	1 115.2	1 463.7	608.6	5 014.5	30.3	309.1
3	1 237.5	2 318.3	606.7	8 504.1	25.1	532.2
4	1 369.8	3 195.3	483.7	11 262.9	21.9	777.6

数据来源：中国人民银行深圳市中心支行。

3. 深证成指大幅下跌，但深市融资量显著增加。2010年，受抑制通货膨胀政策、市场扩容、股指期货及国际形势等多重影响，深证成指下跌1 241.4余点，跌幅达9.1%。深圳证券交易所股票、基金、债券分别成交24.1万亿元、4 224.7亿元、1 291.6亿元，同比增加27.3%、11.4%、55.9%。股票发行累计筹资4 083.8亿元，同比增长1.4倍；IPO家数排名全球第一位；股票平均市盈率44.7倍，较上年年末降低2.9%。

表8　2010年深圳市金融机构票据贴现、转贴现利率表

单位：%

季度	贴现		转贴现	
	银行承兑汇票	商业承兑汇票	票据买断	票据回购
1	3.3529	4.2343	2.6778	2.5654
2	3.5091	4.2479	2.9752	2.6444
3	4.0285	4.6693	3.1344	3.1405
4	4.9109	5.3286	4.0834	3.9548

数据来源：中国人民银行深圳市中心支行。

4. 银行间外汇市场交易量下降，黄金市场交易量大幅增加。自汇改重启和结售汇综合头寸管理新规公布以来，人民币汇率弹性增强，波动幅度扩大；辖内做市商银行即期交易更加谨慎，深圳银行间即期外汇市场交易量大幅下降，人民币外汇掉期交易趋淡。深圳银行间人民币外汇市场和外币买卖市场全年成交额同比下降9.4%。其中，外汇即期交易量下降12.6%，远期交易量上升37.8%，掉期交易量下降10.5%。2010年，上海黄金交易所深圳会员累计交易11 569.4吨，同比增长11倍，占上海黄金交易所累计成交量的14.5%；夜市累计成交39 503.5吨，同比增长3倍，占上海黄金交易所总交易量的49.6%，占比同比上升2.5个百分点。

5. 金融产品创新不断。金融机构积极参与货币市场衍生产品交易，外币对市场交易量快速上升。2010年，深圳外币对市场交易折合165.4亿美元，同比增长1.5倍。美元对港元是主要的交易货币对，美元对港元掉期交易占深圳外币对市场交易总量的58.2%。年末，创业板上市公司已达153家，比年初增加117家。顺应客户的要求，商业银行理财产品更加注重流动性设计，推出可以在规定时间内进行T+0申购、赎回的理财产品。总体上看，创新的广度、深度不断加强，辐射范围不断拓展。

（五）金融生态环境建设力度加大

2010年，深圳继续加大金融生态环境建设，优化金融运行微观环境，提高金融服务水平。中国人民银行深圳市中心支行与东莞中心支行、惠州中心支行共同签订了《深莞惠金融合作备忘录》，加快深莞惠经济一体化进程。启用了深圳电子银行互联系统，率先实现夜间、周末及节假日跨行实时转账。开展了企业征信系统两端数据核对及定点监测工作，提高了征信数据质量；扩大了企业信用信息来源，率先将窃电违法企业和严重消防违法企业信息纳入全国信用信息基础数据库；推动“评信通”网站建设，为中小企业融资提供便捷、高效的服务；首次通过媒体曝光“黑名单”，强化金融债权管理。成功推出了深圳金融网，着手建立与银证保等金融机构互联的大金融网络，金融机构信息交流共享程度进一步提高。

二、经济运行情况

2010年，面对复杂的国内外经济环境，深圳加快推进发展方式转变和结构调整，努力提高发展质量和效益，实现了国民经济又好又快发展。初步核算，全年实现地区生产总值9 510.9亿元，第一至第四季度累计增速分别为11.1%、11.6%、11.8%和12.0%（见图5）。经济发展质量进一步提升。创新能力不断提高，万元GDP能耗和水耗远低于全国平均水平，节能降耗工作取得显著成效。

（一）投资、消费需求成为拉动经济增长的引擎，进出口恢复性增长

2010年，面对世界经济动荡的不利局面，深圳加大了对投资和消费的引导力度，推动经济增长模式向投资、消费和出口协调拉动转变。国际金融危机的缓和有效地促进了深圳外贸进出口的恢复性增长。

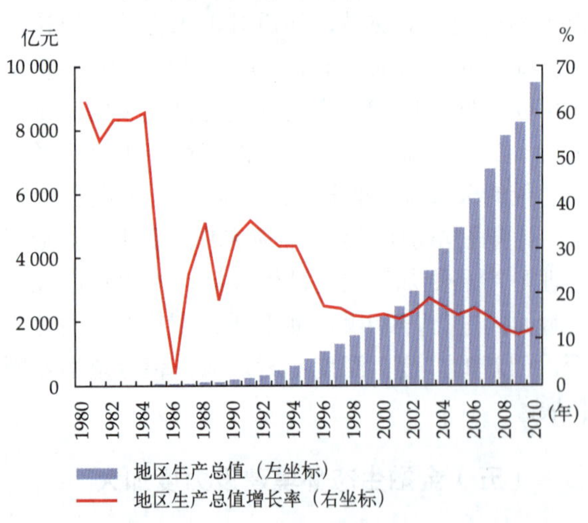

数据来源：深圳市统计局。

图5　1980～2010年深圳市地区生产总值及其增长率

1. 投资需求平稳增长。2010年，全社会固定资产投资1 944.7亿元，增长13.8%。其中，基本建设投资1 226.3亿元，增长17.5%；房地产开发投资458.5亿元，增长4.8%；更新改造投资187.2亿元，增长12.1%；其他投资72.7亿元，增长19.0%（见图6）。

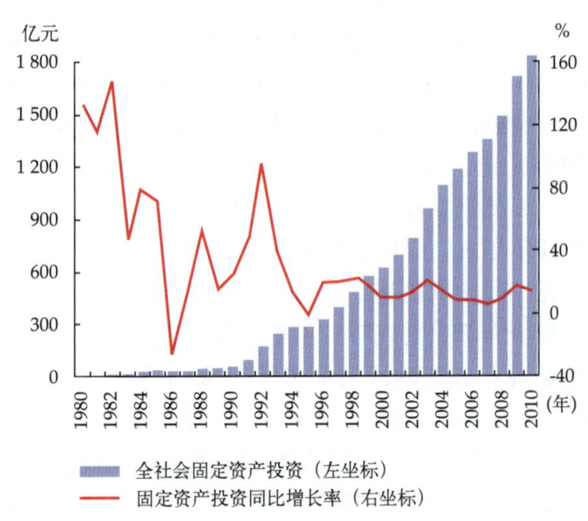

数据来源：深圳市统计局。

图6　1980～2010年深圳市固定资产投资及其增长率

2. 消费需求对经济增长的贡献不断提高。2010年，深圳居民可支配收入达到3.2万元，居内地大中城市首位。居民人均可支配收入为32 380.9元，增长10.7%；居民消费性支出为22 806.5元，增长5.9%。全年累计实现社会消费品零售总额为3 000.8亿元，同比增长17.2%（见图7）。这一增幅超过地区生产总值增速5.2个百分点，接近十四年来的高位。从商品销售种类看，除书报杂志类和服装鞋帽针织类轻微下降，其余均不同程度增长。其中，增长较快的主要是金银珠宝类、通信器材类，以及家用电器和音响器材类，分别增长83.3%、32.8%和31.7%。

3. 外贸进出口恢复性增长。国际金融危机的缓和有效地促进了深圳外贸进出口的回升。全年进出口总额为3 467.5亿美元，增长28.4%。其中，出

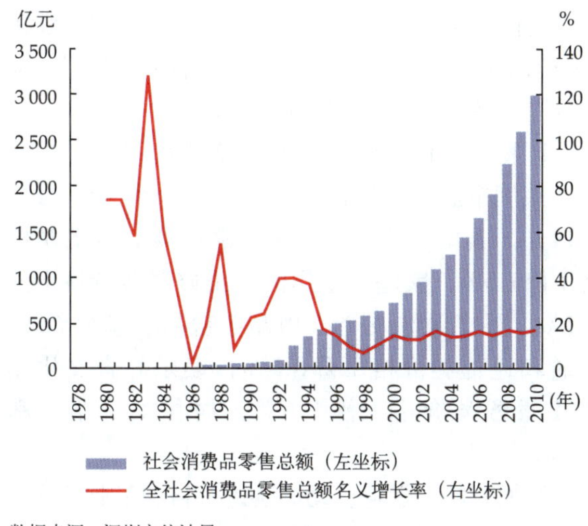

数据来源：深圳市统计局。

图7 1978～2010年深圳市社会消费品零售总额及其增长率

口总额为2 041.8亿美元，增长26.1%，实现十八连冠；进口总额为1 425.7亿美元，增长31.8%（见图8）。其中，12月当月进口147.4亿美元，当月出口237.3亿美元，均创历史单月进口、出口新高。外贸结构不断优化，一般贸易出口比重达31.3%，增长2个百分点。

2010年全市外商直接投资小幅增长。四大投资来源地中，中国香港仍然是最大的外商投资来源地，投资额同比增长12.7%，占全部外商投资的比重达72.1%。美国外商投资的增长较大，涨幅为

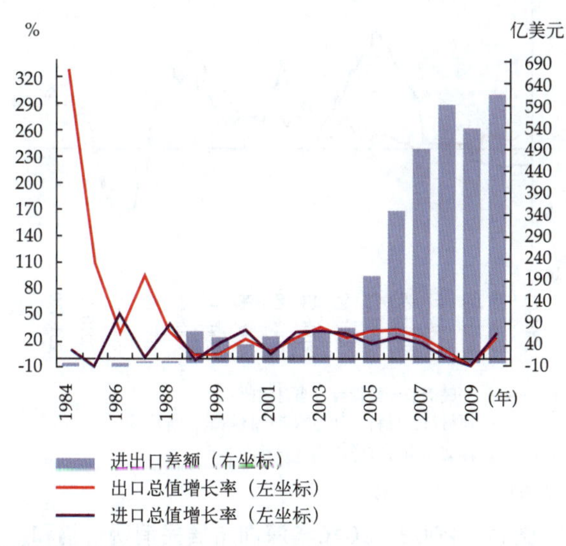

数据来源：深圳市统计局。

图8 1984～2010年深圳市外贸进出口变动情况

76.7%。日本和中国台湾外商投资大幅下降，同比分别下降29.6%和20.5%。

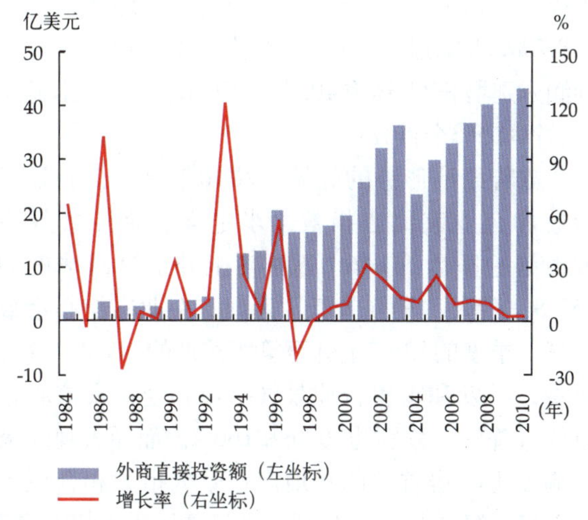

数据来源：深圳市统计局。

图9 1984～2010年深圳市外商直接投资情况

（二）工业规模创新高，服务业迅速增长

2010年，深圳产业结构进一步优化，三次产业结构保持“三二一”的格局。其中，第一产业增加值为6.0亿元，同比下降14.3%；第二产业增加值为4 523.4亿元，同比增长14.1%；第三产业增加值为4 981.6亿元，同比增长9.9%。工业、服务业均取得显著增长。工业效益进一步提高，企业景气指数步入“较强景气”区间；金融业、文化业发展较为抢眼。

1. 工业规模再创新高，企业景气指数步入“较强景气”区间。2010年，全市规模以上（下同）工业企业实现增加值4 092.6亿元，增长13.8%，增幅提高5.1个百分点（见图10）；工业总产值规模为18 211.8亿元，创历史新高。从结构上看，大中型企业和股份制经济增长较快，增加值均同比增长14.1%。行业上，通信设备、计算机及其他电子设备制造业实现值达2 152.8亿元，增长20.4%，占工业增加值的52.6%。深圳现代产业体系框架基本形成，高新技术、金融、物流、文化四大支柱产业增加值占地区生产总值的比重超过60%。战略性新兴产业迅速崛起，在全国率先出台实施生物、互联网和新能源三大产业振兴规划及产业政策。2010年三大新兴产业增速分别为3.0%、24.2%和29.3%。银

行服务外包产业开始兴起(见专栏3)。

良好的经济复苏态势推动工业经济效益进一步提高。2010年，全市工业经济效益综合指数为188.7%，同比上升7.6个百分点。主营业务收入、利润分别增长28.5%和40.1%，增幅比上年分别提高34.1个和29.3个百分点。

随着经济形势的好转，2010年深圳企业景气指数和企业家信心指数逐步走高。企业景气指数由第一季度的146.0逐季度上升至第四季度的155.8，步入“较强景气”区间；企业家信心指数由第一季度的135.3上升至第四季度的141.2。分行业看，批发和零售行业景气指数和企业家信心指数位居首位，分别为167.6和166.2。而受宏观政策影响，上年居首位的房地产业景气指数和企业家信心指数降幅最大，分别下降15.3个百分点和72.2个百分点。

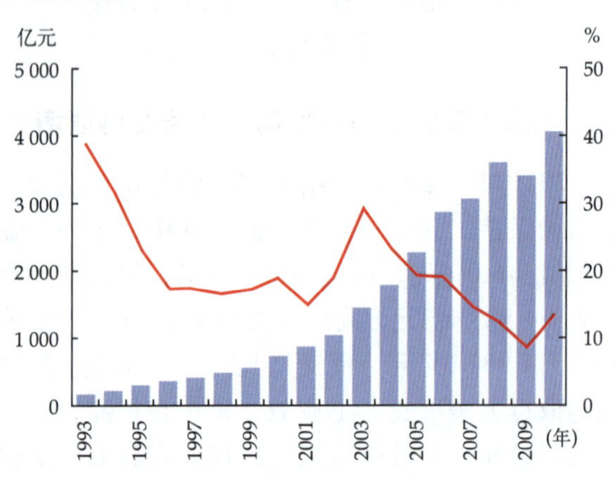

数据来源：深圳市统计局。

图10　1993～2010年深圳市工业增加值及其增长率

2. 服务业迅速增长，金融业、文化业发展较为抢眼。2010年，深圳第三产业增加值为4 981.6亿元，增长9.9%。其中，金融业增加值占地区生产总值的比重达到13%，文化产业增加值占地区生产总值的比重达到6.1%。

（三）居民消费价格整体上涨，职工劳动报酬稳步增长

2010年，随着经济形势的进一步好转，深圳居民消费价格整体上涨。全年居民消费价格累计涨幅比全国平均水平高0.2个百分点。原材料、燃料、动力购进价格和工业品价格双双走高。

1. 物价整体上涨，各类价格涨跌不同。2010年，深圳市居民消费价格全年累计上涨3.5%（见图11）。其中，食品类价格上涨7.7%，衣着类价格下降1.5%，家庭设备用品及维修服务价格上涨0.2%，医疗保健及个人用品类价格上涨4.6%，交通和通信类价格下降0.5%，娱乐教育文化用品及服务类价格上涨1.6%，居住类价格上涨3.8%。

2. 原材料、燃料、动力购进价格和工业品价格双双走高。2010年，深圳原材料价格和工业品价格全年累计上涨4.7%和1.6%（见图11）。原材料、燃料、动力购进价格自1月开始回升，6月涨幅达5.84%，之后一直在高位徘徊。工业品价格自1月开始回升，5月涨幅达2.52%，之后有所回落，呈现窄幅波动。

3. 职工劳动报酬有所增长。截至2010年年末，全市城镇单位在岗职工人数为251.1万人，增长14.0%，增幅同比上涨3.0个百分点；在岗职工年均工资为50 456元，增长8.0%。2010年，深圳实行全市统一的最低工资标准，为1 100元/月。

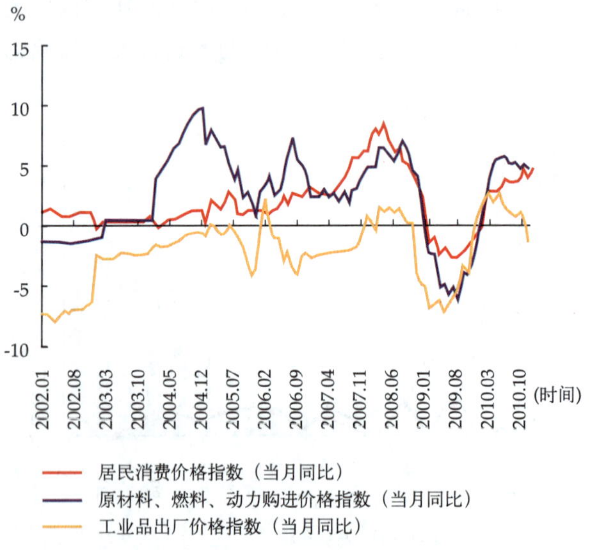

数据来源：深圳市统计局。

图11　2002～2010年深圳市居民消费价格和生产者价格变动趋势

（四）财政收支保持较快增长，与经济增长进一步协调

2010年，良好的经济形势、持续增长的居民收入与企业效益推动深圳地方财政收支保持较快增长。全年深圳地方财政一般预算收入为1 106.8亿元，增长25.7%，增幅比上年高15.6个百分点。税收继续保持在财政收入中的绝对主力地位，全市税收收入为992.0亿元，增长20.5%，占地方财政一般预算收入的比重维持在89.6%的高水平。地方财政一般预算支出为1 265.3亿元，增长26.4%，增幅比上年高13.9个百分点（见图12）。财政收支规模的不断扩大，令地方政府财力显著增强，财政收入增长与经济增长进一步协调。

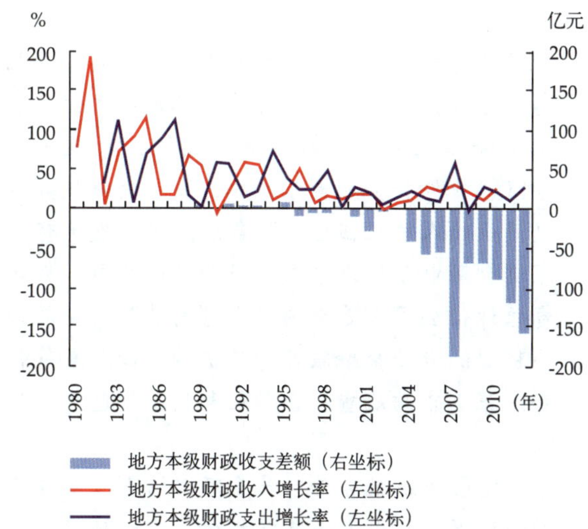

数据来源：深圳市统计局。

图12　1980～2010年深圳市财政收支状况

（五）创新能力不断提升，节能降耗、环境治理工作取得成效

深圳作为首个国家创新型城市，全社会研发投入占地区生产总值比重达到3.7%，是全国平均水平的两倍。核心技术自主创新能力得到提升，PCT国际专利申请量连续七年居国内首位。节能降耗工作取得一定成效。每平方公里产出地区生产总值为4.8亿元、税收1.7亿元。万元地区生产总值能耗和水耗分别为0.5吨标准煤和20.3立方米，相当于全国平均水平的1/2和1/10。“十一五”期间二氧化硫和化学需氧量排放量分别下降31%和37%，圆满完成国家节能减排任务。环境保护从传统的治污保洁向生态建设和低碳发展转变，城市生活污水集中处理率达到85%，污水再生利用率达到27.1%，被确定为全国首批生态文明建设试点地区。

专栏3　深圳市金融服务外包产业方兴未艾

金融服务外包是指金融机构利用外包服务商来完成以前由自身承担的部分业务活动。这些业务活动一般是为其核心业务提供支持与服务的辅助性业务。金融机构选择服务外包有利于降低交易成本，提高核心竞争力。

目前，深圳的金融外包服务商除深圳金融电子结算中心、威豹押运公司、鹏元资信评估公司3家专营机构外，另有30多家企业兼营金融服务外包业务。仅上述3家专营机构2009年外包业务总收入就达10亿元。深圳金融服务外包产业呈现出以下几个特点：一是服务外包需求强烈。调查显示，90%的金融机构对金融服务外包认知度和接受度较高，75%的机构认为金融服务外包有帮助而且比较满意，60%的机构认为目前外包服务商还不足。二是银行业服务外包程度比证券业、保险业高。2009年深圳40家银行外包项目支出占营业总支出的0.74%，67.5%的银行已将部分业务外包。三是外包项目以信息技术和业务流程为主。前者包括网络设备、计算机硬件、第三方软件、应用软件、办公系统等维护；后者包括银企服务、票据仓储、现金管理、凭证影像等。四是兼营金融外包业务的服务商大部分属于外向型企业。对6家兼营金融外包业务的企业调查显示，这些企业均为外商投资企业，4家企业的服务或产品以出口为主，只有2家企业以国内市场为主。五是金融外包服务商规模较小。6家兼营金融外包业务的企业注册资本规模多数在3 000万～5 000万元，人员规模半数在100～500人。

深圳发展金融服务外包产业具备以下优势：一是市场优势。港澳台金融机构众多，金

融服务外包需求大，由于深圳毗邻港澳，开拓港澳台客户的地缘优势显著。二是人才优势。深圳金融业和高科技行业发展快，集聚了大量IT、软件和金融专业人才，发展金融服务外包产业的人才队伍已经具备。三是先发优势。深圳金融电子结算中心、威豹押运公司、鹏元资信评估公司都是全国成立时间最早、发展最为稳健的专业金融服务外包机构。四是政策优势。深圳市政府重视金融业和服务外包产业发展。

发展金融服务外包产业可以培育金融发展的新引擎，提升和丰富深圳金融中心建设；有利于打造现代服务业的支柱，推动深圳产业升级和经济发展；有利于形成深港合作的重要平台，提高深圳经济金融国际化水平。为此，应当抓紧研究制定相关配套措施和支持政策；建设一个安全、高效、专业的金融服务外包产业示范基地，发挥集聚效应；培育龙头企业在全国发挥辐射作用，形成具备大型项目承接发包功能的集团；形成企业集群，提供全方位立体式服务网络；创建金融服务外包产业公共服务平台，提供项目、人才、融资、咨询四项服务；营造自律、开放、规范的金融服务外包产业发展环境。

（六）房地产市场成交量减价升

2010年，深圳房地产市场受调控政策的影响明显。全年市场累计成交量大幅萎缩，但成交价格保持高位。

1. 房地产开发投资保持增长，小户型住宅开发投资增长较快。2010年，深圳市累计完成房地产开发投资458.5亿元，同比增长4.8%。其中，90平方米以下住宅开发投资179.2亿元，增长18.4%，占全部房地产开发投资的比重为39.1%，较上年提高4.5个百分点。

2. 新建商品房供给依然较紧。2010年，深圳商品房施工面积为2 939.8万平方米，同比下降5.5%（见图13）；商品房新开工面积为471.0万平方米，同比下降3.7%；竣工面积为344.4万平方米，同比下降14.3%；全市新建商品房批准预售面积为482.0万平方米，同比下降15.8%。住宅供给的情况相对较好，尤其是90平方米以下住宅的各类供给指标均同比增长。向小户型住宅倾斜的房地产政策正在发挥效力。

3. 房地产销售量大幅减少。2010年，全市新建商品房销售面积、收入分别为362.7万平方米和756.1亿元，同比分别下降49.1%和30.3%（见图13）。其中，新建商品房销售面积和销售收入分别为313.2万平方米和635.6亿元，分别同比下降52.6%和35.2%。新建商品房销售面积更创下了2000年以来的最低水平。新建商品房销售面积受房地产调控政策影响，全年波动明显：在1月、4月、9月分别

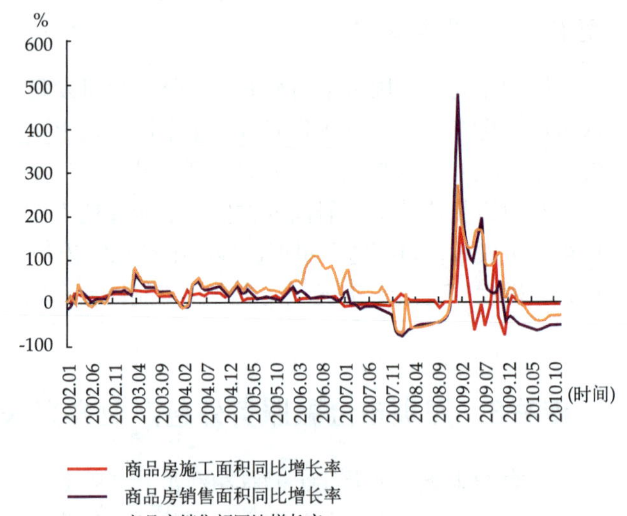

数据来源：深圳市房地产研究中心。

图13　2002～2010年深圳市商品房施工和销售变动趋势

出现峰值，在“国十条”、“国五条”等政策出台后明显收缩。

二手房交易量下降幅度相对较小，成交占比继续上升。深圳市二手房全年累计交易面积为1 119.4万平方米，同比减少20.4%，其中，住宅交易面积为923.8万平方米，减少24.8%。二手住宅交易面积与新建住宅销售面积的比值由2009年的1.9：1进一步提升到了3.0：1。在新建住宅供给不足且价格高企的情况下，存量住宅交易已占据了市场的主导地位。年末，商品房空置面积为134.4万平方米，下

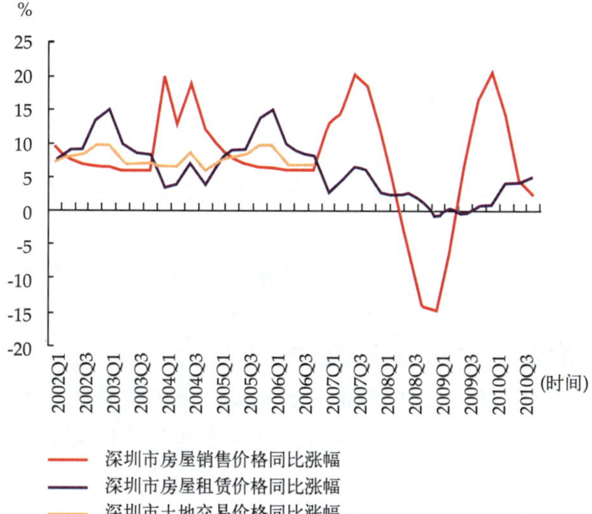

数据来源：国家统计局深圳市调查队。

图14　2002～2010年深圳市房屋销售价格指数变动趋势

降5.1%。

4. 房地产价格较快上涨。2010年深圳新建商品房均价同比上涨了37.0%。其中，住宅均价为20 297元/平方米，自1997年以来首次突破2万元；上涨36.6%，涨幅仅次于2007年的44.8%，为1997年以来的第二高。

5. 房地产贷款增速明显回落。2010年年末，深圳房地产贷款余额为5 460.3亿元，同比增长16.5 %，增幅比上年回落10.3个百分点。其中，房地产开发贷款余额为1 342.9亿元，同比增加20.3%，比年初增加785.5亿元，同比少增305.6亿元；个人住房贷款余额为3 902亿元，同比增加14.7%，增幅比上年回落30.0个百分点，比年初，增加510.9亿元，同比少增574.9亿元。9月以前个人住房贷款投放较为宽松，9月末，房地产市场调控力度进一步加大后，住房贷款投放明显收缩。

三、预测与展望

2011年是“十二五”开局之年，也是深圳“大运年”。深圳将全面实施“十二五”规划，紧紧围绕加快转型升级、建设“幸福广东”、创造“深圳质量”这个中心，扎实推进经济和社会建设。同时，深圳将加大源头创新力度，组织实施并积极参与国家重大科技专项和重点技术攻关，力争在核心电子器件、高端通用芯片、超大规模集成电路等战略领域实现一批核心技术突破；着力发展战略性新兴产业，提升高技术制造业竞争力，加快发展现代服务业，促进传统优势产业转型升级；推动投融资体制改革实现重大突破，加快重大项目建设，积极开拓内外市场，优化增长需求结构。预计2011年深圳经济将继续保持平稳增长态势，全市生产总值增速将达到10%左右，居民消费价格指数同比上涨4%左右，节能降耗、环境治理工作取得进一步成效。

深圳金融业将认真落实稳健的货币政策，把握信贷投放的总量和节奏，加大对重点行业、区域、领域和项目的支持力度，发展直接融资，更好地服务于经济结构调整和产业升级的大局。

中国人民银行深圳市中心支行货币政策分析小组
负责人：张建军　崔　瑜
统　稿：黄　富　赖纪云　刘川巍
执　笔：刘川巍　孟　浩　王建党　王继权　吴劲军
提供材料的还有：赖纪云　王　伟　蔡瑞文　管　高　曾园园　张　婉　袁　婷　吕建锋　黄海涛

附录

（一）2010年深圳市经济金融大事记

2月9日，中国人民银行深圳市中心支行与中国人民银行东莞市中心支行、惠州市中心支行共同签订《深莞惠金融合作备忘录》。

3月31日，上海证券交易所、深圳证券交易所正式发布通知，开始接受券商融资融券交易申报，这标志着融资融券交易正式进入市场操作阶段。

4月，深圳市金融机构可比口径本外币存款余额为20 085.63亿元，首次突破2万亿元大关。

6月9日，深圳金融债权联席会议通过《深圳商报》向社会公告“2010年第一期拖欠金融机构贷款企业名单”。这一通过公共媒体向社会曝光拖欠金融机构贷款企业“黑名单”的举措，进一步强化了深圳金融债权管理工作。

6月18日，宝安融兴村镇银行正式成立。2010年全年，共有3家村镇银行在深圳成立。

7月9日，中国人民银行深圳市中心支行和深圳供电局签订了信息共享协议，将企业窃电信息纳入全国企业信用信息基础数据库和深圳市借款企业风险预警系统。这标志着深圳市信用体系建设又上了一个新台阶。

8月26日，国务院批复原则同意《前海深港现代服务业合作区总体发展规划》，对深入推进深港金融合作，加快深圳金融业发展具有重大意义。

9月1日，中国平安保险（集团）公司以持有的平安银行78.3亿股份及现金足额认购深圳发展银行非公开发行股份。此项交易结束后，中国平安将成为深圳发展银行控股股东。

（二）2010年深圳市主要经济金融指标

表1　2010年深圳市主要存贷款指标

		1月	2月	3月	4月	5月	6月	7月	8月	9月	10月	11月	12月
本外币	金融机构各项存款余额（亿元）	18 762.6	19 036.8	19 585.9	20 085.6	20 115.8	20 520.3	20 396.3	20 727.7	21 303.0	21 398.7	21 425.7	21 937.9
	其中：城乡居民储蓄存款	8 535.6	8 582.9	8 786.9	8 945.5	8 830.5	8 933.1	9 002.0	9 159.3	9 344.4	9 464.0	9 636.7	9 658.9
	企业存款	5 951.9	6 218.9	6 224.3	6 327.6	6 357.0	6 632.3	6 506.5	6 544.7	6 927.1	6 574.2	6 571.1	6 918.2
	各项存款余额比上月增加（亿元）	405.3	274.1	549.1	499.8	30.2	404.5	-124.0	331.3	575.4	95.6	27.1	512.2
	金融机构各项存款同比增长（%）	29.3	29.1	25.6	27.5	25.5	22.3	21.8	24.1	22.5	22.5	22.6	19.5
	金融机构各项贷款余额（亿元）	15 577.1	15 752.5	15 876.3	16 188.2	16 303.3	16 152.1	16 204.5	16 182.4	16 294.4	16 542.8	16 673.1	16 808.1
	其中：短期	3 186.5	3 262.7	3 311.7	3 423.9	3 445.4	3 501.2	3 463.7	3 414.6	3 453.1	3 505.4	3 505.4	3 503.7
	中长期	9 964.6	10 226.1	10 403.0	10 548.3	10 683.9	10 782.5	10 952.5	11 131.7	11 297.0	11 448.7	11 592.4	11 667.6
	票据融资	1 131.8	964.0	840.7	880.9	877.9	639.0	632.0	505.7	415.7	451.8	408.0	394.6
	各项贷款余额比上月增加（亿元）	793.7	175.4	123.7	312.0	115.1	-151.3	52.4	-22.1	111.9	248.4	130.3	135.1
	其中：短期	175.8	76.2	49.0	112.3	21.5	55.7	-37.4	-24.2	38.5	52.3	0.0	-1.7
	中长期	393.6	261.5	176.9	145.3	135.6	98.6	170.0	154.3	165.3	151.6	143.7	75.2
	票据融资	223.8	-167.8	-123.3	40.2	-3.0	-238.9	-7.0	-126.3	-90.0	36.1	-43.8	-13.3
	金融机构各项贷款同比增长（%）	24.2	20.9	19.0	18.3	14.1	8.2	8.8	8.4	8.6	9.3	10.7	13.7
	其中：短期	19.1	19.1	16.5	22.2	24.1	21.3	26.7	23.0	30.2	19.3	15.3	17.3
	中长期	37.5	40.0	38.0	38.6	37.3	30.1	29.5	27.0	29.7	23.5	22.9	21.6
	票据融资	-45.4	-61.1	-65.0	-67.1	-71.3	-77.8	-76.9	-78.6	-77.4	-73.1	-69.2	-56.6
	建筑业贷款余额（亿元）	216.3	227.9	224.7	239.9	248.9	257.9	250.0	262.2	271.4	283.0	279.6	278.9
	房地产业贷款余额（亿元）	1 523.2	1 560.0	1 614.3	1 671.5	1 680.3	1 688.8	1 712.4	1 747.1	1 746.5	1 741.0	1 734.7	1 735.3
	建筑业贷款同比增长（%）	23.9	32.1	19.4	32.6	34.7	35.6	39.4	42.4	35.6	36.8	30.2	32.8
	房地产业贷款同比增长（%）	10.0	17.6	20.4	30.6	33.4	26.7	34.3	29.9	26.6	25.9	22.3	22.5
人民币	金融机构各项存款余额（亿元）	17 874.1	18 137.3	18 712.4	19 133.6	19 145.1	19 447.4	19 280.4	19 547.3	20 154.6	20 159.6	20 367.5	21 081.9
	其中：城乡居民储蓄存款	5 683.2	6 026.9	6 029.3	6 141.1	6 176.3	6 451.8	6 327.9	6 367.9	6 751.3	6 401.3	6 401.0	6 745.4
	企业存款	8 022.4	8 046.8	8 301.5	8 392.3	8 277.7	8 283.5	8 380.5	8 505.3	8 634.4	8 750.1	9 028.4	9 147.3
	各项存款余额比上月增加（亿元）	375.5	263.2	575.1	421.2	11.4	302.4	-167.0	266.9	607.3	5.1	207.8	714.4
	其中：城乡居民储蓄存款	2.2	263.4	2.4	111.8	35.2	275.5	-123.8	40.0	383.4	-350.0	-0.3	344.5
	企业存款	312.2	24.2	254.7	90.8	-114.7	5.8	97.0	124.9	129.1	115.6	278.4	118.9
	各项存款同比增长（%）	29.7	29.3	26.0	27.1	24.9	21.4	20.3	22.5	20.7	20.5	21.7	20.5
	其中：城乡居民储蓄存款	8.9	15.0	11.9	13.0	13.7	17.3	17.5	18.8	17.3	15.7	17.3	17.3
	企业存款	27.3	25.2	19.6	21.2	16.9	8.1	9.6	10.3	6.8	6.1	9.2	5.0
	金融机构各项贷款余额（亿元）	12 820.8	12 998.4	13 095.7	13 427.7	13 615.9	13 549.8	13 738.0	13 760.6	13 841.9	14 054.9	14 200.4	14 276.2
	其中：个人消费贷款	4 159.0	4 232.0	4 273.1	4 324.9	4 405.0	4 446.7	4 487.3	4 539.3	4 600.2	4 659.0	4 715.0	4 766.6
	票据融资	-45.4	-61.1	-65.0	-67.2	-71.3	-77.8	-76.9	-78.6	-78.1	-73.2	-69.2	-56.7
	各项贷款余额比上月增加（亿元）	734.7	177.6	97.3	332.1	188.2	-66.1	188.2	22.6	81.3	213.1	145.4	75.8
	其中：个人消费贷款	100.0	73.0	41.1	51.8	80.1	41.7	40.6	51.9	60.9	58.8	56.0	51.6
	票据融资	223.7	-167.8	-123.3	40.2	-3.0	-238.9	-7.0	-126.2	-90.0	34.8	-43.8	-13.3
	金融机构各项贷款同比增长（%）	17.4	13.9	12.2	12.2	9.3	5.8	8.4	8.9	10.4	11.9	14.2	18.1
	其中：个人消费贷款	44.8	44.8	42.1	39.1	36.9	31.8	27.9	25.5	22.9	21.7	19.8	17.4
	票据融资	-45.4	-61.1	-65.0	-67.2	-71.3	-77.8	-76.9	-78.6	-78.1	-73.2	-69.2	-56.7
外币	金融机构外币存款余额（亿美元）	130.2	131.8	128.0	139.5	142.2	158.0	164.7	173.3	171.4	185.2	158.5	129.3
	金融机构外币存款同比增长（%）	21.6	25.8	18.5	36.8	39.6	42.5	55.8	61.0	68.7	74.1	46.5	2.8
	金融机构外币贷款余额（亿美元）	403.7	403.4	407.3	404.4	393.6	383.2	364.1	355.6	366.0	371.8	370.4	382.3
	金融机构外币贷款同比增长（%）	70.2	70.5	66.1	60.5	46.5	23.5	12.2	5.8	1.6	-1.5	-3.9	-3.2

数据来源：中国人民银行深圳市中心支行。

表2 2001～2010年深圳市各类价格指数

单位:%

年/月		居民消费价格指数		农业生产资料价格指数		原材料购进价格指数		工业品出厂价格指数		深圳市房屋销售价格指数	深圳市房屋租赁价格指数	深圳市土地交易价格指数
		当月同比	累计同比	当月同比	累计同比	当月同比	累计同比	当月同比	累计同比	当季(年)同比	当季(年)同比	当季(年)同比
2001		—	97.8	—	—	—	100.2	—	96.3	101.1	99.6	101.0
2002		—	101.2	—	—	—	99.0	—	93.8	100.4	100.2	101.1
2003		—	100.7	—	—	—	100.5	—	97.7	102.2	99.9	103.0
2004		—	101.3	—	—	—	109.7	—	99.5	104.6	100.0	103.8
2005		—	101.6	—	—	—	105.1	—	98.7	107.5	101.0	—
2006		—	102.2	—	—	—	104.2	—	98.2	112.3	102.5	—
2007		—	104.1	—	—	—	102.9	—	98.4	116.3	104.8	—
2008		—	105.9	—	—	—	105.3	—	99.6	98.1	102.2	—
2009		—	98.7	—	—	—	96.3	—	95.3	100.8	100.0	—
2010		—	103.5	—	—	—	104.7	—	101.6	110.4	103.1	—
2008	1	—	—	—	—	—	—	—	—	—	—	—
	2	107.9	107.2	—	—	105.0	104.8	99.8	99.8	111.4	—	—
	3	107.6	107.3	—	—	106.6	105.4	101.5	100.4	108.0	102.6	—
	4	108.5	107.6	—	—	106.5	105.7	101.1	100.6	105.5	—	—
	5	107.0	107.5	—	—	106.0	105.7	101.4	100.7	102.5	—	—
	6	106.2	107.3	—	—	105.5	105.7	101.2	100.8	99.6	102.2	—
	7	106.6	107.2	—	—	106.3	105.8	101.5	100.9	96.1	—	—
	8	105.5	107.0	—	—	107.1	105.9	101.0	100.9	93.6	—	—
	9	105.1	106.7	—	—	106.2	106.0	100.2	100.8	90.0	102.7	—
	10	104.6	106.5	—	—	104.6	105.8	100.2	100.8	87.4	—	—
	11	103.5	106.2	—	—	104.3	105.7	95.8	100.1	85.2	—	—
	12	102.5	105.9	—	—	100.9	105.3	95.1	99.6	84.8	101.3	—
2009	1	—	—	—	—	—	—	—	—	83.7	—	—
	2	98.7	100.7	—	—	97.8	98.1	93.2	94.1	84.3	—	—
	3	99.2	100.2	—	—	97.8	98.0	93.5	93.6	87.3	100.4	—
	4	97.7	99.6	—	—	95.0	97.3	94.0	93.7	90.8	—	—
	5	98.2	99.3	—	—	95.3	96.9	92.9	93.6	94.9	—	—
	6	97.7	99.0	—	—	94.4	96.5	93.8	93.6	98.4	99.2	—
	7	97.3	98.8	—	—	95.0	96.2	94.2	93.7	102.7	—	—
	8	97.5	98.6	—	—	93.9	95.9	94.7	93.8	106.5	—	—
	9	97.9	98.5	—	—	95.9	95.9	96.6	94.1	111.1	99.5	—
	10	98.4	98.5	—	—	96.2	96.0	96.1	94.3	113.8	—	—
	11	99.0	98.5	—	—	97.2	96.1	99.7	94.8	116.6	—	—
	12	99.8	98.7	—	—	99.1	96.3	101.1	95.3	118.9	100.8	—
2010	1	—	—	—	—	—	—	—	—	—	—	—
	2	102.8	101.3	—	—	102.7	101.9	102.8	102.3	120.9	—	—
	3	103.0	101.9	—	—	104.7	102.8	102.0	102.2	120.1	101.1	—
	4	103.0	102.1	—	—	105.7	103.5	102.5	102.2	117.9	—	—
	5	103.2	102.4	—	—	105.7	104.0	102.5	102.3	114.2	—	—
	6	103.8	102.6	—	—	105.8	104.3	101.5	102.2	110.6	104.1	—
	7	103.6	102.7	—	—	105.2	104.0	101.2	102.0	106.6	—	—
	8	103.7	102.9	—	—	105.3	104.5	100.8	101.9	103.7	—	—
	9	103.8	103.0	—	—	104.8	104.6	101.1	101.8	103.3	104.2	—
	10	104.8	103.1	—	—	105.0	104.6	100.9	101.7	103.3	—	—
	11	105.1	103.3	—	—	104.7	104.6	99.9	101.5	102.0	—	—
	12	104.8	103.5	—	—	105.7	104.7	102.3	101.6	101.4	104.2	—

数据来源：深圳市统计局。

表3　2010年深圳市主要经济指标

	1月	2月	3月	4月	5月	6月	7月	8月	9月	10月	11月	12月
						绝对值（自年初累计）						
地区生产总值(亿元)	—	—	1 977.83	—	—	4 215.57	—	—	6 722.03	—	—	9 510.91
第一产业	—	—	1.39	—	—	2.95	—	—	4.54	—	—	6.00
第二产业	—	—	896.37	—	—	1 953.43	—	—	3 171.96	—	—	4 523.36
第三产业	—	—	1 080.07	—	—	2 259.19	—	—	3 545.53	—	—	4 981.55
工业增加值(亿元)	271.67	479.46	844.87	1 089.48	1 424.52	1 839.54	2 123.02	2 482.49	2 964.68	3 244.37	3 659.82	4 233.22
城镇固定资产投资(亿元)	51.6	160.55	276.09	409.83	561.65	727.25	875.30	1 045.90	1 257.32	1 455.61	1 687.31	1 944.70
房地产开发投资	14.0	51.01	79.86	121.41	163.45	205.71	241.03	267.52	308.81	353.40	398.34	458.47
社会消费品零售总额(亿元)	249.50	501.98	723.56	938.79	1 164.42	1 403.49	1 644.75	1 899.21	2 165.92	2 446.80	2 717.30	3 000.76
外贸进出口总额(亿美元)	178.65	363.31	625.19	892.49	1 171.80	1 452.24	1 743.04	2 060.04	2396.30	2 714.05	3 082.78	3 467.49
进口	71.70	149.18	265.39	380.61	496.12	613.81	727.99	858.41	999.68	1 136.77	1 278.29	1 425.66
出口	106.95	214.13	359.8	511.89	675.69	838.43	1 015.05	1 201.63	1 396.62	1 577.28	1 804.50	2 041.84
进出口差额(出口−进口)	35.25	64.95	94.41	131.28	179.57	224.62	287.06	343.22	396.94	440.51	526.21	616.18
外商实际直接投资(亿美元)	2.36	3.12	5.97	9.68	13.53	18.81	22.58	27.77	34.73	38.04	41.41	42.97
地方财政收支差额(亿元)	73.41	40.33	28.08	110.12	97.16	21.14	42.10	26.55	-0.29	66.03	45.22	-158.45
地方财政收入	125.80	195.61	270.02	425.94	497.23	573.95	672.44	734.33	808.66	957.84	1 041.23	1 106.82
地方财政支出	52.39	155.28	241.94	315.82	400.07	552.81	630.34	707.78	808.95	891.81	996.01	1 265.27
城镇登记失业率(%)（季度）	—	—	—	—	—	—	—	—	—	—	—	—
						同比累计增长率（%）						
地区生产总值	—	—	11.1	—	—	11.6	—	—	11.8	—	—	12.0
第一产业	—	—	-5.8	—	—	-15.9	—	—	-15.4	—	—	-14.3
第二产业	—	—	11.8	—	—	13.0	—	—	14.3	—	—	14.1
第三产业	—	—	10.5	—	—	10.4	—	—	9.3	—	—	9.9
工业增加值	15.0	12.4	11.5	11.8	12.8	12.8	12.7	13.3	13.9	13.9	13.9	13.9
城镇固定资产投资	0.0	8.3	9.3	10.4	10.3	11.1	11.1	11.5	12.2	13.3	14.2	13.8
房地产开发投资	0.0	13.8	13.9	10	12.3	16.8	12.8	8.4	4.7	6.0	4.4	4.8
社会消费品零售总额	11.7	16.3	48.3	16.7	16.2	16.1	15.7	15.3	15.7	16.3	16.7	17.2
外贸进出口总额	10.7	14.7	20.7	22.7	26.5	27.5	27.2	28.8	28.9	29.2	29.5	28.4
进口	33.0	24.7	35.5	36.2	37.6	36.2	34.4	35.2	34.5	36.2	34.2	31.8
出口	-0.38	8.7	11.7	14.3	19.5	21.8	22.5	24.5	25.1	24.5	26.4	26.1
外商实际直接投资	55.2	4.2	3.4	5.3	3.0	4.0	5.0	2.5	3.2	2.4	1.0	3.3
地方财政收入	10.5	15.4	15.6	15.0	15.4	15.5	15.7	16.8	18.4	24.7	26.8	25.7
地方财政支出	-0.45	37.2	28.9	23.9	24.0	32.8	35.2	38.1	34.1	38.9	37.1	26.4

数据来源：深圳市统计局。

2010年广西壮族自治区金融运行报告

中国人民银行南宁中心支行货币政策分析小组

[内容摘要] 2010年，广西紧紧抓住国家深入推进西部大开发和国务院出台《关于进一步促进广西经济社会发展若干意见》的历史机遇，积极应对经济运行中的新情况、新问题，经济总量再上新台阶。全区生产总值同比增长14.2%，增速创近三年新高。投资、消费快速增长，进出口总额再创历史新高，与东盟、港澳台和泛珠三角等国内外多区域合作不断拓展。三次产业稳步发展，规模以上工业增速位居全国第一。物价水平持续上行，通货膨胀压力不断增大。

金融运行健康平稳，适度宽松的货币政策有效落实。银行业经营效益不断提高，存款总量突破1万亿元大关，贷款增速回归常态，不良贷款实现双降。证券市场融资功能显著增强，保险业务取得较快增长。金融生态环境进一步改善，资金洼地效应显著。

2011年是“十二五”规划的开局之年，广西将继续以科学发展观为指导，认真贯彻落实稳健的货币政策，继续按照“保增长、保民生、保稳定”的精神，保持和扩大经济社会的良好发展势头。

一、金融运行情况

2010年，广西金融业呈现良好运行态势，金融体系多元发展，资产质量稳步提高，资金洼地效应显著，金融生态继续改善，有力地支持了地方经济不断回升向好。

（一）银行体系健康发展，信贷保持平稳增长

1. 银行业蓬勃发展。一是机构数量不断增加，“引银入桂”发展战略取得重大成效，截至2010年年末，已形成了包括政策性银行、国有商业银行、股份制商业银行、城市商业银行、农村合作金融机构、邮政储蓄银行、新型农村金融机构、外资银行八大类银行在内的银行体系。二是经营效益持续增长，全年实现本外币利润215.8亿元，同比增长31.4%，增速同比提高8.6个百分点。其中，中小银行增长速度最快，全区中小银行实现本外币利润42.0亿元，同比增长63.7%。不良贷款余额与比例继续实现“双降”，年末银行业金融机构不良贷款合计153.2亿元，比年初减少32.0亿元；不良贷款率为1.7%，比年初下降0.8个百分点（见表1）。

表1 2010年广西壮族自治区银行业金融机构情况

机构类别	营业网点[①]			法人机构（个）
	机构个数（个）	从业人数（人）	资产总额（亿元）	
一、大型商业银行[②]	1 947	37 907	7 292	0
二、国家开发银行及政策性银行[③]	64	1 685	1 634.07	0
三、股份制商业银行[④]	47	1 889	1 053	0
四、城市商业银行	147	3 626	1 084	3
五、城市信用社	0	0	0	0
六、农村合作机构[⑤]	2 266	21 171	2 913	91
七、财务公司	0	0	0	0
八、邮政储蓄银行	923	9 750	727	0
九、外资银行	2	56	19.07	0
十、农村新型机构[⑥]	18	263	24.86	15
合　计	5 414	76 347	14 747	109

注：①不包括国家开发银行和政策性银行、大型商业银行、股份制银行等金融机构总部数据。
②包括中国工商银行、中国农业银行、中国银行、中国建设银行和交通银行。
③包括国家开发银行、中国农业发展银行和中国进出口银行。
④包括中信银行、中国光大银行、华夏银行、广东发展银行、深圳发展银行、招商银行、上海浦东发展银行、兴业银行、中国民生银行、恒丰银行、浙商银行和渤海银行。
⑤包括农村信用社、农村合作银行和农村商业银行。
⑥包括村镇银行、贷款公司和农村资金互助社。
数据来源：广西银监局。

2. 存款增速持续回落。2010年年末，广西金融机构本外币存款余额为11 813.9亿元，新增存款2 175.0亿元，增速逐渐回落至2009年年初的水平。主要受“三个办法一个指引”导致企业派生存款大幅减少、政府融资平台公司新增贷款减少、存量贷款用款增多的影响，企业存款增速在历史低位运行。随

着居民收入水平不断提高和投资意愿下降，储蓄存款实现平稳增长。人民币汇改重启后，企业和居民持汇意愿较为平稳，外汇存款较年初小幅增加（见图1）。

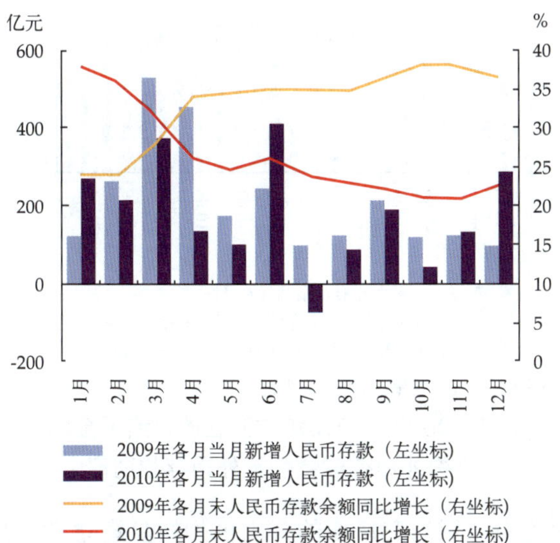

数据来源：中国人民银行南宁中心支行。

图1　2010年广西壮族自治区金融机构人民币存款增长变化

3. 贷款增速回归常态。随着货币条件从应对危机状态向常态回归，广西贷款投放在保持适度宽松的同时逐步回归至危机前的水平，年末本外币各项贷款余额为8 979.9亿元，新增贷款1 619.4亿元，增速高位回落，投放节奏均衡。金融机构积极支持进出口企业贸易融资需求，外汇贷款小幅增长。

贷款投向体现政策导向。全年全区新增贷款有七成投向交通、制造、批发零售、水利、房地产等基础行业和支柱产业。积极响应扩大消费需求政策，个人消费贷款增速高于各项贷款增速近26个百分点。努力确保中长期项目资金需求，中长期贷款占比达八成以上。贷款集中投向南宁、柳州、桂林等中心城市和北部湾经济区。加强对薄弱环节的信贷支持，小企业新增贷款占比显著提高，民贸民品企业贷款余额同比增长1.1倍（见图2、图3）。

4. 表外融资发展迅速。年末，表外融资余额为760.8亿元，比年初增加253.0亿元。其中，积极开展信贷资产转让300.0亿元，利用银团贷款、联合贷款、总行直贷等创新方式引进区外资金75.0亿元，通过银信合作理财产品、银行承兑汇票、信用证、保函等形式累计向企业融资322.0亿元。

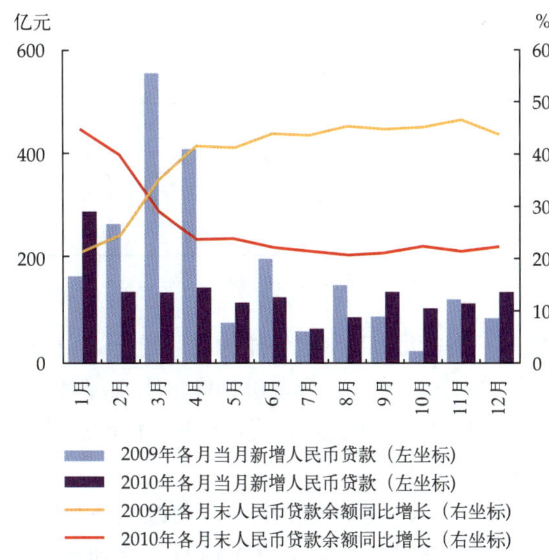

数据来源：中国人民银行南宁中心支行。

图2　2010年广西壮族自治区金融机构人民币贷款增长变化

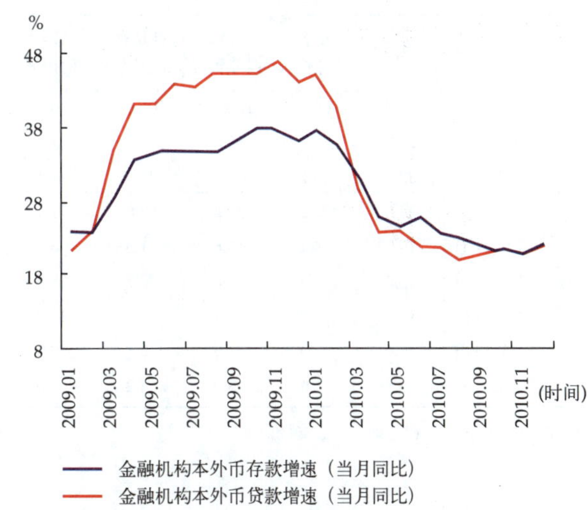

数据来源：中国人民银行南宁中心支行。

图3　2009～2010年广西壮族自治区金融机构本外币存、贷款增速变化

5. 现金净回笼规模缩小。2010年，广西消费市场活跃推动商品销售和服务收入平稳增长，经济回升向好带动企业采购和经营支出稳步增加，广西金融机构现金收支规模不断扩大。收支相抵，现金实现净回笼158.2亿元，同比少回笼17.5亿元（见表2）。

6. 利率运行稳中有升。2010年，受贷款增速回归常态以及年内两次上调基准利率的影响，贷款利率小幅上扬，全年人民币贷款加权平均利率为6%，同比提高0.1个百分点。外币存款利率保持平

表2 2010年广西壮族自治区金融机构现金收支情况表

单位：亿元、%

	年累计额	同比增速
现金收入	20 069.4	19.5
现金支出	19 911.2	19.8
现金净支出	-158.2	-10.0

数据来源：中国人民银行南宁中心支行。

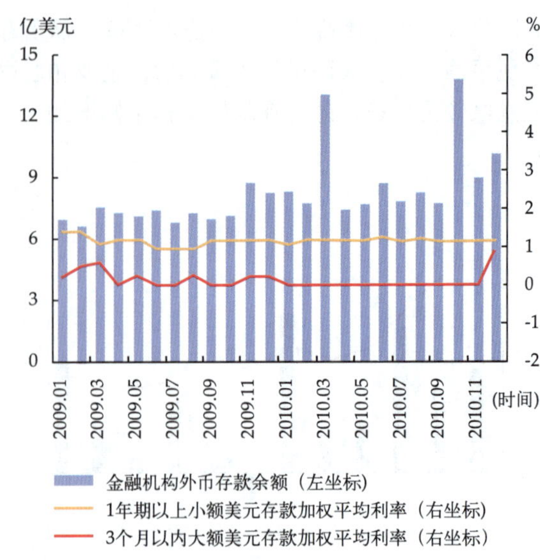

数据来源：中国人民银行南宁中心支行。

图4 2009～2010年广西壮族自治区金融机构外币存款余额及外币存款利率

稳走势。金融机构利率定价能力稳步提升。由于信贷资金需求压力增大，金融机构倾向于上浮利率，全年贷款利率上浮占比同比提高6.8个百分点（见表3、图4）。

7. 金融机构改革稳步推进。股改后，中国工商银行、中国银行、中国建设银行、交通银行在广西的分支机构经营机制、组织结构更趋合理；中国农业银行在广西的分支机构初步建立“三农金融事业部”经营管理体系，县域业务保持快速发展势头；广西辖区农村信用社改革取得阶段性成果，2010年年末全区农村合作银行筹建和开业家数位居全国第四、中西部地区第一；在中国人民银行42.9亿元专项票据资金的支持下，农村合作金融机构资产质量和经营情况持续改善；3家城市商业银行朝着区域性现代商业银行的目标稳步推进改革；新型农村金融试点工作成效显著，2010年年末全区已成立农村合作银行31家、村镇银行12家、资金互助社3家。

表3 2010年广西壮族自治区金融机构各利率浮动区间贷款占比表

单位：%

		合计	国有商业银行	股份制商业银行	区域性商业银行	城乡信用社
合计		100.0	100.0	100.0	100.0	100.0
[0.9～1.0)		27.3	42.7	36.0	9.6	1.5
1.0		32.2	35.1	34.8	21.4	7.1
上浮水平	小计	40.6	22.2	29.2	69.0	91.4
	(1.0～1.1]	10.5	14.2	16.6	11.3	6.4
	(1.1～1.3]	13.6	7.9	9.6	30.7	28.5
	(1.3～1.5]	13.7	0.2	0.1	22.1	49.0
	(1.5～2.0]	1.9	0	0	0.8	7.5
	2.0以上	0.8	0	3.0	4.2	0

数据来源：中国人民银行南宁中心支行。

专栏1 广西跨境贸易人民币结算试点成效显著

2010年6月23日，广西跨境贸易人民币结算试点正式启动后，影响力迅速扩大。中国人民银行南宁中心支行牵头与自治区相关部门第一时间下发跨境贸易人民币报关、结算和退税等操作指引和业务指南，快速打通了试点业务办理过程中的各个环节，规范人民币跨境直接投资业务个案试点操作流程，建立资本项下人民币业务备案及后继管理制度。全年共有383家企业获得出口试点资格，获批试点企业数占上报数的98%。截至2010年年末，广西跨境贸易人民币结算业务实现“三个第一、一个突破”：跨境贸易人民币结算笔数高达7 652笔，位居全国第一；总金额突破126亿元，位居8个边境省区第一；出口结算金额为93.22 亿元，超过第一批试点省市，位居全国第一；对越南直接投资100万元，实现人民币跨境直接投资业务“零”的突破。同时，广西税务部门为5家企业办理了8笔跨境贸易人民币结算出口退税业务，退税金额达452.48万元；中国工商银行、中国银行将广西设为面向东盟的人民币结算中心。另外，广西银行机构积极拓宽境外代理清算网络，辖内8家银行为境外30多家银行开立人民币同业往来账户33个，开立非居民企业人民币结算账户21个，境外地区已包括港澳台、东盟、欧美发达经济体等15个国家或地区。

（二）证券业平稳发展，上市融资取得新突破

2010年，广西证券业有效应对各种不利因素的冲击，证券市场交易活跃，市场规模不断扩大，保持了良好的发展态势。

1. 证券期货市场快速发展。一是机构不断增多。截至2010年年末，广西共有1家证券公司，1家基金管理公司，81家证券营业部，24家期货营业部，8家具有证券、期货相关业务许可证的证券中介服务机构，机构种类进一步丰富。二是期货市场高速发展，期货营业部代理交易额、营业收入和实现利润均同比大幅增长，其中，代理交易额同比增长1.9倍。

2. 上市融资创历史新高。2010年年末，广西27家上市公司总股本和总市值分别同比增长15.7%和19.5%，上市公司规模进一步扩大；全年共有7家公司成功在证券市场(含境外市场)筹资，合计募集资金88.5亿元，为2009年全年筹资额的9.7倍，创同期历史新高（见表4）。

表4　2010年广西壮族自治区证券业基本情况表

项目	数量
总部设在辖内的证券公司数（家）	1
总部设在辖内的基金公司数（家）	1
总部设在辖内的期货公司数（家）	0
年末国内上市公司数（家）	27
当年国内股票（A股）筹资（亿元）	66.3
当年发行H股筹资（亿元）	22.2
当年国内债券筹资（亿元）	108.0
其中：短期融资券筹资额（亿元）	57.0

数据来源：广西证监局、中国人民银行南宁中心支行。

（三）保险市场快速发展，保障能力不断提高

2010年，广西保险市场运行良好，总体呈现快中趋稳、稳中向好的态势。

1. 机构实力不断增强。截至2010年年末，广西共有保险主体27家，专业保险中介机构73家，保险从业人员6.2万人。保险业总资产达到343.5亿元，同比增长25.2%。

2. 业务实现较快增长。全年累计实现原保险保费收入190.9亿元，同比增长28.5%；赔付支出为45.1亿元。产险业务中86%的险种实现正增长，寿险新单期交业务占比高于全国5个百分点。保险密度进一步提高至381.9元/人，保险深度同比提高0.1个百分点。（见表5）。

表5　2010年广西壮族自治区保险业基本情况表

项目	数量
总部设在辖内的保险公司数（家）	0
其中：财产险经营主体（家）	0
寿险经营主体（家）	0
保险公司分支机构（家）	27
其中：财产险公司分支机构（家）	16
寿险公司分支机构（家）	11
保费收入（中外资，亿元）	191
其中：财产险保费收入（中外资，亿元）	65.8
人身险保费收入（中外资，亿元）	125.2
各类赔款给付（中外资，亿元）	45.1
保险密度（元/人）	381.9
保险深度（%）	2.0

数据来源：广西保监局。

3. “三农”保险不断取得突破。2010年，广西扎实推进农业保险试点工作，并将试点工作拓展到13个县区。建立了多层次农房保险保障体系，农房保费收入达3 175万元。积极发展农村小额人身保险，为全区110多万人次提供了220亿元的保险保障。

（四）金融市场交易活跃，融资功能持续增强

2010年，随着国民经济的回升向好，市场融资功能不断增加，直接融资规模创历史新高；金融市场交易活跃，资金价格稳步上升。

1. 直接融资大幅增长。2010年，广西融资总量

为1 815.9亿元，在信贷投放趋缓的背景下，直接融资大幅增长，区内企业共利用短期融资券、中期票据、企业债以及股票市场融资196亿元，较上年增长4.6倍，创历史新高。广西投资集团成功发行18亿元中期票据，实现广西中期票据零的突破。间接融资与直接融资比重由上年的97.8：2.2调整为89.2：10.8，融资过度依赖间接渠道的问题有所缓解，但融资条件较严格以及企业认识不足等因素制约了直接融资的进一步发展（见表6）。

表6　2001～2010年广西壮族自治区非金融机构融资结构表

单位：亿元、%

年份	融资量	比重		
		贷款	债券（含可转债）	股票
2001	151.1	93.4	0	6.6
2002	216.1	97.3	0	2.7
2003	450.6	94.8	1.8	3.4
2004	546.8	97.3	0	2.7
2005	478.6	97.9	2.1	0
2006	557.0	97.0	2.4	0.6
2007	753.0	93.8	2.7	3.5
2008	985.8	96.7	3.9	0
2009	2 301.4	97.8	1.8	0.4
2010	1 815.9	89.2	6.0	4.8

数据来源：中国人民银行南宁中心支行。

2. 货币市场交易活跃。2010年，广西货币市场交易较为活跃，债券交易快速增长，全年银行间债券市场成员累计完成债券回购2 512笔，金额为5 401.9亿元，交易金额同比增长1.4倍；累计完成现券交易5 768笔，金额为8 652.1亿元，交易金额同比增长1.9倍。拆借交易保持平稳，全年银行间同业拆借市场成员累计完成拆借交易63.5亿元，资金净融出17.7亿元，同比多融出19.2亿元。各期限拆借利率呈持续上涨趋势，年末其加权平均利率为2.4%，较年初提高0.5个百分点。

3. 票据市场量缩价涨。2010年，随着货币投放回归常态，广西金融机构票据融资呈现市场成交活跃而贴现余额持续负增长、市场价格持续走高的运行态势。全年票据累计签发量同比多增近四成，贴现累放量同比多增两成；而贴现余额连续11个月出现负增长。随着货币市场流动性不断收缩，市场资金成本大幅提高，广西票据贴现、转贴现加权平均利率分别由年初的2.4%、2.1%走高至年末的4.6%、4.0%。为改善银行融资结构，中国人民银行南宁中心支行适时启动再贴现工具，全年投放再贴现35.7亿元，引导金融机构支持中小企业和涉农行业发展（见表7、表8）。

表7　2010年广西壮族自治区金融机构票据业务量统计表

单位：亿元

季度	银行承兑汇票承兑		贴现			
			银行承兑汇票		商业承兑汇票	
	余额	累计发生额	余额	累计发生额	余额	累计发生额
1	314.3	191.1	128.9	300.5	2.0	3.6
2	341.8	587.1	127.1	867.6	2.7	10.3
3	382.4	1 211.3	141.2	1 722.1	2.2	19.9
4	536.9	2 101.9	143.7	2 898.7	2.2	32.1

数据来源：中国人民银行南宁中心支行。

表8　2010年广西壮族自治区金融机构票据贴现、转贴现利率表

单位：%

季度	贴现		转贴现	
	银行承兑汇票	商业承兑汇票	票据买断	票据回购
1	3.0541	4.0984	2.1938	2.4116
2	3.4704	4.0000	2.7832	3.1717
3	3.5405	3.2500	2.9782	3.4262
4	4.5973	6.0000	4.0737	4.4063

数据来源：中国人民银行南宁中心支行。

4. 外汇市场快速回暖，黄金市场交易增长。2010年，广西外汇市场快速回暖，交易规模超过危机前水平，全年银行结售汇总额同比增长33.4%，较2008年增长7.3%。结售汇顺差同比增长36.8%，顺差的九成集中在资本与金融项目项下。2010年，随着国际金价上涨到历史高位，各类黄金业务累计成交65.7亿元，同比增长75.4%。

5. 民间借贷利率有所回升。2010年，随着银行体系流动性趋紧，民间借贷替代效应显现，民间资金需求的急剧增加推高了民间借贷利率水平。年末广西民间借贷农户类和非农户类加权平均利率分别为22.9%和25.9%，同比分别提高2.9个和3.2个百分点。借贷的利率分布主要集中于年利率20%～25%的区间内，借贷期限均以1年期短期融资为主。

6. 金融理财产品市场稳步发展。理财产品规模不断扩大，以代客理财为主要方式，全年各商业银行销售各类理财产品余额269.6亿元，较年初增加

55.2亿元。投资者对短期理财产品需求旺盛，产品短期化趋势明显。理财产品自主研发能力进一步增强，全年有7家商业银行自主研发或定向发行理财产品48笔、余额为33.6亿元。

（五）征信系统建设加快，金融生态继续改善

2010年，广西继续加强金融生态环境建设，信贷征信体系建设取得重大成果。年末，广西有11.3万户企业、2 450万自然人以及住房公积金、环保、欠薪、欠税等信用信息录入到中国人民银行征信系统，并实现全国联网；建立了358万户有信贷关系的农户信用信息档案，建立了209个信用（村）镇、18万个信用农户，全区累计发放青年创业贷款92.6亿元，惠及29.6万名创业青年。中小企业信用体系建设取得突破性的进展，建立了6.5万户中小企业信用档案，中小企业贷款余额为2 600亿元，同比增长28%；全区2 700家中小企业自开办应收账款融资业务以来累计获得应收账款质押贷款810亿元。同时，行政管理体制改革继续深化，投融资环境进一步改善。自治区人民政府印发了《2010年全区政务公开政府信息公开工作要点》，实施政务公开和政府信息公开，转变政府经济管理职能，提高行政效能；深化行政审批制度改革，优化项目的审批和管理机制，加快项目前期工作，最大限度地提高工作效率，更好地为投资者服务。

二、经济运行情况

2010年，广西克服特大干旱和严重洪涝灾害影响，经济规模再上新台阶。初步核算，2010年生产总值为9 502.4亿元，同比增长14.2%，比全国快3.9个百分点。三次产业结构由2009年的18.8 : 43.6 : 37.6调整为17.6 : 47.5 : 34.9，工业对经济增长贡献率超过50%（见图5）。

（一）内需平稳增长，外需再创新高

2010年，广西继续实施“项目建设年”，固定资产投资增速仍然处于历史较高水平；在促进消费的各项政策刺激下，城乡消费平稳较快增长，特别是农村消费增速加快；对外贸易继续向好，进出口总额再创历史新高。

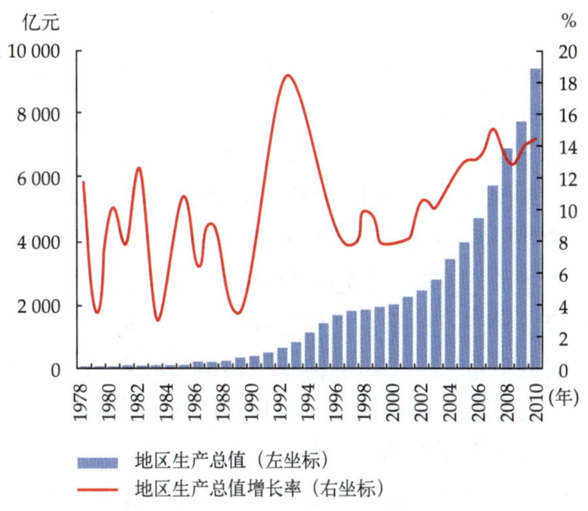

数据来源：广西统计局。

图5　1978～2010年广西壮族自治区地区生产总值及其增长率

1. 投资增速保持高位，资金来源增速减缓。2010年，尽管受宏观调控政策影响，广西固定资产投资增速较2009年有所回落。但在继续加强交通、能源、水利等基础设施建设力度，加大企业技改投资的效应下，投资仍保持较快的增长势头。全年全社会固定资产投资为7 859.1亿元，同比增长37.7%，增速比全国快13.9个百分点。其中，房地产开发投资同比增长48.2%，增速同比加快18.5个百分点。民生领域投资得到加强，水利、卫生、教育等行业投资增幅在50%左右。民间投资较为活跃，表现出国退民进的特点，民间投资增速高于国

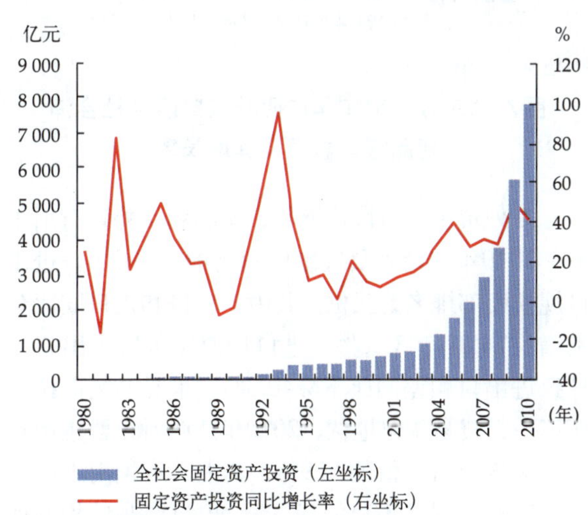

数据来源：广西统计局。

图6　1980～2010年广西壮族自治区固定资产投资及其增长率

有投资19.5个百分点。受政策调控影响，投资资金尤其是信贷资金来源增速减缓。城镇固定资产投资到位资金增幅同比下降24.6个百分点，国内贷款增速同比下降78个百分点（见图6）。

2. 城乡消费较快增长，居民消费意愿回落。2010年，广西社会消费品零售总额为3 271.8亿元，同比增长19.0%，比全国快0.6个百分点。近年来，随着农村"万村千乡市场工程"、"汽车下乡"、"家电下乡"、"以旧换新"等刺激城乡消费活动的深入开展，农村消费市场日趋活跃，成为带动消费增长的重要推动力。车市、楼市、旅游市场表现活跃。但由于物价上涨过快，居民消费意愿出现回落。中国人民银行南宁中心支行定点城市储户问卷调查显示，第四季度在支出结构中选择更多消费的居民占比比上季度下降4.3个百分点（见图7）。

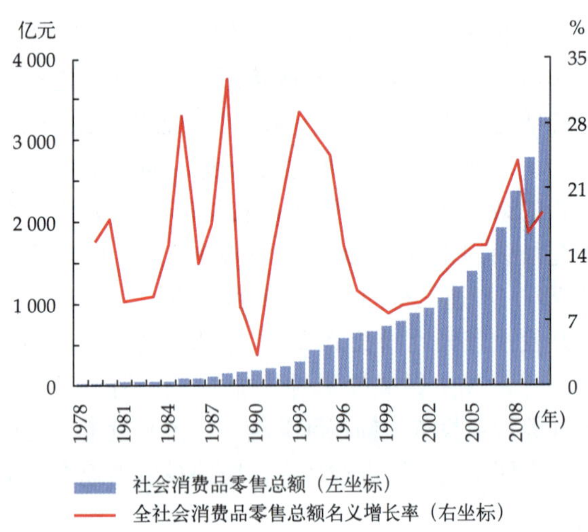

数据来源：广西统计局。

图7　1978～2010年广西壮族自治区社会消费品零售总额及其增长率

3. 外贸进出口快速增长，实际利用外资有所下滑。2010年广西外贸进出口同比增长24.3%，进出口规模西部排名第三位。其中，出口和进口同比分别增长14.8%和37.8%，进口增速显著快于出口，导致进出口顺差同比下降40.3%。东盟继续保持广西第一大贸易伙伴地位，2010年广西对东盟进出口占全区进出口总值的36.9%，其中，对越南进出口占广西对东盟进出口的78.6%。出口商品结构有所优化，高新技术产品出口同比快速增长78.1%（见图8）。

2010年广西共批准设立外商投资企业190家，合同利用外资金额同比增长30.5%，实际利用外资金额同比下滑11.9%。外资投向仍以制造业为主，投向农林牧渔业的占比显著提高，投向房地产业的占比也保持较高水平（见图9）。

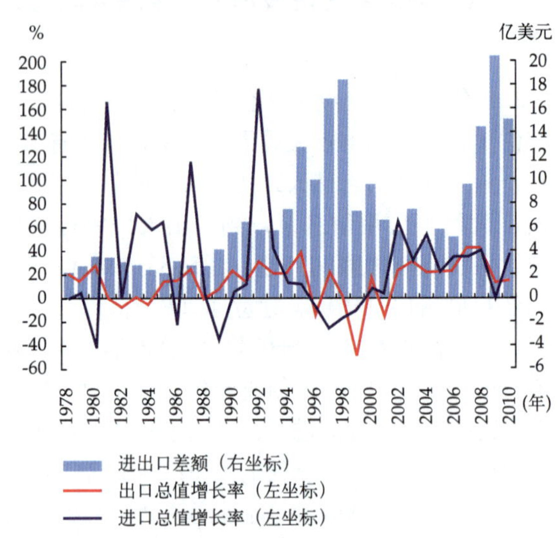

数据来源：《广西统计年鉴》、南宁海关。

图8　1978～2010年广西壮族自治区外贸进出口变动情况

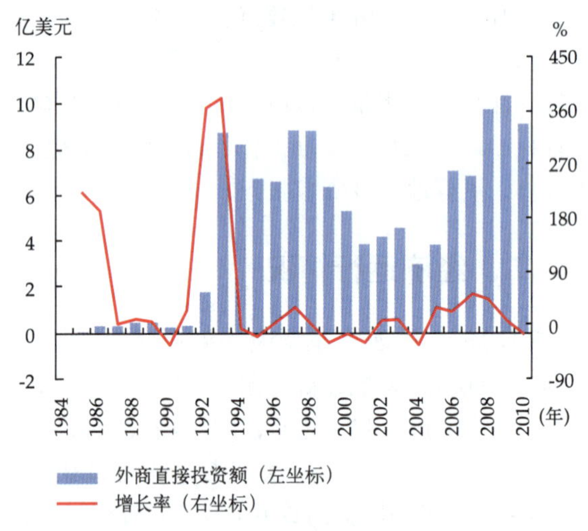

数据来源：《广西统计年鉴》、广西商务厅。

图9　1984～2010年广西壮族自治区外商直接投资情况

（二）第一、第三产业增速放缓，第二产业对经济增长作用大为提高

2010年，广西三次产业增加值分别为1 670.4亿元、4 510.8亿元和3 321.2亿元，分别增长4.6%、

20.5%和11.1%。第一、第三产业增速同比分别下降0.7个和2.7个百分点，第二产业增速提高2.9个百分点。三次产业对经济增长的贡献率分别为5.5%、64.8%和29.7%，第二产业贡献率同比提高9.6个百分点，工业化率接近2.4个百分点。

1. 自然灾害影响较大，粮食产量出现负增长。2010年以来，由于严重的自然灾害，广西农牧业生产受到比较明显的影响。农业增加值同比增长2.9%，增速同比回落2.3个百分点。木薯、蚕茧产量仍居全国首位，但肉类产量、生猪出栏头数增速有所放缓。粮食产量为1 412万吨，同比下降3.5%。农产品价格持续高位，农民收入形势向好。“三农”发展基础进一步改善，2010年农业基本建设投资增长72%。12月末，涉农贷款同比增长34.0%。

2. 工业增速全国第一，企业效益显著提高。2010年，广西工业以十四大千亿元产业为发展主线，进一步强化工业化基础条件。规模以上工业实现增加值3 009.9亿元，增长23.7%，居全国第一。反映工业活跃程度的工业企业用电量和货运周转量等指标增长加快，95%的行业生产保持较快增长。金属冶炼、交通运输设备制造等传统优势产业以及沿海重化工业加快发展，重工业主导地位更为巩固。新工艺、新技术广泛应用，“十八大”技改工程取得阶段性成果。企业盈利指标良好。规模以上工业经济效益综合指数253.9%，比2009年同期提高45.5个百分点。盈亏相抵利润总额同比增长75.8%，同比提高30.1个百分点。据中国人民银行南宁中心支行企业家问卷调查显示，第四季度企业盈利指数同比提高2.6个百分点，创历史新高（见图10）。

3. 第三产业增长减缓，交通运输增速加快。2010年，广西第三产业增速同比放缓，对经济增长的贡献率同比下降8.1个百分点。由于抑制房价过快上涨的房地产调控政策陆续出台，同时信贷增长也由应对国际金融危机的非常状态转入常态，房地产业和金融业增速明显趋缓。交通运输仓储和邮政业增长较快，增速同比提高9.3个百分点。交通基础设施水平明显提升，目前，广西沿海港口吞吐能力已超亿吨，民航机场旅客吞吐量超过1 000万人次。钦州保税港、南宁保税物流中心等多个保税区正式封关运作，物流业发展的软环境更为优越。

（三）物价水平持续上行，通货膨胀压力不断增大

2010年以来，广西居民消费价格指数、工业品出厂价格指数、原材料燃料动力价格指数增速由负转正，并呈高位运行态势。全年农产品生产价格累计同比上涨7.6%，劳动力成本和水、电、油等资源性产品价格也有所上升（见图11）。

1. 消费价格加速上涨。2010年广西CPI上涨

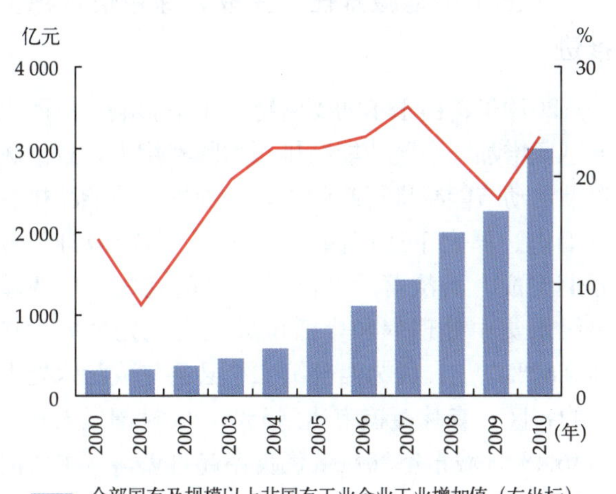

数据来源：广西统计局。

图10　2000~2010年广西壮族自治区工业增加值及其增长率

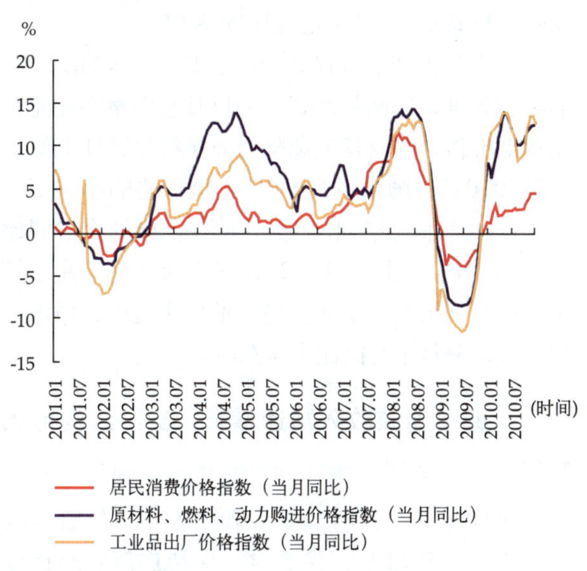

数据来源：广西统计局。

图11　2001~2010年广西壮族自治区居民消费价格和生产者价格变动趋势

3.0%，同比提高5.1个百分点，比全国平均低0.3个百分点。从CPI构成结构看，八大类商品价格“五升三降”，食品类和居住类成为拉动CPI上涨的主要原因，分别同比上涨7.1%和5.7%。推高CPI的主要原因：一是粮食、蔬菜、猪肉等食品受自然灾害及市场炒作等因素推动价格上行；二是棉花、白糖等上游商品涨价传导至下游产品；三是国际原油、有色金属等期、现货价格走高，带动国内市场大宗商品价格上扬；四是劳动力成本和资源性产品价格趋升加剧CPI上涨。

2. 生产价格涨幅较大。2010年广西原材料燃料动力购进价格同比上涨11.2%，同比提高16.1个百分点，高于全国平均水平1.6个百分点。原材料燃料动力购进价格的过快上涨加大企业生产成本，使出厂价格涨幅较大。全年工业品出厂价格同比上涨12%，同比提高18.5个百分点，高于全国6.5个百分点。全年农业生产资料价格同比上涨1.9%，同比提高7.7个百分点；农产品生产价格同比上涨7.6%。

3. 劳动力价格进一步上涨。一方面，职工工资收入有所增长，2010年，广西城镇居民人均工资性收入为12 062元，同比增长7.8%；农村居民人均工资性收入为1 707元，同比增长16.5%。另一方面，广西职工最低工资标准从2010年9月起上调，一类市区从670元提高到820元，县域地区从460元提高到565元，平均增长幅度为22.4%。同时，广西失业保险金也同步上调396元到812元不等。

4. 资源性产品价格结构性上调。一是为落实节能降耗政策，广西从2010年6月1日起调整高耗能企业用电价格，并对耗能超限企业实行惩罚性电价。二是2010年在国内成品油4次上调价格的影响下，全年广西汽油价格同比上涨14.5%，柴油价格同比上涨15.7%。三是广西于2010年先后调整了南宁等十个市、县级市的供水价格，推广实施居民用水阶梯水价，全年水价同比上涨7.3%。

（四）财政收入加速增长，支出结构持续优化

2010年，广西继续落实和完善积极的财政政策，围绕“保增长、保稳定、保持广西发展良好势头”的发展战略，财政收入实现较快增长。全年地方财政一般预算收入为772.3亿元，同比增长24.4%，增幅较上年提高4.6个百分点。分税种看，主体税种拉动作用显著，增值税、营业税、企业所得税和个人所得税合计增收178.2亿元，拉动财政收入增长18.4%。广西北部湾经济区财政收入增长强劲，高于全区平均增幅5.7个百分点，对全区财政收入的增长贡献率为41.7%。

全年一般预算支出为1 994.4亿元，增长23%。支出结构不断优化，以改善民生为重点，并向教育、社保、就业和医疗卫生支出等公共领域倾斜（见图12）。

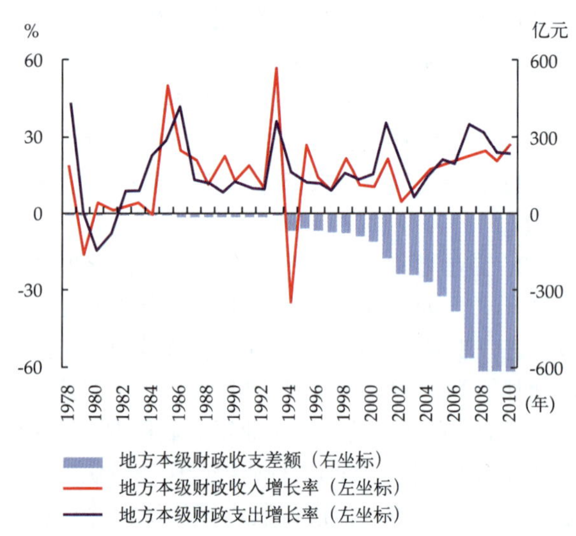

数据来源：《广西统计年鉴》、广西统计局。

图12 1978～2010年广西壮族自治区财政收支状况

（五）节能减排任务完成，绿色信贷稳步推进

2010年，由于年初受到特大干旱影响，广西火电迅猛增加，全区节能减排压力骤然增大。自治区党委启动节能减排行政问责，全面推进节能减排各项工作。国家下达广西“十一五”节能减排任务如期完成，淘汰落后产能任务提前完成。广西城镇污水集中处理率和生活垃圾无害化处理率均提高到60%以上，成为西部第二个县县建成污水处理厂的省区。森林覆盖率达到58%，农村沼气入户率达46.4%，城市空气质量优良率超过99%，主要河流断流面水质达标率和近岸海域环境达标率均达到85%。各银行业金融机构充分发挥金融在支持经济结构调整和经济发展方式转变中的作用，进一步加强信贷结构调整，在信贷准入、贷款管理及风险防范等方面积极推进“绿色信贷”建设。

专栏2 广西首创“政银企”合作新模式 着力改善中小企业融资环境

为引导和动员更多金融机构支持中小企业，中国人民银行南宁中心支行从信用建设、担保创新、风险补偿等六个方面深入推动“政银企”合作新模式，着力改善广西中小企业融资状况，取得良好成效。

一、主要措施

一是完善政策基础。广西先后下发了《关于加强广西中小企业信用体系建设的意见》、《关于进一步支持中小企业融资的意见》、《关于做好广西中小企业金融服务工作的实施意见》等重要文件，为改善中小企业融资奠定政策支持基础。二是健全信用档案。联合各政府职能部门采集中小企业信用信息。2010年年末，广西已建立6.5万户中小企业信用档案，内容涵盖财务、纳税、海关、环保、公积金等各个方面，是全国第一个将企业和个人生效裁判执行信息采集到征信系统的省（区）。中小企业信用档案库为商业银行有效筛选、营销中小企业客户和加强贷款管理提供了有效的信用信息支持。三是推行信用评级。联合自治区中小企业局开展担保机构信用评级工作，在区、市两个层面推动金融机构与信用等级A级以上的担保机构合作，促进担保机构为中小企业提供贷款担保。2010年，广西共有16家担保机构及9家中小企业参与了信用评级。四是推荐诚信企业。在全国范围内首创“向金融机构推荐诚信中小企业活动”。联合自治区工信委下发《向金融机构推荐诚信中小企业暂行办法》，对诚信中小企业的条件、推荐程序等予以明确，按季度向金融机构推荐符合金融、纳税、财务、环保等多项信用条件的诚信中小企业。2009～2010年，共901家诚信中小企业获推荐，累计获723亿元金融机构贷款支持。五是推动质押创新。推动政府部门出台鼓励支持应收账款质押融资业务的政策文件，建立应收账款质押融资目标客户的推荐、培育和扶持机制。业务推动以来，各金融机构累计发放810亿元应收账款质押贷款，共支持了2 700家中小企业融资。六是助推风险补偿。联合自治区工信委等部门起草并下发《小企业贷款风险补偿专项资金管理暂行办法》，配合组织小企业贷款风险补偿金的申报和审核工作。2010年，广西共向金融机构下达小企业贷款风险补偿金1 521.8万元，折合2009年小企业贷款增量的0.5%。

二、成效显著

一方面，有效地解决银企“信息不对称”的难题。健全企业信用信息档案数据库、向金融机构推荐诚信中小企业等措施，增加企业信用信息透明度，提升中小企业的信用等级，降低金融机构调查成本，增强金融机构放贷意愿。另一方面，有效地缓解了中小企业担保难题。担保机构信用评级、应收账款质押融资业务及贷款风险补偿等措施均着力于缓解中小企业担保难题，有效消除金融机构放贷款的后顾之忧。“政银企”合作新模式促成了“人行推动、政府主导、银企受益”的良性互动局面，中小企业融资环境得到显著改善。

（六）房地产业理性回归，制糖业结构调整成效初显

1. 房地产业合理回归。在国家一系列抑制部分城市房价过快上涨、促进房地产市场平稳健康发展的政策调控下，2010年，广西房地产市场由上年的快速增长逐步恢复平稳理性增长，市场销售及信贷投入合理回落，房价涨幅收窄。

投资增速高位趋缓，资金面保持充裕。全年房地产投资增长48.2%，增幅高于上年18.5个百分点，较上半年回落14.8个百分点。开发项目资金到位速度逐月放缓，但总体资金面依然充裕，全年开发资金到位速度分别较上年、2010年上半年回落25.2个和22.8个百分点。其中，以定金及预收款为主的其他资金、企业自筹资金分别增长38.6%和49.9%，仍是房地产开发的主要资金来源。

市场供求双双回落。在抑制住房投资政策调控下，全年全区商品房销售增速由年初的32.5%回落至年末的17.2%；其中，南宁销售面积同比减少8.9%，北海销售增速同比大幅回落58.3个百分点，降温较为明显。市场走势不明朗，开发商供给速度逐步放缓，全年商品房竣工速度较上半年回落24.2个百分点。而年末受“限购令”等政策出台预期的影响，12月商品房成交量创月度新高（见图13）。

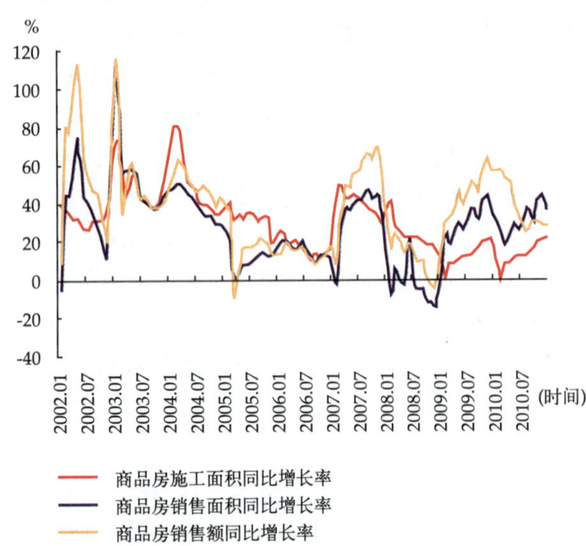

数据来源：广西统计局。

图13　2002～2010年广西壮族自治区商品房施工和销售变动趋势

购房贷款需求疲软，房贷增速合理回落。广西房地产贷款增幅从6月开始平稳回落，年末贷款同比增长29.3%，增速低于上年14.5个百分点。全年房地产贷款增量同比少增18.8亿元，其中，开发贷款同比少增两成，而个人购房贷款增量同比多增16.7亿元。

差别化房贷政策效应逐步显现。2010年新发放的个人住房贷款中，62.2%的贷款利率区间处于[0.7，0.85]，占比同比回落21.5个百分点；28.4%的贷款利率区间处于[0.85，1]，占比同比提高17.8个百分点；住房贷款平均抵借比为51.2%，同比下降16.8个百分点。南宁市住房贷款抽样调查显示，75.4%的样本客户为本地居民，76.7%的样本客户为首套住房且自用。

2. 制糖业结构调整初显成效。制糖业是广西在全国最具影响力的产业，其总体规模自1992年起至

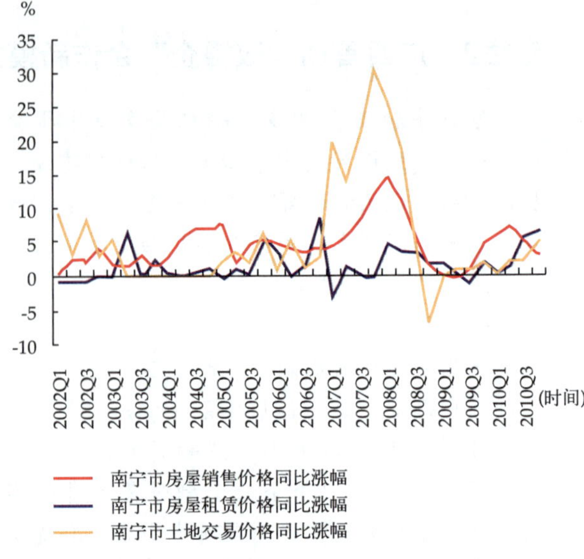

数据来源：国家统计局广西调查总队。

图14　2004～2010年广西壮族自治区主要城市房屋销售价格指数变动趋势

今保持全国第一。“十一五”期间，广西蔗糖日榨产能、产糖量分别从2005年的39万吨、530万吨提高至2010年的65万吨、710万吨，产糖量在全国的份额由58%提升至66%；以糖业为主的食品产业在2008年率先成为广西第一个千亿元产业，植蔗成为农民增收的重要途径。

“十一五”期间广西糖业发展呈现五个新特点：一是原料产业合理布局。形成了“重点发展四大优势主产区，因地制宜巩固发展桂东南和沿海蔗区”的产业格局，建立起稳固的重点糖料蔗生产基地。二是集团化规模效益凸显。共组建15家大型集团，产糖量占全区80%以上，实现了粗糖与精糖加工互补、县域经济向区域经济转变，基本形成了“市场化、集团化、联动价”的发展模式。三是新兴生态产业已具规模。建成投产了4条具国际先进水平的现代化精制糖生产线，精制糖产能达到100万吨；初步形成了新型制糖业、蔗渣制浆造纸、生物工程、食糖深加工、生态农业、现代物流等新兴产业集群；吨蔗产出效益达1 378元，1元糖产值可带动社会总产值16.3元。四是“电子商务＋现代物流配送”模式基本替代了传统批发市场模式。作为国内最大的大宗商品现货交易市场，广西糖网2010年实现电子化交易量超1亿吨，现货交割803万吨，占全区食糖产量的43%，占全国同类市场95%以上

的份额；广西移动公司打造的“甜蜜通”项目，带动了广西蔗糖产、销、仓储、物流等产业升级，在全国移动电子商务领域具有示范意义。五是行业融资结构逐步优化。除贷款、票据贴现、贸易融资、保理等银行融资渠道外，以糖业为主的农垦集团已连续三年发行短期融资券共20亿元；湘桂糖业、永凯糖业和农垦糖业正积极筹备H股上市，力争扩大直接融资规模。

目前，制约广西蔗糖产业链发展的主要因素为：一是制糖工艺落后。糖厂主要采用的亚硫酸法工艺，成本虽低，但耗能高、品质差，达不到国际通行标准，不利于出口竞争。二是产品单一、综合利用水平低。除贵糖、南糖等少数企业外，蔗渣利用率不足16%，糖蜜利用率虽达86%以上，但仅有两三个品种，效益不显著。三是诚信履约率低导致订单农业难以有效发展，“公司+农户”经营模式单一，市场抵御风险能力较弱。四是企业技改项目少、深加工研发少，制约了银行信贷投入。

（七）主要城市群建设取得新成绩，“两区一带”①发展提速

2010年，广西“两区一带”建设步伐加快。北部湾经济区实施产业、港口、物流等重点任务取得新成效，全年经济区生产总值为3 021.7亿元，同比增长15.6%，高于全区水平1.4个百分点；北部湾港新增货物吞吐能力484万吨，总吞吐能力超过1.2亿吨。桂西地区充分发挥资源富集优势，加快资源开发步伐，提高资源就地转化效率，糖业循环经济、铝结构调整、锰系列产品深加工等项目建设加快推进。西江经济带建设取得新进展，西江黄金水道第一批项目中的28个港口码头、7个航道、3个枢纽船闸等工程建设和前期工作进展顺利，梧州港赤水圩作业区等8个项目建成投产，内河港口货物吞吐能力新增929万吨。

三、预测与展望

当前广西正处于加快发展、跨越发展的重要关口，2011年，尽管广西面临经济结构调整难度大、节能减排任务重、内外环境复杂等不利因素，但国家深入推进西部大开发的政策倾斜、中国—东盟经贸合作不断深化、自治区“十二五”规划提出“富民强桂”新跨越宏伟目标等有利因素也给广西经济发展带来了新的机遇。

从经济运行来看，“十二五”开局之年大批重大项目陆续开工，加上许多续建项目进入投资高峰，将拉动广西投资较快增长。国家继续推出鼓励和扩大消费的政策措施以及加快居民收入分配制度改革进程，有利于消费环境改善和居民收入水平提高，促进消费平稳增长。世界经济逐渐复苏、广西和东盟的合作不断深化以及跨境贸易人民币结算试点工作的进一步推进，有助于促进广西对外贸易稳步增长。但气候变化异常影响农产品价格、劳动力成本上升、输入型通货膨胀压力大等因素的存在将推高2011年广西通货膨胀预期。

从金融运行来看，随着逆周期宏观审慎管理框架的建立、稳健货币政策的实施、差额存款准备金动态调整工具的推行，广西将保持合理的社会融资规模，信贷结构将进一步调整优化。同时，广西直接融资的大幅增长、金融市场交易活跃、金融组织结构日益多元化等有利因素将为广西金融业发展提供更加良好的发展环境。

结合广西经济社会发展的实际，综合考虑各种因素，预计2011年广西将延续平稳较快增长势头，全年经济增长10%～13%，物价上涨5%，贷款增速仍保持高于地区生产总值和物价之和的态势。

2011年，中国人民银行南宁中心支行将按照总行的统一部署，深入贯彻落实稳健的货币政策，引导金融机构加大对广西经济发展和经济结构战略性调整的支持力度，强化风险防范，完善金融组织体系，加强金融创新，提升金融服务水平，确保广西“十二五”开局之年各项工作目标的顺利完成。

① “两区一带”指北部湾经济区、桂西资源富集区和西江经济带。

中国人民银行南宁中心支行货币政策分析小组
负责人：杨小平　李　彬
统　稿：陈　锋　谢　艳　李雪俏
执　笔：罗树昭　覃　琪　邓蒂妮　韦　熙　杨文玉　朱燕宇　王海全　易庆玲　辛悦玲　费代华
提供材料的还有：易　扬　安立波　杨永杰　黄雯敏　邱　海

附录

（一）2010年广西自治区经济金融大事记

2月18日，自治区党委、政府出台《关于促进我区金融业更好更快发展的若干意见》，提出了"十二五"期间我区金融业的发展目标。

4月24日，"推动银行卡产业发展，促进社会消费增长"系列活动暨广西银行卡产业跨越二十年成就展启动仪式在南宁市举行。

5月24日，中国人民银行南宁中心支行联合广西区工业和信息化委员会在南宁举办广西非金融企业债务融资工具培训班，推动广西企业积极参与债券融资。2010年广西企业债券融资达108亿元创历史新高。

6月23日，跨境贸易人民币结算广西试点启动仪式在凭祥市举办。启动仪式上，中国工商银行、中国银行还分别向中国工商银行广西区分行、中国银行广西区分行授予"中国—东盟人民币跨境结算中心（广西）"、"中国—东盟人民币业务中心（广西）"牌匾。

8月12日，第五届泛北部湾经济合作论坛在南宁举行。

10月20日至21日，第二届中国—东盟金融合作与发展领袖论坛在南宁举办。

11月17日，金融系统反腐倡廉建设展南宁巡展隆重开幕。金融系统从业人员参观总人数达1.6万人。

11月26日，广西正式加入全国财税库银横向联网系统（TIPS），广西税收缴库电子化迈出重要的一步。

12月19日，自治区人民政府出台关于加快发展金融业的实施意见。

12月30日，自治区扩大农村金融改革工作小组出台关于加快推进扩大农村金融改革试点县（市、区）农村信用体系建设的指导意见。

（二）2010年广西壮族自治区主要经济金融指标

表1　2010年广西壮族自治区主要存贷款指标

		1月	2月	3月	4月	5月	6月	7月	8月	9月	10月	11月	12月
本外币	金融机构各项存款余额（亿元）	9 908.9	10 122.5	10 494.2	10 628.4	10 732.8	11 149.0	11 068.7	11 156.6	11 339.9	11 386.9	11 517.7	11 813.9
	其中：城乡居民储蓄存款	4 739.0	5 051.9	5 234.5	5 225.2	5 240.4	5 402.8	5 360.7	5 384.9	5 554.5	5 474.6	5 532.4	5 728.7
	企业存款	2 981.5	2 948.5	3 076.8	3 140.9	3 152.5	3 172.0	3 194.0	3 181.5	3 166.7	3 271.7	3 317.9	3 418.3
	各项存款余额比上月增加（亿元）	270.0	213.6	371.7	134.2	104.4	416.2	-80.3	87.9	183.3	47.0	130.8	296.2
	金融机构各项存款同比增长（%）	37.7	35.8	31.3	25.9	24.6	25.8	23.6	22.9	22.1	21.0	20.7	22.6
	金融机构各项贷款余额（亿元）	7 654.4	7 790.5	7 920.9	8 066.9	8 174.6	8 310.3	8 368.8	8 457.2	8 597.7	8 704.9	8 823.0	8 979.9
	其中：短期	1 506.0	1 478.0	1 514.6	1 519.5	1 509.2	1 519.5	1 505.8	1 518.8	1 552.1	1 582.1	1 642.1	1 720.2
	中长期	5 910.6	6 093.4	6 229.7	6 375.0	6 478.7	6 617.5	6 684.4	6 749.1	6 853.1	6 935.7	6 989.4	7 057.6
	票据融资	184.8	167.7	130.8	129.8	145.8	129.8	136.6	144.9	143.4	135.1	138.6	146.0
	各项贷款余额比上月增加（亿元）	293.9	136.1	130.4	146.0	107.7	135.7	58.5	88.4	140.5	107.3	118.1	156.9
	其中：短期	77.4	-25.7	36.6	4.9	-10.3	10.3	-13.8	13.1	33.3	30.0	60.0	78.4
	中长期	208.8	180.5	136.3	145.2	103.8	138.8	67.0	64.6	104.1	82.6	53.7	67.9
	票据融资	4.4	-17.9	-36.9	-1.0	16.0	-16.1	6.8	8.3	-1.5	-8.3	3.5	7.4
	金融机构各项贷款同比增长（%）	45.2	40.5	29.6	23.7	23.8	21.9	21.5	20.2	20.6	21.6	21.1	22.0
	其中：短期	-7.3	-11.4	-17.4	-20.6	-20.1	-21.3	-20.8	-20.1	-18.1	-15.3	-13.5	-8.6
	中长期	69.9	71.3	61.4	51.5	49.4	46.8	43.5	39.8	37.4	37.6	36.2	34.5
	票据融资	23.7	-42.6	-65.8	-64.3	-57.2	-61.0	-50.5	-44.7	-27.8	-32.4	-32.4	-19.1
	建筑业贷款余额（亿元）	110.7	110.6	112.2	119.4	120.0	126.4	129.9	142.8	149.3	154.5	162.1	159.9
	房地产业贷款余额（亿元）	444.8	449.3	457.1	460.6	468.6	468.5	473.5	481.4	495.0	497.8	500.0	498.7
	建筑业贷款同比增长（%）	38.3	25.7	15.2	-7.8	8.0	6.7	8.1	9.8	12.0	15.0	19.2	21.7
	房地产业贷款同比增长（%）	36.6	36.4	28.7	24.4	24.9	18.6	21.1	19.8	17.9	18.4	18.5	18.6
人民币	金融机构各项存款余额（亿元）	9 853.1	10 070.0	10 441.1	10 577.5	10 679.5	11 089.8	11 015.3	11 100.1	11 287.8	11 330.2	11 458.0	11 746.8
	其中：城乡居民储蓄存款	4 710.4	5 023.0	5 205.9	5 197.8	5 212.4	5 375.0	5 332.3	5 357.5	5 528.0	5 448.0	5 506.2	5 702.4
	企业存款	2 955.5	2 925.8	3 053.0	3 118.2	3 128.8	3 141.7	3 169.3	3 153.0	3 142.1	3 243.1	3 286.2	3 380.3
	各项存款余额比上月增加（亿元）	270.0	216.9	371.1	136.4	102.0	410.3	-74.5	84.8	187.7	42.4	127.8	288.8
	其中：城乡居民储蓄存款	26.5	310.5	182.9	-8.1	14.6	162.6	-42.7	25.2	170.5	-80.0	58.2	196.3
	企业存款	131.7	-29.7	127.2	65.2	10.6	13.0	27.5	-16.2	-11.0	104.7	43.0	94.1
	各项存款同比增长（%）	37.9	35.9	31.5	26.0	24.7	25.9	23.7	22.9	22.2	21.1	20.8	22.6
	其中：城乡居民储蓄存款	16.2	21.1	21.3	19.9	19.4	20.6	20.7	21.6	22.0	21.1	21.9	21.7
	企业存款	63.8	50.2	35.1	26.3	21.4	16.5	15.6	10.3	9.3	10.5	10.2	14.3
	金融机构各项贷款余额（亿元）	7 559.5	7 697.3	7 832.3	7 979.2	8 096.3	8 221.3	8 285.1	8 375.0	8 511.5	8 616.3	8 730.4	8 867.5
	其中：个人消费贷款	1 278.4	1 320.8	1 362.4	1 415.5	1 459.1	1 496.1	1 525.4	1 554.4	1 575.9	1 599.3	1 633.6	1 652.9
	票据融资	184.8	167.7	130.8	129.8	145.8	129.8	136.6	144.9	143.4	135.1	138.6	145.9
	各项贷款余额比上月增加（亿元）	291.0	137.9	135.0	146.9	117.2	125.0	63.8	89.9	136.5	104.8	114.1	137.2
	其中：个人消费贷款	61.5	43.1	42.8	53.1	43.6	37.0	29.3	29.0	21.4	23.4	34.3	19.3
	票据融资	4.4	-17.1	-36.9	-1.0	16.0	-16.1	6.8	8.3	-1.5	-8.3	3.5	7.4
	金融机构各项贷款同比增长（%）	44.5	40.1	29.4	23.5	23.8	22.0	21.8	20.5	20.9	22.0	21.5	22.0
	其中：个人消费贷款	65.3	69.3	67.9	70.6	70.9	66.2	63.5	60.1	55.7	53.4	50.3	45.6
	票据融资	23.7	-42.6	-65.8	-64.3	-57.2	-61.0	-50.5	-44.7	-27.8	-32.4	-32.5	-19.1
外币	金融机构外币存款余额（亿美元）	8.2	7.7	7.8	7.5	7.8	8.7	7.9	8.3	7.8	8.5	9.0	10.1
	金融机构外币存款同比增长（%）	-41.2	-43.6	-40.1	-41.9	-31.9	17.7	16.0	13.2	11.4	19.8	2.9	24.1
	金融机构外币贷款余额（亿美元）	13.9	13.7	13.0	12.9	11.5	13.1	12.4	12.1	12.9	13.3	13.9	17.0
	金融机构外币贷款同比增长（%）	129.8	93.5	57.3	49.6	24.4	17.2	1.8	-5.1	-5.8	-7.7	-6.8	25.9

数据来源：中国人民银行南宁中心支行。

表2　2001～2010年广西壮族自治区各类价格指数

单位:%

年/月	居民消费价格指数		农业生产资料价格指数		原材料购进价格指数		工业品出厂价格指数		南宁市房屋销售价格指数	南宁市房屋租赁价格指数	南宁市土地交易价格指数
	当月同比	累计同比	当月同比	累计同比	当月同比	累计同比	当月同比	累计同比	当季(年)同比	当季(年)同比	当季(年)同比
2001	—	0.6	—	-2.3	—	3.7	—	6.3	1.6	2.5	1.6
2002	—	-0.9	—	-1.8	—	-4.4	—	-4.4	2.5	-0.5	6.0
2003	—	1.1	—	2.4	—	1.2	—	2.8	2.1	2.3	1.4
2004	—	4.4	—	15.3	—	16.3	—	9.7	5.7	0.6	0
2005	—	2.4	—	10.5	—	8.2	—	4.9	4.9	1.6	3.6
2006	—	1.3	—	1.0	—	11.4	—	9.6	4.2	3.6	2.6
2007	—	6.1	—	14.4	—	6.1	—	4.5	7.6	-0.4	21.5
2008	—	7.8	—	24.0	—	10.6	—	9.0	8.2	3.4	10.6
2009	—	-2.1	—	-5.8	—	-4.9	—	-6.5	1.3	0.9	0.9
2010	—	3.0	—	1.9	—	11.2	—	12.0	5.4	3.7	2.5
2009　1	0.2	0.2	7.4	7.4	-3.7	-3.7	-6.2	-6.2	—	—	—
2	-3.8	-1.8	4.3	5.8	-5.6	-4.7	-8.1	-7.2	—	—	—
3	-2.4	-2.0	-0.8	3.5	-7.6	-5.7	-9.8	-8.1	0.2	2.0	0.0
4	-3.2	-2.3	-5.8	1.0	-8.4	-6.3	-10.6	-8.7	—	—	—
5	-3.5	-2.6	-8.6	-1.0	-8.5	-6.8	-11.1	-9.2	—	—	—
6	-3.7	-2.7	-10.6	-2.7	-8.4	-7.0	-11.5	-9.6	-0.4	0.6	0.7
7	-3.7	-2.9	-10.8	-3.9	-8.4	-7.2	-11.0	-9.8	—	—	—
8	-2.6	-2.8	-10.9	-4.8	-7.9	-7.3	-8.9	-9.6	—	—	—
9	-2.1	-2.8	-9.5	-5.3	-6.1	-6.2	-7.4	-9.4	0.9	-0.9	0.8
10	-1.9	-2.7	-9.9	-5.8	-4.0	-6.9	-4.8	-8.9	—	—	—
11	-0.2	-2.4	-7.4	-6.0	1.3	-6.1	1.5	-8.0	—	—	—
12	1.2	-2.1	-4.1	-5.8	8.5	-4.9	9.4	-6.5	4.6	1.9	1.9
2010　1	1.3	1.3	-2.2	-2.2	6.2	6.2	11.7	11.7	—	—	—
2	3.3	2.3	-2.1	-2.0	8.5	7.4	12.4	12.1	—	—	—
3	1.8	2.1	-1.8	-2.0	11.1	8.6	12.7	12.3	6.3	0.6	0.4
4	2.3	2.2	-1.9	-2.0	13.2	9.8	13.9	12.7	—	—	—
5	2.8	2.3	-0.4	-1.7	13.9	10.6	13.7	12.9	—	—	—
6	2.6	2.3	0.9	-1.3	12.5	10.9	12.0	12.7	7.3	1.5	2.2
7	3.0	2.4	2.2	-0.8	11.4	11.0	10.6	12.4	—	—	—
8	2.8	2.5	3.6	-0.3	10.0	10.9	8.4	11.9	—	—	—
9	2.8	2.5	4.1	0.2	10.4	10.8	9.5	11.7	5.2	5.9	2.2
10	4.0	2.7	7.0	0.9	11.5	10.9	12.2	11.7	—	—	—
11	4.6	2.8	7.6	1.5	12.4	11.0	14.0	11.9	—	—	—
12	4.6	3.0	6.5	1.9	13.0	11.2	12.7	12.0	2.9	6.7	5.0

数据来源：国家统计局广西调查总队。

表3　2010年广西壮族自治区主要经济指标

	1月	2月	3月	4月	5月	6月	7月	8月	9月	10月	11月	12月
						绝对值（自年初累计）						
地区生产总值(亿元)	—	—	1 845.8	—	—	—	—	—	6 030.2	—	—	9 502.4
第一产业	—	—	216.7	—	—	—	—	—	914.4	—	—	1 670.4
第二产业	—	—	928.9	—	—	—	—	—	2 993.3	—	—	4 510.8
第三产业	—	—	700.2	—	—	—	—	—	2 122.5	—	—	3 321.2
工业增加值(亿元)	—	—	655.6	—	1 049.3	—	1 531.5	—	2 011.7	2 266.1	2 610.5	3 009.9
城镇固定资产投资(亿元)	—	—	1005.1	—	2141	—	3 624.1	—	4 795.3	5 385.2	6 236.8	7 161.8
房地产开发投资	—	—	205.3	—	387.7	—	625.5	—	814.1	926.9	1 066.2	1 206.2
社会消费品零售总额(亿元)	—	—	755.3	—	1 280.0	—	1 181.6	—	2 365.9	2 660.8	2 952.9	3 271.8
外贸进出口总额(亿美元)	14.5	25.9	38.2	50.2	64.8	77.4	92.4	106.0	121.9	134.3	153.5	177.1
进口	9.1	10.9	16.3	21.7	29.2	34.7	42.7	49.3	58.1	63.4	70.8	81.0
出口	5.3	15.0	21.9	38.5	35.6	42.7	49.7	56.7	63.8	70.9	82.6	96.1
进出口差额(出口-进口)	-3.8	4.2	5.6	6.9	6.5	8.0	7.0	7.5	5.7	7.5	11.8	15.1
外商实际直接投资(万美元)	10 100.0	16 200.0	22 700.0	27 300.0	32 900.0	51 800.0	58 800.0	64 200.0	67 500.0	71 400.0	74 000.0	91 200.0
地方财政收支差额(亿元)	-13.0	-89.52	-161.7	-214.8	-272	-367.5	-439	-520.2	-645.6	-701.6	-951.6	-1 222.1
地方财政收入	57.8	99	168.1	226.3	279.9	376	432.6	475.4	544.3	605.5	678.6	772.3
地方财政支出	70.8	188.52	329.8	441.1	551.9	743.5	871.6	995.6	1 189.9	1 307.1	1 630.2	1 994.4
城镇登记失业率(%)(季度)	—	—	—	—	—	3.5	—	—	3.6	—	—	3.7
						同比累计增长率（%）						
地区生产总值	—	—	13.8	—	—	13.6	—	—	13.9	—	—	14.2
第一产业	—	—	3.8	—	—	3.9	—	—	4.4	—	—	4.6
第二产业	—	—	19.6	—	—	18.8	—	—	20.2	—	—	20.5
第三产业	—	—	9.3	—	—	9.6	—	—	9.7	—	—	11.1
工业增加值	—	25.1	23.1	22.5	24.0	21.6	21.8	22.2	23.1	23.4	23.9	23.7
城镇固定资产投资	—	33.5	39.4	39.5	39.0	37.1	38.5	39.8	43.6	41.0	40.2	38.8
房地产开发投资	—	57.8	67.4	65.5	64.8	63.0	62.5	60.7	56.6	54.0	51.8	48.2
社会消费品零售总额	—	18.5	18.6	18.8	18.9	18.8	18.8	18.9	19.0	18.9	18.9	19.0
外贸进出口总额	80.5	63.3	59.6	49.5	46.5	39.9	36.7	35.3	32.5	28.4	26.8	24.3
进口	51.8	43.4	50.4	40.0	41.7	32.4	34.3	37.1	39.5	37.3	37.0	37.8
出口	102.7	81.4	67.1	57.7	50.6	46.6	38.8	33.7	26.8	21.3	19.2	14.8
外商实际直接投资	-1.1	-43.9	-34.3	-35.3	-31.7	-16.8	-13.3	-13.1	-13.6	-16.0	-23.5	-11.9
地方财政收入	18.7	19.5	27.1	30.3	31.3	29.9	29.3	27.5	26.7	26.1	27.8	24.4
地方财政支出	-39.9	-6.4	1.3	1.7	4.5	11.1	12.6	14.8	16.6	17.4	31.9	23.0

数据来源：广西统计局。

2010年海南省金融运行报告

中国人民银行海口中心支行货币政策分析小组

[内容摘要] 2010年，海南省抓住国际旅游岛建设上升为国家战略的重大机遇，认真贯彻国家各项宏观调控政策措施，着力转变经济发展方式和加快经济结构调整，战胜历史罕见的特大洪涝灾害，开创了经济社会全面协调科学发展的新局面。全省经济运行呈现出速度、结构、效益同步提升的良好态势。投资、消费和出口需求增长强劲，三次产业全面协调发展，多项主要经济指标增速位居全国前列。

金融业加快发展，信贷投放重点突出，存贷款增量创历史新高；证券市场融资功能有效提高；保险业务规模迅速扩大，保障功能进一步增强；金融市场稳健发展，直接融资占比快速提升；金融生态环境持续优化。

2011年，海南省将继续深入贯彻落实稳健的货币政策，保持合理的社会融资规模，着力优化融资结构和信贷结构，促进经济结构调整，转变经济发展方式，深化重点领域改革，进一步增强发展动力，积极实施重点民生工程，加快推进国际旅游岛建设，努力实现经济社会又好又快发展。

一、金融运行情况

2010年，在国际旅游岛建设投资和消费需求的拉动下，海南省银行业存贷款增量、经营效益创历史新高，证券市场融资扩大，保险业保障功能增强，金融生态环境持续改善。

（一）银行业快速发展，存贷款增量创历史新高

1. 银行资产规模、效益明显提升，机构种类实现新突破。2010年，海南省银行业金融机构迎来了国际旅游岛建设的战略机遇，资产规模和经营效益同比分别增长32.8%和51.8%（见表1）；资产质量持续改善，不良贷款比年初保持“双降”。金融机构种类取得新突破，全年新设立3家村镇银行、3家农村资金互助社；农村信用社改革步伐加快，完成各县市统一法人改制，中央银行专项票据兑付实现“零”突破。另外，组建6家小额贷款公司。

2. 存款增量创新高，定期化趋势明显增强。2010年年末，海南本外币存款余额为4 217.3亿元，比年初增加1 041.6亿元，比“十五”末增加2 915亿元，同比增长32.8%。得益于省内企业经营状况的明显改善、居民收入的稳步增长、财政存款和贸易融资存款的快速增长，全年存款增量首超千亿元规模，存款增量创建省以来新高。在国际旅游岛建设

表1　2010年海南省银行业金融机构情况

机构类别	营业网点[①]			法人机构（个）
	机构个数（个）	从业人数（人）	资产总额（亿元）	
一、大型商业银行[②]	476	11 238	3 048.4	0
二、国家开发银行及政策性银行[③]	19	541	1 296.0	0
三、股份制商业银行[④]	18	607	364.3	0
四、城市商业银行	0	0	0	0
五、城市信用社	0	0	0	0
六、农村合作机构[⑤]	388	3 167	419.4	19
七、财务公司	1	29	49.8	1
八、邮政储蓄银行	338	2 597	276.1	0
九、外资银行	1	38	14.8	0
十、农村新型机构[⑥]	8	70	1.7	8
合　计	1 249	18 287	5 470.5	28

注：①不包括国家开发银行和政策性银行、大型商业银行、股份制银行等金融机构总部数据。
②包括中国工商银行、中国农业银行、中国银行、中国建设银行和交通银行。
③包括国家开发银行、中国农业发展银行和中国进出口银行。
④包括中信银行、中国光大银行、华夏银行、广东发展银行、深圳发展银行、招商银行、上海浦东发展银行、兴业银行、中国民生银行、恒丰银行、浙商银行和渤海银行。
⑤包括农村信用社、农村合作银行和农村商业银行。
⑥包括村镇银行、贷款公司和农村资金互助社。
数据来源：中国人民银行海口中心支行。

的推动下，资金净流入大幅增加，房地产相关企业销售收入大幅增长，致使企业存款增量增加较多，但增速由于基期因素呈现逐月回落态势。受加息预

期、股市震荡和下半年楼市调控措施的综合影响，资金回流银行体系趋势加快，定期存款吸引力逐渐增强，全年定期存款增量占比为25.2%，比上年高出16.4个百分点。

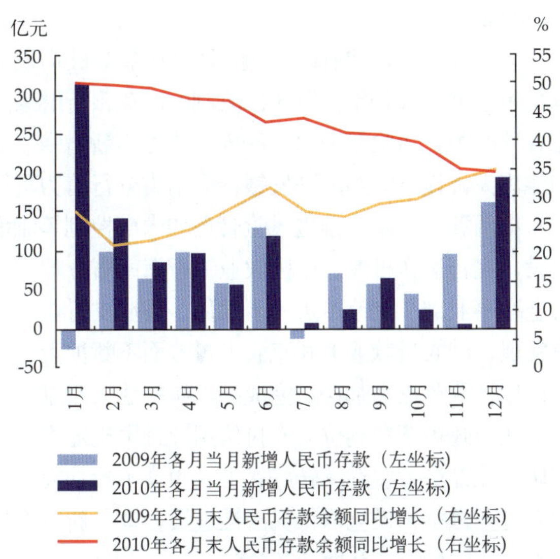

数据来源：中国人民银行海口中心支行。

图1 2010年海南省金融机构人民币存款增长变化

3. 贷款快速增长，信贷投向重点突出。在国际旅游岛建设战略机遇的大背景下，政府主导投资、房地产投资和民间投资全面活跃，带动全省贷款快速增长并再次创下新高。2010年年末，海南本外币贷款余额为2 509.7亿元，比年初增加568.9亿元，比“十五”末增加1 513.4亿元，同比增长29.3%；全年信贷投放呈现“前高后低”态势。其中，第一季度贷款增量占比超过三成，第四季度贷款增量占比不足两成。

信贷投向重点突出，信贷结构不断优化。全年中长期贷款增量占比为110.1%，比上年同期高出26.6个百分点，主要投向基础设施业、房地产业和个人贷款。其中，个人消费贷款出现高速增长，全年新增122.2亿元，占新增贷款的比重为21.5%。结构方面，信贷投放地区、机构分布更趋均衡。海口、三亚以外的其他县市新增贷款比重明显提高，占比提高12.4个百分点。省内国有商业银行、股份制商业银行和地方法人金融机构的贷款市场份额快速上升，国家开发银行海南省分行份额占比有所下降。金融支持经济社会薄弱环节的力度加大，涉农贷款增长46.5%，为“三农”发展注入活力；小企业贷款增量是上年的1.9倍，有效地改善了小企业的外部融资环境。同时，小额担保贷款、高新技术产业、民生工程和节能减排等方面的贷款也保持了稳步增长态势。

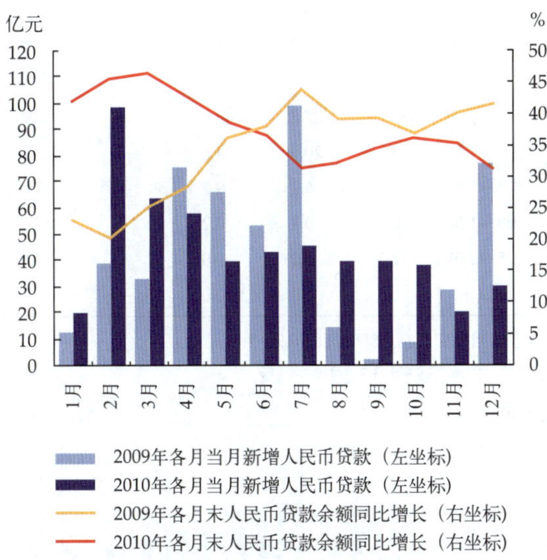

数据来源：中国人民银行海口中心支行。

图2 2010年海南省金融机构人民币贷款增长变化

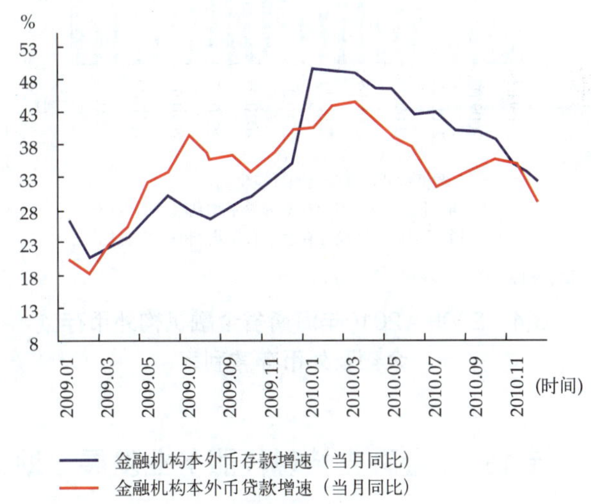

数据来源：中国人民银行海口中心支行。

图3 2009～2010年海南省金融机构本外币存、贷款增速变化

4. 贷款利率小幅波动，下浮利率贷款占比有所上升。2010年海南省金融机构人民币贷款利率呈现小幅波动态势，分季度看，第一、第四季度逐月上升；第二、第三季度逐月回落，其中，第三季度贷款利率水平为全年最高。由于海南省融资需求的快

表2　2010年海南省金融机构各利率浮动区间贷款占比表

单位：%

		合计	国有商业银行	股份制商业银行	区域性商业银行	城乡信用社
合计		100.0	100.0	100.0	—	100.0
[0.9～1.0)		29.8	35.7	15.1	—	21.4
1.0		34.1	37.1	40.2	—	17.7
上浮水平	小计	36.1	27.2	44.7	—	60.9
	(1.0～1.1]	23.3	20.9	34.8	—	21.9
	(1.1～1.3]	8.4	6.2	9.7	—	15.1
	(1.3～1.5]	0.9	0.1	0.2	—	4.5
	(1.5～2.0]	2.5	0.0	0.0	—	14.1
	2.0以上	1.0	0.0	0.0	—	5.3

注：城乡信用社贷款利率浮动区间[0.9，2.3]。
数据来源：中国人民银行海口中心支行。

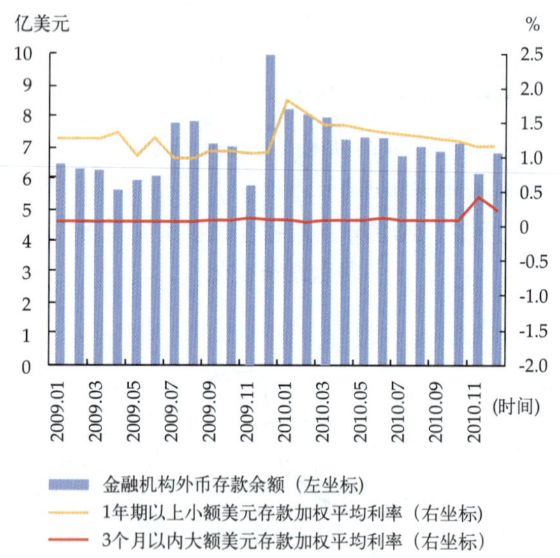

数据来源：中国人民银行海口中心支行。

图4　2009～2010年海南省金融机构外币存款余额及外币存款利率

速增长和银行同业之间的业务竞争，国有商业银行的贷款利率水平有所下调，导致金融机构下浮利率贷款占比比上年提高4.3个百分点，但股份制商业银行和城乡信用社的上浮利率贷款占比比上年出现上升（见表2）。

5. 银行改革不断深化，新型农村金融机构设立取得新进展。2010年，辖区已改制的商业银行继续深化各项改革，风险管理水平和内控能力不断增强，盈利能力大幅提升。国家开发银行海南省分行着力贯彻"一体两翼"战略，推进风险管理和内部控制等制度建设，完善运作机制。中国农业银行海南省分行"三农金融事业部"制改革进一步深化，县域支行业务迅速发展，涉农贷款业务和惠农卡覆盖面不断扩大。农村信用社改革进程加快，完成县市统一法人改制，受益于扶持政策落实到位，农村信用社资本充足率、资产质量和经济效益继续转好，支农力度不断加大。新型农村金融机构设立取得突破性进展，全年新设立村镇银行和农村资金互助社各3家。

6. 跨境人民币结算业务发展迅速，试点工作稳步推进。自2010年6月开展试点业务以来，海南省跨境贸易人民币结算业务发展迅速。截至2010年年末，全省共6家银行开办了跨境人民币业务，26家企业办理跨境人民币结算业务；累计发生跨境贸易人民币结算业务130笔（包括18笔信用证），累计金额约113.9亿元；发生跨境人民币资本交易个案2件，合计金额约为2.6亿元。11月，海南省还开立了首个境外机构人民币银行结算账户，跨境人民币业务领域不断拓展。截至2010年年末，全省跨境贸易人民币结算业务金额在全国所有试点地区中排名第八，远高于全省外贸进出口额在全国的排名。

专栏1　金融支持现代服务业发展　助力国际旅游岛转型升级

国际旅游岛建设要求海南省依靠体制机制创新，加快海南旅游业及相关现代服务业发展，在经济结构调整和发展方式转变方面发挥示范作用。海南省金融业按照《海南国际旅游岛建设发展规划纲要》的要求，围绕金融服务多样化、便利化、国际化目标，积极支持旅游业及现代服务业的发展。

一是制定金融支持服务业发展的指导意见，加大金融机构的窗口指导力度。中国人民银行海口中心支行结合辖区实际情况，制定发布了《2010年海南省信贷支持国际旅游岛建设的指导意见》、《关于金融支持海南省服务外包产业发展的指导意见》和《关于进一步推进海南省消费信贷市场发展的指导意见》，要求辖内金融机构根据海南现代服务业的特点，积极创新金融产品，支持旅游业及现代服务业发展，拓展金融业参与海南国际旅游岛建设的深度和广度。

二是服务行业信贷规模持续增加，信贷产品创新不断出现。2010年末，海南省服务业的信贷余额为2 161.7亿元，同比增长31.8%，信贷余额占比从2008年年末的74.8%上升到87.6%，两年提高了12.8个百分点，新增贷款主要投向了服务业及其相关行业企业。面向服务业的动产、应收账款、知识产权质押和小额贷款等信贷产品创新不断出现，旅游业及现代服务业日益成为海南省信贷业务发展的重心。

三是服务行业融资渠道不断拓展，直接融资取得较大突破。2009年年末海峡股份在深圳证券交易所正式挂牌上市，共募集资金总额13.3亿元。随着国际旅游岛建设战略的实施，海峡股份积极参与到国际旅游岛建设当中，谋划发展海上游（邮）轮、游艇等海上旅游项目和综合物流项目，提高海南国际旅游岛建设的水平和层次。

四是旅游保险体系逐步建立，保险服务国际旅游岛建设能力稳步提高。海南省金融部门与部分高校展开合作，形成了《保险业服务海南国际旅游岛建设的意见和建议》。各保险机构结合自身实际，提出了服务国际旅游岛建设的工作思路和方案，旅行社责任险通保工作起步良好。截至2010年年末，已承保旅行社159家，保险服务海南省现代服务业的能力进一步增强。

五是金融与服务产业互动加强，产业结构加速转型。服务业集劳动密集、知识密集，低能耗、低污染于一体，对于海南省产业结构调整与升级意义重大。海南省高度注重发展高新技术产业，制定了配套政策，设立了电子信息产业发展专项资金，专门拿出1亿元工业发展资金用于海南生态软件园基础设施配套，海南生态软件产业园、三亚创意产业园的建设进展迅速，惠普、中电集团、中兴通讯等一批企业相继入园，为承接以IT为代表的服务外包及现代服务业打下了良好的基础。

六是旅游服务相关的便利化取得突破。根据国际旅游岛建设规划，海南省将在金融服务基础设施、离岸金融业务、居民个人本外币兑换、旅游企业上市融资、保险机构创新旅游保险产品等方面进行创新试点。2010年5月海南省开展个人本外币兑换特许业务试点，海口、三亚、万宁为试点城市，海南海航投资咨询有限公司成为非金融企业试点单位。海南省积极推进旅游城市刷卡无障碍工程，在三亚市的试点取得了圆满成功，海口、琼海等城市进展顺利，有力地提升了海南金融服务的便利化水平。

（二）证券市场功能显现，上市公司融资大幅增长

2010年，海南证券市场融资能力显著增强，期货公司经营规模和效益大幅增长，资本市场融资实现新突破。

1. 证券期货机构经营状况向好，整体保持持续盈利。2010年，随着证券公司综合治理成效的逐步显现，海南证券经营机构内控水平明显提高，规范经营与风险管理意识显著增强，证券经营机构连续四年保持整体盈利。2010年，海南期货市场规模逐步扩大，成交金额和经营效益大幅增长。全年累计代理期货交易额为20 699.3亿元，同比增长2.3倍；期货经营机构共实现净利润1 528.7万元，同比增长5.2倍。

2. 上市公司筹资总额大幅增长，资本市场融资取得新突破。2010年，海南上市公司总股本及总市值实现稳步增长，同比分别增长12.5%和35.4%；上市公司筹资总额为122.1亿元，同比增长9.1倍（见表3）。海南康芝药业股份有限公司成功在创业板挂牌上市，填补了创业板市场无海南公司的空白；同时，海南天然橡胶股份有限公司于12月15日正式接到中国证监会批准其首次公开发行股票的通知，

表3　2010年海南省证券业基本情况表

项目	数量
总部设在辖内的证券公司数（家）	2
总部设在辖内的基金公司数（家）	0
总部设在辖内的期货公司数（家）	4
年末国内上市公司数（家）	22
当年国内股票（A股）筹资（亿元）	122.1
当年发行H股筹资（亿元）	0
当年国内债券筹资（亿元）	23
其中：短期融资券筹资额（亿元）	8

数据来源：海南证监局。

使海南省在主板、中小板及创业板市场上均有了上市公司。

（三）保险业务规模迅速扩大，社会保障功能有效发挥

2010年，海南省保险业实现平稳较快发展，市场经营主体日益丰富，保险覆盖面不断扩大。全年新增鼎和财险、新光海航寿险和太平寿险3家海南分公司。另外，国寿财险和泰康人寿海南分公司已获准筹建。全行业资产规模稳步扩大，保费收入快速增长。2010年，保险业资产总额同比增长30.5%，保费收入同比增长45.0%。同时，保险业经济补偿能力稳步提高，保障社会功能得到有效发挥。2010年7月，海南遭受“康森”台风灾害，保险业赔付近4 000万元；10月，海南遭遇特大洪涝灾害，保险业共处理强降雨保险案件3 064件，11月末已支付赔款和预付赔款2 437万元。2010年，海南农业保险已决赔款合计4 485.9万元，同比增长96.7%，农业保险对农业生产的保障功能逐步增强。

表4　2010年海南省保险业基本情况表

项目	数量
总部设在辖内的保险公司数（家）	0
其中：财产险经营主体（家）	0
寿险经营主体（家）	0
保险公司分支机构（家）	17
其中：财产险公司分支机构（家）	9
寿险公司分支机构（家）	8
保费收入（中外资，亿元）	47.9
其中：财产险保费收入（中外资，亿元）	18.4
人身险保费收入（中外资，亿元）	29.5
各类赔款给付（中外资，亿元）	11.3
保险密度（元/人）	552.4
保险深度（%）	2.3

数据来源：海南保监局。

（四）金融市场稳健发展，直接融资占比快速提升

1. 融资总量稳步增长，融资结构有所优化。2010年，海南省融资总量呈现稳步增长态势，全年融资总额为713.8亿元，同比增长22.8%。融资结构有所优化，直接融资占比明显上升，占比比上年快速提升15.8个百分点，但上市公司数量少、企业债务融资工具发展落后仍然是制约海南省扩大直接融资所面临的主要问题。

表5　2001～2010年海南省非金融机构融资结构表

单位：亿元、%

年份	融资量	比重		
		贷款	债券（含可转债）	股票
2001	14.2	100.0	0.0	0.0
2002	75.3	90.3	0.0	9.7
2003	125.6	90.8	0.0	9.2
2004	124.5	100.0	0.0	0.0
2005	98.0	100.0	0.0	0.0
2006	210.8	60.3	6.2	33.5
2007	158.0	63.6	27.7	8.7
2008	320.9	87.0	12.2	0.8
2009	581.5	95.5	2.2	2.3
2010	713.8	79.7	3.2	17.1

数据来源：中国人民银行海口中心支行、海南证监局。

2. 货币市场运行平稳，质押式回购放量增长。2010年，全省银行间债券市场交易稳步增长，交易品种全部集中在质押式回购和现券交易两类传统的业务上。其中，现券累计完成交易89.9亿元，同比增长7.2%；质押式回购累计完成交易1 134.7亿元，同比增长74.3%。

3. 票据余额明显下降，利率逐季度走高。2010年随着货币政策的回归稳健，票据业务顺应银行信贷结构调整需要，余额出现明显下降，利率逐季度走高。2010年年末，银行承兑汇票余额和贴现余额分别同比下降16.6%和61.7%；第四季度票据贴现利率比第一季度提高1.7个百分点（见表7）。

表6　2010年海南省金融机构票据业务量统计表

单位：亿元

季度	银行承兑汇票承兑		贴现			
			银行承兑汇票		商业承兑汇票	
	余额	累计发生额	余额	累计发生额	余额	累计发生额
1	68.2	43.0	70.8	82.1	0	0
2	78.9	72.4	65.6	153.2	0	0
3	49.6	90.8	57.6	236.5	0	0
4	57.2	140.4	34.1	283.2	0	0

数据来源：中国人民银行海口中心支行。

表7　2010年海南省金融机构票据贴现、转贴现利率表

单位：%

季度	贴现		转贴现	
	银行承兑汇票	商业承兑汇票	票据买断	票据回购
1	3.6027	—	2.1813	2.1370
2	3.8777	—	2.7868	2.9084
3	4.0379	—	3.8739	3.3567
4	5.3084	—	4.7868	5.5096

数据来源：中国人民银行海口中心支行。

（五）金融生态建设全面深化，社会信用环境持续改善

2010年，海南省着力推进金融生态建设，社会信用环境持续优化。一是制定《中国人民银行海口中心支行金融检查监督办法》，整合区域中央银行监管职责，着力提高防化风险效能。二是协助公安部门破获利用玉树抗震救灾名义实施诈骗等案件，有力地维护了辖区金融秩序稳定。三是全力推进贸易投资、外币兑换、刷卡消费、资金汇划四个便利化，组织开展银行卡特约商户“一柜多机”专项清理工作，在全国首创开展由4 S店实时代征扣缴车辆购置税业务。四是落实国际旅游岛建设金融配套政策。个人本外币兑换特许业务取得在海口、三亚、万宁三个城市同时试点的重大突破，成功发行银联标准的“海南国际旅游岛银行卡”，并推动设立一批新型金融机构。五是制定出台《海南省社会信用体系建设五年发展规划》，完成“信用岛”实施方案，加快中小企业和农村信用体系建设。

二、经济运行情况

2010年，海南省抓住国际旅游岛建设的重大机遇，积极推进改革开放，转变经济发展方式，促进经济又好又快发展。据初步测算，全年完成地区生产总值2 052.1亿元，同比增长15.8%，增速高于全国水平5.5个百分点（见图5）。

（一）三大需求增长强劲，合力拉动经济快速增长

2010年，海南省固定资产投资增速保持高位，成为带动经济增长的主动力，城乡消费市场活跃，外贸进出口规模快速扩大，三大需求强劲增长，合力拉动经济快速增长。

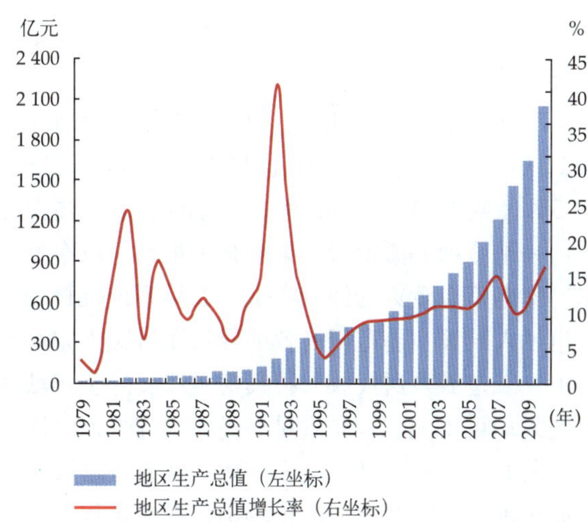

数据来源：海南省统计局。

图5　1979～2010年海南省地区生产总值及其增长率

1. 投资增速前高后低，第三产业投资占据主导。2010年，全省固定资产投资同比增长32.8%，连续三年保持较快增长势头（见图6）。全年投资增长特点：一是投资增速前高后低。国际旅游岛建设带动了全省房地产投资、基础设施项目投资的快速增长，下半年，随着货币政策调控力度加大，地方政府融资平台管理加强，投资增速出现明显回落。二是第三产业主导地位突出。第三产业投资占比达84.5%，拉动投资增长29.1个百分点，推动了旅游业为龙头的现代服务业快速发展。三是投资资金来源充裕。全年投资到位财务资金同比增长

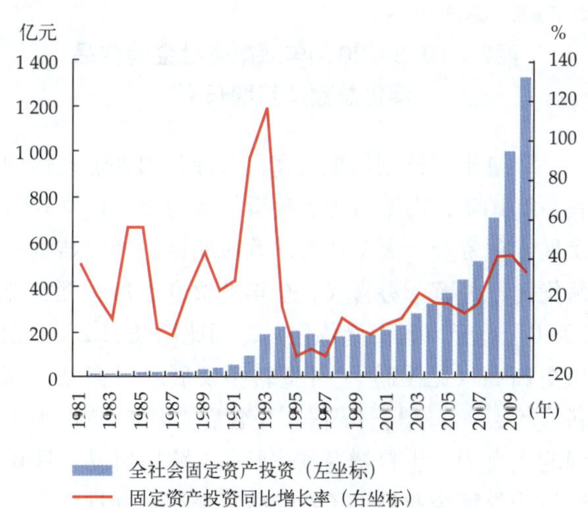

数据来源：海南省统计局。

图6　1981～2010年海南省固定资产投资及其增长率

61.7%，资金到位率为178.1%，有力地保证了全省投资的较快增长。

2. 消费需求快速增长，城乡消费同步趋旺。2010年，全省全社会消费品零售总额同比增长19.5%（见图7）。城乡消费市场的繁荣主要得益于：一是多项刺激消费政策的合力推动。汽车摩托车、家电下乡政策的继续实施，农垦系统及林场职工也纳入政策实施范围有效地释放了居民大宗商品需求。二是城乡居民收入持续稳定增长。全年城镇居民人均可支配收入和农村居民人均纯收入同比分别增长13.0%和11.2%。三是国际旅游岛建设带旺了旅游消费，以及房地产市场销售在一定程度上带动了住房装修和家用消费品等系列下游消费的快速增长。

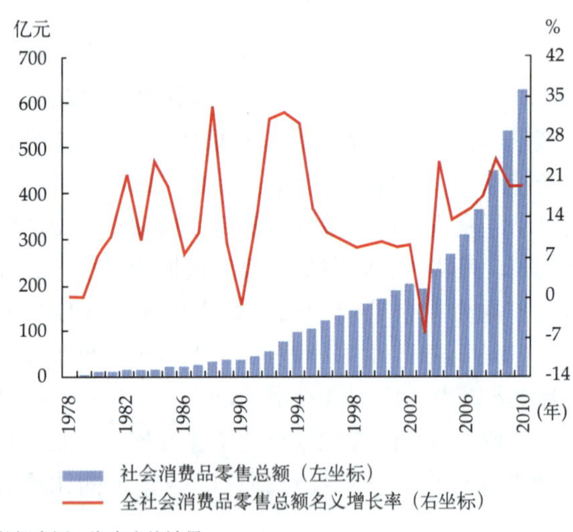

数据来源：海南省统计局。

图7 1978～2010年海南省社会消费品零售总额及其增长率

3. 进出口额创历史新高，实际利用外资大幅增长。2010年，海南省加大政策扶持力度，设立外贸发展专项资金，大企业带动效应明显，外贸结构不断优化，外贸形势喜人。全年外贸进出口总额实现108.0亿美元（含海南炼化），同比增长21.2%，创历史新高（见图8）。外贸转型发展取得突破，高科技产品出口增长1.4倍。民营企业出口显示出更强的生命力，出口增速高达45%。跨境贸易人民币结算为外贸企业提供了新的结算渠道，助推外贸进出口的稳步增长。在国际旅游岛建设的利好消息刺激下，全省实际利用外资15.2亿美元，同比增长

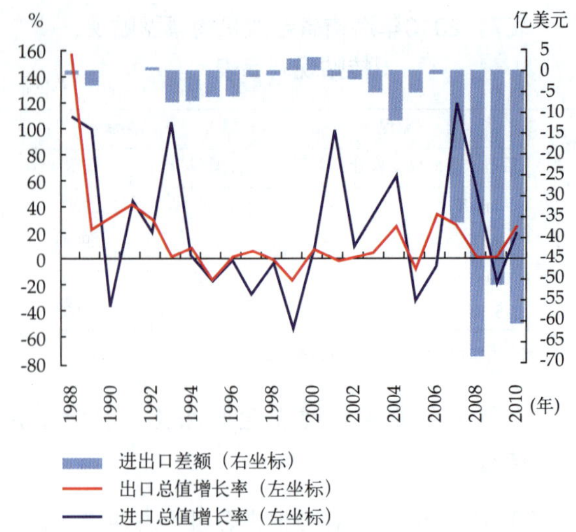

数据来源：海南省统计局。

图8 1988～2010年海南省外贸进出口变动情况

数据来源：海南省统计局。

图9 1984～2010年海南省外商直接投资情况

61.5%，增速比上年大幅提高88.1个百分点。

（二）三次产业协调发展，产业结构趋于优化

2010年，海南省三次产业呈现全面协调优化发展态势，三次产业结构比重为26.3 : 27.1 : 46.1，第二、三产业占比均比上年有所提升，产业结构趋于优化，第三产业的主导地位进一步彰显。

1. 支农惠农力度加大，农业特色优势凸显。2010年，全省继续加大强农惠农政策力度，着力调

整和优化农业结构，积极推广先进生产技术，推动农业生产规模化、基地化、产业化发展，同时加大农产品国内外市场促销力度，努力克服10月强降雨自然灾害给全省农业带来的不利影响，全年农业增加值同比增长6.3%。各类主要农产品中，除粮食因灾产量同比下降外，瓜菜、水果及热带农作物均获丰收，畜牧业、渔业等优势产业生产持续稳定增长。金融支农力度加大，全年新增农林牧渔业贷款16.4亿元，农业保险覆盖面逐步扩大，有效地降低了农业生产的自然风险。

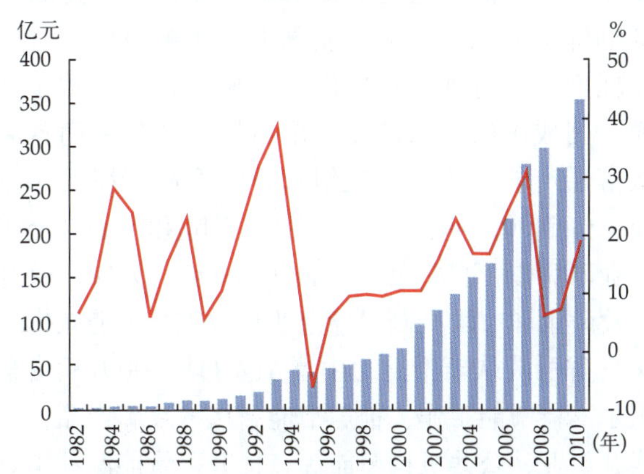

数据来源：海南省统计局。

图10　1982～2010年海南省工业增加值及其增长率

2. 工业生产明显提速，企业经营效益全面好转。随着外部经济环境的好转，以油气化工、汽车、浆纸为代表的海南省重点行业生产快速恢复，全省工业生产增速明显提升。2010年，全省规模以上工业增加值同比增长18.5%，比上年明显加快11个百分点（见图10）。全省工业产品销售状况持续好转，产品销售收入同比增长29.7%，企业经营效益全面好转，规模以上工业企业利润同比增长31%，亏损面同比下降3.6%，企业综合效益指数同比提升14个百分点。

3. 服务业快速增长，旅游业强劲复苏。2010年，国际旅游岛建设带动了全省服务业的快速增长，服务业增加值同比增长19.6%，增速比上年加快5.5个百分点。旅游业受益于国际旅游岛建设的利好消息推动，呈现强劲复苏态势。全年接待过夜人数和旅游收入同比分别增长15.0%和21.7%，增速比上年分别加快5.8个和11.6个百分点。

（三）各类价格上涨加快，工资水平快速提升

1. 居民消费价格较快上涨。受农产品大幅涨价以及房屋交易价格和租赁价格上涨较快等因素影响，2010年海南省食品、居住类价格涨幅分别为7.6%和9.7%，并由此推动了居民消费价格指数上涨4.8%。其中受10月强降雨自然灾害影响，10月和11月居民消费价格涨幅分别高达7.6%和7.5%，12月环比回落0.5个百分点，但未来物价上扬压力依然较大。

2. 生产类价格高位运行。随着全球经济复苏预期增强，工业企业生产加快恢复，对资源能源和原材料类产品需求增加，推动了生产资料和原材料价格的快速上涨，加之受美元快速贬值和上年翘尾因素影响，各类生产价格涨幅较高。2010年，燃料、动力购进价格指数和工业品出厂价格指数分别累计上涨10.3%和7.7%，均处于历史较高位（见图11）。

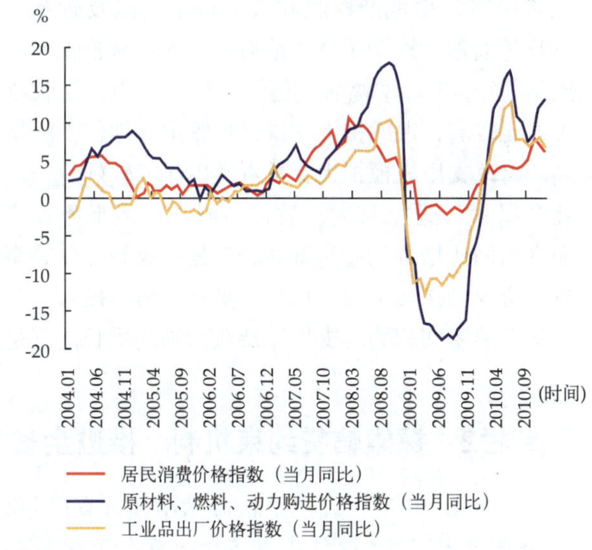

数据来源：海南省统计局。

图11　2004～2010年海南省居民消费价格和生产者价格变动趋势

3. 劳动力成本快速提升。2010年，海南省经济快速增长，企业用工需求明显增加以及全省最低工资标准的大幅提高，拉动劳动力成本快速提升。2010年，全省在岗职工平均工资和农民务工平均工资同比分别上涨24.1%和21.7%，全省最低工资水平上涨37%，增幅居全国第一位。

（四）财政收入高速增长，重点支出保障有力

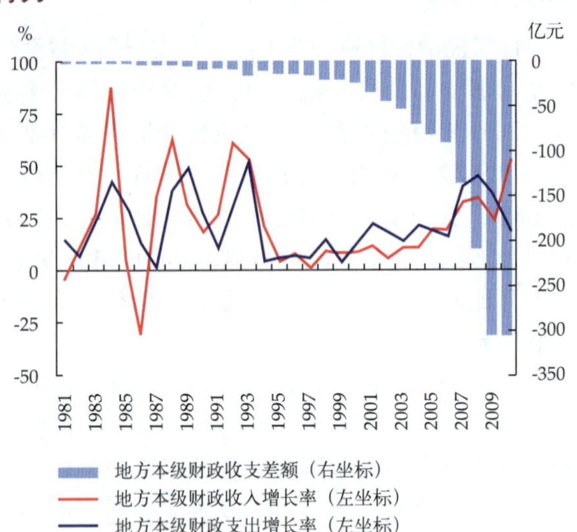

数据来源：海南省统计局。

图12　1981～2010年海南省财政收支状况

2010年，海南省经济发展向好，工业企业效益稳步提高，房地产税收收入大幅增长以及政策性增收等因素，拉动了全省地方一般预算财政收入同比增长52.1%，增幅居全国第一位。其中，税收收入占比较高，占比接近九成，税收主导地位不断增强。财政支出规模扩大，重点支出保障较好。一是社会保障、医疗卫生、教育、城乡社区事务等方面支出同比增幅均超过20%。二是商业服务业等事务、资源勘探、电力、信息等事务、科学技术等与经济发展密切相关的支出保持较大幅度增长。三是国防、公共安全、一般公共服务等支出稳步增长。

（五）多项政策措施合力，节能减排成效明显

2010年，海南省着力加大淘汰落后产能和节能减排工作力度。一方面，连续出台《海南省确保实现“十一五”节能减排目标2010年工作方案》、《海南省人民政府关于严格控制高耗能高排放行业过快增长的通知》等政策措施督促企业淘汰落后产能。通过淘汰落后产能计划、提高差别电价加价标准、扩大差别电价实施范围、对超能耗产品实行惩罚性电价等措施，将海南省小规模、高成本的落后产能挤出市场。全年海南省淘汰落后产能：小电力机组13.8万千瓦、炼铁10万吨、炼钢30万吨、立窑水泥171万吨和实心粘土砖企业200家，涉及责任企业共216家。另外，通过财政政策和市场机制引导企业自觉进行节能减排工作。省财政从新增财力中增加安排9 000万元资金用于支持节能工作、推广节能新技术及新产品、新能源产业、公共机构节能等，提升存量能源利用效率，加大资源综合利用力度。

在一系列有力措施的综合推动下，2010年，全省化学需氧量（COD）和二氧化硫排放量等主要污染物排放总量均控制在国家规定的减排目标内。同时全省89%的城镇环境空气质量达国家一级水平，82.8%的监测河段和88.9%的监测湖库水质达到或优于地表水III类标准，近岸海域水质总体优良。

专栏2　探索信贷约束机制　推进全省节能减排

“十一五”前四年，海南省万元GDP能耗累积降低7%，仅实现“十一五”节能目标的57.8%，成为全国节能减排最慢的两个省份之一。2010年，海南省金融机构建立信贷约束机制，以海南国际旅游岛建设为契机，采取有进有退的信贷策略，不断加大节能减排的金融支持力度，使海南省节能减排工作取得明显成效。2010年，海南规模以上工业综合能耗比上年下降11.3%。

金融机构信贷投放的环境约束机制。一是建立环保“一票否决”制度。辖内所有商业银行对不符合环保要求项目的贷款需求严格限贷，70%的金融机构已经制定“两高一剩”行业的信贷退出计划，对存量客户采取停贷和收贷等方式逐步退出。二是完善节能减排信贷定价机制。90%的金融机构对节能减排重点责任企业贷款“三查”的执行情况较其他企业更为严格，通过提高信贷成本和限定贷款使用范围等方式对高耗能企业扩大产能方面的信贷需求实行严格控制，新增贷款主要用于贸易融资和重点节能项目改造。三是完善环保风险分级制度，实行差别化管理。近年来，90%的金融机

构在对本行贷款项目和贷款企业节能减排执行情况进行调查摸底的基础上，持续开展信贷环保风险的专项排查；60%的金融机构根据环保风险对信贷客户进行分类，并按照环境影响程度实施差别化管理。四是完善环保风险信息制度。70%的金融机构已经或正在建立节能环保授信工作专项信息统计和披露制度。

金融支持节能减排初见成效。全省金融机构根据《关于落实环保政策法规防范信贷风险的意见》，结合海南省政府2010年公布的全省高耗能、高排放和产能过剩行业（“两高一剩”）退出企业的名单，积极调整信贷投向结构，节能减排工作取得显著成效。2010年年末，海南省服务业贷款余额为2 013.1亿元，同比增长39.5%，增速高于全省贷款增速10.2个百分点；服务业新增贷款570.3亿元，占全部新增贷款的92.0%；服务业贷款余额比例为81.6%，同比提高3.5个百分点；能耗大的工业贷款余额占比仅为15.4%，比上年下降3.4个百分点。目前，海南省金融机构已基本从钢铁、平板玻璃、水泥等高能耗行业退出。2010年年末，海南省33家重点能耗工业企业中，贷款前30户企业中仅有4户，比上年减少1户；4家企业贷款余额仅占全省金融机构贷款余额的8.0%，比上年下降1.9个百分点。与此同时，金融机构结合海南省正在积极发展信息产业、生物产业、新能源及新材料等高新技术产业的实际，在退出高耗能行业的同时，加大对低耗环保高新技术产业的信贷支持力度。截至2010年6月末，中国建设银行海南省分行和交通银行海南分行的可再生能源项目贷款余额各占全行贷款的2.8%和5.0%，国家开发银行海南省分行的环境保护项目贷款占全行贷款的8.9%。海南英利新能源有限公司为2009年7月成立的新能源企业，组建以来一直得到中国工商银行海南省分行、交通银行海南分行和中国光大银行海口分行的大力扶持。截至2010年年末，该公司成为全省金融机构第30户贷款大客户，贷款余额达到10.5亿元。信贷政策在推动全省节能减排工作中发挥了重要作用。

（六）房地产市场理性回调，旅游业快速发展

1. 房地产市场理性回调，房地产金融平稳运行。2010年年初，在国际旅游岛建设的利好消息刺激下，房地产升值预期强化，海南房地产市场迅速升温。随着国家一系列房地产调控政策的密集出台，海南楼市呈现出量价松动回调迹象，但未出现持续显著下行态势，趋向于短期小幅波动，这是楼市逐步调整、理性回归的体现。就房地产市场供给来看，12月房屋竣工面积为当月销售面积的1.9倍，扭转了前11个月房屋竣工面积小于销售面积的格局。

房地产投资增速持续回落，保障性住房建设加快。2010年，海南省房地产投资同比增长62.5%，增速位居全国首位，高于全国平均增速29.3个百分点，但全年增速呈现逐月回落态势。2010年，海南省政府将保障性住房建设工作列入对市县的考核体系中，加快推进保障性住房建设，安排用于保障性住房建设的各类财政补助资金比上年增长1.5倍。保障性住房由廉租住房、经济适用住房扩大到公共租赁住房、限价商品住房、城市和国有工矿棚户区改造、国有林场危旧房改造、垦区危房改造、农村危房改造“八房并举”，初步形成多层次保障性住房建设体系。截至2010年年末，全省保障性住房新开工12.6万套、1 057.2万平方米。

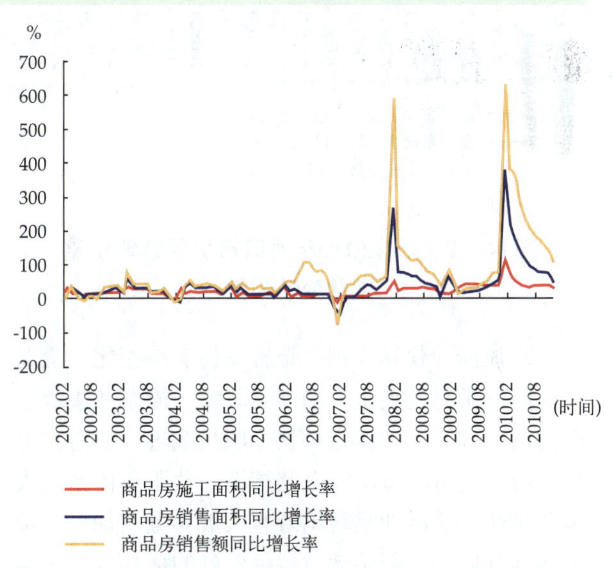

数据来源：海南省统计局。

图13　2002～2010年海南省商品房施工和销售变动趋势

房地产贷款增速放缓，质量明显改善。2010年，随着房地产信贷调控效应的显现，自9月起各项房地产贷款增速显现全面放缓态势，特别是个人住房贷款发放量大幅收缩。从房地产开发企业资金来源看，定金及预付款和自筹资金合计占比高达70.9%，国内贷款占比仅为17.0%，金融资源对房地产市场的介入程度较低，加之海南省金融机构对房地产项目授信秉持审慎态度，房地产信贷质量良好，风险可控。截至2010年年末，房地产不良贷款余额为2.5亿元，比年初减少0.8亿元；房地产贷款不良率仅为0.5%，比年初下降0.5个百分点，贷款质量持续改善。

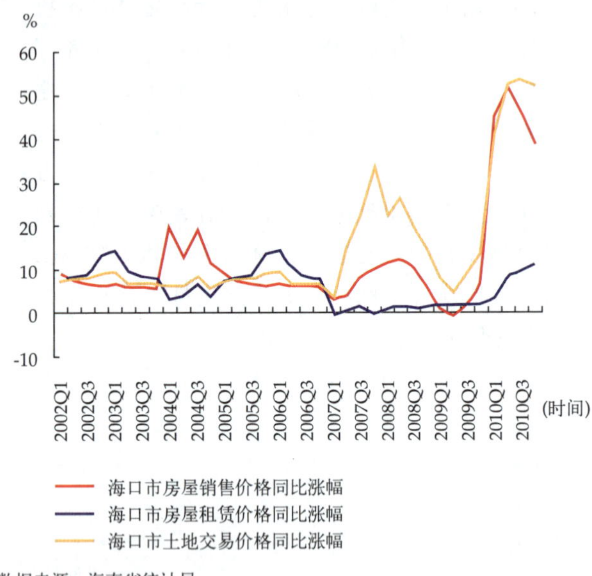

数据来源：海南省统计局。

图14 2002～2010年海口市房屋销售价格指数变动趋势

2. 旅游业快速发展，金融支持有待深化。受益于国际旅游岛建设上升为国家战略、旅游环境综合整治力度加大、旅游市场秩序明显改善、旅游产品和旅游方式进一步丰富以及旅游公共服务体系建设步伐加快，旅游业呈现出游客人数大量增加、入境游客强劲回升、经济效益持续向好的格局，有力地促进了全省经济社会的快速发展。2010年，全省实现旅游总收入257.6亿元，同比增长21.7%，增速比上年提高11.6个百分点；接待过夜国内外游客2 587.3万人次，同比增长15.0%。

虽然全省旅游业强劲复苏，但制约海南旅游业快速发展的因素依然突出。一是全省旅游房地产开发缺乏整体规划，部分县市不顾内外环境和市场需求，过度开发稀缺的旅游资源。二是高端休闲旅游项目和企业不足。海南旅游项目、企业数量多、规模小、创新不足，大多是低效益的观光游，缺乏高端休闲旅游项目和服务能力。三是旅游产品结构不合理、主流旅游产品老化、旅游商品开发和销售滞后，影响旅游产业链的延伸。

积极探索金融业与旅游业的良性融合发展。一是继续加大对旅游企业的信贷支持力度。2010年年末，海南省旅游产业链中运输、批发零售、住宿餐饮、文化体育和娱乐四大行业贷款仅占全省贷款余额的23.4%，比上年下降1.2个百分点，信贷支持力度亟待强化。二是着力支持符合条件的旅游企业上市融资或发行企业债券、短期和超短期融资券，鼓励旅游产业投资基金发展。三是探索推出旅游新型金融服务，拓宽“海南国际旅游岛银行卡”发卡地区，深化个人本外币兑换特许业务试点，探索离岸金融业务试点等。

三、预测与展望

2011年是海南省“十二五”规划的开局之年，随着全球经济复苏势头增强，海南省经济金融面临的外部发展环境转好。同时，海南国际旅游岛建设进入新的重要发展时期，一系列重大项目将开工建设和国家支持海南国际旅游岛建设的重要政策将付诸实施，支撑海南省经济增长的积极因素仍较多。从需求角度的投资方面看，全省将继续加大公路铁路交通、农田水利、环境保护、保障性住房等领域的投资，投资仍将保持较快增长势头。消费方面，随着城乡居民收入五年倍增计划的启动，特区津贴、补贴提高，医改新方案、农村养老保险全覆盖等社会保障制度实施，城乡居民消费信心将极大提高。从生产角度看，农业方面，强农惠农政策扶持力度的加大、农业先进生产技术的加快推广，热带特色农业将加快发展；工业方面，一批在建工业项目将陆续投产、一批重大工业产业项目将抓紧落实，工业企业生产将继续保持较快增长；服务业方面，随着《海南国际旅游岛建设发展规划纲要》的实施，服务业对外开放水平将不断提高，服务业发展的潜力和空间巨大。总体而言，在充分发挥各种积极因素的前提条件下，2011年全省经济有望继续保持较快增长势头，实现“十二五”良好开局。

2011年，中国人民银行海口中心支行将认真贯彻落实稳健的货币政策，加大对辖内金融机构的窗口指导力度，合理把握信贷总量和节奏，促进优化信贷结构，引导优质企业采取股权、债券等直接融资方式筹集资金，加快金融产品和服务创新步伐，完善海南国际旅游岛金融服务。预计2011年全省金融机构贷款平稳增长，支付结算服务和网络更加健全，金融服务质量和效率继续提高，金融业规模、质量、效益有望持续提升。

中国人民银行海口中心支行货币政策分析小组
负责人：吴盼文　曹协和
统　稿：吴竞择　金为华
执　笔：石海峰　何志强　潘　琪　陈　波　王　艳　符瑞武　林明恒　郭　雁　邓　昕
提供材料的还有：黄翠玲　黄静慧　黄　辉　陈太玉

附录

（一）2010年海南省经济金融大事记

3月30日，海南省首家农村合作银行——白沙农村合作银行正式挂牌开业，注册资本为3 260万元。

4月9日至11日，博鳌亚洲论坛2010年年会在海南博鳌举行，国家副主席习近平出席开幕大会并发表主题演讲。

6月8日，海南国际旅游岛建设基本蓝图和行动纲领——《海南国际旅游岛建设发展规划纲要》获得国家发展改革委正式批复。

6月11日，国家外汇管理局批准海口、三亚和万宁三地开展个人本外币兑换特许业务试点，同时同意海南海航投资咨询有限公司经营个人本外币兑换特许业务。

6月17日，海南省获批成为第二批实施跨境贸易人民币结算业务试点地区。

9月上旬，海口城郊、琼中县农村信用社联社和白沙县农村合作银行率先成功兑付专项中央银行票据资金2.25亿元，海南省农村信用社改革取得阶段性成果。

10月13日，海南省金融机构联合制定出台《关于金融支持抗洪救灾和灾后重建的意见》，支持海南抗击暴雨洪涝灾害及灾后家园重建。

11月12日，银联标准“游中国·海南国际旅游岛卡”首发仪式在海口成功举行。

11月26日至28日，“金融系统反腐倡廉建设展”在海口市国际会展中心举行，海口地区65家金融机构组织12 500多名干部职工参观展览。

12月21日，国务院决定在海南省开展境外旅客购物离境退税政策试点。

（二）2010年海南省主要经济金融指标

表1 2010年海南省主要存贷款指标

		1月	2月	3月	4月	5月	6月	7月	8月	9月	10月	11月	12月
本外币	金融机构各项存款余额（亿元）	3 475.4	3 614.4	3 698.1	3 788.3	3 862.9	3 910.3	3 911.3	3 936.8	3 999.6	4 024.8	4 021.7	4 217.3
	其中：城乡居民储蓄存款	1 357.5	1 453.8	1 504.2	1 541.5	1 560.0	1 578.9	1 578.8	1 582.0	1 620.4	1 603.4	1 611.3	1 679.9
	企业存款	1 535.9	1 572.4	1 599.3	1 615.7	1 654.9	1 635.6	1 621.4	1 612.5	1 647.9	1 658.9	1 639.7	1 760.1
	各项存款余额比上月增加（亿元）	299.7	139.0	83.7	90.2	74.5	47.5	0.9	25.5	62.8	25.2	-3.1	195.7
	金融机构各项存款同比增长（%）	49.6	49.3	48.9	47.0	46.3	42.6	42.9	40.3	40.0	38.8	34.7	32.8
	金融机构各项贷款余额（亿元）	1 962.1	2 065.2	2 123.1	2 188.1	2 231.7	2 272.3	2 317.9	2 369.5	2 404.4	2 445.3	2 470.7	2 509.7
	其中：短期	405.9	406.8	390.0	383.6	355.7	345.7	340.6	343.0	357.7	378.0	379.2	397.8
	中长期	1 466.8	1 561.8	1 633.6	1 698.0	1 769.1	1 836.2	1 884.1	1 939.4	1 971.8	1 995.5	2 021.0	2 062.8
	票据融资	66.0	68.8	70.8	78.0	82.7	65.6	69.1	62.4	57.6	58.0	57.5	34.1
	各项贷款余额比上月增加（亿元）	21.2	103.2	57.9	64.9	43.7	40.6	45.6	51.6	35.0	40.8	25.4	39.0
	其中：短期	13.3	0.9	-16.7	-6.4	-27.9	-10.0	-5.1	2.4	14.8	20.3	1.2	18.6
	中长期	30.4	95.0	71.8	64.4	71.1	67.1	47.9	55.3	32.4	23.7	25.5	41.7
	票据融资	-23.0	2.8	1.9	7.3	4.6	-17.1	3.5	-6.7	-4.8	0.4	-0.5	-23.4
	金融机构各项贷款同比增长（%）	40.6	43.9	44.5	42.2	39.0	37.2	31.4	33.1	34.5	35.6	35.0	29.3
	其中：短期	20.0	15.2	13.5	2.2	-9.0	-9.7	-10.3	-8.7	-4.1	5.9	7.0	1.3
	中长期	48.5	55.0	58.6	58.2	59.4	58.5	53.1	55.6	53.6	50.7	48.7	43.6
	票据融资	7.2	3.3	-19.4	-6.0	-12.9	-36.4	-50.3	-56.3	-47.8	-41.4	-38.8	-61.7
	建筑业贷款余额（亿元）	8.5	18.2	18.5	18.7	18.9	18.1	18.4	18.5	20.7	18.8	18.9	19.7
	房地产业贷款余额（亿元）	153.3	159.5	168.4	173.5	186.3	192.7	201.3	209.8	212.5	223.4	230.5	237.7
	建筑业贷款同比增长（%）	19.7	56.3	351.2	405.4	410.8	248.1	201.6	203.3	233.9	203.2	182.1	181.4
	房地产业贷款同比增长（%）	123.5	111.8	134.5	139.0	145.1	107.2	90.3	92.5	86.6	71.8	74.1	60.3
人民币	金融机构各项存款余额（亿元）	3 419.3	3 559.9	3 644.0	3 738.7	3 812.9	3 860.3	3 865.9	3 889.1	3 953.9	3 975.8	3 980.3	4 172.6
	其中：城乡居民储蓄存款	1 343.4	1 439.6	1 490.1	1 527.3	1 546.4	1 565.5	1 565.4	1 569.0	1 607.7	1 590.7	1 598.6	1 667.1
	企业存款	1 497.6	1 535.1	1 561.4	1 582.5	1 620.9	1 605.4	1 591.6	1 579.8	1 616.3	1 625.2	1 613.3	1 730.5
	各项存款余额比上月增加（亿元）	311.4	140.6	84.1	94.7	74.2	47.4	5.6	23.1	64.8	22.0	4.4	192.3
	其中：城乡居民储蓄存款	63.3	96.2	50.5	37.2	19.1	19.1	-0.1	3.6	38.7	-17.1	7.9	68.6
	企业存款	193.0	37.5	26.3	21.1	38.4	-15.5	-13.8	-11.8	36.5	8.9	-11.8	117.2
	各项存款同比增长（%）	50.0	49.7	49.2	47.2	46.7	43.0	44.0	41.3	40.8	39.4	35.1	34.3
	其中：城乡居民储蓄存款	21.6	27.4	28.5	28.4	28.5	30.4	29.1	29.9	30.3	29.7	29.2	30.2
	企业存款	83.4	71.5	67.9	61.1	61.6	48.0	54.0	46.5	45.9	43.6	35.6	32.2
	金融机构各项贷款余额（亿元）	1 751.5	1 849.6	1 913.1	1 971.2	2 010.9	2 053.4	2 098.4	2 138.0	2 177.6	2 215.2	2 235.6	2 265.4
	其中：个人消费贷款	192.9	201.1	212.9	231.2	251.3	265.4	281.4	295.0	297.3	298.2	300.0	303.0
	票据融资	66.0	68.8	70.8	78.0	82.7	65.6	69.1	62.4	57.6	58.0	57.5	34.1
	各项贷款余额比上月增加（亿元）	20.4	98.0	63.6	58.1	39.7	42.5	44.9	39.7	39.6	37.6	20.4	29.8
	其中：个人消费贷款	11.5	8.2	11.9	18.3	20.0	14.2	15.9	13.7	2.2	1.0	1.8	3.0
	票据融资	-23.0	2.8	1.9	7.3	4.6	-17.1	3.5	-6.7	-4.8	0.4	-0.5	-23.4
	金融机构各项贷款同比增长（%）	41.8	45.2	46.4	42.6	38.8	36.7	31.1	32.3	34.7	36.2	35.1	30.9
	其中：个人消费贷款	46.0	52.8	60.9	72.7	82.9	84.3	90.6	93.9	86.4	80.7	75.2	68.4
	票据融资	7.3	3.3	-19.4	-6.0	-12.9	-36.4	-50.3	-56.3	-47.8	-41.4	-38.8	-61.7
外币	金融机构外币存款余额（亿美元）	8.2	8.0	7.9	7.3	7.3	7.4	6.7	7.0	6.8	7.2	6.2	6.8
	金融机构外币存款同比增长（%）	27.6	27.3	27.6	29.3	22.0	20.7	-13.3	-10.0	-4.4	3.6	7.5	-32.0
	金融机构外币贷款余额（亿美元）	30.8	31.6	30.7	31.8	32.3	32.2	32.4	34.0	33.8	33.7	35.2	36.9
	金融机构外币贷款同比增长（%）	31.6	34.3	29.7	38.5	40.8	42.7	35.5	40.7	35.7	31.4	36.8	20.1

数据来源：中国人民银行海口中心支行。

表2　2001～2010年海南省各类价格指数

单位:%

年/月	居民消费价格指数		农业生产资料价格指数		原材料购进价格指数		工业品出厂价格指数		海口市房屋销售价格指数	海口市房屋租赁价格指数	海口市土地交易价格指数
	当月同比	累计同比	当月同比	累计同比	当月同比	累计同比	当月同比	累计同比	当季(年)同比	当季(年)同比	当季(年)同比
2001	—	-1.5	—	-0.5	—	—	—	—	-0.2	-0.7	1.4
2002	—	-0.5	—	1.7	—	5.0	—	0.4	1.8	-5.4	0.5
2003	—	0.1	—	4.8	—	2.2	—	-0.5	2.7	-7.4	0.4
2004	—	4.4	—	11.3	—	5.9	—	0.0	5.9	-3.9	2.7
2005	—	1.5	—	8.9	—	4.2	—	-0.5	2.5	1.9	10.0
2006	—	1.5	—	0.7	—	1.5	—	0.8	5.5	1.4	5.8
2007	—	5.0	—	7.1	—	5.0	—	2.7	6.6	0.6	18.5
2008	—	6.9	—	14.8	—	11.6	—	4.5	10.4	1.4	20.9
2009	—	-0.7	—	-6.0	—	-14.7	—	-9.4	2.3	2.3	8.8
2010	—	4.8	—	7.3	—	10.3	—	7.7	45.8	8.3	49.7
2009　1	2.5	2.5	1.3	1.3	-8.0	-8.0	-11.5	-11.5	—	—	—
2	-2.6	-0.1	-1.6	-0.2	-13.6	-10.8	-10.8	-11.2	—	—	—
3	-1.1	-0.4	-2.6	-1.0	-16.8	-12.8	-12.9	-11.7	1.3	2.1	8.3
4	-0.8	-0.5	-4.1	-1.8	-16.8	-13.8	-10.6	-11.4	—	—	—
5	-0.6	-0.6	-5.4	-2.5	-18.1	-14.6	-10.7	-11.3	—	—	—
6	-1.3	-0.7	-6.0	-3.1	-19.0	-15.4	-11.5	-11.3	-0.6	2.0	4.3
7	-1.9	-0.9	-7.6	-3.8	-18.2	-15.8	-10.1	-11.2	—	—	—
8	-1.2	-0.9	-11.9	-4.9	-18.6	-16.1	-10.4	-11.1	—	—	—
9	-1.3	-1.0	-12.1	-5.7	-17.1	16.2	-9.1	-10.8	1.6	2.5	9.0
10	-1.5	-1.0	-10.3	-6.2	-16.2	-16.2	-8.5	-10.6	—	—	—
11	0.0	-0.9	-7.7	-6.3	-7.8	-15.5	-4.0	-10.0	—	—	—
12	2.0	-0.7	-2.1	-6.0	-5.7	-14.7	-2.4	-9.4	6.8	2.5	13.5
2010　1	1.7	1.7	3.1	3.1	-1.8	-1.8	2.8	2.8	—	—	—
2	4.6	3.1	2.7	2.9	5.6	1.9	4.6	3.7	—	—	—
3	3.6	3.3	4.7	3.5	11.7	5.2	7.7	5.1	45.4	3.6	40.8
4	4.0	3.5	5.7	4.0	13.1	7.1	8.1	5.8	—	—	—
5	4.4	3.7	5.6	4.4	15.8	8.9	12.0	7.1	—	—	—
6	4.3	3.8	5.7	4.6	17.0	10.2	12.6	8.0	52.2	8.7	52.1
7	4.2	3.8	5.8	4.8	11.0	10.3	7.8	8.0	—	—	—
8	4.3	3.9	9.4	5.3	10.2	10.3	7.7	7.9	—	—	—
9	5.5	4.1	9.5	5.8	7.6	10.0	6.8	7.8	46.3	9.6	53.5
10	7.6	4.4	10.6	6.3	8.6	9.9	7.2	7.7	—	—	—
11	7.5	4.7	12.4	6.8	12.0	10.1	8.2	7.8	—	—	—
12	6.3	4.8	12.6	7.3	13.1	10.3	6.9	7.7	39.4	11.3	52.4

数据来源：国家统计局和海南省统计局。

表3　2010年海南省主要经济指标

	1月	2月	3月	4月	5月	6月	7月	8月	9月	10月	11月	12月
绝对值（自年初累计）												
地区生产总值(亿元)	—	—	479.7	—	—	1 018.2	—	—	1 500.4	—	—	2 052.1
第一产业	—	—	106.2	—	—	258.7	—	—	378.6	—	—	539.3
第二产业	—	—	104.5	—	—	261.0	—	—	405.5	—	—	566.5
第三产业	—	—	269.0	—	—	498.5	—	—	716.4	—	—	946.3
工业增加值(亿元)	22.6	46.0	73.5	106.4	138.1	164.6	192.4	222.5	252.0	283.5	317.1	354.8
城镇固定资产投资(亿元)	80.9	151.0	231.7	320.0	418.0	534.6	649.6	740.9	860.5	973.4	1 107.5	1 257.5
房地产开发投资	34.7	64.4	97.8	126.4	167.6	205.3	243.9	284.5	321.1	365.9	407.7	467.9
社会消费品零售总额(亿元)	52.5	109.9	154.2	201.1	251.8	300.1	347.3	395.1	447.0	503.9	560.5	623.8
外贸进出口总额(万美元)	62 969.0	113 575.0	187 138.0	278 093.0	356 024.0	446 416.0	545 605.0	642 730.0	749 588.0	844 280.0	942 965.0	1 080 210.0
进口	44 198.0	85 008.0	148 147.0	213 415.0	271 336.0	342 971.0	422 727.0	499 616.0	584 422.0	656 648.0	728 664.0	841 096.0
出口	18 771.0	28 567.0	38 991.0	64 678.0	84 688.0	103 445.0	122 878.0	143 114.0	165 166.0	187 632.0	214 301.0	239 114.0
进出口差额(出口−进口)	-25 427.0	-56 441.0	-109 156.0	-148 737.0	-186 648.0	-239 526.0	-299 849.0	-356 502.0	-419 256.0	-469 016.0	-514 363.0	-601 982.0
外商实际直接投资(万美元)	2 172.0	3 636.0	5 226.0	6 776.0	10 070.0	20 254.0	24 795.0	27 395.0	28 765.0	3 936.0	44 632.0	151 213.0
地方财政收支差额(亿元)	10.9	17.1	-4.7	-5.3	-11.0	-38.7	-64.3	-87.4	-126.5	-139.8	-188.8	-307.4
地方财政收入	26.5	50.5	74.1	102.5	126.9	150.1	173.1	189.8	205.3	226.0	244.4	271.1
地方财政支出	15.5	33.4	78.9	107.8	137.9	188.8	237.4	277.2	331.8	365.7	433.2	578.5
城镇登记失业率(%)(季度)	—	—	3.2	—	—	3.2	—	—	3.2	—	—	3.0
同比累计增长率（%）												
地区生产总值	—	—	25.1	—	—	19.4	—	—	17.6	—	—	15.8
第一产业	—	—	7.3	—	—	7.1	—	—	7.5	—	—	6.3
第二产业	—	—	20.0	—	—	19.5	—	—	19.6	—	—	19.2
第三产业	—	—	37.1	—	—	26.5	—	—	22.1	—	—	19.6
工业增加值	10.7	12.2	18.3	19.3	18.9	16.6	16.7	17.4	16.8	17.1	17.4	18.5
城镇固定资产投资	120.0	100.0	75.8	55.6	51.2	43.2	44.1	42.8	41.6	39.7	41.0	33.4
房地产开发投资	200.0	180.0	140.0	96.5	95.4	78.9	67.1	69.4	68.4	66.6	64.0	62.5
社会消费品零售总额	19.3	18.6	18.9	19.1	19.2	19.2	19.3	19.3	19.5	19.4	19.4	19.5
外贸进出口总额	-12.0	-14.6	-10.1	-4.2	1.5	6.7	7.6	10.9	16.3	15.7	14.8	21.2
进口	-22.8	-22.1	-13.6	-11.3	-5.5	0.6	2.0	7.0	13.5	12.2	10.8	20.0
出口	31.7	19.7	6.5	29.9	33.1	33.9	32.4	27.3	27.2	29.7	30.9	25.8
外商实际直接投资	-78.9	-70.2	-77.2	-73.0	-63.9	-54.9	-49.3	-50.4	-54.3	-56.1	-45.2	61.5
地方财政收入	62.6	87.5	88.0	84.2	81.1	74.7	69.3	65.2	60.2	56.0	40.8	52.1
地方财政支出	-32.6	-28.6	1.6	2.8	7.7	11.1	16.0	19.9	22.6	21.0	28.6	19.3

注：进出口数据包括了中国国际石油化工联合有限责任公司代理海南炼化进出口的数据。

数据来源：《中国经济景气月报》、海南省统计局。

2010年重庆市金融运行报告

中国人民银行重庆营业管理部货币政策分析小组

[内容摘要] 2010年，重庆市按照宏观调控要求，扩内需、调结构、控通胀、惠民生，推动经济运行摆脱金融危机影响稳定增长。消费平稳较快增长，投资结构改善，对外贸易快速恢复，三大需求更加协调。产业结构调整与统筹城乡建设全面推进，节能减排与环境保护取得新成效，重庆正步入经济发展提速提质、社会民生和谐共进、改革开放创新并行的新阶段。

金融业稳健发展，社会融资总量稳定增长，金融支持经济发展的可持续性稳步提升。存贷款增长回归常态，信贷投放向支持产业升级、民生改善倾斜。证券业发展势头良好，保险业保障和服务功能不断增强。金融市场交易活跃，直接融资取得历史性突破，金融生态环境进一步改善。

2011年，重庆市将以科学发展为主题，以加快转变经济发展方式为主线，走民生导向发展之路，以此推动经济持续较快发展。金融业将认真贯彻稳健的货币政策，保持合理的社会融资规模，促进信贷适度平稳增长，拓宽融资渠道，切实防范系统性金融风险，保持金融体系健康稳定运行。

一、金融运行情况

2010年，重庆金融业准确把握适度宽松的货币政策的内涵，着力加强结构调整和风险防范，在有力地支持地方经济巩固回升势头的同时，实现自身快速健康发展。社会融资结构多元化，金融生态环境继续改善。

（一）银行业平稳较快发展，货币信贷增长向常态回归

2010年，重庆银行业平稳较快发展，存贷款增速高位回落，机构改革发展成效显著。

1. 银行业规模效益持续提升，机构体系日益完备。2010年，重庆市银行业资产总额继续大幅增长，资产结构中贷款占比有所回落；不良资产保持“双降”，拨备覆盖率提高到179%，风险防控和抵御能力进一步增强。经营效益创历史新高，全年利润增长51.3%，高于上年24.5个百分点，资产利润率提高0.2个百分点。地方法人银行存贷比和流动性比率保持合理水平，资本充足率和拨备覆盖率居全国同类机构前列。外资银行业务全面恢复，主要经营指标增幅快于全市水平。汉口银行重庆分行等5家中小银行顺利开业，富滇银行等5家银行获准筹建，银行机构数量快速增长。非银行金融机构加快发展，信托公司资产规模增长九成，西部首家金融租赁公司昆仑金融租赁开业后业务迅猛发展，化医控股集团获批成立重庆首家财务公司。

表1 2010年重庆市银行业金融机构情况

机构类别	营业网点[①] 机构个数（个）	营业网点[①] 从业人数（人）	营业网点[①] 资产总额（亿元）	法人机构（个）
一、大型商业银行[②]	1 239	25 024	6 893	0
二、国家开发银行及政策性银行[③]	39	1 092	1 758	0
三、股份制商业银行[④]	147	4 843	3 855	0
四、城市商业银行	125	3 480	1 713	2
五、城市信用社	0	0	0	0
六、农村合作机构	1 743	14 478	2 841	1
七、财务公司	1	16	5	1
八、邮政储蓄银行	880	3 568	892	0
九、外资银行	20	528	106	0
十、农村新型机构[⑤]	14	299	22	14
合 计	4 208	53 328	18 085	18

注：①不包括国家开发银行和政策性银行、大型商业银行、股份制银行等金融机构总部数据。

②包括中国工商银行、中国农业银行、中国银行、中国建设银行和交通银行。

③包括国家开发银行、中国农业发展银行和中国进出口银行。

④包括中信银行、中国光大银行、华夏银行、广东发展银行、深圳发展银行、招商银行、上海浦东发展银行、兴业银行、中国民生银行、恒丰银行。

⑤包括村镇银行、贷款公司和农村资金互助社。

数据来源：中国人民银行重庆营业管理部。

2. 存款增长放缓。2010年，全市人民币存款增速同比回落13.2个百分点（见图1）。存款同比少增主要受两大因素影响，一是贷款增长趋缓和执行实贷实付造成派生性企业存款增长放缓，二是股票、理财产品、房地产投资等分流部分储蓄。存款增长波动较大，下旬、季末明显冲高。行间分布不均，四大国有商业银行和农村商业银行、邮政储蓄银行6家银行增量占全市的六成，中小银行存款增长乏力。储蓄存款继续呈活期化态势，活期储蓄占比与上年持平。企业存款出现定期化走势，定期存款占比由上半年的二成上升到下半年的五成。中国人民银行重庆营业管理部第四季度工业景气监测显示，企业货款回笼较快、资金周转状况向好，但固定资产投资意愿和盈利预期出现明显下滑，对货币资金安排产生一定影响。由于企业外汇需求增加和人民币汇率升值预期增强，外币存款同比大幅少增。

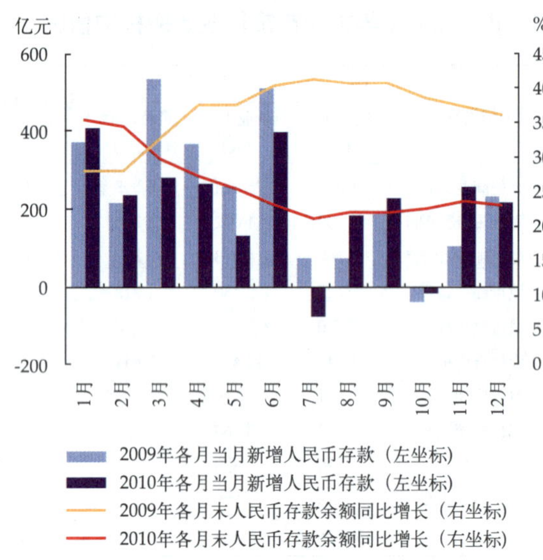

数据来源：中国人民银行重庆营业管理部。

图1　2010年重庆市金融机构人民币存款增长变化

3. 信贷增长回归常态，结构进一步优化。2010年，重庆市本外币贷款增长24.2%，在较好地满足经济复苏资金需求的同时，增速较上年回落17.5个百分点，实现从反危机状态向近五年平均增速常态的回归。人民币贷款全年增量同比减少17.7%，增速高位回落后总体走稳（见图2、图3）。贷款进度

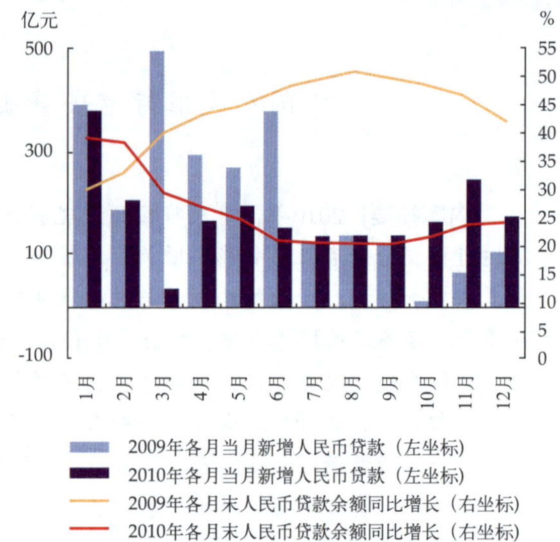

数据来源：中国人民银行重庆营业管理部。

图2　2010年重庆市金融机构人民币贷款增长变化

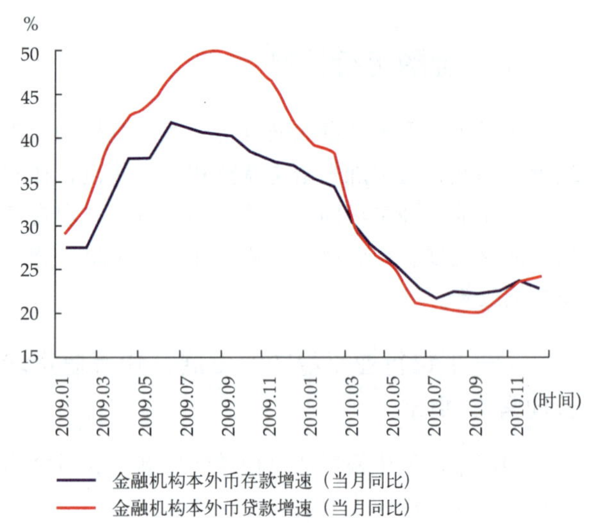

数据来源：中国人民银行重庆营业管理部。

图3　2009～2010年重庆市金融机构本外币存、贷款增速变化

较为合理，月度增量基本均衡，季度末“冲时点”现象有所好转。外币贷款增长前高后低，下半年增长放缓主要与外汇资金头寸趋紧、外币贷款利率上升等因素有关。分业务品种看，进出口贸易融资余额实现翻番，一般外币贷款余额有所下降。

信贷投向有力地支持了地方“调结构、惠民生”。“五个重庆”[①]类贷款余额占全市的四成以

① “五个重庆”是指宜居重庆、畅通重庆、森林重庆、健康重庆、平安重庆。

上，装备制造、汽车摩托车等支柱产业贷款增长较快，制造业、批发零售业和建筑业新增贷款占比有所上升，而基础设施行业新增贷款占比下降17个百分点。商标、版权等无形资产抵押、动产抵押和林权等农村产权抵押贷款及产业链融资创新亮点纷呈，中小企业贷款和涉农贷款增速高于全市贷款增速、在各项贷款中的占比稳步提高。金融支持民生工程力度加大，小企业和农户贷款增速高达39.8%和39.4%，有力地支持了微型企业发展和“两翼”[①]农户万元增收。小额担保贷款支持人数等6项指标再创历史新高，农民工小额贷款翻了近两番。个人贷款快速增长，消费贷款和经营性贷款分别增长46.7%和60%。信贷投放的区域结构继续优化，“两翼”和县域贷款增速和占比提高。

重点领域结构调整和风险防范明显加强。地方融资平台贷款增长放缓，存量清理和问题整改稳步推进，风险敞口大幅下降，整体风险可控。产能过剩行业贷款增速明显回落，工信部淘汰落后产能企业涉及贷款不良率控制为零。受行业、企业投向结构变化影响，下半年，流动资金贷款增多、短期贷款增速快速回升，年末增速达到近五年最高水平。中长期贷款增速由2月最高的55.7%连续回落至年末的32.4%，但由于票据融资下降较多，中长期贷款余额占比同比提高5个百分点。

4. 现金收支增加较多，延续净回笼态势。2010年，受城乡居民消费活跃、个体经营收支增加较多的影响，全市现金收支规模继续扩大，增幅有所提高（见表2）。现金收支延续过去五年的净回笼局面，净回笼额度有所减少。

5. 贷款利率逐步上行，不对称加息有利于引导改善存贷款结构。2010年，全市人民币贷款加权

表2　2010年重庆市金融机构现金收支情况表

单位：亿元、%

	年累计额	同比增速
现金收入	16 988.4	16.9
现金支出	16 930.7	17.1
现金净支出	-57.7	-31.5

数据来源：中国人民银行重庆营业管理部。

平均利率逐步走高，第四季度受两次加息影响，上升速度加快。12月平均利率为5.99%，比年初上升0.35个百分点，比9月上升0.15个百分点。由于中小企业和流动资金贷款增加较多，加之银行为了“以价补量”严格控制利率优惠，执行上浮利率的贷款占比上升4.3个百分点（见表3）。除农村金融机构外，各类银行上浮贷款占比均有所上升，股份制银行升幅高达8个百分点。伴随差别化住房信贷政策的落实，个人住房贷款利率连续10个月环比上升，12月为5.1%，比年初上升0.68个百分点。

在加息通道下，贷款重定价周期较短的银行显效更快，非对称加息使得短期贷款占比高的银行受益较大，有利于引导银行增加短期贷款投放。长期存款加息幅度大于短期有利于稳定长期负债，存款加息幅度大于同期限贷款适当缩小了利差。受境内资金供求关系变动以及国际金融市场利率走势影响，外币存款利率波动上升（见图4）。

表3　2010年重庆市金融机构各利率浮动区间贷款占比表

单位：%

		合计	国有商业银行	股份制商业银行	区域性商业银行	城乡信用社
合计		100.0	100.0	100.0	100.0	100.0
[0.9～1.0)		22.5	29.2	19.2	7.3	10.0
1.0		45.4	41.5	48.6	12.3	37.0
上浮水平	小计	32.1	29.3	32.1	50.4	53.1
	(1.0～1.1]	18.3	23.4	21.5	20.5	13.9
	(1.1～1.3]	9.1	5.7	10.0	20.2	15.8
	(1.3～1.5]	2.9	0.2	0.4	2.3	14.6
	(1.5～2.0]	1.6	0.0	0.3	2.5	8.3
	2.0以上	0.3	0.0	0.0	1.9	0.4

数据来源：中国人民银行重庆营业管理部。

地方法人金融机构及时完善计结息规则和操作方法，确保存贷款基准利率步长调整后有关利息计算方面平稳运行。利率定价和Shibor运用能力逐步提高，成立了由计划财务部、公司部等多部门组成的定价工作小组，同业拆借、债券回购、票据贴现等多种资金业务实现以Shibor为基准定价，还推出了与Shibor挂钩的理财产品；资金部、票据业务部

① “两翼”地区是指离主城区较远的“渝东北”三峡库腹和“渝东南”少数民族地区。

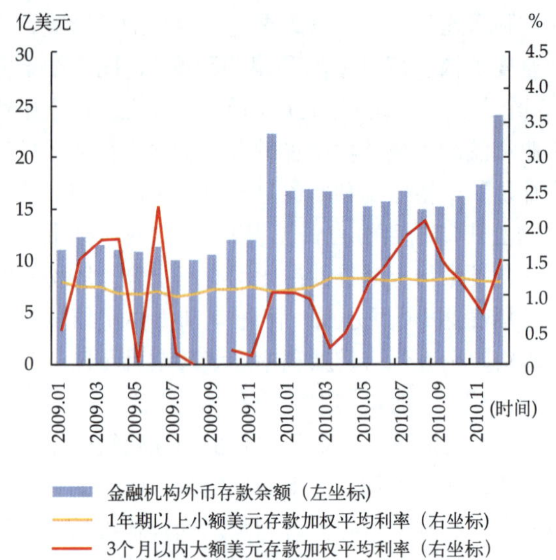

注：3个月以内大额美元存款在2009年9月无交易发生。
数据来源：中国人民银行重庆营业管理部。

图4　2009～2010年重庆市金融机构外币存款余额及外币存款利率

开始实施以3个月Shibor为基准的考核机制。

6. 银行业改革继续深化。已上市国有控股银行强化改革转型，经营效益和服务功能稳步提高。中国农业银行“三农金融事业部”改革试点深入推进，运营机制全面建立，下辖21个县支行的信贷投放、盈利优于县域同业水平。商业银行中间业务发展势头良好，手续费及佣金收入同比增长30%。地方法人银行改革发展步伐加快。重庆银行资产规模突破千亿元，成都分行、贵阳分行相继开业，成为西南地区首家获得基金代销资格的城市商业银行；三峡银行成为三峡后续工作资金主办行；重庆农村商业银行赴四川等地发起设立3家村镇银行，成功实现境外上市，成为全国首家上市农村金融机构。

农村金融服务水平进一步提升。新型农村金融机构快速发展，全年新开业6家村镇银行、2家农村资金互助社。村镇银行和小额贷款公司数量分别达到12家和75家，位居全国前列，贷款保持快速增长。支农产品创新加快，应对干旱、暴雨等自然灾害的金融支持及时有力。重庆在全国率先开展银行卡POS机助农取款服务试点，便利偏远乡镇农民小额现金取款。重庆农村商业银行研发出集存、兑、汇为一体的自助金融服务设备，采取与村委会合作的方式设立农村便民金融服务点，进一步探索解决偏远地区银行服务网点不足的问题。全市接入支付系统的涉农银行机构网点数量和农民工银行卡特色服务受理金额快速增长，农村地区支付结算便利度不断提高。

专栏1　建立统筹城乡金融体制的重庆实践

获批统筹城乡综合配套改革试验区三年来，重庆逐步形成了统筹城乡金融体制改革的总体推进框架，有力地促进了统筹城乡改革发展。

一、完善一个基础：构建统筹城乡的金融组织体系

引导投资人优先到县域开办金融机构或业务。如将银行提供空白网点乡镇金融服务、在县域设村镇银行和分支机构等与其在城市发达地区新设机构、开展新业务、进入中央银行综合服务体系等准入事项挂钩。大力发展小额贷款公司、担保公司、私募基金等融资性机构和信托、融资租赁等非银行金融机构以及联合产权交易所、股份转让中心等机构，拓宽中小企业融资渠道，促进县域经济发展。探索建立农村土地交易所、农畜产品交易所等涉农要素市场。稳步发展以专业合作为基础的农村互助合作性金融。

二、筑牢两大支点：打造“三农”可持续发展的金融生态环境

支点一：构建统筹城乡的五大管理体系。包括构建专业化的组织体系，对“三农”业务各环节实行单独的条线管理，增强县支行的支农服务功能；构建特色的考核体系，增设“三农”业务考核指标、提高涉农贷款绩效奖励权重；构建有针对性的信贷管理体系，对涉农贷款增量单列计划、专职审批，确保涉农贷款增量高于上年；构建差异化的风险管理体系，允许县域行新增涉农贷款的不良率、迁徙率适当高于城市行；构建倾斜的资源配置体系，优先配置经济资本、人力资源等。

支点二：重点突破统筹城乡的四大领域。一是围绕统筹城乡劳动就业，支持农户增收和农民入城。完善小额担保贷款制度框架，大力推广返乡农民工创业贷款和微型企业贷款。通过住房公积金贷款、信托理财产品等方式，加大对公租房建设支持力度。创新农村土地经营权、林权、农村房屋等抵押贷款，优先支持农村土地流转反租经营。加快农业保险、“保险＋信贷”产品的创新。二是围绕壮大县域经济加速新农村建设，大力推进农业产业化经营和农村特色资源开发。三是围绕增强以城带乡、以工哺农的力量，支持新型工业化和农村商贸流通业发展。支持汽车摩托车等五大支柱产业的龙头企业和配套企业做大做强。建立担保、偿债基金等相结合的园区建设贷款担保模式，推广园区土地和标准厂房按揭贷款。创新农产品鲜储保证贷款、农用机械按揭贷款、农副产品加工业贷款等品种。针对圈翼对口帮扶、异地办园下乡等措施，采取委托贷款、集团综合授信等方式延伸解决新项目的融资需求。四是围绕城镇化趋势，支持城乡基础设施和社会服务体系建设。通过财政垫贷以及动产和租赁物权、经营使用权、收费权融资贷款等产品，大力支持基础设施和公用事业建设。

三、强化一套激励：构建统筹城乡的政策扶持体系

一是加大财税政策支持。对县以下的贷款、保险等金融业务增量的营业税按比例返还，对个人创办微型企业给予开业资本金补助，逐渐加大对政策性农业保险保费的补贴力度，对中小企业流动资金贷款增量给予奖励。二是强化货币信贷政策的引导作用。中国人民银行重庆营业管理部合理摆布支农再贷款限额，积极落实村镇银行等适用较低存款准备金率的优惠政策。连续三年出台10项信贷政策，从涉农信贷总量、结构和产品创新等多方面加强引导。通过召开现场交流会、将区县金融产品创新工作任务分解到基层、将信贷政策执行情况与综合执法检查挂钩等措施，提高信贷政策执行力。三是实施差别化的监管政策。将银行改善农村金融服务情况与其市场准入、监管容忍度等挂钩。四是执行针对性的产业政策和配套体系建设。将农村金融服务纳入农委、林业、水利、扶贫等各大体系统筹考虑，加快推进农村承包地、林地、宅基地确权到位，建立农村要素流转市场服务体系，为农村产权抵押融资奠定基础。

经过三年的发展，重庆市已经初步建立起涵盖风险投资、银行信贷、资本市场、保险及其服务体系的完整的金融产业链条并辐射到农村，带动多层次的农村金融体系逐步形成。涉农贷款快速增长，涉农保险覆盖面显著扩大，多家涉农企业上市以及农业担保实力不断壮大。在金融业的大力支持下，重庆市农村经济发展提速，农村居民收入连续三年实现两位数高增长。

7. 跨境贸易人民币结算试点顺利启动。7月启动试点以来，重庆市共办理跨境人民币结算10.7亿元，包括贸易结算7.3亿元和资本交易3.4亿元，涉及9个国家和地区。随着年末896家企业获批出口货物贸易人民币结算资格，结算规模将进一步扩大。

（二）证券业稳步发展

1. 市场交易活跃，证券期货机构发展壮大。2010年，尽管全国股票市场指数有所下跌，辖区证券交易保持活跃，股票交易量与上年基本持平，期货市场成交量和成交金额大幅提升，证券客户资产额和开户数保持较快增长。证券营业部新增23家，总数达111家，期货营业部新增10家，法人公司异地新设营业部12家，机构体系快速壮大。基金公司管理基金数量和规模成倍增长。西南证券监管分类评级继续提升，获得融资融券试点资格，发行集合资产管理产品取得突破，但由于佣金收入下滑，盈利水平同比下降。

2. 股票融资大幅增加，上市公司发展加快。7家企业境内外IPO融资194.4亿元，超过近十年IPO融资总和。上市公司主营业务收入和利润总体稳定增长，年末总市值增长39.2%，高于全国增幅30个

百分点。上市公司再融资和并购重组稳步推进，在获得发展资金的同时注入优质资产、优化股权结构，促进产业升级和行业整合，进一步提高了上市公司质量。重庆港九等4家公司完成再融资93.6亿元、重庆百货和长安汽车79.2亿元增发方案获得核准。

表4　2010年重庆市证券业基本情况表

项目	数量
总部设在辖内的证券公司数（家）	1
总部设在辖内的基金公司数（家）	1
总部设在辖内的期货公司数（家）	5
年末国内上市公司数（家）	34
当年国内股票（A股）筹资（亿元）	158.6
当年发行H股筹资（亿元）	109.0
当年国内债券筹资（亿元）	164.7
其中：短期融资券筹资额（亿元）	40.0

数据来源：重庆证监局、中国人民银行重庆营业管理部。

（三）保险业平稳健康运行

2010年，重庆保险业转方式、调结构、防风险、促发展，保险业务增长较快，结构调整成效显著，市场秩序明显改善，风险得到有效防控。

1. 保险机构发展向好，从业人员稳定增长。2010年，重庆保险公司新增分支机构58家（见表5）。产险公司盈利险种增加，监管财务指标全面改善，五年来首次实现行业扭亏。寿险公司个代渠道业务、续期业务快速增长，业务转型的后续效益逐步显现。外资保险法人机构业务高速增长，大幅优于行业水平。全行业从业人员数达8.8万人，增长18.4%。

2. 保险业务提速发展，风险控制加强。全市保费收入增长31.2%，同比提高9.2个百分点，保险密度增长30%，保险深度提高0.3个百分点。产险批单退费继续明显下降，寿险退保风险得到有效控制。

3. 保险服务民生成效显著。2010年，重庆积极推进保险创新发展试验区建设，业务领域拓宽，承担风险保额增长至5.1万亿元。环境污染责任保险、火灾公众责任保险在全国率先试点；科技保险为24家高科技企业提供4.8亿元风险保障。民生领域险种快速发展，为19.5万农村人口提供农村小额人身保险；为44.5万农民工提供意外伤害保险，医疗责任保险覆盖乡镇卫生院数量增长两成，校方责任保险、城乡居民合作医疗保险和农村客运责任险覆盖面进一步扩大。农业保险保费收入快速增长，政策性农业保险试点实现“两翼”及三峡库区全覆盖。

表5　2010年重庆市保险业基本情况表

项目	数量
总部设在辖内的保险公司数（家）	3
其中：财产险经营主体（家）	2
寿险经营主体（家）	1
保险公司分支机构（家）	34
其中：财产险公司分支机构（家）	18
寿险公司分支机构（家）	16
保费收入（中外资，亿元）	321.1
其中：财产险保费收入（中外资，亿元）	66.0
人身险保费收入（中外资，亿元）	255.1
各类赔款给付（中外资，亿元）	62.1
保险密度（元/人）	1 123.0
保险深度（%）	4.1

数据来源：重庆保监局。

（四）金融市场交易活跃，融资结构进一步优化

2010年，重庆市深入推进长江上游金融中心建设，金融市场持续快速发展。

1. 社会融资结构多元化。2010年，重庆市非金融企业融资总量比上年有所减少（见表6）。直接融资额再创历史新高，占比上升5个百分点。股票和短期融资券筹资额快速增长，中期票据、中小企业集合票据和公司债发行实现零的突破。其他融资方式发展较快，财政部继续代理重庆市发行地方政府债券15亿元，信托融资同比增长七成，票据承兑余额增长四成，担保机构和担保业务快速发展，股权投资机构数量和股权融资金额成倍增长，银行表外业务和非银行融资机构对社会资金流动的影响日益明显。

2. 货币市场利率波动中明显上升。2010年，随着中央银行流动性回收力度的加大，同业拆借市场成为重庆市地方金融机构调剂资金头寸的重要渠道，同业拆借交易量增长178.5%，净融入金额增长130.6%，但债券回购交易量受价格高于拆借、现券交易活跃影响同比减少近四成。由于市场融资增多、通货膨胀预期增强，短期融资交易利率呈现波动上升走势，季度末大幅冲高、季度后有所回落。重庆市地方金融机构12月同业拆借和债券回购交易加权利率分别为2.77%和3.18%，比年初上升151个和200个基点。

表6　2001～2010年重庆市非金融机构融资结构表

单位：亿元、%

年份	融资量	比重		
		贷款	债券（含可转债）	股票
2001	245.8	96.4	0.0	3.6
2002	325.6	94.4	4.6	1.0
2003	587.8	99.4	0.0	0.6
2004	564.2	94.2	3.1	2.8
2005	549.9	97.0	3.0	0.0
2006	678.9	92.9	7.1	0.0
2007	904.7	94.9	2.2	2.9
2008	1 352.9	94.6	4.6	0.8
2009	2 843.6	91.6	4.7	3.7
2010	2 477.6	86.5	6.6	6.8

数据来源：重庆市发展和改革委员会、中国人民银行重庆营业管理部、重庆证监局。

3. 票据市场交易活跃，市场利率持续走高。2010年第一季度，重庆市金融机构普遍压缩票据规模保障一般贷款投放，导致票据贴现余额同比下降45.8%，此后维持低位震荡，年末余额下降39.6%。但票据交易仍然活跃，承兑发生额和余额快速增长，贴现累计发生额达1.9万亿元，同比基本持平，其中，商业承兑汇票贴现发生额增长5倍（见表7），再贴现引导商业信用发展的成效逐步显现。票据市场利率受流动性变化、信贷资产结构调整、货币市场利率走势等因素的影响持续走高，第四季度上升幅度较大（见表8）。随着转贴现利率走高和市场融资难度增加，第二季度以来金融机构再贴现需求持续旺盛。

4. 银行结售汇大幅增长，黄金市场快速发展。2010年，随着世界经济逐步向好，重庆贸易结售汇持续攀升、外商直接投资资本金流入强劲增长，银行结售汇规模创历史新高。辖区银行间外汇市场交易额同比增长145.2%，力帆进出口公司成为全国首家进入银行间即期外汇交易市场的民营企业。辖区黄金市场新增3家银行成员，黄金业务成交量同比增长2倍，黄金业务成为金融机构新的市场业务发展重点。

5. 民间融资规模增加，利率水平逐步上升。中国人民银行重庆营业管理部监测数据显示，2010年监测样本民间融资规模同比增长10%，企业借贷利率全年基本平稳，农户借贷利率逐季度上升。民间借贷利率与贷款利率和金融市场利率走势的相关性较强，借贷利率偏高的行业主要集中在商贸流通、房地产和制造业。

表7　2010年重庆市金融机构票据业务量统计表

单位：亿元

季度	银行承兑汇票承兑		贴现			
			银行承兑汇票		商业承兑汇票	
	余额	累计发生额	余额	累计发生额	余额	累计发生额
1	843.4	503.9	465.4	4 679.4	22.8	27.7
2	871.9	1 063.4	457.5	9 602.8	33.7	91.4
3	1 084.0	1 790.7	409.0	14 140.4	19.6	184.4
4	1 140.6	2 448.0	439.4	18 751.3	12.9	247.6

数据来源：中国人民银行重庆营业管理部。

表8　2010年重庆市金融机构票据贴现、转贴现利率表

单位：%

季度	贴现		转贴现	
	银行承兑汇票	商业承兑汇票	票据买断	票据回购
1	2.96	4.03	2.70	2.49
2	3.64	4.56	2.90	2.90
3	3.92	4.57	3.22	3.06
4	4.86	4.85	4.02	3.82

数据来源：中国人民银行重庆营业管理部。

6. 金融创新步伐加快。理财产品种类更加丰富、发行量翻番，成为银行募集资金的重要渠道。受监管政策影响，下半年信托贷款理财产品发行量大幅下降，债券及货币市场工具成为主要投资对象。结算类金融中心建设取得重要阶段性成果，惠普结算中心顺利落户并高效运转，开创了加工贸易离岸金融结算模式；首创国际电子商务交易真实性认证体系，推动建设电子商务国际结算中心。地方金融要素市场日趋完善，重庆金融资产交易所、上市公司路演中心成立，重庆联合产权交易所交易项目数量和金额分别增长22%和77%。

（五）金融生态环境建设取得新成效

2010年，重庆市坚持用市场的方式和改革的手段引导金融发展，各级政府积极建立信贷风险分担补偿机制，推动企业信用文化建设，完善金融生态环境考核制度。中国人民银行健全金融稳定监测、评估、处置机制，开展银行分类别、金融稳定分区县定量评估，建立与外省毗邻地区金融稳定协作机制29个。商业银行强化信贷风险管理，贷款质量排名全国第六位，不良贷款率降至0.9%。在全国开创小贷公司一口接入征信系统的“重庆模式”，促进小额贷款公司稳健发展。探索实施小企业信用成长计划，举办小企业信用成长论坛。征信系统数据质量不断提升，开展空头支票信息导入征信系统试点。深化与法院系统合作，相关征信数据采集量居全国首位。完善反洗钱调查、协查、会商制度，洗钱罪判例总数占全国的1/4。

二、经济运行情况

2010年，重庆按照宏观调控要求，扩内需、调结构、控通胀、惠民生，推动经济运行由回升向好转、向稳定增长。全年生产总值增长17.1%，比上年高2.2个百分点，人均地区生产总值地区生产总值突破4 000美元，赶上全国平均水平。户籍制度、“两翼”农户万元增收、微型企业发展等民生导向重大改革的实施，为内需持续稳定增长提供了新的持久动力。

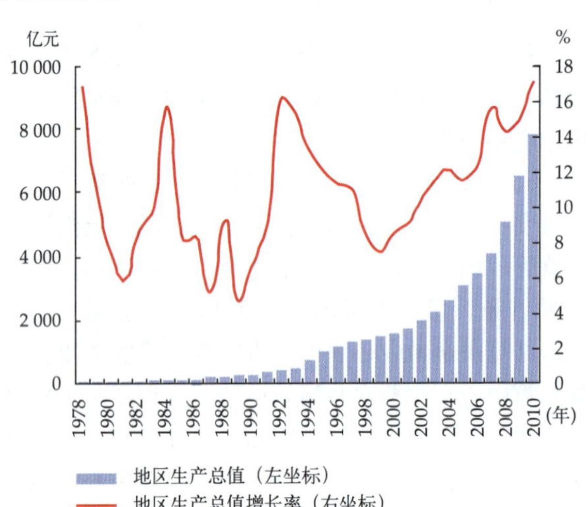

数据来源：《重庆统计月报》。

图5 1978～2010年重庆市生产总值及其增长率

（一）三大需求协调增长

2010年，重庆市三大需求协调发展，净出口对经济增长的贡献率由负转正，消费贡献率稳步提升，投资贡献率大幅下降，经济运行质量和效率明显改善，有效地巩固了应对金融危机成果。

1. 投资平稳增长，结构改善。2010年，重庆市固定资产投资增速高位小幅回落。中央投资、基础设施投资增速和占比均下降。民间投资恢复较快增长，但国有投资占比仍小幅提高，两江新区投资强势起步。在建设“森林重庆”、改造农村危旧房、加大水利投资等影响下，农村投资同比增长65%，连续三年高于城镇增速。三次产业投资分别增长33%、28.1%和31.6%，第一、第三产业投资比重提高，学校、剧院等教育文化投资增长加快。投资资金来源中，自筹资金、预算资金和银行贷款快速增长，利用外资全面恢复。承接沿海、联动周边的产业转移和经济融合快速发展，利用内资继上年突破1 000亿元后再跃上2 500亿元台阶。重庆沿江承接产业转移示范区获批，成为全国第三个国家级示范区，有选择地承接先进制造、电子信息、新材料等产业，逐步形成合理布局、错位发展的承接格局。

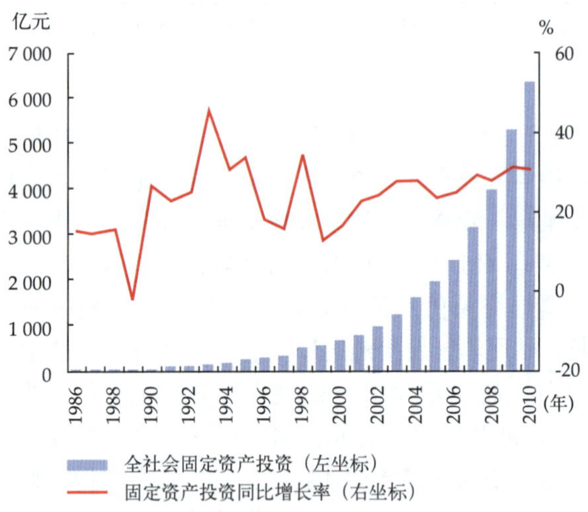

数据来源：《重庆统计月报》。

图6 1981～2010年重庆市固定资产投资及其增长率

2. 消费稳定增长，城乡协调发展。2010年，重庆市城乡居民收入大幅增长，农村居民人均纯收入增幅高于全国2.9个百分点，城镇居民经营净收入和财产性收入分别增长24%和23%，社会保障体系进一步完善，有力地提振了消费信心，加之刺激消费政策效应持续显现，推动全市社会消费品零售总额持续快速增长，实际增速居全国第二位。农村消费环境明显改善，农民吃穿用类消费支出快速增长，汽车摩托车家电下乡政策推动家庭设备消费提档升级。城镇居民消费升级加快，汽车、家装家居、金银珠宝、旅游等消费增长较快。但是，中国人民银行重庆营业管理部储户问卷调查显示，由于物价上涨较快，居民支出预期增加、保值投资意愿增强，消费预期出现回落。

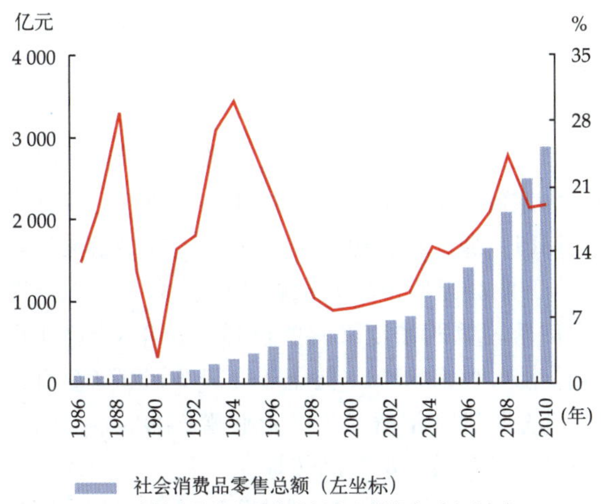

数据来源：《重庆统计月报》。

图7　1986～2010年重庆市社会消费品零售总额及其增长率

3. 对外贸易快速恢复，利用外资高速增长。2010年，在国际市场回暖的带动下，重庆市进出口贸易全面恢复至金融危机前的水平，出口和进口分别增长75%和44%（见图8）。机电产品出口恢复较快增长，惠普、富士康等企业投产带动电子产品出口成倍增长，贸易顺差超过2008年水平。外商直接投资增长58%（见图9），主要投向房地产业和金融业。企业"走出去"步伐加快，境外投资增长5倍，主要投向资源勘探、农产品种植加工等项目，地域从亚洲向美洲、大洋洲等地扩展。

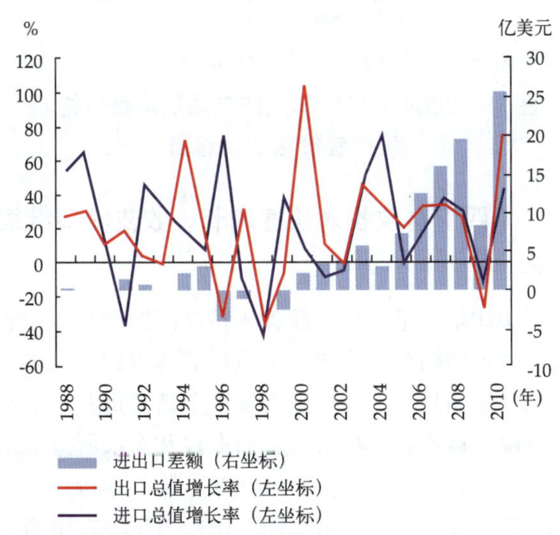

数据来源：《重庆统计月报》。

图8　1988～2010年重庆市外贸进出口变动情况

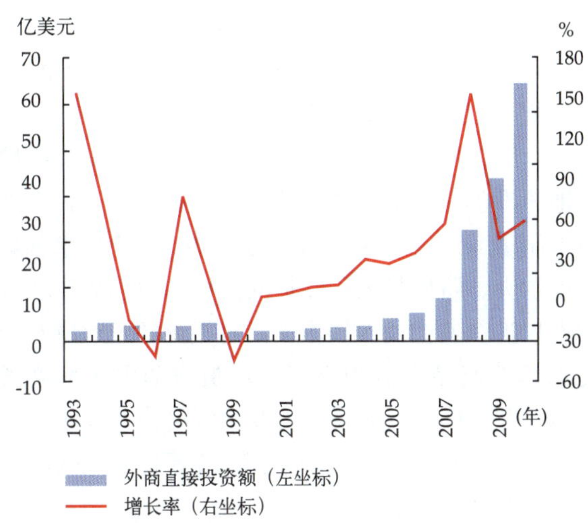

数据来源：《重庆统计月报》。

图9　1993～2010年重庆市外商直接投资情况

（二）三次产业结构进一步优化

2010年，重庆市三次产业结构比例由上年的9.3：52.8：37.9变为8.7：55.2：36.1，第二产业对经济增长的贡献扩大，三次产业在稳定增长的同时内部结构进一步优化。

1. 农业、农村发展势头良好。2010年，重庆市加大政策强农惠农力度，克服了自然灾害不利影响，实现粮食增产、农业增效、农民增收。粮食、油料总产量创五年新高，蔬菜连续四年增产，种植面积及产量居全国特大城市之首，肉禽奶等主要农产品产量平稳增长。现代农业建设加快，农业增加值快速增长，农业综合机械化水平和农户参加专业合作组织比例继续提升；农业龙头企业销售额、农业加工企业吸纳就业人数和农产品出口额保持较快增长；大力实施"两翼"农户万元增收工程，因地制宜发展林下经济、山区特色产业，户均增收3 000元以上；户籍制度改革启动，145万农村居民转户进城。

2. 工业运行质量效益稳步提高。2010年重庆工业发展高开稳走，总产值首次突破万亿元大关，规模以上工业增加值增速居全国第一位，工业企业销售利润率和企业亏损面等指标均恢复至金融危机前的水平。随着市场需求回升，工业产品销售率稳步提高。工业对地区生产总值增长的贡献率高达六成，成为推动全市经济发展的主动力。

"民生、开放、创新、集群、低碳、智能、融合”工业七大转型战略启动实施，工业结构出现新的可喜变化。工业规模化、集群化程度大幅提高，规模以上企业数量新增718家，汽车摩托车、化工、装备制造等支柱产业均衡发展，笔记本电脑基地建设加快，促进电子信息产业高速发展，高新技术制造业产值增速居西部第一位。企业技术创新力度加大，研发投入稳步提高，技术中心数量和专利授权量快速增长。技术创新对工业增长形成有力支撑，新产品产值创新高，全员劳动生产率增长24%，提高15个百分点。工业投资结构继续改善，计算机、信息网络、生物医药等高新技术和战略性新兴产业投资成倍增长。

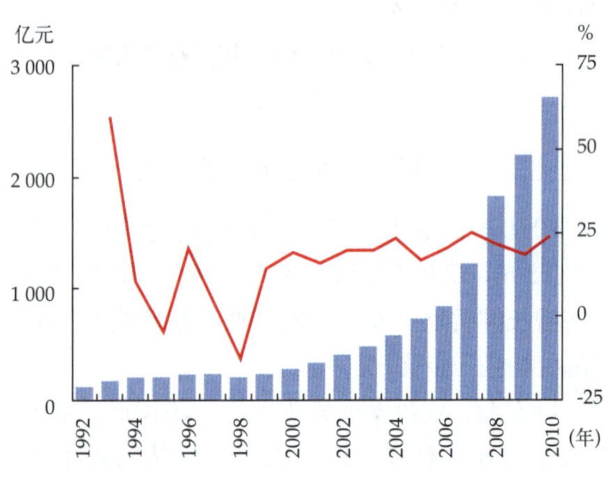

数据来源：《重庆统计年鉴》、《重庆统计月报》。

图10　1992～2010年重庆市工业增加值及其增长率

3. 服务业加快发展。金融、物流等生产性服务业集聚性不断增强。渝中区获批全国首批服务业综合改革试点区，大力发展商务服务业。文化创意产业突破发展，销售收入和增加值增长三成。会展、购物、美食之都加快建设，商贸、餐饮等生活性服务业持续较快发展。成功申报中国温泉之都，大力发展红色旅游，旅游业收入增长29%。

（三）价格上涨压力较大

1. 居民消费价格涨幅扩大。全年CPI上涨3.2%，比上年高4.8个百分点，下半年涨幅逐月扩大，11月达到5.3%，12月在调控下有所回落（见图11）。价格上涨主要由食品、居住等新涨价因素引起。受国际粮价持续上涨、国家提高粮食最低收购价格、自然灾害以及人工、运输成本增加等影响，食品价格上涨6.5%，拉动CPI上涨2.1个百分点，是价格上涨的主推力。

2. 生产价格上涨较快。受基数效应前低后高和国际大宗商品价格先涨后跌再涨的走势的影响，上半年MPI（原材料、燃料、动力购进价格指数）与PPI（工业品出厂价格）涨幅不断扩大，第三季度出现回落，第四季度又有所反弹，全年MPI与PPI分别上涨6.9%和3.1%，比上年高11.9个和7.6个百分点，部分原料和消费品生产企业增长的成本已逐步向下游产品和最终消费品传导。

3. 劳动报酬继续增长。城镇职工平均工资增幅与上年持平，农民工资性收入增幅提高8.5个百分点。

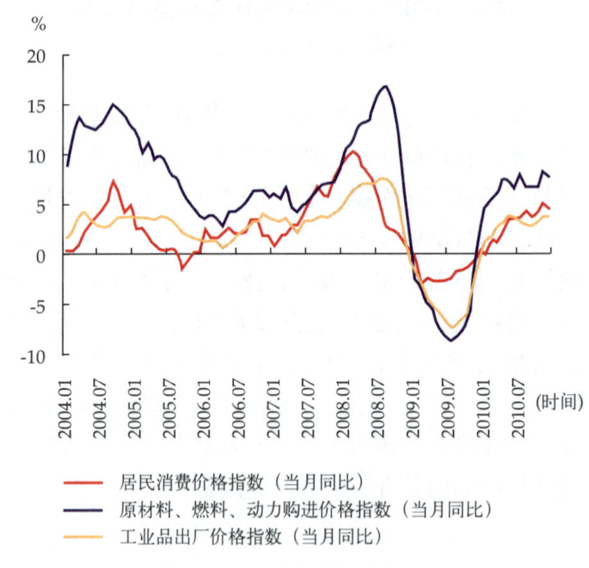

数据来源：《重庆统计年鉴》、《重庆统计月报》。

图11　2004～2010年重庆市居民消费价格和生产者价格变动趋势

（四）财政收入快速增长，收支缺口继续扩大

2010年，重庆市财政收入持续高速增长，一般预算收入增幅全国领先，创重庆成为直辖市以来的新高（见图12）。得益于工业企业效益提升，企业所得税迅猛增长，增值税、营业税和个人所得税恢复性增长。一般预算支出增速与上年基本持平，基础设施建设、城乡社会保障、医疗卫生等支出增长较快。一般预算收支缺口继续扩大，但差额增幅明显放缓。

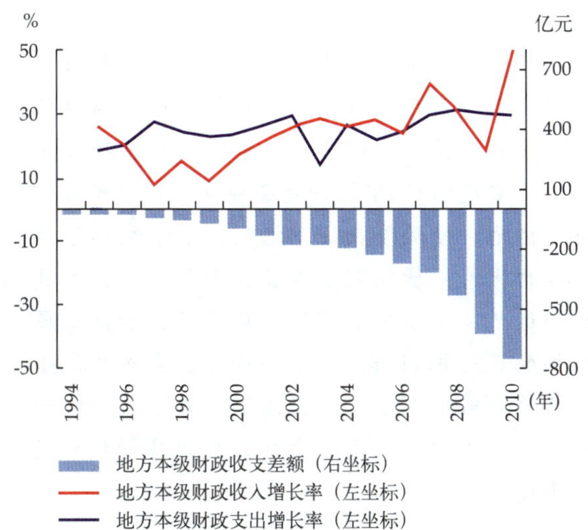

数据来源：《重庆统计年鉴》、《重庆统计月报》。

图12 1994～2010年重庆市财政收支状况

（五）节能减排和环境保护成效明显，金融支持力度加大

2010年，重庆市加快淘汰钢铁、水泥、煤炭等行业落后产能，重点实施一批节能技改项目，年度淘汰落后产能和减排任务超额完成。部门联动、监测预警、监察督查的总量减排工作机制全面建立，单位工业增加值能耗下降6.7%。创建国家环保模范城市全面启动。主要污染物排放权交易试点稳步推进，对探索资源环境价格形成机制发挥了积极作用。进一步加强农村环境保护，乡镇环保机构总数增长57%。金融机构对过剩行业实施严格的信贷审批授权、严把贷款准入关，对节能环保项目实行利率等贷款优惠政策，加大节能服务商融资、节能设备供应商买方信贷融资等产品创新力度，帮助客户促成CDM交易，绿色信贷余额持续快速增长。

（六）房地产市场呈回稳态势，物流业发展提速

1. 房地产市场呈现回稳态势

（1）房地产投资增速稳步回落，保障性住房建设大幅提速。受调控政策的影响，开发投资增速在前4个月连续攀升后稳步回落，低于全国和西部平均水平，土地购置面积回归至2006年水平。受商品房销售基本面看好的影响，新开工面积和施工面积创2001年以来的最高。公租房成为全市住宅供给的新亮点。

专栏2 推进公共租赁住房建设 完善城市住房保障体系

2009年10月以来，重庆在全国率先启动大规模的公共租赁房建设，形成了一套相对完善的城市住房保障政策思路、制度设计和运作模式。

重庆完善城市住房保障体系的基本思路是：按照“市场归市场、保障归保障”的双轨制原则，30%～40%的中等偏下收入群体，由政府提供的公共租赁住房和棚户区、城中村改造的安置房予以保障，60%～70%的中高收入群体由市场提供的商品房解决，并对高端商品房和投机性炒房采取相应的遏制措施，形成“低端有保障、中端有市场、高端有约束”的制度体系，逐步实现住房保障的全覆盖。

重庆规划从2010年起三年内建造3 000万平方米公租房，之后视需求再修建1 000万平方米。截至2010年年末，重庆市公租房新开工面积为1 300万平方米，占全市新开工面积的20.6%，完成开发投资53亿元。首批公租房配租工作已于2011年2月启动，预计2011年可提供公租房20万套以上。公租房建设地点间插于商品房用地之中，可以共享道路、商业和文体设施，建筑面积限定在35～80平方米。

重庆公租房建设由政府主导，重庆市地产集团和城投公司两大政府性投资主体承建，公租房的分配、监管工作由新成立的重庆市公共租赁房管理局负责。公租房的保障对象无户籍限制，既包括低收入无房户，也包括“夹心层”群体，租金大致相当于市场租金的六成。对承租人实行年度收入申报核实制度，租赁期一般为五年，期满退出。住满五年后，可以按“成本价+银行利息”购买自住。公租房不得上市交易，购买人需要转让的，由政府回购，回购价格为原销售价格加同期银行活期存款利息。在租户由于收入提高和自购房等原因不再

符合条件的，由政府收回再租给其他符合条件的对象。由于公租房价格自成体系，有利于避免利益输送与权利寻租。

在融资机制方面，重庆市公租房建设大约需要750亿元的资金投入，其中，1/3由政府通过划拨土地、土地出让金收益、中央下拨专项资金以及市政府部分税费减免等方式筹集，2/3由企业采取市场融资、滚动发展的模式加以解决。重庆市积极探索金融支持公租房建设的有效途径。获批30亿元住房公积金项目贷款规模，目前已发放贷款13亿元。探索争取发行公租房投资信托基金（REITs）、积极引入社保基金和保险资金。商业银行通过特事特办、先行先试，发放公租房贷款。截至2010年年末，重庆已有3家银行向公租房项目提供授信89.8亿元，发放贷款10.8亿元，给予利率下浮10%的优惠；贷款期限多数在十年左右，并且封闭运行，主要采取前期信用贷款、后期房屋抵押的风险控制措施。下一阶段，更多的商业银行将开辟绿色通道、提高审批效率、积极创新抵押担保方式，进一步加大公租房贷款的投放力度。

（2）商品房销售放缓，价格涨幅有所回落。全年商品房销售呈现“先高后低再企稳”的态势，销售面积和销售额增速均较上年大幅放缓。全市房屋销售价格涨幅在前4个月冲高后出现明显的下行趋势（见图13、图14），调控政策初见成效。但房屋租赁价格在由买转租需求增加及通货膨胀预期的影响下大幅上涨。土地交易价格涨幅由于商品房开发土地供给减少预期等原因继续走高。

（3）房地产贷款平稳增长。2010年，重庆市房地产贷款增长与市场走势相适应，地产开发贷款增速大幅回落，房产开发贷款增速高位放缓，个人住房按揭贷款增速在调控政策出台后连续回调，但第四季度有所回升。房地产贷款质量继续改善，开发贷款和住房贷款不良率均下降。

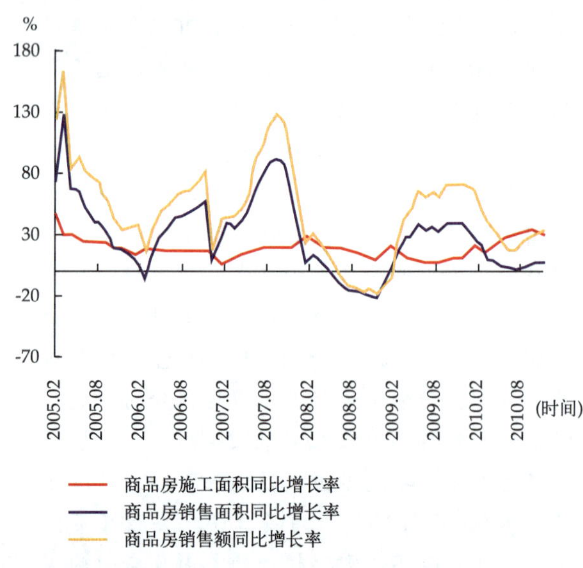

数据来源：重庆市统计局。

图13　2005~2010年重庆市商品房施工和销售变动趋势

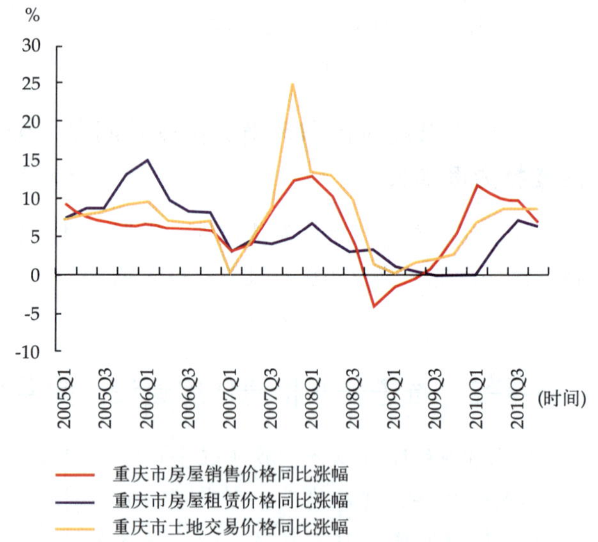

数据来源：重庆市统计局。

图14　2005~2010年重庆市房屋销售价格指数变动趋势

2. 物流业发展提速，金融支持力度加大。物流业是融合运输业、仓储业、货运代理业等的复合型服务产业，全市已有物流企业1 100家、仓储企业1 800家、货运代理企业1 400家。物流业占服务业增加值的比重达17%，占地区生产总值的比重超过6%，成为重庆经济发展的基础性、先导性产业，对支撑制造业等其他产业升级、促进内陆加工贸易发展和扩大就业、消费发挥了重要作用。国务院要求重庆建设长江上游地区综合交通枢纽和国际贸易大通道，将重庆定位为全国性物流枢纽城市、西南物流核心城市，批准重庆设立首个内陆保税港区，为物流业发展带来了新的战略机遇。

2010年，重庆市积极贯彻国家物流业振兴规划，重点实施农产品冷链和大宗农产品物流工程、物流配送工程、制造业与物流业联动发展工程、物流公共信息平台工程等六大工程，物流业基本克服了金融危机造成的业务萎缩、利润大幅下降等冲击，步入新一轮加快发展周期。全年增加值增幅同比提高2.7个百分点，完成货物运输量8.1亿吨，增幅提高11.5个百分点。交通运输集团、港九股份、长安民生等重点物流企业营业收入和利润总额快速增长。物流基础设施建设提速，高速公路、铁路、机场及其配套的物流基地和果园港四港区加快建设，两路寸滩保税港区封关运行，促进物流服务能力快速提升。但物流业发展仍然存在企业规模偏小、第三方物流发展缓慢、参与供应链管理程度低、社会物流总费用占地区生产总值比率偏高等问题，需要在调整振兴中逐步改进。

金融业积极支持物流产业发展。2010年，全市交通运输、仓储和邮政业贷款保持较快增长，交通、物流基地等基础设施和保税港区建设项目得到重点支持。保险业积极推广财产险和货物运输保险，创新开发物流综合险，对物流业的保费收入和赔付大幅增长。重庆港九定向增发注入资产9.6亿元，促进了公司业务整合优化。

三、预测与展望

2011年，世界经济有望继续恢复增长，但不稳定、不确定因素较多。国内经济转变发展方式和调整结构步伐加快，有望继续保持较快发展势头。西部大开发、统筹城乡改革、国家中心城市等政策优势和“五个重庆”、内陆开放、长江上游金融中心等发展战略有利于优化经济增长结构、提升内生增长动力，支撑重庆经济平稳较快增长。十大民生工程、农户万元增收工程的深入推进将进一步改善民生并稳固消费需求。两江新区、城镇化和公租房建设仍有大量的投资需求。在笔记本电脑龙头企业的带动下信息产业将加快发展，高端装备制造、云计算数据中心、新能源汽车等战略性新兴产业得到重点扶持，工业生产继续保持景气区间并加快升级。进出口在保税港区发展推动下有望继续稳定增长。

价格上行风险不容忽视。全球货币条件宽松、国际大宗商品价格上涨增大了输入型通货膨胀压力，通货膨胀预期在流动性充裕的背景下持续较强，富裕资金寻求保值增值可能加大市场价格非理性上涨的风险。随着收入分配制度改革和资源性价格改革的深入推进，生产要素成本推动型上涨压力将长期存在。但国内总需求增长趋稳、重要商品供给充足、流通环节改革力度加大以及货币信贷回归常态将有助于稳定价格总水平。

2011年，重庆金融业将认真贯彻执行稳健的货币政策，保持贷款总量合理适度平稳增长、信贷投向进一步向“三农”和中小企业倾斜、有效防范系统性金融风险。直接融资规模继续扩大，仍将保持各类融资机构、多种融资渠道齐头并进的发展局面，社会融资规模与经济发展合理需求相匹配。长江上游金融中心建设深入推进，金融改革创新步伐加快，服务重庆经济转型、产业升级和民生改善的水平进一步提升。

中国人民银行重庆营业管理部货币政策分析小组
负责人：白鹤祥　丘　斌
统　稿：陈振祥　张晓昱
执　笔：王　红　董晓亮　黄雯婷　罗　杰　胡　旭　熊　波　黄觉波
提供材料的还有：李高亮　江泓洁　钟　升　刘松涛

附录

（一）2010年重庆市经济金融大事记

2月，在城乡建设部编制的《全国城镇体系规划》中，重庆与北京、天津、上海、广州被确定为国家五大中心城市。

6月18日，全国第三个、内陆地区唯一的国家级开发开放新区——重庆两江新区成立。

6月末，重庆本外币贷款余额突破万亿元关口，成为西部第二个贷款超过万亿元的省市。

8月，以农民工为主体的户籍制度改革正式施行。

10月29日，重庆4家中小企业成功发行西南地区首只中小企业集合票据。

12月16日，重庆农村商业银行在香港联交所挂牌交易，成为全国首家上市农村金融机构、首家境外上市的地方法人银行。

7月28日和12月29日，昆仑金融租赁有限责任公司和化医控股集团财务有限公司、重庆金融资产交易所成立。

2010年，重庆笔记本电脑产业发展迅速，初步形成了惠普、富士康等龙头企业和数百家相关配套企业的产业集群。

2010年，汉口银行、湛江市商业银行、哈尔滨银行、成都银行、大连银行5家银行重庆分行开业。

2010年，重庆惠普结算中心高效运转，全球最大的电子支付服务商美国贝宝落户，跨境贸易人民币结算顺利试点，结算类金融中心建设深入推进。

（二）2010年重庆市主要经济金融指标

表1　2010年重庆市主要存贷款指标

		1月	2月	3月	4月	5月	6月	7月	8月	9月	10月	11月	12月
本外币	金融机构各项存款余额（亿元）	11 454.9	11 695.2	11 976.0	12 238.6	12 363.6	12 766.5	12 697.1	12 870.6	13 097.3	13 086.2	13 352.7	13 614.0
	其中：城乡居民储蓄存款	4 976.4	5 340.5	5 378.1	5 335.0	5 369.6	5 520.1	5 499.7	5 554.0	5 701.3	5 605.9	5 655.5	5 863.1
	企业存款	3 976.6	3 887.6	4 135.9	4 254.3	4 308.1	4 445.0	4 371.8	4 384.1	4 449.3	4 492.6	4 625.4	4 794.2
	各项存款余额比上月增加（亿元）	372.7	240.3	280.8	261.9	125.0	402.9	-69.4	173.5	226.7	-11.1	266.5	261.3
	金融机构各项存款同比增长（%）	35.3	34.5	29.8	27.6	25.5	23.2	21.7	22.5	22.3	22.6	23.9	22.8
	金融机构各项贷款余额（亿元）	9 239.9	9 450.3	9 489.4	9 656.7	9 852.0	10 004.7	10 144.9	10 278.8	10 414.5	10 575.5	10 821.7	10 999.9
	其中：短期	1 564.6	1 575.4	1 547.6	1 545.5	1 527.1	1 520.0	1 498.7	1 548.0	1 593.5	1 604.1	1 637.0	1 693.5
	中长期	6 948.9	7 182.5	7 416.3	7 581.0	7 753.4	7 961.1	8 100.5	8 208.2	8 354.7	8 479.5	8 649.3	8 738.5
	票据融资	673.2	636.5	465.7	468.7	507.9	457.6	476.6	455.2	399.3	370.6	410.8	423.3
	各项贷款余额比上月增加（亿元）	383.3	210.4	39.1	167.4	195.2	152.7	140.2	134.0	135.6	161.1	246.1	178.2
	其中：短期	56.0	10.8	-27.8	-2.0	-18.5	-7.0	-21.3	42.7	45.5	10.6	32.9	56.5
	中长期	349.1	233.6	233.8	164.7	172.4	207.7	139.4	114.3	146.5	124.8	169.8	89.2
	票据融资	-27.9	-36.7	-170.8	3.0	39.2	-50.3	19.0	-21.4	-55.9	-28.7	40.2	11.9
	金融机构各项贷款同比增长（%）	39.2	38.4	29.6	26.8	25.0	21.0	20.8	20.3	20.1	21.7	23.7	24.2
	其中：短期	11.7	4.4	7.3	4.3	4.3	1.9	3.5	7.5	7.5	8.5	11.3	12.3
	中长期	53.4	55.7	48.5	46.7	44.2	38.4	36.7	35.1	33.7	34.8	34.5	32.4
	票据融资	-0.8	-18.2	-45.8	-50.1	-50.0	-53.6	-51.6	-53.8	-55.3	-57.2	-48.8	-39.6
	建筑业贷款余额（亿元）	346.1	372.2	374.1	380.8	393.5	407.1	409.5	416.4	427.2	433.4	466.5	479.5
	房地产业贷款余额（亿元）	881.7	890.1	918.7	939.7	994.5	1 040.5	1 013.6	1 046.8	1 080.3	1 090.0	1 101.9	1 087.5
	建筑业贷款同比增长（%）	48.6	56.2	48.2	53.2	35.6	32.9	36.4	37.4	36.6	37.1	49.9	47.9
	房地产业贷款同比增长（%）	26.5	21.8	12.5	16.0	22.2	24.3	20.9	25.4	26.2	31.6	31.9	24.7
人民币	金融机构各项存款余额（亿元）	11 340.2	11 580.3	11 861.6	12 127.0	12 258.9	12 659.0	12 584.6	12 769.3	12 994.6	12 977.8	13 236.9	13 455.0
	其中：城乡居民储蓄存款	4 948.2	5 312.4	5 350.6	5 308.6	5 343.3	5 494.1	5 474.0	5 529.3	5 677.3	5 582.1	5 632.0	5 839.7
	企业存款	3 897.9	3 820.4	4 055.7	4 177.4	4 235.0	4 375.9	4 297.7	4 322.0	4 383.9	4 420.2	4 542.4	4 666.9
	各项存款余额比上月增加（亿元）	410.0	240.1	281.3	265.4	131.9	400.0	-74.3	184.7	225.3	-16.8	259.1	218.1
	其中：城乡居民储蓄存款	39.5	364.2	38.1	-42.0	34.7	150.9	-20.1	55.2	148.0	-95.2	49.9	207.7
	企业存款	218.7	-77.5	235.3	121.7	57.6	140.9	-78.1	24.3	61.9	36.4	122.2	126.5
	各项存款同比增长（%）	35.1	34.5	29.7	27.4	25.4	23.0	21.4	22.3	22.2	22.5	23.7	23.1
	其中：城乡居民储蓄存款	14.8	22.0	20.9	19.8	19.0	20.0	19.3	19.7	19.6	18.9	18.9	19.0
	金融机构各项贷款余额（亿元）	9 143.0	9 351.3	9 385.1	9 551.7	9 744.7	9 896.0	10 032.9	10 168.2	10 304.4	10 468.4	10 712.5	10 888.2
	其中：个人消费贷款	1 589.2	1 628.5	1 666.3	1 729.3	1 800.0	1 874.9	1 928.3	1 972.3	2 019.9	2 065.5	2 141.2	2 215.2
	票据融资	673.2	636.5	465.7	468.7	507.9	457.6	476.6	455.2	399.3	370.6	410.8	423.2
	各项贷款余额比上月增加（亿元）	377.0	208.2	33.9	166.5	193.1	151.3	136.9	135.2	136.2	164.1	244.1	175.6
	其中：个人消费贷款	82.8	39.3	39.8	63.0	70.7	74.9	53.4	44.0	47.6	45.7	75.6	74.0
	票据融资	-27.9	-36.7	-170.8	3.0	39.2	-50.3	19.0	-21.4	-55.9	-28.7	40.2	12.0
	金融机构各项贷款同比增长（%）	39.0	38.2	29.3	26.5	24.6	20.8	20.6	20.2	20.1	21.8	23.7	24.2
	其中：个人消费贷款	57.7	59.6	56.7	57.3	55.8	54.1	51.6	49.8	47.7	49.3	51.2	50.2
	票据融资	-0.8	-18.1	-45.8	-50.1	-50.0	-53.6	-51.6	-53.8	-55.3	-57.2	-48.8	-39.6
外币	金融机构外币存款余额（亿美元）	16.8	16.8	16.8	16.3	15.3	15.8	16.6	14.9	15.3	16.2	17.4	24.0
	金融机构外币存款同比增长（%）	49.4	36.7	43.3	47.4	40.4	39.8	63.0	45.8	45.0	35.6	42.9	8.0
	金融机构外币贷款余额（亿美元）	14.2	14.5	15.3	15.4	15.7	16.0	16.5	16.3	16.4	16.0	16.3	16.9
	金融机构外币贷款同比增长（%）	60.5	54.3	74.0	68.2	63.1	46.5	50.5	37.3	27.0	15.5	21.6	27.3

数据来源：中国人民银行重庆营业管理部。

表2 2001～2010年重庆市各类价格指数

单位：%

年/月	居民消费价格指数		农业生产资料价格指数		原材料购进价格指数		工业品出厂价格指数		重庆市房屋销售价格指数	重庆市房屋租赁价格指数	重庆市土地交易价格指数
	当月同比	累计同比	当月同比	累计同比	当月同比	累计同比	当月同比	累计同比	当季(年)同比	当季(年)同比	当季(年)同比
2001	—	1.7	—	—	—	—	—	-1.9	1.4	-4.6	0.9
2002	—	-0.4	—	—	—	-0.9	—	-2.4	2.1	-2.5	1.7
2003	—	0.6	—	—	—	4.9	—	0.6	6.1	5.3	0
2004	—	3.7	—	—	—	12.9	—	3.9	13.9	5.9	5.3
2005	—	0.8	—	—	—	8.2	—	3.0	7.2	3.6	2.9
2006	—	2.4	—	—	—	4.8	—	2.2	6.1	3.3	2.4
2007	—	4.7	—	—	—	6.2	—	3.5	6.9	4.2	9.7
2008	—	5.6	—	—	—	12.2	—	5.8	6.1	4.3	9.5
2009	—	-1.6	—	—	—	-5.0	—	-4.5	1.1	0.5	1.7
2010	—	3.2	—	—	—	6.9	—	3.1	9.7	4.5	8.2
2009 1	0	0	—	—	-2.3	-2.3	-1.2	-1.2	—	—	—
2	-3.0	-1.6	—	—	-3.1	-2.7	-2.9	-2.0	—	—	—
3	-2.2	-1.8	—	—	-4.6	-3.3	-4.2	-2.8	-1.6	1.2	0.3
4	-2.7	-2.0	—	—	-5.5	-3.9	-4.7	-3.2	—	—	—
5	-2.7	-2.1	—	—	-7.0	-4.5	-5.6	-3.7	—	—	—
6	-2.3	-2.2	—	—	-7.9	-5.1	-6.4	-4.2	-0.6	0.6	1.5
7	-2.4	-2.2	—	—	-8.4	-5.5	-7.1	-4.6	—	—	—
8	-1.6	-2.1	—	—	-8.1	-5.9	-7.0	-4.9	—	—	—
9	-1.5	-2.1	—	—	-7.4	-6.0	-6.4	-5.1	1.4	0	2.0
10	-1.1	-2.0	—	—	-6.2	-6.1	-5.6	-5.1	—	—	—
11	-0.4	-1.8	—	—	-1.9	-5.7	-2.7	-4.9	—	—	—
12	0.4	-1.6	—	—	2.2	-5.0	-0.5	-4.5	5.2	0.2	3.0
2010 1	-0.1	-0.1	—	—	4.8	4.8	1.5	1.5	8.8	—	—
2	1.6	0.7	—	—	5.7	5.2	1.8	1.7	10.7	—	—
3	1.4	1.0	—	—	6.0	5.5	2.8	2.0	11.5	0.1	7.0
4	2.4	1.3	—	—	7.6	6.0	3.3	2.4	11.6	—	—
5	3.8	1.8	—	—	7.5	6.3	4.0	2.7	11.5	—	—
6	3.8	2.2	—	—	6.8	6.4	3.7	2.9	10.1	4.1	8.4
7	3.8	2.4	—	—	8.1	6.6	3.3	2.9	9.8	—	—
8	4.3	2.6	—	—	6.7	6.7	3.1	2.9	9.2	—	—
9	4.0	2.8	—	—	6.9	6.7	2.8	2.9	9.5	7.3	8.7
10	4.1	2.9	—	—	6.8	6.7	3.2	3.0	8.5	—	—
11	5.3	3.1	—	—	8.2	6.8	4.0	3.1	7.9	—	—
12	4.5	3.2	—	—	7.9	6.9	3.9	3.1	6.9	6.3	8.7

数据来源：《重庆经济统计月报表》。

表3　2010年重庆市主要经济指标

	1月	2月	3月	4月	5月	6月	7月	8月	9月	10月	11月	12月
	绝对值（自年初累计）											
地区生产总值(亿元)	—	—	1 698.9	—	—	3 634.6	—	—	5 631.7	—	—	7 894.2
第一产业	—	—	68.6	—	—	200.3	—	—	464.9	—	—	685.4
第二产业	—	—	1 014.3	—	—	2 104.5	—	—	3 193.9	—	—	4 356.4
第三产业	—	—	615.92	—	—	1 329.8	—	—	1 972.9	—	—	2 852.4
工业增加值(亿元)	—	—	530.0	747.5	970.7	1 210.3	1 437.8	1 677.1	1 910.4	2 154.0	2 422.7	2 708.3
城镇固定资产投资(亿元)	—	396.5	802.0	1 199.1	1 656.2	2 371.3	2 887.8	3 370.6	3 980.6	4 592.4	5 377.0	6 343.0
房地产开发投资	—	126.5	231.6	345.7	465.0	616.4	738.1	886.5	1 031.8	1 193.7	1 380.2	1 620.3
社会消费品零售总额(亿元)	—	474.1	692.4	909.2	1 157.5	1 392.5	1621.8	1 855.5	2095.9	2 353.5	2 608.8	878.0
外贸进出口总额(亿美元)	8.1	14.9	23.6	32.1	41.3	51.4	60.9	71.1	82.0	91.2	104.7	124.3
进口	3.4	6.4	10.3	14.0	17.9	21.9	25.1	29.1	33.6	37.4	43.0	49.4
出口	4.6	6.5	13.3	18.1	23.4	29.5	35.8	42.0	48.3	53.8	61.7	74.9
进出口差额(出口−进口)	1.2	2.1	3.0	4.0	5.6	7.6	10.7	12.8	14.7	16.3	18.7	25.5
外商实际直接投资(万美元)	18 020.0	42 233.0	58 443 .0	76 461.0	93 226.0	123 349.0	141 667.0	203 285.0	236 017.0	279 334.0	382 990.0	634 397.0
地方财政收支差额(亿元)	27.0	13.5	-7.9	-15.9	-39.5	-100.0	-114.6	-179.2	-260.2	-302.6	-384.9	-752.6
地方财政收入	84.05	137.08	201.66	287.33	358.41	441.87	525.6	588.8	654.1	744.1	827.6	1 018.4
地方财政支出	57.05	123.55	209.52	303.23	397.89	541.88	640.1	767.9	914.3	1 046.6	1 212.5	1 771.0
城镇登记失业率(%)（季度）	—	—	3.96	—	—	3.96	—	—	3.96	—	—	3.9
	同比累计增长率（%）											
地区生产总值	—	—	19.3	—	—	17.6	—	—	17.1	—	—	17.1
第一产业	—	—	3.7	—	—	5.0	—	—	6.3	—	—	6.1
第二产业	—	—	26.6	—	—	23.8	—	—	23.1	—	—	22.7
第三产业	—	—	11.1	—	—	11.2	—	—	11.2	—	—	12.4
工业增加值	—	31.4	29.7	28.0	27.5	25.3	25.1	25.0	24.2	24.0	23.8	23.7
城镇固定资产投资	—	23.7	33.9	30.7	30.7	30.7	30.6	29.7	29.7	29.2	29.2	27.9
房地产开发投资	—	32.8	34.9	40.3	44.1	41.9	41.2	38.6	34.9	33.7	32.8	30.8
社会消费品零售总额	—	18.0	18.4	18.6	18.8	18.9	18.5	18.5	18.7	18.8	18.9	19.0
外贸进出口总额	59.0	54.0	52.2	46.6	49.4	48.9	47.5	50.3	51.2	49.0	53.8	61.1
进口	86.0	63.5	55.3	39.2	44.6	37.7	32.5	36.2	38.0	36.8	41.2	43.9
出口	43.6	47.6	49.9	52.7	53.3	58.4	60.2	62.1	62.0	58.8	63.9	75.0
外商实际直接投资	25.6	34.2	8.9	10.2	15.9	23.2	17.2	53.6	52.8	50.8	48.2	58.0
地方财政收入	—	51.5	58.3	56.7	56.9	52.8	54.2	53.9	51.4	50.1	51.7	49.4
地方财政支出	—	19.5	29.1	26.3	21.4	22.5	21.6	28.2	33.0	33.3	38.0	29.1

数据来源：《重庆经济统计月报表》。

2010年四川省金融运行报告

中国人民银行成都分行货币政策分析小组

[内容摘要] 2010年，四川全省上下深入贯彻科学发展观，认真落实中央宏观调控政策，全力推进灾后恢复重建，经济保持了平稳较快发展的势头。全年农业生产稳定，工业增长较快，投资高位趋缓，消费平稳增长，对外贸易快速发展，财政收入大幅提高，城乡居民增收，灾后恢复重建基本完成。

金融运行平稳，服务经济能力增强。银行业资产规模扩大，信贷保持较快增长，增速逐步向常态回归。证券业稳步发展，融资规模增加。保险业发展较快，市场秩序进一步规范。金融改革继续深化，金融市场平稳发展，融资结构和金融生态环境持续改善。

2011年，随着新一轮西部大开发政策深入实施、成渝经济区发展规划成为国家战略、支持藏区跨越式发展计划以及地震灾区振兴发展计划逐步推进，预计四川经济总体将保持较快增长，但仍面临结构调整难度较大、资源环境约束增强等困难和挑战。金融机构将落实稳健的货币政策，保持合理的社会融资规模和节奏。

一、金融运行情况

2010年，四川金融机构积极适应宏观调控新形势，加强信贷投放节奏和结构管理，加快业务创新，改进金融服务，认真落实灾区金融优惠政策，保持了较快发展势头。全年金融业实现增加值574.7亿元，占GDP的3.4%。

（一）银行业稳健发展，信贷投放逐步回归常态

资产规模继续扩大，财务状况进一步改善。全年银行业金融机构资产总额达到3.6万亿元，同比增长22.8%。不良贷款率较年初下降1.87个百分点；效益继续大幅提升，全年利润增长超过40%。成都银行、南充市商业银行跨省开设分支机构，在省内率先发展为全国性城市商业银行。金融机构体系进一步完善和丰富，四川锦程消费金融公司在全国率先开业，四川信托有限公司重组设立，新希望财务公司获准筹建。金融开放力度继续加大，三菱东京日联银行成都分行开业，澳新银行在成都设立了后台服务中心。灾区金融机构网点重建继续推进，完工项目达到70%。

表1　2010年四川省银行业金融机构情况

机构类别	营业网点[①]			法人机构（个）
	机构个数（个）	从业人数（人）	资产总额（亿元）	
一、大型商业银行[②]	3 126	88 202	17 038.5	0
二、国家开发银行及政策性银行[③]	113	3 652	2 935.1	0
三、股份制商业银行[④]	171	7 242	4 465.2	0
四、城市商业银行	487	10 195	3 774.7	13
五、城市信用社	0	0	0	0
六、农村合作机构[⑤]	5 635	59 464	5 099.8	521
七、财务公司	4	185	235.7	2
八、邮政储蓄银行	2 958	19 160	2 057.5	0
九、外资银行	20	775	225.6	0
十、农村新型机构[⑥]	45	452	97.7	27
合　计	12 559	189 327	35 929.8	563

注：①不包括国家开发银行和政策性银行、大型商业银行、股份制银行等金融机构总部数据。

②包括中国工商银行、中国农业银行、中国银行、中国建设银行和交通银行。

③包括国家开发银行、中国农业发展银行和中国进出口银行。

④包括中信银行、中国光大银行、华夏银行、深圳发展银行、招商银行、上海浦东发展银行、兴业银行、中国民生银行、恒丰银行、浙商银行和渤海银行。

⑤包括农村信用社、农村合作银行和农村商业银行。

⑥包括村镇银行、贷款公司和农村资金互助社。

数据来源：四川银监局。

货币信贷保持较快增长，增速逐步减缓。2010年年末，四川金融机构本外币存款余额为30 504亿元，同比增长21.4%，增速比上年年末低12.3个百分点；贷款余额为19 485.7亿元，同比增长22.4%，增速比上年年末低17.6个百分点。存贷款余额均居中西部地区第一位、全国第七位。

企业存款增速下降。企业贷款增速放缓引致派生存款增速降低。全省经济回升向好的态势进一步巩固，企业生产经营状况逐渐好转，大量资金用于生产投资也使企业银行存款减少。企事业单位存款余额增速较上年降低了38.1个百分点。

储蓄存款保持了平稳增长的态势。居民流动性偏好日益增强，备用资金寻求其他投资渠道保值增值的意愿强化，存款活期化趋势明显。年末，活期储蓄存款余额占全部储蓄存款余额达38.5%，同比提高2.7个百分点。

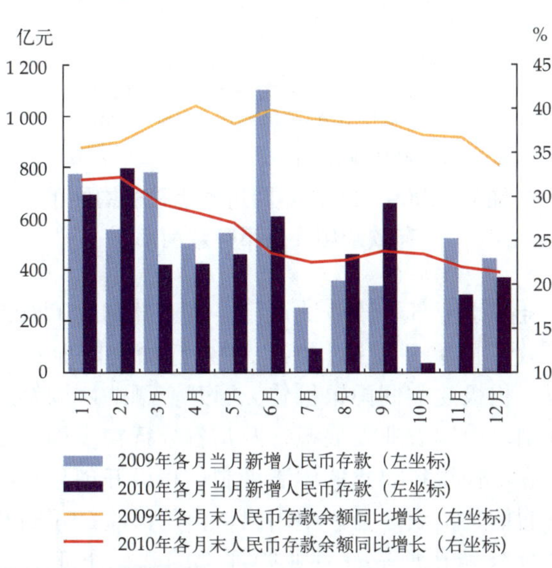

数据来源：中国人民银行成都分行。

图1　2010年四川省金融机构人民币存款增长变化

在灾后重建、基础设施和重点产业等投资增长的带动下，信贷资源继续向制造业、基础设施行业等领域倾斜，新增中长期贷款占比大幅提高15.7个百分点，但贷款增速随着固定资产投资增速放缓呈逐月下降态势。在新一轮房产调控政策的影响下，4月以后，房地产开发贷款、个人住房贷款增速明显回落。部分基建类企业出于经营和控制贷款成本的需要，搭配使用短期流动资金贷款，短期贷款比年初小幅增加。基于票据融资期限短、收益低以及金融机构加强信贷资产结构调整等原因，票据融资大幅减少，月度走势波动性较强。

"三农"、中小企业、消费、就业等民生领域信贷投放比例逐步增加。金融继续加强灾后重建信贷支持，农房重建已全部完成，城镇住房重建基本完成，对山洪泥石流灾区落实好灾前住房重建贷款因灾延期偿还政策。

6月19日进一步推进人民币汇率形成机制改革后，人民币升值预期有所增强，加之本外币存款和贷款利差均较大，外币储蓄存款下降，外币贷款稳步上升。受外币贷款派生存款增加、大额美元存款利率走高等因素影响，企业外币存款增加。

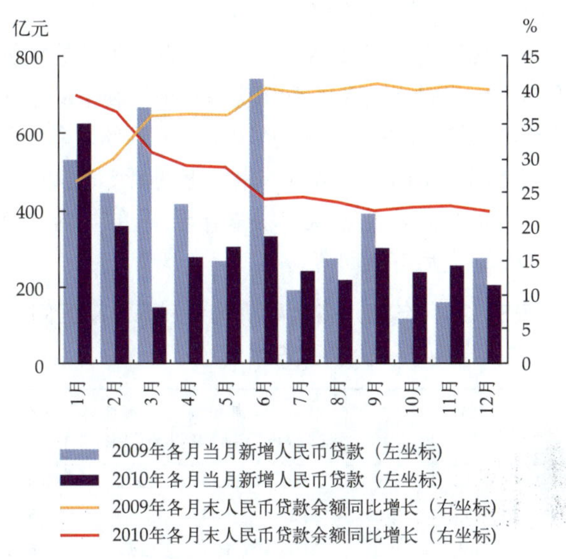

数据来源：中国人民银行成都分行。

图2　2010年四川省金融机构人民币贷款增长变化

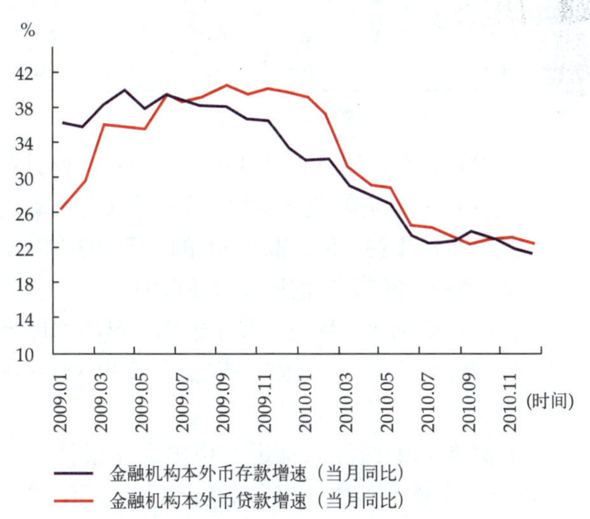

数据来源：中国人民银行成都分行。

图3　2009～2010年四川省金融机构本外币存、贷款增速变化

信贷较快增长、灾后重建投资使现金需求继续增加，四川延续了2009年以来的现金净投放态势，收支相抵累计净投放现金64.9亿元。

表2　2010年四川省金融机构现金收支情况表

单位：亿元、%

	年累计额	同比增速
现金收入	40 763.2	17.2
现金支出	40 828.1	17.3
现金净支出	64.9	191.6

数据来源：中国人民银行成都分行。

金融机构提高议价能力、增加资金收益的定价取向进一步强化。人民币贷款加权平均利率从年初的5.98%稳步攀升至11月的年内高点6.74%，全年提升幅度高于年内两次调息的累加上调幅度。执行上浮利率的贷款占比也从年初攀升至7月的年内高点50.17%，之后有所回落。

表3　2010年四川省金融机构各利率浮动区间贷款占比表

单位：%

		合计	国有商业银行	股份制商业银行	区域性商业银行	城乡信用社
合计		100.0	100.0	100.0	100.0	100.0
[0.9～1.0)		28.6	53.2	18.4	6.8	1.5
1.0		28.3	24.9	44.4	19.2	7.5
上浮水平	小计	43.1	21.8	37.2	74.0	91.0
	(1.0～1.1]	11.4	12.5	21.6	14.6	4.2
	(1.1～1.3]	12.5	9.1	13.6	31.3	14.0
	(1.3～1.5]	5.9	0.2	0.9	17.8	19.1
	(1.5～2.0]	10.4	0.0	0.7	10.0	45.1
	2.0以上	2.8	0.0	0.5	0.3	8.6

数据来源：中国人民银行成都分行。

金融机构普遍通过提升外币存款利率，吸引外币资金支持外币贷款业务发展，3个月以内大额美元存款利率从年初一路走高至8月的2.15%的年内高点，此后随市场资金供需情况震荡回调。

民间借贷利率水平全年稳中趋降，第四季度为11.90%（年化利率），比第一季度的12.39%下降49个基点。

金融改革继续深入推进。中国农业银行四川省分行再度被中国农业银行总行确立为深化“三

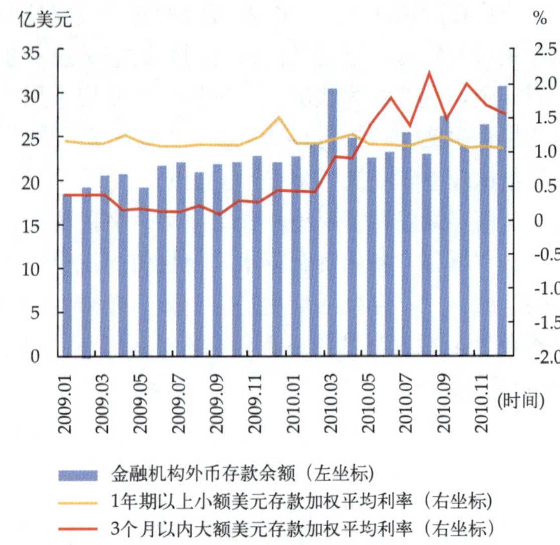

数据来源：中国人民银行成都分行。

图4　2009～2010年四川省金融机构外币存款余额及外币存款利率

农金融事业部”改革试点行，事业部制改革取得实效。国家开发银行四川省分行加快商业化转型，积极建立同国银租赁、国开金融的协调发展机制。中国农业发展银行四川省分行初步构建了适应现代银行要求的体制机制，积极开创独具特色的信贷支农途径。中国出口信用保险公司四川省分公司在原成都营业管理部的基础上正式成立。农村信用社改制取得实质突破，成都农村商业银行正式挂牌开业，长宁县农村信用社组建成立全省第一家县级农村商业银行。新型农村金融机构业务发展迅速，村镇银行新增8家，小额贷款公司正式开业经营43家，运营状况良好，较好地发挥了服务农村经济发展的作用。

2010年6月17日四川正式启动跨境贸易人民币结算试点，业务呈加速发展态势。参与的银行和企业逐渐增多，业务覆盖范围不断扩大。全年累计办理跨境人民币结算业务15.16亿元，其中进口贸易结算占比超七成。

专栏1　金融支持四川经济结构调整

近年来，四川金融机构不断调整优化信贷投向，积极改善金融服务水平，有力地支持了重大项目、重点优势产业、节能减排、中小企业、民生等关系经济结构调整的行业或领域，在支持全省经济社会发展和经济结构调整方面发挥越来越重要的作用。

重大项目和重点优势产业的信贷需求得到有效支持。与灾后恢复重建等重点投资项目资金需求相适应，2010年中长期贷款较年初增加2 180亿元，同比多增129亿元，其中，中长期固定资产贷款较年初增加1 255亿元。电子信息、装备制造、能源电力等优势产业和航空航天、汽车制造等潜力产业的信贷需求得到有效满足，其中，制造业（506亿元）、仓储及邮电通信（447亿元）、电力（308亿元）、水利环境和公共设施（254亿元）等重点行业或领域2010年新增贷款较多。

节能减排和低碳经济领域金融支持深入推进。多家金融机构在信贷指引中明确了发展绿色信贷的方向，例如，在授信审批中加强对“高耗能、高污染”行业的授信管理，实行“环保”一票否决。省内金融机构充分利用多业并举平台，建立多元化金融服务体系，探索创新环保金融产品与服务，例如以碳减排核证收入作为融资主要还款来源。

“三农”领域金融需求得到有效满足。农户种养殖业、特色农业、农业专业合作社、农业产业化、农村城镇化、农田水利基本建设、中小企业、农村流通市场、涉农经营个体、特色资源开发等领域信贷支持得到有力支持，“三农”服务商业运作的新路径、新模式得到发展。2010年，四川省涉农贷款同比增长30.52%。

中小企业信贷支持力度继续加强。全省各金融机构特别是地方法人金融机构，转变“大城市、大企业、大项目”的经营理念，积极创新符合中小企业特点的金融创新产品和信贷管理体制，不断改进对中小企业的金融信贷服务，简化中小企业贷款程序，重点满足符合产业和环保政策、有市场、有技术、有发展前景的企业流动资金需求。2010年年末，中小企业贷款余额同比增长28.2%。

经济社会薄弱环节信贷支持力度不断加大。农户小额贷款，农户联保贷款、种养殖大户信用贷款、青年小额贷款、“好借好还”小额信用贷款等多种方式得到进一步开拓和运用。截至2010年年末，四川省金融机构小额担保贷款余额为19.5亿元，同比增长155%。大学生村官创业得到有力扶持，截至2010年年末，全省大学生村官创业累计获得贷款1 548.2万元，余额达952.7万元。通过“金融支持四川藏区跨越式发展行动”的有力实施，支持牧民定居行动计划的开展，截至2010年年末，累计向3.64万户牧民发放定居计划贷款7.54亿元。民族地区水电开发、优势矿产业、旅游业等支柱产业的金融支持力度也进一步加大。

（二）证券期货业稳步发展，融资规模扩大

资本市场平台建设显著，筹资规模扩大。与深圳证券交易所合作设立的西部路演中心在成都金融总部商务区挂牌，成为辐射西部地区的上市路演中心、股权融资路演中心和信息发布中心。2010年年末，四川省A股上市公司83家，H股上市公司9家，股票投资者开户数增至700.15万户。全年A股上市公司数增长16.9%，筹资额同比增加15.77亿元，增长7.8%，其中，首发上市企业数和融资额均居西部第一位。期货业发展较快，3家法人期货公司新增5家营业部，市场交易量增长超过一倍。

受股票市场指数下跌的影响，证券交易量下降。全年四川证券市场交易额为3.7万亿元，同比下降8.9%。证券机构业绩因此略有回落，四川4家法人证券公司资产总额和经营利润均略有下降。

表4　2010年四川省证券业基本情况表

项目	数量
总部设在辖内的证券公司数（家）	4
总部设在辖内的基金公司数（家）	0
总部设在辖内的期货公司数（家）	3
年末国内上市公司数（家）	83
当年国内股票（A股）筹资（亿元）	216.8
当年发行H股筹资（亿元）	0.0
当年国内债券筹资（亿元）	280.0
其中：短期融资券筹资额（亿元）	42.0

数据来源：四川证监局。

（三）保险业较快发展，市场秩序进一步规范

保险机构和业务增长较快，新增6家保险公司省级分公司。全年保费收入首次突破700亿元大关，同比增长32.25%，公众保险意识持续增强，保险密度为938.21元/人，同比增长32.24%，保险深度为4.53%，比上年增长0.44个百分点。各类赔付支出同比增长15.6%，为因自然灾害和意外事故受损的企业和群众及时提供了经济补偿。农业保险稳步发展，为农业生产提供风险保障236.8亿元，受益农户337.5万户次。

保险市场秩序进一步规范，保险公司治理结构不断完善。产险公司应收保费率、保单批退率等反映产险市场秩序的关键指标明显下降。寿险公司销售行为逐步规范，行业现金流充足。

表5　2010年四川省保险业基本情况表

项目	数量
总部设在辖内的保险公司数（家）	0
其中：财产险经营主体（家）	0
寿险经营主体（家）	0
保险公司分支机构（家）	54
其中：财产险公司分支机构（家）	25
寿险公司分支机构（家）	29
保费收入（中外资，亿元）	765.8
其中：财产险保费收入（中外资，亿元）	191.6
人身险保费收入（中外资，亿元）	574.2
各类赔款给付（中外资，亿元）	150.9
保险密度（元/人）	938.2
保险深度（%）	4.5

数据来源：四川保监局。

（四）直接融资比例大幅上升，金融市场交易活跃

社会融资结构进一步改善，直接融资比重增至12.2%，创2001年以来的历史新高。全年发行债券286.5亿元，大幅增长45%。银行间市场直接融资保持良好发展势头，全年共有11家企业发行债券177亿元，增长65.4%，其中，中期票据发行115亿元，短期融资券发行62亿元。另有4家企业发行企业债103亿元，1家企业发行可转债6.5亿元。

货币市场运行平稳，全年同业拆借、债券回购和债券现券累计成交38 918.4亿元，比上年增长26.8%，累计净融出资金7 783.3亿元，比上年减少24.8%。货币市场各项利率均比上年明显上升。四川的银行间同业拆借市场成员累计办理资金拆借比上年增长18.4%，资金拆出拆入主体和主要交易品种等市场格局保持不变。债券回购占四川全部货币市场交易量的比重上升至69%，其中，债券质押式回购累计成交额比上年增长29.45%，买断式回购累计成交额比上年增长8.86倍。现券累计交易额比上年增长15.2%，交易品种集中度明显减小。

表6　2001～2010年四川省非金融机构融资结构表

单位：亿元、%

年份	融资量	比重		
		贷款	债券（含可转债）	股票
2001	505.6	88.1	0.0	11.9
2002	652.3	98.6	0.0	1.4
2003	784.1	97.1	2.0	0.9
2004	645.4	98.3	0.0	1.7
2005	580.0	96.5	3.5	0.0
2006	1 216.7	91.4	8.3	0.3
2007	1 604.7	88.1	2.2	9.7
2008	2 559.9	92.5	2.1	5.4
2009	4 946.9	92.2	4.0	3.8
2010	4 068.6	87.8	7.0	5.2

数据来源：中国人民银行成都分行。

票据业务增长较快。全年累计签发银行承兑汇票增长27%，累计签发商业承兑汇票增长89.7%；累计办理银行承兑汇票贴现增长54.3%，累计办理商业承兑汇票贴现增长221%。年末，票据签发余额增长56.7%，票据贴现余额减少34%。再贴现增长迅速，累计办理再贴现58.7亿元。与市场资金状况密切相关，票据市场贴现和转贴现利率均呈稳步走高态势。

表7　2010年四川省金融机构票据业务量统计表

单位：亿元

季度	银行承兑汇票承兑		贴现			
			银行承兑汇票		商业承兑汇票	
	余额	累计发生额	余额	累计发生额	余额	累计发生额
1	1 327.4	773.5	426.3	974.8	20.9	19.4
2	1 480.4	1 623.3	422.7	2 073.2	18.1	64.8
3	1 780.1	2 822.3	450.3	4 017.8	28.7	138.4
4	2 027.2	3 979.8	401.7	6 099.9	23.4	209.7

数据来源：中国人民银行成都分行。

表8　2010年四川省金融机构票据贴现、转贴现利率表

单位：%

季度	贴现		转贴现	
	银行承兑汇票	商业承兑汇票	票据买断	票据回购
1	3.51	3.72	2.71	2.80
2	3.78	4.23	3.21	2.86
3	4.18	4.35	3.35	3.44
4	5.24	4.71	3.86	3.95

数据来源：中国人民银行成都分行。

外汇市场交易活跃。四川在银行间外汇市场累计成交额比上年增长30.8%，增幅较上年增加4.8个百分点，交易以美元为主。

商业银行黄金业务继续较快发展。实物黄金业务大幅增长141.4%，占黄金交易总额的比重提高至32.8%。黄金交易所会员企业的交易保持增长，全年交易230.9亿元，增长31.5%。

（五）金融生态环境建设继续全面推进，经济金融互动加强

近年来，四川以“金融生态环境示范县（市、区）”创建和评比工作继续深入推动金融生态建设。2010年中国人民银行成都分行联合有关市州政府授予什邡市等9县（区、市）“金融生态环境示范县（区、市）”称号，目前全省共有16个金融生态环境建设工作推动有力、成效显著的县（区、市）获得此称号，起到了很好的示范效应。金融生态环境理念逐步得到各方的认可。各地探索建立有效的工作机制，形成良好工作格局，逐渐形成了政、银、企良性互动的局面。信用环境和司法环境明显改善，社会信用意识增强，金融债权维护得到加强。随着四川各地金融生态环境不断优化，金融支持地方经济发展的动力进一步增强，资金“洼地效应”逐步显现。

二、经济运行情况

2010年，全球各经济体复苏不均衡，我国经济运行态势总体良好。四川克服灾后重建高峰结束以及节能减排政策等多种约束条件，地区经济实现平稳较快发展，经济结构不断优化。全年完成地区生产总值1.69万亿元，增长15.1%，较上年提高0.6个

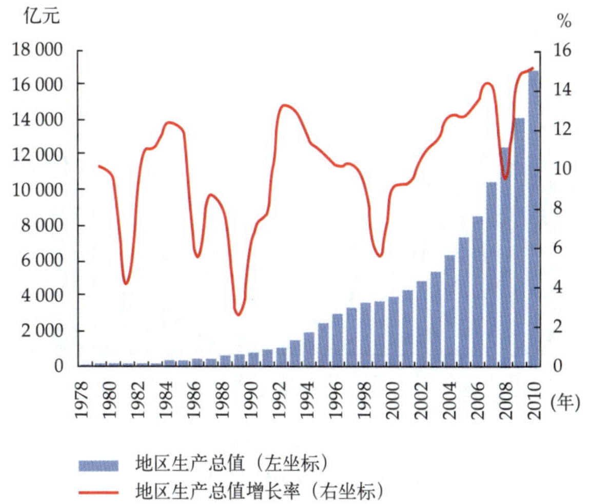

数据来源：四川省统计局。

图5　1978～2010年四川省地区生产总值及其增长率

百分点，比全国增速高4.8个百分点。

（一）经济结构不断优化，消费对经济的拉动作用逐步增强

投资需求高位趋缓。在交通基础设施为主的重大项目建设的带动下，四川投资规模继续保持高位，全年固定资产投资同比增长13.0%。投资对地区生产总值的贡献率为45.5%。随着国家加大宏观调控力度，陆续出台加强地方融资平台管理、加快淘汰落后产能等诸多政策，加之四川省自身灾后重建高峰的结束，投资增速较上年大幅回落43.1个百分点。投资结构继续得以优化，第三产业投资占比升至58.3%，重点领域和薄弱环节投入加大，民营投资增长较快，吸引国内省外投资步伐加快。

消费需求稳步增长。城乡居民收入持续稳步增加，消费能力继续增强。社会保障体系进一步完善，减少居民消费后顾之忧，加上进一步大力落实家电、农机、汽车摩托车下乡和家电以旧换新等扩大消费政策，积极开展“万村千乡”市场工程，有力地促进了城乡消费增长和消费结构升级。全年实现社会消费品零售总额同比增长18.7%，消费拉动经济增长的作用逐步增强，对经济增长的贡献率达到48.5%。

外贸进出口加速发展。2010年全球经济金融形势复杂多变，四川省外贸进出口仍呈现跨越式增长

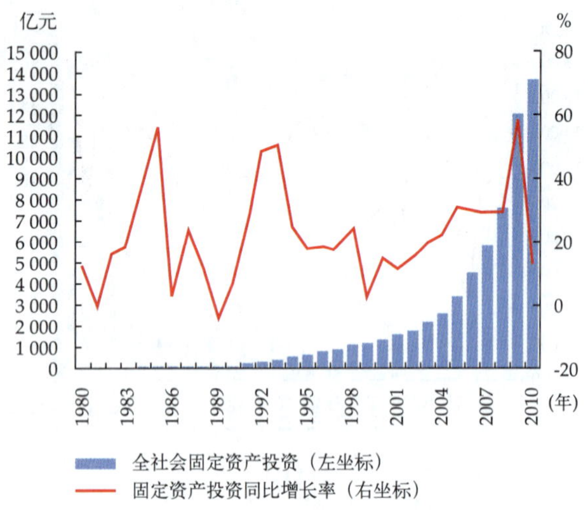

数据来源：四川省统计局。

图6 1980～2010年四川省固定资产投资及其增长率

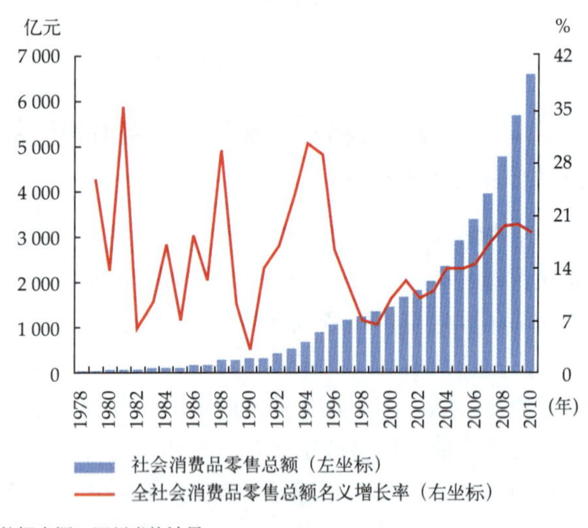

数据来源：四川省统计局。

图7 1978～2010年四川省社会消费品零售总额及其增长率

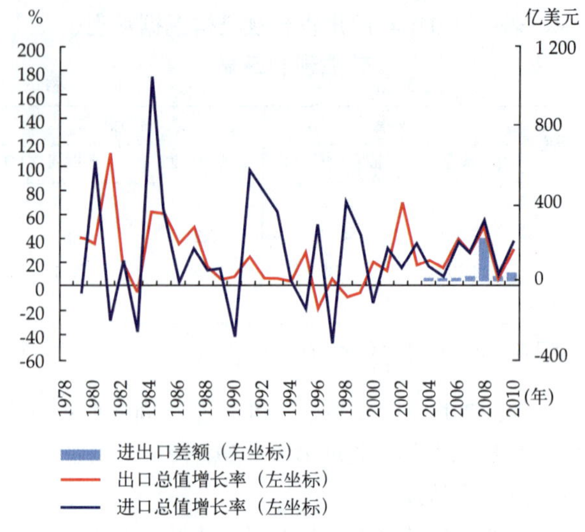

数据来源：四川省统计局。

图8 1978～2010年四川省外贸进出口变动情况

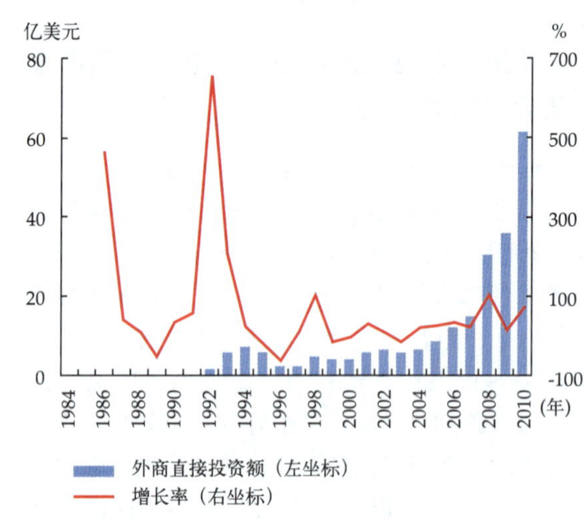

数据来源：四川省统计局。

图9 1984～2010年四川省外商直接投资情况

态势，进出口增速均超过30%，高于全国增速。外贸进出口总额、进口总值、出口总值继续保持在全国第十一位，居中西部之首。粗放型的外贸增长方式有所改善，市场结构呈现多元化趋势。虽然一般贸易仍占主导地位，但加工贸易明显呈上升趋势。

随着西部大开发不断深入，四川外商投资快速增长，近三年来外商投资实际到位资金超过了改革开放三十年的总和，2010年合同利用外资增长1.5倍，实际利用外资增长67.8%。房地产继续成为外商直接投资的主要行业。受产业规划布局的影响，电子信息产业、金融服务业吸收外资增长明显。全年新批外商投资企业数同比上涨32.5%，世界500强境外企业已有近1/3落户四川。企业境外投资步伐明显加快，涉及行业广泛，但大项目主要集中在境外资源勘探开发上。川企积极到境外勘探资源，不仅有利于缓解国内资源紧缺的状况，也提高了企业自身的国际市场竞争力。

专栏2　系列宏观调控政策背景下的四川省投资形势分析

为了解2010年国家各项宏观调控政策相继出台后四川省投资变化情况，中国人民银行成都分行在四川省范围内组织开展了系列宏观调控政策背景下投资形势的专题调研。调研结果显示，除节能减排、房地产调控等政策对全省投资的影响正逐步显现外，其他政策对全省投资的影响尚处初现阶段，预计政策效应将在2011年逐步释放，从而可能影响2011年投资资金供求平衡。

政府投资继续高位运行，但其他投资资金来源的保障难度有所加大。2010年，四川省累计完成基础设施投资3 564.1亿元，增长18.9%，增长速度大大高于同期全社会投资，目前受宏观调控影响较小。调查中2/3的被调查企业以自筹资金（含利润及折旧基金、股东投入等）和直接银行贷款为投资资金的主要来源，这两项资金来源受宏观调控政策影响较大。其中51.71%的企业银行贷款受影响，26.34%的企业自筹资金受影响，而招商引资等其他资金来源受影响的企业占比未超过5%。

工业投资增速出现下滑，保持较快增长难度较大。由于2009年工业增长基数较高，加之四川工业正处于“调结构、转方式”的关键时期，国家宏观调控各项政策叠加对全省工业增长的影响尤为明显。2010年，四川工业投资保持平稳增长，完成投资5 110.8亿元，同比增长14.2%，增幅较上年下降31.4个百分点。主要原因是部分企业多项生产要素出现短缺、资源性产品价格上调加快、企业工资支出不断上涨、节能降耗任务对工业生产形成较强约束、汇率形成机制改革和出口退税政策给部分四川涉外企业带来一定压力。

房地产投资增速继续高位回落，投资惯性出现弱化趋势。2010年，四川省房地产开发投资同比增长38.2%，从5月至12月已持续回落约15个百分点。调查显示，一是土地购买和开发意愿降低，65.3%的企业在2010年第四季度至2011年没有购买土地的计划，而目前持有未开发土地的企业中，50%的企业土地开发意愿减弱。二是新上房地产开工项目意愿降低，部分城市新开工面积已出现回落，2010年第四季度至2011年要上新项目、没有新项目和观望的企业占比分别为32.29%、26.04%和41.67%。

2011年四川省投资形势展望。从投资运行态势看，2011年是“十二五”开局之年，全省投资规模仍有望保持在高位。76.81%的被调查市州政府部门和65.70%的被调查实体经济部门预计2011年投资将继续快速增长。但是，考虑到部分政策效应尚处初现时期，被调查对象普遍预期2011年投资增长情况将弱于2010年。

（二）农业基础地位进一步巩固，工业、服务业继续稳步发展

农业农村经济稳定发展，粮食连续四年增产。全年农业实现增加值增长4.4%，较上年增加0.4个百分点。农田水利基础设施建设进一步加强，现代农业产业基地建设和现代畜牧业试点提质扩面步伐加快，全省规模以上农业产业化龙头企业达到3 200余家，农业专业合作经济组织个数逾2.4万，有力地推动了农业农村经济的发展。

工业继续发展壮大。2010年四川坚持做大做强特色优势产业，积极培育战略性新兴产业，全年实现工业增加值增长22.9%，其中，规模以上工业增加值增长23.5%，实现净利润增长43%。水电、天然气、钒钛等优势资源开发和稀土深加工等产业基地建设及老工业基地调整改造工作加快推进，全省销售收入过百亿元的大企业、大集团增至32户。科技创新大力推进，新认定6家国家企业技术中心，在建国家自主创新和高技术产业化项目达到90个。

服务业稳步发展。全年四川服务业实现增加值增长10.0%。现代服务业加快发展，西部金融中心、物流中心、商贸中心和一批服务业重大项目建设顺利推进，物流配送、金融保险、信息服务、会

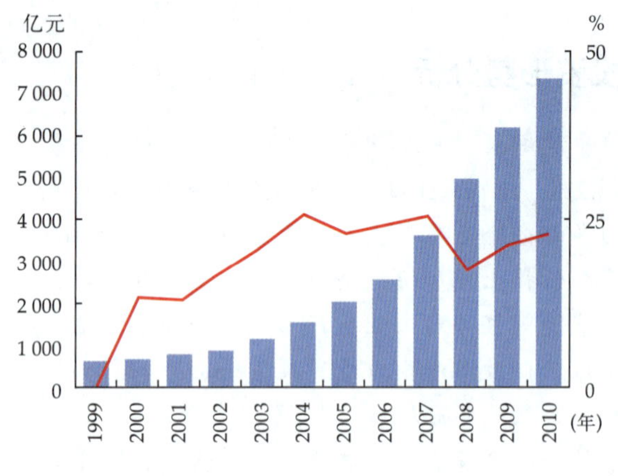

数据来源：四川省统计局。

图10　1999～2010年四川省工业增加值及其增长率

展经济和社区服务等发展迅速。旅游振兴计划深入实施，旅游业实现总收入增长28.0%。金融服务能力增强，文化产业快速发展，国家级文化产业示范基地增至12家。

（三）物价上涨压力较大，劳动力成本上升

物价运行总体保持稳定，下半年价格上涨压力持续增加。居民消费价格逐步上涨，全省CPI累计上涨3.2%，结构性涨价特征明显，食品类是拉动物价上涨的最主要动力，居住类价格快速上涨。生产

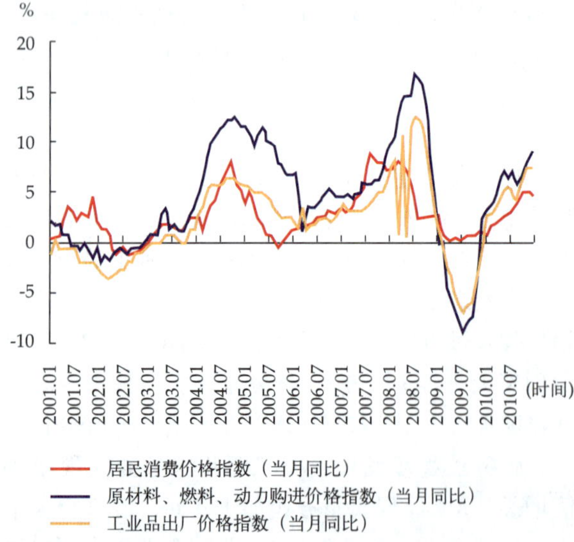

数据来源：四川省统计局。

图11　2001～2010年四川省居民消费价格和生产者价格变动趋势

价格整体较大幅度上涨，其中，工业品出厂价格累计上涨5.0%。劳动力特别是低端劳动力成本显著提升，四川月最低工资标准上涨30%以上。问卷调查结果显示，第四季度四川外出务工工资为1 933元，单季度环比大幅增长9.8%，外出务工人员在务工地点选择上出现从省外向省内转移的新趋势。

（四）财政运行稳定，收入增长较快

随着工业企业利润、城乡居民收入的大幅上涨，四川地方财政一般预算收入累计达到1 561.0亿元，同比增长32.9%，较上年高出20.2个百分点；全年地方财政一般预算支出累计达到4 242.5亿元，同比增长18.2%，较上年小幅回落3个百分点。

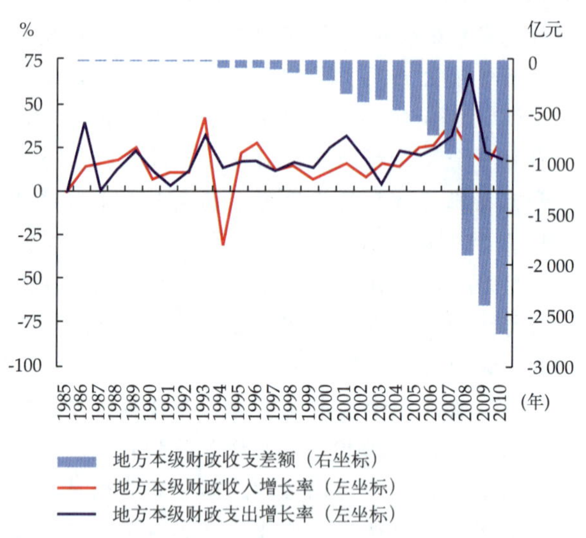

数据来源：四川省统计局。

图12　1985～2010年四川省财政收支状况

（五）节能降耗取得成效，生态建设进一步加强

四川通过各种措施落实节能减排目标责任制，万元生产总值能耗累计下降20%以上，完成“十一五”节能减排目标任务。重点加强工业节能减排，严格控制“两高一剩”行业盲目发展，大力淘汰落后产能。突出抓好建筑、交通运输、公共结构等重点领域节能，大力推广合同能源管理，实施重点节能工程，全省有18个市州空气质量达到二级，达标率为85.7%。加大污染防治力度，扎实推进重点企业二氧化硫污染治理，“十一五”时期二氧化硫排放量累计下降11.9%，全省集中饮用水水

源地水质全面达标。

生态省建设继续推进。实施天然林资源保护、退耕还林、退牧还草、湿地保护、自然保护区等重点生态建设工程，全省森林覆盖率达到34.8%。城乡环境综合治理深入推进，大力实施“金土地工程”，兴建城镇垃圾处理设施和县级生活污水处理厂。

专栏3　四川承接产业转移新特点

随着国家西部大开发战略深入推进、我国自身经济发展历程的演变以及金融危机后全球产业结构的重组，中西部地区在承接产业转移方面出现了新的契机，并带来新一轮的发展周期，四川作为中西部引进国内外资金的领头大省，利用自身的优势，在承接国际、国内产业转移方面明显表现出新特点：

一是承接产业转移步伐加快。引进国外资金方面，2008~2010年，四川利用外商直接投资额超过了改革开放三十年的总和，2010年，四川实际利用外资70.1亿美元，同比大幅增长69.8%，呈明显加快态势，截至2010年年末，在川落户的世界500强境外企业已经达到160家；吸引国内省外资金方面，2010年引进省外资金5 336.4亿元，同比大幅增长31.3%，基本实现一年一个台阶。

二是产业结构逐步优化，产业积聚效应显现。四川在承接国际国内产业转移过程中，充分利用四川市场、劳动力、装备制造业基地等优势，重点引进包括电子信息、高新技术、现代化服务、新能源等新兴产业，2010年，四川成功引进富士康、戴尔、仁宝、纬创、德州仪器、联想等重大产业项目，建立特色支柱产业区，产业链条不断延伸，改善了全省产业空间布局，带动物流、金融、贸易结算、商贸等服务业快速发展，有力地推动了四川进一步优化产业结构，转变经济发展方式。

下阶段四川将继续积极承接国际、国内产业转移，着眼做强做大产业，以各级各类开发区和产业园区为主要载体，重点围绕电子信息、新能源、新材料及节能环保、汽车制造、现代生物等产业，着力引进一批重大产业项目，预计2011年将引进国内省外资金6 000亿元，实际利用外资90亿美元。

（六）主要行业分析

1. 系列宏观调控下的房地产行业发展趋于平稳

（1）房地产投资平稳回落，销售面积同比下降，房价涨幅趋缓。全省房地产开发投资同比增长38.2%，增速比上半年和第三季度末分别下降12.6个和4.5个百分点。成都市全年房地产开发投资增速较年内最高点回落21.5个百分点，房地产开发资金来源增速较年初大幅下降114.6个百分点。

全省施工面积中新开工面积同比增长47.4%，比上半年回落48.8个百分点。成都市新开工面积绝对值达到历年最高，有利于缓解未来住房供给压力。全省房屋竣工面积从11月开始出现下降，成都市竣工商品房面积较上年小幅减少3.6%。

住宅用地供应量价齐升。全省土地供应总量同比增长7.4%，其中，住宅用地供应总量同比增长63.1%。土地出让平均单价同比增长60.5%，住宅用地出让平均单价同比增长56.5%。

销售面积低速增长，现房销售面积出现绝对下降。全省商品房销售面积同比增长7.1%，增速比上半年和第三季度末分别下降10.6个和0.8个百分点。其中，现房销售面积同比下降7.1%。在经历调控带来的观望期后，刚性需求以及通货膨胀预期导致的投机性需求开始回暖，成都市房地产销售面积及销售额增速逐步回升，全年商品房销售面积下降5.0%，销售额增长14.3%。

房屋销售价格运行较稳定，重点城市价格涨幅趋缓。成都市房屋销售价格指数同比涨幅由4月的6.3%，持续回落至12月的2.3%。受前期房屋销售价格过快上涨的传导影响，房屋租赁价格出现较快上涨。

（2）房地产贷款增长“前高后低”，贷款利率逐步上升。全省商业性房地产贷款年末余额突破4 000亿元，贷款同比增速在4月末达到创历史纪录的52.5%之后开始逐月回落。房地产开发贷款全年

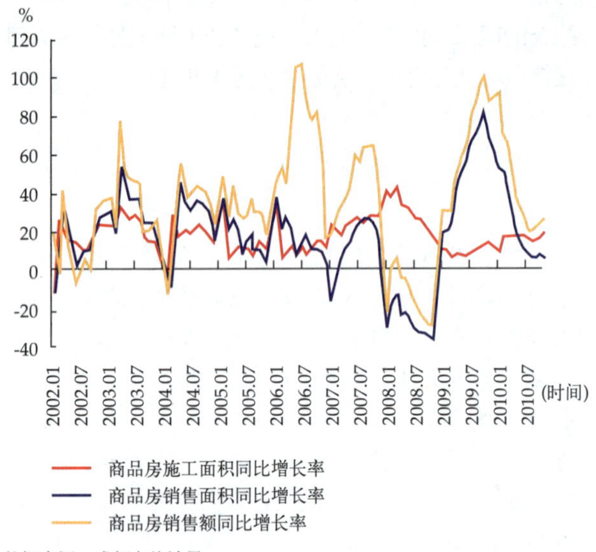

数据来源：成都市统计局。

图13　2002～2010年四川省商品房施工和销售变动趋势

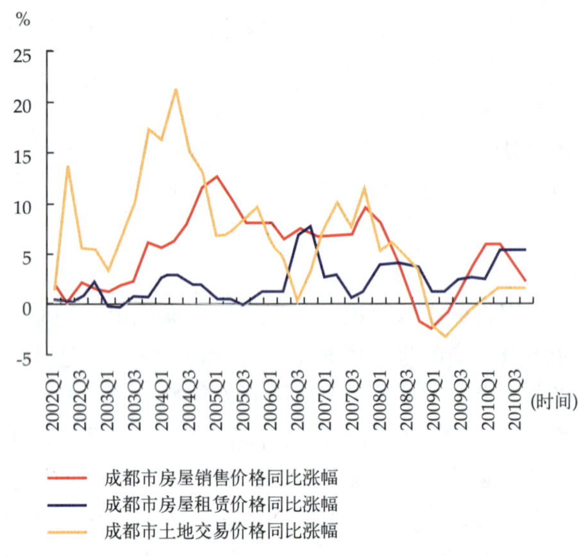

数据来源：中国经济景气月报。

图14　2002～2010年成都市房屋销售价格指数变动趋势

增长16.2%，增速比4月末下降9.4个百分点。成都市房地产贷款增长“前高后低”的态势明显，第一季度增长252亿元，为近年来的最高，此后贷款增加额逐季度减少，第四季度仅增90亿元，为2009年以来季度的最低。

个人住房贷款增速持续回落，中小户型贷款占比上升。年末，全省个人住房贷款余额同比增长39.7%，比4月末的峰值下降31.8个百分点。个人住房贷款利率水平稳步上升，12月，全省个人住房贷款加权平均利率比上年年末上升0.88个百分点。新发放个人住房贷款中执行七折利率的贷款占比大幅减少。

2. 装备制造行业景气向好，成本上升压力增加

2010年，四川省装备制造业总体上维持了2009年以来的扩张势头，呈较高景气运行态势，有11个月的采购经理综合指数(PMI)处于50%以上，全年采购经理综合指数均值达到56.4%，较2009年提高4.2个百分点，其中，采购和生产指数均值分别为59.8%和63.1%，比2009年各提高4.6个和5.4个百分点。2010年全省规模以上装备制造企业实现工业增加值、主营业务收入、利税总额同比增长分别为25%、36.7%和39.9%，是推动全省工业经济增长的重要支撑点。

但受国际大宗商品价格特别是主要金属价格持续震荡上升的影响，装备制造企业的购进价格指数持续走高，12月装备制造业购进价格指数高达75.7%，比年初提高了11.8个百分点，行业利润空间受到挤压的风险增大，部分企业经营难度加大。全省规模以上装备制造业企业亏损面达9%，同比提高了0.4个百分点。另外，当前企业汇率波动幅度较前期明显增加，而多数出口型装备制造企业规避汇率波动风险的手段单一，可能会对出口型装备制造企业风险控制带来较大压力。

（七）成渝经济区迎来新一轮发展契机

随着成渝经济区先后被定位为国家西部大开发最重要的战略高地、国家统筹城乡综合配套改革试验区、国家主体功能区规划的重点开发区，成渝经济区迎来新的发展机遇。成渝两地长期以来联系紧密、合作广泛，尤其是拓展金融领域合作、推动金融机构跨区域发展、实现互利共赢，更是双方共识。四川省人民政府2009年10月末发布《关于加快“一极一轴一区块”建设推进成渝经济区发展的指导意见》，把金融业发展作为成渝经济区四川部分经济社会发展主要目标任务之一，2010年2月发布《西部金融中心建设规划（2010～2012年）》，提出与其他全国性金融中心错位发展，把成都建设成为西部金融中心和全国性金融中心辐射西部的重要

枢纽。

三、预测与展望

2011年，四川经济继续保持平稳较快增长具有不少有利条件：一是四川经济面临着新一轮西部大开发、成渝经济区发展规划成为国家战略、支持藏区跨越式发展、地震灾区振兴发展等有利背景。二是当前四川处于工业化、城镇化加速发展的关键阶段，尤其2011年是“十二五”发展的开局之年，一大批项目将集中开工建设。省政府提出全省经济增长的预期目标为12%，奋斗目标为13%。为此一方面突出投资拉动，在建项目接转的投资规模巨大，引进落地的一批重大产业项目也将进入集中建设期，全社会投资目标将达到1.45万亿～1.5万亿元；另一方面强调产业支撑，继续实施“7+3”产业发展规划，大力发展特色优势产业，更多的经济增长点开始凸显。三是我国面向东南亚、南亚地区的开放水平进一步提高，金融危机后国内外产业加快向我国中西部转移，有利于四川发挥资源、劳动力、市场化等比较优势，优化产业结构和扩大开放。四是2010年下半年以来，四川民营企业完成投资增速连续5个月快于国有控股企业投资，在灾后重建投资带动力明显下降的情况下，民间投资逐渐成为支持全省经济增长的主要因素，有利于增强新一轮增长周期的内在动力。

但国内外经济发展面临众多不确定因素，国际金融危机的深层次影响尚未完全消除。同时，受资源禀赋和发展阶段等因素影响，四川产业结构重型化与资源环境矛盾较大，经济发展仍存在结构调整难度较大等诸多困难和挑战。

综合上述因素，预计2011年四川经济仍将保持平稳较快的发展势头。同时在稳健的货币政策环境下，四川金融改革力度继续加大，金融产品创新稳步推进，信贷投放合理适度增长，为四川经济发展创造良好的货币金融环境。

中国人民银行成都分行货币政策分析小组
负责人：李明昌　严思勃
统　稿：方　昕　肖　丹　石　慧
执　笔：王越子　廖　卫　雷进贤　潘明霞　杨宇焰　王大波　陈　丹
提供材料的还有：田　径　王鲁滨　辜晓川　曾　好　龙阅新　罗来东　陈　鹏

附录

（一）2010年四川省经济金融大事记

2月12日，四川省政府印发《西部金融中心建设规划(2010～2012 年)》，提出坚持市场化推进与政府引导相结合，初步把成都建设成西部金融机构中心、西部金融市场和交易中心、西部金融服务中心。

3月1日，四川锦程消费金融公司开业，该公司是中西部首家消费金融公司、全国首家合资消费金融公司。

3月4日，四川省委、省政府举行四川省重点优势产业银企对接会议，40余家银行业金融机构和200户重点工业企业负责人参会，共落实银行贷款金额664.97亿元，授信金额1 207.67亿元。

4月6日，四川省政府召开全省金融生态环境建设与金融创新工作电视会议，12月中国人民银行成都分行联合有关市州政府授予什邡市等9个市“金融生态环境示范县（区、市）”的称号。

4月17日，南充市商业银行在贵阳开设分行，成为全省首家跨省设立分支机构的城市商业银行。

5月11日，中国人民银行与中国证监会、中国银监会、中国保监会在成都召开汶川地震灾后重建金融服务工作座谈会，进一步推动灾后恢复重建金融支持工作，并于11月30日联合下发《关于进一步做好汶川地震灾后重建金融支持与服务工作的指导意见》。

6月17日，四川成为跨境贸易人民币结算新增试点地区。6月25日四川省政府召开全省跨境贸易人民币结算业务试点工作启动电视会议，宣布试点工作正式启动。

7月8日，中国人民银行成都分行与四川证监局、银监局、保监局联合出台《关于金融支持四川藏区跨越式发展的指导意见》，决定2010～2015年开展金融支持四川藏区跨越式发展行动。

8月13日，四川发生特大山洪泥石流灾害，全省有14个市(州)、576万人受灾，因灾直接经济损失68.9亿元人民币，汶川特大地震重灾市(州)受灾严重。8月15日中国人民银行和中国银监会联合发布《关于全力做好甘肃、四川特大山洪泥石流灾害地区住房重建金融支持和服务工作的指导意见》。

10月22日至26日，第十一届中国西部国际博览会(以下简称西博会)在成都举行，国务院副总理王岐山出席开幕式。本届西博会突出投资促进和贸易合作平台功能，约有6万名客商参展参会，创历届西博会之最。

（二）2010年四川省主要经济金融指标

表1　2010年四川省主要存贷款指标

		1月	2月	3月	4月	5月	6月	7月	8月	9月	10月	11月	12月
本外币	金融机构各项存款余额（亿元）	25 827.8	26 635.9	27 057.5	27 478.6	27 923.5	28 540.4	28 648.4	29 095.0	29 782.1	29 799.3	30 111.9	30 504.1
	其中：城乡居民储蓄存款	11 846.3	12 721.4	12 756.9	12 728.3	12 798.1	13 029.7	13 106.2	13 235.4	13 574.3	13 317.9	13 365.5	13 703.6
	企业存款	7 759.3	7 539.9	7 874.3	8 140.4	8 223.8	8 383.1	8 328.7	8 509.5	8 811.3	8 921.2	9 177.7	9 489.9
	各项存款余额比上月增加（亿元）	700.0	808.2	421.5	421.2	444.9	616.9	108.0	446.6	687.1	17.2	314.6	392.2
	金融机构各项存款同比增长（%）	31.9	32.2	29.2	28.1	27.0	23.5	22.6	22.7	23.8	23.4	22.0	21.4
	金融机构各项贷款余额（亿元）	16 621.5	16 983.0	17 124.3	17 414.9	17 723.7	18 068.4	18 311.8	18 528.9	18 835.3	19 074.4	19 271.2	19 485.7
	其中：短期	4 262.0	4 314.4	4 370.4	4 388.0	4 404.7	4 437.1	4 456.7	4 561.7	4 679.7	4 726.4	4 841.2	4 948.0
	中长期	11 474.8	11 876.3	12 160.1	12 425.6	12 702.9	13 032.4	13 227.9	13 382.3	13 597.0	13 781.0	13 897.5	14 040.8
	票据融资	653.2	564.4	371.4	362.6	372.4	365.2	390.2	354.7	330.0	340.7	307.0	262.2
	各项贷款余额比上月增加（亿元）	637.1	361.5	141.3	290.6	308.8	344.7	243.4	217.1	306.3	239.2	267.0	214.5
	其中：短期	80.0	52.4	55.9	17.6	16.7	32.5	19.5	67.9	118.0	46.6	114.8	106.8
	中长期	625.0	401.5	283.8	265.6	277.2	329.6	195.5	191.5	214.7	184.0	181.6	143.4
	票据融资	-51.4	-88.7	-193.0	-8.8	9.7	-7.2	25.0	-35.5	-24.6	10.7	-33.8	-44.8
	金融机构各项贷款同比增长（%）	39.2	37.1	31.2	29.2	29.0	24.6	24.5	23.6	22.4	22.9	23.3	22.4
	其中：短期	-3.3	-4.0	-6.3	-6.9	-7.5	-9.9	-10.2	-8.9	-6.9	-6.4	-4.6	-2.7
	中长期	68.0	67.0	62.2	57.9	57.0	51.7	49.7	47.5	44.9	44.7	43.6	41.6
	票据融资	18.4	-10.2	-49.7	-51.3	-49.2	-56.3	-48.9	-53.5	-59.6	-55.9	-57.0	-62.5
	建筑业贷款余额（亿元）	498.1	523.9	535.2	547.0	550.7	559.5	568.6	606.6	633.3	646.5	663.4	670.1
	房地产业贷款余额（亿元）	1 024.1	1 069.3	1 088.0	1 104.2	1 097.6	1 107.5	1 106.0	1 123.3	1 131.5	1 158.3	1 165.1	1 179.0
	建筑业贷款同比增长（%）	15.8	17.9	16.4	13.6	10.4	10.0	10.6	15.0	24.8	25.8	29.3	31.6
	房地产业贷款同比增长（%）	21.4	23.9	22.9	27.7	26.0	21.1	20.2	18.9	15.9	18.0	19.8	18.7
人民币	金融机构各项存款余额（亿元）	25 671.8	26 470.9	26 887.9	27 309.3	27 769.3	28 382.3	28 476.1	28 938.6	29 598.9	29 637.5	29 935.9	30 299.7
	其中：城乡居民储蓄存款	11 785.5	12 660.7	12 696.0	12 670.1	12 739.9	12 972.5	13 048.9	13 180.0	13 520.4	13 264.8	13 313.1	13 650.8
	企业存款	7 670.6	7 439.3	7 770.9	8 034.2	8 133.5	8 286.0	8 219.6	8 413.7	8 688.0	8 819.3	9 060.6	9 346.6
	各项存款余额比上月增加（亿元）	695.4	799.1	416.9	421.5	460.0	613.0	93.8	462.4	660.4	38.6	300.3	363.8
	其中：城乡居民储蓄存款	210.3	875.2	35.3	-25.9	69.8	232.6	76.4	131.1	340.5	-255.7	48.3	337.7
	企业存款	32.4	-231.4	331.6	263.3	99.3	152.5	-99.3	186.9	274.3	135.6	243.2	286.0
	各项存款同比增长（%）	31.9	32.2	29.2	28.2	27.1	23.6	22.7	22.8	23.8	23.5	22.0	21.3
	其中：城乡居民储蓄存款	12.8	19.8	19.1	17.9	17.5	18.3	18.3	19.0	18.8	17.2	17.3	17.9
	企业存款	47.3	34.2	30.4	29.6	26.3	20.9	17.8	17.6	19.3	18.6	18.3	15.8
	金融机构各项贷款余额（亿元）	16 314.0	16 671.1	16 815.4	17 096.6	17 403.4	17 737.0	17 981.2	18 199.8	18 498.9	18 735.2	18 925.2	19 129.8
	其中：个人消费贷款	2 535.0	2 626.8	2 703.3	2 810.5	2 907.9	2 985.4	3 030.0	3 070.8	3 145.0	3 199.0	3 258.6	3 315.3
	票据融资	653.1	564.4	371.4	362.6	372.4	365.2	389.5	353.8	329.1	338.8	305.8	261.0
	各项贷款余额比上月增加（亿元）	628.6	357.1	144.3	281.2	306.9	333.5	244.2	218.6	299.1	236.3	255.2	204.6
	其中：个人消费贷款	159.3	91.8	90.1	107.2	97.4	77.5	44.7	40.8	74.1	54.1	59.6	56.6
	票据融资	-51.4	-88.7	-193.0	-8.8	9.7	-7.2	24.3	-35.7	-24.7	9.7	-33.0	-44.8
	金融机构各项贷款同比增长（%）	39.2	37.0	31.0	29.0	28.7	24.3	24.3	23.5	22.3	22.9	23.3	22.4
	其中：个人消费贷款	70.5	74.8	72.5	73.6	72.2	68.2	63.3	59.2	56.2	54.3	49.7	45.9
	票据融资	18.4	-10.1	-49.7	-51.3	-49.2	-56.3	-49.0	-53.6	-59.7	-56.2	-57.1	-62.7
外币	金融机构外币存款余额（亿美元）	22.8	24.2	24.9	24.8	22.6	23.3	25.4	23.0	27.3	24.2	26.4	30.9
	金融机构外币存款同比增长（%）	23.1	25.9	20.1	19.7	16.5	7.3	14.9	8.6	24.8	9.6	15.2	39.2
	金融机构外币贷款余额（亿美元）	45.1	45.7	45.3	46.6	46.9	48.8	48.8	48.3	50.2	50.7	51.8	53.8
	金融机构外币贷款同比增长（%）	39.2	43.0	42.4	43.3	48.3	47.4	35.8	28.3	28.6	26.3	26.5	22.7

数据来源：中国人民银行成都分行。

表2　2001～2010年四川省各类价格指数

单位：%

年/月		居民消费价格指数		农业生产资料价格指数		原材料购进价格指数		工业品出厂价格指数		成都市房屋销售价格指数	成都市房屋租赁价格指数	成都市土地交易价格指数
		当月同比	累计同比	当月同比	累计同比	当月同比	累计同比	当月同比	累计同比	当季(年)同比	当季(年)同比	当季(年)同比
2001		—	2.1	—	-2.2	—	—	—	-1.5	0.3	-3.4	4.6
2002		—	-0.3	—	4.1	—	-0.8	—	-2.3	1.3	0.9	6.4
2003		—	1.7	—	0.8	—	1.8	—	0.4	2.9	0.3	9.1
2004		—	4.9	—	10.9	—	10.3	—	5.4	7.9	2.4	16.3
2005		—	1.7	—	7.2	—	9.3	—	4.0	9.8	0.4	7.8
2006		—	2.3	—	3.3	—	4.5	—	1.9	7.0	7.7	2.9
2007		—	5.9	—	9.0	—	5.7	—	3.9	9.3	1.3	11.1
2008		—	5.1	—	16.6	—	12.4	—	9.3	9.3	1.3	3.1
2009		—	0.8	—	1.2	—	-4.7	—	-3.5	3.9	2.6	-0.5
2010		—	3.2	—	3.6	—	6.1	—	5.0	4.5	4.5	1.3
2009	1	2.7	2.7	7.2	7.2	-0.1	-0.1	1.0	1.0	—	—	—
	2	0.6	1.6	6.5	6.9	-2.1	-1.1	-0.1	0.5	—	—	—
	3	0.5	1.3	4.7	6.1	-4.3	-2.2	-2.4	-0.5	-2.5	1.3	-2.1
	4	0.2	1.0	1.5	4.9	-5.4	-3.0	-3.1	-1.1	—	—	—
	5	0.4	0.9	1.2	4.2	-6.6	-3.7	-5.0	-1.9	—	—	—
	6	0.3	0.8	-0.1	3.4	-7.9	-4.4	-6.2	-2.6	-0.9	1.3	-3.3
	7	0.3	0.7	-0.4	2.9	-8.9	-5.0	-6.8	-3.2	—	—	—
	8	0.7	0.7	-1.0	2.4	-7.8	-5.4	-6.2	-3.6	—	—	—
	9	0.8	0.7	-2.8	1.8	-7.3	-5.6	-6.0	-3.8	1.1	2.5	-1.9
	10	0.8	0.7	-2.0	1.4	-6.0	-5.6	-5.0	-4.0	—	—	—
	11	0.9	0.7	-0.7	1.2	-2.6	-5.4	-2.3	-3.8	—	—	—
	12	1.4	0.8	1.1	1.2	2.4	-4.7	-0.5	-3.5	3.9	2.6	-0.5
2010	1	0.8	0.8	1.9	1.9	3.3	3.3	2.7	2.7	—	—	—
	2	1.7	1.3	2.1	2.0	3.5	3.4	2.7	2.7	—	—	—
	3	1.8	1.4	2.4	2.1	4.5	3.8	3.5	3.0	5.7	2.4	0.7
	4	2.2	1.6	3.5	2.4	5.9	4.3	4.1	3.3	—	—	—
	5	2.7	1.8	3.6	2.7	7.0	4.8	5.0	3.6	—	—	—
	6	2.8	2.0	3.7	2.8	6.4	5.1	5.5	3.9	5.8	5.2	1.5
	7	3.2	2.2	3.1	2.9	6.9	5.3	5.3	4.1	—	—	—
	8	3.7	2.4	3.8	3.0	5.9	5.4	4.2	4.1	—	—	—
	9	4.3	2.6	4.8	3.2	6.0	5.5	5.4	4.3	4.0	5.1	1.5
	10	4.9	2.8	5.0	3.4	6.9	5.6	6.5	4.5	—	—	—
	11	5.1	3.0	5.2	3.5	8.4	5.9	7.5	4.8	—	—	—
	12	4.7	3.2	4.8	3.6	9.1	6.1	7.5	5.0	2.4	5.2	1.5

数据来源：四川省统计局。

表3 2010年四川省主要经济指标

	1月	2月	3月	4月	5月	6月	7月	8月	9月	10月	11月	12月
绝对值（自年初累计）												
地区生产总值(亿元)	—	—	3 451.8	—	—	7 465.9	—	—	12 327.6	—	—	16 898.6
第一产业	—	—	355.3	—	—	925.3	—	—	1 946.4	—	—	2 483.0
第二产业	—	—	1 828.0	—	—	4 065.9	—	—	6 223.7	—	—	8 565.2
第三产业	—	—	1 268.5	—	—	2 474.8	—	—	4 157.5	—	—	5 850.4
工业增加值(亿元)	—	—	—	—	—	—	—	—	—	—	—	—
城镇固定资产投资(亿元)	—	931.2	2 056.6	3 002.8	4 022.8	5 246.7	6 142.0	7 033.5	8 096.1	9 053.8	10 042.9	11 062.2
房地产开发投资	—	193.3	414.4	561.8	754.1	988.7	1 161.7	1 333.0	1 531.5	1 727.3	1 943.4	2 194.6
社会消费品零售总额(亿元)	505.4	1 011.3	1 532.7	2 056.7	2 613.3	3 143.4	3 685.8	4 223.4	4 795.0	5 409.9	5 982.5	6 634.7
外贸进出口总额(万美元)	28.6	51.7	76.4	102.6	132.5	155.9	184.5	210.7	239.2	265.3	296.6	327.8
进口	11.1	21.1	32.4	43.9	55.9	67.5	80.4	91.5	103.5	114.0	125.7	139.3
出口	17.4	30.6	44.1	58.8	76.5	88.4	104.1	119.2	135.6	151.3	170.9	188.5
进出口差额(出口−进口)	6.3	9.5	11.7	14.9	20.6	21.0	23.8	27.7	32.1	37.3	45.2	49.1
外商实际直接投资(万美元)	32 868.0	68 205.0	128 901.0	162 196.0	191 311.0	252 275.0	283 885.0	322 294.0	382 146.0	428 690.0	484 089.0	602 517.0
地方财政收支差额(亿元)	49.3	-20.4	-241.7	-438.8	-495.5	-631.7	-741.8	-905.9	-1 382.8	-1 653.8	-2 150.3	-2 681.5
地方财政收入	159.1	248.2	380.2	506.1	634.2	786.0	900.4	1 004.5	1 110.3	1 231.8	1 354.5	1 561.0
地方财政支出	109.7	268.6	621.9	944.9	1 129.7	1 417.7	1642.1	1 910.4	2 493.1	2 885.6	3 504.8	4 242.5
城镇登记失业率(%)（季度）	—	—	—	—	—	—	—	—	—	—	—	4.1
同比累计增长率（%）												
地区生产总值	—	—	17.7	—	—	16.3	—	—	15.2	—	—	15.1
第一产业	—	—	4.0	—	—	3.9	—	—	4.2	—	—	4.4
第二产业	—	—	26.8	—	—	23.5	—	—	22.5	—	—	22.0
第三产业	—	—	10.3	—	—	10.2	—	—	10.2	—	—	10.0
工业增加值	—	32.1	30.4	28.1	28.0	27.6	26.0	24.8	24.1	24.0	23.7	23.5
城镇固定资产投资	—	32.4	29.6	28.1	27.7	26.7	25.5	25.5	25.0	24.1	23.7	21.7
房地产开发投资	—	40.8	50.8	47.2	53.5	50.8	49.3	45.3	42.7	41.5	41.6	38.2
社会消费品零售总额	16.5	18.3	18.2	18.4	18.5	18.5	18.5	18.4	18.4	18.5	18.5	18.7
外贸进出口总额	109.9	94.5	64.4	54.0	56.7	50.3	48.8	47.8	44.4	44.9	45.1	35.6
进口	78.0	133.8	83.5	63.5	63.6	57.8	54.1	51.1	44.3	42.7	41.1	39.3
出口	192.4	74.3	52.7	47.6	52.0	44.9	45.0	45.3	44.5	46.6	48.1	33.0
外商实际直接投资	48.5	44.7	34.1	39.4	35.0	35.6	19.9	24.7	38.8	44.8	49.7	67.8
地方财政收入	54.7	42.0	30.5	33.0	33.8	32.0	30.6	31.0	29.8	29.1	29.5	32.9
地方财政支出	-42.1	-24.2	14.9	24.2	15.8	6.9	6.7	11.2	24.3	26.4	34.8	18.2

数据来源：四川省统计局。

2010年贵州省金融运行报告

中国人民银行贵阳中心支行货币政策分析小组

[内容摘要] 2010年，贵州省克服了特大旱灾带来的不利影响，实现了经济平稳较快发展，基本完成“十一五”规划的主要目标任务，全省经济在加快发展中提高了经济增长的质量和效益，综合经济实力迈上新台阶，结合资源优势特色推进经济结构调整取得进展，以交通水利为重点的基础设施建设实现突破，人民生活水平得到提高。

全省金融业继续平稳健康运行，经营质量和效益稳步提高。银行业认真执行适度宽松的货币政策，信贷投放均衡，结构逐步优化，对重点领域和薄弱环节的支持力度加大。证券业稳步发展，上市公司持续盈利。保险业规模不断扩大，风险保障功能继续增强。金融市场发展较快，融资结构持续改善。金融生态环境建设继续推进。

2011年，贵州省要抓住国家实行新一轮西部大开发和“十二五”开局的重要机遇，推进工业强省和城镇化带动战略，努力实现加速发展与加快转变经济发展方式相互促进，金融业将认真贯彻落实稳健的货币政策，在支持经济社会发展的过程中实现自身发展，不断提高金融服务水平。

一、金融运行情况

2010年，贵州省金融业稳健运行，金融体系继续完善，银行业加快发展，证券业运行平稳，保险业规模不断扩大，金融市场发展较快，金融生态环境建设继续推进。

（一）银行业加快发展，货币信贷总体运行平稳

银行业加快发展，金融组织体系继续完善，货币信贷总体运行平稳。

1. 银行业资产规模加速扩张，经营质量和效益稳步提高。银行业资产规模扩大（见表1），资产总额增长27.2%；资产质量不断改善，不良贷款实现双降；利润水平稳步提高，地方法人金融机构资本充足率同比提高3.1个百分点。机构类型逐渐增多，1家外资银行、2家股份制商业银行和2家城市商业银行正式入驻贵阳。新型农村金融组织试点快速推进，6家村镇银行已开业。

表1 2010年贵州省银行业金融机构情况

机构类别	营业网点[①]			法人机构（个）
	机构个数（个）	从业人数（人）	资产总额（亿元）	
一、大型商业银行[②]	1 044	21 960	4 222	0
二、国家开发银行及政策性银行[③]	68	1 263	1 079	0
三、股份制商业银行[④]	3	264	343	0
四、城市商业银行	179	3 944	1 077	4
五、城市信用社	0	0	0	0
六、农村合作机构[⑤]	2 016	19 518	1 717	89
七、财务公司	2	31	38	1
八、邮政储蓄银行	692	3 764	370	0
九、外资银行	1	41	2	0
十、农村新型机构[⑥]	8	180	7	6
合　计	4 013	50 995	8 854	100

注：①不包括国家开发银行和政策性银行、大型商业银行、股份制银行等金融机构总部数据。
②包括中国工商银行、中国农业银行、中国银行、中国建设银行和交通银行。
③包括国家开发银行、中国农业发展银行。
④包括中信银行、招商银行、上海浦东发展银行。
⑤包括农村信用社、农村合作银行。
⑥包括村镇银行。
数据来源：中国人民银行贵阳中心支行、贵州银监局。

2. 存款保持较快增长，全省流动性充裕。年末，全省金融机构本外币存款余额增长24.9%（见图3），人民币存款新增1 465.7亿元，企业存款和储蓄存款是存款增长的主要方面。存款的活期化趋势明显，新增企业活期存款和活期储蓄占新增各项存款的55.9%，比上年年末提高了10.2个百分点。外币存款增长明显，其中，单位定期存款是上年的79倍。

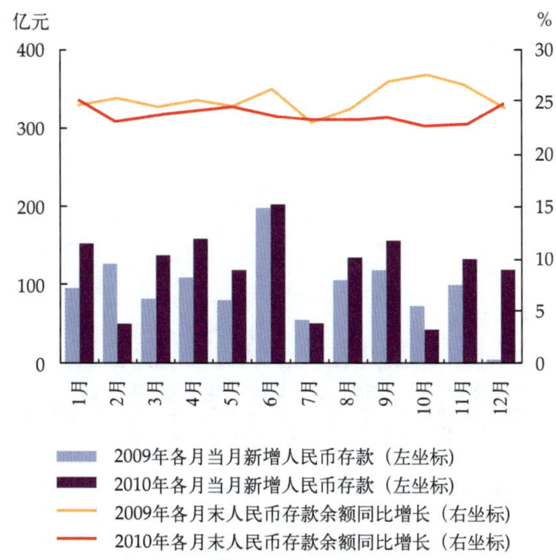

数据来源：中国人民银行贵阳中心支行。

图1　2010年贵州省金融机构人民币存款增长变化

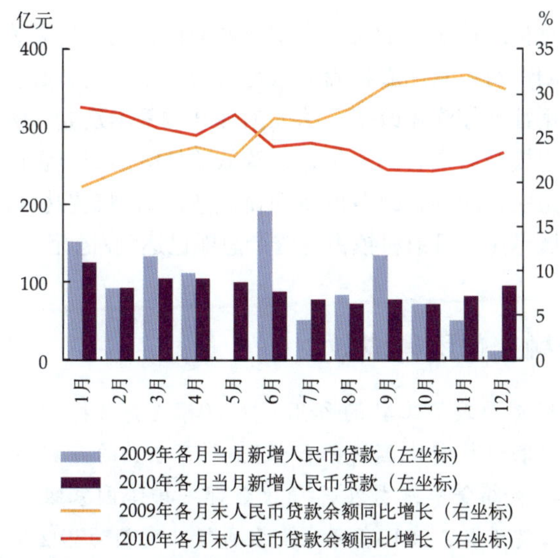

数据来源：中国人民银行贵阳中心支行。

图2　2010年贵州省金融机构人民币贷款增长变化

3. 贷款投放均衡，信贷结构逐步优化。全省金融机构认真执行适度宽松的货币政策，本外币贷款增长23.6%（见图3），人民币贷款新增1 091.0亿元，各月信贷投放均衡。中长期贷款保持较快增长，主要支持交通、水利、公共设施等重点领域建设；对“三农”、中小企业、就业创业等经济薄弱环节的支持力度进一步加大，涉农贷款增长迅速，

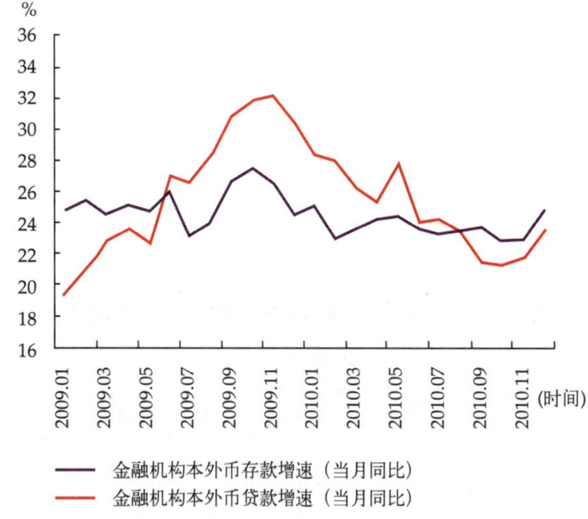

数据来源：中国人民银行贵阳中心支行。

图3　2009～2010年贵州省金融机构本外币存、贷款增速变化

增速达到41%，新增涉农贷款占全部新增贷款比重达到54.7%；积极支持扩大内需，新增消费贷款为上年的1.5倍。支农再贷款得到合理利用，年末余额达59.2亿元，居全国第五位，增强了地方法人金融机构服务“三农”和县域经济的资金实力。

4. 表外业务发展迅速。由于中间业务收入可观，金融机构不断强化中间业务的发展，全年金融机构中间业务收入率达10.1%，比上年提高1.3个百分点。

5. 现金收支增长幅度较大。受投资、消费需求扩大影响，有价证券及其他投资性收支金额大幅上升，城乡个体经营收支和农副产品采购支出明显上升，金融机构现金收支保持较大幅度增长，净投放总额继续增加（见表2）。

6. 利率水平总体上升。全年金融机构本外币贷款利率水平逐季度上升，随着基准利率调整，第四季度上升幅度明显加快。年末，金融机构人民币贷款加权平均利率为6.97%，比年初提高0.51个百分点。区域性商业银行执行利率上浮的贷款占比上升最为突出，议价能力逐步上升；新进银行为扩大市场份额，执行下浮和基准利率的贷款占比较高。

7. 银行业改革稳步推进。国有商业银行分支机构各项制度逐步完善，全面风险管理体系深入实施，主要监管指标正常；政策性银行业务转型有序

表2　2010年贵州省金融机构现金收支情况表

单位：亿元、%

	年累计额	同比增速
现金收入	14 463.7	21.2
现金支出	14 640.2	21.4
现金净支出	176.5	33.9

数据来源：中国人民银行贵阳中心支行。

表3　2010年贵州省金融机构各利率浮动区间贷款占比表

单位：%

		合计	国有商业银行	股份制商业银行	区域性商业银行	城乡信用社
合计		100.0	100.0	100.0	100.0	100.0
[0.9～1.0)		29.4	53.0	39.4	5.3	1.5
1.0		22.6	32.2	41.9	21.1	1.3
上浮水平	小计	48.0	14.8	18.7	73.6	97.2
	(1.0～1.1]	6.8	8.8	10.0	7.8	2.4
	(1.1～1.3]	9.5	5.8	6.4	32.1	9.5
	(1.3～1.5]	11.5	0.2	1.3	18.6	28.9
	(1.5～2.0]	18.0	0.0	0.9	12.6	50.6
	2.0以上	2.2	0.0	0.1	2.5	5.8

数据来源：中国人民银行贵阳中心支行。

展开；股份制商业银行理财产品业务发展迅速；中国邮政储蓄银行小额贷款业务快速发展。地方性金

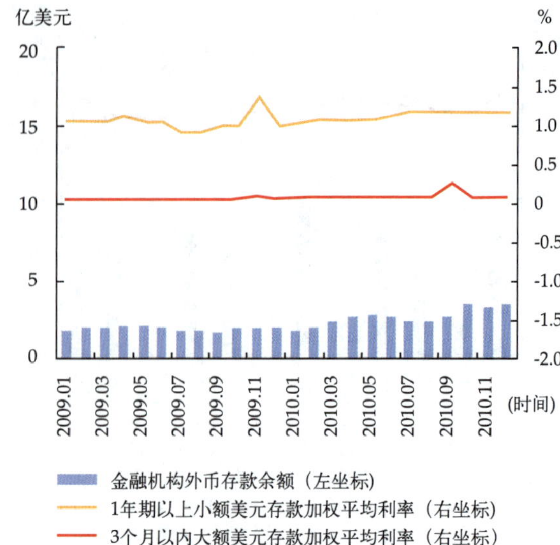

数据来源：中国人民银行贵阳中心支行。

图4　2009～2010年贵州省金融机构外币存款余额及外币存款利率

融机构改革步伐加快，贵阳市商业银行成功更名为贵阳银行，贵阳农村商业银行加快筹备，全省农村信用社继续深化改革，法人治理结构基本建立，资产规模跃居全省第一位，经营效益持续向好，资产质量明显改善，改革取得明显成效。新型金融机构发展迅速，目前村镇银行资产总额已达到7亿元。

专栏1　“三机制”建设推动贵州省反贫困金融工作取得成效

“十一五”期间，贵州省不断加大金融扶贫工作力度，让贫困地区的农民享受到了基础金融服务，金融扶贫工作取得了明显成效，贫困地区经济社会发展和贫困人口生产生活条件有了较大改观，全省“十一五”期间农村贫困人口减少272.4万人，下降了35%，60余万户享受到了农村危房改造的政策实惠，50个国家扶贫开发重点县农民人均纯收入从2005年年末的1 641元增加到2010年的3 105元，年均增长13.6%。

一、建立工作引导机制，发挥货币信贷政策的促进作用

一是积极引导涉农金融机构加大对贫困地区的信贷投放，2010年年末全省金融机构涉农贷款余额为2 088.1亿元，同比增长41.0%。二是发挥货币政策工具的作用，对70家A类农村信用社联社执行比国有银行低7.5个百分点的差别存款准备金率，支农再贷款全部安排给国家级省级贫困县，2010年年末支农再贷款余额为59.2亿元，较2005年年末增长62.2%。三是完善扶贫贴息贷款体制，建立多部门共同参与的扶贫贴息贷款工作平台，充分发挥信贷政策的支持促进作用，2010年年末扶贫贴息贷款余额为36.8亿元，占全国的15.0%。

二、完善金融创新机制，提高贫困地区的金融服务水平

一是推进惠农特色金融服务，以“惠农一折通”配合强农惠农政策实施，以惠农卡为载体切入新型农村合作医疗项目，累计发放一折通存折811万个，代理兑付涉农补贴148.8亿元，

累计发放惠农卡180.1万张，授信14.7亿元。二是开发抵质押资源，积极推进林权抵押贷款、小额担保贷款等业务，在11个县（市）、3个村进行财政、担保、信贷合作的金融创新试点，通过担保组织担保的贷款金额已达2.5亿元。三是积极参与农村危房改造试点工作，积极开发“新家园”贷款、农村危房改造农户小额贷款等信贷产品，2010年年末全省农村危房改造贷款余额为10.9亿元，较年初增长36.3%。

三、健全体系建设机制，完善贫困地区的金融环境

一是积极完善农村金融基础设施，涉农金融机构采用“两点两机”方式填补250个金融机构空白乡镇，2009年提前实现农村金融服务全覆盖，2010年进一步加大对基础金融薄弱地区的投入，继续推进完善这项惠及400余万农户的工作。二是持续推动农村信用体系建设，助力贫困地区农户获得信贷资金，2010年年末以农户信用档案和信用等级为基础累计向374万农户发放了708亿元无担保小额信用贷款。三是结合扶贫项目开展农村金融教育培训“金惠工程”工作，2010年农村金融教育工程覆盖24个县，全年共培训农户、村干部、中小学生等达11.4万人。

（二）证券业运行平稳，上市公司持续盈利

证券业运行平稳，证券公司稳健运营，上市公司持续盈利，期货业务量不断增加。

表4　2010年贵州省证券业基本情况表

项目	数量
总部设在辖内的证券公司数（家）	1
总部设在辖内的基金公司数（家）	0
总部设在辖内的期货公司数（家）	0
年末国内上市公司数（家）	19
当年国内股票（A股）筹资（亿元）	54.2
当年发行H股筹资（亿元）	0.0
当年国内债券筹资（亿元）	87.0
其中：短期融资券筹资额（亿元）	29.0

数据来源：中国人民银行贵阳中心支行、贵州证监局、贵州省发展改革委。

1. 证券机构稳步发展。年末全省有证券业经营机构44个，证券期货投资者51.3万人。地方法人证券公司净资本占净资产的比例仍保持90.3%的较高水平，资产负债率同比下降18个百分点，经纪业务收入占营业收入的87.9%；华创证券在全国分类评价中再次获评A类A级证券公司，为西部3家A类公司之一。期货经营机构累计成交金额同比增长97.2%，成交量同比增长18.4%。

2. 上市公司利润持续增长。年末全省国内上市公司19家，同比增加2家，总市值为3 063亿元。累计直接融资245.1亿元（包含通过定向增发注入的资产），全年新增直接融资54.2亿元。19家上市公司年末净利润达到90.3亿元。

（三）保险业规模不断扩大，风险保障能力增强

保险业规模不断扩大，保费收入实现两位数正增长，涉农保险险种扩大。

1. 保险机构增多，规模增大。年末，全省共有分公司以上保险公司20家，同比增加1家，保险业分公司以上机构资产总额为180.1亿元，同比增长23.7%。

2. 保险业务全面增长。全年全省保费收入同比增长28.8%，全省9个市（州、地）保费收入均实现了两位数的正增长。保险密度同比增长70.8%，保险深度同比提高0.2个百分点，赔付支出比较稳定。

涉农保险继续发展。农业保险保费收入6.1亿元，涉农保险险种扩大，农房保险承保面扩大到7个县27万户。农村小额人身保险覆盖面继续扩大，共承保34.9万人（次）、承担风险保障72.5亿元。烟草种植等地方特色保险取得新进展，承保面积6.3万亩、保险金额2 524万元。

（四）融资结构持续改善，金融市场较快发展

1. 直接融资大幅增加。全年全省直接融资141.2亿元，债券、股票融资均达历史最高水平，直接融

表5　2010年贵州省保险业基本情况表

项目	数量
总部设在辖内的保险公司数（家）	0
其中：财产险经营主体（家）	0
寿险经营主体（家）	0
保险公司分支机构（家）	20
其中：财产险公司分支机构（家）	12
寿险公司分支机构（家）	8
保费收入（中外资，亿元）	122.6
其中：财产险保费收入（中外资，亿元）	46.7
人身险保费收入（中外资，亿元）	75.7
各类赔款给付（中外资，亿元）	31.8
保险密度（元/人）	321.7
保险深度（%）	2.7

数据来源：贵州保监局。

表6　2001～2010年贵州省非金融机构融资结构表

单位：亿元、%

年份	融资量	比重		
		贷款	债券（含可转债）	股票
2001	184.3	80.0	0.0	20.0
2002	203.6	100.0	0.0	0.0
2003	313.3	99.3	0.0	0.7
2004	319.5	96.1	0.0	3.9
2005	339.7	99.1	0.0	0.9
2006	397.9	98.5	1.5	0.0
2007	479.3	91.0	1.8	7.2
2008	562.9	96.2	2.7	1.1
2009	1 120.4	97.2	0.9	1.9
2010	1 242.7	88.6	7.0	4.4

数据来源：中国人民银行贵阳中心支行、贵州证监局、贵州省发展改革委。

资占比提高至11.4%（见表6），融资结构得到优化，企业融资渠道日益拓宽。银行间市场非金融企业发债融资规模占直接融资比重达61.6%，其中，中期票据工具为首次使用。金融债券发行取得突破，贵阳银行成功发行6亿元次级债券。

2. 货币市场资金融入增多。全年银行间债券市场成员回购累计成交9 442亿元，同比增长25%。净融入资金3 715亿元，为上年同期的7.7倍。市场利率全年波动较大，上行趋势明显。

3. 票据融资有所回落。全年票据市场利率大幅攀升，最高利率达8.62%，票据贴现逐步回落，机构持票意愿减弱，买断式转贴现为上年的12倍，再

表7　2010年贵州省金融机构票据业务量统计表

单位：亿元

季度	银行承兑汇票承兑		贴现			
			银行承兑汇票		商业承兑汇票	
	余额	累计发生额	余额	累计发生额	余额	累计发生额
1	154.8	92.0	106.9	64.6	2.1	1.6
2	179.1	182.5	97.7	129.4	1.7	2.6
3	195.2	276.8	109.9	197.2	1.3	3.3
4	191.1	392.1	127.9	290.6	1.3	4.2

数据来源：中国人民银行贵阳中心支行。

表8　2010年贵州省金融机构票据贴现、转贴现利率表

单位：%

季度	贴现		转贴现	
	银行承兑汇票	商业承兑汇票	票据买断	票据回购
1	3.2029	3.7788	2.3907	2.6927
2	3.6375	4.6521	3.2618	2.6907
3	4.0019	4.4751	3.7086	2.9691
4	4.6256	5.0211	4.3529	3.9930

数据来源：中国人民银行贵阳中心支行。

贴现恢复办理，全年累计办理5.87亿元，票据融资在金融机构贷款中的占比处于较低水平。

4. 外汇交易稳步增长，黄金投资大幅下降。全年外汇市场累计成交1.9亿美元，同比增加0.6亿美元，交易仍以美元为主，美元交易量占总成交量的94%。黄金市场价格波动较大，整体呈上升态势，黄金投资者交易趋于谨慎，商业银行个人黄金业务量大幅下降。

5. 民间借贷利率总体上行。监测情况显示，民间借贷加权平均利率上升近10个百分点，农户、中小企业民间借贷规模呈减少趋势，全年借贷发生额较上年减少近一半。

6. 理财市场表现活跃。全年各金融机构共销售了近1 000余期理财产品，产品类型包括信托类、债券和货币市场类，贵阳银行开发设计的“稳利来”产品为全省首只债券及货币市场类理财产品，已连续推出两期。

（五）金融生态环境建设继续推进

全省金融基础设施和金融生态环境建设工作继续推进。大小额支付系统运行平稳，网上银行跨行清算系统成功上线，农村支付环境进一步改善，银行卡助农取款服务、以卡代证新型农村合作医疗试

点等业务范围进一步扩大，通过扩大ATM布点范围等方式全面解决了农村金融服务空白的问题；企业和个人征信系统日益完善，已为6.7万户企业和1 801万自然人建立了信用档案，累计为1.7万户未贷款的中小企业补充完善信用信息，为741万户农户建立信用档案，并为620万建档农户评定了信用等级，以农户信用档案和信用等级为基础，已累计向374万农户发放了708亿元无担保、无抵押小额信用贷款，在全省共创建信用村2 514个、信用镇（乡）102个。中国人民银行贵阳中心支行牵头建立了贵州省社会信用体系建设联席会议制度，统筹协调全省社会信用体系建设工作。

二、经济运行情况

2010年，贵州省经济克服特大旱灾带来的不利影响，实现了经济平稳较快发展，全年地区生产总值增长12.8%，投资、消费、出口保持较快增长，三次产业协调发展，全面完成“十一五”节能减排任务，生态环境建设成效显著。

（一）三大需求保持较快增长

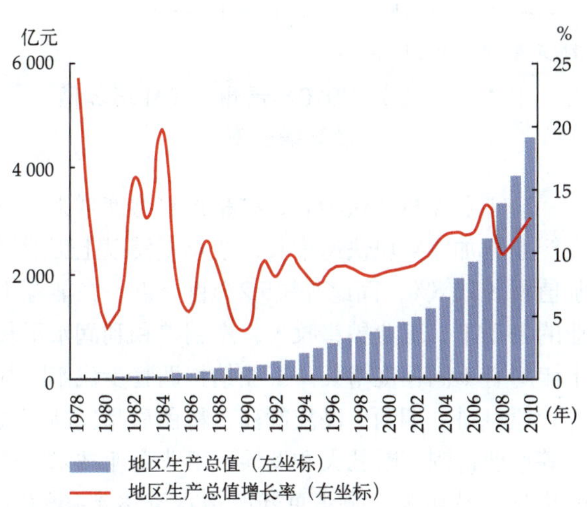

数据来源：贵州省统计局。

图5　1978～2010年贵州省地区生产总值及其增长率

1. 固定资产投资快速增长。全省固定资产投资累计完成3 186.3亿元，同比增长30%。以交通和水利为重点的基础设施建设是拉动固定资产投资的主要力量。投资资金来源中国家预算内资金增多，国

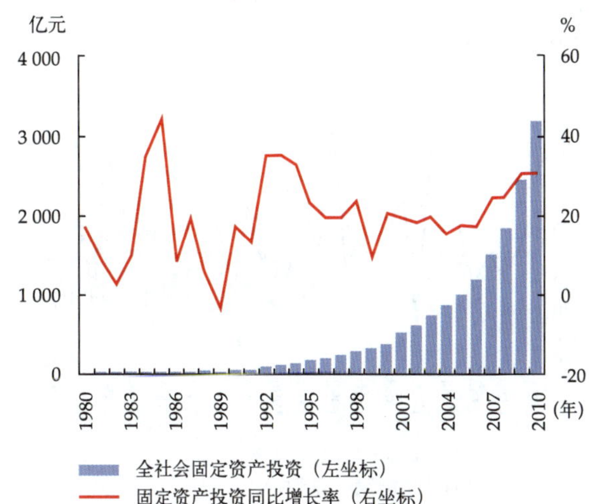

数据来源：贵州省统计局。

图6　1980～2010年贵州省固定资产投资及其增长率

内贷款占比同比下降3.3个百分点。随着工业强省、城镇化带动战略的确立和基础设施建设的大力推进，全省固定资产投资将继续保持快速增长。

2. 社会消费加速增长。农民人均纯收入同比增速较城镇居民人均可支配收入高5.6个百分点，城乡收入差距逐步缩小。较快增长的收入为扩大消费提供了支撑，加上物价上升预期，城乡居民消费需求旺盛，社会消费品零售总额增速同比加快了2.9个百分点，城镇消费增速高于乡村，城乡居民消费性支出占收入的比例呈上升趋势。

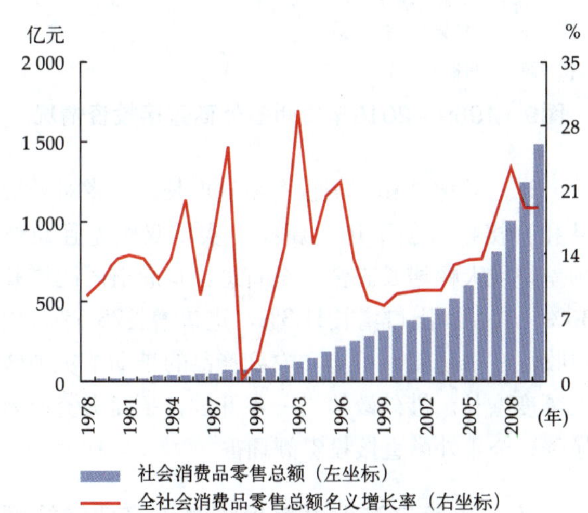

数据来源：贵州省统计局。

图7　1978～2010年贵州省社会消费品零售总额及其增长率

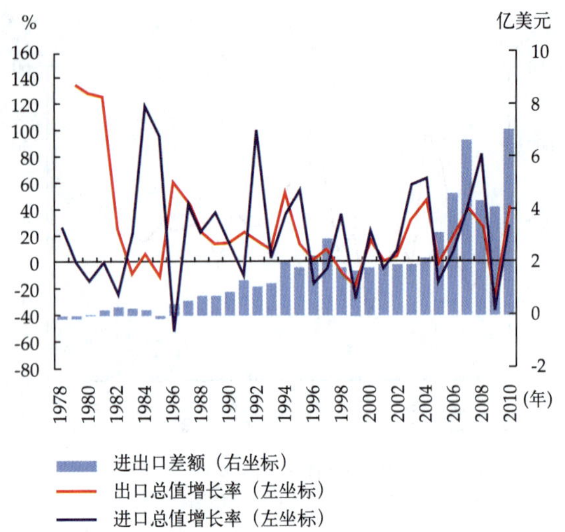

数据来源：贵州省商务厅、贵阳海关。

图8 1978～2010年贵州省外贸进出口变动情况

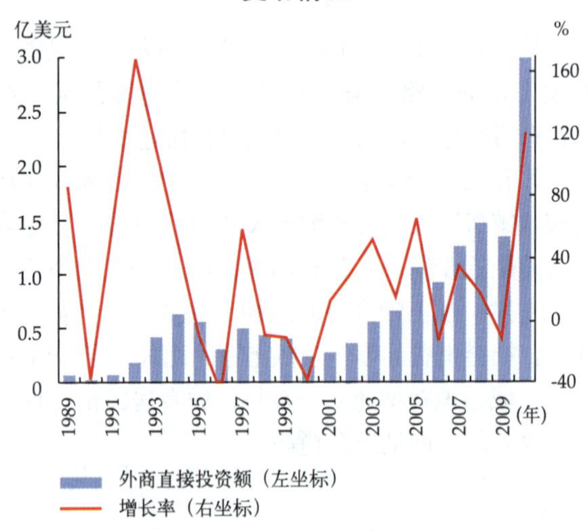

数据来源：贵州省统计局。

图9 1989～2010年贵州省外商直接投资情况

3. 对外贸易和直接投资恢复增长。全省对外贸易和直接投资创下历史新高，实现双顺差且总体顺差呈现大幅增长态势。全省进出口总值同比增长36%，其中，出口增长41.3%，进口增长28.5%，出口收汇在磷化工、机电和农副产品的带动下实现较大幅度增长。涉外政策进一步开放，招商引资成效显著，全年外商直接投资额翻番。

（二）第二产业贡献度提高，产业结构调整取得新进展

全省三次产业结构比例为13.7∶39.2∶47.1。第一产业和第三产业占国民经济的比重较上年出现不同程度下降，第二产业对经济的贡献提高。

1. 农业保持总体稳定，生产结构继续优化。全省战胜特大干旱的持续影响，粮食总产量稳定在1 100万吨以上。种植业结构进一步优化，经济作物在农业生产中的比重进一步提高，草地生态畜牧业继续加快发展。农产品加工企业和农业产业化龙头企业销售收入保持快速增长。农村基础设施得到不断改善。金融支农力度持续增强，全年新增涉农贷款607.5亿元，同比增长41.0%。

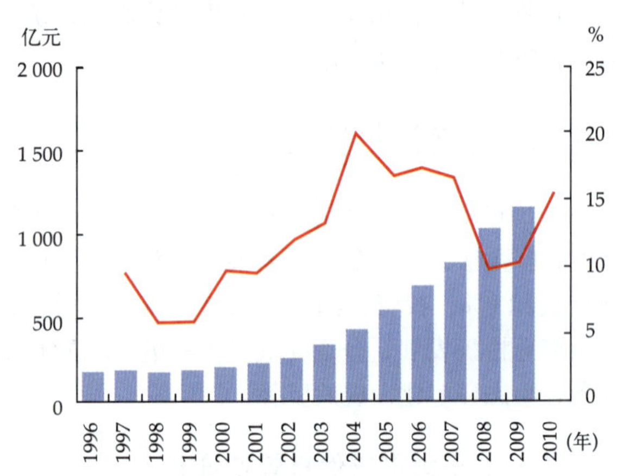

数据来源：贵州省统计局。

图10 1996～2010年贵州省工业增加值及其增长率

2. 工业保持较快增长，结构调整力度增强。第二产业增加值实现快速增长，全年规模以上工业增加值增长15.8%，同比加快5.2个百分点。在能源工业的带动下，工业销售收入、产销率和利润水平较上年均有不同程度增长。工业结构调整步伐不断加快，原材料、烟酒、民族制药、特色食品、高新技术等产业得到不断壮大和发展。工业企业技术改造的力度持续增强，全省更新改造投资达到469.0亿元，同比增长24.8%。

3. 服务业平稳较快发展，层次结构逐步改善。第三产业实现增加值2 163.6亿元，同比增长12.1%。在避暑旅游和生态旅游的推动下，商贸、旅游等服务业加快发展，全省旅游收入突破1 000亿元，带动交通运输、住宿餐饮等行业的增加值不断增长。

（三）消费价格有所攀升，生产价格前低后高

受国际、国内经济形势的持续影响，省内各类价格指数均比上年上升，劳动力成本涨幅有所回落。

1. 居民消费价格呈上升趋势。受粮食、鲜菜等食品价格大幅上涨影响，居民消费价格比上年上涨2.9%，居住价格和服务价格分别提高2.4个和1.4个百分点。

2. 生产价格前低后高。在煤炭、有色金属等资源性产品价格大幅上涨的推动下，下半年生产价格转降为升，全年工业品出厂价格比上年上涨4.7%。其中，以原材料、燃料、动力购进价格和工业品出厂价格同比上涨最为明显。

3. 劳动力成本涨幅有所回落。单位从业人员劳动报酬增长9.4%，各类型单位从业人员平均劳动报酬差距继续扩大，其中，其他单位和国有单位平均劳动报酬增长较快。基本养老金、城镇医保、农村五保供养水平有所提高，支持农民工返乡创业和就业的措施取得成效。

4. 公共性资源产品价格调整。在各类价格不断上行情况下，电力、自来水、管道燃气等也进行价格调整，企业和城市居民生产、生活成本有所上升。

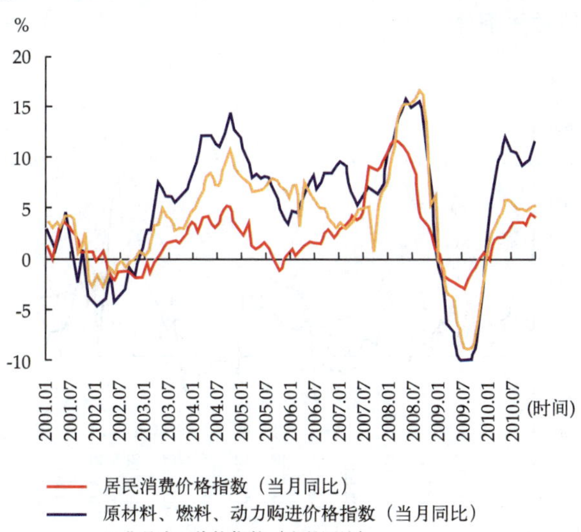

数据来源：贵州省统计局。

图11　2001～2010年贵州省居民消费价格和生产者价格变动趋势

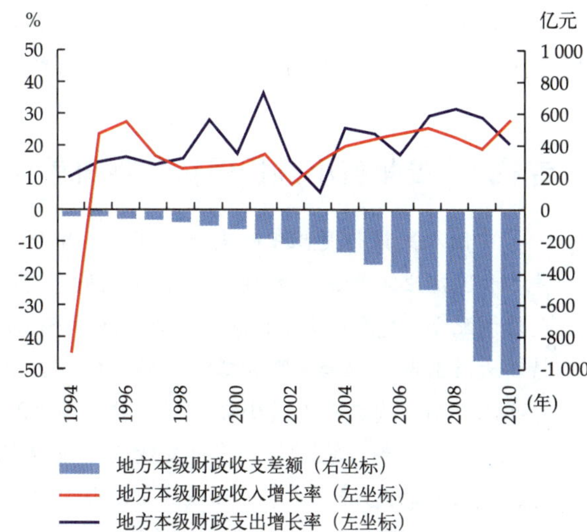

数据来源：贵州省统计局。

图12　1994～2010年贵州省财政收支状况

（四）财政收入较快增长，支出结构进一步优化

全年全省财政总收入为969.7亿元，增长24.4%。收入方面，地、县级预算收入增长较快，营业税及与矿产、土地等资源相关的税收增长明显较高，工业经济和第三产业发展对税收拉动作用明显，非税收入对地方财政总收入的贡献增大。支出方面，公共服务、社区服务、“三农”支出持续增加，支出结构进一步优化，重点向民生工程、“三农”及基础设施倾斜。发行地方债对各级财政增加农村水利、农村危房改造、农林水事务、农村医疗卫生、环境保护支出的促进作用十分明显，上述各项支出增幅均在39%以上。

（五）全面完成节能减排任务，生态环境建设成效显著

2010年贵州省全面完成“十一五”节能减排任务，单位地区生产总值能耗较上年下降4.3%，规模以上工业综合能耗较上年下降10%，全省已建成污水处理厂98个，城市污水处理、城市生活垃圾无害处理效果明显，退耕还林、石漠化治理等重点生态建设成效显著，森林覆盖率提高到40.5%，二氧化硫排放量较上年下降2.3%，化学需氧排放量较上年下降3.8%。年末全省金融机构信贷支持节能减排和

循环经济项目168个，贷款余额为297.2亿元。高耗能产业占比较大、产业链短、附加值低，资源综合利用水平和能源加工转换率低，可能成为进一步降低能耗水平的主要制约因素。

专栏2　贵州省小额担保贷款促进就业创业成效明显

中国人民银行贵阳中心支行以实施《中华人民共和国就业促进法》为契机，加强与政府有关部门协调配合，建立健全工作制度，努力推动全省支持扩大就业和创业金融服务工作取得突破，2010年年末全省下岗失业人员小额担保贷款余额为2.0亿元，是上年年末的2.2倍，累计发放金额为1.6亿元，是上年的2.5倍。其中，妇女小额担保贷款额度和贷款人次均快速增长，成为拉动就业创业工作的主要渠道之一，全国金融办联席会议中心以“思南‘妇惠家合’小额信贷为城乡妇女创业解忧”为题，对铜仁地区思南县“妇惠家合”产品进行宣传，引起广泛关注，取得良好社会效应。

贵州省小额担保贷款工作取得突破，主要在于：

制度创新。一是将申请小额担保贷款人员范围拓宽到“持“再就业优惠证”和“就失业登记证”的失业人员；复员退役军人；就业困难人员；应届大、中专毕业生；失地农民和返乡创业的农民”六大类。二是全部小额担保贷款的单笔上限都提高至8万元，贷款金额超过5万元部分的贴息资金由省财政负担。三是省财政按各地当年新发放小额担保贷款总额的2%给予奖励性补助，比全国规定提高了1个百分点。

工作机制创新。中国人民银行贵阳中心支行从促进民生金融的高度，下发了《贵州省小额担保贷款实施办法》、《关于进一步推进妇女就业贴息小额贷款工作的通知》等文件，引导金融机构设立专职机构，配备专职人员，简化贷款手续，提高审贷效率。将推动小额担保贷款发放作为系统信贷工作考核项目，指导各市地州中心支行联合相关部门出台《小额担保贷款实施细则》，配合完善“小额担保贷款+信用社区建设+创业培训”的联动机制。

发挥部门合力。贵州省建立了促就业联席会议制度，经常性沟通协调工作，解决贷款申请、担保基金、担保机构、贴息和事后检查等工作环节难点问题；省社会保障部门联合各单位开展技能和创业培训，提高了就业质量；省委、省政府把小额担保贷款作为民生工程来抓，部分地区把妇女小额担保贷款列为党政业绩考核条件。

（六）重要行业创新改造步伐加快

1. 房地产市场保持健康发展势头，调控政策效应初步显现。

（1）房地产开发投资增长强劲。全年房地产开发投资额为556.7亿元，同比增长49.9%，增速较上年提高31.1个百分点。在开发资金来源中，自筹资金占比较上年提高3.1个百分点，自筹资金与其他资金仍然是房地产开发投资的主要资金来源。

（2）房地产市场供给大幅增长。土地购置、开发面积增长迅速，同比分别增长162.6%和120.9%。房屋施工面积同比增长29.5%，房屋新开工面积同比增长63.6%。省级财政投入103.6亿元完成60.2万户农村危房改造，解决近14万户城镇低收入家庭住房困难。

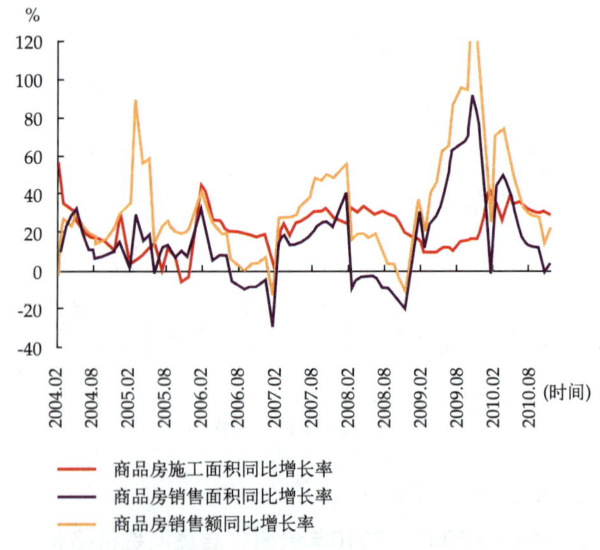

数据来源：贵州省统计局。

图13　2004～2010年贵州省商品房施工和销售变动趋势

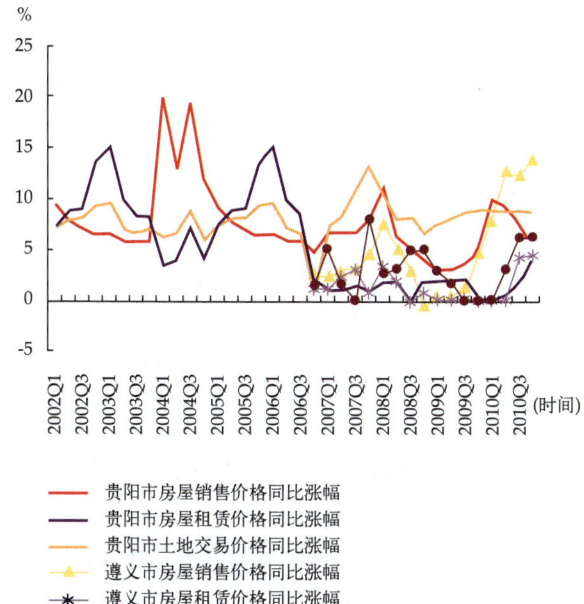

数据来源：贵州省统计局。

图14 2002～2010年贵州省主要城市房屋销售价格指数变动趋势

（3）商品房销售继续保持增长。一系列房地产紧缩调控政策出台，商品房销售面积和金额同比增长率均呈现出先升后降的态势，商品房销售面积和销售额继续保持上涨，但是整体涨幅较上年有所下降（见图13）。

（4）房地产价格变动趋势不一。贵阳市土地交易价格基本稳定；二套住房首付比例、贷款利率等政策一定程度上影响可租赁房源，房屋租赁价格逐季度上涨；房屋销售价格涨幅年初冲高，逐季度下降，但整体涨幅高于上年同期水平（见图14）。

（5）房地产贷款保持较快增长。年末房地产贷款余额增长38.7%。其中，房地产开发贷款增长20.6%；购房贷款占房地产贷款的比重为66.7%，较上年同期提高5个百分点。个人住房贷款大幅增长53.1%。住房贷款平均抵借比较上年下降2.2个百分点。

2. 装备制造业平稳增长，技术创新加快。11月末，全省298家装备工业企业实现利润总额13.7亿元，同比增长11.1%，亏损企业和亏损额较上年同期下降，销售收入实现较快增长。装备制造业集群化发展趋势明显，已初步形成有一定产业规模和带动作用的贵阳、遵义、安顺3大装备制造业集中区域；新产品研发和升级效果明显，一批国内、省内首台（套）产品相继投产，自主品牌影响力增强，正成为新的经济增长点，其中50多种产品填补了国内空白，并替代进口。

3. 白酒业发展势头强劲，技术改造带动产业结构调整。全年白酒总产量为1.6亿升，同比增长16.3%，完成总产值209亿元，出口额同比增长60.8%。贵州省着力整合白酒行业品牌，加快白酒产业技改步伐，解决生产总量偏小、多数企业规模不大、市场竞争力不强等问题。贵州董酒股份有限公司年产8 000吨复产技改等9个技术改造重点项目相继上马，总投资15.3亿元，可新增白酒制酒能力2.9万吨，以酱香型白酒具有高附加值的优势带动全省白酒行业产业结构更趋优化。

三、预测与展望

贵州省资源丰富，基础条件近年来得到改善，人均生产总值已经达到1 800美元，正进入工业化、城镇化的加速期。国家实行扩大内需的方针、深入实施西部大开发战略，中央企业加速扩张，东部产业加快转移，外部条件有利于贵州省经济社会加快发展。2011年是新一轮十年西部大开发的起步之年，又是实施“十二五”规划的开局之年，全省上下发展愿望强烈，省委、省政府确定了“加速发展、加快转型、推动跨越”的“十二五”时期发展主基调，重点实施工业强省战略和城镇化带动战略。目前，贵州省发展面临的有利条件多于不利因素，机遇大于挑战。

预计2011年贵州省地区生产总值增长13%，固定资产投资增长30%以上，城镇居民人均可支配收入和农民人均纯收入分别实际增长10%，社会消费品零售总额增长15%，居民消费价格总水平涨幅约为4%。全省金融机构将以科学发展观为指导，全面贯彻党的十七届五中全会和中央经济工作会议精神，认真贯彻执行稳健的货币政策，按照“有扶有控”的原则调整信贷结构，加快金融产品和服务方式创新，进一步优化融资结构，发挥市场对资源的基础性配置作用，进一步实现保险对经济的保障功能，结合经济建设实际情况，找准金融对经济支持的切入点，推动贵州经济社会又好又快、更好更快发展。

中国人民银行贵阳中心支行货币政策分析小组
负责人：王　平　蔡　湘
统　稿：孙　涌　李家鸽
执　笔：白庆菊　欧阳斌　李晶彦　杨　丽　黄德勇　封明川　孔艳彦　刘　爽
提供材料的还有：向传敏　刘利红　侯娴娴　孙　怡　路　音　田　丰

附录

（一）2010年贵州省经济金融大事记

2009年末至2010年4月，贵州遭受八十年一遇的持续严重干旱，1 869万人受灾，直接经济损失达130多亿元。

4月和6月，信邦制药和贵州百灵在深圳证券交易所成功上市，贵州省上市公司数量增至19家，结束了五年没有新增上市公司的记录。

7月，黔中经济区被列为国家重点培育经济区。

8月，贵州省社会信用体系建设联席会议制度正式建立，由中国人民银行贵阳中心支行、省发展改革委、省经济信息化委等26个单位共同推进省内社会信用体系建设。

11月，贵阳国际金融中心在金阳新区开建，项目面积为1 122亩，总投资超过150亿元，将成为贵阳金融功能核心区域。

11月，贵州省委明确“十二五”规划主基调为“加快发展、加速转型、推动跨越”，重点实施工业强省战略和城镇化带动战略。

11月，贵州省工业发展大会召开，确定振兴十大产业。

11月，贵州省农村贫困人口减少50万人，扶贫脱贫攻坚列为全省十大民生工程之首。

11月，“引银入黔”工程取得重大突破，5家股份制银行和外资银行的贵阳分行相继开业，进一步改善了贵州省金融市场格局。

12月，全省各金融机构人民币贷款当年新增1 091亿元，非金融机构总融资量达到1 242.7亿元，创历史新高，有力地支持了贵州经济社会发展。

（二）2010年贵州省主要经济金融指标

表1 2010年贵州省主要存贷款指标

		1月	2月	3月	4月	5月	6月	7月	8月	9月	10月	11月	12月
本外币	金融机构各项存款余额（亿元）	6 065.7	6 120.7	6 256.6	6 419.1	6 535.5	6 739.0	6 791.5	6 925.3	7 088.2	7 130.6	7 265.3	7 387.8
	其中：城乡居民储蓄存款	2 718.6	2 898.4	2 944.0	2 931.8	2 951.1	3 015.7	3 014.2	3 034.1	3 124.1	3 094.1	3 132.4	3 252.5
	企业存款	1 644.3	1 598.9	1 657.4	1 732.4	1 793.0	1 811.9	1 841.6	1 859.3	1 914.7	1 938.9	1 995.6	2 091.4
	各项存款余额比上月增加（亿元）	153.1	55.0	135.9	162.5	116.4	203.5	52.5	133.8	162.9	42.4	134.7	122.5
	金融机构各项存款同比增长（%）	25.2	23.0	23.7	24.1	24.4	23.6	23.3	23.4	23.7	22.8	23.0	25.0
	金融机构各项贷款余额（亿元）	4 795.8	4 888.8	4 994.2	5 099.2	5 200.4	5 285.9	5 362.5	5 434.3	5 513.7	5 592.4	5 673.9	5 771.7
	其中：短期	840.7	852.6	893.4	915.3	940.4	943.8	951.4	971.4	984.1	976.1	1 000.2	1 018.7
	中长期	3 803.6	3 891.1	3 961.3	4 045.2	4 126.8	4 209.5	4 267.5	4 321.9	4 382.6	4 452.9	4 518.8	4 585.4
	票据融资	122.9	115.1	106.9	104.5	97.5	97.7	108.9	106.5	109.9	121.3	115.6	127.9
	各项贷款余额比上月增加（亿元）	125.6	93.0	105.4	105.0	101.1	85.6	76.5	71.8	79.4	78.8	81.5	97.8
	其中：短期	18.6	11.9	40.8	21.9	25.1	3.3	7.7	19.9	12.8	-8.1	24.2	17.8
	中长期	96.0	87.5	70.1	83.9	81.6	82.7	58.0	54.4	60.7	70.3	65.8	66.6
	票据融资	11.9	-7.9	-8.2	-2.4	-7.0	0.3	11.1	-2.4	3.3	11.5	-5.8	12.3
	金融机构各项贷款同比增长（%）	28.4	27.9	26.2	25.4	27.8	24.0	24.2	23.4	21.5	21.3	21.8	23.6
	其中：短期	24.1	22.8	25.3	26.9	31.1	24.3	27.1	27.0	24.1	19.0	20.6	23.9
	中长期	30.4	31.9	30.1	29.4	29.8	27.1	25.2	24.5	22.7	22.8	22.7	23.7
	票据融资	-4.3	-32.2	-43.9	-50.9	-40.2	-45.1	-21.5	-27.5	-26.5	-13.5	-3.4	15.2
	建筑业贷款余额（亿元）	248.6	256.4	257.2	263.0	253.0	252.9	258.2	256.7	258.9	265.4	268.4	269.8
	房地产业贷款余额（亿元）	264.0	273.6	277.0	274.0	267.5	274.4	280.3	289.2	296.5	304.8	311.8	313.9
	建筑业贷款同比增长（%）	30.1	27.3	23.3	22.4	13.5	11.1	9.5	5.6	8.8	11.7	2.9	4.6
	房地产业贷款同比增长（%）	15.0	20.0	18.9	16.9	14.1	11.9	12.3	15.0	17.0	20.6	21.2	19.1
人民币	金融机构各项存款余额（亿元）	6 052.0	6 104.5	6 242.2	6 401.1	6 519.6	6 722.8	6 774.1	6 908.8	7 066.5	7 110.8	7 243.8	7 363.9
	其中：城乡居民储蓄存款	2 710.6	2 890.4	2 935.8	2 924.3	2 943.3	3 007.8	3 006.1	3 026.4	3 116.7	3 086.6	3 124.8	3 245.0
	企业存款	1 639.0	1 591.0	1 651.8	1 722.2	1 785.2	1 804.1	1 832.8	1 850.9	1 904.5	1 929.7	1 984.8	2 075.5
	各项存款余额比上月增加（亿元）	153.8	52.5	137.7	158.9	118.5	203.2	51.3	134.7	157.7	44.3	132.9	120.2
	其中：城乡居民储蓄存款	34.5	179.8	45.4	-11.5	19.1	64.5	-1.7	20.3	90.3	-30.1	38.2	120.2
	企业存款	67.6	-48.0	60.8	70.5	63.0	18.9	28.7	18.1	53.6	25.2	55.1	90.7
	各项存款同比增长（%）	25.2	23.1	23.7	24.2	24.5	23.6	23.3	23.4	23.6	22.8	22.9	24.8
	其中：城乡居民储蓄存款	13.6	19.6	19.8	18.8	18.7	19.0	19.1	19.6	20.0	19.6	20.2	21.3
	企业存款	36.9	25.4	26.5	30.1	31.9	25.2	26.2	25.0	27.3	24.3	26.1	29.8
	金融机构各项贷款余额（亿元）	4 782.6	4 874.4	4 977.7	5 081.1	5 180.7	5 267.9	5 345.8	5 418.2	5 494.9	5 568.7	5 651.0	5 747.5
	其中：个人消费贷款	572.0	582.0	603.7	628.8	654.3	678.5	700.1	717.6	741.2	758.2	788.1	811.5
	票据融资	122.9	115.1	106.9	104.5	97.5	97.7	108.9	106.5	109.9	121.3	115.6	127.9
	各项贷款余额比上月增加（亿元）	126.1	91.8	103.4	103.4	99.6	87.3	77.8	72.4	76.7	73.8	82.3	96.5
	其中：个人消费贷款	11.9	11.0	21.6	25.2	25.5	24.3	21.6	17.4	23.7	17.0	29.9	23.4
	票据融资	11.9	-7.9	-8.2	-2.4	-7.0	0.3	11.1	-2.4	3.3	11.5	-5.8	12.3
	金融机构各项贷款同比增长（%）	28.5	27.8	26.1	25.2	27.6	23.9	24.3	23.5	21.5	21.2	21.6	23.4
	其中：个人消费贷款	87.3	89.6	90.9	92.9	94.3	88.7	86.5	82.6	78.7	77.0	75.4	73.5
	票据融资	-4.3	-32.2	-43.9	-50.9	-40.2	-45.1	-21.6	-27.5	-26.5	-13.6	-3.4	15.2
外币	金融机构外币存款余额（亿美元）	2.0	2.4	2.1	2.6	2.3	2.4	2.6	2.4	3.2	3.0	3.2	3.6
	金融机构外币存款同比增长（%）	2.7	12.3	1.5	18.5	6.6	12.8	30.2	29.1	78.0	41.2	63.9	72.4
	金融机构外币贷款余额（亿美元）	1.9	2.1	2.4	2.7	2.9	2.7	2.5	2.4	2.8	3.5	3.4	3.7
	金融机构外币贷款同比增长（%）	3.7	43.5	74.5	109.4	105.0	48.3	7.0	-1.1	16.6	54.8	62.4	81.7

数据来源：中国人民银行贵阳中心支行。

表2 2001～2010年贵州省各类价格指数

单位:%

年/月	居民消费价格指数		农业生产资料价格指数		原材料购进价格指数		工业品出厂价格指数		贵阳市房屋销售价格指数	贵阳市房屋租赁价格指数	贵阳市土地交易价格指数
	当月同比	累计同比	当月同比	累计同比	当月同比	累计同比	当月同比	累计同比	当季(年)同比	当季(年)同比	当季(年)同比
2001	—	1.8	—	-0.6	—	0.2	—	2.2	0.8	-2.9	0.4
2002	—	-1.0	—	0.6	—	-2.4	—	-1.1	1.6	-2.0	0.6
2003	—	1.2	—	4.1	—	6.0	—	3.4	1.5	1.9	0.3
2004	—	4.0	—	9.0	—	12.0	—	8.0	2.8	0.0	0.1
2005	—	1.0	—	10.2	—	7.4	—	7.2	3.1	2.2	2.8
2006	—	1.7	—	5.4	—	7.3	—	4.3	5.1	1.9	0.5
2007	—	6.4	—	5.1	—	7.5	—	5.0	6.9	1.1	9.9
2008	—	7.6	—	13.4	—	12.5	—	12.4	6.6	1.5	8.3
2009	—	-1.3	—	-3.8	—	-6.5	—	-4.9	3.6	1.5	8.1
2010	—	2.9	—	1.1	—	9.8	—	4.7	8.2	1.7	8.6
2009 1	0.7	0.7	5.5	5.5	-0.4	-0.4	-0.3	-0.3	—	—	—
2	-1.8	-0.6	4.8	5.1	-2.0	-1.2	-0.7	-0.5	—	—	—
3	-1.7	-1.0	-1.8	2.7	-6.2	-2.9	-3.0	-1.3	3.0	1.8	7.5
4	-2.1	-1.3	-4.6	0.8	-7.0	-3.9	-3.9	-2.0	—	—	—
5	-2.3	-1.5	-6.1	-0.7	-8.9	-4.9	-6.1	-2.8	—	—	—
6	-2.7	-1.7	-6.5	-1.7	-10.1	-5.8	-6.9	-3.5	3.0	1.8	7.8
7	-2.9	-1.8	-6.0	-2.3	-10.0	-6.4	-8.7	-4.2	—	—	—
8	-1.8	-1.8	-7.3	-3.0	-10.5	-6.9	-8.8	-4.8	—	—	—
9	-1.1	-1.8	-8.4	-3.6	-9.4	-7.2	-8.6	-5.2	3.4	2.1	8.5
10	-0.5	-1.6	-7.1	-4.0	-8.5	-7.3	-7.2	-5.4	—	—	—
11	0.0	-1.5	-4.5	-4.0	-4.6	-7.1	-4.3	-5.3	—	—	—
12	1.0	-1.3	-2.0	-3.8	0.1	-6.5	-0.4	-4.9	4.8	0.3	8.7
2010 1	0.1	0.1	-0.7	-0.7	5.0	5.0	1.9	1.9	—	—	—
2	1.6	0.8	0.2	-0.3	7.3	6.1	2.8	2.3	—	—	—
3	2.1	1.3	0.8	0.1	9.5	7.3	4.0	2.9	10.0	0.2	8.7
4	2.2	1.5	1.1	0.3	10.4	8.0	4.6	3.3	—	—	—
5	2.4	1.7	0.2	0.3	12.1	8.9	5.9	3.8	—	—	—
6	3.1	1.9	0.1	0.3	11.4	9.3	5.9	4.2	9.3	0.6	8.6
7	3.6	2.2	-0.5	0.2	10.7	9.5	5.4	4.3	—	—	—
8	3.8	2.4	0.6	0.2	10.7	9.6	5.0	4.4	—	—	—
9	3.6	2.5	2.1	0.4	9.3	9.6	5.0	4.5	7.7	1.7	8.7
10	3.5	2.6	3.5	0.7	9.8	9.6	4.7	4.5	—	—	—
11	4.5	2.8	4.5	1.0	10.1	9.7	5.3	4.6	—	—	—
12	4.4	2.9	2.1	1.1	11.7	9.8	5.5	4.7	5.7	4.1	8.5

数据来源：贵州省统计局、《中国经济景气统计月报》。

表3　2010年贵州省主要经济指标

	1月	2月	3月	4月	5月	6月	7月	8月	9月	10月	11月	12月
	绝对值（自年初累计）											
地区生产总值(亿元)	—	—	700.9	—	—	1 855.6	—	—	2 960.6	—	—	4594.0
第一产业	—	—	81.7	—	—	203.1	—	—	422.0	—	—	630.3
第二产业	—	—	331.2	—	—	751.1	—	—	1 197.1	—	—	1 800.1
第三产业	—	—	288.1	—	—	901.5	—	—	1 341.5	—	—	2 163.6
工业增加值(亿元)	109.6	188.2	294.7	—	—	—	—	—	—	—	—	—
城镇固定资产投资(亿元)	—	186.7	367.3	546.9	701.2	999.2	1 257.2	1 462.8	1 747.8	2 012.0	2 366.0	2 699.9
房地产开发投资	—	28.2	77.1	115.9	152.4	204.4	246.8	311.9	371.3	425.7	488.1	556.7
社会消费品零售总额(亿元)	116.4	229.1	338.5	441.2	556.4	672.3	786.3	907.7	1 037.9	1 175.4	1 311.4	1 482.7
外贸进出口总额(亿美元)	2.2	3.8	6.0	7.9	10.1	12.9	15.9	19.4	21.9	25.0	28.3	31.4
进口	0.9	1.8	3.0	3.9	5.0	6.0	7.2	8.2	9.1	10.3	11.1	12.2
出口	1.3	2.0	3.0	4.0	5.1	6.9	8.7	11.2	12.9	14.6	17.2	19.2
进出口差额(出口−进口)	0.4	0.2	0	0.1	0	0.8	1.6	3.1	3.8	4.3	6.1	7.0
外商实际直接投资(万美元)	1 522.0	1 793.0	3 453.0	8 066.0	10 626.0	14 431.0	16 134.0	17 374.0	18 568.0	19 290.0	22 760.0	29 546.0
地方财政收支差额(亿元)	-0.6	-54.0	-152.7	-199.2	-230.5	-285.9	-336.7	-417.8	-542.5	-598.3	-745.3	-1 106.3
地方财政收入	54.6	83.7	121.2	171.3	209.6	259.3	297.9	335.1	372.4	421.3	463.1	533.9
地方财政支出	55.3	137.8	273.9	370.5	440.0	545.3	634.6	752.9	914.9	1 019.6	1 208.4	1 640.2
城镇登记失业率(%)(季度)	—	—	3.8	—	—	3.7	—	—	3.7	—	—	3.6
	同比累计增长率（%）											
地区生产总值	—	—	12.2	—	—	10.3	—	—	11.5	—	—	12.8
第一产业	—	—	3.1	—	—	-2.2	—	—	4.1	—	—	4.7
第二产业	—	—	17.7	—	—	15.7	—	—	14.9	—	—	16.6
第三产业	—	—	9.1	—	—	9.2	—	—	10.8	—	—	12.1
工业增加值	36.6	20.9	18.6	19.6	18.6	17.5	16.2	14.5	14.1	14.4	15	15.8
城镇固定资产投资	—	27.3	22.4	23.2	20.6	24.1	27.1	26.9	26.1	27.2	29.6	29
房地产开发投资	—	30	47.8	42.9	42	39.1	37.9	45.3	45.5	48.9	51.4	49.9
社会消费品零售总额	14.6	18.6	18.9	19	19.1	19.1	19.1	19	19.2	19.1	19.1	18.9
外贸进出口总额	42.9	1	-6.7	-3.9	4	12	18	26.3	25.4	30.5	34.8	36
进口	134.5	68.1	32.2	30.7	43.8	43.9	41.6	44.1	33.2	35.9	31.7	28.5
出口	12.4	-25.5	-27.9	-23.6	-18.6	-6.2	3.8	15.9	20.4	27	36.9	41.3
外商实际直接投资	4973.3	-58.6	-20.2	86.5	64.5	56.8	65.1	53.9	64.5	68	85.8	121.1
地方财政收入	42.4	35.1	34.2	37	35.2	32.6	30	31	28.3	26.7	26.6	28.2
地方财政支出	-3.1	8.5	5.7	11.1	10	8	6	12.1	13.1	14.9	23.9	20.7

数据来源：贵州省统计局、贵州省劳动保障厅、贵州省商务厅、《中国经济景气统计月报》。

2010年云南省金融运行报告

中国人民银行昆明中心支行货币政策分析小组

[内容摘要] 2010年，面对百年不遇的特大干旱和复杂经济金融环境带来的困难，云南省不断丰富和完善抗大灾、扩内需、保民生、调结构和育产业的一揽子政策措施，经济社会继续平稳较快发展，大旱之年粮食再夺丰收，工业经济发展加快，民间投资活力增强，消费层次稳步提升，对外贸易增长强劲，社会民生不断改善，全年地区生产总值增长12.3%，比上年加快0.2个百分点。

金融机构继续贯彻适度宽松的货币政策，全省信贷均衡合理增长，中长期贷款增长突出；证券业稳步发展，直接融资迅速扩大，上市公司效益良好；保险业稳健发展，社会保障和支农功能增强；跨境人民币结算试点成效显著，林权抵押贷款增长迅猛，金融生态环境建设成效明显；金融对经济社会发展的支撑持续增强。

2011年，在深入推进西部大开发和实施"两强一堡"战略的推动下，云南经济发展方式转型会逐步加快，经济金融外向度将迅速提升，经济保持平稳较快发展势头。金融部门将认真贯彻稳健的货币政策，拓宽融资渠道，加强风险管理，促进社会融资总量合理适度增长。

一、金融运行情况

2010年，云南省金融部门继续贯彻落实适度宽松的货币政策，为支持地方经济巩固向好发挥了关键作用。全年金融运行总体平稳，融资渠道进一步拓宽，服务水平稳步提升，金融生态环境建设成效突出。

（一）银行业发展稳健，贷款规模突破万亿元

2010年，云南省银行业保持健康较快发展态势，存贷款规模较快增长，利率水平持续上升。

1. 网点布局明显优化，规模不断壮大。2010年，全省大力增加农村地区银行业网点，基本实现金融服务空白乡镇银行网点的全覆盖，进出口银行、恒丰银行在昆明设立分支机构，小额贷款公司得到发展，银行组织体系日趋完备，网点城乡布局得到改善。全省银行业总资产增长20.0%，资产规模逐步扩大，不良贷款率下降0.6个百分点，资产质量持续改善。2010年，银行业金融机构税后利润增长28.7%，年末拨备覆盖率达到122.6%，比上年年末提高32.1个百分点，银行业盈利能力、抗风险能力进一步增强。

2. 存款增势缓步回落，企业存款少增明显。2010年，云南省本外币存款同比增长20.6%，总体

表1　2010年云南省银行业金融机构情况

机构类别	营业网点[①]			法人机构（个）
	机构个数（个）	从业人数（人）	资产总额（亿元）	
一、大型商业银行[②]	1 551	33 463	7 783	0
二、国家开发银行及政策性银行[③]	81	1 867	1 828	0
三、股份制商业银行[④]	138	4 325	2 273	0
四、城市商业银行	131	2 466	891	3
五、城市信用社	0	0	0	0
六、农村合作机构[⑤]	2 382	19 933	3 073	133
七、财务公司	1	19	31	1
八、邮政储蓄银行	825	2 334	405	0
九、外资银行	2	33	14	1
十、农村新型机构[⑥]	17	216	27	8
合　计	5 128	64 656	16 323	146

注：①不包括国家开发银行和政策性银行、大型商业银行、股份制银行等金融机构总部数据。
②包括中国工商银行、中国农业银行、中国银行、中国建设银行和交通银行。
③包括国家开发银行、中国农业发展银行和中国进出口银行。
④包括中信银行、中国光大银行、华夏银行、广东发展银行、深圳发展银行、招商银行、上海浦东发展银行、兴业银行、中国民生银行、恒丰银行。
⑤包括农村信用社、农村合作银行和农村商业银行。
⑥包括村镇银行、贷款公司和农村资金互助社。
数据来源：中国人民银行昆明中心支行、云南银监局。

呈增速放缓之势。居民储蓄存款增长平稳，同比增长22.5%，但企业存款仅增长13.2%，增幅回落了23.6个百分点，贷款受托支付规定导致银行派生

存款减少是主要影响因素。社会储蓄倾向回落，全年新增企业和储蓄存款中定期存款的占比仅为29.0%。外汇存款保持较年初增长22.5%，较上年增加1.8亿美元。

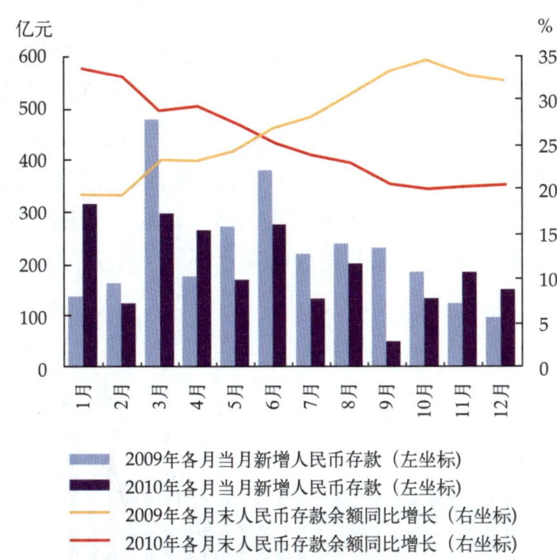

数据来源：中国人民银行昆明中心支行。

图1　2010年云南省金融机构人民币存款增长变化

3. 贷款增长均衡适度，信贷结构逐步优化。2010年，全省贷款均衡合理增长，信贷增长逐步向常态回归，人民币贷款增长20.4%，增幅比上年下降13.5个百分点。贷款余额年内首次突破万亿元，在西部十二省区中列第四位。月度贷款增长较为平均，四个季度末月贷款增量占全年贷款增量的21.3%，比上年下降35.6个百分点，贷款投放的均衡性增强（见图2、图3）。

在投资快速增长、住房需求旺盛、银行偏好收益稳定的中长期贷款等因素影响下，全年中长期贷款增长38.3%，高于各项贷款平均增速17.9个百分点，增量占全部贷款增量的94.8%。近八成的新增企业贷款投向交通物流、制造、能源、市政建设等行业，全省个人消费贷款余额同比增长32.1%。薄弱环节的信贷支持力度不断增强，全省新增涉农贷款、中小企业贷款占全省贷款增量的比重分别为38.9%、30.5%，创业小额担保贷款增长1.1倍，促进就业效果显著。随着全省外贸迅速回升，企业“走出去”进程加快，年末外汇贷款同比增长86%。

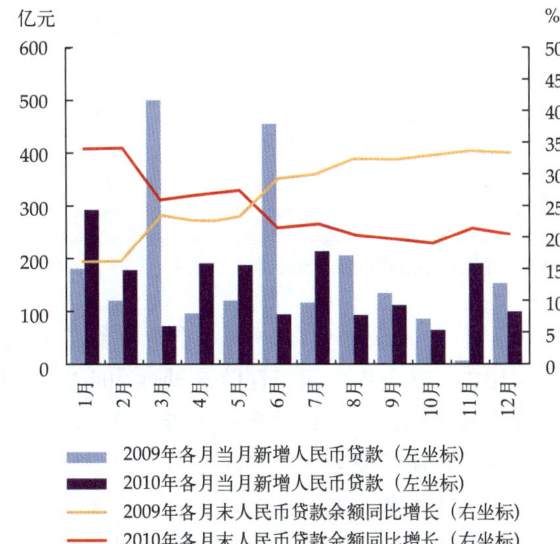

数据来源：中国人民银行昆明中心支行。

图2　2010年云南省金融机构人民币贷款增长变化

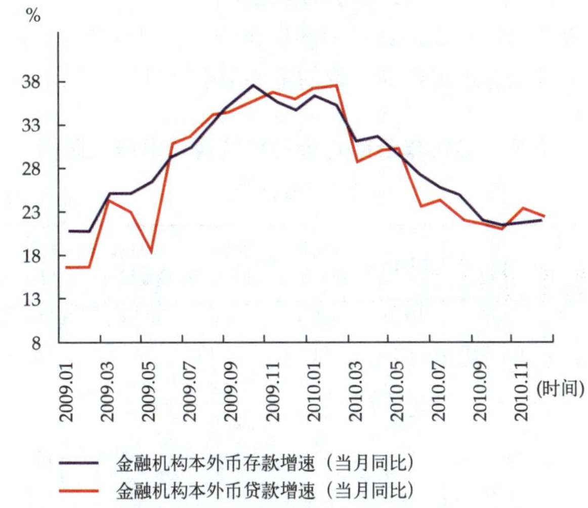

数据来源：中国人民银行昆明中心支行。

图3　2009～2010年云南省金融机构本外币存、贷款增速变化

4. 融资渠道进一步拓宽，表外融资增长迅速。面对信贷供给受限同需求旺盛之间的矛盾，金融机构通过承销债券、转让信贷资产腾出增长空间新投放贷款、开展银信合作等多种方式增加表外融资，全年表外业务融资超过580亿元，在提供多样化的融资手段的同时，促进了中间业务的快速增长。

5. 现金收支增长加快，净投放大幅增长。各地农副产品收购、商品交易活跃，政府补贴直接到户等因素增加了现金投放，全年金融机构净投放现金178.7亿元，增长超过1倍（见表2）。

表2　2010年云南省金融机构现金收支情况表

单位：亿元、%

	年累计额	同比增速
现金收入	19 913.9	18.3
现金支出	20 092.6	18.7
现金净支出	178.7	101.7

数据来源：中国人民银行昆明中心支行。

6. 利率整体水平上升，利率定价机制不断完善。2010年，随着中央银行回收流动性和两次上调存贷款基准利率，全省贷款利率逐步上升，第四季度后利率上升速度有所加快，年末，人民币贷款加权平均利率比年初上升1.16个百分点，企业融资成本上升。年末执行下浮利率的贷款占比较上年下降6.3个百分点，执行上浮利率的贷款占比上升7.1个百分点。外币存款利率运行平稳，外币贷款利率波动上升。金融机构市场化定价水平逐步提高，Shibor已经成为银行内部资金转移、票据业务、同业往来和理财产品定价的重要基准（见表3）。

表3　2010年云南省金融机构各利率浮动区间贷款占比表

单位：%

		合计	国有商业银行	股份制商业银行	区域性商业银行	城乡信用社
合计		100.0	100.0	100.0	100.0	100.0
[0.9～1.0)		31.5	51.4	31.3	14.3	2.8
1.0		33.2	33.1	44.8	39.1	7.2
上浮水平	小计	35.3	15.5	23.9	46.6	90.0
	(1.0～1.1]	11.8	11.6	19.6	27.6	5.0
	(1.1～1.3]	7.7	3.6	3.9	10.7	20.7
	(1.3～1.5]	5.4	0.0	0.3	2.9	22.1
	(1.5～2.0]	9.7	0.3	0.1	3.7	40.2
	2.0以上	0.7	0.0	0.0	1.8	2.0

数据来源：中国人民银行昆明中心支行。

7. 银行业改革快速推进，农村金融体系建设日趋完备。国有商业银行公司治理结构持续改善风险控制能力明显增强，拨备覆盖率达到160.3%，不良贷款率降至1.4%；多家银行设立中小企业专营机构，中小企业金融服务体系加快完善。富滇银行获准赴老挝设立代表处，成为云南首家在境外设立机构的城市商业银行。农村信用社法人治理明显改善，存贷款规模已经跃居全省各银行业机构之首，整体实力有所增强。全年新设立村镇银行4家，批准设立的小额贷款公司达到228家，农村金融服务体系不断完善，服务覆盖面和水平稳步提升。

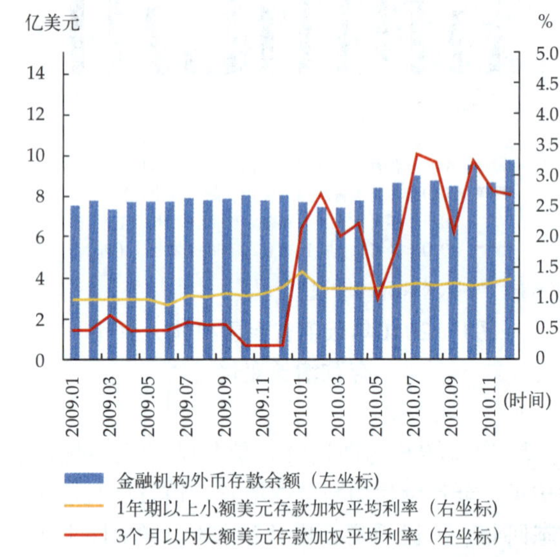

数据来源：中国人民银行昆明中心支行。

图4　2009～2010年云南省金融机构外币存款余额及外币存款利率

8. 跨境贸易人民币结算业务快速发展。2010年，云南成为跨境贸易人民币结算第二批试点省份，跨境人民币结算业务范围从周边国家迅速扩大到8个国家和地区，全年办理跨境贸易人民币结算额83.1亿元，同比增长86%。

专栏1　云南省跨境贸易人民币结算试点成效

2010年4月28日，国务院正式批准云南开展跨境贸易人民币结算试点，全省中国人民银行各级分支机构积极稳妥、全面推进试点工作，跨境人民币结算实现跨越式发展，试点工作支持全省加快“桥头堡”建设、提高区域经济开放度的成效显著。

一是跨境贸易人民币结算的省内覆盖面高。中国人民银行牵头和省内多个部门协商，确定上报的进出口企业中获得批准的企业达1 043家，覆盖了全省85%的进出口企业。2010年共办理跨境贸易人民币结算7 341笔、全额83.12亿元，占全省进出口贸易结算量的9%，高于全国平均水平6个百分点。

二是形成了跨境贸易人民币结算的有效模式。大型商业银行发挥在发达国家地区的网点优势，在人民币结算试点中发挥主导作用；同时，境内省级6家商业银行与越南、老挝、缅甸、泰国、新加坡等国家的境外9家银行签署了代理清算协议，开通了与泰国、中国香港的清算渠道，形成了与毗邻、非毗邻国家（地区）点对点的互为代理的清算模式，较好地满足了贸易企业人民币结算的需要。试点工作开展以来，中国工商银行、中国农业银行、中国银行、中国建设银行四大国有商业银行及股份制商业银行结算量分别占88%和12%。

三是跨境人民币结算境外区域迅速扩大。2010年年末，云南省试点结算范围已从周边国家扩大到8个国家和地区，其中，缅甸、越南、中国香港人民币结算占比较大，分别占63%、19%和14%，已基本覆盖了云南省对外贸易的主要伙伴。全省跨境贸易人民币结算业务集中在昆明，初步形成了以8个边境州市为基础、滇中为突破的发展态势。

“十二五”期间，随着云南“桥头堡”战略的实施和中国—东盟自由贸易区的建成，云南跨境人民币结算迎来巨大的发展空间。云南省跨境贸易人民币结算工作将按照风险可控的原则，逐步建立以滇中为腹地、以边境8个州市为基础，辐射全省、东盟、南亚的梯度发展模式，不断开拓创新，扎实推进跨境贸易人民币结算工作的开展，为提升云南开发开放水平作出新的贡献。

（二）证券业较快发展，上市公司效益良好

2010年，云南资本市场保持良好发展势头，市场规模、制度建设、体系结构、秩序维护取得积极进展，全省运用资本市场配置资源的能力提升。

1. 证券市场交易活跃，市场参与程度加深。制度日趋完善、市场投资品种丰富和通货膨胀预期加强激发了投资者投资热情，2010年，云南省股票新增开户数17.4万户，证券市场累计总成交金额为8 664.8亿元。年末，A股、基金托管市值为131.1亿元，增长18%。

2. 上市公司业绩稳定增长，直接融资快速增加。随着证券市场融资功能的逐步恢复，年内全省2家企业成功首发上市，新增直接融资56亿元。年末，共有28家境内上市公司和1家中国香港上市企业，境内公司总市值较上年增长7.24%，上市公司经营业绩增长稳定，实现营业总收入和净利润分别增长43%和36.7%（见表4）。

3. 证券机构稳步发展，经营效益良好。红塔证券大力开展业务创新，太平洋证券经营管理日益规范，本土券商发展势头稳定。68家证券营业部实现手续费收入15.3亿元。股指期货的推出和大宗商品的剧烈波动推动期货交易迅速增长，期货市场代理交易额同比增长167.6%，两家法人期货公司经营业绩良好，全年净利润增长1.1倍。

表4　2010年云南省证券业基本情况表

项目	数量
总部设在辖内的证券公司数（家）	2
总部设在辖内的基金公司数（家）	0
总部设在辖内的期货公司数（家）	2
年末国内上市公司数（家）	28
当年国内股票（A股）筹资（亿元）	56
当年发行H股筹资（亿元）	0
当年国内债券筹资（亿元）	358
其中：短期融资券筹资额（亿元）	160

数据来源：中国人民银行昆明中心支行、云南省发展改革委、云南证监局。

（三）保险业积极创新，社会保障功能增强

2010年，云南保险业加快业务创新，开办了一系列政策性保险品种，增强了保险支农功能。

1. 保险业规模较快增长，保险公司效益良好。2010年年末，云南省共有保险公司27家，保险专业中介机构94家，保险从业人员达6.9万人。年末保险业总资产达327.2亿元，较年初增加56.8亿元。全年保险机构保费收入增长30.9%，财产险、人身险保

费收入分别增长36.3%、27.2%，保持快速增长。产险公司承保利润率达9.2%，列全国第四位。

2. 创新业务快速发展，服务“三农”作用明显。农业保险产品日趋丰富，开办了烤烟、水稻、林木、能繁母猪、奶牛等承保业务，全年累计支付赔款3亿元，受益农户28.9万家；为全省443.4万农户承保政策性农房保险，赔款支出1 430万元，试点开办了政策性森林火灾保险，保险支持农村经济发展、保障农村财产安全的效果明显。

3. 建立参与社会管理的新机制，增强保险服务社会功能。保险企业积极发展各类责任、意外保险业务，利用保险机制积极参与社会风险管理，开展新农合补充保险试点，服务人群约100万人，积极参与城镇居民医疗保险、民政救助等领域，保险成为云南省多层次医疗保障体系建设的重要参与者。年末，全省保险密度较上年提高118元/人，保险深度提高0.1个百分点，保障功能明显增强。

表5　2010年云南省保险业基本情况表

项目	数量
总部设在辖内的保险公司数（家）	0
其中：财产险经营主体（家）	0
寿险经营主体（家）	0
保险公司分支机构（家）	27
其中：财产险公司分支机构（家）	17
寿险公司分支机构（家）	10
保费收入（中外资，亿元）	236
其中：财产险保费收入（中外资，亿元）	99
人身险保费收入（中外资，亿元）	137
各类赔款给付（中外资，亿元）	66
保险密度（元/人）	512
保险深度（%）	3

数据来源：云南保监局。

（四）直接融资快速发展，金融市场交易活跃

2010年，云南省直接融资比重大幅上升，金融市场交易活跃，金融产品创新取得积极进展，服务水平明显提升。

1. 直接融资规模迅速扩张，债券融资创新高。2010年，在国家大力发展直接融资政策的支持下，企业年末累计直接融资达414亿元，同比增长130.8%，年末，直接融资比重达18.3%，比上年年末提高10.8个百分点。企业债券融资同比上升2.68倍，企业利用债券市场融资的能力增强（见表4、表6）。

2. 货币市场参与程度提高。2010年云南省金融市场总体运行平稳，辖内市场成员在银行间市场累计成交同比增长40.3%。其中，信用拆借累计成交增长2.06倍；债券回购累计成交增长44.6%；现券买卖累计成交增长25.5%。银行间市场日益成为全省金融机构重要的融资和投资平台。

表6　2001～2010年云南省非金融机构融资结构表

单位：亿元、%

年份	融资量	比重		
		贷款	债券（含可转债）	股票
2001	195.4	96.2	0.0	3.8
2002	257.8	97.3	0.0	2.7
2003	564.1	98.8	0.7	0.5
2004	439.2	98.1	0.0	1.9
2005	669.4	98.8	1.2	0.0
2006	886.8	92.4	5.4	2.2
2007	1 001.7	88.1	4.4	7.5
2008	1 254.1	86.6	8.6	4.9
2009	2 382.6	92.5	4.1	3.4
2010	2 261.9	81.7	15.8	2.5

数据来源：中国人民银行昆明中心支行、云南证监局、云南省发展改革委。

3. 票据市场量减价升，余额持续萎缩。2010年，金融机构压票保贷，通过增加票据签发量和频繁买卖票据，在控制票据规模的同时保持利润增长，全年票据承兑额增长34.4%，票据融资规模逐步萎缩，年末余额下降40.1%，票据贴现、转贴现利率保持上升趋势。中国人民银行适时运用再贴现工具，引导商业银行加大对中小企业和“三农”的支持，全年累计办理再贴现39.1亿元（见表7、表8）。

4. 金融产品创新取得积极进展。2010年，金融机构以农村金融为主线不断加大创新力度，累计推出30多种涉农信贷创新产品，探索发展农村土地承包经营权抵押，橡胶、核桃、甘蔗等经济林果收益权抵押等担保方式，其中，林权抵押贷款余额实现翻番。地方法人金融机构积极开发各类理财产品，增强融资服务功能，累计发售信托类、货币市场工具类产品10期，金额达16亿元。

表7 2010年云南省金融机构票据业务量统计表

单位：亿元

季度	银行承兑汇票承兑		贴现			
			银行承兑汇票		商业承兑汇票	
	余额	累计发生额	余额	累计发生额	余额	累计发生额
1	500	291	169	492	1	27
2	476	570	167	782	1	59
3	602	1 009	124	1 284	1	96
4	673	1 447	158	1 748	2	127

数据来源：中国人民银行昆明中心支行。

表8 2010年云南省金融机构票据贴现、转贴现利率表

单位：%

季度	贴现		转贴现	
	银行承兑汇票	商业承兑汇票	票据买断	票据回购
1	3.9185	4.5964	2.4912	2.5518
2	4.1840	4.7729	2.7922	2.9521
3	3.7693	4.7907	3.2703	3.4409
4	5.1036	6.2968	3.9887	4.8652

数据来源：中国人民银行昆明中心支行。

5. 金融服务水平明显提升。云南省支付环境持续改善，现代化支付体系安全稳定运行，日均处理业务6.8万笔、清算资金693亿元；银行卡应用从城市向农村加快推进，全年银行卡跨行交易金额增长62.2%。财税库银横向联网加快试点推广，在部分地市实现了税款入库的实时到账。

（五）金融生态环境建设步伐加快，信用环境不断改善

社会信用体系建设步伐不断加快，基础不断夯实，社会信用意识不断提高，为全省经济社会发展提供了基础保障。

9月28日，云南省社会信用体系建设第一次联席会议召开，提出了用五年时间，初步建成信用信息采集、查询系统，建立信用激励惩戒和信用教育机制，构建信用中介服务和信用监督管理2个体系的云南省社会信用体系建设目标，力争把云南建设成为西部社会信用环境最优省份之一。围绕这一目标，金融生态环境建设步伐加快，农村信用体系建设进一步推进，共为677.1万户农户建立信用档案，评定信用农户298.6万户、信用村1 614个、信用乡镇33个，为农村信用贷款发放打下了基础。累计完成了2万户中小企业信用档案建设工作，其中，近15%的企业获得了1 362亿元信贷支持。加强宣传教育，开展了云南省“征信知识宣传周”和“信用记录关爱日”活动，社会信用意识不断提高，营造诚信环境各项工作取得明显成效。

二、经济运行情况

2010年，云南省努力化解金融危机后续冲击和自然灾害的不利影响，国民经济保持平稳较快增长，主要经济指标巩固向好，结构调整积极推进，节能减排取得新成效，民生进一步改善。全年实现地区生产总值7 220.1亿元，增长12.3%，人均GDP达到15 300元，三次产业结构调整为15.3∶44.7∶40.0，第二、第三产业比重继续上升（见图5）。

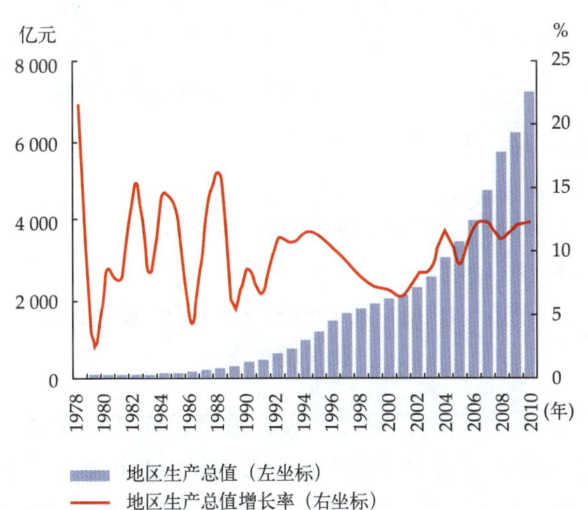

数据来源：云南省统计局。

图5 1978～2010年云南省生产总值及其增长率

（一）消费、投资协调性增强，扩大内需成效显著

2010年，云南省以扩内需作为经济工作的着力点，着力扩大投资和启动社会消费能力，消费和投资增长的协调性增强，对外贸易恢复增长势头强劲，拉动云南经济平稳较快增长。

1. 投资需求快速增长，投资结构不断优化。2010年，云南省抓住扩大内需的发展机遇，加大固定资产投资力度，全省固定资产投资增长22.1%。三次产业投资结构比为4.1:32.1:63.8，第三产业投资比重加大，有利于改变全省服务业发展落后的面貌。全年民间投资重新占据半壁江山，投资增长的

内生动力增强。交通投资占全社会投资的17.7%，支撑投资增长的作用明显。全年水利投资突破百亿元大关，教育投资快速增长，成为全省投资发展新的增长点。全省建设资金到位6 544亿元，比2009年增长35.8%，到位情况较好，对投资增长形成有利支撑。自筹资金占比达45.6%，社会投资活力较强（见图6）。

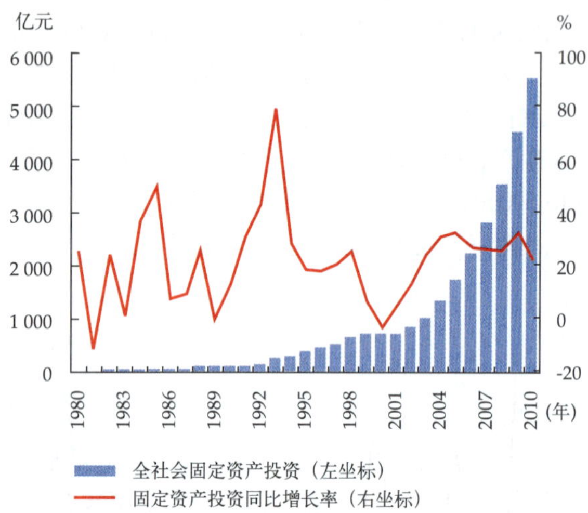

数据来源：云南省统计局。

图6　1980～2010年云南省固定资产投资及其增长率

2. 消费需求稳步扩大，城乡市场共同发展。2010年，云南省采取一系列改善民生政策措施，有效增加城乡居民收入，全省城镇居民人均可支配收入增长11.5%，农民人均纯收入增长17.3%，消费能力增强。全省消费品市场稳中有升，增速逐月加快，扩大消费政策效应显现，消费潜力有效释放，全年实现全社会消费品零售总额增长21.9%，提高2.6个百分点，有效地拉动了经济企稳回升。全省消费热点突出，汽车类零售额增长31.6%，体育娱乐用品类零售额增长39.8%，金银珠宝类零售额增长31.2%，消费层次不断提高。城镇和农村居民恩格尔系数分别较上年下降2.2个和1个百分点，生活水平进一步提高；城镇和农村零售额分别增长22.8%和18.5%，城乡消费品市场共同繁荣、协调发展（见图7）。

3. 对外贸易回升迅猛，实际利用外资跨越新台阶。2010年，外部需求持续回暖，带动全省外贸进出口总额增长66.7%，增幅比上年上升83.2个百分

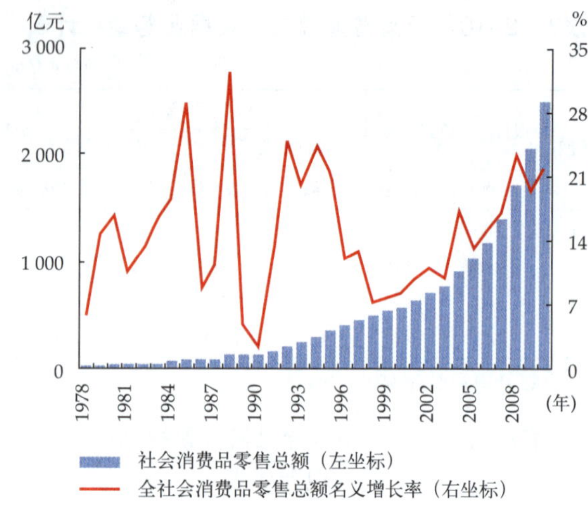

数据来源：云南省统计局。

图7　1978～2010年云南省社会消费品零售总额及其增长率

点，一般贸易占进出口额的比重在八成以上，进出口超过危机前的最好水平，金融危机对云南进出口的影响减弱。全年各月进出口总额增幅呈前快后慢态势，其中，出口增长68.5%，进口增长64.4%，全年实现贸易顺差比上年扩大8.3亿美元。农产品、纺织品及服装和电力出口保持较快增长，分别增长36.6%、38.7%及1.3倍。全省与东盟和南亚贸易快速增长，合计进出口额占进出口额的41.2%（见图8）。

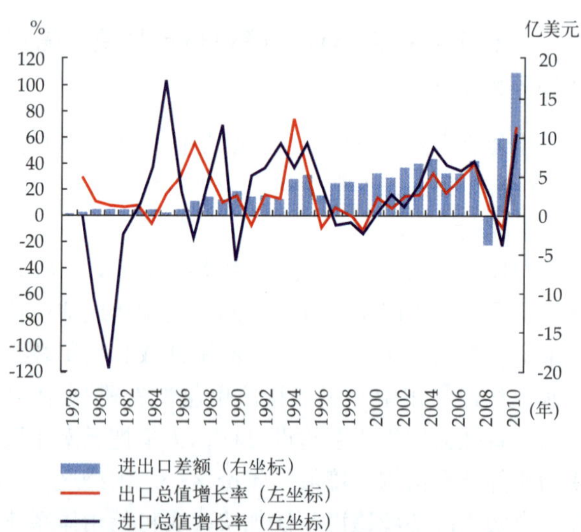

数据来源：云南省统计局。

图8　1978～2010年云南省外贸进出口变动情况

云南省稳步推进面向西南开放的“桥头堡”战略，增强对外资吸引力，利用外资实现历史性跨越。全年新批外商投资项目163个，实际利用外资金额13.3亿美元，比上年同期增长46.0%。外资进入领域主要是建筑业、制造业、水务等，房地产业仅仅占8.2%，结构趋向合理（见图9）。

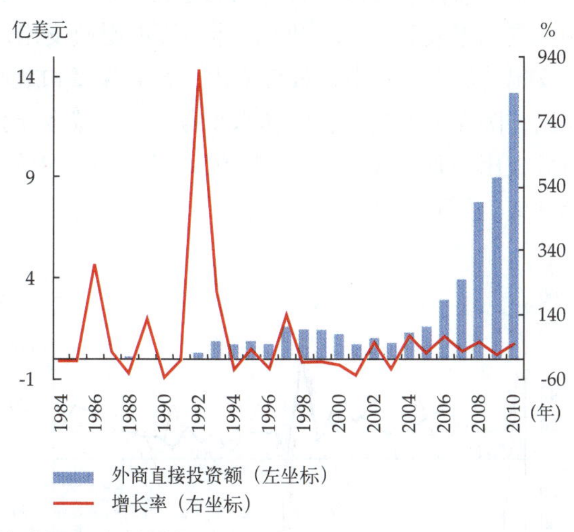

数据来源：云南省统计局。

图9 1984～2010年云南省外商直接投资情况

（二）供给增长更加均衡，结构调整积极推进

2010年，云南省按照第一产业调优、第二产业调强、第三产业调快的总体思路，着力调整和优化产业结构，年末第一产业比重下降2个百分点，第二产业比重上升2.9个百分点，产业结构更趋优化。

1. 农业生产持续恢复，金融支农力度加强。2010年，云南省全力抗大旱、保民生、抓春耕，农业生产快速恢复，农业增加值增长5%，对GDP的贡献达16%。粮食生产大旱之年再夺丰收，连续八年增产，林牧渔各业稳定发展。农业优势产业区域布局逐步形成，“烟、糖、茶、胶”特色产业产量在全国均位列前三位。农业产业化程度提高，除烟草外的农产品加工业实现产值832亿元，各类农业产业化经营组织达4 800个，农业科技和机械化水平不断提高，农业专业化水平提升。全省新增涉农贷款696.1亿元，占全部贷款的38.9%。

2. 工业经济平稳发展，经济效益明显好转。2010年，云南省继续实施“工业强省”战略，全力推行新型工业化，发展非烟工业和民营经济，规模以上工业企业增加值增长15%，增速比上年加快3.8个百分点。其中，烟草、电力、有色、钢铁、化工、装备制造、煤炭7大产业增加值均突破百亿元，对工业增长起到较好的支撑作用。规模以上工业经济效益综合指数同比提高28.3个百分点，主营业务收入过100亿元的企业达9户，户均主营业务收入超过300亿元。工业结构继续改善，重工业增加值比重为53.8%，轻工业增加值首次突破千亿元，非烟工业增加值比重比上年提高0.7个百分点（见图10）。

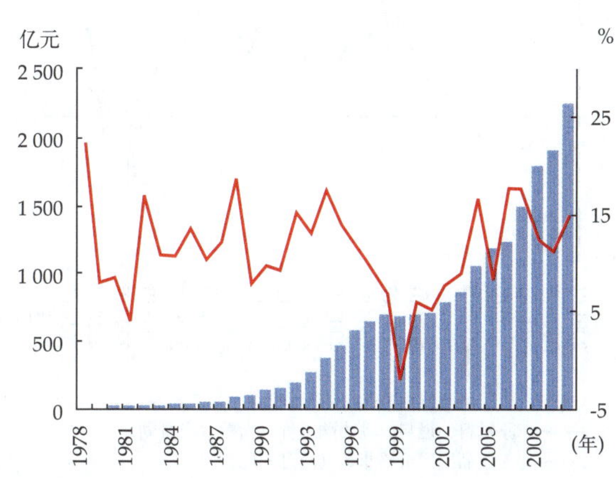

数据来源：云南省统计局。

图10 1978～2010年云南省工业增加值及其增长率

3. 服务业稳步发展，旅游文化产业特色突出。2010年，云南大力发展物流、信息服务、会展和金融科技为主的生产服务业，做大做强旅游支柱产业，打造特色文化产业，第三产业增加值增长11.5%。其中，批发和零售业、金融业、住宿和餐饮业等行业保持较快增长。旅游业接待国内游客1.4亿人次，总收入突破千亿元，以风情体验、休闲度假、生态美景观赏为特色的旅游强省地位巩固。文化产业异军突起，产业增加值占生产总值的比重接近5%。金融服务业发展加快，跨境贸易人民币结算试点进一步发挥了云南区位优势，金融服务对经济社会发展的支撑作用加强。

（三）价格总水平上升，呈现先升后降走势

2010年，受国际大宗商品价格上涨及异常气候影响，云南省主要物价指标一度上涨较快，随着稳定价格政策措施的落实，价格上涨得到有效抑制，

全年价格涨幅呈现先升后降的态势（见图11）。

1. 食品价格拉动CPI较快上涨。2010年，云南省居民消费价格总水平累计上涨3.7%，食品类价格是居民消费价格总水平上涨的主要推手，拉动总指数上涨2.9个百分点，其中，粮食类、菜类和干鲜瓜果类上涨最快。

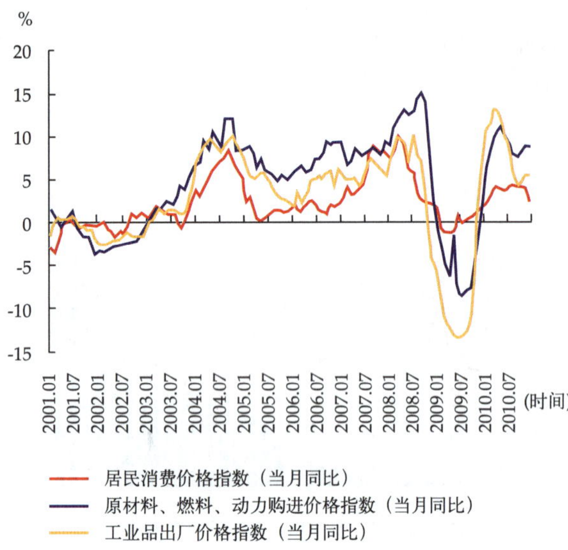

数据来源：云南省统计局。

图11　2001～2010年云南省居民消费价格和生产者价格变动趋势

2. 生产价格呈现前高后低走势。在有色金属价格变动和上年基期价格影响下，2010年云南省工业品出厂价格呈现前高后低的特点，全年上涨8.8%，其中，有色金属产品出厂价格拉动指数上涨4.5%。原材料、燃料、动力购进价格变动趋势与出厂价格一致，全年上涨9%。农业生产资料价格运行基本保持在平稳区间，全年上涨1.4%。受生产成本、气候变化、游资炒作、国际市场等因素影响，农产品生产价格持续加速上涨，全年上涨12.5%。

3. 劳动力成本较快增长。2010年，受最低工资标准上调、为应对旱灾而加大农村劳动力向外转移力度等因素影响，云南省工资性收入较快增长，劳动力成本上升。城镇居民人均工资性收入增长12.5%；农村居民工资性收入人均增长35.8%。

4. 资源性产品价格改革积极稳妥推进。2010年，云南省深化电价、水价、成品油价格改革，充分发挥价格导向和调节作用，保障和改善民生，有效地促进了经济结构调整。加大差别电价政策实施力度，促进了淘汰落后产能目标任务的圆满完成。

（四）财政收入较快增长，支出结构优化

2010年，云南省财政总收入增长21.4%。一般预算收入增长24.8%，其中，各项税收收入增长28.1%，营业税、个人所得税、企业所得税三项税收以超过25%的增速快速增长。财政支出更加关注民生，继续推进经济“有福利的增长”，全年一般预算支出增长17.1%，用于民生方面的财政支出占总支出的69%。其中，教育支出、社会保障和就业支出、医疗卫生支出、农林水事务支出、城乡社会事务支出分别增长21.8%、15.9%、21.5%、21%、16.9%（见图12）。

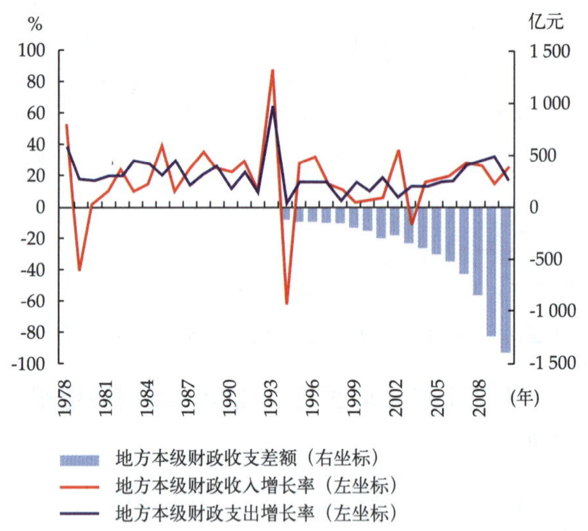

数据来源：云南省统计局。

图12　1978～2010年云南省财政收支状况

（五）节能减排成效显著，生态建设力度加强

2010年，云南省着力淘汰落后产能，推进节能降耗重点项目建设，节能降耗工作取得明显成效。尽管钢铁、石化、有色等高耗能行业占比较高，规模以上工业单位工业增加值能耗同比仍下降7.73%，化学需氧量和二氧化硫排放量稳步下降。

2010年，云南省全面推进“七彩云南保护行动”，滇池水质恶化的势头得到初步遏制，城市环境空气质量整体保持在二级水平，主要污染物减排取得新进展，森林覆盖率提高到53%，城镇污水处理率和生活垃圾无害化处理率均提高到70%以上。金融对节能环保的支持继续加强，2010年新增环境治理贷款10.4亿元，余额达51亿元。

专栏2　全省林权抵押贷款增长实现翻番

云南是全国重点林区之一，全省森林覆盖率近50%，活立木蓄积量达15.48亿立方米，居全国第三位。林业用地中，80%是集体林地，涉及农户845万户。2009年全省集体林权制度改革基本完成，金融部门积极探索、加快发展林权抵押贷款，2010年实现林权抵押贷款余额翻番，金融支持集体林权制度改革、促进林业发展和林农增收的作用明显。

一、“全面铺开、重点推进”林权抵押贷款业务

中国人民银行作为林业金融服务的牵头单位，把推动林权抵押贷款发展作为2010年的重点工作，建立了云南省林业金融服务工作联席会议制度，明确了2010年林权抵押贷款要在上年余额的基础上翻番增量目标，确定了林权抵押贷款在全省“全面推开、重点推进”的工作方针，要求各金融机构在全省全面开办林权抵押贷款业务，确定了23个条件较为成熟的县作为重点推进县，并提出了各行新增贷款的指导意见。中国人民银行建立了林权抵押贷款统计监测制度，及时掌握和通报各行贷款发放情况，协调解决工作中的有关问题。截至2010年年末，全省林权抵押贷款余额达48.5亿元，新增25.5亿元，增长1.1倍。

二、商业银行积极创新，切实加大对林业的信贷投放

目前，在全省19家中资银行业金融机构中，有11家办理林业信贷业务，各金融机构创新推出了一些符合云南实际的可行办法。一是摸索出三种森林资源资产评估的有效模式，即县级林业调查规划机构评估、有资质的专业机构评估、县林业局和承贷银行协商评估三种办法，有效地缓解了制约云南省林业贷款发放的障碍。二是灵活设定林权抵押贷款期限和利率，延长贷款期限到5～10年，与林业生产周期相匹配，利率原则上不超过同期限贷款基准利率的1.3倍。三是形成了“公司+基地+农户”的金融支持林业发展的有效途径。2010年年末，云南省林权抵押贷款涉及的户数为7 510户，其中，企业254户、农户7 256户，企业获得的林权抵押贷款占贷款余额的80%以上。

三、推动政策性森林保险试点，建立贷款风险分担机制

森林自然灾害是造成林权抵押贷款形成不良的主要因素之一，开展政策性森林保险是降低贷款风险的有效手段。2010年，云南1/3的市州率先开展了政策性森林火灾保险试点工作，试点地区保费纳入中央和省级财政补贴范围。目前，云南省参保森林面积达1.3亿亩，投入保费5 110.8万元，为林权抵押贷款业务的发展创造了良好的外部环境。

（六）房地产业增长放缓，电力行业支柱作用突出

2010年，房地产调控力度不断加强，全省房地产市场主要指标高位回落，电力建设和运行势头良好，支柱产业地位进一步增强。

1. 房地产市场增长放缓，房地产金融平稳运行。2010年，在促进房地产市场平稳健康发展的各项政策引导下，云南省房地产开发投资增长放慢，房地产贷款增量、增速持续回落。

（1）房地产投资增速下滑，预收款与自筹资金是投资的主要来源。全年云南省完成房地产开发投资完成900.4亿元，同比增长22.1%，增速同比下降10.2个百分点。住宅投资结构有所调整，中小户型投资占总投资的14.1%，占比有所上升。当年房地产开发投资资金来源中自筹资金和预收款来源占比分别为35.5%和30.7%。

（2）土地供应步伐放缓，商品房开发主要指标下行。国家对房地产调控的力度不断增强，开发企业拿地谨慎，全省土地购置面积和土地开发面积分别下降18.8%和52.6%；商品房累计施工面积同比增长28.5%，竣工面积下降8.6%，主要指标增速放缓或下降，调控效果明显（见图13）。

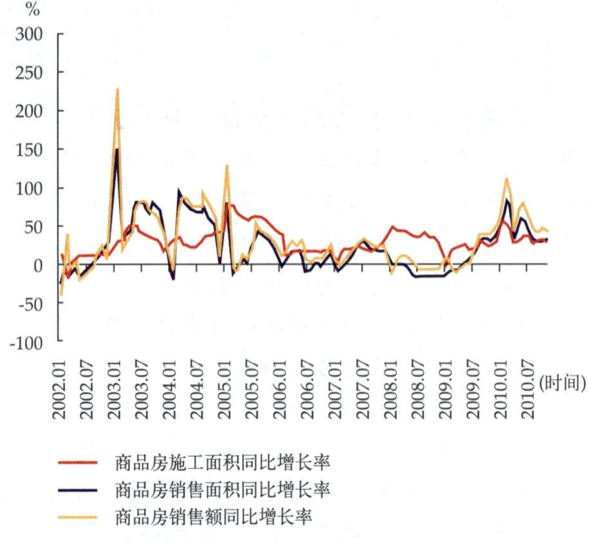

数据来源：云南省统计局。

图13　2002～2010年云南省商品房施工和销售变动趋势

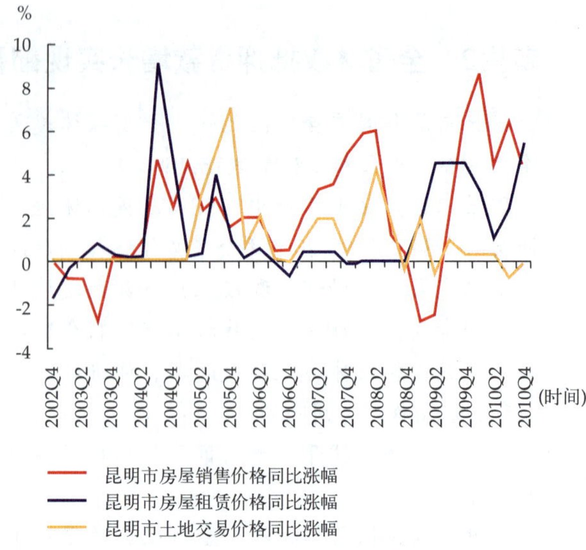

数据来源：云南省统计局。

图14　2002～2010年昆明市房屋销售价格指数变动趋势

（3）商品房销售保持旺盛，增速下滑趋势明显。2010年，全省累计商品房销售面积和累计销售金额同比分别增长32.7%和43%，昆明市级行政中心搬迁、大规模的“城中村”改造等因素推动房屋销售旺盛，全省年末住宅空置面积同比减少112.89万平方米（见图13）。

（4）昆明市房价涨幅趋缓，政策调控取得成效。“新国十条”出台后，云南省出台调控细则，昆明市推出了限购令，昆明市土地交易价格和房价偏快上涨的势头得以遏制，全年土地交易价格指数低位运行，但租赁价格指数逐季度上扬，于第四季度达到最高点105.4%（见图14）。

（5）房地产贷款增速大幅回落，信贷资产质量稳定。“新国十条”出台后，购买二套以上房屋融资成本上升，政策效应从5月开始逐渐显现，房地产贷款增速持续回落，增量大幅下降。全年房地产贷款同比少增近133亿元，年末，房地产开发贷款和个人住房贷款增速降至全年最低点6.73%和28.24%。年末，房地产贷款不良率同比下降0.25个百分点，贷款质量良好。

2. 电力行业加快发展，支柱作用凸显。云南省水能资源丰富，以水电为主的能源行业被列为云南支柱产业。“十一五”期间，云南电力生产保持了年均16.9%的增长，2010年实现发电量1 364.8亿千瓦时，水电、火电发电量分别占52.4%和40%。全年电力行业增加值占全部工业增加值的9.8%，支柱作用凸显。电力行业发展已经跨出国门，在周边国家合作开发了多座水电站，2010年电力出口收入2.9亿美元。

但云南省电力行业仍存在水电、火电结构不合理、水电调峰能力不足、冬春之交的枯水期全省面临缺电等问题，这些都成为制约云南经济发展的重要因素。

2010年年末，全省电力贷款余额达1 500亿元，较上年新增71.6亿元，占当年电力投资的10%。随着金沙江中游金安桥电站获得国家核准，部分关注类电力贷款转为正常，电力贷款质量总体优良。

三、预测与展望

2011年，从外部看，全球经济复苏呈现不稳定、不平衡的特征，不确定因素仍然较多。从国内看，经济运行和宏观调控面临挑战，管理通货膨胀预期的任务依然艰巨。从省情看，工业结构单一，“两高一资”行业占比重较高，资源约束及节能减排压力较大，经济对固定资产投资拉动的依存度较高，给云南省协调处理保持经济平稳较快发展、调整经济结构、管理通货膨胀预期的关系带来一定困难。但在国家实施积极的财政政策和稳健的货币政策，深入实施西部大开发的宏观大背景下，云南将加快“两强一堡”发展战略，充分发挥区位优势、资源和劳动力优势，交通建设、环境治理、产业振兴和经济增长转型步伐将进一步加快。中缅油气管道等一批大项目开工将推动全省投资较快增长，中核集团、中石化集团等央企入滇快速推进，光电子、新材料、生物医药等新兴产业正在成为新的经济增长点，人民币跨境结算试点进一步扩大，有望带动云南对外贸易继续保持较快增长。综合考虑面临的政策、环境、资源条件，预计2011年云南省生产总值增速在10%以上，工业品价格上涨有利于资源型行业提升效益，但也会加大价格传导压力，预计全年CPI增幅在3.8%左右。

2011年，我国货币政策由适度宽松回归稳健，考虑到直接融资及其他资金来源增长较快，信贷增长将能较好地满足实体经济平稳较快增长对资金的合理需求。云南省信贷投放在把握信贷投放和节奏的同时，围绕支持地方经济发展方式转变和经济结构调整，将积极支持全省重点项目和薄弱环节的合理资金需要，信贷结构将继续优化，对“三农”、薄弱行业、民生工程的信贷支持力度将有所加大，金融改革与创新继续推进。

中国人民银行昆明中心支行货币政策分析小组

负责人：周振海　于　华

统　稿：王春桥　付　强

执　笔：雷一忠　经　纬　李体欣　字　军　吴　莹

提供材料的还有：张　琦　和淑华　陈　银　段云波　李　震　王　勤　段一群　董　娴　张建玲　李昕

附录

（一）2010年云南省经济金融大事记

1月5日，2010年中国人民银行工作会议暨全国外汇管理工作会议在昆明召开。

3月17日，《云南省加快非公有制经济发展有关政策实施办法》（云政办发[2010]33号）颁布实施。

5月16日，《云南省政府关于切实做好稳定住房价格工作的若干意见》（云政发[2010]84号）出台。

7月2日，国家发展改革委决定，正式启动制定《支持云南省加快建设我国向西南开放“桥头堡”的指导意见》的工作。

7月27日，云南省跨境贸易人民币结算试点工作启动仪式暨昆明区域性跨境人民币金融服务中心揭牌仪式在昆明举行，云南省跨境贸易人民币结算步入快速发展通道。

9月2日，云南省政府办公厅转发《云南省鼓励创业促就业小额担保贷款实施办法》（云政办发[2010]163号），继续加快小额担保贷款发展，促进就业形势改善。

10月11日，中国进出口银行云南省分行正式挂牌开业。至此，国家开发银行、中国进口银行和中国农业发展银行三家政策性银行都在云南省设立了分行。

11月17日，富滇银行股份有限公司在老挝首都万象设立代表处，成为我国第一家到国外设立代表处的城市商业银行。

12月25日，中国共产党云南省第八届委员会第十次全体会议审议通过了《中共云南省委关于制定国民经济和社会发展第十二个五年规划的建议》。

年末，全省122个金融服务空白乡镇均设立了银行服务网点，农村地区的基本银行服务实现全覆盖。

（二）2010年云南省主要经济金融指标

表1　2010年云南省主要存贷款指标

		1月	2月	3月	4月	5月	6月	7月	8月	9月	10月	11月	12月
本外币	金融机构各项存款余额（亿元）	11 486.7	11 612.0	11 909.0	12 175.0	12 349.9	12 626.4	12 763.5	12 960.5	13 005.6	13 145.2	13 319.5	13 476.2
	其中：城乡居民储蓄存款	4 775.4	5 025.3	5 114.6	5 148.8	5 206.4	5 322.7	5 363.5	5 398.0	5 562.4	5 555.7	5 613.3	5 744.6
	企业存款	3 960.1	3 819.3	3 985.3	4 114.2	4 171.7	4 214.5	4 236.6	4 280.7	4 170.1	4 258.5	4 334.5	4 500.8
	各项存款余额比上月增加（亿元）	312.2	125.3	297.3	265.9	174.9	276.6	137.1	197.0	45.2	139.6	174.3	156.7
	金融机构各项存款同比增长（%）	33.4	32.3	28.7	29.2	27.3	25.3	23.9	23.0	20.7	20.0	20.3	20.6
	金融机构各项贷款余额（亿元）	9 156.6	9 336.5	9 409.7	9 602.3	9 792.0	9 900.2	10 111.0	10 207.7	10 317.4	10 392.6	10 592.1	10 701.9
	其中：短期	2 587.6	2 590.0	2 604.9	2 615.9	2 625.0	2 577.5	2 584.2	2 622.5	2 657.1	2 666.9	2 663.9	2 702.4
	中长期	6 308.1	6 506.6	6 585.8	6 763.9	6 931.2	7 100.5	7 323.9	7 392.3	7 485.3	7 542.8	7 717.0	7 768.4
	票据融资	213.4	193.2	170.3	175.3	192.5	167.7	151.9	136.7	124.6	122.9	139.8	159.8
	各项贷款余额比上月增加（亿元）	302.6	179.9	73.8	192.6	189.7	108.2	210.8	96.8	109.7	75.3	199.5	109.8
	其中：短期	91.8	2.4	15.4	11.0	9.2	-47.5	6.2	25.3	34.6	9.7	-2.9	38.5
	中长期	258.9	198.5	79.3	178.1	167.2	169.3	223.1	82.3	93.0	57.6	174.2	51.3
	票据融资	-56.2	-20.2	-22.9	5.0	17.3	-24.8	-15.8	-15.2	-12.1	-1.7	16.9	20.0
	金融机构各项贷款同比增长（%）	34.1	34.5	26.6	27.5	27.9	21.9	22.6	20.8	20.0	19.6	21.7	20.9
	其中：短期	-0.8	-2.7	-6.3	-4.9	-5.9	-11.7	-11.8	-10.9	-9.9	-10.4	-9.1	-8.0
	中长期	60.6	63.2	53.4	53.4	53.3	47.1	48.3	44.1	42.3	39.4	40.7	38.6
	票据融资	-24.2	-31.7	-51.0	-51.8	-42.2	-52.8	-57.2	-61.1	-65.0	-54.5	-44.0	-40.7
	建筑业贷款余额（亿元）	274.6	284.5	295.7	298.7	314.0	320.5	321.6	323.2	367.8	338.8	350.7	348.4
	房地产业贷款余额（亿元）	349.6	371.4	376.0	392.6	390.6	399.0	407.5	415.7	409.7	414.4	423.2	419.2
	建筑业贷款同比增长（%）	51.7	49.0	43.1	41.1	44.2	37.5	33.6	29.4	49.2	35.7	38.6	34.5
	房地产业贷款同比增长（%）	-58.8	-57.2	-59.8	-58.9	-60.3	-60.3	-61.8	-61.9	-63.7	-65.3	-65.3	-66.5
人民币	金融机构各项存款余额（亿元）	11 433.9	11 560.8	11 858.5	12 122.0	12 292.5	12 567.7	12 703.0	12 901.4	12 948.7	13 081.3	13 262.1	13 411.5
	其中：城乡居民储蓄存款	4 748.1	4 997.9	5 087.0	5 123.0	5 180.4	5 296.8	5 336.8	5 372.6	5 538.0	5 530.1	5 588.0	5 719.6
	企业存款	3 937.9	3 799.0	3 965.6	4 090.0	4 144.0	4 184.5	4 205.6	4 249.8	4 140.3	4 224.6	4 305.1	4 462.4
	各项存款余额比上月增加（亿元）	314.3	126.9	297.7	263.5	170.5	275.1	135.3	198.5	47.2	132.6	180.8	149.4
	其中：城乡居民储蓄存款	79.5	249.8	89.1	36.1	57.4	116.3	40.0	35.9	165.3	-7.8	57.9	131.6
	企业存款	93.7	-138.9	166.6	124.4	54.0	40.6	21.1	44.2	-109.5	84.4	80.4	157.4
	各项存款同比增长（%）	33.6	32.6	28.9	29.3	27.4	25.3	24.0	23.0	20.8	20.0	20.3	20.6
	其中：城乡居民储蓄存款	19.4	23.6	22.4	22.5	22.6	23.3	23.3	23.9	23.0	22.5	22.3	22.5
	企业存款	39.8	33.4	24.7	27.9	25.9	17.7	15.4	13.2	9.3	9.6	13.2	13.2
	金融机构各项贷款余额（亿元）	9 074.1	9 249.3	9 321.9	9 514.3	9 702.9	9 798.5	10 011.9	10 102.7	10 215.7	10 278.1	10 469.8	10 568.8
	其中：个人消费贷款	1 113.1	1 140.4	1 172.7	1 206.7	1 228.3	1 252.6	1 269.6	1 282.0	1 299.2	1 313.0	1 335.7	1 353.3
	票据融资	213.4	193.2	170.3	175.3	192.5	167.7	151.9	136.7	124.6	122.9	139.8	159.8
	各项贷款余额比上月增加（亿元）	294.5	175.2	72.5	192.5	188.6	95.7	213.4	90.8	113.0	62.4	191.7	99.0
	其中：个人消费贷款	56.4	27.3	33.6	33.9	21.7	24.2	17.1	12.4	17.2	13.8	22.8	17.6
	票据融资	-56.2	-20.2	-22.9	5.0	17.3	-24.8	-15.8	-15.2	-12.1	-1.7	16.9	20.0
	金融机构各项贷款同比增长（%）	33.9	34.1	26.0	26.9	27.4	21.4	22.2	20.3	19.8	19.2	21.3	20.4
	其中：个人消费贷款	60.2	63.3	61.5	63.3	59.4	55.1	51.5	46.3	40.5	38.6	35.2	32.1
	票据融资	-24.2	-31.7	-51.0	-51.8	-42.2	-52.8	-57.2	-61.1	-65.0	-54.5	-44.0	-40.7
外币	金融机构外币存款余额（亿美元）	7.7	7.5	7.4	7.8	8.4	8.7	8.9	8.7	8.5	9.6	8.6	9.8
	金融机构外币存款同比增长（%）	1.3	-4.4	1.4	2.1	9.1	13.9	13.0	11.2	6.3	17.9	10.3	22.3
	金融机构外币贷款余额（亿美元）	12.0	12.7	12.9	12.9	13.1	15.0	14.6	15.4	15.2	17.1	18.3	20.1
	金融机构外币贷款同比增长（%）	57.9	98.1	152.2	138.7	133.0	117.0	80.5	88.0	61.5	64.5	62.1	86.2

数据来源：云南省统计局。

表2　2001～2010年云南省各类价格指数

单位：%

年/月	居民消费价格指数		农业生产资料价格指数		原材料购进价格指数		工业品出厂价格指数		昆明市房屋销售价格指数	昆明市房屋租赁价格指数	昆明市土地交易价格指数
	当月同比	累计同比	当月同比	累计同比	当月同比	累计同比	当月同比	累计同比	当季(年)同比	当季(年)同比	当季(年)同比
2001	—	-0.9	—	-3.4	—	-0.6	—	-0.1	—	—	—
2002	—	-0.2	—	0.4	—	-2.4	—	-1.8	—	—	—
2003	—	1.2	—	1.9	—	2.7	—	1.4	-0.9	0.4	0.0
2004	—	6.0	—	6.3	—	9.6	—	8.8	2.3	4.2	0.0
2005	—	1.4	—	5.9	—	6.5	—	4.5	2.9	1.4	3.7
2006	—	1.9	—	2.8	—	7.6	—	4.6	1.3	0.1	0.6
2007	—	5.9	—	7.5	—	8.2	—	5.7	3.5	0.4	1.3
2008	—	5.7	—	16.6	—	11.6	—	5.8	3.2	0.0	2.6
2009	—	0.4	—	-0.7	—	-5.0	—	-8.5	1.0	3.8	0.7
2010	—	3.7	—	1.4	—	9.0	—	8.8	6.8	3.1	-0.1
2009　1	1.9	1.9	6.6	6.6	0.2	0.2	-5.3	-5.3	-2.2	—	—
2	-0.3	0.8	6.0	6.3	-2.0	-0.9	-7.9	-6.6	-2.3	—	—
3	-1.1	0.2	4.0	5.6	-4.6	-2.1	-11.2	-8.2	-3.2	1.8	1.9
4	-1.1	-1.2	2.9	4.9	-6.1	-3.1	-12.3	-9.2	-2.8	—	—
5	-0.8	-0.3	-7.7	-4.0	-1.3	-1.2	-13.1	-10.0	-2.5	—	—
6	0.9	-0.1	-2.7	2.6	-8.0	-4.7	-13.6	-10.6	-1.9	4.5	-0.5
7	0.2	-0.1	-4.9	1.5	-8.7	-5.3	-13.3	-11.0	-0.4	—	—
8	0.3	0.0	-5.0	0.6	-8.0	-5.6	-12.9	-11.2	3.7	—	—
9	0.5	0.1	-5.1	0.0	-7.9	-5.9	-11.9	-11.3	4.2	4.5	0.9
10	0.8	0.1	-4.6	-0.5	-6.3	-5.9	-8.3	-11.0	4.9	—	—
11	1.3	0.2	-2.6	-0.7	-2.8	-5.6	1.7	-9.8	6.6	—	—
12	2.2	0.4	-1.0	-0.7	1.5	-5.0	6.8	-8.5	8.2	4.5	0.4
2010　1	2.2	2.2	-0.1	-0.1	6.4	6.4	10.9	10.9	10.3	—	—
2	3.2	2.7	-0.4	-0.3	8.0	7.2	11.5	11.2	9.2	—	—
3	4.2	3.2	-0.9	-0.5	9.8	8.1	13.2	11.9	8.7	3.3	0.4
4	4.1	3.4	-2.2	-0.9	10.8	8.8	12.9	12.1	8.1	—	—
5	4.0	3.5	-0.1	-0.8	11.1	9.3	11.6	12.0	7.5	—	—
6	3.7	3.6	0.9	-0.5	9.9	9.4	9.9	11.7	6.7	1.2	0.4
7	4.4	3.7	2.5	-0.1	9.5	9.4	9.0	11.3	5.6	—	—
8	4.4	3.8	2.1	0.2	8.2	9.2	6.5	10.7	4.4	—	—
9	4.1	0.2	2.4	0.4	7.6	9.0	4.4	10.0	5.3	2.4	-0.8
10	4.0	3.8	3.3	0.7	8.3	9.0	4.8	9.5	6.4	—	—
11	4.0	3.8	4.5	1.1	9.0	9.0	5.7	9.1	4.8	—	—
12	2.6	3.7	4.8	1.4	9.0	9.0	5.6	8.8	4.5	5.4	-0.2

数据来源：云南省统计局。

表3 2010年云南省主要经济指标

	1月	2月	3月	4月	5月	6月	7月	8月	9月	10月	11月	12月
绝对值（自年初累计）												
地区生产总值(亿元)	—	—	1 490.1	—	—	3 037.6	—	—	4 805.2	—	—	7 220.1
第一产业	—	—	135.7	—	—	312.0	—	—	—	—	—	1 106.0
第二产业	—	—	711.5	—	—	1 523.7	—	—	—	—	—	3 224.0
第三产业	—	—	642.9	—	—	1 201.8	—	—	—	—	—	2 890.0
工业增加值(亿元)	—	349.0	536.3	707.7	873.3	1 054.0	1 225.6	1 418.1	1 636.4	1 816.9	2 038.4	2 600.0
城镇固定资产投资(亿元)	—	379.0	727.2	1 141.9	1 477.8	1 947.4	2 298.7	2 698.2	3 196.3	3 686.3	4 281.8	5 052.6
房地产开发投资	—	78.3	138.1	223.5	303.5	377.6	436.0	499.3	595.2	676.7	768.8	900.4
社会消费品零售总额(亿元)	—	334.8	521.1	704.9	890.6	1 084.9	1 272.1	1 463.8	1 666.3	1 871.2	2 078.0	2 500.3
外贸进出口总额(万美元)	—	149 000	239 500	349 900	452 700	612 100	771 500	898 600	1 005 400	1 091 000	1 210 000	1 336 800
进口	—	78 000	132 000	174 400	215 600	273 200	319 700	365 900	414 900	449 400	510 200	576 200
出口	—	72 000	106 300	175 400	237 100	338 900	451 800	532 700	590 500	641 200	699 800	760 600
进出口差额(出口−进口)	—	-6 000	-25 700	1 000	21 500	65 700	132 100	166 800	175 600	191 800	189 600	184 400
外商实际直接投资(万美元)	—	7 900	13 700	—	25 000	50 000	52 000	—	57 000	78 000	96 500	132 900
地方财政收支差额(亿元)	—	-49.3	-123.4	-166.1	-219.6	-317.4	-381.2	-465.5	-614.4	-713.4	-967	-1 414.4
地方财政收入	—	129.6	189.7	264.6	331.0	411.0	479.6	538.6	595.7	692.0	777.4	871.2
地方财政支出	—	178.9	313.1	430.7	550.6	728.4	860.8	1 004.1	1 210.1	1 405.4	1 744.4	2 285.6
城镇登记失业率(%)(季度)	—	—	—	—	—	—	—	—	—	—	—	4.2
同比累计增长率（%）												
地区生产总值	—	—	15.0	—	—	13.8	—	—	11.6	—	—	12.3
第一产业	—	—	2.2	—	—	0.5	—	—	—	—	—	5.0
第二产业	—	—	19.6	—	—	18.2	—	—	—	—	—	15.5
第三产业	—	—	12.5	—	—	11.8	—	—	—	—	—	10.0
工业增加值	—	23.2	21.0	20.7	20.6	20.5	18.0	17.1	16.0	15.7	15.2	15.0
城镇固定资产投资	—	20.7	24.5	24.6	23.4	22.7	22.4	22.8	23.4	24.1	24.4	22.7
房地产开发投资	—	31.4	31.0	26.2	25.0	16.1	14.0	15.7	15.3	16.9	19.6	22.1
社会消费品零售总额	—	18.4	18.8	18.5	18.6	18.6	18.5	18.4	18.5	18.6	18.7	21.9
外贸进出口总额	—	77.5	80.6	92.2	91.2	109.5	107.4	101.3	93.1	85.0	79.1	66.7
进口	—	127.2	135	134.1	112.6	121.9	94.4	83.8	81.3	72.4	69.6	64.4
出口	—	43.5	40.0	63.2	75.2	100.5	117.7	115.5	102.3	95.0	86.7	68.5
外商实际直接投资	—	18.3	58.2	—	26.1	68.4	58.9	—	34.4	56.8	39.4	46.0
地方财政收入	—	27.8	27.0	28.7	25.8	23.7	21.7	23.3	20.5	23.3	25.7	24.8
地方财政支出	—	-9.7	-5.7	-0.6	0.7	5.4	6.1	8.7	12.3	12.3	22.3	17.1

数据来源：云南省统计局。

2010年西藏自治区金融运行报告

中国人民银行拉萨中心支行货币政策分析小组

[内容摘要] 2010年，全区深入学习贯彻中央第五次西藏工作座谈会精神，坚持走有中国特色、西藏特点的发展路子，大力实施“一产上水平、二产抓重点、三产大发展”的经济发展战略，认真落实促进经济社会发展的各项措施，努力克服干旱等自然灾害带来的不利影响，经济持续增长，民生持续改善，生态持续良好，社会持续稳定。

辖区各金融机构在自治区党委、政府的正确领导下，全面贯彻落实中央赋予西藏的特殊优惠金融政策，着力改进信贷政策实施方式，优化信贷结构，加大信贷投放力度，提升金融服务水平。存款快速增加，贷款稳步增长，直接融资取得新进展，票据融资大幅增加，金融市场稳步发展。

在中央加大对西藏工作支持力度、西部大开发战略深入实施、全国支援西藏工作向纵深发展的有利形势下，西藏经济社会实现跨越式发展的外部条件更加优越。预计2011年西藏经济将继续保持跨越式发展的良好势头，金融运行平稳。

一、金融运行情况

2010年，自治区金融运行平稳。存贷款快速增长，证券业、保险业稳步发展，金融市场取得新进展，金融生态环境进一步优化。

（一）存款快速增长，贷款稳步增加

1. 银行业金融机构组织体系逐步完善。截至2010年年末，全区银行业金融机构仅有中国工商银行、中国农业银行、中国银行、中国建设银行、中国邮政储蓄银行各分支机构，以及国家开发银行西藏代表处。资产总额为1 197亿元，从业人员6 000余人。2010年，筹备西藏地方性商业银行、国家开发银行西藏代表处升格为分行、中国农业发展银行赴藏设立分支机构等事宜稳步推进，对完善西藏银行业金融机构组织体系将产生积极作用。

2. 存款快速增长，增量创新高。截至2010年年末，全区金融机构本外币各项存款余额为1 296.7亿元，同比增加268.3亿元，增长26.1%，高出全国6.4个百分点。其中，人民币各项存款余额为1 295.5亿元，同比增加268.3亿元，增长26.1%；外币各项存款余额为1 797.3万美元，同比增加98.1万美元，增长5.8%。

表1 2010年西藏自治区银行业金融机构情况

机构类别	营业网点①			法人机构（个）
	机构个数（个）	从业人数（人）	资产总额（亿元）	
一、大型商业银行②	549	5 782	1 156.3	0
二、国家开发银行及政策性银行③	1	26	—	0
三、股份制商业银行④	0	0	0.0	0
四、城市商业银行	0	0	0.0	0
五、城市信用社	0	0	0.0	0
六、农村合作机构⑤	0	0	0.0	0
七、财务公司	0	0	0.0	0
八、邮政储蓄银行	67	207	40.7	0
九、外资银行	0	0	0.0	0
十、农村新型机构⑥	0	0	0.0	0
合 计	617	6 015	1 197.0	0

注：①不包括国家开发银行和政策性银行、大型商业银行、股份制银行等金融机构总部数据。
②包括中国工商银行、中国农业银行、中国银行、中国建设银行和交通银行。
③包括国家开发银行、中国农业发展银行和中国进出口银行。
④包括中信银行、中国光大银行、华夏银行、广东发展银行、深圳发展银行、招商银行、上海浦东发展银行、兴业银行、中国民生银行、恒丰银行、浙商银行和渤海银行。
⑤包括农村信用社、农村合作银行和农村商业银行。
⑥包括村镇银行、贷款公司和农村资金互助社。
数据来源：西藏自治区银监局。

存款快速增加主要原因：一是2010年以来，中央进一步加大对西藏的投资和财政转移支付力度，资金到位率高，致使大量资金以财政存款、机关团体存款等形式沉淀在银行体系；二是资本市场波动较大，股票和基金对储蓄存款分流作用相对往年有

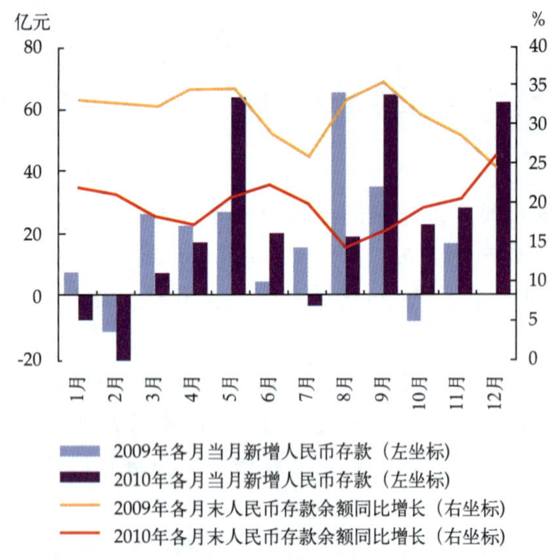

数据来源：《西藏自治区金融统计月报》。

图1 2010年西藏自治区金融机构人民币存款增长变化

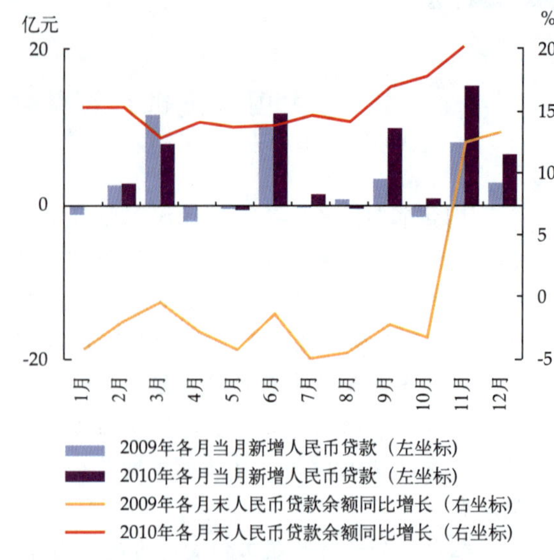

数据来源：《西藏自治区金融统计月报》。

图2 2010年西藏自治区金融机构人民币贷款增长变化

所减弱；三是房地产新政策不断出台，居民购房意愿下降。

3. 贷款稳步增长，票据融资大幅增加。截至2010年年末，全区金融机构本外币各项贷款余额为301.8亿元，同比增加53.5亿元，增长21.5%，高出全国1.7个百分点。其中，人民币各项贷款余额为301.5亿元，同比增加53.5亿元，增长21.6%；外币各项贷款余额为497.5万美元，与上年同期持平。

信贷重点投向了农牧区、中小企业、个人消费贷款等领域，三项贷款余额分别为56.1亿元、99.0亿元、50.7亿元。信贷结构发生变化，票据融资新增29.2亿元，占新增贷款的54.6%，个人消费贷款增长乏力。

从贷款期限看，短期贷款余额为58.7亿元，同比减少3.7亿元，下降5.9%。中长期贷款余额为213.6亿元，同比增加28亿元，增长15.1%。中长期贷款占比为70.8%，贷款长期化趋势进一步加剧。

4. 现金收支双向增长，同比少投。2010年，全区累计现金收入1 025.5亿元，同比增加113.8亿元，增长12.5%；累计现金支出1 071.8亿元，同比增加113.4亿元，增长11.8%；收支相抵，累计现金净投放46.2亿元，同比少投0.5亿元，下降1%。

现金收支双向增长主要原因：一是2010年，辖区继续开展机场、电站、公路、铁路、采矿业等多

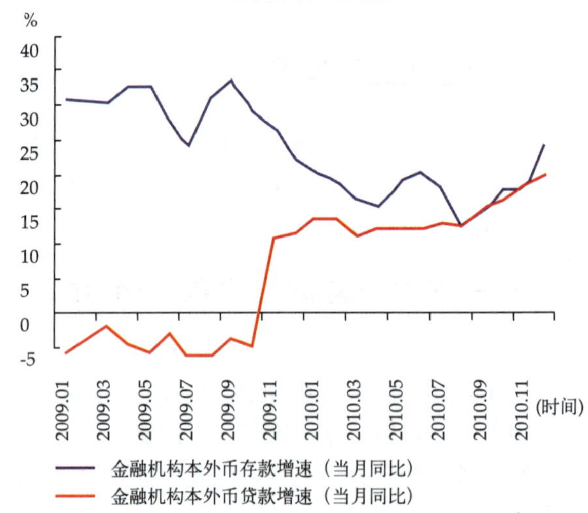

数据来源：各商业银行西藏自治区分行。

图3 2009～2010年西藏自治区金融机构本外币存、贷款增速变化

项改扩建工程，其中所需零星材料款、民工工资等以现金方式支付。二是存款持续增加，现金回笼。三是贷款稳步增长，增加现金投放。辖区非现金支付工具的进一步推广是现金净投放较上年同期小幅下降的主要原因。

5. 继续执行特殊优惠利率政策。2010年，西藏银行业金融机构继续全面落实中央赋予西藏“十一五”特殊优惠金融政策，各项贷款利率比全国各档次基准利率水平低约2个百分点，贷款利率（除第二套购房贷款外）一律不予浮动。

表2　2010年西藏自治区金融机构现金收支情况表

单位：亿元、%

	年累计额	同比增速
现金收入	1 025.5	12.5
现金支出	1 071.7	11.8
现金净支出	46.2	-1.0

数据来源：西藏自治区金融统计月报。

表3　2010年西藏自治区金融机构各利率浮动区间贷款占比表

单位：%

		合计	国有商业银行	股份制商业银行	区域性商业银行	城乡信用社
合计		100.0	100.0	—	—	—
[0.9～1.0)		0.0	0.0	—	—	—
1.0		99.8	99.8	—	—	—
上浮水平	小计	0.2	0.2	—	—	—
	(1.0～1.1]	0.2	0.2	—	—	—
	(1.1～1.3]	0.0	0.0	—	—	—
	(1.3～1.5]	0.0	0.0	—	—	—
	(1.5～2.0]	0.0	0.0	—	—	—
	2.0以上	0.0	0.0	—	—	—

数据来源：各商业银行西藏自治区分行。

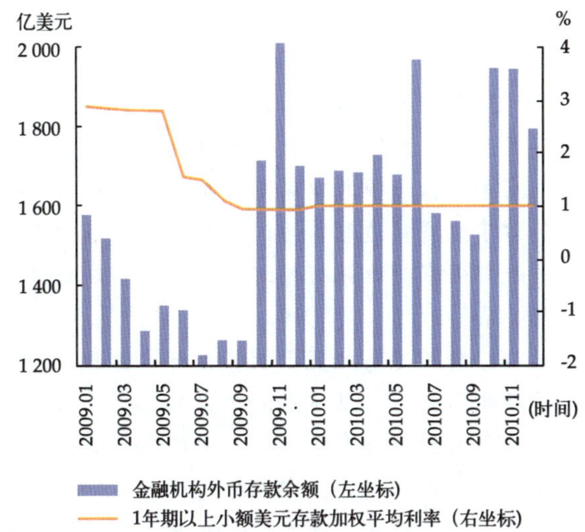

数据来源：各商业银行西藏自治区分行。

图4　2009～2010年西藏自治区金融机构外币存款余额及外币存款利率

西藏辖区各商业银行机构对美元、欧元、港元、日元4种币种的活期、7天通知和1年（含1年）以内定期存款利率，均按照各自总行规定执行中国人民银行公布的基准利率上限，未实行下浮制度，对其余档次和其他各币种按其总行公布利率执行。2010年，部分币种小额外币存款利率年内保持不变，未发生大额外币存贷款业务。

2010年，西藏民间借贷依然呈现出资金规模小、期限短的特点。第一季度以来，民间借贷融资总量呈下降趋势，民间借贷加权平均利率比较平稳，处于9%～10%区间，地区分布差异较大；以信用和担保为主；贷款用途集中在流动资金方面；利息支付方式主要为按月和按年支付。

专栏1　西藏跨境贸易人民币结算试点工作进展顺利

一、基本情况

西藏自治区地处我国西南边陲，拥有广阔的土地和较长的边境线，共有樟木、普兰、吉隆、日屋四个陆路口岸。目前，全区只有樟木口岸开展了跨境贸易人民币结算工作。截至2010年年末，全区跨境贸易人民币结算发生交易1 513笔，金额为5.29亿元。跨境贸易人民币结算方式主要有非居民企业人民币账户结算模式和代理行模式。其中，非居民企业人民币账户结算模式占总交易量的96%以上，居主导地位。

二、制约因素

1. 跨境贸易人民币结算配套设施落后，制约了边境贸易的发展。樟木口岸承担着西藏对邻国贸易90%以上的贸易量，特别是随着近年来边境贸易量的增加，物流繁忙，交通已不堪重负，交通堵塞情况严重，影响了边境贸易的发展。而其他三个口岸道路等级低，基础设施简陋，货物的仓储、交接等都极为不便。

2. 口岸金融机构不健全，金融服务落后。在四个口岸中，除了樟木口岸有中国银行和中国农业银行的分支机构外，其他三个口岸均无各商业银行分支机构，例如，吉隆口岸仅有的一家中国农业银行营业所位于离口岸23公里的吉隆镇，且该营业所服务手段落后，处于原始手工操作阶段，服务品种单一，仅限于现金存取款业务和农牧户小额信用贷款业务，货币兑换、信用卡等业务尚未开办。

3. 跨境贸易人民币结算代理银行单一，未形成多主体的银行结算服务格局。目前，西藏仅有中国银行樟木口岸支行与尼泊尔商业银行签订了边贸双边结算协议，其他商业银行均未与毗邻国家商业银行签订结算协议，建立代理行关系。

4. 跨境贸易人民币结算银行单边开户，结算功能不完善。目前尼泊尔孟加拉有限银行、尼泊尔加德满都有限银行在中国银行樟木支行开立了人民币账户，中国银行樟木支行在尼泊尔两家商业银行未开立任何账户。人民币只是在西藏商业银行内周转循环，结算后没有真正实现人民币“落地”毗邻国家。

5. 人民币跨境流出渠道窄，影响了跨境贸易人民币结算的畅通。长期以来，中尼贸易中中方处于大幅顺差状态，人民币在尼泊尔边境地区流出极少。尼泊尔属外汇严管国家，对人民币也有严格的管制，人民币在尼泊尔国家并不能顺利流通；加之受尼泊尔传统文化、习俗和支付习惯的影响，部分尼商坚持使用美元结算等原因，给跨境贸易人民币结算和资金清算带来了难题。

三、下一步工作方向

为推进西藏跨境贸易人民币结算试点工作，应积极抓好以下工作：一是加大跨境贸易人民币结算试点工作配套建设。二是健全口岸金融服务体系建设。三是完善跨境贸易人民币结算渠道。四是鼓励毗邻国家企业在口岸商业银行开设非居民企业人民币结算账户。五是拓宽毗邻国家用于贸易支付的人民币来源渠道。

（二）证券交易量稳中有升，上市公司盈利水平提高

2010年，西藏证券市场稳步发展，证券交易量稳中有升，上市公司资产和盈利水平均大幅提高。

1. 证券交易量稳中有升。截至2010年年末，西藏辖区有1家证券公司，即西藏同信证券有限责任公司。2010年，该公司在西藏、广东、山东、河南新设5家证券营业部，使公司营业部总数达到12家，证券从业人员达709人。2010年12月，中国人民银行上海总部正式批准同信证券进入全国银行间同业拆借市场，成为西藏首个进入该市场的金融机构。2010年，西藏证券交易量稳中有升。全年实现代理交易量2 717亿元，同比增加27.1亿元，增长1%。

表4　2010年西藏自治区证券业基本情况表

项目	数量
总部设在辖内的证券公司数（家）	1
总部设在辖内的基金公司数（家）	0
总部设在辖内的期货公司数（家）	0
年末国内上市公司数（家）	9
当年国内股票（A股）筹资（亿元）	57.9
当年发行H股筹资（亿元）	0
当年国内债券筹资（亿元）	0
其中：短期融资券筹资额（亿元）	0

数据来源：西藏自治区证监局。

2. 上市公司资产和盈利水平均大幅增长。截至2010年9月末，全区9家上市公司股本总额为33.8亿元，同比增长53.6%；资产总额为160.7亿元，同比增长86.3%；净资产为66.8亿元，同比增长72.4%；实现营业收入37.7亿元，同比增长34.1%；实现净利润3.3亿元，同比增长99.4%。

（三）保费收入稳步增长，农牧区保险基本实现全覆盖

1. 保费收入稳步增长。截至2010年年末，全区保险从业人员1 420人，资产规模达2.9亿元。2010年，保险机构实现保费收入5.1亿元，同比增长26%。累计赔款与给付支出2.2 亿元，同比增长2.5%。2010年，保险密度为172.6元/人，同比增加34.5元/人，增长25 %；保险深度为1%，比上年上升了0.09个百分点。

2. 农牧业保险基本实现全覆盖。截至2010年年末，除5个县未开展农牧业保险外，农牧业保险已覆盖全区69个县（市、区）687个乡镇5 000多个行政村，为220多万农牧民群众提供保障。承保金额为160多亿元，保费收入为816.6万元，赔付支出为243.4万元，较好地发挥了抵御风险的作用。

表5 2010年西藏自治区保险业基本情况表

项目	数量
总部设在辖内的保险公司数（家）	0
其中：财产险经营主体（家）	0
寿险经营主体（家）	0
保险公司分支机构（家）	4
其中：财产险公司分支机构（家）	3
寿险公司分支机构（家）	1
保费收入（中外资，亿元）	5.1
其中：财产险保费收入（中外资，亿元）	4.1
人身险保费收入（中外资，亿元）	1.0
各类赔款给付（中外资，亿元）	2.2
保险密度（元/人）	172.6
保险深度（%）	1.0

数据来源：西藏自治区保监局。

（四）直接融资取得新突破，票据融资大幅增加

2010年，西藏金融市场稳步发展。直接融资取得新突破，票据融资大幅增加，黄金投资需求增长较快。

1. 直接融资取得新突破。2010年，区内非金融机构融资111.4亿元，其中，直接融资57.9亿元，间接融资53.5亿元，直接融资首次超过间接融资。上市公司五洲明珠采用定向增发的形式，融资57.9亿元。

表6 2001～2010年西藏自治区非金融机构融资结构表

单位：亿元、%

年份	融资量	比重		
		贷款	债券（含可转债）	股票
2001	15.9	85.9	0	14.1
2002	24.5	100.0	0	0.0
2003	23.3	100.0	0	0.0
2004	30.6	100.0	0	0.0
2005	10.9	100.0	0	0.0
2006	25.0	100.0	0	0.0
2007	19.7	100.0	0	0.0
2008	25.8	100.0	0	0.0
2009	36.2	86.7	0	13.3
2010	111.4	48.0	0	52.0

数据来源：《西藏自治区金融统计月报》、西藏自治区证监局。

2. 票据融资大幅增加。截至2010年年末，辖区金融机构银行承兑汇票余额为1.3亿元，比年初增加0.4亿元，增长46.8%。票据融资余额为29.2亿元，比上年同期增加29.2亿元。票据融资大幅增加的主要原因是中国农业银行西藏分行转贴现业务增加较多。

表7 2010年西藏自治区金融机构票据业务量统计表

单位：亿元

季度	银行承兑汇票承兑		贴现			
			银行承兑汇票		商业承兑汇票	
	余额	累计发生额	余额	累计发生额	余额	累计发生额
1	0.6	0.8	1.5	0.8	0	0
2	0.7	1.4	10.4	11.7	0	0
3	1.1	2.2	10.5	11.9	0	0
4	1.3	3.0	29.2	52.1	0	0

数据来源：各商业银行西藏自治区分行。

表8 2010年西藏自治区金融机构票据贴现、转贴现利率表

单位：%

季度	贴现		转贴现	
	银行承兑汇票	商业承兑汇票	票据买断	票据回购
1	—	—	3.00	—
2	—	—	3.05	—
3	3.96	—	3.86	—
4	4.68	—	—	3.70

数据来源：各商业银行西藏自治区分行。

受2010年下半年中央银行2次加息和4次上调法定存款准备金率等调控政策影响，票据市场利率有所上升。

3. 黄金投资性交易呈上升趋势。受国内外黄金价格上涨，以及通货膨胀等因素影响，以实物黄金、纸黄金为主的投资性交易呈逐渐上升的趋势。截至2010年年末，中国建设银行“账户金”①余额为5 260.9万元，比年初增加3 470万元，增长193.8%。中国建设银行西藏分行、中国农业银行西藏分行分别于2010年2月、7月新开办了个人实物黄金销售业务。截至2010年年末，共销售黄金83公斤，实现销售金额为2 511万元。

①截至2010年年末，全区仅中国建设银行西藏分行开办了纸黄金业务。

（五）金融生态环境建设不断优化，农牧区信用水平有所提高

住房公积金信息进入个人征信系统，征信系统信息覆盖更加全面。截至2010年年末，企业征信系统收录全区企事业单位及其他经济组织6 076 户，同比增长2.8%，个人征信系统收录全区自然人84.6万，同比增长59.6%。农牧区信用环境继续优化，全年新评定农牧区信用乡（镇）22个，信用村271个。

二、经济运行情况

2010年，西藏完成地区生产总值507.5亿元，增长12.3%，连续18年保持两位数增长。投资和消费拉动经济增长势头强劲，对外贸易、旅游业、财政收入保持快速增长。

（一）内需不断扩大，投资消费并驾齐驱的格局逐渐巩固

1. 投资规模再创历史新高，重点项目建设取得重大进展。全社会固定资产投资完成463.3亿元，增长22.1%，五年累计达到1 630亿元，是“十五”的2.3倍，超过西藏和平解放以来的投资总和。其中，民间投资占全社会固定资产投资的比重达到25.5%，比2005年提高9.8个百分点。重点项目建设取得突破性进展。“188项目”全部开工建设。拉

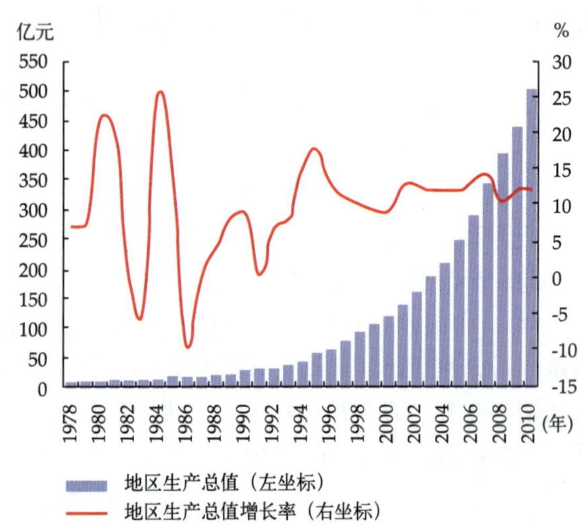

数据来源：西藏自治区统计局。

图5　1978～2010年西藏自治区地区生产总值及其增长率

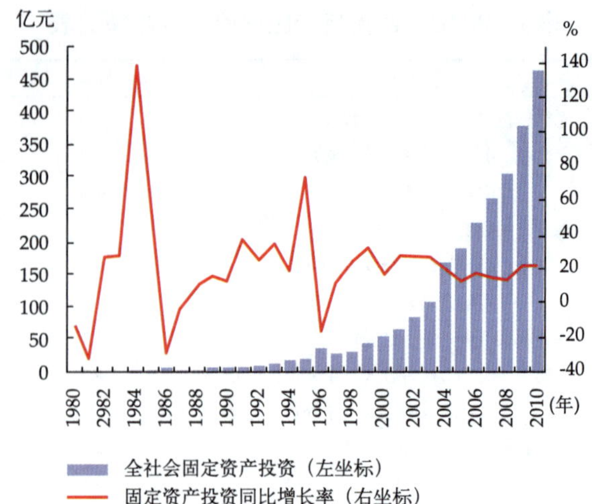

数据来源：西藏自治区统计局。

图6　1980～2010年西藏自治区固定资产投资及其增长率

日铁路、拉萨贡嘎机场专用公路开工建设，墨脱公路嘎隆拉隧道顺利贯通，阿里昆莎机场、日喀则和平机场实现通航。

2. 市场持续活跃，城乡消费齐头并进。2010年，全区社会消费品零售总额达到180.8亿元，比2009年增长18.7%。其中，城镇和乡村社会商品零售总额分别达到133.2亿元、47.6亿元，增长17.3%、22.6%，农村消费增幅连续三年超过城镇消费。新建600个农家店，农村商贸日益畅通。向国有企业离退休人员、低保对象发放惠民购物卡(券)，提高了低收入者的消费能力。

3. 对外贸易规模显著扩大，恢复性增长势头明显。2010年，西藏紧紧抓住国际市场需求回暖的有利时机，加强服务和引导，外贸进出口保持快速增长。全区进出口总额达8.4亿美元，增长1.1倍，比历史最高的2008年还增加了0.71亿美元。其中，边境小额贸易和自产产品出口增势明显，分别增长97.2%和67.9%。吉隆口岸跨境经济合作区建设启动，日喀则地区加珠、岗嘎和阿里地区独木齐列边贸市场开工建设，口岸工作迈出实质性步伐。

不断加强对外经济交往与合作，成功举办上海世博会西藏活动周。招商引资力度不断加大，拉萨国家级经济技术开发区注册企业达到235家。全年审批利用外资直接投资项目2个，合同利用外商直接投资2 101.5万美元，实际利用外商直接投资2 434.5万美元。

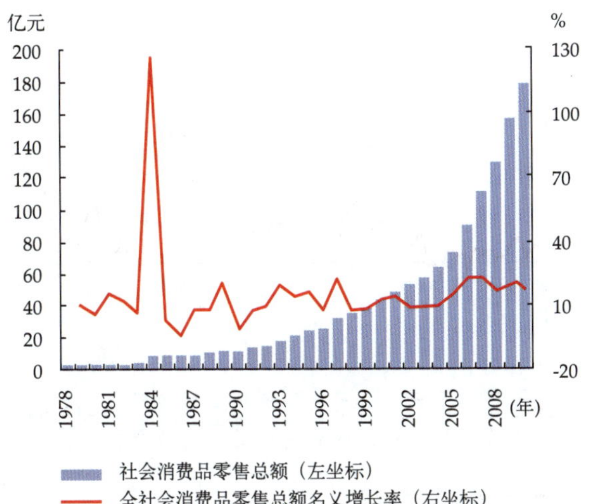

数据来源：西藏自治区统计局。

图7　1978～2010年西藏自治区社会消费品零售总额及其增长率

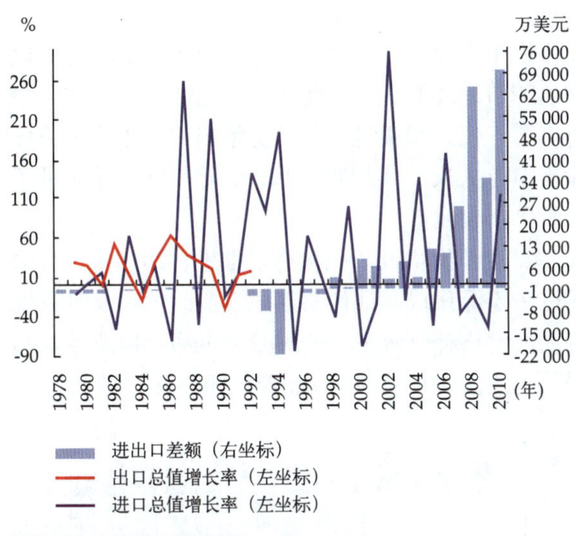

数据来源：西藏自治区统计局。

图8　1978～2010年西藏自治区外贸进出口变动情况

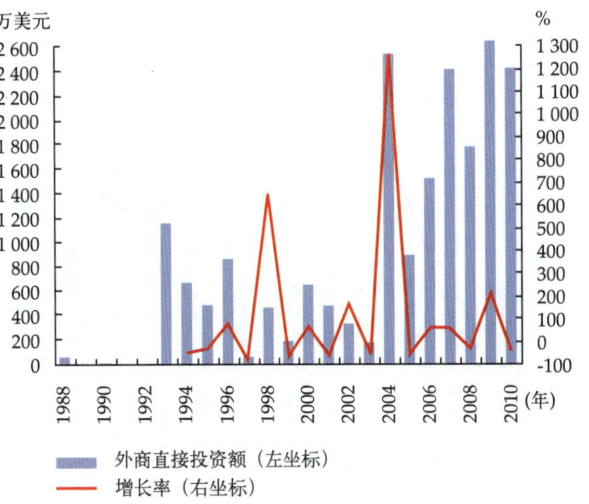

数据来源：西藏自治区统计局。

图9　1988～2010年西藏自治区外商直接投资情况

（二）三次产业稳步快速发展，产业结构继续改善

2010年，自治区三次产业增加值分别为68.1亿元、163.9亿元、275.4亿元，同比分别增长3.1%、14.1%和13.7%。产业结构进一步优化，产业结构比例由2009年的14.5：30.9：54.6调整为13.4：32.3：54.3。

1. 农牧业基础设施条件得到改善，综合生产能力进一步提高。2010年，全区农林牧渔业总产值100.0亿元，同比增长3.7%。农业产业化经营良好，预计全区乡镇企业总产值、多种经营总收入分别达35亿元和45亿元，分别比上年增长117%和12.57%。全年完成农牧民安居工程4.3万户，五年实现使全区140万住房条件较差的农牧民住上安全适用房屋的目标。水、电、路、讯、气、广播电视、邮政和优美环境“八到农家”工程大力推进，全年解决31万人安全饮水和29万农牧民用电问题，新增155个乡镇通公路，乡镇通邮率和通公路率分别达到85.7%和99.7%。

2. 工业生产较快增长，重点工业企业建设顺利。2010年，西藏工业增加值完成39.7亿元，同比增长14.0%。重点企业经营收入和利润大幅提高，全区298家国有企业主营业务收入74.8亿元，实现利润总额13亿元，上缴税金10.5亿元，分别比上年增长15.5%、36.3%和49.2%。主要工业品产量稳定增长，发电量、水泥、啤酒和瓶（罐）装饮用水同比分别增长19.2%、16.8%、17.9%和27.7%。重点项目建设稳步推进。玉龙铜矿、巨龙铜矿资源开发进展顺利，扎布耶盐湖锂资源开发二期工程开工建设，拉萨20万吨青稞啤酒项目建成投产，甲玛铜多金属矿项目投产。国企改组改制步伐加快，旅游集团、藏药集团挂牌成立。

3. 服务业稳步发展，旅游业再创历史最好水平。2010年，自治区以旅游业为龙头的第三产业保持稳步发展，全年完成增加值275.4亿元，同比增长

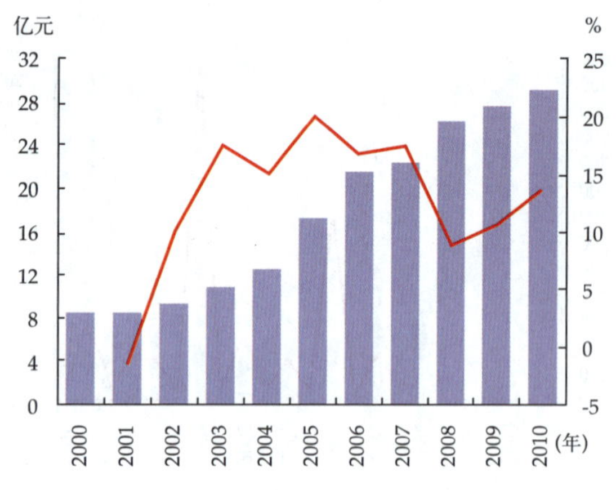

数据来源：西藏自治区统计局。

图10　2000～2010年西藏自治区工业增加值及其增长率

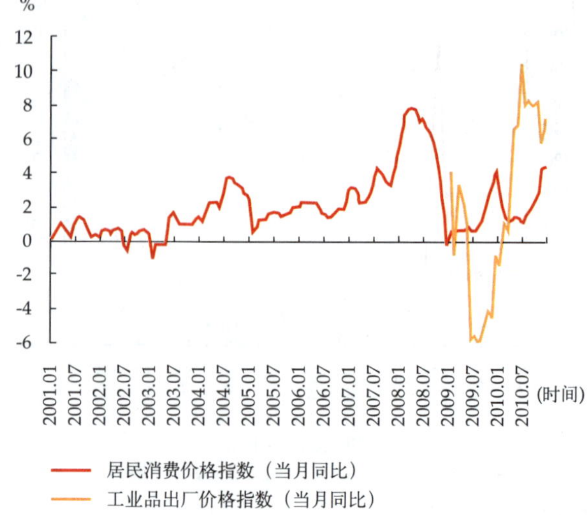

数据来源：西藏自治区统计局。

图11　2001～2010年西藏自治区居民消费价格和生产者价格变动趋势

13.7%。“世界屋脊、神奇西藏”的旅游主题形象不断提升，全年接待国内外旅游者685.1万人次，旅游总收入为71.4亿元，分别比2009年增长22.1%和27.6%。全区旅游直接从业人员达到5.6万人。

（三）市场物价有所上涨，食品价格涨幅依然较高

2010年，自治区高度关注通货膨胀预期，出台稳定物价的十项措施，价格总水平保持基本稳定。

1. 居民消费价格保持基本平稳。2010年，西藏自治区居民消费价格上涨2.2%，比上年同期提高0.8个百分点，比全国平均水平低1.1个百分点。分类别看，食品类价格全年上涨4.5%，涨幅继续居八大类商品之首，同比上升0.6个百分点；烟酒及用品类、衣着类、家庭设备用品及服务类、医疗保健及个人用品类、居住类价格温和上涨，分别上涨1.1%、2.1%、0.6%、1.2%、2.8%；交通和通信类、娱乐教育文化用品及服务类呈下降趋势，分别下降0.2%和0.3%。

2. 生产价格水平略有提高。2010年，全区农业生产资料价格和工业品出厂价格环比指数呈稳步上涨态势。全年农业生产资料价格同比上升0.6%，工业品出厂价格同比上升5.8%。

3. 最低工资大幅提高。从2010年7月起，自治区月最低工资标准三个档次由730元、680元、630元分别上调至950元、900元、850元，平均上调幅度达32%，调整后的标准在全国已调整的12省区中排名第五位。积极推动劳动力输出，全年组织劳务输出81万人次，实现收入12.7亿元，有力地促进了农牧民增收致富。

4. 资源价格改革积极稳妥推进。2010年，自治区进一步深化成品油价格形成机制改革，及时兑现成品油价格补贴政策，适时启动电力价格改革，与居民生活密切相关的资源价格改革有序推进。

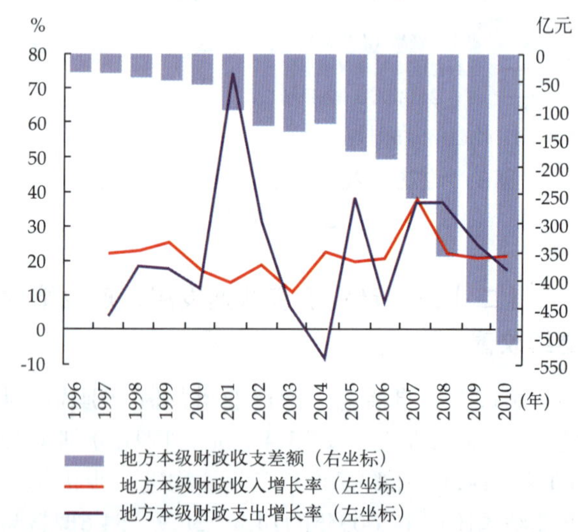

数据来源：西藏自治区统计局。

图12　1996～2010年西藏自治区财政收支状况

（四）财政收入再创新高，支出结构不断优化

2010年，西藏地方财政一般预算收入完成36.7亿元，增长21.8%，连续五年增速保持在20%以上，其中，各项税收收入达到25.3亿元，同比增长36.5%；地方财政一般预算支出达到551.0亿元，增长17.2%。从支出结构看，进一步把有限的财力真正用到促进经济社会发展的关键领域，加大对“三农”、教育、科技、医疗卫生、文化、社会保障、保障性住房等方面的支持力度。

（五）环境保护与建设并重，生态西藏建设扎实推进

2010年，自治区全面实施生态安全屏障保护与建设规划，扎实推进节能减排工作，环境质量保持良好状态。万元地区生产总值能耗控制在1.28吨标煤以内。生态屏障三大类十大工程进展顺利，累计完成人工造林172万亩，已实现天然草原休牧禁牧5 911万亩。在全国率先启动的草原生态保护奖励机制试点验收完成。污染治理成效显著，区域大气污染、重金属污染防治和危废医废处置设施建设工作积极推进，全区范围内实现全面禁止生产、销售、使用一次性塑料购物袋。

专栏2　信用报告在西藏辖内商业银行贷款风险管理中发挥重要作用

一、基本情况

信用报告在西藏的应用越来越广泛，商业银行对企业和个人信用报告查询需求不断上升，2010年，西藏辖区企业征信系统累计查询9 849次，月均查询821次；个人征信系统累计查询10万余次，月均查询8 000余次。抽样调查显示，截至2010年年末，通过查询企业征信系统，拒绝贷款53笔，金额为35 318万元；通过查询个人征信系统共拒绝有潜在信用风险的贷款申请462笔、金额为8 501万元。征信系统在商业银行贷款审批、贷后管理的过程中起到了不可或缺的作用。

二、制约因素

目前，信用报告的应用在西藏发展迅速，但仍然存在一些制约其进一步发展的因素。

一是由于西藏经济发展相对落后，社会信用需求相对不足，信用商品化程度不高，社会公众对建立社会诚信体系的意义缺乏必要的认识，征信知识还不够普及，部分群众对信用报告的认识存在误区。

二是我国目前还没有一套公布实行的征信法律法规，使得信用信息的采集和利用缺乏法律保障。

三是地方政府在社会信用体系建设方面尚未出台相关政策，造成西藏信用体系建设缺乏总体规划和布置。各部门信息相互独立、条块分割、信息封锁，整体联动难度较大。

四是由于信用信息报送的错报、漏报和迟报，报送的内容不完全，报送时间的滞后，以及非银行信息采集的困难等导致征信数据库的数据不准确、不完整、不及时。

五是信用报告目前是以银行信贷信息为主，内容较为单一。

三、下一步工作重点

拓展信用报告在西藏的应用，应进一步加强以下几个方面的工作：首先应加大对相关征信知识的宣传力度。提高全社会对征信和信用体系建设的认知度并使之积极参与，是推动征信体系建设工作的基础，是社会信用体系健康持续发展的重要保证。其次是加快征信立法的步伐，在保护个人隐私和商业秘密的前提下，通过法律界定信用信息开放范围，制定信息披露制度，建立信息共享机制，提高信息开放度，使之发挥信用信息平台在建设诚信社会和打击诚信缺失方面的独特作用。最后要不断提高数据质量，丰富信息内容，切实发挥征信服务功能，引导对信用报告的需求。

（六）房地产市场整体下滑，房地产贷款有所下降

2010年，为遏制房价过快上涨，中央出台了一系列金融、税收等房地产调控政策。自治区严格落实中央相关调控政策，房地产市场成交量下滑，房地产贷款有所下降。

1. 房地产投资增速明显回落。2010年，全区房地产开发投资累计完成9.0亿元，同比下降43.1%，增速同比下降35.8个百分点，占全区固定资产投资规模的1.9%。其中，商品房开发投资完成7.9亿元，占房地产开发投资的88.4%。

2. 房地产市场供应大幅下降。由于房屋竣工面积明显减少，市场供应急剧下降。2010年，全区房屋竣工面积为12.2万平方米，同比下降73.5%。特别是全年施工面积和新开工面积出现减少，市场后续住房供应量将出现下降。全年全区房屋施工面积达75.3万平方米，同比下降46.5%；新开工面积为16.9万平方米，同比下降69.3%。

3. 房地产销售大幅下滑。全年商品房累计销售面积完成19.4万平方米，同比下降69.4%。全年销售额累计完成5.4亿元，同比下降63.5%。

4. 房地产价格稳中有升。2010年，西藏房地产价格呈稳步上升走势。按照商品房销售额与销售面积计算，2010年自治区商品房销售均价为2 898元/平方米，同比上涨19.7%。

5. 房地产贷款有所下降。截至2010年年末，全区房地产贷款余额为45.7亿元，同比下降5.9%，占金融机构人民币各项贷款余额的15.2%，比2009年年末减少4.4个百分点。其中，房地产开发贷款余额为3.0亿元，同比减少0.9亿元，下降22.1%。

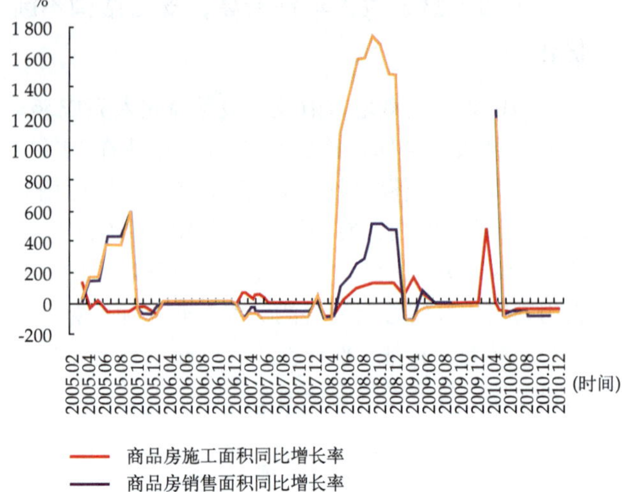

数据来源：西藏自治区统计局。

图13　2005～2010年西藏自治区商品房施工和销售变动趋势

三、预测与展望

2011年西藏经济社会发展面临的总体环境向好。一是中央第五次西藏工作座谈会、西部大开发工作会议的召开，为西藏跨越式发展提供了千载难逢的机遇。二是全国援藏力度将进一步加大。三是"十一五"时期的快速发展，为西藏加快发展打下了更加坚实的基础。但是，仍面临一些困难和问题，生态环境保护和经济协调发展有待加强，物价上行压力总体较大，农牧民增收长效机制有待完善，就业形势较为严峻。预计2011年西藏经济金融形势总体偏好，金融支持西藏经济跨越式发展的力度将进一步增强。

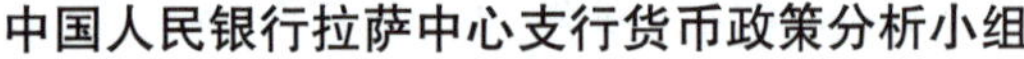

中国人民银行拉萨中心支行货币政策分析小组

负责人：旺　堆　张　伟　单　曲

统　稿：李玉福　何俊斌　德　吉　曾茂娟

执　笔：曾茂娟　德　吉　唐光明

提供材料的还有：许峰铭　余开俊　高松茂　索　珍　卓　玛　泽仁央宗　杨　伟　蒋建军

附录

（一）2010年西藏自治区经济金融大事记

1月18日至20日，中央第五次西藏工作座谈会在北京召开。会议赋予了西藏包括财税、金融等在内的一系列特殊优惠政策，为西藏跨越式发展和长治久安提供了强大支持。

4月2日，中国进出口银行在成都与西藏自治区人民政府签订战略合作协议，承诺在外向型经济发展等五个方面支持西藏发展。

4月11日，西藏首家小额贷款公司——西藏裕融小额贷款股份有限公司在拉萨正式成立。

6月13日，西藏自治区人民政府与中国葛洲坝集团公司在拉萨签订战略合作框架协议，葛洲坝集团计划于“十二五”期间在西藏投资300亿元，参与西藏经济建设。

8月28日，西藏自治区保监局在拉萨正式成立，结束了西藏保险业由四川保监局代为监管的历史，有利于促进保险业健康发展和维护辖区金融稳定。

9月，西藏自治区跨境贸易人民币结算领导小组办公室成立。

11月，国家开发银行西藏代表处向西藏大学等高校学生发放国家助学贷款471万元，打破了西藏国家助学贷款因不良率较高而一度处于停滞的局面。

12月23日，全区经济工作会议在林芝地区隆重召开。会议全面总结2010年经济工作，深入分析当前经济形势，提出2011年经济工作的总体要求和目标任务。

12月28日，西藏建设担保有限公司成立，将对西藏民营企业发展起到积极作用。

（二）2010年西藏自治区主要经济金融指标

表1 2010年西藏自治区主要存贷款指标

		1月	2月	3月	4月	5月	6月	7月	8月	9月	10月	11月	12月
本外币	金融机构各项存款余额（亿元）	1 020.8	997.4	1 004.4	1 021.4	1 085.2	1 105.2	1 101.2	1 120.1	1 184.4	1 206.7	1 234.8	1 296.7
	其中：城乡居民储蓄存款	225.7	223.7	225.7	223.8	223.1	228.2	235.3	240.0	252.4	249.3	256.5	267.6
	企业存款	412.9	403.1	410.0	423.0	430.3	442.4	437.4	379.5	385.6	391.0	300.0	328.3
	各项存款余额比上月增加（亿元）	-7.6	-23.4	6.9	17.1	63.7	20.0	-4.0	18.9	64.3	22.3	28.1	61.9
	金融机构各项存款同比增长（%）	22.0	20.9	18.0	16.9	20.5	22.2	19.8	13.8	16.2	19.3	19.9	26.1
	金融机构各项贷款余额（亿元）	248.3	250.9	258.6	258.5	257.5	269.1	270.5	269.9	279.8	280.5	295.6	301.8
	其中：短期	57.3	58.2	61.7	62.6	59.4	56.3	58.0	56.0	59.8	52.6	55.6	58.7
	中长期	190.7	191.0	195.3	194.1	197.3	202.1	201.9	203.2	209.2	209.6	210.6	213.6
	票据融资	0.0	1.5	1.5	1.5	0.5	10.4	10.3	10.3	10.5	17.9	29.2	29.2
	各项贷款余额比上月增加（亿元）	-0.1	2.6	7.7	-0.2	-1.0	11.7	1.3	-0.6	9.9	0.7	15.2	6.2
	其中：短期	-3.8	0.9	3.6	0.8	-3.2	-3.1	1.7	-2.0	3.8	-7.2	3.0	3.1
	中长期	3.8	0.3	4.1	-1.0	3.3	4.8	-0.2	1.3	6.0	0.4	1.0	3.0
	票据融资	0.0	1.5	0.9	0.0	-1.0	9.9	-0.1	0.0	0.2	7.5	11.2	0.1
	金融机构各项贷款同比增长（%）	15.3	15.2	12.8	13.8	13.7	13.7	14.6	14.1	16.7	17.9	20.2	21.6
	其中：短期	-15.9	-16.8	-12.1	-8.0	-10.5	-15.1	-9.4	-8.5	-4.0	-11.7	-11.0	-5.9
	中长期	31.6	31.2	24.6	22.4	23.5	18.9	17.6	16.1	18.2	17.7	15.1	15.1
	票据融资	-100.0	-25.5	-54.0	—	—	—	—	—	—	—	—	—
	建筑业贷款余额（亿元）	24.9	27.2	27.4	27.3	27.2	27.8	28.3	28.2	28.1	28.2	27.6	28.2
	房地产业贷款余额（亿元）	5.5	5.5	5.5	5.5	5.4	5.3	5.2	5.2	4.9	5.0	4.6	4.4
	建筑业贷款同比增长（%）	10.8	22.0	23.9	23.6	26.3	16.9	23.9	23.1	19.2	20.4	12.3	13.7
	房地产业贷款同比增长（%）	-3.0	-3.0	-3.2	-3.2	-18.6	-10.9	-15.7	-17.0	-20.5	-18.0	-19.1	-25.1
人民币	金融机构各项存款余额（亿元）	1 019.7	996.3	1 003.2	1 020.3	1 084.0	1 103.9	1 100.1	1 119.0	1 183.4	1 205.4	1 233.5	1 295.5
	其中：城乡居民储蓄存款	225.2	223.2	225.2	223.3	222.6	227.8	234.8	239.5	251.9	248.8	256.1	267.1
	企业存款	412.3	402.5	409.4	422.4	429.7	441.7	436.8	378.9	385.1	390.2	299.2	327.6
	各项存款余额比上月增加（亿元）	-7.5	-23.4	6.9	17.1	63.8	19.8	-3.8	18.9	6.4	22.0	28.2	62.0
	其中：城乡居民储蓄存款	-1.2	-2.0	2.0	-1.9	-0.7	5.2	7.0	4.7	12.4	-3.1	7.3	11.1
	企业存款	-9.8	-9.8	6.9	12.9	7.3	12.0	-4.9	-57.9	6.2	5.2	-91.0	28.4
	各项存款同比增长（%）	22.0	20.9	18.0	16.9	20.5	22.2	19.8	13.8	16.2	19.3	20.2	26.1
	其中：城乡居民储蓄存款	19.3	19.3	18.7	14.6	13.9	14.5	15.2	16.6	16.9	16.8	16.3	18.0
	企业存款	3.9	-0.1	0.3	0.9	5.5	6.5	5.0	-15.0	-14.0	-10.9	-32.8	-25.5
	金融机构各项贷款余额（亿元）	248.0	250.6	258.3	258.1	257.1	268.8	270.1	269.5	279.5	280.1	295.3	301.5
	其中：个人消费贷款	51.9	51.9	52.4	52.2	52.0	52.3	52.1	51.6	51.3	51.0	50.8	50.7
	票据融资	0.0	1.5	1.5	1.5	0.5	10.4	10.3	10.3	10.5	17.9	29.2	29.2
	各项贷款余额比上月增加（亿元）	-0.1	2.6	7.7	-0.2	-1.0	11.7	1.3	-0.6	9.9	0.7	15.2	6.2
	其中：个人消费贷款	0.3	0.0	0.5	-0.2	-0.2	0.3	-0.2	-0.5	-0.3	-0.3	-0.2	0.0
	票据融资	0.0	1.5	0.9	0.0	-1.0	9.9	-0.1	0.0	0.2	7.5	11.2	0.0
	金融机构各项贷款同比增长（%）	15.3	15.3	12.8	13.9	13.7	13.8	14.6	14.1	16.8	17.9	20.3	21.6
	其中：个人消费贷款	18.7	18.7	18.0	15.2	12.7	10.8	8.1	4.9	2.7	2.2	0.4	-1.7
	票据融资	-100.0	-25.5	-54.0	—	—	—	—	—	—	—	—	—
外币	金融机构外币存款余额（万美元）	1 671.5	1 687.4	1 685.8	1 728.6	1 677.3	1 971.1	1 585.4	1 559.4	1 526.1	1 952.1	1 947.8	1 797.3
	金融机构外币存款同比增长（%）	5.8	11.4	19.1	34.5	24.4	47.8	29.5	23.5	21.1	13.8	-58.7	5.8
	金融机构外币贷款余额（万美元）	497.5	497.4	497.4	502.0	502.0	497.4	497.4	497.4	497.4	497.4	497.4	497.4
	金融机构外币贷款同比增长（%）	0.0	-1.8	0.0	0.9	0.9	0.0	0.0	0.0	0.0	0.0	0.0	0.0

数据来源：《西藏自治区金融统计月报》。

表2 2001～2010年西藏自治区各类价格指数

单位:%

年/月	居民消费价格指数		农业生产资料价格指数		原材料购进价格指数		工业品出厂价格指数		拉萨市房屋销售价格指数	拉萨市房屋租赁价格指数	拉萨市土地交易价格指数
	当月同比	累计同比	当月同比	累计同比	当月同比	累计同比	当月同比	累计同比	当季(年)同比	当季(年)同比	当季(年)同比
2001	—	0.2	—	—	—	—	—	—	—	—	—
2002	—	0.4	—	—	—	—	—	—	—	—	—
2003	—	0.9	—	2.8	—	—	—	—	—	—	—
2004	—	2.7	—	1.3	—	—	—	—	—	—	—
2005	—	1.5	—	1.0	—	—	—	—	—	—	—
2006	—	2.0	—	0.4	—	—	—	—	—	—	—
2007	—	3.4	—	1.1	—	—	—	—	—	—	—
2008	—	5.7	—	3.2	—	—	—	5.6	—	—	—
2009	—	1.4	—	-0.9	—	—	—	-1.8	—	—	—
2010	—	2.2	—	0.6	—	—	—	5.8	—	—	—
2009 1	0.5	0.5	0.4	0.4	—	—	4.0	4.0	—	—	—
2	0.6	0.6	0.3	0.4	—	—	-0.9	0.7	—	—	—
3	0.7	0.6	-0.2	0.2	—	—	3.4	2.7	—	—	—
4	0.6	0.6	-0.5	0.0	—	—	2.2	2.6	—	—	—
5	0.9	0.7	-0.6	-0.1	—	—	0.5	2.2	—	—	—
6	0.6	0.7	-0.7	-0.2	—	—	-5.7	0.8	—	—	—
7	0.6	0.6	-0.7	-0.3	—	—	-5.6	-0.1	—	—	—
8	0.9	0.7	-2.2	-0.5	—	—	-6.1	-0.8	—	—	—
9	1.4	0.8	-2.2	-0.7	—	—	-5.2	-1.3	—	—	—
10	2.7	0.9	-2.2	-0.9	—	—	-4.1	-1.6	—	—	—
11	3.3	1.2	-1.5	-0.9	—	—	-4.5	-1.9	—	—	—
12	4.3	1.4	-1.0	-0.9	—	—	-0.8	-1.8	—	—	—
2010 1	2.9	2.9	1.3	1.3	—	—	-1.4	-1.4	—	—	—
2	1.6	2.3	0.2	0.2	—	—	1.0	-0.2	—	—	—
3	1.2	1.9	0.7	0.3	—	—	0.7	0.1	—	—	—
4	1.3	1.8	0.6	0.4	—	—	6.5	1.7	—	—	—
5	1.5	1.7	0.4	0.4	—	—	6.6	2.7	—	—	—
6	1.2	1.6	0.3	0.4	—	—	10.6	4.0	—	—	—
7	1.3	1.6	0.4	0.4	—	—	7.9	4.6	—	—	—
8	1.7	1.6	0.6	0.4	—	—	8.3	5.0	—	—	—
9	2.1	1.7	0.7	0.4		—	7.9	5.4	—	—	—
10	2.8	1.8	0.9	0.5	—	—	8.2	5.6	—	—	—
11	4.3	2.0	0.9	0.5	—	—	5.8	5.7	—	—	—
12	4.5	2.2	1.0	0.6	—	—	7.2	5.8	—	—	—

数据来源：《西藏自治区统计年鉴》。

表3　2010年西藏自治区主要经济指标

	1月	2月	3月	4月	5月	6月	7月	8月	9月	10月	11月	12月
绝对值（自年初累计）												
地区生产总值(亿元)	—	—	86.7	—	—	203.2	—	—	354.1	—	—	507.5
第一产业	—	—	9.6	—	—	26.8	—	—	48.0	—	—	68.1
第二产业	—	—	9.4	—	—	49.5	—	—	109.5	—	—	163.9
第三产业	—	—	67.7	—	—	126.9	—	—	196.5	—	—	275.4
工业增加值(亿元)	—	—	4.6	—	—	15.0	—	—	24.5	—	—	39.7
城镇固定资产投资(亿元)	—	0.7	12.0	33.6	62.5	120.8	165.6	227.2	285.8	334.7	378.1	405.4
房地产开发投资	—	—	0.7	1.1	2.2	3.4	3.9	5.0	6.9	7.0	7.9	9.0
社会消费品零售总额(亿元)	13.80	30.09	42.60	55.2	69.8	84.3	99.1	114.4	131.4	148.0	162.4	180.8
外贸进出口总额(亿美元)	0.6	1.3	1.8	2.2	2.9	3.3	3.8	4.3	5.0	5.8	6.9	8.4
进口	0.1	0.1	0.3	0.4	0.4	0.5	0.5	0.5	0.5	0.5	0.6	0.6
出口	0.5	1.1	1.5	1.9	2.5	2.8	3.3	3.8	4.5	5.2	6.3	7.7
进出口差额(出口-进口)	0.4	1.0	1.2	1.5	2.1	2.4	2.8	3.3	3.9	4.7	5.7	7.1
外商实际直接投资(万美元)	—	—	—	—	—	—	—	—	—	—	—	—
地方财政收支差额(亿元)	-29.9	-42.5	-70.8	-99.6	-137.0	-192.5	-236.2	-283.4	-341.7	-372.8	-435.3	-514.3
地方财政收入	2.8	4.8	6.9	9.1	11.5	15.3	18.9	21.6	24.6	28.4	33.6	36.7
地方财政支出	32.7	47.2	77.7	108.7	148.6	207.8	255.1	305.0	366.3	401.2	468.9	551.0
城镇登记失业率(%)（季度）	—	—	—	—	—	—	—	—	—	—	—	—
同比累计增长率（%）												
地区生产总值	—	—	8.9	—	—	11.2	—	—	12.2	—	—	12.3
第一产业	—	—	3.0	—	—	3.2	—	—	3.0	—	—	3.1
第二产业	—	—	12.9	—	—	17.5	—	—	16.1	—	—	14.1
第三产业	—	—	9.2	—	—	10.8	—	—	12.5	—	—	13.7
工业增加值	—	—	9.6	—	—	18.5	—	—	13.3	—	—	13.3
城镇固定资产投资	—	15.6	35.1	31.9	20.9	27.2	15.6	20.0	20.1	20.1	20.3	23.4
房地产开发投资	—	—	1 432.0	2.0	-46.4	-36.2	-48.7	-58.9	-48.9	-50.6	-45.9	-43.0
社会消费品零售总额	16.8	17.6	18.0	18.2	18.6	18.4	18.2	18.4	18.4	18.5	18.5	18.7
外贸进出口总额	88.1	1.6	1.5	59.6	61.5	59.3	60.9	65.9	73.9	83.7	94.0	1.1
进口	3.0	2.3	5.3	1.7	51.6	159.9	1.6	1.7	1.3	1.3	1.3	1.4
出口	69.0	1.5	1.2	47.1	1.6	49.8	52.3	57.7	69.0	80.2	90.9	1.1
外商实际直接投资	—	—	—	—	—	—	—	—	—	—	—	—
地方财政收入	25.3	23.4	20.8	22.9	19.9	22.2	24.1	25.0	21.5	23.2	26.3	21.8
地方财政支出	35.5	9.6	16.4	5.1	2.2	8.9	21.4	17.2	16.8	19.3	15.7	17.2

数据来源：《西藏自治区统计年鉴》。

2010年陕西省金融运行报告

中国人民银行西安分行货币政策分析小组

[内容摘要] 2010年，陕西省认真贯彻科学发展观，扎实推进发展方式转变和经济结构调整，积极落实国家应对国际金融危机一揽子计划，大力实施项目带动战略，努力克服陕南特大洪灾影响，主要经济指标完成超出预期，经济发展呈现又好又快的良好格局。年末，全省生产总值突破万亿元大关，连续九年实现两位数增长，人均国民生产总值超越4 000美元。陕西省金融机构在国家金融宏观调控政策的指引下，紧紧围绕建设西部强省目标，创新金融服务、深化金融改革、防范金融风险。全省金融运行稳健良好，银行体系流动性充裕，村镇银行等农村新型机构覆盖面迅速扩大，信贷存量首次突破万亿元大关，金融支持陕西省经济发展的实力和能力明显增强。

2011年，是“十二五”的起步之年，也是稳物价、调结构、促转变的关键之年。陕西省将以科学发展、富民强省为主题，以加快转变发展方式为主线，着力保障和改善民生，巩固和扩大应对国际金融危机冲击的成果，保持经济平稳较快发展，促进社会和谐稳定。陕西省金融机构将紧紧围绕贯彻执行稳健的货币政策，创新金融服务，优化信贷投向，调整信贷结构，完善金融市场功能，保持合理的社会融资规模，不断提升金融资源配置效率，为实现国家金融宏观调控目标和陕西省经济社会发展目标作出积极贡献。

一、金融运行情况

2010年，陕西省金融业运行总体稳健，银行信贷适度增长，融资结构有所改善，金融生态持续优化，为巩固全省经济发展基础，促进经济企稳回升和结构调整提供了有力的金融支撑。

（一）银行业稳健运行，货币信贷适度增长

2010年，陕西省银行业稳健运行，货币信贷适度增长，金融改革进一步深化，金融创新步伐加快。

1. 资产规模扩大，经济效益倍增。在经济快速增长带动下，全省银行业金融机构资产总额突破2万亿元，同比增长27.9%（见表1）；税后盈利222.3亿元，同比增长1倍；资产质量进一步改善，不良贷款实现“双降”。农村新型机构发展迅速，全年新成立村镇银行5家。

2. 存款增速放缓，活期化趋势明显。2010年，全省金融机构存款增速明显放缓（见图1、图3），年末，人民币各项存款同比增长18.2%，分别低于上年和全国10.4个和2.0个百分点。受通货膨胀预期

表1 2010年陕西省银行业金融机构情况

机构类别	营业网点[①]			法人机构（个）
	机构个数（个）	从业人数（人）	资产总额（亿元）	
一、大型商业银行[②]	1 850	40 606	9 284	0
二、国家开发银行及政策性银行[③]	81	2 089	1 949	0
三、股份制商业银行[④]	111	4 242	3 529	0
四、城市商业银行	189	4 070	1 513	2
五、城市信用社	0	0	0	0
六、农村合作机构[⑤]	2 918	20 056	3 006	108
七、财务公司	4	192	252	1
八、邮政储蓄银行	1 204	7 279	1 073	0
九、外资银行	9	281	92	0
十、农村新型机构[⑥]	9	143	8	7
合 计	6 375	78 958	20 707	118

注：①不包括国家开发银行和政策性银行、大型商业银行、股份制银行等金融机构总部数据。
②包括中国工商银行、中国农业银行、中国银行、中国建设银行和交通银行。
③包括国家开发银行、中国农业发展银行和中国进出口银行。
④包括中信银行、中国光大银行、华夏银行、招商银行、上海浦东发展银行、兴业银行、中国民生银行、恒丰银行、浙商银行、北京银行、宁夏银行、齐商银行和昆仑银行。
⑤包括农村信用社、农村合作银行和农村商业银行。
⑥包括村镇银行、贷款公司和农村资金互助社。

数据来源：陕西银监局。

增强、金融机构理财产品增多、城乡居民投资意识增强等因素推动，活期存款占比高于定期存款占比12.0个百分点，比上年提高4.4个百分点。储蓄存款平稳增长，企业存款增速大幅下行。年末，储蓄存款和企业存款同比分别增长18.0%和13.9%，分别低于上年4.8个和23.2个百分点。

3. 贷款适度增长，结构不断优化。2010年，全省信贷增长充分体现“总量适度、节奏平稳、结构改善、风险防范”的要求。全年信贷投放节奏较为均衡，各季度新增贷款占比分别为32%、38%、16%和14%（见图2、图3）。信贷结构改善，重点项目建设资金需求得到满足，中长期贷款同比增长38.8%，高出全部贷款增幅18.3个百分点；对优势行业和民生领域信贷投入增加，交通运输、仓储和邮政业、制造业、电力、燃气及水的生产和供应业、水利、环境和公共设施管理业、采矿业五大优势行业贷款占比为56.3%，个人消费贷款、涉农贷款、小型企业贷款、助学贷款和下岗失业人员小额担保贷款同比分别增长62.4%、25.0%、21.6%、49.2%和67.8%。配合国家《关中—天水经济区发展规划》的实施，金融支持关中—天水经济区发展成效显著。

4. 表外业务发展较快，业务品种有待丰富。2010年，全省金融机构表外业务发展较快，表外业务总收入同比增长21.6%，占金融机构全部收入的

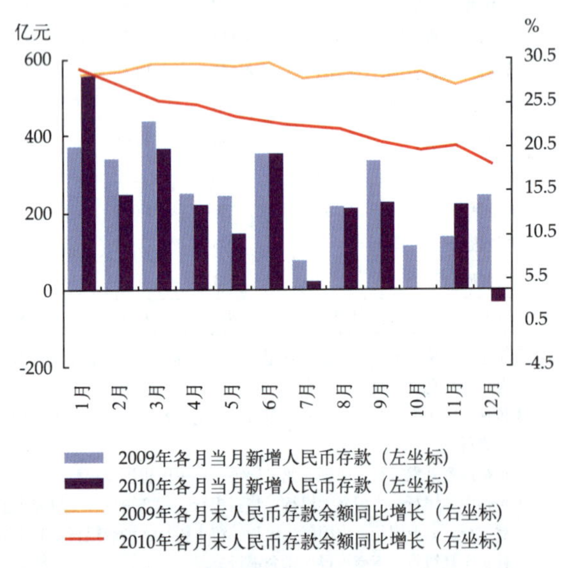

数据来源：中国人民银行西安分行。

图1　2010年陕西省金融机构人民币存款增长变化

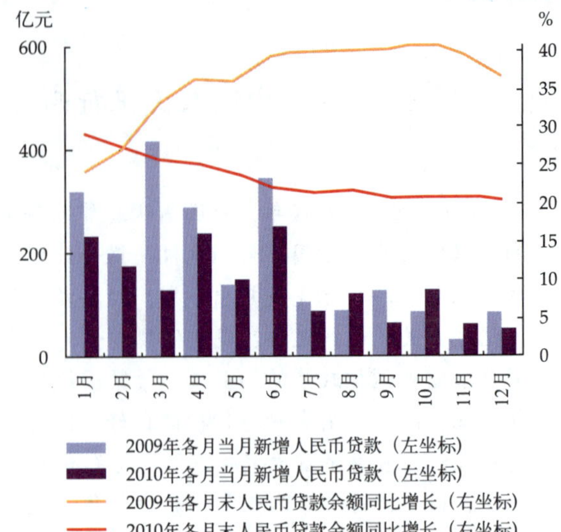

数据来源：中国人民银行西安分行。

图2　2010年陕西省金融机构人民币贷款增长变化

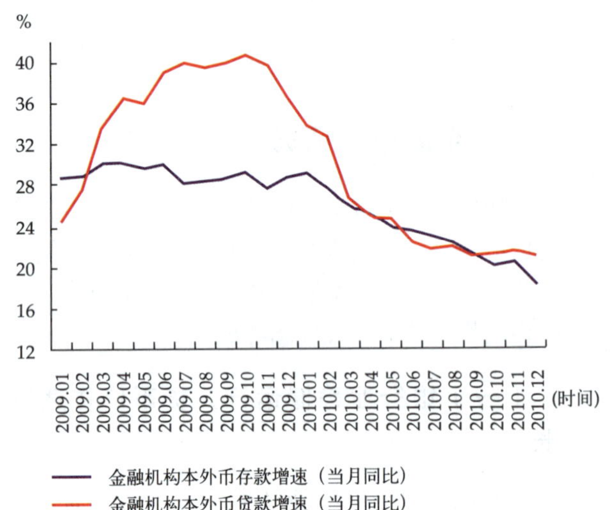

数据来源：中国人民银行西安分行。

图3　2009～2010年陕西省金融机构本外币存、贷款增速变化

0.8%。表外业务主要集中于传统的承兑、保函、信用证等担保类业务，担保类表外业务余额和发生额同比分别增长28.2%和26.9%。

5. 现金延续净回笼态势，但同比回笼减少。2010年，现金收支轧抵延续了上年净回笼的态势，但受经济快速增长、物价上涨、现金投放量增加因素的影响，同比回笼减少，全年现金收支轧抵净回笼的105.40亿元，同比减少18.02亿元（见表2）。

专栏1 金融支持关中—天水经济区发展成效显著

2009年6月，国务院正式批准了《关中—天水经济区发展规划》。一年多来，中国人民银行西安分行积极行动，迅速组织辖区金融机构和相关专家学者，在深入调查、系统研究的基础上，起草了《关于金融支持关中—天水经济区发展的意见》（以下简称经济区），提出了金融支持经济区发展的指导思想、发展目标、总体要求、重点领域、策略方向以及保障措施，该文件被陕西省政府批转全省执行，引起经济区各相关单位的高度重视和广泛响应，为经济区又好又快发展提供了有力的政策支持。截至2010年年末，经济区人民币各项贷款余额8 273.4亿元，增长19.5%，比年初增加1 330.4亿元；经济区GDP实现6 638.6亿元（不包括天水），增长20.9%，高于全省GDP增速6.4个百分点，占全省GDP的66.2%。金融支持经济区发展成效显著，其主要做法如下。

一是大力支持经济区基础设施建设。在陕金融机构以银团贷款等方式大力推动项目贷款，重点支持了郑西客运专线、宝平高速、咸阳机场改造、地震病险水库治理、“引汉济渭”等重大工程项目，实现了经济区基础设施建设领域的率先突破。截至2010年年末，经济区基础设施建设贷款余额为3 503.2亿元，增长21.3%，高于各项贷款增速2.1个百分点。

二是围绕经济区建设目标创新金融服务。在陕金融机构努力提高创新金融服务意识，不断增强创新金融服务能力，推出了“陕重汽保兑仓模式”、“陕鼓节能环保金融服务模式”、“西重所信贷模式”和“联保贷、组合贷”等创新产品，重点支持经济区制造业发展；按照现代服务业的发展特点和发展趋势，综合试点了种子资金模式、金融租赁模式、供应链融资模式和项目收益权质押担保模式等创新产品，积极支持经济区现代服务业发展。截至2010年年末，经济区制造业、科研技术服务贷款余额分别为768.8亿元和18.3亿元，分别新增57.4亿元和5.9亿元。

三是支持西部区域性金融中心建设。在各金融机构的支持下，西安金融商务区已初具区域性金融中心雏形，已有陕西国际金融中心、中国银行全球客服中心、永安保险总部、西部信托金融时代广场、西部石油交易中心、陕西大宗煤炭交易电子平台、陕西环境权交易所等30余家大型金融、商务机构入驻。2010年，经济区金融业增加值预计达271.0亿元，增长19%，高出上年1.7个百分点。

四是加大财政政策协调配合力度。构建完善财政、金融、担保联动机制，分散金融风险，加大对经济区中小企业等薄弱环节及弱势群体的支持力度。初步建立经济区担保机构风险的财政补助机制，对担保机构按照平均担保额总额的1%～1.5%予以补助，对实际发生的代偿损失，按照年末担保责任的余额在5%以内且担保机构提取的风险准备金不足以弥补的，实行限率补偿；搭建政府支持中小企业融资平台，从陕西省中小企业发展资金中拿出1亿元，专项用于支持经济区县域工业园区建立小额贷款公司。截至2010年年末，经济区小企业贷款余额为725亿元，增长27.2%。

6. 贷款利率持续上行，定价机制逐步完善。受货币政策调整等因素影响，全年人民币贷款利率呈上升态势。其中，实行利率上浮的贷款占比上升，2010年达到46.3%（见表3）。利率定价机制逐步完善，金融机构逐步建立起以Shibor为基准的资金定价体系，其票据贴现、回购、资金交易、同业存款等业务均参照Shibor进行定价。

表2 2010年陕西省金融机构现金收支情况表

单位：亿元、%

	年累计额	同比增速
现金收入	27 481.3	20.1
现金支出	27 375.9	20.3
现金净支出	-105.4	-14.6

数据来源：中国人民银行西安分行。

表3　2010年陕西省金融机构各利率浮动区间贷款占比表

单位：%

		合计	国有商业银行	股份制商业银行	区域性商业银行	城乡信用社
合计		100.0	100.0	100.0	100.0	100.0
[0.9～1.0)		34.5	48.1	47.6	38.5	0.9
1.0		19.2	24.3	29.4	24.0	0.7
上浮水平	小计	46.3	27.6	23.1	37.5	98.4
	(1.0～1.1]	9.7	11.1	15.6	14.2	1.1
	(1.1～1.3]	9.8	14.4	7.1	18.9	4.2
	(1.3～1.5]	3.8	1.9	0.4	4.2	9.9
	(1.5～2.0]	12.3	0.2	0.0	0.2	44.3
	2.0以上	10.7	0.0	0.0	0.0	38.9

数据来源：中国人民银行西安分行。

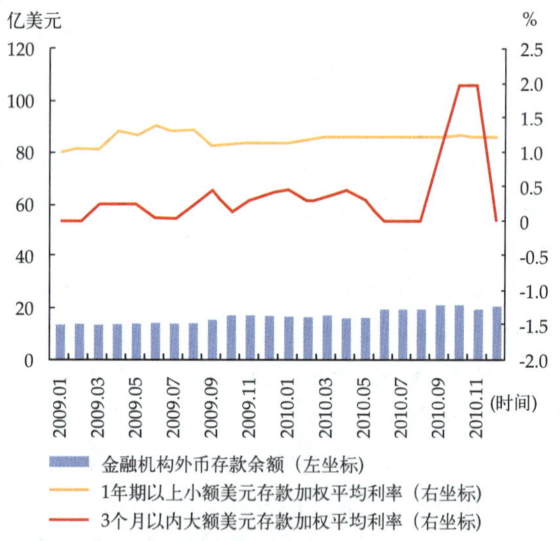

数据来源：中国人民银行西安分行。

图4　2009～2010年陕西省金融机构外币存款余额及外币存款利率

7. 银行业改革继续深化，农村信用社改革取得阶段性成果。国有商业银行分支机构以深化内部改革为核心，健全风险管理和内部控制机制，核心竞争力进一步提升。中小金融机构改革步伐加快，市场主体不断丰富，齐商银行、昆仑银行先后进驻西安设立分支机构；长安银行设立6个县域支行；西安市商业银行正式更名为西安银行，并完成了首家异地分行——榆林分行的设立。至年末，全省107家农村信用社全面完成统一法人社改制工作，其中，组建农村商业银行1家，农村合作银行8家，县（市）统一法人社 98家；104家农村信用社兑付专项票据资金27.8亿元，占全省认购专项票据农信社个数和金额的97.2%和81.7%。

（二）证券业基础巩固，创新能力明显增强

2010年，陕西省证券市场交易和盈利虽有所减少，但新增上市公司和融资额实现新突破，证券业在全省经济发展中的重要作用日益显现。

1. 市场交易量下降，证券机构盈利减少。2010年，在全国股票市场总体回落的背景下，全省证券交易量同比下降18.12%，股票及基金交易量同比下降15.08%；证券营业部实现营业收入和净利润同比分别下降26.74%和34.08%。证券机构积极寻求创新发展，西部证券合资设立的纽约梅隆西部基金管理公司获批准设立，“财富长安”证券集合资产管理计划获批准，中邮证券取得基金代销业务资格。

2. 新增上市公司和融资额实现新突破，上市公司重组步伐加快。全年中国西电、陕鼓动力、达刚路机、中航电测、坚瑞消防、启源装备6家公司发行上市，融资额为190.4亿元，新增上市公司数量和融资额创陕西历史最好水平（见表4）。烽火电子、易食股份、西安民生3家上市公司完成重组，8家上市公司资产重组工作正式启动，上市公司再融资能力不断提升。

表4　2010年陕西省证券业基本情况表

项目	数量
总部设在辖内的证券公司数（家）	3
总部设在辖内的基金公司数（家）	0
总部设在辖内的期货公司数（家）	3
年末国内上市公司数（家）	37
当年国内股票（A股）筹资（亿元）	190.4
当年发行H股筹资（亿元）	0.0
当年国内债券筹资（亿元）	273.4
其中：短期融资券筹资额（亿元）	116.2

数据来源：陕西证监局、中国人民银行西安分行。

（三）保险业平稳发展，经济社会效益显著提高

2010年，陕西省保险业平稳发展，经营效益明显提高，服务经济社会取得显著成效。

1. 保险机构稳步发展，实力不断增强。年末，保险业资产总额为618亿元，同比增长26.4%（见表5），保险业服务经济社会和抵御风险的实力进一步提高。

表5　2010年陕西省保险业基本情况表

项目	数量
总部设在辖内的保险公司数（家）	2
其中：财产险经营主体（家）	1
寿险经营主体（家）	1
保险公司分支机构（家）	40
其中：财产险公司分支机构（家）	20
寿险公司分支机构（家）	20
保费收入（中外资，亿元）	333.8
其中：财产险保费收入（中外资，亿元）	87.2
人身险保费收入（中外资，亿元）	246.6
各类赔款给付（中外资，亿元）	69.6
保险密度（元/人）	883.0
保险深度（%）	3.3

数据来源：陕西保监局。

2. 保险业务快速增长，经济和社会效益显著提高。2010年，保险业实现原保险保费收入同比增长28.6%；累计赔付支出同比增长14%（见表5）。财产保险公司扭转连续三年亏损的局面，实现承保盈利4.4亿元。交强险发展迅速，承保车辆同比增长45.5%；政策性农业保险充分发挥保险的经济补偿功能，农业保险支付赔款同比增长11.2%；出口信用保险保障功能进一步发挥，支持全省出口金额10亿美元，同比增长40%，支付赔款243.8万美元；商业健康保险和小额保险稳步发展，同比分别增长7.2%和39.8%，在促进和谐社会建设方面发挥着积极的作用。

（四）货币市场快速发展，金融产品创新步伐加快

2010年，陕西省货币市场快速发展，直接融资占比大幅提高，银行间市场、外汇和黄金市场交易活跃，票据融资稳步增长，市场利率走高，金融产品创新步伐加快。

1. 直接融资占比大幅提高。2010年，全省债券、股票融资大幅增加，股票融资量同比增长3倍。非金融企业债务融资工具广泛运用，全年共有14家企业通过银行间市场发行短期融资券和中期票据18期，累计发行额为258.4亿元，是上年同期发行量的1.6倍，加权票面利率3.84%；西安市文化和中小企业2010年第一期集合票据在西安正式发行，发行额为2.2亿元，实现了全省中小企业集合票据发行“零”的突破。直接融资占比大幅提高，由上年的9.8%提高到21.5%（见表6）。

表6　2001～2010年陕西省非金融机构融资结构表

单位：亿元、%

年份	融资量	比重		
		贷款	债券（含可转债）	股票
2001	344.7	98.9	0.0	1.1
2002	394.9	98.5	0.0	1.5
2003	620.2	99.6	0.0	0.4
2004	415.3	98.9	0.0	1.1
2005	396.3	99.7	0.0	0.3
2006	552.8	94.0	3.0	3.0
2007	759.7	86.6	9.4	4.0
2008	1 498.8	78.4	10.5	11.1
2009	2 467.9	90.2	7.8	2.0
2010	2 155.1	78.5	12.7	8.8

注：2010年在陕西的中央企业没有发行企业债券。

数据来源：中国人民银行西安分行、陕西省发展改革委、陕西证监局。

2. 银行间市场及票据融资交易活跃，市场利率波动上行。全年同业拆借累计成交同比增长298.3%，加权平均利率比上年上升0.8个百分点；债券回购累计成交同比增长22.7%，加权平均利率比上年上升0.83个百分点；现券交易累计成交同比减少5.43%，加权收益率比上年上升0.69个百分点；累计签发商业汇票同比增长13.5%；票据贴现累计发生额同比增长2.8%（见表7），受存款准备金率、存贷款基准利率上调以及金融机构调整资产结构等因素影响，贴现、转贴现利率均大幅上扬，全年贴现加权平均利率比上年上升1.93个百分点，转贴现加权平均利率比上年上升1.51个百分点（见表8）。

3. 外汇、黄金市场交易大幅增长。全年外汇市场累计成交同比增长95.9%；黄金市场累计成交同比增长142.4%，其中，实物金业务累计成交同比增长39.7%，纸黄金业务累计成交同比增长171.1%。

4. 产权交易品种呈现多元化趋势。全年西部产权交易所完成产权交易项目115宗，涉及资产总额36.4亿元。交易品种涉及股权转让、金融债权、行政（事业）资产、项目融资、异地项目、实物资产等多个方面。

5. 民间借贷利率上升。随着国家金融宏观调控政策力度的加大，市场流动性总体趋紧，民间借贷相对活跃，利率水平有所上升。

表7 2010年陕西省金融机构票据业务量统计表

单位：亿元

季度	银行承兑汇票承兑		贴现			
			银行承兑汇票		商业承兑汇票	
	余额	累计发生额	余额	累计发生额	余额	累计发生额
1	400.7	200.7	395.7	1 586.3	11.2	6.6
2	444.3	509.0	483.2	3 151.4	7.1	10.8
3	461.9	764.1	330.5	5 269.3	6.3	15.8
4	451.0	1 028.1	347.4	7 136.5	7.7	21.6

数据来源：中国人民银行西安分行。

表8 2010年陕西省金融机构票据贴现、转贴现利率表

单位：%

季度	贴现		转贴现	
	银行承兑汇票	商业承兑汇票	票据买断	票据回购
1	3.2018	3.9619	2.5582	2.6888
2	3.6970	4.6785	2.9814	2.9173
3	4.0883	4.5770	3.3003	3.3908
4	5.5632	4.7261	3.9255	4.3116

数据来源：中国人民银行西安分行。

（五）金融生态环境持续优化，征信体系建设深入推进

2010年，中国人民银行西安分行在继续做好全省10市金融生态环境评价工作的同时，将金融生态环境评价工作推广到全省107个县（区），进一步优化了金融生态环境。同时，企业和个人征信系统新增录入0.98万户企业和210万人的信用信息，并将15个政府部门的345万条非银行信息纳入征信系统；组织实施“千户企业融资推介和千户企业信用培植”工程，依托中小企业信用信息系统筛选推荐的1 058户企业中，715户获得118.6亿元贷款；为全省75.8%的农户建立了信用档案，信用户和信用村、镇分别比上年增加15.5万个和395个。深入推进了征信体系建设。

二、经济运行情况

2010年，陕西省认真贯彻科学发展观，扎实推进发展方式转变和经济结构调整，积极落实国家应对国际金融危机一揽子计划，大力实施项目带动战略，努力克服陕南特大洪灾的影响，经济主要指标完成超出预期，并逐步回归到快速发展轨道，实现了“十一五”的完美收官。全省经济总量首次突破万亿元大关，全年实现地区生产总值10 021.5亿元，增长14.5%（见图5），人均地区生产总值超越4 000美元。经济结构调整力度加大，三次产业结构有所优化，由上年的7.9：55.5：36.6变为9.9：53.9：36.2，第一产业提高2.0个百分点。

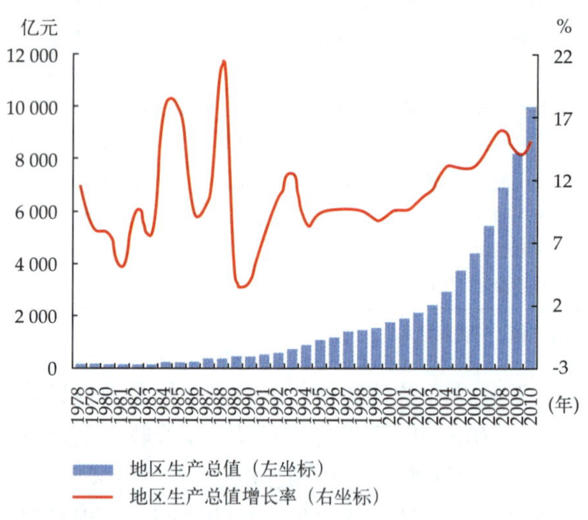

数据来源：《陕西统计年鉴》、陕西省统计局。

图5 1978～2010年陕西省地区生产总值及其增长率

（一）需求增长保持强劲，内部结构趋于优化

2010年，陕西省投资增长强劲，消费平稳增长，对外贸易恢复高位增长。三大需求结构趋于优化，在投资强势拉动经济增长的基础上消费和出口发挥了重要作用。

1. 投资增势强劲，结构趋于优化。2010年，全省完成全社会固定资产投资8 562.1亿元，同比增长30.7%，增幅同比回落4.4个百分点（见图6），仍是全省经济增长的主动力。基础设施投资增长较快，投资结构优化，第三产业投资占比提升。受房地产调控政策的影响，房地产开发投资增幅回落。外省在陕西的投资行业中，制造业居首位，新兴产业投资比重上升，承接东部地区产业转移项目到位资金占比达42%。

2. 城乡居民收入显著提高，消费需求保持旺盛。工资、养老金标准提高、补贴增加、农牧产业效益提高促使城乡居民收入较快增长。全年城镇居民人均可支配收入增长11.1%，农民人均纯收入增长19.4%，城乡居民收入差距有所缩小。受刺激消

费政策影响，汽车、家电等热点商品消费需求依然旺盛，全年社会消费品零售总额增长18.7%，比上年提高2.2个百分点（见图7），消费对经济增长的拉动作用有所提升。

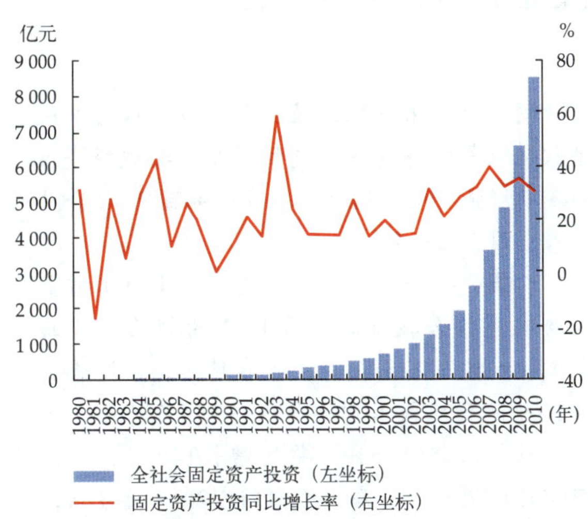

数据来源：《陕西统计年鉴》、陕西省统计局。

图6　1980~2010年陕西省固定资产投资及其增长率

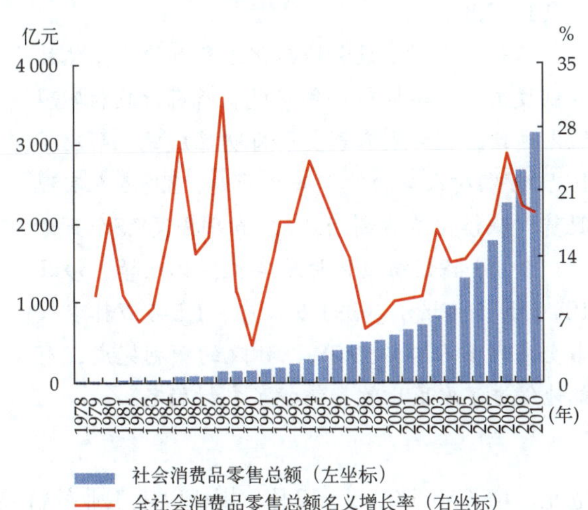

数据来源：《陕西统计年鉴》、陕西省统计局。

图7　1978~2010年陕西省社会消费品零售总额及其增长率

3. 外贸出口恢复高位增长，利用外资步伐加快。2010年，受国际经济企稳回升、逐步转暖的影响，全省外贸出口同比增长55.6%，创历史新高（见图8）。在出口快速增长的拉动下，进出口总额突破百亿美元，达到120.8亿美元，同比增长43.7%。利用外资步伐加快，实际利用外资同比增长20.5%，比上年提高10.2个百分点（见图9）。

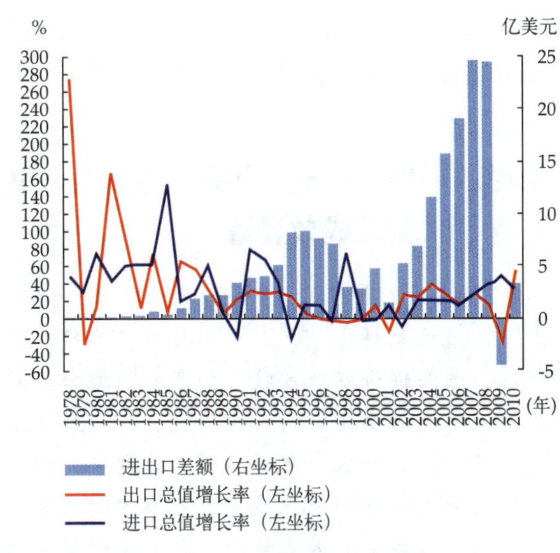

数据来源：《陕西统计年鉴》、陕西省统计局。

图8　1978~2010年陕西省外贸进出口变动情况

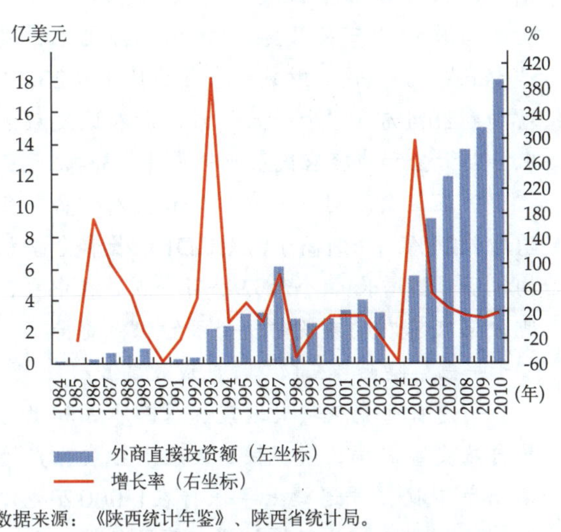

数据来源：《陕西统计年鉴》、陕西省统计局。

图9　1984~2010年陕西省外商直接投资情况

（二）第二产业较快发展，产业结构稳中趋优

2010年，陕西省三次产业发展平稳，农业生产形势良好，工业生产增速加快，服务业健康发展，三次产业增加值分别增长5.8%、18%和11.7%，工业经济拉动作用明显。

1. 农业基础地位巩固，产业化步伐加快。农业生产形势稳定，粮食总产量达1 165万吨，创十二年来最好水平；畜牧业生产逐渐恢复，猪肉产量增长6.7%；果业保持稳步发展，全省水果总产量增

长7.7%，苹果产量、面积稳居全国第一位。农业基础设施和生态环境得到改善，农业综合生产能力加强，农民组织化程度和农业产业化水平不断提高，龙头企业经营状况良好。

专栏2 “十一五”中央、地方强农惠农政策逐步落实，陕西“三农”发展成效显著

2004年，特别是“十一五”以来，党中央、国务院坚持把“三农”工作放在各项工作首位，围绕促进农民增收、提高农业综合生产能力、推进社会主义新农村建设、积极发展现代化农业、加强农业基础建设、促进农业稳定发展、加大统筹城乡发展力度七个方面内容，连续七年以中央一号文件出台了一系列强农惠农政策，陕西地方政府及金融机构认真落实中央各项强农惠农政策，也出台了相应的配套措施，加大了财政金融支农力度。“十一五”陕西财政对“三农”支出累计1 847亿元，是“十五”的3.4倍，财政支农支出比重从23.3%增加到26.4%，“十一五”累计向农民发放惠农补贴资金和减轻农民农业税费负担364亿元；“十一五”金融对“三农”信贷投入翻番，年均增长24%，分别高于同期GDP增长和金融机构各项贷款增长9.1个和5.9个百分点。在中央、地方强农惠农政策及财政金融的积极支持下，“十一五”陕西“三农”发展成效显著：

一是农业克服特大地震、暴雨冰冻和洪涝等自然灾害影响，实现快速发展。粮食生产连续七年丰收，并连续七年保持在1 000万吨以上；果业、畜牧业发展加快，苹果种植面积和产量均居全国第一位，果业和畜牧业成为农民增收和农村经济发展的支柱产业；县域经济活力不断增强，全省11个县跻身西部百强，3个县跨入全国百强行列。

二是受“一村一”品发展、外出打工增多以及农民综合技能提高等因素的影响，陕西农民收入渠道不断拓宽，收入持续快速增长。2010年陕西农民人均纯收入达到4 105元，比“十五”末翻了一番，年均增长14.9%，与同期GDP增速持平，高于全国同期2.2个百分点；农民人均纯收入与全国差距缩小，2010年相差30.6%，比“十五”末缩小了6.3个百分点；农民与城镇居民收入差距首次缩小，由1：4.11缩小到1：3.82。

三是新农村建设和城镇化进程加快，集体林权制度主体改革提前一年完成。所有行政村实现通电通话；“六到农家”取得明显成效，解决了1 250万农村人口的饮水安全问题，325万人实现脱贫；城镇化率达到45.0%，五年提高7.5个百分点；全省1.48亿亩集体林地实施主体改革，涉及104个县（市区）、391万农户、1 547万林农，占全省农业人口的59.3%，林改的顺利完成，有效地促进了农民增收，维护了农村稳定。

2. 工业生产延续向好势头，经济效益明显提高。经济运行走出金融危机的负面影响，工业产值全年各月均保持两位数的增长，能源化工、装备制造等优势特色产业支柱拉动作用显著。规模以上工业总产值突破万亿元大关，达11 147.1亿元，增长33.5%，工业增加值增长19.7%，增速分别比上年加快20.5个和4.9个百分点（见图10）。工业利润超千亿元，增长66.5%，1～12月，规模以上工业效益综合指数达342.3，同比提高58.9个百分点，企业亏损额下降34.4%，降幅比上年扩大14.5个百分点。

3. 服务业增长平稳。2010年，全省服务业增加值增长15%以上，旅游产业继续保持快速发展态势，旅游总收入增长27.6%；新兴服务业营业收入增长26.2%，呈现良好增长势头。

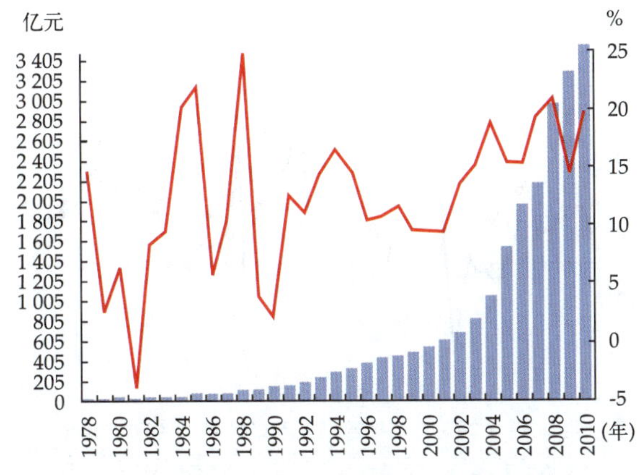

数据来源：《陕西统计年鉴》、陕西省统计局。

图10　1978～2010年陕西省工业增加值及其增长率

（三）物价水平总体上行，通货膨胀压力有所上升

2010年下半年，陕西省消费物价涨势较上半年有所加快，工业品、原材料、农产品生产价格涨幅相对较大。

1. 居民消费价格指数（CPI）波动上行。2010年，全省居民消费价格同比上涨4.0%（见图11），其中，新涨价因素影响约占60%，农副产品价格上涨推动食品类价格全面上涨。娱乐教育文化用品及服务价格微涨1.0%；家庭设备用品及维修服务价格与上年持平；衣着、交通和通信价格微降。食品、医疗保健和个人用品、居住价格上涨是主要推动力，对CPI影响程度达97%。

2. 生产价格大幅上涨。原材料、燃料、动力购进价格、工业品出厂价格涨幅均接近10%，农产品生产价格上涨高达21.7%（见图11）。

3. 劳动力成本提高。2010年，陕西省最低工资标准平均调升22.7%，城乡最低生活保障金普遍增加，农民人均劳务性收入增长21.4%，固定资产投资价格中人工费用上涨11.2%。

4. 资源性产品价格改革加快。成品油价格基于新定价机制实施调整，作为可替代性能源的天然气的供求矛盾致使供应价格提高，用水价格逐步调高。

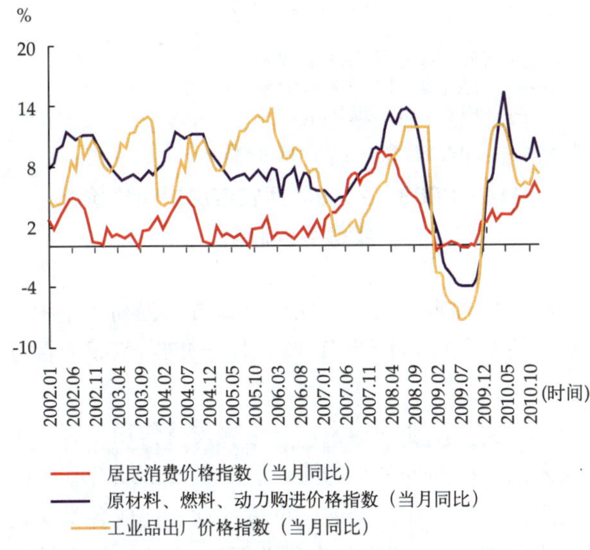

数据来源：《陕西统计年鉴》、陕西省统计局。

图11　2002～2010年陕西省居民消费价格和生产者价格变动趋势

（四）财政收入增幅加快，民生领域支出扩大

2010年，陕西省财政收入较快增长，全年地方财政收入达957.9亿元，同比增长30.3%，达到历史最高水平。燃料和动力等产品价格上涨、企业利润和城镇居民收入的增加带动了增值税、企业所得税、个人所得税的快速增长，增值税对财政收入增长的贡献率达到了31.3%。全年财政支出2 254.7亿元，增长24.5%（见图12）。民生领域的支出进一步扩大，社会保障和就业、教育、医疗卫生、城乡社区事务和农林水事务四项支出占财政支出的比重

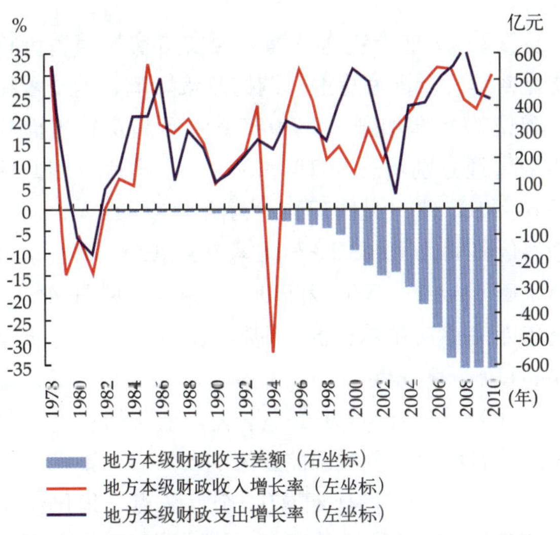

数据来源：《陕西统计年鉴》、陕西省统计局。

图12　1978～2010年陕西省财政收支状况

达到51.4%，比上年提高5.4个百分点。

（五）节能减排取得进展，能源利用效率提高

2010年，陕西省以退耕还林、节能减排和重点区域整治为主的生态建设向纵深推进。森林、植被覆盖率分别提高到41.4%和71.1%。全省万元GDP能耗下降到1.136吨标准煤，二氧化硫和化学需氧量排放同比削减15.4%和11.9%，西安市良好天数超过300天，绿色成为城市的主色调。金融支持节能减排和环境保护工作积极推进，“绿色信贷”进一步发展，金融机构加大对节能减排效果显著企业和项目的授信力度，较好地发挥了信贷政策在节能减排中的积极推动作用。

（六）房地产调控效应显现，文化产业快速发展

1. 房地产市场调控政策效应显现，房地产投资及交易价格增速回落。

（1）房地产开发投资持续增长，增速有所回落。2010年，房地产开发投资完成1 160.2亿元，占全社会固定资产投资的14.2%，同比增长23.3%，增速比上年回落0.6个百分点。其中，住宅建设投资同比增长18.3%，增速比上年回落11.3 个百分点。商品房施工面积和竣工面积分别增长20.6%和2.2%，增速均有所回落。同时，房屋开工面积增速大幅下滑，房地产开发企业投资意愿有所下降（见图13）。

（2）房地产销售萎缩，西安市房屋销售价格明显回落。受国家房地产调控政策影响，消费者持币观望的情况加剧。2010年全省商品房销售面积和销售额分别增长24.1%和38.4%，增速分别回落13.6%和12.2%（见图13）。第四季度，西安市房屋销售价格同比上涨8.2%，比第一、第二、第三季度分别回落4.5个、5.5个和5.0个百分点（见图14）。全年西安市房屋销售价格同比上涨12.1%，比上年提高11.6个百分点。

（3）房地产贷款高速增长，信贷结构调整加快。随着房地产各项调控政策的实施，房地产贷款增速高位回落，同比回落0.5个百分点，但仍保持在45%以上的较高增长水平，增速明显高于各项贷款增长平均水平。个人住房贷款占比提高，年末，个人住房贷款占比为71.0%，比上年提高3.7个百分点。

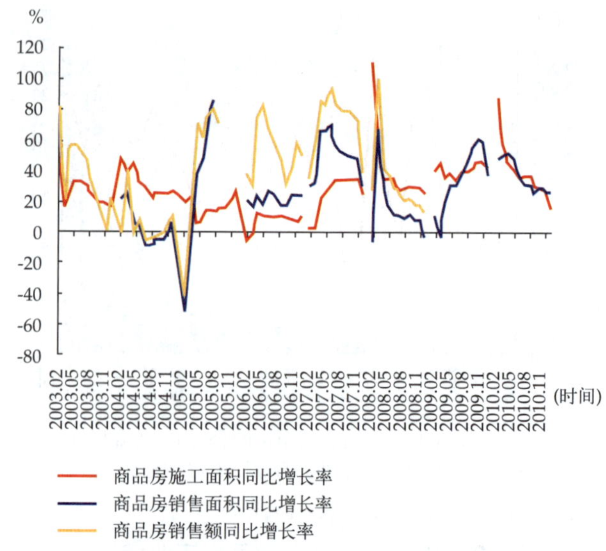

数据来源：《中国经济景气月报》、陕西省统计局。

图13　2003～2010年陕西省商品房施工和销售变动趋势

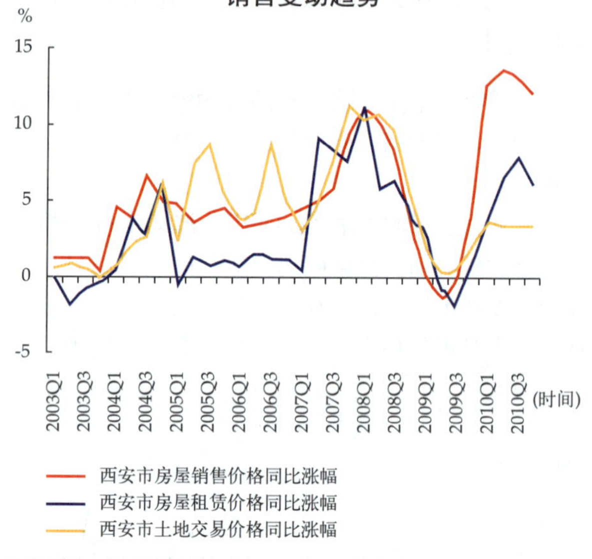

数据来源：《中国经济景气月报》、陕西省统计局。

图14　2003～2010年西安市房屋销售价格指数变动趋势

2. 文化产业快速发展，金融支持作用显著。中国人民银行西安分行与陕西省委宣传部联合举办的陕西省文化产业银企合作推进活动，促成各类文化产业合作项目103个，金额为303.1亿元，极大地推动了文化产业的改制和发展；各金融机构全方位、

多元化改进金融服务，积极探索开展“知识产权抵押”、“商标权抵押”、“文化企业供应链融资”等金融创新，不断加大对文化产业的信贷投入，年末，全省文化产业贷款同比增长32.7%，高出金融机构各项贷款增幅12.2个百分点，有力地支持了文化产业的快速发展。全省文化产业实现增加值218.4亿元，增长25.0%，高于全省GDP增幅10.5个百分点。

三、预测与展望

2011年是“十二五”规划的开局之年，西部大开发新十年战略的确定以及《关中—天水经济区发展规划》的实施，给陕西经济发展带来新的机遇。预计2011年，陕西省经济将继续保持快速增长，产业结构持续优化，预计地区生产总值增长12%左右。

固定资产投资将稳步增长，投资结构进一步优化。西部大开发战略的深入实施、民间投资的进一步激活、一批重大项目的相继开工等，都将促进投资的稳步增长。特别是2010年国务院出台了《关于中西部地区承接产业转移的指导意见》，明确了中西部地区承接产业转移的总体要求和发展方向，为陕西承接产业转移、吸引资金流入、带动相关领域的投资都将起到重要作用。预计2011年陕西省固定资产投资将突破万亿元，较上年增长25%。

消费对经济的拉动作用加大，消费结构不断升级。2011年陕西财政支出用于促进消费的比重将有所提高，重点用于增加城镇低收入群体和农民的补贴，同时还将以高于全国平均水平的标准提高企业退休人员养老金，这些都将拉动消费进一步增长。2011年预计陕西全社会消费品零售总额将突破3 900亿元，增长19%以上。

进出口规模将继续增长，加工贸易及机电产品出口占比将进一步提高。随着国际经济形势的稳定，进出口规模将呈现恢复性增长；陕西机电产品在国际上声誉日益提高，其出口将继续保持快速增长态势，成为陕西省出口的龙头产品；出口加工区企业的增多、规模的不断扩张，也将推动2011年加工贸易的迅猛发展。跨境贸易人民币结算试点在陕规模进一步扩大，保单融资有效进行，这将有力地促进外贸企业规避风险、发展壮大。预计2011年全省外贸进出口增长20%左右，达到138亿美元。

2011年陕西物价压力较大，预计全年CPI涨幅约为4%。2010年陕西省上游产品价格增长较快，其中，工业品出厂价格指数（PPI），原材料、燃料、动力购进价格指数涨幅均接近10%，农产品生产价格上涨超过20%，人工费用高位运行且呈上涨态势，食品价格高居不下，这些因素都将导致2011年通货膨胀压力进一步加大。

2011年，中国人民银行西安分行将按照总行的统一部署，贯彻落实好稳健的货币政策，合理把握好信贷投放的数量、结构和节奏；按照“区别对待、有扶有控”的原则，处理好货币信贷合理增长与经济适度快速发展的关系；调整信贷结构，引导金融机构提升对“三农”及微小企业贷款比重，扩大对新兴产业、高新技术产业、低碳经济和关中—天水经济区的融资规模；深化金融改革，防范系统性金融风险；做好对重要价格指标的监测反馈，加强通货膨胀预期管理。预计2011年全省信贷增速较上年有所放缓，但融资结构会日趋多元化，直接融资规模进一步扩大。地方中小银行和新型农村金融组织将进一步发展，中小企业的融资环境将得到改善。

中国人民银行西安分行货币政策分析小组

负责人：郭新明　王晓红

统　稿：李学武　侯军强

执　笔：师树松　陈　涛　李卫林　宋　星　付俊文　连太平　李　芃　王　玮　赵　斐　程　璐　山迎伟

提供材料的还有：李玉辉　周彦君　秦鸿文　包　琼　李亚凤　李建伟　关　伟　邱念坤　孙炎炜　宋　亮　王　宇

附录

（一）2010年陕西省经济金融大事记

4月26日，陕西省文化产业银企合作座谈会暨成果发布和签约仪式在西安举行，中共陕西省委宣传部部长胡悦出席并作重要讲话。

5月6日，国内首例采取PPP合作模式建设的西安国际商贸基地项目在西安奠基。

5月25日至27日，陕西省十一届人大常委会第十四次会议表决通过了《陕西省高新技术产业发展条例》。

6月6日，陕西省出台《关于切实抓好〈关中—天水经济区发展规划〉实施意见》，成为陕西贯彻落实《关中—天水经济区发展规划》的纲领性文件。

8月18日，国家发展改革委下发《关于开展低碳省区和低碳试点城市试点工作的通知》，明确四省和八市为全国首批低碳试点省市，陕西省成为西北地区唯一的低碳试点省。

9月，陕西省人民政府出台《加快金融基础设施建设，不断改善西安世园会支付环境的指导意见》，确立了中国人民银行统筹负责的西安世园会金融服务工作。

12月16日，昆仑银行西安分行、恒丰银行西安分行在西安开业。

2010年，陕西省成功发行西部首单中小企业集合票据——西安文化和科技中小企业集合票据，融资2.21亿元。

2010年，陕西富平东亚村镇银行设立，实现了外资银行发起设立村镇银行零的突破。

2010年，陕西经济总量突破万亿元，达到10 021.5亿元，比2005年翻一番多，占全国的比重由2.1%提高到2.5%，人均国民生产总值超过4 000美元。

（二）2010年陕西省主要经济金融指标

表1 2010年陕西省主要存贷款指标

		1月	2月	3月	4月	5月	6月	7月	8月	9月	10月	11月	12月
本外币	金融机构各项存款余额（亿元）	14 593.1	14 840.4	15 211.2	15 420.6	15 567.8	15 949.9	15 970.4	16 175.3	16 412.5	16 406.8	16 619.7	16 590.5
	其中：城乡居民储蓄存款	6 975.7	7 331.3	7 421.0	7 370.7	7 419.8	7 606.3	7 568.9	7 631.0	7 820.7	7 718.8	7 802.4	8 008.4
	企业存款	4 706.0	4 643.2	4 902.8	5 083.1	5 101.9	5 182.4	5 227.1	5 234.4	5 275.1	5 275.2	5 413.1	5 408.3
	各项存款余额比上月增加（亿元）	538.7	247.3	370.8	209.4	147.2	382.1	20.5	204.9	237.2	-5.7	212.9	-29.2
	金融机构各项存款同比增长（%）	29.2	27.6	26.0	25.2	24.0	23.5	22.9	22.5	21.2	20.0	20.4	18.1
	金融机构各项贷款余额（亿元）	8 715.2	8 900.2	9 035.6	9 271.7	9 417.5	9 668.5	9 753.0	9 876.2	9 955.3	10 089.7	10 155.6	10 222.2
	其中：短期	2 519.1	2 555.3	2 476.0	2 476.2	2 475.7	2 406.3	2 441.2	2 472.4	2 494.8	2 501.7	2 507.6	2 513.9
	中长期	5 652.7	5 797.4	6 052.7	6 242.7	6 413.6	6 686.3	6 788.7	6 903.2	7 023.7	7 141.5	7 217.1	7 273.1
	票据融资	426.7	431.7	389.3	440.7	437.4	486.6	435.7	412.1	354.0	363.8	346.3	360.6
	各项贷款余额比上月增加（亿元）	238.6	185.0	135.4	236.1	145.8	251.0	84.5	123.2	79.1	134.4	65.9	66.6
	其中：短期	19.0	36.2	-79.3	0.2	-0.5	-69.4	34.9	31.2	22.4	6.9	5.9	6.3
	中长期	264.3	144.7	255.3	190.0	170.9	272.7	102.4	114.5	120.5	117.8	75.6	56.0
	票据融资	-46.0	5.0	-42.4	51.4	-3.3	49.2	-50.9	-23.6	-58.1	9.8	-17.5	14.3
	金融机构各项贷款同比增长（%）	33.8	32.5	26.7	25.0	24.7	22.3	21.7	21.8	20.9	21.2	21.3	20.9
	其中：短期	11.7	8.0	-2.2	-5.3	-6.8	-12.5	-12.5	-11.4	-10.1	-10.4	-9.3	-5.1
	中长期	50.5	50.6	50.3	50.4	50.1	48.1	47.5	45.6	42.1	41.6	40.9	38.9
	票据融资	1.1	1.0	-22.7	-24.1	-19.6	-11.5	-18.2	-14.7	-16.5	-7.7	-9.8	-22.2
	建筑业贷款余额（亿元）	138.7	139.4	148.7	149.5	145.1	150.1	156.4	157.1	177.8	165.0	162.8	160.2
	房地产业贷款余额（亿元）	349.0	355.0	385.3	393.9	380.3	390.1	394.6	395.9	394.9	398.3	395.9	360.9
	建筑业贷款比年初增长（%）	-10.7	-10.2	-4.2	-3.7	-6.6	-3.3	0.7	1.2	14.5	6.2	4.8	3.2
	房地产业贷款比年初增长（%）	3.2	4.9	13.9	16.4	12.4	15.3	16.6	17.0	16.7	17.7	17.0	6.7
人民币	金融机构各项存款余额（亿元）	14 478.3	14 726.7	15 091.5	15 313.9	15 460.0	15 816.9	15 836.5	16 044.7	16 270.5	16 268.8	16 490.4	16 456.1
	其中：城乡居民储蓄存款	6 926.1	7 280.3	7 370.7	7 325.8	7 371.1	7 557.8	7 519.7	7 582.7	7 777.7	7 671.4	7 757.6	7 957.8
	企业存款	4 653.7	4 591.8	4 845.1	5 033.0	5 051.4	5 110.5	5 156.6	5 166.8	5 195.3	5 203.3	5 347.3	5 340.2
	各项存款余额比上月增加（亿元）	542.6	248.4	364.8	219.8	146.1	356.9	19.6	208.1	225.8	-1.7	221.6	-34.3
	其中：城乡居民储蓄存款	181.4	354.2	90.4	-44.9	45.3	186.7	-38.1	63.0	195.0	-106.3	86.2	200.2
	企业存款	230.1	-61.9	253.3	187.9	18.4	59.1	46.1	10.2	28.5	8.0	144.0	-7.1
	各项存款同比增长（%）	29.2	27.6	26.0	25.3	24.1	23.4	22.8	22.4	21.1	20.1	20.5	18.2
	其中：城乡居民储蓄存款	17.3	20.7	19.7	17.7	17.3	18.3	16.8	17.5	17.8	16.8	17.5	18.0
	企业存款	38.7	30.4	26.8	30.0	27.6	23.0	25.9	23.2	20.6	16.2	19.2	13.9
	金融机构各项贷款余额（亿元）	8 574.8	8 749.2	8 878.8	9 116.6	9 265.5	9 515.3	9 603.1	9 725.9	9 790.6	9 920.9	9 980.5	10 033.1
	其中：个人消费贷款	945.8	973.2	1 025.4	1 081.1	1 133.3	1 174.4	1 204.9	1 238.8	1 278.2	1 307.1	1 347.1	1 378.6
	票据融资	425.6	430.1	386.9	438.3	435.9	485.6	434.8	411.3	354.0	363.8	346.3	360.6
	各项贷款余额比上月增加（亿元）	233.0	174.4	129.6	238.0	148.9	249.8	87.8	122.8	64.7	130.3	59.6	52.6
	其中：个人消费贷款	49.2	27.4	52.2	55.7	52.2	41.1	30.5	33.9	39.4	28.9	40.0	31.5
	票据融资	-45.4	4.5	-43.2	51.4	-2.4	49.7	-50.8	-23.5	-57.3	9.8	-17.5	14.3
	金融机构各项贷款同比增长（%）	33.7	32.3	26.3	24.6	24.4	22.0	21.5	21.7	20.6	20.9	21.1	20.5
	其中：个人消费贷款	71.4	75.2	77.8	83.4	86.0	81.9	79.0	75.9	72.6	70.1	65.7	62.4
	票据融资	0.8	0.6	-23.2	-24.4	-19.6	-11.4	-18.1	-14.5	-16.0	-7.1	-9.4	-21.9
外币	金融机构外币存款余额（亿美元）	16.8	16.7	17.5	15.6	15.8	19.6	19.8	19.1	21.2	20.6	19.4	20.3
	金融机构外币存款同比增长（%）	21.7	22.8	25.0	14.7	11.3	33.3	38.5	33.6	42.3	20.5	13.5	16.7
	金融机构外币贷款余额（亿美元）	20.6	22.1	23.0	22.7	22.3	22.6	22.1	22.1	24.6	25.2	26.2	28.5
	金融机构外币贷款同比增长（%）	38.3	49.3	54.4	51.3	46.7	40.4	33.1	30.8	43.0	45.7	35.8	45.4

数据来源：中国人民银行西安分行。

表2 2001～2010年陕西省各类价格指数

单位:%

年/月	居民消费价格指数		农业生产资料价格指数		原材料购进价格指数		工业品出厂价格指数		西安市房屋销售价格指数	西安市房屋租赁价格指数	西安市土地交易价格指数
	当月同比	累计同比	当月同比	累计同比	当月同比	累计同比	当月同比	累计同比	当季(年)同比	当季(年)同比	当季(年)同比
2001	—	1.0	—	1.9	—	0.5	—	0.4	1.3	0.3	0.0
2002	—	-1.1	—	0.8	—	-1.2	—	0.7	1.2	1.0	0.4
2003	—	1.7	—	2.3	—	4.8	—	5.7	1.7	-1.9	0.9
2004	—	3.1	—	11.6	—	10.4	—	7.3	5.0	3.2	2.8
2005	—	1.2	—	7.2	—	7.5	—	10.5	4.3	0.7	5.9
2006	—	1.5	—	0.7	—	6.7	—	9.6	3.6	1.2	4.5
2007	—	5.1	—	8.3	—	6.3	—	2.9	6.4	6.4	6.8
2008	—	6.4	—	22.0	—	11.2	—	8.4	8.1	6.9	9.0
2009	—	0.5	—	-4.2	—	-1.6	—	-3.9	0.5	0.3	1.2
2010	—	4.0	—	5.3	—	9.7	—	8.7	12.1	6.1	3.5
2009 1	1.2	1.2	10.3	10.3	3.1	3.1	0.8	0.8	—	—	—
2	-0.5	0.3	8.1	9.2	2.2	2.6	-2.7	-0.9	—	—	—
3	0.2	0.3	1.9	6.7	-0.2	1.7	-2.7	-1.5	0.0	2.9	2.1
4	-0.1	0.2	-1.3	4.6	-2.1	0.7	-5.0	-2.4	—	—	—
5	0.5	0.3	-3.9	2.8	-2.7	0.0	-5.7	-3.0	—	—	—
6	0.3	0.3	-7.6	0.9	-3.8	-0.6	-6.0	-3.5	-1.4	-0.9	0.3
7	0.0	0.2	-10.9	-0.9	-4.0	-1.1	-7.4	-4.1	—	—	—
8	-0.2	0.2	-11.5	-2.3	-4.0	-1.5	-7.2	-4.5	—	—	—
9	0.2	0.2	-10.3	-3.3	-4.0	-1.7	-6.5	-4.7	-0.6	-1.8	0.5
10	0.1	0.2	-9.6	-3.9	-4.0	-2.0	-5.2	-4.8	—	—	—
11	1.7	0.3	-6.8	-4.2	-1.8	-1.9	-2.6	-4.6	—	—	—
12	2.9	0.5	-4.1	-4.2	2.2	-1.6	3.7	-3.9	4.0	0.9	1.9
2010 1	2.1	2.1	1.0	1.0	6.4	6.4	7.0	7.0	—	—	—
2	3.5	2.8	2.5	1.7	6.5	6.5	11.2	9.1	—	—	—
3	2.7	2.8	3.0	2.1	9.3	7.4	12.0	10.1	12.7	3.6	3.7
4	3.2	2.9	2.4	2.2	13.6	9.0	12.0	10.5	—	—	—
5	3.0	2.9	4.2	2.6	15.2	10.2	12.0	10.8	—	—	—
6	3.1	2.9	5.0	3.0	10.8	10.3	9.8	10.7	13.7	6.3	3.5
7	3.8	3.1	4.8	3.3	9.0	10.1	6.7	10.0	—	—	—
8	4.7	3.3	5.8	3.6	9.0	10.0	5.9	9.6	—	—	—
9	4.8	3.4	6.4	3.9	8.4	9.8	6.4	9.2	13.2	8.0	3.5
10	5.3	3.6	8.0	4.3	8.6	9.7	6.1	8.9	—	—	—
11	6.2	3.8	10.2	4.8	10.7	9.8	7.8	8.8	—	—	—
12	5.3	4.0	9.9	5.3	8.7	9.7	7.1	8.7	8.2	6.3	3.3

数据来源：国家统计局《中国经济景气月报》、陕西省物价局、国家统计局陕西调查总队、西安市统计局。

表3 2010年陕西省主要经济指标

	1月	2月	3月	4月	5月	6月	7月	8月	9月	10月	11月	12月
绝对值（自年初累计）												
地区生产总值(亿元)	—	—	1 936.9	—	—	4 289.8	—	—	6 743.4	—	—	10 021.5
第一产业	—	—	80.0	—	—	274.8	—	—	491.7	—	—	988.5
第二产业	—	—	1 033.6	—	—	2 338.3	—	—	3 591.4	—	—	5 403.5
第三产业	—	—	823.2	—	—	1 676.7	—	—	2 660.3	—	—	3 629.6
工业增加值(亿元)	—	551.8	891.3	1 174.2	1 517.5	1 883.0	2 218.1	2 549.2	2 936.5	3 304.1	3 712.1	4 159.5
城镇固定资产投资(亿元)	—	294.8	858.7	1 521.7	2 476.3	3 664.8	4 420.0	5 129.7	6 092.8	6 919.6	7 729.3	8 168.2
房地产开发投资	—	58.4	135.8	226.9	346.8	512.8	613.9	708.0	826.0	942.1	1 040.6	1 160.2
社会消费品零售总额(亿元)	—	557.8	778.7	1 007.5	1 252.4	1 495.5	1 730.3	1 968.3	2 246.4	2 551.0	2 833.8	3 147.7
外贸进出口总额(万美元)	—	165 300	253 800	346 900	445 100	543 500	651 500	761 700	859 600	959 400	1 080 000	1 208 100
进口	—	81 300	123 500	169 300	219 900	270 900	321 400	370 100	417 000	464 400	524 700	587 400
出口	—	84 000	130 200	177 600	225 300	272 600	330 100	391 600	442 600	495 000	555 200	620 700
进出口差额(出口-进口)	—	2 700	6 700	8 300	5 400	1 700	8 700	21 500	25 600	30 600	30 500	33 300
外商实际直接投资(万美元)	—	20 900	40 600	55 900	68 800	91 900	98 400	111 300	135 000	151 200	163 400	182 000
地方财政收支差额(亿元)	—	-30.2	-138.6	-188.3	-234.0	-351.3	-404.1	-483.1	-605.9	-649.6	-963.7	-1 259.7
地方财政收入	—	122.2	189.9	270.9	349.4	463.2	537.7	593.3	662.7	751.7	831.5	957.9
地方财政支出	—	152.3	328.5	459.2	583.3	814.5	941.9	1 076.4	1 268.6	1 401.3	1 795.2	2 217.6
城镇登记失业率(%)(季度)	—	—	3.88	—	—	3.87	—	—	3.86	—	—	3.99
同比累计增长率（%）												
地区生产总值	—	—	18.2	—	—	16.8	—	—	14.9	—	—	14.5
第一产业	—	—	5.2	—	—	5.0	—	—	5.8	—	—	5.8
第二产业	—	—	25.5	—	—	22.0	—	—	18.2	—	—	18.0
第三产业	—	—	12.0	—	—	12.1	—	—	12.2	—	—	11.7
工业增加值	—	31.1	29.0	27.9	26.6	24.8	22.1	21.1	20.6	20.3	19.8	19.7
城镇固定资产投资	—	28.2	29.1	29.0	31.1	32.2	32.3	32.7	32.9	31.5	32.5	31.9
房地产开发投资	—	24.8	22.7	25.2	26.1	25.8	25.4	25.7	22.7	23.7	23.3	23.2
社会消费品零售总额	—	18.0	17.8	18.1	18.3	18.5	18.4	18.5	18.6	18.6	18.6	18.7
外贸进出口总额	—	49.8	43.6	41.3	39.4	37.1	38.7	44.1	42.9	44.9	46.0	43.7
进口	—	44.8	39.5	31.9	30.5	27.8	25.7	29.5	27.0	29.3	33.0	33.0
出口	—	54.9	47.7	51.6	49.4	47.9	54.4	61.4	61.9	63.5	60.7	55.6
外商实际直接投资	—	9.9	20.8	49.7	33.5	19.3	22.3	26.3	48.7	33.0	17.5	20.5
地方财政收入	—	32.7	30.3	28.8	33.1	27.8	27.8	26.4	25.9	25.6	27.8	30.3
地方财政支出	—	11.6	29.1	29.9	24.7	23.4	23.9	24.3	19.6	18.2	26.6	20.4

数据来源：陕西省统计局《经济要情》、陕西省商务厅。

2010年甘肃省金融运行报告

中国人民银行兰州中心支行货币政策分析小组

[内容摘要] 2010年，甘肃省以科学发展观为统领，积极贯彻落实国家支持西部地区、民族地区和甘肃经济社会发展的一系列政策，全省经济继续保持平稳较快增长态势，工业生产增速不断回升，消费品市场快速增长，固定资产投资高位运行，财政收支稳定增长，节能降耗成效明显，社会民生不断改善。

全省金融业认真贯彻国家宏观调控政策，适度宽松的货币政策得到有效落实，信贷结构逐步改善，信贷总量增长均衡适度，重点领域和薄弱环节信贷服务明显增强。证券业稳健运行，保险业发展良好。金融市场运行平稳，交易量有所回落。金融改革稳步推进，金融生态环境更趋优化。

2011年，甘肃省将认真贯彻落实稳健的货币政策，以中央关于深入实施西部大开发战略、中央支持甘肃经济社会发展若干意见及甘肃省循环经济总体规划等为契机，大力推进结构调整，保持信贷合理平稳增长，积极拓展直接融资渠道，着力提高直接融资比重，切实巩固经济发展基础，努力实现全省经济社会跨越式发展。

一、金融运行情况

2010年，甘肃省金融业运行总体平稳，组织体系不断完善，服务水平持续提升，市场发展日趋良好，改革加快推进，生态环境持续优化，为全省经济平稳较快发展创造了良好的金融环境。

（一）银行业运行平稳，信贷增长均衡适度

2010年，全省信贷增长均衡适度，信贷结构进一步优化，适度宽松的货币政策取得明显成效。

1. 银行业规模不断壮大，资产质量继续改善。2010年，全省银行业资产规模同比增长23.9%，增速创近年来新高（见表1）；利润总额同比增长30.4%，盈利能力大幅提升；不良贷款率较年初下降1.5个百分点，资产质量继续改善。甘肃信托投资公司完成重组、信达金融租赁公司正式开业，新增农村资金互助社2家，金融机构类别不断丰富。小额贷款公司发展迅速，全年新增47家。

表1 2010年甘肃省银行业金融机构情况

机构类别	营业网点[①]			法人机构（个）
	机构个数（个）	从业人数（人）	资产总额（亿元）	
一、大型商业银行[②]	1 409	28 610	4 627.9	0
二、国家开发银行及政策性银行[③]	43	1 458	1 133.9	0
三、股份制商业银行[④]	21	938	503.2	0
四、城市商业银行	123	2 463	641.6	3
五、城市信用社	0	0	0.0	0
六、农村合作机构[⑤]	2 087	14 885	1 342.8	147
七、财务公司	2	62	25.7	2
八、邮政储蓄银行	543	4 473	286.7	0
九、外资银行	0	0	0.0	0
十、农村新型机构[⑥]	16	248	20.0	12
合　计	4 244	53 137	8 581.8	164

注：①不包括国家开发银行和政策性银行、大型商业银行、股份制银行等金融机构总部数据。
②包括中国工商银行、中国农业银行、中国银行、中国建设银行和交通银行。
③包括国家开发银行、中国农业发展银行和中国进出口银行。
④包括中信银行、中国光大银行、华夏银行、广东发展银行、深圳发展银行、招商银行、上海浦东发展银行、兴业银行、中国民生银行、恒丰银行、浙商银行和渤海银行。
⑤包括农村信用社、农村合作银行和农村商业银行。
⑥包括村镇银行、贷款公司和农村资金互助社。
数据来源：中国人民银行兰州中心支行、甘肃银监局。

2. 存款月度波动明显，活期化趋势增强。2010年，全省本外币存款增加1 243.6亿元，同比增长21.1%，其中，6月末增速达到年内最高点24.9%，7月、10月则为负增长。季末翘尾现象明显，3月、6月和9月存款合计增加676.8亿元，占前三个季度增加量的59.7%（见图1、图3）。年末受财政资金集中拨付的影响，存款增速趋缓。受通货膨胀预期

加强、消费增长较快、投资机会不断增多等因素影响，存款活期化趋势有所增强。活期存款较年初增加547.1亿元，余额占比高于定期存款6.1个百分点，同比提高0.7个百分点。

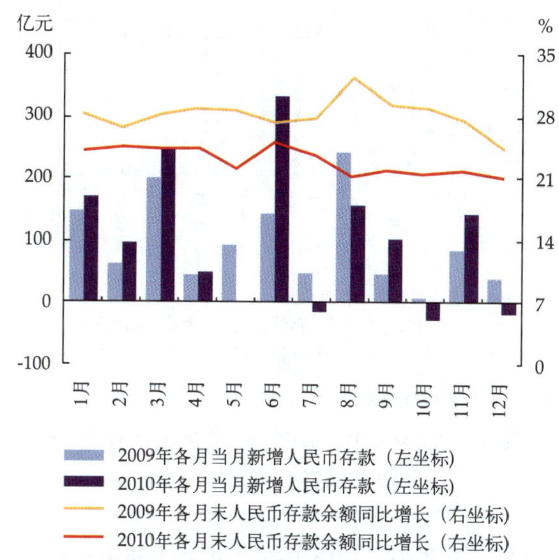

数据来源：中国人民银行兰州中心支行。

图1　2010年甘肃省金融机构人民币存款增长变化

3. 贷款增长均衡适度，中长期贷款拉动作用明显。2010年，全省本外币各项贷款增加836.8亿元，较上年少增加132.9亿元，同比增长22.4%，较上年下降12.7个百分点（见图2、图3）。贷款投向重点突出，制造业、农业、电力、交通、采矿五大行业贷款增加457亿元，占全部行业贷款增量的50.7%；“三农”、中小企业贷款快速增长，同比分别增长38.8%、31%；消费性贷款增长迅猛，同比增长54.2%。

中长期贷款增势强劲，随着全省重点项目建设规模扩大、速度加快，中长期贷款增速一直保持在40%以上，同比增长46.6%，其中，10月增速达到55.1%，达到近二十年来的最高点。短期类贷款增速下降明显，由于金融机构加大短期类贷款的调整力度，将信贷资源更多配置在中长期贷款，短期贷款较上年少增加335.7亿元，增长1.7%，增速同比回落29.2个百分点。

4. 现金净投放量大幅下降。2010年，受居民消费大幅增加的影响，全省现金收支延续净投放态势，全年累计净投放现金30.9亿元，同比下降21.1%（见表2）。

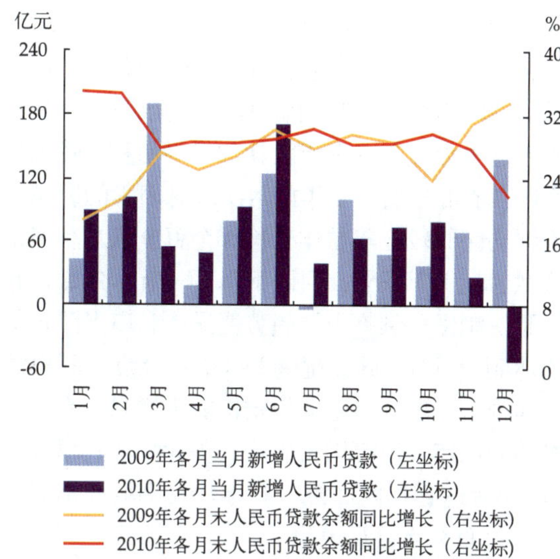

数据来源：中国人民银行兰州中心支行。

图2　2010年甘肃省金融机构人民币贷款增长变化

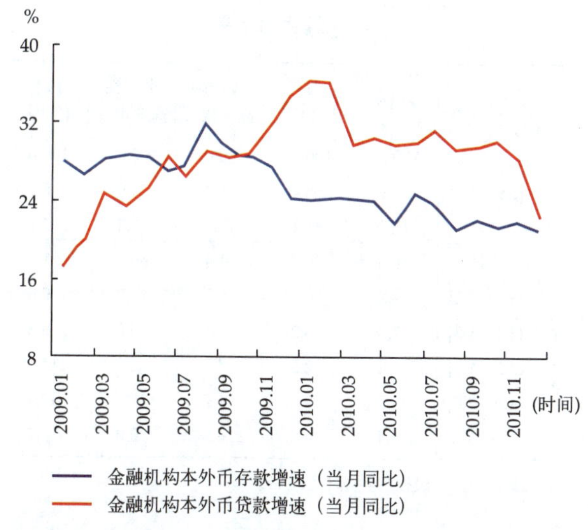

数据来源：中国人民银行兰州中心支行。

图3　2009～2010年甘肃省金融机构本外币存、贷款增速变化

表2　2010年甘肃省金融机构现金收支情况表

单位：亿元、%

	年累计额	同比增速
现金收入	11 822.9	16.1
现金支出	11 853.8	16.0
现金净支出	30.9	-21.1

数据来源：中国人民银行兰州中心支行。

5. 利率水平总体上行，定价能力增强。2010年，各金融机构基于资金供求、经营策略和市场定位等因素的考虑，适时调整利率浮动政策，贷款利率水平逐季度走高，全年贷款加权平均利率较上年提高0.14个百分点。受年内两次加息因素的影响，利率浮动区间较上年整体上移20个百分点，利率下浮贷款占比为35.9%，同比下降17.6个百分点，其中，股份制银行利率上浮趋势明显，利率上浮贷款占比达到31.4%，同比提高24.1个百分点，利率浮动区间分布合理，风险溢价定价能力增强。受人民币对美元汇率升值等因素影响，美元贷款利率震荡上行，6月达到年内高点，全年加权平均利率同比提高0.7个百分点（见表3）。

6. 金融改革加快推进，多项改革取得突破性进展。国有商业银行改革有序推进，经营管理体制不断完善，业务创新加快推进，公司治理、经营效率和风险管理水平逐步提升，多元化业务发展格局逐步形成。中小金融机构改革步伐加快，兰州银行定西、武威分行设立，白银市城市信用社更名为白银市商业银行，平凉市商业银行新设2家县域分支机构。农村合作金融机构产权制度改革逐步推进，专项中央银行票据兑付工作全部完成，资格股转为投资股工作圆满完成，股权结构进一步规范，为商业化改革奠定基础。新型农村金融机构试点进一步深化，新设农村资金互助社2家，金融支持“三农”发展的力量进一步增强。

表3　2010年甘肃省金融机构各利率浮动区间贷款占比表

单位：%

		合计	国有商业银行	股份制商业银行	区域性商业银行	城乡信用社
合计		100.0	100.0	100.0	100.0	100.0
[0.9～1.0)		35.9	68.4	53.4	24.9	6.1
1.0		15.7	11.1	15.2	8.3	2.7
上浮水平	小计	48.5	20.5	31.4	66.9	91.2
	(1.0～1.1]	4.2	6.6	6.7	4.0	0.6
	(1.1～1.3]	7.0	8.2	7.1	6.0	8.6
	(1.3～1.5]	12.2	2.5	4.1	32.3	14.0
	(1.5～2.0]	19.7	2.3	6.7	24.6	49.4
	2.0以上	5.4	0.8	6.8	0.0	18.7

数据来源：中国人民银行兰州中心支行。

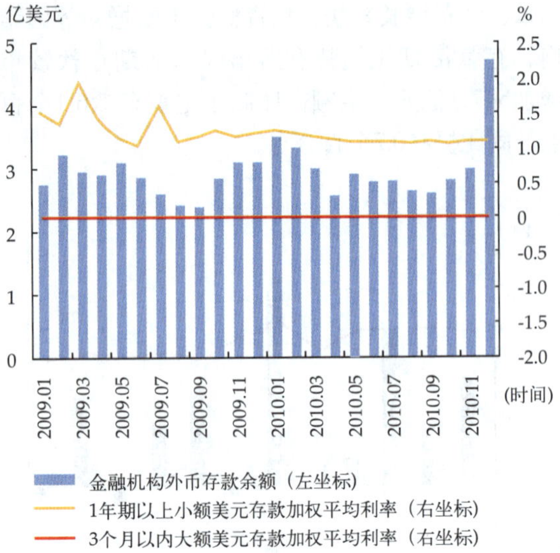

数据来源：中国人民银行兰州中心支行。

图4　2009～2010年甘肃省金融机构外币存款余额及外币存款利率

专栏1　妇女小额担保贷款工作成效显著

甘肃省是全国妇联确定的妇女小额担保贷款试点省份之一。2010年，中国人民银行兰州中心支行把推动落实妇女小额担保贷款政策作为创新农村金融服务、支持“三农”发展的有效抓手，加大政策传导和督促落实力度，加强工作协调与沟通，引导妇女创业金融支持与服务工作深入开展，取得显著成绩。全年全省金融机构累计发放妇女小额担保贷款72.2亿元、185 118笔，年末余额达到72亿元，全省14个市、州中有13个开办了妇女小额担保贷款业务，经办金融机构也由最初的农村信用社1家扩展到中国工商银行、中国农业银行、中国银行、中国邮政储蓄银行、村镇银行等多家机构，为符合条件的城乡妇女创业提供了有力的信贷支持。武威市凉州区的妇女小额担保贷款工作多次被《金融时报》宣传报道，被誉为“凉州模式”。甘肃妇女小额担保贷款工作的成功经验：

一是加强部门间政策协调与工作配合，形

成政策执行合力。全省中国人民银行分支机构加强与各级妇联等部门的联系沟通，协调解决相关问题，及时反馈进展情况，多个市、州、县基层行制定了金融支持妇女创业的意见和妇女小额担保贷款管理办法，形成了部门联手、上下齐动的推动合力，有力地促进了全省妇女小额担保贷款政策落实。

二是加强政策引导与工作指导，畅通政策传导渠道。妇女小额担保贷款政策是下岗失业人员小额担保贷款政策的延伸和拓展，但由于甘肃省妇女小额担保贷款工作主要面向农村妇女群体，与原有政策既有联系又有区别。为准确传导政策，切实加大金融支持力度，中国人民银行兰州中心支行多次召开金融机构“窗口指导”会议，及时传达政策精神，确定农村信用社为妇女小额担保贷款试点行，建立妇女小额担保贷款统计制度，为及时掌握政策执行情况、开展政策效果评估提供全面、准确的数据信息。

三是加强政策宣传，引导符合条件的妇女贷款创业。中国人民银行全省分支机构广泛开展了“小额担保贷款政策进社区活动”，通过各种新闻媒体向社会公众宣传讲解妇女小额担保贷款政策和诚信知识，联合农村信用社深入基层讲解妇女小额担保贷款政策，使妇女小额担保贷款政策深入人心，为试点工作营造了良好的社会舆论和信用环境。

四是推动农村金融创新，满足妇女创业金融服务需求。按照总行全面开展农村金融产品和服务方式创新的要求，中国人民银行兰州中心支行引导各涉农金融机构以妇女小额担保贷款为切入点，积极开发适合城乡妇女创业特点的贷款模式。农村信用社充分借鉴“巾帼致富小额信用贷款”的工作经验，因地制宜，将妇女小额担保贷款与当地经济社会发展实际相结合，重点扶持适合妇女从事的特色产业、优势产业、现代设施农业、生态农业等项目，引导和鼓励创业妇女发展专业合作组织，提高创业项目抵御市场风险的能力，提高银行信贷资金的使用效益。同时，在符合信贷管理制度和风险可控的前提下，农村信用社对通过妇联审核并能落实担保措施的借款申请，简化贷款程序，给予利率优惠，实行“一门式”服务，努力为创业妇女提供方便快捷的金融服务。

（二）证券交易有所下滑，上市公司持续发展能力不断提升

2010年，甘肃省新增加证券营业部5家，证券机构服务面进一步扩大。但受证券市场行情低位震荡的影响，证券交易活跃度有所减弱，机构盈利能力下降明显。证券交易额、营业收入、净利润分别减少16.7%、18.1%、29.5%。受市场行情因素影响，华龙证券盈利水平显著下滑，营业收入和净利润分别减少16.2%、50.6%。

上市公司规范运作水平和持续发展能力不断提升。海默科技在创业板挂牌上市，实现IPO融资5.3亿元。蓝星清洗重新变更公司名称、注册地址。通过开展专项检查，加强内控建设，上市公司同业竞争和关联交易问题逐步解决，独立性和公司治理水平稳步提高。至年末，全省22家上市公司总股本同比增长4.7%，总市值减少0.3%（见表4）。

表4 2010年甘肃省证券业基本情况表

项目	数量
总部设在辖内的证券公司数（家）	1
总部设在辖内的基金公司数（家）	0
总部设在辖内的期货公司数（家）	1
年末国内上市公司数（家）	22
当年国内股票（A股）筹资（亿元）	5.3
当年发行H股筹资（亿元）	0.0
当年国内债券筹资（亿元）	159.0
其中：短期融资券筹资额（亿元）	42.0

数据来源：中国人民银行兰州中心支行、甘肃证监局。

（三）保险市场发展良好，保障能力持续增强

2010年，甘肃省保险业发展较快，市场体系日趋健全，业务结构不断优化，保障范围继续拓宽，服务经济社会建设作用日益增强。

1. 市场体系不断健全。保险业总资产增长20.8%，市场主体发展至21家，分支机构数量增加至1 236个，从业人员达到5.5万人。保险市场服务网络进一步扩展，市场集中度进一步下降，区域保险市场日益呈现多元、合理的格局。

2. 服务经济社会建设作用日益增强。保险赔付支出达到31.2亿元（见表5），其中，农业保险赔款4 361.5万元，受益农户3.3万户；为舟曲泥石流灾害支付赔款1 629.9万元，切实支持了灾区恢复重建。保障范围不断拓宽，新增玉米、青稞、牦牛和藏羊等农业保险保费补贴品种，实现补贴品种、补贴总额、保险责任的三个“增加”，农业险保费收入增长46.2%；责任保险领域不断扩大，“和谐家园”治安保险试点有序推进；校园方责任保险全面推广，实现全省中小学校全覆盖；火灾公众责任保险在兰州市城关区试点推行；农村小额人身保险试点稳步推进，试点地区扩大至全省10个市州。

3. 业务结构不断优化。长期储蓄及风险保障性质较强的分红寿险占据市场主导地位，保费收入增长30.3%，而偏于投资功能的投连险和万能险发展放缓，同比分别增长15.4%和26.8%。保险销售渠道结构日趋多元化，个人代理业务渠道占比上升0.9个百分点；银邮渠道占比下降3个百分点。保单期限结构持续优化，寿险业务新单期缴占比40.4%，同比提高7.6个百分点。

表5　2010年甘肃省保险业基本情况表

项目	数量
总部设在辖内的保险公司数（家）	0
其中：财产险经营主体（家）	0
寿险经营主体（家）	0
保险公司分支机构（家）	21
其中：财产险公司分支机构（家）	12
寿险公司分支机构（家）	9
保费收入（中外资，亿元）	146.3
其中：财产险保费收入（中外资，亿元）	38.8
人身险保费收入（中外资，亿元）	107.5
各类赔款给付（中外资，亿元）	31.2
保险密度（元/人）	553.9
保险深度（%）	3.4

数据来源：甘肃保监局。

（四）金融市场发展良好，交易量略有回落

2010年，甘肃省金融市场运行平稳，市场交易略有回落，融资功能进一步增强。

1. 融资总量有所减少，直接融资比重下降。2010年，全省非金融机构融资总量下降明显，同比减少299.8亿元，下降24.1%，其中，债券融资下降29.7%，股票融资下降97.1%。债券和股票融资的大幅减少造成直接融资比重下降明显，较上年同期减少13.7个百分点（见表6）。

表6　2001～2010年甘肃省非金融机构融资结构表

单位：亿元、%

年份	融资量	比重		
		贷款	债券（含可转债）	股票
2001	105.9	90.6	0.0	9.4
2002	197.0	97.5	0.0	2.5
2003	254.8	100.0	0.0	0.0
2004	226.4	91.7	0.0	8.3
2005	120.0	100.0	0.0	0.0
2006	240.3	79.0	15.0	6.1
2007	332.4	87.7	5.4	6.9
2008	516.4	89.5	4.9	5.6
2009	1 230.0	74.5	12.0	13.5
2010	892.7	87.8	11.6	0.6

数据来源：中国人民银行兰州中心支行，甘肃证监局。

2. 货币市场运行平稳。同业拆借业务平稳发展，调剂资金趋向短期化，成交额增长52%，期限由年初的6个月向3个月转变。银行间债券市场债券回购和现券交易量大幅增长，成交额同比增长5.3倍，创历史新高。其中，回购成交额增长5.4倍，占债券累计成交金额的84%；现券交易额增长4.9倍。

3. 票据融资大幅收缩，贴现业务量下降明显，贴现利率大幅走高。2010年以来，为合理把握信贷投放节奏，金融机构多采取压票保贷策略，不断压缩票据融资，年末余额较年初减少117.9亿元，创近四年来的最低点。受各家商业银行总行规模调控及资金限制的双重影响，贴现利率的大幅提高，贴现业务量下降显著，累计办理票据贴现724.1亿元，下降37.5%（见表7、表8）。

表7　2010年甘肃省金融机构票据业务量统计表

单位：亿元

季度	银行承兑汇票承兑		贴现			
			银行承兑汇票		商业承兑汇票	
	余额	累计发生额	余额	累计发生额	余额	累计发生额
1	203.2	122.4	136.3	143.0	1.2	0.0
2	207.8	236.9	137.7	369.7	0.0	0.0
3	230.4	348.4	82.4	511.7	1.4	2.6
4	250.3	475.6	97.4	719.8	0.7	4.3

数据来源：中国人民银行兰州中心支行。

表8　2010年甘肃省金融机构票据贴现、转贴现利率表

单位：%

季度	贴现		转贴现	
	银行承兑汇票	商业承兑汇票	票据买断	票据回购
1	3.16	0.00	2.99	2.95
2	3.79	0.00	3.86	3.13
3	4.24	0.00	4.32	3.44
4	5.55	6.53	5.09	5.38

数据来源：中国人民银行兰州中心支行。

4. 期货交易持续活跃，机构法人治理结构日趋完善。期货市场交易量、成交额分别增长60.4%、160%，手续费收入和净利润分别增长54.1%、66.5%。陇达期货公司经营持续向好，资产总额、客户保证金分别增长37.6%、42%，期货交易金额、代理手续费收入和净利润分别增长65.5%、46.7%。

5. 场内黄金交易量下降明显，纸黄金和实物金交易增长迅速。场内黄金交易下降明显，西脉科技（甘肃唯一的黄金交易所成员）黄金交易减少4 130.9公斤，同比下降59.6%。金融机构黄金业务成交量大幅增加。受国际金价不断上涨因素的影响，纸黄金业务交易量增长迅速，成交量同比增加3 217.4公斤，增长9%；成交金额为103.2亿元，同比增长38%；实物金和品牌金条销售稳步增长，销售量增长59倍。

6. 民间借贷量价趋降。民间借贷量略有下降，利率与期限密切相关。民间借贷以短期抵押、担保、质押方式为主，信用借贷占比较低。6个月至1年的借贷额下降67.7%；1年以内借款利率同比下降1个百分点；1年以上借款由于多用于扩大生产经营融资等方面，风险较大，借贷利率上升了0.08个百分点。同时民间融资投向和结构相应发生变化，多数民间融资集中在劳务输出、加工业、个体工商业等行业，借贷规模占全部民间借贷的73%。

7. 金融产品创新。各家商业银行积极调整经营战略，不断创新金融理财产品，发行规模迅速扩大。全年各类理财产品销售额较2006～2008年超出近3倍。商业银行理财业务中间收入增长快速，累计收入超过10亿元。

（五）金融生态环境建设持续推进，征信体系建设不断深化

2010年，在地方政府和各职能部门的协同推动下，金融生态环境建设持续推进，金融工作协调机制不断完善，银企沟通平台不断拓宽，区域经济环境、行政环境、司法环境和信用环境进一步改善。依托中国人民银行征信系统平台，全省中小企业和农村信用体系建设不断深化，建档及信用评定工作顺利开展，信用信息利用效果不断显现。累计为2.1万户中小企业和300万户农民建立了信用档案，其中有5 826户企业取得了银行授信意向，219.2万户农户被评定为信用农户。信用评级市场规范发展，借款企业信用评级质量不断提高，担保机构信用评级业务量迅速增长，全省有97家借款企业和担保机构参加了专业化外部信用评级。

二、经济运行情况

2010年，甘肃省实施"中心带动、两翼齐飞、组团发展、整体推进"的区域发展战略，加快经济发展方式转变和经济结构调整，全省经济平稳较快增长。地区生产总值实现4 119.5亿元，同比增长11.7%（见图5）。

（一）投资、需求增势强劲，进出口高速增长

1. 投资高位运行，增速小幅回落。2010年，全省固定资产以月均382亿元的增量延续了2009年以来的高速增长态势，全年同比增长36.2%，较上年回落6.6个百分点（见图6）。受节能减排压力等因素的影响，高耗能行业投资快速回落，同比增长23.9%，分别比第一季度、上半年和前三个季度回落31.8个、22.8个和8.8个百分点。

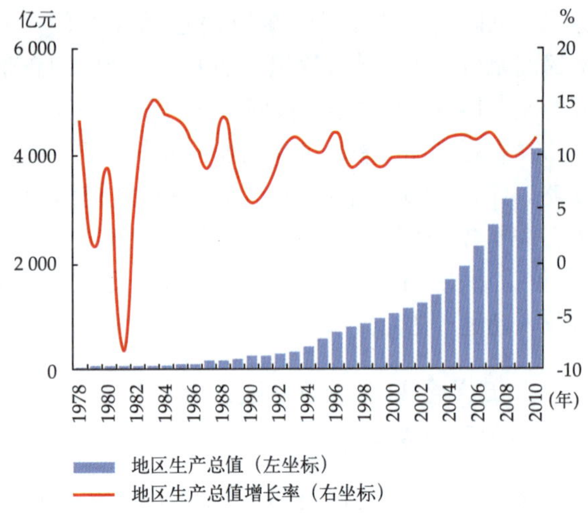

数据来源：甘肃省统计局。

图5 1978～2010年甘肃省生产总值及其增长率

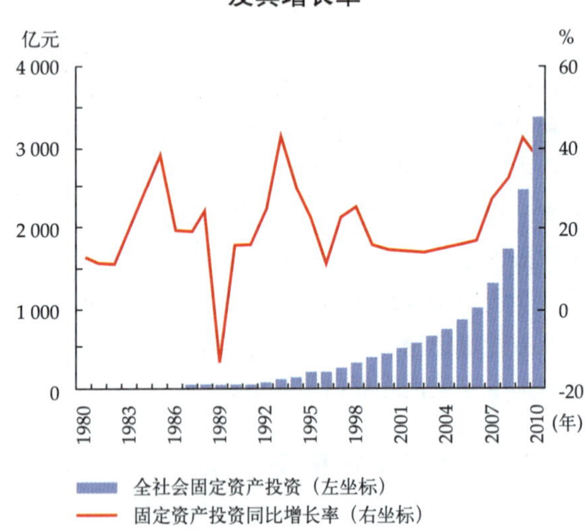

数据来源：甘肃省统计局。

图6 1980～2010年甘肃省固定资产投资及其增长率

2. 居民收入增长较快，消费品市场需求升温。2010年，在政府增加收入、改善民生等政策措施的支持下，全省城乡居民收入继续保持良好增长态势，城镇居民人均可支配收入达到13 188.6元，同比增长10.6%；农民人均纯收入突破3 000元，达到3 424.7元，同比增长14.9%。受此带动，消费品市场需求升温，月度零售额均保持在80亿元以上，全年增速达到18.3%，同比提高1.8个百分点（见图7）。

3. 进出口高速增长，利用外资规模稳步扩大。2010年，全省对外贸易呈现出强劲的增长势头，迅速恢复到金融危机前的水平，全年进出口总值实现73.3亿美元，同比增长89.7%，增速居全国第二位，高于全国平均增速54.7个百分点（见图8）。外商投资稳步扩大，实际利用外资金额为1.4亿美元，增长1%（见图9），新设外商投资企业27家，其中，新能源项目5个，投资额接近75亿元。

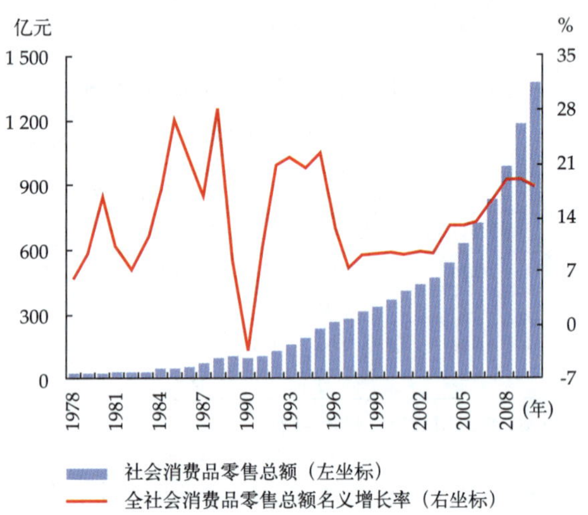

数据来源：甘肃省统计局。

图7 1978～2010年甘肃省社会消费品零售总额及其增长率

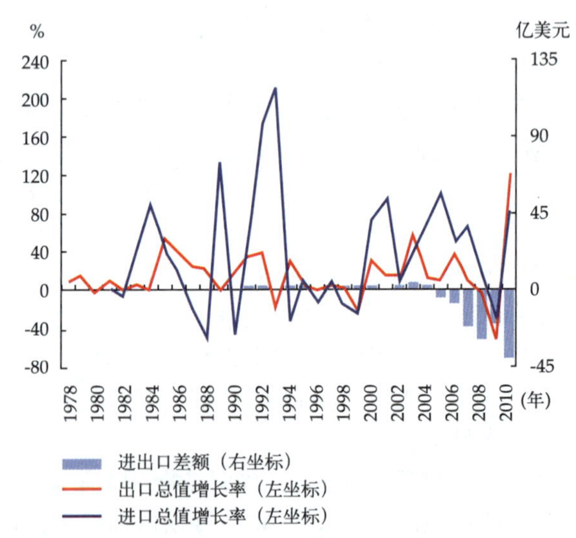

数据来源：甘肃省统计局。

图8 1978～2010年甘肃省外贸进出口变动情况

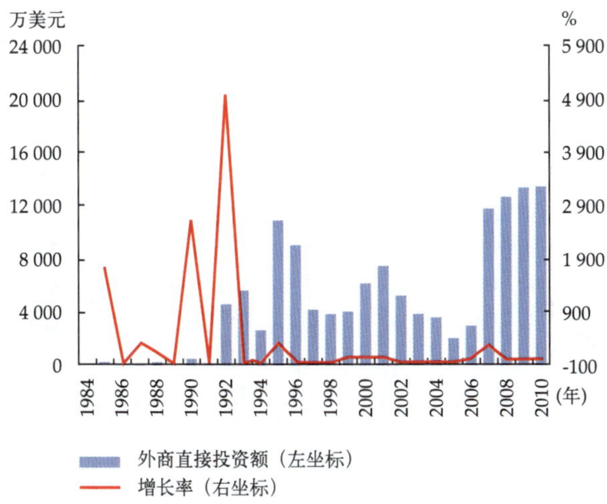

数据来源：甘肃省统计局。

图9 1984～2010年甘肃省外商直接投资情况

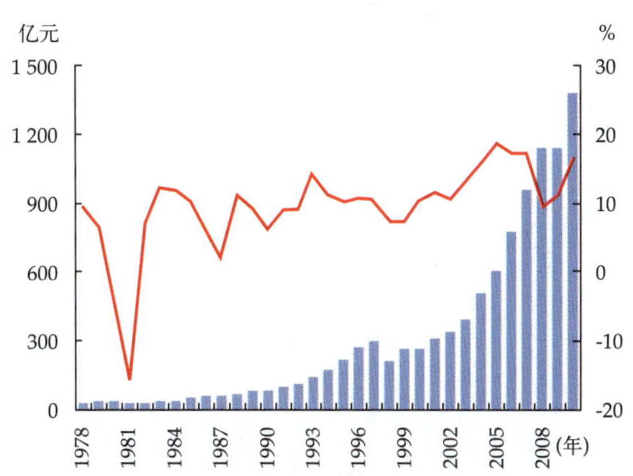

数据来源：甘肃省统计局。

图10 1978～2010年甘肃省工业增加值及其增长率

（二）产业结构不断优化，工业经济拉动作用明显

2010年，甘肃省三次产业平稳健康发展，农业经济运行良好，工业生产快速增长，服务业稳步发展，产业结构进一步优化，三次产业结构由2009年的14.7：45.1：40.2调整为2010年的14.5：48.2：37.3，工业经济拉动作用明显增强。

1. 农业经济运行良好，粮食产量再创新高。2010年，全省努力克服严重自然灾害对农业生产带来的不利影响，大力推广旱作农业、节水农业和循环农业，加快牛羊产业大县建设步伐，农业经济运行保持了良好的发展态势，粮食产量达958.3万吨，同比增长6%，连续七年保持在800万吨以上水平。

2. 工业保持较快增长，企业效益整体改善。2010年，全省工业经济开局延续了2009年第四季度的高速增长态势，第一季度规模以上工业增长27%，达到近十年来季度最高增速，下半年工业增速出现回落，第四季度以后工业生产开始企稳回升，经济效益逐步向好。全年规模以上工业企业完成工业增加值1 376.3亿元，比上年增长16.6%，增速同比提高6.0个百分点（见图10）；实现利润总额216.3亿元，比上年增长40.1%。风光电及其装备制造业成为工业增长的亮点，完成工业增加值96.2亿元，同比增长75.0%，高于全省平均增速58.4个百分点，对全省工业增长的贡献率达到25.5%。

3. 服务业稳步增长，行业发展不平衡。2010年，在政府促进居民消费、扩大财政支出等一系列政策的支持下，第三产业实现稳步增长，实现增加值1 535.5亿元，比上年增长9.8%。第三产业各行业发展不平衡，批发零售业、营利性服务业、非营利性服务业增长较快，而交通运输、仓储和邮政业增长，住宿和餐饮业增长速度较缓。受国家宏观调控政策影响，房地产业增长3.5%，金融业增长8.5%，增速较2009年明显回落。

（三）居民消费价格水平持续走高，工业品出厂价格大幅上涨

2010年，全省物价水平持续走高，主要价格指数涨幅较大。

1. 居民消费价格涨幅不断扩大，食品类价格涨幅最高。居民消费价格涨幅呈持续走高的态势，从1月的2.1%上升到11月的7.3%，创25个月以来的新高，全年居民消费价格总水平比上年上涨4.1%，其中，食品类价格涨幅最高，同比上涨9.4%，拉动居民消费价格总水平上涨3.1个百分点。

2. 工业品出厂价格大幅上涨，生产资料价格涨势强劲。工业品出厂价格经历了“强势开局—高位回调—平稳运行”三个阶段，全年上涨15.0%，较上年提高24个百分点。原材料、燃料、动力购进价格波动明显，呈现出上半年高位运行。第三季度涨幅回落、第四季度再次提升的运行特点，全年上涨

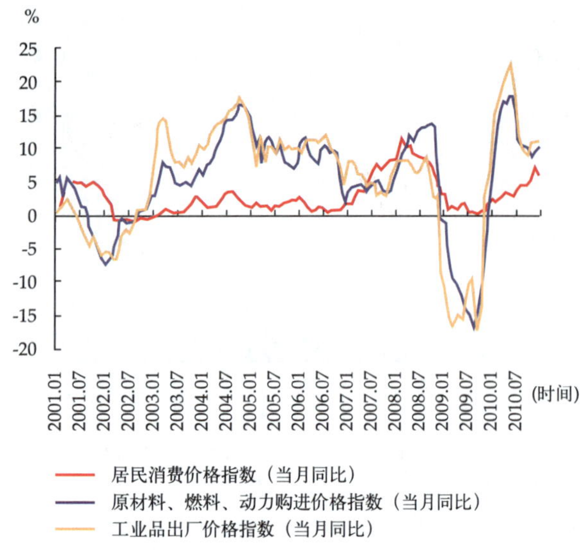

数据来源：甘肃省统计局。

图11　2001～2010年甘肃省居民消费价格和生产者价格变动趋势

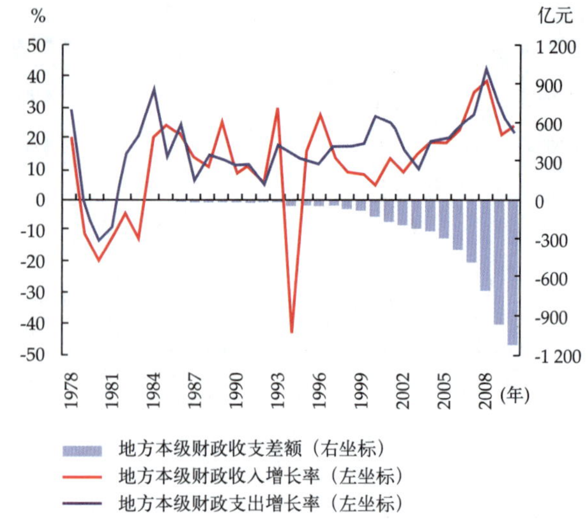

数据来源：甘肃省统计局。

图12　1978～2010年甘肃省财政收支状况

14.4%，较上年提高23.3个百分点（见图11）。

3．就业形势保持良好，社会保障覆盖面不断扩大。各级政府加大就业帮扶力度，居民就业面拓宽，收入增加，各市州最低工资标准均有提高。社会保障制度继续完善，低保范围扩大，保障标准提高。人均社会救济收入为157.2元，同比增长16.7%，其中，最低社会保障收入131.4元，同比增长19.1%。

（四）财政收支稳定增长，改善民生投入保障有力

2010年，全省完成大口径财政收入745.3亿元，一般预算收入353.6亿元，分别增长23.4%和23.4%。全年完成一般预算支出1 466.7亿元，比上年增长21.4%（见图12），重点支持了一批大型基础设施项目建设，保障了灾后重建、教育、医疗卫生、社会保障和就业、公务服务等民生领域的资金需求。

（五）节能减排任务完成，成效显著

2010年上半年，全省能耗出现反弹，能源消费总量和全社会用电量持续快速增长，钢铁、有色、电力、建材、石化、化工等高耗能行业综合能耗增长明显加快，上半年单位GDP能耗上升1.1%。下半年，为进一步加大节能减排工作力度，甘肃省制定了《甘肃省人民政府关于进一步加强淘汰落后产能工作的实施意见》，对属于淘汰和限制类的企业，通过落实高耗能行业差别电价等措施，促使其减产、停产或转产，至年末全面完成国家下达的淘汰落后产能目标任务。“十一五”期间累计淘汰落后产能1 296.5万吨，关闭落后火电机组90万千瓦，淘汰落后钢铁产能42.4万吨、电解铝7万吨、铁合金94万吨、电石13.3万吨、水泥949万吨。与2005年相比，2010年全省万元GDP能耗下降20%，由2005年的2.26吨标准煤下降到1.808吨标准煤。

专栏2　金融助推支持定西市马铃薯产业快速发展

定西市地处甘肃省中部，是甘肃省重要的特色农产品生产与加工基地之一，全国马铃薯三大集中产区之一。马铃薯种植面积连续七年稳定在300万亩以上，2010年种植面积为328万亩，其中，订单化种植180万亩，总产量为418万吨，总产值为18.8亿元，农民人均从马铃薯产业中获益625元，占农民人均纯收入的25%。

为支持马铃薯产业发展，2005年以来，中

国人民银行兰州中心支行出台了《关于金融支持定西市马铃薯产业发展的指导意见》等多项指导意见，指导辖内金融机构创新金融产品，针对马铃薯产业产前、产中、产后的重点，从种、加、贮、销的各个环节和产业起步、发展、壮大的各个阶段，加大信贷支持力度。

一是种植环节。围绕区域化生产布局，按照“专业合作组织+基地+农户+银行”的信贷模式，实施订单生产，扶持农户调整种植结构，支持发展了种薯龙头企业和繁育基地。

二是加工环节。以技改、新建改建加工项目为重点，按照“企业+基地+专业合作组织+农户+银行”的运作模式，支持加工企业加快了设备、工艺的更新和改造步伐，提升了精深加工的能力和水平。实行“企业及个人资产合并抵押、财产保险、银行全程参与”的管理模式，既防范了风险，又加大了对企业的支持。

三是贮藏环节。支持贩运大户和个体经营户进行贮藏库建设，推进马铃薯均衡上市，以贮藏促增收。

四是市场环节。积极发放配套贷款建成批发交易市场，大力支持交易市场收购大户。按照“公司+专业合作组织+专业市场+农户”的经营模式，推动马铃薯贸工农一体化建设。依托政府、协会、银行有效的合作机制，增加贷款的有效投放，扩大贷款覆盖面，较好地解决了支持产业发展中信息不对称和贷款风险防范难的问题。

“十一五”期间，全省金融机构累计向马铃薯产业投入的信贷资金超过50亿元，金融的支持大大加快了定西市马铃薯产业的发展步伐。通过银政合力支持，目前，定西市已成为国内重要的马铃薯脱毒种薯生产供应基地，拥有马铃薯专业合作经济组织188个，农业产业化重点龙头企业23家，较大规模的马铃薯专业批发市场6家，省级马铃薯工程技术研究中心3个。

（六）主要行业分析

1. 房地产市场交易回落，价格保持上涨态势。2010年，受房地产调控政策影响，全省房地产市场交易有所回落，房地产开发贷款增长明显放缓，但商品房价格依然高企，个人住房贷款快速增长。

（1）房地产开发投资增长平稳，施工面积、新开工面积增加。受2009年房地产市场销售火爆、房屋价格持续上涨等因素的影响，2010年全省房地产开发投资有所加快，同比增长30.5%，较上年同期提高20.6个百分点。受投资加快影响，全年施工面积、新开工面积分别比上年同期上升13.3个和24.2个百分点。

（2）商品房交易有所回落。为贯彻落实国务院房地产宏观调控政策，2010年甘肃省政府和兰州市政府分别出台了遏制房价过快上涨的实施意见。受此政策影响，从7月开始，甘肃省房地产市场出现浓厚的观望氛围，商品房销售开始逐月回落，年末甘肃省商品房销售面积同比增长8.3%，比年内销售增长最高月份的4月回落了31.5个百分点。但在房价持续上涨的带动下，商品房销售额增长快于销售面积增长，全年商品房销售额同比增长31.3%（见图13）。

（3）房价继续保持上涨态势，二手房价格上涨速度进一步加快。总体看，兰州市房价仍在高位

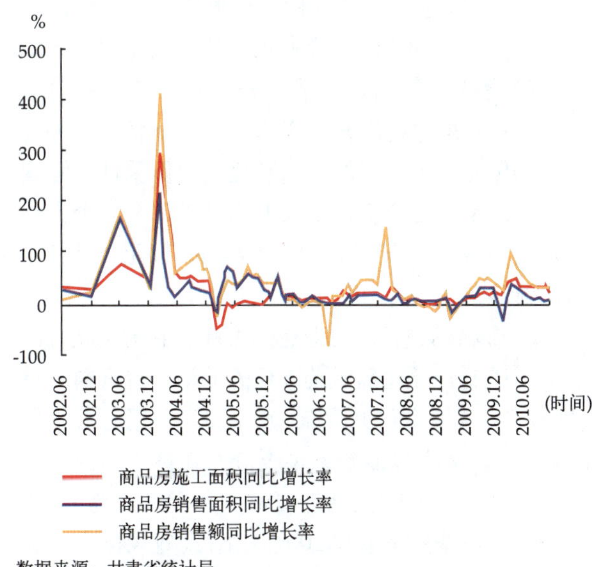

数据来源：甘肃省统计局。

图13　2002～2010年甘肃省商品房施工和销售变动趋势

运行，房地产调控政策对房价调控作用不明显。12月兰州市房屋销售价格同比上涨11.3%，高于全国4.9个百分点，涨幅居西北省会城市之首。其中，新建商品住房销售价格同比上涨10.3%，高于全国4.9个百分点；二手房价格指数同比上涨16.8%，高于全国11.8个百分点。全年二手房价格逐月上涨，月均涨幅都在10%以上（见图14）。

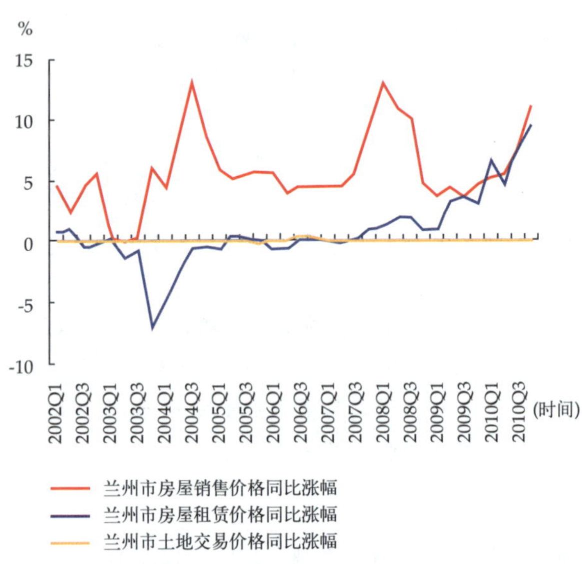

数据来源：甘肃省统计局。

图14　2002～2010年兰州市房屋销售价格指数变动趋势

（4）房地产开发贷款增长放缓，个人住房贷款增长进一步加快。受商业银行严格控制房地产法人客户贷款的影响，房地产开发贷款增长明显放缓，全年甘肃房地产开发贷款仅新增0.9亿元，同比少增25亿元。但在市场需求旺盛、房价累计上涨幅度较大以及单笔贷款额加大的带动下，全年个人住房贷款新增67.77亿元，同比多增25.6亿元，贷款增速达到54%。

2. 金融助力，风电业迅速崛起。甘肃风能资源丰富，风能资源总储量为2.37亿千瓦，占全国总储量的7.3%，技术可开发量为2 700万千瓦，占全国的10.6%。全省风能资源主要分布在位于河西走廊西端的酒泉、嘉峪关两地，可利用区面积为5万平方公里，占全省面积的10.6%。甘肃省风电产业起步于20世纪90年代，凭借丰富的风力资源、良好的自然地理条件和较好的风电产业基础，甘肃省风电产业发展迅猛。2007年，甘肃省提出“建设河西风电走廊、再造西部陆上三峡”的战略构想。2008年4月，总规模达1 271万千瓦的酒泉千万千瓦级风电基地建设规划得到了国家批准。

近年来，各银行业金融机构纷纷加大对甘肃风电产业的信贷支持力度。自酒泉千万千瓦风电基地一期380万千瓦开工建设以来，银行信贷资金迅速跟进，累计投放风电贷款100.7亿元，其中 2010年累计投放60.4亿元，是2009年全年投放数量的2.9倍。金融强有力地推动了风电产业的发展，截至2010年年末，甘肃已建成风电场35座，装机容量为570万千瓦。同时按照“资源换设备、总装带配套、装备促发展”的思路，甘肃开始全力打造风电装备高新技术产业，其中，酒泉市国家级风电装备高新技术产业化基地，先后引进了包括国内整机组装、风叶制造业绩前三名在内的18家上市企业落户酒泉，入驻的风光电装备制造企业达到35家，形成年产风机2 000套、3 000兆瓦的生产能力，带动了国家风电设备质量检测基地、东汽太阳能晶硅电池、正泰太阳能薄膜电池等项目的开工建设。2010年装备制造业实现销售收入223亿元，是2009年的3.5倍。

3. 河西走廊玉米制种产业蓬勃发展。位于河西走廊中部的张掖和酒泉两市，通过大力实施玉米制种基地工程建设，稳步扩大生产经营规模，不断延伸产业链条，着力提升经济效益，已发展成为目前国内最具知名度和最具竞争力的制种基地之一。2010年，两市玉米制种面积达到108.4万亩，占全国杂交玉米制种总面积的28%；生产杂交玉米种子4.9亿公斤，约占全国杂交玉米总产量的42.6%，年销售额突破30亿元。玉米制种也成为两市产业化程度最高、联系农户最广、农民收入比重最大、农业效益最为显著的支柱产业。

近年来，为支持玉米制种产业发展，两市金融机构采取“企业承贷、农户使用”的贷款模式，有效地解决了贷款担保难的问题，给予玉米制种产业大力支持。2010年年末，两市涉农金融机构玉米制种贷款达到13.1亿元，占两市涉农贷款余额的5.0%，年均增速接近20%。在金融的大力支持下，两市玉米制种产业迅速发展壮大起来，目前，两市玉米制种企业达到45家，拥有大型种子加工中心18

个，年加工能力达5亿公斤以上。已基本形成“公司+基地+农户”的产业化生产格局，基地规模的扩大和产业链的延伸，带动了养殖业、包装业、运输业、加工及服务业的快速发展，为农村剩余劳动力和城镇失业人员创造了更多的就业机会。另外，地膜覆盖技术的推广应用，大大缓解了农作物用水矛盾，为建设节水型社会创造了有利条件。

行业发展存在的问题和不足：一是机械化程度低、晾晒条件差、种子脱水慢、冻害风险大，离现代农业发展要求还有一定差距。二是种植户对有关种子的法律法规认知程度低，违反种售合同的行为时有发生；品牌意识不强，混种、混装、经营粗放的问题未得到根本改观。三是基地常年连作，土壤养分失衡，病虫害日趋严重，加之技术服务欠缺，影响了制种产业的可持续发展。

三、预测与展望

2011年是实施“十二五”规划的开局之年，也是甘肃省全面推动跨越式发展的起步之年。从有利因素看，近两年中央提出关于深入实施西部大开发战略、支持藏区经济社会发展等政策措施，特别是《国务院办公厅关于进一步支持甘肃省经济社会发展的若干意见》、《甘肃省循环经济总体规划》的出台，给予了甘肃一系列的政策优惠，加之目前国际金融动荡明显缓和，外部经济环境相对稳定，国内经济运行态势良好，全省经济发展面临难得的发展机遇。从不利因素看，目前甘肃省通货膨胀水平高于全国，产业结构问题突出，信贷投放同质化趋势增强。同时，全省经济总量小、贫困面积大、人均水平低、自然灾害多的老问题仍然存在，保持全省经济平稳较快发展任务艰巨。

预计2011年甘肃省生产总值增长12%，投资增长25%，消费增长17%，居民消费价格涨幅控制在4%以内。中国人民银行兰州中心支行将认真执行稳健的货币政策，引导辖内金融机构合理把握信贷投放的总量、节奏和结构，加大对“三农”、中小企业及战略性新兴产业、循环经济产业、节能减排的信贷支持，严格控制高耗能、高排放和产能过剩行业的贷款，贯彻好差别化住房信贷政策，积极鼓励和引导优质企业采取股权、债券等直接融资方式筹集资金，促进经济发展方式转变和产业结构调整，支持全省经济可持续发展。

中国人民银行兰州中心支行货币政策分析小组

负责人：杨明基　陶君道

统　稿：冯宗敬　王晓红　刘　刚

执　笔：王　昊　常　晔　景文宏　李刚锋

提供材料的还有：聂　蕾　李　静　张　颖　任墨香　杨召举　谢晓娜　牛艳艳　吴书华　谈　东　陈建贞　巩月明　杨晓晟　刘红艺　王丽娟　孟秋敏　张　锋　王　煜

附录

（一）2010年甘肃省经济金融大事记

1月5日，中国华电集团与嘉峪关市政府签订战略合作协议，将在嘉峪关市建设包括100万千瓦光伏发电项目在内的5个项目，总投资约260亿元。

2月26日，甘肃省金融工作会议暨首届省长金融奖颁奖大会在兰州召开。

5月5日，甘肃省政府与国家开发银行在北京签订支持甘南藏区经济社会发展战略合作协议，签约项目84个，贷款资金55亿元。

5月12日，酒泉国家风电装备高新技术产业化基地正式揭牌。

5月28日，甘肃信达金融租赁有限公司挂牌成立。

7月6日至9日，第16届中国兰州投资贸易洽谈会召开，签约合同项目426项、总金额1 309.4亿元。

7月30日至31日，中国人民银行分支行行长座谈会、中国人民银行人才工作会议在兰州召开。

8月7日，舟曲县发生特大山洪泥石流灾害，1 508人死亡、257人失踪，直接经济损失达129.1亿元。

11月3日，新疆与西北750千伏电网联网工程、甘肃千万千瓦级风电一期外送工程投运仪式同时在北京、新疆乌鲁木齐和甘肃酒泉举行。

11月15日，甘肃省政府出台了“关于加快推进兰州新区建设的指导意见”，正式启动兰州新区建设。

（二）2010年甘肃省主要经济金融指标

表1　2010年甘肃省主要存贷款指标

		1月	2月	3月	4月	5月	6月	7月	8月	9月	10月	11月	12月
本外币	金融机构各项存款余额（亿元）	6 077.5	6 170.8	6 413.8	6 458.8	6 461.5	6 791.7	6 777.1	6 934.1	7 037.7	7 010.6	7 155.6	7 146.7
	其中：城乡居民储蓄存款	3 081.6	3 201.6	3 266.5	3 248.4	3 264.1	3 336.1	3 353.6	3 372.7	3 448.9	3 448.1	3 503.5	3 611.7
	企业存款	1 580.2	1 575.2	1 654.3	1 674.8	1 693.5	1 737.7	1 719.8	1 810.1	1 865.6	1 806.6	1 865.6	1 838.9
	各项存款余额比上月增加（亿元）	174.2	93.5	243.0	45.0	2.6	330.2	-14.6	157.0	103.6	-27.1	145.0	-9.0
	金融机构各项存款同比增长（%）	24.2	24.4	24.3	24.2	22.0	24.9	23.6	21.2	22.0	21.3	22.0	21.1
	金融机构各项贷款余额（亿元）	3 835.6	3 945.0	4 010.3	4 061.2	4 147.8	4 315.8	4 356.1	4 421.0	4 492.0	4 578.0	4 616.2	4 576.7
	其中：短期	1 580.8	1 601.8	1 632.5	1 647.6	1 662.8	1 717.2	1 727.1	1 782.7	1 757.3	1 717.4	1 739.0	1 690.3
	中长期	2 040.9	2 131.9	2 195.0	2 234.0	2 308.8	2 423.6	2 483.9	2 509.5	2 618.5	2 739.2	2 728.2	2 728.7
	票据融资	178.4	171.3	140.6	135.5	140.3	142.8	116.4	99.7	89.0	86.4	96.3	99.6
	各项贷款余额比上月增加（亿元）	95.7	109.4	65.3	50.9	86.6	168.0	40.3	64.9	71.0	85.9	38.3	-39.5
	其中：短期	-14.6	21.0	30.8	15.0	15.3	54.3	10.0	32.8	-25.5	-39.8	21.6	-48.7
	中长期	148.0	90.9	63.1	39.0	74.9	114.8	60.3	48.3	109.0	120.7	-11.0	0.5
	票据融资	-39.1	-7.2	-30.7	-5.1	4.8	2.5	-26.4	-16.7	-10.7	-2.6	9.9	3.3
	金融机构各项贷款同比增长（%）	36.5	36.2	29.8	30.5	29.8	30.0	31.3	29.2	29.5	30.3	28.3	22.4
	其中：短期	27.9	29.4	24.9	24.9	22.6	19.0	18.6	20.3	15.9	11.8	9.6	4.6
	中长期	41.3	44.4	43.2	43.8	45.5	49.0	51.5	46.9	49.5	54.1	50.6	45.7
	票据融资	49.8	-0.3	1.1	-39.5	-39.4	-36.8	-40.4	-51.6	-48.8	-50.4	-43.2	-54.2
	建筑业贷款余额（亿元）	69.0	73.0	77.7	78.4	77.5	77.4	72.3	73.8	79.8	97.2	96.7	97.5
	房地产业贷款余额（亿元）	99.7	100.8	103.9	103.9	102.3	105.5	104.0	108.3	108.4	109.0	106.3	105.9
	建筑业贷款比年初增长（%）	48.6	56.4	59.3	49.7	48.8	40.3	30.4	27.8	39.8	66.3	39.6	33.5
	房地产业贷款比年初增长（%）	17.3	30.8	27.6	23.8	16.6	9.5	6.6	8.2	10.1	13.3	13.8	10.6
人民币	金融机构各项存款余额（亿元）	6 053.6	6 148.2	6 393.3	6 441.3	6 441.6	6 772.7	6 758.1	6 916.1	7 020.2	6 991.9	7 135.8	7 115.4
	其中：城乡居民储蓄存款	3 065.7	3 186.4	3 251.4	3 234.2	3 249.7	3 321.5	3 338.4	3 358.6	3 435.4	3 434.2	3 489.7	3 598.2
	企业存款	1 570.5	1 566.2	1 646.8	1 668.9	1 685.7	1 731.4	1 713.4	1 803.7	1 859.0	1 799.4	1 857.4	1 819.3
	各项存款余额比上月增加（亿元）	171.5	94.7	245.1	48.0	0.3	331.2	-14.7	158.1	104.1	-28.2	143.9	-20.5
	其中：城乡居民储蓄存款	39.6	119.9	65.0	-17.2	15.4	71.9	16.9	20.2	76.7	-1.2	55.5	108.5
	企业存款	10.0	-4.3	80.6	22.1	16.8	37.9	-18.0	79.5	56.2	-7.7	58.1	-38.2
	各项存款同比增长（%）	24.1	24.5	24.4	24.3	22.1	25.0	23.7	21.2	22.1	21.4	22.1	21.0
	其中：城乡居民储蓄存款	18.4	21.6	21.5	19.8	19.3	19.8	19.9	20.0	19.3	19.1	19.2	18.9
	企业存款	17.9	15.0	10.9	13.4	9.2	9.0	10.9	5.5	15.4	9.7	14.0	7.2
	金融机构各项贷款余额（亿元）	3 737.6	3 838.5	3 893.2	3 942.3	4 036.0	4 204.8	4 242.9	4 306.7	4 380.5	4 460.0	4 487.2	4 433.1
	其中：个人消费贷款	203.5	210.3	217.8	228.4	237.3	248.4	260.1	264.5	275.1	276.0	287.1	286.8
	票据融资	178.4	171.3	140.6	135.5	140.3	142.8	116.4	99.7	89.0	86.4	96.3	99.6
	各项贷款余额比上月增加（亿元）	88.0	100.9	54.7	49.1	93.7	168.7	38.2	63.8	73.8	79.5	27.2	-54.1
	其中：个人消费贷款	11.6	6.8	11.0	10.6	8.9	11.1	11.7	4.4	10.6	0.9	11.1	-0.3
	票据融资	-39.1	-7.2	-30.7	-5.1	4.8	2.6	-26.4	-16.7	-10.7	-2.6	9.9	3.3
	金融机构各项贷款同比增长（%）	34.7	34.2	27.7	28.6	28.4	28.7	30.0	28.1	28.5	29.5	27.7	21.5
	其中：个人消费贷款	59.8	65.4	60.6	70.2	70.7	67.5	70.4	66.6	66.0	64.2	59.8	53.7
	票据融资	49.8	-0.3	-41.2	-39.5	-39.4	-36.8	-40.4	-51.6	-48.8	-50.5	-43.2	-54.2
外币	金融机构外币存款余额（亿美元）	3.5	3.3	3.0	2.6	2.9	2.8	2.8	2.6	2.6	2.8	3.0	4.7
	金融机构外币存款同比增长（%）	28.4	2.5	1.9	-11.5	-7.0	-1.4	8.6	8.1	9.6	-1.6	-5.3	51.4
	金融机构外币贷款余额（亿美元）	14.4	15.6	17.2	17.4	16.4	16.4	16.7	16.8	16.6	17.6	19.3	21.7
	金融机构外币贷款同比增长（%）	179.3	195.8	191.9	159.5	121.4	115.6	111.4	95.2	91.0	75.3	56.2	64.1

数据来源：《甘肃省金融机构货币信贷统计月报》。

表2 2001～2010年甘肃省各类价格指数

单位:%

年/月	居民消费价格指数		农业生产资料价格指数		原材料购进价格指数		工业品出厂价格指数		兰州市房屋销售价格指数	兰州市房屋租赁价格指数	兰州市土地交易价格指数
	当月同比	累计同比	当月同比	累计同比	当月同比	累计同比	当月同比	累计同比	当季(年)同比	当季(年)同比	当季(年)同比
2001	—	4.0	—	-1.4	—	1.4	—	-1.5	1.9	1.1	0.0
2002	—	0.0	—	0.4	—	-1.6	—	-2.1	5.4	-0.2	0.0
2003	—	1.1	—	1.8	—	5.6	—	10.0	6.1	-7.2	0.0
2004	—	2.3	—	7.4	—	12.5	—	14.3	8.7	-0.5	0.0
2005	—	1.7	—	9.0	—	9.9	—	9.6	5.6	0.0	-0.1
2006	—	1.3	—	4.4	—	8.8	—	9.5	4.6	0.0	0.3
2007	—	5.5	—	7.1	—	4.3	—	5.5	9.2	0.9	0.0
2008	—	8.2	—	14.7	—	10.2	—	4.9	8.5	2.2	0.0
2009	—	1.3	—	-1.0	—	-8.9	—	-9.0	5.2	3.5	0.0
2010	—	4.1	—	1.7	—	14.4	—	15.0	7.4	7.1	0.0
2009 1	3.3	3.3	10.6	10.6	-0.8	-0.8	-10.9	-10.9	—	—	—
2	0.9	2.1	8.4	9.5	-6.2	-3.5	-14.9	-12.9	—	—	—
3	1.5	1.9	1.0	6.5	-9.2	-5.4	-16.8	-14.2	3.7	1.0	0.0
4	0.8	1.6	-1.0	4.6	-10.5	-6.7	-14.8	-14.4	—	—	—
5	1.9	1.7	-1.4	3.3	-12.1	-7.8	-15.8	-14.7	—	—	—
6	1.7	1.7	-2.2	2.4	-14.0	-8.8	-13.4	-14.4	4.5	3.2	0.0
7	0.4	1.5	-2.6	1.6	-14.3	-9.6	-10.1	-13.8	—	—	—
8	0.6	1.4	-14.4	0.9	-16.9	-10.5	-9.3	-13.3	—	—	—
9	0.2	1.3	-5.4	0.1	-14.3	-10.9	-17.3	-12.6	3.6	3.6	0.0
10	0.4	1.2	-5.5	-0.4	-12.3	-11.1	-14.4	-11.8	—	—	—
11	0.8	1.1	-4.2	-0.8	-7.5	-10.7	2.7	-10.5	—	—	—
12	2.5	1.3	-3.6	-1.0	4.0	-8.9	7.1	-9.0	4.6	3.1	0.0
2010 1	2.1	2.1	-2.2	-2.2	10.6	10.6	15.7	15.7	—	—	—
2	2.4	2.2	-1.1	-1.6	14.1	12.3	17.2	16.4	—	—	—
3	2.7	2.4	0.2	-1.0	17.2	14.0	19.7	17.5	5.2	6.6	0.0
4	3.6	2.7	0.3	-0.7	16.8	14.7	21.1	18.4	—	—	—
5	3.3	2.8	0.2	-0.5	18.1	15.4	23.1	19.4	—	—	—
6	2.9	2.8	0.5	-0.4	16.5	15.6	18.9	19.3	5.4	4.7	0.0
7	4.1	3.0	1.4	-0.1	11.3	15.0	12.3	18.3	—	—	—
8	4.3	3.2	4.0	0.4	10.3	14.4	9.9	17.2	—	—	—
9	4.7	3.3	3.5	0.7	10.2	13.9	9.0	16.3	7.8	7.6	0.0
10	5.5	3.6	4.4	1.1	9.1	13.4	10.9	15.8	—	—	—
11	7.3	3.9	4.4	1.4	9.8	13.1	11.4	15.4	—	—	—
12	6.0	4.1	4.9	1.7	10.3	14.4	11.3	15.0	11.3	9.4	0.0

数据来源：《甘肃省统计月报》、《中国经济景气月报》。

表3 2010年甘肃省主要经济指标

	1月	2月	3月	4月	5月	6月	7月	8月	9月	10月	11月	12月
	绝对值（自年初累计）											
地区生产总值(亿元)	—	—	724.5	—	—	1 573.6	—	—	2 806.1	—	—	4 119.5
第一产业	—	—	56.2	—	—	133.6	—	—	465.9	—	—	599.0
第二产业	—	—	389.8	—	—	872.1	—	—	1 466.1	—	—	1 985.0
第三产业	—	—	278.5	—	—	567.9	—	—	874.1	—	—	1 535.5
工业增加值(亿元)	—	183.0	288.9	366.8	477.6	607.4	721.5	831.4	960.7	1 092.0	1 233.0	1 376.3
城镇固定资产投资(亿元)	—	45.4	195.8	430.0	745.5	1 196.5	1 481.2	1 753.0	2 099.8	2 394.6	2 618.4	2 808.6
房地产开发投资	—	3.6	20.3	39.3	65.8	101.9	134.0	162.7	195.6	217.0	245.3	266.4
社会消费品零售总额(亿元)	—	213.2	314.8	419.0	531.5	645.9	758.4	873.2	993.8	1 118.8	1 242.8	1 369.4
外贸进出口总额(万美元)	54 736.9	118 890.0	167 183.7	242 596.2	294 903.8	354 800.3	411 796.6	484 177.9	556 248.2	605 061.5	663 364.4	732 905.6
进口	44 246.2	102 799.4	143 027.9	212 005.5	252 201.1	300 588.1	345 125.2	388 366.6	428 223.4	466 893.5	513 105.4	569 043.0
出口	10 490.7	16 090.5	24 155.9	30 590.7	42 702.7	54 212.2	66 671.4	95 811.2	128 024.8	138 168.0	150 259.0	163 862.6
进出口差额(出口−进口)	-33 756.0	-86 708.9	-118 872.0	-181 414.8	-209 498.4	-246 375.9	-278 453.8	-292 555.4	-300 198.6	-328 725.5	-362 846.4	-405 180.4
外商实际直接投资(万美元)	54.0	424.0	1 451.0	2 498.0	2 702.0	5 210.0	6 397.0	6 743.0	7 637.0	7969	12 700.0	13 500.0
地方财政收支差额(亿元)	—	-55.3	-131.9	-175.5	-231.7	-358.2	-424.9	-520.4	-651.3	-720.6	-861.8	-1 113.1
地方财政收入	—	42.2	71.9	98.2	124.5	170.0	193.6	213.4	241.6	270.6	301.3	353.6
地方财政支出	—	97.5	203.8	273.8	356.2	528.2	618.5	733.8	892.9	991.2	1 163.1	1 466.7
城镇登记失业率(%)（季度）	—	—	3.2	—	—	3.1	—	—	3.2	—	—	3.2
	同比累计增长率（%）											
地区生产总值	—	—	14.6	—	—	13.9	—	—	11.0	—	—	11.7
第一产业	—	—	4.6	—	—	3.8	—	—	4.8	—	—	5.5
第二产业	—	—	23.7	—	—	20.8	—	—	16.3	—	—	15.3
第三产业	—	—	6.1	—	—	7.3	—	—	6.3	—	—	9.8
工业增加值	—	27.2	27.0	24.7	23.5	23.0	19.1	17.9	17.5	17.0	16.8	16.6
城镇固定资产投资	—	36.9	37.5	38.1	38.7	38.4	37.8	37.6	36.8	36.5	35.6	35.3
房地产开发投资	—	21.4	21.6	25.7	27.4	34.5	30.9	32.6	29.0	29.8	31.2	30.5
社会消费品零售总额	—	15.7	16.0	16.4	16.7	17.0	17.3	17.5	17.6	17.9	18.1	18.3
外贸进出口总额	80.5	115.1	113.3	120.0	125.7	126.0	117.8	123.9	122.0	118.2	102.6	89.6
进口	75.9	121.7	120.6	130.0	136.7	136.0	124.7	121.9	111.4	109.6	93.8	81.8
出口	103.0	80.6	78.5	55.1	77.2	83.2	88.0	132.7	166.5	153.3	139.9	122.8
外商实际直接投资	17.4	44.2	11.8	3.1	6.1	10.9	3.4	5.6	0.7	1.0	—	1.0
地方财政收入	—	18.1	27.4	18.6	22.6	24.6	24.4	21.4	18.9	21.4	23.6	23.4
地方财政支出	—	-10.5	12.3	11.2	7.1	17.3	16.8	17.0	20.2	18.8	21.4	21.4

数据来源：《甘肃省统计月报》、《中国经济景气月报》。

2010年青海省金融运行报告

中国人民银行西宁中心支行货币政策分析小组

[内容摘要] 2010年，面对经济发展环境复杂多变、地震等自然灾害的严峻挑战，青海省全省上下沉着应对，攻坚克难，取得了来之不易、好于预期的成绩。玉树抗震救灾攻坚战夺取胜利，灾后重建工作稳步推进。地区生产总值增长突破15%，创近三十年的新高；经济增长方式稳步转变，节能减排任务顺利完成；城乡统筹发展取得新进展，群众收入持续提高，农牧民收入增速高于城镇居民。青海省各金融机构认真落实适度宽松的货币政策，按照“有扶有控”的原则，平衡放贷，实现了信贷总量有序回落、金融运行总体平稳、重点领域资金供给充足、金融风险可控的良好发展态势。展望“十二五”开局之年，青海省后发区位优势和资源潜力将得到进一步挖掘，循环经济辐射带动作用逐步增强，绿色发展战略稳步推进，金融支撑和服务经济社会发展的能力将不断提升。

一、金融运行情况

2010年，青海省金融在经历地震灾害考验、应对经济复杂多变的背景下，继续保持平稳发展的良好态势。信贷增长有序回归常态、贷款结构进一步优化，证券业、保险业快速发展、金融市场趋于活跃，金融服务水平显著提高，支持“十一五”规划取得预期成效。

（一）银行业发展势头良好

1. 金融体系逐步完善，经营效益持续攀升。全省银行业从业人员、资产总额同比增长1.2%和45.6%，不良贷款实现“双降”。

2. 存款总体增长较快，结构趋于优化。2010年青海省本外币存款增速与上年基本持平。受企业生产规模扩大、投资需求增加的影响，企业存款增速放缓，同比少增36亿元；股市低位波动、房市预期不稳定，分流因素减少，推动储蓄存款继续保持较快增长。

3. 贷款总量平稳增长，增速有序回落。2010年青海省信贷增长从上年以来的高位稳步回归常态，贷款增速较上年回落6个百分点；全年新增贷款424.6亿元，同比多增50.6亿元，重点项目建设、民生领域资金需求得到较好的保障，实现了贷款平稳增长与金融支持力度不减的平衡。重点行业、重点企业得到有效支持。2010年青海省固定资产投资突破1 000亿元大关，增速达32%，基础设施建设、支柱产业、优势工业投资增长较快，带动新增贷款向重点领域集中，新增贷款中，近六成投向制造业、电力、水利等重点行业。

表1　2010年青海省银行业金融机构情况

机构类别	营业网点[①]			法人机构（个）
	机构个数（个）	从业人数（人）	资产总额（亿元）	
一、大型商业银行[②]	398	8 866	1 922	0
二、国家开发银行及政策性银行[③]	19	516	689	0
三、股份制商业银行[④]	0	0	0	0
四、城市商业银行	51	744	226	1
五、城市信用社	0	0	0	0
六、农村合作机构[⑤]	337	2 209	379	31
七、财务公司	0	0	0	0
八、邮政储蓄银行	155	690	104	0
九、外资银行	0	0	0	0
十、农村新型机构[⑥]	3	41	3	3
合　计	963	13 066	3 322	35

注：①不包括国家开发银行和政策性银行、大型商业银行、股份制银行等金融机构总部数据。
②包括中国工商银行、中国农业银行、中国银行、中国建设银行和交通银行。
③包括国家开发银行、中国农业发展银行和中国进出口银行。
④包括中信银行、中国光大银行、华夏银行、广东发展银行、深圳发展银行、招商银行、上海浦东发展银行、兴业银行、中国民生银行、恒丰银行、浙商银行和渤海银行。
⑤包括农村信用社、农村合作银行和农村商业银行。
⑥包括村镇银行、贷款公司和农村资金互助社。
数据来源：中国人民银行西宁中心支行。

玉树灾区贷款增长迅速。为维护灾区金融稳定、确保灾区金融服务畅顺，中国人民银行西宁中

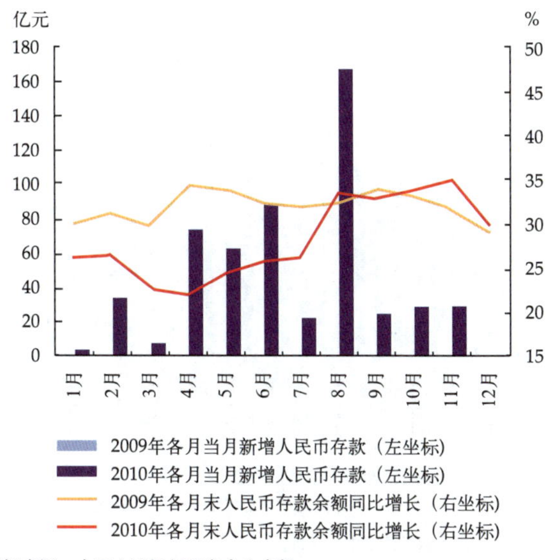

数据来源：中国人民银行西宁中心支行。

图1　2010年青海省金融机构人民币存款增长变化

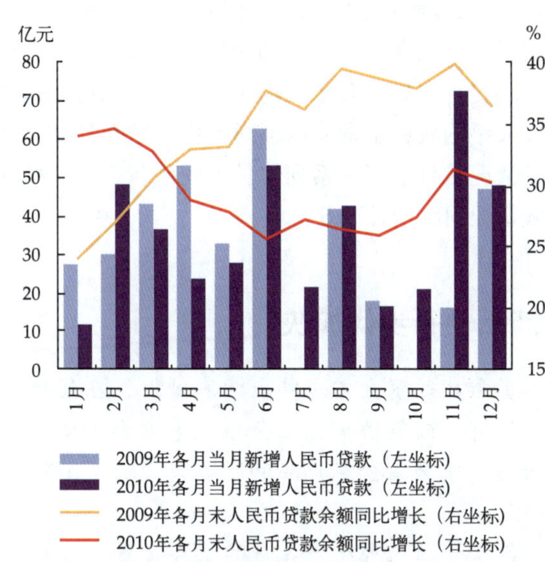

数据来源：中国人民银行西宁中心支行。

图2　2010年青海省金融机构人民币贷款增长变化

心支行通过调剂再贷款限额、加大“窗口指导”力度、恢复金融基础设施等措施，切实加大灾区信贷投放力度、提升金融服务好水平。2010年玉树州贷款同比增长达113.9%。

民生贷款大幅增加。近年来，中国人民银行着力引导金融机构加大普惠金融支持力度，推动民生贷款实现较快增长。2010年，累计发放下岗失业人员小额担保贷款10 593万元，惠及人数从2008年的1 418人到2010年的20 418人，两年间覆盖面成倍增长。2010年，全省生源地助学贷款余额为15 204万元，是2009年的1.54倍，满足率达到100%。

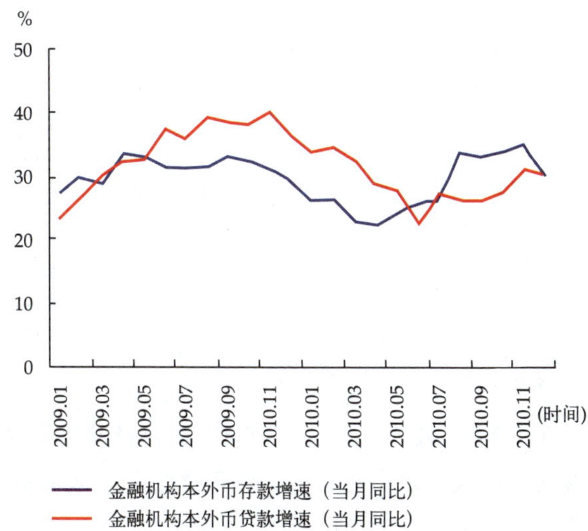

数据来源：中国人民银行西宁中心支行。

图3　2009～2010年青海省金融机构本外币存、贷款增速变化

4. 现金投放收支双增，净投放增加较多。受金融基础设施较为薄弱、农牧民交易习惯等因素影响，现代化支付工具应用较少，现金使用规模较大。近年来青海省现金投放呈现收支双增的格局。2010年，青海省现金累计投放3 234.5亿元，累计回笼3 106.4亿元，收支相抵净投放128.1亿元，同比增长26.9%。

表2　2010年青海省金融机构现金收支情况表

单位：亿元、%

	年累计额	同比增速
现金收入	3 106.4	21.5
现金支出	3 234.5	21.7
现金净支出	128.1	27.0

数据来源：中国人民银行西宁中心支行。

5. 金融机构利率水平整体走势平稳，民间借贷利率有所回落。2010年青海省金融机构人民币存贷款利率整体走势平稳，在年底两次加息的影响下，年末金融机构各期限贷款加权平均利率较上年同期上升0.16个百分点。另外，监测显示民间借贷利率呈现下行趋势，年末全省民间借贷加权平均利率较

表3 2010年青海省金融机构各利率浮动区间贷款占比表

单位：%

		合计	国有商业银行	股份制商业银行	区域性商业银行	城乡信用社
合计		90.0	100.0	0	84.0	100.0
[0.9～1.0)		37.9	51.4	0	17.3	3.4
1.0		24.6	24.3	0	45.6	22.7
上浮水平	小计	27.5	24.3	0	21.2	73.9
	(1.0～1.1]	11.9	18.3	0	10.3	4.2
	(1.1～1.3]	7.3	5.9	0	10.8	9.7
	(1.3～1.5]	3.5	0.2	0	0.1	25.1
	(1.5～2.0]	3.4	0.0	0	0.0	25.3
	2.0以上	1.3	0.0	0	0.0	9.7

数据来源：中国人民银行西宁中心支行。

上年同期下降2.7个百分点。民间借贷持续活跃，市场规模扩大，定价能力和水平有所提高，与金融机构贷款利率的水平差收窄。

6. 金融机构改革稳步推进，农村金融机构发展迅速。随着金融改革的稳步推进，青海省各家银行经营水平显著提高，以农村信用社为主力军，村镇银行、资金互助组织、小额贷款公司为有效辅助的农村金融体系进一步健全。2010年，交通银行落户青海，全省首家农村合作银行筹建，玉树州第一家农村合作金融组织成立，金融体系薄弱、机构单一的状况正得到有效改善。2010年，中国人民银行西宁中心支行引导各金融机构在全辖开展以机制模式建设入手的农村金融产品创新工作，结合县域经济实际情况，打造了一系列信贷支农创新产品，推动县域贷款同比增长22.8%。

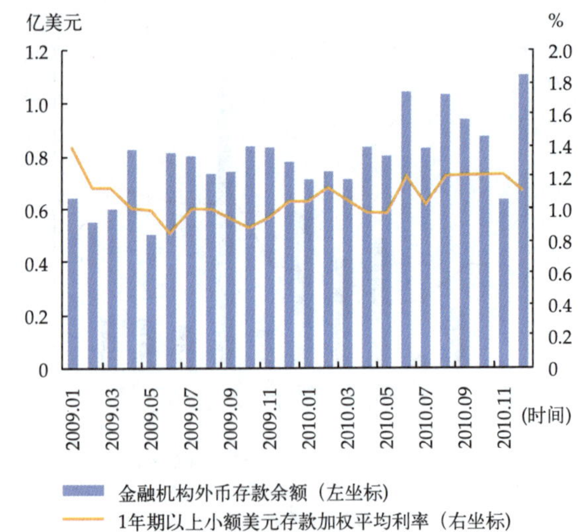

数据来源：人民银行西宁中心支行。

图4 2009～2010年青海省金融机构外币存款余额及外币存款利率

专栏1 机制模式建设深入推进 农牧区信贷产品创新步伐加快

青海是个多民族聚居的省份，各州地经济发展水平差异较大。特殊的地理环境和经济结构决定了各地千差万别的金融服务需求，给青海贯彻落实货币信贷政策造成了不同于发达地区的挑战和机遇。推动机制建设，打造青海信贷模式一直是中国人民银行西宁中心支行货币信贷工作的重心和着力点。特别是2008年以来，中国人民银行西宁中心支行按照信贷政策产品化的要求，转变信贷政策工作思路，紧紧抓住金融产品和金融服务创新这一热点问题，把推进机制建设，打造青海信贷模式作为贯彻落实科学发展观的重要举措，引导省内金融机构适应新形势的需要，通过积极探索和努力实践，督促金融机构改进金融服务，充分利用地区资源优势和政策平台，以创新型产品和服务为载体，在建立长效机制上下工夫，在深入研究各类群体的资金需求特点的基础上，在创新品种培育、政策协调、业务推进等方面主动采取措施，把全省金融产品和服务方式创新工作推向深入。

各家金融机构结合各自的服务重点，积极探索缓解农牧区、中小企业、弱势群体的“贷款难”和“难贷款”矛盾的新途径。在创新机制方面进行了有益的探索，在创新品种、业务模式、配套政策、覆盖范围等方面有较大突破，构建了不同形式组合的信贷运行机制、模式，打造和培育具有各县地方特色的创新品牌，基本达到了一县一品的创新目标，推出了一些较为成熟的破解融资难题的信贷操作模式，从不同侧面，不同程度地缓解了农牧区、中小企业、弱势群体等生产和经营资金紧张的问题，成效初步显现，实现了银政企互动多赢。

各种信贷机制模式各具特色，从总体情况看，都具有贴近农牧民生产、契合地区发展、快捷方便、实效性高、融合性强的特点，主要体现在：辖内各金融机构以社会责任为己任，设立相关专营机构，建立各类绿色通道，搭建各类平台和创新模式，使各种社会资源与信贷资源得到有效融合，使各类信贷政策的实效性得到明显提高。

主要做法结合了本地实际，以保护生态为前提，以改善民生为核心，以发展经济为基础，以维护稳定为保障，在信贷投放上力求做到信贷总量合理扩张，在强化社会责任上加大金融对民生工作的支持，在产品创新上力求满足客户需求，在产品属性上力求风险防范，在效益上力求提升，保证新机制模式运行实现预期效果。

从具有普遍意义的创新成果推广的实施效果看，金融产品和金融服务创新工作对调整青海产业结构和信贷结构发挥了积极作用，达到了整合资源、推动金融支持“三农”、中小企业、弱势群体等金融政策措施的落实。据初步统计，截至2010年年末，全省涉农贷款余额达720亿元，同比增长超过50%；中小企业贷款余额达680亿元，同比增长32%；下岗失业人员小额担保贷款余额为1.86亿元，同比增长69%；各类助学贷款余额为2.04亿元，同比增长76.8%。

（二）证券业稳步发展，上市公司运作规范

2010年，克服资本市场发展面临的诸多挑战，青海省证券业稳步发展，市场规模持续扩大。

1. 期货交易大幅上升，证券交易量略有下降。辖内1家证券公司、1家期货公司、8家证券营业部、3家证券服务部，受A股市场低位波动和大宗商品持续涨价的双重影响，证券交易量和期货交易量呈现一降一升趋势。其中，证券累计交易量同比下降18.3%，投资开户数同比增长10.6%； 期货累计交易量增长251.7%，总客户同比增长57.7%。

2. 上市公司体制改革进一步深化。全省10家上市公司总股本为84.2亿股，数码网络、贤成矿业、东盛科技并购重组后竞争实力显著增强；盐湖集团、盐湖钾肥合并工作积极推进；盐湖化工、机械制造、生物制药、有色冶炼、农畜产品加工等特色领域企业股份制改革不断深化，融资渠道进一步拓宽。

（三）保险业加快发展，经济社会保障面扩大

青海保险机构和从业人员保持稳定，9家保险分支机构业务实现平稳较快发展，财险和寿险保费收入同比增长36.3%和48%，保险赔款及给付同比增长16.7%，保险密度增长17%。顺应地区特点，保险品种推陈出新，在全省10个县、25个乡镇开展

表4　2010年青海省证券业基本情况表

项目	数量
总部设在辖内的证券公司数（家）	1
总部设在辖内的基金公司数（家）	0
总部设在辖内的期货公司数（家）	1
年末国内上市公司数（家）	10
当年国内股票（A股）筹资（亿元）	0
当年发行H股筹资（亿元）	0
当年国内债券筹资（亿元）	62
其中：短期融资券筹资额（亿元）	62

数据来源：中国人民银行西宁中心支行。

表5　2010年青海省保险业基本情况表

项目	数量
总部设在辖内的保险公司数（家）	0
其中：财产险经营主体（家）	0
寿险经营主体（家）	0
保险公司分支机构（家）	9
其中：财产险公司分支机构（家）	5
寿险公司分支机构（家）	4
保费收入（中外资，亿元）	26
其中：财产险保费收入（中外资，亿元）	11
人身险保费收入（中外资，亿元）	15
各类赔款给付（中外资，亿元）	7
保险密度（元/人）	457
保险深度（%）	2

数据来源：中国人民银行西宁中心支行。

政策性种植业保险，能繁母猪、奶牛养殖等保险品种在全省推广，以青稞、藏系羊、牦牛为主的保险品种试点运行，针对农牧区的小额人身保险品种受到欢迎。青海保险业在“一体两翼”的发展格局下，总体呈现强规模、增效益、上水平的态势。

（四）融资结构逐步改善，金融市场趋于活跃

短期融资券业务发展较为迅速，带动直接融资呈现较快增长，但由于金融市场发展起步晚、规模小，上市公司数量少，银行信贷仍是实体经济融资的主要渠道。

1. 短期融资券发行规模稳步扩大，间接融资仍是主导。2010年，青海省企业共发行短期融资券62亿元，新增贷款与直接融资的比例为7∶1，与上年同期的21∶1相比，直接融资规模实现突破。但同时，企业债和股票融资额均为零，在社会融资总量中，贷款占比仍达到87%，较全国平均水平高出32个百分点。制约直接融资发展的“瓶颈”因素主要有三个方面：一是受后发地区经济整体水平影响，满足直接融资条件的企业较少；二是企业财务管理水平有待提高，对债务融资工具的应用能力有限；三是中介服务较为薄弱。

表6　2001～2010年青海省非金融机构融资结构表

单位：亿元、%

年份	融资量	比重		
		贷款	债券（含可转债）	股票
2001	57.5	96.7	0.0	3.3
2002	60.1	93.0	0.0	7.0
2003	88.7	94.5	5.5	0.0
2004	64.0	100.0	0.0	0.0
2005	68.0	100.0	0.0	0.0
2006	95.5	93.0	7.0	0.0
2007	233.3	65.3	8.1	26.6
2008	220.3	95.5	4.5	0.0
2009	392.0	95.4	4.6	0.0
2010	552.7	76.64	19.36	4.0

数据来源：中国人民银行西宁中心支行。

2. 货币市场交易活跃。地方法人金融机构参与货币市场交易的能力不断提高，全省货币市场累计交易量达1 302.8亿元，是上年的3.1倍，其中，质押式正逆回购交易475.9亿元，同比增长184%；现券买卖505.2亿元，是上年的2.5倍；信用拆借68笔、金额82.1亿元；买断式回购68亿元。地方金融机构不断加大交易量，丰富业务品种，市场呈现结构优化的良好态势。

3. 票据市场发展迅速。2010年，青海省新增银行承兑汇票26亿元，同比增长48.5%；累计办理再贴现13.2亿元。受调控影响，企业短期资金需求上升，拉动票据融资呈现较快增长。

表7　2010年青海省金融机构票据业务量统计表

单位：亿元

季度	银行承兑汇票承兑		贴现			
			银行承兑汇票		商业承兑汇票	
	余额	累计发生额	余额	累计发生额	余额	累计发生额
1	12.65	6.98	56.19	50.2	—	—
2	13.26	15.24	67.75	113.1	—	—
3	12.61	19.86	62.00	164.4	—	—
4	11.98	28.07	71.77	226.4	—	—

数据来源：中国人民银行西宁中心支行。

表8　2010年青海省金融机构票据贴现、转贴现利率表

单位：%

季度	贴现		转贴现	
	银行承兑汇票	商业承兑汇票	票据买断	票据回购
1	3.5073	—	2.3773	—
2	3.1528	—	2.9198	—
3	4.0008	—	3.6223	—
4	4.4578	—	4.5630	—

数据来源：中国人民银行西宁中心支行。

（五）征信建设取得突破，金融生态环境持续优化

2010年，青海省社会信用体系建设工作向纵深推进，通过探索搭建“青海省金融经济综合信息服务平台”，引进评级公司等创新举措，推动征信市场健康发展。截至2010年年末，全省已评定信用户127 950户、信用村609个和信用乡（镇）24个，分别较上年年末增长28.29%、21.67%和100%；建立农户经济档案240 468份，占辖区农户总数的29.68%；建立农户电子档案53 348份，占贷款农户总数的17.57%。征信体系不断完善，信用环境不断改善，金融生态环境持续优化。

二、经济运行情况

2010年，青海省经济发展呈现速度加快、质量提高、民生改善的良好态势，经济结构调整和发展方式转变稳步推进，节能降耗取得攻艰成果。地区生产总值增长15.3%，规模以上工业企业利润比上年增长91.8%，均创三十年来最高。

（一）需求持续扩大，投资拉动较为显著

在国家扩大内需、促进经济平稳较快增长措施的带动下，青海省投资、消费、进出口稳步扩大，投资拉动仍是经济增长的主力。

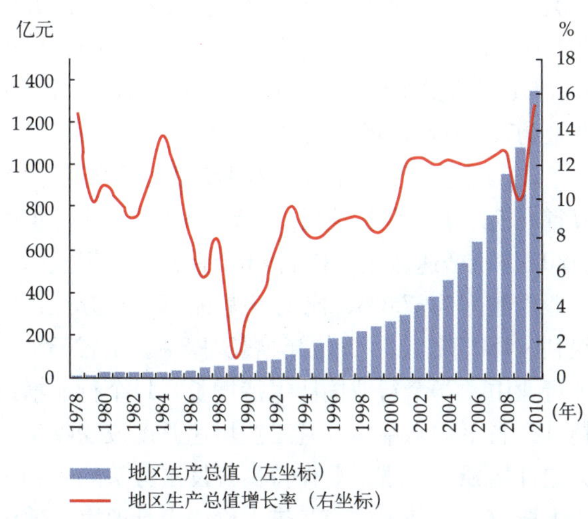

数据来源：青海省统计局。

图5　1978～2010年青海省地区生产总值及其增长率

1. 投资增长迅速，项目拉动作用较为明显。2010年，全省完成全社会固定资产投资1 068.7亿元，增长33.5%。从投资主体看，国有及国有控股投资为644.9亿元，同比增长25.8%；港澳台及外商投资为21.5亿元，增长2倍；民间投资为402.3亿元，增长43.3%。从资金来源看，自筹资金为542.7亿元，增长51.6%；国内贷款为178.5亿元，增长21.6%；国家预算内资金为141.5亿元，下降7.8%。受经济持续向好的影响，实体经济自主投资热情持续高涨，固定资产中自筹资金的比例大幅提高。

2. 市场信心持续增强，城乡消费稳步增长。2010年，青海省城镇居民人均可支配收入为13 855元，同比增长9.2%；农牧民人均纯收入为3 862.7元，比上年增长15.4%。收入稳步增长，带动消费市场持续活跃。全省社会消费品零售总额为346亿元，

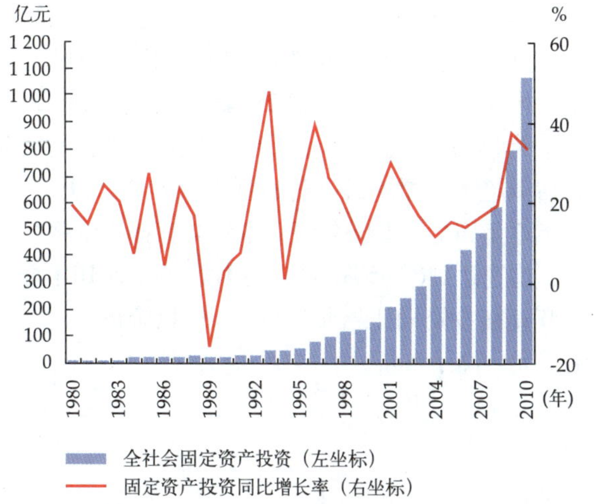

全社会固定资产投资（左坐标）
固定资产投资同比增长率（右坐标）

数据来源：青海省统计局。

图6　1980～2010年青海省固定资产投资及其增长率

同比增长16.9%。其中，城镇消费299.6亿元，增长17.7%；乡村消费为46.4亿元，增长12.4%。从消费结构来看，服装类零售额较上年增长52.1%，金银珠宝类增长57.4%，家电和音像器材类增长45.3%，汽车类增长47.9%。重点商品继续热销，消费结构显著升级，主要原因：一是随着收入增加，汽车、家电等高端消费品增加较快；二是物价持续上涨，消费避险偏好提升，金银等保值消费增幅最快。

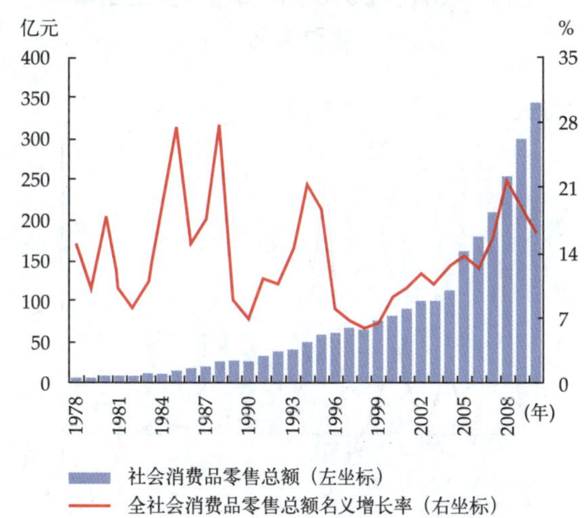

数据来源：青海省统计局。

图7　1978～2010年青海省社会消费品零售总额及其增长率

3. 对外贸易呈恢复性增长，外商投资有所增加。2010年以来，随着世界经济的缓慢复苏，全省对外贸易逐步摆脱金融危机不利因素的影响，进出

口总值实现恢复性增长。全年全省进出口总值为7.9亿美元，同比增长34.7%，其中，出口为4.7亿美元，增长85.5%；进口为3.2亿美元，下降3.6%；净出口为1.5亿美元。分月度看，进出口增长呈现前高后低趋势，增速最高时达到上半年的59.9%，下半年逐步回落。2009年青海省外商直接投资强劲反弹，增速达到60.45%，受高基数影响，2010年全省外商直接投资同比增长1.86%，但投资额仍达2.19亿美元，高于上年。

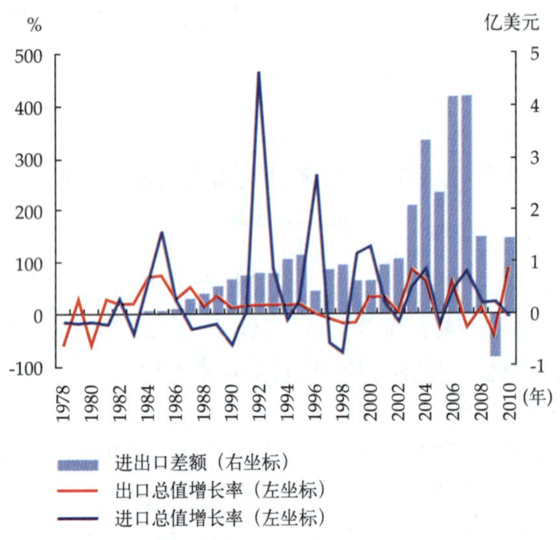

数据来源：青海省统计局。

图8　1978～2010年青海省外贸进出口变动情况

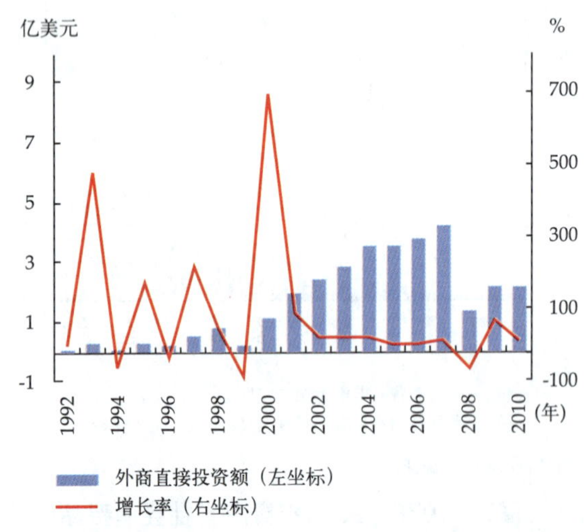

数据来源：青海省统计局。

图9　1992～2010年青海省外商直接投资情况

（二）供给稳定增长，产业机构持续优化

2010年全省地区生产总值为1 350.4亿元，比上年增长15.3%。其中，第一产业增加值为134.9亿元，增长5.9%；第二产业增加值为744.6亿元，增长19.3%；第三产业增加值为470.9亿元，增长12.1%。

1. 农牧业生产基本稳定。抽样调查推算，2010年全省农作物总播种面积为516.3千公顷，比上年增长0.4%。全年粮食总产量为102万吨，比上年下降0.6%，但仍是2002年以来的第二个高产年。粮食减产的主要原因是7月雨水偏多、8月出现罕见的持续高温少雨天气，致使单产下降。全年油料总产量为36.9万吨，增长0.8%；蔬菜产量为134.4万吨，增长13.1%；肉类总产量为29.5万吨，增长9.7%；牛奶产量为26.2万吨，增长3.5%。

2. 工业生产加快，增速稳步攀升。2010年，青海省规模以上工业实现增加值571.8亿元，比上年增长20.6%，增速较上年提高9.6个百分点；规模以上工业产销率为97.8%，比上年提高2.1个百分点；实现利润180.7亿元，比上年增长91.8%。全省33个大类行业中，26个行业同比保持增长，11个行业增速超过全省平均水平，并且工业增速月度波动收窄，稳定性增强。全省工业保持良好发展势头的有利因素主要有：一是大宗商品进入价格上升通道，地区资源优势显现，支柱工业产品量价齐升；二是绿色

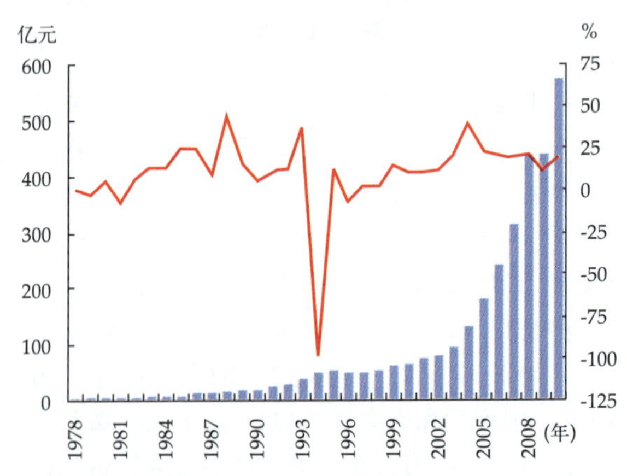

数据来源：青海省统计局。

图10　1978～2010年青海省工业增加值及其增长率

发展战略实施成效显现，高原特色食品、饮料、医药业等新兴产业呈现较快增长，工业经济增长点增多；三是工业技术创新步伐加快，企业技术改造投入增加，带动劳动生产率提高。

3. 服务业增势良好，第三产业呈现加快发展。2010年，全省第三产业增加值为470.9亿元，增长12.1%，比上年提高2.3个百分点，尤其旅游业发展较快。全年全省接待国内游客1 221.5万人次，比上年增长10.5%，入境游客4.67万人，增长29.4%；国内旅游收入为69.6亿元，增长17.8%，旅游外汇收入为2 044.9万美元，增长32.6%。随着国民收入不断提高，国内旅游市场持续繁荣，青海省借机加快旅游业基础设施建设、挖掘高原旅游得天独厚的优势，为全省旅游业发展创造了良好条件，带动了第三产业蓬勃发展。

（三）各类价格指数均有所上涨

1. 居民消费价格持续上涨。2010年，青海省居民消费价格总水平上涨5.4%。其中，城市上涨5.1%，农村上涨5.8%。食品类价格上涨8.3%，服务项目价格上涨5.3%，工业品消费价格上涨3.1%。影响价格较快上涨的因素主要有：一是投资高增长推动产出缺口扩大，导致短期供需矛盾加剧；二是国际市场原油、粮食等大宗商品价格大幅上涨，增加生产和消费成本；三是青海省工业品销售和生活资料供给90%以上依靠外阜市场，运力成本增加对消费品价格的推高作用显著。

2. 生产价格增长较快。全年工业品出厂价格上涨9.4%，涨幅比上年提高18.1个百分点；原材料、燃料、动力购进价格上涨8.6%，涨幅比上年提高8.8个百分点。

3. 劳动力成本涨幅低于全国。2010年，青海省城镇非私营单位在岗职工年平均工资为37 182元，同比上涨10.8%，涨幅较全国低2.7个百分点。“十一五”以来，青海省先后五次上调最低工资水平，2010年城镇最低工资标准从580元/月提高到750元/月，涨幅达28.8%，逐步扭转了长期以来青海省城镇平均工资水平远低于全国的状况。与东部地区不同的是，青海省劳动密集型产业分布少、规模小，劳动力供需基本平衡，用工需求对工资上涨的推动作用不明显，从而使工资涨幅低于全国。但值得注意的是，在高寒条件下，职工生活成本、医疗保险支出要高于其他地区，随着全省经济规模的进一步扩大和用工需求的逐步增加，未来劳动力成本加速上涨的可能性较大。

（四）财政收支双增，民生支出增加较快

2010年青海省财政一般预算收入为205亿元，比上年增长23.1%，超年度预算9.9个百分点。其中，营业税增长36.3%，企业所得税增长14.8%，增值税增长16.7%。企业利润大幅提高、经营持续活跃是带动增长收入增加的主要原因。

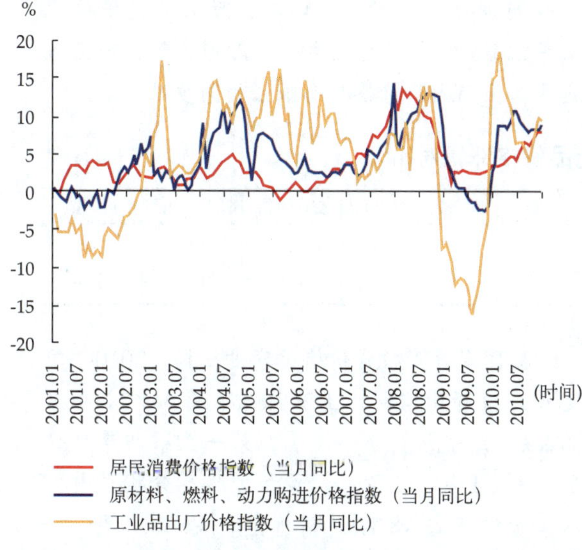

数据来源：青海省统计局。

图11　2001～2010年青海省居民消费价格和生产者价格变动趋势

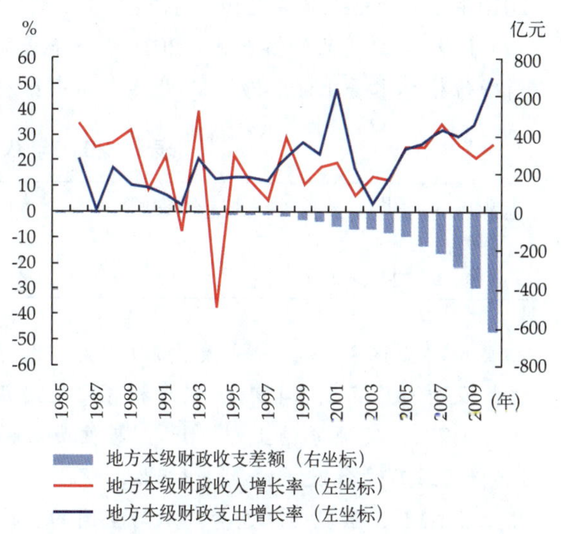

数据来源：青海省统计局。

图12　1985～2010年青海省财政收支状况

一般预算支出734.4亿元，比上年增长52.7%。其中，社会保障和就业支出增长1.5倍，教育支出增长33.3%，保障性住房支出增长2.1倍，城乡社区医疗支出增长31.5%，环境保护支出增长25.7%，医疗卫生支出增长23.4%，上述六项支出为438.8亿元，占一般预算支出的59%，占比较上年提高9.6个百分点。在财政支出中，民生支出呈现增速加快、占比提高的趋势，财政保稳定、惠民生的发展思路得到较好的贯彻。

（五）节能减排工作深入推进，生态环境逐步改善

2010年，青海省不断加大力度推广建筑节能新产品、新技术，加快太阳能建筑一体化应用和既有建筑节能改造，推进低碳绿色建筑发展，推动了全省建设领域节能减排工作深入开展。到年末，青海建成节能50%和节能65%的建筑超过1 000万平方米，全省新型墙材实际使用率达到60%以上；省财政预算列支4 700万元补助资金，促进了17个太阳能建筑利用示范项目建设；争取国家补助资金1.2747亿元，加大了西宁、尖扎等市县国家可再生能源应用示范项目和国家可再生能源示范市(县)建设力度。2010年全省淘汰落后产能钢铁20万吨、电解铝5万吨、水泥294万吨、铁合金17.25万吨、电石及碳化硅5万吨，顺利完成“十一五”淘汰落后产能目标。

截至年末，全省主要水系干流水质状况达到III类标准的断面比例为42%，达到IV类标准的断面比例为25%，达到V类标准的断面比例为10.5%，超过V类标准的断面比例为23.5%。二氧化碳排放量为18万吨，控制在规划目标以内；耕地保有量为820万亩；全省森林覆盖面积317.2万公顷，森林覆盖率为4.4%，人均森林面积为0.6公顷；青海湖、扎陵湖、鄂陵湖的生态状况在国际重要湿地评价中被评为优等。

专栏2 产出缺口持续扩大 供需矛盾推动CPI高位运行

作为西部内陆欠发达省份，青海经济总量小、居民收入低，但近年来青海居民消费价格涨幅较大：2007～2010年，青海省居民消费价格分别上涨6.6%、9.9%、2.6%和5.4%，涨幅连续四年高居全国第一位，四年来累计涨幅达27%，八大类商品及服务价格呈普涨态势。2010年全省价格上涨呈现如下特点：

1. 八大类商品价格普涨。2010年全省居民消费价格总水平上涨5.4%。八大类商品中：食品类价格上涨8.3%，衣着类上涨6.7%，医疗保险及个人用品上涨4.9%，娱乐教育文化用品上涨4.7%，交通通信上涨3.0%，居住类上涨2.8%，家庭设备及维修上涨1.5%，烟酒及用品上涨1.1%，呈现普涨态势。从与全国的对比（见表9）来看，除食品、居住和烟酒用品之外，青海省五大类商品价格涨幅均高于全国，尤其衣着、娱乐教育文化类价格涨幅突出。

表9 2010年八大类商品价格涨幅对比

单位：%

项目	CPI	食品	家庭设备及维修	医疗保险及个人用品	衣着	娱乐教育文化用品	交通通信	烟酒及用品	居住
全国	3.3	7.2	0	3.2	-1	0.6	-0.4	1.6	4.5
青海	5.4	8.3	1.5	4.9	6.7	4.7	3	1.1	2.8

2. 工业品出厂价格高位运行，原材料购进价格V形反转。2010年全省工业品出厂价格比上年上涨9.4%，涨幅同比提高18.1个百分点。从月度涨幅来看，青海省工业品出厂价格与国际大宗商品价格路透商品研究局指数（CRB）呈现较高的同步性。原材料、燃料、动力购进价格比上年上涨8.6%，月度涨幅呈现V形走势，与沿海地区工业品出厂价格具有很强的同步性。

3. 固定资产投资价格逐季度上扬。2010年固定资产投资价格同比上涨3.8%，涨幅比上年提高2.9个百分点。分季度看，第一至第四季度分别上涨2.1%、3.5%、4.7%和4.9%。分构成看，人工费价格上涨8.4%、材料费价格转跌为升。

经过调查分析，影响青海省物价较快上涨的主要原因有四个方面：

一是产出缺口是影响青海物价快速上涨的主要原因。2000年以来，青海省经济增长经历了两个峰值，分别为2008年地区生产总值增长13.53%，2010年增长15.3%。与此同时，全省居民消费价格指数也在这两个时期达到了历史最高点，分别为110.1和105.4。“十一五”以来，青海省固定资产投资年均增长达23.8%，而且近80%投资集中在基础设施建设领域，促使产出缺口扩大，导致短期内供需矛盾突出，进而推动物价上涨。我们利用数学模型在扩展的菲利普斯曲线框架下对影响青海物价的因素进行了计量分析，结果显示：产出缺口扩大一个百分点，青海省CPI将扩大1.401个百分点，拟合数据显示2009年青海省产出缺口（实际经济增速-潜在经济增速）为-2.35%，而2010年则为2.45%，估算拉动CPI上涨3.6个百分点。

二是美元贬值引起的大宗商品涨价是本轮物价上涨的重要推手。青海省90%的生产和生活资料不能实现自足，需要从外阜调运，大宗商品涨价对青海物价的影响路径有两个：一是直接路径，国际大宗商品价格上涨→青海省工业品出厂价格→青海省CPI；二是间接路径，国际大宗商品价格上升→沿海地区工业品出厂价格→青海省原材料价格→青海省工业品出厂价格→青海省CPI。受美联储持续量化宽松的货币政策影响，2010年以来，国际大宗商品涨价迅猛，包含原油、煤炭、天然气在内的中国国际经济交流中心（CCIEE）能源指数从2010年年初的131.68上涨至年末的170.0，涨幅超过29%，全面提高了青海省工业生产成本和居民消费品成本，推动物价高位运行。

三是运力成本是青海省物价领跑全国的重要叠加因素。由于地处高原内陆，青海省90%的生活资料需要从外埠输入，90%的工业品销往周边地区，形成了独特的“两头在外”的经济格局，因此运力成本对青海省经济生活的影响至关重要。中国物流与采购联合会的统计显示，2010年中国物流总费用占生产总值的比重约为18%，而青海省物流费用占生产总值的比重超过25%。2005～2010年，0#柴油价格涨幅达81%，90#汽油价格涨幅达79%，加之高速公路收费等因素，运力成本连续上涨，青海省运输成本从2005年的0.2元/吨/公里上涨至0.5元/吨/公里。以钢材为例，北京宝钢螺纹钢出厂价为5 000元/吨，调运到青海成本为6 000元/吨，价格将比产区高出20%；山东标准粉价格为2.6元/公斤，加上运输成本，到青海的销售价格就要达到3.6/公斤，比产区高38%。路途遥远、外调物资较多、运力成本居高不下共同推动青海省绝对物价水平高于全国。同时由于物流成本占比较高，青海省物价对运输成本的变化也更加敏感，2010年单位运力成本的上升对CPI的推动作用更加显著。

四是消费市场规模小、市场吸纳能力弱是青海物价较高的辅助原因。目前，青海省人口为560万人，省会西宁常住人口为100万人，全年全省社会消费品零售总额仅为346亿元，消费市场规模狭小导致：一方面，商家竞争少，容易形成价格垄断；另一方面，无法形成规模效应，商品单价对成本变动更加敏感，容易推高零售终端价格。对服装零售行业的调查显示，2010年青海省会西宁市核心商圈底商租赁价格从75元/平方米/月上涨至100元/平方米/月，平均涨幅在30%，大中型商铺平均上调单价2%～5%即可基本消化房租上涨成本，而小型商铺则至少要涨价10%才能消化成本，小型商企占全省市场份额比重为70%～80%，投资成本和经营成本的上升对零售价格的推高作用明显。

本轮价格上涨原因比较复杂，青海的特殊区位和经济结构，使得调控物价难度较大。下一阶段，要全面落实物价调控政策，从提高自身供给水平、降低流通环节成本、增加城乡居民收入、加大困难群众生活补贴等多个方面入手，建立调控物价的长效机制，减少物价上涨对群众基本生活的影响。

（六）房地产平稳发展，光伏产业扎实起步

1. 青海省房地产市场发展平稳。受人口及地域限制，市场总量较小且相对集中，住房价格在低位运行，商品住宅价格略有提高，区域性特点较显著。

（1）房地产开发快速增长。全省房地产开发完成投资108.2亿元，同比增长48.5%，占全社会固定资产投资的10.1%。青海省房地产开发贷款余额为62.22亿元，同比增长24.96%，其中，住房开发贷款余额为35.2亿元，占房地产开发贷款余额的56.6%。

（2）保障性住房加快建设，住房供给结构显著改善。受国家房地产调控和加快保障性住房建设等政策的影响，青海省住房市场呈现商品房供给稳步增长，保障性住房大幅增加的趋势。年内，住宅施工面积同比增长54%，其中，经济适用房增长148.9%，别墅、高档公寓下降28%；本年新开工住房面积同比增长38.7%，其中，经济适用房增长1 259.4%；竣工住房面积增长50.3%，其中，经济适用房增长503.2%。

（3）商品房零售稳步攀升。受城市化进程加快和消费需求增加的带动，商品房销售面积和商品房销售额分别增长28.7%和53.7%。随着经济发展态势的好转和消费价格上涨的影响，投资性购房需求依然旺盛，加之住房刚性需求叠加的影响，省会西宁市商品房销售呈现稳步增长。

（4）商品房销售价格涨幅低于全国水平。12月末，省会西宁市商品房平均售价为3 211元/平方米，较上年同期上涨5.14%，较上季度末环比下降1.4%。据全国70个大中城市房屋销售价格指数显示，12月全国房屋销售价格同比上涨6.4%，西宁市同比上涨6.1%，低于全国0.3个百分点，涨幅居西北第四位。其中，新建商品住房销售价格同比上涨7.9%，二手房价格同比上涨5.8%。

（5）房贷政策效果显现。全省金融机构严格执行首付比例、贷款利率等相关房贷政策的要求，发放个人住房贷款16.1亿元，余额为45.7亿元，同比增长53.6%；政策性住房贷款余额为57.3亿元，同比增长32.7%。

2. 光伏产业扎实起步。青海是中国太阳能资源最为丰富的省区之一，全年平均日照2 500～3 650小时，具有除西藏自治区以外全国其他省份无法比拟的资源优势。2010年，青海省以“自主创新、重点跨越、支撑发展、引领未来”的发展思路，努力把太阳能产业培育成为新的支柱产业。一是积极争取国家专项计划支持，帮助企业积极申请与太阳能产业相关的国家级专项并做好按规定的配套资金的

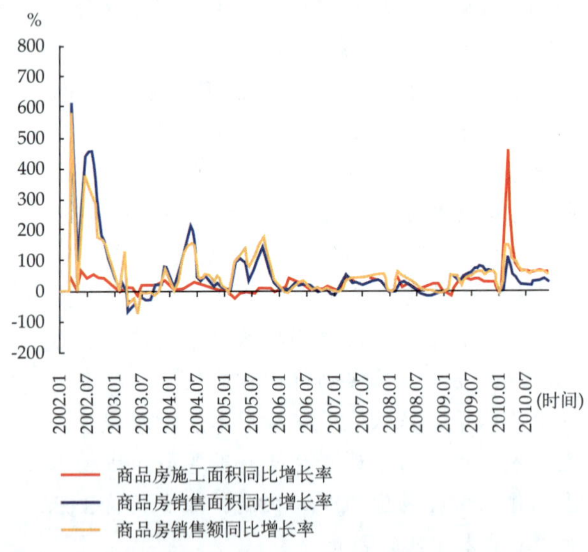

数据来源：西宁市统计局。

图13　2002～2010年青海省商品房施工和销售变动趋势

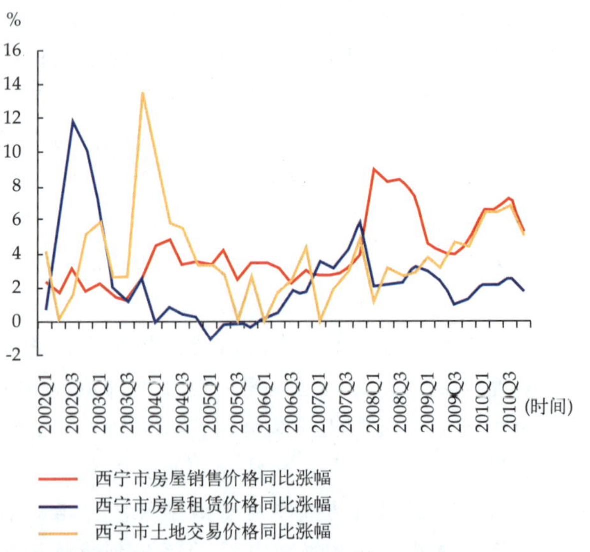

数据来源：西宁市统计局。

图14　2002～2010年西宁市房屋销售价格指数变动趋势

落实。二是进一步完善银政企合作机制，争取金融机构对太阳能项目，特别是重点项目的贷款支持。三是加大对太阳能产业政策的支持力度，充分利用青海省已经出台的发展高新技术产业、园区开发、提升民营经济等方面的优惠政策，努力为太阳能企业在生产用地、用电、用水等方面提供更好的条件，促进企业的发展。目前，光伏产业已在青海省初显“千帆竞发、百舸争流”的景象。亚洲硅业一期2 000吨多晶硅、黄河水电新能源公司一期1 250吨多晶硅、华硅能源1 000吨单晶硅项目已顺利投产，成为青海经济发展新的增长点；亚洲硅业二期、三期项目正在建设；华硅能源3 800万片单晶硅切片项目已部分建成投产；黄河水电400兆瓦太阳能电池组件开工；阳光能源青海有限公司2 000吨单晶硅、青海风发科技1 000台风力发电设备等项目正在建设。

三、预测与展望

2011年青海省经济社会发展面临新的机遇，一是按照“十二五”规划的总体要求，增加居民收入、扩大内需的政策将会持续较长时期，带动青海省消费市场持续繁荣；二是连续多年的投资高速增长将使经济运行保持较快的增长惯性；三是西部开发第二个十年规划实施，区域开发政策将会更加科学优化，政策倾斜力度将进一步加大；四是“十一五”期间中央着力加大经济结构调整力度、努力转变发展方式，为持续发展积蓄了能量、夯实了基础，未来国内经济将处于新一轮上升周期。另外，虽然国际经济受到金融危机的巨大冲击，但总体来看，日益强化的经济全球化、区域一体化、新技术革命仍是主导世界经济发展的三大基本趋势，支撑世界经济增长的基础性条件没有发生较大变化，世界经济环境将保持总体有利。

预计，2011年青海省社会经济将继续保持良好的发展态势，地区生产总值有望保持两位数增长，产业结构进一步优化，经济增长质量进一步提升。金融业改革持续深化，金融资产规模稳步扩大，支撑经济社会发展的能力显著增强。

中国人民银行西宁中心支行货币政策分析小组
负责人：王小平　石海城
统　稿：荆海龙　邵　辉
执　笔：马启军　常洪昌
提供材料的还有：贾丽均　张昆霖　吴金昌　薛长德　盖　建　李月梅　王小军　江雯雯　李生海　唐娟娟

附录

（一）2010年青海省经济金融大事记

2月1日，中国人民银行西宁中心支行召开了2010年工作会议暨外汇管理工作会议，会上传达了中国人民银行总行和西安分行工作会议精神，安排部署了全年工作任务，青海省副省长高云龙作了重要讲话。

3月26日，中国建设银行青海省分行与团省委联社举行"青年龙卡"首发仪式。

4月14日，玉树地震发生后，中国人民银行西宁中心支行副行长石海城带队，第一时间亲赴一线，行长王小平全面了解和部署了抗震救灾情况。

5月21日，青海省金融工作会议在西宁召开，青海省金融办正式揭牌成立，省政府授予中国人民银行西宁中心支行等单位为支持地方经济发展先进单位。

6月4日，中国银行青海省分行与西宁海关成功签署全面合作协议。

6月29日，中国建设银行青海省分行与西宁市人民政府、西宁国家低碳产业投资基金管理有限公司就城市基础设施项目建设合作举行协议签约仪式。

7月27日，中国人民银行行长周小川一行来到青海，深入基层行社调研指导金融工作。

7月28日，交通银行青海省分行在西宁开业。

10月12日，中国人民银行党委委员、纪委书记王洪章率总行慰问团，在青海调研和慰问在玉树地震灾区的中国人民银行基层行的干部职工。

12月10日，中国建设银行玉树支行正式开业。

（二）2010年青海省主要经济金融指标

表1　2010年青海省主要存贷款指标

		1月	2月	3月	4月	5月	6月	7月	8月	9月	10月	11月	12月
本外币	金融机构各项存款余额（亿元）	1 794.2	1 828.1	1 834.8	1 910.1	1 972.1	2 062.3	2 083.3	2 252.3	2277.0	2304.5	2331.5	2327.0
	其中：城乡居民储蓄存款	726.9	742.0	745.6	747.0	753.3	766.2	776.4	785.9	813.3	813.4	835.6	871.0
	企业存款	515.9	532.4	532.9	568.3	586.6	585.8	607.2	682.9	588.2	630.1	646.0	649.6
	各项存款余额比上月增加（亿元）	3.2	33.8	6.8	75.3	62.0	90.3	21.0	169.0	24.7	27.5	27.0	-4.6
	金融机构各项存款同比增长（%）	26.0	26.4	22.8	22.0	24.4	25.8	26.4	33.7	32.8	33.8	34.8	29.9
	金融机构各项贷款余额（亿元）	1 419.5	1 468.2	1 503.8	1 527.0	1 555.4	1 611.0	1 632.5	1 674.6	1 691.0	1 711.3	1 782.2	1 832.8
	其中：短期	359.6	387.2	386.1	386.1	366.3	351.9	351.5	358.7	361.8	358.2	372.4	401.7
	中长期	1 016.0	1 030.8	1 060.1	1 077.8	1 123.1	1 182.5	1 214.5	1 254.2	1 261.8	1 279.9	1 321.6	1 348.0
	票据融资	42.0	47.7	55.3	60.9	63.3	74.0	63.8	59.5	63.8	69.6	85.0	79.5
	各项贷款余额比上月增加（亿元）	11.2	48.7	35.7	23.1	27.5	55.6	21.5	42.1	16.4	20.3	70.9	50.6
	其中：短期	2.7	27.6	-1.1	0.0	-19.8	-14.4	-0.4	3.1	3.1	-3.6	14.3	29.3
	中长期	20.6	14.8	29.3	17.8	45.3	59.4	32.0	43.7	7.6	18.1	41.8	26.3
	票据融资	-11.50	5.7	7.6	5.6	2.5	10.6	-10.3	-4.4	4.4	5.8	15.4	-5.6
	金融机构各项贷款同比增长（%）	33.8	34.7	32.6	28.7	27.5	25.4	27.1	26.3	25.9	27.4	30.9	30.2
	其中：短期	13.4	15.1	11.1	2.1	-3.6	-10.8	-10.8	-8.6	-5.8	-3.7	1.1	7.05
	中长期	41.7	41.6	40.6	71.6	42.2	43.3	45.8	45.5	40.7	39.2	41.4	38.0
	票据融资	71.1	102.7	84.6	82.5	34.2	20.1	17.8	-12.6	8.9	41.7	53.7	48.5
	建筑业贷款余额（亿元）	21.4	26.4	26.7	27.6	27.1	30.1	29.9	30.7	33.5	32.5	32.1	30.5
	房地产业贷款余额（亿元）	56.9	55.9	57.7	58.9	57.9	58.1	57.8	58.4	57.6	59.0	58.3	57.4
	建筑业贷款比年初增长（%）	6.0	23.3	36.7	38.3	34.2	40.2	38.8	39.9	60.3	53.9	55.6	44.7
	房地产业贷款比年初增长（%）	114.4	109.6	63.7	74.0	73.2	73.3	70.2	61.8	42.7	27.4	15.9	6.5
人民币	金融机构各项存款余额（亿元）	1 789.4	1 823.0	1 829.9	1 904.3	1 966.6	2 055.3	2 077.7	2 245.3	2 270.7	2 298.7	2 327.3	2 319.6
	其中：城乡居民储蓄存款	723.8	738.9	742.5	744.2	750.4	763.3	773.3	783.1	810.6	810.6	832.7	868.2
	企业存款	513.7	529.9	530.6	564.8	583.4	581.2	604.1	678.2	584.2	626.6	644.1	644.5
	各项存款余额比上月增加（亿元）	3.6	33.6	6.9	74.4	62.2	88.7	22.4	167.6	25.4	28.0	28.7	-7.7
	其中：城乡居民储蓄存款	12.5	15.1	3.6	1.7	6.2	12.8	10.0	9.8	27.5	0	22.1	35.5
	企业存款	-28.7	16.3	0.7	34.2	18.6	-1.5	22.9	74.1	-9.6	42.3	17.5	0.4
	各项存款同比增长（%）	26.0	26.4	22.8	22.1	24.3	25.8	26.5	33.6	32.8	33.9	35.0	29.9
	其中：城乡居民储蓄存款	18.6	21.1	19.7	19.4	19.7	20.2	19.5	21.0	20.6	21.1	22.2	22.1
	企业存款	24.2	21.4	15.6	21.6	20.7	13.5	20.2	29.7	14.1	21.1	25.1	12.1
	金融机构各项贷款余额（亿元）	1 410.8	1 458.9	1 495.7	1 519.2	1 547.0	1 600.5	1 622.0	1 664.7	1 681.3	1 702.2	1 774.3	1 822.7
	其中：个人消费贷款	39.4	40.9	42.4	43.2	44.7	46.4	47.7	48.9	50.3	51.2	54.1	55.8
	票据融资	42.0	47.6	55.3	60.9	63.3	74.0	63.8	59.5	63.8	69.6	85.0	79.5
	各项贷款余额比上月增加（亿元）	11.8	48.2	36.8	23.5	27.9	53.4	21.6	42.7	16.6	20.9	72.4	48.1
	其中：个人消费贷款	-0.2	-0.2	0	1.9	-0.1	0	0	0	0	0	0.2	0
	票据融资	-11.5	5.7	7.6	5.6	2.5	10.6	-10.1	-4.6	4.4	5.8	15.4	-5.6
	金融机构各项贷款同比增长（%）	33.9	34.7	32.8	28.8	27.7	25.6	27.3	26.4	25.9	27.5	31.3	30.3
	其中：个人消费贷款	60.1	65.2	64.5	62.9	64.3	65.2	64.1	63.5	61.5	60.6	60.7	62.1
	票据融资	-11.5	102.7	84.6	82.5	34.2	20.1	17.8	-12.6	8.9	41.7	53.7	48.5
外币	金融机构外币存款余额（亿美元）	0.7	0.7	0.7	0.8	0.8	1.0	0.8	1.0	0.9	0.9	0.6	1.1
	金融机构外币存款同比增长（%）	10.9	37.0	18.3	2.4	60.0	28.4	3.8	41.1	27.0	3.6	-24.1	44.2
	金融机构外币贷款余额（亿美元）	1.3	1.4	1.2	1.1	1.2	1.6	1.6	1.5	1.5	1.4	1.2	1.5
	金融机构外币贷款同比增长（%）	24.5	33.7	-1.7	8.6	0.8	4.7	3.3	2.1	26.1	13.2	-19.0	13.3

数据来源：人民银行西宁中心支行。

表2 2001～2010年青海省各类价格指数

单位:%

年/月	居民消费价格指数		农业生产资料价格指数		原材料购进价格指数		工业品出厂价格指数		西宁市房屋销售价格指数	西宁市房屋租赁价格指数	西宁市土地交易价格指数
	当月同比	累计同比	当月同比	累计同比	当月同比	累计同比	当月同比	累计同比	当季(年)同比	当季(年)同比	当季(年)同比
2001	—	2.6	—	-0.4	—	-0.9	—	-6.3	0.5	12.2	-0.3
2002	—	2.3	—	-0.2	—	2.7	—	-2.4	2.2	7.3	2.7
2003	—	2.0	—	1.1	—	1.8	—	5.5	1.9	3.1	6.2
2004	—	3.2	—	9.2	—	8.5	—	11.2	4.0	0.4	6.1
2005	—	0.8	—	6.5	—	5.3	—	10.2	3.9	-0.3	2.7
2006	—	1.6	—	2.1	—	2.8	—	9.5	2.9	1.6	4.4
2007	2.0	6.6	14.4	8.1	7.3	4.4	7.8	4.2	3.8	5.9	4.8
2008	4.7	9.9	16.3	24.2	8.57	10.4	-7.6	7.6	4.9	2.7	4.7
2009	3.4	2.6	-3.9	0.4	0.5	-0.2	14.4	-8.7	4.9	1.4	4.4
2010	—	5.4	—	3.5	—	8.6	0.0	9.4	5.1	1.8	4.9
2009 1	4.6	0.0	9.0	0.0	4.4	0.0	-7.0	0.0	—	—	—
2	1.3	2.9	2.5	5.7	2.7	3.6	-9.2	-8.1	—	—	—
3	2.6	2.8	1.1	4.4	1.0	2.7	-12.4	-9.5	4.5	2.9	3.8
4	2.4	2.7	0.8	3.3	0.3	2.1	-11.7	-10.1	—	—	—
5	2.8	2.7	-1.0	2.4	0.5	1.8	-11.2	-10.3	—	—	—
6	2.7	2.7	-3.1	1.4	-0.5	1.4	-12.9	-10.7	4.1	2.3	3.0
7	2.5	2.7	-4.3	0.6	-1.6	1.0	-16.4	-11.5	—	—	—
8	2.3	2.6	-5.9	-0.3	-1.5	0.7	-14.7	-11.9	—	—	—
9	2.4	2.6	-6.4	-1.0	-2.7	0.3	-12.2	-12.0	4.0	1.0	4.6
10	2.2	2.6	-6.9	-1.6	-2.4	0.0	-7.3	-11.5	—	—	—
11	2.7	2.6	-5.6	-2.0	-2.8	-0.2	-3.8	-10.8	—	—	—
12	3.4	2.6	-3.9	0.4	0.5	-0.2	14.4	-8.7	4.9	1.4	4.4
2010 1	2.9	0.0	0.0	0.0	4.1	0.0	15.1	0.0	—	—	—
2	3.6	3.3	2.8	1.4	8.7	6.4	18.6	16.8	—	—	—
3	3.9	3.5	2.8	1.9	8.7	7.2	13.6	15.7	6.5	2.1	6.3
4	4.4	3.7	1.8	1.9	8.5	7.5	12.2	14.9	—	—	—
5	4.5	3.9	2.5	2.0	9.3	7.9	10.3	13.9	—	—	—
6	4.1	3.9	2.5	2.1	10.8	8.3	6.5	12.7	6.7	2.2	6.4
7	5.7	4.2	2.0	2.1	9.4	8.5	6.8	11.9	—	—	—
8	6.4	4.4	3.2	2.2	8.6	8.5	5.6	11.1	—	—	—
9	6.1	4.6	4.7	2.5	8.1	8.5	4.2	10.3	7.3	2.5	6.8
10	6.6	4.8	5.7	2.8	8.3	8.4	6.0	9.9	—	—	—
11	8.1	5.1	6.5	3.2	9.0	8.5	6.7	9.6	—	—	—
12	7.8	5.4	6.7	3.5	9.5	8.6	6.7	9.4	5.1	1.8	4.9

数据来源：青海省统计局。

表3　2010年青海省主要经济指标

	1月	2月	3月	4月	5月	6月	7月	8月	9月	10月	11月	12月
	绝对值（自年初累计）											
地区生产总值(亿元)	—	—	239.8	—	—	566.7	—	—	929.3	—	—	1350.4
第一产业	—	—	8.1	—	—	20.1	—	—	73.7	—	—	134.9
第二产业	—	—	125.5	—	—	337.3	—	—	523.2	—	—	744.6
第三产业	—	—	106.2	—	—	209.2	—	—	332.4	—	—	470.9
工业增加值(亿元)	29.7	64.1	110.9	153.2	209.7	258.7	304.2	354.1	405.7	460.1	518.4	571.8
城镇固定资产投资(亿元)	3.3	13.2	49.2	137.9	240.3	350.9	463.7	589.3	696.1	800.9	858.7	890.0
房地产开发投资	—	—	3.9	12.8	24.0	40.97	62.4	78.6	89.1	97.7	104.6	108.2
社会消费品零售总额(亿元)	25.6	51.8	75.7	100.7	129.4	158.3	189.2	220.5	251.2	283.2	314.3	346.0
外贸进出口总额(亿美元)	0.5	1.1	1.6	2.2	3.2	3.8	4.4	5.0	5.5	6.4	7.1	7.9
进口	0.3	0.6	0.8	1.1	1.6	1.8	2.0	2.3	2.3	2.7	3.0	3.2
出口	0.3	0.5	0.8	1.1	1.6	2.0	2.7	3.2	3.6	3.6	4.2	4.7
进出口差额(出口－进口)	0	-0.1	-0.1	0	0	0.2	0.4	0.8	0.9	0.9	1.2	1.4
外商实际直接投资(万美元)	—	—	—	—	—	—	—	—	—	—	—	21 930.0
地方财政收支差额(亿元)	-13.3	-30.8	-60.5	-91.0	-116.1	-166.7	-212.1	-217.7	-365.3	-436.7	-521.8	-633.5
地方财政收入	9.9	18.5	28.3	38.2	45.9	56.9	65.2	136.5	81.9	91.3	101.3	110.2
地方财政支出	23.1	49.2	88.7	129.2	162.0	223.5	277.3	354.1	447.2	528.0	623.1	743.7
城镇登记失业率(%)（季度）	—	—	—	—	—	—	—	—	—	—	—	—
	同比累计增长率（%）											
地区生产总值	—	—	13.5	—	—	14.3	—	—	15.3	—	—	15.3
第一产业	—	—	4.3	—	—	3.9	—	—	4.7	—	—	5.9
第二产业	—	—	17.6	—	—	18.8	—	—	18.5	—	—	19.3
第三产业	—	—	10.6	—	—	9.4	—	—	13	—	—	12.1
工业增加值	17.6	17.2	18.3	19.7	20	19.6	19	19.5	20.1	20.4	20.5	20.6
城镇固定资产投资	18.87	38.5	23.37	19.9	25.2	26.76	25.9	30.3	28.8	32.8	31.9	28.7
房地产开发投资	—	—	21	28.6	42.2	44.7	48	47.2	47.9	47.9	44.9	48.5
社会消费品零售总额	15.2	17.9	16.5	16	16.1	16.3	16.9	16.7	16.6	16.6	16.6	16.9
外贸进出口总额	55.8	59.2	59.2	64.2	53.7	59.5	54.2	49.6	44.5	40	35.1	59.5
进口	108	54.9	41.4	43.6	18.2	139.1	9.4	11.2	3.1	-0.2	-5.5	-3.6
出口	22.6	64.5	84.1	91.3	121.2	15.8	132.3	111.7	106.1	100.8	95.7	85.8
外商实际直接投资	—	—	—	—	—	—	—	—	—	—	—	2.0
地方财政收入	23.8	37.4	33.2	36.2	31.4	24.8	28	27.5	28.1	30.4	26.3	25.6
地方财政支出	9.9	45.9	32.8	35.6	33.2	31.3	31.6	42.1	57.1	66.4	68.3	52.7

数据来源：青海省统计局。

2010年宁夏回族自治区金融运行报告

中国人民银行银川中心支行货币政策分析小组

[内容摘要] 2010年，宁夏回族自治区认真贯彻落实中央决策部署，统筹做好保增长、调结构、惠民生的各项工作，推进新型工业化和沿黄城市带建设，加快发展内陆开放型经济，地区经济呈现出速度和质量协调发展的良好态势。投资强劲增长，消费持续活跃，出口迅速回升。三次产业协调发展，结构调整步伐加快，居民收入稳步提高，节能降耗及环境治理成效显著。

金融业发展良好，金融服务功能进一步完善。银行业稳健发展，信贷结构持续优化；证券业继续向好，保险业发展加快；金融市场交易活跃，直接融资取得新进展。金融业改革稳步推进，金融生态环境进一步改善。

2011年，宁夏将牢牢把握发展机遇，保持投资平稳增长，转变经济增长方式，提高对外开放水平，经济有望继续又好又快发展；保持合理的社会融资规模，有效满足实体经济的合理资金需求。

一、金融运行情况

2010年，宁夏金融业积极贯彻落实国家各项宏观金融调控政策，主动适应形势变化，适时调整经营战略，进一步推动金融生态环境建设。金融业总体平稳运行，与经济呈现出良性互动、协调发展的态势。

（一）银行业快速发展，信贷结构不断优化

2010年，宁夏银行业继续保持健康、快速发展态势，贷款结构不断优化，民生领域投入持续加大。

1. 资产规模稳步扩大，质量效益大幅提高。2010年，在经济持续向好的背景下，宁夏银行业保持良好发展势头，资产规模同比增长27.9%；经营效益明显提升，不良贷款余额和不良贷款率继续“双降”，利润总额创历史新高；招商银行入驻银川，为金融体系注入新的活力；农村金融服务水平进一步提高，提前半年实现基础性金融服务覆盖所有偏远乡镇的目标。

2. 存款较快增加，结构变化明显。2010年，宁夏金融机构人民币存款同比增长25%，全年新增人民币存款516亿元，达到历年最高水平。企业存款平稳较快增长；财政存款波动较大，增速由5月的46.7%回落至12月的6.6%；储蓄存款受股市震荡及商品房销售放缓等因素的影响，下半年以来增速逐步回升。存款活期化趋势增强，新增活期储蓄存款和企业存款所占的比重同比提高2.6个百分点。

表1　2010年宁夏回族自治区银行业金融机构情况

机构类别	营业网点[①]			法人机构（个）
	机构个数（个）	从业人数（人）	资产总额（亿元）	
一、大型商业银行[②]	465	9 819	1 523	—
二、国家开发银行及政策性银行[③]	15	433	573	—
三、股份制商业银行[④]	1	76	38	—
四、城市商业银行	54	2 239	579	2
五、城市信用社	—	—	—	—
六、农村合作机构[⑤]	371	5 134	541	20
七、财务公司	—	—	—	—
八、邮政储蓄银行	185	830	97	—
九、外资银行	—	—	—	—
十、农村新型机构[⑥]	4	159	11	3
合　计	1 095	18 690	3 362	86

注：①不包括国家开发银行和政策性银行、大型商业银行、股份制银行等金融机构总部数据。

②包括中国工商银行、中国农业银行、中国银行、中国建设银行和交通银行。

③包括国家开发银行和中国农业发展银行。

④包括农村信用社和农村商业银行。

⑤包括村镇银行。

数据来源：中国人民银行银川中心支行。

3. 贷款适度增长，结构持续优化。2010年，宁

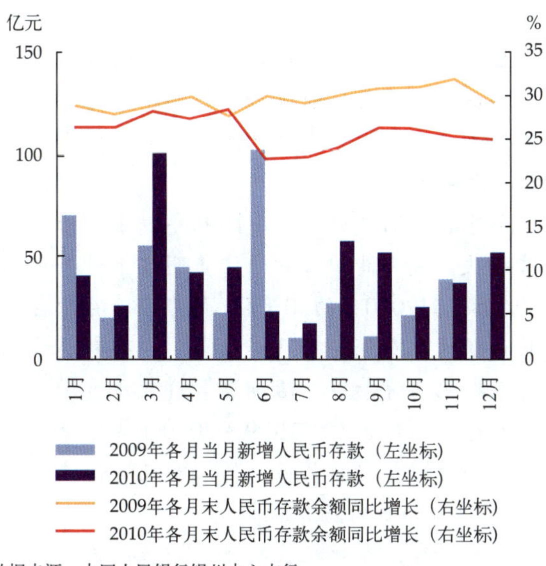

数据来源：中国人民银行银川中心支行。

图1 2010年宁夏回族自治区金融机构人民币存款增长变化

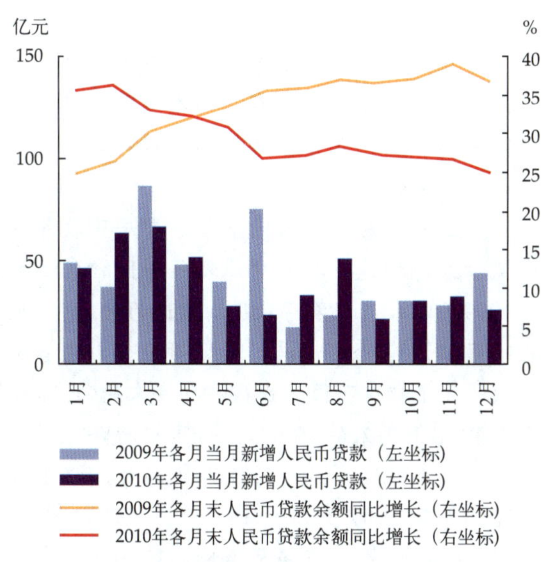

数据来源：中国人民银行银川中心支行。

图2 2010年宁夏回族自治区金融机构人民币贷款增长变化

夏银行业认真执行适度宽松的货币政策，贷款增速回落，年末，人民币贷款同比增长25.1%，全年新增人民币贷款481.5亿元，占全国新增贷款的比重首次超过6‰。

全年贷款投放节奏更趋均衡，上半年和下半年投放比例为58:42，均衡程度好于上年。贷款继续呈现中长期化趋势，新增中长期贷款占比较上年同期提高12个百分点。贷款结构继续优化，政策导向效果明显。全年新增中小企业贷款146亿元，占新增企业贷款的58%，较上年同期提高了13个百分点。新增农业及农户贷款73亿元，是上年的1.86倍。扶贫贴息贷款、小额担保贷款和助学贷款成倍增加。绿色信贷加速发展，累计发放节能减排、清洁能源、技术改造等贷款近百亿元。

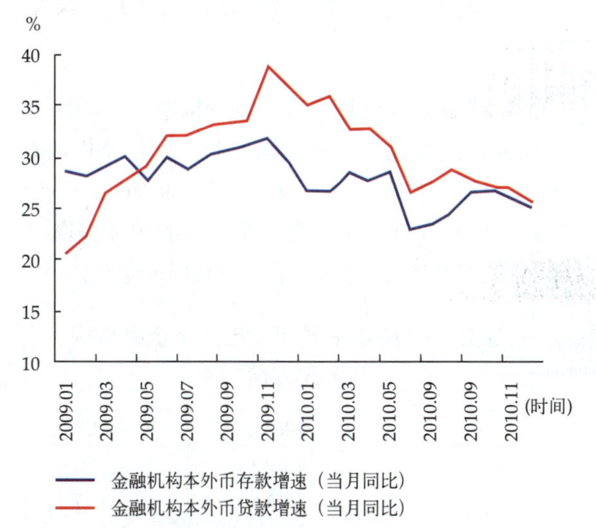

数据来源：中国人民银行银川中心支行。

图3 2009～2010年宁夏回族自治区金融机构本外币存、贷款增速变化

专栏1 宁夏存款长期增长特点分析

存款是反映金融运行的重要基础性指标。1999年以来，宁夏存款增长主要呈现以下特点：

一是存款规模持续扩大。1999～2010年，全部季度增量均为正增长，存款余额不断增加，并于2009年年末突破2 000亿元大关。存款增量季度差异变化明显，第一至第四季度存款增量占当年存款增量的平均比重分别是30.4%、29.3%、16.8%和23.5%，第一、第二季度增加相对较多。

二是增速呈现周期变化。1999年以来，宁夏存款季度同比增速走出了两个比较完整的周期，目前正处于第三个周期的下落阶段。从周期性变化时点分析，存款周期主要受贷款增长变化的影响，而证券市场的剧烈波动对存款增长有显著影响。

三是储蓄存款占比下降。受居民收入增长低于经济增速、投资意愿增强等因素的影响，1999年以来，储蓄存款年均增速为16.2%，比各项存款低3.5个百分点。储蓄存款余额占各项存款的比重持续下降，由1999年年末的61.5%下降至2010年年末的45.5%，而同期的企业存款占比稳定在30%左右，财政存款则由4.3%上升至2010年年末的7.5%。

四是机构分布趋于稳定。1999年以来，全国性四大银行的存款余额占宁夏金融机构存款比重连续七年下降，随后稳定在50%左右。地方银行存款余额占比连续七年上升后，保持在30%上下。目前，宁夏存款在机构间的分布已经相对稳定。随着交通银行、招商银行等全国性银行的进入，存款在机构间的分布可能发生新的变化和调整。

五是活期化趋势增强。1999年以来，活期储蓄存款余额占储蓄存款的比重明显上升，由25.7%上升到2010年的50.7%，活期企业存款占企业存款的比重保持在70%以上。在存款总体趋于活期化的背景下，活期储蓄存款年度增量占比也存在剧烈波动。1999～2010年，活期储蓄存款年度增量占储蓄存款的比重最高值达到121%，最低值仅为28.6%。

总体来看，存款在长期保持增长的同时，其内在结构变化较大。尤其是存款周期变化、储蓄存款放缓、同业竞争加剧以及活期化增强等特点，将对银行业流动性管理提出更高的要求。

4. 现金需求趋旺，净投放大幅增加。2010年，宁夏金融机构现金收支大幅回升，全年净投放23.6亿元，同比增长63.0%，较上年同期加快38.3个百分点，储蓄存款支出仍是现金投放的主要渠道，全年共投放4 069亿元，较上年多投放660亿元。

表2　2010年宁夏回族自治区金融机构现金收支情况表

单位：亿元、%

	年累计额	同比增速
现金收入	4 780.3	17.2
现金支出	4 803.9	17.3
现金净支出	23.6	63.0

数据来源：中国人民银行银川中心支行。

5. 贷款利率小幅攀升，定价能力逐步增强。2010年，宁夏金融机构贷款利率总体保持稳中有升的态势，执行基准利率贷款和利率下浮贷款比重较上年同期分别下降1.2个和4个百分点。全年各期限贷款加权平均利率为7.4%，较上年提高0.4个百分点。金融机构利率定价的精细化、差异化程度进一步提高，Shibor在定价中的深度和广度均有所增强。

民间借贷利率小幅走高。据抽样调查显示，全年各期限农户类和其他样本类民间借贷利率分别较上年提高了3.9个和1.5个百分点。

表3　2010年宁夏回族自治区金融机构各利率浮动区间贷款占比表

单位：%

		合计	国有商业银行	股份制商业银行	区域性商业银行	城乡信用社
合计		100.0	100.0	0	100.0	100.0
[0.9～1.0)		18.8	32.8	—	0.1	0.1
1.0		25.8	34.4	—	18.6	2.3
上浮水平	小计	55.4	32.8	0	81.3	97.6
	(1.0～1.1]	6.7	10.5	—	11.5	1.0
	(1.1～1.3]	10.9	16.7	—	22.7	2.1
	(1.3～1.5]	8.6	3.9	—	37.3	4.9
	(1.5～2.0]	12.5	0.9	—	9.1	36.4
	2.0以上	16.7	0.8	—	0.7	53.3

注：城乡信用社贷款利率浮动区间为[0.9，2.3]。

数据来源：中国人民银行银川中心支行。

6. 地方性银行业改革有序推进，农村金融服务体系更趋完善。城市商业银行增资扩股顺利完成，资本充足率稳步提高。农村信用社联社支农力度加大，涉农贷款同比增长27.7%。2010年，宁夏新增"贫困村村级发展互助资金"组织342个、小额贷款公司19家。农村金融产品和服务方式创新稳步推进，资金回流农村的载体明显增多，有效地满足了"三农"多元化、多层次的信贷需求。

（二）证券业稳步发展，股票融资有所改善

2010年，证券市场震荡调整，宁夏证券交易量同比下降7.4%，证券机构净利润同比下降19.1%。面对较为低迷的股票市场，证券经营机构在继续加强风险防范与控制的基础上，加快网点布局，培育潜在客户，全年新增3家证券期货营业机构，投资者开设证券账户数同比增长14.5%。受股指期货和融资融券等新业务试点成功上市的影响，期货经营机构代理交易额创新高，达到1 161亿元，同比增长112.5%。

宁夏上市公司继续深化治理，经营质量稳步提升，2010年年末净资产同比增长25.5%；股票融资取得新进展，宁夏青龙管业股份有限公司成功上市，实现宁夏近七年IPO零的突破。

表4 2010年宁夏回族自治区证券业基本情况表

项目	数量
总部设在辖内的证券公司数（家）	0
总部设在辖内的基金公司数（家）	0
总部设在辖内的期货公司数（家）	0
年末国内上市公司数（家）	12
当年国内股票（A股）筹资（亿元）	8.8
当年发行H股筹资（亿元）	0.0
当年国内债券筹资（亿元）	10.0
其中：短期融资券筹资额（亿元）	0.0

数据来源：宁夏证监局。

（三）保险业发展势头强劲，保障功能日趋增强

2010年，宁夏保险市场继续保持较快增长势头，服务领域不断拓宽，防范风险能力不断提升。

1. 保险业快速发展，收入大幅提高。宁夏保费收入同比增长34.3%，财险和人身险保费收入均实现较快增长。全年累计赔付支出同比增长21.0%。保险业对经济的渗透率和融合度不断提高，保险密度较上年增长202.9元/人，保险深度较上年提高0.2个百分点。

2. 出口信用保险加速发展，农业保险持续增长。2010年，宁夏投保出口信用保险的企业数量同比增长78.9%，所获风险保障金额超过前三年的总和；在财政资金的大力引导下，农户及产业化龙头企业投保积极性显著提高，宁夏承保农作物面积同比增长近3倍，农业保险品种基本涵盖了全区优质特色农业。

表5 2010年宁夏回族自治区保险业基本情况表

项目	数量
总部设在辖内的保险公司数（家）	0
其中：财产险经营主体（家）	0
寿险经营主体（家）	0
保险公司分支机构（家）	13
其中：财产险公司分支机构（家）	6
寿险公司分支机构（家）	7
保费收入（中外资，亿元）	52.8
其中：财产险保费收入（中外资，亿元）	17.5
人身险保费收入（中外资，亿元）	35.3
各类赔款给付（中外资，亿元）	11.7
保险密度（元/人）	831.5
保险深度（%）	3.2

数据来源：宁夏保监局。

（四）金融市场交易活跃，融资渠道有所拓宽

1. 直接融资取得进展，融资结构有所改善。2010年，随着经济的快速发展和资本市场融资功能提升，宁夏共有2家企业获得股票和债券融资23.8亿元。从近十年的发展趋势看，直接融资规模相对间接融资仍然较小，且波动明显，直接融资比例仍需进一步提高。

表6 2001～2010年宁夏回族自治区非金融机构融资结构表

单位：亿元、%

年份	融资量	比重		
		贷款	债券（含可转债）	股票
2001	59.6	94.0	0.0	6.0
2002	81.8	100.0	0.0	0.0
2003	162.0	98.0	0.0	2.0
2004	93.1	100.0	0.0	0.0
2005	138.9	86.3	13.7	0.0
2006	153.3	100.0	0.0	0.0
2007	218.7	92.7	7.3	0.0
2008	276.2	95.1	2.2	2.7
2009	535.1	96.3	2.8	0.9
2010	510.1	96.0	2.0	2.0

数据来源：中国人民银行银川中心支行、宁夏回族自治区发展改革委、宁夏证监局。

2. 拆借和债券市场交易活跃，交易品种以短期为主。随着宁夏金融机构更多地利用金融市场进行资产负债管理，2010年，宁夏银行业参与全国银行间同业拆借市场和债券市场累计成交量同比增长98.9%，各品种交易量均大幅增长，拆借、回购、现券分别同比增长2.4倍、82.2%、127.7%。资金流向继续呈现净融入趋势，全年净融入资金2 464亿元。货币市场交易品种趋于集中，7天以内的短期交易占拆借和回购交易量的95%。

3. 票据市场发展较快，市场利率持续上涨。2010年，宁夏商业汇票承兑和贴现量均大幅增长，增幅分别为68.4%和 59.4%。全年票据市场利率持续上扬，贴现和转贴现利率同比分别上涨2.1个和1.3个百分点。上半年利率总体平稳，波动较小，下半年受资金面趋紧的影响，市场利率大幅上扬，年末达到全年最高点。金融机构对再贴现的需求明显增加，全年共办理再贴现42.2亿元，同比增长3.3倍。

4. 外汇市场发展提速，黄金交易更趋活跃。2010年，宁夏银行业参与全国银行间市场外汇交易量同比增长49.1%。同时，在国际金价持续高位运行和国内通货膨胀预期较强的背景下，宁夏纸黄金和实物黄金交易更趋活跃、交易量增长迅速，因交易方式方便快捷、成本低廉，纸黄金业务发展迅速，全年个人纸黄金交易量和交易金额分别同比增长21.4%和62.3%。

表7　2010年宁夏回族自治区金融机构票据业务量统计表

单位：亿元

季度	银行承兑汇票承兑		贴现			
			银行承兑汇票		商业承兑汇票	
	余额	累计发生额	余额	累计发生额	余额	累计发生额
1	162.1	76.8	90.5	86.9	0	0
2	174.6	90.0	94.6	142.6	0	0
3	199.2	117.5	79.4	114.9	0	0
4	243.4	123.5	87.4	165.7	0	0

数据来源：中国人民银行银川中心支行。

表8　2010年宁夏回族自治区金融机构票据贴现、转贴现利率表

单位：%

季度	贴现		转贴现	
	银行承兑汇票	商业承兑汇票	票据买断	票据回购
1	3.98	0	2.79	2.34
2	4.41	0	3.11	3.06
3	4.82	0	3.65	0.00
4	5.86	0	4.23	0.00

数据来源：中国人民银行银川中心支行。

（五）金融生态环境建设稳步推进

2010年，自治区政府批转由自治区金融办、中国人民银行银川中心支行联合制定的《宁夏金融生态环境建设考核评价试行办法》，在地方政府和有关部门的共同推动下，金融生态环境建设取得新成效。进一步健全完善反洗钱、反假币联动机制，有效地净化了金融市场环境。中国人民银行银川中心支行建立宁夏地方中小金融机构风险监测系统，提高金融风险预警管理水平。征信系统建设加快，辖内所有金融机构实现接口报数，累计为295.2万自然人和3万户企业建立信用档案。农村信用体系建设加快，共有36万信用农户获得小额信用贷款27.8亿元。中小企业信用体系建设和应收账款质押登记公示系统推广成效进一步显现，674户中小企业获得银行融资124亿元；加快农村地区支付环境建设，运用布放电话POS机、安装离行式柜员机等方式，提升农村偏远地区的现代金融服务水平。

二、经济运行情况

2010年，宁夏经济承接近年来的良好发展势头，总体呈现“前快后慢、结构趋优、需求活跃、质量改善”的运行特征，实现地区生产总值1 643亿元，同比增长13.4%，为1986年来的最高增速。

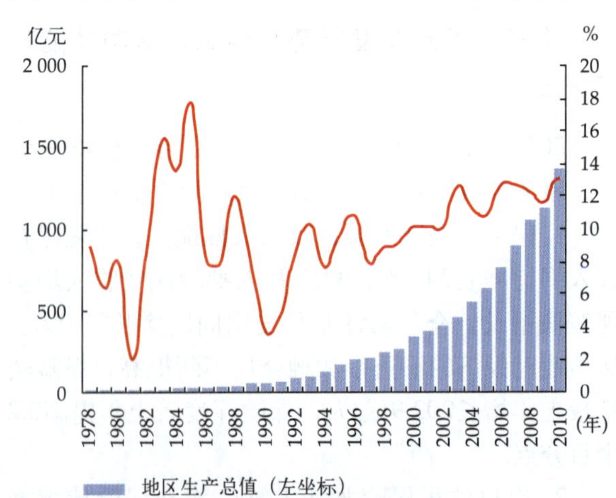

数据来源：《宁夏统计年鉴》、宁夏统计局。

图4　1978～2010年宁夏回族自治区地区生产总值及其增长率

（一）内需持续旺盛，外需快速恢复

2010年，宁夏投资增势强劲，城乡居民消费活跃，进出口快速回升，需求结构不断优化，协同性明显增强。

1. 投资快速增长，重点项目建设成效显著。在重点建设项目的带动下，全年完成全社会固定资产投资1 465亿元，同比增长30.9%，增速连续三年保持在30%以上。第二、第三产业投资分别增长21%和47.5%。顺利完成宁夏至山东660千伏直流输电工程的架设，电力外送能力提高，能源工业产能利用率大幅提升；建成太原—银川铁路宁夏段、神华宁煤煤基烯烃等重点基础设施及工业项目，经济发展后劲进一步增强。

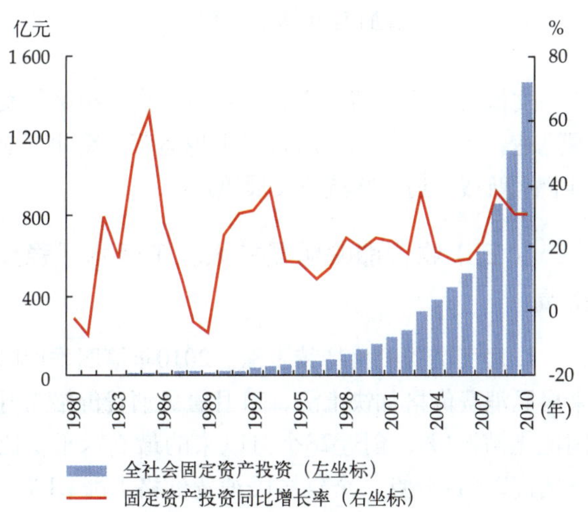

数据来源：《宁夏统计年鉴》、宁夏统计局。

图5 1980~2010年宁夏回族自治区固定资产投资及其增长率

2. 城乡居民收入稳步增长，消费市场持续活跃。2010年，城镇居民人均可支配收入和农村人均纯收入分别增长9.4%和15.5%。中央和自治区扩大内需、促进消费、改善民生的一系列政策有效地提振了居民的消费信心，促进了消费增长，全年实现社会消费品零售总额403.6亿元，同比增长19%。消费结构进一步升级，汽车、石油及制品、家具和家电类消费增长40%以上，占消费品零售总额的28.3%，较上年同期提高4.4个百分点。

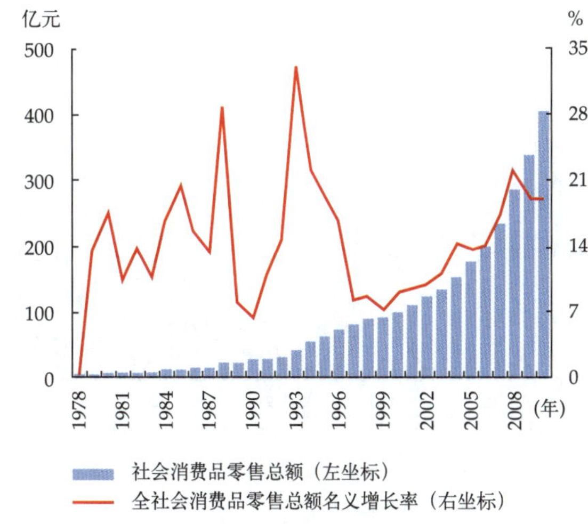

数据来源：《宁夏统计年鉴》、宁夏统计局。

图6 1978~2010年宁夏回族自治区社会消费品零售总额及其增长率

3. 外贸增长显著回升，利用外资平稳增长。受上年同期基数低、外需增加及资源类产品价格回升等因素影响，2010年宁夏外贸进出口增长明显回升，全年外贸进出口总额为19.6亿美元，同比增长63.2%。铁合金、金属镁和碳化硅等冶金类商品出口增长90%以上，生物医药、新材料等高新技术产品出口产品增长30%以上。成功举办中阿经贸论坛，对外经济交流迈上新台阶，全年实际利用外资0.8亿美元，增长15.8%。

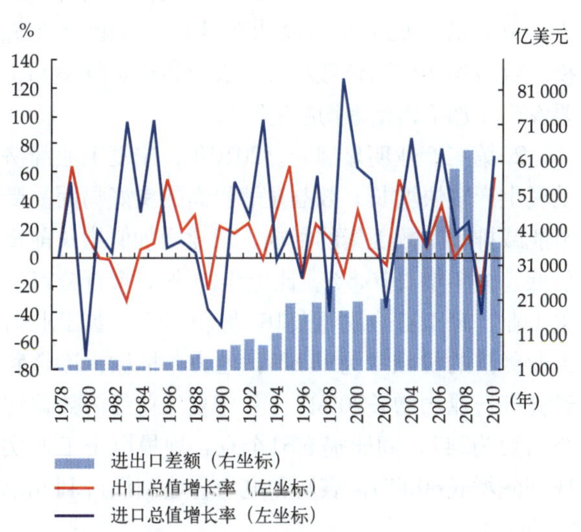

数据来源：《宁夏统计年鉴》、宁夏统计局。

图7 1978~2010年宁夏回族自治区外贸进出口变动情况

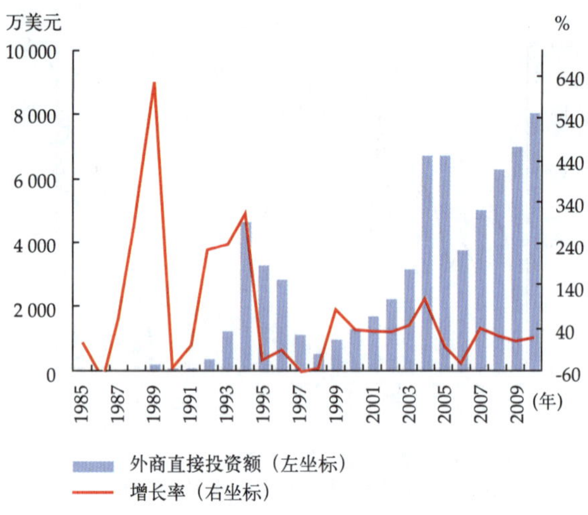

数据来源：《宁夏统计年鉴》、宁夏统计局。

图8 1985~2010年宁夏回族自治区外商直接投资情况

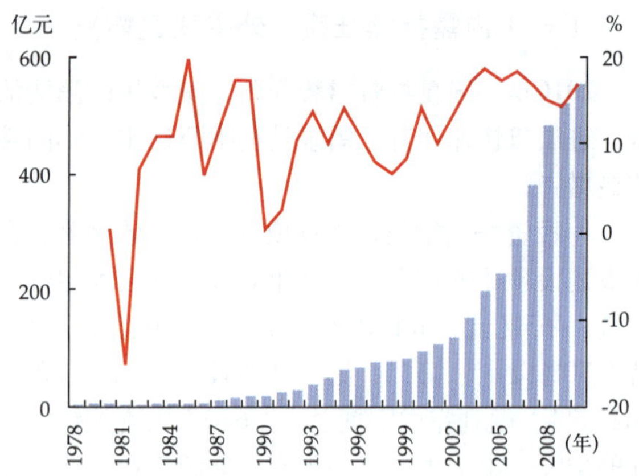

数据来源：《宁夏统计年鉴》、宁夏统计局。

图9 1978~2010年宁夏回族自治区工业增加值及其增长率

（二）三次产业协调发展，经济结构进一步优化

2010年，第一产业平稳发展，第二产业明显回升，第三产业较快增长，三次产业比重调整为9.8:50.7:39.6。

1. 第一产业平稳发展。2010年，宁夏农业增加值同比增长7.0%，粮食总产实现连续七年增产。设施农业、覆膜旱作农业和扬黄补灌节水农业分别达到106万亩、130万亩和60万亩；枸杞、葡萄、红枣、马铃薯、硒砂瓜、淡水鱼等13个特色产业规模、效益均实现两位数增长。农业科技贡献率和主要农产品加工转化率均超过50%。

2. 第二产业明显回升。2010年，宁夏工业经济呈现生产较快增长、效益显著提高的良好局面。受节能减排和基数因素的影响，工业增加值增长前高后低，全年增长16.8%，比上年加快2.5个百分点。重工业、轻工业分别增长18.2%和9.8%，重工业对工业经济的贡献率为90.6%，电力、机械、冶金和建材等行业均增长20%以上。宁夏工业经济效益综合指数为247，同比提高51个点；规模以上工业实现利润增长60.8%，煤炭和电力行业利润占利润总额的60%。

3. 第三产业较快增长。2010年，宁夏服务业增加值增长11.6%。铁路、公路、航空运输能力进一步增强；建成沿黄河市、县（区）的滨河大道，沿黄城市带统筹辐射作用进一步增强；继续举办园博会、文博会、房车节等六大节会，“会展经济”发展迅速；惠农、银川陆路口岸平稳运营，银川至迪拜货运航线开通，物流业发展迅速。

（三）物价涨幅明显扩大，工资水平稳步提高

1. 居民消费价格持续上涨。2010年第四季度以来居民消费价格加快上涨，11月居民消费价格当月同比上涨7.1%，创近28个月以来的最高水平，比全国高2个百分点。全年居民消费价格上涨4.1%，涨幅比上年扩大3.4个百分点。食品价格同比上涨8.3%，带动消费价格涨幅逐步上升。居民通货膨胀预期强烈，中国人民银行银川中心支行第四季度储户问卷调查显示，74.5%的居民预测下季度物价继续上涨，比上季度上升17.5个百分点，达到了此项调查开展以来的最高水平。

2. 生产价格涨幅持续扩大。在国际大宗商品价格回升及内需持续旺盛的拉动下，生产价格自年初以来涨幅逐步扩大。工业品出厂价格、原材料购进价格、农业生产资料价格涨幅分别由1月的3.8%、9.1%、-0.8%上涨至12月的11.9%、17.5%、7.2%。

3. 劳动力价格水平稳步上升。2010年，宁夏城镇居民人均工资性收入为10 821元，增长12.8%，比上年加快3.7个百分点；农民人均务工收入为1 788元，增幅保持在17.7%。2010年，宁

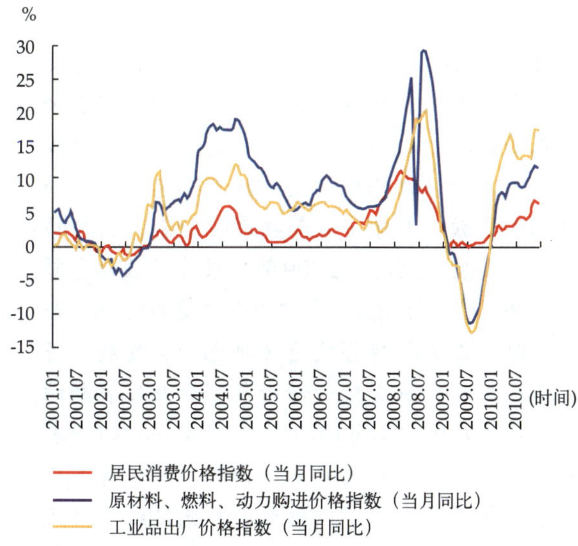

数据来源：《宁夏统计年鉴》、宁夏统计局。

图10　2001～2010年宁夏回族自治区居民消费价格和生产者价格变动趋势

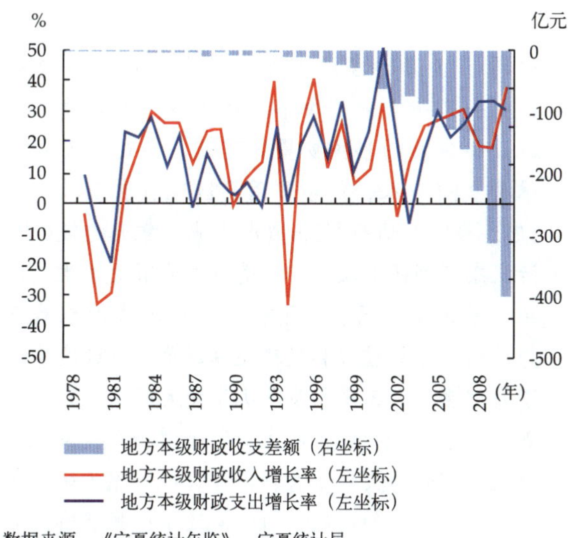

数据来源：《宁夏统计年鉴》、宁夏统计局。

图11　1978～2010年宁夏回族自治区财政收支状况

夏将最低月工资标准从560元、530元和490元三档分别提高到710元、660元和605元，较上年分别增长26.8%、24.5%和23.5%。

（四）财政收入快速增长，民生投入力度加大

2010年，宁夏地方一般预算收入为154亿元，一般预算支出为556亿元，分别增长37.8%和29.9%。税收收入占地方一般预算收入的比重保持在80%以上。10项民生计划30件实事全部完成，建设廉租房1.4万套、经济适用房1.8万套，安置生态移民4.1万人，有效地解决了农村人口饮水安全问题。用于农业、教育、社保、医疗、保障性住房、公共安全等领域的财政支出占总支出的近七成，民生投入力度明显加大。

（五）节能减排成效显著，生态环境继续改善

2010年，宁夏加强节能减排的预警和调控，严格执行节能减排“十条铁律”，统筹建筑、交通、公共机构节能，实行区域、行业能耗总量控制，对高耗能企业采取阶段性停产措施，全年单位GDP综合能耗下降4.1%，二氧化硫和化学需氧量排放量分别下降2.6%和1%，全面完成了国家“十一五”确定的节能减排目标。在全部县（市）建成污水处理厂，人均污水处理能力走在西北地区前列。新造林地143万亩，治理水土流失1 000多平方公里。

专栏2　大力实施移民扶贫开发建设　推动经济社会科学协调发展

宁夏中南部地区位于西北内陆干旱中心区域，面积和人口分别占宁夏的45.7%和42.6%。新中国成立六十一年来，干旱年数达四十七年，极度干旱缺水导致土地瘠薄、自然灾害频发、生态环境恶化，缺乏基本生存和发展条件。

为从根本上解决宁夏中南部干旱带经济发展和群众生存、生活问题，达到消除贫困和改善生态的双重目标，1983年以来，宁夏依托引黄河灌溉区和大中型水利建设，采取整村搬迁、集中或插花安置等形式，开展了有组织、有计划的移民扶贫开发建设。按不同时期组织移民的不同方法和政策，宁夏的移民扶贫开发先后经历了移民吊庄、扶贫扬黄灌溉工程大型移民区、国家异地扶贫搬迁试点工程和中部干旱带县内生态移民工程四个阶段。

经过二十多年的建设，移民扶贫开发建设

取得了显著的经济效益、社会效益和生态效益：一是极大地解决了生存问题。累计建成基础设施完善的移民安置区75处，搬迁、安置困难群众81万人，约占贫困县区现有农业人口的1/3，移民人均获得2.5亩水浇地，靠天吃饭的生活状态得到根本改变。二是有效地解决了生态问题。移民搬迁后，缓解了迁出地的资源承载压力，通过保护植被和退耕还林还草，有效地恢复了自然生态。三是初步解决了发展问题。移民安置区特色农业产业、人力资源培训和便利设施为移民脱贫致富提供了有利条件。四是逐步缓解了收入差距扩大的问题。通过搬迁生态脆弱地区的贫困人口，收入水平逐步提高，对逐步缩小区内收入差距具有重要的现实意义。

在移民扶贫开发建设过程中，宁夏各级金融机构高度关注移民地区经济社会发展情况，主动承担社会责任，结合自身职责和地区发展实际，积极服务、大力支持，做了大量工作，取得了一定的成效。多年来，中国人民银行各级分支机构深入移民地区，在认真做好政策宣传、金融知识普及、金融服务延伸等基础性工作的同时，积极发挥信贷政策引导作用，灵活运用货币政策工具，加大支农再贷款投放，提升农村金融支持移民地区的实力，2007 年中部干旱带生态移民工程实施以来，中国人民银行累计向主要移民区红寺堡区、盐池县等投入支农再贷款65.4亿元。引导金融机构结合自身发展特点，因地制宜地选择切入点，加快完善金融基础设施，创新金融产品，稳步增加信贷投放，宁夏金融机构积极发放扶贫贴息贷款、小额担保贷款、助学贷款等扶弱性贷款，扶持移民稳定发展。2001～2009年，累计投放贴息贷款24.9亿元，约12.3万户贫困人口直接受益。与此同时，着力扶持移民地区特色产业发展，将生态移民与金融支持劳动密集型企业发展相结合，积极开展“公司+农户”、“公司+基地+农户”模式，助力移民安置区枸杞、马铃薯、药材等特色产业发展。以最大的移民区红寺堡为例，2010年，金融机构发放贷款1.7 亿元，支持葡萄产业和玉米产业发展，当地村镇银行以“公司+农户”模式发放甘草种植及加工贷款245万元。

宁夏移民扶贫开发建设虽然取得了阶段性成果，但还存在贫困人口规模大、地方财力有限、配套资金筹措困难等一些突出问题。“十二五”期间，宁夏党委、政府提出继续大力实施生态移民工程，计划转移35万贫困人口，彻底解决贫困人口温饱、实现人口合理再分布、恢复改善生态环境。宁夏金融机构将加快改进金融服务，拓宽金融支持领域，促进移民“搬得出、稳得住、能致富”目标的全面实现。

（六）房地产市场平稳运行，清真食品行业加快发展

1. 房地产市场健康平稳，政策效果日趋显现。2010年，宁夏认真贯彻落实中央各项房地产调控政策，加大保障性住房建设力度，引导居民形成合理住房消费观念，商品房价格涨幅回落。房地产贷款持续增长，增速高位回落。

（1）房地产投资较快增长。受前期居民购房需求旺盛、沿黄城市带建设加快等因素影响，全年完成房地产开发投资254.4亿元，同比增长56.3%，增速较上年同期提高17.9个百分点。房地产开发资金来源结构不断优化，自筹资金占比较上年提高1.2个百分点，增速较国内贷款和其他资金来源提高35.6个和37.7个百分点。

（2）商品房供给继续增加。2010年，商品房供给力度进一步加大，施工面积和竣工面积分别增长50.6%和26.4%。随着国家和自治区调控政策的密集出台，房地产开发企业购置土地意愿明显减弱，全年购置土地面积同比下降89个百分点。

（3）商品房销售放缓。随着下半年居民购房消费更趋理性，全年销售形势呈现前高后低的态势，商品房销售面积和销售额增速分别回落29.9个和61.9个百分点，商品房空置面积同比增长10.6%，改变了2009年以来持续下降的趋势。

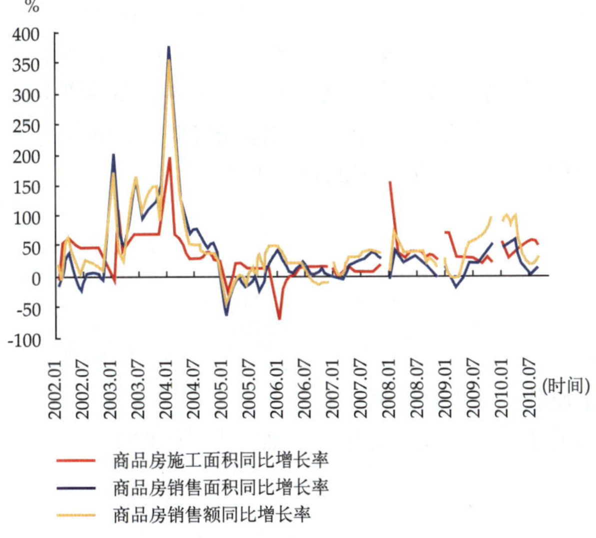

数据来源：《宁夏统计年鉴》、宁夏统计局。

图12 2002～2010年宁夏回族自治区商品房施工和销售变动趋势

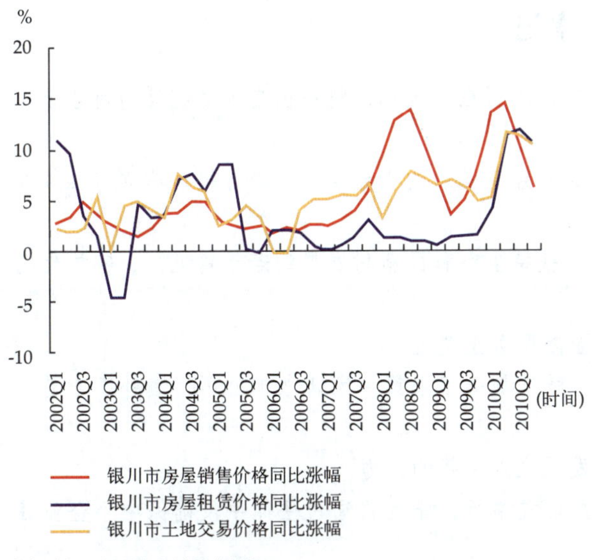

数据来源：银川市统计调查总队。

图13 2002～2010年银川市房屋销售价格指数变动趋势

（4）商品房价格涨幅回落。2010年，受房地产调控力度逐步加大、非银川市户籍人口购房需求下降等因素影响，银川市住房销售价格涨幅较年初回落7.8个百分点，全年同比上涨5.2%。

（5）房地产贷款持续增长。2010年年末，房地产贷款余额为331.4亿元，同比增长44%，增幅较上年同期下降8.3个百分点，其中，经济适用房贷款余额同比增长42.6%，房地产开发贷款和个人住房贷款分别同比增长36.3%和52.5%，增幅较上年同期分别下降5.3个和24.2个百分点。

2. 清真食品行业发展提速，金融支持力度不断加大。宁夏具有发展清真食品的伊斯兰文化底蕴和区位优势，“十一五”期间，宁夏清真食品业增加值年均增长17.9%，高于同期工业年均增速2.1个百分点，建成了西北最大的清真食品生产工业园。随着宁夏推进内陆开放型经济发展，清真食品业作为扩大同阿拉伯国家开放的先导性产业发展明显加快，2010年宁夏清真食品产值占食品工业产值的90%以上，产品销往国内半数省区和部分中东国家。

世界穆斯林地区对清真食品有着特殊要求，与国际接轨的认证标准是清真食品进入国际市场的前提。宁夏不断完善认证体系建设，设立全国唯一的清真食品认证中心，成功与马来西亚、泰国等国的国际清真（HALAL）认证达成互认，获得认证的16家企业具备了走出国门的基础条件。近两年宁夏“向西开放”步伐加快，中阿经贸论坛永久会址落户银川，开通银川至中东地区货运航线，并在海外设立10余家清真食品销售联络处，都为清真食品业开拓国际、国内两个市场搭建了平台。

近年来，宁夏银行业金融机构积极采取“龙头企业+基地+农户”、“工业园企业联保贷款”等方式，用好国家民贸民品企业优惠利率贷款政策，促进清真食品业快速发展。2010年，宁夏金融机构向民贸民品定点生产企业名录中的28家清真食品企业发放贷款35.5亿元，中国人民银行银川中心支行也充分发挥民贸贴息贷款的扶持作用，累计办理贴息2 470万元，同比分别增长1.5倍和1.2倍。下一步为推动清真食品加快“走出去”步伐，宁夏银行业将在国际结算和贸易融资领域与清真食品企业展开更加深入的合作。

三、预测与展望

2011年是“十二五”开局之年，也是新一轮西部大开发战略实施的第一年。宁夏将继续以发展为第一要务，加快转变发展方式，促进资源优势向经济优势的进一步转化，实现经济持续健康发展。

以宁东基地为重点的重大产业项目和以交通、水利为重点的基础设施建设，将带动宁夏投资持续快速增长。积极推进沿黄城市带建设、加快宁南区域中心建设，宁夏城市化水平将进一步提高，促进宁夏城乡统筹协调发展。预计2011年宁夏经济仍将保持平稳较快发展。随着中央、自治区一系列稳定物价措施的出台，物价涨幅将得到抑制。但流动性充裕、劳动力成本上升、资源类价格改革等因素将影响物价走势，未来物价上涨压力仍不容忽视。

2011年，宁夏金融业将认真贯彻稳健的货币政策，保持合理的社会融资规模，引导更多的资金投向“三农”、中小企业等实体经济部门，继续为宁夏经济发展提供合理的资金支持。

中国人民银行银川中心支行货币政策分析小组
负责人：于华民　刘　艳
统　稿：束　华　王　青　刘　玲　马建斌
执　笔：常军卫　马晓栋　王银昆　麦博文　韩银莹　李旭胜　马俊鹏　周金东
提供材料的还有：徐　涛　王立军　曹洪强　王　浩　冯爱华　王永舵　梁非哲　刘　力　闫广宁
行　颖　马维明　张丽丽

附录

（一）2010年宁夏回族自治区经济金融大事记

3月23日，宁夏统计局对全区地区生产总值统计核算方法进行重大改革，统一由自治区统计局对各市、县（市、区）季度地区生产总值进行核算。

6月18日，中国人民银行银川中心支行印发金融支持县域经济发展的指导意见，着力推动建立与县域经济发展相适应的农村金融服务体系。

6月24日，宁夏政府常务会议审议通过了《关于进一步扶持生态移民新村发展的若干意见》，实施生态移民攻坚计划，加快扶贫开发步伐。

6月末，宁夏提前半年实现金融机构空白乡镇基础性金融服务全覆盖。

8月3日，宁夏青龙管业股份有限公司股票成功上市，是宁夏七年来第一家新上市公司，填补了宁夏中小企业板的空白。

8月30日，招商银行银川分行正式成立，为宁夏金融发展注入了新的活力。

9月1日，《宁夏回族自治区促进中小企业发展条例》正式施行，宁夏将通过法律手段确保中小企业健康发展。

9月26日，2010年中阿经贸论坛顺利召开，宁夏银川成为该论坛永久举办地。

12月末，据初步核算，宁夏全面完成“十一五”期间节能降耗目标任务。

（二）2010年宁夏回族自治区主要经济金融指标

表1　2010年宁夏回族自治区主要存贷款指标

		1月	2月	3月	4月	5月	6月	7月	8月	9月	10月	11月	12月
本外币	金融机构各项存款余额（亿元）	2 112.0	2 138.0	2 238.5	2 282.5	2 326.7	2 349.2	2 365.9	2 423.9	2 476.6	2 502.9	2 538.6	2 586.7
	其中：城乡居民储蓄存款	978.9	1 018.8	1 038.0	1 033.9	1 030.3	1 045.6	1 051.3	1 056.3	1 093.5	1 079.2	1 102.6	1 174.0
	企业存款	603.0	578.5	654.2	668.0	669.8	642.4	660.3	672.0	672.7	69.4	706.9	731.9
	各项存款余额比上月增加（亿元）	44.3	26.0	100.5	44.0	44.2	22.5	16.7	58.0	52.7	26.3	35.7	48.1
	金融机构各项存款同比增长（%）	26.6	26.6	28.4	27.7	28.6	22.8	23.3	24.6	26.5	26.6	25.9	25.1
	金融机构各项贷款余额（亿元）	1 975.6	2 038.5	2 107.2	2 161.8	2 191.0	2 215.1	2 250.8	2 302.8	2 325.8	2 357.7	2 391.2	2 419.9
	其中：短期	641.2	663.1	664.7	674.7	655.9	664.3	675.8	678.8	687.0	692.2	693.5	704.3
	中长期	1 247.2	1 276.9	1 344.6	1 378.5	1 429.1	1 446.0	1 472.3	1 517.7	1 545.4	1 569.9	1 597.0	1 612.0
	票据融资	80.7	92.3	90.5	99.4	96.1	94.6	89.8	93.1	79.5	81.5	85.7	87.4
	各项贷款余额比上月增加（亿元）	47.1	62.9	68.7	54.6	29.2	24.1	35.6	53.0	23.0	31.9	33.5	28.6
	其中：短期	4.0	21.9	1.6	10.1	-18.8	8.4	11.4	22.4	8.2	5.2	1.3	10.8
	中长期	38.8	29.6	67.7	33.9	50.6	16.9	26.3	26.1	27.7	24.5	27.1	15.0
	票据融资	3.4	11.6	-1.8	8.9	-3.3	-1.5	-4.9	3.3	-13.5	1.9	4.3	1.7
	金融机构各项贷款同比增长（%）	35.0	35.9	32.9	32.5	31.1	26.7	27.4	28.6	27.6	27.1	26.9	25.5
	其中：短期	15.4	15.7	9.5	8.6	3.3	0.1	2.7	2.4	3.0	2.7	3.2	3.1
	中长期	50.7	51.3	50.7	48.7	49.4	44.2	43.2	44.2	42.5	41.3	40.3	38.7
	票据融资	11.8	21.3	11.9	25.0	25.6	19.7	16.8	28.1	18.5	23.5	25.5	13.1
	建筑业贷款余额（亿元）	23.7	24.4	26.3	27.6	27.8	27.1	27.1	28.2	32.2	30.0	30.8	30.7
	房地产业贷款余额（亿元）	65.4	64.5	68.4	78.4	82.5	80.0	85.6	88.5	90.0	88.8	91.3	91.3
	建筑业贷款同比增长（%）	-36.3	-0.7	-10.5	-15.2	-12.0	-4.4	17.6	12.5	30.6	19.8	22.5	21.8
	房地产业贷款同比增长（%）	19.6	23.9	32.4	47.8	45.4	29.3	44.1	48.7	41.8	34.4	31.7	36.7
人民币	金融机构各项存款余额（亿元）	2 098.6	2 124.9	2 225.8	2 268.2	2 312.3	2 334.9	2 351.6	2 409.7	2 461.2	2 486.2	2 522.5	2 573.6
	其中：城乡居民储蓄存款	974.8	1 014.7	1 033.9	1 030.1	1 026.3	1 041.6	1 047.2	1 052.4	1 089.9	1 075.5	1 098.8	1 170.3
	企业存款	598.7	574.3	646.0	658.2	659.6	632.5	650.5	661.9	661.3	682.5	695.5	722.8
	各项存款余额比上月增加（亿元）	40.9	26.3	100.8	42.4	44.1	22.6	16.7	58.1	51.6	25.0	36.3	51.2
	其中：城乡居民储蓄存款	7.1	39.9	19.2	-3.9	-3.8	15.4	5.5	5.2	37.4	-14.3	23.3	71.5
	企业存款	-0.6	-24.4	71.7	12.2	1.5	-27.1	17.9	11.9	-0.6	21.3	13.0	27.3
	各项存款同比增长（%）	26.4	26.5	28.2	27.4	28.3	22.7	23.0	24.3	26.3	26.2	25.6	25.0
	其中：城乡居民储蓄存款	15.3	18.4	17.3	16.2	16.0	15.5	15.8	16.3	17.2	16.7	18.5	20.9
	企业存款	36.3	28.2	34.1	35.5	32.9	16.3	20.7	20.6	26.0	27.1	25.5	22.2
	金融机构各项贷款余额（亿元）	1 963.8	2 027.0	2 094.5	2 147.4	2 176.0	2 200.2	2 234.6	2 285.2	2 307.5	2 338.9	2 371.9	2 398.7
	其中：个人消费贷款	147.0	151.6	159.6	161.9	167.4	172.5	178.6	184.5	188.8	194.1	200.8	212.2
	票据融资	80.7	92.3	90.5	99.3	96.1	94.6	89.7	93.0	79.4	81.2	85.5	87.4
	各项贷款余额比上月增加（亿元）	46.6	63.1	67.6	52.8	28.6	24.2	34.2	51.6	22.3	31.5	32.9	26.8
	其中：个人消费贷款	6.3	4.6	9.3	2.3	5.4	5.2	5.9	5.8	4.4	5.2	6.7	11.4
	票据融资	3.4	11.6	-1.8	8.8	-3.2	-1.5	-4.9	3.2	-13.6	1.8	4.3	1.9
	金融机构各项贷款同比增长（%）	35.3	36.2	32.9	32.2	30.8	26.5	27.1	28.2	27.3	26.8	26.6	25.1
	其中：个人消费贷款	102.0	108.8	105.7	101.4	100.7	93.2	88.8	82.7	77.3	73.8	66.8	64.6
	票据融资	11.9	21.6	12.0	25.1	25.8	19.9	16.8	27.9	18.5	23.2	25.4	13.1
外币	金融机构外币存款余额（亿美元）	2.0	1.9	1.9	2.1	2.1	2.1	2.1	2.1	2.3	2.5	2.4	2.0
	金融机构外币存款同比增长（%）	100.0	46.2	72.7	110.0	110.0	90.9	90.9	110.0	91.7	127.3	118.2	33.3
	金融机构外币贷款余额（亿美元）	1.7	1.7	1.9	2.1	2.2	2.2	2.4	2.6	2.7	2.8	2.9	3.2
	金融机构外币贷款同比增长（%）	-5.6	6.2	35.7	90.9	100.0	69.2	84.6	100.0	92.9	64.7	70.6	88.2

数据来源：中国人民银行银川中心支行。

表2 2001～2010年宁夏回族自治区各类价格指数

单位:%

年/月	居民消费价格指数		农业生产资料价格指数		原材料购进价格指数		工业品出厂价格指数		银川市房屋销售价格指数	银川市房屋租赁价格指数	银川市土地交易价格指数
	当月同比	累计同比	当月同比	累计同比	当月同比	累计同比	当月同比	累计同比	当季(年)同比	当季(年)同比	当季(年)同比
2001	—	1.6	—	2.0	—	2.5	—	0.3	4.7	10.4	2.1
2002	—	-0.6	—	3.5	—	-2.2	—	-0.3	3.6	6.4	2.9
2003	—	1.7	—	-0.6	—	6.8	—	5.6	2.2	3.3	4.0
2004	—	3.7	—	13.5	—	17.3	—	10.0	4.8	5.9	5.8
2005	—	1.5	—	9.3	—	9.7	—	6.2	2.3	0.3	4.5
2006	—	1.9	—	0.8	—	8.5	—	6.2	2.3	1.7	3.1
2007	—	5.4	—	12.2	—	7.1	—	3.7	5.9	3.2	6.7
2008	—	8.5	—	26.2	—	21.8	—	12.9	10.7	1.1	7.2
2009	—	0.7	—	-3.7	—	-5.3	—	-6.1	8.4	1.6	4.8
2010	—	4.1	—	4.4	—	14.1	—	9.1	6.3	10.5	10.6
2009 1	2.2	2.2	8.9	8.9	2.3	2.3	2.4	2.4	—	—	—
2	-0.2	1.0	4.9	6.9	-0.6	0.8	-1.6	0.4	—	—	—
3	1.0	1.0	0.6	4.7	-0.8	0.3	-2.7	-0.6	7.0	0.6	6.3
4	0.4	0.9	-3.0	2.7	-2.7	-0.5	-2.6	-1.1	—	—	—
5	0.7	0.8	-5.6	0.9	-6.9	-1.8	-6.8	-2.3	—	—	—
6	0.4	0.8	-7.3	-0.5	-9.9	-3.1	-10.0	-3.5	3.7	1.5	7.0
7	0.0	0.7	-8.0	-1.7	-11.2	-4.3	-12.8	-4.9	—	—	—
8	0.3	0.6	-8.4	-2.6	-10.9	-5.1	-12.6	-5.8	—	—	—
9	0.6	0.6	-8.8	-3.3	-9.9	-5.6	-11.0	-6.4	5.1	1.4	6.4
10	0.5	0.6	-7.1	-3.7	-8.9	-6.0	-9.6	-6.7	—	—	—
11	1.0	0.6	-4.7	-3.8	-4.1	-5.8	-5.8	-6.6	—	—	—
12	2.0	0.7	-2.7	-3.7	0.0	-5.3	0.2	-6.1	8.4	1.6	4.8
2010 1	1.7	1.7	-0.8	-0.8	9.0	9.0	3.8	3.8	—	—	—
2	3.4	2.5	1.8	0.5	11.3	10.2	7.6	5.7	—	—	—
3	2.4	2.5	1.9	1.0	13.9	11.4	8.2	6.5	13.8	4.2	5.4
4	3.4	2.7	2.4	1.3	15.3	12.4	7.4	6.7	—	—	—
5	3.2	2.8	4.5	2.0	16.8	13.3	9.6	7.3	—	—	—
6	3.2	2.9	5.4	2.5	14.6	13.5	9.7	7.7	14.5	11.4	11.6
7	4.2	3.1	6.8	3.1	13.1	13.4	9.9	8.0	—	—	—
8	4.5	3.2	6.3	3.5	13.3	13.4	8.7	8.1	—	—	—
9	4.1	3.3	4.8	3.7	13.6	13.4	9.5	8.3	10.6	11.9	11.2
10	5.2	3.5	5.6	3.8	13.2	13.4	10.9	8.5	—	—	—
11	7.1	3.8	7.3	4.2	17.2	13.8	12.3	8.9	—	—	—
12	6.6	4.1	7.2	4.4	17.5	14.1	11.9	9.1	6.3	10.5	10.6

数据来源：《中国经济景气月报》、《宁夏主要经济指标》。

表3　2010年宁夏回族自治区主要经济指标

	1月	2月	3月	4月	5月	6月	7月	8月	9月	10月	11月	12月
						绝对值（自年初累计）						
地区生产总值(亿元)	—	—	282.0	—	—	656.0	—	—	1 158.3	—	—	1 643.4
第一产业	—	—	17.5	—	—	28.9	—	—	99.7	—	—	160.3
第二产业	—	—	140.0	—	—	358.2	—	—	611.7	—	—	833.2
第三产业	—	—	124.4	—	—	268.9	—	—	446.9	—	—	650.0
工业增加值(亿元)	—	93.8	149.2	162.6	209.0	257.1	301.3	348.1	395.3	445.1	499.7	552.9
城镇固定资产投资(亿元)	—	18.0	83.1	207.8	356.6	517.4	647.8	782.3	947.7	1 076.4	1 172.3	1 313.3
房地产开发投资	—	0.3	9.4	28.8	54.3	80.8	106.6	137.9	174.7	204.4	234.2	254.4
社会消费品零售总额(亿元)	—	63.2	92.8	121.4	153.8	187.3	221.0	256.5	293.8	331.7	367.5	403.6
外贸进出口总额(亿美元)	—	2.5	4.0	5.4	7.0	8.6	10.4	12.3	14.3	15.9	17.8	19.6
进口	—	1.2	1.8	2.4	2.9	3.5	4.2	5.0	5.9	6.5	7.1	7.9
出口	—	1.3	2.2	3.0	4.1	5.1	6.2	7.3	8.4	9.4	10.6	11.7
进出口差额(出口−进口)	—	0.3	0.4	0.6	1.2	1.7	2.1	2.3	2.5	3.0	3.5	3.8
外商实际直接投资(万美元)	—	3.0	3.0	180.0	3 581.0	3 640.0	3 640.0	4 060.0	7 674 .0	7 674.0	8 090.0	8 090.0
地方财政收支差额(亿元)	—	-4.0	-24.9	-37.6	-49.7	-82.7	-103.3	-131.2	-183.9	-211.7	-259.6	-402.2
地方财政收入	—	32.7	41.9	55.0	67.7	78.7	93.0	103.4	114.1	129.4	139.4	153.6
地方财政支出	—	36.7	66.9	92.6	117.4	161.4	196.2	234.6	298.1	341.1	399.0	555.9
城镇登记失业率(%)（季度）	—	—	4.3	—	—	4.3	—	—	4.3	—	—	4.4
						同比累计增长率（%）						
地区生产总值	—	—	19.0	—	—	17.1	—	—	15.5	—	—	13.4
第一产业	—	—	6.0	—	—	6.2	—	—	7.5	—	—	7.0
第二产业	—	—	29.8	—	—	23.7	—	—	21.2	—	—	16.0
第三产业	—	—	10.4	—	—	10.4	—	—	10.1	—	—	11.6
工业增加值	—	40.1	37.2	35.1	33.2	31.1	27.0	25.1	22.2	21.1	19.0	16.8
城镇固定资产投资	—	45.9	46.3	40.3	39.3	39.3	38.7	38.4	36.5	34.8	33.9	30.4
房地产开发投资	—	58.0	54.9	45.1	50.9	49.4	49.3	49.7	52.2	55.3	56.4	56.3
社会消费品零售总额	—	18.0	18.4	18.7	18.7	18.8	18.7	18.7	18.8	18.8	18.9	19.0
外贸进出口总额	—	64.2	79.7	70.8	76.9	69.9	68.4	73.7	68.7	63.9	64.1	63.2
进口	—	127.6	147.5	110.9	96.5	71.9	61.3	75.1	74.2	67.7	65.2	72.3
出口	—	32.5	46.9	48.5	65.3	68.6	73.5	72.7	65.1	61.4	63.3	57.5
外商实际直接投资	—	-99.7	-99.7	-87.4	124.0	46.8	-5.2	5.1	98.6	43.1	50.5	15.8
地方财政收入	—	59.1	49.7	44.0	46.7	40.8	35.5	32.4	30.6	33.0	33.0	37.8
地方财政支出	—	-16.6	5.9	3.4	6.9	17.5	13.3	15.7	23.0	29.7	32.6	29.9

数据来源：宁夏统计局、宁夏人力资源和社会保障厅。

2010年新疆维吾尔自治区金融运行报告

中国人民银行乌鲁木齐中心支行货币政策分析小组

[内容摘要] 2010年，新疆维吾尔自治区认真落实中央新疆工作座谈会精神，加快推进新型工业化、农牧业现代化和新型城镇化进程，全区投资、消费快速增长，对外贸易大幅回升，人均生产总值首次突破3 000美元，农民收入增幅居全国首位，“十一五”节能减排总量目标基本完成，经济社会进入发展较快、结构优化、效益提高、民生改善的历史新阶段。

以新疆跨越式发展为契机，金融业加速发展。金融组织体系不断完善，机构网点在新疆布局建设加快，乡镇团场实现金融服务全覆盖；银行贷款大幅增加，薄弱环节信贷支持力度不断加大；证券业综合经营实力提升，保险业保障服务功能增强；金融市场交易活跃，直接融资创历史新高；金融生态环境建设取得新成效。

2011年，在国内外经济环境和新疆政策环境持续向好的背景下，新疆经济有望持续较快发展，但防通货膨胀的压力依然较大。金融业将认真执行稳健的货币政策，着力加大融资结构和信贷结构调整力度，进一步推动新疆经济跨越式发展。

一、金融运行情况

2010年，新疆金融业认真贯彻金融宏观调控政策和中央新疆工作座谈会精神，加快推进改革进程，努力增加信贷投入，积极发展金融市场，加强金融生态环境建设，金融运行健康平稳，有力支持了自治区经济发展。

（一）银行业加快发展，对经济支持力度明显增强

全区银行业存款稳步增长，贷款快速增加，改革继续深化，资产质量和效益大幅提高。

1. 银行业发展稳中趋快，规模效益显著提升。2010年，全区银行业金融机构不断壮大，全国性银行疆内机构布局建设加快，农村网点建设提速；资产总额快速增长，增幅达34.9%；盈利能力显著增强，净利润增长54.4%；资产质量继续提高，不良贷款实现“双降”。

2. 各项存款增势平稳，企业存款增长较快。2010年，新疆新增人民币各项存款2 019亿元，增幅为29.5%。由于经济企稳回升、企业经营效益提升、派生存款增加等原因，企业存款同比多增近250亿元，增幅达36.3%，成为拉动各项存款增长的重要因素。储蓄存款呈现先抑后扬态势，受个人购房购车持续升温、物价上涨带动消费支出增加、居民理财产品投资增多等因素影响，前8个月储蓄存款分流明显，增速持续放缓。9月以来，农副产品

表1　2010年新疆维吾尔自治区银行业金融机构情况

机构类别	营业网点[①]			法人机构（个）
	机构个数（个）	从业人数（人）	资产总额（亿元）	
一、大型商业银行[②]	1 388	29 013	5 608	0
二、国家开发银行及政策性银行[③]	92	2 220	1 588	0
三、股份制商业银行[④]	33	1 172	819	0
四、城市商业银行	143	2 719	1 335	5
五、城市信用社	0	0	0	0
六、农村合作机构[⑤]	1 011	10 698	1 342	84
七、财务公司	1	12	7	0
八、邮政储蓄银行	624	2 334	433	0
九、外资银行	1	64	17	0
十、农村新型机构[⑥]	5	121	11	5
合　计	3 298	48 353	11 160	94

注：①不包括国家开发银行和政策性银行、大型商业银行、股份制银行等金融机构总部数据。
②包括中国工商银行、中国农业银行、中国银行、中国建设银行和交通银行。
③包括国家开发银行、中国农业发展银行和中国进出口银行。
④包括中信银行、中国光大银行、华夏银行、广东发展银行、深圳发展银行、招商银行、上海浦东发展银行、兴业银行、中国民生银行、恒丰银行、浙商银行和渤海银行。
⑤包括农村信用社、农村合作银行和农村商业银行。
⑥包括村镇银行、贷款公司和农村资金互助社。
数据来源：新疆银监局、中国人民银行乌鲁木齐中心支行。

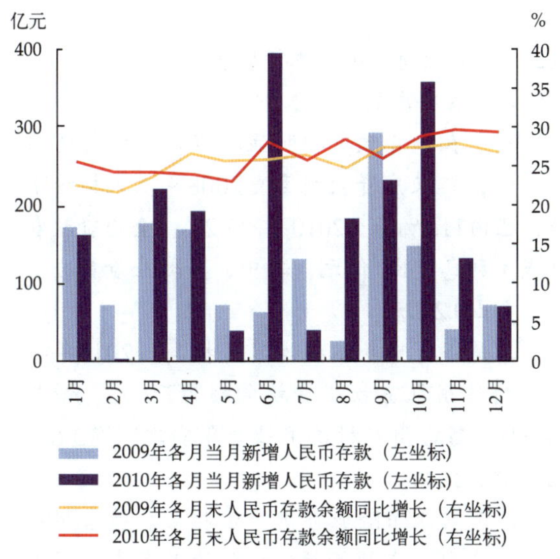

数据来源：中国人民银行乌鲁木齐中心支行。

图1　2010年新疆维吾尔自治区金融机构人民币存款增长变化

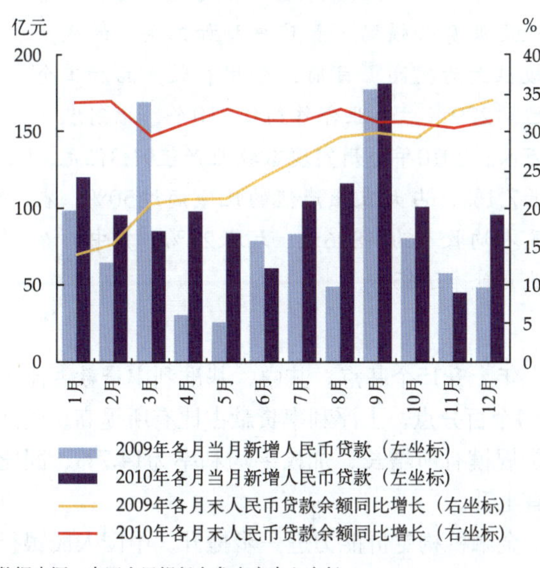

数据来源：中国人民银行乌鲁木齐中心支行。

图2　2010年新疆维吾尔自治区金融机构人民币贷款增长变化

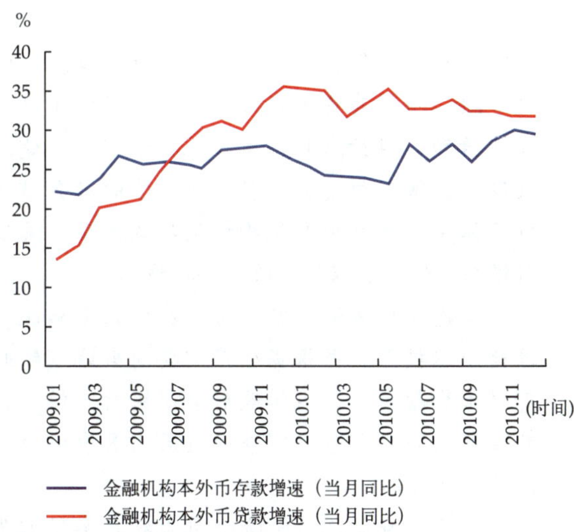

数据来源：中国人民银行乌鲁木齐中心支行。

图3　2009～2010年新疆维吾尔自治区金融机构本外币存、贷款增速变化

价格上涨、企事业单位人员工资津贴收入提高，带动储蓄存款快速回升，年末增幅达21.7%，同比加快2.1个百分点。

3. 各项贷款快速增长，结构进一步优化。金融机构认真落实中央新疆工作座谈会精神，积极采取倾斜性扶持政策，采取各种措施加大信贷投入力度，全年新增人民币各项贷款1 183.8亿元，增幅达31.3%。

全区信贷投放重点突出，结构继续优化。在能源、交通、水利等重点项目集中开工及个人消费贷款大幅增长的双重作用下，全年中长期贷款新增866.6亿元，占全部贷款新增额的73.2%。民生领域信贷支持力度明显加大。年末涉农和中小企业贷款余额分别增长42.1%和35.1%，远高于全区贷款平均增幅；全年下岗失业人员小额担保贷款累放额增长2.6倍；民贸民品贴息额增长1.3倍；个人消费贷款增长46.7%。

专栏1　"四位一体"联动贷款模式助推现代畜牧业发展显成效

昌吉州是新疆畜牧业主产区，为促进当地畜牧业发展，2009年，中国人民银行联合当地保险公司、银行机构、畜牧局等部门，探索实施了"政府＋农户＋保险＋信贷"的"四位一体"畜牧业专项贷款联动模式，加大对养殖户的支持力度，取得明显成效。

一、主要做法

一是政府引导。昌吉州（县市）政府成立专门领导小组，协调金融部门加快开展养殖业保险业务，引导和鼓励农户、养殖企业、专业合作经济组织积极参保；帮助农村信用社清收历年沉欠贷款，增强其资金实力；开展信用村（户）评选活动，推行农户信用状况公示制度，建立政府、金融、村委会和农户于一体的社会信用服务体系；建立金融机构评优奖励制度，落实对银行、保险支农的财政奖补措施。

二是农户参保。农户对所养殖奶牛和能繁母猪予以投保，并根据生产需要向当地乡镇政府提出贷款申请，乡镇政府会同银行、保险、畜牧部门联合审查，审查通过后出具资格审查意见报信贷部门。

三是保险保证。保险公司为农户参保奶牛和能繁母猪办理贷款保证保险，保费费率仅为2%，保险额度、期限与贷款额度、期限一致，将养殖业贷款保证保险保单提交银行后签订放贷协议。

四是金融支持。中国人民银行安排支农再贷款专项扶持畜牧业发展，银行机构逐年增加畜牧业贷款比重。其中，作为贷款发放主力的农村信用社，将每年新增涉农贷款的20%投向畜牧业；贷款额度实行以保定贷，比例为保险额度的80%；贷款期限1～3年，中期贷款不少于贷款总额的50%；农村信用社贷款利率最高上浮不得超过20%，其他商业银行执行基准利率。

二、主要成效

一是农户贷款负担明显减轻。以农村信用社为例，其农户贷款利率自2008年以来持续下降，已由11.2%降至2010年的7.2%，全州贷款农户减少利息支出1亿元，其中，畜牧业贷款减少利息支出0.2亿元。

二是银行贷款积极性显著提高。2010年年末农村信用社畜牧业贷款余额为7亿元，增长74.9%。昌吉州农村信用社全年实现利润3.6亿元，增长2.3倍。

三是农业保险业务进一步拓展。昌吉州人保财险公司试点的贷款保证保险业务在全国尚属首例，是现代农业在金融保险领域的有益实践，其运作经验已在全疆广泛推广。

四是地区产业结构进一步优化。昌吉州畜牧业发展势头强劲，养殖户和加工企业的生产积极性大为提高。目前，全州农牧产品加工企业已达279家，专业合作组织710个，辐射农户11万人；2010年全州实现畜牧业产值91.3亿元，增长7.1%，占大农业产值的比重超过50%；农牧民人均收入为8 806元，增长20%，其中，养殖业贡献率达65%。

4. 现金收支活跃，投放力度显著增强。年内经济企稳回升态势增强，消费市场繁荣活跃，现金收支稳步增长。由于棉花等农副产品价格涨幅较大，带动现金净支出大幅增加。

表2　2010年新疆维吾尔自治区金融机构现金收支情况表

单位：亿元、%

	年累计额	同比增速
现金收入	15 414.3	18.5
现金支出	15 681.3	18.7
现金净支出	267.0	37.6

数据来源：中国人民银行乌鲁木齐中心支行。

5. 贷款利率同比略升，金融机构定价能力进一步增强。2010年，国内经济回升向好，企业资金需求旺盛，加之年末中央银行上调存贷款基准利率，信贷调控力度加大，全年贷款加权平均利率总水平较上年上升15个基点。其中，基准利率贷款占比下降5.4个百分点，上浮利率贷款占比有所提高。民间借贷规模有所增长，加权平均利率为14.7%，同比略有上升。

金融机构定价能力进一步提升。中国人民银行加强政策宣传，加大对金融机构的定价指导，金融机构对市场化程度较高的票据、同业存款、理财产品等的定价能力逐步提高。农村信用社结合农业生产资金需求季节性特点和自身资金状况，因地制宜，贷款定价逐渐摆脱以往“确定浮动幅度、全年固定不变”的模式，定价灵活性进一步增强，全年贷款加权平均利率较上年下降32个基点，支农惠农力度加大。

6. 银行业改革继续深化。全国性银行积极推进机构改革，加大服务创新，强化内控管理，资产规模和经营效益分别增长18.7%和50.3%。地方法人机

表3 2010年新疆维吾尔自治区金融机构各利率浮动区间贷款占比表

单位：%

		合计	国有商业银行	股份制商业银行	区域性商业银行	城乡信用社
合计		100.0	100.0	100.0	100.0	100.0
[0.9~1.0)		33.0	30.0	66.0	28.0	5.9
1.0		52.0	52.3	19.4	15.7	7.5
上浮水平	小计	15.0	17.7	14.6	56.3	86.6
	(1.0~1.1]	7.4	8.0	6.1	12.5	2.2
	(1.1~1.3]	3.1	2.4	8.5	14.6	19.5
	(1.3~1.5]	0.0	1.0	0.0	13.2	23.8
	(1.5~2.0]	0.0	0.0	0.0	16.0	35.3
	2.0以上	4.5	6.3	0.0	0.0	5.8

数据来源：中国人民银行乌鲁木齐中心支行。

构优化法人治理，积极增资扩股，中石油再次注资克拉玛依市商业银行，其更名为昆仑银行，并设立了4家异地分行，成为全区首家全国性城市商业银行；乌鲁木齐市商业银行新设2家异地分行；哈密城市信用社成功改制为哈密市商业银行。

农村金融服务水平快速提升。中国农业银行全面推进县域蓝海战略工程，加大“三农事业部”改革力度，主动服务“新农保”、“新农合”项目。中国邮政储蓄银行进一步完善农村金融服务网络，小额农贷投放力度显著加大。农村信用社贷款增幅与增量均创历史新高，支农主力军作用充分发挥。通过设立网点、流动服务站、自助银行等形式，新疆消除金融服务空白乡镇和农牧团场254个，实现了辖区金融服务全覆盖。新型农村机构快速发展，新设2家村镇银行、21家小额贷款公司、157家农村资金互助组，累计发放贷款55.4亿元，有力地支持了地方涉农中小企业和农村经济发展。

7. 跨境贸易与投资人民币结算试点取得实质性突破。自6月纳入全国第二批跨境贸易人民币结算试点地区，并成为全国首个开展跨境直接投资人民币结算试点省区以来，新疆充分发挥区位地缘优势，从周边国家起步，稳步推进试点工作，有力地促进了贸易投资便利化。截至年末，新疆已与哈萨克斯坦、吉尔吉斯斯坦、蒙古、中国香港等8个国家和地区开展跨境人民币结算业务，累计办理跨境贸易人民币结算45.3亿元，占全区外贸进出口总额的4%，并在人民币外商直接投资和境外直接投资业务领域实现了零突破。

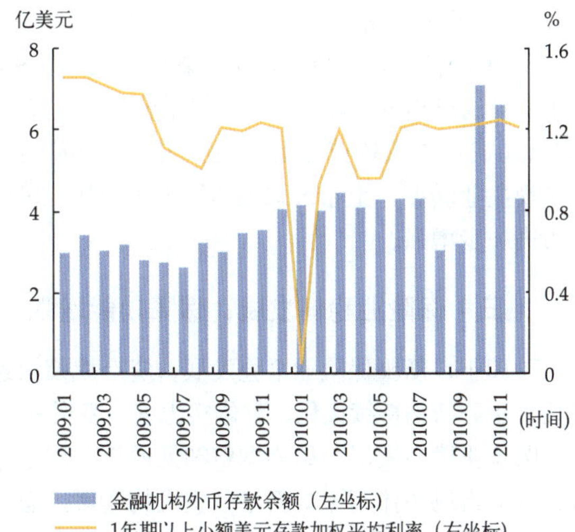

数据来源：中国人民银行乌鲁木齐中心支行。

图4 2009~2010年新疆维吾尔自治区金融机构外币存款余额及外币存款利率

（二）证券业稳步发展，综合实力提升

2010年，新疆证券市场震荡加剧，期货交易活跃，上市公司业绩大幅提升，再融资工作加快推进，证券业整体稳步发展。

证券交易略降，期货收益大幅增长。全年证券交易7 550亿元，下降1.4%；证券营业部开户数为106.5万户，增长11%。全球期货市场活跃，带动期货交易量和利润大幅增长2.3倍和54.2%。证券公司和期货经营机构继续强化综合治理，加大业务创新，融资融券、股指期货和期货IB业务正式开展。

上市公司业务快速发展，直接融资再创新高。年内新增3家上市公司，其中，2家登陆创业板，年末上市公司数继续居西北五省首位，总股本和总市

表4 2010年新疆维吾尔自治区证券业基本情况表

项目	数量
总部设在辖内的证券公司数（家）	1
总部设在辖内的基金公司数（家）	0
总部设在辖内的期货公司数（家）	2
年末国内上市公司数（家）	37
当年国内股票（A股）筹资（亿元）	143
当年发行H股筹资（亿元）	70
当年国内债券筹资（亿元）	127
其中：短期融资券筹资额（亿元）	84

数据来源：新疆证监局、中国人民银行乌鲁木齐中心支行。

值分别增长20.9%和22.6%。全年通过A股和H股完成融资213.5亿元，融资量创历史新高。其中，9家上市公司通过增发或配股等方式再融资128.7亿元，5家公司进行重大资产重组，国际实业、百花村成功实现主业转型，上市公司整体资本实力和抗风险能力进一步增强。

（三）保险业稳健发展，保障功能增强

2010年，新疆保险业平稳发展，资产规模快速增长，业务结构持续优化，整体实力进一步增强。

保险业稳步发展，结构调整初见成效。截至年末，保险市场主体22家，新增分支机构20家。总资产和保费收入分别增长18.4%和21.9%，其中财产险和人身险各增长21.6%和22%，服务和保障民生作用进一步提高。保险深度和密度分别提高0.2个百分点和158.4元/人，达到3.8%和884.3元/人，可持续发展能力增强。保险业结构调整初见成效，人身险业务快速回升，寿险集中度下降，财产险业务日益多元化，区域保险发展趋于协调。

表5　2010年新疆维吾尔自治区保险业基本情况表

项目	数量
总部设在辖内的保险公司数（家）	1
其中：财产险经营主体（家）	1
寿险经营主体（家）	0
保险公司分支机构（家）	1 469
其中：财产险公司分支机构（家）	870
寿险公司分支机构（家）	599
保费收入（中外资，亿元）	191
其中：财产险保费收入（中外资，亿元）	63
人身险保费收入（中外资，亿元）	128
各类赔款给付（中外资，亿元）	49
保险密度（元/人）	884
保险深度（%）	4

数据来源：新疆保监局。

农业保险试点力度加大，保障功能增强。险种基本覆盖了疆内主要种植业品种，政策性林果业和农户小额信贷保险试点工作加快推进，全年农业保险保费收入14亿元，规模居全国第三位。承担各类风险保障220亿元，增长32%。

（四）金融市场快速发展，融资结构优化

2010年，新疆金融市场加快发展，各子市场交易总体活跃，融资功能进一步增强。

1. 直接融资大幅上升，融资结构进一步优化。2010年，资本市场活跃，新疆股票融资规模持续扩大。在相关部门的积极推动下，企业短期融资券业务大幅增长，新疆首单天业集团中期票据成功发行，全年累计发行各类债券127亿元，同比多增88亿元，直接融资比重快速提高。

2. 债券交易活跃，利率不断走高。新疆银行间市场债券交易量首次突破万亿元，累积成交量同比增加29.1%。利率呈现上升趋势，质押式债券正逆回购平均加权利率同比分别提高3个百分点和1个百分点。

3. 票据交易大幅增长，贴现利率快速上扬。全年累计签发商业承兑汇票578亿元，增长36.8%。尤其是第四季度以来，随着信贷调控力度的加强，票据贴现出现小幅回落，3个月银行承兑汇票贴现利率由年初的2.66%升至年末的6.17%，全年平均水平

表6　2001～2010年新疆维吾尔自治区非金融机构融资结构表

单位：亿元、%

年份	融资量	比重		
		贷款	债券（含可转债）	股票
2001	193.3	70.1	27.8	2.1
2002	278.8	73.8	21.6	4.6
2003	378.7	79.5	15.8	4.7
2004	183.7	79.5	23.6	1.7
2005	203.9	74.8	25.9	0.0
2006	158.7	88.6	3.8	7.6
2007	401.1	67.9	4.0	28.1
2008	404.5	83.7	3.0	13.3
2009	1 032.8	93.0	3.8	3.3
2010	1 524.3	77.7	8.3	14.0

数据来源：中国人民银行乌鲁木齐中心支行。

表7　2010年新疆维吾尔自治区金融机构票据业务量统计表

单位：亿元

季度	银行承兑汇票承兑		贴现			
			银行承兑汇票		商业承兑汇票	
	余额	累计发生额	余额	累计发生额	余额	累计发生额
1	253	935	204	305	6.2	6.7
2	190	222	265	619	17.8	29.8
3	224	370	295	950	1.3	2.56
4	211	565	309	1 268	1.7	40.0

数据来源：中国人民银行乌鲁木齐中心支行。

表8 2010年新疆维吾尔自治区金融机构票据贴现、转贴现利率表

单位：%

季度	贴现		转贴现	
	银行承兑汇票	商业承兑汇票	票据买断	票据回购
1	3.31	4.80	2.00	2.46
2	3.65	4.34	2.96	3.07
3	3.86	0.00	3.38	3.37
4	4.94	0.00	4.17	3.90

数据来源：中国人民银行乌鲁木齐中心支行。

同比上升58个基点。

4. 银行间外汇市场稳步发展，黄金业务大幅增加。2010年，全区银行间外汇交易仍以美元为主，累计交易额为1 474万美元。国际金价持续上行，加之国内防通货膨胀和投资避险情绪加重，黄金需求增加明显，交易量大幅增长39.3%。

（五）金融生态环境建设稳步推进

2010年，新疆各级政府和有关部门高度重视金融生态环境建设，全疆14个地州均建立了社会信用体系建设联席会议制度。加快非银行信息采集进程，法院、税务、工商、质监等部门6类信息纳入征信系统。建立了《新疆县域金融生态环境建设考核评价办法》，组织9县1市开展试点工作。在石河子经济技术开发区建立新疆首个中小企业信用体系建设试验区，为新疆近200万农户建立了信用档案。法制环境继续优化，对金融违法犯罪打击力度进一步加大，破获了全国首例期货洗钱案。征信宣传成效明显，公众信用意识进一步增强。

二、经济运行情况

2010年，在国家支持新疆跨越式发展的一系列政策的作用下，新疆经济社会快速发展，效益明显提高，民生显著改善。全区生产总值达5 418.8亿元，增长10.6%，人均生产总值达到3 690美元。

（一）三大需求快速增长，需求结构继续优化

2010年，新疆居民消费活跃，投资增长强劲，外贸进出口快速回升，三大需求结构不断优化，协同性显著增强。

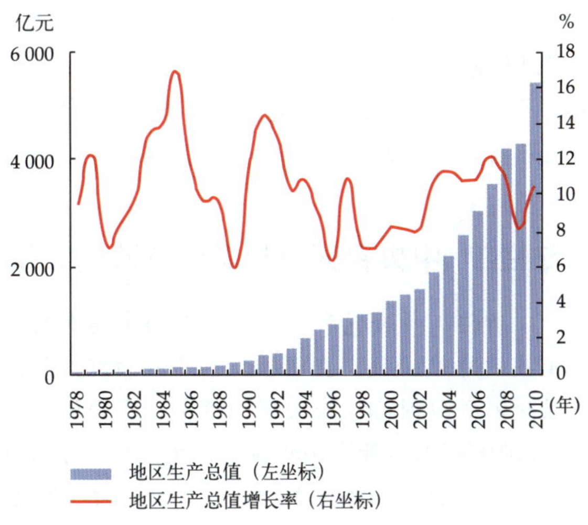

数据来源：政府工作报告、《新疆统计年鉴》。

图5 1978～2010年新疆维吾尔自治区地区生产总值及其增长率

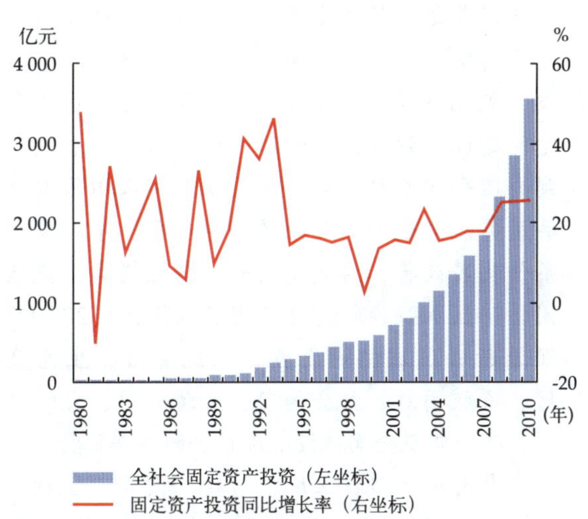

数据来源：政府工作报告、《新疆统计年鉴》。

图6 1980～2010年新疆维吾尔自治区固定资产投资及其增长率

1. 固定资产投资快速增长。全年完成全社会固定资产投资3 539亿元，增长25.2%。其中，企业自筹资金占比为48.9%，处于主导地位。政策利好带动全社会对新疆的投资热度提升，对口援疆省市企业投资大幅上升，民间投资进入快速发展期，增幅达58.8%。投向结构出现积极变化，交通、能源、水利等重大基础设施及各类节能减排、环境综合治理项目稳步推进，现代煤电煤化工项目建设取得新突破，房地产投资旺盛，多项民生领域的重点工程全面启动。

2. 城乡消费市场活跃。在外出务工收入增加、农产品价格普涨和惠农政策的作用下，新疆农牧民实现人均纯收入4 642.7元，增长19.6%，创2000年以来新高，增幅首次位居全国首位。同期城市居民收入增幅11.3%。居民尤其是农牧民消费能力显著增强。全年全社会消费品零售总额同比增长17.1%，较上年同期提高2.3个百分点，汽车、珠宝、家电等消费热点快速增长。

专栏2　中央召开新疆工作座谈会　推进新疆跨越式发展和长治久安

新疆工作在党和国家工作全局中具有特殊重要的战略地位。在新疆改革开放和现代化建设进入关键时期，中央审时度势，高瞻远瞩，于2010年5月召开中央新疆工作座谈会，并出台《中共中央　国务院关于推进新疆跨越式发展和长治久安的意见》（中发[2010]9号），对新疆工作作出重要战略部署。

中央提出当前和今后一个时期新疆工作的目标任务是：坚持走具有中国特色、符合新疆实际的发展路子，全面推进经济建设、政治建设、文化建设、社会建设以及生态文明建设和党的建设，到2015年新疆人均地区生产总值达到全国平均水平，城乡居民收入和人均基本公共服务能力达到西部地区平均水平，基础设施条件明显改善，自我发展能力明显提高，民族团结明显加强，社会稳定明显巩固；到2020年促进新疆区域协调发展、人民富裕、生态良好、民族团结、社会稳定、边疆巩固、文明进步，确保实现全面建设小康社会的奋斗目标。

中央对新疆在土地、财税、投资、金融、对口援疆等方面都给予了一系列优惠政策措施，包括在新疆率先进行资源税改革，并对国内消费税和增值税中央和地方分成比例进行大幅调整，这将增加地方财力近400亿元；中央投资继续向新疆倾斜；在喀什、霍尔果斯各设立一个经济开发区，实行特殊的经济政策等，进一步支持新疆跨越式发展。

中央新疆工作座谈会后，新疆迎来了大建设、大开放、大发展的热潮，19个省市对口援疆工作快速铺开，2010年已启动试点项目99个，总投资达36.5亿元；国家发展改革委、工信部、商务部、科技部、教育部、中国人民银行等30多个部委纷纷来疆调研，编制规划，多角度、全方位地制定具体援疆政策。自治区召开七届九次全委（扩大）会议，明确了深入实施“稳疆兴疆、富民固边”的总体战略方向，并且及时采取一系列促发展、保民生的重大举措，新疆经济社会呈现快速发展的好势头。以经济结构调整和发展方式转变为主线，新型工业化、农牧业现代化、新型城镇化进程进一步加快推进；以积极的就业政策和加快覆盖城乡居民的社会保障体系建设为重点，改善民生力度加大。求发展、谋富裕、思稳定、盼和谐已成为新疆的主旋律，站在新的历史起点上，新疆各族人民已树立科学跨越、后发赶超的雄心壮志，正在用汗水和智慧开创新疆工作的新局面。

3. 对外贸易回升向好。随着世界经济逐步复苏，周边市场环境趋好，在新疆向西开放纳入国家战略的背景下，新疆全面实施“外引内联、东联西出”的开放战略，进一步加快国际能源陆路大通道建设，启动喀什、霍尔果斯经济开发区前期工作，继续以周边国家为重点推进开放型经济发展，对外贸易呈现恢复性增长。全年进出口总额为171.3亿美元，增长22.8%，较上年同期提高60.6个百分点，贸易顺差继续扩大。投资环境逐步改善，实际利用外商直接投资2.4亿美元，增长10.1%。

（二）三次产业协调发展，新型工业化进程加快

2010年，新疆大力推进现代农牧业发展，加快新型工业化进程，提升服务业水平，三次产业比例由上年的17.8：45.1：37.1调整为19.9：46.8：33.3，工业仍是经济增长的主要动力。

1. 农业生产效益稳步提高。随着各项强农惠农政策力度的加大，新疆粮食连续四年实现增产，棉价高企带动棉农收入大幅增长。现代农牧业加快发

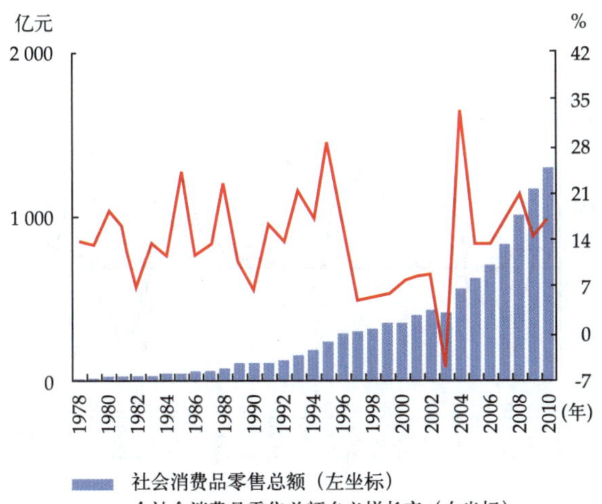

数据来源：政府工作报告、《新疆统计年鉴》。

图7　1978～2010年新疆维吾尔自治区社会消费品零售总额及其增长率

展，设施农业和高效节水农业面积明显扩大，畜牧业规模养殖水平提升，农产品流通体系加快完善，品牌建设取得突破。龙头企业快速发展，有效辐射带动了农业发展和农户增收。

2. 工业生产全面提速。依托建设国家能源战略基地的有利条件，新疆进一步加快石油石化、煤电煤化工、有色金属等为主导的新型工业化步伐，一批大型现代煤电煤化工项目开工建设，石化下游产业集群化发展提速，产业升级快速推进，工业经济快速增长，全年增速达13.5%，较上年同期提高

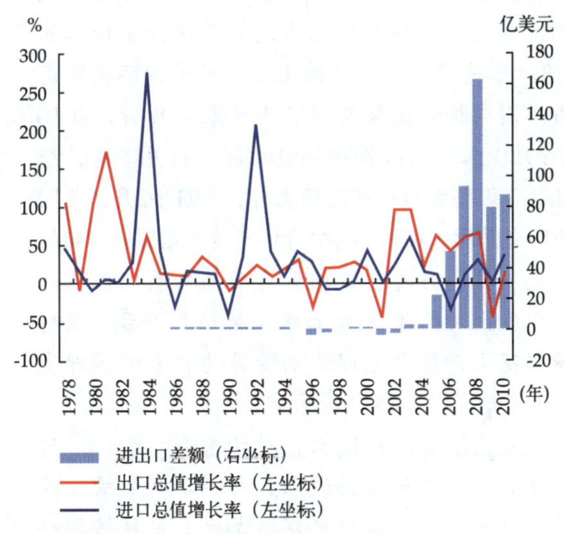

数据来源：政府工作报告、《新疆统计年鉴》。

图8　1978～2010年新疆维吾尔自治区外贸进出口变动情况

7.3个百分点。地方和非石油工业增长强劲，增幅均在20%以上。由于资源类产品价格高企，工业经济效益大幅提高，规模以上工业企业利润同比增长74.7%。

3. 服务业稳步增长。在旅游、餐饮、金融保险、信息服务、物流配送等行业加快发展的带动下，全年新疆服务业增加值增长10.9%，同比提高1.7个百分点。其中，旅游业增长强劲，全年接待国内外旅游人数和收入增幅均在40%以上，创历史新高。

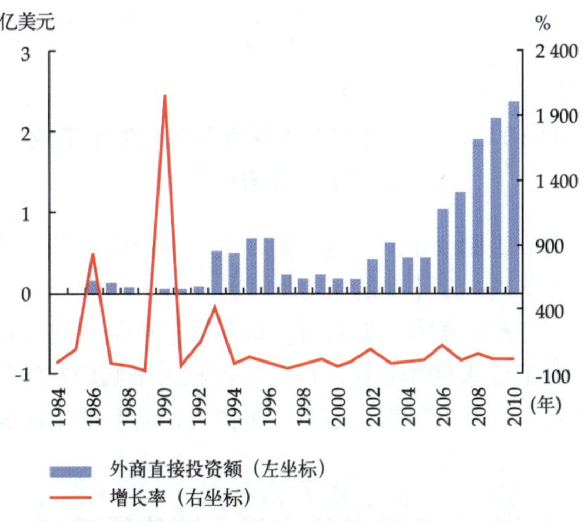

数据来源：政府工作报告、《新疆统计年鉴》。

图9　1984～2010年新疆维吾尔自治区外商直接投资情况

（三）物价水平逐月上升，涨幅明显高于全国

2010年，国际大宗商品价格持续高位波动，国内自然灾害频发影响农产品生产，新疆多次严重的自然灾害致使牛羊肉和蔬菜供应不足，在多种因素的综合作用下，新疆居民消费价格水平逐月走高，全年涨幅达4.3%，高于全国平均水平1个百分点。其中，食品类价格涨幅为10.7%，是拉动CPI上涨的主要原因。

生产类价格指数高位运行。随着国内外经济趋好带动需求增加，原油等大宗商品价格回升，新疆工业品出厂价格和原材料购进价格涨幅在2月达到历史峰值后虽然有所回落，但全年涨幅仍为25.3%和23.9%。农业生产资料在饲料、农用机油类价格上涨的带动下，全年上涨3.1%。随着资源类产品市

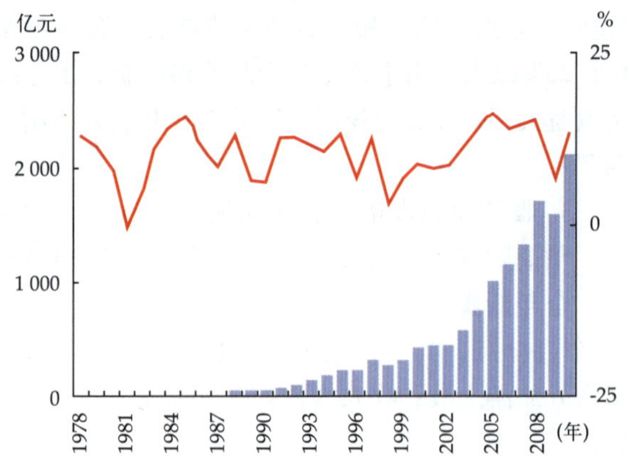

数据来源：政府工作报告、《新疆统计年鉴》。

图10　1978～2010年新疆维吾尔自治区工业增加值及其增长率

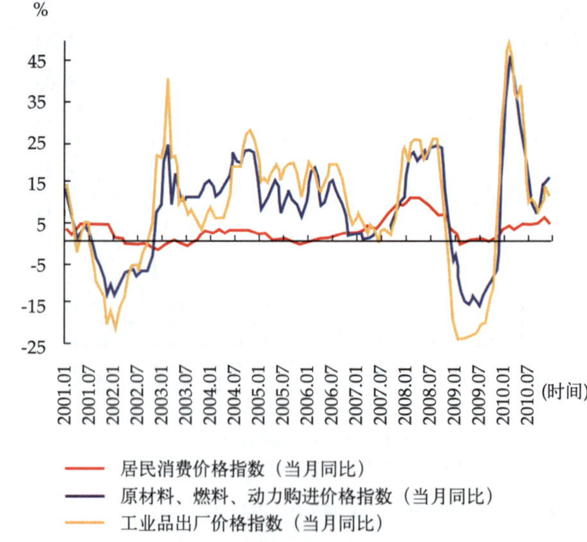

数据来源：政府工作报告、《新疆统计年鉴》。

图11　2001～2010年新疆维吾尔自治区居民消费价格和生产者价格变动趋势

场定价机制改革的推进，短期内资源价格带动生产类价格进一步上涨的压力加大。

劳动力成本上升较快。全年城镇单位从业人员平均工资水平和农村居民工资性收入增幅均在20%左右；社会保障覆盖面进一步扩大，城乡低保对象最低生活保障标准全面提高。全区工资上涨逐步从制造业向服务业传导，劳动力成本推动物价上涨压力有所增加。

专栏3　棉花价格大幅上涨值得关注

新疆是全国最大的优质棉生产基地，棉花产量占到全国的1/3，占全球产量的10%左右。2010年，新疆棉花生产总体平稳，种植面积略有增加，总产量微降1.8%，棉花收购价格在9月新棉开秤以来快速攀升，全年涨幅达81.4%，推动了新疆乃至全国物价的上涨。

棉价上涨的主要原因：一是棉花供需缺口拉大。2010年世界经济逐步复苏，我国服装、纺织品出口大幅增长，全年涨幅达20.9%和28.4%，且国内市场产销形势向好，拉动棉花需求快速增加。从供给情况来看，全国棉花种植面积有所减少，5月中旬，各地突遇雨雪霜冻等极端天气，导致棉花总产量同比下降2.1%。同时国际市场对棉花等初级农产品供给减少，世界第二大棉花出口国印度暂停棉花出口，棉花供需缺口扩大，推动棉价大涨。二是种植成本上升。据中国人民银行典型调查结果显示，2010年，棉农每亩种植成本同比提高17.1%，化肥、农药、农膜等价格涨幅较大，劳动力成本上涨明显，拾花费已占到棉花生产总成本的1/3。三是国际棉价持续上涨。作为国际大宗商品，国内棉价走势与国际市场联系紧密，2010年9月以来，国际棉价快速上涨，11月下旬，经过短暂调整之后继续震荡上行，2011年2月，美国洲际交易所（ICE）期棉价格一度突破2美元/磅的历史高位。另外，民间资金参与收购，也在一定程度上助推了棉价上涨。新棉开秤后，在新疆棉花主产区大量以江浙等地为代表的区外资金参与新棉收购情况较为突出。

棉花涉及产业链长，对物价影响面广。为尽可能减少棉价大幅波动产生的不利影响，国家应继续完善收储棉机制，加大政策扶植和科技兴棉力度，实现棉花的区域化种植和规模化生产；建立棉花生产风险调节基金，增加政府调节价格的市场化手段；加强信息网络平台建设，及时向农户和市场反映价格及需求变动情况，引导棉农合理安排生产，努力稳定棉价，保障棉农收入和整个产业链持续健康发展。

（四）财政收入快速增加，民生投入力度加大

随着新疆经济回升向好、原油价格上涨和产量增加以及房地产投资力度的加大，增值税、营业税、所得税等主体税种较快增长，带动全区财政收入快速增加，全年地方财政收入同比增长40.6%。另外，因石油、天然气由从量改为从价计征，资源税增长1.6倍。

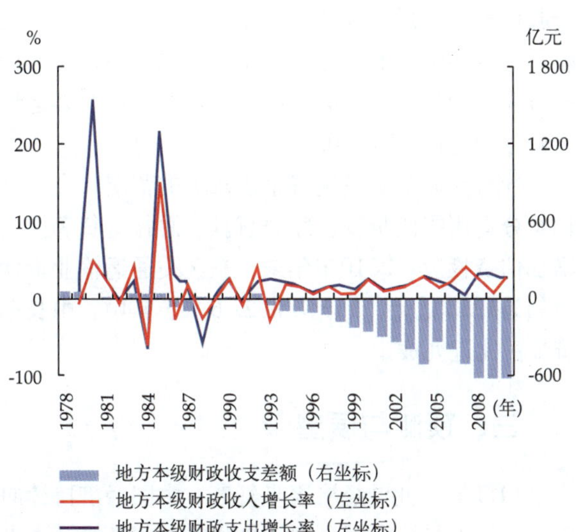

数据来源：政府工作报告、《新疆统计年鉴》。

图12　1978～2010年新疆维吾尔自治区财政收支状况

地方财政一般预算支出增长26.1%，支出结构进一步向促进就业、完善社会保障及“三农”等领域倾斜，全区改善民生支出大幅提高，占比达71%，“富民安居”、“定居兴牧”、天然气利民工程等重点项目全面启动。

（五）节能减排成效显著，环境质量持续改善

新疆各级政府牢固树立“环保优先、生态立区”理念，明确责任，突出重点，多措并举，化学需氧量和二氧化硫排放量两项主要指标如期完成“十一五”总量控制目标。

2010年，自治区制订节能减排工作实施方案，建立重点耗能企业对口联系机制，加大节能专项资金投入，加强建筑、交通等重点领域以及重点工业企业的节能减排管理和制度落实。进一步优化产业结构，建立健全淘汰落后产能的长效机制，提高污染防治水平；推进环境基础设施建设，实施南疆生态修复示范工程等，区域环境明显改善，绿洲森林覆盖率达到15%。集中开展重点区域环境综合治理，乌鲁木齐市空气质量继续提升，二级以上天气占比达72.9%。各金融机构积极开展“绿色信贷”，严控产能过剩行业贷款，大力支持循环经济发展，有力地助推了节能减排工作的开展。

（六）主要行业分析

1. 房地产市场供需两旺。在中央对新疆的多项利好政策的作用下，新疆房地产经济快速回升，全年房地产投资增长46.2%，高于全国平均增速13个百分点。土地购置面积、房屋开工和竣工面积、销售面积等稳步增加，住宅空置面积大幅减少。全区保障性住房建设力度加大，相关财政支出同比增长1.7倍。

主要区域中，乌鲁木齐房地产开发投资快速增长，从资金来源来看，自筹资金比重上升，贷款比重下降。喀什、伊犁地区“特区”①效应凸显，投资额和房价大幅攀升，呈现加速发展态势。

房价整体波动上行。在国家一系列房地产调控政策的作用下，乌鲁木齐市房屋销售价格在4月达到高峰后有所回落，但下半年的房价逐月上涨，12月涨幅为8.5%，同比提高3.7个百分点。

房地产信贷快速增长。新疆房地产金融运行与市场走势相吻合，在房地产开发贷款和个人购

①中央新疆工作座谈会提出，在喀什和伊犁霍尔果斯各设立一个经济开发区，赋予特殊政策和灵活措施，将其建设成我国向西开放的窗口和新疆经济新的增长点。

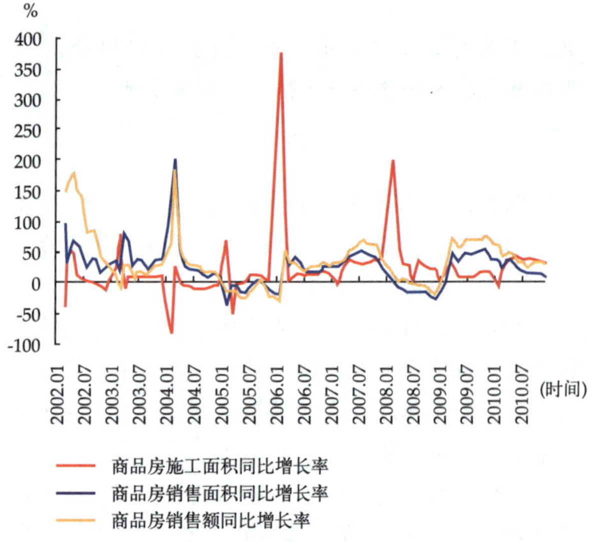

数据来源：政府工作报告、《新疆统计年鉴》。

图13　2002～2010年新疆维吾尔自治区商品房施工和销售变动趋势

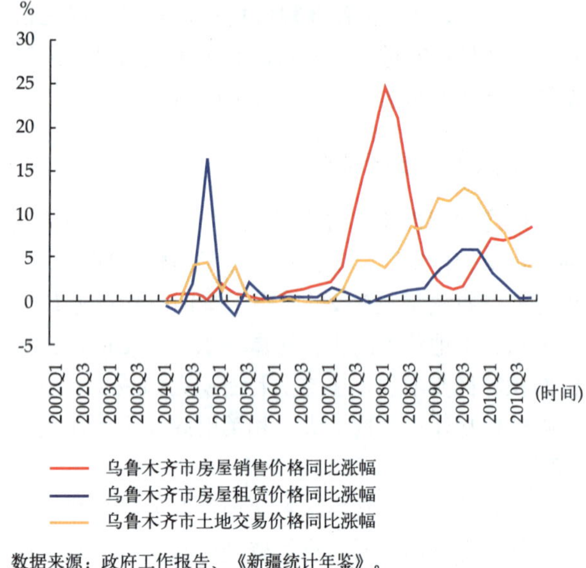

数据来源：政府工作报告、《新疆统计年鉴》。

图14　2002～2010年新疆维吾尔自治区主要城市房屋销售价格指数变动趋势

房贷款的拉动下，房地产贷款增长强劲，涨幅达42.5%，同比提高5.9个百分点，在各项贷款中占比为9.7%。而乌鲁木齐在房地产金融调控政策作用下，房地产贷款增速高位放缓。

2. 交通运输业发展提速，金融支持力度加大。交通运输业作为重要的基础性产业，对新疆实现跨越式发展以及在打造中国西部区域经济的增长极、向西开放的桥头堡和国家战略能源的重要基地中起到举足轻重的作用。

近年来，新疆以打造“三大通道”①为重点，加大投资力度，“十一五”期间完成投资近1 500亿元，成为新疆历史上交通建设投资最多、规模最大、建设速度最快的五年。2010年，在国家支持新疆跨越式发展的一揽子政策的作用下，新疆交通建设再提速，喀什至和田铁路、吐鲁番和博乐机场、疆内多条高速公路等重点项目建成投运，“57712”工程②、包括兰新铁路第二双线在内的11条铁路、中亚天然气输气管道等加快实施。目前，新疆已初步形成以铁路为骨干、以公路为骨架、民航和管道相配合的立体综合交通运输体系，交通运输行业经营呈现持续向好态势，铁路、民航客运量增幅分别达13.4%和20.3%。

针对交通基础设施资金需求大的情况，金融机构充分运用银团贷款、联合贷款、总行直贷等模式增加信贷投放。2010年年末，全区交通运输业贷款余额为422.7亿元，同比增长27.6 %，其中，中长期贷款占比近九成。

三、预测与展望

2011年，世界经济逐步复苏，中国经济持续向好，为新疆加快发展创造了良好的外部环境。中央支持新疆跨越式发展、19个省市对口援疆、新一轮西部大开发等战略部署都在2011年全面展开，中央将继续给予新疆一系列政策支持，一批重点规划项目密集开工、加紧建设，新型工业化、产业转移和向西开放也将积极推进。同时，2011年是新疆“民生建设年”，稳定就业、增加收入、扩大社保等措施，有利于消费快速增长。总体看，当前新疆政策环境更加有利，发展的基础条件更加坚实，创新发展动力增强，多年积蓄的力量正进入释放期，2011年经济有望进入平稳较快增长的结构调整期，增幅预计为10%。

新疆通货膨胀压力仍然较大。国际石油、粮食

① “三大通道”是指亚欧国际战略通道、连接东中西部的中西通道、区内的南北疆通道。

② “57712”工程是指构筑五条横穿、七条纵贯新疆的高速公路网，建设七大公路运输枢纽，建成四条东连内地和八条西出国际的十二条大通道。

等大宗商品价格上涨，输入型通货膨胀压力加大；前期积累的流动性过剩、劳动力成本上升等都形成物价上涨的助推因素。但国内消费品供给和工业产能充裕，对物价上涨有所抑制，新疆价格总水平预计前高后低，涨幅在4%左右。

2011年，全区金融业将认真贯彻稳健的货币政策，着力调整社会融资结构和银行信贷结构，加快发展直接融资，加大对实体经济特别是涉农、中小企业等方面的金融支持，切实做好民生领域金融服务工作，进一步提升经济金融发展的协调性。

中国人民银行乌鲁木齐中心支行货币政策分析小组
负责人：朱苏荣　李寿龙
统　稿：赵　冰　杨新建　张丽亚　王力敏
执　笔：张志超　冯怀珠　温　波　李新生　曹　振　李爱华　张　波　祁丽媛　袁　强
提供材料的还有：陈凤琴　朱金惠　郭　海　张　栋　沈　霞　李扬俊　杨长伟　曹　莉　赵琪琦　李　国　马雅琼

附录

（一）2010年新疆维吾尔自治区经济金融大事记

1月，新疆在阿克苏地区正式开展政策性林果业保险试点。

3月，全国对口支援新疆工作会议召开，19个省市对口支援新疆82个县市和生产建设兵团12个师。

4月，新疆首家全国性城市商业银行——昆仑银行正式挂牌；6月，中信银行乌鲁木齐分行开业，这是入驻新疆的第5家股份制商业银行。

5月，中央新疆工作座谈会召开，国务院下发《关于推进新疆跨越式发展和长治久安的意见》（中发[2010]9号）。

6～8月，中国人民银行行长周小川、中国银监会主席刘明康、中国证监会主席尚福林先后来疆指导工作，为金融助推新疆跨越式发展发挥重要作用。

6月，国务院批准新疆成为全国第二批跨境贸易人民币结算试点省区。9月，批准新疆成为全国首个开展跨境直接投资人民币结算试点省区。10月，新疆跨境贸易与投资人民币结算试点启动仪式成功举行。

6月，新疆率先在全国实施资源税改革，原油、天然气资源税由从量改为从价计征。

6月，哈密市商业银行正式挂牌开业，标志着全疆城市信用社向商业银行改制全面完成。

8月，库尔勒富民村镇银行开业；12月，石河子交银村镇银行成立；12月，新疆实现金融机构空白乡镇金融服务全覆盖。

2010年，西部牧业等3家企业成功上市，金风科技在香港联交所主板市场上市，新疆上市公司境内外累计融资213.5亿元；银行间市场债券融资90亿元，直接融资规模为历年之最。

（二）2010年新疆维吾尔自治区主要经济金融指标

表1　2010年新疆维吾尔自治区主要存贷款指标

		1月	2月	3月	4月	5月	6月	7月	8月	9月	10月	11月	12月
本外币	金融机构各项存款余额（亿元）	7 042.4	7 045.9	7 268.7	7 459.4	7 497.9	7 891.5	7 927.7	8 100.7	8 333.5	8 718.4	8 845.3	8 898.6
	其中：城乡居民储蓄存款	3 116.7	3 195.1	3 208.8	3 158.6	3 133.5	3 175.5	3 164.8	3 184.2	3 311.9	3 414.3	3 555.1	3 726.1
	企业存款	2 049.5	2 009.5	2 178.9	2 333.7	2 361.1	2 461.8	2 497.5	2 599.1	2 674.2	2 847.7	2 827.4	2 814.8
	各项存款余额比上月增加（亿元）	164.3	3.5	222.7	190.7	38.5	393.7	36.2	173.0	232.8	384.8	126.9	53.3
	金融机构各项存款同比增长（%）	25.8	24.1	24.2	23.9	23.1	28.3	26.2	28.3	26.2	29.0	30.1	29.4
	金融机构各项贷款余额（亿元）	4 075.4	4 171.4	4 290.7	4 389.9	4 473.1	4 541.8	4 640.1	4 763.9	4 950.9	5 057.6	5 110.7	5 211.4
	其中：短期	1 480.2	1 520.4	1 557.7	1 582.1	1 582.1	1 586.2	1 624.2	1 655.6	1 770.9	1 819.7	1 794.2	1 849.4
	中长期	2 336.9	2 413.5	2 532.0	2 595.0	2 635.8	2 724.3	2 780.9	2 870.9	2 943.2	3 009.2	3 065.8	3 132.3
	票据融资	199.9	177.4	139.5	149.1	189.3	161.9	166.2	161.4	158.2	142.9	164.3	143.5
	各项贷款余额比上月增加（亿元）	121.6	96.0	119.3	99.2	83.2	68.7	98.3	123.8	187.0	106.7	53.1	100.7
	其中：短期	-36.7	40.2	37.2	24.5	0.0	4.0	38.0	31.4	115.3	48.8	-25.5	55.3
	中长期	149.7	76.6	118.5	63.0	40.8	88.5	56.6	90.0	72.4	66.0	56.6	66.4
	票据融资	7.1	-22.5	-37.8	9.6	40.2	-27.4	4.3	-4.8	-3.2	-15.3	21.4	-20.8
	金融机构各项贷款同比增长（%）	35.3	35.3	31.8	33.8	35.2	32.8	32.5	33.9	32.5	32.5	31.9	31.9
	其中：短期	17.5	17.2	12.1	16.7	18.8	17.7	18.3	18.9	16.8	17.1	17.2	20.5
	中长期	53.7	57.0	58.7	59.0	55.2	52.1	50.3	51.4	49.6	49.4	46.5	44.6
	票据融资	-0.2	-17.8	-40.7	-42.7	-22.1	-31.7	-28.7	-27.1	-21.4	-27.0	-16.9	-25.6
	建筑业贷款余额（亿元）	73.1	75.6	82.8	92.9	98.1	106.2	106.2	109.6	111.0	114.3	116.6	110.6
	房地产业贷款余额（亿元）	76.4	77.4	81.0	84.9	82.5	87.1	91.1	94.8	95.5	96.6	99.6	102.0
	建筑业贷款比年初增长（%）	85.7	76.1	84.8	95.5	100.6	95.1	88.6	90.8	81.3	80.8	73.6	67.5
	房地产业贷款比年初增长（%）	18.8	26.7	35.3	38.6	34.5	40.8	41.4	40.2	39.3	41.1	37.7	36.4
人民币	金融机构各项存款余额（亿元）	7 014.3	7 018.8	7 238.8	7 431.5	7 468.8	7 862.3	7 898.7	8 080.1	8 312.2	8 671.1	8 801.1	8 870.0
	其中：城乡居民储蓄存款	3 102.9	3 181.3	3 195.2	3 146.0	3 120.5	3 162.5	3 151.4	3 171.6	3 299.8	3 402.2	3 542.5	3 713.5
	企业存款	2 028.8	1 989.7	2 157.3	2 311.9	2 339.0	2 439.7	2 475.9	2 583.3	2 657.8	2 804.4	2 788.2	2 791.7
	各项存款余额比上月增加（亿元）	163.3	4.5	220.0	192.7	37.4	393.5	36.4	181.4	232.1	358.9	130.0	68.9
	其中：城乡居民储蓄存款	52.0	78.4	13.9	-49.2	-25.6	42.0	-11.0	20.2	128.2	102.3	140.4	170.9
	企业存款	50.1	-39.2	167.6	154.6	27.0	100.8	36.1	107.5	74.5	146.6	-16.2	3.5
	各项存款同比增长（%）	25.8	24.2	24.2	23.9	23.0	28.2	26.1	28.4	26.2	28.8	29.9	29.5
	其中：城乡居民储蓄存款	15.3	17.5	16.5	14.8	14.4	15.5	14.4	15.6	17.3	17.5	20.0	21.7
	企业存款	41.5	34.1	36.8	43.5	40.4	41.7	40.5	44.5	38.0	41.7	39.5	36.3
	金融机构各项贷款余额（亿元）	3 909.1	4 004.5	4 089.6	4 187.7	4 270.9	4 331.1	4 436.0	4 552.2	4 733.7	4 833.1	4 877.2	4 973.2
	其中：个人消费贷款	326.4	332.1	338.0	346.9	356.4	365.7	377.2	393.9	411.4	422.9	441.4	457.8
	票据融资	199.7	177.2	139.3	148.9	189.1	161.8	166.1	161.3	158.1	142.9	164.3	143.5
	各项贷款余额比上月增加（亿元）	119.7	95.5	85.1	98.1	83.2	60.1	105.0	116.1	181.5	99.4	44.1	96.0
	其中：个人消费贷款	7.9	5.6	5.9	8.9	9.5	9.3	11.5	16.7	17.5	11.5	18.5	16.4
	票据融资	7.1	-22.5	-37.8	9.6	40.2	-27.4	4.3	-4.8	-3.1	-15.3	21.4	-20.8
	金融机构各项贷款同比增长（%）	33.6	33.9	29.4	31.2	32.8	31.5	31.4	32.9	31.4	31.3	30.5	31.3
	其中：个人消费贷款	49.1	50.3	47.7	46.9	45.9	44.0	44.5	46.1	47.5	46.1	46.1	46.7
	票据融资	-0.3	-17.9	-40.8	-42.8	-22.2	-31.8	-28.8	-27.1	-21.4	-27.0	-16.8	-25.5
外币	金融机构外币存款余额（亿美元）	4.1	4.0	4.4	4.1	4.2	4.3	4.3	3.0	3.2	7.1	6.6	4.3
	金融机构外币存款同比增长（%）	41.7	15.9	43.8	29.4	52.5	58.5	63.1	-7.0	6.8	104.4	88.7	8.7
	金融机构外币贷款余额（亿美元）	24.4	24.4	29.5	29.6	29.6	31.0	30.1	31.1	32.4	33.6	35.0	36.0
	金融机构外币贷款同比增长（%）	94.2	78.1	115.1	122.8	116.2	69.6	64.9	59.4	65.8	67.3	74.5	49.3

数据来源：中国人民银行乌鲁木齐中心支行。

表2　2001～2010年新疆维吾尔自治区各类价格指数

单位：%

年/月	居民消费价格指数		农业生产资料价格指数		原材料购进价格指数		工业品出厂价格指数		乌鲁木齐市房屋销售价格指数	乌鲁木齐市房屋租赁价格指数	乌鲁木齐市土地交易价格指数
	当月同比	累计同比	当月同比	累计同比	当月同比	累计同比	当月同比	累计同比	当季(年)同比	当季(年)同比	当季(年)同比
2001	—	4.0	—	3.0	—	-1.0	—	-3.7	1.0	-1.2	2.6
2002	—	-0.6	—	-0.4	—	-5.1	—	-2.7	-0.8	0.1	2.3
2003	—	0.4	—	1.1	—	14.8	—	15.1	-0.1	-0.1	1.0
2004	—	2.7	—	7.3	—	18.2	—	16.4	0.7	4.2	2.1
2005	—	0.7	—	5.3	—	10.7	—	16.6	0.7	0.4	2.7
2006	—	1.3	—	2.5	—	11.1	—	14.4	1.2	0.3	0.2
2007	—	5.5	—	6.2	—	3.8	—	6.3	-9.0	0.8	2.6
2008	—	8.1	—	12.3	—	17.8	—	16.4	15.5	1.1	6.5
2009	—	0.7	—	-0.5	—	-9.4	—	-14.5	2.4	5.0	12.1
2010	—	4.3	—	3.1	—	23.9	—	25.3	7.5	1.5	6.3
2009　1	1.8	1.8	7.2	7.2	-3.7	-3.7	-23.1	-23.1	—	—	—
2	-0.6	0.6	3.2	5.2	-11.1	-7.4	-23.7	-23.4	—	—	—
3	0.0	0.4	0.5	3.6	-14.2	-9.7	-23.8	-23.5	2.4	3.3	11.7
4	-0.1	0.3	-0.7	2.5	-15.6	-11.1	-23.4	-23.5	—	—	—
5	0.2	0.3	-0.6	1.6	-14.1	-11.7	-23.2	-23.4	—	—	—
6	0.4	0.3	-1.4	1.1	-15.9	-12.4	-21.8	-23.2	1.5	4.7	11.4
7	0.8	0.4	-2.3	0.6	-15.1	-12.8	-20.2	-22.7	—	—	—
8	0.7	0.4	-1.9	0.3	-12.9	-12.8	-20.6	-22.5	—	—	—
9	0.4	0.4	-2.1	0.0	-10.4	-12.6	-15.4	-21.7	1.6	6.0	13.1
10	0.4	0.4	-3.2	-0.3	-9.5	-12.3	-11.5	-20.7	—	—	—
11	1.8	0.5	-2.0	-0.5	-5.6	-11.6	2.3	-18.6	—	—	—
12	3.1	0.7	-1.0	-0.5	15.1	-9.4	30.1	-14.5	4.2	5.9	12.1
2010　1	3.0	3.0	-0.1	-0.1	38.0	38.0	45.7	45.7	—	—	—
2	4.1	3.6	1.5	0.7	45.1	41.6	56.0	50.9	—	—	—
3	3.2	3.4	2.3	1.2	43.8	42.3	37.3	46.3	7.3	3.3	9.2
4	3.7	3.5	2.3	1.5	30.4	39.3	35.0	45.5	—	—	—
5	3.8	3.6	4.0	2.0	31.0	37.7	39.6	42.7	—	—	—
6	3.7	3.6	3.6	2.3	23.1	35.2	25.0	39.8	7.0	1.8	7.7
7	4.3	3.7	3.5	2.4	15.3	32.4	9.8	35.5	—	—	—
8	4.9	3.8	3.5	2.6	8.4	29.4	10.6	32.4	—	—	—
9	5.0	4.0	3.3	2.7	8.0	27.0	7.6	29.6	7.5	0.5	4.4
10	5.5	4.1	4.7	2.9	14.0	25.7	10.9	27.8	—	—	—
11	5.8	4.3	4.2	3.0	13.7	24.6	13.6	26.5	—	—	—
12	4.9	4.3	3.9	3.1	16.3	23.9	11.9	25.3	8.5	0.5	3.8

数据来源：新疆维吾尔自治区统计局。

表3 2010年新疆维吾尔自治区主要经济指标

	1月	2月	3月	4月	5月	6月	7月	8月	9月	10月	11月	12月
	绝对值（自年初累计）											
地区生产总值(亿元)	—	—	744.5	—	—	1718.1	—	—	3 582.8	—	—	5 418.8
第一产业	—	—	70.2	—	—	168.2	—	—	794.8	—	—	1 078.6
第二产业	—	—	408.0	—	—	944.8	—	—	1 623.0	—	—	2 533.7
第三产业	—	—	266.3	—	—	605.0	—	—	1 165.0	—	—	1 806.5
工业增加值(亿元)	125.5	238.5	375.1	551.0	709.0	871.8	1 024.0	1 199.2	1 371.3	1 545.3	1 727.7	2 105.0
城镇固定资产投资(亿元)	—	48.4	156.5	331.6	611.8	980.1	1 328.6	1 681.0	2 059.1	2 391.7	2 677.0	3 175.2
房地产开发投资	—	1.3	9.9	30.6	60.9	104.9	146.1	189.7	236.8	284.3	319.6	344.9
社会消费品零售总额(亿元)	107.2	217.6	311.4	406.8	514.2	620.3	719.6	827.5	944.8	1 071.7	1 193.9	1 324.5
外贸进出口总额(亿美元)	9.1	18.5	27.2	39.8	52.0	63.9	75.6	94.2	112.7	131.8	155.4	171.3
进口	1.7	3.4	5.2	7.3	9.3	11.6	13.7	19.4	24.2	31.1	38.9	41.6
出口	7.4	15.1	22.0	32.5	42.7	52.3	61.9	74.8	88.6	100.7	116.5	129.7
进出口差额(出口-进口)	5.7	11.8	16.8	25.2	33.4	40.7	48.2	55.4	64.4	69.6	77.6	88.1
外商实际直接投资(万美元)	2 968.0	4 425.0	5 872.0	14 459.0	16 357.0	16 616.0	16 823.0	20 062.0	21 045.0	22 830.0	23 650.0	23 700.0
地方财政收支差额(亿元)	13.9	-35.9	-108.9	-148.6	-199.0	-265.7	-345.5	-436.9	-573.6	-668.0	-806.4	-1 198.3
地方财政收入	49.3	74.4	105.0	149.7	186.2	225.8	271.2	306.7	347.4	400.4	444.2	500.6
地方财政支出	35.4	110.3	214.0	298.3	385.2	491.5	616.7	743.6	921.0	1 068.4	1 250.6	1 698.9
城镇登记失业率(%)(季度)	—	—	3.7	—	—	3.7	—	—	3.4	—	—	3.2
	同比累计增长率（%）											
地区生产总值	—	—	11.4	—	—	10.7	—	—	10.6	—	—	10.6
第一产业	—	—	4.4	—	—	3.9	—	—	4.1	—	—	4.5
第二产业	—	—	14.5	—	—	13.3	—	—	13.0	—	—	12.6
第三产业	—	—	8.6	—	—	8.5	—	—	11.0	—	—	10.9
工业增加值	14.8	15.0	15.2	15.6	16.5	16.1	14.8	14.2	13.9	13.8	13.7	13.5
城镇固定资产投资	—	2.4	5.8	12.0	16.9	20.9	21.4	22.9	23.5	24.8	25.1	25.2
房地产开发投资	—	-11.7	28.1	28.2	39.1	42.5	43.3	46.2	47.2	47.9	47.7	46.2
社会消费品零售总额	15.0	17.8	17.0	16.6	16.4	15.8	16.4	16.6	16.9	17.1	17.1	17.1
外贸进出口总额	-14.9	9.7	0.4	7.5	13.1	12.6	12.6	16.6	15.3	20.1	25.0	22.8
进口	35.6	19.0	20.4	23.5	23.7	18.2	19.0	22.6	16.8	42.0	53.2	38.0
出口	-21.5	7.8	-3.4	4.5	11.0	11.4	11.3	15.1	14.9	14.7	17.7	18.6
外商实际直接投资	94.5	10.6	13.2	17.4	28.5	12.0	4.5	1.2	6.1	8.3	10.4	10.1
地方财政收入	37.8	31.3	29.3	31.7	30.8	29.1	31.4	31.4	30.7	29.3	29.6	28.8
地方财政支出	-25.4	1.2	13.4	12.9	12.5	13.9	18.3	19.8	22.2	24.4	27.0	26.1

数据来源：新疆维吾尔自治区统计局。